DER KORAN

Kommentar und Konkordanz von

Rudi Paret

Mit einem Nachtrag zur Taschenbuchausgabe

Zweite Auflage

Verlag W. Kohlhammer
Stuttgart Berlin Köln Mainz

Der Umschlag zeigt eine Seite des über tausend Jahre alten Koranfragments Ma VI 171 der Tübinger Universitätsbibliothek und enthält den Text von Sure 44, 28 bis Anfang 32

CIP-Kurztitelaufnahme der Deutschen Bibliothek

Muhammad:

Der Koran / Überarb. Taschenbuchausg. 2 Bde.
Stuttgart; Berlin; Köln; Mainz: Kohlhammer.
ISBN 3-17-005658-1

Kommentar und Konkordanz / von Rudi Paret.
2. Aufl. – 1981.
ISBN 3-17-005657-3

NE: Paret, Rudi; HST

Zweiter unveränderter Nachdruck der Leinenausgabe [2]1977
(Die 1. Auflage erschien 1971, gedruckt mit Unterstützung der Deutschen Forschungsgemeinschaft)

Stuttgart Berlin Köln Mainz
Verlagsort: Stuttgart
Umschlag: hace
Gesamtherstellung: W. Kohlhammer Druckerei GmbH + Co. Stuttgart
Printed in Germany

VORWORT

Wie der Titel sagt, enthält das Buch sowohl einen Kommentar als auch eine Konkordanz. Beide Teile sind fortlaufend, nach Suren und Versen angeordnet, miteinander kombiniert. Damit ist aber noch nicht alles gesagt. Buchtitel haben meistens den Charakter von vereinfachenden und vergröbernden Aussagen. Deshalb empfiehlt es sich, etwas genauer anzugeben, was hier unter Kommentar zu verstehen ist. Auch zur Konkordanz müssen dem Benützer des Buches gewisse Erläuterungen an die Hand gegeben werden, ehe er praktisch davon Gebrauch macht.

Was den *Kommentar* angeht, so soll er – ebenso wie die 1966 gleichfalls im Verlag W. Kohlhammer erschienene Koranübersetzung – einem ausgesprochen historischen Verständnis des Korans dienen, d.h. aus dem Text jeweils das herausinterpretieren, was Mohammed ursprünglich in einer durch bestimmte Zeitumstände und Milieuverhältnisse gegebenen Situation damit sagen wollte. Schon in der Übersetzung sind öfters (in Klammern oder in einer Anmerkung) kommentierende Bemerkungen solcher Art eingefügt. Sie werden im Kommentar als bekannt vorausgesetzt und in der Regel nicht wiederholt. In den Kommentar sind dagegen Erklärungen aufgenommen, die nicht auf einen bloß ergänzenden Zusatz zum Text reduziert werden können, oder die in sich problematisch sind und deshalb genauer erläutert werden müssen. Dazu kommen Definitionen und Interpretationen einzelner koranischer Termini, Bemerkungen zu sprachlichen Besonderheiten und Hinweise auf einschlägige Literatur. Grundsätzlich unberücksichtigt bleibt die spätere Entwicklung und Auswertung von koranischen Ausdrücken und Vorstellungskomplexen. So wird z.B. nicht darauf hingewiesen, daß der Ausdruck *murǧūna li-amri llāh* in Sure 9,106 Anlaß zur Benennung der dogmengeschichtlichen Kategorie der Murǧi'a gegeben hat. Der Kommentar dient eben nur dem Zweck, den Wortlaut des Korans in seinem ursprünglichen Sinngehalt zu deuten. Unberücksichtigt bleiben im allgemeinen auch Fragen der Komposition und der Chronologie, obwohl diese mit der Deutung des ursprünglichen Sinngehalts in enger Wechselwirkung stehen. Die Klärung von Fragen der Komposition und Chronologie würde, wenn sie systematisch in Angriff genommen würde, ins Uferlose führen. Bei allem Scharfsinn, den Richard Bell in seiner englischen Koranübersetzung darauf verwendet hat, ist hier noch vieles unsicher und manches überhaupt nicht zu rekonstruieren. Im besten Fall wird man zu sicheren Teilergebnissen kommen. Eine vollständige Analyse der einzelnen Teile und Bruchstücke bis auf den Ursprung zurück ist nicht einmal erstrebenswert.

Soweit nun überhaupt erklärende Bemerkungen zu einzelnen koranischen Aussagen und Termini gemacht werden, geschieht dies nicht eigentlich systematisch, sondern in Auswahl und nach Gutdünken. Behandelt werden vor allem Stellen, die bereits Gegenstand einer wissenschaftlichen Diskussion geworden sind (bei einigen früheren Suren besonders durch die Arbeiten von Harris Birkeland), weiter solche, mit denen der Verfasser sich selber eingehend auseinandergesetzt hat, oder die seiner Meinung nach einer besonderen Erläuterung bedürfen, ehe der Text richtig verstanden werden kann. Aber natürlich findet die Bereitschaft des Verfassers, den Lesern das Verständnis schwieriger Textpartien zu erleichtern, überall da eine Grenze, wo die Deutung ihm selber nicht klargeworden ist. Außerdem unterbleiben Kommentierungen in den Fällen, in denen er voraussetzen darf, daß die Leser den Text in seinem zeitgeschichtlich bedingten Zusammenhang ohne fremde Hilfe verstehen können. Wenn schon jemand in das Offenbarungsbuch des arabischen Propheten Einsicht nimmt, muß er von sich aus bereit sein, über das, was er liest, nachzudenken und die nötigen Querverbindungen herzustellen. Ohne eine solche Bereitschaft sollte er den Koran lieber überhaupt nicht in die Hand nehmen.

Die einschlägige *Literatur* wird im allgemeinen nur dann zitiert, wenn sie zu neuen Erkenntnissen führt oder aber zum Widerspruch herausfordert. Da damit zu rechnen ist, daß auch Interessenten ohne orientalistische Vorbildung vom Kommentar Gebrauch machen werden, ist die zitierte Literatur jedesmal, auch im Fall der Wiederholung, mit Verfassernamen, Buch- oder Aufsatztitel, Ort und Jahr der Veröffentlichung genau angegeben. Nur wenige Standardwerke sowie die Zeitschrift der Deutschen Morgenländischen Gesellschaft und die Orientalistische Literaturzeitung werden mit Abkürzungen zitiert. Diese sind im Anschluß an das Vorwort zusammengestellt.

In der *Konkordanz*, der ersten dieser Art, kommen im Gegensatz zum Kommentar fast sämtliche Koranverse zu Wort. Sie dient dem Zweck, möglichst alle Stellen nachzuweisen, in denen ein Sinnzusammenhang oder ein Ausdruck, der in dem betreffenden Vers vorliegt, sonstwo im Koran in gleicher oder ähnlicher Weise vorkommt.* Wenn die Übereinstimmung oder Ähnlichkeit sich auf den ganzen Vers bezieht, ist gleich hinter der Nummer des Verses ein Doppelpunkt gesetzt. Wenn sie sich nur auf einen Teil des Verses oder auf einen einzelnen Ausdruck bezieht, ist dieser im Wortlaut (in Umschrift) angeführt, worauf die Belege, ebenfalls nach einem Doppelpunkt, folgen. Die Belege werden ihrerseits nach Suren- und Verszahl zitiert, auch wenn – was sehr häufig der Fall ist – nur ein kleiner Teil des Verses als Vergleichstext in Frage kommt. Eine genaue Angabe des Vergleichstextes hätte bei der großen

* Sehr häufig vorkommende Vorstellungskomplexe und Ausdrücke sind allerdings nicht berücksichtigt. Über sie kann man gegebenenfalls in einer alphabetisch angeordneten allgemeinen Konkordanz Auskunft einholen.

Masse der anzuführenden Belege den Umfang der Konkordanz zu sehr anschwellen lassen. Unter sich sind die Belege grundsätzlich so angeordnet, daß die Verse, in denen der Vergleichstext am ehesten mit dem zur Diskussion stehenden Vers übereinstimmt, am Anfang stehen, worauf stufenweise diejenigen folgen, in denen die Übereinstimmung geringer wird. Wenn Vergleichstexte wörtlich oder annähernd wörtlich miteinander übereinstimmen, sind sie durch einen schrägen Strich voneinander abgesetzt, andernfalls durch einen Strichpunkt (bei Versen aus ein und derselben Sure durch einen Punkt). Stellen, die nur bedingt als Vergleichsmaterial in Betracht kommen, sind durch Einklammerung als nebensächlich gekennzeichnet. Beim Nachschlagen in der Konkordanz (und im Kommentar) ist übrigens zu beachten, daß manchmal Abschnitte, die aus einer ganzen Anzahl von Versen bestehen, Gegenstand einer Anmerkung sind. In den kurzen Suren, die gegen Ende des Korans eingereiht sind und meist auch aus kurzen Versen bestehen, wird dann in der Regel alles, was über den betreffenden Abschnitt zu sagen ist, eben in einer solchen zusammenfassenden Anmerkung vereinigt. In den längeren Suren pflegen dagegen auf Anmerkungen, die einem ganzen Abschnitt gewidmet sind, weitere Anmerkungen zu folgen, die jeweils nur einen der Verse, aus denen der Abschnitt besteht, zum Gegenstand haben. So folgen z.B. in Kommentar und Konkordanz zu Sure **100** die Anmerkungen zu **100**,1–5; **100**,6–8; **100**,9–11 aufeinander, in Sure **7** dagegen die Anmerkungen zu **7**,59–64; **7**,59; **7**,60; **7**,61 usw.; **7**,65–72; **7**,65; **7**,66; **7**,67 usw.

Bei der Herstellung der Koranübersetzung und anschließend bei der Vorbereitung des Kommentars und der Konkordanz wurden in jahrelanger Arbeit insgesamt Hunderttausende von Versen daraufhin eingesehen, ob sie zum Vergleich beigezogen werden müssen oder vielleicht beigezogen werden können. Kein Wunder, daß – vom Endergebnis her gesehen – die Auswahl und die Anordnung der Stellen nicht immer vollständig und gleichmäßig durchgeführt ist, und daß auch die oben angegebene Differenzierung in der Kennzeichnung der einzelnen Belege als gleichlautend (/), nicht gleichlautend (;) und weniger wichtig (Einklammerung) oft mit Recht in Frage gestellt werden kann. Der Verfasser, der die ganze Arbeit ohne fremde Hilfe bewältigt hat, bittet um Verständnis für diese Unvollkommenheiten. Er glaubt u.a. auch damit, daß er in der Reinschrift jede Belegstelle noch einmal genau nachgeprüft hat, sein Möglichstes zur Behebung von wirklichen Fehlern getan zu haben, und hofft zuversichtlich, daß die Konkordanz trotz ihrer unvermeidlichen Mängel vielen Benützern je länger je mehr wertvolle Dienste leisten wird. Er selber hat bei der Arbeit an der Übersetzung und am Kommentar aus der systematischen Beiziehung aller irgendwie auffindbaren Belegstellen viel Nutzen gezogen. Sehr oft erleichterte ein Paralleltext das Verständnis einer fragwürdigen Stelle, nicht selten bot er geradezu den Schlüssel dazu. Als Beispiel sei Sure **9**,100 angeführt, wo die ursprüngliche Übersetzung auf Grund der Belegstelle **52**,21 nachträglich eindeutig verbessert werden konnte.

Manche Benützer des Kommentars mag bedauern, daß kein analytischer Sachindex zum Koran beigegeben ist. Die Herstellung eines solchen Index ist aber eine Aufgabe für sich. Wenn er gut werden soll – und nur dann hat er wirklich Wert – erfordert er Monate intensiver Arbeit. Auch ist darauf hinzuweisen, daß andere Übersetzer bereits koranische Sachindices zusammengestellt und veröffentlicht haben, am ausführlichsten J. H. Kramers in seiner holländischen Koranübersetzung (De Koran, uit het Arabisch vertaald, Amsterdam-Brüssel 1956, Nachdruck 1965, S. 641–725). Was speziell den vorliegenden Korankommentar angeht, so hält der Verfasser einen Sachindex dazu für entbehrlich. Der Benützer des Kommentars findet – unter der Voraussetzung, daß er jeweils von der Beschäftigung mit einer bestimmten Textstelle ausgeht – in den einschlägigen Stellen des Kommentars die nötigen Verweise auf sachdienliche Anmerkungen zu anderen Versen.

So weit das Vorwort zu der ersten Auflage von 1971 und der – in Kommentar und Konkordanz gleichlautenden – zweiten Auflage von 1977.

Im Anhang der vorliegenden Taschenbuchausgabe ist die Abhandlung „Namen und Abkürzungen von Suren" mit den beiden Registern Surennamen und -abkürzungen, angeordnet nach der Reihenfolge der Suren und nach dem Alphabet, ebenfalls enthalten (S. 533–48). Weggefallen sind die Verbesserungen zur Koran-Übersetzung, da diese in die Taschenbuchausgabe der Übersetzung eingearbeitet worden sind. Neu hinzugekommen (auf S. 549–55) sind Nachträge und Berichtigungen zu „Kommentar und Konkordanz".

Tübingen, Dezember 1979 Rudi Paret

ABKÜRZUNGEN ZITIERTER LITERATUR

Bell (Koranübersetzung) = Richard Bell, The Qur'ān, Translated, with a critical re-arrangement of the Surahs, 2 Bände, Edinburgh 1937. 1939.

Bell, Introduction = Richard Bell, Introduction to the Qur'ān, Edinburgh 1953.

Bell, Origin of Islam = Richard Bell, The Origin of Islam in its Christian Environment, London 1926, Nachdruck 1968.

Bergsträsser, Verneinungspartikeln = Gotthelf Bergsträsser, Verneinungs- und Fragepartikeln und Verwandtes im Ḳurān, Leipzig 1914.

Blachère (Koranübersetzung) = Régis Blachère, Le Coran, Traduction nouvelle, 2 Bände, Paris 1949. 1950; einbändige Ausgabe: Le Coran, traduit de l'arabe, Paris 1957, Nachdruck 1966.

Buhl-Schaeder, Das Leben Muhammeds = Frants Buhl, Das Leben Muhammeds, deutsch von Hans Heinrich Schaeder, Leipzig 1930, Nachdrucke 1954 und 1961.

EI^{1} = Enzyklopädie des Islam, 4 Bände und Ergänzungsband, Leiden-Leipzig 1913–1938.

EI^{2} = The Encyclopaedia of Islam, New Edition, Leiden-London 1960ff.

Geiger = Abraham Geiger, Was hat Mohammed aus dem Judenthume aufgenommen?, 2. Auflage, Leipzig 1902, Nachdruck 1969.

Gesch. des Qor. = Theodor Nöldeke, Geschichte des Qorāns, 2. Auflage, bearbeitet bzw. völlig umgearbeitet von Friedrich Schwally, G. Bergsträsser und O. Pretzl, 3 Bände, Leipzig 1909. 1919. 1938.

Hamidullah (Koranübersetzung) = Muhammad Hamidullah, Le Coran, Traduction intégrale et notes, Paris 1959, Nachdruck 1963.

Hirschfeld, New Researches = Hartwig Hirschfeld, New Researches into the Composition and Exegesis of the Qoran, London 1902.

Horovitz, Koranische Untersuchungen = Josef Horovitz, Koranische Untersuchungen, Berlin und Leipzig 1926.

Horovitz, Proper Names = Joseph Horovitz, Jewish Proper Names and Derivatives in the Koran, Hebrew Union College Annual, Vol. II, Ohio 1925, S. 145–227, Nachdruck Hildesheim 1964.

Jeffery, Foreign Vocabulary = Arthur Jeffery, The Foreign Vocabulary of the Qur'ān, Baroda 1938.

Jeffery, Materials = Arthur Jeffery, Materials for the History of the Text of the Qur'ān, Leiden 1937.

Lane = Edward William Lane, An Arabic-English Lexicon, 8 Bände, London and Edinburgh 1863–1893, Nachdrucke 1955–1957 und 1968.

Nallino, Raccolta III = Carlo Alfonso Nallino, Raccolta di scritti editi e inediti, III, Rom 1941.

Nöldeke, Neue Beiträge = Theodor Nöldeke, Neue Beiträge zur semitischen Sprachwissenschaft, Straßburg 1910, S. 1–30: Zur Sprache des Korāns.

Nöldeke, Zur Grammatik = Theodor Nöldeke, Zur Grammatik des Classischen Arabisch. Im Anhang: Die handschriftlichen Ergänzungen in dem Handexemplar Theodor Nöldekes bearbeitet und mit Zusätzen versehen von Anton Spitaler, Darmstadt 1963.

OLZ = Orientalistische Literaturzeitung.

Reckendorf, Syntax = H. Reckendorf, Arabische Syntax, Heidelberg 1921.

Reckendorf, Syntakt. Verhältnisse = H. Reckendorf, Die syntaktischen Verhältnisse im Arabischen, Leiden 1898, Nachdruck 1967.

Rivlin, Gesetz im Koran = Josef J. Rivlin, Gesetz im Koran, Kultus und Ritus, Jerusalem 1934.

Speyer = Heinrich Speyer, Die biblischen Erzählungen im Qoran, Gräfenhainichen o.J., Nachdruck Hildesheim 1961.

Wright – de Goeje = W. Wright, A Grammar of the Arabic Language, Third Edition, Revised by W. Robertson Smith and M. J. de Goeje, 2 Bände, Cambridge 1896. 1898, verschiedene Nachdrucke, zuletzt 1967.

ZDMG = Zeitschrift der Deutschen Morgenländischen Gesellschaft.

SURE 1

S. D. Goitein, Prayer in Islam (Studies in Islamic History and Institutions, Leiden 1966, S. 73–89), S. 82–84. Goitein sieht in der „Eröffnungssure“ einen schon lange vor der Hidschra eingeführten Text für das liturgische Gebet (*ṣalāt*).

1,1 Die sogenannte Basmala (*bismi llāhi r-raḥmāni r-raḥīmi*) ist allen Suren mit Ausnahme von Sure **9** vorgesetzt. In der ersten Sure wird sie nach der kufischen Verszählung in den eigentlichen Text der Sure einbezogen. Der Grund für diese Sonderregelung liegt wohl darin, daß man den Wortlaut von **15**,87 (*sab'an mina l-maṯānī*; siehe die Anmerkung zu dieser Stelle) nachträglich auf die erste Sure gedeutet hat und daraufhin genötigt war, die 6 Verse dieser Sure auf 7 zu erhöhen. (In der Flügelschen Verszählung, in der die Basmala nicht in den Text der Sure einbezogen ist, wird dafür der letzte Vers zweigeteilt, so daß sich auch hier eine Gesamtzahl von sieben Versen ergibt.) In Sure **27**,30 steht die Basmala – ebenfalls als Einleitungsformel – am Anfang eines Briefes von Salomo an die Königin von Saba. In verkürzter Form wird sie Sure **11**,41 bei der Besteigung der Arche Noahs angeführt. Literatur: Gesch. des Qor., II, S. 79–81; B. Carra de Vaux (L. Gardet), Artikel Basmala in Encyclopédie de l'Islam (Nouvelle édition, I, 1960, 1116f.). — M. Hamidullah bemerkt in seiner Besprechung von R. Bell, Introduction to the Qur'ān (Islamic Quarterly 1, 1954, S. 242): „The translation of *b'ism allāh* as ‚in the name of God‘ seems to be influenced by Christian formulas. More correct would be ‚by‘ or ‚with‘ the name of God, since ‚I begin‘ or ‚I seek help‘ is supposed by Muslims to be understood.“ — Über die Bezeichnung Gottes als *ar-raḥmān* („der Barmherzige“) siehe Gesch. des Qor. I, S. 112f. und 121; Richard Bell, Introduction, S. 101–103; Horovitz, Proper Names, S. 201–203; Jacques Jomier, Le nom divin „al-Raḥmān“ dans le Coran (Mélanges Louis Massignon, II, Damaskus 1957, S. 361–381). Blachère übersetzt durchweg „le Bienfaiteur“. Vgl. seine Bemerkung in Histoire de la Littérature Arabe, I, Paris 1952, S. 53: „ar-Raḥmân, ‚le Bienfaiteur‘ (et non pas le ‚Clément‘, comme on traduit à tort)“. Innerhalb der Basmala (und unten Vers 3) steht *ar-raḥmān* (ebenso wie *ar-raḥīm*) nicht als selbständiges Substantiv, sondern attributiv. — Eigenartig ist die Kombination der beiden fast gleichbedeutenden Ausdrücke *ar-raḥmān* und *ar-raḥīm*. Sie findet sich außer in der Basmala (auch in **27**,30, s. o.) und unten Vers 3 noch an folgenden Stellen: **41**,2; **2**,163; **59**,22. Da man im Deutschen die im Arabischen beliebte paronomastische Ausdrucksweise zu vermeiden pflegt, scheint es sinnvoll, *ar-raḥmān ar-raḥīm* nicht mit „barmherzig und erbarmend“ zu übersetzen, sondern mit „barmherzig und gütig“ oder „allbarmherzig“. — Zur Bedeutung von *raḥīm* siehe auch Gesch. des Qor. I, S. 113; Horovitz, Proper Names, S. 204.

1,2 *al-ḥamdu li-llāhi rabbi l-ʿālamīna*: **6**,45/**10**,10/**37**,182/**39**,75/**40**,65 (gleichlautend); **45**,36; **7**,54/**40**,64; **27**,8. Die Formulierung *al-ḥamdu li-llāhi* (ohne *rabbi l-ʿālamīna*) findet sich auch am Anfang der Suren **6**, **18**, **34**, **35**. — Zum Ausdruck *rabb al-ʿālamīn* siehe Gesch. des Qor. I, S. 112; Horovitz, Proper Names, S. 199f. und 215; Jeffery, Foreign Vocabulary, S. 208f. Das Wort *ʿālam(ūn)* ist Lehnwort aus dem Aramäischen. Es bedeutet eigentlich „Welt“ (Plural „die Welten“). Mit dem koranischen *ʿālamūn* sind aber speziell die *Bewohner* der Welt gemeint. Die Übersetzung von *rabb al-ʿālamīn* mit „Herr der Menschen in aller Welt“ ist zwar etwas umständlich, scheint aber dem Sinngehalt des Ausdrucks einigermaßen gerecht zu werden. — Geo Widengren möchte *rabb al-ʿālamīn* neuerdings wieder mit „Herr der Welten“ übersetzt wissen (Muhammed, The Apostle of God, and his Ascension, Uppsala 1955, S. 8f.). Doch ist zu bedenken, daß *ʿālamūn* an vielen Stellen des Korans kaum etwas anderes als „Menschen“ bedeuten kann. So **6**,90/**12**,104/**38**,87/**68**,52/**81**,27; **25**,1; **29**,10; **26**,165; **15**,70.

1,6f. Die Bitte um Rechtleitung ist so allgemeiner Art, daß keine Belege angeführt zu werden brauchen. — Die Kommentatoren haben die Formulierung von Vers 7 nachträglich differenziert und *allaḏīna anʿamta ʿalaihim* auf die Muslime, *al-maġḍūb ʿalaihim* auf die Juden und *aḍ-ḍāllīn* auf die Christen bezogen. Das läßt sich schwerlich rechtfertigen. Dagegen muß man mit der Möglichkeit rechnen, daß Mohammed bei der Formulierung *ġairi l-maġḍūbi ʿalaihim wa-lā ḍ-ḍāllīn* ebenso wie bei dem vorausgehenden *allaḏīna anʿamta ʿalaihim* an Personen (oder Gruppen von Personen) der *früheren* Heilsgeschichte gedacht hat. Vers 7 wäre in diesem Fall zu übersetzen: „den Weg derer, denen du (seinerzeit) Gnade erwiesen hast, und die sich nicht den Zorn (Gottes) zugezogen haben und nicht irre gegangen sind“. Die Partizipien *(ġairi) l-maġḍūbi ʿalaihim (wa-lā) ḍ-ḍāllīn* sind also entweder in präsentischem Sinn zu verstehen, oder – in Anlehnung an das vorausgehende *allaḏīna anʿamta ʿalaihim* – präterital.

SURE 2

2,1–5: **31**,1–5.

2,1 Über die Buchstaben, die einzelnen Suren vorgesetzt sind, ist schon viel gerätselt worden. Siehe Hirschfeld, New Researches, S. 101–103; Gesch. des Qor. II, S. 68–78; Hans Bauer, Über die Anordnung der Suren und über die geheimnisvollen Buchstaben im Qoran (ZDMG 75, 1921, S. 1–20); E. Goossens, Ursprung und Bedeutung der koranischen Siglen (Der Islam 13, 1923, S. 191–226); A. Jeffery, The Mystic Letters of the Koran (MW 14, 1924, S. 247–260); F. Buhl im Artikel al-Ḳorʾān (EI[1] II, S. 1148f.); R. Blachère, Introduction au Coran, Paris 1947, S. 144–149; R. Bell, Introduction, S. 54–57. 131f.; Morris S. Seale, The Mysterious Letters in the Qurʾān (Akten des XXIV. Internationalen Orientalisten-Kongresses, München 1957, Wiesbaden 1959, S. 276–279); A. Jones, The mystical letters of the Qur'ān (Studia Islamica 16, 1962, S. 5–11). Aufgrund der Untersuchung von Hans Bauer ist anzunehmen, daß die genannten Buchstaben schon in frühester Zeit Bestandteil der betreffenden Suren waren, genauer gesagt schon vor der Kodifizierung des Korans. Dagegen ist noch nicht einleuchtend und durchgehend geklärt, was sie im einzelnen bedeuten. — Die Buchstaben *'lm*, die am Anfang der Sure **2** stehen, finden sich auch noch vor den Suren **3**, **29**, **30**, **31**, **32**.

2,2 Der Ausdruck *ḏālika l-kitābu* ist am besten als Nominalsatz zu verstehen („dies ist die Schrift"), nicht als bloßes Subjekt („diese Schrift"). Vgl. den häufigen Surenanfang *tilka āyātu l-kitābi*... (**31**,2; **10**,1; **12**,1; **26**,2; **28**,2; **13**,1; **15**,1; ähnl. **27**,1), wo offensichtlich ein Nominalsatz vorliegt. — Der Ausdruck *lā raiba fīhi* ist als Parenthese oder Relativsatz an *al-kitāb* angehängt. Vgl **32**,2; **10**,37. — Der Ausdruck *hudān (lil-muttaqīna)* ist als Zustandsakkusativ zu verstehen. Vgl. **31**,3; **7**,52.

2,3 *wa-yuqīmūna ṣ-ṣalāta wa-mimmā razaqnāhum yunfiqūna*: **8**,3; **22**,35; **42**,38; **13**,22; **14**,31; **35**,29; **32**,16; (**4**,39). In der oben zu Vers 1–5 angeführten Belegstelle ist eine etwas andere Formulierung gewählt. — Zur Erklärung des syntaktischen Zusammenhangs der Verse 3–5 stehen drei verschiedene Möglichkeiten zur Wahl. Entweder 1. sind die Verse 3 und 4 als untergeordnete, miteinander koordinierte Relativsätze auf *lil-muttaqīna* in Vers 2 zurückzubeziehen, während mit *ulā'ika* in Vers 5 ein neuer Satz beginnt (diese Möglichkeit ist für die Übersetzung gewählt). Oder 2. nur Vers 3 ist auf *lil-muttaqīna* zurückzubeziehen, während mit Vers 4 ein neuer Satz beginnt, der seinerseits in Vers 5 seinen Nachsatz hat. Oder 3. der neue Satz beginnt schon mit Vers 3 und wird in Vers 4 (koordiniert) fortgesetzt, während Vers 5 den Nachsatz zu den Versen 3 *und* 4 bildet. Der Sache nach unterscheiden sich die drei genannten Interpretationsmöglichkeiten nur wenig voneinander. Auch ist zu bedenken, daß die Satz- und Versübergänge im Koran oft fließend sind.

2,4 *wa-llaḏīna yu'minūna bi-mā unzila ilaika wa-mā unzila min qablika*: **4**,162; **5**,59; **2**,136/**3**,84; **29**,46; **4**,60.

2,5: **31**,5.

2,6: **36**,10; **26**,136.

2,7: **45**,23; **6**,46; **42**,24; **16**,108; **7**,179; **25**,44; **47**,23; **47**,16; **7**,100f.; **63**,3; **9**,87; **9**,93; **30**,59; **10**,74; **40**,35; **6**,25/**17**,46/**18**,57; **41**,5; **41**,44; **4**,155; **2**,88. — *wa-'alā abṣārihim ġišāwatun*: **36**,9; **45**,23.

2,8f.: **5**,41. Dort weitere Belege. Vers 9: **4**,142.

2,10: (**9**,77). — *fī qulūbihim maraḍun*: **5**,52; **8**,49; **9**,125; **22**,53; **24**,50; **33**,12. 32. 60; **47**,20. 29; **74**,31.

2,11f. Soweit im Koran von *fasād* („Unheil") die Rede ist, wird es nie als unmittelbar von Gott ausgehend gedacht. Als Urheber kommen vielmehr durchweg Menschen in Betracht, und zwar Übeltäter, Gottlose. Dadurch, daß sie Unheil anrichten, stören sie die Ordnung und das Gleichgewicht der Lebensverhältnisse. Meistens ist wohl die Störung der sozialen und politischen Verhältnisse gemeint – Veränderungen und Zerstörungen, die durch Gewalttätigkeit jeder Art, auch durch Kriege, hervorgerufen werden, und die sich je nachdem in begrenzten Räumen oder in weiten Gebieten abspielen (häufig mit dem Zusatz *fī l-arḍi* „auf der Erde", „im Land"). Gott lehnt seinerseits das Unheil ab. Er liebt das Unheil, und die es anrichten, nicht (**2**,205; **5**,64; **28**,77), steht vielmehr auf seiten derer, die die Ordnung aufrechterhalten oder wiederherstellen (*iṣlāḥ*, Gegensatz zu *fasād* bzw. *ifsād*). — Zum soziologischen Hintergrund des Ausdrucks *fasād* bzw. *ifsād* siehe W. Caskel, Entdeckungen in Arabien, Köln 1954, S. 11. 27. 32.

2,14: **2**,76; **3**,119; (**3**,72); (**5**,41 mit weiteren Belegen); (**5**,61).

2,15 *yamudduhum fī ṭuġyānihim ya'mahūna*: **19**,75; **7**,186; **6**,110; **10**,11; (**23**,75).

2,16 *ulā'ika llaḏīna štarawu ḍ-ḍalālata bil-hudā*: **2**,175; (**4**,44).

2,17f. Das Gleichnis ist nicht vollständig ausgeführt. Das, womit verglichen wird, endet mit dem Vordersatz eines Zeitsatzes (*fa-lammā aḍā'at mā ḥaulahū* „nachdem es um ihn herum Helligkeit verbreitet hatte"). Zu ergänzen wäre etwa: „brannte es ab und ließ alles wieder in Dunkelheit versinken". Statt dessen heißt es gleich unter Bezugnahme auf diejenigen, die durch das Gleichnis charakterisiert werden sollen: „nahm Gott ihr Licht weg..." Das Tertium comparationis ist das Verschwinden des Lichtes bzw. der Erleuchtung. — Zum Thema Licht und Finsternis (in übertragenem Sinn): **2**,257. Dort weitere Belege. — *ṣummum bukmun 'umyun*: **2**,171; **6**,39; **8**,22.

2,19f. Das Gleichnis in Vers 19f. soll ebenso wie das in Vers 17f. die Verblendung veranschaulichen, in der sich die Ungläubigen befinden: Sie tappen im dunkeln wie Leute, die sich bei einem nächtlichen Gewitter immer nur für wenige Augenblicke orientieren können. — Der Ausdruck *ṣaiyib* bedeutet nach den Kommentaren entweder Regen, der vom Himmel herabströmt (*ṣāba*), oder die Wolke, die solchen Regen bringt.

2,21: (**26**,184).

2,22 *allaḏī ǧa'ala lakumu l-arḍa firāšan was-samā'a binā'an*: **51**,47f.; (**71**,19); (**78**,6); (**20**,53); (**43**,10); (**40**,64); (**13**,3 mit weiteren Belegen.) — *wa-anzala mina s-samā'i mā'an fa-aḫraǧa bihī mina ṯ-ṯamarāti rizqan lakum*: **14**,32; (**6**,99 mit weiteren Belegen). — *fa-lā taǧ'alū li-llāhi andādan*: **14**,30 mit weiteren Belegen.

2,23: **10**,38; **11**,13; (**28**,49); (**52**,34). Zur Etymologie des Wortes *sūra* siehe die Anmerkung zu **24**,1. — *wa-d'ū šuhadā'akum...*: (**3**,61).

2,24 *fa-ttaqū n-nāra llatī waqūduhā n-nāsu wal-ḥiǧāratu*: **66**,6; (**3**,10).

2,25 Die Bedeutung des Ausdrucks *min taḥtihā* ist nicht ohne weiteres klar. Auf keinen Fall kann gemeint sein, daß die Bäche im Paradies direkt unter den Gärten, d.h. unterirdisch fließen. Ṭabarī hilft sich mit der Annahme, daß mit *ǧannātun* nicht eigentlich Gärten gemeint sind, sondern Bäume (und sonstige Gewächse), die sich darin befinden, und daß die Bäche unter diesen Bäumen dahinfließen. Es heißt nun aber nie *min taḥti ašǧārihā*, sondern immer nur *min taḥtihā*. Dem Ausdruck liegt anscheinend die Vorstellung zugrunde, daß das Gartengelände neben den Bächen in Hängen oder Hügeln ansteigt, während das Wasser in der Niederung, also „unten", dahinfließt. Vermutlich spielt dabei der Gedanke mit, daß die Gärten von den Bächen aus irgendwie bewässert werden. Für einen Bewohner von Innerarabien ist es eigentlich selbstverständlich, daß üppiger und dauernder Pflanzenwuchs, wie er ja für das Paradies vorausgesetzt wird (vgl. auch das Gleichnis vom Fruchtgarten **2**,266), durch Bewässerung von unten her gedeiht, und nicht etwa durch Regen von oben. Vgl. auch **6**,6 (*wa-ǧaʿalnā l-anhāra taǧrī min taḥtihim*). Hier handelt es sich nicht um eine Schilderung von Paradiesesgärten, sondern um irdische Verhältnisse. — Die Seligen sagen bei jeder Frucht, die ihnen vorgesetzt wird, sie sei ihnen schon früher vorgesetzt worden. Das soll wohl heißen, daß die Früchte im Paradies alle so vollkommen sind, daß man sie nicht voneinander unterscheiden kann. Der Ausdruck *mutašābih (VI)* „(zum Verwechseln) ähnlich" wird Sure **6**,99 und 141 ebenfalls auf Früchte angewandt. — *azwāǧun muṭahharatun*: **3**,15/**4**,57. Der Ausdruck „gereinigt" bedeutet hier wohl in erster Linie, daß die paradiesischen Frauen von körperlicher und speziell geschlechtlicher Unreinheit frei sind (vgl. V. 222). Es ist aber zu bedenken, daß nach den koranischen Vorstellungen die körperliche Reinheit mit der rituellen Reinheit eng zusammenhängt (vgl. **5**,6), und daß diese ihrerseits in den Bereich der sittlichen und religiösen Reinigung und Heiligung übergreift. Vgl. den Schluß der im vorhergehenden zitierten Stelle **5**,6: ...*yurīdu (llāhu) li-yuṭahhirakum*; ferner **3**,42). Das Verbum *ṭahhara (II)* bzw. *taṭahhara (V)* wird am häufigsten in der zuletzt genannten Bedeutung verwandt.

2,26 Die Bedeutung des Ausdrucks *(baʿūḍatan) fa-mā fauqahā* ist umstritten. Vermutlich soll mit der Mücke die unterste Grenze eines möglichen Vergleichsgegenstandes (aus der Tierwelt?) angegeben werden. Vgl. Muslim, birr, bāb 46: *mā min muslimin yušāku šaukatan fa-mā fauqahā illā kutibat lahū bihā daraǧatun wa-muḥiyat ʿanhu bihā ḫaṭīʾatun*; ähnlich birr, bāb 47f.; Buḫārī, marḍā, bāb 3. Von den Kommentatoren wird auch eine andere Deutung zur Wahl gestellt oder wenigstens erwähnt. Danach wäre zu übersetzen: „eine Mücke, und was (an Geringfügigkeit) noch darüber hinausgeht", d.h. „eine Mücke, und noch weniger als das". Reckendorf (Syntax, § 164,7; Syntakt. Verhältnisse, S. 230) schließt sich dem an. Aus dem Wortlaut läßt sich aber eine solche Deutung schwerlich herauslesen. Statt *baʿūḍatan fa-mā fauqahā* würde man in diesem Fall einfacher sagen: *baʿūḍatan fa-mā dūnahā*. — Als Gleichnisse „mit einer Mücke, und was darüber ist" sind die Gleichnisse von der Fliege (**22**,73) und von der Spinne (**29**,41) zu nennen. — *fa-yaʿlamūna annahu l-ḥaqqu min rabbihim*: **13**,1, mit weiteren Belegen. — *mā ḏā arāda llāhu bi-hāḏā maṯalan*: **74**,31.

2,27: **13**,25; (**47**,23f.). — *allaḏīna yanquḍūna ʿahda llāhi min baʿdi mīṯāqihī* (außer **13**,25): **16**,91; **8**,55f.; **3**,77; **16**,95; **3**,187; **5**,13; **4**,155; **13**,20. Ferner **3**,76, mit weiteren Belegen. — Viele Stellen, in denen vom Bruch der Abmachung (*naqḍ al-mīṯāq*) die Rede ist, beziehen sich auf die Juden bzw. die

Kinder Israel. Beim vorliegenden Vers (und **13**,25) scheint das nicht der Fall zu sein. Zur Sache siehe F. Buhl, Zur Ḳurânexegese (Acta Orientalia 3, 1924, S. 97–108), S. 100–106: Der *'ahd* im Ḳurân (bes. S. 105f.). — *wa-yaqṭa'ūna mā amara llāhu bihī an yūṣala* (außer **13**,25): **47**,22f.; **13**,21; (**4**,1); (**8**,75/**33**,6). — *wa-yufsidūna fī l-arḍi*: Siehe die Anmerkung zu **2**,11f.

2,28: **22**,66; **30**,40; **45**,26; **26**,81; (**3**,156, mit weiteren Belegen).

2,29: **41**,9–12; bei **41**,12 weitere Belege zur Erschaffung der sieben Himmel. Zur Sache: Speyer, S. 11–17.

2,30–33 Speyer, S. 51–54: „Adam benamt alles".

2,30 Verkürzter Zeitsatz. Siehe Einleitung zur Übersetzung, S. 3f. — Im Koran ist öfters von einem „Nachfolger auf der Erde" oder (in der Mehrzahl) von „Nachfolgern" die Rede (**2**,30; **38**,26: *ḫalīfa fī l-arḍ*; **10**,14; **35**,39: *ḫalā'if fī l-arḍ*; **6**,165: *ḫalā'if al-arḍ*; **10**,73: *ḫalā'if*; **27**,62: *ḫulafā' al-arḍ*; **7**,69. 74: *ḫulafā'*; mit Verben ausgedrückt: **7**,169; **19**,59: *ḫalafa min ba'dihim ḫalfun*; **7**,129; **24**,55; **11**,57: *istaḫlafa (fī l-arḍ)* „nachfolgen lassen"). Wenn in der vorliegenden Stelle Gott zu den Engeln im Hinblick auf Adam sagt, er werde „auf der Erde einen Nachfolger einsetzen", ist das vermutlich so zu verstehen, daß Adam (und mit ihm das Geschlecht der Menschen) künftig die Engel (oder ganz allgemein die Geister) als Bewohner der Erde ablösen solle. Dem würde die Vorstellung zugrunde liegen, daß vor der Erschaffung des Menschen die Engel (oder Geister) als die einzigen vernunftbegabten Wesen existiert und (unter anderem auch) die Erde bevölkert haben. In Sure **43**,60 wird umgekehrt mit dem Gedanken gespielt, daß Gott – wenn er wollte – die zeitgenössischen Menschen durch Engel ablösen könnte. — *man yufsidu fīhā*: Siehe die Anmerkung zu **2**,11f. — Im Ausdruck *yasfiku d-dimā'a* (bzw. *lā tasfikūna dimā'akum* unten Vers 84) vermutet Horovitz eine Entlehnung aus dem Hebräischen oder Aramäischen (Proper Names, S. 208; zum Ausdruck *nuqaddisu laka* siehe ebd., S. 219). — *wa-naḥnu nusabbiḥu bi-ḥamdika wa-nuqaddisu laka*: **7**,206, mit weiteren Belegen.

2,33 *innī a'lamu ġaiba s-samāwāti wal-arḍi*: **11**,123; **16**,77; **18**,26; **35**,38; **49**,18. Weitere Belege in der Anmerkung zu **11**,123. — Der Gedanke, daß die Menschen nichts vor Gott geheimhalten können, wird im Koran in den verschiedensten Variationen zum Ausdruck gebracht. Sehr häufig heißt es: „Gott weiß, was ihr geheimhaltet, und was ihr offenkundig macht", oder ähnlich (siehe Reckendorf, Syntax § 165,13a: „Verwendung koordinierter konträrer Begriffe...zur Bezeichnung der Totalität"). So **27**,25: *ya'lamu mā tuḫfūna wa-mā tu'linūna* (ähnl. **14**,38; **60**,1); **5**,99/**24**,29: *ya'lamu mā tubdūna wa-mā taktumūna* (ähnlich in der vorliegenden Stelle **2**,33); **3**,29: *in tuḫfū mā fī ṣudūrikum au tubdūhu ya'lamhu llāhu* (ähnl. **33**,54; **2**,284); **27**,74/**28**,69: *ya'lamu mā tukinnu ṣudūruhum wa-mā yu'linūna*; **16**,19/**64**,4: *ya'lamu mā tusirrūna wa-mā tu'linūna* (ähnl. **2**,77; **11**,5; **16**,23; **36**,76); **6**,3: *ya'lamu sirrakum wa-ǧahrakum* (ähnl. **67**,13; vgl. **13**,10: *sawā'un minkum man asarra l-qaula wa-man ǧahara bihī wa-man huwa mustaḫfin bil-laili wa-sāribun bin-nahāri*; hierher gehört vielleicht auch die dunkle Stelle **20**,7: *wa-in taǧhar bil-qauli fa-innahū yaʿlamu s-sirra wa-aḫfā*); **21**,110: *yaʿlamu l-ǧahra mina l-qauli wa-yaʿlamu mā taktumūna*; **87**,7: *yaʿlamu l-ǧahra wa-mā yaḫfā*; **6**,73; **9**,94/105/**62**,8; **13**,9; **23**,92; **32**,6; **39**,46; **59**,22; **64**,18: *ʿālimu l-ġaibi waš-šahādati*. Daneben findet sich natürlich auch die einfache Ausdrucksweise, ohne Koordinierung konträrer Begriffe. So **3**,167: *wa-llāhu aʿlamu bi-mā yaktumūna* (ähnl. **5**,61); **47**,26: *yaʿlamu isrārahum*; **9**,78: *yaʿlamu sirrahum wa-naǧwāhum* (ähnl. **43**,80); **21**,3f.: *wa-asarrū n-naǧwā... qāla rabbī yaʿlamu l-qaula fī s-samāʾi wal-arḍi wa-huwa s-samīʿu l-ʿalīmu*; **40**,19: *yaʿlamu ḫāʾinata l-aʿyuni wa-mā tuḫfī ṣ-ṣudūru*; **4**,108: *yastaḫfūna mina n-nāsi wa-lā yastaḫfūna mina llāhi wa-huwa maʿahum iḏ yubaiyitūna mā lā yarḍā mina l-qauli wa-kāna llāhu bi-mā yaʿmalūna muḥīṭan*.

2,34 Verkürzter Zeitsatz. Siehe Einleitung zur Übersetzung, S. 3f. — Belege zum ganzen Vers: **20**,116; **17**,61; **18**,50; **38**,71–76; **15**,26–33; **7**,11f. Zur Sache: Speyer, S. 54–58.

2,35–39: **7**,19–25; **20**,117–124. Zur Sache: Speyer, S. 61. 68–77.

2,35: **7**,19; (**20**,117–119).

2,36: **7**,20–24; **20**,120f. — Der Plural *ihbiṭū* „geht hinunter" (hier und 7,24) schließt wohl den Satan mit ein. Vgl. unten Vers 38 (ebenfalls Plural) und **20**,123 (Dual!); Singular *ihbiṭ*, an Iblīs gerichtet: **7**,13; ebenso *uḫruǧ*: 7,13. 18; **15**,34; **38**,77. — *matāʿun ilā ḥīnin*: **7**,24 (s. o.); **21**,111; **16**,80; **36**,44; **10**,98; **37**,148; **51**,43; *matāʿun qalīlun*: **3**,197; **16**,117; **4**,77; **2**,126; **31**,24; **33**,16; **77**,46; **39**,8. Das diesseitige Leben wird auch an anderen Stellen des Korans als vorübergehende „Nutznießung" bezeichnet. Es ist „im Hinblick auf das Jenseits nur eine Nutznießung" (**13**,26; vgl. **43**,35; **40**,39) und von kurzer Dauer (**9**,38), auch wenn es sich noch über Jahre hinzieht (**26**,205f.). Man sollte sich nicht dadurch betören lassen (**3**,185/**57**,20). Aber die Gottlosen geben sich dem kurzen Genuß gedankenlos hin (**47**,12; **15**,3; **46**,20; **9**,69), „wie Vieh" (**47**,12). Wenn sie schließlich zur Einsicht kommen, ist es zu spät (**16**,55/**30**,34; **29**,66; **15**,3): Sie verfallen dem Gericht und landen in der Hölle (**10**,23. 70; **3**,197; **16**,117; **2**,126; **31**,24; **11**,48; **39**,8; **14**,30; **47**,12; **46**,20).

2,37: **20**,122; **7**,23. 35. Zur Sache: Speyer, S. 73–77. — *talaqqā Ādamu min rabbihī kalimātin*: **2**,124; **6**,115; **18**,109; **31**,27.

2,38f.: **20**,123–127; **7**,35f.

2,38 *ihbiṭū minhā ǧamīʿan*: **20**,123 (Dual statt Plural, sonst gleichlautend); **7**,24 (*ihbiṭū*). Siehe die Anmerkung oben zu Vers 36. — *fa-man tabiʿa hudāya fa-lā ḫaufun ʿalaihim wa-lā hum yaḥzanūna*: **7**,35; **6**,48; **5**,69. Speziell zum Nachsatz: **2**,62. Dort weitere Belege.

2,39: **7**,36; **64**,10; **5**,10/**5**,86/**57**,19.

2,40 *uḏkurū niʿmatī llatī anʿamtu ʿalaikum*: **2**,47/**2**,122; **5**,20; **14**,6. — *wa-aufū bi-ʿahdī ūfi bi-ʿahdikum*: **3**,76. Dort weitere Belege. — *wa-iyāya fa-rhabūni*: **16**,51.

2,41f.: **3**,187; **2**,89–91; **4**,47.

2,41 *muṣaddiqan li-mā maʿakum*: **2**,89. 91. 101; **3**,81; **4**,47. Vgl. *muṣaddiqan li-mā baina yadaihi*: **3**,3f., mit weiteren Belegen. — *wa-lā taštarū bi-āyātī ṯamanan* *qalīlan*: **2**,79. 174; **3**,77. 187. 199; **5**,44; **9**,9; **16**,95; (**5**,106). Der Ausdruck *ištarā (bi-...) ṯamanan qalīlan* „(etwas) um einen geringen Preis einhandeln" ist als Metapher zu verstehen. Das gilt wohl auch für **2**,79 (und **5**,106). Siehe Charles C. Torrey, The Commercial-Theological Terms in the Koran, Leiden 1892, S. 35–38.

2,42: **3**,71; (**18**,56); (**40**,5); (**2**,146. 159. 174); (**3**,187); (**6**,91). — Der Satz *wa-taktumū l-ḥaqqa* ist entweder eine direkte Fortführung des vorhergehenden *wa-lā talbisū...* (also gleich *wa-lā taktumū...*; siehe Bergsträßer, Verneinungspartikeln, S. 66). Oder er ist dem Vorhergehenden als Subjunktiv untergeordnet (durch *wāw al-ma'īya*; Wright-de Goeje II, § 15e; Reckendorf, Syntax, § 231). In diesem Fall wäre genauer zu übersetzen: „so daß (oder: indem) ihr damit die Wahrheit verheimlicht". Vgl. **2**,188; **47**,35.

2,43: (**5**,55); (**3**,43).

2,44 *wa-antum tatlūna l-kitāba*: **2**,113.

2,45f. Während die vorhergehenden Verse 43f. noch an die Juden gerichtet sind, scheint das bei den Versen 45f. nicht mehr der Fall zu sein.

2,45 *wa-sta'īnū biṣ-ṣabri waṣ-ṣalāti*: **2**,153; (**7**,128). — *wa-innahā la-kabīratun illā 'alā l-ḫāši'īna*: **2**,143. Der Ausdruck *kabīratun* ist wohl neutrisch zu verstehen und nicht speziell auf *aṣ-ṣalāt* zu beziehen.

2,46 *allaḏīna yaẓunnūna annahum mulāqū rabbihim*: **2**,249; (**11**,29); (**69**,20).

2,47f. Nach E. Beck sind die beiden Verse 47f. und (fast gleichlautend) 122f. nachträglich in den jetzigen Zusammenhang eingeschoben (Le Muséon 65, 1952, S. 73f.).

2,47 *uḏkurū ni'mati llatī an'amtu 'alaikum*: **2**,122; **2**,40; **5**,20; **14**,6. — *wa-annī faḍḍaltukum 'alā l-'ālamīna*: **2**,122; **45**,16; **7**,140; **44**,32. Speyer, S. 348f.

2,48: **2**,123; **31**,33; **6**,70. Auch an vielen anderen Stellen des Korans wird darauf hingewiesen, daß am Jüngsten Tag niemand für einen anderen eintreten kann. Weitere Belege zu *wa-lā yuqbalu minhā šafā'atun*: **2**,254; **74**,48; **26**,100; **40**,18; **30**,13.

2,49f. Belege zur Geschichte Moses von seiner Berufung bis zum Auszug der Israeliten aus Ägypten: **7**,103–137, Anm.

2,49 Verkürzter Zeitsatz (ebenso in den Versen 50. 51. 53. 54. 55. 58. 60. 61. 63. 67. 72). Siehe Einleitung zur Übersetzung, S. 3f. — Belege zu Vers 49: **7**,141; **14**,6; (**40**,25); (**28**,4); (**7**,127).

2,50: **7**,136–138; **8**,54; **10**,90; **17**,103; **26**,52–68; **43**,55f.; **44**,17–31; (**29**,40); (**20**,80).

2,51 *wa-iḏ wā'adnā Mūsā arba'īna lailatan*: **7**,142; (**20**,80). Zur Sache: 2. Mose 34,28; Speyer, S. 310f. Der Akkusativ *arba'īna lailatan* (**7**,142: *ṯalaṯīna lailatan*) soll wohl den *Inhalt* der Abmachung zwischen Gott und Mose bezeichnen, nicht deren bloße Dauer. Mit den 40 Nächten sind natürlich 40 Nächte und Tage gemeint. Auf deutsch sagt man dafür: 40 Tage. — *ṯumma ttaḫaḏtumu l-'iǧla...*: **2**,92; **7**,148; **20**,85–98; **4**,153. Speyer, S. 323–325.

2,52: **4**,153; (**7**,149. 155).

2,53 *wa-iḏ ātainā Mūsā l-kitāba*: **2**,87; **6**,154; **11**,110/**41**,45; **17**,2; **23**,49; **25**,35; (**37**,117f.); **28**,43; **32**,23; **40**,53; (**46**,12); (**45**,16); (**7**,154). — *wal-furqāna*: **21**,48; (**25**,1); (**3**,4). Zur Bedeutung von *furqān* („Errettung", „Entscheidung", „Offenbarungsschrift") siehe Nöldeke, Gesch. des Qor. I, S. 34; Neue Beiträge, S. 23f.; Wensinck, EI[1] II, S. 126; Horovitz, Koranische Untersuchungen, S. 76f.; Proper Names, S. 216–218; Jeffery, Foreign Vocabulary, S. 225–229; Bell, Origin of Islam, S. 118–125; Introduction, S. 136–138; Watt, Muhammad at Medina, S. 16 („...the *furqān* which was given to Moses (Q. **2**,53; **21**,48) is doubtless his deliverance when he led his people out of Egypt, and Pharaoh and his hosts were overwhelmed"). In der Mehrzahl der Stellen wird der Ausdruck im Sinn von „Offenbarung", „Offenbarungsschrift" gebraucht.

2,54 *fa-qtulū anfusakum*. Der Akkusativ *anfusakum* hat kollektive, nicht individuelle Bedeutung. Belege: **2**,84f.; **4**,29. 66; **24**,61; **30**,28; **49**,11. Zur Sache: 2. Mose 32,27–29.

2,55: **4**,153; (**7**,143); (**25**,21). Zur Sache: Speyer, S. 298f. — *fa-aḫaḏatkumu ṣ-ṣāʿiqatu wa-antum tanẓurūna*: auch **51**,44.

2,57–60 Mit den Versen 57–60 stimmt **7**,160–162 zum großen Teil wörtlich überein. Nur folgen die einzelnen Abschnitte anders aufeinander. Vers 57 entspricht **7**,160b, die Verse 58f. entsprechen **7**,161f.; Vers 60 entspricht **7**,160a.

2,57: **7**,160; **20**,80f. — *kulū min ṭaiyibāti mā razaqnākum*: auch **2**,172; **5**,88, mit weiteren Belegen; (**10**,93/**17**,70/**45**,16); (**8**,26/**16**,72/**40**,64). Zur Sache: Speyer, S. 294.

2,58f.: **7**,161f. — *udḫulū l-bāba suǧǧadan*: auch **4**,154. — A. J. Wensinck (Mohammed en de Joden te Medina, Leiden 1908, S. 104) nimmt an, daß Mohammed die Termini *rakaʿa* und *saǧada* nicht immer auseinandergehalten hat. Demnach müßte es in **2**,58/**7**,161 (sowie **4**,154) statt *udḫulū l-bāba suǧǧadan* eigentlich heißen: *udhulū l-bāba rukkaʿan* („tretet zum Tor ein, indem ihr euch verneigt"). — Zur Sache: Speyer, S. 337f. Speyer bringt die Stelle, wohl mit Recht, mit der Geschichte von der Aussendung der Kundschafter in Zusammenhang (ausführlicher **5**,21–26; vgl. 4. Mose 13f.). Im einzelnen ist manches unverständlich. Vor allem ist nicht klar, was *ḥiṭṭa* hier zu bedeuten hat, und worin die (angebliche) Wortverdrehung der Israeliten bestand. Siehe Jeffery, Foreign Vocabulary, S. 110. Speyer verweist auf 4. Mose 14,40 („Und am andern Morgen früh zogen sie hinauf auf die Höhe des Gebirgs und sprachen: Wir sind bereit, hinaufzuziehen in das Gebiet, von dem Jahwe geredet hat; denn wir haben uns vergangen, *ḥāṭānū*"). Er bemerkt dazu: „Mohammed scheint mit seinem *Ḥiṭṭatun* das falsch verstandene und unrichtig wiedergegebene *ḥāṭānū* zu meinen. Er nahm dann an, daß die Juden, die eben noch sich geweigert hatten, das heilige Land zu betreten, einen Nebensinn mit diesem Wort verbunden hatten, mit dem sie den jetzt gefaßten Entschluß bekräftigten. Vielleicht ist an *ḥiṭṭā* „Weizen" zu denken, wobei Dt. 8,8: *ereṣ ḥiṭṭā* zu erwähnen ist. Dann hätten die Israeliten zwar *ḥāṭānū* gesagt, es dabei aber nicht ehrlich gemeint, sondern an die Frucht des Lands und nicht an das Gebot Allahs gedacht." Hartwig Hirschfeld schreibt (New Researches, S. 107): „... Then follows a verse which has puzzled all interpreters, and has not even yet been satisfactorily explained. I now believe that the Commentators are right in considering that the ‚city' mentioned in the verse refers to Jerusalem, whilst the words ‚enter ye the gate worshipping, and say *ḥiṭṭa*, we might forgive you your sins', describe the moment when the High Priest on the Day of Atonement entered the ‚Holy of Holies' in the Temple (Levit. XVI. 12; Mishnâ, Yômâ, v. 1). The word *ḥiṭṭa* is probably taken from the formula of confession of sins recorded in the Mishnâh (Yômâ III. 8; IV. 2; VI. 2). The ‚alteration' for which Jews are again blamed in connection with this matter is probably of liturgical character, since the formula just alluded to has a different text in the ordinary prayer-book, but Mohammed lost no opportunity of repeating the hackneyed reproach as often as possible." Siehe auch Rivlin, Gesetz im Koran, S. 23, wo die Vermutung ausgesprochen wird, daß der Passus *udḫulū l-bāba suǧǧadan* sich auf den Tempel in Jerusalem bezieht. — Der Ausdruck *sa-nazīdu l-muḥsinīna* (hier und **7**,161) ist wohl auf die Belohnung im Jenseits zu beziehen. Belege für diese Deutung: **42**,26f., vgl. 23; **14**,7; **24**,38; **4**,173; **35**,30; (**6**,160, mit weiteren Belegen). — *fa-anzalnā 'alā llaḏīna ẓalamū riǧzan mina s-samā'i...*: auch **29**,34 (in der Geschichte von Lot); (**36**,28).

2,60: **7**,160. Speyer (S. 293f.) nimmt mit Geiger (S. 161) an, daß hier die Geschichten von Raphidim, wo der Fels geschlagen wird (2. Mose 17,5f.), und von Elim, wo zwölf Quellen gefunden werden (2. Mose 15,27), miteinander vermengt sind. Der Passus *qad 'alima kullu unāsin mašrabahum* ist wohl mit Geiger (gegen Speyer) so zu verstehen, daß nun jeder der 12 Stämme seine eigene Quelle hatte. — *kulū wa-šrabū min rizqi llāhi*: **5**,88, mit weiteren Belegen; (**7**,31). — *wa-lā ta'ṯau fī l-arḍi mufsidīna*: **7**,74/**11**,85/**26**,183/**29**,36 (gleichlautend); **2**,205; **5**,33/64. Siehe die Anmerkungen zu **2**,11f. und **2**,205.

2,61 *ḍuriba 'alaihimu ḏ-ḏillatu wal-maskanatu wa-bā'ū bi-ġaḍabin mina llāhi*: **3**,112; (**7**,152); (**2**,90). — *ḏālika bi-annahum kānū yakfurūna bi-āyāti llāhi wa-yaqtulūna n-nabīyīna bi-ġairi l-ḥaqqi*: **3**,112; **3**,21; **4**,155; **3**,181; (**2**,91); (**2**,87/ **5**,70). Zur Sache verweist Horovitz auf Matthäus 23,37 und Lukas 13,34 (Koranische Untersuchungen, S. 40). — *ḏālika bi-mā 'aṣau...*: **3**,112; **5**,78. Zur Sache: Speyer, S. 292f.; 2. Mose 16,1–3; 4. Mose 11, bes. Vers 5 (mit einer ähnlichen Liste von Gartenpflanzen).

2,62: **5**,69; (**22**,17). — Mit den „Ṣābiern" ist dem Zusammenhang nach eine nichtheidnische, dem Islam verwandte Religionsgemeinschaft gemeint. Eine nähere Definition konnte noch nicht eindeutig gegeben werden. J. Pedersen glaubte (wie früher Sprenger) die Ṣābi'ūn mit den sogenannten Ḥanīfen identifizieren zu können (Oriental Studies, presented to E. G. Browne, Cambridge 1922, S. 386f., 391). Nach Horovitz ist dagegen „eine oder die Gesamtheit der täuferischen Sekten nach Art der Mandäer" gemeint (Koranische Untersuchungen, S. 121f.). Damit stimmt die Feststellung H. H. Schaeders in „Die Welt des Orients", Heft 4, Stuttgart 1949, S. 290 überein: „Der Prophet Muhammed hatte bereits in Mekka von den babylonischen Täufern gehört – es sind die dreimal im Koran genannten *ṣābi'ūn*, deren Name unzweideutig auf die babylonisch-aramäische Form des Wortes für ‚eintauchen, taufen' (*ṣḇā*, gegenüber syr. *ṣḇa'*) zurückgeht." Siehe auch Bell, Orgin of Islam, S. 60f. — *fa-lahum aǧruhum 'inda rabbihim wa-lā ḫaufun 'alaihim wa-lā hum yaḥzanūna*: 2,262. 274. 277. 112. Ohne *fa-lahum aǧruhum 'inda rabbihim*: **2**,38; **3**,170; **5**,69; **6**,48; **7**,35; **10**,62; **46**,13; **7**,49; **43**,68; (**41**,30); (**39**,61).

2,63: **2**,93. 83f.; **7**,171; (**4**,154); (**5**,12. 70). Zur Sache: 2. Mose 19,16–18; Speyer, S. 303f. — *ḫuḏū mā ātainākum bi-qūwatin*: auch **7**,144f.; **19**,12. Speziell zu mā ātainākum: **7**,144, mit weiteren Belegen.

2,64: (**3**,82).

2,65: **7**,163. 166; (**4**,47); (**4**,154); (**5**,60).

2,66 Die Deutung des Ausdrucks *(li-)mā baina yadaihā wa-mā ḫalfahā* ist nicht sicher.

2,67–73 Während die Verse 67–71 deutlich auf 4. Mose 19,1–10 zurückgehen, liegt in den beiden anschließenden Versen 72f. eine Reminiszenz an 5. Mose 21,1–9 vor. Beide Stellen sind miteinander vermengt. Zur Sache: Speyer, S. 345f.

2,71 Vers 71 entspricht sachlich ziemlich genau den Angaben in 4. Mose 19,2 (gegen Ende). Kein Wunder, daß die Juden daraufhin sagen, Mose (= Mohammed) habe nunmehr die Wahrheit gesprochen.

2,72 *wa-llāhu muḫriǧun mā kuntum taktumūna*: **9**,64; **47**,29. 37.

2,73 *ka-ḏālika yuḥyi llāhu l-mautā*: **7**,57, mit weiteren Belegen.

2,74 *ṯumma qasat qulūbukum*: (**5**,13, mit weiteren Belegen). — Der Passus *wa-inna minhā la-mā yahbiṭu min ḫašyati llāhi* ist wohl auf Steinschlag im Gebirge zu deuten (vgl. **59**,21). Oder sollte an Meteorsteine gedacht sein, die – wie bei der Bestrafung von Sodom und Gomorrha – vom Himmel herunterfallen? — *wa-mā llāhu bi-ġāfilin 'ammā ta'malūna*: **2**,85. 140. 149; **3**,99; **11**,123; **27**,93; **2**,144; **6**,132; **14**,42.

2,75: **5**,13. 41; **4**,46.

2,76: **2**,14; **3**,119; (**3**,72); (**5**,41, mit weiteren Belegen); (**5**,61).

2,77: Belege in der Anmerkung zu **2**,33.

2,78 Die Bedeutung des Ausdrucks *ummīyūna* ist umstritten. Die früheren Erklärungen des Wortes *ummī* als „Illiterat" oder „Laie" lassen sich nicht aufrecht erhalten. Am wahrscheinlichsten ist immer noch die Erklärung von A. J. Wensinck (zuletzt in The Muslim Creed, Cambridge 1932, S. 6) und Horovitz (Koranische Untersuchungen, S. 51–53; Proper Names, S. 190f.). Danach hat *ummī* die Bedeutung „heidnisch" (vermutlich entwickelt im Anschluß an die hebräische Bezeichnung *ummōt hā-'ōlām* „die Völker der Welt" im Gegensatz zum Volk Israel). C. A. Nallino vertritt in einem älteren, aber erst posthum erschienenen Aufsatz (Raccolta di scritti, II, Rom 1940, S. 60

bis 65: Il significato del vocabolo coranico „Ummī“ applicato a Maometto e quello di „al-Ummiyyūn“) die These, daß *ummī* soviel bedeutet wie „der arabischen *umma* angehörig“, „von arabischer Nationalität“. Die Deutung von Wensinck-Horovitz und diejenige von Nallino brauchen einander nicht unbedingt auszuschließen. Man könnte annehmen, daß *ummī* letzten Endes auf das hebräische *ummōt hā-ʿōlām* zurückgeht, daß aber Mohammed nachträglich an die Etymologie *ummī* < *umma* gedacht hat. Jedenfalls muß man mit der Möglichkeit rechnen, daß verschiedene Bedeutungen ineinandergeflossen sind. Siehe auch EI[1], Artikel *Ummī*; ferner Bell, Introduction, S. 17. — Falls die vorliegende Stelle **2**,78 wirklich in den Zusammenhang gehört, in dem sie jetzt steht, und demnach auf Juden bezogen werden muß, ist bei dem Ausdruck *ummīyūn* vielleicht an solche Juden gedacht, die vom arabischen Heidentum zur jüdischen Religion übergetreten sind (so auch Nallino, a.a.O., S. 64f.). Oder aber man nimmt mit Horovitz an (Koranische Untersuchungen, S. 53; Proper Names, S. 191), daß Mohammed hier einer Verwechslung von Heiden (entsprechend hebr. *ummōt hā-ʿōlām*) mit Laien, ungelehrte Juden (hebr. *ʿammē hā-āreṣ*) zum Opfer gefallen ist. — Das Wort *amānī* (Plural von *umnīya*), „Wünsche“, „Wahnvorstellungen“ kommt außer im vorliegenden Vers noch an folgenden Stellen vor: **2**,111 (*tilka amānīyuhum*); **4**,123 (*laisa bi-amānīyikum wa-lā amānīyi ahli l-kitābi*); **57**,14 (*wa-ġarrathumu l-amānīyu*). In The World of Islam. Studies in honour of Philip K. Hitti (London 1959) vertritt A. Guillaume die These, daß *amānī* speziell in der vorliegenden Stelle **2**,78 nicht von der Wurzel *mny* abzuleiten ist, sondern (ebenfalls als arabischer Plural) vom hebräisch-aramäischen Amen, arab. *āmīna* bzw. *amīna* (S. 41–46: The Meaning of *Amānīya* in Sūrah 2:73). Die Gründe, die Guillaume für seine These anführt, wirken jedoch nicht überzeugend. — *wa-in hum illā yaẓunnūna*: **45**,24; **4**,157; **6**,116. 148; **10**,36. 66; **53**,23. 27f.; (**43**,20).

2,79: **3**,78. — *li-yaštarū bihī ṯamanan qalīlan*: siehe die Anmerkung zu **2**,41, mit Belegen. — Das Verbum *kasaba* bzw. *iktasaba (VIII)* „erwerben“ wird im Koran meist in übertragenem Sinn gebraucht, in der Bedeutung „(eine Handlung) begehen“, „tun“. Siehe Charles C. Torrey, The Commercial-Theological Terms in the Koran, Leiden 1892, S. 27–29; J. Schacht, Islamica 1, 1953, S. 29–33; B. Boneschi, Kasaba et iktasaba: leur acception figurée dans le Qur'ān (Rivista degli Studi Orientali 30, 1955, S. 17–53). Die Grundbedeutung schimmert dabei immer noch durch. Denn der Ausdruck bezieht sich durchweg auf Handlungen, die moralisch zu bewerten sind (was Torrey nicht recht beachtet hat). Jeder, der eine solche Handlung begeht, erwirkt sozusagen automatisch eine Eintragung auf sein Lohn- bzw. Strafkonto. — Den Juden, oder einer Gruppe von ihnen, wird in Vers 79 vorgeworfen, daß sie behaupten, der von ihnen kopierte, gefälschte Text stamme von Gott (ähnl. **3**,78). Der Ausdruck *li-yaštarū bihī ṯamanan qalīlan* („um ihn gegen einen geringen Preis einzuhandeln“) ist wohl, dem sonstigen koranischen Sprachgebrauch entsprechend, als Metapher zu verstehen. Die Juden „verschachern“

sozusagen die Wahrheit, anstatt sie als unveräußerliches Gut zu bewahren. Auch der Ausdruck *mā yaksibūna* ist vermutlich in übertragenem, moralischem Sinn zu verstehen (s. o.), nicht als eine Anspielung auf materiellen Gewinn. C. A. Nallino hat sich für eine etwas andere Deutung des Verses ausgesprochen, jedoch ohne zu einer klaren Entscheidung zu kommen (Raccolta di scritti, III, 1941, S. 120).

2,80 *attaḫaḏtum 'inda llāhi 'ahdan*: **9**,7, Anmerkung, mit weiteren Belegen und Verweis auf Buhl, Der *'ahd* im Ḳurân (Acta Orientalia 3, 1924, S. 100 bis 106), S. 101. — *fa-lan yuḫlifa llāhu 'ahdahū*: **3**,194, mit weiteren Belegen. — *am taqūlūna 'alā llāhi mā lā ta'lamūna*: (**10**,68); (**7**,28. 33); (**2**,169).

2,81 Zur Bedeutung von *kasaba* siehe die Anmerkung zu **2**,79.

2,83 Verkürzter Zeitsatz (ebenso Vers 84). Siehe Einleitung zur Übersetzung, S. 3f. — *wa-iḏ aḫaḏnā mīṯāqa Banī Isrā'īla*: **2**,63/93; **4**,154; **5**,12. 70. Zum Inhalt der Verpflichtung: **4**,36; **17**,23–26; **6**,151f.; (**31**,13f.). — *wa-bil-wālidaini iḥsānan*: auch **46**,15; **29**,8. — Weitere Belege zu *wa-ḏī l-qurbā wal-yatāmā wal-masākīni* in der Anmerkung zu **4**,36.

2,84f. Die Akkusative *dimā'akum* und *anfusakum* haben kollektive, nicht individuelle Bedeutung. Belege: **2**,54; **4**,29. 66; **24**,61; **30**,28; **49**,11.

2,84 Im Ausdruck *lā tasfikūna dimā'akum* (bzw. *yasfika d-dimā'a*, oben Vers 30) vermutet Horovitz eine Entlehnung aus dem Hebräischen oder Aramäischen (Proper Names, S. 208). — *ṯumma aqrartum wa-antum tašhadūna*: **3**,81.

2,85 Vers 85 ist auffallend lang und in seinem mittleren Teil recht sprunghaft, um nicht zu sagen verworren (siehe auch Bell, Introduction, S. 86). Offensichtlich bezieht er sich nicht auf die frühere Geschichte der Israeliten, sondern auf die Lebensverhältnisse der zeitgenössischen Juden von Medina (siehe Nallino, Raccolta III, S. 115f.). Diesen wird vorgeworfen, daß sie inkonsequent sind, insofern sie einerseits wider Gottes Gebot gegen ihre eigenen Glaubensgenossen Krieg führen und einzelne davon aus ihren Wohnsitzen verdrängen, andererseits aber nicht dulden, daß Glaubensgenossen von ihnen in (Kriegs-)Gefangenschaft schmachten und sie deshalb nach Möglichkeit loskaufen. Der Passus *wa-huwa muḥarramun 'alaikum* („und es ist euch verboten") gehört nicht zu dem unmittelbar vorausgehenden Text, in dem vom Loskauf der Gefangenen die Rede ist, sondern zu der vorher gerügten Vertreibung der eigenen Volksgenossen. Zur Erklärung ist deshalb der Infinitiv *iḫrāǧuhum* („sie zu verdrängen") nachgestellt. Die Übersetzung liest sich in diesem Fall flüssiger als das Original. — *a-fa tu'minūna bi-ba'ḍi l-kitābi wa-takfurūna bi-ba'ḍin*: (**4**,150). — *fa-mā ǧazā'u man yaf'alu ḏālika minkum illā ḫizyun fī l-ḥayāti d-dunyā*...: **2**,114/**5**,33/41; **22**,9; **39**,26; **41**,16; (**9**,101). — *wa-yauma l-qiyāmati yuraddūna ilā ašaddi l-'aḏābi*: **40**,46. — *wa-mā llāhu bi-ǧāfilin 'ammā ta'malūna*: **2**,74, mit weiteren Belegen.

2,86 *fa-lā yuḫaffafu 'anhumu l-'aḏābu*...: **2**,162/**3**,88 (statt *yunṣarūna*: *yunẓarūna*), mit weiteren Belegen.

2,87 *wa-la-qad ātainā Mūsā l-kitāba*: **2**,53, mit weiteren Belegen. — *wa-*

qaffainā...: **5**,46; **57**,27. — *wa-ātainā ʿĪsā bna Maryama l-baiyināti wa-aiyadnāhu bi-rūḥi l-qudusi*: **2**,253; (**43**,63); (**5**,110); (**61**,6). — *a-fa-kullamā ǧāʾakum rasūlun...*: **5**,70; (**3**,183f.); (**2**,61, mit weiteren Belegen). Das Imperfekt *taqtulūna* steht des Reimes wegen statt des Perfekts *qataltum* (wie in **5**,70 *yaqtulūna* statt *qatalū*).

2,88 *wa-qālū qulūbunā ġulfun*: **4**,155. Zur Sache: 3. Mose 26,41; Jeremia 9,25. — *bal laʿanahumu llāhu bi-kufrihim...*: **4**,46. 155; (**5**,13); (**47**,23f.). — *qalīlan mā tuʾminūna*: auch **69**,41.

2,89–91: **2**,41f.; **3**,187; **4**,47.

2,89 *muṣaddiqun li-mā maʿahum*: **2**,41. 91. 101; **3**,81; **4**,47; **3**,3f., mit weiteren Belegen. — *fa-laʿnatu llāhi ʿalā l-kāfirīna*: **3**,87 mit weiteren Belegen.

2,90 *biʾsa-mā štarau bihī anfusahum*: **2**,102. Charles C. Torrey, The Commercial-Theological Terms in the Koran, Leiden 1892, S. 38. — *fa-bāʾū bi-ġaḍabin* **3**,112; **2**,61; (**7**,152).

2,91 *muṣaddiqan li-mā maʿahum*: oben Vers 89, mit weiteren Belegen. — *fa-li-ma taqtulūna anbiyāʾa llāhi min qablu*: **2**,61, mit weiteren Belegen.

2,92: **2**,51; **7**,148; **4**,153; **20**,85–98. Speyer, S. 323–325.

2,93 Verkürzter Zeitsatz. Siehe die Einleitung zur Übersetzung, S. 3f. — *wa-iḏ aḫaḏnā mīṯāqakum...bi-qūwatin*: **2**,63, mit weiteren Belegen. — *wa-smaʿū qālū samiʿnā wa-ʿaṣainā*: **4**,46. Der Ausdruck *samiʿnā wa-ʿaṣainā* ist allem Anschein nach eine (sinnentstellende) Übertragung des hebräischen Ausdrucks *wĕ-šāmaʿnū wĕ-ʿāsīnū* in 5. Mose 5,24. Die Israeliten bitten dort Mose, er möge die Worte Gottes entgegennehmen und an sie weitergeben, „damit (wāw consec. mit Perfekt!) wir (es) hören und (danach) tun". Horovitz, Proper Names, S. 214; Speyer, S. 301–303. — *wa-ušribū fī qulūbihimu l-ʿiǧla bi-kufrihim*: eine Reminiszenz an 2. Mose 32,20: „Dann nahm er (d.h. Mose) das Kalb, das sie gemacht hatten, verbrannte es und zermalmte es zu feinem Staub. Den streute er auf Wasser und gab es den Israeliten zu trinken". Vgl. 5. Mose 9,21 und Sure **20**,97. Speyer, S. 332f.; A. S. Yahuda, The Golden Calf and the Sāmirī (I. Goldziher Memorial, I, Budapest 1948, S. 286–290), S. 288f.

2,94–96: **62**,6–8; (**5**,18); (**2**,111. 120. 135).

2,97: **16**,102; **26**,193f.; (**16**,2); (**97**,4); (**40**,15). — *muṣaddiqan li-mā baina yadaihi*: **3**,3, mit weiteren Belegen. — *wa-hudān wa-bušrā lil-muʾminīna*: **27**,1f.; **16**,89. 102; (**46**,12).

2,100: **8**,56.

2,101 *muṣaddiqun li-mā maʿahum*: **2**,41. 89. 91; **3**,81; **4**,47; **3**,3f., mit weiteren Belegen. — *nabaḏa farīqun...kitāba llāhi warāʾa ẓuhūrihim*: **3**,187.

2,102f. Siehe Horovitz, Koranische Untersuchungen, S. 146–148: Hārūt und Mārūt; EI², Artikel Hārūt wa-Mārūt (G. Vajda), mit weiteren Literaturangaben. Horovitz geht der Entstehung und Geschichte der beiden Engelnamen Hārūt und Mārūt nach und kommt zu folgendem Ergebnis: „Man könnte sich den Vorgang so denken, daß Muhammad die im slawischen Henochbuch genannten Engel, aber vermutlich in einer anderen als der dort erhaltenen Namensform, kennen gelernt, sie mit den Engeln gleichgesetzt habe, welche nach Henoch 7,1 Zauberei lehrten, und den Namen des zweiten Engels dann an die ihm aus dem Aramäischen bekannte Form Mārūt angeglichen habe, während er den ersten vielleicht unverändert übernahm."

2,102 *wa-mā hum bi-ḍārrīna bihī min aḥadin illā bi-iḏni llāhi*: **58**,10. — *mā lahū fī l-āḫirati min ḫalāqin*: **2**,200; **3**,77. Zur Wortgeschichte von *ḫalāq*: Jeffery, Foreign Vocabulary, S. 124f.; Horovitz, Proper Names, S. 198f. — *wa-la-bi'sa mā šarau bihī anfusahum*: **2**,90. — *lau kānū ya'lamūna* (so auch im folgenden Vers 103): **16**,41; **29**,41. 64; **39**,26; **68**,33; **71**,4; **23**,114; (**102**,5); (**21**,39); (**56**,76); (**9**,81); (**26**,113).

2,104: **4**,46. — *wa-sma'ū*: **2**,93; **5**,108; **64**,16. Die Deutung des Verses ist umstritten. Siehe Horovitz, Proper Names, S. 204; Speyer, S. 302f. Vielleicht haben Geiger und Horovitz recht, wenn sie vermuten, daß der Anklang des arabischen *rā'inā* an das hebräische Wort für „böse" (*rā'*) der Grund war, weshalb es durch *unẓurnā* ersetzt werden sollte.

2,105 *(mā yawaddu) llaḏīna kafarū min ahli l-kitābi wa-lā l-mušrikīna*: **98**,1. 6. — *wa-llāhu yaḫtaṣṣu bi-raḥmatihī man yašā'u*: **3**,74; (**76**,31); (**42**,8); (**48**,25); (**12**,56).

2,106: (**16**,101); (**87**,6f.).

2,107: **9**,116.

2,108: **4**,153; **2**,55. — *wa-man tabaddala l-kufra bil-īmāni*...: **5**,12; **24**,55; **3**,86. 90.

2,109: **3**,69. 100; **4**,113; (**4**,89; **60**,2). — *fa-'fū wa-ṣfaḥū*. Siehe die Anmerkung zu **15**,85, mit weiteren Belegen. — Der Ausdruck *amr* kommt im Koran in verschiedenen Nuancen vor. Er bedeutet sowohl „Befehl", „Entscheidung" als auch „Angelegenheit", „Sache" (wobei diese in irgendeiner Weise als Gegenstand einer autoritativen Regelung gedacht ist). In Vers 109 und an vielen anderen Stellen bezeichnet *amr* die letzte Entscheidung Gottes in Form eines Strafgerichts. An vereinzelten Stellen scheint aber *amr* eine Art kosmologische Hypostase im Sinn des griechischen Logos bzw. des jüdisch-aramäischen *mēmrā* zu bezeichnen. So **10**,3 (*ṯumma stawā 'alā l-'arši yudabbiru l-amra*), **16**,2 (*yunazzilu l-malā'ikata bir-rūḥi min amrihī 'alā man yašā'u min 'ibādihī*), **97**,4 (*min kulli amrin*). Siehe die Anmerkungen zu diesen Versen, mit weiteren Belegen; ferner Horovitz, Proper Names, S. 188–190; Speyer, S. 4. 24f.; Thomas O'Shaughnessy, The Development of the Meaning of Spirit in the Koran, Rom 1953 (Orientalia Christiana Analecta 139), S. 33–42: „The Spirit from the *Amr* of the Lord". Eine genauere Definition von *amr* ist allerdings kaum möglich. Für die einzelnen Belegstellen lassen sich jeweils nur Annäherungswerte ermitteln. Auch gehen die Meinungen z.T. auseinander. Siehe J. M. S. Baljon, The 'Amr of God' in the Koran (Acta Orientalia 23, 1959, S. 7–18).

2,110: **73**,20; (**3**,115).

2,111: **2**,94; **62**,6; **5**,18; **2**,120. 135. — *hātū burhānakum*...: **27**,64; **21**,24; **28**,75; **23**,117. Das Wort *burhān* ist Lehnwort aus dem Äthiopischen. Vereinzelt scheint ihm noch die ursprüngliche Bedeutung „Licht", „Erleuchtung" anzuhaften. Meist heißt es aber in übertragenem Sinn „(einleuchtendes) Zeichen", „(klarer) Beweis". Nöldeke, Neue Beiträge, S. 58f.; Jeffery, Foreign Vocabulary, S. 77f.; Speyer, S. 203.

2,112: **4**,125; **31**,22. — Zur Bedeutung des Ausdrucks *aslama wağhahū li-llāhi* siehe H. Ringgren, Islam, 'aslama and muslim, Uppsala 1949, S. 22–24. — *fa-lahū ağruhū ʿinda rabbihī wa-lā ḫaufun ʿalaihim wa-lā hum yaḥzanūna*: **2**,62, mit weiteren Belegen.

2,113 *wa-hum yatlūna l-kitāba*: (**2**,44). — *allaḏīna lā yaʿlamūna*: **2**,118; **30**,59; **39**,9; **45**,17f.; 9,6. — *fa-llāhu yaḥkumu bainahum yauma l-qiyāmati fī-mā kānū fīhi yaḫtalifūna*: **16**,124; **22**,69; **3**,55; **39**,3. 46; (**42**,10); **10**,93/**45**,17; (**27**,78); **32**,25; **22**,17; (**60**,3); **16**,92; **5**,48; **6**,164; (**16**,39). Siehe auch die Anmerkung zu **2**,213.

2,114: (**22**,40). — *lahum fī d-dunyā ḫizyun wa-lahum fī l-āḫirati ʿaḏābun ʿaẓīmun*: **5**,33/41; **2**,85; **22**,9; **39**,26; **41**,16; (**9**,101). Die geschichtlichen Vorgänge, auf die Vers 114 anspielt, sind nicht mit Sicherheit zu deuten. Blachère denkt an Geschehnisse im zeitgenössischen Medina: „Il ne peut donc s'agir que de la profanation, par des opposants médinois, d'oratoires élevés par les Musulmans, dans leur ville". Mindestens ebenso viel spricht für die Vermutung von Bell: „This cannot refer to the Meccans; it may perhaps refer to the Jews who had assisted the Persians in their capture of Jerusalem". Siehe dazu Joshua Starr, Byzantine Jewry on the Eve of the Arab Conquest (565–638) (Journal of the Palestine Oriental Society 15, 1935, S. 280–293).

2,115: **2**,142–150; (**2**,177). — *li-llāhi l-mašriqu wal-maġribu*: auch **26**,28; **73**,9; **55**,17. — Der Ausdruck *tuwallū* (Variante *tawallau*) bezieht sich wohl auf die Richtung, die man beim Gebet einnimmt. So die überwiegende Mehrzahl der Kommentatoren; vgl. **2**,142–150. An sich wäre auch die allgemeine Bedeutung „sich hinwenden", „sich wegwenden" möglich. Dann hätte der Vers den Sinn: „Ihr könnt Gottes Allgegenwart nicht entgehen, wohin auch immer ihr euch wenden möget". Angesprochen wären in diesem Fall eher die Gegner (wie im vorhergehenden und folgenden). Unter anderem scheint aber auch der Versschluß (*inna llāha wāsiʿun ʿalīmun*) gegen diese Deutung zu sprechen. Die Formel hat sonst im Koran eher den Sinn einer Verheißung als den einer Drohung.

2,116f. Mohammed polemisiert an mehreren Stellen des Korans gegen die These, daß Gott „sich ein Kind (oder: Kinder) genommen hat" (*ittaḫaḏa llāhu waladan*). Es ist nicht immer klar, ob er bei dieser Polemik heidnisch-arabische oder christliche Glaubensvorstellungen im Auge hat. Denn erstens ist die These in ihrem Wortlaut nicht eindeutig. Das Nomen *walad* kann Maskulin- oder Feminin- und zudem Singular- oder Pluralbedeutung haben. Auch wissen wir nicht, ob der Ausdruck *ittaḫaḏa waladan* „sich ein Kind nehmen" bzw. „sich Kinder nehmen" immer wie in den Geschichten von Mose und Joseph (**28**,9; **12**,21) bedeuten soll: „an Kindes Statt annehmen", oder ob er auch in der

Bedeutung „zeugen“ (= *walada*) vorkommen kann. Zweitens wird das Verständnis des Ausdrucks *ittaḫaḏa llāhu waladan* dadurch erschwert, daß sich aus dem Textzusammenhang meistens keine genauen Rückschlüsse auf die Art der Gegner gewinnen lassen, gegen die Mohammeds Polemik gerichtet ist. Auch ist es keineswegs sicher, daß Mohammed mit diesem Ausdruck immer dasselbe gemeint hat. Vermutlich dachte er das eine Mal mehr an heidnisch-arabische Vorstellungen (in Mekka scheint man gewisse weibliche Gottheiten geradezu als Töchter Gottes bezeichnet zu haben), das andere Mal mehr an christliche Glaubensthesen, wobei nicht nur die Lehre von der Gottessohnschaft Jesu, sondern auch Anschauungen über den gottnahen Stand der Heiligen und Engel in Frage kamen. Alle diese Arten der Vergottung waren nach Mohammeds Auffassung typisches Heidentum. Er konnte sie deshalb ohne weiteres unter demselben Stichwort zusammenfassen. Übrigens scheint schon in den zeitgenössischen Vorstellungen über Wesen und Natur der Engel christliches und heidnisches Gedankengut ineinandergeflossen zu sein. Siehe Paul Arno Eichler, Die Dschinn, Teufel und Engel im Koran, Leipzig 1928, S. 98–100. — In der vorliegenden Stelle 2,116f. läßt sich der Ausdruck *ittaḫaḏa llāhu waladan* am ehesten als eine Anspielung auf die christliche Lehre von der Gottessohnschaft Jesu verstehen, u.z. deshalb, weil **19**,35, womit sie im Wortlaut weitgehend übereinstimmt, dem Zusammenhang nach auf diese christliche Lehre Bezug nimmt. Falls diese Vermutung stimmt, bedeutet der Schlußsatz von Vers 117 („wenn er eine Sache beschlossen hat, sagt er zu ihr nur: sei!, dann ist sie“), daß Gott mit seinem bloßen Schöpferwort das Jesuskind im Leib der Maria ins Leben rufen konnte, ohne daß es einer natürlichen Vaterschaft bedurft hätte.

2,116 *qālū ttaḫaḏa llāhu waladan*: **10**,68; **19**,88–93; **21**,26; **18**,4f.; **19**,35; **23**,91; **25**,2; **17**,111; **72**,2f.; **39**,3–5; **6**,100f.; **43**,81f.; **4**,171f.; **112**,3f.; (**37**,149 bis 153); (**17**,40); (**43**,15–19); (**16**,57f.); (**52**,39); (**53**,19–28). — *lahū mā fī s-samāwāti wal-arḍi kullun lahū qānitūna*: **30**,26; **21**,19; **19**,93; **4**,171; (**5**,17). Siehe auch die Anmerkung zu **10**,66.

2,117 *badīʿu s-samāwāti wal-arḍi*: **6**,101. — *iḏā qaḍā amran fa-innamā yaqūlu lahū kun fa-yakūnu*: **19**,35/**3**,47/**40**,68; **3**,59; **36**,82; **16**,40; (**19**,21); (**6**,73).

2,118: **20**,133; **21**,5; **6**,37; **29**,50; **13**,7. 27. — *allaḏīna lā yaʿlamūna*: **2**,113, mit weiteren Belegen.

2,119: **35**,24; **17**,105; **25**,56; **34**,28; **33**,45/**48**,8; (**6**,48/**18**,56); (**2**,213); (**4**,165).

2,120 *wa-lan tarḍā ʿanka l-Yahūdu wa-lā n-Naṣārā ḥattā tattabiʿa millatahum*...: **2**,135; **3**,73; (**6**,71); **2**,111. — *wa-la-ini ttabaʿta ahwāʾahum baʿda llaḏī ǧāʾaka mina l-ʿilmi*...: **13**,37; **2**,145; **45**,18f.; **5**,48; **30**,29. — In der Schlußformel heißt es statt *mina llāhi* (so auch **13**,37) sonst regelmäßig *min dūni llāhi*. — Zum Ausdruck *milla* („Bekenntnis“) siehe die Anmerkung zu **2**,130.

2,121: (**2**,146); (**3**,113f.); (**35**,29); **28**,52f.; **29**,47; (**6**,114); (**13**,36).

2,122f. Nach E. Beck sind die beiden Verse 122f. und (fast gleichlautend)

47f. nachträglich in den jetzigen Zusammenhang eingeschoben (Le Muséon 65, 1952, S. 73f.). — Belege siehe bei **2**,47 und 48.

2,124–141 Im Lauf seiner Auseinandersetzung mit den Juden (und Christen) stellte Mohammed die These auf, daß Abraham als Vertreter des reinen Gottesglaubens mit seinem Sohn Ismael zusammen den Ka'bakult in Mekka gestiftet hat. Die Juden vertreten nach dieser These eine spätere, erst von Mose gestiftete Religion (die christliche Religion liegt ihrer Entstehung nach noch später). Mohammed selber glaubte dagegen seine eigene Religion, den Islam, mit dem Glauben des Erzvaters Abraham identifizieren zu können und beanspruchte so für sich und seine Glaubensgemeinschaft die Priorität gegenüber dem Judentum (und Christentum). Außerdem ließ sich damit die Übernahme des an sich heidnischen Ka'bakultes in den Islam rechtfertigen. Siehe Snouck Hurgronje, Het Mekkaansche Feest (Verspreide Geschriften I, Bonn–Leipzig 1923, S. 1–124), bes. S. 25ff.; Speyer, S. 158–162 und 172–174; Edmund Beck, Die Gestalt des Abraham am Wendepunkt der Entwicklung Muhammeds. Analyse von Sure **2**,118(124)–135(141) (Le Muséon 65, 1952, S. 73–94). Kritisch besprochen von Youakim Moubarac, Revue des Études Islamiques 22, 1954, S. 118–120. Siehe auch die Ausführungen Moubaracs in Revue des Études Islamiques 20, 1952, S. 156 sowie seine Monographie Abraham dans le Coran, Paris 1958 (kritisch besprochen von R. Paret, Der Islam 35, 1960, S. 148–151; Moubarac schießt mit seiner Kritik an den Forschungsergebnissen von Snouck Hurgronje über das Ziel hinaus). — Belege: **22**,26–29. 78; **3**,65–68. 95–97; **16**,120–123; **6**,161; **4**,125; **14**,35–41.

2,124 Verkürzter Zeitsatz (ebenso in den Versen 125. 126. 127. 131). Siehe die Einleitung zur Übersetzung, S. 3f. — Der erste Teil des Verses (*wa-iḏi btalā Ibrāhīma rabbuhū bi-kalimātin fa-atammahunna*) wird allgemein auf die Geschichte von der Opferung Isaaks gedeutet (so neuerdings auch von E. Beck, Le Muséon 65, 1952, S. 74). Als Beleg wäre **37**,106 anzuführen, wo der Ausdruck *balā'* („Prüfung") sich eben auf diese Geschichte bezieht (V. 101–111; sie wird nur hier erwähnt). Als Subjekt von *atammahunna* ist in diesem Fall Abraham zu ergänzen. Er führte die Worte seines Herrn aus, indem er seinen Sohn zur Opferung bereitstellte. Vgl. die an ihn gerichteten Worte **37**,105: *qad ṣaddaqta r-ru'yā*. Die Stelle läßt sich aber auch auf die Verheißung von Abrahams später Nachkommenschaft deuten (vgl. **51**,28–30; **15**,53–56; **11**,70 bis 73). Die Worte, mit denen Abraham auf die Probe gestellt wird, sind dann Worte der Verheißung, nämlich der Ankündigung, daß er trotz seines hohen Alters noch Nachkommenschaft haben werde. Als Subjekt von *atammahunna* ist in diesem Fall Gott zu ergänzen. Er hat die Worte der Verheißung in Erfüllung gehen lassen. Vgl. **7**,137: *wa-tammat kalimatu rabbika l-ḥusnā* (bezieht sich auf den Auszug aus Ägypten und die Landnahme in Palästina); **6**,115: *wa-tammat kalimatu rabbika ṣidqan wa-'adlan lā mubaddila li-kalimātihī*. Vgl. ferner den Gebrauch von *atamma (IV)* im Sinn von: „er (Gott) hat (seine Gnade) voll gemacht", z.B. **12**,6. Weitere Belege für den Ausdruck „Worte (*kalimāt*) des Herrn": **2**,37 (*fa-talaqqā Ādamu min rabbihī kalimātin*); **18**,109/**31**,27. — *qāla innī ǧā'iluka lin-nāsi imāman qāla wa-min ḏurrīyatī*...: **14**,40; **21**,72f.; **32**,24; **28**,5; (**25**,74); **2**,127f.; **37**,112f.; **57**,26. Im Hinblick auf **14**,40 (und **2**,127f.) läßt sich der Passus *wa-min ḏurrīyatī* am besten als Akkusativ verstehen, in dem Sinn: „(mach) auch Leute aus meiner Nachkommenschaft (zu solchen Vorbildern)!" Vgl. **21**,73: *wa-ǧa'alnāhum a'immatan*...; **32**,24: *wa-ǧa'alnā minhum a'immatan*. — Der Schluß des Verses (*qāla lā yanālu 'ahdī ẓ-ẓālimīna*) schränkt die Erfüllung von Abrahams Bitte ein. Nur ein Teil seiner Nachkommenschaft wird fromm sein. Ein anderer Teil – vielleicht die Mehrzahl – wird freveln. Vgl. die oben angeführten Belege **37**,113 (*wa-min ḏurrīyatihimā muḥsinun wa-ẓālimun li-nafsihī mubīnun*); **57**,26 (*wa-minhum muhtadin wa-kaṯīrun minhum fāsiqūna*); ferner **7**,102. Auf diese Frevler erstreckt sich die Verheißung Gottes nicht.

2,125: **2**,126 (nächster Vers); **14**,35; **3**,96f.; **28**,57; **29**,67; **16**,112; (**5**,97); (**22**,25); (**95**,3). — *wa-'ahidnā ilā Ibrāhīma wa-Ismā'īla an ṭahhirā baitiya liṭ-ṭā'ifīna wal-'ākifīna war-rukka'i s-suǧūdi*: **22**,25f.; **2**,127 (übernächster Vers). — Zum Ausdruck *maqām Ibrāhīm* (hier und **3**,97) siehe Snouck Hurgronje, Het Mekkaansche Feest, S. 38 (Verspreide Geschriften, I, S. 28, Anm. 2): „...Oorspronkelijk beteekende maqām hier „heilige plaats" en ik geloof dat wij het best doen door onder „maqām Ibrahīm" = heilige plaats van Ibrahīm hetzelfde te verstaan als in het meermalen voorkomende „heilige masdjid" (*al-masǧid al-ḥarām*). Wij laten liefst onbeslist, of Mohammed hiermêe de onmiddellijke omgeving van de Ka'ba of geheel Mekka of ook den haram wilde anduiden, maar houden het voor uitgemaakt, dat beide namen van Mohammed afkomstig zijn." — Zum Passus *wa-'ahidnā ilā Ibrāhīma wa-Ismā'īla*...siehe Snouck Hurgronje a.a.O., S. 30–40 (23–29); E. Beck, Die Gestalt Abrahams ... (Le Muséon 65, 1952), S. 80–83. Mohammed muß die Person des Ismael ursprünglich als eine selbständige Gestalt aus der Heilsgeschichte aufgefaßt haben. Denn in den älteren koranischen Listen von Gottesmännern wird dieser ohne Verbindung mit Abraham und Isaak erwähnt (**19**,54f.; **6**,86; **38**,48; **21**,85). Dagegen wird Ismael in späteren Stellen regelmäßig zusammen mit Abraham genannt und, soweit Isaak und Jakob ebenfalls aufgeführt werden, diesen vorangestellt (**4**,136; **2**,136/**3**,84; **2**,140; **2**,133; vgl. **14**,39, hier ohne Jakob). Mit Abraham zusammen soll er den monotheistischen Kult in Mekka eingeführt oder erneuert haben (so außer der vorliegenden Stelle **2**,125 im übernächsten Vers 127; vgl. **37**,102). Die Vermutung Snouck Hurgronjes, Mohammed sei erst nach der Hiǧra infolge seiner Auseinandersetzung mit den Juden von Medina auf den Gedanken gekommen, Abraham (und Ismael) mit Mekka und dem Ka'bakult in Verbindung zu bringen, ist neuerdings von E. Beck und noch entschiedener von Y. Moubarac in Zweifel gezogen worden. Siehe die Literatur in der Anmerkung zu den Versen 124–141. — Der Ausdruck *ṭahhirā* ist (ebenso wie *ṭahhir* in **22**,26) in kultisch-religiösem Sinn gemeint. Es geht um die Beseitigung der Unreinheit des Heidentums.

2,126 *wa-iḏ qāla Ibrāhīmu rabbi ǧʿal hāḏā baladan āminan wa-rzuq ahlahū mina ṯ-ṯamarāti*: **14**,35–37; **2**,125 (vorhergehender Vers); **3**,97; **28**,57; **29**,67; (**16**,112); **95**,3. — *wa-man kafara fa-umattiʿuhū qalīlan ṯumma aḍṭarruhū ilā ʿaḏābi n-nāri*: **31**,23f.; weitere Belege zu *umattiʿuhū qalīlan* in der Anmerkung zu **2**,36. — Abrahams Bitte, Gott möge den Bewohnern von Mekka Früchte bescheren (hier und **14**,37), ist insofern begründet, als die Ortschaft selber in einem unfruchtbaren Gelände liegt (**14**,37: „in einem Tal ohne Getreide") und deshalb auf die Zufuhr von Lebensmitteln angewiesen ist (**28**,57; vgl. **16**,112).

2,127 *wa-iḏ yarfaʿu Ibrāhīmu l-qawāʿida mina l-baiti wa-Ismāʿīlu*: **2**,125 (vorletzter Vers). — Die Konstruktion von *iḏ* mit Imperfekt kommt vereinzelt auch sonst vor (**33**,12f. zuerst mit Imperfekt, dann mit Perfekt). Vielleicht hat das Imperfekt dabei die Bedeutung eines Durativs. In der vorliegenden Stelle wäre dann genauer zu übersetzen: „als Abraham dabei war, die Grundmauern – die des Hauses (der Kaʿba) – aufzuführen", oder: „als Abraham die Mauern – die des Hauses (der Kaʿba) – höher und höher machte". — Zur Verbindung Ismaels mit Abraham siehe die Anmerkung zu Vers 125. Nach E. Beck (Le Muséon 65, 1952, S. 83) ist der Name Ismaels im vorliegenden Vers 127 „nachträglich und unorganisch hinzugefügt". — Als Objekt von *taqabbal minnā* „nimm (es) von uns an!" wäre nach dem Zusammenhang etwa zu ergänzen: „was wir dir zu Ehren hier bauen". In Sure **14**,40 ist Abrahams Gebet als Objekt der entsprechenden Bitte genannt (*wa-taqabbal duʿāʾi*). Vielleicht ist deshalb auch im vorliegenden Vers „mein Gebet" bzw. „unser Gebet" zu ergänzen. Es ist übrigens zu beachten, daß in den Versen 127–129 die Anrede Gottes *rabbanā* („unser Herr") lautet, nicht *rabbi* („mein Herr") wie im vorausgehenden Vers. In der Übersetzung läßt sich dieser Unterschied kaum wiedergeben.

2,128 *rabbanā wa-ǧʿalnā muslimaini laka wa-min ḏurrīyatinā ummatan muslimatan*: Belege siehe in der Anmerkung zu Vers 124. — *wa-arinā manāsikanā*: **22**,34; **22**,67; (**2**,200). Mit den Riten (*manāsik*) sind wohl speziell kultische Handlungen und Gebräuche gemeint, die zur Wallfahrt gehören.

2,129: **2**,151; **3**,164; **62**,2; (**65**,11); (**4**,113). — *yatlū ʿalaihim āyātihī*. Siehe die ausführliche Anmerkung 4, Speyer, S. 159–161, über den koranischen Ausdruck *talā* („verlesen"). — Zum Begriffspaar *al-kitāb wal-ḥikma* („die Schrift und die Weisheit") siehe die Anmerkung zu **3**,48. — Zum Ausdruck *yuzakkīhim* hat Horovitz eine neue, aber fragwürdige Deutung vorgeschlagen (Proper Names, S. 207: the word ‚*yuzakkīhim*' would have to be interpreted as meaning „he provides them with merits").

2,130 Der Ausdruck *milla*, ein Lehnwort aus dem Aramäischen, kommt im Koran ziemlich gleichbedeutend mit *dīn* vor, einem Lehnwort aus dem Persischen. Er kann kaum anders als mit „Religion" übersetzt werden. In **38**,7 lehnen die mekkanischen Heiden die Aufforderung Mohammeds zur Anerkennung eines einzigen Gottes mit den Worten ab: *mā samiʿnā bi-hāḏā fī l-millati l-āḫirati in hāḏā illā ḫtilāqun* (die Bedeutung von *al-milla al-āḫira* ist noch zu klären). In den Geschichten von den Siebenschläfern (**18**,20) und von Šu'aib (**7**,88) und an einer anderen Stelle ähnlichen Inhalts (**14**,13) versuchen die Ungläubigen, die Gläubigen mit Drohungen zur Rückkehr in ihre (heidnische) *milla* zu bewegen (*au la-ta'ūdunna fī millatinā* oder ähnlich). Mit Ausnahme von zwei weiteren Stellen (**12**,37: *milla* von Leuten, die nicht an Gott und das Jenseits glauben; **2**,120: *milla* der Juden und Christen, hier im Gegensatz zum Glauben Mohammeds) steht *milla* im Koran sonst immer nur in Verbindung mit dem Patriarchen Abraham. Die „*milla* Abrahams", der als Ḥanīf (siehe Vers 135 und die Anmerkung dazu) den Prototyp des Rechtgläubigen darstellt, ist die einzig wahre, monotheistische Religion. Ihr hat sich seinerzeit Joseph, ihr haben sich später Mohammed und seine Parteigänger angeschlossen. Wer sie ablehnt, kann das nur aus Dummheit tun (*man yarġabu 'an millati Ibrāhīma illā man safiha nafsahū* im vorliegenden Vers.) — Belege: **12**,37f.; **16**,123; **6**,161; **4**,125; **3**,95; **2**,135; **22**,78. — Die Formulierung *man safiha nafsahū* ist ungewöhnlich. Statt *nafsahū* würde man eher die indeterminierte Form *nafsan* erwarten, oder statt des Ganzen das häufige *ẓalama nafsahū* („tut sich selber Unrecht"). Aber vielleicht ist die Formulierung durch die Äußerung eines Gegners bedingt, die im Wortlaut nicht mehr erhalten ist, weil Mohammed sie als bekannt voraussetzen konnte. Falls ein Gegner etwa gesagt hätte, es sei töricht, die „Religion Abrahams" zu propagieren, würde die Erwiderung gut passen: „Wer die Religion Abrahams verschmäht, ist seinerseits töricht". — *wa-la-qadi ṣṭafaināhu fī d-dunyā wa-innahū fī l-āḫirati la-mina ṣ-ṣāliḥīna*: **16**,120–122; **29**,27; **38**,45–47; **3**,33; **68**,50. — An verschiedenen Stellen des Korans werden die „Rechtschaffenen" („Frommen", *aṣ-ṣāliḥūn*) als eine auserwählte Gruppe der Seligen im Jenseits aufgeführt: **12**,101; **26**,83; **16**,122; **5**,84; **4**,69. Weitere Belege in der Anmerkung zu **12**,101.

2,131f. Mit *aslim*, *aslamtu* und *muslimūna* ist natürlich auf den Islam angespielt. Das Verbum *aslama (IV)* hat aber zugleich noch die ursprüngliche Bedeutung „sich (Gott) ergeben". In der Übersetzung läßt sich diese Doppeldeutigkeit nicht recht wiedergeben.

2,132: (**43**,28). — Nach E. Beck ist „das nachhinkende *wa-Ya'qūbu* wohl mit Sicherheit zu streichen. Es ist eine Vorwegnahme aus dem folgenden Vers" (Le Muséon 65, 1952, S. 88). — *fa-lā tamūtunna illā wa-antum muslimūna*: **3**,102; **7**,126; **12**,101.

2,133 Die Frage *am kuntum šuhadā'a* ist hier ebenso wie in **6**,144 ironisch gemeint. Angesprochen sind Mohammeds Zeitgenossen, vermutlich seine jüdischen Gegner (nach dem Bruch mit dem Judentum). Diese haben natürlich Jakobs Sterbestunde und sein Vermächtnis an seine Söhne nicht miterlebt. Was aus dieser an sich selbstverständlichen Feststellung zu folgern ist, wird im nächsten Vers (134) ausgesprochen: Die Gegner haben schon allein zeitlich einen so großen Abstand von den Patriarchen, daß sie sich (als Angehörige einer religiösen Gemeinschaft) nicht einfach mit diesen identifizieren lassen. Ein ähnlicher Zusammenhang ergibt sich weiter unten aus den beiden Versen

140 und 141 (Vers 141 stimmt wörtlich mit Vers 134 überein). Dort polemisiert Mohammed ausdrücklich gegen die Behauptung seiner zeitgenössischen Gegner, Abraham, Ismael, Isaak, Jakob und „die Stämme" seien als Juden oder Christen anzusprechen. — Zur Einreihung Ismaels vor Isaak siehe die Anmerkung zu **2**,125, zur Einreihung von Isaak unter die Väter bzw. Vorväter von Jakob die Anmerkung zu **6**,84. — *wa-naḥnu lahū muslimūna*: **2**,136; **3**,84; **29**,46.

2,134: **2**,141. — *wa-lā tus'alūna 'ammā kānū ya'malūna*: auch **34**,25; **15**,92f., mit weiteren Belegen. — Vers 134 (und 141) ist an die zeitgenössischen Gegner aus den Kreisen der „Schriftbesitzer" (vor allem wohl der Juden) gerichtet. Zwischen der Generation der biblischen Patriarchen und der der Juden (und Christen), die diese Patriarchen für ihre eigene Gemeinschaft in Anspruch nehmen, hat die heilsgeschichtliche Entwicklung eine Unterbrechung erfahren. Nach E. Beck ist Vers 134 (und 141) allerdings erst nachträglich in den jetzigen Zusammenhang eingefügt worden: „... Wie ist der kühle, fast abweisende Ton in *lahum* (lies: *lahā*) *mā kasabat* möglich, wenn es auf Ibrāhīm und seine Nachkommen zu beziehen ist, die doch als die Repräsentanten der wahren Religion im Mittelpunkt der Auseinandersetzung standen! Der Vers scheint daher weder hier noch in Sure **2**,128 (134) ursprünglich zu sein. Offenbar haben wir hier ... ein Koranfragment vor uns, das ursprünglich ohne festen Ort und Zusammenhang, wegen seines formelhaften Charakters bei der endgültigen Redaktion des kanonischen Textes dazu benützt wurde, eine gewisse Gliederung mehr hervortreten zu lassen" (Le Muséon 65, 1952, S. 93). — Zur Bedeutung des Verbums *kasaba* siehe die Anmerkung zu **2**,79.

2,135 *wa-qālū kūnū Hūdan au Naṣārā tahtadū*: **2**,111. 120; **3**,67. 72f. — Zum Ausdruck *milla* (und speziell *millat Ibrāhīm*) siehe die Anmerkung zu **2**,130 (mit Belegen). — Der Akkusativ *millata Ibrāhīma* hängt in **3**,95 und **16**,123 vom Verbum *ittaba'a* („folgen") ab. Dem entsprechend könnte man im vorliegenden Vers dasselbe Verbum ergänzen und übersetzen: „Nein! (Wir folgen) der Religion Abrahams..." Der Akkusativ läßt sich aber auch anders erklären, etwa als Akkusativ des Ausrufs (*'alā l-iġrā'*). Weitere, ebenfalls frei stehende Akkusative in ähnlichem Zusammenhang: **2**,138 (*ṣibġata llāhi*); **30**,30 (*fiṭrata llāhi*). — *bal millata Ibrāhīma ḥanīfan wa-mā kāna mina l-mušrikīna*: **16**,123; **6**,161; **4**,125; **3**,95; **3**,67; **16**,120; **6**,79; **10**,105; **30**,30; **22**,31; **98**,5. — Der Akkusativ *ḥanīfan* ist wohl attributiv zu verstehen. Siehe Reckendorf, Syntax, § 60,1. — Der koranische Ausdruck *ḥanīf* hat etwa die Bedeutung „muslimischer Monotheist". An vielen Stellen wird ergänzend hinzugefügt, daß derjenige, der als *ḥanīf* bezeichnet wird, „nicht zu den Heiden gehört" (wobei mit „Heiden", *mušrikūn*, im besonderen die Vertreter des altarabischen Heidentums gemeint sind). Oft wird der Ausdruck einschließlich dieser Ergänzung auf Abraham angewandt, den angeblichen Vertreter des reinen Urislam, der „*millat Ibrāhīm*" (siehe die Anmerkung zu **2**,130). Die Etymologie und die Bedeutungsentwicklung von *ḥanīf* sind noch nicht eindeutig geklärt. Siehe

Horovitz, Koranische Untersuchungen, S. 56–59; Buhl-Schaeder, Das Leben Muhammeds, S. 68–71; Speyer, S. 128; Jeffery, Foreign Vocabulary, S. 112 bis 115; Nabih Amin Faris, The Antiquities of South Arabia, Princeton 1938, S. 93, Anm.; N. A. Faris-Harold W. Glidden, The Development of the Meaning of the Koranic *Ḥanīf* (The Journal of the Palestine Oriental Society 19, 1939–1940, S. 1–13); R. Bell, Introduction, S. 12; Y. Moubarac, Abraham dans le Coran, Paris 1958, S. 151–161; EI², Artikel Ḥanīf (W. Montgomery Watt).

2,136: **3**,84. Zum Anfang auch **29**,46; **42**,15. — Zur Patriarchenreihe Abraham – Ismael – Isaak – Jakob siehe die Anmerkung zu **2**,125. — Der Ausdruck *al-asbāṭ*, „die (zwölf) Stämme", geht auf hebräisch *šebeṭ* bzw. aramäisch *šabṭā* zurück (Horovitz, Koranische Untersuchungen, S. 90; Jeffery, Foreign Vocabulary, S. 57f.). An der einen Stelle, an der *asbāṭ* ohne Artikel vorkommt, sind tatsächlich die zwölf Stämme Israels als Kollektive gemeint (**7**,160). Aber vielleicht hat Mohammed beim Gebrauch des Ausdrucks *al-asbāṭ* (mit Artikel) eher an Individuen gedacht (**2**,136/**3**,84; **4**,163; **2**,140; immer im Anschluß an die Reihe Abraham, Ismael, Isaak, Jakob). Statt „Stämme" müßte man dann genauer „Stammväter" übersetzen. Jeffery vermutet, daß Mohammed den jüdischen Ausdruck „die Zwölf" für die Kleinen Propheten mit dem für die zwölf Stämme verwechselt hat. — Der präpositionale Ausdruck *min rabbihim* gehört dem Sinn nach auch schon zu *wa-mā ūtiya Mūsā wa-ʿĪsā*. In der sonst im Wortlaut weitgehend übereinstimmenden Stelle **3**,84 wird das dadurch deutlich, daß *mā ūtiya* vor *an-nabīyūna* nicht wiederholt wird. — *lā nufarriqu baina aḥadin minhum*: **3**,84; **2**,285; **4**,152 (vgl. 150f.). Zur Sache bemerkt J. Horovitz (Koranische Untersuchungen, S. 39): „Wenn es Vers 130 (Standard-Zählung 136) mit Bezug auf die Propheten heißt, „wir unterscheiden nicht zwischen ihnen" – so soll damit gesagt sein, daß ihrer aller Offenbarungen der gleiche Wahrheitswert zugeschrieben wird, nicht aber, daß es innerhalb ihrer Reihe keine Unterschiede des Ranges gäbe, denn gerade solche werden in Sure **2**,254 (253) ausdrücklich anerkannt..." — *wa-naḥnu lahū muslimūna*: **2**,133; **3**,84; **29**,46.

2,137: **3**,20; (**16**,81f.); (**21**,108f.). — Der Ausdruck *hum fī šiqāqin* (an anderen Stellen *fī šiqāqin baʿīdin*) ist schwer zu übersetzen. Eigentlich bedeutet das Verbum *šāqqa (III)*, Infinitiv *šiqāq*, „sich abspalten". Es empfiehlt sich aber nicht, *šiqāq* mit dem kirchengeschichtlich belasteten Terminus „Schisma" wiederzugeben, wie Bell das tut. Am ehesten paßt wohl „Widerspenstigkeit", „Abspenstigkeit". Außer in **4**,35 (wo vom ehelichen Zusammenleben die Rede ist) bezieht sich der Ausdruck im Koran immer auf eine in Bosheit und Verstockung begründete Abkehr vom Weg des Heils, bzw. (persönlich) von Mohammed und Gott. Die Übersetzung mit „Opposition machen" ist ein Notbehelf. Man könnte allenfalls auch übersetzen: „dann ist das ein widerspenstiges Verhalten".

2,138 Die Bedeutung von *ṣibġa* ist umstritten. Jeffery (Foreign Vocabulary,

S. 192) übersetzt das Wort mit „baptism", Bell mit „savour", Blachère mit „onction" (siehe II, S. 767, Anm.). Einheimische Kommentatoren identifizieren es weiter mit *dīn* und *fiṭra* (Religion). E. Beck äußert sich folgendermaßen (Le Muséon 65, 1952, S. 92): „Zur Klärung der Bedeutung des *ṣibġatun* bietet der Koran keine weiteren Stellen. Doch verrät die wenn auch ferne Verbindung mit *milla*, daß *ṣibġa* Taufe (grundlegender religiöser Brauch, Initiation) hier in allgemeinerer Bedeutung für Religion überhaupt steht". Zur Deutung des Akkusativs *ṣibġata llāhi* siehe die Anmerkung zu *millata Ibrāhīma*, **2**,135. Vgl. ferner den Akkusativ *fiṭrata llāhi* (**30**,30).

2,139: **42**,15f.; (**28**,55).

2,140 *am taqūlūna inna Ibrāhīma wa-Ismā'īla wa-Isḥāqa wa-Ya'qūba wal-asbāṭa kānū Hūdan au Naṣārā qul a-antum a'lamu ami llāhu:* **3**,65f. — Zur Patriarchenreihe Abraham – Ismael – Isaak – Jakob siehe die Anmerkung zu **2**,125, zum Ausdruck *al-asbāṭ* die Anmerkung zu **2**,136. — *wa-man aẓlamu mimman katama šahādatan 'indahū mina llāhi*: **2**,283; **5**,106; **3**,70 (siehe die Anmerkung dazu). — Der Passus *wa-man aẓlamu mimman katama šahādatan 'indahū mina llāhi* ist nicht eindeutig. Klar ist eigentlich nur, daß die Ausdrucksweise aus der Praxis der Rechtsprechung bzw. Rechtsfindung stammt. Die Verschweigung eines Sachverhalts, der von Rechts wegen bezeugt werden müßte (oder von anderer Seite bereits bezeugt worden ist), wird als großes Unrecht gebrandmarkt. Vgl. die beiden Stellen **2**,283 und **5**,106, in denen ein rein juristischer Stoff abgehandelt wird. Schwierig ist schon die Übersetzung des Terminus *šahāda*. Damit ist wohl nicht die Zeugenaussage gemeint, sondern deren Inhalt, nämlich ein Sachverhalt, über den eine Zeugenaussage stattfinden soll oder bereits stattgefunden hat. Das ergibt sich u.a. aus dem Verbum *katama*. Verborgen oder verheimlicht wird ein Sachverhalt. Ein Zeugnis wird nicht verheimlicht, sondern verweigert oder allenfalls verfälscht. Eine weitere Schwierigkeit liegt in der Deutung des präpositionalen Ausdrucks *mina llāhi*. Wahrscheinlich soll damit gesagt sein, daß der wahre Sachverhalt den Schriftbesitzern „von Gott" eröffnet worden ist (nämlich durch ihre Offenbarungsschriften). Die Schriftbesitzer aber verheimlichen ihrerseits diesen ihnen bekannten, „bei ihnen" vorliegenden, „von Gott" eröffneten Sachverhalt. Für die Übersetzung ist diese Möglichkeit der Deutung gewählt. Es ist aber auch denkbar, wenngleich weniger wahrscheinlich, daß der Ausdruck *mina llāhi* als Umschreibung eines Genitivs aufzufassen und unmittelbar auf *šahādatan* zu beziehen ist. Mit dem ganzen Ausdruck wäre dann ein Sachverhalt gemeint, der feierlich deklariert bzw. in Abrede gestellt wird mit dem Bemerken, daß Gott Zeuge ist (nämlich für die Wahrheit der Aussage). Vgl. die Formulierung *wa-lā naktumu šahādata llāhi* in **5**,106. — *wa-mā llāhu bi-ġāfilin 'ammā ta'malūna*: **2**,74, mit weiteren Belegen.

2,141: **2**,134, mit weiteren Belegen.

2,142–150: **2**,115. — Mohammed führte nach seinem Bruch mit den Juden die Gebetsrichtung (*qibla*) nach dem Kultheiligtum in Mekka ein, nachdem er sich vorher allem Anschein nach dem jüdischen Brauch angeschlossen und für das Gebet die Richtung nach Jerusalem angeordnet hatte. Siehe Snouck Hurgronje, Het Mekkaansche Feest, S. 37f. (Verspreide Geschriften I, S. 27f.).

2,142: **2**,115, mit weiteren Belegen. — *yahdī man yašā'u ilā ṣirāṭin mustaqīmin*: **2**,213; **10**,25; **24**,46; (**6**,39).

2,143 *ummatan wasaṭan*: (**5**,66, mit weiteren Belegen); (**68**,28 Anm.). Vielleicht ist *ummatan wasaṭan* zu übersetzen: „zu einer ordentlichen Gemeinschaft" (oder ähnlich). Vgl. Emile Tyan, Institutions du droit public musulman, I, Le Califat, Paris 1954, S. 133, Anm. 2 (dazu A. Dietrich, Oriens 8, 1955, S. 164). Als Beleg ist in diesem Fall **3**,110 anzuführen. — *li-takūnū šuhadā'a 'alā n-nāsi wa-yakūna r-rasūlu 'alaikum šahīdan*: **22**,78; (**3**,140); (**4**,41); (**16**,89). — Mit dem Ausdruck *al-qiblata llatī kunta 'alaihā* (und *qiblatihimu llatī kānū 'alaihā* im vorausgehenden Vers 142) ist anscheinend die Gebetsrichtung nach Jerusalem gemeint. — *in kānat la-kabīratan...*: **2**,45. — *wa-mā kāna llāhu li-yuḍī'a īmānakum*: **3**,171; **9**,120/**11**,115/**12**,90; **12**,56; **7**,170; **18**,30; **3**,195.

2,144: **2**,149f. — *la-ya'lamūna annahu l-ḥaqqu min rabbihim*: **2**,149; (**2**,146f.); **6**,114; **28**,52f.; **34**,6. — *wa-mā llāhu bi-ġāfilin 'ammā ya'malūna*: **2**,74, mit weiteren Belegen.

2,145 *wa-la-in ataita llaḏīna ūtū l-kitāba bi-kulli āyatin mā tabi'ū qiblataka*: **6**,25; **7**,132. 146; (**10**,96f.). — *wa-la-ini ttaba'ta ahwā'ahum min ba'di mā ǧā'aka mina l-'ilmi...*: **2**,120, mit weiteren Belegen. — *innaka iḏan la-mina ẓ-ẓālimīna*: **10**,106; **11**,31; (**5**,107); (**12**,79).

2,146: **6**,20, mit weiteren Belegen. — Das Objektsuffix in *ya'rifūnahū* bezieht sich auf das vorausgehende *al-kitāb* („die Schrift"). Dieser Terminus beschränkt sich aber nicht auf die Offenbarung der „Schriftbesitzer", sondern gilt zugleich auch der koranischen Offenbarungsschrift, von der Mohammed ja annimmt, daß sie sachlich mit den früheren Offenbarungen übereinstimmt. — *wa-inna farīqan minhum la-yaktumūna l-ḥaqqa wa-hum ya'lamūna*: **2**,42, mit weiteren Belegen.

2,147: **3**,60; **6**,114; **10**,94; **11**,17; (**22**,54f.); (**19**,34); (**18**,29); (**11**,109); (**32**,23).

2,148: **5**,48; (**23**,61); (**35**,32); (**3**,114); (**21**,90). — Es ist fraglich, ob mit *wiǧhatun* speziell die Gebetsrichtung gemeint ist. In dem vergleichbaren Vers **5**,48 werden die weiteren Begriffe *šir'a* und *minhāǧ* verwendet.

2,149f.: **2**,144. Siehe die weiteren Belege zu diesem Vers. — Das zweimalige *min ḥaiṯu ḫaraǧta* ist nicht recht klar. Man würde eher erwarten: *ḥaiṯu mā kunta*. Am wahrscheinlichsten ist wohl die Deutung: „Wenn du zur Gebetszeit aus dem Haus, in dem du dich gerade befindest, zu den Gläubigen herauskommst, um mit ihnen das gemeinsame Gebet abzuhalten". Weniger wahrscheinlich ist die Deutung des Ausdrucks auf das Ausrücken ins Feld (wie an verschiedenen anderen Stellen, z.B. **9**,42. 46). Noch weniger wahrscheinlich ist die Deutung auf Mohammeds Auszug aus Mekka (so Bell). In diesem Fall hätte der Ausdruck den Sinn: „Von wo du (seinerzeit) ausgezogen bist (da befindet sich der wahre Kultort des Islam)". — Das Personalsuffix von *minhum* im Passus *illā lladīna ẓalamū minhum* ist am besten auf die Schriftbesitzer, speziell die Juden, zu beziehen. Vgl. **29**,46. — *fa-lā taḫšūhum wa-ḫšūnī*: **5**,3. 44; **3**,175; **9**,13; **33**,37. — *wa-li-utimma ni'matī 'alaikum*. Elliptische Ausdrucksweise. Siehe Nöldeke, Neue Beiträge, S. 18.

2,151: **2**,129, mit weiteren Belegen. — Belege zur Einleitung mit *ka-mā*: **8**,5; **2**,198. 239. — *wa-yu'allimukum mā lam takūnū ta'lamūna*: **2**,239; **4**,113; **6**,91; (**96**,4f.); (**2**,282).

2,153: **2**,45; (**7**,128).

2,154: **3**,169. — Belege zu *qāla li-* „von (oder: über) jemand oder etwas das und das sagen": **3**,156. 168; **4**,51; **16**,116; **34**,43/**46**,7; **46**,11.

2,155f.: **3**,186, mit weiteren Belegen; **16**,112; **3**,142. 146; (**22**,35).

2,157 *'alaihim ṣalawātun min rabbihim*: (**9**,99).

2,158 Zum Ausdruck *ša'ā'ir allāh* siehe die Anmerkung zu **5**,2. — *wa-man taṭauwa'a ḫairan*...: **2**,184. Es ist anzunehmen, daß mit der hier genannten supererogatorischen Leistung (*man taṭauwa'a ḫairan*) der Umgang bzw. Lauf zwischen aṣ-Ṣafā und al-Marwa gemeint ist. Allerdings ist diese kultische Handlung im Vorhergehenden eher negativ bewertet, als unverfänglich und erlaubt, nicht eigentlich positiv, wie es bei einem opus supererogationis vorauszusetzen wäre. Ibn Mas'ūd und andere bieten nun statt *an yaṭṭauwafa* die Lesart *an lā yaṭṭauwafa*. Diese verdient deshalb besondere Beachtung, weil sich nach ihr ein glatter Sinnzusammenhang des ganzen Verses ergibt. Danach wäre folgendermaßen zu übersetzen bzw. paraphrasieren: „Aṣ-Ṣafā und al-Marwa (sind nicht mehr heidnisch. Sie) gehören zu den Kultsymbolen Gottes. Wenn aber einer die Wallfahrt (*ḥaǧǧ*) zum Haus (der Ka'ba) oder die Besuchsfahrt (*'umra*) vollzieht, ist es für ihn keine Sünde, bei ihnen (d.h. aṣ-Ṣafā und al-Marwa) den Umgang *nicht* zu machen. (Dieser Umgang gilt nur als erlaubt, nicht aber als pflichtmäßiger Bestandteil der Wallfahrt.) Wenn aber einer freiwillig ein gutes Werk leistet (und den Umgang bzw. Lauf zwischen aṣ-Ṣafā und al-Marwa hinzufügt), ist Gott dankbar und (über alles) unterrichtet (und enthält ihm seinen Lohn nicht vor)." Vielleicht bietet diese Version den ursprünglichen Wortlaut, während der textus receptus eine nachträgliche Korrektur darstellt und aus einer Zeit stammt, in der der Lauf zwischen aṣ-Ṣafā und al-Marwa endgültig unter die verbindlichen Riten der Wallfahrt aufgenommen war. Zum Sachzusammenhang: Snouck Hurgronje, Het Mekkaansche Feest, S. 117–120 (Verspreide Geschriften I, S. 78–80). Siehe auch Omar A. Farrukh, Das Bild des Frühislam in der arabischen Dichtung, Leipzig 1937, S. 107f. — *fa-inna llāha šākirun 'alīmun*: **4**,147. Verschiedentlich wird Gott auch als *šakūr* bezeichnet.

2,159: **2**,174; **3**,187. — *ulā'ika yal'anuhumu llāhu wa-yal'anuhumu l-lā'inūna*: **2**,161; **3**,87, mit weiteren Belegen.

2,160: **3**,89/**24**,5; (**4**,146); (**5**,39); (**7**,153); (**6**,54); (**16**,119); (**4**,16f.).

2,161: **3**,91; **4**,18; **47**,34. — *'alaihim la'natu llāhi wal-malā'ikati wan-nāsi aǧma'īna*: **2**,159; **3**,87, mit weiteren Belegen.

2,162: **3**,88. — Sowohl **2**,162 als auch **3**,88 beginnen mit *ḫālidīna fīhā*. Das Personalsuffix von *fīhā* könnte man an sich auf das vorausgehende *laʿna* beziehen. Aber man ergänzt wohl besser ein Wort für Hölle und bezieht das Suffix auf dieses Wort. — *lā yuḫaffafu ʿanhumu l-ʿaḏābu wa-lā hum yunẓarūna*: auch **16**,85; **2**,86 (*yunṣarūna*); (**35**,36). — Speziell *wa-lā hum yunẓarūna*: auch **21**,40; **32**,29; **6**,8; **15**,8; **44**,29.

2,164: **45**,3–5. 12. — Die Erschaffung von Himmel und Erde wird so oft als Zeichen von Gottes Allmacht erwähnt, daß die Aufzählung von Belegen sich erübrigt. — *wa-ḫtilāfi l-laili wan-nahāri*: **3**,190; **10**,6; **45**,5; **23**,80; **25**,62; (**24**,44); (**3**,27/**22**,61/**31**,29/**35**,13/**57**,6); (**39**,5); (**36**,37). — *wal-fulki llatī taǧrī fī l-baḥri bi-mā yanfaʿu n-nāsa*: **14**,32; **22**,65; **45**,12; **30**,46; **17**,66; **31**,31; **16**,14/**35**,12; **43**,12f.; **23**,22/**40**,80; **36**,41f.; **42**,32; **55**,24; (**10**,22); (**29**,65). — *wa-mā anzala llāhu mina s-samāʾi min māʾin fa-aḥyā bihi l-arḍa baʿda mautihā*: **16**,65; **45**,5; **30**,24; **30**,50; **30**,19; **29**,63; **35**,9; **57**,17; **31**,10. Die Belebung der Erde durch Regen wird auch sonst im Koran oft unter den Zeichen Gottes aufgeführt. — *wa-baṯṯa fīhā min kulli dābbatin*: **31**,10; **42**,29; **45**,4; **35**,28; **24**,45; **4**,1; **67**,24; **23**,79; **42**,11. — *wa-taṣrīfi r-riyāḥi was-saḥābi l-musaḫḫari baina s-samāʾi wal-arḍi*: **45**,5; **15**,22; **35**,9; **7**,57; **25**,48; **27**,63; **30**,46; **30**,48; (**13**,12); (**24**,43); (**30**,51).

2,165 *anna l-qūwata li-llāhi ǧamīʿan*: (**4**,139); (**10**,65); (**35**,10).

2,166f.: **28**,62f.; **18**,52; **10**,28f.; **6**,22–24; **6**,94; **16**,27; **16**,86f.; **41**,47f.; **34**,40f.; **25**,17–19; **46**,5f.; **19**,82; **30**,13.

2,166 Verkürzter Zeitsatz. Siehe Einleitung zur Übersetzung, S. 3f. — *wa-taqaṭṭaʿat bihimu l-asbābu*: **6**,94; (**10**,28); (**18**,52).

2,167 *lau anna lanā karratan...*: **26**,102; **39**,58; (**6**,27, mit weiteren Belegen). — *wa-mā hum bi-ḫāriǧīna mina n-nāri*: **5**,37; **32**,20; **22**,22; **45**,35.

2,168: **6**,142; **5**,88; **8**,69; **16**,114; (**2**,172); (**23**,51). — *wa-lā tattabiʿū ḫuṭuwāti š-šaiṭāni innahū lakum ʿadūwun mubīnun*: auch **2**,208; (**24**,21); (**7**,27); (**36**,60).

2,169 *innamā yaʾmurukum bis-sūʾi wal-faḥšāʾi*: **24**,21; **2**,268; (**7**,28. 33). — *wa-an taqūlū ʿalā llāhi mā lā taʿlamūna*: **7**,28; **7**,33; (**10**,68); (**2**,80).

2,170: **5**,104; **31**,21; **43**,22–24; **10**,78, mit weiteren Belegen.

2,171 *ṣummun bukmun ʿumyun fa-hum lā yaʿqilūna*: **2**,18; **8**,22; **6**,39.

2,172f.: **16**,114f. Erwin Gräf, Jagdbeute und Schlachttier im islamischen Recht, Bonn 1959, S. 45.

2,172: **16**,114; (**2**,168); **5**,88, mit weiteren Belegen.

2,173: **16**,115; **6**,145; **5**,3.

2,174: **2**,159; **3**,187; **2**,41 (mit Anmerkung); **2**,42, mit weiteren Belegen. — *mā yaʾkulūna fī buṭūnihim illā n-nāra*: **4**,10. — *wa-lā yukallimuhumu llāhu...*: **3**,77; (**23**,108).

2,175 *ulāʾika llaḏīna štarawu ḍ-ḍalālata bil-hudā*: **2**,16; (**4**,44).

2,176 *nazzala l-kitāba bil-ḥaqqi*: **13**,1, mit weiteren Belegen. — *fī šiqāqin baʿīdin*: **22**,53; **41**,52. Zur Bedeutung des Ausdrucks siehe die Anmerkung zu **2**,137. Vgl. auch den Ausdruck *fī ḍalālin baʿīdin*: **14**,3/**42**,18/**50**,27; **34**,8; (**4**,60. 116. 136. 167); (**14**,18); (**22**,12).

2,177 *laisa l-birra an...walākinna l-birra...*: **2**,189; **22**,32. 37. — *man āmana bi-llāhi wal-yaumi l-āḫiri wal-malā'ikati wal-kitābi wan-nabīyīna*: **4**,136; **2**,285. — *wa-ātā l-māla 'alā ḥubbihī ḏawī l-qurbā wal-yatāmā wal-masākīna wa-bna s-sabīli was-sā'ilīna wa-fī r-riqābi*: **4**,36, mit weiteren Belegen. Das Suffix im Ausdruck *'alā ḥubbihī* ist ein Objektsuffix und bezieht sich nicht auf Gott, sondern auf *al-māla*. Belege: **76**,8f. (*innamā nuṭ'imukum li-waǧhi llāhi*... in Vers 9 ist eine zusätzliche Aussage und sachlich nicht mit *'alā ḥubbihī* zu identifizieren); **3**,92 (*lan tanālū l-birra ḥattā tunfiqū mimmā tuḥibbūna*); **89**,20 (*wa-tuḥibbūna l-māla ḥubban ǧamman*). Wie ich nachträglich feststellte, hat C.J. Lyall schon vor über 50 Jahren dieselbe Deutung des Ausdrucks *'alā ḥubbihī* vertreten (The meaning of the words *'alā ḥubbihi* in Qur. II, S. 172, Journal of the Royal Asiatic Society, 1914, S. 158–163). — *wa-bna s-sabīli:* **17**,26/**30**,38; **4**,36; **2**,215; **9**,60; **8**,41; **59**,7. Der Ausdruck „Sohn des Weges" steht immer innerhalb einer Reihe von Personengruppen, die der besonderen Fürsorge empfohlen werden. Nach den Kommentaren bezeichnet es ganz allgemein Leute, die auf Reisen, „unterwegs" sind (und so – wenigstens vorübergehend – des Rückhalts an Familie und Sippe entbehren). Man könnte aber *as-sabīl*, das den zweiten Bestandteil des Ausdrucks bildet, vielleicht auch in der spezifischen Bedeutung *sabīl allāh* („Weg Gottes") verstehen. Vom „Wege Gottes" ist im Koran häufig die Rede. „Auf dem Wege Gottes" (*fī sabīli llāhi*), d.h. um Gottes willen wandern die Gläubigen aus, spenden sie, mühen sie sich ab mit Gut und Blut, kämpfen und fallen sie, während umgekehrt die Gegner versuchen, sie vom „Wege Gottes" (mit Überredungskünsten, Druckmitteln oder Gewaltanwendung) abzuhalten und abirren zu lassen. Von diesem Zusammenhang aus gesehen wäre ein „Sohn des Weges" einer, der den „Weg Gottes" eingeschlagen, d.h. sich dem Islam angeschlossen hat und dadurch in Not gekommen ist (so auch Bell: „the follower of the way"; dazu die Anmerkung: „Lit. ‚son'; probably refers to those who have suffered through adhering to the Moslem community"; siehe auch The Muslim World 38, 1948, S. 35). Im besonderen hätte man dabei an diejenigen von Mohammeds Anhängern zu denken, die aus den unteren Schichten der Bevölkerung von Mekka stammten und nach ihrem Übertritt bzw. nach der Auswanderung nach Medina vollends mittellos und hilfsbedürftig dastanden. Beachtenswert ist die Formulierung *an yu'tū ulī l-qurbā wal-masākīna wal-muhāǧirīna fī sabīli llāhi* in Sure **24**,22. Neben den Verwandten und Armen werden hier statt des „Sohnes des Weges" diejenigen der Wohltätigkeit empfohlen, „die um Gottes willen (wörtlich: auf dem Wege Gottes) ausgewandert sind". Das spricht vielleicht für die oben an zweiter Stelle angeführte Deutung des Terminus *ibn as-sabīl*. Gerd-Rüdiger Puin untersucht in seiner Dissertation „Der Dīwān von 'Umar ibn al-Ḫaṭṭāb – Ein Beitrag zur frühislamischen Verwaltungsgeschichte", Bonn 1970, die koranischen Ausdrücke *fī sabīl Allāh* und *ibn as-sabīl* im Zusammenhang, auch unter chronologischen Gesichtspunkten (S. 43–57). Abschließend faßt er die Ergebnisse seiner Analyse der einschlägigen Koranverse in folgenden Thesen zusammen:

„*sabīl Allāh* heißt in Mekka die religiöse Rechtleitung durch den Propheten Mohammed. Parallel zu *ibn as-sabīl* verengt sich die Bedeutung in früh-medinensischer Zeit auf den kämpferischen Einsatz der Auswanderer und bezeichnet später den der muslimischen Kämpfer allgemein. *ibn as-sabīl* ist in Mekka der in Not geratene Mit-Muslim, in früh-medinensischer Zeit der von Mohammed abhängige, treue Auswanderer und mittellose, auch von der Wohltätigkeit der Anṣār abhängige Kämpfer der ersten ġazawāt. Etwa seit dem Kampf von Badr steht der Begriff allgemein für den muslimischen Kämpfer. Beide Begriffe haben einen starken religiösen Unterton, der von der Bedrängnis der Muslime in Mekka geprägt ist. Darin mag der Grund zu suchen sein, daß die Ausdrücke ihren konkreten Sinn vermutlich schon in der Zeit der ersten großen Eroberungszüge verloren, als der Anteil der Medinenser an den Heeren nur noch verschwindend gering war." — *wal-mūfūna bi-ʿahdihim*: **3**,76, mit weiteren Belegen. — Statt des Akkusativs *waṣ-ṣābirīna* müßte eigentlich der Nominativ *waṣ-ṣābirūna* stehen. Siehe Gesch. des Qor. III, S. 2.

2,178f. Zur Institution der Wiedervergeltung siehe Artikel Ḳiyās, EI[1] II, S. 1115–1118 (J. Schacht).

2,178 *min aḫīhi*. Vermutlich soll mit dem Ausdruck „Bruder" der zur Rächung des Totschlags Verpflichtete nicht einfach als (leiblicher) Bruder des Getöteten bezeichnet werden, sondern als Glaubensbruder dessen, der den Totschlag begangen hat. Belege für den Gebrauch von „Bruder" (*aḫ*, Mehrzahl *iḫwa* und *iḫwān*) im Sinn von Glaubensbruder: **49**,10; **3**,103; **59**,10; **9**,11; **33**,5. — *fa-mani ʿtadā baʿda ḏālika fa-lahū ʿaḏābun alīmun*: **5**,94.

2,179 Wenn es hier heißt, die Wiedervergeltung sichere (den Gläubigen oder den Menschen überhaupt) das Leben, bedeutet das entweder, daß nunmehr nur noch der Täter belangt wird und nicht, wie bisher bei der Blutfehde, ein weiterer Kreis von Menschen zu Tode kommt, oder aber ganz allgemein, daß die Wiedervergeltung als Institution abschreckend wirkt und dadurch fortgesetztes Blutvergießen vermieden wird.

2,180–182: **5**,106–108; **4**,7–9. 11f. 33.

2,180 *ḥaqqan ʿalā l-muttaqīna*: **2**,241. 236.

2,183–187 Die Verse 183–185 und 187 handeln von der Fastenpflicht. Zur Sache: S. D. Goitein, Studies in Islamic History and Institutions, Leiden 1966, S. 90–110: Ramadan, The Muslim Month of Fasting; K. Wagtendonk, Fasting in the Koran, Leiden 1968, S. 47–81.

2,184 *fa-man kāna minkum marīḍan au ʿalā safarin fa-ʿiddatun min aiyāmin uḫara*: **2**,185. — *fa-man taṭauwaʿa ḫairan fa-huwa ḫairun lahū*: **2**,158. Auffallend ist im vorliegenden Vers die doppelte bzw. dreifache Verwendung von *ḫair*. Das Ganze wirkt wie ein Wortspiel. — *in kuntum taʿlamūna*, ebenfalls im Anschluß an *ḫairun lakum*: **2**,280; **9**,41; **16**,95; **29**,16; **61**,11; **62**,9.

2,185 *šahru ramaḍāna llaḏī unzila fīhi l-qurʾānu*: **97**,1; **44**,2f. — Die Präposition *min* im Ausdruck *wa-baiyinātin mina l-hudā wal-furqāni* dient zur Umschreibung des Genitivs (in epexegetischem Sinn). Zur Bedeutung von *furqān* siehe die Anmerkung zu **2**,53. — *wa-man kāna marīḍan au ʿalā safarin fa-ʿiddatun min aiyāmin uḫara*: **2**,184. — *yurīdu llāhu bikumu l-yusra wa-lā yurīdu bikumu l-ʿusra*: **5**,6; **22**,78. — *wa-li-tukmilū l-ʿiddata*... Elliptische Ausdrucksweise. Siehe Nöldeke, Neue Beiträge, S. 18. — *wa-li-tukabbirū llāha ʿalā mā hadākum*: **22**,37.

2,186: **11**,61; **40**,60; **27**,62; **6**,41, mit weiteren Belegen; (**42**,26); (**46**,5). Zur Sache: (F.) S. D. Goitein, Zur Entstehung des Ramaḍāns (Der Islam 18, 1929, S. 189–195), S. 189. 194; Ramadan, the Muslim Month of Fasting (s.o. zu **2**,183–187), S. 99f.; Wagtendonk, a.a.O., S. 68–71. Der Passus *wa-iḏā sa'alaka ʿibādī ʿannī* leitet übrigens einen sogenannten Bedingungssatz mit Verschiebung ein. Siehe Einleitung zur Übersetzung, S. 4.

2,187 *hunna libāsun lakum wa-antum libāsun lahunna*. Das tertium comparationis dieses bildhaften Ausdrucks ist wohl das Anliegen am Körper. — *tilka ḥudūdu llāhi*: **4**,13, mit weiteren Belegen.

2,188 *wa-lā ta'kulū amwālakum bainakum bil-bāṭili*: **4**,29; **4**,161; **9**,34; (**30**,39). — Der Satz *wa-tadlū bihā ilā l-ḥukkāmi* ist entweder eine direkte Fortführung des vorhergehenden *wa-lā ta'kulū*... (also gleich *wa-lā tadlū*...). Siehe Bergsträsser, Verneinungspartikeln, S. 66 (die Stelle ist dort übersehen). Oder er ist dem Vorhergehenden als Subjunktiv untergeordnet (durch *wāw al-maʿīya*; Wright-de Goeje, II, § 15e; Reckendorf, Syntax, § 231). In diesem Fall wäre genauer zu übersetzen: „so daß (oder: indem) ihr euch damit an die Richter wendet". Vgl. **2**,42; **47**,35.

2,189 *wa-laisa l-birru bi-an*...*walākinna l-birra*...: **2**,177; **22**,32. 37.

2,190 *wa-qātilū fī sabīli llāhi llaḏīna yuqātilūnakum*: **9**,36; (**2**,217). — *wa-lā taʿtadū inna llāha lā yuḥibbu l-muʿtadīna*: **5**,87.

2,191 *wa-qtulūhum ḥaiṯu ṯaqiftumūhum wa-aḫriǧūhum min ḥaiṯu aḫraǧūkum*: **4**,89 bis 91; **33**,61; **9**,5. Speziell zu *min ḥaiṯu aḫraǧūkum*: (**60**,1); **22**,40; **2**,246. A. S. Yahuda nimmt an, daß *ṯaqifa* aus dem Hebräischen entlehnt ist und „angreifen" bedeutet. A Contribution to Qur'ān and Ḥadith Interpretation (I. Goldziher Memorial Volume I, S. 280–308), S. 299f. — *wal-fitnatu ašaddu mina l-qatli*: **2**,217. In **2**,217 ist allem Anschein nach auf den Überfall von Naḫla angespielt, wo – noch vor Ablauf des heiligen Monats Raǧab – ein Ungläubiger durch einen Muslim getötet wurde (siehe die Anmerkung zu diesem Vers). Demnach ist wohl auch an der vorliegenden Stelle beim Ausdruck *al-qatl* an das Töten von Ungläubigen durch Gläubige gedacht, nicht umgekehrt.

2,192: **8**,38.

2,193: **8**,39. — *fa-ini ntahau*...: **2**,192 (vorhergehender Vers).

2,194 Mohammed geht hier allem Anschein nach von der Voraussetzung aus, daß die Gegenpartei den heiligen Frieden gebrochen hat, und nimmt nun unter dem Gedanken der Wiedervergeltung dasselbe Recht für sich und die Seinen in Anspruch. Siehe Snouck Hurgronje, Het Mekkaansche Feest, S. 54 (Verspreide Geschriften I, S. 38).

2,195: (**47**,38). — *wa-lā tulqū bi-aidīkum ilā t-tahlukati*. Wörtlich: „Und streckt eure Hand nicht dem Verderben hin." Siehe A. Fischer, Sure **2**,191

(ZDMG 65, 1911, S. 794–796; 66, 1912, S. 294–299. 410). Es ist nicht klar, was der (in sich eindeutige) Satz in diesem Zusammenhang bedeuten soll. Ṭabarī zählt vier verschiedene Deutungen der alten Exegeten auf. Fischer ergänzt (a.a.O.): „Und spendet Geld für Gottes Sache (d.h. insonderheit für den Krieg gegen die Ungläubigen) und überliefert euch nicht (dadurch, daß ihr es an Eifer und Opferfreudigkeit für diesen Krieg fehlen laßt) dem Verderben.“ Man könnte aber auch übersetzen bzw. paraphrasieren: „Aber stürzt euch nicht ins Verderben (indem ihr euch durch übermäßig hohe Spenden verausgabt)!“ Vgl. **17**,26f.; **25**,67.

2,196 Dieser Vers ist schwer zu deuten, auch wenn man ihn mit Snouck Hurgronje, Het Mekkaansche Feest, S. 51–54 und 82–91 (Verspreide Geschriften I, S. 36–38 und 56–61) von vornherein aufspaltet und den einen Teil auf das Unternehmen von Ḥudaibiya (im Jahr 6 d.H.), den anderen auf die Abschiedswallfahrt (10 d.H.) bezieht. — *fa-in uḥṣirtum*: **2**,273, Anmerkung. Mit dem Ausdruck *uḥṣirtum* ist wohl an Behinderung durch feindlichen Widerstand gedacht (gegen Ṭabarī, der für diese Bedeutung den I. Stamm des Verbums fordert). Der Passus *fa-iḏā amintum* („wenn ihr in Sicherheit seid“, in der 2. Vershälfte) setzt die andere Möglichkeit, nämlich daß kein feindlicher Widerstand mehr zu erwarten ist. Ein vollständig anderer Sinn ergibt sich für den ganzen Zusammenhang, wenn man den Ausdruck *fa-in uḥṣirtum* auf Behinderung durch Krankheit oder sonstige individuelle Abhaltungsgründe deutet. — *wa-lā taḥliqū ru'ūsakum*: **48**,27. — *ḥattā yabluġa l-hadyu maḥillahū*: **48**,25; **22**,33; **5**,95. Der *maḥill* der Opfertiere ist sicher im heiligen Gebiet zu lokalisieren. — Snouck Hurgronje gibt a.a.O., S. 52 (37) folgende zwei Deutungsmöglichkeiten für den ganzen Zusammenhang: 1. „Wenn ihr, im heiligen Gebiet angekommen, auf Widerstand stoßt, dann nehmt eure zu Opfertieren geweihten Rinder und Kamele mit und schert euch nicht eher den Kopf, als bis ihr mit Gewalt zum Gotteshaus vorgedrungen seid.“ 2. „Wenn ihr daran gehindert werdet, den Ḥaǧǧ (der ja an eine bestimmte Zeit gebunden ist) mitzufeiern, dann ruht nicht eher, als bis ihr eure für den Ḥaǧǧ bestimmten (oder: die zur Gutmachung für den nicht vollbrachten Ḥaǧǧ von euch geforderten?) Opfertiere am heiligen Opferplatz geschlachtet und damit gezeigt habt, daß das heilige Haus nicht nur von euch verehrt wird, sondern daß ihr auch willens seid, eure Rechte darauf geltend zu machen.“ — *fa-iḏā amintum*: **48**,27. Der Ausdruck *fa-iḏā amintum* ist wohl als Gegensatz zu *fa-in uḥṣirtum* gedacht (s.o.). Das folgende *fa-man tamatta'a*... bezieht sich nach Snouck Hurgronje, a.a.O., S. 82–91 (56–61) auf die Wallfahrt im Jahr 10 d.H. und im besonderen auf die damals von Mohammed vorgenommene Unterbrechung des Weihezustands zwischen 'Umra und Ḥaǧǧ. — Der Ausdruck *ḥāḍirī l-masǧidi l-ḥarāmi* bezieht sich nicht auf das zeitliche, sondern auf das räumliche Zugegensein. Vgl. **7**,163: *'ani l-qaryati llatī kānat ḥāḍirata l-baḥri.*

2,197 *al-ḥaǧǧu ašhurum ma'lūmātun.* Snouck Hurgronje (Het Mekkaansche Feest, S. 80f./Verspr. Geschr. I, S. 55) vermutet, daß nur die beiden Monate

D̲ū l-qaʿda und D̲ū l-ḥiǧǧa gemeint sind, obwohl die Pluralform *ašhur* statt der zu erwartenden Dualform *šahrān* verwendet wird. Man könnte aber vielleicht auch daran denken, daß der Ausdruck *ḥaǧǧ* im weiteren Sinn gebraucht wird, nämlich für die große Wallfahrt (den Ḥaǧǧ im engeren Sinn) *und* für die kleine Wallfahrt (die ʿUmra). Man müßte dann allerdings annehmen, daß Mohammed bei der Verkündigung dieses Verses beabsichtigte, die ʿUmra weiterhin auf den Raǧab festzulegen, was wohl früher üblich gewesen war, später aber außer Übung kam. Dann könnte man den Plural *ašhur* auf die drei Monate D̲ū l-qaʿda, D̲ū l-ḥiǧǧa und Raǧab beziehen. Dieser Deutung steht jedoch die Tatsache entgegen, daß im vorhergehenden Vers deutlich zwischen Ḥaǧǧ und ʿUmra unterschieden wird. — *wa-mā tafʿalū min ḫairin yaʿlamhu llāhu*: **2**,215; **4**,127; **3**,115.

2,198f. Zu den Vorschriften über den Prozessionslauf (*ifāḍa*) siehe Snouck Hurgronje, Het Mekkaansche Feest, S. 135–137 (Verspreide Geschriften I, S. 89–91).

2,198 *laisa ʿalaikum ǧunāḥun an tabtaġū faḍlan min rabbikum*: **5**,2; **62**,9f. — Das Perfekt im Zeitsatz *id̲ā afaḍtum*... ist vielleicht in präteritalem Sinn zu verstehen (wie *fa-id̲ā qaḍaitum* im übernächsten Vers). Demnach hätte der *d̲ikr* nicht während der Prozession stattzufinden, sondern im Anschluß daran. Die „heilige Kultstätte" ist wohl (mit den Kommentatoren) in al-Muzdalifa zu lokalisieren, d.h. am Endpunkt der ersten Prozessionsstrecke und vor Beginn der zweiten, die weiter bis Minā führt. Siehe die Anmerkung zum folgenden Vers. — Belege zur Einleitung mit *ka-mā*: **2**,239; **2**,151; **8**,5.

2,199 Anscheinend war man sich nicht darüber einig, wo der Prozessionslauf (*ifāḍa*) beginnen soll. Der vorliegende Vers nimmt zu dieser Streitfrage Stellung. Nach der Mehrzahl der Kommentatoren wendet er sich speziell an die Mekkaner, die angeblich bis dahin mit dem Lauf erst in al-Muzdalifa begonnen hatten, und fordert sie auf, den Lauf nunmehr wie die übrigen Pilger schon in ʿArafāt anzutreten. Dieser Deutung scheint aber der Beginn des Verses (*t̲umma afīḍū* „Hierauf führet den Prozessionslauf durch") zu widersprechen, vorausgesetzt, daß der Vers mit dem vorhergehenden zusammengehört. Demnach war nur der zweite Abschnitt des Prozessionslaufs (von al-Muzdalifa nach Minā) umstritten, nicht auch schon der erste (von ʿArafāt nach al-Muzdalifa). Siehe die Anmerkung zum vorhergehenden Vers. Eine weitere Möglichkeit, dem Sinnzusammenhang der Verse 198f. gerecht zu werden, bietet schließlich folgende Übersetzung bzw. Paraphrase: „Und wenn ihr von ʿArafāt aus den Prozessionslauf durchführt, dann gedenket (gleich beim Aufbruch) Gottes an der heiligen Kultstätte... Hierauf führet den Prozessionslauf durch, von wo die (anderen) Leute ihn durchführen..." In diesem Fall müßte man die „heilige Kultstätte" in ʿArafāt lokalisieren, und es wäre nur von einem einzigen Prozessionslauf die Rede, dem von ʿArafāt nach al-Muzdalifa. — An Stelle von *min ḥait̲u afāḍa n-nāsu* ist auch die Lesart *min ḥait̲u afāḍa n-nāsi* überliefert. Unter *an-nāsi* wäre eine Art Wallfahrtsleiter zu verstehen, der (in vorislamischer Zeit) im besonderen mit der Führung des Prozessionszuges betraut war. Siehe Snouck Hurgronje, a.a.O., S. 135–137 (89f.).

2,200 *fa-ḏkurū llāha ka-ḏikrikum ābā'akum au ašadda ḏikran.* Der Sinn des Vergleichs ist nicht recht klar. Vielleicht wird auf die altarabische Sitte angespielt, Macht und Ansehen der Väter und Vorväter zu rühmen. — *mā lahū fī l-āḫirati min ḫalāqin*: **2**,102; **3**,77. Zur Wortgeschichte von *ḫalāq*: Jeffery, Foreign Vocabulary, S. 124f.

2,201 *ātinā fī d-dunyā ḥasanatan wa-fī l-āḫirati ḥasanatan*: **7**,156. — *wa-qinā 'aḏāba n-nāri*: **3**,16. 191.

2,202 Zur Bedeutung des Verbums *kasaba* siehe die Anmerkung zu **2**,79. — *wa-llāhu sarī'u l-ḥisābi*: **24**,39; **3**,19/199/**5**,4/**14**,51/**40**,17; **13**,41; **6**,62; (**6**,165/ **7**,167).

2,203 *wa-ḏkurū llāha fī aiyāmin ma'dūdātin*: **22**,28. — Es liegt nahe, Vers 203 als Fortsetzung zu Vers 200a zu betrachten. Auch die Kommentatoren sind der Ansicht, daß mit der „bestimmten Anzahl von Tagen" der Ausklang der Wallfahrt gemeint ist, nämlich die drei sogenannten Tašrīq-Tage im Anschluß an die Schlachtung der Opfertiere in Minā. Siehe Snouck Hurgronje, Het Mekkaansche Feest, S. 171–174 (Verspreide Geschriften I, S. 112–114). Der Wortlaut von **22**,28 spricht ebenfalls für diese Deutung.

2,205 Das Verbum *sa'ā* bedeutet eigentlich „laufen", „eilen", in übertragenem Sinn „sich anstrengen", „Eifer entwickeln". An drei Koranstellen wird es in Verbindung mit dem Begriff *fasād* („Unheil", siehe die Anmerkung zu **2**,11f.) bzw. *afsada* („Unheil anrichten") gebraucht, wobei außerdem die Ortsbezeichnung *fī l-arḍi* angehängt wird (im vorliegenden Vers: *sa'ā fī l-arḍi li-yufsida fīhā*; **5**,33/64: *yas'auna fī l-arḍi fasādan*). Diese kombinierte Ausdrucksweise wird etwa bedeuten: „sich (überall) im Land, auf Unheil sinnend, herumtreiben" oder „(überall) im Land eifrig auf Unheil bedacht sein". Statt *sa'ā* wird übrigens in demselben Zusammenhang auch das Verbum *'aṯā* verwendet (**2**,60/**7**,74/**11**,85/**26**,183/**29**,36: *wa-lā ta'ṯau fī l-arḍi mufsidīna*).

2,206 *(aḫaḏathu) l-'izzatu bil-iṯmi.* Wörtlich etwa: „sich in sündhafter Weise stark und gewaltig fühlen". — *wa-la-bi'sa l-mihādu*: **3**,12. 197; **13**,18; **38**,56; (**7**,41). Zur Übersetzung siehe H. Wehr, ZDMG 101, 1951, S. 113.

2,207 *ibtiġā'a marḍāti llāhi*: **4**,114 und **13**,22, mit weiteren Belegen.

2,208 Die Bedeutung von *silm* ist ganz unsicher. Nach den Kommentatoren ist „Ergebung" im Sinn von „Islam" oder „Gehorsam" (*ṭā'a*) damit gemeint, oder aber (wie mit der Variante *salm*) „Friedenszustand" (= *ṣulḥ*). Vielleicht hat man unter dem Terminus ganz allgemein einen Zustand des Heils zu verstehen (vgl. M. Lidzbarski, Salām und Islām, Zeitschrift für Semitistik 1, 1922, S. 85–96), vielleicht aber auch – mehr auf das Politische gehend – einen Zustand des inneren Friedens und Zusammenhalts in der Gemeinde. H. Ringgren (Islam, 'aslama and muslim, Uppsala 1949, S. 11f.) schließt sich der Ansicht an, daß *silm* hier sachlich soviel wie Islam bedeutet und bringt dafür zwei Belege aus der frühislamischen Dichtung bei. — *walā tattabi'ū ḫuṭuwāti š-šaiṭāni innahū lakum 'adūwun mubīnun*: **2**,168; **6**,142; (**24**,21).

2,209 Es liegt nahe, beim Ausdruck *in zalaltum* („wenn ihr ausgleitet") an die Verführung durch den Teufel zu denken (vgl. **2**,36; **3**,155). Damit wäre auch der Anschluß an den vorhergehenden Vers gegeben.

2,210 *hal yanẓurūna illā an ya'tiyahumu llāhu fī ẓulalin mina l-ġamāmi wal-malā'ikatu*: **6**,158; **16**,33; **15**,8; **78**,38f.; **25**,22. — Zum Ausdruck *fī ẓulalin mina l-ġamāmi* siehe A. S. Yahuda, A Contribution to Qur'ān and Ḥadith Interpretation (Goldziher Memorial Volume, I, S. 280–308), S. 285: „...the real meaning of *ẓulal* is ‚booths of foliage made for shelter' ... It is to be observed that the Jews thought the ‚pillar of cloud' Ex. 13,22, as ‚booths of clouds' *ẓulal min al-ghamām* **2**,206, exactly as the Targum has it *mĕṭallaṯ 'anānīn* ‚booth of clouds'." — *wa-quḍiya l-amru* („die Sache ist entschieden", in eschatologischer Bedeutung): **6**,8. 58; **14**,22; **19**,39; (**39**,69); (**40**,78). — *wa-ilā llāhi turǧa'u l-umūru*: **3**,109; **8**,44; **22**,76; **35**,4; **57**,5; (**42**,53); (**11**,123).

2,211 *sal Banī Isrā'īla kam ātaināhum min āyatin baiyinatin*: **17**,101; **44**,33; **45**,17. — Vers 211 verdankt seine Einfügung an dieser Stelle vielleicht einer Assoziation zwischen den „Hütten aus Wolken" (*ẓulal min al-ġamām*) in der eschatologischen Szene des vorhergehenden Verses (vgl. die Ausführungen von A. S. Yahuda in der Anmerkung dazu) und dem Wunder der Beschattung durch die Wolke (beim Zug der Kinder Israel durch die Wüste: **2**,57: *wa-ẓallalnā 'alaikumu l-ġamāma*; ähnl. **7**,160). — *yubaddilu ni'mata llāhi*: **14**,28; (**8**,53); (**13**,11).

2,212 Das Substantiv *zīna* bedeutet an sich „Schmuck", das dazu gehörige Verbum *zaiyana (II)* „schmücken". Dabei ist meist auch schon an die anziehende Wirkung gedacht, die die Ausschmückung einer Sache oder Person mit sich bringt. Diese anziehende Wirkung wird oft zur Verführung. Daher die häufige Verwendung des Ausdrucks in moralisch negativem Sinn. „Schmuck" (*zīna* bzw. *zaiyana*) wird – ähnlich wie „Nutznießung" (*matā'* bzw. *matta'a*; siehe die Anmerkung zu **2**,36) – zu einer abschätzigen Bezeichnung für den eitlen Tand und Flitter der diesseitigen Welt, der die Menschen verführt, indem er sie vom besseren Jenseits und von allen höheren Werten des Lebens ablenkt. „Vermögen und Söhne sind Flitter des diesseitigen Lebens" (**18**,46; vgl. die beiden Parabeln von der Vergänglichkeit der Güter dieser Welt **57**,20 und **10**,24; ferner **28**,60. 79f.; **11**,15f.; **33**,28f.; **18**,28; **10**,88; (**18**,7); mit dem Verbum ausgedrückt in der vorliegenden Stelle und **3**,14). Eine etwas speziellere Bedeutung liegt in den Stellen vor, in denen es heißt, daß den Ungläubigen ihre (schlechten) Handlungen „ausgeschmückt" worden sind (Passiv *zuiyina*: **6**,122; **10**,12; **35**,8; **9**,37; **40**,37; **47**,14; ferner **13**,33; **48**,12), oder daß der Satan ihnen ihre Handlungen ausgeschmückt hat (*zaiyana lahumu š-šaiṭānu a'mālahum* oder ähnlich: **8**,48; **16**,63; **27**,24; **29**,38; **6**,43; **6**,137; **41**,25), so daß sie ihnen gut vorkommen (**35**,8). Der Teufel hat sich beim Sündenfall der beiden ersten Menschen eine solche verführerische Tätigkeit ausbedungen und übt sie seither an allen Menschen aus, mit Ausnahme der wirklich Frommen (**15**,39f.). Und da er nicht in eigener Machtvollkommenheit handelt, sondern mit der Erlaubnis und im Auftrag Gottes, geht das verführerische „Ausschmücken" der sündigen Handlungen letzten Endes auf Gott selber zurück (**6**,108; **27**,4). — *wa-llāhu yarzuqu man yašā'u bi-ġairi ḥisābin*: **3**,27. 37; **24**,38; **40**,40; (**39**,10). Im vorliegenden Vers ist bei dem Passus vermutlich an die Belohnung der Frommen im Jenseits gedacht, wie **40**,40 und **24**,38. Anders **3**,27 und 37. Siehe die Anmerkung zu **3**,27.

2,213 *kāna n-nāsu ummatan wāḥidatan*: **10**,19; (**21**,92f./**23**,52f.). — *wa-anzala ma'ahumu l-kitāba bil-ḥaqqi*: **13**,1, mit weiteren Belegen. — Vers 213 bringt mehrere Gedanken zum Thema Verschiedenartigkeit der Offenbarungsreligionen (*iḫtilāf al-umam*), ohne sie zu einer Einheit zu verschmelzen. — Die Ergänzung „(nachdem sie uneins geworden waren)" ergibt sich aus dem Zusammenhang sowie aus **10**,19. Von Ibn Mas'ūd und Ubai wird übrigens die Variante überliefert: ...*ummatan wāḥidatan fa-ḫtalafū fa-ba'aṯa*... — Der Gedanke, daß früher oder später „entschieden wird, worüber sie uneins sind", findet sich an vielen Stellen. Einmal heißt es (mit einer etwas abweichenden Formulierung): „Dieser Koran berichtet den Kindern Israel das meiste von dem, worüber sie uneins sind" (**27**,76). Einige Stellen nennen die Propheten und jüdischen Gottesgelehrten (**5**,44), Jesus (**43**,63) bzw. die „Leute des Evangeliums" (**5**,47) oder Mohammed (**5**,48f.; **16**,64) als diejenigen, die an Hand der Schrift über strittige Fragen zu entscheiden haben. Aber meistens heißt es, daß *Gott* „zwischen den Menschen entscheiden wird über das, worüber sie uneins waren", u.z. oft mit dem Zusatz „am Tag der Auferstehung" oder ähnlich, also in eschatologischem Sinn. Belege in der Anmerkung zu **2**,113. Außerdem **10**,19; **11**,110/**41**,45; **42**,14. — *wa-mā ḫtalafa fīhi illā llaḏīna ūtūhu ...baġyan bainahum*: **45**,17; **3**,19; **42**,14; (**10**,93); (**98**,4); (**3**,105); (**2**,253); (**11**,110/**41**,45). — Belege für die Konstruktion von *hadā* mit *li* (statt *ilā*): **7**,43; **10**,35; **17**,9; **24**,35; **49**,17. — Der Ausdruck *bi-iḏnihī* bezieht sich auf eine Tätigkeit, die Gott selber ausgeübt hat (*fa-hadā llāhu*). Vgl. **5**,15f.; **14**,1; **42**,51; **2**,221. — *wa-llāhu yahdī man yašā'u ilā ṣirāṭin mustaqīmin*: **2**,142; **10**,25; **24**,46; (**6**,39).

2,214: **3**,142; **9**,16; **29**,2f.; **5**,71; **47**,31; (**29**,11); (**3**,166f.); (**9**,126). — Bei den Worten *maṯalu llaḏīna ḫalau min qablikum* spielt der Gedanke mit, daß es sich um einen beispielhaften Fall handelt. In der Übersetzung kommt das nicht zum Ausdruck. Belege: **24**,34; **43**,8. 56. — *wa-zulzilū*: **33**,11.

2,215 Die Frage, was gespendet werden soll, findet sich auch in Vers 219. Dort folgt die direkte Antwort. Im vorliegenden Vers lautet jedoch die Antwort so, wie wenn nicht gefragt wäre, was, sondern für wen gespendet werden soll. — Zusammenstellungen von Personengruppen, die der Wohltätigkeit empfohlen werden: **4**,36, mit weiteren Belegen. — Über die Bedeutung des Ausdrucks *ibn as-sabīl* siehe die Anmerkung zu **2**,177 (mit Belegen). — *wa-mā taf'alū min ḫairin*...: **2**,197; **4**,127; **3**,115; **2**,273. 270.

2,216 *kutiba 'alaikumu l-qitālu wa-huwa kurhun lakum*: **4**,77; **47**,20. Es erübrigt sich, alle Belege für den Kampf gegen die Ungläubigen anzuführen. Die wichtigsten sind **9**,29. 36 und **2**,193/**8**,39. — *wa-'asā an tuḥibbū šai'an wa-huwa šarrun lakum*: (**4**,19). — *wa-llāhu ya'lamu wa-antum lā ta'lamūna*: **2**,232/**3**,66/**24**,19; **16**,74.

2,217 Nach Ṭabarī bezieht sich Vers 217 auf den Überfall von Muslimen auf eine mekkanische Karawane bei Naḫla (im Jahr 2 d.H.). Damals wurde – noch vor Ablauf des heiligen Monats Rağab – ein Ungläubiger namens Ibn al-Ḥaḍramī durch einen Muslim getötet. — *wa-ṣaddun 'an sabīli llāhi...wal-masğidi l-ḥarāmi*: **22**,25; **8**,34; **48**,25; **5**,2. — *wal-fitnatu akbaru mina l-qatli*: **2**,191. — *wa-man yartadid minkum 'an dīnihī*: **5**,54. — *ḥabiṭat a'māluhum fī d-dunyā wal-āḫirati*: **3**,22; **9**,69. Eigentlich bedeutet *ḥabiṭa* „aufgebläht sein", „aufgedunsen sein". Im Koran wird das Wort immer in übertragenem Sinn gebraucht und auf menschliche Handlungen bezogen. Diese sollen als gehaltlos, leer und nichtig bezeichnet werden.

2,218: **8**,74; **3**,195; **22**,58f.; **9**,20f.; **16**,41; **9**,111; **4**,74; **3**,157f.; **47**,4–6.

2,219 Der Wein wird im Koran verschieden bewertet. In Sure **16**,67 gilt er noch uneingeschränkt als Gottesgabe. Der vorliegende Vers 219 besagt, daß er mehr zur Sünde verführt als nützlich ist. Sure **4**,43 verbietet den Gläubigen, betrunken zum Gebet zu kommen. Schließlich wird in Sure **5**,90f. der Wein zusammen mit dem Losspiel (*maisir*), den Opfersteinen (*anṣāb*) und den Lospfeilen (*azlām*) als Greuel und Teufelswerk bezeichnet, das die Gläubigen meiden sollen, da der Teufel damit nur Feindschaft und Haß zwischen ihnen aufkommen lassen und sie vom Gedenken Gottes und vom Gebet (*ṣalāt*) abhalten will. — Mit *maisir* (was im vorliegenden Vers und in der zuletzt angeführten Stelle **5**,90f. zusammen mit dem Wein genannt wird) bezeichnete man den Brauch, sich mit mehreren Partnern zum Zweck einer Kamelschlachtung zusammenzuschließen, wobei die Verteilung der Fleischstücke und besonders auch die Aufbringung des Kaufpreises durch das Los entschieden wurde. Siehe Anton Huber, Über das „Meisir" genannte Spiel der heidnischen Araber. Diss. Leipzig 1883. Das dort auf S. 14 genannte Werk von Ibn Qutaiba, Kitāb al-Maisir wal-qidāḥ, ist inzwischen von Muḥibbaddīn al-Ḫaṭīb herausgegeben worden (Kairo: Salafīya 1343/1925). — *wa-yas'alūnaka mā ḏā yunfiqūna*: **2**,215. — Der Ausdruck *al-'afw* kommt auch **7**,199 vor (*ḫuḏi l-'afwa wa-'mur bil-'urfi*). Aber es ist fraglich, ob er dort dieselbe Bedeutung hat wie im vorliegenden Vers. Zamaḫšarī gibt allerdings für beide Stellen denselben Beleg aus der Poesie (*ḫuḏī l-'afwa minnī tasdadīmī mawaddatī...*). In **2**,219 bedeutet *al-'afwa* nach der üblichen Auslegung „Überschuß", d.h. was an Vermögenswerten über den eigenen Unterhaltsbedarf hinausgeht, oder überhaupt was leicht aufgebracht werden kann und willig gegeben wird. Siehe jetzt auch Meïr M. Bravmann, „The surplus of property": an early Arab social concept (Der Islam 38, 1963, S. 28–50). — Der Schlußsatz des Verses (*ka-ḏālika yubaiyinu llāhu lakumu l-āyāti*... „so macht Gott euch die Verse klar...“) kommt in verschiedenen Variationen auch sonst im Koran vor, meist im Anschluß an gesetzliche Vorschriften. So **2**,187. 242; **5**,89; **24**,58. 59. 61; (**2**,221. 230); in anderem Zusammenhang: **2**,266; **3**,103. Im vorliegenden Vers geht auch eine Regelung gesetzlicher Art voraus, aber diese ist im Gegensatz zu den anderen Fällen äußerst knapp formuliert und überdies in der Deutung umstritten, so daß der Ausspruch „Gott macht euch die Verse klar“ schlecht zu passen scheint.

2,220 Die drei ersten Wörter des Verses (*fī d-dunyā wal-āḫirati*) sind wohl aus einem anderen Zusammenhang hierher versprengt. Zum Folgenden gehören sie nicht, da mit *wa-yas'alūnaka* ein ganz neuer Satz beginnt. Ebenso wenig passen sie zu dem unmittelbar vorhergehenden Schlußsatz von Vers 219, was schon durch die Verszäsur zum Ausdruck kommt. Falls man sie trotzdem darauf beziehen wollte, müßte man übersetzen: „Vielleicht würdet ihr nachdenken, 220: (nachdenken) über das Diesseits und das Jenseits.“ Auch das Folgende ist schwer verständlich. Der Text enthält in der Formulierung einige Worte, die vieldeutig oder sonst unklar sind, so daß es kaum möglich ist, die besondere zeitgeschichtliche Situation zu rekonstruieren, auf die der Vers Bezug nimmt, und die ihrerseits den Schlüssel zu seinem Verständnis bieten würde. — Verschiedene Koranstellen (**4**,2f. 6. 9f.; (**4**,127); **6**,152/**17**,34) warnen vor Übergriffen in der Verwaltung von Waisengut. Vermutlich handelt es sich auch im vorliegenden Vers um die Verwaltung von Vermögen, das Waisen gehört, und nicht um rein persönliche Beziehungen zu den Waisen selber. Die Kommentatoren mögen übrigens im Hinblick auf den Passus *wa-lau šā'a llāhu la-a'natakum* gegen Schluß des Verses recht haben, wenn sie vermuten, daß der Vers als Ganzes genommen ein Zugeständnis (*ruḫṣa*) an die Gläubigen enthält: Diese sollten sich nicht sklavisch an das Verbot halten, das Vermögen der Waisen anzutasten, im gegebenen Fall aber eine brüderliche Gemeinschaft mit ihnen eingehen. Alles weitere ist unsicher. — Der Infinitiv IV *iṣlāḥun* wird am ehesten die allgemeine Bedeutung „recht tun“ haben (eigentlich: „in Ordnung bringen“, „für geordnete Verhältnisse sorgen“), da dasselbe Wort (als Partizip *muṣliḥ*) kurz nachher dem gebräuchlichen Ausdruck für „Unheil anrichten“ gegenübersteht (*afsada (IV)*, Partizip *mufsid*; zur Bedeutung siehe die Anmerkung zu **2**,11f.). Der präpositionale Ausdruck *lahum* („ihnen“) ist aus sprachlichen und sachlichen Gründen zu *iṣlāḥun* zu ziehen (im Sinn von: *an tuṣliḥū lahum*), nicht zum folgenden *ḫairun*. — Das Verbum *ḫālaṭa (III)* „sich mit jemandem zusammentun“ kommt im Koran nur an dieser Stelle vor. Jedoch hängt das Nomen *ḫulaṭā'* „Partner“ (Plural von *ḫalīṭ* = Partizip III *muḫāliṭ*) eng damit zusammen. Sure **38**,24 heißt es im Anschluß an die Geschichte von dem reichen Mann, der außer den 99 Schafen, die er besitzt, auch noch das eine Schaf des armen Mannes haben will (vgl. 2. Sam. 12): „Viele von denen, die über gemeinsames Eigentum verfügen (*mina l-ḫulaṭā'i*), tun ihren Partnern Gewalt an“.

2,221 *ulā'ika yad'ūna ilā n-nāri*: **28**,41; **40**,41; (**31**,21). — Der Ausdruck *bi-*

idnihī bezieht sich auf eine Tätigkeit, die Gott selber ausübt (*wa-llāhu yad'ū...*). Vgl. **2**,213, mit Belegen.

2,222 Im Schlußsatz wird der Begriff der Reinigung (*taṭahhur*) ins Sittlich-Religiöse sublimiert. Vgl. **9**,108; **5**,6.

2,223 *qaddimū li-anfusikum*: **2**,110; **73**,20; **59**,18. — *wa-bašširi l-mu'minīna*: **9**,112/**10**,87/**61**,13; **33**,47; **2**,25/**10**,2.

2,224 Der Ausdruck *'urḍa* kann auch „Ziel" bedeuten. In diesem Fall wäre zu übersetzen: „Macht nicht Gott zu einem Ziel für eure Eide". Weitere mögliche Bedeutungen von *'urḍa* bei Lane s.v.

2,225: **5**,89 (siehe die Anmerkung dazu); (**33**,5); (**66**,2). — Der Ausdruck *āḫaḏa (III)* bedeutet „einen (wegen eines Vergehens) belangen" oder geradezu „einen (für ein Vergehen) büßen lassen", nicht nur – wie im heutigen Sprachgebrauch – „einem etwas übelnehmen". Belege: **5**,89; **2**,286; **16**,61; **35**,45; **18**,58. 73. — Zur Bedeutung des Verbums *kasaba* siehe die Anmerkung zu **2**,79.

2,226–233. 236f. 241f.: **65**,1–7; **33**,49; **58**,1–4; **4**,19–21; (**33**,28f.); (**66**,1 bis 5). Zur Sache: J. Schacht, Artikel Ṭalāḳ (EI[1] IV, S. 688–693), S. 688 bis 690; R. Bell, Muhammad and Divorce in the Qur'ān (The Moslem World 29, 1939, S. 55–62).

2,226f. Zur Sache siehe J. Schacht, The Origins of Muhammadan Jurisprudence, Oxford 1950, S. 215. — In den beiden vorausgehenden Versen 224f. ist davon die Rede, daß unbedacht abgelegte Eide nicht bindend zu sein brauchen. Die Verse 226f. handeln vom Enthaltungsschwur (*ilā'*), der innerhalb einer Frist von vier Monaten noch nicht endgültig bindet. Insofern bilden beide Versgruppen eine Einheit, und die Verse 224f. stehen mit Recht innerhalb eines Abschnitts, in dem Bestimmungen über das Eherecht aneinandergereiht sind.

2,228 Der Ausdruck *fī ḏālika* „darin" ist auffallend. Er bedeutet sonst so viel wie „in diesem Sachverhalt", „in dieser Angelegenheit" und kommt innerhalb der Formel *inna fī ḏālika la-āyatan lakum* oder einer ähnlichen Formulierung 48mal im Koran vor (ein 49. Mal in einem anderen Zusammenhang, **89**,5). Die Kommentatoren beziehen ihn aber in der vorliegenden Stelle durchweg auf die vorher genannte Wartezeit. — Im Passus *wa-bu'ūlatuhunna aḥaqqu bi-raddihinna fī ḏālika* versteht Schacht die Form *aḥaqqu* im Sinn eines Elativs und übersetzt: „ihre Männer haben das volle Recht, sie während dieser Zeit zurückzunehmen". Ich schließe mich nachträglich dem an und übersetze jetzt: „ihre Gatten haben ohne weiteres das Recht, sie darin zurückzunehmen". — *wa-lir-riǧāli 'alaihinna daraǧatun*: **4**,34.

2,229: **2**,231; **65**,2; **4**,19–21. — *fa-in ḫiftum allā yuqīmā ḥudūda llāhi fa-lā ǧunāḥun...*: **4**,128. Es handelt sich vermutlich um den Fall, daß eine Scheidung an sich erwünscht ist, aber nur durchgeführt werden kann, wenn der Mann wenigstens einen Teil der an seine frühere Frau bezahlten Vermögenswerte zurückerhält, um so eine neue Eheschließung finanzieren zu können.

Schacht bemerkt zur 2. Vershälfte: „in einer Interpolation wird der Khul', der gütliche Loskauf der Ehefrau vom Manne, im Gegensatz zu den verurteilten Erpressungen, für erlaubt erklärt" (EI[1] IV, S. 689). — *tilka ḥudūdu llāhi*: **4**,13, mit weiteren Belegen. — *wa-man yata'adda ḥudūda llāhi fa-ulā'ika humu ẓ-ẓālimūna*: **2**,231; **65**,1; **4**,14.

2,230 Die Art der Entlassung ist hier nicht näher bezeichnet. Aber aus dem vorhergehenden ergibt sich, daß damit die endgültige Entlassung gemeint ist. Diese wird fällig, wenn bei einer erstmals vorläufig entlassenen Frau oder bei einer schon einmal zurückgenommenen und daraufhin ein zweites Mal vorläufig entlassenen Frau die Wartezeit abgelaufen ist, ohne daß die Entlassung widerrufen wurde. Nach der üblichen Deutung von Vers 229 kann die Entlassung auch noch ein drittes Mal ausgesprochen werden, hat dann aber sofort endgültigen Charakter. Dazu bemerkt Schacht: „It may fairly be doubted whether the Koran allows more than two divorces, and whether verse 230 does not refer to every divorce which has become definite, be it the first oder the second" (The Origins of Muhammadan Jurisprudence, Oxford 1950, S. 195). Siehe auch R. Bell, The Moslem World 29, 1939, S. 60f. — *tilka ḥudūdu llāhi*: **4**,13, mit weiteren Belegen.

2,231: **65**,1f.; **2**,229. — Zum Begriffspaar *al-kitāb wal-ḥikma* siehe die Anmerkung zu **3**,48.

2,232 Das Verbum *'aḍala* kommt auch noch in **4**,19 vor. Beide Stellen warnen vor Unrechtmäßigkeiten in der Behandlung entlassener (**4**,19: verwitweter?) Frauen. Die Bedeutung ist etwa: „unter Druck setzen", „drangsalieren" mit dem Nebensinn „(den betreffenden Frauen) die Verfügungsberechtigung über sich selber oder über ihr Eigentum nehmen". — Der ganze Vers kann auf zweierlei Weise gedeutet werden: 1. als Ermahnung an die Vormünder, entlassenen Frauen (nach Vollzug einer einmaligen oder zweimaligen Entlassung) gegebenenfalls die Wiederverheiratung mit ihrem früheren Mann nicht zu verwehren; 2. als Ermahnung an die Ehemänner, ihren (bisherigen) Frauen nach deren Entlassung die Heirat mit einem anderen Mann nicht zu verwehren. Der erste Fall ist in der Übersetzung zugrundegelegt. Im zweiten Fall wäre folgendermaßen zu übersetzen bzw. paraphrasieren: „Und wenn ihr Frauen entlaßt und sie ihren Termin erreichen (ohne daß die Entlassung vorher noch rückgängig gemacht worden ist), dann drangsaliert sie nicht (indem ihr ihnen verwehrt), sich mit ihren (neuen) Gatten (falls solche um sie angehalten haben) zu verheiraten, falls sie sich miteinander in rechtlicher Weise geeinigt haben". Für die an erster Stelle genannte Deutung spricht vor allem der Ausdruck *azwāǧahunna* („ihre Gatten"). Dieser paßt eher auf die bisherigen Gatten der geschiedenen Frauen als auf eventualiter neu auftretende Ehemänner. Auch läßt sich der Zusatz *iḏā tarāḍau bainahum* („wenn sie sich miteinander geeinigt haben") eher auf eine gütliche Übereinkunft zwischen den bisherigen Ehepartnern deuten, als auf Abmachungen in einem erst einzugehenden Eheverhältnis. Störend wirkt jedoch der Subjektswechsel im Bedingungssatz. Denn dieselbe 2. Person Plural bezieht sich bei der angenommenen Deutung des Textes im Vordersatz des Bedingungssatzes (*iḏā ṭallaqtum*) auf die bisherigen Ehemänner, die die Entlassung ausgesprochen haben (oder ganz allgemein auf die Gemeinschaft der Gläubigen, innerhalb derer solche Entlassungen vorkamen), dagegen im Nachsatz (*fa-lā ta'ḍulūhunna*) speziell auf die Vormünder, die über eine Wiederverheiratung der entlassenen Frauen zu entscheiden haben. Muhammad Hamidullah grenzt übrigens in seiner Koranübersetzung die oben unter 1. angeführte Deutung noch enger ein: „Il s'agit donc d'un 3e mariage: elle épouse le mari no 1 après divorce d'avec le mari no 2". — *ḏālika yū'aẓu bihī*...: **65**,2; **58**,3. — *ḏālikum azkā lakum wa-aṭharu*: **24**,28. 30; **33**,53; **58**,12. — *wa-llāhu ya'lamu wa-antum lā ta'lamūna*: **2**,216/**3**,66/**24**,19; **16**,74.

2,233: **65**,6f. — *ḥaulaini kāmilaini*. Die Zeit des Stillens wird in **31**,14 ebenfalls mit zwei Jahren angegeben, die Zeit von Schwangerschaft und Stillen zusammen in **46**,15 mit (rund) dreißig Monaten. — *wa-'alā l-maulūdi lahū rizquhunna wa-kiswatuhunna*. In **65**,6 wird die Unterhaltspflicht (*anfiqū 'alaihinna*) auf die Zeit bis zur Entbindung beschränkt, während für das Stillen nur von einer „Entlohnung" die Rede ist. — *lā tukallafu nafsun illā wus'ahā*: **2**,286; **6**,152; **7**,42; **23**,62; **65**,7. In **65**,7 wird der Gedanke, daß die Höhe des Unterhalts sich nach der Leistungsfähigkeit des Einzelnen zu richten hat, näher ausgeführt. Vgl. auch **2**,236. — *iḏā sallamtum mā ātaitum bil-ma'rūfi*. Als Empfängerin ist wohl die betreffende Mutter gemeint. Sie soll für den Fall, daß sie das Kind zur weiteren Betreuung einer Amme übergibt, nicht ganz leer ausgehen. Dagegen erübrigt sich ein Hinweis darauf, daß die Amme richtig entlohnt wird, da sich das eigentlich von selbst versteht.

2,234: **2**,240.

2,235 Der Ausnahmesatz *illā an taqūlū qaulan ma'rūfan* ist entweder als Adversativsatz zu verstehen (*istiṯnā' munqaṭi'*; *illā* = *lākin*), was ich (mit Ṭabarī) vorziehen möchte, oder echter Ausnahmesatz (so Zamaḫšarī und Bergsträsser). Im zweiten Fall wäre zu übersetzen: „abgesehen davon, daß ihr (etwa) in geziemender Weise (zu ihnen) sprecht". — *taqūlū qaulan ma'rūfan*: **33**,32; **4**,5. 8. — Zu dem prägnanten Gebrauch von *kitāb* im Sinn von „Vorschrift" vgl. **4**,103. — *wa-'lamū anna llāha ġafūrun ḥalīmun*: **3**,30.

2,236: **33**,49. — Im vorliegenden Vers ist nicht wie in **33**,49 gemeint, daß die Frauen im gegebenen Fall keine Wartezeit einzuhalten haben, sondern daß die Männer nicht zur Bezahlung einer Morgengabe verpflichtet sind. — *mā lam tamassūhunna*. D.h. ohne daß ihr den coitus ausgeübt habt. — Statt *au tafriḍū* würde man eigentlich erwarten: *au takūnū qad faraḍtum*. — *wa-matti'ūhunna*...: **2**,241. — *'alā l-mūsi'i qadaruhū wa-'alā l-muqtiri qadaruhū*: **65**,7; (**4**,6). — *ḥaqqan 'alā l-muḥsinīna*: **2**,241. 180.

2,238 Vers 238 ist sehr knapp formuliert. Es erhebt sich die Frage, was mit „den Gebeten" (*aṣ-ṣalawāt*) und besonders mit dem „mittleren Gebet" (*aṣ-ṣalāt al-wusṭā*) gemeint ist. Die Kommentatoren gehen von der Voraussetzung aus, daß mit den *ṣalawāt* die fünf kanonischen Gebete gemeint sind. Das „mittlere Gebet" wird von ihnen mit einem dieser fünf Gebete identifiziert. Im Kommentar von Ṭabarī sind von den insgesamt fünf möglichen Deutungen vier vertreten. Nun hat schon vor 80 Jahren Th. Houtsma zu diesen Deutungsversuchen der Koranexegeten kritisch Stellung genommen und einleuchtend nachgewiesen, daß die koranischen Angaben über das Gebet ein früheres Entwicklungsstadium widerspiegeln, als wir es in der nachmaligen Kanonisierung der fünf täglichen Gebete vor uns haben (Iets over den dagelijkschen Çalat der Mohammedanen, Theologisch Tijdschrift 24, Leiden 1890, S. 127 bis 134). Houtsma hat wohl recht, wenn er vermutet, daß mit dem „mittleren Gebet" das Mittagsgebet (*ṣalāt aẓ-ẓuhr*) gemeint ist, weil dieses zeitlich etwa in der Mitte zwischen dem Morgen- und dem Abendgebet liegt, den beiden Tagesgebeten, die vermutlich schon in früher Zeit allgemein als Pflichtgebete galten (Belege in R. Paret, Grenzen der Koranforschung, Stuttgart 1950, S. 31 bis 35: Anmerkung zu Sure **2**,238). Vielleicht ist dieses „mittlere" oder Mittagsgebet in der vorliegenden Stelle deshalb neben den anderen Gebeten besonders genannt, weil es erst verhältnismäßig spät eingeführt worden war und sich deshalb im Bewußtsein der Gläubigen noch nicht so eingebürgert hatte wie die alten Gebete. Ob aber mit „den Gebeten" (*aṣ-ṣalawāt*) nur das Morgen- und das Abendgebet gemeint ist, scheint fraglich. In diesem Fall müßte statt des Plural eigentlich der Dual stehen.

2,239: **4**,101–103. — Vers 239 ist fast noch knapper formuliert als der vorhergehende. Er besteht aus zwei Bedingungs- bzw. Zeitsätzen. Der erste Satz läßt sich einigermaßen einleuchtend erklären: Bei Feindgefahr werden die Modalitäten des Gebetsritus erlassen. Dem entsprechend würde man im zweiten Satz etwa erwarten: Wenn die Gefahr vorüber ist, dann haltet das Gebet in den Formen ab, die dafür vorgeschrieben sind (vgl. **4**,103). Der Satzschluß gibt jedoch so, wie er dasteht, nur eine allgemeine Begründung für die Pflicht, Gottes (in Dankbarkeit) zu gedenken, hat aber anscheinend keinen inneren Zusammenhang mit dem Sonderfall, von dem hier die Rede ist. Wenn man trotzdem aus dem Wortlaut einen wirklichen Sinnzusammenhang herauslesen will, kann man zur Not folgendermaßen paraphrasieren: „Wenn ihr dann aber (wieder außer Gefahr und) in Sicherheit seid, dann gedenket Gottes (im Gebet, wie es euch vorgeschrieben ist), so wie er euch gelehrt hat, was ihr (bisher) nicht wußtet (d.h. nach den Gebetsvorschriften, die er euch gegeben hat, und über die ihr früher nicht Bescheid wußtet)." Mit einer solchen Deutung liest man aber wahrscheinlich mehr und anderes in den Text hinein, als damit gemeint ist. — *ka-mā 'allamakum ma lam takūnū ta'lamūna*: **2**,151; **4**,113; **6**,91; (**96**,4f.); (**2**,282). Belege zur Einleitung mit *ka-mā*: **2**,198. 151; **8**,5.

2,240: **2**,234. — *waṣīyatan*: **4**,12 (*waṣīyatan mina llāhi*). Der Ausdruck *waṣīya* ist hier nicht als letztwillige Verfügung des Erblassers zu verstehen, sondern als Verordnung Gottes. — Die Häufung der Akkusative (*waṣīyatan, matā'an, ġaira iḫrāǧin*) wirkt schwerfällig und unbeholfen. — *ġaira iḫrāǧin*: **65**,1.

2,241: **2**,236. — An sich könnte auch in Vers 241 wie im vorhergehenden speziell der Fall gemeint sein, daß der betreffende Gatte gestorben ist. Dann wäre die Aufforderung an die Erben des Mannes gerichtet. Sie hätten, wenn der Mann vor seinem Tod eine Frau entlassen hat, nachträglich für deren Ausstattung Sorge zu tragen. — *ḥaqqan ʿalā l-muttaqīna*: **2**,180. 236.

2,242: **2**,219. Siehe die Anmerkung zu diesem Vers, mit weiteren Belegen. — Vers 242 ist wohl als Schlußformel zum ganzen Abschnitt gedacht. Zum unmittelbar vorhergehenden Vers paßt er insofern nicht gut, als gerade dieser eine ursprüngliche und kurze Regelung einer Einzelfrage enthält, während die früheren Verse 236f. genauere Auskunft darüber geben.

2,243 Es ist nicht ersichtlich, auf was für eine Geschichte Vers 243 anspielt. Nach Speyer „liegt offensichtlich eine ungenaue Wiedergabe von Ezechiel 37 vor" (S. 412f., nach Geiger, S. 190). Daß die einheimischen Exegeten, darunter Wahb ibn Munabbih, den Propheten Ezechiel bei der Auslegung der Stelle erwähnen (und dabei vermutlich Ezechiel 37 im Auge haben), beweist aber nichts. — *inna llāha la-ḏū faḍlin ʿalā n-nāsi walākinna akṯara n-nāsi lā yaškurūna*: **40**,61; **10**,60; **27**,73.

2,244 Siehe die Anmerkung zu **2**,216.

2,245 *man ḏā llaḏī yuqriḍu*...: **57**,11. 18; **64**,17; (**5**,12); (**73**,20). — *wa-llāhu yaqbiḍu wa-yabsuṭu*: **13**,26, mit weiteren Belegen. — Vers 245 gibt einschließlich der Schlußformel einen zusammenhängenden Sinn. Die Gläubigen werden aufgefordert, durch gute Werke für das Jenseits vorzusorgen und sich nicht an die irdischen Güter zu hängen, zumal diese ungleich verteilt sind.

2,246–251 Zur Geschichte von Saul (*Ṭālūt*) siehe Speyer, S. 365–369.

2,246 Zur Sache siehe 1. Samuel 8 (Die Vornehmen Israels fordern Saul auf, einen König einzusetzen). In dem Bericht spiegeln sich übrigens, wie auch sonst manchmal, Verhältnisse aus Mohammeds eigener Zeitgeschichte wider (vgl. Speyer, S. 365f.). — *iḏ qālū*. Verkürzter Zeitsatz. Siehe Einleitung zur Übersetzung, S. 3f. — *kutiba ʿalaikumu l-qitālu*...: **4**,77. Siehe auch die Anmerkung zu **2**,216. — *wa-qad uḫriǧnā min diyārinā wa-abnāʾinā*: (**60**,1; **22**,40; **2**,191).

2,247 Zum Namen *Ṭālūt* für Saul (entstanden als Doppelform zu *Ǧālūt*/Goliath, unter Einwirkung von *ṭāla* „lang sein") siehe Horovitz, Koranische Untersuchungen, S. 123. — *wa-zādahū basṭatan fī l-ʿilmi wal-ǧismi*: (**7**,69). — Zur Sache siehe 1. Samuel 9f. und Speyer, S. 366f.

2,248 Zur Lade (*tābūt*) siehe Speyer, S. 367f. — Der Ausdruck *sakīna* (hier ohne Artikel) entspricht dem hebräischen *šĕkīnā*. Dieses bedeutet das „Wohnen" oder die „Gegenwart" (Gottes) in vergeistigtem Sinn. Siehe EI[1] IV, S. 83f. und die dort angegebene Literatur. Außerdem Nöldeke, Neue Beiträge zur semitischen Sprachwissenschaft, Straßburg 1910, S. 24f. und Horovitz, Proper Names, S. 208f. — Das Wort *baqīyatun* ließe sich am einfachsten mit „Rest" (= „Reliquie"?) übersetzen, was zu dem folgenden *mimmā taraka*... gut zu passen scheint. Es kommt aber auch noch an zwei anderen Stellen vor (**11**,86:

baqīyatu llāhi; **11**,116: *ulū baqīyatin*), und es fragt sich, ob nicht überall dieselbe Bedeutung vorliegt. In **11**,84f. fordert Šu'aib seine Volksgenossen auf, Gott allein zu verehren, volles Maß und Gewicht zu geben, die Leute nicht zu betrügen und kein Unheil im Land anzurichten, und fährt (V. 86) unmittelbar darauf fort: „Die *baqīya* Gottes ist besser für euch, wenn (anders) ihr gläubig seid". In **11**,116 heißt es: „Warum waren denn unter den Generationen vor euch nicht Leute (begabt) mit *baqīya*, die dem Unheil auf der Erde Einhalt geboten...?" In beiden Fällen scheint also mit *baqīya* eine Eigenschaft oder Kraft gemeint zu sein, die irgendwie dem Unheil entgegenwirkt. Dem entsprechend kann man den Ausdruck auch im vorliegenden Vers auf eine derartige Eigenschaft oder Kraft deuten, die zusammen mit der *sakīna* der Bundeslade innewohnt. Das folgende *mimmā taraka*... („von dem, was... hinterlassen haben") bezieht sich dann aber nicht speziell auf *baqīya*, sondern ganz allgemein auf die Lade und deren Inhalt. Siehe R. Paret, Die Bedeutung des Wortes *baqīya* im Koran (Alttestamentliche Studien, Friedrich Nötscher zum sechzigsten Geburtstag, Bonn 1950, S. 168–171); A. Spitaler, Was bedeutet *baqīja* im Koran? (Westöstliche Abhandlungen, Rudolf Tschudi zum siebzigsten Geburtstag, Wiesbaden 1954, S. 137–146). Spitaler übersetzt *baqīya* in **2**,248 je nach der Deutung der Stelle entweder mit „Huld", „Güte", oder einfach mit „Rest, bzw. Reliquien". — Der Passus *taḥmiluhu l-malā'ikatu* ist entweder ein selbständiger Satz, oder ein Zustandssatz („indem die Engel sie tragen"). Zur Not kann man ihn auch als Relativsatz übersetzen: „(die Lade) welche die Engel tragen". Zur Sache: Speyer, S. 368 („Daß die Engel die Lade tragen, mag sich aus mißverstandenen Versen wie Exod. 25,18; 37,7; Num. 7,89 und 2. Sam. 6,2 erklären").

2,249 Die Episode von der Prüfung durch das Trinken geht auf Richter 7,5ff. zurück, worauf schon Geiger hingewiesen hat (S. 179, vgl. Speyer, S. 368). Der Held der Erzählung ist dort Gideon, nicht Saul. — *illā mani ġtarafa ġurfatan bi-yadihī*. Der Passus „es sei denn, er schöpft (nur) eine Handvoll" ist nach Richter 7,5f. zu verstehen oder daraus mißverstanden. — *alladīna yaẓunnūna annahum mulāqū llāhi*: **2**,46; (**11**,29); (**69**,20). Das Imperfekt in *yaẓunnūna* hat entweder die Bedeutung eines Durativs, oder es ist vielleicht damit zu erklären, daß Mohammed in diesem Zusammenhang die frühere Heilsgeschichte besonders intensiv auf seine eigene Zeitgeschichte bezieht und so Vergangenheit und Gegenwart in eins setzt. — *kam min fi'atin*...: **8**,65f. 45f. 19; **3**,13. 146; **5**,56.

2,250 *afriġ 'alainā ṣabran*: **7**,126. — *ṯabbit aqdāmanā wa-nṣurnā 'alā l-qaumi l-kāfirīna*: **3**,147; (**47**,7); (**8**,11f.).

2,251 *wa-ātāhu llāhu l-mulka wal-ḥikmata wa-'allamahū mimmā yašā'u*: **38**,20; **21**,78–80. Mit dem Passus *wa-'allamahū mimmā yašā'u* ist wohl speziell an die Panzerschmiedekunst gedacht (vgl. **21**,80; **34**,10f.). — *laulā daf'u llāhi n-nāsa ba'ḍahum bi-ba'ḍin*: **22**,40.

2,252 *tilka āyātu llāhi natlūhā 'alaika bil-ḥaqqi*: **3**,108; **45**,6; **28**,2f.; (**3**,58). — *wa-innaka la-mina l-mursalīna*: **36**,3.

2,253 *faḍḍalnā baʿḍahum ʿalā baʿḍin*: **17**,55; (**27**,15). Im vorliegenden Zusammenhang ist wohl speziell an Mose und Jesus gedacht. Siehe das Folgende. — *minhum man kallama llāhu*. Der Passus bezieht sich wohl auf Mose. Vgl. **4**,164; **7**,143. Demnach ist das Relativpronomen *man* am besten als Singular zu verstehen. — *rafaʿa baʿḍahum darağātin*: (in anderem Zusammenhang) **6**,165; **43**,32; **6**,83; **12**,76; (**3**,163, mit weiteren Belegen). Im vorliegenden Vers wird ausgesagt, daß Gott die einen Gesandten vor den anderen begünstigt und hervorgehoben hat. Die Gläubigen sind jedoch (nach **2**,136. 285; **3**,84; **4**,152) verpflichtet, ihrerseits zwischen den einzelnen Gesandten und Propheten keinen Unterschied zu machen, d.h. in gleicher Weise an alle zu glauben (**4**,150). Siehe Horovitz, Koranische Untersuchungen, S. 39. — *wa-ātainā ʿĪsā ...al-baiyināti wa-aiyadnāhu bi-rūhi l-qudusi*: **2**,87; (**43**,63); (**5**,110); (**61**,6). — *wa-lau šāʾa llāhu mā qtatala...*: **2**,213, Anmerkung, mit Belegen; **19**,37, Anmerkung. Die vorliegende Stelle trägt insofern eine besondere Note, als sie nicht nur von Uneinigkeit (*iḫtilāf*) und Aufspaltung (*tafarruq*) spricht, sondern sogar von gewalttätiger Auseinandersetzung (*iqtitāl*). — *fa-minhum...wa-minhum...*: **4**,55; **7**,30; **16**,36; **57**,26; **3**,110; **5**,66; **35**,32; **61**,14; **64**,2; **7**,159; **7**,168; **72**,11.

2,254: **14**,31; **63**,10; **36**,47. — *wa-lā ḫullatun wa-lā šafāʿatun*: **14**,31; **6**,51. 70; **32**,4; (**40**,18, mit weiteren Belegen); (**43**,67).

2,255: **3**,2; **59**,22f.; **28**,70; (**64**,13). — *allāhu lā ilāha illā huwa l-ḥaiyu l-qaiyūmu*: **3**,2. Die Bezeichnung Gottes als *qaiyūm* (in Verbindung mit *ḥaiy*, so auch **20**,111) geht wohl letzten Endes auf Daniel 6,27 zurück. Siehe Horovitz, Proper Names, S. 219. Die Kommentatoren deuten *qaiyūm* auch transitiv im Sinn von „(All)erhalter". — *man ḏā llaḏī yašfaʿu ʿindahū illā bi-iḏnihī*: **34**,23; **20**,109; **53**,26; **10**,3; **21**,28; **19**,87; (**43**,86). Daß bei den Fürsprechern an Engel oder ähnliche himmlische Wesen gedacht ist, ergibt sich aus **53**,26 und **21**,26–29. Hier werden sie als Diener (Gottes) bezeichnet, denen (die) Ehre zuteil geworden ist (in seiner Nähe sein zu dürfen). Vgl. auch **78**,38. — Allem Anschein nach ist der Plural in dem Passus *yaʿlamu mā baina aidīhim wa-mā ḫalfahum wa-lā yuḥīṭūna bi-šaiʾin min ʿilmihī illā bi-mā šāʾa* eben auf die himmlischen Wesen zu beziehen, die als Fürsprecher in Frage kommen (siehe die vorhergehende Anmerkung). Belege: **20**,110; **21**,28; **22**,76. In den beiden zuletzt genannten Stellen ergibt sich dieser Zusammenhang ohne weiteres aus dem Wortlaut. Vgl. auch **19**,64. Ob der Ausdruck *baina aidīhim* und *ḫalfahum* räumlich oder (in übertragenem Sinn) zeitlich gemeint ist, läßt sich schwer entscheiden. Siehe auch **41**,42. — Das Suffix in *ʿilmihī* ist eher auf das vorausgehende *mā baina aidīhim...* zu beziehen, als auf *allāhu*. Vgl. **10**,39.

2,256 *lā ikrāha fī d-dīni*. Zur Deutung ist auf folgende Belege zu verweisen: **10**,99f. (*lau šāʾa rabbuka la-āmana man fī l-arḍi kulluhum ğamīʿan a-fa-anta tukrihu n-nāsa ḥattā yakūnū muʾminīna wa-mā kāna li-nafsin an tuʾmina illā bi-iḏni llāhi*); **12**,103 (*wa-mā akṯaru n-nāsi wa-lau ḥaraṣta bi-muʾminīna*); **16**,37 (*in taḥriṣ ʿalā hudāhum fa-inna llāha lā yahdī man yuḍillu*). Der Passus soll demnach nicht besagen, daß man niemand zum Glauben zwingen *darf* (wie nach der üblichen Deutung), sondern daß man niemand dazu zwingen *kann*; m.a.W. er predigt nicht Toleranz, sondern weist darauf hin, daß der Bekehrungseifer des Propheten infolge der menschlichen Verstocktheit weitgehend zur Erfolglosigkeit verurteilt ist. Zur Überleitung von *lā ikrāha fī d-dīni* zum folgenden Text (*qad tabaiyana r-rušdu mina l-ġaiyi*...) wäre – falls die oben vorgeschlagene Deutung stimmt – etwa zu ergänzen: (Da der einzelne nicht zur wahren Einsicht gezwungen werden kann, muß er schon von sich aus den Weg dazu finden. Und das sollte ihm eigentlich nicht schwer fallen.) Der rechte Weg (des Glaubens) ist (ja durch die Verkündigung des Islam) klar geworden (so daß er sich) vor der Verirrung (des heidnischen Unglaubens deutlich abhebt). Zum Ganzen: R. Paret, Sure **2**,256: lā ikrāha fī d-dini. Toleranz oder Resignation? (Der Islam 45, 1969, S. 299f.). — Die Bezeichnung *aṭ-ṭāġūt* (= Götzen) geht wohl auf äthiopisch *ṭā'ōt* zurück. Nöldeke, Neue Beiträge, S. 35. 48; Jeffery, Foreign Vocabulary, S. 202f. R. Köbert kommt allerdings wieder auf die Ableitung aus dem Aramäischen zurück, wie sie früher schon von Geiger vertreten worden ist (Das koranische „ṭāġūt", Orientalia, Nova Series 30, 1961, S. 415f.). Siehe auch die Anmerkung zu **4**,60. — *istamsaka bil-'urwati l-wuṯqā*: **31**,22; (**3**,103).

2,257 *yuḫriǧuhum mina ẓ-ẓulumāti ilā n-nūri*: **5**,15f.; **65**,11; **33**,43; **57**,9; **14**,1. 5; (**6**,122). — Zur Bezeichnung aṭ-ṭāġūt siehe die Anmerkung zum vorhergehenden Vers.

2,258 Speyer, S. 140–142. Der ungläubige Herrscher, der hier nicht mit Namen genannt ist, wird von den Kommentatoren mit Nimrod identifiziert. — *iḏ qāla Ibrāhīmu*: Verkürzter Zeitsatz. Siehe Einleitung zur Übersetzung, S. 3f. — *rabbiya llaḏī yuḥyī wa-yumītu*: **3**,156, mit weiteren Belegen.

2,259 Speyer, S. 425 („Ḥōnī, der Kreiszieher"), mit weiteren Literaturangaben. — In der Überleitungsformel *au ka-llaḏī* („Oder wie der, ...") ist der Anschluß an das Vorhergehende durch *au* und *ka* doppelt ausgedrückt. Nach Ṭabarī erklären daher „einige baṣrische Grammatiker" das *ka* für überflüssig (was er selber allerdings aus dogmatischen Gründen mißbilligt). Zu ergänzen ist: „Oder (hast du nicht) den (gesehen), der...", bzw. (weniger passend): „(Das war ähnlich) wie bei dem, der..." — *ḫāwiyatun 'alā 'urūšihā*: **22**,45 (ebenfalls von einer Stadt); **18**,42 (von einer Gartenanlage). Der Ausdruck bedeutet etwa „verödet und zerfallen" (Speyer: „bis auf ihren Grund zerstört"). Den ersten Bestandteil (*ḫāwiya*) erklären die Lexikographen teils mit „leer", „verödet", teils mit „eingestürzt". Der zweite Bestandteil (*'alā 'urūšihā*) heißt wohl soviel wie „auf ihrem Gestänge". Siehe Zamaḫšarī zu **22**,45 und **18**,42, sowie die Anmerkung zu **18**,42. — *qāla kam labiṯta*... Siehe den entsprechenden Passus in der Siebenschläferlegende **18**,11f. 19. 25. Weitere Belege, in denen von dem vermeintlich kurzen, in Wirklichkeit aber langen Todesschlaf zwischen Sterben und Jüngstem Tag oder vom kurzen Verweilen im Diesseits die Rede ist: **23**,112–114; **30**,55f.; **17**,52; **20**,103f.; **10**,45; **46**,35;

79,46. — *wa-li-naǧʿalaka āyatan lin-nāsi.* Elliptische Ausdrucksweise. Siehe Nöldeke, Neue Beiträge, S. 18. — Vermutlich hat die Erweckungsszene am Schluß der Geschichte die früheren, zu Gebeinen verwesten Bewohner der eingangs genannten Stadt zum Gegenstand, nicht (wie Sprenger meint) die Gebeine des – inzwischen verwesten – Esels. Zur Sache siehe Ezechiel 37.

2,260 Verkürzter Zeitsatz. Siehe Einleitung zur Übersetzung, S. 3f. — *walākin li-yaṭma'inna qalbī*: **5**,112f. — Der Ausdruck *ṣurhunna* (Variante *ṣirhunna*) bedeutet nach den Kommentatoren „neige sie", „richte sie" (was nicht recht verständlich ist) oder „teile sie", „zerschneide sie" (wozu das folgende *ilaika* „zu dir" nicht paßt). Die ganze Geschichte scheint eine mißverstandene Ausdeutung von 1. Mose 15,9ff. zu sein. Siehe Speyer, S. 163 und 346.

2,261: (**2**,265). — Der Gedanke, daß der Lohn (eventuell auch die Strafe) im Jenseits „verdoppelt" oder „vervielfältigt" wird, kommt im Koran öfters zur Sprache. Mit dem Lohngedanken verbindet sich dabei nicht selten die Vorstellung, daß Gott „ein gutes Darlehen" doppelt oder vielfach zurückzahlt. Belege: **57**,18. 11; **2**,245; **64**,17; **4**,40; **34**,37. Verdoppelung der Strafe: **11**,20; **25**,69; **7**,38; **38**,61; **33**,68; (**33**,30). Siehe auch **6**,160, mit weiteren Belegen.

2,262 *ṯumma lā yutbiʿūna mā anfaqū mannan wa-lā aḏān*: **2**,263. 264. Das Verbum *manna* (Infinitiv *mann*: Vers 261. 264) bedeutet „sich durch eine gute Tat verdient machen", weiter „sich etwas als Verdienst anrechnen", „sich als Wohltäter aufspielen", „wohltätig sein in Erwartung von Gegengaben". Vgl. **74**,6; **49**,17. — *lahum aǧruhum ʿinda rabbihim wa-lā ḫaufun ʿalaihim wa-lā hum yaḥzanūna*: **2**,62, mit weiteren Belegen.

2,263 *qaulun maʿrūfun*: **47**,21; (**4**,5. 8); (**2**,235); (**33**,32). — *wa-llāhu ġanīyun ḥalīmun*: (**2**,267); (**4**,131, mit weiteren Belegen). Im vorliegenden Zusammenhang könnte man etwa paraphrasieren: „(Es kommt vor allem auf eure Gesinnung und euer moralisches Verhalten gegen die Mitmenschen an. Für die Bereitstellung materieller Mittel wird schon Gott sorgen.) Gott ist reich und mild."

2,264 *lā tubṭilū ṣadaqātikum bil-manni wal-aḏā*: **2**,262. 263. — *allaḏī yunfiqu mālahū ri'ā'a n-nāsi wa-lā yu'minu bi-llāhi wal-yaumi l-āḫiri*: **4**,38. — Der Spruch *lā yaqdirūna ʿalā šai'in mimmā kasabū* findet sich auch in **14**,18 im Anschluß an ein ähnliches Gleichnis. Vgl. *mā aġnā ʿanhum mā kānū yaksibūna*: **15**,84/**39**,50/**40**,82; **45**,10. Das Verbum *kasaba* hat entweder den ursprünglichen Sinn „(irdischen Besitz) erwerben" oder – was im vorliegenden Fall weniger zu passen scheint – die übertragene Bedeutung „(eine Handlung) begehen" (siehe die Anmerkung zu **2**,79). Im zweiten Fall würde der Spruch bedeuten: „Ihre (vermeintlich?) guten Werke werden ihnen im Jenseits nicht angerechnet".

2,265: (**2**,261). — *yunfiqūna amwālahumu btiġā'a marḍāti llāhi*: **2**,272; **92**,18 bis 21; (**76**,9); (**30**,38f.); (**13**,22); (**4**,114). — Der Ausdruck *taṯbītan min anfusihim* ist schwer zu deuten. Als adverbieller Akkusativ kommt *taṯbītan* auch noch in **4**,66 vor. Diese Stelle bietet aber ebenfalls keinen genaueren Anhaltspunkt zur sachlichen Deutung. Als Verbum finitum hat *ṯabbata (II)* sonst immer ein Akkusativobjekt bei sich (*allaḏīna āmanū*: **14**,27; **16**,102; **8**,12; das Personalsuffix *-ka*: **17**,74; *fu'ādaka*: **11**,120; **25**,32; *al-aqdāma, aqdāmanā, aqdāmakum*: **8**,11; **2**,250/**3**,147; **47**,7).

2,266: **18**,32–44; **3**,117, mit Anmerkung und weiteren Belegen zum Thema „Kurzlebigkeit der Vegetation". — (Dattel-)Palmen und Reben werden auch sonst im Koran öfters als die Pflanzen genannt, die zu einem normalen Garten gehören: **17**,91, mit weiteren Belegen. — Das Suffix in *taḥtihā* ist nicht auf *naḫīlin wa-a'nābin* zu beziehen, sondern auf das vorausgehende *ǧannatin*. Zur Bedeutung des Ausdrucks *min taḥtihā* siehe die Anmerkung zu **2**,25. — *kaḏālika yubaiyinu llāhu lakumu l-āyāti...*: **2**,219. Siehe die Anmerkung zu diesem Vers, mit weiteren Belegen.

2,267: (**3**,92). — *wa-'lamū anna llāha ġanīyun ḥamīdun*: **4**,131, mit weiteren Belegen.

2,268 *aš-šaiṭānu ya'idukumu l-faqra.* Wenn es heißt, daß der Satan den Menschen Armut androht, könnte man an sich auch an die altarabische Unsitte denken, Kinder nach der Geburt aus Angst vor Verarmung umzubringen (**6**,151/**17**,31). Doch liegt im vorliegenden Zusammenhang die in der Übersetzung angedeutete Beziehung auf die Spendepflicht näher. — *wa-ya'murukum bil-faḥšā'i*: **2**,169; **24**,21; **7**,28. — *wa-llāhu ya'idukum maġfiratan minhu*: **5**,9; **48**,29; **35**,7; **34**,4; **11**,11; (**3**,157).

2,269 *wa-mā yaḏḏakkaru illā ulū l-albābi*: **3**,7; **13**,19/**39**,9; **14**,52/**38**,29; (**39**,21); (**38**,43/**40**,54).

2,270: **2**,273; **3**,92; (**2**,215); (**9**,121); (**2**,272); (**8**,60). — *wa-mā liẓ-ẓālimīna min anṣārin*: **3**,192/**5**,72; **22**,71/**35**,37; (**29**,25); (**45**,34). Im vorliegenden Vers kann diese Schlußformel schwer mit dem vorhergehenden Text in einen sachlichen Zusammenhang gebracht werden.

2,271 *wa-yukaffiru 'ankum min saiyi'ātikum.* Der Ausdruck kommt noch an 13 anderen Stellen vor, allerdings ohne das partitive *min* (**8**,29; **66**,8; **48**,5; **64**,9; **65**,5; **47**,2; **5**,65; **5**,12; **3**,195; **4**,31; **29**,7; **3**,193; (**39**,35)). Dabei ist immer Gott als Subjekt genannt oder eindeutig zu ergänzen. In der vorliegenden Stelle ergänzt man aber besser das vorausgehende neutrische *huwa* als Subjekt.

2,272 Der erste Teil von Vers 272 (*laisa 'alaika hudāhum walākinna llāha yahdī man yašā'u*) paßt ebensowenig in den Zusammenhang wie die Schlußformel von Vers 270 (siehe die Anmerkung dazu). Im übrigen findet sich der hier ausgesprochene Gedanke in mehr oder weniger abweichender Formulierung sehr häufig im Koran. Als Belege wären zu nennen: **28**,56; **4**,88; **27**,81/**30**,53; **43**,40; **10**,43; **16**,37; **10**,99f.; **92**,12. Siehe auch die Anmerkung zu **2**,256. — *wa-mā tunfiqū min ḫairin fa-li-anfusikum*: **64**,16. Der Gedanke, daß die Menschen mit ihren Handlungen letzten Endes nur sich selber nützen oder schaden, wird auch sonst im Koran oft ausgesprochen, z.B. **17**,7; **30**,44. — *wa-mā tunfiqūna illā btiġā'a waǧhi llāhi*: **92**,18–21; **2**,265; **76**,9; (**30**,38f.);

(**13**,22); (**4**,114). Zum Ausdruck *ibtiġā'a waǧhi llāhi* siehe J. M. S. Baljon, ‚To Seek the Face of God' in Koran and Ḥadîth (Acta Orientalia 21, 1953, S. 254 bis 266). Baljon verweist auf den alttestamentlichen Ausdruck *biqqēš pĕnē yhwh*. — *wa-mā tunfiqū min ḫairin yuwaffa ilaikum wa-antum lā tuẓlamūna*: **8**,60; (**35**,29f.). Der Gedanke, daß den Menschen ihre Taten (die guten wie die schlechten) „voll" belohnt werden, wird im Koran auch sonst oft ausgesprochen. Der Ausdruck *waffā (II)* kommt fast ausschließlich in diesem Sinn vor. Siehe die Konkordanz.

2,273: (**9**,91f.?). — *lil-fuqarā'i*. Vers 273 beginnt, ähnlich wie **59**,8, bruchstückhaft. Für die Deutung des folgenden Textes sind in der Übersetzung (und Anm. 306) zwei Möglichkeiten zur Wahl gestellt. — Zur Bedeutung von *uḥṣirū* siehe die Anmerkung zu **2**,196. — Belege zum Ausdruck *ḍarban fī l-arḍi*: **73**,20; **4**,101; **5**,106; **3**,156. Es läßt sich schwer entscheiden, ob mit dem Ausdruck durchweg ein „Unterwegssein" gemeint ist, das friedlichen Zwecken dient. In **4**,101 könnte (im Hinblick auf die vergleichbare Stelle **2**,239) an kriegerische Unternehmungen gedacht sein. Vgl. **4**,94: *iḏā ḍarabtum fī sabīli llāhi*. — *wa-mā tunfiqū min ḫairin fa-inna llāha bihī 'alīmun*: **2**,215; **2**,270, mit weiteren Belegen.

2,274 *allaḏīna yunfiqūna...sirran wa-'alāniyatan*: **13**,22/**35**,29; **14**,31; **16**,75. — *fa-lahum aǧruhum 'inda rabbihim wa-lā ḫaufun 'alaihim...*: **2**,62, mit weiteren Belegen.

2,275 Belege zum Zinsverbot: **2**,278–280; **3**,130; **30**,39; **4**,161. — Zum Ausdruck *mina l-massi* vgl. **7**,201 und **38**,41. — *fa-man...intahā fa-lahū mā salafa ...wa-man 'āda fa...*: **8**,38f.; **2**,192f.; **5**,95; (**8**,19); (**17**,8); **4**,22f.

2,276: **30**,39.

2,277 *lahum aǧruhum 'inda rabbihim wa-lā ḫaufun 'alaihim...*: **2**,62, mit weiteren Belegen.

2,278–280 Belege zum Zinsverbot: **2**,275f.; **3**,130; **30**,39; **4**,161.

2,280 *wa-an taṣaddaqū ḫairun lakum*: **5**,45; **4**,92. Auch in diesen beiden Stellen handelt es sich um einen Verzicht auf eine zu Recht bestehende Zahlungs- oder Wiedergutmachungsverpflichtung. Der Verzicht ist, da er freiwillig erfolgt, als religiös-ethische Leistung gewertet und kann in diesem Sinn als „Almosengeben" (*taṣadduq*) bezeichnet werden. In **5**,45 wird ihm sühnende Wirkung zugeschrieben. — *in kuntum ta'lamūna*, ebenfalls im Anschluß an ...*ḫairun lakum*: **2**,184; **9**,41; **16**,95; **29**,16; **61**,11; **62**,9.

2,281 Die Furcht vor dem Tag des Gerichts wird im Koran so häufig gepredigt, daß es sich erübrigt, Belege aufzuführen. — *tuwaffā kullu nafsin mā kasabat wa-hum lā yuẓlamūna*: **3**,161; **3**,25; **16**,111; **39**,69f.; **18**,49; (**3**,30); **46**,19. Zum Ausdruck *tuwaffā* siehe die Anmerkung zu **2**,272. Zur Bedeutung von *kasaba* siehe die Anmerkung zu **2**,79. In **16**,111 und **39**,70 ist *kasabat* sinngemäß durch *'amilat* ersetzt.

2,282 *ka-mā 'allamahu llāhu*: **96**,4f. (siehe die Anmerkung dazu). Man könnte das Suffix *hu* statt auf die Schreibkunst auch speziell auf die Regeln und Vorschriften im Urkundenwesen deuten (vgl. *wa-yu'allimukumu llāhu* am Schluß des Verses). Die allgemeinere Deutung ist aber wohl vorzuziehen. — *au ḍa'īfan.* Es läßt sich kaum mit Sicherheit ausmachen, was für eine Kategorie mit dem Ausdruck *ḍa'īf* hier gemeint ist. Am wahrscheinlichsten ist die Bedeutung „hilflos" = „unmündig", „minderjährig". Vgl. **2**,266 (*ḏurrīyatun ḍu'afā'u*); **4**,9 (*ḏurrīyatan ḍi'āfan*); **4**,127 (*al-mustaḍ'afīna mina l-wildāni*). In **9**,91 scheint sich aber der Ausdruck auf eine Gruppe von Erwachsenen zu beziehen, wobei ebenfalls wie in der vorliegenden Stelle verschiedene Kategorien nebeneinander aufgeführt sind (*laisa 'alā ḍ-ḍu'afā'i wa-lā 'alā l-marḍā wa-lā 'alā llaḏīna lā yaǧidūna mā yunfiqūna ḥaraǧun...*). Häufiger vertreten, aber für die vorliegende Stelle weniger passend ist *ḍa'īf* bzw. *mustaḍ'af* in der Bedeutung „schwach" = „unterdrückt" (sozial und wirtschaftlich abhängig). Mohammed hat dabei vor allem die Vertreter der unteren Schichten der mekkanischen Bevölkerung im Auge, die an sich zum Glauben bereit wären, aber von den Oberen (*allaḏīna stakbarū*) ins Schlepptau genommen werden und deshalb später mit ihnen zur Hölle fahren werden, falls Gott ihnen ihre Schwachheit nicht nachsieht und ihnen Vergebung gewährt: **4**,75. 97–99; **34**,31–33; **14**,21; **40**,47; (**7**,75f.). In **28**,4f. und **7**,137 werden mit den „Unterdrückten" (*allaḏīna stuḍ'ifū*) speziell die Kinder Israel während ihrer Knechtschaft in Ägpyten bezeichnet. Im Sinn von „moralisch schwach", „haltlos" steht der Ausdruck in **4**,28; **8**,66; **3**,146. — *wa-lā ya'ba š-šuhadā'u iḏā mā du'ū.* Es wird nicht ausdrücklich gesagt, was die Zeugen verweigern könnten. Gemeint ist entweder die Weigerung, sich bei der Protokollierung eines Schuldverhältnisses als Zeugen aufstellen zu lassen, oder aber, zur Klärung eines früher zustande gekommenen Schuldverhältnisses als zuständige Zeugen Aussagen zu machen. Für die zweite Deutung könnte man allenfalls den Wortlaut von **2**,23 beiziehen. — *wa-lā tas'amū an taktubūhu ṣaġīran au kabīran*: (**54**,53). — *ḏālikum aqsaṭu 'inda llāhi wa-aqwamu li-š-šahādati*: **33**,5; **5**,8; **70**,33; **65**,2; **57**,25; **4**,127; **3**,18; (**73**,6). Der Komparativ *aqwamu* könnte auch von *mustaqīm* („gerade", „richtig") abgeleitet sein. — *wa-adnā allā tartābū.* Vermutlich bezieht sich der Ausdruck *allā tartābū* („daß ihr nicht Zweifel hegt") weniger auf den objektiven Sachverhalt als auf die Glaubwürdigkeit der Zeugenaussagen. Vgl. **5**,106: *fa-yuqsimāni bi-llāhi ini rtabtum*; 108: *ḏālika adnā an ya'tū biš-šahādati 'alā waǧhihā.* — Das Verbum *yuḍārra* könnte der Form nach ebensogut Aktiv wie Passiv sein.

2,283 *rihānun maqbūḍatun.* Emile Tyan, Histoire de l'Organisation Judiciaire en Pays d'Islam, I, Paris 1938, S. 73; J. Schacht, The Origin of Muhammadan Jurisprudence, Oxford 1950, S. 186. — *wa-l-yu'addi llaḏī 'tumina amānatahū*: **4**,58; **23**,8/**70**,32; (**3**,75); (**8**,27). — *wa-lā taktumū š-šahādata...*: **5**,106; **2**,140.

2,284: **5**,40. 18; **3**,129; **48**,14. — *wa-in tubdū mā fī anfusikum au tuḫfūhu yuḥāsibkum bihi llāhu*: **2**,33, Anmerkung, mit weiteren Belegen. Der Schluß *yuḥāsibkum bihi llāhu* findet sich nur in der vorliegenden Stelle. Sonst heißt es immer nur, daß Gott das Verborgene weiß. — *fa-yaġfiru li-man yašā'u wa-*

yu'addibu man yašā'u: **3**,129; **5**,18. 40; **48**,14; **29**,21; **17**,54; (**9**,66, mit weiteren Belegen).

2,285 *kullun āmana bi-llāhi wa-malā'ikatihī wa-kutubihī wa-rusulihī*: **4**,136; **2**,177. An diesen beiden Stellen wird auch der Jüngste Tag als besonderer Glaubensartikel genannt. Im vorliegenden Vers erübrigt sich das durch den Schluß (*ġufrānaka rabbanā wa-ilaika l-maṣīru*). — *lā nufarriqu baina aḥadin min rusulihī*: **2**,136/**3**,84; **4**,152. Zur Sache siehe die Anmerkung zu **2**,136. — *sami'nā wa-aṭa'nā*: **24**,51; **5**,7. Vgl. **4**,46 und **2**,93, wo den Juden vorgeworfen wird, daß sie daraus *sami'nā wa-'aṣainā* („wir hören und sind widerspenstig") gemacht haben.

2,286 *lā yukallifu llāhu nafsan illā wus'ahā*: **2**,233; **6**,152; **7**,42; **23**,62; **65**,7. — Zur Bedeutung von *kasaba* und *iktasaba (VIII)* siehe die Anmerkung zu **2**,79. Der Gedanke, daß dereinst jeder ausschließlich für das belohnt bzw. bestraft wird, was er selber begangen hat, wird im Koran so häufig vorgebracht, daß es sich erübrigt, Belege anzuführen. — *lā tu'āḫiḏnā in nasīnā au aḫṭa'nā*: (**33**,5); (**3**,147, mit weiteren Belegen). Zur Bedeutung von *āḫaḏa (III)* siehe die Anmerkung zu **2**,225. — *lā taḥmil 'alainā iṣran ka-mā ḥamaltahū 'alā llaḏīna min qablinā*: **7**,157. Vielleicht sind mit der drückenden Verpflichtung, die Gott früheren Generationen aufgeladen hat, gewisse jüdische Speisverbote gemeint. Siehe Rivlin, Gesetz im Koran, S. 62–80; Erwin Gräf, Jagdbeute und Schlachttier im islamischen Recht, Bonn 1959, S. 46.

SURE 3

3,1 Über die Buchstaben, die einzelnen Suren vorgesetzt sind, siehe die Anmerkung zu **2**,1, mit Literaturangaben. Die Buchstaben *'lm*, die am Anfang von Sure **3** stehen, finden sich auch noch vor den Suren **2**, **29**, **30**, **31**, **32**.

3,2: **2**,255. Siehe die Anmerkung dazu.

3,3f. *nazzala 'alaika l-kitāba bil-ḥaqqi*: **13**,1, mit weiteren Belegen. — *muṣaddiqan li-mā baina yadaihi*: **2**,97; **5**,48; **35**,31; **46**,30; **6**,92; **10**,37/**12**,111; mit Bezug auf die Person und Botschaft Jesu: **5**,46; **3**,50; **61**,6. Vgl. *muṣaddiqun li-mā ma'ahum* oder ähnlich, im Hinblick auf die früheren „Schriftbesitzer": **2**,41. 89. 91. 101; **3**,81; **4**,47. — *wa-anzala l-furqāna*: **25**,1; (**2**,53; **21**,48). — Zur Bedeutung von *furqān* („Errettung", „Entscheidung", „Offenbarungsschrift") siehe die Anmerkung zu **2**,53. — *wa-llāhu 'azīzun ḏū ntiqāmin*: **5**,95; **14**,47; **39**,37.

3,5: **14**,38. Der Gedanke, daß Gott alles weiß, was im Himmel und auf Erden ist, kommt im Koran so oft zum Ausdruck, daß es sich erübrigt, weitere Belege anzuführen.

3,6 *huwa llaḏī yuṣauwirukum fī l-arḥāmi kaifa yašā'u*: **82**,8; **7**,11; **40**,64/**64**,3; (**59**,24).

3,7 *āyātun muḥkamātun*: **11**,1; **22**,52; **47**,20. — *hunna ummu l-kitābi*: **43**,4;

13,39. In diesen beiden Stellen ist mit dem Ausdruck *umm al-kitāb* wahrscheinlich nicht speziell der himmlische Archetyp aller Offenbarungsschriften gemeint, sondern ganz allgemein die himmlische Urschrift, in der alles verzeichnet ist, was in der Welt existiert und geschieht. Siehe die ausführliche Anmerkung zu **13**,39, mit Hinweis auf Horovitz, Koranische Untersuchungen, S. 65. — *wa-uḫaru mutašābihātun.* In **39**,23 heißt es im Hinblick auf die erbaulichen Geschichten des Korans: *allāhu nazzala aḥsana l-ḥadīṯi kitāban mutašābihan.* Der Ausdruck *mutašābih* (wörtlich „einander ähnlich") bedeutet dort soviel wie „sich gleichartig wiederholend", „stereotyp", oder nach Horovitz, Koranische Untersuchungen, S. 27 „ebenmäßig (in der Anordnung der Teile)". Im vorliegenden Vers ist er dagegen in malam partem verwandt, im Sinn von „mehrdeutig", „unklar". — Sachlich bietet **22**,52f. eine gewisse Parallele zum vorliegenden Vers. Dort ist von „Unterschiebungen" oder „Eingebungen" des Satans die Rede, die Gott tilgt (*yansaḫu*), um hierauf seine Verse „eindeutig festzulegen" (*yuḥkimu*). Weiter heißt es, daß Gott die Unterschiebungen oder Eingebungen des Satans für diejenigen zu einer Versuchung macht (vgl. *ibtiġā'a l-fitnati* im vorliegenden Vers), die im Herzen krank und verstockt sind (vgl. *allaḏīna fī qulūbihim zaiġun* im vorliegenden Vers). Aber man darf die Entsprechungen der beiden Stellen nicht überbewerten. Die *mutašābihāt* des vorliegenden Verses können nicht einfach mit den „Unterschiebungen" oder „Eingebungen" des Satans gleichgesetzt werden. — *ibtiġā'a ta'wīlihī*: **10**,39; **7**,53. Zur Bedeutung des Ausdrucks *ta'wīl* siehe die Anmerkung zu **4**,59. — *wa-mā ya'lamu ta'wīlahū illā llāhu.* Mit *illā llāhu* schließt der Ausnahmesatz; *war-rāsiḫūna fī l-'ilmi* ist zum folgenden *yaqūlūna* zu ziehen. In **4**,162 ist mit denen, „die im Wissen fest gegründet sind", eine bestimmte Kategorie von Juden gemeint. Vielleicht ist auch die vorliegende Stelle auf Juden gemünzt. Vgl. **13**,43 (*wa-man 'indahū 'ilmu l-kitābi*) und die Anmerkung dazu. — *wa-mā yaḏḏakkaru illā ulū l-albābi*: **2**,269, mit weiteren Belegen.

3,8 *lā tuziġ qulūbanā...*: **61**,5. — *wa-hab lanā min ladunka raḥmatan*: **18**,10. Im Zusammenhang mit der Offenbarung ist im Koran so oft von der Rechtleitung und Barmherzigkeit Gottes die Rede, daß es sich erübrigt, weitere Belege anzuführen. — Das Epitheton *al-wahhāb* findet sich sonst nur noch in **38**,9 und 35.

3,9 *innaka ǧāmi'u n-nāsi li-yaumin lā raiba fīhi*: **3**,25 (auf die Juden bezüglich); **6**,12; **4**,87; **45**,26; **42**,7; (**64**,9). — *inna llāha lā yuḫlifu l-mī'āda*: **13**,31; **3**,194; **39**,20; **30**,6; **22**,47; **14**,47; (**2**,80). Der Gedanke, daß Gott sein Versprechen bzw. seine Drohung mit dem Jüngsten Tag wahr machen wird, kommt auch sonst im Koran oft zum Ausdruck.

3,10: **3**,116/**58**,17. Zur Sache vgl. **34**,37; **60**,3; **26**,88; **63**,9; **8**,28/**64**,15; (**9**,66/85). — Der präpositionale Ausdruck *mina llāhi* bedeutet ganz allgemein „hinsichtlich Gottes", und nicht etwa apotropäisch „(zum Schutz) vor Gott (und seinem Strafgericht)". Das scheint sich aus **10**,36/**53**,28 zu ergeben, wo *min* kaum apotropäische Bedeutung haben kann. Dieselbe Konstruktion findet sich auch noch (außer **3**,116 und **58**,17) in **12**,67f.; **45**,19; **66**,10. — *ulā'ika hum waqūdu n-nāri*: **2**,24/**66**,6.

3,11: **8**,52. (54). — *ka-da'bi*...: auch **40**,31. — *kaḏḏabū bi-āyātinā*...: **54**,41f.; **27**,13f.; **28**,36f.; **40**,21–24; **17**,101–103; **26**,10–68; **7**,103–137, mit Anm.

3,12: **8**,36. — *wa-bi'sa l-mihādu*: **2**,206, mit weiteren Belegen.

3,13 In Vers 13 sind wohl wie im vorhergehenden die Ungläubigen (bzw. Juden) angesprochen. Eine ähnliche Einleitungsformel findet sich **34**,15. — *fī fi'ataini ltaqatā*...: Die geschichtliche Anspielung bezieht sich auf den Sieg der Gläubigen bei Badr. Zur Deutung des Wortlauts siehe **8**,41–46. — Der Passus *yaraunahum miṯlaihim ra'ya l-'aini* ist auf Grund von **8**,44 so zu verstehen, daß die Gläubigen bei Badr ihre Gegner zahlenmäßig unterschätzten, wenn sie sie für doppelt so stark hielten, als sie selber waren. Weitere Belege (außer **8**,41–46): **8**,65f. 19. (26); **2**,249; (**7**,86f.); **61**,14; **5**,56; **58**,21. — *inna fī ḏālika la-'ibratan li-ulī l-abṣāri*: **24**,44; **59**,2; **79**,26; **12**,111; (**16**,66/**23**,21).

3,14 Zum Ausdruck *zuiyina*... siehe die Anmerkung zu **2**,212. — Eine ganze Liste von begehrenswerten Gütern dieser Welt findet sich nur im vorliegenden Vers. Aber sonst werden öfters Vermögen und Söhne (oder Kinder, *aulād*) als besonders begehrenswert aufgeführt. So **18**,46. (39); **17**,6; **23**,55f.; **26**,88; **68**,14; **74**,12f.; **9**,69; **57**,20; **19**,77; Vermögen, Söhne, Gärten, Bäche: **71**,12; Vieh, Söhne, Gärten, Quellen: **26**,132–134. Vgl. auch **42**,20, wo das Feld (*ḥarṯ*) des Diesseits dem Feld des Jenseits gegenübergestellt wird. — Zur Bedeutung von *qanāṭir* (Singular *qinṭār*, aus latein. *centenarium*, griech. *kentēnarion*) „Zentner" siehe Walther Hinz, Islamische Maße und Gewichte, Leiden 1955, S. 24–27. In **3**,75 steht dem *qinṭār* der *dīnār* als kleinere Werteinheit gegenüber. — *ḏālika matā'u l-ḥayāti d-dunyā*: **28**,60/**42**,36; **43**,35. Siehe die Anmerkung zu **2**,36, mit weiteren Belegen. — *wa-llāhu 'indahū ḥusnu l-ma'ābi*: **13**,29; **38**,25/40. 49. Gegensatz *šarru ma'ābin*: **38**,55.

3,15 Mit *li-llaḏīna* fängt ein neuer Satz an. Ein ähnlicher Wortlaut und Zusammenhang (auch mit dem Vorhergehenden): **3**,198. — Zur Bedeutung des Ausdrucks *min taḥtihā* siehe die Anmerkung zu **2**,25. — *wa-azwāǧun muṭahharatun*: **2**,25/**4**,57. Siehe die Anmerkung zu **2**,25. — *wa-riḍwānun mina llāhi* (im Zusammenhang mit der Verheißung des Paradieses): **9**,72; **9**,21; **57**,20; *raḍiya llāhu 'anhum wa-raḍū 'anhu* (im selben Zusammenhang): **5**,119/**58**,22/**98**,8; **9**,100.

3,16 *rabbanā*...*fa-ġfir lanā ḏunūbanā*: **3**,147. 193; (**20**,73); (**26**,51); (**23**,109); (**46**,31); (**2**,286). — *qinā 'aḏāba n-nāri*: **3**,191; **2**,201.

3,17 Ähnliche Aufzählungen islamischer Tugenden: **23**,1–11; **70**,22–35; **33**,35 (von Männern und Frauen geübt); **66**,5, kürzer **4**,34 (von Frauen); **9**,112; **51**,16–19. — *wal-mustaġfirīna bil-asḥāri*: **51**,18.

3,18: **4**,166; **13**,43, mit weiteren Belegen. — Dreierlei Zeugen werden für die Wahrheit des monotheistischen Glaubens angeführt: Gott, die Engel und „diejenigen, die das Wissen haben". Wenn Gott in dieser Reihe genannt wird, ist das wohl so zu verstehen, daß er durch die Offenbarung Zeugnis abgelegt hat. Mohammed beruft sich in seiner Auseinandersetzung mit den Ungläubigen öfters auf Gott als Zeugen und letzte Instanz. Die Engel werden neben Gott als Zeugen genannt (so auch **4**,166), entweder weil sie überhaupt in Gottes Nähe sind und damit von vornherein über ein höheres Wissen verfügen, oder aber, weil sie zu Trägern der Offenbarung ausersehen waren (vgl. **97**,4; **16**,2). Mit der dritten Gruppe von Zeugen (*ulū l-ʿilmi*) sind vermutlich Angehörige der früheren Offenbarungsreligionen (Juden oder Christen) gemeint. Siehe **13**,43 und die Anmerkung dazu. Vgl. auch den Ausdruck *ar-rāsiḫūna fī l-ʿilmi* (**3**,7; **4**,162) sowie die häufige Formulierung *allaḏīna ūtū l-ʿilma.* — Im Passus *qā'iman bil-qisṭi* ist als Subjekt Gott zu ergänzen. Der Ausdruck *qāma bil-qisṭi* wird sonst allerdings nur auf Menschen angewandt: **57**,25; **4**,127; (**4**,135, siehe die Anmerkung). Der Ausdruck *qisṭ* (ohne *qāma*) auf Gott bezüglich, in eschatologischem Sinn: **10**,4; **21**,47; (**10**,47). Es liegt nahe, *qisṭ* („Gerechtigkeit") auch im vorliegenden Vers in eschatologischem Sinn zu verstehen.

3,19 *inna d-dīna ʿinda llāhi l-islāmu*: (**5**,3); (**2**,131f.). — *wa-mā ḫtalafa llaḏīna ūtū l-kitāba illā min baʿdi mā ǧā'ahumu l-ʿilmu baġyan bainahum*: **45**,17; **2**,213; **42**,14; (**10**,93); (**98**,4); (**3**,105); (**2**,253); (**11**,110/**41**,45). — *inna llāha sarīʿu l-ḥisābi*: **2**,202, mit weiteren Belegen.

3,20 Zur Bedeutung des Ausdrucks *aslamtu waǧhī li-llāhi* siehe H. Ringgren, Islam, 'aslama and muslim, Uppsala 1949, S. 22–24. — *wal-ummīyīna*: **2**,78, Anmerkung. — *wa-in tawallau fa-innamā ʿalaika l-balāġu*: **16**,82; **24**,54/**29**,18; **5**,92/**64**,12; **42**,48; **11**,57; **36**,17; **16**,35; **13**,40; **5**,99.

3,21 *allaḏīna yakfurūna bi-āyāti llāhi wa-yaqtulūna n-nabīyīna bi-ġairi ḥaqqin*: **2**,61; **3**,112; **4**,155; **3**,181; (**2**,91); (**2**,87/**5**,70). Zur Sache verweist Horovitz auf Matthäus 23,37 und Lukas 13,34 (Koranische Untersuchungen, S. 40). — *fa-bašširhum bi-ʿaḏābin alīmin*: **9**,34; **84**,24.

3,22: **2**,217; **9**,69. — Zur Bedeutung von *ḥabiṭa* siehe die Anmerkung zu **2**,217.

3,23 *a-lam tara ilā llaḏīna ūtū naṣīban mina l-kitābi*: **4**,44. 51. — *yudʿauna ilā kitābi llāhi.* Es fragt sich, ob mit der „Schrift Gottes" die eigene Offenbarungsschrift jener früheren „Schriftbesitzer" gemeint ist, oder aber die Offenbarungsschrift Mohammeds, der Koran. Vgl. **2**,101; **3**,187; **24**,48. — Als Subjekt zu *li-yaḥkuma* ist entweder „die Schrift Gottes" oder Gott selber zu ergänzen. Siehe die Anmerkung zu **2**,213. — *ṯumma yatawallā farīqun minhum wa-hum muʿriḍūna*: **24**,47f.; **2**,83; (**2**,100).

3,24 *qālū lan tamassanā n-nāru illā aiyāman maʿdūdātin*: **2**,80.

3,25 *iḏā ǧamaʿnāhum li-yaumin lā raiba fīhi*: **3**,9, mit weiteren Belegen. — *wuffiyat kullu nafsin mā kasabat wa-hum lā yuẓlamūna*: **2**,281, mit weiteren Belegen. Zum Ausdruck *wuffiyat* siehe die Anmerkung zu **2**,272. Zur Bedeutung von *kasaba* siehe die Anmerkung zu **2**,79.

3,26 *mālika l-mulki tu'tī l-mulka man tašā'u*: **2**,247; **2**,258; **35**,13; **39**,6; **64**,1; **67**,1. Vgl. auch die Stellen, in denen es heißt, daß Gott „die Herrschaft über Himmel und Erde" innehat (wobei öfters, wie hier in Vers 27, einzelne Hinweise auf Gottes Allmacht und Schöpfungswunder folgen). — *tu'izzu man tašā'u wa-tudillu man tašā'u*: (**27**,34. 37); (**63**,8); (**35**,10); (**4**,139); (**10**,65). — *bi-yadika l-ḫairu*: (**6**,17); (**10**,107).

3,27 *tūliğu l-laila fī n-nahāri wa-tūliğu n-nahāra fī l-laili*: **22**,61; **31**,29; **35**,13; **57**,6; *yukauwiru l-laila 'alā n-nahāri wa-yukauwiru n-nahāra 'alā l-laili*: **39**,5; *yuġšī l-laila n-nahāra*: **7**,54; **13**,3; *al-lailu naslaḫu minhu n-nahāra*: **36**,37; *yuqallibu llāhu l-laila wan-nahāra*: **24**,44; *iḫtilāfu l-laili wan-nahāri*: **2**,164; **3**,190; **10**,6; **45**,5; **23**,80; (**25**,62); ferner **21**,33; **41**,37; **17**,12; **10**,67/**40**,61/**27**,86; **25**,47; **78**,9–11; **30**,23. — *tuḫriğu l-ḥaiya mina l-maiyiti wa-tuḫriğu l-maiyita mina l-ḥaiyi*: **6**,95; **10**,31; **30**,19. — *tarzuqu man tašā'u bi-ġairi ḥisābin*: **3**,37; **2**,212; **24**,38; **40**,40; (**39**,10). In **24**,38 und **40**,40 ist bei dem Passus zweifelsohne, in **2**,212 vermutlich an die Belohnung der Frommen im Jenseits gedacht. Vgl. auch **20**,131; **37**,41; **22**,58; **65**,11. Dagegen bezieht sich der Passus im vorliegenden Vers wahrscheinlich auf die Güter dieser Welt. Ähnlich heißt es auch sonst (öfters mit dem Hinweis auf Gottes Allmacht und Schöpfungswunder, allerdings ohne den Zusatz *bi-ġairi ḥisābin*), daß Gott den Menschen die Früchte der Erde oder überhaupt gute Dinge beschert hat, mit ganz kurzer Formulierung **30**,40 (*allāhu lladī ḫalaqakum ṯumma razaqakum ṯumma yumītukum ṯumma yuḥyīkum*). In **3**,37 ist auch von einer Bescherung materieller Art die Rede, hier allerdings nicht in dem alltäglichen, irdischen Sinn: Maria wird auf wunderbare Weise mit einer Art Himmelsbrot genährt. Das Verbum *razaqa* hat hier eine gehobene Bedeutung.

3,28 *lā yattaḫiḏi l-mu'minūna l-kāfirīna auliyā'a min dūni l-mu'minīna*: **4**,144; **9**,23; **60**,1. 9; **8**,72–75; **4**,89. 139; **5**,51. 55–57. 80f.; (**3**,118). — *wa-yuḥaḏḏirukumu llāhu nafsahū*: **3**,30.

3,29 *in tuḫfū mā fī ṣudūrikum au tubdūhu ya'lamhu llāhu.* Siehe die Anmerkung zu **2**,33, mit Belegen. — Nach dem Gedankengang, der in **60**,1 und **3**,118f. vorliegt, ist es wohl möglich, daß der vorliegende Vers mit dem vorhergehenden sachlich zusammengehört. Der Hinweis darauf, daß Gott auch die verborgenen Gedanken kennt, wäre dann speziell für diejenigen Gläubigen bestimmt, die insgeheim mit den Ungläubigen Freundschaft halten wollen.

3,30 *yauma*... Verkürzter Zeitsatz. Siehe Einleitung zur Übersetzung, S. 4. Die vorliegende Stelle gehört zu den wenigen Fällen, in denen der mit *yauma* eingeleitete Satz nicht unbedingt elliptisch zu sein braucht. Denn *tawaddu*... könnte an sich ein Nachsatz sein. Der mit *tawaddu* eingeleitete Satz ist aber doch wohl eher als Zustandssatz oder als neuer selbständiger Satz zu verstehen. — *yauma tağidu kullu nafsin mā 'amilat min ḫairin muḥḍaran*...: **18**,49; (**16**,111); **81**,14; **75**,13, mit weiteren Belegen. — *amadan ba'īdan*: (**72**,25).

3,32 *qul aṭī'ū llāha war-rasūla fa-in tawallau*...: **24**,54; **64**,12; **5**,92; **8**,20. Auf Grund der angeführten Belege ist *tawallau* als 2. Person Jussiv (= *tatawallau*) und nicht als 3. Person Perfekt zu verstehen.

3,33f. *inna llāha ṣṭafā Ādama*...: **20**,122; (**19**,58); (**3**,42). Zur Sache siehe Speyer, S. 49–51. — *wa-āla 'Imrāna.* Der Name 'Imrān entspricht dem hebräischen *'Amrām.* Im Koran wird er dem Vater von Maryam (= Maria), der Mutter Jesu, beigelegt (siehe die folgenden Verse 34f. sowie **66**,12). Das geht offensichtlich darauf zurück, daß in der alttestamentlichen Genealogie eben 'Amrām der Vater von Mose, Aaron und *deren Schwester Miryam* ist (4. Mose 26,59). Die Bezeichnung von Maryam (= Maria), der Mutter Jesu, als „Schwester Aarons" (**19**,28) ist ebenso zu verstehen. Auch hierbei handelt es sich um eine Nachwirkung der alttestamentlichen Genealogie. In 2. Mose 15,20 wird jene „Prophetin" Miryām aus der Generation des Mose eben auch als „Schwester Aarons" bezeichnet. Siehe Horovitz, Koranische Untersuchungen, S. 128. 138–140; Speyer, S. 242f. Man sollte nun allerdings aus dieser genealogischen Verquickung der neutestamentlichen Maryam (= Maria) mit der alttestamentlichen Mirjam nicht zu viel herauslesen. Sie beschränkt sich im wesentlichen auf die Namengebung. Von einer eigentlichen Verwechslung von Maria und Mirjam wird man kaum sprechen können. Vollends unwahrscheinlich ist es, daß Mohammed irgendeinmal der Meinung war, Jesus sei – als Sohn der Maria = Mirjam – ein regelrechter Neffe Moses gewesen und habe demnach der Generation angehört, die auf diesen unmittelbar folgte. Trotzdem bleibt manches unklar. Wenn in Vers 33 im Anschluß an die Nennung von Adam, Noah und der Sippe Abrahams von der „Sippe 'Imrāns" die Rede ist, wird man dabei zuerst einmal an die Sippe von Mose und Aaron denken und erst aus den folgenden Versen 35–37 ersehen, daß in Wirklichkeit die Familie von Maria, der Mutter Jesu, gemeint ist. Vielleicht ist die Formulierung *ḏurrīyatan ba'ḍuhā min ba'ḍin* in dem überleitenden Vers 34 eben in dem Sinn zu verstehen, daß die verschiedenen Geschlechter unmerklich ineinander übergehen. Auffallend ist auch, daß es in demselben einheitlich durchkomponierten Text in Sure **19**,2ff., in dem Maryam, die Mutter Jesu, als „Schwester Aarons" bezeichnet wird (V. 28), heißt, daß Gott in seiner Barmherzigkeit dem Mose „seinen Bruder Aaron" als Propheten geschenkt habe (V. 53). Aaron ist hier also sowohl Bruder der Maryam (= Maria) als auch Bruder des Mose. — M. Hamidullah glaubt die Schwierigkeit dadurch beheben zu können, daß er annimmt, die Bezeichnung Marias als „Schwester Aarons" (**19**,28) sei in einem weiteren Sinn gemeint. „The Quranic expression is *ukht hārūn*, meaning a member of the clan of Aaron... According to the Quran the Virgin Mary was the descendant of Aaron" (Islamic Quarterly 1, 1954, S. 243, in der Besprechung von R. Bell, Introduction to the Qur'ān).

3,35–37 Die koranische Geburts- und Kindheitsgeschichte der Maria ist offensichtlich vom Protevangelium des Jakobus abhängig. Siehe Wilhelm Rudolph, Die Abhängigkeit des Qorans von Judentum und Christentum, Stuttgart 1922, S. 77. Zu **3**,35f. ist besonders Protevangelium 4,1; 5,2; 6,1 zu vergleichen, zu **3**,37 Protevangelium 7 und 8. — Zum Namen *'Imrān* (als Vater Marias) siehe die Anmerkung zu **3**,33f.

3,35 Verkürzter Zeitsatz (ebenso in den Versen 42. 45. 55). Siehe Einleitung zur Übersetzung, S. 3f. — *fa-taqabbal minnī innaka anta s-samī'u l-'alīmu*:

2,127 (als Ausspruch Abrahams und Ismaels bei der Grundlegung des Gotteshauses in Mekka).

3,36 Das Epitheton *raǧīm*, das an verschiedenen Stellen des Korans dem Satan beigelegt wird, ist von Nöldeke als Lehnwort aus dem Äthiopischen erklärt worden. Äthiopisch *ragama* (eigentlich „steinigen", wie auch arabisch *raǧama* **11**,91 und öfter) hat die übertragene Bedeutung „verfluchen" angenommen, und *rĕgūm* heißt durchweg „verflucht". Aber Mohammed scheint bei der Verwendung des Wortes die Grundbedeutung „gesteinigt" beibehalten zu haben. Das ergibt sich aus Sure **67**,5, wo die „Lampen" des untersten Himmels (in diesem Fall wohl soviel wie Sternschnuppen) als *ruǧūm* („Wurfgeschosse") für die Satane bezeichnet werden. Siehe Nöldeke, Neue Beiträge, S. 47. Franz Rosenthal hat die fragwürdige Vermutung geäußert, daß das koranische *raǧīm* mit der hebräischen und aramäischen Wurzel *rgn* zusammengehören könnte. Es würde dann bedeuten: „murrend", „mäkelnd" oder geradezu „verleumdend" (Some Minor Problems in the Qur'ân, S. 17f. = The Joshua Starr Memorial Volume, New York 1953, S. 83f.).

3,37 In **3**,37. 39 und **19**,11 scheint *miḥrāb* die Bedeutung „Tempel" zu haben, in **38**,21 und **34**,13 (hier Plural *maḥārīb*) die Bedeutung „Palast". Vielleicht hängt das Wort mit dem äthiopischen *mĕkʷĕrāb* zusammen. Siehe Siegmund Fränkel, Die aramäischen Fremdwörter im Arabischen, Leiden 1886, S. 274. Dagegen Nöldeke, Neue Beiträge, S. 52: „Wäre ‚Heiligtum' die erste Bedeutung des Wortes, so würde ich es allerdings von *mĕḥrām* ableiten". — *inna llāha yarzuqu...* Siehe die Anmerkung zu **3**,27, mit weiteren Belegen.

3,38–41: **19**,1–11; **21**,89f. Zur Sache: Lukas 1,5–25.

3,38: **19**,2–6; **21**,89. Während in **19** die Geschichte der Verkündigung des Johannes den Anfang einer Sure bildet, ist sie in der vorliegenden Version an die Geburts- und Kindheitsgeschichte der Maria angehängt. — *innaka samīʿu d-duʿāʾi*: **14**,39.

3,39: **19**,7. (12–15). — Zur Bedeutung von *miḥrāb* siehe die Anmerkung zu **3**,37. — *muṣaddiqan bi-kalimatin mina llāhi*: **3**,45; **4**,171; **66**,12 (*bi-kalimāti rabbihā*; Lesart nach Ubai und Muǧāhid: *bi-kalimati rabbihā*). Abgesehen von dem letzten Beleg, wo die Lesung nicht eindeutig ist, wird in diesen Stellen der Ausdruck *kalima* durchweg auf Jesus angewandt, wohl in Anlehnung an die Logos-Vorstellung. Dasselbe ist auch für die vorliegende Stelle anzunehmen. Th. O'Shaughnessy ist allerdings der Ansicht, daß der Ausdruck *kalima*, soweit er im Koran auf Jesus angewandt wird, nichts mit der hellenistisch-christlichen Logos-Vorstellung gemein hat. Er erklärt ihn vielmehr – wohl zu einseitig – damit, daß Jesus durch das göttliche Schöpferwort in die Existenz gerufen worden ist: „Jesus, then, is rightly called a ‚word', that is, a creative command or, more explicitly, a ‚thing decreed' by a creative command" (The Koranic Concept of the Word of God = Biblica et Orientalia 11, Rom 1948, S. 55). — Den Ausdruck *ḥaṣūr* beziehen die Kommentatoren speziell auf Enthaltsamkeit oder genauer Indifferenz gegenüber Frauen. Siehe auch E. Beck,

Das christliche Mönchtum im Koran, Helsinki 1946, S. 27. — *mina ṣ-ṣāliḥīna.* Zur Bedeutung von *aṣ-ṣāliḥūn* siehe die Anmerkung zu **2**,130.

3,40: **19**,8f. (Zacharias); **3**,47; **19**,20f. (Maria); **51**,29f. (Sara). — Besonders zu beachten sind die Varianten zum Schlußpassus des vorliegenden Verses (*ka-ḏālika llāhu yafʿalu mā yašāʾu*): **3**,47; **19**,9; **19**,21; **51**,30. Der Spruch wird jedesmal mit *ka-ḏālika* bzw. *ka-ḏāliki* eingeleitet. Nun steht *ka-ḏālika* im Koran manchmal für einen ganzen Satz („So ist es", oder ähnlich), und zwar **12**,24; **25**,32; **18**,91; **26**,59; **44**,28. 54; **35**,28. Ähnlich wird *ka-ḏālika* bzw. *ka-ḏāliki* auch in **19**,9 und 21 einen ganzen Satz vertreten und etwa den Sinn haben: „So (ist es, wie dir verkündet wurde)". Denn das anschließende *qāla rabbuka* bzw. *rabbuki* hat in dem folgenden Aussagesatz *huwa ʿalaiya haiyinun* ein eigenes Objekt. Zur Not könnte man allerdings auch übersetzen: „So hat dein Herr (es an)gesagt: Es fällt mir leicht (dies zu bewerkstelligen)". In **51**,30 hat dagegen *qāla rabbuki* kein eigenes Objekt, da unmittelbar darauf folgt: *innahū huwa l-ḥakīmu l-ʿalīmu.* Man muß also entweder ein Objekt ergänzen: „Dein Herr sagt (es)". Dann steht *ka-ḏāliki* wie in **19**,9 und 21 absolut und vertritt einen ganzen Satz („So ist es"). Oder man nimmt *ka-ḏāliki* mit *qāla rabbuki* zusammen. Dann ist zu übersetzen: „So (wie wir verkündet haben) sagt dein Herr". Der Wortlaut von **3**,40 und 47 läßt sich am ehesten so verstehen, daß *ka-ḏālika* bzw. *ka-ḏāliki* mit *allāhu* zusammen einen Satz bildet. Also: „So ist Gott (freier übersetzt: Das ist Gottes Art (zu handeln)). Er tut (schafft), was er will." Man kann aber (entsprechend der Konstruktion von **19**,9 und 21) *ka-ḏālika* bzw. *ka-ḏāliki* auch für sich allein nehmen und zu einem Satz ergänzen. Dann ist zu übersetzen: „So (ist es, wie dir verkündet wurde). Gott tut (schafft), was er will."

3,41: **19**,10f. — *wa-ḏkur rabbaka kaṯīran*: **20**,33f.; **33**,41, mit weiteren Belegen. — *sabbiḥ bil-ʿašīyi wal-ibkāri*: **40**,55; **38**,18; **30**,17; **19**,11; **33**,42; **48**,9; **7**,205; **13**,15; **24**,36; **6**,52; **18**,28; **50**,39; **20**,130; **76**,25f.; **52**,48f. Siehe auch die Anmerkung zu **2**,238.

3,42 *wa-ṣṭafāki ʿalā nisāʾi l-ʿālamīna*: **3**,33.

3,43 *uqnutī li-rabbiki*: **66**,12. — *wa-rkaʿī maʿa r-rākiʿīna*: (**2**,43).

3,44 *ḏālika min anbāʾi l-ġaibi nūḥīhi ilaika...*: **12**,102; **11**,49; (**38**,69f.). — Der Satz *wa-mā kunta ladaihim...* könnte auch als Zustandssatz verstanden werden („ohne daß du bei ihnen warst..."). — Im Passus *iḏ yulqūna aqlāmahum...iḏ yaḫtaṣimūna* steckt offensichtlich eine Anspielung auf das Staborakel im Protevangelium des Jakobus, 8,2; 9,1 (so schon Rudolph, Die Abhängigkeit des Qorans von Judentum und Christentum, Stuttgart 1922, S. 77). Nach Vers 37 ist die vorliegende Stelle dahingehend zu ergänzen, daß die Betreuung der Maria dem Zacharias zufiel (nicht dem Joseph, wie im Protevangelium).

3,45 Der Terminus *kalima* wird hier unmittelbar auf Jesus angewandt, wohl in Anlehnung an die Logos-Vorstellung. Siehe die Anmerkung zu **3**,39. Im folgenden wird *kalima* durch das Suffix *-hū* in *ismuhū* wiederaufgenommen, also dem Sinn nach konstruiert.

3,46: **5**,110; (**19**,29). — Der Ausdruck *wa-mina ṣ-ṣāliḥīna* läßt sich syntaktisch schwer anschließen (ebenso *wa-rasūlan* am Anfang von Vers 49). Vielleicht wirkt die ḥāl-Konstruktion des vorhergehenden Verses noch nach (*waǧīhan – wa-mina l-muqarrabīna*). R. Bell vermutet, daß die Verse 45–47 ursprünglich den im Anfang der Sure vertretenen Reim auf *ā* hatten und mit *ʿĪsā*, *kahlan* (*kahlā*) und *yašāʾu* (*yašā*) endeten (I, S. 65, Additional Note). Zur Bedeutung von *aṣ-ṣāliḥūn* siehe die Anmerkung zu **2**,130.

3,47: **19**,20f. — *annā yakūnu lī waladun*: auch **3**,40; **19**,8 (Zacharias); **51**,29 (Sara). Zur Sache siehe Lukas 1,34. 37. Zur Konstruktion von *ka-ḏālika* siehe die Anmerkung zu **3**,40, mit weiteren Belegen. — *iḏā qaḍā amran fa-innamā yaqūlu lahū kun fa-yakūnu*: **2**,117/**19**,35/**40**,68. Weitere Belege in der Anmerkung zu **2**,117. Zur Sache: Thomas O'Shaughnessy, The Development of the Meaning of the Spirit in the Koran, Rom 1953, S. 61–63.

3,48: **5**,110. — Horovitz folgert aus dem vorliegenden Vers, unter Beiziehung der Stellen **4**,54; **4**,113; **2**,129; **3**,81, wonach *kitāb* und *ḥikma* der Sippe Abrahams bzw. den Propheten, Mohammed und den Gläubigen gegeben worden sind, „daß *kitāb* und *ḥikma* zusammen die vormosaische Offenbarung enthalten" (Koranische Untersuchungen, S. 71f.). Weiter (S. 73): „Nachdem Mohammed späterhin auch die Namen *taurāt* und *inǧīl* als Bezeichnung offenbarter Bücher eingeführt hatte, ergab sich ihm aus der Verbindung dieser Namen mit *kitāb* und *ḥikma* eine Vierteilung der heiligen Bücher (Sure **3**,48; **5**,110), welche in ihrer Gesamtheit zuerst ʿĪsā, der das *inǧīl* empfangen hatte, bekanntgeworden waren". Dieser Schluß ist aber nicht zwingend. Zwar mag man mit Horovitz (S. 73) annehmen, daß Mohammed von vornherein geneigt war, den Begriff der *ḥikma* (aus aramäisch *ḥeḵmā*, entsprechend hebräisch *ḥoḵmā* und griechisch *sophía*) mit der Vorstellung von einer schriftlichen Fixierung der göttlichen Offenbarung in Verbindung zu bringen und so *ḥikma* und *kitāb* nebeneinander zu setzen. Man könnte dafür sogar weitere Belege anführen, so **33**,34; ferner die Verbindung von *kitāb* und *ḥikma* (außer in den von Horovitz angeführten Stellen) in **2**,151; **3**,164; **62**,2. Aber dabei handelt es sich schwerlich um eine Gleichsetzung in dem Sinn, daß Mohammed mit *ḥikma* geradezu ein Offenbarungsbuch oder eine besondere Gruppe von Offenbarungsschriften gemeint hätte. Der Schwerpunkt in der Bedeutung von *ḥikma* liegt wohl durchweg auf dem *Inhalt* der Offenbarung. In der Übersetzung wird das Wort deshalb immer mit „Weisheit" wiedergegeben. Siehe auch die Anmerkung zu **3**,79 (über die Bedeutung von *ḥukm*). Wenn es in der vorliegenden Stelle 3,48 und in der Parallelstelle **5**,110 von Jesus heißt, daß er „in der Schrift, der Weisheit, der Thora und dem Evangelium unterwiesen worden sei", darf man diese vier Termini nicht zu scharf voneinander differenzieren. Es handelt sich um eine ziemlich unsystematische Aufzählung von verschiedenen Gnadengaben. Die beiden letzten Termini (*taurāt* und *inǧīl*) dienen dem Zweck, den Inhalt der an erster Stelle genannten, dem Stifter der christlichen Religion zur Verfügung stehenden „Schrift" näher zu umreißen.

3,49 Der Akkusativ *(wa-)rasūlan* würde sich sachlich gut an *waǧīhan* oder *kahlan* in Vers 45 bzw. 46 anschließen (vgl. auch *muṣaddiqan*... in Vers 39), ist aber durch den Wortlaut von 3 bzw. 2 Versen davon getrennt. Siehe den (etwas fragwürdigen) Deutungsversuch von R. Bell in seiner Koranübersetzung, I, S. 65, „Additional Note". — Da *(wa-)rasūlan ilā Banī Isrā'īla* in der Luft hängt, läßt sich auch nicht ausmachen, von was für einer gedanklichen Voraussetzung der Daß-Satz *annī qad ǧi'tukum*... abhängt. Sprecher ist jedenfalls Jesus. Vgl. **61**,6. — *aḫluqu lakum mina ṭ-ṭīni ka-hai'ati ṭ-ṭairi*...: **5**,110. Zur Sache siehe das Kindheitsevangelium des Thomas, 2,2–4 (W. Rudolph, Die Abhängigkeit des Qorans von Judentum und Christentum, Stuttgart 1922, S. 81).— *wa-ubri'u l-akmaha wal-abraṣa wa-uḥyi l-mautā*: **5**,110. — Die Ortsbestimmung *fī buyūtikum* könnte auch nur zum zweiten Verbum gehören. Dann wäre zu übersetzen: „Und ich werde euch Kunde geben von dem, was ihr eßt, und was ihr in euren Häusern aufspeichert". Der ganze Passus (der übrigens in der Belegstelle **5**,110 fehlt) spielt offensichtlich auf eine besondere hellseherische Fähigkeit an. Eine literarische Vorlage scheint bis jetzt nicht nachgewiesen zu sein.

3,50 *wa-muṣaddiqan*...: (auch von Jesus) **61**,6; **5**,46. Weitere Belege zum Ausdruck *muṣaddiq* in der Anmerkung zu **3**,3. Der Akkusativ *muṣaddiqan* ist syntaktisch wohl gleich zu verstehen wie der Akkusativ *(wa-)rasūlan* am Anfang des vorhergehenden Verses 49. Siehe die Anmerkung dazu. — *mina t-taurāti*: Die Präposition *min* im Ausdruck *mina t-taurāti* hat entweder partitive oder epexegetische Bedeutung (als Erläuterung zum vorhergehenden *mā*). Siehe Reckendorf, Syntax, § 211. — *wa-li-uḥilla ba'ḍa llaḏī ḥurrima 'alaikum*. Von spezifisch jüdischen Verboten ist in **3**,93; **4**,160; **6**,146 und **16**,118 die Rede. Siehe auch die Anmerkung zu **23**,51, mit weiteren Belegen. — *wa-ǧi'tukum bi-āyatin min rabbikum*: **43**,63 (auch als Ausspruch Jesu, aber mit etwas abweichendem Wortlaut). Bei dem „Zeichen" ist vielleicht an das Tischwunder gedacht, auf das der Passus **5**,111–115 anspielt. — *fa-ttaqū llāha wa-aṭī'ūni*: **43**,63; **26**,108. 110. 126. 131. 144. 150. 163. 179; (**71**,3); (**8**,1).

3,51: **19**,36/**43**,64; **36**,61; **5**,72. 117.

3,52: **61**,14. — Der etwas schwerfällige Ausdruck *ilā llāhi* („zu Gott hin") wird von den Kommentatoren verschieden ausgelegt. Nach Zamaḫšarī bedeutet *man anṣārī ilā llāhi* entweder soviel wie *mani llaḏīna yuḍīfūna anfusahum ilā llāhi yanṣurūnanī ka-mā yanṣurunā* („wer sind diejenigen, die sich Gott anschließen, um mir zu helfen, wie er mir hilft?"). Ähnlich Ṭabarī: *ilā* = *ma'a* („zusätzlich zu Gott", „zusammen mit Gott"). Oder *ilā llāhi* gehört (auch wieder nach Zamaḫšarī) zu einem Zustandsakkusativ, der zu dem Personalsuffix in *anṣārī* zu ergänzen ist: = *man anṣārī ḏāhiban ilā llāhi multaǧi'an ilaihi* („wer sind meine Helfer, wenn ich mich an Gott wende und bei ihm Schutz suche?"). Es ist übrigens nicht ausgeschlossen, daß *anṣārī* wegen des Anklangs an *Naṣārā* („Christen") gewählt ist. So auch R. Bell in der Anmerkung zu **61**.14 und Origin of Islam. S. 149f.; anders M. M. Bravmann, in: Der

Islam 35, 1960, S. 5–7. — *āmannā bi-llāhi wa-šhud bi-annā muslimūna*: **5**,111; **3**,64.

3,53: **5**,83. In dieser Stelle ist mit dem Gesandten, dessen Botschaft die Christen anerkennen, offensichtlich Mohammed gemeint (nicht, wie in der vorliegenden Stelle **3**,53, Jesus).

3,54: **8**,30; **7**,99, mit weiteren Belegen.

3,55 *rāfi'uka ilaiya*: **4**,158. — *wa-ǧā'ilu llaḏīna ttaba'ūka fauqa llaḏīna kafarū ilā yaumi l-qiyāmati*. Der Passus spielt vielleicht auf die geschichtliche Tatsache an, daß die Christen (nach Mohammed = die an Jesus gläubigen Kinder Israel) gegenüber den Juden (= den ungläubigen Kindern Israel) politisch in der Führung lagen. Vgl. **61**,14 Schluß. — *fa-aḥkumu bainakum fī-mā kuntum fīhi taḫtalifūna*: **2**,113; **2**,213. Siehe die Anmerkung zu diesem Vers, mit weiteren Belegen.

3,56f.: **4**,173. — *fa-yuwaffīhim uǧūrahum*: auch **3**,185; **35**,30; **39**,10; (**7**,170, mit weiteren Belegen).

3,58 *ḏālika natlūhu 'alaika mina l-āyāti*: (**2**,252; **3**,108; **45**,6; **28**,2f.). — Zur Anwendung des Ausdrucks *ḥakīm* auf die Offenbarungsschrift siehe die Anmerkung zu **10**,1.

3,59 *inna maṯala 'Īsā...ka-maṯali Ādama*. Das tertium comparationis ist die Neuschöpfung (ohne den üblichen Vorgang der Zeugung). Speyer bemerkt zu der Stelle (S. 43f.): „Die Zusammenstellung 'Īsās mit Ādam, hinsichtlich seiner Schöpfung, ist wohl der Ausfluß der christlichen Anschauung, die Ādam vielfach mit Christus vergleicht (dazu ausführliche Anmerkung), oder aber sie ist aus der polemischen Einstellung Mohammeds zu erklären, der an vielen Stellen dagegen eifert, daß 'Īsā Gottes Sohn sei, ja, daß es überhaupt eine Dreieinigkeit gebe und daß die Geburt des Heilands übernatürlich gewesen sei." Die erste der beiden von Speyer genannten Erklärungen gewinnt an Gewicht durch folgenden Hinweis von Th. O'Shaughnessy: „The comparison, probably based on a misinterpretation of Romans 5 and I Corinthians 15, existed in precisely that form in Nestorian teaching, as Cassian notes in attacking Nestorius: ‚You (Nestorius) assert the Lord Jesus to have been like in all and equal to Adam: Adam indeed (created) without seed and Jesus too without seed; the first only a man and the second, too, a man and nothing more'. Cassiani, De Incarnatione Christi, lib. 7, cap. 6. M.G. 50, col. 214". (The Development of the Meaning of Spirit in the Koran, Rom 1953, S. 60.) — Das Imperfekt *fa-yakūnu* (statt des zu erwartenden Perfekts) ist wohl durch den Reimzwang bedingt. Eine ähnliche Formel (*iḏā qaḍā amran fa-innamā yaqūlu lahū kun fa-yakūnu*) wird übrigens in Vers 47 sowie in **19**,35 und vielleicht auch in **2**,117 auf die Person Jesu angewandt.

3,60: **2**,147, mit weiteren Belegen. — Der Ausdruck „die Wahrheit (die) von deinem Herrn (kommt und) an der nicht zu zweifeln ist" (oder ähnlich) bezieht sich nicht nur auf die Offenbarung überhaupt, sondern auch auf besondere Einzelheiten daraus. So im vorliegenden Vers. Auf Grund von **19**,34 (*ḏālika ʿĪsā bnu Maryama qaula l-ḥaqqi llaḏī fīhi yamtarūna*) ist wohl anzunehmen, daß es sich noch um Jesus handelt, wie im vorhergehenden Vers **3**,59.

3,61 Mohammed erbietet sich, den Beweis für die Wahrheit seiner Sache durch einen Gemeinschaftseid zu erbringen. Die Partei, die die Unwahrheit vertritt, zieht sich bei einem solchen Eid den Fluch Gottes zu. Vgl. Sure **24**,6 bis 9. Zur Sache siehe J. Wellhausen, Reste arabischen Heidentums, 1927, S. 187–189; I. Goldziher, Abhandlungen zur arabischen Philologie, I, Leiden 1896, S. 32; J. Pedersen, Der Eid bei den Semiten, Straßburg 1914, S. 180 bis 186.

3,62 *al-qaṣaṣu l-ḥaqqu*: (**6**,57); (**11**,120); (**18**,13); (**38**,64); (**51**,23).

3,63 Bedingungssatz mit Verschiebung. Siehe Einleitung zur Übersetzung, S. 4. — *fa-inna llāha ʿalīmun bil-mufsidīna*: **10**,40.

3,64 Es ist fraglich, ob Vers 64 mit dem Vorhergehenden sachlich näher zusammenhängt. — Im Passus *taʿālau ilā kalimatin sawāʾin* steht *sawāʾin* als Apposition zu *kalimatin* und vertritt die Stelle eines Attributs. Aber die Bedeutung des ganzen Ausdrucks ist schwer festzustellen. Vielleicht ist ein Wort des Ausgleichs, der goldenen Mitte gemeint, auf das sich beide Parteien einigen können (siehe Bell, Origin of Islam, S. 147; M. Watt, Mohammad at Medina, Oxford 1956, S. 200f.), vielleicht aber auch ein offenes, deutliches Wort, das eine klare Entscheidung zwischen beiden Parteien bringen soll (vgl. **8**,58 und **21**,109: *ʿalā sawāʾin*). — *wa-lā yattaḫiḏa baʿḍunā baʿḍan arbāban min dūni llāhi*: **9**,31; **3**,80; (**12**,39). — *fa-in tawallau fa-qūlū šhadū bi-annā muslimūna*. Nachdem die „Schriftbesitzer" die Aufforderung, sich zu einem strengen Monotheismus zu bekennen, ablehnen, erhebt Mohammed für sich und seine Anhänger den Anspruch, als Vertreter einer eigenen, nämlich der islamischen Religion anerkannt zu werden. Nach **3**,52 und **5**,111 haben die Jünger Jesu seinerzeit denselben Anspruch erhoben (vgl. auch **3**,80, Schluß).

3,65–68: **2**,139f. Über Abraham als den angeblichen Stifter der urislamischen Religion siehe die Anmerkung zu **2**,124–141, mit weiteren Belegen.

3,66 In dem Satz *ḥāǧaǧtum fī-mā lakum bihī ʿilmun* ist offensichtlich auf einen zeitlich vorausliegenden (vielleicht soeben abgeschlossenen) Disput der „Schriftbesitzer" Bezug genommen. Über den Gegenstand des Disputs ist nichts weiter ausgesagt, als daß die Streitenden – auf Grund des ihnen zuteil gewordenen Offenbarungswissens – dafür zuständig waren, oder wohl eher, daß sie eigentlich dafür zuständig gewesen wären. Vielleicht ist der im vorhergehenden (V. 59ff.) skizzierte Streit über Jesus gemeint. Im folgenden (*fa-li-ma tuḥāǧǧūna fī-mā laisa lakum bihī ʿilmun*) wird den „Schriftbesitzern" die Zuständigkeit für Abraham abgesprochen, da dieser mit seiner Religion aus dem Rahmen sowohl des Judentums als auch des Christentums herausfällt und eine eigene Größe darstellt. Siehe die Verse 65 und 67f. sowie die Anmerkung zu **2**,124–141. Belege zu *fī-mā laisa lakum bihī ʿilmun* in der Anmerkung zu **4**,157. — *wa-llāhu yaʿlamu wa-antum lā taʿlamūna*: **2**,216/232/**24**,19; **16**,74.

3,67 *walākin kāna ḥanīfan musliman wa-mā kāna mina l-mušrikīna*: **16**,120;

2,135/**3**,95/**6**,161/**16**,123; **6**,79; **4**,125; **10**,105; **30**,30; **22**,31; **98**,5. — Zur Bedeutung von *ḥanīf* siehe die Anmerkung zu **2**,135.

3,69: **4**,113; (**2**,109); (**3**,100).

3,70 Mit dem Schlußsatz *wa-antum tašhadūna* ist wohl gemeint, daß die „Schriftbesitzer" auf Grund ihrer eigenen Offenbarungsschriften Zeuge der göttlichen Wahrheit sind (und nicht etwa erst auf Grund der Verkündigung Mohammeds, wofür man allenfalls den Wortlaut von Vers 86 geltend machen könnte). Belege: **5**,44 (siehe die Anmerkung dazu); **3**,99; (**2**,84); (**3**,81); (**2**,140).

3,71: **2**,42, mit weiteren Belegen.

3,72: (**2**,14); (**3**,119); (**2**,76). — Der Ausdruck *la'allahum yarǧi'ūna* hat sonst fast immer die übertragene Bedeutung „vielleicht würden sie sich bekehren" und wird dann natürlich auf Ungläubige oder Sünder angewandt. Nur in der Josephsgeschichte scheint er konkret gemeint zu sein (**12**,62: „... vielleicht werden sie (dann nach Ägypten) zurückkehren"). Falls die vorliegende Stelle intakt ist und der Ausdruck *la'allahum yarǧi'ūna* tatsächlich auf die Gläubigen bezogen werden soll, könnte man vielleicht einen stillen Wunsch medinischer Juden daraus herauslesen und folgendermaßen paraphrasieren: „Vielleicht kehren sie (doch noch von Medina nach Mekka) zurück (woher sie gekommen sind)". Vielleicht soll es aber auch bedeuten: „Vielleicht ziehen sie sich zurück (und geben ihren Glauben wieder auf)". Außerdem besteht noch die Möglichkeit, den Ausdruck als bloße Füll- und Reimformel in der sonst üblichen Bedeutung zu verstehen. Dann wäre er natürlich auf die Ungläubigen bzw. „Schriftbesitzer" zu beziehen.

3,73 In Vers 73 ist der erste Abschnitt einigermaßen klar. Der Satz *wa-lā tu'minū illā li-man tabi'a dīnakum* ist noch als Parole der im vorhergehenden genannten „Schriftbesitzer" zu verstehen, während der Sprecher des folgenden (*qul*) *inna l-hudā hudā llāhi* Mohammed selber ist. Belege: **2**,120; **2**,135; **2**,111; **6**,71. Schwerer zu verstehen sind die beiden folgenden Sätze a) *an yu'tā aḥadun miṯla mā ūtītum* und b) *au yuḥāǧǧūkum 'inda rabbikum*. Die in der Übersetzung gegebene Deutung ist nicht mehr als ein Versuch, einen logischen Gedankengang herauszulesen. Belege zu a): **28**,48; **6**,124; **3**,183; zu b): **2**,76. — *qul inna l-faḍla bi-yadi llāhi yu'tīhi man yašā'u...*: **57**,29. 21; **62**,4; **5**,54.

3,74: **2**,105; (**76**,31); (**42**,8); (**48**,25); (**12**,56).

3,75 Von der Pflicht, anvertrautes Gut (*amāna*) zurückzugeben, handeln sonst noch folgende Stellen: **2**,283; **4**,58; **8**,27; **23**,8/**70**,32. — Zur Bedeutung von *qinṭār* siehe die Anmerkung zu **3**,14. — Zum Ausdruck *mā dumta 'alaihi qā'iman* vgl. **13**,33. — Zur Bedeutung des Ausdrucks *ummī* siehe die Anmerkung zu **2**,78. Im vorliegenden Zusammenhang sind speziell die Juden als Sprecher gedacht, und der Ausdruck *ummīyūn* entspricht sachlich dem hebräischen *gōyīm*. Die Juden berufen sich darauf, daß sie wegen ihrer Handlungsweise gegenüber Nichtjuden nicht zur Rechenschaft gezogen werden können. — Zur Bedeutung des Ausdrucks *laisa 'alainā sabīlun* siehe die Anmerkung zu **9**,91.

3,76 Bedingungssatz mit Verschiebung. Siehe Einleitung zur Übersetzung, S. 4. — *man aufā bi-'ahdihī*: **48**,10; **16**,91; **6**,152; **17**,34; **2**,177; **13**,20; **23**,8/**70**,32; **5**,1; **76**,7; **33**,15; **2**,40; negativ ausgedrückt: **2**,27/**13**,25; **4**,155/**5**,13. Zur Sache: F. Buhl, Zur Ḳurânexegese (Acta Orientalia 3, 1924, 97–108), S. 100–106: Der *'ahd* im Ḳurân (bes. S. 105).

3,77 *allaḏīna yaštarūna bi-'ahdi llāhi wa-aimānihim ṯamanan qalīlan*: **16**,95; **3**,187; (**2**,102). Siehe auch die Anmerkung zu **2**,41. — *lā ḫalāqa lahum fī l-āḫirati*: **2**,102/200. Siehe die Anmerkung zu **2**,102. — *wa-lā yukallimuhumu llāhu...*: **2**,174; (**23**,108).

3,78 *yalwūna alsinatahum bil-kitābi*: **4**,46 (*laiyan bi-alsinatihim*); (**2**,93. 104). Siehe auch die Anmerkung zu **4**,135. — *wa-yaqūlūna huwa min 'indi llāhi*: **2**,79.

3,79 *an yu'tiyahu llāhu l-kitāba wal-ḥukma wan-nubūwata*: **6**,89; **45**,16. – J. Horovitz deutet die Tatsache, daß in den genannten Stellen *kitāb*, *ḥukm* und *nubūwa* zusammen aufgeführt werden, auf „eine Dreiheit von Offenbarungsschriften, welche den Propheten bzw. den Banū Isrā'īl übergeben worden war" (Koranische Untersuchungen, S. 72f.). Jedoch ist nur bei *kitāb* speziell an die schriftliche Fixierung der göttlichen Offenbarung gedacht, während bei *ḥukm* und *nubūwa* der Schwerpunkt der Bedeutung auf dem Inhalt liegt. Es fragt sich allerdings, was mit den beiden Ausdrücken genauer gemeint ist. Bei *nubūwa* liegt die Bedeutung auf der Hand. Damit ist einfach die Prophetie gemeint, u.z. ganz allgemein als göttliche Gnadengabe und nicht etwa als ein Sammelbegriff für prophetische Schriften (zur Herkunft aus dem Hebräischen siehe Horovitz, Proper Names, S. 223f.). Schwieriger ist es, die Bedeutung von *ḥukm* zu ermitteln. Sehr häufig wird das Wort in der Grundbedeutung „Entscheidung" verwendet, vor allem da, wo es heißt, daß der *ḥukm* Gott zusteht (oder ähnlich). Aber da, wo *ḥukm* den Menschen zugeschrieben wird, bedeutet das Wort meist nicht eigentlich eine Tätigkeit („Entscheidung"), sondern eine Eigenschaft oder Fähigkeit, nämlich die Fähigkeit zu entscheiden. Man kann es mit „Urteilskraft" oder allenfalls auch mit „Verstand" übersetzen (wofür es im Koran kein eigenes Wort gibt). Dabei ist aber zu bedenken, daß dieser „Verstand" nicht jedem beliebigen Homo sapiens zugeschrieben wird, sondern speziell den Gottesmännern, die sich in der Heilsgeschichte hervorgetan haben. Einige Male wird neben *ḥukm* auch *'ilm* („Wissen") genannt, u.z. ebenfalls als göttliche Gnadengabe (**12**,22/**28**,14; **21**,74. 79). Gelegentlich mag bei dem Ausdruck *ḥukm* der Gedanke mitspielen, daß die betreffenden Gottesmänner auf Grund ihres Offenbarungswissens in besonderer Weise fähig waren, strittige Glaubensfragen zu entscheiden und so der Wahrheit zum Sieg zu verhelfen (**4**,105; **5**,48f.; **27**,76–78). In diesem Zusammenhang ist es auch zu verstehen, wenn in **13**,37 der Koran als „arabischer *ḥukm*" bezeichnet wird. Beachte auch die Gegenüberstellung von *ḥukm al-ǧāhilīya* („Entscheidungsweise des Heidentums") und *ḥukm* Gottes (**5**,50). — Zum Passus *kūnū rabbānīyīna...* vgl. **5**,44 und die Anmerkung dazu. Die Rabbiner werden in den drei Stellen, in denen sie im Koran genannt sind (außer **5**,44 noch **5**,63), positiv bewertet. Im vorliegenden Vers klingt *rabbānīyūn* fast wie ein Ehrentitel. Zur Wortgeschichte von *rabbānīyūn* siehe Horovitz, Koranische Untersuchungen, S. 63f.; Proper Names, S. 200f.; Carlo Alfonso Nallino, Raccolta di Scritti, III, Rom 1941, S. 119.

3,80: **3**,64; **9**,31; (**12**,39). — Zum Verbot der Verehrung von Engeln: auch **4**,172. Zur Sache: P. A. Eichler, Die Dschinn, Teufel und Engel im Koran, Leipzig 1928, S. 98. — Anstelle von *wa-lā ya'murakum* (Subjunktiv) wird auch die Lesart *wa-lā ya'murukum* (Indikativ) überliefert. Danach würde hier ein neuer Satz beginnen („Und er befiehlt euch nicht...“). Als Subjekt könnte gegebenenfalls statt *bašar* (auch Vers 79, Anfang) zur Not auch *Allāh* ergänzt werden.

3,81 Verkürzter Zeitsatz. Siehe Einleitung zur Übersetzung, S. 3f. — Belege zum ganzen Vers: **5**,44; **2**,213; **7**,157; **3**,187; **5**,12–16. 70; **33**,7. — In der „Verpflichtung“ Gottes sind genau genommen die Propheten (und ihre jeweiligen Zeitgenossen) angesprochen. Aber die hier folgenden Äußerungen über die Konsequenzen der Verpflichtung richten sich in Wirklichkeit an die späteren Anhänger der von den Propheten gestifteten Gemeinschaften, speziell an die Zeitgenossen Mohammeds. Siehe die Anmerkung zu **23**,51. — Zur Kombination *kitāb wa-ḥikma* siehe die Anmerkung zu **3**,48, mit weiteren Belegen. — *muṣaddiqun li-mā ma'akum*: **2**,41. 89. 91. 101; **4**,47; **3**,3f., mit weiteren Belegen. — *qālū aqrarnā qāla fa-šhadū*...: **2**,84; **3**,70. 86. 99; **5**,44.

3,82: **24**,55; **5**,12, mit weiteren Belegen; (**2**,64).

3,83: **6**,164; **16**,52; **7**,140; **3**,85; **6**,114; **5**,50. — Der Ausdruck *ṭau'an wa-karhan* bezieht sich wohl auf die (freiwillige oder unfreiwillige) Verehrung, die Gott speziell von Wesenheiten des Kosmos erwiesen wird. Belege: **13**,15; **41**,11.

3,84: **2**,136. Siehe die Anmerkung zu diesem Vers. **29**,46; **42**,15.

3,85 *man yabtaġi ġaira l-islāmi dīnan*...: **3**,83, mit weiteren Belegen. — *wa-huwa fī l-āḫirati mina l-ḫāsirīna*: **5**,5; **11**,22, mit weiteren Belegen.

3,86–91: **2**,159–162. — In den Versen 86–91 sind verschiedene Aussprüche über Ungläubige und deren Bestrafung zusammengestellt, wobei im Einzelfall nicht immer klar wird, was für eine Kategorie von Ungläubigen gemeint ist. Ein Vergleich mit **2**,159–162 zeigt trotz weitgehender wörtlicher Übereinstimmungen starke Abweichungen. Dort sind übrigens nur zwei Kategorien von Ungläubigen als verdammenswürdig aufgezählt, in der vorliegenden Stelle dagegen drei.

3,86 Die beiden Sätze *wa-šahidū*... und *wa-ǧā'ahumu l-baiyinātu* sind sinngemäß an *ba'da īmānihim* anzuschließen (wie wenn es heißen würde: *ba'da mā āmanū*). Wenn sie als Zustandssätze gemeint wären, würde man statt des bloßen *wa-* als Einleitungspartikel *wa-qad* erwarten. — Es ist nicht sicher, was für eine Kategorie von rückfälligen Ungläubigen in den Versen 86–88 bzw. 89 mit der ewigen Höllenstrafe bedroht wird. Vielleicht sind eigentliche Apostaten gemeint (vgl. **3**,90. 100f. 106; **16**,106; **2**,109; **47**,25; **4**,115). Ein Vergleich mit 2,159f. legt aber den Gedanken nahe, daß der Ausspruch sich auf ungläubige „Schriftbesitzer“ beziehen könnte, d.h. auf Juden (oder Christen), die auf Grund der Offenbarungsschriften und der „deutlichen Zeichen“, die zu ihnen gekommen sind, ursprünglich gläubig waren und die Wahrhaftigkeit des (in der Schrift verkündeten) Gesandten anerkannten, aber nachträglich doch nicht an die Sendung Mohammeds glaubten (vgl. auch **3**,70; ferner **3**,81. 105f.; **2**,108f.; **5**,12f.). Oder sollten etwa die „Heuchler“ (*munāfiqūn*) gemeint sein? (Vgl. **63**,3; **9**,66. 74).

3,87: **2**,161. — Speziell zur Strafe der Verfluchung: **2**,159; **2**,89; **33**,64f.; **9**,68; **48**,6; **11**,18, mit weiteren Belegen.

3,88: **2**,162. Siehe die Anmerkung dazu, mit weiteren Belegen.

3,89: **24**,5; **2**,160; **4**,146; (**5**,39); (**6**,54); (**16**,119); (**7**,153); (**4**,16f.).

3,90: **4**,137. Vers 90 ist als Einschränkung des Ausnahmesatzes im vorhergehenden Vers 89 zu verstehen.

3,91: **5**,36; **13**,18/**39**,47; **10**,54; **70**,11–14; **57**,15; **2**,161; **4**,18; **47**,34. — Der Satz *fa-lan yuqbala min aḥadihim mil'u l-arḍi ḏahaban wa-lawi ftadā bihī* sollte genau genommen lauten: *fa-lan tuqbala min aḥadihim fidyatun wa-lawi ftadā bi-mil'i l-arḍi ḏahaban* („von keinem von ihnen wird (dereinst) ein Lösegeld angenommen werden, selbst wenn er sich mit der (ganzen) Erde voll Gold loskaufen wollte“).

3,92: **89**,20; **2**,177; **76**,8; **2**,267. — *wa-mā tunfiqū min šai'in fa-inna llāha bihī 'alīmun*: **2**,273; **2**,270, mit weiteren Belegen.

3,93 Mohammed wendet sich im vorliegenden Vers (und in den beiden folgenden) gegen die besonderen jüdischen Speiseverbote, indem er feststellt, daß sie nicht etwa ursprünglich in der Offenbarung von Gott dekretiert worden sind (wie das die Juden behaupten), sondern daß sie den Juden als Strafe für ihre Sünden nachträglich auferlegt wurden. Belege: **6**,145–153; **16**,114 bis 118; **4**,160; **10**,59f. — Die Einschränkung *illā mā ḥarrama Isrā'īlu 'alā nafsihī* bezieht sich wohl auf das spezielle Verbot, die „Spannader“ zu genießen (1. Mose 32,33). Siehe Speyer, S. 193; E. Gräf, Jagdbeute und Schlachttier im islamischen Recht, Bonn 1959, S. 47f.; Rivlin, Gesetz im Koran, S. 65f.

3,94: **6**,21; **61**,7; **6**,93. 144; **7**,37; **10**,17; **11**,18; **18**,15; **29**,68; **39**,32; **6**,157; **16**,116; **10**,59f.

3,95 *fa-ttabi'ū millata Ibrāhīma ḥanīfan wa-mā kāna mina l-mušrikīna*: **16**,123; **2**,135, mit weiteren Belegen. Die Anspielung auf die reine Religion Abrahams folgt im vorliegenden Vers sowie in **16**,120–123 im Anschluß an die Polemik gegen jüdische Speiseverbote (**3**,93f.; **16**,116–118). — Zum Ausdruck *milla* siehe die Anmerkung zu **2**,130. — Über Abraham als den angeblichen Stifter der urislamischen Religion siehe die Anmerkung zu **2**,124–141, mit weiteren Belegen. Zur Bedeutung von *ḥanīf* siehe die Anmerkung zu **2**,135.

3,96f. Die Verse 96f. schließen sich sachlich unmittelbar an das Vorhergehende an. Vers 95 bildet ein Bindeglied zwischen den Versen 93f. und 96f. — Über die von Mohammed propagierte Legende von der Gründung der Ka'ba siehe die Anmerkung zu **2**,124–141 und die dort angeführte Literatur.

3,96: **5**,97.

3,97 *fīhi āyātun baiyinātun.* Der präpositionale Ausdruck *fīhi* hat wohl weniger örtliche als sachliche Bedeutung. Dementsprechend sind wohl auch die „klaren Zeichen" nicht auf die einzelnen Lokalitäten im Bereich der Ka'ba zu beziehen (wie die Kommentatoren das wollen), sondern ganz allgemein auf die heilige Einrichtung als solche, im besonderen vielleicht auf das mit der Ka'ba verbundene Asylrecht. Vgl. die häufige Schlußformel *inna fī ḏālika la-āyātin li-qaumin yu'minūna* oder ähnlich (im Hinblick auf göttliche Wunderzeichen in Natur und Geschichte). — Vom *maqām* des Abraham ist auch **2**,125 die Rede. Zur Bedeutung des Ausdrucks siehe die in der Anmerkung dazu zitierte Bemerkung von Snouck Hurgronje. — *wa-man daḫalahū kāna āminan*: **14**,35; **2**,125; **28**,57; **29**,67; **16**,112; (**5**,97); (**95**,3). — Der Passus *wa-li-llāhi 'alā n-nāsi ḥiǧǧu l-baiti mani staṭā'a ilaihi sabīlan* wirkt wie ein Einschub. Das folgende *wa-man kafara*... greift darüber zurück auf den ersten Teil des Verses. — *wa-man kafara fa-inna llāha ġanīyun 'ani l-'ālamīna.* Bedingungssatz mit Verschiebung. Siehe Einleitung zur Übersetzung, S. 4. Belege: **39**,7; **29**,6; **4**,131, mit weiteren Belegen.

3,98 *wa-llāhu šahīdun 'alā mā ta'malūna*: **10**,46.

3,99 Der Vorwurf, „vom Wege Gottes abzuhalten", wird in **4**,160 speziell gegen die Juden erhoben, in **9**,34 gegen „viele von den (jüdischen) Gelehrten (*aḥbār*) und den (christlichen) Mönchen". — *tabġūnahā 'iwaǧan*: **7**,86; **7**,45/**11**,19; **14**,3. — Zum Passus *wa-antum šuhadā'u* siehe die Anmerkung zu **3**,70, mit weiteren Belegen. — *wa-mā llāhu bi-ġāfilin 'ammā ta'malūna*: **2**,74, mit weiteren Belegen.

3,100: **2**,109; **3**,69; **4**,113; (**3**,149).

3,101 *wa-man ya'taṣim bi-llāhi fa-qad hudiya ilā ṣirāṭin mustaqīmin*: **4**,175; **4**,146; **22**,78; **3**,103.

3,102 *ittaqū llāha ḥaqqa tuqātihī*: (**64**,16). — *wa-lā tamūtunna illā wa-antum muslimūna*: **2**,132; **7**,126; **12**,101.

3,103 *wa-'taṣimū bi-ḥabli llāhi*: (**2**,256/**31**,22); (**3**,112?). — *wa-lā tafarraqū*: **3**,105, mit weiteren Belegen. — *fa-allafa baina qulūbikum*: **8**,63. — *fa-aṣbaḥtum ...iḫwānan*: **49**,10; **9**,11; **33**,5; (2,220). — Mit dem „Feuer" (*an-nār*) ist das Höllenfeuer gemeint. Belege: **9**,109; (**39**,19). — *ka-ḏālika yubaiyinu llāhu lakum āyātihī*: **2**,219, Anmerkung, mit Belegen.

3,104 *ya'murūna bil-ma'rūfi wa-yanhauna 'ani l-munkari*: **3**,110. 114; **9**,71. 112; **22**,41; **7**,157; **31**,17. Gegensätzlich: **9**,67.

3,105: **3**,103; **42**,13f.; **98**,4; **30**,32; **6**,159; **23**,53; **21**,93; **3**,19, mit weiteren Belegen. Zur Sache siehe die Anmerkung zu **19**,37.

3,106 Verkürzter Zeitsatz. Siehe Einleitung zur Übersetzung, S. 4. — *taswaddu wuǧūhun*: **39**,60. — *a-kafartum ba'da īmānikum*: **3**,80. 81f. 86. 90. 100; **2**,109; **5**,12; **24**,55.

3,108 *tilka āyātu llāhi natlūhā 'alaika bil-ḥaqqi*: **2**,252; **45**,6; **28**,2f.; (**3**,58). — *wa-mā llāhu yurīdu ẓulman lil-'ālamīna*: **40**,31; (**3**,182, mit weiteren Belegen).

3,109: **57**,5; **42**,53. — *wa-ilā llāhi turǧaʿu l-umūru*: auch **2**,210; **8**,44; **22**,76; **35**,4.

3,110 Das Perfekt *kuntum* kann nur als perfectum praesens verstanden werden. Vgl. Stellen wie **4**,101; **17**,93. — *ta'murūna bil-maʿrūfi wa-tanhauna ʿani l-munkari*: **3**,104, mit weiteren Belegen. Im vorliegenden Vers beginnt mit *ta'murūna* entweder ein neuer Satz oder ein Zustandssatz. — *wa-lau āmana ahlu l-kitābi la-kāna ḫairan lahum*: **5**,65f. — *minhumu l-mu'minūna wa-akṯaruhumu l-fāsiqūna*: **5**,66; **57**,26; **2**,253, mit weiteren Belegen.

3,111 *lan yaḍurrūkum illā aḏān*: **3**,186. — *wa-in yuqātilūkum yuwallūkumu l-adbāra ṯumma lā yunṣarūna*: **48**,22; **59**,11f. — Der Schlußsatz *ṯumma lā yunṣarūna* soll wohl, dem sonstigen koranischen Sprachgebrauch entsprechend, besagen, daß die Ungläubigen *im Jenseits* keinen Helfer finden, und nicht, daß ihnen nach ihrer Niederlage gegen die Gläubigen kein Bundesgenosse mehr bleibt. Dasselbe gilt für den Schlußsatz der beiden oben angeführten Belege **48**,22 (hier: *ṯumma lā yaǧidūna walīyan wa-lā naṣīran*) und **59**,11f. Vgl. **11**,113/**39**,54; **17**,75; **28**,41. Auch die Formel *wa-lā hum yunṣarūna* (ohne *ṯumma*), die siebenmal im Koran vorkommt, bezieht sich durchweg auf das Jenseits.

3,112: **2**,61. Dieser Vers stimmt zum großen Teil mit der vorliegenden Stelle überein, ist aber im Wortlaut etwas glatter und enthält nicht den Passus *aina mā ṯuqifū illā bi-ḥablin mina llāhi wa-ḥablin mina n-nāsi*. Er bezieht sich eindeutig auf die Juden. Dasselbe gilt von zwei anderen Versen, die in Einzelheiten Anklänge an den hier vorliegenden Wortlaut aufweisen (**7**,152; **2**,90). Deshalb kann man annehmen, daß auch in **3**,112 (und in dem dazu gehörenden Vers 111) die Juden gemeint sind. — Es ist möglich, daß der Passus *aina mā ṯuqifū illā bi-ḥablin mina llāhi wa-ḥablin mina n-nāsi* nachträglich eingeschoben worden ist (s. o.). Zur Erklärung des Wortlauts könnte man vielleicht Vers 103 beiziehen (*wa-ʿtaṣimū bi-ḥabli llāhi*), zur Sache **9**,4. 7; **4**,90. Der Ausdruck klingt bruchstückhaft und ist schwer verständlich. Belege dazu: **33**,61; **2**,191/**4**,91; **8**,57; (**60**,2). Zum Verbum *ṯaqifa* siehe die Anmerkung zu **2**,191. — *ḏālika bi-annahum kānū yakfurūna bi-āyāti llāhi wa-yaqtulūna l-anbiyā'a bi-ġairi ḥaqqin*: **2**,61, mit weiteren Belegen. — *ḏālika bi-mā ʿaṣau wa-kānū yaʿtadūna*: **2**,61; **5**,78.

3,113 *laisū sawā'an*: **4**,89. — *min ahli l-kitābi ummatun qā'imatun*...: **3**,110; **35**,32; **3**,199; **2**,253; **7**,159. Mit dem Ausdruck *qā'imatun* ist das Stehen *im Gebet* gemeint, wie sich aus vielen anderen Koranstellen ergibt (z.B. **39**,9; **73**,2–4; **22**,26; **25**,64).

3,114 *ya'murūna bil-maʿrūfi wa-yanhauna ʿani l-munkari*: **3**,104, mit weiteren Belegen. — *yusāriʿūna fī l-ḫairāti*: **21**,90; **23**,61; (**35**,32); (**2**,148/**5**,48). — Zur Bedeutung von *aṣ-ṣāliḥūn* siehe die Anmerkung zu **2**,130.

3,115: **4**,127; **2**,197; **2**,215; (**2**,110/**73**,20).

3,116: **3**,10/**58**,17. Siehe die Anmerkung zu **3**,10.

3,117 In einer ganzen Anzahl von Koranstellen wird die Kurzlebigkeit des Pflanzenwuchses, wie sie besonders im Steppengebiet beobachtet werden kann, paränetisch als Hinweis auf die Vergänglichkeit aller irdischen Werte gedeutet: **57**,20; **39**,21; **30**,51; **2**,266; **68**,17–33; **18**,32–44; **18**,7f. 45f.; **10**,24; **34**,15–17; **56**,63–65 (–67). Die vorliegende Stelle **3**,117 gehört mit in diese Reihe. Vgl. auch die Gegenüberstellung *ḥarṯ al-āḫira* und *ḥarṯ ad-dunyā* in **42**,20. Zum Teil handelt es sich um echte Gleichnisse, mit der Vergänglichkeit als tertium comparationis (z.B. **18**,45f.). Zum Teil liegt aber der Schwerpunkt in der Naturerscheinung selber. So in **39**,21, wo Wachstum und Vergehen in der Natur unmittelbar als Zeichen der göttlichen Allmacht gewertet werden. Man könnte diesen Typus als „Beispiel aus der Natur" bezeichnen. In wieder anderen Fällen erfolgt der Hinweis auf die Vergänglichkeit der Vegetation im Rahmen einer geschichtlichen Beispielerzählung, indem nämlich auf ein Ereignis aus früheren Zeiten Bezug genommen wird. So in dem Abschnitt über die beiden Gärten der Sabäer (**34**,15–17). Außerdem sind verschiedene Übergangs- und Mischformen zwischen diesen drei Typen möglich, so daß die einzelnen Stellen nicht immer eindeutig kategorisiert werden können. — Im vorliegenden Vers scheint eine Mischung zwischen dem Typus des Gleichnisses und dem der geschichtlichen Beispielerzählung vorzuliegen. Die erste Hälfte des Verses sieht so aus, als ob die Wertlosigkeit und Unbeständigkeit dessen, was die Ungläubigen „im diesseitigen Leben ausgeben", durch einen einfachen Vergleich mit der Kurzlebigkeit der Vegetation beleuchtet werden solle. Aber bei der näheren Formulierung wird dann auf ein früheres Vorkommnis Bezug genommen, nämlich auf eine Unwetterkatastrophe, von der die Felder eines gegen sich selbst frevelnden, d.h. sündigen Volkes heimgesucht worden sein sollen. Dieses Vorkommnis wird anscheinend als bekannt vorausgesetzt. Man mag es sich etwa nach Art der Geschichte von den Gartenbesitzern in **68**,17–33 oder **18**,32–44 zurechtdenken. — *maṯalu mā yunfiqūna*: **2**,265. Es ist nicht ganz klar, an was für eine Art von „Ausgaben" im vorliegenden Vers gedacht ist. Im Hinblick auf **9**,53f., wo es heißt, daß von Ungläubigen keine Spenden angenommen werden, könnte man vermuten, daß wirkliche Spenden, d.h. Almosen u. dgl., als fruchtlos bezeichnet werden sollen (eben deshalb, weil sie von Ungläubigen kommen). Aber wahrscheinlich sind rein egoistische Geld- und Sachausgaben gemeint. Vielleicht bedeutet *mā yunfiqūna fī hāḏihi l-ḥayāti d-dunyā* überhaupt: „was sie *für* dieses diesseitige Leben ausgeben" (und nicht: „*in* diesem Leben"). Vgl. die Geschichte von dem Gartenbesitzer, der nach dem Zusammenbruch seiner Pflanzung bitter bereut, so viel darin (oder: dafür?) ausgegeben zu haben (**18**,42). — *wa-mā ẓalamahumu llāhu walākin anfusahum yaẓlimūna*: **9**,70, mit weiteren Belegen. Statt *yaẓlimūna* würde man übrigens – wenn schon der Reim gewahrt werden soll – *kānū yaẓlimūna* (vgl. **16**,33. 118) oder allenfalls *kānū humu ẓ-ẓālimīna* (vgl. **43**,76) erwarten.

3,118 *lā tattaḫiḏū biṭānatan min dūnikum*: **3**,28, mit weiteren Belegen. Zur Bedeutung des Ausdrucks *biṭāna* siehe J. Wellhausen, Skizzen und Vorarbeiten IV, Berlin 1889, S. 71. — *qad baiyannā lakumu l-āyāti in kuntum taʿqilūna*: **57**,17; (**2**,118); (**2**,219, mit weiteren Belegen).

3,119 *iḏā laqūkum qālū āmannā wa-iḏā ḫalau ʿaḍḍū ʿalaikumu l-anāmila mina l-ġaiẓi*: **2**,14. 76; (**3**,72); (**5**,41, mit weiteren Belegen); (**5**,61).

3,120 *in tamsaskum ḥasanatum tasūʾuhum...*: **9**,50. — *wa-in taṣbirū wa-tattaqū lā yaḍurrukum kaiduhum šaiʾan*: (**3**,186).

3,121 Verkürzter Zeitsatz (ebenso in den Versen 122 und 124). Siehe Einleitung zur Übersetzung, S. 3f. — Die Episode, auf die Vers 121 anspielt, wird sowohl von Ṭabarī als auch von Zamaḫšarī auf die bekannte Schlacht am Uḥud gedeutet, die mit einer Niederlage Mohammeds gegen die heidnischen Mekkaner endete (Frühjahr 625). Nach Ṭabarī wird allerdings von einigen auch die Ansicht vertreten, daß die Episode im Grabenkrieg (Frühjahr 627) gespielt habe. Auf die Schlacht am Uḥud treffe die Zeitangabe *iḏ ġadauta* nicht zu, denn Mohammed sei nicht schon am Morgen, sondern erst nach dem Freitagsgebet, also um die Mittags- oder Nachmittagszeit, von Medina nach dem Uḥud aufgebrochen. Ṭabarī verweist demgegenüber auf die Tatsache, daß der folgende Vers 122 von sämtlichen Autoritäten auf die Schlacht am Uḥud bezogen werde. Wenn es aber (im vorliegenden Vers 121) heiße, daß Mohammed die Truppen „in der Frühe" eingewiesen habe, so seien damit die Entscheidungen gemeint, die er im Kriegsrat in Medina noch vor dem Abmarsch nach dem Uḥud getroffen habe. Bei der Knappheit der Ausdrucksweise und dem Mangel an zuverlässigen Nachrichten aus anderen Quellen ist es kaum möglich, die Streitfrage zu entscheiden.

3,122 *iḏ hammat ṭāʾifatāni minkum an tafšalā*: **3**,152; **8**,43. 46. Die beiden Gruppen, von denen in Vers 122 die Rede ist, werden von den Kommentatoren mit den Banū Salima und den Banū Ḥāriṯa identifiziert, die sich vor der Schlacht am Uḥud mit der Absicht getragen haben sollen, von Mohammed abzuschwenken und nach Medina zurückzukehren. Siehe auch die Anmerkung zum vorhergehenden Vers 121.

3,123: **8**,26; **3**,13, mit weiteren Belegen. — Anspielung auf die bekannte Schlacht bei Badr, die für Mohammed und die Seinen mit einem eindeutigen Sieg endete (Frühjahr 624).

3,124–127 Es fragt sich, ob die Verse 124–127 (sowie die weithin gleichlautende Stelle **8**,9f.) auf die in Vers 123 erwähnte Schlacht bei Badr zu beziehen sind, oder aber auf die Schlacht am Uḥud, auf die angeblich Vers 122 anspielt. Für die erstgenannte Möglichkeit spricht einmal die Formulierung von Vers 127, die auf einen tatsächlichen und nachhaltigen Erfolg gegen die Ungläubigen hinzuweisen scheint, weiter der Umstand, daß die vergleichbare Stelle **8**,9f. unmittelbar an einen Passus anschließt, der eindeutig auf die Schlacht bei Badr anspielt (**8**,7f.). Allerdings kann die Fortsetzung (**8**,11) kaum auf Badr gedeutet werden, zumal wenn man **3**,154 zum Vergleich beizieht. Die Schwierigkeiten lassen sich einigermaßen beheben, wenn man zwischen **8**,10 und **8**,11 eine Zäsur annimmt. Aber auch so bleibt die Deutung noch ziemlich unsicher. Die Anspielungen sind zu knapp gehalten, als daß man allein aus ihnen den zeitgeschichtlichen Zusammenhang rekonstruieren könnte.

3,124f.: **8**,9. — Die Partizipien *munzalīna* und *musauwimīna* am Schluß der beiden Verse stehen im Akkusativ des Zustands und sind natürlich auf die Engel zu beziehen (wie *murdifīna* in **8**,9). Die Bedeutung von *musauwimīna* (Variante: *musauwamīna*) ist nicht geklärt; *sauwama (II)* heißt an sich „mit einem Kennzeichen (*sīmā*) versehen", vgl. **3**,14 (*al-ḫaili l-musauwamati* „markierte Pferde"). Ebenso ist nicht ganz sicher, was mit dem Ausdruck *min faurihim hāḏā* gemeint ist.

3,126: **8**,10. — Die Kommentatoren, die die vorliegende Stelle auf die Schlacht am Uḥud deuten, nehmen an, daß das Personalsuffix *hu* in *wa-mā ǧa'alahu llāhu* sich nur auf die vorausgehende Ankündigung einer eventuellen Unterstützung (durch Engel) beziehe, während in Wirklichkeit die Unterstützung ausgeblieben sei. Demgegenüber ist zu bedenken, daß der Wortlaut des folgenden Verses 127 (*li-yaqṭa'a ṭarafan* usw.) auf einen tatsächlichen und nachhaltigen Erfolg gegen die Ungläubigen hinzuweisen scheint. Siehe die Anmerkung zu **3**,124–127.

3,127 *li-yaqṭa'a ṭarafan mina llaḏīna kafarū*: **8**,7; **6**,45; **7**,72; **15**,66. Der Ausdruck *qaṭa'a dābira l-qaumi* besagt allerdings wesentlich mehr als *qaṭa'a ṭarafan minhum*. — *yakbitahum*: **58**,5. — Es ist nicht klar, ob *yanqalibū* soviel bedeutet wie „(aus der Schlacht) heimkehren" oder nur „(schließlich) enttäuscht werden". Siehe auch die Anmerkung zu **3**,149.

3,128: **3**,154; **9**,106; **33**,24. — Mit dem Satz *laisa laka mina l-amri šai'un* wird offensichtlich die Zuständigkeit des Propheten eingeschränkt. Vermutlich ist der Passus als Einschub zu verstehen, so daß das folgende *au yatūba 'alaihim* usw. syntaktisch an die beiden von *li-* abhängigen Verben des vorhergehenden Verses anschließt (*li-yaqṭa'a...au yakbitahum*). Der Sinnzusammenhang des Ganzen ist zwar auch so kaum zu erraten. Aber es scheint vollends sinnlos, *au yatūba* usw. syntaktisch unmittelbar an den Satz *laisa laka mina l-amri šai'un* anzuschließen (wobei zu übersetzen wäre: „es sei denn, er wendet sich ihnen (gnädig) wieder zu oder bestraft sie").

3,129: **2**,284, mit weiteren Belegen.

3,130 Belege zum Zinsverbot: **2**,275f. 278–280; **30**,39; **4**,161.

3,132: **24**,56.

3,133: **57**,21.

3,135: **4**,64; **4**,100; (**4**,48/116); (**4**,168). — Mit Vers 135 beginnt vermutlich ein neuer Satz (und nicht schon mit Vers 134, was an sich auch möglich wäre).

3,136 Zur Bedeutung des Ausdrucks *min taḥtihā* siehe die Anmerkung zu **2**,25. — *wa-ni'ma aǧru l-'āmilīna*: **29**,58; **39**,74.

3,137 *qad ḫalat min qablikum sunanun*: **33**,38.62; **48**,23; **40**,85; **8**,38/**15**,13/**18**,55/**35**,43; **13**,6; **33**,62/~~**35**,43~~/**48**,23; **35**,43; **17**,77. — *fa-sīrū fī l-arḍi fa-nẓurū kaifa kāna 'āqibatu l-mukaḏḏibīna*: **16**,36/**6**,11; **27**,69; **30**,42; **12**,109/**30**,9/**35**,44/**40**,21/82/**47**,10; **22**,46; **10**,39. — Zum Ausdruck *sunna* siehe die Anmerkung zu **8**,38.

3,138: **7**,203, mit weiteren Belegen; (**10**,57, mit weiteren Belegen). — Das Demonstrativpronomen *hāḏā* ist entweder ganz allgemein auf die koranische Offenbarung zu beziehen, oder (weniger wahrscheinlich) in Anlehnung an den vorausgehenden Vers speziell auf die Kunde von den früheren Strafgerichten.

3,139 Mit Vers 139 setzt ein neuer Abschnitt ein. Er nimmt offensichtlich auf die Niederlage der Muslime in der Schlacht am Uḥud Bezug und hängt mit den Versen 121–129 enger zusammen als mit dem unmittelbar vorausgehenden Abschnitt 130–138. Belege: **47**,35; **4**,104; (**3**,146).

3,140f. *in yamsaskum qarḥun fa-qad massa l-qauma qarḥun miṯluhū*: (**4**,104); (**3**,165). — Das Wort *qarḥ*, eigentlich „(äußerliche) Verwundung" oder „Geschwür", ist hier und in Vers 172 wohl in übertragenem Sinn gebraucht und etwa mit „Schlappe" zu übersetzen. Mit *qaum* ist speziell das feindliche Kriegsvolk gemeint. — *wa-li-ya'lama llaḏīna āmanū*. Elliptische Ausdrucksweise. Siehe Nöldeke, Neue Beiträge, S. 18. Belege: **3**,166f.: **3**,142, mit weiteren Belegen. — *wa-yattaḫiḏa minkum šuhadā'a*: Es ist fraglich, ob der Ausdruck *šuhadā'* hier schon im Sinn von „Blutzeugen", „Märtyrer" gebraucht wird. Vielleicht sind mit den *šuhadā'* nur solche Gläubige gemeint, die auf Grund ihrer besonderen Bewährung und Standhaftigkeit dereinst beim Gericht gegen die anderen Menschen als Zeugen auftreten sollen. Vgl. **22**,78; **2**,143.

3,142 *am ḥasibtum an tadḫulū l-ǧannata wa-lammā ya'lami llāhu llaḏīna ǧāhadū minkum*: **9**,16; **2**,214; **29**,2f.; **5**,71; **47**,31; **3**,166f.; **29**,11; (**9**,126). — Der Konjunktiv *wa-ya'lama* (*ṣ-ṣābirīna*) ist syntaktisch an die Konjunktive der beiden vorausgehenden Verse anzuschließen (anders **42**,35; hier gehen keine weiteren Konjunktive voraus). Weitere Belege (außer **47**,31): **2**,155; **16**,110.

3,144 *wa-mā Muḥammadun illā rasūlun qad ḫalat min qablihi r-rusulu*: **5**,75 (hier wird dasselbe über Jesus ausgesagt; etwas anders formuliert: **4**,171). — Der Ausdruck „kehrtmachen" (*inqalabtum 'alā a'qābikum* usw.) bedeutet vielleicht so viel wie „aus der Front abschwenken", „den Rückmarsch antreten". Man kann ihn aber ebenso gut im Sinn einer (inneren) Abkehr vom Glauben verstehen. Siehe auch die Anmerkungen zu **3**,127 und 149. — *fa-lan yaḍurra llāha šai'an*: **3**,176f.; **47**,32; **11**,57; **9**,39.

3,145 Der Ausdruck *kitāban mu'aǧǧalan* („nach einer befristeten Schrift" oder „nach einer befristeten Vorherbestimmung") ist sachlich nicht ganz klar. Gemeint ist natürlich, daß der jeweilige Zeitpunkt des Todes (durch das Schicksalsbuch oder die Vorherbestimmung) von vornherein festgelegt ist. Nach dem Wortlaut sieht es aber so aus, als ob die „Schrift" selber befristet wäre. Vielleicht ist für *kitāb* die Bedeutung „(schriftlich fixierter) Termin" anzusetzen. Vgl. **15**,4f. Weitere Belege: **35**,11; **57**,22. — *wa-man yurid ṯawāba d-dunyā nu-tihī minhā wa-man yurid ṯawāba l-āḫirati nu'tihī minhā*: **4**,134; **11**,15f.; **17**,18f.; **42**,20; **33**,28f.

3,146 Vers 146 besagt anscheinend, daß schon öfters größere Truppenmassen (als die am Uḥud versammelten Gläubigen) im Gefolge eines Propheten eine Schlappe erlitten haben, ohne sich dadurch entmutigen zu lassen. Statt *qātala (Aktiv III)* wird übrigens auch die Lesart *qutila (Passiv I)* überliefert. — Die Bedeutung von *ribbīyūn* ist umstritten. Das Wort hängt wohl mit hebräisch *ribbō* oder dessen aramäischem Äquivalent zusammen. Vielleicht übersetzt man es besser mit „Massen", ohne einen festen Zahlenwert damit zu verbinden. — *fa-mā wahanū li-mā aṣābahum fī sabīli llāhi*: (**3**,139); (**47**,35); (**4**,104); (**2**,155f.); (**22**,35). — Das Verbum *istakāna* bedeutet genauer „nachgeben", „klein beigeben" (vgl. **23**,76). — *wa-llāhu yuḥibbu ṣ-ṣābirīna*: **3**,142; **2**,155f.; **22**,35.

3,147 *rabbanā ġfir lanā ḏunūbanā*: **3**,16. 193; (**20**,73); (**26**,51); (**23**,109); (**46**,31); (**2**,286). — Es ist nicht klar, was mit dem Ausdruck *wa-isrāfanā fī amrinā* („und daß wir in unserer Angelegenheit nicht maßgehalten haben") genauer gemeint ist. Natürlich wird damit ein sündhaftes Gebaren bezeichnet. Aber die Erklärung Ṭabarīs, daß mit *isrāf* die großen und mit *ḏunūb* die kleinen Sünden gemeint seien, ist zu schematisch. Belege: **39**,53; **10**,12; **26**,151f. Siehe auch die Anmerkung zu **5**,32. — *ṯabbit aqdāmanā wa-nṣurnā 'alā l-qaumi l-kāfirīna*: **2**,250; **47**,8; **8**.11.

3,149 Vers 149 klingt im Wortlaut an Vers 100 an. Aber während dort ganz allgemein vom Abfall vom Glauben die Rede ist, scheint im vorliegenden Vers dem Zusammenhang nach an die eventuellen Auswirkungen eines militärischen Mißerfolgs (der Schlacht am Uḥud?) gedacht zu sein. Vgl. dazu Vers 144. „Kehrtmachen" bedeutet hier vielleicht soviel wie „aus der Front abschwenken", „den Rückmarsch antreten". — *fa-tanqalibū ḫāsirīna*: **5**,21; **3**,127; **48**,12.

3,150: **8**,40; **22**,78; (**47**,11).

3,151 *sa-nulqī fī qulūbi llaḏīna kafarū r-ru'ba*: **8**,12; **33**,26/**59**,2. Siehe die Anmerkung zu **8**,12. — *bi-mā ašrakū bi-llāhi mā lam yunazzil bihī sulṭānan*: **6**,81; **7**,33; **22**,71; **12**,40/**7**,71/**53**,23; **30**,35; **37**,156f.; **10**,68; **18**,15. — Im vorliegenden Zusammenhang könnte die Ankündigung, den Ungläubigen Schrecken einzujagen, auf den jüdischen Stamm der Banū Naḍīr gemünzt sein, der einige Monate nach der Schlacht am Uḥud angegriffen wurde. Aber das folgende *bi-mā ašrakū bi-llāhi*... läßt vermuten, daß Mohammed dabei eigentliche Heiden im Auge hatte (nach Ṭabarī und Zamaḫšarī sind die heidnischen Mekkaner gemeint, und zwar eben im Anschluß an die Schlacht am Uḥud).

3,152–154 Die Verse 152–154 werden allgemein auf die Schlacht am Uḥud bezogen, wofür in der Tat viel spricht. Aber das Ganze macht einen uneinheitlichen Eindruck, was sich auch schon an der ungleichen Länge der Verse zeigt, und es ist kaum möglich, die verschiedenen Einzelheiten, auf die der Text anspielt, richtig aufeinander zu beziehen und in einen einigermaßen widerspruchslosen Zusammenhang einzuordnen. So bleibt nichts anderes übrig, als die einzelnen Teilstücke wörtlich zu übersetzen und – soweit möglich – aus dem Wortlaut heraus zu erklären sowie vergleichbare Stellen ausfindig zu machen.

3,152 Siehe die Anmerkung zu **3**,152–154. — *wa-la-qad ṣadaqakumu llāhu wa'dahū*: **33**,22; **30**,6; **21**,9. — *ḥattā iḏā fašiltum wa-tanāza'tum fī l-amri*: **8**,43; **8**,46; **4**,59; **3**,122. — Zu dem mit *ḥattā iḏā* eingeleiteten Zeitsatz fehlt der Nachsatz. Siehe dazu Reckendorf, Syntax, § 266, 4b. In der Übersetzung ist der Text sinngemäß abgewandelt und ergänzt. — *li-yabtaliyakum*: **3**,154; **33**,11; **47**,4; **47**,31; (**8**,17); **6**,165, mit weiteren Belegen. — *wa-la-qad 'afā 'ankum*: **3**,155.

3,153 Der Anfang von Vers 153 läßt sich ohne Schwierigkeit auf die Schlußphase der Schlacht am Uḥud deuten: Die Gläubigen setzen sich bergaufwärts vom Gegner ab, während Mohammed versucht, sie um sich zu scharen. Aber das Folgende (von *fa-aṯābakum* an) ist wieder dunkel oder zum mindesten vieldeutig. Nehmen wir an, daß *fa-aṯābakum ġamman bi-ġammin* tatsächlich heißt: „da vergalt er euch mit Kummer für Kummer" (und nicht: „. . . mit Kummer über Kummer", wofür sich Ṭabarī entscheidet), so bleibt immer noch fraglich, was der Anlaß zu dem zuerst genannten Kummer (der Gläubigen) gewesen sein soll (etwa das Gerücht, daß Mohammed gefallen sei, oder die Sorge, der Feind werde Medina besetzen?), und was mit dem an zweiter Stelle genannten Kummer gemeint ist (den demnach die Gläubigen vorher Gott oder dem Propheten bereitet haben). Nach dem Wortlaut war jedenfalls die Stimmung unter den Gläubigen zuletzt so verzweifelt, daß ihr Schmerz über das, was ihnen zuvor (an Sieg und Beute?) entgangen war, und was sie (an blutigen Verlusten?) betroffen hatte, nicht mehr ins Gewicht fiel. — *likai-lā taḥzanū 'alā mā fātakum wa-lā mā aṣābakum*: **57**,23; (**3**,165f.).

3,154 Vers 154 ist übermäßig lang. Er besteht aus drei ungleichen Teilen. Zuerst ist von einem erquickenden Schlaf (*nu'ās*) die Rede, der eine Gruppe der Gläubigen überkommen haben soll. (In **8**,11 wird der Schlaf nicht nur einer Gruppe zugeschrieben. Außerdem ist hier von einem Regen und der dadurch bewirkten Reinigung und Stärkung der Gläubigen die Rede.) An zweiter Stelle kommt eine Gruppe unaufrichtiger Gefolgsleute zu Wort, die bedauern, nicht zu Hause geblieben zu sein, jedoch von Mohammed zurechtgewiesen werden. Dieser zweite Teil ist sehr ausführlich gehalten. Die Auseinandersetzung zwischen Mohammed und der hier genannten Gruppe ist formuliert, wie wenn sie sich in der Gegenwart abspielen würde (*yaqūlūna* – *qul*). Mit *wa-li-yabtaliya* wird eine abschließende Betrachtung eingeleitet. — *ṯumma anzala 'alaikum min ba'di l-ġammi amanatan nu'āsan yaġšā ṭā'ifatan minkum*: **8**,11. Siehe die Anmerkung zu dieser Stelle. — *yaẓunnūna bi-llāhi ġaira l-ḥaqqi*: **33**,10. Zum Ausdruck *ġaira l-ḥaqqi*: **5**,77; **4**,171, mit weiteren Belegen. — *yaqūlūna hal lanā mina l-amri šai'un*: **3**,128. — *qul inna l-amra kullahū li-llāhi*: **13**,31; **30**,4. — *lau kāna lanā mina l-amri šai'un mā qutilnā hāhunā*: **3**,156. 168. — *wa-li-yabtaliya llāhu mā fī ṣudūrikum*: **3**,152, mit weiteren Belegen. Elliptische Ausdrucksweise. Siehe Nöldeke, Neue Beiträge, S. 18.

3,155 Vers 155 bezieht sich wohl auch wie das Vorhergehende auf die Schlacht am Uḥud. Man sollte übrigens annehmen, daß mit dem koranischen

Ausdruck *yauma ltaqā l-ǧam'āni* immer ein und derselbe Schlachttag gemeint ist. Aber während er sich im vorliegenden Vers und in Vers 166 offensichtlich auf die Schlacht am Uḥud bezieht, ist in **8**,41, wo der Ausdruck auch noch vorkommt, deutlich von der Schlacht bei Badr die Rede. — Durch die Partikel *innamā* soll wohl *aš-šaiṭānu* hervorgehoben werden (und nicht *bi-ba'ḍi mā kasabū*, was sprachlich auch möglich wäre). Vgl. **3**,175. Die Schuld wird vor allem dem Teufel zugeschoben. Aber dieser konnte seinerseits nur deshalb in Aktion treten, weil die Betreffenden vorher gesündigt hatten, so daß also letzten Endes doch wieder sie selber schuld sind. — Zur Bedeutung von *kasaba* siehe die Anmerkung zu **2**,79. — *wa-la-qad 'afā llāhu 'anhum*: **3**,152.

3,156 *qālū li-iḫwānihim...lau kānū 'indanā mā mātū wa-mā qutilū*: **3**,168. 154. — Belege zu *qāla li-* „von (oder: über) jemand oder etwas das und das sagen" in der Anmerkung zu **2**,154. — Zur Bedeutung des Ausdrucks *ḍarabū fī l-arḍi* siehe die Anmerkung zu **2**,273. — *li-yaǧ'ala llāhu ḏālika ḥasratan fī qulūbihim*. Elliptische Ausdrucksweise. Siehe Nöldeke, Neue Beiträge, S. 18. Ähnlich **22**,53. Das Pronomen *ḏālika* bezieht sich auf die (falsche) Vermutung der Ungläubigen, daß der Tod ihrer „Brüder" hätte vermieden werden können. Die deprimierende Wirkung dieser Vermutung wird letzten Endes auf Gott zurückgeführt. — *wa-llāhu yuḥyī wa-yumītu*: **2**,258; **7**,158; **9**,116/**57**,2; **10**,56; **23**,80/**40**,68; **44**,8; **15**,23; **50**,43; **53**,44.

3,157f.: **3**,169. 195; **22**,58f.; **4**,74. 100; **47**,4–6; **9**,111. — *wa-raḥmatun ḫairun mimmā yaǧma'ūna*: **43**,32; **10**,58. — Sowohl in Vers 157 als auch in Vers 158 liegt ein sogenannter Bedingungssatz mit Verschiebung vor. Siehe Einleitung zur Übersetzung, S. 4.

3,159 Es ist nicht ersichtlich, auf was für eine geschichtliche Situation Vers 159 anspielt. Etwa auf den Kriegsrat vor dem Auszug aus Medina zur Schlacht am Uḥud? Je nach dem Zusammenhang könnte der irreale Bedingungssatz *lau kunta...la-nfaḍḍū* auch präsentisch gedeutet werden („wenn du ...wärest, würden sie..."). — *wa-šāwirhum fī l-amri*: (**42**,38). — Zum Ausdruck *fa-iḏā 'azamta* siehe die Anmerkung zu **3**,186.

3,160 *in yanṣurkumu llāhu fa-lā ġāliba lakum*: (**8**,48); (**5**,56); (**58**,21f.); (**37**,116); (**37**,171–173). — Belege zum Ausdruck *min ba'dihī*: **35**,2; **35**,41; **42**,44; **45**,23.

3,161 Vers 161 bezieht sich angeblich auf die Verteilung der Beute nach der Schlacht bei Badr. Dem Wortlaut ist nicht zu entnehmen, ob Mohammed tatsächlich daran dachte, Beute zu unterschlagen, oder ob er nur eine ungerechtfertigte Verdächtigung zurückweisen wollte. — *wa-man yaġlul ya'ti bi-mā ġalla yauma l-qiyāmati*: **3**,180. — *tuwaffā kullu nafsin mā kasabat wa-hum lā yuẓlamūna*: **2**,281; **3**,25; **16**,111; **39**,69f. Zum Ausdruck *tuwaffā* siehe die Anmerkung zu **2**,272. Zur Bedeutung von *kasaba* siehe die Anmerkung zu **2**,79. In **16**,111 und **39**,70 ist *kasabat* sinngemäß durch *'amilat* ersetzt.

3,162: **9**,109; (**47**,28).

3,163 Statt *hum daraǧātun* würde man eigentlich erwarten: *lahum daraǧātun*.

Belege: **6**,132/**46**,19; **4**,95f.; **9**,19f.; **8**,4; **20**,75; **58**,11; (**17**,21). Von einer „Erhebung um Stufen" ist auch in **2**,253, **6**,83 und **12**,76 die Rede. Aber hier bezieht sich der Ausdruck ausschließlich auf Gottesgesandte. Einen weiteren Sonderfall stellen die Verse **43**,32 und **6**,165 dar. Hier bezieht sich der Ausdruck auf die unterschiedliche Verteilung der irdischen Glücksgüter.

3,164: **62**,2; **2**,129; **2**,151; (**65**,11); (**4**,113). — Zu *yu'allimukumu l-kitāba wal-ḥikmata* siehe die Anmerkung zu **3**,48.

3,165 In Vers 165 ist vermutlich wieder (wie oben, besonders in den Versen 140ff. und 154f.) von der Schlappe in der Schlacht am Uḥud die Rede. Auffallend ist der verschiedenartige Gebrauch des Verbums *aṣāba* (zuerst wie üblich mit sächlichem, gleich darauf mit persönlichem Subjekt). Die Bemerkung *qad aṣabtum miṯlaihā* wird von den Kommentatoren auf die Verluste gedeutet, die die Muslime den Mekkanern in der Schlacht bei Badr beigebracht haben. Vgl. Vers 140. — *qul huwa min 'indi anfusikum*: **42**,30; **4**,79.

3,166 Zum Aufbau des ganzen Verses: **59**,5. — Zum Ausdruck *yauma ltaqā l-ǧam'āni* siehe die Anmerkung zu **3**,155. — *wa-mā aṣābakum... fa-bi-iḏni llāhi*: **64**,11. — *wa-li-ya'lama l-mu'minīna* (und *wa-li-ya'lama llaḏīna nāfaqū* am Anfang des folgenden Verses): **3**,140 und 142. Weitere Belege in den Anmerkungen zu diesen beiden Versen, besonders **29**,11.

3,167 Zum Anfang des Verses (*wa-li-ya'lama llaḏīna nāfaqū*) siehe die Anmerkung zum vorhergehenden Vers 166. — Mit dem Ausdruck *munāfiqūn* (dafür zweimal mit Verbum finitum *allaḏīna nāfaqū*), einem Lehnwort aus dem Äthiopischen (siehe Nöldeke, Neue Beiträge, S. 48f.), werden im Koran die Mitläufer Mohammeds bezeichnet, die im Grund ihres Herzens gegen ihn und seine Lehre eingestellt sind (im Sinn des Goetheschen Ausdrucks „die Widriggesinnten"). Die übliche Übersetzung ist „Heuchler". Eine andere Deutung des Ausdrucks *allaḏīna nāfaqū* vertritt W. Montgomery Watt (in Anlehnung an R. Bell): „The word here (**3**,167) translated ‚played the hypocrite' properly means ‚crept to their holes' like moles or mice. In this passage it is probably used for the first time...and used in its literal sense; later, of course, the participle *munāfiqūn* became the regular description of the ‚Muslim opposition' and is commonly translated Hypocrites; but...we might perhaps convey more of the original feel of the word by speaking of the Creepers or the Moles." Dazu die Anmerkung: „But cf. A. Jeffery, The Foreign Vocabulary of the Qur'ān, Baroda 1938, s.v.; Horovitz, Koranische Untersuchungen, S. 64, with further references." (Muhammad at Medina, Oxford 1956, S. 184.) — Das Sätzchen *lau na'lamu qitālan* (wörtlich: „Wenn wir Kampf wüßten") ist nicht sicher zu deuten. Nach Ṭabarī und den von ihm zitierten Autoritäten soll es soviel heißen wie: „Wenn wir wüßten bzw. glauben würden, daß es tatsächlich zum Kampf kommt". Die sprachlich ebenfalls mögliche Deutung „wenn wir uns aufs Kämpfen verstehen würden" scheidet wohl aus sachlichen Gründen aus und wird auch von den Kommentatoren überhaupt nicht in Betracht gezogen. — *yaqūlūna bi-afwāhihim mā laisa fī qulūbihim*: **48**,11; **5**,41, mit weiteren Belegen. — *wa-llāhu aʿlamu bi-mā yaktumūna*. Siehe die Anmerkung zu **2**,33, mit Belegen.

3,168 Es ist nicht klar, wieweit Vers 168 mit dem Vorhergehenden syntaktisch zusammenhängt. Vielleicht ist zwischen Vers 167 und Vers 168 eine Zäsur anzunehmen. — *allaḏīna qālū li-iḫwānihim wa-qaʿadū lau aṭāʿūnā mā qutilū*: **3**,156. 154. Belege zu *qāla li-* „von (oder: über) jemand oder etwas das und das sagen" in der Anmerkung zu **2**,154.

3,169: **2**,154. — *ʿinda rabbihim yurzaqūna*: **22**,58. Es läßt sich kaum eindeutig entscheiden, ob man den Ausdruck *ʿinda rabbihim* als Prädikat eines eigenen Satzes („sie sind bei ihrem Herrn") verstehen soll, oder ob man ihn besser zum vorhergehenden *aḥyāʾun* („sie sind lebendig bei ihrem Herrn") oder zum folgenden *yurzaqūna* („sie werden bei ihrem Herrn versorgt") zieht. Sachlich bedeuten alle drei Konstruktionen ziemlich dasselbe.

3,170 Vers 170 läßt sich kaum anders deuten, als daß die im Kampf um Gottes willen gefallenen Gläubigen schon im Genuß der Seligkeit des Jenseits stehen und außerdem über ihre noch auf Erden weilenden Nachfolger glücklich sind in dem Gedanken, daß auch ihnen die ewige Seligkeit bevorsteht. Darin steckt, wie Zamaḫšarī folgert, eine Aufforderung an die Überlebenden, sich mit um so größerem Eifer dem Kampf um Gottes willen zu widmen und den „Märtyrern" nachzustreben. — *bi-llaḏīna lam yalḥaqū bihim min ḫalfihim*: (**62**,3). — *allā ḫaufun ʿalaihim wa-lā hum yaḥzanūna*: **2**,62, mit weiteren Belegen.

3,171 Das Hauptverbum von Vers 171 (*yastabširūna*) schließt sich an *wa-yastabširūna* im vorhergehenden Vers an, ist aber nur lose angehängt. — *wa-anna llāha lā yuḍīʿu aǧra l-muʾminīna*: **7**,170, mit weiteren Belegen.

3,172 Mit dem Ausdruck *istaǧābū* („Gehör schenken") ist hier vielleicht Gefolgschaft im militärischen Sinn gemeint (im Gegensatz zu Stellen wie **13**,18, wo der Ausdruck in allgemeiner Bedeutung vorkommt). Die Kommentatoren beziehen die Stelle auf die „Verfolgung" der Mekkaner nach der Schlacht am Uḥud. — Zur Bedeutung von *qarḥ* siehe die Anmerkung zu **3**,140.

3,173 Die Kommentatoren beziehen Vers 173 teils auf die „Verfolgung" der Mekkaner im Anschluß an die Schlacht am Uḥud, teils auf das „kleine Treffen von Badr" (*ġazwat Badr aṣ-ṣuġrā*) im Jahr darauf. — *fa-zādahum īmānan*: **33**,22.

3,175 Der Ausdruck *ḏālikum* nimmt auf eine Sache oder Vorstellung Bezug, die den Zuhörern (2. Person Plural) gegenwärtig ist und daher vorher erwähnt sein muß. Nach den Kommentatoren ist der drohende Hinweis auf das feindliche Kriegsvolk in Vers 173 damit gemeint. Man wird aber eher annehmen müssen, daß der vorliegende Vers 175 ursprünglich in einem anderen Zusammenhang gestanden hat. Denn zu dem unmittelbar vorausgehenden Vers 174 läßt sich kaum eine sachliche Verbindung herstellen. — Der Ausdruck *yuḫauwifu auliyāʾahū* (mit Auslassung des ersten und Nennung des zweiten Objekts) ist sehr knapp formuliert. Man würde dafür eher *yuḫauwifu bi-auliyāʾihī* erwarten. Vgl. **39**,36. — *fa-lā taḫāfūhum wa-ḫāfūni*: **2**,150; **5**,3. 44; **9**,13; **33**,37.

3,176 *wa-lā yaḥzunka llaḏīna yusāri'ūna fī l-kufri*: **5**,41; **10**,65, mit weiteren Belegen. — *lan yaḍurrū llāha šai'an* (auch im folgenden Vers): **47**,32; **3**,144; **11**,57; **9**,39.

3,179 Vers 179 läßt sich trotz des einigermaßen klaren Wortlauts schwer deuten, zumal wenn man annimmt, daß er eine durchgehende Einheit darstellt, d.h. daß der zweite Teil des Verses, der übrigens in der Flügelschen Ausgabe als neuer Vers gezählt wird, sich sachlich auf den ersten Teil zurückbezieht. Zamaḫšarī gibt zwei verschiedene Deutungen, die etwa folgendermaßen zu paraphrasieren sind (die zweite entspricht etwa der Deutung von Ṭabarī): 1. Gott wird dem Umstand, daß Gläubige und Heuchler (oder Ungläubige) unter euch unkenntlich nebeneinander bestehen, ein Ende machen, indem er dem Propheten durch Offenbarung (und nicht etwa durch dessen unmittelbare Einsicht) Kenntnis davon gibt, wer ein Gläubiger und wer ein Heuchler oder Ungläubiger ist. 2. Gott wird dem Umstand, daß Gläubige und Heuchler bzw. Ungläubige unter euch unkenntlich nebeneinander bestehen, ein Ende machen, indem er euch Belastungen und Prüfungen auferlegt. Auf Grund dieser Prüfungen gewinnt ihr Kenntnis davon, wer ein Gläubiger und wer ein Heuchler ist. Gott gewährt euch aber keine unmittelbare Einsicht in die Geheimnisse des menschlichen Herzens. Er erwählt jedoch Propheten und teilt diesen gewisse Geheimnisse mit. Eine dritte Möglichkeit der Deutung ergibt sich, wenn man den Ausdruck *ḥattā yamīza l-ḫabīṯa mina ṭ-ṭaiyibi* auf die Scheidung der Geister *beim letzten Gericht* bezieht (vgl. **8**,36f.). Mit dem folgenden *wa-mā kāna llāhu li-yuṭli'akum 'alā l-ġaibi* wäre dann vielleicht gemeint, daß Gott den Zeitpunkt und die Begleitumstände dieses Gerichts (und somit der letzten Scheidung zwischen den Bösen und den Guten) niemanden wissen läßt. Nur besonders erwählte Gottesgesandte haben (durch die Offenbarung) teil am Geheimnis des göttlichen Wissens. Über sie allein führt der Weg zum Glauben. Vgl. **72**,25–27. Schwierig bleibt bei dieser dritten Deutungsmöglichkeit allerdings die Erklärung des Versanfangs (*wa-mā kāna llāhu li-yaḏara l-mu'minīna 'alā mā antum 'alaihi*). Dieser Passus könnte eventuell bedeuten, daß die Gläubigen den Ungläubigen gegenüber nicht auf die Dauer so gedrückt und benachteiligt bleiben sollen, wie das etwa nach der Schlacht am Uḥud der Fall war. Aber wann sollte dann ein Wandel eintreten? Wirklich erst beim Gericht? Oder doch schon vorher? In diesem Fall wäre zu übersetzen: „Gott kann die Gläubigen unmöglich (so lang) in dem Zustand lassen, in dem ihr euch (zur Zeit) befindet, bis (das Gericht anbricht und) er (endgültig) das Schlechte vom Guten scheidet." — *mā antum 'alaihi*: **24**,64. — *mā kāna llāhu li-yuṭli'akum 'alā l-ġaibi*: **72**,25–27; **19**,78, mit weiteren Belegen. — *wa-in tu'minū wa-tattaqū fa-lakum aǧrun 'aẓīmun*: **47**,36.

3,180 *wa-lā yaḥsabanna llaḏīna yabḫalūna...bal huwa šarrun lahum*: **4**,37; **57**,24; **9**,75f.; **47**,38. — *sa-yuṭauwaqūna mā baḫilū bihī yauma l-qiyāmati*: **3**,161. In den Ausdruck *sa-yuṭauwaqūna* („es wird ihnen um den Hals gehängt werden") darf man nicht zu viel hineingeheimnissen. Der Hals ist nun einmal die gegebene Körperstelle zum Anhängen von Erkennungsmarken (vgl. **17**,13). Und um eine Art Erkennungsmarke handelt es sich auch im vorliegenden Fall. — *wa-li-llāhi mīrāṯu s-samāwāti wal-arḍi*: **57**,10; **19**,40; **15**,23; **28**,58; **21**,89; **19**,80.

3,181 *la-qad sami'a llāhu qaula llaḏīna...*: **58**,1. — Der Vorwurf, die Propheten bzw. Gesandten „unberechtigter Weise" getötet zu haben, wird sonst im Koran immer gegen die „Schriftbesitzer" und insbesondere gegen die Juden erhoben (**2**,61, mit weiteren Belegen). Derselbe Sachverhalt scheint für den vorliegenden Vers gegeben zu sein. Deshalb kann man annehmen, daß auch die weitere hier genannte Anschuldigung (*qālū inna llāha faqīrun wa-naḥnu aġniyā'u*) gegen jüdische Kreise gerichtet ist. Der Ausspruch „Gott ist arm und wir sind reich" ist nach Ṭabarī und Zamaḫšarī tatsächlich eine jüdische Folgerung aus der koranischen Aufforderung, Gott (durch gute Taten) „ein gutes Darlehen zu geben" (z.B. **2**,245). Umkehrung des Ausspruchs: **47**,38; **35**,15. — *sa-naktubu mā qālū*: **19**,79, mit weiteren Belegen.

3,182: **8**,51; **22**,10; *wa-anna llāha laisa bi-ẓallāmin lil-'abīdi*: auch **41**,46; **50**,29; (**3**,108/**40**,31); (**9**,70, mit weiteren Belegen).

3,183 Es läßt sich schwer entscheiden, ob der Versanfang (*allaḏīna qālū*) dem *allaḏīna qālū* von Vers 181 zu koordinieren und somit genitivisch zu konstruieren ist (abhängig von *qaula*), oder ob ein neuer Satz vorliegt (vgl. Vers 168). In der Übersetzung ist das Letztere vorausgesetzt. — In dem Passus *allā nu'mina li-rasūlin ḥattā ya'tiyanā bi-qurbānin ta'kuluhu n-nāru* klingt vermutlich die Geschichte vom Brandopfer des Elia nach (1. Könige 18, bes. Vers 38), oder aber die Geschichte vom Brandopfer Aarons (3. Mose 9,24). Siehe Hartwig Hirschfeld, Beiträge zur Erklärung des Ḳorân, Leipzig 1886, S. 74.

3,184: **35**,25; **35**,4; **6**,34; **10**,39, mit weiteren Belegen. — *ǧā'ū bil-baiyināti waz-zuburi wal-kitābi l-munīri*: **35**,25 (s. o.); **16**,44; (**57**,25).

3,185 *kullu nafsin ḏā'iqatu l-mauti*: **21**,35; **29**,57. — *innamā tuwaffauna uǧūrakum yauma l-qiyāmati*: **3**,56f., mit weiteren Belegen. Durch *innamā* soll anscheinend die Zeitbestimmung *yauma l-qiyāmati* hervorgehoben werden (so auch Zamaḫšarī). Anders in **39**,10, wo die Art und Weise der Belohnung (*bi-ġairi ḥisābin*) besonders gekennzeichnet wird. Oder sollte sich die Rektion von *innamā* in beiden Fällen auf *uǧūrakum* bzw. *aǧrahum* beschränken? — Zum Ausdruck *tuwaffauna* siehe die Anmerkung zu **2**,272. — *wa-mā l-ḥayātu d-dunyā illā matā'u l-ġurūri*: **57**,20. Zur Bezeichnung des irdischen Lebens als *matā'* („Nutznießung") siehe die Anmerkung zu **2**,36, mit weiteren Belegen.

3,186 *la-tublawunna fī amwālikum wa-anfusikum*: **2**,155; **21**,35; **67**,2; **18**,7; **11**,7; **47**,31; (**68**,17); (**3**,152, mit weiteren Belegen). — Der Ausdruck *aḏā* („Plage", „Schikane") wird im vorliegenden Vers etwa soviel bedeuten wie „bösartiges Gerede", „Sticheleien", „Verleumdungen". Belege: **3**,111; **33**,58; (**33**,48); (**14**,12); (**6**,34). — *fa-inna ḏālika min 'azmi l-umūri*: **31**,17; **42**,43; **46**,35; (**20**,115); (**47**,21); (**3**,159). Die Deutung des Ausdrucks *min 'azmi l-umūri* ist unsicher. Zamaḫšarī stellt zwei Erklärungen zur Wahl: 1. *min ma'zū-*

māti l-umūri ai mimmā yağibu l-ʿazmu ʿalaihi mina l-umūri; 2. *mimmā ʿazama llāhu an yakūna* (ähnlich Ṭabarī: *mimmā ʿazama llāhu wa-amarakum bihī*). Gegen die zweite Erklärung sprechen aber die Stellen **46**,35 und **20**,115, denn hier wird der Begriff *ʿazm* offensichtlich nicht Gott, sondern Menschen zugeschrieben. Der Genitiv *al-umūri* kann übrigens grammatikalisch sowohl als Genitiv des Subjekts wie auch als Genitiv des Objekts gedeutet werden. Denn beim Verbum finitum kommen die beiden Konstruktionen *ʿazama l-amru* (Nominativ, so **47**,21) und *ʿazama l-amra* (Akkusativ) vor.

3,187 Verkürzter Zeitsatz. Siehe Einleitung zur Übersetzung, S. 3f. — Belege: **2**,100f.; **2**,174; **2**,159; **2**,146; **3**,71; **2**,41f.; **2**,89–91; **6**,91; (**4**,47). — Das Suffix in *nabaḏūhu* (und im folgenden *bihī*) könnte man an sich auch auf *mīṯāqa* beziehen. Aber in **2**,101 heißt es unmißverständlich: *nabaḏa farīqun... kitāba llāhi* (während *nabaḏa* sich im vorhergehenden Vers 100 auf *ʿahd* bezieht). — Zum Ausdruck *ištarau bihī ṯamanan qalīlan* siehe die Anmerkung zu **2**,41.

3,188 In Vers 188 wirft Moḥammed gewissen Gegnern (vielleicht aus dem Kreis der „Schriftbesitzer") vor, daß sie „sich über das freuen, was sie begangen(?) haben, und für das gelobt sein wollen, was sie nicht getan haben". Weder aus dem Wortlaut noch aus dem Zusammenhang ist ersichtlich, was er genauer damit meint. Von den verschiedenen Deutungsversuchen der Kommentatoren erreicht keiner den Grad historischer Wahrscheinlichkeit.

3,189 Vers 189 ist auf Grund des Reimes noch zum vorhergehenden Abschnitt zu rechnen. Wenn man einen inneren Zusammenhang mit dem vorhergehenden Vers 188 herausfinden will (was bei einer so stereotypen Schlußformel nicht unbedingt erforderlich ist), kann man etwa **5**,40 zur Erklärung beiziehen. Weitere Belege: **5**,18; **3**,129; **48**,14; **2**,284.

3,190f. A. S. Yahuda sieht im Wortlaut der Verse 190f. eine Anspielung auf jüdische Gebetspraxis: A Contribution to Qur'ān and Ḥadīth Interpretation (Goldziher Memorial Volume, I, S. 280–308), S. 292.

3,190 *wa-ḫtilāfi l-laili wan-nahāri*: **2**,164, mit weiteren Belegen.

3,191 *allaḏīna yaḏkurūna llāha qiyāman wa-quʿūdan wa-ʿalā ğunūbihim*: **4**,103; **10**,12. — *wa-yatafakkarūna fī ḫalqi s-samāwāti wal-arḍi rabbanā mā ḫalaqta hāḏā bāṭilan*: **38**,27; **44**,38f.; **6**,73, mit weiteren Belegen. — *qinā ʿaḏāba n-nāri*: **2**,201.

3,192 *wa-mā liẓ-ẓālimīna min anṣārin*: **5**,72; **2**,270; **22**,71/**35**,37; (**29**,25); (**45**,34).

3,193 *fa-āmannā rabbanā fa-ġfir lanā ḏunūbanā*: **3**,16; **3**,147; (**20**,73); (**26**,51); (**23**,109); (**46**,31); (**2**,286).

3,194 *wa-lā tuḫzinā yauma l-qiyāmati*: **26**,87; (**16**,27). — *innaka lā tuḫlifu l-mīʿāda*: **3**,9/**13**,31; **39**,20; **30**,6; **22**,47; **14**,47; (**2**,80). Daß Gott sein Versprechen bzw. seine Drohung mit dem Jüngsten Tag wahr machen wird, kommt auch sonst im Koran oft zur Sprache.

3,195 *lā uḍīʿu ʿamala ʿāmilin minkum min ḏakarin au unṯā*: (**40**,40); (**4**,124); (**16**,97); (**7**,170, mit weiteren Belegen). — *baʿḍukum min baʿḍin*: **4**,25; **9**,67. 71. — *fa-llaḏīna hāğarū wa-uḫriğū min diyārihim wa-ūḏū fī sabīlī wa-qātalū wa-qutilū...*:

2,218, mit weiteren Belegen; **3**,157f., mit weiteren Belegen. — *la-ukaffiranna ʿanhum sayiʾātihim*: **29**,7, mit weiteren Belegen.

3,196: **40**,4. Weitere Belege zu *taqallubu llaḏīna kafarū fī l-bilādi*: **16**,45f.; (**47**,19).

3,197 Zum Ausdruck *matāʿ* („Nutznießung") siehe die Anmerkung zu **2**,36. — *wa-biʾsa l-mihādu*: **2**,206, mit weiteren Belegen.

3,198 *allaḏīna ttaqau rabbahum lahum ǧannātun*...: **3**,15. — Zur Bedeutung des Ausdrucks *min taḥtihā* siehe die Anmerkung zu **2**,25. — *nuzulan (min ʿindi llāhi)*: **18**,107f.; **32**,19; **41**,32.

3,199 *wa-inna min ahli l-kitābi la-man yuʾminu bi-llāhi*...: **3**,110; **3**,113; **5**,65f.; **35**,32; **2**,253; **7**,159. — Zum Ausdruck *(lā) yaštarūna bi-āyāti llāhi ṯamanan qalīlan* siehe die Anmerkung zu **2**,41. — *inna llāha sarīʿu l-ḥisābi*: **2**,202, mit weiteren Belegen.

3,200 Zur Erklärung von *rābiṭū (III)* darf man schwerlich den militärischen Ausdruck *ribāṭ al-ḫail* (**8**,60) beiziehen, wie das die Kommentatoren weitgehend tun. Der Schlüssel zum Verständnis liegt vielmehr in der koranischen Redewendung *rabaṭa (I) ʿalā qalbi fulānin* „einem das Herz stark machen", „einen innerlich festigen" (**8**,11; **18**,14; **28**,10).

SURE 4

4,1 *ḫalaqakum min nafsin wāḥidatin wa-ḫalaqa minhā zauǧahā*: **7**,189; **39**,6; **6**,98; **16**,72; **30**,21; (**35**,11). Siehe auch Speyer, S. 60f. — *wa-baṯṯa minhumā riǧālan kaṯīran wa-nisāʾan*: **2**,164, mit weiteren Belegen; **30**,20. — *wa-ttaqū llāha llaḏī tasāʾalūna bihī wal-arḥāma.* Variante: ...*wa-bil-arḥāmi.* Zur Deutung des Textes und der Variante siehe die Übersetzung (mit Anmerkung). Belege zu *(wa-ttaqū llāha...) wal-arḥāma*: **47**,22; **2**,27/**13**,25; **13**,21; (**8**,75/**33**,6).

4,2: **6**,152/**17**,34; **4**,10; **4**,127; **89**,19. — Der Ausdruck *ḥūb* („Sünde") ist ein Lehnwort aus dem Aramäischen (Jeffery, Foreign Vocabulary, S. 116f.). A. S. Yahuda vermutet, daß das Wort eher von Juden als von Christen übernommen worden ist: A Contribution to Qur'ān and Ḥadīth Interpretation (Goldziher Memorial Volume, I, S. 280–308), S. 301.

4,3 *fa-in ḫiftum allā taʿdilū*: **4**,129. — In Vers 3 ist einiges unklar. Bezieht sich die Aufforderung, zwei oder mehr Frauen zu heiraten, speziell auf die (weiblichen) Waisen, die nach der Schlacht am Uḥud in größerer Anzahl angefallen waren und versorgt werden mußten? Oder ist auch ganz allgemein die Klärung eherechtlicher Fragen beabsichtigt? Und ist mit der Zahlenreihe „je zwei, drei, vier" zugleich die obere Grenze angegeben, bis zu der die Polygamie erlaubt sein sollte (wie man das später allgemein angenommen hat)? Das ist unwahrscheinlich. Der Nachdruck liegt wohl darauf, daß ein Mann gegebenenfalls mehr als eine einzige Frau heiraten soll, nicht aber darauf, daß es nicht mehr als vier sein dürfen. Die Alternative, Sklavinnen zu ehelichen („oder was ihr (an Sklavinnen) besitzt"), bedeutet übrigens, wie H. A. R. Gibb mit Recht betont (s. u.), nicht, daß ein Mann neben den gesetzlich erlaubten und auf Grund der vorliegenden Koranstelle auf die Zahl von vier beschränkten regulären Ehefrauen eine unbegrenzte Zahl von Konkubinen haben dürfe. — *ḏālika adnā allā ta'ūlū*. In *(allā) ta'ūlū* („daß ihr nicht Unrecht tut") vermutet A. S. Yahuda eine Entlehnung aus dem Hebräischen (*'āwel* = „Unrecht"): A Contribution to Qur'ān and Ḥadīth Interpretation (Goldziher Memorial Volume, I, S. 280–308), S. 301. Das Verbum *'āla* hat aber auch die Bedeutung: „(als Haushaltsvorstand) mit einer großen Familie (*'iyāl*) belastet sein". Unter Zugrundelegung dieser Bedeutung wäre der Passus zu übersetzen: „So könnt ihr am ehesten vermeiden, daß ihr eine (zu) große Familie bekommt (und zu ernähren habt)." Siehe Ṭabarī, letzter Beleg zur Stelle; Zamaḫšarī, passim; Lane, s. v. *'āla* („that you may not have numerous families or households"); H. A. R. Gibb, Women and the Law (Colloque sur la Sociologie Musulmane, 11–14 Septembre 1961, = Correspondance d'Orient No 5, Brüssel 1962, 1–16), S. 9.

4,4 *wa-ātū n-nisā'a ṣaduqātihinna niḥlatan*: **4**,24. 25; (**5**,5); (**33**,50); (**60**,10).

4,5 *wa-qūlū lahum qaulan ma'rūfan*: **4**,8; **2**,235; **33**,32.

4,6 *wa-man kāna ġanīyan fal-yasta'fif wa-man kāna faqīran fal-ya'kul bil-ma'rūfi*: (**2**,236); (**65**,7). — *wa-kafā bi-llāhi ḥasīban*: **33**,39; **21**,47; (**4**,86).

4,7–14 Weitere Belege zum Erbrecht: **4**,33; **4**,176; (**2**,180); (**2**,240f.). Zur Sache: EI[1], Artikel Mīrāth (J. Schacht).

4,7: **4**,32f.

4,8 *ulū l-qurbā wal-yatāmā wal-masākīnu*: **4**,36, mit weiteren Belegen. — *wa-qūlū lahum qaulan ma'rūfan*: **4**,5; **2**,235; **33**,32.

4,9 *wal-yaḫša llaḏīna lau tarakū... ḏurrīyatan ḍi'āfan...*: **4**,127. — *fal-yattaqū llāha wal-yaqūlū qaulan sadīdan*: **33**,70; (**9**,119).

4,10: **6**,152/**17**,34; **4**,2; **4**,127; **89**,19. — *innamā ya'kulūna fī buṭūnihim nāran*: **2**,174.

4,11 *fa-in kunna nisā'an fauqa ṯnataini*. Der Ausdruck „mehr als zwei" (Mädchen) ist nach Schacht sinngemäß als „zwei und mehr" aufzufassen (EI[1] III, S. 586). — *fa-in kāna lahū iḫwatun*: **4**,176 (*wa-in kānū iḫwatan riǧālan wa-nisā'an*). — *ābā'ukum wa-abnā'ukum lā tadrūna aiyuhum aqrabu lakum naf'an*. Der Sinn dieser Zwischenbemerkung ist schwer zu erschließen. Die von den Kommentatoren vertretenen Deutungsversuche leuchten nicht ein. Schacht übersetzt (EI[1] III, S. 585): „Ihr wißt nicht, ob eure Eltern oder eure Kinder euch an Nutzen näher stehen", gibt aber keine Erklärung dazu. Möglicherweise bezieht sich die Bemerkung auf den rein materiellen Vorteil, der sich für einen Erben (speziell weiblichen Geschlechts?) ergibt, wenn der Vater bzw. ein Sohn gestorben ist und dessen Hinterlassenschaft aufgeteilt wird. Es ist aber auch denkbar, daß jemand, dem ein Angehöriger gestorben ist, mit der Zwischenbemerkung über den Verlust getröstet werden soll, wie wenn man zu ihm sagen würde: „Du hast ja noch einen Vater bzw. einen Sohn, und der ist dir vielleicht eine größere Hilfe, als der Verstorbene es zu seinen Lebzeiten war". — *farīḍatan mina llāhi...*: **9**,60.

4,12 *fa-in kāna rağulun yūraṯu kalālatan awi mra'atun*: **4**,176. — *wa-lahū aḫun au uḫtun.* Daß keine Vollbrüder und Vollschwestern gemeint sind, ergibt sich aus einem Vergleich mit **4**,176. Die sinngemäße Ergänzung „mütterlicherseits" (*mina l-ummi*) ist in einer von Ibn Ubai überlieferten Lesart in den Text aufgenommen.

4,13 *tilka ḥudūdu llāhi*: **65**,1; **2**,229f.; **2**,187; **58**,4. — *wa-man yuṭi'i llāha wa-rasūlahū yudḫilhu ğannātin*: **48**,17; **33**,71; **24**,52; **4**,69. — Zur Bedeutung des Ausdrucks *min taḥtihā* siehe die Anmerkung zu **2**,25. — *ḏālika l-fauzu l-'aẓīmu*: **5**,119; **9**,72. 89. 100. 111; **10**,64; **40**,9; **44**,57; **57**,12; **61**,12; **64**,9; **37**,60; **48**,5; **33**,71; (**4**,73); (**6**,16); (**45**,30); (**85**,11).

4,14: **72**,23. — *wa-yata'adda ḥudūdahū*: **2**,229. 231; **65**,1.

4,15 *wa-llātī ya'tīna l-fāḥišata min nisā'ikum*: (**65**,1); (**4**,19); (**4**,25); (**33**,30).

4,16f. *wa-llaḏāni ya'tiyānihā minkum*: **7**,80/**29**,28; **27**,54. — *fa-in tābā wa-aṣlaḥā...*: **2**,160, mit weiteren Belegen. — Vers 17: besonders **16**,119; **6**,54.

4,18 *li-llaḏīna ya'malūna s-saiyi'āti ḥattā iḏā ḥaḍara aḥadahumu l-mautu qāla innī tubtu l-āna*: **10**,51. 90f.; **6**,158; **32**,29; **40**,84f. — *wa-lā llaḏīna yamūtūna wa-hum kuffārun*: **2**,161; **3**,91; **47**,34.

4,19 *lā yaḥillu lakum an tariṯū n-nisā'a karhan.* Dieser Passus verbietet, wenn man ihn wörtlich versteht, die sogenannte Leviratsehe (siehe Th. W. Juynboll, Handbuch des islamischen Gesetzes, Leiden/Leipzig 1910, S. 185). Angesprochen sind wohl in erster Linie die Brüder des Verstorbenen. Die Söhne des Verstorbenen kommen nach **4**,22 als Ehemänner für dessen Frauen überhaupt nicht (mehr) in Frage. Bell schlägt eine andere Deutung des Wortlauts vor, indem er seiner Übersetzung („it is not permissible for you to heir women") folgende Anmerkung beigibt: „Ambiguous; usually taken as referring to an old Arab custom of inheriting wives; but more probably refers to putting pressure on a wife to compel her to bequeath her property to the husband." — *wa-lā ta'ḍulūhunna li-taḏhabū bi-ba'ḍi mā ātaitumūhunna*: **2**,229. 232. Zur Bedeutung des Verbums *'aḍala* siehe die Anmerkung zu **2**,232. — *illā an ya'tīna bi-fāḥišatin mubaiyinatin*: **65**,1; **33**,30; (**4**,15. 25). — *fa-'asā an takrahū šai'an wa-yağ'ala llāhu fīhi ḫairan kaṯīran*: (**2**,216).

4,20 *wa-ātaitum iḥdāhunna qinṭāran.* Zur Bedeutung von *qinṭār* siehe die Anmerkung zu **3**,14. — *a-ta'ḫuḏūnahū buhtānan wa-iṯman mubīnan*: **4**,112; **33**,58. — Der koranische Ausdruck *buhtān* kann nicht eindeutig übersetzt werden. Etymologisch ist er wohl von der aramäischen Wurzel *bht* abzuleiten, was etwa die Grundbedeutung „Schandbarkeit" ergeben würde (siehe J. Wellhausen, ZDMG 67, 1913, S. 633f.; J. Barth, ZDMG 68, 1914, S. 225f.; Jeffery, Foreign Vocabulary, S. 84). Sachlich bezieht er sich auf eine unberechtigte, böswillige, d.h. verleumderische Behauptung des Inhalts, daß jemand eine Verfehlung (**4**,112; **33**,58), insbesondere ein Sittlichkeitsdelikt (**24**,16; **4**,156; ebenso wohl

60,12, vielleicht auch im vorliegenden Vers 20; s. u.) begangen habe. Mehrfach wird die Sündhaftigkeit einer solchen Verdächtigung ausdrücklich hervorgehoben (*buhtānan wa-iṯman mubīnan*: **4**,20; **4**,112; **33**,58). Falls die Grundbedeutung der aramäischen Wurzel dem koranischen *buhtān* überhaupt noch anhaften sollte, hätte dieses demnach die Bedeutung „schändliche Verleumdung", und nicht „(fälschliche) Behauptung, jemand habe etwas Schandbares begangen". M. a. W. das Charakteristikum der Schandbarkeit wäre auf die Verleumdung als solche zu beziehen, bzw. auf die Person, die sie äußert, und nicht auf den Inhalt bzw. das Opfer der Verleumdung. Wenn es im vorliegenden Vers 20 heißt *a-ta'ḫudūnahū buhtānan*, ist vielleicht an die Möglichkeit gedacht, daß ein Mann seiner Frau bei der Scheidung die Morgengabe wieder abnimmt mit der verleumderischen Begründung, sie habe sich der Unzucht schuldig gemacht (vgl. **4**,19).

4,21 *wa-aḫaḏna minkum mīṯāqan ġalīẓan*: (**33**,7); (**4**,154, mit weiteren Belegen).

4,22 *illā mā qad salafa* (ebenso im folgenden Vers 23): **2**,275; **5**,95; **8**,38. — *innahū kāna fāḥišatan wa-maqtan wa-sā'a sabīlan*: **17**,32.

4,24f. Eine eigenartige Deutung der Verse 24f. vertritt W. Montgomery Watt (Muhammad at Medina, Oxford 1956, S. 389–392: Excursus K. The Technical Terms in Sūrahs **4**,24/28; **5**,5/7, and **24**,33). Dabei muß er allerdings den Passus *illā mā malakat aimānukum* in Vers 24 und *fa-mimmā malakat aimānukum* in Vers 25 als späteren Zusatz erklären und *muḥṣanāt* in *muḥṣināt* abändern.

4,24 *wal-muḥṣanātu mina n-nisā'i*: **5**,5. — *muḥṣinīna ġaira musāfiḥīna*: **5**,5; (**4**,25). — Der Passus *fa-mā stamta'tum bihī minhunna fa-ātūhunna uǧūrahunna farīḍatan* bildet die koranische Rechtfertigung der sogenannten Mut'a-Ehe, in der die eheliche Gemeinschaft von vornherein auf eine bestimmte Zeit begrenzt wird. Siehe EI[1], Artikel Mut'a (Heffening). — *fa-ātūhunna uǧūrahunna farīḍatan*: **4**,25; **5**,5; **60**,10; **65**,6; **33**,50.

4,25 *ba'ḍukum min ba'ḍin*: **3**,195; **9**,67. 71. — *wa-ātūhunna uǧūrahunna bil-ma'rūfi*: **4**,24, mit weiteren Belegen. — *muḥṣanātin ġaira musāfiḥātin wa-lā muttaḫiḏāti aḫdānin*: **5**,5; (**4**,24). — *fa-in ataina bi-fāḥišatin fa-'alaihinna niṣfu mā 'alā l-muḥṣanāti mina l-'aḏābi*: **4**,15; **33**,30. — *wa-an taṣbirū ḫairun lakum*: (**24**,33. 60). Zur Sache: Th. W. Juynboll, Handbuch des islamischen Gesetzes, Leiden/Leipzig 1910, S. 236. Die in einer solchen Ehe gezeugten Kinder sind Sklaven.

4,26 *sunana llaḏīna min qablikum*. Zur Bedeutung des Ausdrucks *sunna* (Mehrzahl *sunan*) siehe die Anmerkung zu **8**,38.

4,28: **8**,66; (**70**,19). — Zur Bedeutung von *ḍa'īf* siehe die Anmerkung zu **2**,282.

4,29 *lā ta'kulū amwālakum bainakum bil-bāṭili*: **2**,188; **4**,161; **9**,34; (**30**,39). — *wa-lā taqtulū anfusakum*. Der Akkusativ *anfusakum* hat kollektive, nicht individuelle Bedeutung. Belege in der Anmerkung zu **2**,54. Weitere Belege zur Sache: **4**,92; **17**,33; **6**,151; **25**,68.

4,30: (**25**,68). — *wa-kāna ḏālika ʿalā llāhi yasīran*: **4**,169; **22**,70, mit weiteren Belegen.

4,31: (**42**,37); (**53**,32).

4,32 Es ist nicht recht klar, was mit dem „Anteil von dem, was sie (die Männer bzw. Frauen) erworben haben", genauer gemeint ist, im Gegensatz zum folgenden Vers 33 und zu Vers 7, wo mit *naṣīb* eindeutig der Anteil am Erbe bezeichnet wird. Bell vermutet, daß ein älterer, allgemein gehaltener Text nach Einführung der Vorschriften über das Erbrecht revidiert worden ist, und versieht die Verse 32f. mit der Überschrift: „Covetousness; revised to refer to inheritance". In der Formulierung stimmt der Passus *wa-lir-riǧāli naṣībun mimmā ktasabū wa-lin-nisāʾi naṣībun mimmā ktasabna* im vorliegenden Vers weitgehend mit Vers 7 überein.

4,33: **4**,8; (**2**,180). Im Gegensatz zum vorausgehenden Vers 32 (siehe die Anmerkung dazu) bezieht sich Vers 33 wieder eindeutig auf das Erbrecht. Mit den Mawālī sind Erbberechtigte zweiten Grades gemeint, nämlich weitere Verwandte und Angehörige. Vgl. **19**,5.

4,34 *ar-riǧālu qauwāmūna ʿalā n-nisāʾi...*: **2**,228. — *bi-mā faḍḍala llāhu baʿḍahum ʿalā baʿḍin*: **4**,32. — *faṣ-ṣāliḥātu qānitātun ḥāfiẓātun lil-ġaibi*: **33**,35; **66**,5; **3**,17. Belege speziell zu *ḥāfiẓātun lil-ġaibi bi-mā ḥafiẓa llāhu*: **33**,35; **23**,5; **70**,29; **24**,31; (**12**,81). Mit dem, „was verborgen ist" (*al-ġaib*), sind vermutlich die geschlechtlichen Intimitäten gemeint. Siehe Paret, Der Plan einer neuen, leicht kommentierten wissenschaftlichen Koranübersetzung (Orientalistische Studien Enno Littmann überreicht, Leiden 1935, 121–130), S. 125–127. — *wa-llatī taḫāfūna nušūzahunna...*: **4**,128.

4,36: **2**,83; **17**,23–26; **6**,151f.; (**31**,13f.). — *wa-bil-wālidaini iḥsānan*: auch **46**,15; **29**,8. — Weitere Belege zu *wa-bi-ḏī l-qurbā wal-yatāmā wal-masākīni... wa-bni s-sabīli*: **2**,177; **8**,41; **59**,7; **2**,215; **30**,38; **24**,22; **4**,8; **16**,90; **90**,13–16; **76**,8; **89**,17–19; **69**,34; **107**,2f.; **74**,44; (**17**,34/**6**,152, s. o.); (**4**,2); (**4**,10); (**4**,127). — Die Deutung des Ausdrucks *aṣ-ṣāḥib bil-ǧanbi* ist unsicher. Von den Kommentatoren wird er z.T. als „Reisegefährte" erklärt. — Zur Bedeutung von *ibn as-sabīl* siehe die Anmerkung zu **2**,177. — *inna llāha lā yuḥibbu man kāna muḫtālan faḫūran*: **57**,23; **31**,18.

4,37: **57**,24; **9**,75f.; **3**,180; **47**,38. Der Anfang von Vers 37 (*allaḏīna yabḫalūna*) hängt syntaktisch in der Luft, wenn man ihn nicht auf die vorausgehende Schlußformel *inna llāha lā yuḥibbu man kāna muḫtālan faḫūran* bezieht. Dasselbe gilt für **57**,24.

4,38 *wa-llaḏīna yunfiqūna amwālahum riʾāʾa n-nāsi wa-lā yuʾminūna bi-llāhi wa-lā bil-yaumi l-āḫiri*: **2**,264. — *wa-man yakuni š-šaiṭānu lahū qarīnan fa-sāʾa qarīnan*: **43**,36–38; **41**,25. Zur Sache: Paul Arno Eichler, Die Dschinn, Teufel und Engel im Koran, Leipzig 1928, S. 62.

4,39: (**2**,3, mit weiteren Belegen).

4,40 *inna llāha lā yaẓlimu miṯqāla ḏarratin*: **99**,7f.; **21**,47; **31**,16. — *wa-in taku ḥasanatan yuḍāʿifhā*: **34**,37; **10**,26; **42**,23; **6**,160; **27**,89/**28**,84; (**40**,40).

4,41: **16**,89. 84; **28**,75; (**2**,143); (**22**,78); (**4**,159); (**10**,47); (**39**,69); (**33**,45/**48**,8); (**73**,15).

4,42 *lau tusauwā bihimu l-arḍu*: **91**,14. — *wa-lā yaktumūna llāha ḥadīṯan*: (**4**,78). Der Ausdruck *ḥadīṯan* steht in beiden Stellen als Reimwort und ist vielleicht eben des Reimes wegen gewählt.

4,43: **5**,6 (weitere Fassung, aber ohne den Hinweis auf die Trunkenheit). Siehe die ausführliche Anmerkung zu dieser Stelle. — Zum Verbot, in betrunkenem Zustand zur Ṣalāt zu kommen, siehe die Anmerkung zu **2**,219. — Der Ausdruck *'ābirī sabīlin* bedeutet nach den einen „auf Reisen" (= *musāfirīna*), nach den anderen „im Vorbeigehen". Da von Leuten, die auf Reisen sind, gleich im folgenden die Rede ist (*in kuntum...'alā safarin*), ist wohl die zweite Deutung vorzuziehen, zumal sie auch dem Wortlaut eher gerecht wird. Man muß dann allerdings annehmen, daß diejenigen, die „im Vorbeigehen" sind, an einem *Gebetsplatz* vorbeigehen (ohne sich selber an der Ṣalāt beteiligen zu wollen).

4,44 *a-lam tara ilā llaḏīna ūtū naṣīban mina l-kitābi*: **4**,51; **3**,23. — *yaštarūna ḍ-ḍalālata wa-yurīdūna an taḍillū s-sabīla*: **2**,16/175; (**31**,6).

4,46: **2**,93. 104. Zur Sache: Speyer, S. 301–303. — *yuḥarrifūna l-kalima 'an mawāḍi'ihī*: **5**,13. 41; **2**,75. — *wa-yaqūlūna sami'nā wa-'aṣainā*: **2**,93. Siehe die Anmerkung dazu. — *wa-rā'inā*: **2**,104. Siehe die Anmerkung dazu. — *laiyan bi-alsinatihim*: **3**,78; (**4**,135, Anmerkung). — *wa-ṭa'nan fī d-dīni*: (**9**,12). — *walākin la'anahumu llāhu bi-kufrihim...*: **2**,88; **4**,155; (**5**,13); (**47**,23f.).

4,47: **2**,41f.; **2**,89–91; **3**,187. — *muṣaddiqan li-mā ma'akum*: **2**,41, mit weiteren Belegen. — *min qabli an naṭmisa wuǧūhan fa-naruddahā 'alā adbārihā*. Die Drohung mit dem „Auswischen" von Gesichtern usw. ist nicht recht klar. Sollte in dem Wortlaut etwa eine Anspielung auf die (in Arabien heimischen) Paviane stecken, und zugleich eine Drohung, die (jüdischen) Gesprächspartner könnten in solche Affen verwandelt werden (vgl. die unmittelbar folgende Drohung mit der Verwandlung in Affen)? Die häßlichen Hinterteile der Paviane könnte man schon mit Gesichtern vergleichen. — *au nal'anahum ka-mā la'annā aṣḥāba s-sabti*: **2**,65; **7**,163–166; (**4**,154). — *wa-kāna amru llāhi maf'ūlan*: **33**,37.

4,48: **4**,116. — Der Ausdruck *iftarā iṯman* ist eine Verquickung von „eine Lüge aushecken" (*iftarā kaḏiban*) und „eine Sünde begehen" (*kasaba iṯman* oder ähnlich). Vgl. **4**,50.

4,49 *a-lam tara ilā llaḏīna yuzakkūna anfusahum*: **53**,32; **24**,21. Anders: **91**,9; **87**,14. — *wa-lā yuẓlamūna fatīlan*: **17**,71; **4**,77; (**4**,124); (**19**,60). Für *fatīl* (eigentlich „Gedrehtes", „Gezwirntes", übersetzt mit „Fädchen") werden zwei Bedeutungen angegeben: 1. Fädchen in der Rille des Dattelkerns; 2. Schmutz, den man sich aus den Fingern reibt. Vgl. den einigermaßen ähnlichen deutschen Ausdruck: „auch nicht so viel, wie unter einen Fingernagel geht".

4,50 Der Ausdruck *yaftarūna 'alā llāhi l-kaḏiba* bezieht sich, falls der Zusammenhang intakt ist, auf den im vorhergehenden Vers (gegen Juden oder

Christen?) erhobenen Vorwurf der Selbstgerechtigkeit. In ähnlichem Zusammenhang steht *yaftarūna* am Schluß von **3**,24.

4,51 *a-lam tara ilā llaḏīna ūtū naṣīban mina l-kitābi*: **4**,44; **3**,23. — Das Wort *al-ǧibt* kommt im Koran nur an dieser Stelle vor. Nöldeke (Neue Beiträge, S. 47f.) denkt an eine Entlehnung aus dem äthiopischen *amlāka gĕbt* = *theós prósphatos*, wobei *gĕbt* im Sinn von „Götze" oder „Götzendienst" mißverstanden wäre. Jeffery (Foreign Vocabulary, S. 99f.) schließt sich dem an. Das Wort *aṭ-ṭāġūt* „Götzen" kommt häufiger vor. Zur Etymologie siehe die Anmerkung zu **2**,256.

4,52 *ulā'ika llaḏīna la'anahumu llāhu*: **47**,23.

4,53f. In den Versen 53f. ist auf der einen Seite von „Schriftbesitzern", d.h. wohl von medinischen Juden, die Rede, auf der anderen Seite von „den Leuten" (*an-nās*), womit vermutlich Mohammed und seine Anhänger gemeint sind. Die Juden haben zur Zeit keine politische Macht (*mulk*). Aber wenn sie an Stelle von Mohammed und den Gläubigen die Herrschaft ausüben würden, würden sie diesen nicht den geringsten Anteil daran geben (V. 53). Umgekehrt haben sie aber auch keinen Grund, Mohammed und die Gläubigen zu beneiden, da ihre eigenen Vorfahren ja auch mit der Schrift, der Weisheit und gewaltiger Herrschaft begnadet worden sind (V. 54). Anders R. Bell, der die Bezeichnung *āl Ibrāhīm* („die Sippe Abrahams") mit der Anmerkung versieht: „I.e. the Arabs, or Muhammad as their representative". — *lā... naqīran*: **4**,124. — *fa-qad ātainā āla Ibrāhīma l-kitāba wal-ḥikmata*. Siehe die Anmerkung zu **3**,48, mit weiteren Belegen. — *wa-ātaināhum mulkan 'aẓīman*: **2**,247f. (Saul); **2**,251; **38**,20 (David); **38**,35 (Salomo). — Falls man sich der (meines Erachtens fragwürdigen) Deutung von R. Bell anschließt (s. o.), bezieht sich auch der Passus *wa-ātaināhum mulkan 'aẓīman* auf Mohammed und die zeitgenössischen Araber, nicht auf Herrschergestalten aus der Geschichte der Kinder Israel. Vers 54 wäre in diesem Fall zu übersetzen: „Oder beneiden sie die Leute wegen dessen, was Gott ihnen von seiner Huld gegeben hat? Wir haben in der Tat der Sippe Abrahams die Schrift und die Weisheit gegeben und ihnen (d.h. den muslimischen Arabern als den heutigen Repräsentanten der Sippe Abrahams) gewaltige Herrschaft verliehen."

4,55 Falls Vers 55 im ursprünglichen Zusammenhang steht, ist er syntaktisch und sachlich an den unmittelbar vorausgehenden Text anzuschließen (nicht etwa, wie Ṭabarī vorschlägt, an Vers 47): Nachdem Gott der Sippe Abrahams die Schrift usw. verliehen hatte (Vers 54 Schluß), waren die einen gläubig, die anderen nicht. Unklar ist, worauf sich die Personalsuffixe in *āmana bihī* und *ṣadda 'anhu* beziehen. Bei *āmana bihī* könnte man die Schrift (*al-kitāb*) oder überhaupt den Inhalt der Offenbarung (vgl. *mā nazzalnā*, Vers 47) oder auch Gott ergänzen. Bei *ṣadda 'anhu* läge es nahe, an „den Weg Gottes" (*sabīl allāh*) zu denken. Siehe aber die Anmerkung zu **4**,61. — *fa-minhum...wa-minhum...*: **2**,253, mit weiteren Belegen.

4,57 Zum Ausdruck *min taḥtihā* siehe die Anmerkung zu **2**,25. — *azwāǧun* *muṭahharatun*: **2**,25/**3**,15. Siehe die Anmerkung zu **2**,25. — *wa-nudḫiluhum ẓillan ẓalīlan*: **36**,56, mit weiteren Belegen.

4,58 *inna llāha ya'murukum an tu'addū l-amānāti ilā ahlihā*: **2**,283; **23**,8/**70**,32; (**8**,27); (**3**,75). — *wa-iḏā ḥakamtum baina n-nāsi an taḥkumū bil-'adli*: (**5**,42); (**49**,9).

4,59: **4**,83; **8**,46; **8**,43; **3**,152; (**22**,67); (**20**,62); (**18**,21). — Die Deutung des Ausdrucks *ulū l-amri* (im vorliegenden Vers und in Vers 83) hängt davon ab, ob man *amr* speziell im Sinn von „Befehl" oder allgemeiner im Sinn von „Angelegenheit" zu verstehen hat. — *ḏālika ḫairun wa-aḥsanu ta'wīlan*: **17**,35. Die übliche Bedeutung von *ta'wīl* (= „Auslegung", „Deutung") scheint hier nicht zu passen. Die Kommentatoren verstehen das Wort im Sinn von *'āqiba* („Ende", „Ausgang"). Es ist nicht ausgeschlossen, daß an beiden Stellen der Reimzwang zur Wahl von *ta'wīl* geführt hat. Wenn die Bedeutung schon mit *'āqiba* identisch ist, würde man sonst eher *ma'āl* erwarten (als Infinitiv von *āla* „auf etwas hinauslaufen", „mit etwas enden"). Vielleicht hat *ta'wīl* auch an den anderen Stellen, an denen es im Koran vorkommt, oder wenigstens an einigen von ihnen, die Bedeutung „Ausgang", „letzte (entscheidende) Phase" (eines Sachverhalts, einer Geschichte oder ähnlich).

4,60 Zur Bezeichnung *aṭ-ṭāġūt* siehe die Anmerkung zu **2**,256. Im vorliegenden Vers 60 ist das Wort als Maskulin konstruiert. Als Feminin bzw. Plural wird es konstruiert in **39**,17, deutlich als Plural in **2**,257. — *ḍalālan ba'īdan*: **4**,116. 136. 167; **14**,3. 18; **22**,12; **34**,8; **42**,18; **50**,27.

4,61: **63**,5; **5**,104. — Zum Ausdruck *munāfiqūn* („Heuchler") siehe die Anmerkung zu **3**,167. — Auffallend ist die persönliche Konstruktion *yaṣuddūna 'anka*. Üblich ist die sächliche Konstruktion *ṣadda 'an sabīli llāhi* oder ähnlich. Vgl. Vers 55, wo auch persönliche Konstruktion vorliegen könnte.

4,62: **9**,107.

4,63 *ulā'ika llaḏīna ya'lamu llāhu mā fī qulūbihim*: **33**,51; **48**,18. — *wa-qul lahum fī anfusihim qaulan balīġan*. Zamaḫšarī bezieht den präpositionalen Ausdruck *fī anfusihim* auf *balīġan* (= *qul lahum qaulan balīġan fī anfusihim mu'aṯṯiran fī qulūbihim*). In diesem Fall würde man aber erwarten: *wa-qul lahum qaulan fī anfusihim balīġan*.

4,64 *wa-lau annahum iḏ ẓalamū anfusahum ǧā'ūka fa-staġfarū llāha... la-waǧadū llāha tauwāban raḥīman*: **3**,135; **73**,20; **9**,104.

4,65 Den Ausdruck *wa-yusallimū taslīman* übersetzt H. Ringgren: „but submit themselves in submission" (Islam, 'aslama and muslim, Uppsala 1949, S. 7).

4,66 Die beiden Bedingungssätze sind inhaltlich verschiedenartig. Im ersten ist von einer praktisch kaum erfüllbaren Eventualität die Rede (der Vorschrift, sich gegenseitig umzubringen oder auszuwandern), während im zweiten an eine durchaus ernst zu nehmende und leicht zu erfüllende Verpflichtung gedacht ist (Glaube an die göttliche Offenbarung bzw. Anerkennung der Autorität Mohammeds). — *uqtulū anfusakum*. Der Akkusativ *anfusakum* hat kollektive, nicht individuelle Bedeutung. Belege in der Anmerkung zu **4**,29. — *aṯadda taṯbītan*: **2**,265. Siehe die Anmerkung zu diesem Vers.

4,69 *wa-man yuṭi'i llāha war-rasūla fa-ulā'ika*...: **4**,13/**48**,17; **33**,71; **24**,52. — Zum Ausdruck *ṣiddīq* siehe die Anmerkung zu **5**,75. In Verbindung mit *šuhadā'* findet sich *ṣiddīqūn* auch noch in **57**,19. Zur Bedeutung von *šuhadā'* (hier = „Bekenner", nicht „Märtyrer") siehe Horovitz, Koranische Untersuchungen, S. 50, zur besonderen Bedeutung von *aṣ-ṣāliḥūn* die Anmerkung zu **2**,130. — Zur kollektiven Verwendung des Ausdrucks *rafīq* siehe Hans Wehr, Muḥammed's letzte Worte (Wiener Zeitschrift für die Kunde des Morgenlandes 51, 1952, 283–286), S. 285.

4,71 *ḫuḏū ḥiḏrakum*: **4**,102. — Der Schlußsatz *awi nfirū ǧamī'an* scheint im Widerspruch mit **9**,122 zu stehen. Siehe aber die Anmerkung zu diesem Vers.

4,72 *fa-in aṣābatkum muṣībatun*...: (**9**,50); (**3**,120).

4,73 Der eingeschobene Satz *ka-an lam takun bainakum wa-bainahū mawaddatun* ist sehr prägnant formuliert. Vermutlich besagt er, daß der Betreffende, der ja (wenigstens dem Bekenntnis nach) ein Gläubiger ist, sich eigentlich in brüderlicher Weise uneigennützig über das Glück der Mitgläubigen freuen müßte, während er in Wirklichkeit nur den egoistischen Wunsch äußert, an ihrem Glück teilzuhaben. Zamaḫšarī ist der Ansicht, daß der Satz ironisch gemeint ist. — Der Ausdruck *al-fauz al-'aẓīm* (mit Artikel) bezieht sich sonst in der Regel auf die Glückseligkeit im Jenseits (Belege in der Anmerkung zu **4**,13). Im vorliegenden Vers sind aber materielle Glücksgüter gemeint. Oder sollte der Ausdruck ironisch zu verstehen sein?

4,74 *wa-man yuqātil fī sabīli llāhi fa-yuqtal au yaġlib fa-saufa nu'tīhi aǧran 'aẓīman*: **47**,4–6; **3**,157f.; **9**,111; **3**,195; **22**,58f.; (**2**,154); (**3**,169f.); (**4**,100).

4,75 Zur Bedeutung des Ausdrucks *wal-mustaḍ'afīna mina r-riǧāli wan-nisā'i wal-wildāni* siehe die Anmerkung zu **2**,282. Belege speziell zur vorliegenden Stelle: **4**,98f.; **34**,31–33. — *rabbanā aḫriǧnā min hāḏihi l-qaryati ẓ-ẓālimi ahluhā wa-ǧ'al lanā min ladunka walīyan wa-ǧ'al lanā min ladunka naṣīran*: (**17**,80). Siehe die Anmerkung zu diesem Vers.

4,76 Zur Bezeichnung *aṭ-ṭāġūt* siehe die Anmerkungen zu **2**,256 und **4**,60.

4,77 Der Ausdruck *kuffū aidiyakum* kann nach Maßgabe des koranischen Sprachgebrauchs (*kaffa l-aidiya 'an*; Gegensatz *basaṭa l-aidiya ilā* in aggressivem Sinn) kaum anders verstanden werden, als daß den Gläubigen zuerst befohlen wurde, sich vom Kampf (gegen die Ungläubigen) zurückzuhalten, bzw. sich überhaupt nicht darauf einzulassen. Sie sollten vorläufig (d.h. in der ersten Zeit nach der Hiǧra) ihren Glauben nur im Beten und Almosengeben betätigen. Die Vorschrift, auch zu kämpfen (*fa-lammā kutiba 'alaihimu l-qitālu*) erfolgte erst zu einem späteren Zeitpunkt. Dabei stellte sich heraus, daß dieselben Leute, die vorher vom Kämpfen zurückgehalten wurden (also anscheinend von sich aus danach drängten), plötzlich Angst zeigten und den Wunsch äußerten, nicht kämpfen zu müssen. Beleg (aus der Geschichte der Israeliten): **2**,246. — Weitere Belege für die Vorschrift zu kämpfen: **2**,216; **47**,20; **3**,167;

9,13. 86. Es erübrigt sich, alle Belege für den Kampf gegen die Ungläubigen anzuführen. Die wichtigsten sind **9**,29. 36 und **2**,193/**8**,39. — Der Imperfektsatz *yaḫšauna n-nāsa*... ist kein Relativsatz, sondern Prädikativ zu *iḏā farīqun minhum*. — *lau-lā aḫḫartanā ilā aǧalin qarībin*: **63**,10f.; **14**,44. — Zur Bezeichnung des diesseitigen Lebens als *matā'* („Nutznießung") siehe die Anmerkung zu **2**,36. Der Sinnzusammenhang von *qul matā'u d-dunyā qalīlun* mit dem Vorhergehenden (und dem folgenden Vers 78) ist etwa: Die Lebensfrist ist auf jeden Fall kurz bemessen. Weshalb dann die Angst, im Kampf einen vorzeitigen Tod zu erleiden? Vgl. **33**,16. — *wa-lā tuẓlamūna fatīlan*: **4**,49; **17**,71; (**4**,124); (**19**,60). Zur Bedeutung von *fatīl* siehe die Anmerkung zu **4**,49.

4,78 *ainamā takūnū yudrikkumu l-mautu wa-lau kuntum fī burūǧin mušaiyadatin*: **33**,16; **62**,8; (**56**,60). — Mit *wa-in tuṣibhum ḥasanatun* beginnt ein neues Thema. Beleg: (**7**,131). — *lā yakādūna yafqahūna ḥadīṯan*: (**18**,93). Der Ausdruck *ḥadīṯan* steht im vorliegenden Vers und in **4**,42 als Reimwort und ist vielleicht in beiden Stellen eben des Reimes wegen gewählt.

4,79 Hinter dem ersten Teil des Verses (*mā aṣābaka*...*fa-min nafsika*) muß man wohl eine Zäsur annehmen. Denn zum folgenden *wa-arsalnāka lin-nāsi rasūlan* läßt sich schwer ein gedanklicher Übergang herstellen. Zamaḫšarī nimmt übrigens an, daß in diesem ersten Teil des Verses generell der Mensch angesprochen ist, nicht speziell Mohammed. Belege: **42**,30; **3**,165. — *wa-arsalnāka lin-nāsi rasūlan*: **34**,28; **7**,158.

4,80: **42**,48; **64**,12; **5**,92; **24**,54; (**3**,32); (**8**,20). — Die zweite Vershälfte (von *wa-man tawallā* an) ist ein sogenannter Bedingungssatz mit Verschiebung. Siehe Einleitung zur Übersetzung, S. 4. — Belege speziell zu *fa-mā arsalnāka 'alaihim ḥafīẓan*: **42**,48 (s. o.); **6**,107; **6**,104/**11**,86; (**83**,33).

4,81 *wa-yaqūlūna ṭā'atun*: **24**,53 (siehe auch die vorausgehenden Verse 47–52 und den folgenden Vers 54). — Das Verbum *baiyata (II)* kommt außer im vorliegenden Vers auch noch in **4**,108 vor. Es bedeutet vielleicht „etwas bei Nacht aussinnen" oder allgemein (ohne zeitliche Nebenbedeutung) „etwas aussinnen". Aus **4**,108 scheint sich zu ergeben, daß das Verbum nicht nur eine gedankliche Tätigkeit bezeichnet, sondern zugleich eine sprachliche Äußerung. Klar ist jedenfalls, daß mit *baiyata* eine (hinterhältige) Machenschaft gemeint ist, die dem Interesse Mohammeds und der Gläubigen entgegensteht. Belege: (**47**,16); (**2**,14); (**2**,76); (**3**,119); (**3**,72). — *wa-llāhu yaktubu mā yubaiyitūna*: **43**,80; **3**,181; **19**,79, mit weiteren Belegen. — *wa-tawakkal 'alā llāhi wa-kafā bi-llāhi wakīlan*: **33**,3. 48.

4,82 *a-fa-lā yatadabbarūna l-qur'āna*: **47**,24.

4,83 Der Passus *iḏā ǧā'ahum amrun mina l-amni awi l-ḫaufi* bezieht sich wohl auf günstige (das Gefühl der Sicherheit gebende) oder besorgniserregende Nachrichten über den Feind bzw. über eigene kriegerische Unternehmungen. — *wa-lau raddūhu*...: **4**,59. Über die Bedeutung des Ausdrucks *ulū l-amri* siehe die Anmerkung zu diesem Vers. — Das Verbum *istanbaṭa (X)* heißt eigentlich „Wasser zu Tage fördern", wird aber auch in übertragenem Sinn gebraucht.

Es ist nicht recht klar, was der Ausdruck im vorliegenden Zusammenhang bedeuten soll. Vielleicht das Auswerten von Feindnachrichten? — Der Passus von *wa-lau-lā* an scheint zu denjenigen Schlußformeln zu gehören, die nur lose mit dem Text zusammenhängen.

4,84: **8**,65. — Der Ausdruck *ba's* „Unheil" bezeichnet häufig speziell das Unheil, dem man sich im Kampf aussetzt, bzw. das Unheil, das man im Kampf dem Gegner zuzufügen sucht, also: aggressive Gewalt, Kampfkraft.

4,85 Vers 85 ist schwer zu deuten, zumal sich kein Sinnzusammenhang mit dem Vorhergehenden und Folgenden herstellen läßt. In T. Huitema, De voorspraak (shafā'a) in den Islām, Leiden 1936, wird die Stelle überhaupt nicht erwähnt.

4,87 *la-yağma'annakum ilā yaumi l-qiyāmati lā raiba fīhi*: **6**,12; **45**,26; **3**,9; **3**,25; **42**,7; (**64**,9). — *wa-man aṣdaqu mina llāhi ḥadīṯan*: **4**,122; (**9**,111).

4,88 Vers 88 richtet sich anscheinend gegen eine gewisse Gruppe unter den Gläubigen, die den „Heuchlern" doch noch Gutes zutraut. — *wa-llāhu arkasahum*: **4**,91. Die Deutung von *arkasa* (*IV*) ist unsicher. — Zur Bedeutung von *kasaba* siehe die Anmerkung zu **2**,79. — *wa-man yuḍlili llāhu fa-lan tağida lahū sabīlan*: **4**,143; **42**,46; (**7**,186); (**13**,33/**39**,23/36/**40**,33); (**30**,29).

4,89–91 Vers 89 läßt sich sachlich schwer erklären. Im vorhergehenden Vers ist von den „Heuchlern" die Rede, so daß man annehmen möchte, daß diese auch hier gemeint sind. Aber die Aufforderung „nehmt niemand von ihnen zu Freunden, solange sie nicht um Gottes willen auswandern" läßt darauf schließen, daß es sich um Leute handelt, die noch in Mekka wohnen (oder vielleicht sonstwo im heidnischen Arabien, jedenfalls nicht in Medina). Vgl. **8**,72. Aber dazu paßt schlecht das folgende *fa-in tawallau fa-ḫuḏūhum wa-qtulūhum ḥaiṯu wağadtumūhum*. Zwar urteilt Mohammed in **4**,97 sehr hart über diejenigen, die nicht ausgewandert sind, obwohl sie dazu in der Lage gewesen wären (...*fa-ulā'ika ma'wāhum ğahannamu*). Jedoch wurde ihnen schwerlich in so radikaler Weise der Kampf angesagt, wie das hier der Fall ist. Die Kampfansage in dieser Form wird sich vielmehr an eigentliche Heiden und direkte Gegner richten. Vgl. **9**,5; **2**,190f.; **60**,8f. Eine Stelle läßt sich allerdings gerade umgekehrt dafür anführen, daß Mohammed sich gelegentlich auch gegen „Heuchler" und andere unsichere Elemente in Medina sehr drohend geäußert hat: **33**,60f. Die beiden folgenden Verse (90f.) scheinen zu bestätigen, daß es sich in Vers 89 um wirkliche Ungläubige handelt, und nicht um die sogenannten Heuchler (von Medina). Die Kampfansage wird nämlich eingeschränkt bzw. aufgehoben für den Fall, daß die Betreffenden 1. zu Leuten gelangen, mit denen die Gläubigen in einem vertraglichen Verhältnis stehen, 2. nicht wagen, gegen die Gläubigen zu kämpfen (aber auch nicht gegen ihre eigenen Volksgenossen), vielmehr neutral bleiben und bereit sind, Frieden zu halten. Dabei wird angedeutet, daß sie an sich den Gläubigen sehr gefährlich werden könnten (*lau šā'a llāhu la-sallaṭahum 'alaikum fa-la-qātalūkum*). Wenn die Verse 89–91 überhaupt intakt sind und einen kontinuierlichen Text darstellen, stammen sie jedenfalls aus verhältnismäßig später Zeit (entweder kurz vor der Eroberung von Mekka oder – falls es sich um Nichtmekkaner handelt – um die Zeit der „Abschiedswallfahrt“). Vielleicht wurden damals diejenigen Mekkaner, die bereit waren, mit den Gläubigen zu paktieren, aber sich doch nicht zur Annahme des Islam entschließen konnten, von Mohammed tatsächlich als „Heuchler“ bezeichnet. In diesem Fall könnte auch noch der vorausgehende Vers 88 in den Gesamtabschnitt einbezogen werden.

4,89 Siehe die vorhergehende Anmerkung (zu den Versen 89–91). — *waddū lau takfurūna*: **60**,2; (**2**,109, mit weiteren Belegen). — *fa-lā tattaḫiḏū minhum auliyā'a*: **3**,28, mit weiteren Belegen. — Belege zu *fa-ḫuḏūhum wa-qtulūhum ḥaiṯu waǧadtumūhum* siehe in der vorhergehenden Anmerkung (zu den Versen 89–91).

4,90 Siehe die Anmerkung zu den Versen 89–91. — *ilā qaumin bainakum wa-bainahum mīṯāqun*: **4**,92; **8**,72. — Der Passus *wa-lau šā'a llāhu la-sallaṭahum 'alaikum fa-la-qātalūkum* ist wohl als Parenthese zu verstehen. — *fa-ini 'tazalūkum fa-lam yuqātilūkum wa-alqau ilaikumu s-salama*...: **8**,61. — Belege speziell zu *alqau ilaikumu s-salama*: **4**,91; **16**,28. 87; (**4**,94). Zur Bedeutung des Ausdrucks siehe H. Ringgren, Islam, 'aslama and muslim, Uppsala 1949, S. 12 („to offer peace“, or perhaps still better „to offer capitulation, to surrender“).

4,91 Siehe die Anmerkung zu den Versen 89–91. — *kulla mā ruddū ilā l-fitnati urkisū fīhā*. Mit *fitna* kann unter Umständen auch ein aktives, aggressives Verhalten (von Gegnern des Glaubens) gemeint sein. Vgl. **2**,191. 217; **2**,193/**8**,39; **29**,10; **33**,14. Zamaḫšarī paraphrasiert den vorliegenden Passus dem entsprechend: *kulla-mā da'āhum qaumuhum ilā qitāli l-muslimīna*. — *fa-ḫuḏūhum wa-qtulūhum ḥaiṯu ṯaqiftumūhum*: **2**,191; **33**,61; **9**,5; **8**,57. Zum Verbum *ṯaqifa* siehe die Anmerkung zu **2**,191.

4,92 Das (unberechtigte) Töten eines Menschen ist allgemein verboten. Siehe **17**,33; **6**,151; **25**,68; **4**,29. Im vorliegenden Vers handelt es sich speziell um das Verbot, einen *Gläubigen* zu töten. — *fa/wa-taḥrīru raqabatin (mu'minatin)*: **58**,3; 5,89; (**90**,13). — *illā an yaṣṣaddaqū*: **2**,280; **5**,45. Siehe die Anmerkung zu **2**,280. — *wa-in kāna min qaumin bainakum wa-bainahum mīṯāqun*: **4**,90; **8**,72. — Wenn im vorliegenden Zusammenhang der Fall gesetzt wird, daß ein Angehöriger eines mit den Gläubigen im Vertragsverhältnis stehenden (ungläubigen) Stammes aus Versehen getötet wird, ist natürlich gemeint, daß das Opfer des Totschlags ebenfalls ein Gläubiger ist, auch wenn das nicht mehr wie in den beiden vorher genannten Fällen gesagt wird. Die Freisetzung eines gläubigen Sklaven ist ja gerade die Sühne für den Totschlag eines *Gläubigen*. Für einen Ungläubigen würde die Bezahlung des Wergeldes allein genügen. — *fa-man lam yaǧid fa-ṣiyāmu šahraini mutatābi'aini*: **58**,4; **5**,89; **2**,196. Die Ersatzleistung des Fastens gilt nur als Ablösung für die Freisetzung eines Sklaven (wie in **58**,3f.). Die Verpflichtung zur Bezahlung des Wergeldes bleibt daneben bestehen. — Der Ausdruck *taubatan mina llāhi* bezieht sich entweder ganz allgemein darauf, daß Gott die Freisetzung eines Sklaven bzw. ein Fasten von zwei Monaten als Sühne für den Totschlag eines Gläubigen gelten läßt. (Als Beleg kommt allenfalls **4**,17f. in Betracht.) Oder aber, der Ausdruck *taubatan mina llāhi* bezieht sich speziell auf die Vergünstigung, die darin besteht, daß die Freisetzung eines Sklaven durch Fasten abgelöst werden kann (so Ṭabarī; Zamaḫšarī läßt beide Möglichkeiten offen).

4,93 *wa-ġaḍiba llāhu ʿalaihi wa-laʿanahū wa-aʿadda lahū ʿaḏāban ʿaẓīman*: **48**,6. Es ist nicht recht klar, ob *ġaḍiba* und *laʿana* hier und in ähnlichen Stellen in Perfekt- oder Präsensbedeutung verstanden werden sollen (oder etwa als Wunsch?).

4,94: (**49**,6). — Vers 94 spielt offensichtlich auf einen Vorfall an, bei dem Parteigänger Mohammeds (gelegentlich eines Kriegszugs) einen Gläubigen leichtfertig als ungläubig bezeichneten, um ihn so angreifen und seines Besitzes berauben zu können. Sachlich schließt sich diese geschichtliche Anspielung gut an die beiden vorhergehenden Verse 92f. an. — Zum Ausdruck *ḍarabtum fī sabīli llāhi* siehe die Anmerkung zu **2**,273. — *tabtaġūna ʿaraḍa l-ḥayāti d-dunyā*: **24**,33. — *ka-ḏālika kuntum min qablu fa-manna llāhu ʿalaikum*: (**3**,164); (**62**,2).

4,95f. In **9**,38–57 (bes. 44–47) und 81–96 sowie in **3**,167f. äußert sich Mohammed sehr scharf über die Gruppe derer, die zu Haus „sitzen geblieben sind", anstatt mit in den Krieg zu ziehen. In der vorliegenden Stelle urteilt er ruhiger. Er stellt zwar diejenigen, „die mit ihrem Vermögen und mit ihrer eigenen Person Krieg führen", um eine Stufe über diejenigen, die zu Haus sitzen bleiben, und kündigt ihnen „gewaltigen Lohn" an. Aber beiden Kategorien von Gläubigen verheißt er das Paradies. Der Unterschied zwischen **9**,38ff., 81ff. und **3**,167f. einerseits und **4**,95 andererseits erklärt sich wohl dadurch, daß die zuerst genannten Stellen aus der Zeit datieren, in der Mohammed noch um seine Existenz zu kämpfen hatte und deshalb in seiner Kriegführung auf die Unterstützung möglichst aller Parteigänger angewiesen war, während die vorliegende Stelle **4**,95 die Verhältnisse jener späten Zeit widerspiegelt, in der er endgültig die Oberhand gewonnen hatte. Vgl. die ebenfalls späte Stelle **57**,10. Die Kommentatoren differenzieren übrigens zwischen den beiden mit *faḍḍala* beginnenden Sätzen. Demnach wird im ersten Satz (*faḍḍala llāhu l-muǧāhidīna...daraǧatan*) den Kriegführenden ein Vorrang zuerkannt gegenüber denen, die wegen einer (körperlichen) Schädigung zu Haus geblieben sind. Im zweiten Satz (*faḍḍala llāhu l-muǧāhidīna...aǧran ʿaẓīman*, dazu Vers 96) werden dagegen (eben nach Meinung der Kommentatoren) die Kriegführenden gegenüber denjenigen hervorgehoben, die sich ohne einen solchen Hinderungsgrund vom Kriegsdienst ferngehalten haben. Aber wahrscheinlich besagen beide mit *faḍḍala* eingeleiteten Sätze in gleicher Weise, daß die Kriegführenden auf einer höheren Stufe stehen und eine höhere Belohnung im Jenseits zu erwarten haben als diejenigen, die (ohne zwingenden Grund, *ġairu ulī ḍ-ḍarari*) dem Krieg fern bleiben. Aus dem Unterschied zwischen *daraǧatan* (V. 95) und *daraǧātin* (V. 96) darf man nicht zu viel herauslesen. Der Passus *faḍḍala llāhu l-muǧāhidīna ʿalā l-qāʿidīna daraǧatan* bedeutet einfach, daß die Kriegführenden eine Stufe höher stehen als die anderen, während der Ausdruck *darağātin* sich auf die Einstufungen oder Rangklassen bezieht, die sozusagen zur Ausstattung des Paradieses gehören. Vgl. **8**,4; **20**,75f. Der Ausdruck *darağāt* kann allerdings auch speziell auf die unterschiedliche Belohnung von einzelnen Gruppen Bezug haben. So **6**,132/**46**,19; **3**,163.

4,95 Siehe die Anmerkung zu **4**,95f. — Belege: **57**,10; **9**,19f.; **9**,88; **3**,162f. Weitere Belege in der Anmerkung zu **2**,218. — *ġairu ulī ḍ-ḍarari*: (**9**,91); (**48**,17). — *wa-kullan wa'ada llāhu l-ḥusnā*: **57**,10 (s. o.). Weitere Belege in der Anmerkung zu **13**,18.

4,96 Zum Ausdruck *darağātin* siehe die Anmerkung zu **4**,95f. — Weitere Belege zum vorliegenden Vers 96 (als Nachsatz zu Vers 95): **9**,21f. (Nachsatz zu **9**,19f.); **9**,89(Nachsatz zu **9**,88).

4,97 *inna llaḏīna tawaffāhumu l-malā'ikatu ẓālimī anfusihim*: **16**,28f.; (**16**,32). Weitere Belege in der Anmerkung zu **6**,61. Speziell zu *ẓālimī anfusihim*: **9**,70, mit weiteren Belegen. Die Form *tawaffāhum* ist als 3. Fem. Sing. Imperfekt zu verstehen (= *tatawaffāhum* in **16**,28). Zu den koranischen Vorstellungen von Todes- und Strafengeln siehe Paul Arno Eichler, Die Dschinn, Teufel und Engel im Koran, Leipzig 1928, S. 104–110. — Zum Ausdruck *mustaḍ'afīna* (hier und im folgenden Vers) siehe die Anmerkung zu **2**,282. Belege für den hier vorliegenden Zusammenhang: **34**,31–33; **14**,21; **40**,47. — *a-lam takun arḍu llāhi wāsi'atan fa-tuhāğirū fīhā*: **4**,100; **39**,10; **29**,56.

4,98f. Der Ausdruck „die Unterdrückten" (*al-mustaḍ'afūn*; siehe die Anmerkung zu **2**,282) hat in den Versen 97 und 98f. eine etwas unterschiedliche Bedeutung. In Vers 97 handelt es sich um Schwächlinge, die in Mekka zurückgeblieben und dem Heidentum verfallen sind, obwohl sie an sich hätten auswandern können. In den Versen 98f. ist dagegen von den wirklich schwachen und hilflosen Männern, Frauen und Kindern die Rede, die gern auswandern wollten, aber keine Möglichkeit dazu fanden. Vgl. **4**,75. — Der Ausdruck *lā yahtadūna sabīlan* ist nach dem sonstigen koranischen Sprachgebrauch in übertragenem Sinn zu verstehen: „sie finden nicht den Weg zum Heil". Aber vielleicht verbindet sich damit im vorliegenden Zusammenhang doch auch die konkrete Grundbedeutung von *sabīl*: „sie können keinen Weg finden, der sie von Mekka nach Medina geführt hätte". In ähnlich doppelsinniger Weise steht der Ausdruck *ta/yahtadūna* in **43**,10; **16**,15; **21**,31.

4,100 *wa-sa'atan*: **4**,97. Siehe die Anmerkung dazu. Vielleicht bezieht sich *sa'a* im vorliegenden Zusammenhang weniger auf die Weite des Raumes, in dem man sich niederlassen kann, als auf die Fülle der Lebens- und Erwerbsmöglichkeiten. — *wa-man yaḫruğ min baitihī... ṯumma yudrikhu l-mautu...*: **22**,58f., mit weiteren Belegen.

4,101–103: **2**,239. Beide Stellen handeln von der Abhaltung des Gebets in der Nähe des Feindes („*ṣalāt al-ḫauf*"), weichen aber in der Ausführung stark voneinander ab.

4,101 *wa-iḏā ḍarabtum fī l-arḍi*. Siehe die Anmerkung zu **2**,273, mit weiteren

Belegen. — Das Verbum *fatana* „prüfen", „auf die Probe stellen" (zugehöriges Substantiv *fitna*) wird im Koran in verschiedenen Bedeutungsabwandlungen gebraucht. Die Grundbedeutung tritt dabei manchmal ganz zurück. So auch in der vorliegenden Stelle. Die Gläubigen haben – dem Zusammenhang nach – nur eine objektive Schädigung und Gewaltanwendung zu befürchten, nicht eine Prüfung in dem Sinn, daß sie sich ihrerseits in ihrem Glauben zu bewähren hätten. Vgl. **22**,11, wo *ḫair* („Gutes") und *fitna* („Prüfung" = „Schlimmes") einander gegenüberstehen. Siehe aber auch die Anmerkung zu **16**,110. — Das Perfekt *kānū* kann nur als perfectum praesens verstanden werden. Vgl. Stellen wie **3**,110; **17**,93.

4,102 Die erste Hälfte von Vers 102 läßt sich auf zweierlei Weise deuten, je nachdem man die eine oder die andere der beiden „Gruppen" (Betende und Nichtbetende) als Subjekt zu den einzelnen Verben ergänzt (*wal-ya'ḫuḏū asliḥatahum; fal-yakūnū min warā'ikum; wal-ya'ḫuḏū ḥiḏrahum*). Die eine Deutung liegt dem Text der Übersetzung zugrunde, die andere dem der Anmerkung. Die im Text der Übersetzung vertretene Deutung ist insofern vorzuziehen, als sie nicht so oft einen Wechsel im Subjekt nötig macht und überdies dem Unterschied zwischen *fa-* („und dann") und dem bloß koordinierenden *wa-* („und") eher gerecht wird.

4,103 Im ersten Teil von Vers 103 ist wohl das behelfsmäßige – verkürzte oder sonstwie unregelmäßige – Gebet gemeint, wie es für den Fall vorgesehen ist, daß Gefahr vom Feind droht. Das ergibt sich nicht nur aus dem Vorhergehenden, sondern auch (und vor allem) aus dem Passus *fa-iḏā ṭma'nantum* („Und wenn ihr in Ruhe seid") im zweiten Teil des Verses. Dem entsprechend bezieht sich der zweite Teil des Verses auf die reguläre Verrichtung des Gebets. — *fa-ḏkurū llāha qiyāman wa-qu'ūdan wa-'alā ǧunūbikum*: **3**,191; **10**,12. — Die Bedeutung von *mauqūt* scheint nicht unbedingt eine Festlegung auf bestimmte Zeiten in sich zu schließen. (Siehe Ṭabarī, zur Stelle, und Lane, s. v.)

4,104 *wa-lā tahinū fī btiġā'i l-qaumi*: **3**,139; **47**,35; (**3**,146). — *in takūnū ta'lamūna fa-innahum ya'lamūna ka-mā ta'lamūna*: (**3**,140).

4,105 *innā anzalnā ilaika l-kitāba bil-ḥaqqi li-taḥkuma baina n-nāsi bi-mā arāka llāhu*: **5**,48f.; **13**,1, mit weiteren Belegen. — Es ist nicht klar, wer mit den „Verrätern" (*al-ḫā'inūn* im vorliegenden Vers, *allaḏīna yaḫtānūna* in Vers 107) gemeint ist. Die Kommentatoren beziehen den hier einsetzenden Passus (bis Vers 112 oder noch darüber hinaus) auf eine Diebstahls- und Verleumdungsgeschichte. Aber vielleicht ist beim Ausdruck „Verräter" ganz allgemein an Leute gedacht, die etwa durch ihren mangelnden Glauben Verrat an der Wahrheit der göttlichen Offenbarung geübt oder sonstwie gegen den Islam intrigiert haben. Aus dem unmittelbaren Textzusammenhang ist nur so viel zu entnehmen, daß Mohammed sich vorübergehend für sie eingesetzt hat, bzw. sie zu rechtfertigen suchte.

4,107 *inna llāha lā yuḥibbu man kāna ḫauwānan aṯīman*: **22**,38; (**8**,58).

4,108 Zum Inhalt des Verses siehe die Anmerkung zu **2**,33, mit Belegen (besonders **11**,5; **13**,10; **58**,7). — Zur Bedeutung von *yubaiyitūna* siehe die Anmerkung zu **4**,81.

4,109 Das Suffix in *'anhum* bezieht sich auf das Subjekt des vorhergehenden Verses 108. Sachlich schließt sich der Ausdruck *ǧādaltum 'anhum* gut an die Formulierung *wa-lā tuǧādil 'ani llaḏīna yaḫtānūna*... in Vers 107 an. Es kann aber sein, daß die Verse 107 und 109 (bzw. 108f.) ursprünglich nicht zusammengehörten, sondern erst nachträglich auf Grund des Stichworts *ǧādala ('an)*... aneinandergereiht worden sind. — *am man yakūnu 'alaihim wakīlan.* Merkwürdigerweise wird die Person, zu deren Gunsten ein Anwalt (*wakīl*) tätig ist oder tätig sein sollte, im Koran in der Regel mit der Präposition *'alā* eingeführt (Ausnahme: **17**,86). Vielleicht liegt dieser Ausdrucksweise die Vorstellung zugrunde, daß der Anwalt in dieser seiner Eigenschaft über die Person, deren Interessen er zu vertreten hat, eingesetzt ist.

4,110: **3**,135; **4**,64; (**73**,20).

4,111: **2**,286; **6**,164. Der Gedanke, der hier ausgesprochen wird, findet sich im Koran so häufig, daß es sich erübrigt, weitere Belege anzuführen. — Zur Bedeutung des Verbums *kasaba* siehe die Anmerkung zu **2**,79.

4,112: **33**,58. — Zur Bedeutung von *buhtān* siehe die Anmerkung zu **4**,20. — Belege zu *ramā* in der Bedeutung „(durch eine Verleumdung) in Verruf bringen": **24**,4. 6. 23. An diesen Stellen ist davon die Rede, daß Frauen (zu Unrecht) in Verruf gebracht werden, ein Sittlichkeitsdelikt begangen zu haben. Dabei fällt auch (V. 16) der Ausdruck *buhtān*, der ja ebenfalls gerne in einem ähnlichen Zusammenhang verwendet wird (siehe die Anmerkung zu **4**,20). Trotz dieser Anklänge im Wortlaut ist es aber fraglich, ob auch im vorliegenden Vers speziell an Sittlichkeitsdelikte gedacht ist. Siehe jedoch die Anmerkung zum folgenden Vers.

4,113 Falls Vers 113 mit dem Vorhergehenden unmittelbar zusammenhängt, muß man annehmen, daß die Absicht einer gewissen Gruppe, Mohammed irrezuführen (*la-hammat ṭā'ifatun minhum an yuḍillūka*), eben in der Verleumdung bestand, von der im vorausgehenden Vers die Rede war. Für die einleitenden Worte (*wa-lau-lā faḍlu llāhi 'alaika wa-raḥmatuhū*) ist dann auf **24**,10. 14. 20 zu verweisen, wo dieselbe Formel (mit Pluralsuffixen) ebenfalls innerhalb eines Passus vorkommt, der von Verleumdungen handelt. Der Bedingungssatz ist übrigens nicht streng logisch. Genau genommen müßte es etwa heißen: „Wenn nicht Gott seine Huld...über dir hätte walten lassen, wärest du der Irreführung durch eine gewisse Gruppe zum Opfer gefallen". Die Absicht jener Gruppe, Mohammed irrezuführen, bestand ja auf jeden Fall, auch wenn ihr kein Erfolg beschieden war. — *la-hammat ṭā'ifatun minhum an yuḍillūka wa-mā yuḍillūna illā anfusahum*: **3**,69. — Zum Passus *wa-anzala llāhu 'alaika l-kitāba wal-ḥikmata* siehe die Anmerkung zu **3**,48, mit weiteren Belegen. — *wa-'allamaka mā lam takun ta'lamu*: **2**,151; **2**,239; **6**,91; (**96**,4f.); (**2**,282).

4,114 *ibtiġā'a marḍāti llāhi*: **2**,207; **2**,265; **60**,1; **57**,27; (**13**,22, mit weiteren Belegen).

4,115 *wa-man yušāqiqi r-rasūla min ba'di mā tabaiyana lahu l-hudā...*: **47**,32; **8**,13/**59**,4; (**9**,63); (**58**,5. 20). Zur Bedeutung von *šāqqa (III)* siehe die Anmerkung zu **2**,137. — *nuwallihī mā tawallā*: **6**,129. — *wa-nuṣlihī ǧahannama wa-sā'at maṣīran*: **58**,8; **14**,29; **38**,56. 59f.

4,117 *in yad'ūna min dūnihī illā ināṯan*: **17**,40; **43**,19; **37**,150; **53**,27.

4,118 Die beiden Sätze *la'anahu llāhu* und *wa-qāla...* können auch als Relativsätze (statt als selbständige Sätze) auf das vorausgehende *šaiṭānan marīdan* bezogen werden. Dann ist zu übersetzen: „(einen Satan), den Gott (einst) verflucht hat, und der (damals) sagte...“ — *la-attaḫiḏanna min 'ibādika naṣīban mafrūḍan* (V. 119) *wa-la-uḍillannahum*: **38**,82f.; **15**,39f.; **7**,16f.; (**36**,62).

4,119 *wa-la-umanniyannahum*: **22**,52; (**57**,14). — *wa-la-āmuranna fa-la-yubattikunna āḏāna l-an'āmi*. Mohammed führt das Abschneiden bzw. Einritzen der Ohren von Herdentieren auf eine Eingebung des Teufels zurück. Wahrscheinlich meint er damit nicht etwa den Brauch, Herdentiere generell als Stammeseigentum zu markieren, sondern die spezifisch heidnische Sitte, einzelne Herdentiere als tabu zu zeichnen, bzw. Gott oder einem Götzen zu weihen. Siehe dazu Wellhausen, Reste arabischen Heidentums, S. 112–114. Vgl. ferner **5**,103; **6**,136. 138–140 (wo Einzelheiten des Weihrituals erwähnt werden). — *wa-la-āmurannahum fa-la-yuġaiyirunna ḫalqa llāhi*: (**30**,30). Der Ausdruck *ḫalq Allāh* könnte an sich auch im vorliegenden Vers die von Gott dem Menschen anerschaffene Veranlagung zur (wahren) Religion bedeuten (wie *fiṭrat Allāh*). Vgl. **13**,11; **8**,53. Aber wahrscheinlich wird in dem hier vorliegenden Zusammenhang auf die (äußerliche) Verunstaltung von Herdentieren angespielt. Dann sind unter *ḫalq Allāh* die (animalischen) Geschöpfe in ihrer natürlichen Gestalt zu verstehen. — *wa-man yattaḫiḏi š-šaiṭāna walīyan...fa-qad ḫasira ḫusrānan mubīnan*: **58**,19; (**8**,48).

4,120: **17**,64; **14**,22.

4,121 *wa-lā yaǧidūna 'anhā maḥīṣan*: **14**,21, mit weiteren Belegen.

4,122 Zur Bedeutung des Ausdrucks *min taḥtihā* siehe die Anmerkung zu 2,25. — Im Passus *wa'da llāhi ḥaqqan* ist wohl der Akkusativ *ḥaqqan* nicht einfach adverbiell gemeint (so daß zu übersetzen wäre: „(Das ist) in Wahrheit das Versprechen Gottes“). Er wird vielmehr als eine Art Apposition sachlich auf *wa'da llāhi* zu beziehen sein und bedeutet dann, daß das Versprechen, das Gott gegeben hat, mit der Wahrheit identisch ist (und deshalb sicher in Erfüllung gehen wird). Belege: **31**,9/**10**,4; **9**,111/**16**,38; **10**,55/**30**,60/**31**,33/**35**,5/**40**,55/77/**45**,32/**46**,17; **18**,21; **28**,13; **18**,98; **11**,45; **21**,97; (**25**,16); (**17**,5); (**39**,20). — *wa-man aṣdaqu mina llāhi qīlan*: **4**,87; (**9**,111).

4,123 Es ist fraglich, ob Vers 123 mit dem Vorhergehenden unmittelbar zusammengehört. Der Versanfang wirkt abrupt. — *laisa bi-amānīyikum*. Mit dem Personalsuffix in *bi-amānīyikum* sind vermutlich die Muslime gemeint (nicht die Heiden, wie Ṭabarī annimmt). — *wa-lā amānīyi ahli l-kitābi*: (**2**,78); (**2**,111).

4,124: **19**,60; **40**,40; **16**,97; **20**,112; **21**,94; (**3**,195). Auch sonst im Koran wird an vielen Stellen denen, die glauben und gute Werke tun, himmlischer

Lohn in Aussicht gestellt. — *wa-lā yuẓlamūna naqīran*: (**4**,49); (**4**,77); (**17**,71); (**19**,60).

4,125 *wa-man aḥsanu dīnan mimman aslama waǧhahū li-llāhi wa-huwa muḥsinun*: **2**,112; **31**,22. Zur Bedeutung des Ausdrucks *aslama waǧhahū li-llāhi* siehe Helmer Ringgren, Islam, 'aslama and muslim, Uppsala 1949, S. 22–24. — Zum Ausdruck *milla* („Bekenntnis") siehe die Anmerkung zu **2**,130, zum Ausdruck *ḥanīf* die Anmerkung zu **2**,135. Zur Sache siehe die Anmerkung zu **2**,124–141. — Der Akkusativ *ḥanīfan* bezieht sich (als Zustandsakkusativ) auf *Ibrāhīma*, und nicht etwa auf das Subjekt des Relativsatzes (*man aslama*...*wa-ttabaʿa*...). Das ergibt sich eindeutig aus der Stelle **3**,95. Weitere Belege in der Anmerkung zu **2**,135. — Zum Passus *wa-ttaḫaḏa llāhu Ibrāhīma ḫalīlan* siehe Speyer, S. 173.

4,126 *wa-kāna llāhu bi-kulli šaiʾin muḥīṭan*: **41**,54.

4,127: **4**,2–10; **6**,152/**17**,34; (**89**,19). Vers 127 ist aufschlußreich für das Verständnis von **4**,3. — *wal-mustaḍʿafīna mina l-wildāni*: **4**,6. 9. Zur Bedeutung des Ausdrucks *mustaḍʿafīna* siehe die Anmerkung zu **2**,282. — *wa-an taqūmū lil-yatāmā bil-qisṭi*: **4**,3. 6. 8–10; **4**,135/**5**,8; **57**,25; (**3**,18). — *wa-mā tafʿalū min ḫairin*...: **2**,215; **2**,197; **3**,115.

4,128 *wa-ini mraʾatun ḫāfat min baʿlihā nušūzan*: **4**,34. — *wa-uḥḍirati l-anfusu š-šuḥḥa*: **59**,9/**64**,16; **17**,100.

4,129: **4**,3. Der vorliegende Vers schränkt das in **4**,3 ausgesprochene Gebot, bei einer Mehrzahl von Ehefrauen diese gerecht zu behandeln, auf die Grenzen ein, die durch die menschliche Unvollkommenheit gezogen sind. — *wa-in tuṣliḥū*...: **4**,35.

4,130 *yuġni llāhu kullan min saʿatihī*: (**24**,32. 33); (**9**,28); (**53**,48).

4,131 *wa-in takfurū fa-inna li-llāhi mā fī s-samāwāti wa-mā fī l-arḍi wa-kāna llāhu ġanīyan ḥamīdan.* Bedingungssatz mit Verschiebung. Siehe Einleitung zur Übersetzung, S. 4. Belege: **4**,170; **27**,40; **31**,12; **14**,8; **39**,7; **3**,97; **64**,6; **22**,64/**31**,26; **10**,68. — *wa-kāna llāhu ġanīyan ḥamīdan*: auch **2**,267; **57**,24; **60**,6; **35**,15; (**47**,38); (**2**,263).

4,132: **4**,171 (Schluß des Verses). — Auffallend ist die häufige Wiederholung des Spruches *li-llāhi mā fī s-samāwāti wa-mā fī l-arḍi*: Vers 126 (unmittelbar vor dem Einschub eherechtlichen Inhalts, Vers 127–130); Vers 131 (2mal); Vers 132.

4,133: **14**,19; **35**,16f.; **6**,133; (**11**,57); (**9**,39); (**47**,38); (**6**,6); (**77**,16f.); (**6**,165, mit weiteren Belegen).

4,134: (**3**,145, mit weiteren Belegen). — Der Sinn des Nachsatzes (*fa-ʿinda llāhi ṯawābu d-dunyā wal-āḫirati*) läßt sich etwa folgendermaßen paraphrasieren: „Gott allein hat über den Lohn des Diesseits zu entscheiden. Er entscheidet aber auch über den Lohn des Jenseits, und der sollte wichtiger genommen werden als der des Diesseits".

4,135 *kūnū qauwāmīna bil-qisṭi šuhadāʾa li-llāhi*: **5**,8 (hier sind die beiden Wörter *bil-qisṭi* und *li-llāhi* miteinander vertauscht); **2**,282, mit weiteren Belegen. — *wa-lau ʿalā anfusikum*...*wal-aqrabīna*: **5**,106; **6**,152. — Das Verbum *'adala* (Grundbedeutung: „gleichsetzen", „ausbalancieren") bedeutet im Koran meist in bonam partem „gerecht sein", vereinzelt aber auch in malam partem entweder „(in Beziehung auf Gott und die ihm schuldige Anerkennung vom rechten Weg) abweichen" oder „(nach Art der Götzendiener ein anderes Wesen mit Gott) gleichsetzen" (so **6**,1. 150; **27**,60). In der vorliegenden Stelle würde an sich die Bedeutung in malam partem passen, weil man dann nach *an* keine Negation ergänzen müßte. Dazu wäre **6**,150 als Beleg beizuziehen. Aber dagegen sprechen die im Wortlaut und in der Sache nahe verwandten Stellen **5**,8 und **6**,152. — Über *an* („daß") im Sinn von *'an an* („anstatt daß") oder *allā* („daß nicht") siehe Nöldeke, Neue Beiträge, S. 20. — Die Bedeutung des Passus *in talwū au tu'riḍū* läßt sich nicht mit Sicherheit feststellen. In **3**,78 und **4**,46 heißt *lawā* so viel wie „(einen Wortlaut durch falsche Aussprache) verdrehen" (*yalwūna alsinatahum bil-kitābi* bzw. *laiyan bi-alsinatihim*). In der dunklen Stelle **3**,153 scheint *wa-lā talwūna 'alā aḥadin* zu bedeuten: „ohne euch nach jemand umzuwenden". Das Verbum kann aber auch bedeuten: „sich abwenden" (vgl. **63**,5); außerdem „(jemanden mit der Bezahlung einer Schuld) hinhalten", „(die Bezahlung) aufschieben".

4,136 *wa-man yakfur bi-llāhi wa-malā'ikatihī wa-kutubihī wa-rusulihī wal-yaumi l-āḫiri*: **2**,177; **2**,285. — *ḍalālan ba'īdan*: **4**,60, mit weiteren Belegen.

4,137: **3**,90. — *lam yakuni llāhu li-yaġfira lahum wa-lā li-yahdiyahum sabīlan*: **4**,168.

4,138 Zum Ausdruck *munāfiqūn* (auch in den Versen 140. 142. 145) siehe die Anmerkung zu **3**,167.

4,139 *allaḏīna yattaḫiḏūna l-kāfirīna auliyā'a min dūni l-mu'minīna*: **3**,28, mit weiteren Belegen. — *a-yabtaġūna 'indahumu l-'izzata fa-inna l-'izzata li-llāhi ǧamī'an*: **35**,10; **10**,65; **63**,8; (**2**,165); (**38**,2); (**19**,81).

4,140: **6**,68; **9**,65; **43**,83/**70**,42; **6**,91; **9**,69; **52**,11f.; **74**,45–47. — Die Grundbedeutung von *ḫāḍa* ist „(in seichtem Wasser) waten". In übertragenem Sinn bedeutet es: „(über einen mehr oder weniger ernsthaften Gegenstand) scherzhaft obenhin reden", „(darüber) plaudern". — *inna llāha ǧāmi'u l-munāfiqīna wal-kāfirīna fī ǧahannama ǧamī'an*: **9**,68; **33**,73; **48**,6.

4,141 *allaḏīna yatarabbaṣūna bikum*: **52**,30; **9**,98; **9**,52; **57**,14. — *fa-in kāna lakum fatḥun mina llāhi qālū a-lam nakun ma'akum*: **29**,10; **57**,14. — Zur Bedeutung des Ausdrucks *fatḥ* siehe die Anmerkung zu **7**,89.

4,142 *inna l-munāfiqīna yuḫādi'ūna llāha wa-huwa ḫādi'uhum*: **2**,9. — *wa-iḏā qāmū ilā ṣ-ṣalāti qāmū kusālā yurā'ūna n-nāsa*: **9**,54; **107**,4–6.

4,143 *wa-man yuḍlili llāhu fa-lan taǧida lahū sabīlan*: **4**,88, mit weiteren Belegen.

4,144 *lā tattaḫiḏū l-kāfirīna auliyā'a min dūni l-mu'minīna*: **3**,28, mit weiteren Belegen. — *a-turīdūna an taǧ'alū li-llāhi 'alaikum sulṭānan mubīnan.* Der Wortlaut klingt anthropomorphistisch. Gemeint ist natürlich, daß die Gläubigen mit einem solchen Verhalten von sich aus Gott allen Grund geben würden, gegen sie vorzugehen.

4,146: **3**,89, mit weiteren Belegen. — *wa-ʿtaṣamū bi-llāhi*: **4**,175; **3**,101; **22**,78; **3**,103. — *wa-aḫlaṣū dīnahum li-llāhi*: **7**,29, mit weiteren Belegen.

4,147 *wa-kāna llāhu šākiran ʿalīman*: **2**,158. An verschiedenen anderen Stellen wird Gott als *šakūr* bezeichnet.

4,149 Der Bedingungssatz (drei Vordersätze: *in* – *au* – *au*, Nachsatz mit *fa-*) ist ein Bedingungssatz mit Verschiebung. Siehe Einleitung zur Übersetzung, S. 4. Die innere Logik des Ganzen ist undurchsichtig. Zwischen den beiden ersten Vordersätzen (*in tubdū ḫairan au tuḫfūhu*) und dem Nachsatz (*fa-inna llāha kāna ʿafūwan qadīran*) läßt sich schwer ein sachlicher Zusammenhang erkennen. Vielleicht sind diese beiden ersten Vordersätze als verkürzte Bedingungssätze für sich zu nehmen, so daß der Nachsatz ausschließlich auf den dritten Vordersatz (*au taʿfū ʿan sūʾin*) zu beziehen wäre. In diesem Fall könnte man etwa folgendermaßen paraphrasieren: „Etwas Gutes mögt ihr offenkundig machen oder geheim halten (das ist beides recht). Etwas Böses vergebt am besten. Auch Gott vergibt viel. Er kann tun, was er will: den einen bestraft er, dem andern vergibt er."

4,150f. *wa-yaqūlūna nuʾminu bi-baʿḍin wa-nakfuru bi-baʿḍin*: (**2**,85).

4,152 *wa-llaḏīna āmanū bi-llāhi wa-rusulihī wa-lam yufarriqū baina aḥadin minhum*: **2**,136/**3**,84; **2**,285. Zur Sache siehe die Anmerkung zu **2**,136. Offensichtlich handelt es sich um Polemik gegen die „Schriftbesitzer".

4,153 Mit der himmlischen Schrift (*kitāb*), die Mohammeds Gegner von ihm verlangen, ist sicher ein greifbares Schriftstück gemeint, nicht die imaginäre Offenbarungsschrift, die der Prophet aus dem Himmel erhalten haben will. Belege: **6**,7; **17**,93; **74**,52. — *fa-qālū arinā llāha ǧahratan fa-aḫaḏathumu ṣ-ṣāʿiqatu*: **2**,55; (**7**,143); (**25**,21). Zur Sache: Speyer, S. 298f. — *ṯumma ttaḫaḏū l-ʿiǧla min baʿdi mā ǧāʾathumu l-baiyinātu fa-ʿafaunā ʿan ḏālika*: **2**,51f.; **2**,92; **7**,148; **20**,85–98. Speyer, S. 323–325. — *wa-ātainā Mūsā sulṭānan mubīnan*: **11**,96; **23**,45; **40**,23; **51**,38; **44**,19; **28**,35.

4,154 *wa-rafaʿnā fauqahumu ṭ-ṭūra bi-mīṯāqihim*: **2**,63. 93; **7**,171. — *wa-qulnā lahumu dḫulū l-bāba suǧǧadan*: **2**,58/**7**,161. Siehe die Anmerkung zu **2**,58f. — *wa-qulnā lahum lā taʿdū fī s-sabti*: **2**,65; **7**,163. 166; (**4**,47); (**5**,60). — *wa-aḫaḏnā minhum mīṯāqan ġalīẓan*: **33**,7; **2**,63. 83f. 93; **5**,12. 70; (**4**,21).

4,155–161 Die Konstruktion der Verse 155–161 ist unübersichtlich. So, wie der Text lautet, kann man kaum anders, als die ganzen mit *bi-* eingeleiteten Infinitive (155: *bi-mā naqḍihim*. . .*wa-kufrihim*. . .*wa-qatlihim*. . .*wa-qaulihim*. . .; 156: *wa-bi-kufrihim wa-qaulihim*. . .) auf den einzigen selbständigen Hauptsatz *ḥarramnā ʿalaihim ṭaiyibātin uḥillat lahum* (V. 160) zu beziehen. Der Anfang von Vers 160 (*wa-bi-ẓulmin mina llaḏīna hādū*) faßt dann sozusagen das ganze vorhergehende Sündenregister (von Vers 155 an) zusammen und wird seinerseits durch weitere, mit *bi-* eingeleitete Infinitive fortgesetzt (160: *wa-bi-ṣaddihim*. . .; 161: *wa-aḫḏihim*. . .*wa-aklihim*. . .). Alle Sätze und Satzteile in den Versen 155–159, die grammatikalisch nicht unmittelbar mit den genannten Infinitiven zusammenhängen, müssen infolgedessen als Parenthesen verstanden werden, was in der Übersetzung durch Gedankenstriche angedeutet ist (also 155 von *bal ṭabaʿa* an und 157 von *wa-mā qatalūhu wa-mā ṣalabūhu* bis 159 einschließlich). Diese Parenthesen (vor allem diejenigen in den Versen 157 bis 159) sind infolge ihrer Länge und sachlichen Wichtigkeit von Nebensachen zu Hauptsachen geworden. Der Zusammenhang des Ganzen ist kaum mehr überschaubar. Die Verse 160f. wirken wie ein schlecht angeklebter Schluß. Auch in sachlicher Hinsicht ist der Zusammenhang nicht einwandfrei. Man wundert sich, daß all das, was in dem langen Sündenregister den Juden zur Last gelegt wird, mit bloßen Speiseverboten geahndet worden sein soll.

4,155 *fa-bi-mā naqḍihim mīṯāqahum*: **5**,13; (**13**,25); (**2**,27). — *wa-kufrihim bi-āyāti llāhi*: **2**,61/**3**,112; **3**,21; (**2**,90). An diesen Stellen folgt ebenfalls der Vorwurf, die Propheten getötet zu haben (siehe die folgende Belegreihe). — *wa-qatlihimu l-anbiyāʾa bi-ġairi ḥaqqin*: **2**,61/**3**,112; **3**,21; **3**,181; **2**,91; (**2**,87/ **5**,70). — *wa-qaulihim qulūbunā ġulfun*: **2**,88. Zur Sache: 3. Mose 26,41; Jeremia 9,25. — *bal ṭabaʿa llāhu ʿalaihā bi-kufrihim fa-lā yuʾminūna illā qalīlan*: **2**,88; **4**,46; **5**,13; (**47**,23f.). Speziell zu *ṭabaʿa llāhu ʿalaihā*: **2**,7, mit weiteren Belegen. Speziell zu *fa-lā yuʾminūna illā qalīlan* (außer **4**,46 und **2**,88): **69**,41.

4,156 Zum Ausdruck *buhtān* siehe die Anmerkung zu **4**,20. Mit der „Verleumdung" ist wohl die Behauptung gemeint, daß Maria ein uneheliches Verhältnis gehabt habe, und daß daraus das Jesuskind hervorgegangen sei. Siehe W. Rudolph, Die Abhängigkeit des Qorans von Judentum und Christentum, Stuttgart 1922, S. 78 (und S. 66, Anm. 16).

4,157 Der Passus *walākin šubbiha lahum* könnte auch übersetzt werden: „sondern er (Jesus) wurde ihnen (in ihren Augen) ähnlich gemacht (so daß sie ihn verwechselten und statt seiner einen anderen töteten)". Zur Sache: Rudolph, a.a.O., S. 82; Bell, Origin of Islam, S. 153–155. — Der Passus *wa-inna llaḏīna ḫtalafū fīhi la-fī šakkin minhu mā lahum bihī min ʿilmin illā ttibāʿa ẓ-ẓanni* bezieht sich dem Zusammenhang nach auf den Kreuzestod Jesu (der nach Mohammed nicht der geschichtlichen Wirklichkeit entspricht). Demnach ist mit den Personalsuffixen in *fīhi* und *minhu*, vielleicht auch in *bihī*, die Person Jesu gemeint. — *wa-inna llaḏīna ḫtalafū fīhi la-fī šakkin minhu*: **11**,110/ **41**,45; **42**,14. Siehe auch die Anmerkungen zu **19**,37 und **3**,19, mit weiteren Belegen. — *mā lahum bihī min ʿilmin*: **53**,27f.; **43**,19f.; **22**,71; **40**,42; **29**,8/ **31**,15; **18**,4f.; **45**,24; **11**,46f.; **17**,36; **3**,66; **24**,15. — *illā ttibāʿa ẓ-ẓanni*: **53**,23. 27f.; **10**,36; **10**,66/**6**,116/148; **2**,78/**45**,24.

4,158 *bal rafaʿahu llāhu ilaihi*: **3**,55.

4,159 Nach dem, was vorausgeht, ist anzunehmen, daß auch noch in Vers 159 von Jesus die Rede ist. Folglich bezieht sich das Personalsuffix in *(la-yuʾminanna) bihī* eben auf ihn. Vermutlich ist auch mit dem Personalsuffix in *qabla mautihī* Jesus gemeint. Der Tod Jesu ist demnach erst in der Zukunft zu erwarten, und zwar im Anschluß an seine Parusie am Ende aller Tage. Die Formulierung in Vers 159 geht also von der Voraussetzung aus, daß Jesus seit seiner „Erhöhung" zu Gott immer noch weiterlebt und erst am Jüngsten

Tag sterben wird (um dann auferweckt zu werden und im Gericht als Zeuge aufzutreten; siehe den Schluß des Verses). Die hier vorgeschlagene und der Übersetzung zugrundegelegte Deutung des Wortlauts findet in **5**,17 eine Bestätigung. Dort heißt es, daß Gott, wenn er wollte, Christus, den Sohn der Maria, und seine Mutter und (überhaupt) alle, die auf der Erde sind, zugrunde gehen lassen könnte, was ebenfalls voraussetzt, daß Jesus (mit seiner Mutter) noch am Leben ist. Daß man das Suffix in *qabla mautihī* schon in früher Zeit auch anders gedeutet hat, beweist die von Ubai überlieferte Lesart *la-yu'minunna* und *mautihim* (Plural, statt *la-yu'minanna* und *mautihī*). — Der Schluß des Verses (*wa-yauma l-qiyāmati yakūnu 'alaihim šahīdan*) scheint dem Wortlaut von **5**,117 zu widersprechen, wo es – ebenfalls von Jesus – heißt: *wa-kuntu 'alaihim šahīdan mā dumtu fīhim*. Der Widerspruch läßt sich aber beheben: Nach **5**,117 war Jesus während seines Erdendaseins (*mā dumtu fīhim*) Zeuge über das Tun und Treiben seiner Zeitgenossen. Nach **4**,159 wird er am Tag der Auferstehung nachträglich vor Gott als dem Richter darüber aussagen.

4,160 Belege für den Hinweis auf spezifisch jüdische Verbote: **6**,146; **16**,118; **3**,93. Siehe auch die Anmerkung zu **23**,51. mit weiteren Belegen. — Der Vorwurf, „vom Wege Gottes abzuhalten“, wird in **3**,99 gegen die „Schriftbesitzer“ erhoben, in **9**,34 noch spezieller gegen „viele von den (jüdischen) Gelehrten und den (christlichen) Mönchen“. — Der Akkusativ *kaṯīran* könnte statt als Objekt vielleicht auch adverbiell gedeutet werden (= *ṣaddan kaṯīran*). Dann wäre zu übersetzen: „und weil sie viel (d.h. hartnäckig oder zu wiederholten Malen) vom Wege Gottes abhielten“.

4,161 Das Zinsnehmen wird in einigen Koranstellen verurteilt (**3**,130; **2**,275. 278–280; **30**,39). Aber von einem besonderen Zinsverbot für Juden ist nur im vorliegenden Vers die Rede. Zur Sache: 2. Mose 22,24; 3. Mose 25,35–37; 5. Mose 23,20; Nallino; Raccolta di scritti, III, S. 114, Anm. 4. — *wa-aklihim amwāla n-nāsi bil-bāṭili*: **9**,34; **2**,188/**4**,29.

4,162 *ar-rāsiḫūna fī l-'ilmi*: **3**,7. Siehe die Anmerkung zu diesem Vers. — Die Form *al-muqīmīna* steht fälschlich für *al-muqīmūna*. Siehe Gesch. des Qor., III, S. 2.

4,163 Ähnliche Listen von Propheten und anderen Gottesmännern finden sich **2**,136/**3**,84; **6**,84–86; **33**,7; **42**,13; **37**,75–148; **21**,48–91. Siehe Horovitz, Koranische Untersuchungen, S. 41 und 47. Zur Patriarchenreihe Abraham – Ismael – Isaak – Jakob siehe die Anmerkung zu **2**,125, zum Ausdruck *al-asbāṭ* die Anmerkung zu **2**,136. — *wa-ātaina Dāwūda zabūran*: **17**,55. Das Wort *zabūr* ist als eine Verquickung von hebräisch *mizmōr* (bzw. aramäisch *mazmōr*, äthiopisch *mazmūr*) „Psalm“ und arabisch *zabūr* „Schrift“ (wohl aus dem Südarabischen eingedrungen) zu erklären. Siehe Horovitz, Koranische Untersuchungen, S. 70; Proper Names, S. 205f. Horovitz sieht in der indeterminierten Wortform *zabūran* (im vorliegenden Vers und in **17**,55) eine Nachwirkung der arabischen Bedeutung „Schrift“ (als Appellativum). Zur Erklärung dieser Wortform kann man aber auch den Reimzwang geltend machen. Bei dem Psalmenzitat in **21**,105 lautet das Wort determiniert *az-zabūr*.

4,164 *wa-rusulan qad qaṣaṣnāhum ʿalaika min qablu wa-rusulan lam naqṣuṣhum ʿalaika*: **40**,78. Der Akkusativ *(wa-)rusulan* ist nach den Kommentatoren entweder damit zu erklären, daß ein dem Zusammenhang entsprechendes Verbum ergänzt wird (*arsalnā*), oder damit, daß die Rektion des folgenden Verbums (*qaṣaṣnā*) vorauswirkt. — *wa-kallama llāhu Mūsā taklīman*: **2**,253; **7**,143; (**19**,52). Siehe auch Speyer, S. 299–301. Syntaktisch ist der Schlußsatz ein loses Anhängsel an Vers 164. Denn der Anfang des folgenden Verses 165 greift darüber zurück (*rusulan*).

4,165 *rusulan mubašširīna wa-mundirīna*: (**2**,213); (**6**,48/**18**,56); (**5**,19).

4,166: **3**,18; **4**,79; **13**,43; **29**,51f. — *anzalahū bi-ʿilmihī*: **11**,14. Der Sinn der Parenthese ist umstritten. Blachère übersetzt: „Il l'a fait descendre en toute connaissance". Dem würde aber im Arabischen eher *anzalahū ʿilman* entsprechen. Wahrscheinlich wird mit dem präpositionalen Ausdruck *bi-ʿilmihī* auf den *Inhalt* der Offenbarung hingewiesen. Das Ganze bedeutet dann: „er hat es mit seinem (d.h. mit göttlichem, übermenschlichem) Wissen (als Inhalt) herabgesandt". Vgl. die koranische Ausdrucksweise *anzalnā ilaika l-kitāba bil-ḥaqqi* „wir haben die Schrift mit der Wahrheit zu dir hinabgesandt" (z.B. **4**,105). Der präpositionale Ausdruck *bil-ḥaqqi* gibt deutlich den Inhalt der Offenbarung an.

4,167: (**47**,1); (**14**,3). — *ḍalālan baʿīdan*: **4**,60, mit weiteren Belegen.

4,168 In Vers 168 bedeutet *alladīna kafarū wa-ẓalamū* wohl nichts anderes als „die ungläubig sind und (überdies) Unrecht tun". Die Übersetzung ist dementsprechend zu berichtigen.

4,169 *wa-kāna dālika ʿalā llāhi yasīran*: **4**,30; **22**,70, mit weiteren Belegen.

4,170 *yā aiyuhā n-nāsu qad ǧāʾakumu r-rasūlu bil-ḥaqqi min rabbikum*: **10**,108. — Die Konstruktion *ḫairan lakum* findet sich auch im folgenden Vers 171. — *wa-in takfurū fa-inna li-llāhi mā fī s-samāwāti wal-arḍi*: **4**,131, mit weiteren Belegen. Bedingungssatz mit Verschiebung. Siehe Einleitung zur Übersetzung, S. 4.

4,171 *lā taġlū fī dīnikum*: **5**,77. — *lā taqūlū ʿalā llāhi illā l-ḥaqqa*: **7**,169.105; **6**,93; (**2**,169/**7**,33); (**7**,28); (**5**,77); (**3**,154); (**9**,29). — *innamā l-Masīḥu... rasūlu llāhi*: **5**,75; **3**,144 (hier wird dasselbe über Mohammed ausgesagt). — Zur Bezeichnung Jesu als *kalima* siehe die Anmerkung zu **3**,39, mit weiteren Belegen. — *wa-rūḥun minhu*: **19**,17; **21**,91/**66**,12. — *wa-lā taqūlū talātatun...*: **5**,73; (**5**,116). Als christliche Trinität gilt im Koran die Dreiheit Gott (Vater), Maria und Jesus. Siehe W. Rudolph, Die Abhängigkeit des Qorans von Judentum und Christentum, Stuttgart 1922, S. 86f. — Die Konstruktion *ḫairan lakum* findet sich auch im vorhergehenden Vers 170. — *subḥānahū an yakūna lahū waladun...*: **2**,116; **10**,68; **19**,88–95; **25**,2; **6**,100f.; **43**,81f.; **39**,3–5. Siehe die Anmerkung zu **2**,116f. und die weiteren zu **2**,116 angeführten Belege. — *lahū mā fī s-samāwāti wa-mā fī l-arḍi wa-kafā bi-llāhi wakīlan*: **4**,132. Siehe auch die Anmerkung zu **10**,66, mit weiteren Belegen.

4,172 *lan yastankifa l-Masīḥu an yakūna 'abdan li-llāhi*: **19**,30; **43**,59. — *wa-lā l-malā'ikatu l-muqarrabūna*: **7**,206; **21**,19f.; **16**,49; **41**,38; **34**,40; **43**,19; **7**,194; **21**,26; **19**,92f.; **3**,80. Zur Sache: P. A. Eichler, Die Dschinn, Teufel und Engel im Koran, Leipzig 1928, S. 98. — *fa-sa-yaḥšuruhum ilaihi ǧamī'an*: **34**,40–42; **10**,28–30; **6**,22–24. 128f.; **25**,17–19; **46**,5f.

4,173 *fa-ammā llaḏīna āmanū wa-'amilū ṣ-ṣāliḥāti fa-yuwaffīhim uǧūrahum*: **35**,30; **3**,56f., mit weiteren Belegen. — *wa-yazīduhum min faḍlihī*: **24**,38; **35**,30; **42**,26; (**2**,58/**7**,161).

4,174 Zum Ausdruck *burhān* siehe die Anmerkung zu **2**,111. In der vorliegenden Stelle paßt sowohl die ursprüngliche Bedeutung („Licht", „Erleuchtung", vgl. *nūran mubīnan* am Ende des Verses) als auch die übertragene („einleuchtendes Zeichen", „klarer Beweis"). Zur Bezeichnung der Offenbarung als „Licht" (*nūr*) siehe die Anmerkung zu **5**,44, mit weiteren Belegen.

4,175: **3**,101; **4**,146; **22**,78; **3**,103.

4,176: **4**,12. Der vorliegende Vers bringt eine Ergänzung zu dem, was in **4**,12 über die Erbberechtigung seitlicher Verwandten (*kalāla*) gesagt ist.

SURE 5

5,1–5 Siehe Erwin Gräf, Jagdbeute und Schlachttier im islamischen Recht, Bonn 1959, S. 50–56.

5,1 Falls hinter *aufū bil-'uqūdi* keine Zäsur anzunehmen ist, handelt es sich bei den Verpflichtungen (*'uqūd*) um solche ritueller Art. Vermutlich ist dabei speziell an Verpflichtungen im Rahmen der Wallfahrt gedacht. Vgl. **22**,27 bis 30, wo ein ähnlicher Zusammenhang vorliegt. — *uḥillat lakum bahīmatu l-an'āmi illā mā yutlā 'alaikum*: **22**,30. Vermutlich bezieht sich dieser Passus speziell auf die Schlachtungen, die während des Aufenthalts der Pilger im heiligen Gebiet vorgenommen werden dürfen. Eben auf das heilige Gebiet geht ja auch die folgende Ausnahmebestimmung *ġaira muḥillī ṣ-ṣaidi wa-antum ḥurumun*. Vgl. **22**,28 (auch im Zusammenhang mit der Wallfahrt); (**22**,34). — Zum Ausdruck *bahīma* siehe Horovitz, Proper Names, S. 193. — *ġaira muḥillī ṣ-ṣaidi wa-antum ḥurumun*: **5**,95f. Sachlich findet der Passus seine unmittelbare Fortsetzung in der Parenthese des folgenden Verses 2: *wa-iḏā ḥalaltum fa-ṣṭādū*.

5,2 *lā tuḥillū ša'ā'ira llāhi*: **22**,32. 36; **2**,158. Der Ausdruck *ša'ā'ir* ist nicht sicher zu deuten. Er wird in allen Stellen im Zusammenhang mit dem Wallfahrtsritual gebraucht. Der Ausdruck *maš'ar* („Kultstätte", **2**,198) ist wohl als das dazugehörige nomen loci zu verstehen. — *wa-lā š-šahra l-ḥarāma wa-lā l-hadya wa-lā l-qalā'ida wa-lā āmmīna l-baita l-ḥarāma*: **5**,97. Bei den *qalā'id* handelt es sich angeblich um Opfertiere, die durch ein Gehänge (*qilāda*) am Hals symbolisch gezeichnet wurden. Über den sachlichen Unterschied zwischen *hady* und *qalā'id* läßt sich nichts Sicheres ausmachen. — *yabtaġūna faḍlan min rabbihim*: **2**,198; **62**,10; **73**,20; **17**,12; **28**,73; **30**,23; **16**,14/**35**,12; **17**,66; **30**,46/

45,12. Auf Grund der angeführten Belege ist anzunehmen, daß mit der „Gunst von ihrem Herrn" auch im vorliegenden Vers materieller Verdienst gemeint ist (wozu vor allem die Wallfahrtsmesse Gelegenheit bietet). Das schließt natürlich nicht aus, daß die Wallfahrt zugleich und vor allem eine Gott wohlgefällige kultische Leistung darstellt. Wer sie unternimmt, hat nicht nur Verlangen nach Gottes „Gunst" (*faḍl*), sondern auch nach seinem Wohlgefallen (*riḍwān*). Vgl. **48**,29; **59**,8. — Der Passus *wa-iḏā ḥalaltum fa-ṣṭādū* gehört sachlich hinter *ġaira muḥillī ṣ-ṣaidi* in Vers 1. Siehe E. Gräf, a.a.O., S. 50. — *walā yaǧrimannakum šana'ānu qaumin*: **5**,8; (**11**,89). Der Genitiv *qaumin* ist (auch in Vers 8) als genitivus objectivus zu verstehen: „der Hass (von euch) gegen (gewisse) Leute". — *an ṣaddūkum 'ani l-masǧidi l-ḥarāmi*: **48**,25; **2**,217; **8**,34; **22**,25. — *wa-ta'āwanū 'alā l-birri wat-taqwā wa-lā ta'āwanū 'alā l-iṯmi wal-'udwāni*: **58**,9.

5,3 *ḥurrimat 'alaikumu l-maitatu wad-damu wa-laḥmu l-ḫinzīri wa-mā uhilla li-ġairi llāhi bihī*: **2**,173/**16**,115; **6**,145. — *wa-mā ḏubiḥa 'alā n-nuṣubi wa-an tastaqsimū bil-azlāmi ḏālikum fisqun*: **5**,90; **22**,30; **16**,36; **39**,17. — Der Passus von *al-yauma ya'isa llaḏīna kafarū* bis *wa-raḍītu lakumu l-islāma dīnan* ist vielleicht aus einem anderen Zusammenhang hierher versprengt. Der Zeitpunkt, auf den sich das zweimalige „heute" bezieht (ein drittes Mal in Vers 5), läßt sich trotz der Angaben der Kommentatoren nicht eindeutig bestimmen. „Das mit Nachdruck wiederholte ‚Heute' verrät eine besonders wichtige Situation, und das Hochgefühl des Propheten über den Erfolg seiner Wirksamkeit...paßt vorzüglich in sein letztes Lebensjahr" (so Gesch. des Qor., I, S. 228). E. Gräf vertritt eine andere Auffassung (Jagdbeute und Schlachttier im islamischen Recht, S. 52): „Dieser Vers muß entstanden sein, als Mohammed noch um die Gunst der Juden geworben hat, als er sich noch zu zeigen bemühte, wie sehr er mit ihren Gesetzen vertraut war und mit ihnen übereinstimmte. Das bedeutet, daß das den Tabuierungen folgende „heute" sich nicht auf die Abschiedswallfahrt beziehen kann, sondern auf die erste Zeit nach der Hidjra: Jetzt, nachdem ich wohlbehalten nach Medina gekommen bin, zu meinen Glaubensbrüdern vom ahl al-kitāb, verzweifeln die ungläubigen Mekkaner daran, daß ihr jemals wieder ins Heidentum zurückfallen werdet. Jetzt braucht ihr sie nicht mehr zu fürchten. Man merkt ordentlich die Erleichterung Mohammeds nach der schweren Zeit in Mekka." — *fa-lā taḫšūhum wa-ḫšūni*: **2**,150; **5**,44; **3**,175; **9**,13; **33**,37. — *raḍītu lakumu l-islāma dīnan*: **2**,131f.; **3**,19; (**5**,3). — Durch die Einfügung des Passus *al-yauma...dīnan* ist das folgende *fa-mani ḍṭurra fī maḫmaṣatin ġaira mutaǧānifin li-iṯmin fa-inna llāha ġafūrun raḥīmun* ebenfalls aus dem Zusammenhang geraten. Es gehört als Nachsatz (bzw. Ausnahmesatz) unmittelbar hinter die Speiseverbote, die in der ersten Vershälfte zusammengestellt sind. Dafür sprechen auch die drei oben genannten Belege **2**,173/**16**,115 und **6**,145, in denen es unmittelbar nach den Speiseverboten heißt: *fa-mani ḍṭurra ġaira bāġin wa-lā 'ādin* usw. Vgl. **6**,119. — Über die jüdische Herkunft der in Vers 3 aufgeführten Speiseverbote und über den Ausdruck *ḏakkā (II)* im Sinn von „schächten" siehe A. S. Yahuda, A Contribution to Qur'ān and Ḥadīth Interpretation (Goldziher Memorial Volume, I, 280–308), S. 303–305.

5,4 *uḥilla lakumu ṭ-ṭaiyibātu* (hier und im folgenden Vers): **7**,157; **2**,172; **23**,51. — Der Passus von *wa-mā 'allamtum* an bedeutet sachlich eine Einschränkung des im vorhergehenden Vers 3 ausgesprochenen Verbotes, ein von einem Raubtier geschlagenes Tier zu verzehren (*mā akala s-sabu'u*). — *inna llāha sarī'u l-ḥisābi*: **2**,202, mit weiteren Belegen.

5,5 Belege zu *uḥilla lakumu ṭ-ṭaiyibātu* in der Anmerkung zum vorhergehenden Vers 4. — *muḥṣinīna ġaira musāfiḥīna wa-lā muttaḫiḏī aḫdānin*: **4**,24. 25. Siehe auch die Anmerkung zu **4**,24f. — *wa-man yakfur bil-īmāni fa-qad ḥabiṭa 'amaluhū wa-huwa fī l-āḫirati mina l-ḫāsirīna*: **39**,65; **3**,85; **11**,22, mit weiteren Belegen.

5,6: **4**,43 (kürzere Fassung). — Es ist bemerkenswert, daß nur diese beiden Koranstellen genauere Vorschriften über das Reinigungsritual enthalten. Eine Unterscheidung zwischen „kleiner" und „großer" Verunreinigung (*ḥadaṯ*) und zwischen kleiner Waschung (später *wuḍū'* genannt) und Ganzwaschung (*ġusl*) kommt in dem hier vorliegenden Wortlaut nicht zum Ausdruck. Bei der Auslegung der beiden Verse darf man sich nun nicht zu sehr von den Gegebenheiten der späteren Reinigungsvorschriften beeinflussen lassen. Es ist nicht nur damit zu rechnen, daß viele Einzelheiten unerwähnt geblieben sind, sondern auch damit, daß der Text auf ein Reinigungsritual hinweist, das in gewissen Punkten einfacher und ursprünglicher war als das des nachmaligen Fiqh.

Die kufische Lesung hat *wa-arǧulakum* (Akkusativ), was sich syntaktisch nicht an das unmittelbar vorausgehende *wa-msaḥū bi-ru'ūsikum* anschließen läßt, sondern nur an das weiter vorausstehende *fa-ġsilū wuǧūhakum wa-aidiyakum*. Nach diesem Text wird also verlangt, daß die Füße (wie das Gesicht und die Hände) vor dem Gebet gewaschen und nicht nur (wie der Kopf mit Ausschluß des Gesichts) überstrichen werden. Dies entspricht der Praxis, die später in der Gemeinde (Sunniten, Ḫāriǧiten und Zaiditen) geübt und in der Rechtsliteratur begründet wurde. Daneben wird nun aber auch die Lesart *wa-arǧulikum* (Genitiv) überliefert. Nach dieser Lesart gehört *wa-msaḥū bi-ru'ūsikum wa-arǧulikum* syntaktisch zusammen. Für die Füße wird also (ebenso wie für den Kopf) nur gefordert, daß sie überstrichen werden. Dies entspricht der späteren Praxis der imāmitischen Schiiten. Zugunsten der ersten Lesart (*wa-arǧulakum*, Akkusativ) läßt sich anführen, daß sie die lectio difficilior ist. Aber wahrscheinlich gibt die an zweiter Stelle genannte Lesart (*wa-arǧulikum*, Genitiv) den ursprünglichen Wortlaut wieder. Denn erstens läßt sich der Genitiv zwanglos an das unmittelbar vorausgehende *wa-masḥū bi-ru'ūsikum* anschließen, während zur Erklärung des Akkusativs (*arǧulakum*) die Rektion des weit vorausgehenden Verbums *iġsilū* nachträglich wiederaufgenommen werden muß. Zweitens – und das bedeutet mehr – ist im zweiten Teil des

Verses (und in **4**,43) bei den Vorschriften über die symbolische Waschung (das „tayammum" des späteren Rechts) nur vom Gesicht und den Händen die Rede, nicht auch von den Füßen (*fa-tayammamū ṣa'īdan ṭaiyiban fa-msaḥū bi-wuǧūhikum wa-aidīkum*). Dies erklärt sich am einfachsten, wenn man annimmt, daß im Normalfall nur für das Gesicht und die Hände eine eigentliche Waschung verlangt wurde, während für die Füße von vornherein das „Überstreichen" (*masḥ*) genügte, so daß sie beim „tayammum" nicht besonders berücksichtigt zu werden brauchten. Ṭabarī überliefert einen entsprechenden Ausspruch von aš-Ša'bī (gest. vor 728): *a-lā tarā anna t-tayammuma an yumsaḥa mā kāna ġuslan* (nämlich von Gesicht und Händen) *wa-yulġā mā kāna masḥan* (nämlich von Kopf und Füßen).

Geschichtlich läßt sich der Sachverhalt folgendermaßen erklären: Mohammed hat ursprünglich für die Füße nur das „Überstreichen" (*masḥ*) verlangt, aber in der Folgezeit setzte sich die Praxis des Fußwaschens durch (Ṭabarī: 'Āṣim al-Aḥwal 'an Anas: *nazala l-qur'ānu bil-masḥi was-sunnatu l-ġuslu*). Nachträglich hat man diese Praxis in den Wortlaut des Korans hineininterpretiert, indem man die ursprüngliche Genitivform *wa-arǧulikum* als Akkusativ las (*wa-arǧulakum*).

Der Passus *wa-in kuntum ǧunuban fa-ṭṭahharū* schließt sich ziemlich unvermittelt an das vorhergehende an. Dabei ist nicht klar, ob mit dem Ausdruck *iṭṭahharū* an das im vorhergehenden definierte Reinigungszeremoniell gedacht ist (was dem später sogenannten *wuḍū'* entspricht), oder an eine Ganzwaschung („*ġusl*"), oder ob die Einzelheiten absichtlich offen gelassen sind. Auch ist nicht ersichtlich, was für eine Art von Verunreinigung hier gemeint ist, und ob die Reinigung speziell für das Gebet oder unabhängig davon vorgenommen werden soll. — *wa-in kuntum marḍā...fa-tayammamū ṣa'īdan ṭaiyiban fa-msaḥū bi-wuǧūhikum wa-aidīkum minhu*: **4**,43. Die beiden Stellen stimmen wörtlich überein. Nur hat **5**,6 am Schluß zusätzlich den präpositionalen Ausdruck *minhu*. Dieser ist in partitivem Sinn zu verstehen und bezieht sich auf das vorhergehende *ṣa'īdan ṭaiyiban*. Schwierig ist die Deutung des Ausdrucks *ṣa'īd*. Die Grundbedeutung ist „ansteigend", „hochgelegen" (siehe die Anmerkung zu **18**,40). Im vorliegenden Fall ist wohl an eine vegetationslose (so auch **18**,40) Stelle gedacht, die aus Sand bestehen mag, auf jeden Fall aber sauber (*ṭaiyib*) sein muß. Die Abreibung ist dann mit etwas „davon" (*minhu*) vorzunehmen, also mit etwas Sand. Der Ausdruck *tayammamū* (*yamma V)* hat hier noch die ursprüngliche Bedeutung „vor sich nehmen" (vgl. *amma*, *amāma*), „aufsuchen". Erst nachträglich ist – eben im Anschluß an die beiden Koranstellen **4**,43 und **5**,6 – *tayammum* zum terminus technicus für „Sandwaschung" geworden. — Eine sachliche Schwierigkeit liegt schließlich noch darin, daß die Vorbedingung zur symbolischen Waschung, nämlich kein Wasser zur Hand zu haben (*fa-lam taǧidū mā'an*), genaugenommen nur auf diejenigen zutrifft, die auf Reisen sind oder vom Abort kommen oder eine Frau berührt haben, nicht aber auf die Kranken. Diesen wird die Erleichterung der „Sandwaschung" wohl nur deshalb zugestanden, weil sie eben krank sind, nicht, weil sie „kein Wasser finden". Vielleicht ist dasselbe – mutatis mutandis – auch für die Kategorie der Reisenden anzunehmen, so daß die Vorbedingung, kein Wasser zur Hand zu haben, sich nur auf diejenigen erstrecken würde, die vom Abort kommen oder eine Frau berührt haben. — *mā yurīdu llāhu li-yaǧ'ala 'alaikum min ḥaraǧin*: **2**,185; **22**,78.

5,7 *iḏ qultum sami'nā wa-aṭa'nā*: **24**,51; **2**,285; vgl. **4**,46 und **2**,93, wo den Juden vorgeworfen wird, sie hätten die Formel *sami'nā wa-aṭa'nā* verdreht und daraus *sami'nā wa-'aṣainā* („wir hören und sind widerspenstig") gemacht.

5,8 *kūnū qauwāmīna li-llāhi šuhadā'a bil-qisṭi*: **4**,135 (hier sind die beiden Wörter *li-llāhi* und *bil-qisṭi* miteinander vertauscht); **2**,282, mit weiteren Belegen. Es fragt sich, ob *bil-qisṭi* nicht auch in der vorliegenden Stelle direkt auf *qauwāmīna* zu beziehen ist. — *wa-lā yaǧrimannakum šana'ānu qaumin*: **5**,2; (**11**,89). Mit „(gewissen) Leuten" (*qaum*) sind in Vers 2 die heidnischen Gegner in Mekka gemeint, die den Gläubigen (beim Ḥudaibiya-Unternehmen?) den Zutritt zum heiligen Gebiet verwehrten. Es liegt nahe, für den vorliegenden Vers eine ähnliche Beziehung anzunehmen. Der Genitiv *qaumin* ist in beiden Fällen als genitivus objectivus zu verstehen: „der Hass (von euch) gegen (gewisse) Leute". — *'alā allā ta'dilū*: **4**,135; **6**,152. Siehe die Anmerkung zu **4**,135.

5,9: **48**,29; **35**,7; weitere Stellen in der Anmerkung zu **11**,11. Syntaktisch liegt im vorliegenden Vers eine Verquickung der Formulierung in den beiden zuerst genannten Belegen vor.

5,10: **5**,86/**57**,19; **2**,39; **64**,10; **7**,36.

5,11 *fa-kaffa aidiyahum 'ankum*: **48**,20. 24; (**5**,110).

5,12 *la-qad aḫaḏa llāhu mīṯāqa Banī Isrā'īla*: **5**,70; **2**,63. 83f. 93; **4**,154; **33**,7. — Es ist nicht klar, wer mit den zwölf „Obmännern" (oder „Führern") gemeint ist. Siehe Speyer, S. 347f.: „Die zwölf Führer sind entweder mit den *nĕsī'ē ham-maṭṭōt* Num. 7,2 oder den zwölf Kundschaftern zu identifizieren, die nach Num. 13,2 sich aus den Stammesfürsten zusammensetzten. Möglich aber ist es auch, daß Mohammed die zwölf Richter meint..." — Das Verbum *'azzara (II)* kommt in ähnlichem Zusammenhang auch noch in **7**,157 und **48**,9 vor und bedeutet „helfen", „beistehen". Horovitz sieht darin wohl mit Recht ein Lehnwort aus dem Hebräischen (*'āzar*). Siehe Proper Names, S. 214; Jeffery, Foreign Vocabulary, S. 213f. — *la-ukaffiranna 'ankum saiyi'ātikum*: **29**,7, mit weiteren Belegen.

5,13 *fa-bi-mā naqḍihim mīṯāqahum...*: **4**,155; (**13**,25); (**2**,27); (**2**,88, mit weiteren Belegen). — *yuḥarrifūna l-kalima 'an mawāḍi'ihī*: **4**,46; **5**,41; **2**,75. — *wa-nasū ḥaẓẓan mimmā ḏukkirū bihī* (hier und im folgenden Vers): **6**,44; **7**,165; (**25**,18). Als Gegenstand der „Erwähnung" oder „Mahnung" (*taḏkīr*) bzw. als das Mittel dazu (?, s. u.) werden verschiedentlich die Zeichen Gottes genannt (**18**,57; **25**,73; **32**,15; **10**,71), einmal auch die „Tage Gottes" (*aiyām Allāh*, **14**,5; gemeint sind wohl die Strafgerichte Gottes, siehe Horovitz, Koranische Untersuchungen, S. 22). Es ist nicht ganz klar, wie die Konstruktion *ḏakkara (II) bi-* zu verstehen ist, genauer gesagt: ob mit dem durch die Präposition *bi-* eingeleiteten Nomen unmittelbar die Sache gemeint ist, an die erinnert wird, oder etwa nur ein Mittel oder Hinweis, mit dessen Hilfe etwas (was als bekannt vorausgesetzt und deshalb nicht eigens genannt wird) in die Erinnerung zurückgerufen werden soll. Im ersten Fall wäre zu übersetzen: „erinnern an...", im zweiten Fall: „vermahnen mit (dem Hinweis auf)..." Die letztere Deutung des Ausdrucks bietet sich an für Stellen wie **50**,45 (...*fa-ḏakkir bil-qur'āni man yaḫāfu wa'īdi*) und **6**,70 (*wa-ḏakkir bihī an tubsala nafsun bi-mā kasabat*). Dagegen ist die erstere Deutung wahrscheinlicher für die vorliegende Stelle (**5**,13 und 14) und für **6**,44/**7**,165 (*fa-lammā nasū mā ḏukkirū bihī*). Für die weiteren Stellen, in denen dieselbe Konstruktion vorkommt (**18**,57; **25**,73; **32**,15; **10**,71; **14**,5) sind beide Deutungen in gleicher Weise möglich. Aufs Ganze gesehen handelt es sich allerdings nicht um einen diametralen Bedeutungsunterschied, sondern nur um eine leichte Nuancierung. — *fa-'fu 'anhum wa-fsaḥ.* Siehe die Anmerkung zu **15**,85, mit weiteren Belegen.

5,14 Der Vorwurf, der im vorhergehenden Vers gegen die Juden erhoben worden ist, wird im vorliegenden Vers den Christen gegenüber wiederholt. Siehe die Anmerkung zu Vers 13. Die Christen werden übrigens auch in Vers 82 mit der Bemerkung eingeführt, daß sie sich selber Naṣārā nennen. — *fa-aġrainā bainahumu l-'adāwata wal-baġḍā'a ilā yaumi l-qiyāmati*: **5**,64; **60**,4. Der an erster Stelle genannte Beleg handelt von den Juden, der an zweiter Stelle genannte von den Anhängern Abrahams und ihren heidnischen Volksgenossen. Die vorliegende Stelle bezieht sich wohl auf Feindschaft und Haß innerhalb der Christen (V. 14), und nicht – was von einigen Kommentatoren ebenfalls vertreten wird – auf das feindselige Verhältnis zwischen Christen (V. 14) und Juden (V. 13). Am ehesten sind wohl die christologischen Streitigkeiten und ihre Nachwirkungen gemeint. Siehe auch die Anmerkung zu **5**,64. — *wa-saufa yunabbi'uhumu llāhu bi-mā kānū yaṣna'ūna*: **6**,60, mit weiteren Belegen.

5,15 *yā ahla l-kitābi qad ǧā'akum rasūlunā yubaiyinu lakum*: **5**,19. — *kaṯīran mimmā kuntum tuḫfūna mina l-kitābi*: **6**,91, mit weiteren Belegen.

5,16 Zum Ausdruck *yahdī...subula s-salāmi* siehe H. Ringgren, Islam, 'aslama and muslim, Uppsala 1949, S. 10f. — *wa-yuḫriǧuhum mina ẓ-ẓulumāti ilā n-nūri*: **2**,257, mit weiteren Belegen.

5,17 *la-qad kafara llaḏīna qālū inna llāha huwa l-Masīḥu bnu Maryama*: **5**,72. — *fa-man yamliku mina llāhi šai'an in arāda...*: **48**,11. — Sehr oft wird im Koran darauf hingewiesen, daß Gott ganze Städte, Völker und Geschlechter hat zugrunde gehen lassen (z.B. **6**,6). Der vorliegende Vers besagt, daß er dasselbe auch mit Jesus und Maria machen könnte, womit bewiesen werden soll, daß die beiden seine Geschöpfe und nicht etwa Götter neben ihm sind (vgl. den Schluß des Verses). Dabei wird vorausgesetzt, daß die beiden zur Zeit noch am Leben sind. Vgl. **4**,159, wo in einem anderen Zusammenhang ebenfalls vorausgesetzt wird, daß Jesus noch am Leben ist und erst am Jüngsten Tag sterben wird (um dann auferweckt zu werden und im Gericht als Zeuge aufzutreten). Siehe die Anmerkung zu diesem Vers. — *wa-li-llāhi mulku s-samāwāti wal-arḍi wa-mā bainahumā* (hier und im folgenden Vers): **19**,65, mit weiteren Belegen.

5,18 *wa-qālati l-Yahūdu wan-Naṣārā naḥnu abnā'u llāhi wa-aḥibbā'uhū*: **62**,6; **2**,94; **2**,111. 120. 135. Speyer verweist auf 5. Mose 14,1: „Ihr seid Söhne Jahwes, eures Gottes" (S. 443, nach Ahrens). Es erübrigt sich, Belegstellen aus dem Neuen Testament anzuführen. — *yaġfiru li-man yašā'u wa-yu'aḏḏibu man yašā'u*: **2**,284, mit weiteren Belegen.

5,19: (**4**,165). — *yā ahla l-kitābi qad ǧā'akum rasūlunā yubaiyinu lakum*: **5**,15.

5,20 Verkürzter Zeitsatz. Siehe Einleitung zur Übersetzung, S. 3f. — *iḏ ǧa'ala fīkum anbiyā'a*: **57**,26; **29**,27; **45**,16; **6**,89. — *wa-ǧa'alakum mulūkan*: **2**,247; **2**,251; (**12**,101). — *wa-ātākum mā lam yu'ti aḥadan mina l-'ālamīna*: **2**,47/122; **7**,140; **45**,16; **6**,86; **44**,32.

5,21–26 Zur Sache siehe 4. Mose 13f.; Speyer, S. 337–340.

5,21 *udḫulū l-arḍa l-muqaddasata...*: **2**,58; **7**,161. In der Fortsetzung weichen diese beiden Stellen vollständig vom vorliegenden Wortlaut ab. Zum Ausdruck *al-arḍ al-muqaddasa* siehe Horovitz, Proper Names, S. 218. — *fa-tanqalibū ḫāsirīna*: **3**,149, mit weiteren Belegen.

5,22 Zum Ausdruck *ǧabbār(īn)* siehe Horovitz, Proper Names, S. 195f.

5,23 Der Ausdruck *mina llaḏīna yaḫāfūna* könnte sich statt auf die Gruppe der Gottesfürchtigen auch auf die Masse der Israeliten beziehen, die sich vor den mächtigen Einwohnern des zu besetzenden Landes fürchteten. In diesem Fall würde allerdings das Perfekt (*ḫāfū*) besser passen als das Imperfekt. — Während in Vers 21 vom Betreten des Heiligen *Landes* die Rede ist, spricht der vorliegende Vers vom Eintritt durch ein Tor. Dem liegt ohne Zweifel die Vorstellung von einer geschlossenen Siedlung, also einer *Stadt*, zugrunde. Vgl. die beiden zu Vers 21 angeführten Belege **2**,58 und **7**,161 (*udḫulū* bzw. *uskunū hāḏihi l-qaryata*). — Zur Episode von den beiden gottbegnadeten Männern siehe 4. Mose 13,30; 14,6–9. 24. 38 (Speyer, S. 339f.). — *wa-'alā llāhi fa-tawakkalū in kuntum mu'minīna*: **10**,84; (**3**,122/160/**5**,11/**9**,51/**14**,11/**58**,10/**64**,13).

5,26 *fa-lā ta'sa 'alā l-qaumi l-fāsiqīna*: **5**,68; **7**,93; **10**,65, mit weiteren Belegen.

5,27–32 Zur Sache siehe die Geschichte von Kain und Abel in 1. Mose 4,1–16; Speyer, S. 84–88; A. S. Yahuda, A Contribution to Qur'ān and Ḥadīth Interpretation (Goldziher Memorial Volume, I, 280–308), S. 292f.

5,27 *wa-tlu 'alaihim naba'a* (mit folgendem Genitiv): **7**,175; **10**,71; **26**,69. — *iḏ qarrabā qurbānan...*: Verkürzter Zeitsatz. Siehe Einleitung zur Übersetzung, S. 3f.

5,31 Zu der in Vers 31 erzählten Episode von dem Raben, der Kain das Begraben lehrt, führt Speyer (S. 86) folgende Stelle des Midrāš Tanḥūmā als Beleg an: „Als Qain den Abel erschlagen hatte, lag dieser da, ohne daß Qain wußte, was er tun solle. Da bestimmte Gott zwei reine Vögel für ihn, von denen einer den anderen tötete, und (der Überlebende) grub mit seinen Krallen (die Erde) auf und begrub ihn (den Getöteten). Und von ihm lernte Qain und grub (die Erde auf) und begrub Abel." Siehe auch Geiger, S. 101f.

5,32 Zur Erklärung des merkwürdigen Passus *man qatala nafsan...fa-ka-annamā qatala n-nāsa ǧamīʿan...* verweist Geiger (S. 102f.) auf Mišnā Sanhedrīn IV, 5, wo es mit Bezug auf die Pluralform *dĕmē aḥīkā* („das Blut deines Bruders") heißt: „Dies bedeutet sein Blut, und das seiner Nachkommen. Deshalb ist der Mensch bloß als einer geschaffen worden, um anzuzeigen daß, wer einen vernichtet, ihm angerechnet werde, als habe er das ganze Geschlecht vernichtet, wer aber einen erhält, als habe er das ganze Geschlecht erhalten." Siehe auch Speyer, S. 87f.; Yahuda, a.a.O., S. 292f. — Zur Bedeutung von *fasād* siehe die Anmerkung zu **2**,11f. Vgl. auch den folgenden Vers 33 (*ǧazā'u lladīna...yasʿauna fī l-arḍi fasādan an yuqattalū...*). — Es ist nicht klar, was mit dem Ausdruck *musrifūna (Part. IV)* genauer gemeint ist. Die Grundbedeutung von *asrafa (IV)* ist „nicht maßhalten". Im vorliegenden Vers und an verschiedenen anderen Stellen des Korans bedeutet es vielleicht soviel wie „Übertretungen begehen" in dem Sinn, daß dadurch Unheil angerichtet und die göttliche Weltordnung gestört wird. Vgl. **26**,151. Siehe auch die Anmerkung zu **3**,147.

5,33 *yasʿauna fīl l-arḍi fasādan*: **5**,64; **2**,205. Siehe die Anmerkung zu dieser Stelle. — *au yuṣallabū au tuqaṭṭaʿa aidīhim wa-arǧuluhum min ḫilāfin*: **7**,124/**26**,49. An diesen Stellen spricht Pharao eine derartige Drohung gegen die gläubig gewordenen Zauberer aus. — *ḏālika lahum ḫizyun fī d-dunyā wa-lahum fī l-āḫirati ʿaḏābun ʿaẓīmun*: **5**,41; **2**,114, mit weiteren Belegen.

5,34 Vers 34 ist als Ausnahmesatz auf den ganzen vorhergehenden Vers 33 zu beziehen, nicht nur auf den Schlußpassus *wa-lahum fī-l-āḫirati ʿaḏābun ʿaẓīmun*.

5,35 *wa-btaǧū ilaihi l-wasīlata*: **17**,57.

5,36: **3**,91; **13**,18/**39**,47; **10**,54; **70**,11–14; **57**,15.

5,37: **32**,20; **22**,22; **2**,167; **45**,35.

5,38 Zur Bedeutung des Verbums *kasaba* siehe die Anmerkung zu **2**,79.

5,39: **3**,89/**24**,5; **2**,160; **4**,146; **7**,153; **6**,54; **16**,119; **4**,16f.; **5**,34.

5,40: **2**,284, mit weiteren Belegen.

5,41 *lā yaḥzunka lladīna yusāriʿūna fī l-kufri*: **3**,176; **10**,65, mit weiteren Belegen. — *alladīna qālū āmannā bi-afwāhihim wa-lam tu'min qulūbuhum*: **3**,167; **48**,11; **49**,14; **5**,61; **2**,8f.; **2**,14; **3**,119; **9**,8. — Der Passus *wa-mina lladīna hādū* ist syntaktisch wohl mit dem vorausgehenden *mina lladīna qālū* zu koordinieren. Zum folgenden *sammāʿūna lil-kaḏibi...* ist dann als Subjekt *alladīna yusāriʿūna fī l-kufri...* zu ergänzen. Es ist aber auch möglich, daß mit *wa-mina lladīna hādū* ein neuer Satz beginnt. In diesem Fall wäre zu übersetzen: „Und unter denen, die dem Judentum angehören, gibt es welche, die immer nur auf Lügen hören..." — Es ist nicht recht klar, wer mit den „anderen Leuten", die nicht zu Mohammed gekommen sind (*qaumin āḫarīna lam ya'tūka*) gemeint ist. Anscheinend handelt es sich um eine Gruppe von Leuten, die von Mohammed nichts wissen wollten und deshalb keinen Anlaß sahen, ihn aufzusuchen. Bell gibt zu der Stelle die Anmerkung: „Possibly the Jewish Rabbis". — *yuḥarrifūna l-kalima min ba'di mawāḍi'ihī*: **4**,46; **5**,13; **2**,75. Schwerfällig ist im vorliegenden Vers der Ausdruck *min ba'di mawāḍi'ihī*. In **4**,46 und **5**,13 steht dafür einfacher *'an mawāḍi'ihī*. Das Verbum *yuḥarrifūna* (und das folgende *yaqūlūna*) ist wohl auf *allaḏīna yusāri'ūna fī l-kufri* bzw. auf *mina llaḏīna hādū sammā'ūna lil-kaḏibi*... zu beziehen, und nicht auf das unmittelbar vorausgehende *qaumin āḫarīna*. — *yaqūlūna in ūtītum hāḏā fa-ḫuḏūhu*. Es ist nicht klar, ob mit *hāḏā* ganz allgemein die den Juden vorliegende (z.T. entstellte und bruchstückhafte) Offenbarung bzw. die jüdische Lehre gemeint ist, oder eine jüdische Ansicht in einer speziellen Glaubens- oder Rechtsfrage. — *lahum fī d-dunyā ḫizyun wa-lahum fī l-āḫirati 'aḏābun 'aẓīmun*: **5**,33; **2**,114, mit weiteren Belegen.

5,42 Der Passus *sammā'ūna lil-kaḏibi* findet sich auch schon im vorausgehenden Vers 41, wird also hier (auch syntaktisch) wiederaufgenommen. — *akkālūna lis-suḥti*: **5**,62f. — *wa-in ḥakamta fa-ḥkum bainahum bil-qisṭi*: **4**,58; (**49**,9).

5,43 *wa-kaifa yuḥakkimūnaka*: (**4**,65). — Der Passus *ṯumma yatawallauna min ba'di ḏālika* bezieht sich wohl – trotz des Imperfekts – auf die bereits erfolgte Abkehr von der Thora und der darin enthaltenen göttlichen Entscheidung, und nicht auf die Abkehr von dem Schiedsspruch Mohammeds. Vgl. **2**,64; **3**,82. Sinngemäß ließe sich der Vers folgendermaßen paraphrasieren: „Wie können sie dich zum Schiedsrichter machen, wo sie die Entscheidung Gottes ablehnen, die ihnen in ihrer eigenen Offenbarungsschrift gegeben ist?"

5,44–50 Die Verse 44–50 bilden eine Einheit. In Vers 44f. ist von der Thora, in Vers 46f. vom Evangelium und in Vers 48f. von der koranischen Offenbarung als der Grundlage autoritärer Entscheidungen die Rede. Vers 44 schließt sich seinerseits sinnvoll an den vorhergehenden Abschnitt an.

5,44 *innā anzalnā t-taurāta fīhā hudān wa-nūrun*: **5**,46; **6**,91; **5**,15f.; **7**,157; **64**,8; **42**,52; **4**,174; (**3**,184/**35**,25); (**22**,8/**31**,20). Speyer bemerkt dazu (S. 297): „Sprüche 6,23 vergleicht, wie der Qoran, die Tōrā mit dem Licht: *kī nēr miẓwā wĕ-ṯōrā ōr*. Dieser Vergleich ist der jüdischen Traditionsliteratur so geläufig geworden, daß die Deutungsregel: *ēn ōr ellā ṯōrā*, d.h., daß überall, wo im Alten Testament der Ausdruck *ōr* vorkommt, darunter die jüdische Lehre zu verstehen sei, sich an unzähligen Stellen findet." Syntaktisch ist der Passus *fīhā hudān wa-nūrun* wohl als Relativsatz zu verstehen, nicht als selbständiger Satz. — *yaḥkumu bihā n-nabīyūna llaḏīna aslamū*...: **2**,213; (**3**,81). — Der Präpositionalsatz *bi-mā stuḥfiẓū min kitābi llāhi* ist wahrscheinlich speziell auf *ar-rabbānīyūna wal-aḥbāru* zu beziehen und steht dann parallel zu dem vorausgehenden *bihā*. Der ganze Passus wäre demnach so zu verstehen, daß die alten Propheten die (vollständige) Thora erhalten haben, um danach ihre Entscheidungen zu fällen, während die Rabbiner und „Gelehrten" nur einen Teil davon anvertraut bekamen, wonach sie nun ihrerseits zu entscheiden haben. Der Präpositionalsatz könnte allerdings auch allgemein auf *ar-rabbānīyūna wal-aḥbāru* und auf das vorausgehende *an-nabīyūna* bezogen werden. In diesem Fall würde die Schriftkenntnis der Rabbiner und „Gelehrten" gegenüber derjenigen der Propheten nicht eingeschränkt. Siehe die in Anmerkung 49 zur Wahl gestellte Übersetzung. — Zur Erklärung der Termini *rabbānīyūn* und *aḥbār* siehe Horovitz, Koranische Untersuchungen, S. 63f.; Proper Names, S. 197f., 200f.; Carlo Alfonso Nallino, Raccolta di Scritti, III, Rom 1941, S. 119. — Der Satz *wa-kānū 'alaihi šuhadā'a* ist am ehesten als neuer Satz zu verstehen und entweder speziell auf die Rabbiner und „Gelehrten" oder allgemein auf diese *und* die Propheten zu beziehen (s. o.). Man könnte den Satz allerdings auch als Nebensatz deuten und an das vorausgehende *bi-mā stuḥfiẓū min kitābi llāhi* anhängen. Siehe die in Anmerkung 50 zur Wahl gestellte Übersetzung. Man würde dann aber statt des bloßen *wa-kānū*... eher erwarten: *wa-bi-mā kānū*... Zur Sache vgl. **3**,70 (siehe die Anmerkung dazu); (**2**,84/ **3**,81); (**3**,86). — Die beiden Ermahnungen *fa-lā taḫšū n-nāsa wa-ḫšūni* und *lā taštarū bi-āyātī ṯamanan qalīlan* sind in direkter Anrede an die Rabbiner und „Gelehrten" gerichtet. Diese sollen sich in ihren Entscheidungen keinesfalls von den Weisungen der Schrift abbringen lassen. Die Ermahnung, Gott und nicht die Menschen zu fürchten, findet sich auch sonst an einigen Stellen des Korans, aber in verschiedenem Zusammenhang. Der vorliegenden Stelle entspricht am ehesten **33**,39. — *fa-lā taḫšū n-nāsa wa-ḫšūni*: **5**,3; **2**,150; **3**,175; **9**,13; **33**,37. — *lā taštarū bi-āyātī ṯamanan qalīlan*: **2**,41, mit weiteren Belegen. Siehe die Anmerkung dazu. — Der Schlußsatz *wa-man lam yaḥkum bi-mā anzala llāhu*... wird (mit Varianten im Reimwort) wiederholt in Vers 45 (ebenfalls im Hinblick auf die Thora) und in Vers 47 (im Hinblick auf das Evangelium). Sachlich ist damit Vers 48 und vor allem Vers 49 zu vergleichen (wo von Mohammed und dem Koran die Rede ist).

5,45: 2. Mose 21,23–25; 3. Mose 24,19f.; 5. Mose 19,21; Speyer, S. 317f. (und S. 442). — Zur Bedeutung des Ausdrucks *fa-man taṣaddaqa bihī* siehe die Anmerkung zu **2**,280. — Der Ausdruck *kaffāra* kommt auch noch in den Versen 89 und 95 vor. Er ist vom hebräischen *kappārā* abzuleiten, Siehe Horovitz, Proper Names, S. 220. — Zum Schlußsatz siehe die Anmerkung zum vorhergehenden Vers 44.

5,46 *wa-qaffainā 'alā āṯārihim bi-'Īsā*: **57**,27; **2**,87. — *muṣaddiqan li-mā baina yadaihi mina t-taurāti* (zweimal): **3**,50; **61**,6. Weitere Belege zum Ausdruck *muṣaddiq* in der Anmerkung zu **3**,3f. — Zur Bedeutung des Ausdrucks *mina t-taurāti* siehe die Anmerkung zu **3**,50. — *wa-ātaināhu l-inǧīla fīhi hudān wa-nūrun*. Siehe die Anmerkung zu Vers 44.

5,47 Mit den *ahl al-inǧīl* sind vermutlich die christlichen Schriftgelehrten oder eine ähnliche, den jüdischen *rabbānīyūn* und *aḥbār* (V. 44) entsprechende Gruppe innerhalb der Christen gemeint. — Zum Schlußsatz siehe die Anmerkung zu Vers 44.

5,48: **4**,105. — *wa-anzalnā ilaika l-kitāba bil-ḥaqqi*: **13**,1, mit weiteren Belegen. — *muṣaddiqan li-mā baina yadaihi mina l-kitābi*: **3**,3f., mit weiteren Belegen. — *wa-muhaiminan 'alaihi*: **59**,23. Zur Bedeutung des Ausdrucks *muhaimin* siehe Nöldeke, Neue Beiträge, S. 27; Horovitz, Koranische Untersuchungen, S. 56, Anm. 1; Proper Names, S. 225f. Das Wort muß in der vorliegenden Stelle eine ähnliche Bedeutung haben wie *muṣaddiq*. — Der Ausdruck *ahwā'* bezeichnet (auch sonst im Koran) die verwerflichen persönlichen Neigungen im Gegensatz zu der objektiven Wahrheit der göttlichen Offenbarung. Die Belege zu *lā tattabi' ahwā'ahum* (V. 48 und 49) sind so zahlreich, daß es sich erübrigt, sie anzuführen. Siehe die Konkordanz s. v. *hawā* und *ahwā'*. — Die zweite Hälfte des Verses von *li-kullin* an gilt dem Thema der Verschiedenartigkeit der Religionen und Riten. Siehe dazu die Anmerkung zu **2**,213. — *li-kullin ǧa'alnā minkum šir'atan wa-minhāǧan*... (man beachte die merkwürdige Stellung von *minkum*): **2**,148 (siehe die Anmerkung dazu); **45**,18; **42**,13–15. Zum Ausdruck *minhāǧ* siehe Jeffery, Foreign Vocabulary, S. 273; Horovitz, Proper Names, S. 225. Das nur hier im Koran vorkommende *šir'a* ist wohl ein Lehnwort aus dem Äthiopischen (*šer'at*). — *wa-lau šā'a llāhu la-ǧa'alakum ummatan wāḥidatan*: **16**,93/**42**,8; **11**,118; **6**,35, mit weiteren Belegen. — *walākin li-yabluwakum fī mā ātākum*: **6**,165, mit weiteren Belegen. — *fa-stabiqū l-ḫairāti*: **2**,148; (**23**,61); (**35**,32); (**3**,114); (**21**,90). — *ilā llāhi marǧi'ukum ǧamī'an fa-yunabbi'ukum bi-mā kuntum fīhi taḫtalifūna*: **6**,164, mit weiteren Belegen.

5,49 Mit *wa-ani ḥkum bainahum* wird der Imperativ *fa-ḥkum bainahum* (V. 48) wiederaufgenommen. Das Folgende ist eine wörtliche Wiederholung. — *wa-ḥḏarhum an yaftinūka 'an ba'ḍi mā anzala llāhu ilaika*: **17**,73–75; (**10**,15). Zur Bedeutung von *fatana* siehe die Anmerkung zu **4**,101. — *fa-in tawallau fa-'lam annamā yurīdu llāhu an yuṣībahum bi-ba'ḍi ḏunūbihim*. Der Sinn der Stelle ist ausgesprochen deterministisch: Gott hat eben vor, die Gottlosen zu bestrafen; deshalb sind sie dazu verdammt, die Botschaft abzulehnen. Es ist nicht gesagt, worin der „Teil ihrer Schuld" besteht, wofür sie bestraft werden sollen. Vielleicht hat Zamaḫšarī recht, wenn er vermutet, daß damit gerade ihr Sichabwenden (*tawallī*) gemeint ist. Die unbestimmte Ausdrucksweise soll nach ihm besonders eindringlich wirken (*hāḏā l-ibhāmu li-ta'ẓīmi t-tawallī*).

5,50 *a-fa-ḥukma l-ǧāhilīyati yabġūna*: **3**,83, mit weiteren Belegen (bes. **6**,114). Zum Ausdruck *ḥukma l-ǧāhilīyati* siehe die Anmerkung zu **3**,79.

5,51 *lā tattaḫiḏū l-Yahūda wan-Naṣārā auliyā'a*: **5**,55–57. 80f.; **60**,1. 9; **3**,28. 118; **4**,89. 139. 144; **8**,72–75; **9**,23. — Der Ausdruck *ba'ḍuhum auliyā'u ba'ḍin* bedeutet wohl, daß Juden und Christen jeweils innerhalb ihrer eigenen Glaubensgemeinschaft Freunde sind, nicht aber, daß Juden mit Christen und Christen mit Juden Freundschaft halten. — Die Formulierung der beiden Belegstellen **60**,9 und **9**,23 legt es nahe, die Schlußformel des vorliegenden Verses (*inna llāha lā yahdī l-qauma ẓ-ẓālimīna*) in einem inneren Zusammenhang mit dem Vorhergehenden zu verstehen.

5,52 Der Ausdruck *sāra'a (III) fī* wird sonst im Koran auf Sachen und nicht auf Personen bezogen („in etwas eilfertig sein", „sich voll Eifer darum bemühen"). — Zur Bedeutung des Ausdrucks *fatḥ* siehe die Anmerkung zu **7**,89. — Zur Bedeutung von *amr* siehe die Anmerkung zu **2**,109. Der Zusatz *min ʿindihī* bezieht sich wohl speziell auf *amr* und nicht auch auf *al-fatḥ*. — *mā asarrū fī anfusihim*: (**60**,1).

5,53 Zum Anfang des Verses liegen zwei abweichende Lesarten vor: *yaqūlu* (ohne *wa-*) und *wa-yaqūla* (Subjunktiv, noch von *ʿasā* im vorhergehenden Vers abhängig). — Der Ausdruck *aqsamū bi-llāhi ǧahda aimānihim* bezeichnet wohl eine besonders feierliche Beteuerung. Er findet sich auch noch in **6**,109; **16**,38; **24**,53 und **35**,42. In allen diesen Stellen ist die Beteuerung objektiv unwahr. — Es ist nicht ohne weiteres klar, auf wen sich das Personalsuffix in *la-maʿakum* bezieht. Man könnte annehmen, daß die Gläubigen damit gemeint sind (wofür sich Stellen wie **24**,53 und **33**,9–27, besonders 15 und 19 anführen ließen). Dann sprechen aber die Gläubigen von sich selber in der 2. Person. Denn der Aussagesatz *innahum la-maʿakum* (der den Inhalt des Schwures wiedergibt) kann in diesem Fall nicht denen, „die geschworen haben", in den Mund gelegt werden, sonst müßte es *innanā* (statt *innahum*) heißen. Die genannte Schwierigkeit fällt weg, wenn man annimmt, daß mit dem Personalsuffix in *la-maʿakum* nicht die Gläubigen selber gemeint sind, sondern die, „die in ihrem Herzen eine Krankheit haben", oder die „Heuchler", oder auch die Juden (und Christen). Dann hätte also eine Gruppe von Ungläubigen einer ebensolchen anderen Beistand geschworen, ohne den Schwur zu halten, und die Gläubigen würden sich nun nachträglich in direkter Anrede an die letztgenannte Gruppe wenden und sie triumphierend darauf hinweisen, daß ihre Bundesgenossen ihren Treueeid nicht gehalten haben. Zum Vergleich wäre **59**,11f. heranzuziehen, worauf schon Zamaḫšarī aufmerksam macht. — Zum Ausdruck *ḥabiṭat aʿmāluhum* siehe die Anmerkung zu **2**,217.

5,54 *man yartadda minkum ʿan dīnihī*: (**2**,217, mit anderem Nachsatz). Das Pronomen *man* ist wohl im Sinn der Mehrzahl zu verstehen (= „wenn sich welche von euch von ihrer Religion abbringen lassen"). Vgl. den folgenden Kollektivausdruck *qaum*. — *ḏālika faḍlu llāhi yuʾtīhi man yašāʾu wa-llāhu wāsiʿun ʿalīmun*: **3**,73; **57**,21/**62**,4; **57**,29.

5,55 *allaḏīna yuqīmūna ṣ-ṣalāta wa-yuʾtūna z-zakāta wa-hum rākiʿūna*: (**2**,43).

5,56 Bedingungssatz mit Verschiebung. Siehe Einleitung zur Übersetzung, S. 4. — *fa-inna ḥizba llāhi humu l-ġālibūna*: **58**,21f.; (**37**,116); (**37**,171–173); (Gegensatz *ḥizb aš-šaiṭān*: **58**,19; **4**,119; **8**,48).

5,57 Belege zu dem Verbot, Ungläubige zu Freunden zu nehmen, in der Anmerkung zu **3**,28.

5,59 *hal tanqimūna minnā illā an āmannā bi-llāhi*: **85**,8; **7**,126; (**60**,1; **22**,40). — Der Schlußsatz *wa-anna akṯarakum fāsiqūna* ist syntaktisch dem vorausgehenden Daßsatz *an āmannā*... koordiniert. Das Ganze ist natürlich ironisch gemeint und völlig vom Standpunkt der Gläubigen aus gesehen.

5,60 *hal unabbiʾukum bi-šarrin min ḏālika*...: **22**,72. Wenn Vers 60 mit dem vorausgehenden Vers 59 überhaupt sachlich zusammenhängt, ist schwer auszumachen, worin dieser sachliche Zusammenhang besteht, genauer gesagt, worauf sich das Pronomen *ḏālika* in dem einleitenden Passus *hal unabbi'ukum bi-šarrin min ḏālika* bezieht. Das gilt auch für **22**,72 (*min ḏālikum*). Vielleicht bezieht sich *ḏālika* (bzw. *ḏālikum*) auf den Kummer, den die Gegner sich – unnötigerweise – darüber machen, daß die Gläubigen an Gott und die Offenbarung glauben (V. 59), bzw. darüber, daß sie Koranverse rezitieren (**22**,72). „Da gibt es (so könnte man dann Vers 60, bzw. **22**,72 paraphrasieren) Dinge, die schlimmer sind als das, – Gegebenheiten, die ihr euch eher zu Herzen nehmen solltet, nämlich die Strafgerichte, die schon früher über frevlerische Israeliten hereingebrochen sind (bzw. die Höllenstrafe, der dereinst alle Ungläubigen verfallen werden, **22**,72). — *wa-ǧa'ala minhumu l-qiradata*: **2**,65; **7**,166. — *ulā'ika šarrun makānan wa-aḍallu 'an sawā'i s-sabīli*: **25**,34; **17**,72; (**19**,75); (**12**,77).

5,61 *wa-iḏā ǧā'ūkum qālū āmannā wa-qad daḫalū bil- kufri wa-hum qad ḫaraǧū bihī*: **5**,41, mit weiteren Belegen.

5,62 *wa-aklihimu s-suḥta* (hier und im folgenden Vers): **5**,42.

5,63 Zum Terminus *rabbānīyūna* siehe Horovitz, Koranische Untersuchungen, S. 63f.; Proper Names, S. 200f.; Carlo Alfonso Nallino, Raccolta di Scritti, III, Rom 1941, S. 119.

5,64 *yadu llāhi maġlūlatun*: (**17**,29; hier liegt der Formulierung offensichtlich das Bild eines Gefangenen zugrunde, dessen Hände an den Hals gefesselt sind, so daß er seine Arme unmöglich strecken kann). — Tor Andrae führt die angebliche Behauptung der Juden, daß Gottes Hand gefesselt ist, auf Hebr. Hen. 48 zurück. Dort zeigt Metatron dem Ismael, wie Gott die Rechte nach rückwärts hält wegen der Zerstörung des Tempels (Der Ursprung des Islams und das Christentum, Uppsala 1926, S. 98, Anm., mit Verweis auf Buttenwieser, Outline of the neohebraic apocalyptic literature, Cincinnati 1901, 13). Wilhelm Rudolph denkt an 4. Mose 11,23 (Die Abhängigkeit des Qorans von Judentum und Christentum, Stuttgart 1922, S. 13, nach Hirschfeld, New Researches, S. 134). — *bal yadāhu mabsūṭatāni yunfiqu kaifa yašā'u*: **13**,26, mit weiteren Belegen. — *wa-la-yazīdanna kaṯīran minhum mā unzila ilaika min rabbika ṭuġyānan wa-kufran*: **5**,68; (**17**,60). — Der zweite Teil des Verses (von *wa-alqainā* an) spricht von fortgesetzten Feindseligkeiten unter den Juden (oder unter Juden und Christen?), sowie von deren wiederholt erfolgten Versuchen, das Feuer des Krieges zu entfachen, und von ihrem Streben, überall im Land Unheil anzurichten. Mohammed spielt damit sicher auf historische Tatsachen oder Überlieferungen an. Diese mögen seiner Umgebung bekannt gewesen sein, können aber aus dem mageren Wortlaut nicht wiedererschlossen werden. — *wa-alqainā bainahumu l-'adāwata wal-baġḍā'a ilā yaumi l-qiyāmati*: **5**,14 (siehe die Anmerkung dazu); **60**,4. — *yas'auna fī l-arḍi fasādan*: **5**,33; **2**,205. Siehe die Anmerkung zu dieser Stelle.

5,65f.: **3**,110.

5,66 *lau annahum aqāmū t-taurāta wal-inǧīla wa-mā unzila ilaihim min rabbihim*: **5**,68. Bei dem Ausdruck *mā unzila ilaihim min rabbihim* (Vers 68: *mā unzila* *ilaikum min rabbikum*) könnte auch an die (abschließende) koranische Offenbarung gedacht sein. Aber das ist sehr fraglich. — Vers 66 ist (abgesehen vom Schlußpassus *minhum ummatun muqtaṣidatun*...) ein irrealer Bedingungssatz und als solcher gleich gebaut und sachlich gleich angelegt wie der vorausgehende Vers 65, der ja ebenfalls aus einem irrealen Bedingungssatz besteht. Wenn man nun in Vers 65 den Nachsatz (*la-kaffarnā*...*wa-la adḫalnāhum ǧannāti n-na'īmi*) nichtpräterital auffaßt und auf die künftige Belohnung im Jenseits deutet, liegt es nahe, auch den Nachsatz des vorliegenden Verses 66 (*la-akalū min fauqihim wa-min taḥti arǧulihim*) auf die Belohnung im Jenseits zu deuten, und nicht (wie das die Kommentatoren tun) auf den materiellen Segen des Diesseits. Zur Sache vgl. **43**,73 (*lakum fīhā fākihatun kaṯīratun minhā ta'kulūna*). Der Ausdruck *min fauqihim wa-min taḥti arǧulihim* darf nicht zu wörtlich genommen werden. — *minhum ummatun muqtaṣidatun wa-kaṯīrun minhum sā'a mā ya'malūna*: **35**,32; **31**,32; **3**,113; **3**,110; **3**,199; **7**,159; **3**,253, mit weiteren Belegen.

5,68 *lastum 'alā šai'in ḥattā tuqīmū t-taurāta wal-inǧīla wa-mā unzila ilaikum min rabbikum*: **5**,66. Siehe die Anmerkung zu diesem Vers. — *wa-la-yazīdanna kaṯīran minhum mā unzila ilaika min rabbika ṭuǧyānan wa-kufran*: **5**,64; (**17**,60). — *fa-lā ta'sa 'alā l-qaumi l-kāfirīna*: **5**,26; **7**,93; **10**,65, mit weiteren Belegen.

5,69: **2**,62; (**22**,17). — Statt *waṣ-Ṣābi'ūna* würde man den Akkusativ *waṣ-Ṣābi'īna* erwarten (noch abhängig vom einleitenden *inna*). Siehe Gesch. des Qor., III, S. 2. Zur Sache siehe die Anmerkung zu **2**,62 (mit weiteren Belegen). — *fa-lā ḫaufun 'alaihim wa-lā hum yaḥzanūna*: **6**,48; **2**,62; mit weiteren Belegen.

5,70 *la-qad aḫadnā mīṯāqa Banī Isrā'īla*: **2**,83f.; **5**,12; **2**,63/93; **4**,154; **33**,7; **3**,81. — *kullamā ǧā'ahum rasūlun bi-mā lā tahwā anfusuhum farīqan kaḏḏabū wa-farīqan yaqtulūna*: **2**,87; (**3**,183f.); (**2**,61, mit weiteren Belegen). Im vorliegenden Vers 70 und in **2**,87 steht des Reimes wegen das Imperfekt *yaqtulūna* bzw. *taqtulūna* statt des zu erwartenden Perfekts *qatalū* bzw. *qataltum*.

5,71 *wa-ḥasibū allā takūna fitnatun*: **29**,2f.; **2**,214; **3**,142; **9**,16; (**9**,126).

5,72 *la-qad kafara llaḏīna qālū inna llāha huwa l-Masīḥu bnu Maryama*: **5**,17. — *u'budū llāha rabbī wa-rabbakum*: **5**,117; **3**,51/**19**,36/**43**,64; **36**,61. — *mā liẓ-ẓālimīna min anṣārin*: **3**,192; **2**,270; **22**,71/**35**,37; (**29**,25); (**45**,34).

5,73 *allaḏīna qālū inna llāha ṯāliṯu ṯalāṯatin*: **4**,171. Siehe die Anmerkung zu diesem Vers. — *wa-in lam yantahū*... Bedingungssatz mit Verschiebung. Siehe Einleitung zur Übersetzung, S. 4. — Es ist nicht klar, auf wen sich das Personalsuffix in *minhum* bezieht. Vielleicht auf die „Schriftbesitzer"?

5,75 *mā l-Masīḥu*...*illā rasūlun*: **4**,171; **3**,144 (hier wird dasselbe über Mohammed ausgesagt). — Der koranische Ausdruck *ṣiddīq* ist aus dem hebräischen *ṣaddīq* „gerecht", „fromm" entlehnt. Im Singular stehend wird er einzelnen hervorragenden Gestalten der Heilgeschichte zugelegt, und zwar **19**,41 dem Abraham, **19**,56 dem Idrīs (beidesmal verbunden mit dem Epitheton *nabī*); **12**,46 dem Joseph; in der vorliegenden Stelle **5**,75 der Maria, hier natürlich im Feminin (wozu Horovitz bemerkt: „Daß auch die für Marjam gebrauchte Femininform *ṣiddīqa* gebildet wird, hat seine Analogie darin, daß auch eine Anzahl biblischer Frauen in der späteren jüdischen Literatur als *ṣaddeqet* gerühmt werden"). Im Plural steht *ṣiddīq* zur Bezeichnung einer ganzen Rangklasse von Frommen oder Heiligen (**4**,69 in der Reihenfolge *nabīyūn – ṣiddīqūn – šuhadā' – ṣāliḥūn*; **57**,19 in der Reihenfolge *ṣiddīqūn – šuhadā'*). An sich würde die Bedeutung „fromm" oder „gerecht", die dem hebräischen *ṣaddīq* zukommt, auch für das koranische *ṣiddīq* passen, Aber Mohammed hat bei dem Gebrauch des Wortes wohl auch – vielleicht sogar in erster Linie – an die Grundbedeutung des arabischen Stammes *ṣdq* „wahrhaftig sein", „die Wahrheit sagen" gedacht. Es liegt besonders nahe, dies für **12**,46 anzunehmen, wo Joseph als bewährter Traumdeuter mit *ṣiddīq* angeredet wird. Siehe Horovitz, Koranische Untersuchungen, S. 49; Proper Names, S. 213; I. Schapiro, Die haggadischen Elemente im erzählenden Teil des Korans, Leipzig 1907, S. 36; Speyer, S. 202f. — *kānā ya'kulāni ṭ-ṭa'āma*: **21**,8; **25**,7. 20; **23**,33.

5,76: **21**,66; **6**,71, mit weiteren Belegen. Der Wortlaut des vorliegenden Verses ist charakteristisch für die koranische Polemik gegen den eigentlichen Götzendienst und paßt deshalb nicht recht in den Zusammenhang, in dem er jetzt steht.

5,77 *lā taġlū fī dīnikum ġaira l-ḥaqqi*: **4**,171. Zu *ġaira l-ḥaqqi* siehe die ausführlichere Formulierung in **4**,171 (*wa-lā taqūlū 'alā llāhi illā l-ḥaqqa*), mit weiteren Belegen. — Der Versschluß *wa-ḍallū 'an sawā'i s-sabīli* ist entweder eine Wiederholung des vorhergehenden *qad ḍallū* und somit eigentlich überflüssig, oder als neuer Satz zu verstehen (statt als weiterer Relativsatz zu *qaumin*). Im letzteren Fall muß übersetzt werden: „Und sie sind vom rechten Weg abgeirrt."

5,78 Zur Verfluchung der ungläubigen Israeliten durch David und Jesus bemerkt Speyer (S. 383): „Vielleicht ist die Quelle Ps. 109, der eine furchtbare Verwünschungsrede gegen die ‚Bösewichte' enthält, die gegen David lügenhafte Reden vorbringen. Augustin, De civitate dei XVII, 19, findet im 68. Psalm Hinweise auf die Kreuzigung Christi und eine Verfluchung der Juden. Die Nennung Dā'ūds neben 'Īsā, von dessen Streitreden gegen die Juden Mohammed gehört haben konnte, zeigt, daß die Übermittler an Mohammed Christen waren." — *ḏālika bi-mā 'aṣau wa-kānū ya'tadūna*: **2**,61; **3**,112. Das letzte Verbum steht im Durativ (*kānū ya'tadūna*). Das mag durch den Reim bedingt sein, paßt aber auch in sachlicher Hinsicht in den Zusammenhang. Auch im folgenden Vers 79 steht der Durativ.

5,79 Auffallend ist das Perfekt *fa'alūhu*. Man würde eher das Imperfekt erwarten. Vielleicht soll zum Ausdruck gebracht werden, daß die Israeliten die verwerflichen Handlungen, die sie einander hätten verbieten sollen, tatsächlich doch begangen haben.

5,80 *yatawallauna llaḏīna kafarū*: **3**,28, mit weiteren Belegen. — *mā qaddamat lahum anfusuhum*: **59**,18; **78**,40. Das Verbum *qaddama (II)* bezieht sich im

Koran meistens auf die menschlichen Handlungen, soweit diese die Voraussetzung zu einer Bestrafung oder Belohnung im Jenseits schaffen. — Der Satz *an saḫiṭa llāhu ʿalaihim* wird von Zamaḫšarī als „ferneres Subjekt" zu *bi'sa* erklärt (*maḫṣūṣ*; zur Terminologie siehe Reckendorf, Syntax, § 12, 1b). Er paraphrasiert: *la-bi'sa zāduhum ilā l-āḫirati suḫṭu llāhi ʿalaihim*. Demnach müßte man etwa übersetzen: „In schlimmer Weise haben sie sich selber (für das Jenseits) damit vorbelastet, daß Gott (wegen dieser ihrer Handlungsweise nunmehr mit gutem Grund) über sie aufgebracht ist."

5,82–86 Edmund Beck, Das christliche Mönchtum im Koran, Helsinki 1946 (= Studia Orientalia edidit Societas Orientalis Fennica, XIII, 3), S. 3–7.

5,82 *allaḏīna qālū innā Naṣārā*: 5,14. — Der Ausdruck *istakbara (X)* „hochmütig sein" kommt im Koran häufig vor. Er bedeutet in der Regel nicht Stolz gegen Menschen, sondern Hochmut in religiösem Sinn, nämlich mangelnde Ehrfurcht vor Gott und der göttlichen Offenbarung. Z.B. **7**,36; **31**,7. Der Passus *wa-annahum lā yastakbirūna* am Ende des vorliegenden Verses leitet so sachlich unmittelbar zum folgenden Vers 83 über. Nur vereinzelt schwingt in der Bedeutung von *istakbara* der Gegensatz zwischen stark und schwach in sozialem Sinn mit (**34**,31–33; **14**,21; **40**,47; **7**,75).

5,83: **28**,52f.; **17**,107–109. — Speziell zu *rabbanā āmannā fa-ktubnā maʿa š-šāhidīna*: **3**,53. Siehe die Anmerkung dazu.

5,84 Zur besonderen Bedeutung von *aṣ-ṣāliḥūn* siehe die Anmerkung zu **2**,130.

5,85 Zur Bedeutung des Ausdrucks *min taḥtihā* siehe die Anmerkung zu **2**,25.

5,86: **5**,10/**57**,19; **2**,39; **64**,10; **7**,36.

5,87 *lā tuḥarrimū ṭaiyibāti mā aḥalla llāhu lakum*: **16**,116; **10**,59; **5**,4f.; **7**,157; **7**,31f.; **6**,140; **66**,1. Zur Sache: Rivlin, Gesetz im Koran, S. 72–78; Erwin Gräf, Jagdbeute und Schlachttier im islamischen Recht, Bonn 1959, S. 56.

5,88 *wa-kulū mimmā razaqakumu llāhu ḥalālan ṭaiyiban*: **16**,114; **2**,168; **2**,172; **8**,69; **2**,57/**7**,160/**20**,81; **23**,51; **6**,142; **34**,15; **67**,15; **2**,60.

5,89: **2**,225; (**16**,91); (**66**,2). Zum Ausdruck *āḫaḏa (III)* siehe die Anmerkung zu **2**,225. — Der vorliegende Vers ist wohl aus dem oben angeführten Vers **2**,225 herausgewachsen. Hier wird unbedachtes Schwören (*al-laġw fī l-aimān*) als ein harmloses Vergehen bezeichnet, dessentwegen man von Gott nicht belangt werde, da der Mensch nicht innerlich dabei beteiligt sei. Diese rein ethische Bewertung bzw. Bagatellisierung einer verbreiteten Unsitte ließ die Frage offen, wie ein wirklicher, ernst zu nehmender Eidbruch zu beurteilen und wiedergutzumachen sei. Darüber gibt nun der vorliegende Vers 89 in Form einer ins Einzelne gehenden gesetzlichen Regelung Auskunft. — Der Ausdruck *kaffāra* kommt auch noch in den Versen 45 und 95 vor. Er ist vom hebräischen *kappārā* abzuleiten. Siehe Horovitz, Proper Names, S. 220. — *iṭʿāmu ʿašarati masākīna*: **58**,4; (**90**,14–16). — *au taḥrīru raqabatin*: **58**,3; **4**,92; (**90**,13). — *fa-man lam yaǧid fa-ṣiyāmu ṯalāṯati aiyāmin*: **2**,196; **4**,92; **58**,4.

5,90 Zum Verbot des Weintrinkens siehe die Anmerkung zu **2**,219. In eben diesem Vers wird der Wein wie auch das Losspiel (*maisir*) noch nicht grundsätzlich verboten. — Zum Losspiel (*maisir*) siehe die Anmerkung zu **2**,219, mit Literaturangaben. — *wal-anṣābu wal-azlāmu*: **5**,3; **22**,30; **16**,36; **39**,17. — *riǧsun min ʿamali š-šaiṭāni fa-ǧtanibūhu*: **22**,30 (s. o.); **8**,11; **33**,33; **74**,5.

5,91 Während im vorhergehenden Vers 90 viererlei als Teufelswerk bezeichnet wird, nämlich Wein, *maisir*, Opfersteine und Lospfeile, ist im vorliegenden Vers 91 (ebenso wie in **2**,219) nur noch vom Wein und *maisir* die Rede. — *innamā yurīdu š-šaiṭānu an...wa-yaṣuddakum ʿan ḏikri llāhi*: **58**,19; **12**,42; **43**,36; **25**,29.

5,92: **64**,12; **24**,54; **3**,32; **8**,20. — *fa-ʿlamū annamā ʿalā rasūlinā l-balāġu l-mubīnu*: **64**,12; **24**,54; **3**,20, mit weiteren Belegen.

5,93 Nach dem Wortlaut des vorliegenden Verses werden diejenigen, die wirklich gläubig, fromm und rechtschaffen sind und in ihrem guten Wandel beharren, nach dieser ihrer inneren Haltung gewertet und nicht etwa danach, ob sie gewisse Speisegebote oder -verbote einhalten. Vgl. **6**,145; hier werden allerdings gerade Speiseverbote – wenngleich als Ausnahmen – für verbindlich erklärt. Eben weil Mohammed doch einige Speiseverbote aufgestellt und schließlich auch das Weinverbot eingeführt hat, bezieht nun aber Ṭabarī (mit anderen Kommentatoren) den vorliegenden Vers speziell auf diejenigen Gläubigen, die schon vor der Verkündigung der Speiseverbote und besonders des Weinverbots gestorben sind. Die Perfekta (insbesondere *ṭaʿimū*) scheinen eine solche Deutung nahezulegen. Doch ist die zuerst gegebene Erklärung wahrscheinlicher. Sie läßt sich auch sachlich vertreten, falls man darauf verzichtet, den Vers mit dem kurz zuvor genannten Weinverbot in unmittelbaren Zusammenhang zu bringen und juristisch bis in die letzten Konsequenzen auszudeuten. Siehe auch E. Gräf, Jagdbeute und Schlachttier im islamischen Recht, Bonn 1959, S. 56f.

5,94–96 Gräf, Jagdbeute und Schlachttier im islamischen Recht, S. 57f.

5,94 Vers 94 bezieht sich offensichtlich auf das in den beiden folgenden Versen (und in **5**,1) ausgesprochene Verbot, im Weihezustand bzw. im heiligen Gebiet zu jagen. — *fa-mani ʿtadā baʿda ḏālika fa-lahū ʿaḏābun alīmun*: **2**,178.

5,95 *lā taqtulū ṣ-ṣaida wa-antum ḥurumun*: **5**,96; **5**,1. — *hadyan bāliġa l-Kaʿbati*: **2**,196; **22**,33; **48**,25. — Der Ausdruck *kaffāra* (hier und in den Versen 45 und 89) ist vom hebräischen *kappārā* abzuleiten. Siehe Horovitz, Proper Names, S. 220. — *li-yaḏūqa wabalā amrihī*: **59**,15; **64**,5; **65**,9. — *ʿafā llāhu ʿammā salafa* ...: **2**,275, mit weiteren Belegen.

5,96 *wa-ḥurrima ʿalaikum ṣaidu l-barri mā dumtum ḥuruman*: **5**,95; **5**,1.

5,97: **5**,2; **2**,125; **3**,96; **28**,57; **29**,67. — Zur Bedeutung des Ausdrucks *qiyāman lin-nāsi* vgl. **4**,5. — Vers 97 bezeichnet die Kaʿba (mit ihrem sakrosankten Gebiet) und den heiligen Monat (in dem alle Fehden ruhen) als von Gott gesetzte Institutionen, die dem Bestand (und Unterhalt?) der Menschen dienen. Dabei sind auch die Opfertiere (*hady* und *qalā'id*) genannt, ohne daß genauer angegeben wäre, in welcher Weise diese dem Bestand der Menschen dienlich sind. Vielleicht ist an das viele Fleisch gedacht, das bei der Opferung verteilt wird, vielleicht aber auch an die mit dem massenhaften Auftrieb von Opfertieren verbundene Belebung des Viehmarktes, einer Haupteinnahmequelle der arabischen Beduinen. — An die vorhergehenden Verse (in denen mittelbar auch vom heiligen Bezirk und von der Pilgerfahrt die Rede ist) schließt sich Vers 97 sinnvoll an. Dagegen ist es schwierig, einen logischen Zusammenhang mit dem Folgenden ausfindig zu machen. Schon die zweite Vershälfte (*ḏālika li-ta'lamū* ...) schwebt in der Luft. Ebensowenig ist ersichtlich, was die folgenden Verse 98f. (die übrigens auch unter sich nicht näher zusammengehören) in diesem Zusammenhang bedeuten sollen. Alles wirkt bruchstückhaft. Auch der weiter folgende Vers 100 scheint ganz für sich zu stehen.

5,98: **6**,165/**7**,167; **41**,43. — Vers 98 scheint mit dem Vorhergehenden und Folgenden nicht näher zusammenzuhängen. Siehe die Anmerkung zum vorhergehenden Vers 97.

5,99 *mā 'alā r-rasūli illā l-balāġu*: **3**,20, mit weiteren Belegen. — *wa-llāhu ya'lamu mā tubdūna wa-mā taktumūna*: **24**,29; **2**,33. Siehe die Anmerkung zu diesem Vers, mit weiteren Belegen. — Die zweite Vershälfte läßt sich sachlich an den Schluß von Vers 97 anschließen. Aber sonst hat der Vers keinen Zusammenhang mit dem umgebenden Text. Siehe die Anmerkung zu Vers 97.

5,100 Es ist nicht klar, auf was für einen speziellen Sachverhalt Vers 100 gemünzt ist. Siehe auch die Anmerkung zu Vers 97.

5,101f. In den Versen 101f. handelt es sich anscheinend um einen Sachverhalt, durch den die Gläubigen belastet werden, so daß sie besser daran tun, nicht auf eine Klärung zu drängen, sondern ruhig abzuwarten, bis zu gegebener Zeit eine Offenbarung darüber Klarheit schafft. Nähere Einzelheiten lassen sich aus dem Text nicht erschließen. Zu beachten ist, daß *sa'ala* in Vers 101 mit *'an* verbunden wird, dagegen in Vers 102 mit direktem Objekt.

5,103: **6**,136–145. — Mit den Ausdrücken *baḥīra, sā'iba, waṣīla* und *ḥāmī* sind nach den Kommentatoren verschiedene Arten von geweihten Kamelen gemeint. J. Wellhausen bemerkt dazu (Reste arabischen Heidentums, S. 112f.): „Zu den Weihgeschenken gehören auch die frei weidenden Kamele... Vier Namen und Arten davon werden im Quran aufgeführt... In der Erklärung dieser Namen herrscht begreifliches Schwanken. Nach alZuhri (von Sa'îd b. alMusaijab) ist al *Bahîra* eine Kamelstute, deren Milch für die Götter zurückbehalten wurde und die niemand melken durfte, al *Sâiba* eine, die für die Götter freigelassen und nicht mehr zum Lasttragen benutzt wurde, al *Vaçîla* eine, die lauter weibliche Füllen geworfen hatte und dann für die Götter freigelassen wurde, al *Hâmi* ein Kamelhengst, der, nachdem er eine bestimmte Zeit hindurch erfolgreich beschält hatte, nicht mehr zum Lasttragen benutzt, sondern den Göttern überlassen wurde... Das Wesen der Sache, das durch alle Differenzen klar hindurch scheint, läuft hinaus auf Danksagung für die Fruchtbarkeit des Viehs, nur daß in diesem Fall nicht der Wurf geschlachtet, sondern die verdienten Eltern auf die Weide der Gottheit geschickt wurden. Muhammad greift die unschuldige und fromme Sitte, die ihren religiösen Sinn zu seiner Zeit freilich vielleicht schon halbwegs verloren hatte, heftig an, und in Folge dessen gilt sie bei den muslimischen Religionsgelehrten für erzheidnisch..." Siehe auch Josef Henninger, Die unblutige Tierweihe der vorislamischen Araber in ethnologischer Sicht (Paideuma, Mitteilungen zur Kulturkunde, IV, Bamberg 1950, S. 179–190; dazu E. Gräf, Zeitschrift der Deutschen Morgenländischen Gesellschaft 102, 1952, S. 361–363); E. Gräf, Jagdbeute und Schlachttier im islamischen Recht, Bonn 1959, S. 58f. Henninger bemerkt zu den vier genannten Termini (S. 183): „Hier ist offenkundig von vier verschiedenen Arten von Weihetieren die Rede, und deshalb hat diese Stelle seit jeher großes Interesse erregt; aber die Definitionen der einzelnen Termini durch die arabischen Philologen (die alle der islamischen Zeit angehören) sind durchaus nicht einheitlich; oft wird man einfach geraten haben, um aus dem Koranwort, mochte es auch noch so dunkel sein, auf jeden Fall einen Sinn herauszubekommen. Es wird deshalb besser sein, sich auf die Erklärungsversuche weiter nicht zu stützen."

5,104: **2**,170; **31**,21; **43**,22–24; **10**,78, mit weiteren Belegen. — *wa-iḏā qīla lahum taʿālau ilā mā anzala llāhu wa-ilā r-rasūli*: auch **4**,61; **63**,5.

5,105 *ilā llāhi marǧiʿukum ǧamīʿan fa-yunabbiʾukum bi-mā kuntum taʿmalūna*: **6**,60, mit weiteren Belegen.

5,106–108: **2**,180–182. — Der vorliegende Abschnitt mit Vorschriften über letztwillige Verfügungen ist in manchen Einzelheiten rätselhaft, da die besonderen Zeitverhältnisse, aus denen heraus er zu verstehen ist, nur bruchstückhaft angedeutet sind. Verschiedene Fragen müssen offen bleiben. Siehe die Anmerkungen zu den Versen 106 und 107. Die an sich scharfsinnigen Ausführungen Ṭabarīs helfen nicht weiter.

5,106 Von zwei rechtlichen Leuten (*ḏawā ʿadlin*) ist auch in Vers 95 sowie in **65**,2 die Rede, an beiden Stellen ebenfalls mit der Ergänzung *minkum* („von euch"). Nach dem Wortlaut des vorliegenden Verses möchte man annehmen, daß die Bezeichnung „rechtliche Leute" dem Kreis der Gläubigen (*minkum*) vorbehalten sein soll, m. a. W. daß außerhalb dieses Kreises keine Vertrauensleute als vollwertig anerkannt werden. Sonst wäre das Wort *āḫarāni* im unmittelbar folgenden Passus *au āḫarāni min ġairikum* überflüssig. Die Beiziehung von „Ungläubigen" zur Klärung einer letztwilligen Verfügung wäre eben eine Notmaßnahme. Wenn nun aber mit den „zwei anderen, die nicht von euch sind", wirkliche Ungläubige gemeint sind, ist es schwer zu verstehen, wie sie nachträglich im Anschluß an die Ṣalāt (mit der sie ja nichts zu tun haben) festgehalten und auf einen Eid verpflichtet werden sollen, der zum mindesten in der Schlußformel ein ausgesprochen islamisches Gepräge trägt (siehe den Schluß des Verses). Zur Lösung dieses inneren Widerspruchs bieten sich zwei verschiedene Möglichkeiten. Entweder nimmt man an, daß der Schluß der Schwurformel weniger auf den Wortlaut des Eides gemünzt ist, als auf den Zweck, zum ganzen Vers einen der koranischen Ausdrucksweise entsprechenden Schluß abzugeben. Oder aber, man muß mit der Möglichkeit rechnen, daß im folgenden (von *taḥbisūnahumā* an) gar nicht mehr speziell die beiden Zeugen gemeint sind, die die letzte Willenserklärung eines auf Reisen verstorbenen Gläubigen entgegengenommen haben, sondern ganz allgemein zwei Gläubige, die über eine Erbangelegenheit eidlich vernommen werden sollen. Siehe unten. — Während sich der erste Teil des Verses eindeutig auf die Zeit vor dem Ableben des Erblassers bezieht, ist das beim zweiten Teil unwahrscheinlich. Der Text von *taḥbisūnahumā* an scheint vielmehr den Zeitpunkt der Testamentsvollstreckung bzw. der Auslieferung der Hinterlassenschaft vorauszusetzen. Dabei ist allerdings nicht klar, ob mit den beiden, die im Anschluß an die Ṣalāt festgehalten werden und einen Eid ablegen sollen, nur die beiden fremden Zeugen (*āḫarāni min ġairikum*) gemeint sind, oder auch die beiden dem eigenen Kreis angehörenden Zeugen (*ḏawā ʿadlin minkum*), oder ganz allgemein zwei Gläubige, die über eine Erbschaftsangelegenheit vernommen werden sollen (siehe oben). Auch ist dem Wortlaut nicht zu entnehmen, ob nicht bloß die Vereidigung der beiden Zeugen (*fa-yuqsimāni*...), sondern auch schon die Aufforderung, sie nach der Ṣalāt festzuhalten (*taḥbisūnahumā*...), an die Bedingung geknüpft ist, daß über ihre Glaubwürdigkeit Zweifel bestehen. — Zum Ausdruck *ḍarabtum fī l-arḍi* siehe die Anmerkung zu **2**,273, mit weiteren Belegen. — Zum Ausdruck *lā naštarī bihī ṯamanan* siehe die Anmerkung zu **2**,41, mit weiteren Belegen. — *wa-lau kāna ḏā qurbā*: **6**,152; **9**,113; **35**,18; **4**,135. — *wa-lā naktumu šahādata llāhi innā iḏan la-mina l-āṯimīna*: **2**,283; **2**,140.

5,107 Die Deutung des Passus *mina llaḏīna staḥaqqa ʿalaihimu l-aulayāni* ist umstritten. Ṭabarī liest statt des Aktivs (*istaḥaqqa*, so ʿAlī, Ubai und Ḥasan al-Baṣrī) das Passiv (*ustuḥiqqa*, so laut Ṭabarī „die Leser von Ḥiǧāz, ʿIrāq und Syrien“. Ibn Ǧinni/Bergsträßer, Ibn Ḫālawaih/Bergsträßer und Jeffery, Materials... führen diese Lesart nicht auf). Außerdem finden sich statt *al-aulayāni* die Lesarten *al-auwalāni* und *al-auwalīna*. Der Übersetzung ist der textus receptus zugrundegelegt, zumal er die lectio difficilior vertritt (die Lesarten *ustuḥiqqa* und *al-auwalāni* machen den Eindruck, der leichteren Deutung wegen erfunden zu sein, während *al-auwalīna* auf eine mechanische Verlesung des mit defektivem *ā* geschriebenen *al-aulayāni* zurückgehen mag). Wenn man mit dem textus receptus *istaḥaqqa* (Aktiv) liest, muß ein Subjekt nachfolgen, und das kann nur *al-aulayāni* sein. Da aber das Verbum *istaḥaqqa* im gleichen Vers schon einmal verwendet ist (mit dem Objekt *iṯman*), liegt es nahe, es wieder in demselben Sinn zu verstehen und *iṯman* als Objekt zu ergänzen. Es bleibt die Schwierigkeit, den Ausdruck *al-aulayāni* („die beiden Nächsten“) auf die beiden Personen zu deuten, die zwar zeitlich als erste ein Zeugnis abgelegt haben, aber deshalb nicht etwa als nächste Angehörige des Erblassers zu denken sind, sondern gerade umgekehrt als Fernerstehende, die sich gegen den engeren Kreis der Erbberechtigten eines Vergehens schuldig gemacht haben (*istaḥaqqa ʿalaihim*). — *innā iḏan la-mina ẓ-ẓālimīna*: (**5**,106); **11**,31, mit weiteren Belegen.

5,108 *ḏālika adnā an yaʾtū biš-šahādati ʿalā waǧhihā*: **2**,282. Siehe die Anmerkung zu dieser Stelle. — *wa-ttaqū llāha wa-smaʿū*: **64**,16; **2**,93. 104.

5,109 *yauma*... Verkürzter Zeitsatz. Siehe Einleitung zur Übersetzung, S. 4. — *mā ḏā uǧibtum*: **28**,65. — *lā ʿilma lanā innaka anta ʿallāmu l-ġuyūbi*: **5**,116; **9**,78; **34**,48.

5,110 Verkürzter Zeitsatz (ebenso in den Versen 111. 112 und 116). Siehe Einleitung zur Übersetzung, S. 4. — *aiyadtuka bi-rūḥi l-qudusi*: **2**,87/253. — *tukallimu n-nāsa fī l-mahdi wa-kahlan*: **3**,46; (**19**,29). — *ʿallamtuka l-kitāba wal-ḥikmata wat-taurāta wal-inǧīla*: **3**,48. Siehe die Anmerkung zu diesem Vers, mit weiteren Belegen. — *iḏ taḫluqu*...*fa-takūnu ṭairan bi-iḏnī*: **3**,49. Siehe die Anmerkung zu diesem Vers. — *tubriʾu l-akmaha wal-abraṣa*...*tuḫriǧu l-mautā bi-iḏnī*: **3**,49. — *iḏ kafaftu Banī Isrāʾīla ʿanka*: (**5**,11); (**48**,20. 24). — *iḏ ǧiʾtahum bil-baiyināti*: **43**,63; **61**,6; **2**,87/253. — *in hāḏā illā siḥrun mubīnun*: **61**,6 (ebenfalls von Jesus); **10**,76, mit weiteren Belegen.

5,111 *āmannā wa-šhad bi-annanā muslimūna*: **3**,52. Siehe auch die Anmerkung zu **3**,64.

5,112–115 Der Abschnitt über den Tisch (*māʾida*), den die Jünger Jesu aus dem Himmel erbitten, bezieht sich offensichtlich auf die Einsetzung des Abendmahls. Vielleicht ist er aber auch durch die Vision des Petrus in Apostelgeschichte 10,10ff. beeinflußt. Jedenfalls ist der Sachverhalt mangelhaft erfaßt und weithin mißverstanden. Siehe W. Rudolph, Die Abhängigkeit des Qorans von Judentum und Christentum, Stuttgart 1922, S. 81f.

5,113 *taṭmaʾinna qulūbunā*: **2**,260. In beiden Stellen wird ein besonderes Zeichen gefordert (hier von den Jüngern, dort von Abraham) zu dem Zweck, „im Herzen beruhigt", d. h. im Glauben vollends gefestigt zu werden.

5,114 Der Ausdruck *li-auwalinā wa-āḫirinā* („für den ersten und letzten von uns") ist wohl auf die Abfolge der Generationen zu beziehen. Vgl. **56**,48–50. — *wa-anta ḫairu r-rāziqīna*: **22**,58; **23**,72; **62**,11; **34**,39. Zur Bedeutung des Verbums *razaqa* siehe die Anmerkung zu **3**,27.

5,116 Der hier einsetzende Abschnitt wird wie die vorausgehenden Verse 110, 111 und 112 mit *iḏ* eingeführt. Er berichtet aber von einer Zwiesprache zwischen Gott und Jesus, die noch nicht stattgefunden hat, sich vielmehr nach Vers 119 (und 109) am Jüngsten Tag, also erst in der Zukunft abspielen wird. Die Kommentatoren helfen sich z.T. damit, daß sie *iḏ* im Sinn von *iḏā* „(dann) wenn" verstehen (vgl. **34**,51), z.T. damit, daß sie die Szene in die Zeit von Jesu Entrückung in den Himmel verlegen. Eine sachgemäße Deutung vertritt Ibn Qutaiba (Taʾwīl muškil al-qurʾān, Kairo 1373/1954, S. 227). — *a-anta qulta lin-nāsi ttaḫiḏūnī wa-ummiya ilāhaini*: (**5**,73); (**4**,171). Als christliche Trinität gilt im Koran die Dreiheit Gott (Vater), Maria und Jesus. Siehe W. Rudolph,

Die Abhängigkeit des Qorans von Judentum und Christentum, Stuttgart 1922, S. 86f. — *in kuntu qultuhū fa-qad ʿalimtahū*. Statt eines realen Bedingungssatzes würde man hier einen irrealen erwarten. — *innaka anta ʿallāmu l-ġuyūbi*: **5**,109; **9**,78; **34**,48.

5,117 *uʿbudū llāha rabbī wa-rabbakum*: **5**,72; **3**,51/**19**,36/**43**,64; **36**,61. — *wa-kuntu ʿalaihim šahīdan mā dumtu fīhim*: (**4**,159). Siehe die Anmerkung zu diesem Vers. — *fa-lammā tawaffaitanī*: **3**,55.

5,118 Bedingungssätze mit Verschiebung. Siehe Einleitung zur Übersetzung, S. 4.

5,119 Zur Bedeutung des Ausdrucks *min taḥtihā* siehe die Anmerkung zu **2**,25. — *raḍiya llāhu ʿanhum wa-raḍū ʿanhu*: **9**,100/**58**,22/**98**,8; (**3**,15, mit weiteren Belegen). — *ḏālika l-fauzu l-ʿaẓīmu*: **4**,13, mit weiteren Belegen.

5,120: **19**,65, mit weiteren Belegen.

SURE 6

6,1 *ṯumma llaḏīna kafarū bi-rabbihim yaʿdilūna*: **6**,150; **27**,60. Zur Bedeutung des Verbums *ʿadala* siehe die Anmerkung zu **4**,135.

6,2: **40**,67; **6**,60; **39**,42. — Der Ausdruck *aǧal musammā* („bestimmte Frist") stammt wohl aus dem Rechtsleben (vgl. **2**,282: *iḏā tadāyantum bi-dainin ilā aǧalin musammān*...), hat aber im Koran meist einen heilsgeschichtlichen Sinn. Er bedeutet dann die von Gott den einzelnen Menschen oder ganzen Völkern gesetzte Frist, nach deren Ablauf ihr Leben endet bzw. das Gericht einsetzt (wobei die Frage offen bleibt, ob Lebensende und Beginn des Gerichts zeitlich auseinanderliegen). Auch den Himmeln und der Erde ist eine „bestimmte Frist" gesetzt (**30**,8/**46**,3), desgleichen der Sonne und dem Mond (**13**,2/**35**,13/**39**,5/**31**,29). Ṭabarī bezieht den Ausdruck *aǧal musammā* in der vorliegenden Stelle **6**,2 auf die Frist der Auferstehung, während er das vorhergehende *qaḍā aǧalan* auf die (früher liegende) Todesfrist deutet (siehe auch Blachère zur Stelle, sowie Helmer Ringgren, Studies in Arabian Fatalism, Uppsala-Wiesbaden 1955, S. 92). In Wirklichkeit wird aber beidesmal dasselbe gemeint sein, nämlich die dem Menschen gesetzte Todesfrist. Das Sätzchen *wa-aǧalun musammān ʿindahū* bringt sachlich nichts Neues. Es ist als Parenthese zu verstehen und dient der Hervorhebung und Unterstreichung des vorausgehenden *qaḍā aǧalan*.

6,3 *yaʿlamu sirrakum wa-ǧahrakum*: **67**,13; **13**,10; **2**,33, mit weiteren Belegen. — *wa-yaʿlamu mā taksibūna*: **13**,42; **39**,70; **42**,25; **29**,45; **47**,30. — Zur Bedeutung von *kasaba* siehe die Anmerkung zu **2**,79.

6,4: **36**,46; **26**,5; **15**,81; **12**,105; (**21**,32); (**18**,57/**32**,22); (**6**,25/**7**,146); (**10**,96f.); (**54**,2); (**7**,132). — Im Vordersatz steht das Imperfekt, im Nachsatz das Perfekt. Weitere Beispiele bei Bergsträsser, Verneinungspartikeln, S. 78.

6,5: **26**,6; **50**,5; **29**,68; **39**,32.

6,6: **21**,11; **36**,31; **19**,74; **50**,36; **43**,8; **46**,26f.; **40**,21; **40**,82; **35**,44; **30**,9. Weitere Belege in der Anmerkung zu **17**,17. — *wa-arsalnā s-samā'a 'alaihim midrāran wa-ǧa'alnā l-anhāra taǧrī min taḥtihim*: **71**,11f.; **11**,52. — *wa-anša'nā min ba'dihim qarnan āḫarīna*: **23**,31. 42; **21**,11; **28**,45.

6,7: **4**,153 (siehe die Anmerkung dazu); **17**,93; **74**,52. — Zur Frage, ob *qirṭās* im vorliegenden Vers nicht eher Papyrus bedeutet, siehe A. Grohmann, Allgemeine Einführung in die arabischen Papyri, Wien 1924, S. 26f., 54–56; Arabische Paläographie, I, Wien 1967, S. 70, 108–110; R. Bell, Introduction to the Qur'ān, S. 16. — *la-qāla llaḏīna kafarū in hāḏā illā siḥrun mubīnun*: **10**,76, mit weiteren Belegen.

6,8 *lau-lā unzila 'alaihi malakun*: **25**,7; **11**,12; **11**,31/**6**,50; **17**,92. 94f.; **15**,7f.; **43**,53; **41**,14; **23**,24; **25**,21; **6**,158; **2**,210; **16**,33; **6**,111. — Zur eschatologischen Bedeutung des Ausdrucks *quḍiya l-amru* („die Angelegenheit wäre entschieden"): **2**,210; **6**,58; **19**,39; **14**,22; **39**,69; **40**,78. — *ṯumma lā yunẓarūna*: **2**,162/**3**,88; **16**,85; **32**,29; **21**,40; **15**,8; **44**,29; (**26**,203).

6,10: **21**,41; **13**,32; **15**,11/**36**,30; **43**,7. — *fa-ḥāqa bi-llaḏīna saḫirū minhum mā kānū bihī yastahzi'ūna*: **21**,41 (s. o.); **11**,8; **16**,34; **39**,48/**45**,33; **40**,83; **46**,26; (**35**,43).

6,11: **3**,137, mit weiteren Belegen.

6,12 Vers 12 enthält viererlei Aussagen, die nicht recht zusammenzupassen scheinen: a) Gott ist der Herr von Himmel und Erde; b) Gott will Gnade walten lassen; c) Gott wird die Menschen (im besonderen die Sünder) am Tag der Auferstehung zu sich „versammeln"; d) die Rechnung der Ungläubigen schließt mit Verlust ab. — Der in a) ausgesprochene Gedanke findet sich im Koran so häufig, daß es sich erübrigt, Belege anzuführen. — Beleg zu b) *kataba 'alā nafsihi r-raḥmata*: **6**,54. In diesem Vers steht der Passus *kataba 'alā nafsihi r-raḥmata* (im Gegensatz zur vorliegenden Stelle) in einem sinnvollen Zusammenhang. — Belege zu c) *la-yaǧma'annakum ilā yaumi l-qiyāmati lā raiba fīhi*: **3**,9 (wie im vorliegenden Vers geht hier ein Hinweis auf die göttliche Barmherzigkeit voraus); **4**,87; **45**,26; **3**,25; **42**,7; (**64**,9). — Belege zu d) *allaḏīna ḫasirū anfusahum fa-hum lā yu'minūna*: **6**,20; **39**,15; **42**,45; **11**,21; **7**,53; **7**,9; **23**,103. — Zwischen den beiden letzten Aussprüchen (c und d) läßt sich leicht ein sachlicher Zusammenhang herstellen. Aber sprachlich paßt der Relativsatz *allaḏīna ḫasirū*... (3. Pers. Plural) nicht recht zum Suffix in *la-yaǧma'annakum* (2. Pers. Plural). Nach Reckendorf, Syntax, § 214,2 steht allerdings im Relativsatz zur ersten und zweiten Person nicht selten auch die dritte Person.

6,13 *wa-lahū mā sakana fī l-laili wan-nahāri*: **28**,73; **30**,23; **10**,67/**40**,61/**27**,86; **6**,96. Das Verbum *sakana* bedeutet vermutlich auch im vorliegenden Vers „ruhen" und nicht etwa „wohnen" (was einige Kommentatoren nahelegen). Die Bedeutung „ruhen" paßt nun aber wohl zur Nacht, dagegen schlecht zum Tag. Aufgrund der oben angeführten Belege wird man vielleicht annehmen dürfen, daß *sakana* sich nur auf den Ausdruck *fī l-laili* bezieht, und daß zu *wa-(fī) n-nahāri* ein Verbum mit gegenteiligem Sinn zu ergänzen ist, etwa „in Bewegung sein" (Baiḍāwī: *taḥarraka*) oder „Licht haben", „sehen" (vgl. **10**,67/**40**,61/**27**,86; **28**,71) oder „dem Erwerb nachgehen" (vgl. **28**,73; **30**,23). Übrigens ist auch in **28**,73 und **30**,23 der Ausdruck *wan-nahār* unmittelbar an *al-lail* angeschlossen, so daß das sachlich zu *al-lail* gehörende *li-taskunū fīhi* bzw. *manāmakum* dem Wortlaut nach auch auf *an-nahār* bezogen werden müßte. In diesen beiden Stellen ergibt sich aber eine sachliche Korrektur durch das nachfolgende *wa-li-tabtaġū min faḍlihī* bzw. *wa-btiġā'ukum min faḍlihī*. Siehe die Anmerkung zu **30**,23.

6,14 *qul a-ġaira llāhi attaḫiḏu walīyan fāṭiri s-samāwāti wal-arḍi*: **12**,101. — *wa-huwa yuṭ'imu wa-lā yuṭ'amu*: **51**,57. — *innī umirtu an akūna auwala man aslama*: **39**,12; **6**,163; **10**,72, mit weiteren Belegen. — *wa-lā takūnanna mina l-mušrikīna*: **10**,105; **28**,87; (**30**,31). In zwei dieser Stellen (**10**,105 und **30**,30f.) wird auf die von Abraham gestiftete Ḥanīfenreligion angespielt. Das ist kein Zufall. Gerade in den Stellen, in denen sonst von der Religion Abrahams als eines Ḥanīfen die Rede ist, heißt es am Schluß regelmäßig: *wa-mā kāna mina l-mušrikīna* (**2**,135; **3**,67. 95; **6**,79. 161; **16**,120. 123; vgl. **22**,31).

6,15: **39**,13; **10**,15; (**7**,59, mit weiteren Belegen); (**11**,63).

6,16: **40**,9. — *man yuṣraf 'anhu yauma'iḏin*: **25**,65; **11**,8. — *wa-ḏālika l-fauzu l-mubīnu*: **45**,30; **4**,13, mit weiteren Belegen.

6,17: **10**,107; **35**,2; **39**,38; (**6**,41, mit weiteren Belegen).

6,18 *wa-huwa l-qāhiru fauqa 'ibādihī*: **6**,61.

6,19 *allāhu šahīdun bainī wa-bainakum*: **13**,43, mit weiteren Belegen. Siehe auch die Anmerkung zu **3**,18. — *wa-ūḥiya ilaiya hāḏā l-qur'ānu li-unḏirakum bihī wa-man balaġa*: **42**,7; **6**,92. — *qul innamā huwa ilāhun wāḥidun*: **16**,51; **14**,52; **18**,110/**21**,108/**41**,6; **4**,171; **5**,73; **2**,163; **16**,22/**22**,34; **37**,4. — *innanī barī'un mimmā tušrikūna*: **6**,78; **11**,54; **43**,26f.; **60**,4.

6,20 *allaḏīna ātaināhumu l-kitāba ya'rifūnahū ka-mā ya'rifūna abnā'ahum*: **2**,146; **2**,144; **6**,114; (**28**,52f.); (**2**,89). — *allaḏīna ḫasirū anfusahum fa-hum lā yu'minūna*: **6**,12. Vielleicht ist vor diesem Passus eine Zäsur anzunehmen. Falls jedoch der Wortlaut kontinuierlich sein sollte, wäre er etwa im Sinn von **2**,89 folgendermaßen zu einer Einheit zu kombinieren: Die „Schriftbesitzer" müßten die koranische Offenbarung anerkennen, da sie an sich genau darüber Bescheid wissen. Aber sie lehnen sie ab und haben deshalb endgültig verspielt.

6,21: **10**,17; **7**,37; **29**,68; **11**,18; **6**,93; **6**,144; **61**,7; **18**,15; **6**,157; **39**,32; **3**,94; **16**,116; **10**,69; **20**,61.

6,22 *wa-yauma*... Verkürzter Zeitsatz. Siehe Einleitung zur Übersetzung, S. 4. — Belege zum ganzen Vers: **10**,28; **28**,62/74; **18**,52; **16**,27; **41**,47f.; **6**,94; weitere Belege in der Anmerkung zu **10**,28f. — Die falschen Götter, die eigentlich *šurakā'* („Teilhaber") *Gottes* heißen, weil sie (angeblich) mit ihm an der Göttlichkeit teilhaben, werden in einigen Koranversen sekundär als *šurakā'* der *Heiden* bezeichnet. So im vorliegenden Vers und in dem an erster Stelle angeführten Beleg.

6,23 Die in der Übersetzung gegebene Deutung des Passus *lam takun fitnatuhum illā*... ist nicht sicher.

6,24 *wa-ḍalla ʿanhum mā kānū yaftarūna*: **7**,53/**10**,30/**11**,21/**16**,87/**28**,75; **41**,48; **6**,94; **7**,37; **40**,73f.; **17**,67; **46**,28.

6,25 *wa-minhum man yastamiʿu ilaika wa-ǧaʿalnā ʿalā qulūbihim akinnatan an yafqahūhu wa-fī āḏānihim waqran*: **10**,42; **47**,16; **17**,45–47; **18**,57; **41**,5; **41**,44; **31**,7; **2**,7, mit weiteren Belegen. — *wa-in yarau kulla āyatin lā yuʾminūna bihā*: **7**,132. 146; **10**,96f.; **2**,145. — Es ist nicht klar, in was für einem syntaktischen Verhältnis die beiden Imperfekta *yuǧādilūnaka* und *yaqūlu* zu dem vorhergehenden *ḥattā iḏā ǧāʾūka* stehen. Vermutlich hat der Passus *ḥattā iḏā ǧāʾūka* keinen eigentlichen Nachsatz (für den ein Perfekt zu erwarten wäre; zum Gebrauch von *ḥattā iḏā* ohne Nachsatz siehe Reckendorf, § 266, 4bβ). Das Imperfekt *yuǧādilūnaka* ist dann als Zustandssatz zu erklären, während das folgende *yaqūlu llaḏīna*... sich als neuer Satz lose daran anschließt. Zur Not könnte man allerdings a) *yaqūlu*... oder auch schon b) *yuǧādilūnaka* als Nachsatz zu *ḥattā iḏā ǧāʾūka* deuten (trotz des Imperfekts). Dann wäre zu übersetzen: a) „Und wenn sie schließlich zu dir kommen, um mit dir zu streiten, sagen diejenigen..." b) „Und wenn sie schließlich zu dir kommen, streiten sie mit dir. (Und) diejenigen, die ungläubig sind, sagen..." — *yaqūlu llaḏīna kafarū in hāḏā illā asāṭīru l-auwalīna*: **8**,31/**23**,83/**27**,68; **46**,17; **16**,24/**25**,5/**68**,15/**83**,13. Wie sich aus den Belegstellen ergibt, wird der Ausdruck *asāṭīr al-auwalīn* ausschließlich den Ungläubigen in den Mund gelegt. Diese wenden sich gegen die koranische Verkündigung oder speziell gegen die Lehre von der Auferstehung mit dem Hinweis auf die *asāṭīr* der früheren (Generationen), in denen derartige, nach ihrer Meinung alberne Dinge auch schon vertreten worden sind, ohne Zustimmung zu finden. Nach dem Wortlaut von **25**,5 könnte man annehmen, daß an schriftlich fixierte Texte gedacht ist (nach denen diktiert werden kann). Dazu paßt gut die etymologische Deutung von *asāṭīr* als Plural von **isṭāra* oder **usṭūra* „Schrift" (entsprechend aramäischem *šĕṭārā* oder *eštārā*; siehe Horovitz, Koranische Untersuchungen, S. 69f.; Jeffery, Foreign Vocabulary, S. 56f.). David Künstlinger möchte dagegen *asāṭīr* aus der syrischen Wurzel *šṭr* in der Bedeutung „dumm", „törichtes (Gerede)" ableiten, wonach *asāṭīr* mit „Faseleien" zu übersetzen wäre (Orientalistische Literaturzeitung 1936, Sp. 481–483). R. Köbert kam neuerdings wieder auf die Etymologie *usṭūra* = griechisch *historia* zurück (Orientalia, Nova Series, 14, 1945, S. 274 bis 276). Bei alledem bleibt immer noch fraglich, was die heidnischen Zeitgenossen Mohammeds bei dem (anscheinend geläufigen) Gebrauch des Ausdrucks *asāṭīr al-auwalīn* im Auge hatten. Schwerlich war es eine Bezeichnung für die biblischen Geschichten, die von christlichen Missionspredigern unter Berufung auf ihre heiligen Schriften unter Arabern vorgetragen worden sein mögen. C. A. Nallino bemerkt dazu (La littérature arabe, Paris 1950, S. 64f.): „La prose préislamique" .... „Ils (les Arabes) savaient même quelque chose de l'histoire des peuples limitrophes, comme la population de Palmyre, les

Persans, les Byzantins, les Hébreux, ainsi qu'il ressort des allusions qui apparaissent dans leur poèmes quoique l'élément légendaire s'y mêle librement. De telles narrations sont peut-être „les fables des anciens" (*asāṭīr al-awwalīn*) auquelles les païens de la Mekke comparaient les avertissements et les récits du Coran."

6,26 Es ist nicht klar, ob das Personalsuffix in dem zweimal vorkommenden *'anhu* ganz allgemein auf die Verkündigung Mohammeds oder speziell auf den Koran zu beziehen ist. Dasselbe gilt für das Suffix in *yafqahūhu* im vorhergehenden Vers.

6,27 *wa-lau tarā id̲ wuqifū 'alā n-nāri*: **6**,30; **34**,31; **46**,20. 34. — *lā laitanā nuraddu wa-lā nukad̲d̲iba bi-āyāti rabbinā wa-nakūna mina l-mu'minīna*: **7**,53; **35**,37; **32**,12; (**14**,44); (**63**,10); (**23**,99f.); **26**,102; **39**,58; **2**,167.

6,28 Der Satz *bal badā lahum mā kānū yuḫfūna min qablu* ist trotz der Klarheit des Ausdrucks vieldeutig. Der Wortlaut wäre ohne weiteres verständlich, wenn es entweder heißen würde: *badā lahum mā kāna ḫafīyan 'alaihim*... „ihnen ist offenkundig geworden, was ihnen früher verborgen war", oder: *badā minhum mā kānū yuḫfūna*... „von bzw. an ihnen ist offenkundig geworden, was sie früher verborgen gehalten haben". Zum zweiten Fall vgl. **40**,16; **69**,18. So, wie der Text tatsächlich lautet, läßt er die beiden folgenden Möglichkeiten der Deutung zu: a) Die Ungläubigen können beim Gericht ihr sündhaftes Wesen nicht mehr wie während ihres Erdenlebens verborgen halten, da es ihnen sozusagen leibhaftig als die ihnen zur Last geschriebene Schuld entgegentritt und offenkundig wird. (b) Den Ungläubigen wird beim Gericht die Wahrheit der göttlichen Offenbarung und die Tatsächlichkeit von Auferstehung und Gericht offenkundig – dieselbe Wahrheit und Tatsächlichkeit, die sie während ihres Erdenlebens durch ihr fortgesetztes Zweifeln und Leugnen verborgen gehalten haben. — Belege zu *badā lahum*: **39**,48; **45**,33. — *la-'ādū li-mā nuhū 'anhu*: **58**,8. 3.

6,29: **23**,37; **45**,24; **16**,38, mit weiteren Belegen.

6,30 *wa-lau tarā id̲ā wufiqū 'alā rabbihim*: **6**,27; **34**,31; **37**,24; **46**,20. 34; (**32**,12). — *qāla a-laisa hād̲ā bil-ḥaqqi*...: **46**,34; **10**,53; **10**,55; **31**,33/**35**,5; **45**,32; **78**,39.

6,31 *qad ḫasira llad̲īna kad̲d̲abū bi-liqā'i llāhi*: **10**,45; **7**,147; **18**,105; **29**,23; (**30**,16). — *ḥattā id̲ā ǧā'athumu s-sā'atu baġtatan qālū yā ḥasratanā 'alā mā farraṭnā fīhā*: **39**,55f. *id̲ā ǧā'athumu s-sā'atu baġtatan*: auch **7**,187, mit weiteren Belegen. Die Deutung von *farraṭnā fīhā* ist übrigens nicht sicher. — *wa-hum yaḥmilūna auzārahum 'alā ẓuhūrihim a-lā sā'a mā yazirūna*: **16**,25.

6,32: **29**,64; **47**,36; **57**,20; **6**,70/**7**,51. — Speziell zum Schlußsatz *wa-la-d-dāru l-āḫiratu ḫairun li-llad̲īna yattaqūna a-fa-lā ta'qilūna*: **7**,169/**12**,109; **16**,30; **12**,57, mit weiteren Belegen.

6,33 *qad na'lamu annahū la-yaḥzunuka llad̲ī yaqūlūna*: **15**,97; **10**,65, mit weiteren Belegen. — Der Sinn von Vers 33 scheint, wie das in der Übersetzung angedeutet ist, der zu sein, daß die Behauptung der Ungläubigen, Mohammed sei ein Lügner, in Wirklichkeit nicht gegen ihn persönlich gerichtet ist, sondern gegen die Sache, nämlich die göttliche Offenbarung. Im folgenden Vers wird allerdings wieder vorausgesetzt, daß Mohammed persönlich unter dem Vorwurf der Lügenhaftigkeit zu leiden hatte (so wie die Gesandten vor ihm). Der Ausdruck *lā yukaḏḏibūnaka* sieht übrigens so aus, als ob der ganze Satz verneint wäre, und nicht nur das Objektsuffix. Vielleicht wäre besser zu übersetzen: „Aber sie zeihen dich nicht (einfach) der Lüge. Vielmehr leugnen die Frevler (indem sie dich der Lüge zeihen) die Zeichen Gottes."

6,34 *wa-la-qad kuḏḏibat ʿrusulun min qablika*: **35**,4; **3**,184; **35**,25. Weitere Belege in der Anmerkung zu **10**,39. — *fa-ṣabarū ʿalā mā kuḏḏibū wa-ūḏū ḥattā atāhum naṣrunā*: **14**,12; **3**,186; **33**,48; **12**,110. — *wa-lā mubaddila li-kalimāti llāhi*: **6**,115; **18**,27; **33**,62/**48**,23; **35**,43; **17**,77; **50**,29; **10**,64; (**30**,30). — *wa-la-qad ǧā'aka min naba'i l-mursalīna*: **11**,120; **7**,101, mit weiteren Belegen.

6,35 Der Wortlaut von Vers 35 ist verworren. Zu beiden (mit *wa-in* bzw. *fa-in* eingeleiteten) Vordersätzen fehlt der Nachsatz. Auch würde man statt *tabtaġiya*, was die Bedeutung „suchen", „nach etwas verlangen" hat, eher ein Verbum mit der Bedeutung „finden" erwarten (siehe aber **18**,41, wo bei *ṭalab* eine ähnliche Bedeutungsverschiebung vorzuliegen scheint). Die in der Übersetzung gegebene Ergänzung des Textes ist nur ein unmaßgeblicher Versuch, dem Ganzen einen Sinn abzugewinnen. Reckendorf koordiniert die beiden Vordersätze, so daß nur *ein* Nachsatz zu ergänzen ist, und übersetzt (Syntaktische Verhältnisse, S. 709): „Wenn dir ihre Widersetzlichkeit zu lästig wird, und du nun ein Loch in der Erde zu gewinnen suchst... (so ziehe die Folgerung)." Damit ist schwerlich das Richtige getroffen. Dem Sinn nach ist der mit *fa-ini staṭaʿta* beginnende Satz sicher als *irrealer* Bedingungssatz zu verstehen. Denn wiederholt wird im Koran betont, daß Mohammed nur ein Mensch ist und außer dem Koran (und den Zeichen der Natur) kein Wunderzeichen vorweisen kann, während die Ungläubigen eben dies von ihm verlangen. Siehe z. B. **17**,88–94. — *wa-lau šā'a llāhu la-ǧamaʿahum ʿalā l-hudā*: **6**,149/**16**,9; **13**,31; **32**,13; **10**,99; (**5**,48/**16**,93/**42**,8); (**11**,118). — Zum Passus von der Leiter (*sullam*) siehe J. Horovitz, Proper Names, S. 210: „Soṭah 35a furnishes a parallel to **6**:35, in which former passage the following statement is made with reference to Moses: ,*im yōmar naʿase sullāmōt we-naʿale lā-rāḳīʿa lō nišmaʿ lōʿ*." Siehe auch **17**,93, mit weiteren Belegen.

6,36 In Vers 36 sind zwei anscheinend ganz verschiedene Gedanken aneinandergereiht: 1. Die Ungläubigen geben, da sie in ihrer Verstocktheit nicht hören können, dem Ruf zum Glauben kein Gehör; 2. Gott weckt dereinst die Toten auf und holt sie zu sich heim. Der Vers würde einheitlicher wirken, wenn der Ausdruck *al-mautā* („die Toten"), mit dem die zweite Vershälfte beginnt, in übertragenem Sinn gemeint und auf die in der ersten Vershälfte genannten verstockten Ungläubigen zu beziehen wäre. Vgl. **27**,80f./**30**,52f.

6,37: **29**,50; **13**,7; **10**,20; **13**,27; **2**,118; **20**,133; **21**,5.

6,38 Vers 38 ist vielleicht aus einem anderen Zusammenhang an seine jetzige Stelle versprengt. Belege: **11**,6; **11**,56; **6**,59; **34**,3/**10**,61; **27**,74f.; **36**,12. — *mā farraṭnā fī l-kitābi min šai'in*: **6**,61.

6,39 *wa-llaḏīna kaḏḏabū bi-āyātinā ṣummun wa-bukmun fī ẓ-ẓulumāti*: **2**,17f.; **2**,171; **8**,22; **10**,42; **43**,40; **27**,80/**30**,52; **21**,45.

6,40 Die Form *a-ra'aitakum* findet sich sonst nur noch in Vers 47 eben dieser Sure.

6,41 Zur Konstruktion *mā tad'ūna ilaihi* vgl. **39**,8; **10**,12. — Weitere Belege zum ganzen Vers (einschließlich des vorhergehenden): **17**,56; **39**,38; **36**,23; **48**,11; **33**,17; **13**,11; **27**,62; **6**,17/**10**,107; **53**,57f.; **2**,186; **67**,21.

6,42: **7**,94.

6,43 *fa-lau-lā iḏ ǧā'ahum ba'sunā taḍarra'ū*: **23**,76. — *zaiyana lahumu š-šaiṭānu mā kānū ya'malūna*: **8**,48/**16**,63/**27**,24/**29**,38. Zur Bedeutung des Verbums *zaiyana (II)* und des zugehörigen Nomens *zīna* siehe die Anmerkung zu **2**,212, mit Belegen.

6,44 *fa-lammā nasū mā ḏukkirū bihī*: **7**,165; **5**,13; (**25**,18). Siehe die Anmerkung zu **5**,13. — *fataḥnā 'alaihim abwāba kulli šai'in ḥattā...aḫaḏnāhum baġtatan fa-iḏā hum mublisūna*: **7**,95; **23**,77; (**30**,12); (**43**,74f.).

6,45: **7**,72; **15**,66; **8**,7; (**3**,127).

6,46: **45**,23; (**28**,71f.); (**67**,30); (**2**,7, mit weiteren Belegen).

6,47 Die Form *a-ra'aitakum* findet sich sonst nur noch in Vers 40 eben dieser Sure. — Belege zum ganzen Vers: **10**,50(–52); (**7**,4f.). — *hal yuhlaku illā l-qaumu ẓ-ẓālimūna*: **46**,35; **28**,59; (**10**,13, mit weiteren Belegen).

6,48 *wa-mā nursilu l-mursalīna illā mubašširīna wa-munḏirīna*: **18**,56; **4**,165; **2**,213. — *fa-man āmana wa-aṣlaḥa*...: **7**,35f. Das Verbum *aṣlaḥa (IV)* bedeutet hier (und in dem angeführten Beleg) wohl nicht, wie sonst oft, „sich bessern", „*wieder*gutmachen", sondern ganz allgemein „rechtlich handeln", „für Recht und Ordnung (*ṣalāḥ*) sorgen". — *fa-lā ḫaufun 'alaihim wa-lā hum yaḥzanūna*: **2**,62, mit weiteren Belegen.

6,50 *qul lā aqūlu lakum 'indī ḫazā'inu llāhi wa-lā a'lamu l-ġaiba wa-lā aqūlu lakum innī malakun*: **11**,31; **11**,12; **25**,7f.; **17**,94f.; **7**,188; **10**,20; **19**,78, mit weiteren Belegen. Speziell zu *'indī ḫazā'inu llāhi*: **11**,31 (s. o.); **17**,100, mit weiteren Belegen. Speziell zu *wa-lā aqūlu lakum innī malakun*: **6**,8, mit weiteren Belegen. — *in attabi'u illā mā yūḥā ilaiya*: **10**,15/**46**,9; **7**,203; **10**,109/**33**,2; **6**,106; (**18**,110/**41**,6). — *hal yastawī l-a'mā wal-baṣīru*: **13**,16; **11**,24; **35**,19f.; **40**,58; **13**,19; **16**,76.

6,51 Diejenigen, „die fürchten, (dereinst) zu ihrem Herrn versammelt zu werden", gelten eben wegen ihrer Furcht vor dem Jüngsten Tag von vornherein als fromm. Vgl. **13**,19–21; **24**,37; **76**,7. Mohammed soll sich also mit seiner Warnung – das scheint der Sinn des vorliegenden Verses zu sein – speziell an die Frommen wenden, und nicht an die verstockten Ungläubigen (vgl. Vers 50), bei denen doch alles Warnen keinen Eindruck macht. Als weitere Belege wären allenfalls noch zu nennen: **35**,18; **36**,11. — Der Passus *laisa lahum min dūnihī walīyun wa-lā šafī'un* läßt sich sinnvoll als Zustandssatz an das Vorhergehende anschließen (so Zamaḫšarī). Die Schlußformel *la'allahum yatta-*

qūna ist dagegen, wie so oft, nur lose angehängt. Bei der vorher genannten Kategorie von Menschen, die sich vor dem Jüngsten Gericht ängstigen, ist ja von vornherein anzunehmen, daß sie gottesfürchtig sind (s. o.).

6,52 Zu Vers 52 gibt es zwei ausführlichere Belege (**11**,27–30 und **26**,111 bis 115), die zwar von der Auseinandersetzung zwischen Noah und seinen Zeitgenossen handeln, in Wirklichkeit aber eine Diskussion widerspiegeln, die sich – wie im vorliegenden Vers – zwischen Mohammed und seinen heidnischen Landsleuten abgespielt haben muß. Aus diesen Stellen läßt sich folgender Sachverhalt erschließen: Dem Propheten wurde von seiten der Aristokratie (*al-mala'*, **11**,27) vorgehalten, seine Anhängerschaft rekrutiere sich aus der Hefe des Volkes (*arāḏilunā*, **11**,27; *al-arḏalūna*, **26**,111). Außerdem deutete man ihm wohl an, daß man einen Übertritt zum Islam in Erwägung ziehen könnte, wenn er diese minderwertigen Bevölkerungselemente von sich weisen würde (*ṭarada*). Mohammed lehnte dieses Ansinnen ab mit der Begründung, daß er niemanden von sich weisen könne, der gläubig sei (**11**,29; **26**,114), bzw. in frommer Weise morgens und abends Gott anrufe (**6**,52; vgl. **18**,28). Allem Anschein nach konnte man den Betreffenden auch gewisse Untaten vorwerfen (die sie allerdings *vor* ihrem Übertritt zum Islam begangen haben mochten, vgl. unten Vers 54). Mohammed wies diese Vorwürfe ebenfalls zurück, und zwar mit der Begründung, daß er seinerseits nicht wissen könne, was sie getan haben (**26**,112: *mā 'ilmī bi-mā kānū ya'malūna*), und daß sie sich ausschließlich vor Gott zu verantworten haben werden (**26**,113; **6**,52). — *yad'ūna rabbahum bil-ġadāwati wal-'ašīyi*: **18**,28; **3**,41, mit weiteren Belegen. — *yurīdūna waǧhahū*: **18**,28; **30**,38. 39; **13**,22/**92**,20; (**76**,9). Zur Sache siehe J. M. S. Baljon, ‚To Seek the Face of God' in Koran and Ḥadîth (Acta Orientalia 21, 1953, S. 254–266). Baljon verweist auf den alttestamentlichen Ausdruck *biqqēš pĕnē yhwh*.

6,53 Vers 53 läßt sich sachlich ohne Schwierigkeit an den vorhergehenden Vers 52 anschließen (siehe die Anmerkung dazu). Demnach hielten sich die Vertreter der Aristokratie darüber auf, daß Angehörige der unteren Schichten von Gott bevorzugt sein sollen. Mohammed wies demgegenüber darauf hin, daß sie Gott dankbar sind und eben deshalb einen höheren Rang haben als die im Grunde ihres Herzens undankbaren Heiden (*kufr* ist das Gegenteil von *šukr*), obgleich diese äußerlich betrachtet vornehmer sind.

6,54 Vers 54 bezieht sich vielleicht auch noch speziell auf die in Vers 52 genannten Gläubigen, denen anscheinend von heidnischer Seite gewisse Untaten vorgeworfen wurden (siehe die Anmerkung zu Vers 52). Er kann aber auch für sich allein verstanden werden. Jedenfalls kündigt Mohammed hier den Gläubigen an, daß sie für Vergehen, die sie sich unwissentlich (vielleicht noch vor ihrem Übertritt zum Islam?) haben zuschulden kommen lassen, bei Gott auf Vergebung rechnen dürfen. — *kataba rabbukum 'alā nafsihi r-raḥmata*: **6**,12. — *man 'amila minkum sū'an bi-ǧahālatin ṯumma tāba...*: **16**,119; **4**,17; **4**,110; **7**,153; **20**,82; **5**,39; **3**,89/**24**,5; **2**,160; **4**,146.

6,55 *wa-li-tastabīna sabīlu l-muǧrimīna.* Elliptische Ausdrucksweise. Siehe Nöldeke, Neue Beiträge, S. 18.

6,56: **40**,66.

6,57 *innī ʿalā baiyinatin min rabbī*: **11**,17, mit weiteren Belegen. Der präpositionale Ausdruck *min rabbī* gibt die Quelle an, aus der die Gewißheit (*baiyina*) stammt, und nicht die Sache, die sie betrifft. — *wa-kaḏḏabtum bihī.* Das Suffix der 3. Person in *bihī* ist wohl neutrisch zu verstehen. An sich könnte man es auch auf *rabbī* beziehen, aber dem steht der koranische Sprachgebrauch entgegen. — *mā ʿindī mā tastaʿǧilūna bihī*: **46**,24; **10**,50, mit weiteren Belegen. Mit dem, was die Ungläubigen „so eilig haben wollen", ist das ihnen angedrohte Strafgericht gemeint, das sie spottenderweise herbeiwünschen, während sie im Ernst überhaupt nicht daran glauben. — *ini l-ḥukmu illā li-llāhi*: **12**,40, mit weiteren Belegen. — *yaquṣṣu l-ḥaqqa wa-huwa ḫairu l-fāṣilīna.* Der Lesart *yaquṣṣu l-ḥaqqa* („er berichtet die Wahrheit") ist wohl die Variante *yaqḍi l-ḥaqqa* („er entscheidet die Wahrheit bzw. nach der Wahrheit") vorzuziehen. Siehe Gesch. des Qor. III, S. 28. 64. 79. 114. Wenn man die Lesung *yaquṣṣu* beibehalten wollte, könnte man als Belege anführen: **3**,62; **18**,13; **11**,120; (**7**,7).

6,58 Zum Ausdruck *la-quḍiya l-amru (bainī wa-bainakum)* siehe die Anmerkung zu **6**,8, mit weiteren Belegen.

6,59 *wa-ʿindahū mafātiḥu l-ġaibi lā yaʿlamuhā illā huwa*: **72**,26. Das Suffix in *yaʿlamuhā* ist auf den Plural *mafātiḥ* zu beziehen. Passender wäre *yaʿlamuhū* (auf *al-ġaib* zu beziehen). Belege zu *wa-mā tasquṭu min waraqatin...illā fī kitābin mubīnin* in den Anmerkungen zu **6**,38 und **9**,51.

6,60 *wa-huwa llaḏī yatawaffākum bil-laili...ṯumma yabʿaṯukum fīhi li-yuqḍā aǧalun musammān*: **39**,42. Zur Bedeutung des Ausdrucks *aǧal musammā* siehe die Anmerkung zu **6**,2. — *ṯumma ilaihi marǧiʿukum ṯumma yunabbiʾukum bi-mā kuntum taʿmalūna*: **6**,108; **39**,7; **5**,105; **29**,8/**31**,15; **10**,23; **31**,23; **24**,64; **58**,6f.; **6**,159; **9**,94/105/**62**,8; **41**,50; **64**,7; (**75**,13); **5**,14; (**10**,46); **99**,6; (**6**,164, mit Belegen).

6,61 *wa-huwa l-qāhiru fauqa ʿibādihī*: **6**,18. — *wa-yursilu ʿalaikum ḥafaẓatan ḥattā iḏā ǧāʾa aḥadakumu l-mautu tawaffathu rusulunā.* Mit den von Gott gesandten „Hütern" (*ḥafaẓa*) und mit den „Gesandten" (*rusul*), die den Menschen beim Tod zu sich nehmen, sind zwei verschiedene Arten von Engeln gemeint. Jene wirken als Hüterengel, die zur Beobachtung der Lebenden eingesetzt sind, diese als Todesengel. Siehe P. A. Eichler, Die Dschinn, Teufel und Engel im Koran, Leipzig 1928, S. 87–90 und 104–106 (bes. 105). Von der an erster Stelle genannten Art handeln folgende Stellen (die Bezeichnung „Engel" wird dabei nicht verwendet): **82**,10–12; **86**,4; **43**,80; **10**,21; **13**,11; **50**,17–19. Von Todesengeln handeln die Stellen **8**,50; **47**,27; **4**,97; **16**,28. 32; **6**,93. In **32**,11 ist nur von *einem* Todesengel die Rede, was den Kommentatoren Schwierigkeiten bereitet (siehe dazu Eichler, S. 106). In **7**,37 werden die Todesengel wie im vorliegenden Vers **6**,61 als Gesandte Gottes bezeichnet. — Den Schlußpassus *wa-hum lā yufarriṭūna* könnte man zur Not auch auf die zuerst genannten Hüterengel (*ḥafaẓa*) beziehen. In diesem Fall wäre der mit *ḥattā* beginnende

Satz echter Nebensatz, und die Übersetzung müßte lauten: „Und er entsendet Hüter(engel) über euch (die alle eure Taten verzeichnen), bis, wenn der Tod zu einem von euch kommt, unsere Gesandten (d.h. die Todesengel) ihn abberufen. Und sie (d.h. die Hüterengel) übergehen nichts (d.h. lassen beim Aufschreiben nichts aus)." Vgl. **6**,38. Die Rückbeziehung des Schlußpassus auf die Hüterengel ist aber auch wegen des Textzusammenhangs mit dem folgenden Vers 62 besser abzulehnen.

6,62 *ṯumma ruddū ilā llāhi maulāhumu l-ḥaqqi*: **10**,30. — Das Perfekt *ruddū* ist syntaktisch mit *tawaffathu* im vorhergehenden Vers koordiniert, gehört also noch zum Nachsatz des mit *iḏā* eingeleiteten Zeitsatzes. Das braucht aber nicht zu bedeuten, daß das Gericht unmittelbar nach dem individuellen Tod stattfinden wird. — *a-lā lahu l-ḥukmu*: **12**,40, mit weiteren Belegen. — *wa-huwa asra'u l-ḥāsibīna*: **2**,202, mit weiteren Belegen.

6,63f.: **27**,63; **10**,22f.; **29**,65; **17**,67; **31**,32; **7**,189f.; **30**,33; **16**,53f.; **39**,8; **10**,12, mit weiteren Belegen; **11**,9f.; **23**,75; **10**,21. — Speziell zu *tad'ūnahū taḍarru'an wa-ḫufyatan*: **7**,55; **7**,205. Etwas auffallend ist der Ausdruck *wa-ḫufyatan* (im vorliegenden Vers und in **7**,55). In **7**,205 steht dafür *wa-ḫīfatan.*

6,65 *min fauqikum au min taḥti arǧulikum*: **29**,55; **5**,66. Siehe die Anmerkung zu dieser Stelle. — Das Nomen *ba's* bedeutet „aggressive Gewalt", „Kampfkraft". Siehe die Anmerkung zu **4**,84. Mit der Formulierung *au yalbisakum šiya'an wa-yuḏīqa ba'ḍakum ba'sa ba'ḍin* wird übrigens nur eine ferne Möglichkeit angedeutet. In Wirklichkeit waren die Mekkaner gerade *nicht* von Parteien zerrissen und zu Gewalttätigkeiten gegeneinander aufgelegt, während es in **59**,14 von den (medinischen) Juden heißt: *ba'suhum bainahum šadīdun taḥsubuhum ǧamī'an wa-qulūbuhum šattā.*

6,66 *wa-kaḏḏaba bihī qaumuka.* Zum Suffix der 3. Person in *bihī* siehe die Anmerkung zu **6**,57. Man könnte auch *al-kitāb* oder *al-qur'ān* ergänzen. — *qul lastu 'alaikum bi-wakīlin*: **6**,107; **42**,6; **39**,41; **10**,108; **17**,54; **25**,43.

6,67 *li-kulli naba'in mustaqarrun*: **54**,3. Die Deutung des Ausdrucks ist nicht sicher. Hamidullah übersetzt: „Pour chaque annonce, un repaire" und bemerkt dazu: „sans doute pour dire que chaque annonce divine parvient infailliblement à sa réalisation, où elle s'arrête comme à son repaire".

6,68 *wa-iḏā ra'aita llaḏīna yaḫūḍūna fī āyātinā fa-a'riḍ 'anhum ḥattā yaḫūḍū fī ḥadīṯin ġairihī.* Siehe die Anmerkung zu **4**,140, mit weiteren Belegen. — *wa-immā yunsiyannaka š-šaiṭānu*: **12**,42; **58**,19; **18**,63. An diesen Stellen wird ebenfalls der Satan als die Ursache menschlicher Vergeßlichkeit genannt. Nach dem Wortlaut von **12**,42 und **58**,19 bewirkt er, daß die Menschen besonders das Gedenken Gottes (*ḏikr Allāh*) vergessen. Vgl. **5**,91; **25**,29; **43**,36. Vielleicht ist dementsprechend auch im vorliegenden Vers zu ergänzen: „Wenn dich der Satan vergessen läßt (Gottes zu gedenken)."

6,69 Die Deutung von Vers 69 ist umstritten. — Zum Passus *wa-mā 'alā llaḏīna yattaqūna min ḥisābihim min šai'in* vgl. **6**,52 und die sachlich damit zusammenhängende Stelle **26**,112f.

6,70 *wa-ḏari llaḏīna ttaḫaḏū dīnahum la'iban wa-lahwan wa-ġarrathumu l-ḥayātu d-dunyā*: **7**,51; (**45**,35). — *wa-ḏakkir bihī*. Siehe die Anmerkung zu **5**,13. — Die Bedeutung von *absala (IV)* ist umstritten. Zur Bedeutung des Verbums *kasaba* siehe die Anmerkung zu **2**,79. — *wa-in ta'dil kulla 'adlin lā yu'ḫaḏ minhā*: **2**,48; **2**,123. — *lahum šarābun min ḥamīmin*: **10**,4; **78**,25; **38**,57; **56**,54; **37**,67; **47**,15; (**22**,19; **44**,48); (**55**,44); (**56**,42); (**56**,93); (**40**,72).

6,71 *a-nad'ū min dūni llāhi mā lā yanfa'unā wa-lā yaḍurrunā*: **10**,106; **22**,12; **21**,66; **25**,55; **26**,72f.; **10**,18; **5**,76; **20**,89; **34**,42; (**13**,16; **25**,3). — Zum Ausdruck *nuraddu 'alā a'qābinā* siehe die Anmerkung zu **3**,144. Ṭabarī bemerkt dazu: *inna l-'araba taqūlu li-kulli ṭālibi ḥāǧatin lam yaẓfar bihā rudda 'alā 'aqibaihi*. — Die Deutung von *istahwā (X)* ist nicht sicher. — *qul inna hudā llāhi huwa l-hudā*: **2**,120; **3**,73. — *umirnā li-nuslima li-rabbi l-'ālamīna*: **40**,66; **10**,72, mit weiteren Belegen.

6,73 *wa-huwa llaḏī ḫalaqa s-samāwāti wal-arḍa bil-ḥaqqi*: **14**,19/**16**,3/**39**,5/**64**,3; **29**,44/**45**,22; **30**,8; **15**,85/**46**,3; **44**,38f.; **21**,16; **10**,5; **38**,27; **3**,191. — *wa-yauma yaqūlu kun fa-yakūnu*: **36**,82; **16**,40; **2**,117/**3**,47/**19**,35/**40**,68; **3**,59. Das Sätzchen *fa-yakūnu* kann schwerlich als Nachsatz zu dem mit *wa-yauma* eingeleiteten Zeitsatz gedeutet werden. Vermutlich liegt, wie so oft nach *(wa-) yauma*, ein verkürzter Zeitsatz vor (siehe Einleitung zur Übersetzung, S. 4). Dann ist aber zu übersetzen: „Und am Tag, da er (zu etwas) sagt, sei!, worauf es ist!" Der Text der Übersetzung ist entsprechend zu verbessern. Zamaḫšarī bezieht das folgende *qauluhu l-ḥaqqu* in den Zeitsatz ein. Nach ihm wäre zu übersetzen: „Und wenn (wörtlich: am Tag, da) er (zu etwas) sagt: sei!, worauf es ist, ist, was er sagt, die Wahrheit." Diese Deutung des Wortlauts wird jedoch kaum das Richtige treffen. — *wa-lahu l-mulku* (*yauma yunfaḫu fī ṣ-ṣūri*): **22**,56; **25**,26; **40**,16. — *yauma yunfaḫu fī ṣ-ṣūri*: **20**,102/**27**,87/**78**,18; **23**,101/**69**,13; **18**,99/**36**,51/**39**,68/**50**,20; (**74**,8). — *'ālimu l-ġaibi waš-šahādati*: **9**,94/105/**13**,9/**23**,92/**32**,6/**39**,46/**59**,22/**62**,8/**64**,18.

6,74–84 Belege zur Auseinandersetzung Abrahams mit dem Götzendienst seines Vaters und seiner Landsleute: **19**,41–50; **26**,69–89; **37**,83–100; **21**,51 bis 73; **29**,16f.; **43**,26–28; **60**,4–6. Speyer, S. 124–128. 130–140.

6,74 Der Name von Abrahams Vater, Āzar, „beruht auf Verwechslung mit dem Namen von Abrahams Knecht Eli'ezer, wobei diese Namensform aber weiter zu El'āzar (*Lázaros*, *Eleazar*) wurde, 'ā in ā überging und el als vermeintlicher Artikel abfiel" (Horovitz, Koranische Untersuchungen, S. 85f., mit Verweis auf Fraenkel, ZDMG 56, 1902, S. 72). — Der Ausdruck *aṣnām* „Götzen" geht zurück auf aramäisch *ṣalmā* (= hebr. *ṣelem*) „plastisches (aus Stein oder Holz gearbeitetes) Bild", bezeichnet also im Gegensatz zu den als heilig verehrten Natursteinen (*anṣāb*) figürliche Götzen. Siehe Jeffery, Foreign Vocabulary, S. 199.

6,75: Speyer, S. 166. — Statt des Imperfekts *nurī* würde man eigentlich das Perfekt *arainā* erwarten. — Zur Herkunft und Bedeutung des Ausdrucks *malakūt* siehe Horovitz, Proper Names, S. 222; Ahrens, Muhammed als Religionsstifter, Leipzig 1935, S. 78 („es ist der jüdisch-christliche Begriff der *basiléia tôn uranôn*, dessen wirklichen Sinn Muhammed nicht erfaßte; er verstand es als ‚Herrschaft über die Himmel'").

6,76–79: Speyer, S. 124–128.

6,78 *innī barī'un mimmā tušrikūna*: **6**,19; **11**,54; **43**,26f.; **60**,4.

6,79: **3**,67, mit weiteren Belegen. Zur Bedeutung von *ḥanīf* siehe die Anmerkung zu **2**,135.

6,80: Speyer, S. 132–134. — Abrahams Feststellung, daß er sich vor den Götzen seiner Landsleute nicht fürchte, wird eingeschränkt durch das folgende *illā an yašā'a rabbī šai'an*. Eine ähnliche Einschränkung läßt Šu'aib in **7**,89 seiner Erklärung folgen, daß er mit seinen Glaubensgenossen nicht wieder der Religion (*milla*) seiner heidnischen Landsleute beitreten könne. Unmittelbar darauf folgt wie im vorliegenden Vers: *wasi'a rabbunā kulla šai'in 'ilman*. Es ist nicht ersichtlich, ob dieser Ausspruch (in **7**,89 und im vorliegenden Vers) in einem engeren Sinnzusammenhang mit dem Vorhergehenden steht. — *illā an yašā'a rabbī šai'an*: **7**,89 (s. o.); **18**,23f., mit weiteren Belegen. — *wasi'a rabbī kulla šai'in 'ilman*: **7**,89 (s. o.); **20**,98; **40**,7.

6,81 *ašraktum bi-llāhi mā lam yunazzil bihī 'alaikum sulṭānan*: **7**,33; **3**,151; **22**,71; **12**,40; **7**,71; **53**,23; **30**,35; **37**,156f.; **10**,68; **18**,15.

6,82: **24**,55. — Zum Ausdruck *amn* („Sicherheit") in den Versen 81 und 82 vgl. **3**,97 (*maqāmu Ibrāhīma wa-man daḫalahū kāna āminan*) und die dazu angeführten Belege. Ṭabarī versteht den Ausdruck zu einseitig in eschatologischem Sinn.

6,83 *narfa'u daraǧātin man našā'u*: **12**,76; **2**,253. Siehe auch die Anmerkungen zu **6**,165 und **3**,163.

6,84–86 Ähnliche Listen von Patriarchen und anderen Gottesmännern der Vorzeit finden sich in **2**,136/**3**,84; **4**,163; **33**,7; **37**,75–148; **21**,48–91. Siehe Horovitz, Koranische Untersuchungen, S. 37 und 47. Zur vorliegenden Stelle: Bell, Origin of Islam, S. 129.

6,84 *wa-wahabnā lahū Isḥāqa wa-Ya'qūba kullan hadainā*: **19**,49; **21**,72; **29**,27; (**11**,71). Im vorliegenden Vers 84 und in den dazu angeführten Belegen (einschließlich **11**,71) gilt Jakob ebenso wie Isaak als ein Sohn (nicht Enkel) von Abraham. Anders in der späteren Stelle **2**,133, wo Isaak (allerdings in Verbindung mit Ismā'īl) unter den Vätern (und Vorvätern) von Jakob aufgeführt wird. In **12**,6 werden – vom Standpunkt Josephs aus gesehen – Abraham und Isaak als Vorväter vor Jakob vorausgenommen. Auch diese Formulierung ist, ebenso wie **12**,38, vermutlich so zu verstehen, daß Isaak der Vater und nicht der ältere Bruder von Jakob war. Zur Sache: Speyer, S. 170f., mit Verweis auf Geiger, S. 135f. — *wa-Nūḥan hadainā min qablu*: **21**,76. Vorher sind ebenfalls Abraham, Isaak und Jakob genannt (V. 72f.), außerdem Lot (V. 74f.). Es folgen wie im vorliegenden Zusammenhang David und Salomo (V. 78–82) und Hiob (V. 83). — Es ist nicht klar, ob das Personalsuffix in *ḏurrīyatihī* auf Noah oder auf den zuvor genannten Abraham zu beziehen ist. Für Noah spricht nach Ṭabarī der Umstand, daß am Ende der ganzen Liste (V. 86) auch noch Lot genannt ist, der ja nicht der Nachkommenschaft Abrahams zugerechnet werden kann. Es ist aber fraglich, ob sich der Ausdruck „aus seiner Nachkommenschaft" sachlich über Vers 84 hinaus auch auf die Gottesmänner erstreckt, die in den Versen 85f. aufgezählt sind. — *wa-kaḏālika naǧzī l-muḥsinīna*: **12**,22. Siehe die Anmerkung zu diesem Vers, mit weiteren Belegen.

6,85 Zur Form des Namens *Ilyās* (für Elias) siehe Horovitz, Koranische Untersuchungen, S. 99; Proper Names, S. 170f. Elias ist sonst nur noch in **37**,123–132 erwähnt. — Zur besonderen Bedeutung von *aṣ-ṣāliḥūn* siehe die Anmerkung zu **2**,130.

6,86 Zu *Ismā'īl* siehe Horovitz, Koranische Untersuchungen, S. 91f. („schon in mekkanischer Zeit als Prophet genannt, aber noch nicht als Sohn Ibrāhīms erkannt"). In **19**,55f., **21**,85f. und **38**,48 wird Ismael ebenfalls erwähnt, ohne mit Abraham und Isaak, die vorher genannt sind, in einen näheren Zusammenhang gebracht zu werden. Siehe auch die Anmerkung zu **2**,125. — Zur Form des Namens *al-Yasa'* (für Elisa, hebräisch *Elīšā'*) siehe Horovitz, Koranische Untersuchungen, S. 152; Proper Names, S. 157. Elisa ist sonst nur noch in **38**,48 erwähnt (mit Ismael zusammen, wie im vorliegenden Vers).

6,87 *wa-ǧtabaināhum wa-hadaināhum ilā ṣirāṭin mustaqīmin*: **19**,58; **16**,121; **42**,13; **22**,78.

6,88 *ḏālika hudā llāhi yahdī bihī man yašā'u*: **39**,23.

6,89 *ulā'ika llaḏīna ātaināhumu l-kitāba wal-ḥukma wan-nubūwata*: **45**,16; **3**,79; **29**,27; **57**,26. Zur Bedeutung von *ḥukm* siehe die Anmerkung zu **3**,79. — *fa-in yakfur bihā hā'ulā'i*. Das Suffix in *bihā* bezieht sich entweder auf die Dreiheit *kitāb*, *ḥukm* und *nubūwa*, oder auf *nubūwa* allein. Vielleicht sind mit „denen da, die nicht daran glauben", Mohammeds jüdische Gegner in Medina gemeint, und nicht die heidnischen Mekkaner, wie die Kommentatoren annehmen (Bell: „If the verse is Medinan, as is almost certain, this will refer to the Jews"). Mohammed konnte die medinischen Juden insofern als Ungläubige bezeichnen, als sie die in ihm selber verkörperte Prophetie nicht anerkannten. — Mit den Leuten, die „damit betraut" worden sind (*fa-qad wakkalnā bihā qauman*...), sind wohl die Anhänger Mohammeds gemeint, und nicht (wie Ṭabarī annimmt) die oben aufgezählten Frommen der Vorzeit.

6,90 Der Passus *qul lā as'alukum 'alaihi aǧran*... schließt ziemlich unvermittelt an das Vorhergehende an. Vielleicht ist hier eine Zäsur anzunehmen. Belege: **12**,104; **38**,86f.; **26**,109/127/145/164/180; **11**,51; **11**,29; **10**,72; **34**,47; **42**,23; **25**,57; **52**,40/**68**,46; **36**,21. — *in huwa illā ḏikrā lil-'ālamīna*: **12**,104/ **38**,87/**81**,27; **68**,52; **74**,31; **36**,69; **73**,19, mit weiteren Belegen.

6,91 *wa-mā qadarū llāha ḥaqqa qadrihī*: **22**,74/**39**,67. — *iḏ qālū mā anzala llāhu 'alā bašarin min šai'in*: **36**,15; **17**,94; **64**,6; **54**,24; **7**,63, mit weiteren Belegen; (**67**,9). — Zum Ausdruck *nūran wa-hudān* (mit Bezug auf die mosaische Offenbarungsschrift) siehe die Anmerkung zu **5**,44. — Zur Frage, ob *qarāṭīs* nicht eher Papyrusblätter bedeutet, siehe A. Grohmann, Allgemeine Einführung in die arabischen Papyri, Wien 1924, S. 26f.; Arabische Paläographie, I, Wien 1967, S. 70, 108–110; R. Bell, Introduction to the Qur'ān, S. 16. — *wa-tuḫfūna kaṯīran*: **3**,187; **2**,159; **2**,174; **2**,146; **5**,15. — *wa-'ullimtum mā lam ta'lamū antum wa-lā ābā'ukum*: **2**,151; **4**,113; (**2**,129, mit weiteren Belegen); **2**,239; **96**,4f.; (**2**,282). — *ṯumma ḏarhum fī ḫauḍihim yal'abūna*: **43**,83/**70**,42; **52**,11f. Weitere Belege in der Anmerkung zu **4**,140. — Es läßt sich schwer ausmachen, gegen was für eine Art von Gegnern Mohammed in Vers 91 polemisiert. Der Anfang des Verses scheint auf seine heidnischen Landsleute Bezug zu nehmen. Auch der Versschluß paßt am ehesten auf sie. Dagegen ist im mittleren Teil des Verses die mosaische Offenbarung als bekannt vorausgesetzt. Und anschließend wendet sich Mohammed in direkter Rede an Leute, die von dieser Offenbarungsschrift Abschriften herstellen und dabei manches geheimhalten. Damit können nur die zeitgenössischen Juden gemeint sein. Im ganzen hat aber der Vers einen wenn auch nicht streng logischen, so doch durchgehenden Zusammenhang, so daß man ihn kaum als eine bloße Kombination von Bruchstücken erklären kann. Bell bemerkt dazu: „early Medinan(?); revised" und nimmt an, daß der Passus *taǧ'alūnahū qarāṭīsa... wa-tuḫfūna kaṯīran* nachträglich eingefügt ist.

6,92 *wa-hāḏā kitābun anzalnāhu mubārakun*: **6**,155; **21**,50; **38**,29. In **6**,155 und **21**,50 geht (wie in der vorliegenden Stelle) die Erwähnung der mosaischen Offenbarungsschrift voraus. — Der präpositionale Ausdruck *baina yadai* bedeutet hier „vor" in zeitlichem Sinn. Siehe die Anmerkung zu **3**,3f., mit weiteren Belegen. — *wa-li-tunḏira umma l-qurā wa-man ḥaulahā*: **42**,7; **6**,19. — *wa-hum 'alā ṣalātihim yuḥāfiẓūna*: **70**,34; **23**,9.

6,93 *wa-man aẓlamu mimmani ftarā 'alā llāhi kaḏiban*: **6**,21, mit weiteren Belegen. — *wa-man qāla sa-unzilu miṯla mā anzala llāhu*: **8**,31. — *wal-malā'ikatu bāsiṭū aidīhim aḫriǧū anfusakum*. Über die Todesengel siehe die Anmerkung zu **6**,61, mit weiteren Belegen. — *al-yauma tuǧzauna 'aḏāba l-hūni...*: **46**,20; (**41**,17). — *bi-mā kuntum taqūlūna 'alā llāhi ġaira l-ḥaqqi*: **4**,171, mit weiteren Belegen.

6,94 *wa-la-qad ǧi'tumūnā furādā*: **19**,80; **19**,95. — *ka-mā ḫalaqnākum auwala marratin*: **18**,48. Mit der erstmaligen Erschaffung ist die Erschaffung der einzelnen Menschen bei der Geburt (oder des Menschengeschlechts bei der Schöpfung?) gemeint, im Gegensatz zur zweiten Erschaffung bei der Auferweckung aus den Gräbern. Vgl. **20**,55 (... *wa-minhā nuḫriǧukum tāratan uḫrā*). — *wa-mā narā ma'akum šufa'ā'akumu llaḏīna za'amtum annahum fīkum šurakā'u*. Belege in den Anmerkungen zu **6**,22 und **10**,28f. — *wa-ḍalla 'ankum mā kuntum taz'umūna*: **6**,24, mit weiteren Belegen.

6,95 *yuḫriǧu l-ḥaiya mina l-maiyiti wa-muḫriǧu l-maiyiti mina l-ḥaiyi*: **30**,19; **3**,27; **10**,31.

6,96 *fāliqu l-iṣbāḥi*: **113**,1. — *wa-ǧa'ala l-laila sakanan*: **10**,67/**40**,61; **27**,86; **28**,73; **6**,13; **30**,23. — *waš-šamsa wal-qamara ḥusbānan*: **55**,5; **36**,38f.; **10**,5; **17**,12. — *ḏālika taqdīru l-'azīzi l-'alīmi*: **36**,38; **41**,12.

6,97: **16**,16; **27**,63.

6,98 *wa-huwa llaḏī anšaʾakum min nafsin wāḥidatin*: **4**,1, mit weiteren Belegen. — *fa-mustaqarrun wa-mustaudaʿun*: **11**,6. Die Deutung der beiden Ausdrücke *mustaqarr* und *mustaudaʿ* ist nicht sicher. Rein formal erklären sie sich am ehesten als nomina loci et temporis (= Partiz. Pass. Mask. vom X. Stamm). Wahrscheinlich bezieht sich *mustaqarr* auf den Ruhezustand des Embryo im Mutterleib. Vgl. **22**,5; **23**,13; **77**,20–22; (**80**,19f.). Dagegen ist nicht sicher, ob mit *mustaudaʿ* der Zeitpunkt (oder Ort?) gemeint ist, an dem jemand zur Welt gebracht wird, oder die ganze Zeitdauer, während derer jemand sein leibliches Dasein fristet (eigentlich: dem Dasein anvertraut ist), oder aber der Zeitpunkt (oder Ort?), an dem jemand der Erde anvertraut wird (d.h. stirbt). Am wahrscheinlichsten ist die an erster Stelle genannte Bedeutung. Falls aber die an letzter Stelle genannte Bedeutung (*mustaudaʿ* = Zeit oder Ort des Todes) vorzuziehen wäre, würde das vorausgehende *mustaqarr* vielleicht nicht „Zeit der Ruhe (im Mutterleib)" bedeuten, sondern „(vorübergehender) Aufenthalt (auf der Erde)". Vgl. **2**,36/**7**,24. Verschiedene Kommentatoren deuten übrigens den Ausdruck *mustaudaʿ* auf die Lenden (*ṣulb*) als Sitz des männlichen Samens.

6,99 Sehr häufig wird im Koran darauf hingewiesen, daß Gott den Regen vom Himmel sendet und dadurch das Wachstum auf der Erde ermöglicht. Belege speziell zu der Formulierung *wa-huwa llaḏī anzala mina s-samāʾi māʾan fa-aḫraǧnā bihī nabāta kulli šaiʾin*: **20**,53; **35**,27; **7**,57; **2**,22/**14**,32; **31**,10; **27**,60; **50**,9. — Der Passus *wa-mina n-naḫli min ṭalʿihā qinwānun dāniyatun* ist nach der üblichen Erklärung als syntaktisch selbständiger Nominalsatz zu verstehen (siehe die Übersetzung). Demnach setzt die Akkusativrektion des vorausgehenden *aḫraǧnā* hier aus, um dann im folgenden *wa-ǧannātin*... wieder wirksam zu werden (falls wirklich *ǧannātin* zu lesen ist; Variante *ǧannātun*). Der Passus *wa-mina n-naḫli*... läßt sich aber syntaktisch auch auf andere Weise analysieren, indem man nämlich *mina n-naḫli* als partitiven Objektakkusativ (Reckendorf, Syntax, § 137, 5e) auffaßt und *min ṭalʿihā qinwānun dāniyatun* als dazu gehörenden indeterminierten Relativsatz. In diesem Fall ist zu übersetzen: „und (wir haben) Palmen (hervorgebracht), aus deren Fruchtscheide tief herabhängende Dattelbüsche entstehen". In dieser Weise versteht auch Bell den Text. — Zur Bedeutung des Attributs *dāniyatun* vgl. **69**,22f.; **76**,14; **55**,54. — *war-rummāna mutašābihan wa-ġaira mutašābihin*: **6**,141. Gemeint ist wohl, daß die Früchte zum Teil einander zum Verwechseln ähnlich sehen (vgl. **2**,25), zum Teil aber auch verschieden sind.

6,100 Zur Frage, wieweit die Dschinn zu Mohammeds Zeit wirklich göttliche Verehrung genossen haben, siehe P. A. Eichler, Die Dschinn, Teufel und Engel im Koran, Leipzig 1928, S. 16–18. Belege: **34**,41 (dazu **51**,56); **37**,158f.; **72**,6; **6**,128. — *subḥānahū wa-taʿālā ʿammā yaṣifūna*: **21**,22/**23**,91/**37**,159/180/**43**,82; **17**,43; **7**,189f., mit weiteren Belegen.

6,101: **72**,3; **2**,116, mit weiteren Belegen. Siehe auch die Anmerkung zu **2**,116f.

6,102: **40**,62. 64; **39**,6; **35**,3. 13; **10**,3; **39**,62; **10**,32; **6**,95; **42**,10.

6,103 Zur Bedeutung von *laṭīf* siehe die Anmerkung zu **12**,100.

6,104 *wa-mā ana ʿalaikum bi-ḥafīẓin*: **11**,86; **6**,107; **4**,80/**42**,48; **83**,33; (**42**,6).

6,105 *wa-li-yaqūlū darasta* (wörtlich: „und damit sie sagen würden: Du hast geforscht"). Elliptische Ausdrucksweise. Siehe Nöldeke, Neue Beiträge, S. 18. Das Verbum *darasa* bedeutet im Koran durchweg: *in der heiligen Schrift* forschen. Diese Tätigkeit ist aber den „Schriftbesitzern" (**7**,169), besonders den Rabbinern (**3**,79) vorbehalten, während die heidnischen Zeitgenossen Mohammeds bisher keine Schrift erhalten haben (**68**,37; **34**,44) und in das „Forschen" der Schriftbesitzer nicht eingeweiht sind (**6**,156). Von seiten seiner heidnischen Landsleute wird nun aber dem Propheten vorgehalten, daß er sein angebliches Offenbarungswissen durch menschliche Vermittlung erhalte (**16**,103; **44**,14; **25**,4), und daß es die „Schriften (oder: Geschichten) der früheren (Generationen)" seien, die er sich aufgeschrieben habe, und die ihm morgens und abends diktiert würden (**25**,5). Mohammed weist derartige Vorhaltungen entschieden zurück (**16**,103; **25**,4. 6). Deshalb ist wohl auch die Folgerung, die Mohammeds Landsleute aus der Art, wie er bei seiner Verkündigung „die Verse abwandelte", nach dem Wortlaut des vorliegenden Verses zu ziehen geneigt sind, nämlich daß er (bei anderen danach) geforscht habe, nur als subjektive, sachlich unwahre Äußerung zu verstehen. Neben *darasta* sind übrigens noch folgende Lesarten überliefert: *dārasta, darasat, darusat, durisat, dārasat, dārisātun* (alles Ableitung aus dem Schriftbild *drst*), ferner *darasa*, was wohl eine Korrektur der Femininform *darasat* sein soll. Die große Anzahl der Varianten zeigt, daß die Erklärung des überlieferten Wortlauts Schwierigkeiten machte.

6,106 *ittabiʿ mā ūḥiya ilaika min rabbika*: **10**,109/**33**,2; **6**,50, mit weiteren Belegen.

6,107: (**42**,6). — *wa-mā ǧaʿalnāka ʿalaihim ḥafīẓan*: **6**,104, mit weiteren Belegen. — *wa-mā anta ʿalaihim bi-wakīlin*: **6**,66, mit weiteren Belegen.

6,108 *ka-ḏālika zaiyannā li-kulli ummatin ʿamalahum*: **8**,48; **16**,63; **29**,38; **27**,4; **27**,24; **6**,122; **10**,12; **9**,37; **40**,37; **35**,8; **47**,14; (**13**,33). Siehe auch die Anmerkung zu **2**,212. — *ṯumma ilā rabbihim marǧiʿuhum fa-yunabbiʾuhum bi-mā kānū yaʿmalūna*: **6**,60, mit weiteren Belegen.

6,109: **35**,42; **29**,50; (**6**,37); (**10**,20). — Zum Ausdruck *aqsamū bi-llāhi ǧahda aimānihim* siehe die Anmerkung zu **5**,53, mit weiteren Belegen. — Am Schluß des Verses ist die Verneinungspartikel *lā* überflüssig. Siehe Nöldeke, Neue Beiträge, S. 19 („Das negative Moment, das in der Frage liegt, wird durch *lā* noch einmal ausgedrückt").

6,110 Vers 110 ist am ehesten im Zusammenhang mit dem vorausgehenden Vers zu verstehen: Gesetzt den Fall, die Ungläubigen erhalten das von ihnen geforderte Zeichen, so wird Gott sie trotzdem mit Verblendung schlagen, so daß sie ungläubig bleiben wie zuvor (*auwala marratin*). Das Suffix der 3. Person Singular im Passus *lam yuʾminū bihī* bezieht sich vielleicht auf den Koran bzw.

„die Schrift“ (*al-kitāb*). — *wa-naḏaruhum fī ṭuġyānihim ya'mahūna*: **7**,186; **10**,11; **2**,15; **23**,75.

6,111 *wa-lau annanā nazzalnā ilaihimu l-malā'ikata*: **6**,8, mit weiteren Belegen. — *wa-kallamahumu l-mautā*: **13**,31. — *wa-ḥašarnā 'alaihim kulla šai'in qubulan.* Die Bedeutung von *qubulan* (wofür auch die Lesart *qibalan* überliefert wird) ist umstritten. Ṭabarī führt folgende Möglichkeiten der Deutung an: *qibalan*: „von Angesicht“, „vor Augen“ (= *mu'āyanatan*); *qubulan*: „als Bürgen“ (= Mehrzahl von *qabīl* im Sinn von *ḍamīn, kafīl*), oder: „in Gegenüberstellung“ (= *muqābalatan, muwāǧahatan*), oder: „in einzelnen Gruppen“ (= *qabīlatan qabīlatan* im Sinn von *ṣinfan ṣinfan*). Bell übersetzt „as guarantors“, Blachère: „devant eux“ (womit zugleich *'alaihim* wiedergegeben ist). Belege speziell zu *qubulan* bzw. *qibalan*: **18**,55 (*qubulan*, Variante *qibalan*); **17**,92 (*qabīlan*).

6,112 *wa-ka-ḏālika ǧa'alnā li-kulli nabīyin 'adūwan šayāṭīna l-insi wal-ǧinni*: **25**,31. — *yūḥī ba'ḍuhum ilā ba'ḍin zuḫrufa l-qauli ġurūran*: **6**,121; **4**,120; **17**,64; **35**,40. — *wa-lau šā'a rabbuka mā fa'alūhu fa-ḏarhum wa-mā yaftarūna*: **6**,137. — Vers 112 birgt einige sprachliche und sachliche Schwierigkeiten in sich. Unklar ist erstens die syntaktische Funktion von *šayāṭīna l-insi wal-ǧinni*. Im allgemeinen wird es als Apposition zu *'adūwan* erklärt, wozu die Kommentatoren bemerken, daß *'adūwun* Singular- *und* Kollektivbedeutung hat. Baiḍāwi hält es außerdem für möglich, daß *šayāṭīna l-insi wal-ǧinni* erstes Objekt und *'adūwan* zweites Objekt von *ǧa'alnā* ist. Demnach wäre zu übersetzen: „Und so haben wir jedem Propheten die Satane der Menschen und der Dschinn zu einem Feind gemacht.“ Bell vermutet, daß der ganze Abschnitt von *šayāṭīna* bis zum Versende ein Einschub ist, so daß also nach *'adūwan* eigentlich gleich der folgende Vers *wa-li-taṣġā ilaihi*... anzuschließen wäre (mit Beziehung der Personalsuffixe in *ilaihi* und *wa-li-yarḍauhu* auf *'adūwan*). Weiter ist der Passus *yūḥī ba'ḍuhum ilā ba'ḍin* nicht ganz eindeutig. Vielleicht ist damit gemeint, daß die „Satane der Dschinn“ den „Satanen der Menschen“ betörende Eingebungen machen, und nicht beide Kategorien gegenseitig. Vgl. **6**,121. Unklar ist schließlich, was mit dem Objektsuffix in *fa'alūhu* gemeint ist: das Eingeben prunkenden Geredes, oder die Folge davon (auf seiten der Betörten).

6,113 *wa-li-yaqtarifū mā hum muqtarifūna.* Das Verbum *iqtarafa (VIII)* heißt ebenso wie *kasaba* und *iktasaba* nicht nur „erwerben“, sondern auch „(eine Handlung) begehen“. Siehe die Anmerkung zu **2**,79.

6,114 *a-fa-ġaira llāhi abtaġī ḥakaman*: **5**,50; **6**,164; **7**,140; **3**,83. — *wa-llaḏīna ātaināhumu l-kitāba ya'lamūna annahū munazzalun min rabbika bil-ḥaqqi*: **2**,144; **28**,52f.; **34**,6; (**2**,146f.); **13**,1, mit weiteren Belegen. Das Objektsuffix in *annahū* bezieht sich zwar auf das vorausgehende *al-kitāb*. Jedoch beschränkt sich der Ausdruck *al-kitāb* inhaltlich nicht auf die Offenbarung der „Schriftbesitzer“ (Juden und Christen), sondern gilt zugleich auch der koranischen Offenbarungsschrift, von der Mohammed ja annimmt, daß sie sachlich mit den früheren Offenbarungen übereinstimme. — *munazzalun min rabbika bil-ḥaqqi fa-lā takūnanna mina l-mumtarīna*: **10**,94; **2**,147/**3**,60; **11**,17.

6,115 *wa-tammat kalimatu rabbika ṣidqan wa-ʿadlan*: **7**,137; **11**,119. Die beiden Stellen zeigen, daß der Ausdruck *kalimat Allāh* sowohl in bonam partem (für die Gläubigen) als auch in malam partem (für die Ungläubigen) verwendet werden kann. — *lā mubaddila li-kalimātihī*: **6**,34, mit weiteren Belegen.

6,116 *in yattabiʿūna illā ẓ-ẓanna wa-in hum illā yaḫruṣūna*: **10**,66; **6**,148; **53**,23. 27f.; **10**,36; **4**,157; **2**,78/**45**,24; **43**,20.

6,117: **16**,125/**68**,7; **53**,30; **28**,56.

6,118–121 Zur Sache siehe E. Gräf, Jagdbeute und Schlachttier im islamischen Recht, Bonn 1959, S. 33–38.

6,119 *wa-qad faṣṣala lakum mā ḥarrama ʿalaikum illā mā ḍṭurirtum ilaihi*: **2**,173/**16**,115; **6**,145; **5**,3. — *wa-inna kaṯīran la-yuḍillūna bi-ahwāʾihim bi-ġairi ʿilmin*: **6**,144; **31**,6; **16**,25.

6,120 *wa-ḏarū ẓāhira l-iṯmi wa-bāṭinahū*: **6**,151; **7**,33. Rivlin vermutet im Wortlaut eine Anspielung auf die Speiseverbote in **6**,138 und 139 (Gesetz im Koran, S. 63). Damit hat er schwerlich recht.

6,121 Der Ausdruck *fisq* ist hier vielleicht in einem ähnlich konkreten Sinn zu verstehen wie in Vers 145 (siehe die Anmerkung dazu). Wenn man ihn so deutet, muß man übersetzen: „Das (d.h. solches Fleisch) ist Frevel (*fisq*)." — *inna š-šayāṭīna la-yūḥūna ilā auliyāʾihim*: **6**,112.

6,122: **57**,28; **2**,257, mit weiteren Belegen. — *zuiyina lil-kāfirīna mā kānū yaʿmalūna*: **6**,108, mit weiteren Belegen. Siehe auch die Anmerkung zu **2**,212.

6,123: **35**,43.

6,124: **28**,48; **3**,183; **17**,90–94. — Der Passus *allāhu aʿlamu ḥaiṯu yaǧʿalu risālatahū* bedeutet in diesem Zusammenhang, daß Gott zum Gesandten ausersehen kann, wen er will, auch wenn er ihn nicht mit besonderen Wunderzeichen ausweist.

6,125 *fa-man yuridi llāhu an yahdiyahū yašraḥ ṣadrahū lil-islāmi*: **39**,22. — Die Deutung des Vergleichs *ka-annamā yaṣṣaʿʿadu fī s-samāʾi* ist unsicher. — *ka-ḏālika yaǧʿalu llāhu r-riǧsa ʿalā llaḏīna lā yuʾminūna*: **10**,100.

6,126: **6**,153.

6,127 *lahum dāru s-salāmi ʿinda rabbihim*: **10**,25. Zur Bedeutung des Ausdrucks *dār as-salām* siehe H. Ringgren, Islam, 'aslama and muslim, Uppsala 1949, S. 10.

6,128 *wa-yauma*... Verkürzter Zeitsatz. Siehe Einleitung zur Übersetzung, S. 4. — Belege: (**34**,40–42); (**10**,28–30); (**6**,22–24); (**25**,17–19). — Der Ausdruck *qadi staktartum mina l-insi* soll wohl bedeuten, daß die Dschinn eine große Menge von Menschen für sich gewonnen haben, indem sie durch sie göttlich verehrt wurden (vgl. **34**,41). — Der Ausdruck *istamtaʿa baʿḍunā bi-baʿḍin* ist entweder in einseitigem oder in gegenseitigem Sinn zu verstehen. Im einen Fall bedeutet er, daß die Dschinn von den Menschen Nutzen gezogen haben (indem sie sich durch sie verehren ließen; nach Eichler, Die Dschinn, Teufel und Engel im Koran, Leipzig 1928, S. 16: indem sie Opfer von ihnen dargebracht bekamen), oder wahrscheinlicher, daß die Menschen von den Dschinn

Nutzen gezogen haben (indem sie in der diesseitigen Welt ihre Hilfeleistung in Anspruch nahmen). Im anderen Fall bedeutet der Ausdruck, daß sowohl die Dschinn von den Menschen als auch die Menschen von den Dschinn Nutzen hatten. Über den im wesentlichen negativen Sinn des Ausdrucks „Nutznießung“ (*matāʿ*) siehe die Anmerkung zu **2**,36. — Durch den Ausnahmesatz *illā mā šāʾa llāhu* wird die vorausgehende Aussage über die Ewigkeit der Höllenstrafe vorsichtig eingeschränkt. Vgl. **11**,106–108.

6,129: **4**,115.

6,130: **39**,71; **40**,50; **67**,8. — *wa-šahidū ʿalā anfusihim annahum kānū kāfirīna*: auch **9**,17.

6,131: **11**,117; **26**,208f.; **28**,59; **17**,15; **20**,134; **10**,13; **18**,59; **22**,45; **14**,13; **6**,47/**46**,35; **29**,31; **9**,70. — Speziell zu *wa-ahluhā ġāfilūna*: **36**,3–6; **7**,172. Der Ausdruck *ġāfilūn* („ahnungslos“) bedeutet hier soviel wie „nicht orientiert“, „nicht benachrichtigt“ (ohne eigenes Verschulden). In verschiedenen anderen Stellen hat er dagegen die Bedeutung „(wissentlich) unachtsam“. Siehe Tor Andrae, Der Ursprung des Islams und das Christentum, Uppsala 1926, S. 86f. und 135f. — Der Ausdruck *bi-ẓulmin* läßt sich auf zweierlei Weise deuten. Entweder ist gemeint, daß Gott nie Unrecht tut, indem er Siedlungen untergehen läßt, ohne sie vorher gewarnt zu haben. Oder es bedeutet: Gott läßt keine Siedlungen wegen Unrecht, das in ihnen geschehen ist, untergehen, ohne sie vorher gewarnt zu haben. Im Hinblick auf **11**,117 ist die zuerst genannte Deutung vorzuziehen.

6,132: **46**,19; **3**,163, mit weiteren Belegen. Siehe auch die Anmerkung zu **4**,95f. — *wa-mā rabbuka bi-ġāfilin ʿammā yaʿmalūna*: **2**,74, mit weiteren Belegen.

6,133 Der Ausspruch *wa-rabbuka l-ġanīyu ḏū r-raḥmati*... bedeutet, daß Gott auf die Menschen überhaupt verzichten könnte, da er sie nicht nötig hat (vgl. **3**,97; **39**,7), daß er aber Gnade und Barmherzigkeit gegen sie walten läßt. — Belege zum ganzen Vers: **35**,15–17; **4**,131–133; **14**,19f.; (**11**,57); (**9**,39); (**47**,38). — *wa-yastaḫlif min baʿdikum man yašāʾu*: **6**,165, mit weiteren Belegen.

6,134: **11**,32f.; **10**,53; **16**,46/**39**,51; **11**,20, mit weiteren Belegen. — *inna mā tūʿadūna la-ātin*: **51**,5f.; **77**,7; (**73**,18). — Das Verbum *aʿǧaza (IV)* bedeutet eigentlich „schwach, unwirksam machen“. Einige Male hat es *Allāh* als Objekt (**35**,44; **72**,12; **9**,2 und 3). Aber meistens wird es absolut gebraucht (**6**,134/**10**,53/**11**,33; **16**,46/**39**,51; **8**,59; **24**,57; **11**,20; **46**,32; **42**,31; **29**,22). Die Bedeutung ist in beiden Fällen dieselbe: „sich dem Zugriff Gottes (nicht) entziehen (können)“.

6,135: **39**,39f.; **11**,93; **11**,121f.; (**17**,84); (**41**,5). — *man takūnu lahū ʿāqibatu d-dāri innahū lā yufliḥu ẓ-ẓālimūna*: **28**,37; **13**,42; **13**,22. 24. Aus dem letzten Beleg scheint sich zu ergeben, daß mit *ʿuqbā d-dāri* bzw. *ʿāqibatu d-dāri* die Behausung der Seligen im Paradies gemeint ist.

6,136–147 Zur Sache siehe E. Gräf, Jagdbeute und Schlachttier im islamischen Recht, Bonn 1959, S. 39-44.

6,136 Gräf, a.a.O., S. 39f. — Beleg: **16**,56. — Die falschen Götter, die eigentlich *šurakā'* („Teilhaber“) *Gottes* heißen, weil sie (angeblich) mit ihm an der Göttlichkeit teilhaben, werden hier und im folgenden Vers und in einigen anderen Stellen sekundär als *šurakā'* der *Heiden* bezeichnet. — Der Passus *fa-mā kāna li-šurakā'ihim fa-lā yaṣilu ilā llāhi wa-mā kāna li-llāhi fa-huwa yaṣilu ilā šurakā'ihim* ist nicht ganz eindeutig. Vielleicht haben Ṭabarī und die von ihm zitierten Kommentatoren (gegen Gräf) doch recht, wenn sie annehmen, daß die Heiden ihre Götzen bevorzugten, indem sie ihnen gelegentlich auf Kosten des Anteils, den sie grundsätzlich Gott zugesprochen hatten, weitere Zugeständnisse machten. — *sā'a mā yaḥkumūna*: **16**,59; **29**,4; **45**,21; (**10**,35/**37**,154/**68**,36).

6,137 Gräf, a.a.O., S. 40. — Belege: **6**,140; **6**,151; **17**,31; **60**,12; (**81**,8f.); (**16**,58f.). — Zum Ausdruck *zaiyana* siehe die Anmerkung zu **2**,212, zum Ausdruck *šurakā'uhum* die Anmerkung zum vorhergehenden Vers 136. — Die Kindestötung wird im vorliegenden Vers und in Vers 140 im Zusammenhang mit rituellen Bräuchen des arabischen Heidentums erwähnt (136, 138f.). Man braucht aber deshalb nicht anzunehmen, daß es sich um Kindesopfer handelt (so W. Gottschalk, Das Gelübde nach älterer arabischer Auffassung, Berlin 1919, S. 124, siehe Rivlin, Gesetz im Koran, S. 34 und 63, Anmerkung; ebenso Gräf, S. 40). Laut **6**,151 und **17**,31 ist die Kindestötung aus wirtschaftlichen Gründen begangen worden.

6,138 Gräf, a.a.O., S. 41. — Vers 138 schließt sich inhaltlich an Vers 136 an. Zur Sache siehe **5**,103 und die Anmerkung zu dieser Stelle; ferner **16**,116. — *iftirā'an 'alaihi*: **6**,140. Vielleicht bezieht sich der Ausdruck im vorliegenden Vers nur auf das unmittelbar vorhergehende *wa-an'āmun lā yaḏkurūna sma llāhi 'alaihā*. In diesem Fall ist zu übersetzen: „Und (es gibt) Vieh, über dem sie (beim Schlachten) den Namen Gottes nicht aussprechen, indem sie (lügnerische Behauptungen) gegen ihn aushecken.“

6,139 Gräf, a.a.O., S. 41. — Die in der Übersetzung gegebene Deutung des Verses ist unsicher. Gegen die Deutung des Ausdrucks *mā fī buṭūni hāḏihi l-an'āmi* auf die Milch des betreffenden Viehs (vgl. **16**,66; **23**,21) spricht der nachfolgende Passus *wa-in yakun maitatan...*

6,140 *qad ḫasira llaḏīna qatalū aulādahum safahan bi-ġairi 'ilmin*: **6**,137, mit weiteren Belegen. Siehe die Anmerkung dazu. — *wa-ḥarramū mā razaqahumu llāhu ftirā'an 'alā llāhi*: **6**,138.

6,141 Der Ausdruck *ma'rūšāt* bezieht sich entweder auf Weinbergpfähle (oder eine kompliziertere Konstruktion zur Stützung von Weinstöcken) oder auf den Haus- bzw. Hüttenbau, wie er in Gärten üblich ist. Vgl. den Ausdruck *ḫāwiyatun 'alā 'urūšihā* in **2**,259/**18**,42/**22**,45 (mit den Anmerkungen zu **2**,259 und **18**,42). Weitere Belege: (**16**,68); (**7**,137). — *wan-naḫla waz-zar'a muḫtalifan ukuluhū*: **39**,21; **35**,27; **16**,13; **13**,4. — *waz-zaitūna war-rummāna mutašābihan wa-ġaira mutašābihin*: **6**,99. Siehe die Anmerkung dazu. — *wa-ātū ḥaqqahū yauma ḥaṣīdihī wa-lā tusrifū innahū lā yuḥibbu l-musrifīna*: **17**,26f.; **7**,31; **25**,67. Speziell zu *wa-ātū ḥaqqahū*: **17**,26 (s. o.); **30**,38; **51**,19; **70**,24f.

6,142 Gräf, a.a.O., S. 42. — Die Deutung von *farš* ist umstritten. — Belege: **23**,21f.; **16**,66; **40**,79f.; **43**,12f.; **36**,71-73; **16**,5-7; **16**,80. — *kulū mimmā razaqakumu llāhu wa-lā tattabi'ū ḫuṭuwāti š-šaiṭāni innahū lakum 'adūwun mubīnun*: **2**,168. Weitere Belege zu *kulū mimmā razaqakumu llāhu* in der Anmerkung zu **5**,88. Weitere Belege zu *wa-lā tattabi'ū ḫuṭuwāti š-šaiṭāni*: **2**,208; **24**,21.

6,143: **39**,6.

6,144 *fa-man aẓlamu mimmani ftarā 'alā llāhi kaḏiban*: **6**,21, mit weiteren Belegen. — *li-yuḍilla n-nāsa bi-ġairi 'ilmin*: **6**,119; **31**,6; **16**,25.

6,145 Gräf, a.a.O., S. 42f. — Belege: **2**,173/**16**,115; **5**,3. — Der Ausdruck *fisq* (Frevel) wird hier prägnant auf das Fleisch von heidnischen Schlachtopfern angewandt. In **6**,121 ist er vielleicht in einem ähnlich konkreten Sinn zu verstehen. Siehe auch Rivlin, Gesetz im Koran, S. 68, Anm. 2.

6,146 Gräf, a.a.O., S. 43f.; Horovitz, Koranische Untersuchungen, S. 38. — Belege: **16**,118; **4**,160; (**3**,93). — Zum Ausdruck *kulla ḏī ẓufurin* bemerkt Bell: „The word can hardly mean ‚hoof', though the reference is no doubt to the cloven hoof of Lev. XI., Deut. XIV." Blachère: „Le term est vague mais ne saurait désigner que les fauves et les rapaces (et non également le chameau, comme le disent les commt.); cf. Deutéronome, XIV, 11 sqq." Wenn man den Ausdruck *ẓufur* in seiner eigentlichen Bedeutung versteht, könnte man aus der Stelle vielleicht doch auch eine Anspielung auf das jüdische Verbot des Genusses von Kamelfleisch herauslesen (siehe 3. Mose 11,4). In Brehms Tierleben heißt es vom Kamel: „Die Hufe sind sehr klein und eigentlich bloß Zehennägel." — Die Deutung des Ausdrucks *ḥawāyā* ist nicht sicher.

6,147: **7**,156; **76**,31; **42**,8; **33**,17; **57**,13; **12**,110. — Vielleicht ist nicht erst nach dem vorliegenden Vers 147, sondern schon zwischen 146 und 147 eine Zäsur anzunehmen. Als Subjekt von *kaḏḏabūka* wären dann nicht die Juden zu ergänzen, sondern die Heiden.

6,148: **16**,35; **43**,20. — *ka-ḏālika kaḏḏaba llaḏīna min qablihim ḥattā ḏāqū ba'sanā*: **10**,39, mit weiteren Belegen. — *in tattabi'ūna illā ẓ-ẓanna wa-in antum illā taḫruṣūna*: **6**,116, mit weiteren Belegen.

6,149 *fa-li-llāhi l-ḥuǧǧatu l-bāliġatu*: (**54**,5). —*fa-lau šā'a la-hadākum aǧma'īna*: **16**,9; **13**,31; **6**,35; **10**,99; (**5**,48/**16**,93/**42**,8); (**11**,118).

6,150 *wa-hum bi-rabbihim ya'dilūna*: **6**,1; **27**,60. Zur Bedeutung des Verbums *'adala* siehe die Anmerkung zu **4**,135.

6,151f.: **17**,23-35; **2**,83; **4**,36; (**31**,13f.). Speyer, S. 305-310.

6,151 *wa-bil-wālidaini iḥsānan*: **17**,23f.; **4**,36; **2**,83; **31**,14; **46**,15-17; **29**,8. — *wa-lā taqtulū aulādakum min imlāqin naḥnu narzuqukum wa-īyāhum*: **17**,31; **60**,12; **6**,137; **6**,140; (**81**,8f.); (**16**,58f.). — *wa-lā taqrabū l-fawāḥiša mā ẓahara minhā wa-mā baṭana*: **7**,33; **17**,32; **6**,120; (**25**,68; **60**,12); (**42**,37/**53**,32); (**16**,90). — *wa-lā taqtulū n-nafsa llatī ḥarrama llāhu illā bil-ḥaqqi*: **17**,33; **25**,68; **4**,92f.; (**4**,29); (**7**,33).

6,152 *wa-lā taqrabū māla l-yatīmi illā bi-llatī hiya aḥsanu ḥattā yabluġa ašuddahū*: **17**,34; **4**,2; **4**,10; **4**,127; **89**,19. — *wa-aufū l-kaila wal-mīzāna bil-qisṭi*: **17**,35;

7,85; **11**,84f.; **26**,181–183; **83**,1–3; **55**,7–9; (**57**,25); (**42**,17). — *lā nukallifu nafsan illā wusʿahā*: **23**,62; **7**,42; **2**,286; **2**,233; **65**,7. — *wa-lau kāna ḏā qurbā*: **5**,106; **9**,113; **35**,18; **4**,135. — *wa-bi-ʿahdi llāhi aufū*: **3**,76, mit weiteren Belegen.

6,153: **6**,126; (**43**,61); (**10**,89); (**45**,18).

6,154 Daß Mose von Gott die Schrift erhalten hat, wird im Koran so oft erwähnt, daß es sich erübrigt, Belege anzuführen. Siehe auch Speyer, S. 296f. — Falls Vers 154 unmittelbar an den vorhergehenden Abschnitt anzuschließen ist, soll wohl mit der einleitenden Partikel *ṯumma* zum Ausdruck gebracht werden, daß Gott zuerst die einzelnen Gebote an die Kinder Israel erlassen (V. 151–153) und dann (*ṯumma*) abschließend (V. 154) seinen Willen in der mosaischen Offenbarungsschrift kundgetan hat. — Die Deutung des Passus *tamāman ʿalā llaḏī aḥsana* ist ganz unsicher. Zum Ausdruck *tamāman* bemerkt Speyer, S. 297: „Der Ausdruck 6,155 ‚Die Schrift vollkommen' (*al-kitāba tamāman*) entspricht genau dem (Ps. 19,8–9) *tōraṯ yhwh tĕmīmā*. Dieses Stück ist in die Gebetsliturgie übergegangen." Als Subjekt des Relativsatzes *allaḏī aḥsana* ist entweder Mose zu ergänzen, oder ganz allgemein jeder, der (seine Sache) gut gemacht hat. — *wa-tafṣīlan li-kulli šaiʾin*: **7**,145; **17**,12; **12**,111; **10**,37, mit weiteren Belegen. — *laʿallahum bi-liqāʾi rabbihim yuʾminūna*: **13**,2.

6,155 *wa-hāḏā kitābun anzalnāhu mubārakun*: **6**,92, mit weiteren Belegen. Siehe die Anmerkung dazu.

6,156 Zur Bedeutung des Ausdrucks *ġāfilīna* siehe die Anmerkung zu **6**,131.

6,157 *au taqūlū lau annā unzila ʿalainā l-kitābu la-kunnā ahdā minhum*: **35**,42; (**6**,109); **37**,167–169. — *fa-man aẓlamu mimman kaḏḏaba bi-āyāti llāhi wa-ṣadafa ʿanhā*: **6**,21, mit weiteren Belegen.

6,158 *hal yanẓurūna illā an taʾtiyahumu l-malāʾikatu au yaʾtiya rabbuka au yaʾtiya baʿḍu āyāti rabbika*: **16**,33; **2**,210; **15**,8; **78**,38f.; **25**,22; (**6**,8). — *yauma yaʾtī baʿḍu āyāti rabbika lā yanfaʿu nafsan īmānuhā lam takun āmanat min qablu*: **32**,29; **40**,84f.; **10**,50f.; **10**,90f.; **4**,18; (**10**,98). — Zur Bedeutung des Verbums *kasaba* siehe die Anmerkung zu **2**,79. — *intaẓirū innā muntaẓirūna*: **11**,122; **7**,71/**10**,20/**10**,102; **32**,30; (**11**,93); (**9**,52; **52**,31; **20**,135).

6,159 *inna llaḏīna farraqū dīnahum wa-kānū šiyaʿan lasta minhum fī šaiʾin*: **30**,31f.; **23**,53; **21**,93; **42**,13; **3**,105; **98**,4. Siehe auch die Anmerkung zu **19**,37, mit weiteren Belegen. — *ṯumma yunabbiʾuhum bi-mā kānū yafʿalūna*: **6**,60, mit weiteren Belegen.

6,160: **28**,84; **27**,89f.; **40**,40; **10**,26f.; **53**,31; **42**,23; **4**,40; **34**,37.

6,161: **16**,120–123; **2**,135; **3**,67; **3**,95; **4**,125; **6**,79; **10**,105; **30**,30; **22**,31; **98**,5. — *dīnan qiyaman*: **30**,30; **98**,5; **9**,36, mit weiteren Belegen. — Zur Bedeutung des Ausdrucks *ḥanīf* siehe die Anmerkung zu **2**,135, zur Bedeutung des Ausdrucks *milla* die Anmerkung zu **2**,130. Zur Sache siehe die Anmerkung zu **2**,124–141.

6,162 Der Terminus *nusuk* bedeutet entweder speziell die Opferung eines Schlachttieres oder ganz allgemein das Ritual (bei der Wallfahrt).

6,163: **39**,11f.; **6**,14. Siehe auch **10**,72, mit weiteren Belegen.

6,164 *qul a-ġaira llāhi abġī rabban wa-huwa rabbu kulli šai'in*: **3**,83, mit weiteren Belegen. — *wa-lā taksibu kullu nafsin illā 'alaihā*: **4**,111; **2**,286. Der Gedanke, der hier ausgesprochen wird, findet sich im Koran so häufig, daß es sich erübrigt, weitere Belege anzuführen. Zur Bedeutung des Verbums *kasaba* siehe die Anmerkung zu **2**,79. — *wa-lā taziru wāziratun wizra uḫrā*: **39**,7/**17**,15/**35**,18/**53**,38. — *ṯumma ilā rabbikum marǧi'ukum fa-yunabbi'ukum bi-mā kuntum fīhi taḫtalifūna*: **5**,48; **3**,55; **16**,92; **2**,113; **16**,124; **22**,69; **10**,93/**45**,17; **32**,25; **39**,46; (**6**,60, mit weiteren Belegen). Zur Sache siehe die Anmerkung zu **2**,213.

6,165 *wa-huwa llaḏī ǧa'alakum ḫalā'ifa l-arḍi*: **35**,39; **10**,13f.; **10**,73; **7**,129; **27**,62; **7**,69. 74; **38**,26; **24**,55; **7**,169; **19**,59; **6**,133; **11**,57; **9**,39/**47**,38; **43**,60; **57**,7; **4**,133; **14**,19f./**35**,16f. Siehe auch die Anmerkung zu **2**,30. — *rafa'a ba'ḍakum fauqa ba'ḍin daraǧātin*: **43**,32; **16**,71. Im vorliegenden Vers und in **43**,32 scheint sich die „Erhebung um Stufen" auf die unterschiedliche Verteilung der irdischen Glücksgüter zu beziehen. An anderen Stellen (**2**,253; **6**,83; **12**,76) bezieht sich der Ausdruck auf besondere (pneumatische) Begnadungen von einzelnen Gottesgesandten, an wieder anderen (**3**,163, mit weiteren Belegen) auf besondere Grade der Belohnung für gute Werke. — *li-yabluwakum fī mā ātākum*: **5**,48; **11**,7/**67**,2; **18**,7; **47**,4; **47**,31; **16**,92; **21**,35; **3**,152, mit weiteren Belegen. — *inna rabbaka sarī'u l-'iqābi wa-innahū la-ġafūrun raḥīmun*: **7**,167; **5**,98; **41**,43. Weitere Belege zu *sarī'u l-'iqābi* (bzw. *sarī'u l-ḥisābi*) in der Anmerkung zu **2**,202.

SURE 7

7,1 Über die Buchstaben, die einzelnen Suren vorgesetzt sind, siehe die Anmerkung zu **2**,1, mit Literaturangaben. Die Kombination *'lmṣ* findet sich ausschließlich vor Sure **7**.

7,4: **7**,97f.; **10**,50; **6**,47; **10**,24.

7,5: **21**,14f. 46. 87. 97; **68**,29. 31.

7,6: **43**,44; **15**,92f.; **16**,93; **16**,56; **29**,13. Weitere Belege in der Anmerkung zu **15**,92f.

7,8f.: **23**,102f.; **101**,6–9. — *fa-ulā'ika llaḏīna ḫasirū anfusahum*: **6**,12, mit weiteren Belegen.

7,10 *wa-ǧa'alnā lakum fīhā ma'āyiša*: **15**,20.

7,11–18: **15**,26–43; **38**,71–85; **17**,61–65; **2**,34; **20**,116; **18**,50. Zur Sache: Speyer, S. 54–60.

7,11 Der Versanfang (*wa-la-qad ḫalaqnākum ṯumma ṣauwarnākum*) scheint auf das göttliche Wunder der Erschaffung und Gestaltung der *zeitgenössischen* Menschen (2. Person Plural) hinzuweisen. Aber auf Grund des folgenden *ṯumma qulnā lil-malā'ikati sǧudū li-Ādama* ist anzunehmen, daß dabei an die Erschaffung des *ersten* Menschen (als des Prototyps der zeitgenössischen Menschen) gedacht ist. Belege: **40**,64; **64**,3; **82**,7f.; **59**,24; **23**,12–14; **32**,7–9; **3**,6. Zur

Sache: Speyer, S. 45f. — *ṯumma qulnā lil-malā'ikati...illā Iblīsa lam yakun mina s-sāǧidīna*: **2**,34, mit weiteren Belegen.

7,12: **38**,75f.; **15**,32f.; **17**,61f.

7,13: **38**,77f./**15**,34f.

7,14f.: **38**,79–81/**15**,36–38; **17**,62.

7,16f.: **15**,39f.; **38**,82f.; **17**,62; **4**,118f.; (**28**,63); (**37**,32). — Der Ausdruck *bi-mā aǧwaitanī* könnte auch als Schwurformel aufgefaßt werden. Dann wäre zu übersetzen: „Bei dem Umstand, daß du mich hast abirren lassen (= So wahr du mich hast abirren lassen)". Vgl. *bi-ʿizzatika* in **38**,82. — Vielleicht ist der Schlußsatz (*wa-lā taǧidu akṯarahum šākirīna*) nicht mehr als direkte Rede des Iblīs aufzufassen, sondern als allgemeine Sentenz. Die zweite Person (*lā taǧidu*) wäre in diesem Fall nicht auf Gott zu beziehen, sondern auf Mohammed, oder aber auf jeden möglichen Zuhörer.

7,18: **17**,63; **38**,84f.; **15**,41–43. Speziell zu *la-amla'anna ǧahannama minkum aǧmaʿīna*: **38**,85 (s. o.); **11**,119; **32**,13; **41**,25; **46**,18; (**7**,179); (**10**,33).

7,19–25: **2**,35–39; **20**,117–124. Zur Sache: Speyer, S. 61. 68–77.

7,19: **2**,35; (**20**,117–119). Speyer, S. 61, mit Verweis auf 1. Mose 2,16f. und 3,3.

7,20–22: **20**,120f.; **2**,36; **7**,27. Speyer, S. 68–71.

7,22 Die Deutung von *dallāhumā* ist unsicher. — *fa-lammā ḏāqā š-šaǧarata badat lahumā sau'ātuhumā wa-ṭafiqā yaḫṣifāni ʿalaihimā min waraqi l-ǧannati*: **20**,121. — *inna š-šaiṭāna lakumā ʿadūwun mubīnun*: **20**,117; **12**,5; **17**,53; **43**,62; **2**,168/208/ **6**,142; **36**,60; **28**,15; **35**,6; **18**,50.

7,23 *wa-in lam taǧfir lanā wa-tarḥamnā la-nakūnanna mina l-ḫāsirīna*: **7**,149; **11**,47; (**2**,64).

7,24: **2**,36. 38; **20**,123; (**7**,13). Speyer, S. 71–73. — Zum Ausdruck *matāʿ* („Nutznießung") siehe die Anmerkung zu **2**,36, mit weiteren Belegen.

7,26 Die Deutung des Ausdrucks *rīš* ist ganz unsicher. — *wa-libāsu t-taqwā ḏālika ḫairun.* Auffallend ist die Verwendung des Pronomens *ḏālika.* — Der Schlußsatz (*ḏālika min āyāti llāhi laʿallahum yaḏḏakkarūna*) hängt nur lose mit dem Vorhergehenden zusammen. Während die „Kinder Adams" vorher in der 2. Person angesprochen sind, wird hier die 3. Person verwendet.

7,27: **7**,20–22. Zur Bedeutung von *fatana* siehe die Anmerkung zu **4**,101. — Wenn es vom Satan heißt, er habe den beiden ersten Menschen die Kleidung ausgezogen, ist das wohl in übertragenem Sinn gemeint: Er brachte ihnen ihre Nacktheit zum Bewußtsein.

7,28: **2**,169. — *qālū waǧadnā ʿalaihā ābā'anā*: **2**,170; **31**,21; **5**,104; **43**,22–24; **10**,78, mit weiteren Belegen. — *inna llāha lā ya'muru bil-faḥšā'i*: **2**,169 (s. o.); **2**,268; **24**,21; **7**,33. — *a-taqūlūna ʿalā llāhi mā lā taʿlamūna*: **2**,169 (s. o.); **7**,33; **10**,68; **2**,80; (**29**,8/**31**,15); (**40**,42).

7,29 *wa-dʿūhu muḫliṣīna lahu d-dīna*: **40**,14; **40**,65; **39**,2f.; **39**,11. 14; **98**,5; **10**,22/**29**,65/**31**,32; (**4**,146). — *ka-mā bada'akum taʿūdūna*: **30**,11. 27; **10**,4. 34; **21**,104; **27**,64; **29**,19f.; **85**,13; **71**,17f.; **20**,55; **17**,51.

7,30 *farīqan hadā wa-farīqan ḥaqqa ʿalaihimu ḍ-ḍalālatu*: **16**,36; (**2**,253, mit weiteren Belegen).

7,31–33 Die These, daß die „guten Dinge" nicht verboten, sondern erlaubt sind, wird an verschiedenen Stellen des Korans vertreten. Vgl. **5**,87 und 88 und die zu diesen beiden Versen angeführten Belege. Im vorliegenden Passus ist zusammen mit den guten Dingen, die zu essen und zu trinken erlaubt sind, auch der Schmuck (*zīna*) genannt. Anscheinend vertraten gewisse Kreise die Ansicht, daß der Schmuck beim Gottesdienst abzulegen sei. Siehe auch Gräf, Jagdbeute und Schlachttier im islamischen Recht, Bonn 1959, S. 29–33.

7,31 *wa-kulū wa-šrabū*: **2**,60; **5**,88, mit weiteren Belegen. — *wa-lā tusrifū innahū lā yuḥibbu l-musrifīna*: **6**,141; (**25**,67); (**17**,26f.).

7,32 Die Deutung des Passus *hiya li-llaḏīna āmanū fī l-ḥayāti d-dunyā ḫāliṣatan yauma l-qiyāmati* ist umstritten. Die Zeitangabe *fī l-ḥayāti d-dunyā* ist wohl nicht speziell auf das Verbum des Relativsatzes zu beziehen, sondern auf den mit *hiya* eingeleiteten Nominalsatz (also nicht: „sie stehen denen zu, die im diesseitigen Leben glauben", sondern: „sie stehen im diesseitigen Leben denen zu, die glauben"). Der Ausdruck *ḫāliṣatan yauma l-qiyāmati* bedeutet wohl, daß die „guten Dinge", die (als irdische Genüsse) den Gläubigen im Diesseits an sich schon zustehen, ihnen im Jenseits in Form von paradiesischen Genüssen ganz speziell zugedacht sind. Vgl. die an die Seligen im Paradies gerichtete Aufforderung *kulū wa-šrabū hanīʾan* in **52**,19/**77**,43; **69**,24. — Bell nimmt den ganzen Passus aus dem Begleittext heraus und übersetzt: „On the day of resurrection it is exclusively for those who in this life have believed". Dazu die Anmerkung: „The pronoun might possibly refer to the adornment and good things spoken of in the first part of the verse, but improbably." Blachère übersetzt: „Cela appartient à ceux qui ont cru, dans la Vie Immédiate, (et cela sera déclaré) pur au Jour de la Résurrection." Gräf, a.a.O., S. 30: „Sie sind am Tage der Auferstehung ausschließlich für die (vorbehalten), die in diesem Leben glaubten." Oder: „Sie gehören den Gläubigen in diesem Leben (zusammen mit den Ungläubigen), am Tage der Auferstehung jedoch ihnen ausschließlich."

7,33 *innamā ḥarrama rabbiya l-fawāḥiša mā ẓahara minhā wa-mā baṭana*: **6**,151, mit weiteren Belegen. — *wal-baġya bi-ġairi l-ḥaqqi*: **42**,41f.; **6**,151/**17**,33; **25**,68; **16**,90. — *wa-an tušrikū bi-llāhi mā lam yunazzil bihī sulṭānan*: **3**,151, mit weiteren Belegen. — *wa-an taqūlū ʿalā llāhi mā lā taʿlamūna*: **7**,28; **2**,169; **10**,68; **2**,80.

7,34: **10**,49; **16**,61; **34**,30; **15**,5/**23**,43; **11**,104, mit weiteren Belegen.

7,35 *immā yaʾtiyannakum rusulun minkum yaquṣṣūna ʿalaikum āyātī*: **6**,130; **39**,71. — *fa-mani ttaqā wa-aṣlaḥa fa-lā ḫaufun ʿalaihim wa-lā hum yaḥzanūna*: **6**,48; **5**,69; **2**,38. Speziell zu *fa-lā ḫaufun ʿalaihim wa-lā hum yaḥzanūna*: **2**,62, mit weiteren Belegen.

7,36: **7**,40; **2**,39; **64**,10; **5**,10/86/**57**,19; (**6**,93).

7,37 *fa-man aẓlamu mimmani ftarā ʿalā llāhi kaḏiban au kaḏḏaba bi-āyātihī*: **6**,21, mit weiteren Belegen. — Der Passus *ulāʾika yanāluhum naṣībuhum mina* *l-kitābi* läßt sich verschieden auslegen. Vielleicht ist mit dem Ausdruck *naṣībuhum* das unheilvolle Los gemeint, das die Ungläubigen *im Jenseits* erwartet, d.h. also die Höllenstrafe. Vgl. **11**,109. Mit der „Schrift" (*al-kitāb*) ist dann entweder – in deterministischem Sinn – das Buch der Vorherbestimmung gemeint, oder aber das Sündenregister (siehe die Anmerkung zu **6**,61), auf Grund dessen die Strafe im Jenseits festgesetzt wird. Der Ausdruck *naṣībuhum* könnte sich aber auch auf den Anteil beziehen, der den Ungläubigen vorerst noch *im Diesseits* beschieden ist. Blachère übersetzt: „Ceux-là auront la part (de bonheur) qui leur est destinée." Folglich deutet er den Passus (ebenso wie Ṭabarī) auf die Frist, die den Ungläubigen bis zu ihrem Tod beschieden ist. Anders Bell. Er erläutert seine wörtliche Übersetzung mit der Anmerkung: „The reference seems to be to the Jews (and Christians), who have received a ‚portion' of the Book, and will be judged by it", denkt also offensichtlich an die Formulierung *allaḏīna ūtū naṣīban mina l-kitābi* (**3**,23; **4**,44. 51). — *ḥattā iḏā ǧā'athum rusulunā yatawaffaunahum*: **6**,61. Siehe die Anmerkung zu dieser Stelle. — *qālū aina mā kuntum tad'ūna min dūni llāhi qālū ḍallū 'annā*: **40**,73f., mit weiteren Belegen. Speziell zu *ḍallū 'annā*: auch **6**,24, mit weiteren Belegen. — *wa-šahidū 'alā anfusihim annahum kānū kāfirīna*: **6**,130; **39**,71; **9**,17.

7,38: **33**,67f.; **38**,60f.; **41**,29; (**29**,25).

7,39 Der Ausspruch *fa-mā kāna lakum 'alainā min faḍlin* ist wohl als Folgerung aus dem vorausgehenden Verdikt *li-kullin ḍi'fun* zu verstehen. Das Ganze könnte übrigens auch als Fragesatz aufgefaßt werden (siehe Bergsträsser, Verneinungspartikeln, S. 31, Anm. 1). Dann wäre zu übersetzen: „Was habt ihr denn vor uns für einen Vorteil? (Gar keinen!)" — *fa-ḏūqū l-'aḏāba bi-mā kuntum taksibūna*: **10**,52; **32**,14; **39**,24. Zur Bedeutung von *kasaba* siehe die Anmerkung zu **2**,79.

7,40 *inna llaḏīna kaḏḏabū bi-āyātinā wa-stakbarū 'anhā*: **7**,36. — Der Ausdruck *ḥattā yaliǧa l-ǧamalu fī sammi l-ḫiyāṭi* geht auf Matthäus 19,24 (bzw. Markus 10,25; Lukas 18,25) zurück. Siehe W. Rudolph, Die Abhängigkeit des Qorans von Judentum und Christentum, Stuttgart 1922, S. 15. — *wa-ka-ḏālika naǧzī l-muǧrimīna*: **10**,13/**46**,25.

7,41 Zum Passus *lahum min ǧahannama mihādun* vgl. den Ausdruck *bi'sa l-mihādu* (**2**,206, mit weiteren Belegen). Genauer wäre zu übersetzen: „Sie haben (bzw. bekommen) ein Lager aus Hölle." Das Lager ist nicht einfach in der Hölle lokalisiert, sondern besteht selber aus Hölle. Dementsprechend sind wohl auch die Decken (*ġawāšin*) zu verstehen, mit denen die Ungläubigen zugedeckt sind. Diese sind sozusagen ganz in Höllenfeuer eingebettet. Vgl. **14**,50; **29**,55; (**90**,20; **104**,6–9); (**18**,29).

7,42: **2**,82 (ohne den Einschub *lā nukallifu nafsan illā wus'ahā*). Denen, „die glauben und tun, was recht ist", wird das Paradies im Koran so oft in Aussicht gestellt, daß es sich erübrigt, Belege anzuführen. — *lā nukallifu nafsan illā wus'ahā*: **2**,233, mit weiteren Belegen. Im vorliegenden Zusammenhang soll dieser Passus wohl ausdrücken, daß an diejenigen, die „glauben und tun, was recht ist", und dadurch die Aufnahme ins Paradies verdienen, keine zu rigorosen Anforderungen gestellt werden.

7,43 Zur Verwendung des Perfekts (auch in den folgenden Versen) siehe die Anmerkung zu **14**,21. — *wa-naza'nā mā fī ṣudūrihim min ġillin*: **15**,47; **59**,10. — Der Passus *taǧrī min taḥtihimu l-anhāru* schließt sich syntaktisch als Zustandssatz an das vorhergehende *wa-naza'nā*... an. — *wa-qālū l-ḥamdu li-llāhi llaḏī*...: **35**,34; **39**,74f.; **10**,10. — *la-qad ǧā'at rusulu rabbinā bil-ḥaqqi*: **7**,53. — *tilkumu l-ǧannatu ūriṯtumūhā bi-mā kuntum ta'malūna*: **43**,72; **19**,63; **23**,10f.

7,44 *fa-aḏḏana mu'aḏḏinun bainahum an la'natu llāhi 'alā ẓ-ẓālimīna*: **11**,18, mit weiteren Belegen.

7,45: **11**,19; **14**,3; **7**,86; **3**,99.

7,46 *wa-bainahumā ḥiǧābun*: (**57**,13). — Die Bedeutung von *a'rāf* (hier und in Vers 48) ist umstritten. Bell schlägt im Anschluß an eine scharfsinnige Analyse des Textzusammenhangs die fragwürdige Konjektur *i'rāf* vor und übersetzt den Passus *'alā l-i'rāfi riǧālun ya'rifūna*...: „(presiding) over the recognition are men, who recognize..." (The Men of the A'rāf, The Moslem World, 22, 1932, S. 43–48). Tor Andrae bemerkt zu der Stelle: „Sprachlich kann *a'rāf* hier nichts anderes als Höhen bedeuten, und die ‚Männer auf den Höhen' sind wahrscheinlich die Bewohner der oft erwähnten höchsten Stufen des Paradieses, ‚die Vorangehenden', die sowohl auf die Hölle wie auf das Paradies hinabblicken können" (Der Ursprung des Islams und das Christentum, Uppsala 1926, S. 77f.). Vielleicht sind mit den *aṣḥāb al-a'rāf* speziell die *Gottesgesandten* gemeint, die beim Jüngsten Gericht in Aktion treten, um die Guten von den Bösen zu scheiden. Bell, der diese Deutung vertritt, verweist auf Sure **47**,30 (*wa-lau našā'u la-arainākahum fa-la-'araftahum bi-sīmāhum*) als Beleg zum Ausdruck *ya'rifūna kullan bi-sīmāhum* (a.a.O., S. 47). Siehe auch die Anmerkung zu **7**,49, Ende. Weiterer Beleg zu *ya'rifūna kullan bi-sīmāhum*: **55**,41. — *lam yadḫulūhā wa-hum yaṭma'ūna*: **70**,36–39. Als Subjekt zu *lam yadḫulūhā wa-hum yaṭma'ūna* sind die „Leute des (Höllen)feuers" zu ergänzen. Die Kommentatoren nehmen jedoch keinen Subjektwechsel an und ergänzen hier, sowie im folgenden Vers 47 (der von den „Leuten des Paradieses" handelt), die *aṣḥāb al-a'rāf* als Subjekt. Diese wären demnach – wenigstens vorläufig – weder im Paradies noch in der Hölle, sondern in einem Zwischenzustand, bzw. an einem Zwischenort. Daher die weit verbreitete Vorstellung vom *a'rāf* als einer Art islamischem Fegefeuer.

7,47 Als Subjekt von *qālū* sind die „Leute des Paradieses" zu ergänzen, nicht die *aṣḥāb al-a'rāf*. Siehe die Anmerkung zum vorhergehenden Vers. — *lā taǧ'alnā ma'a l-qaumi ẓ-ẓālimīna*: **7**,150; **23**,94.

7,48 *mā aġnā 'ankum ǧam'ukum (wa-mā kuntum tastakbirūna)*: **15**,84/**39**,50/**40**,82; **45**,10; **111**,2; **69**,28; **92**,11; **3**,10/116/**58**,17; **26**,207; **2**,264. Weitere Belege zur Bedeutung von *ǧama'a* = „Vermögen ansammeln": **104**,1–3; **3**,157; **10**,58/**43**,32; **28**,78; **70**,18.

7,49 Der Imperativ *udḫulū l-ǧannata* ist natürlich nicht mehr an die Verdammten gerichtet, sondern an die Seligen. — *lā ḫaufun ʿalaikum wa-lā antum taḥzanūna*: **2**,62, mit weiteren Belegen. — Mit dem Ende von Vers 49 treten die *aṣḥāb al-aʿrāf* von der Bühne ab. Bell macht darauf aufmerksam, daß sie eine richterliche Funktion ausüben und nicht eigentlich in den vorliegenden Zusammenhang passen, in dem die Seligen und Verdammten bereits in das Paradies und die Hölle verwiesen sind. Er betrachtet deshalb die Verse 46, 48 und 49 als späteren Einschub (a.a.O., S. 44f.).

7,50 *afīḍū ʿalainā mina l-māʾi*. Vgl. Lukas 16,24f. (W. Rudolph, Die Abhängigkeit des Qorans von Judentum und Christentum, Stuttgart 1922, S. 15).

7,51 *allaḏīna ttaḫaḏū dīnahum lahwan wa-laʿiban wa-ġarrathumu l-ḥayātu d-dunyā*: **6**,70; **45**,35. — *fal-yauma nansāhum ka-mā nasū liqāʾa yaumihim hāḏā*: **45**,34f.; **32**,14; (**38**,26).

7,53 Zur Bedeutung von *taʾwīl* siehe die Anmerkung zu **4**,59. Vgl. auch **10**,39. — *qad ǧāʾat rusulu rabbinā bil-ḥaqqi*: **7**,43. — *au nuraddu fa-naʿmala ġaira llaḏī kunnā naʿmalu*: **6**,27; **35**,37; **32**,12; (**14**,44); (**63**,10); (**23**,99f.); (**23**,107). — *qad ḫasirū anfusahum wa-ḍalla ʿanhum mā kānū yaftarūna*: **11**,21. — *ḫasirū anfusahum*: auch **6**,12, mit weiteren Belegen. — *wa-ḍalla ʿanhum mā kānu yaftarūna*: auch **6**,24, mit weiteren Belegen.

7,54 *inna rabbakumu llāhu llaḏī ḫalaqa s-samāwāti wal-arḍa fī sittati aiyāmin ṯumma stawā ʿalā l-ʿarši*: **10**,3; **32**,4/ **25**,59; **11**,7; **50**,38; **57**,4; (**13**,2); (**20**,4f.). Zur Sache: Speyer, S. 2f. und 24. — *yuġšī l-laila n-nahāra yaṭlubuhū ḥaṯīṯan*: **13**,3; **3**,27, mit weiteren Belegen. — *waš-šamsa wal-qamara wan-nuǧūma musaḫḫarātin bi-amrihī*: **16**,12; **14**,33; **13**,2/**35**,13/**39**,5; **31**,29; **29**,61; **21**,33. — In dem Ausdruck *bi-amrihī* ist mit *amr* wohl einfach der Befehl Gottes gemeint (vgl. **14**,32/**22**,65/**30**,46/**45**,12; **21**,81/**38**,36). Dagegen ist bei dem Ausdruck *yudabbiru l-amra*, der in **10**,3; **13**,2 und **32**,5 in einem ähnlichen Zusammenhang steht, offensichtlich eine Art Logos gemeint. Siehe Speyer, S. 24f., sowie die Anmerkung zu **2**,109. — *tabāraka llāhu rabbu l-ʿālamīna*: **40**,64; **23**,14; **25**,1. 10. 61; **43**,85; **67**,1; (**55**,78).

7,55 *udʿū rabbakum taḍarruʿan wa-ḫufyatan*: **6**,63; **7**,205.

7,56 *wa-lā tufsidū fī l-arḍi baʿda iṣlāḥihā*: **7**,85. Zur Bedeutung von *afsada (IV)* bzw. *fasād* siehe die Anmerkung zu **2**,11f. — *wa-dʿūhu ḫaufan wa-ṭamaʿan*: **32**,16; **21**,90; (**13**,12/**30**,24).

7,57 *wa-huwa llaḏī yursilu r-riyāḥā bušran baina yadai raḥmatihī*: **25**,48; **27**,63; **30**,46. — *ḥattā iḏā aqallat saḥāban ṯiqālan suqnāhu li-baladin maiyitin*: **35**,9; **30**,48; **13**,12; **32**,27. — Sehr häufig wird im Koran darauf hingewiesen, daß Gott den Regen vom Himmel sendet und dadurch das Wachstum auf der Erde ermöglicht. Belege speziell zur Formulierung *fa-anzalnā bihi l-māʾa fa-aḫraǧnā bihī min kulli ṯ-ṯamarāti* in der Anmerkung zu **6**,99. — *ka-ḏālika nuḫriǧu l-mautā*: **43**,11; **30**,19; **50**,11; (**35**,9); (**2**,73).

7,58 In Vers 58 sehen K. Ahrens (ZDMG 84, 1930, S. 162) und Speyer (S. 453) eine Nachwirkung des neutestamentlichen Gleichnisses vom vierfachen Acker (Matthäus 13,3–9).

7,59–64 Die Geschichte Noahs und seiner Zeitgenossen wird im Koran – abgesehen von ganz kurzen Hinweisen – noch an folgenden Stellen behandelt: **54**,9–16; **37**,75–82; **71** (ganze Sure); **26**,105–122; **23**,23–30; **21**,76f.; **25**,37; **11**,25–49; **29**,14f.; **10**,71–73. Die in **7**,59–64 vorliegende Version bildet zusammen mit den folgenden Geschichten von Hūd (V. 65–72), Ṣāliḥ (V. 73 bis 79), Lot (V. 80–84) und Šu'aib (V. 85–93) eine Einheit. Den Abschluß des Ganzen bildet die Zusammenfassung in **7**,94–102. Siehe Horovitz, Koranische Untersuchungen, S. 24f. Zur Sache: Speyer, S. 89–115; EI[1], Artikel Nūḥ (B. Heller).

7,59: **23**,23; **11**,25f.; **71**,1–3. — Der Ausspruch *u'budū llāha mā lakum min ilāhin ġairuhū* wird auch den im folgenden genannten Gottesgesandten Hūd (V. 65), Ṣāliḥ (V. 73) und Šu'aib (V. 85) in den Mund gelegt, ebenso in der parallelen Reihe in Sure **11** (V. 50, 61, 84). In **23**,23 kehrt derselbe Wortlaut als Ausspruch Noahs wieder, im Anschluß an die dort erzählte Geschichte von Noah in Vers 32 als Ausspruch eines nicht namentlich genannten Gottesgesandten, vermutlich des Hūd. — Der Ausspruch *innī aḫāfu 'alaikum 'aḏāba yaumin 'aẓīmin* wird in **26**,135 und **46**,21 dem Gottesgesandten Hūd in den Mund gelegt. Ähnlich spricht Noah **11**,26; Šu'aib **11**,84; Mohammed **11**,3; ein Gläubiger aus der Sippe Pharaos **40**,30–32; (Mohammed **6**,15/**10**,15/**39**,13).

7,60 Die „Vornehmen" (*al-mala'*) vertreten in den koranischen Geschichten von früheren Gottesgesandten stereotyp die Partei der Ungläubigen – ohne Zweifel ein Reflex der Verhältnisse, die zu Mohammeds Zeit in Mekka herrschten. Vgl. die Verse 66, 75, 88, 90, 109, 127.

7,61: **7**,67 (Hūd); (**7**,104; **26**,16: Mose); (**26**,107. 125. 143. 162. 178; **44**,18: Noah, Hūd, Ṣāliḥ, Lot, Šu'aib, Mose).

7,62 *uballiġukum risālāti rabbī wa-anṣaḥu lakum*: **7**,68 (Hūd); **7**,79 (Ṣāliḥ); **7**,93 (Šu'aib). — *a'lamu mina llāhi mā lā ta'lamūna*: **12**,86. 96 (als Ausspruch von Josephs Vater).

7,63: **7**,69 (Hūd); **38**,4/**50**,2; **10**,2; **38**,8; **17**,94; **11**,27; **26**,186; **23**,24/33; **36**,15; **14**,10; **6**,91; **54**,24f. Der Einwand der Ungläubigen, daß keiner von ihren eigenen Landsleuten Übermittler einer göttlichen Offenbarung sein könne, findet sich auch sonst oft im Koran. Weitere Belege in der Anmerkung zu **11**,27. — *wa-li-tattaqū wa-la'allakum turḥamūna*: **36**,45.

7,64: **10**,73; **26**,119f.; **21**,76f.; **37**,76. 82; **29**,15; **25**,37; **71**,25; (**54**,11–14); (**11**,36–43). — Auch in den Geschichten von anderen Gottesgesandten findet sich öfters der Hinweis darauf, daß der Gesandte und seine nächsten Angehörigen (bzw. Glaubensgenossen) vor dem Strafgericht gerettet werden, das zuletzt über die Ungläubigen hereinbricht. So auch **7**,72 in der Geschichte von Hūd und **7**,83 in der Geschichte von Lot. Weitere Belege in der Anmerkung zu **10**,103. — Auf Grund von **29**,15 ist anzunehmen, daß der präpositionale Ausdruck *fī l-fulki* im vorliegenden Vers (sowie in **10**,73 und **26**,119) auf *allaḏīna ma'ahū* zu beziehen ist, nicht auf den ganzen Satz *fa-anǧaināhu wa-llaḏīna ma'ahū*.

7,65–72 Die Geschichte von Hūd und den ʿĀd bildet zusammen mit der unmittelbar vorausgehenden Geschichte von Noah und seinen Zeitgenossen (V. 59–64) und mit den folgenden Geschichten von Ṣāliḥ (V. 73–79), Lot (V. 80–84) und Šuʿaib (V. 85–93) eine Einheit. Den Abschluß des Ganzen bildet die Zusammenfassung in **7**,94–102. — Die Geschichte von Hūd und den ʿĀd steht auch sonst im Koran regelmäßig im Verband mit anderen Geschichten ähnlicher Art. Sie wird – abgesehen von ganz kurzen Hinweisen – noch an folgenden Stellen behandelt: **89**,6–8; **69**,4–8; **51**,41f.; **54**,18–21; **26**,123–140; **23**,31–41 (ohne Nennung von Namen, aber wohl auf Hūd und die ʿĀd zu beziehen); **41**,13–16; **11**,50–60; **46**,21–26. Zur Sache: Speyer, S. 118f.; EI², Artikel Hūd (Wensinck-Pellat) und ʿĀd (Buhl).

7,65: **11**,50; **23**,32; (**26**,124). — Der Ausspruch *uʿbudū llāha mā lakum min ilāhin ġairuhū* wird auch den Gottesgesandten Noah (V. 59), Ṣāliḥ (V. 73) und Šuʿaib (V. 85) in den Mund gelegt, ebenso in der parallelen Reihe in Sure **11** (V. (26), 61, 84). In **23**,23 kehrt derselbe Wortlaut als Ausspruch Noahs wieder.

7,66: **7**,60. Zur Bedeutung des Ausdrucks *al-malaʾ* („die Vornehmen") siehe die Anmerkung zu diesem Vers. — *wa-innā la-naẓunnuka mina l-kāḏibīna*: **26**,186; **11**,27.

7,67: **7**,61, mit weiteren Belegen.

7,68: **7**,62, mit weiteren Belegen (ebenfalls von Hūd: **46**,23; **11**,57; **26**,125).

7,69 *a-wa-ʿaǧibtum an ǧāʾakum ḏikrun min rabbikum ʿalā raǧulin minkum li-yunḏirakum*: **7**,63, mit weiteren Belegen. — *wa-ḏkurū iḏ ǧaʿalakum ḫulafāʾa min baʿdi qaumi Nūḥin*: **7**,74 (Ṣāliḥ zu den Ṯamūd); (**6**,165, mit weiteren Belegen). — *wa-zādakum fī l-ḫalqi basṭatan*: (**2**,247). — *fa-ḏkurū ālāʾa llāhi* (hier und in Vers 74). Vgl. den durchgehenden Refrain in Sure **55**.

7,70 *a-ǧiʾtanā li-naʿbuda llāha waḥdahū wa-naḏara mā kāna yaʿbudu ābāʾunā*: **46**,22 (ebenfalls Hūd); **10**,78 (Mose); **11**,62 (Ṣāliḥ); **11**,87 (Šuʿaib); **11**,53 (Hūd). Weitere Belege in der Anmerkung zu **10**,78. — *fa-ʾtinā bi-mā taʿidunā in kunta mina ṣ-ṣādiqīna*: **46**,22/**11**,32; **7**,77; **29**,29; **10**,48/**21**,38/**27**,71/**34**,29/**36**,48/**67**,25; (**32**,28).

7,71 *qad waqaʿa ʿalaikum min rabbikum riǧsun wa-ġaḍabun*. Das Wort *riǧs* scheint in der vorliegenden Stelle für *riǧz* zu stehen und „Strafgericht" zu bedeuten (so wie umgekehrt in **8**,11 *riǧz* und wahrscheinlich in **74**,5 *ruǧz* in der Bedeutung „Unreinheit" für *riǧs* steht). Vgl. **7**,134 (*wa-lammā waqaʿa ʿalaihimu r-riǧzu*; gemeint sind die ägyptischen Plagen). Falls man *riǧs* auch im vorliegenden Vers im Sinn von „Schmutz", „Unreinheit", „Besudelung" versteht, ist der Ausdruck auf den Greuel des Götzendienstes zu deuten. Vgl. **6**,125; **10**,100. Die Übersetzung ist entsprechend zu verbessern. Siehe den Nachtrag. Blachère übersetzt: „courroux", Bell stellt „wrath" und „abomination" zur Wahl. Siehe auch Rivlin, Gesetz im Koran, S. 66f., Anm. 2. — *a-tuǧādilūnanī fī asmāʾin sammaitumūhā antum wa-ābāʾukum mā nazzala llāhu bihā* *min sulṭānin:* **12**,40; **53**,23. Speziell zu *mā nazzala llāhu bihā min sulṭānin:* **3**,151, mit weiteren Belegen. — *fa-ntaẓirū innī ma'akum mina l-muntaẓirīna:* **6**,158, mit weiteren Belegen.

7,72 *fa-anǧaināhu wa-llaḏīna ma'ahū bi-raḥmatin minnā:* **11**,58; **11**,66 (Ṣāliḥ); **11**,94 (Šu'aib). Siehe auch die Anmerkung zu **7**,64, mit weiteren Belegen. — *wa-qaṭa'nā dābira llaḏīna kaḏḏabū. . . :* **6**,45, mit weiteren Belegen.

7,73–79 Die Geschichte von Ṣāliḥ und den Ṯamūd bildet zusammen mit den vorausgehenden Geschichten von Noah (V. 59–64) und Hūd (V. 65 bis 72) und mit den folgenden von Lot (V. 80–84) und Šu'aib (V. 88–93) eine Einheit. Den Abschluß des Ganzen bildet die Zusammenfassung in **7**,94–102. — Die Geschichte von Ṣāliḥ und den Ṯamūd steht auch sonst im Koran regelmäßig im Verband mit anderen Geschichten ähnlicher Art. Sie wird – abgesehen von ganz kurzen Hinweisen – noch an folgenden Stellen behandelt: **91**,11–15; **89**,9; **69**,4f.; **51**,43–45; **54**,23–31; **26**,141–159; **27**,45 bis 53; **41**,13. 17f.; **17**,59; **11**,61–68. Dazu ist wohl auch noch **15**,80–84 zu rechnen (*Aṣḥāb al-Ḥiǧr*; siehe Horovitz, Koranische Untersuchungen, S. 94). Zur Sache: Speyer, S. 118f.; EI[1], Artikel Ṣāliḥ (Buhl) und Thamūd (Bräu).

7,73: **11**,61; **27**,45; (**26**,142). — Der Ausspruch *u'budū llāha mā lakum min ilāhin ġairuhū* wird auch den Gottesgesandten Noah (V. 59), Hūd (V. 65) und Šu'aib (V. 85) in den Mund gelegt, ebenso in der parallelen Reihe in Sure **11** (V. (26), 50, 84). In **23**,23 kehrt derselbe Wortlaut als Ausspruch Noahs wieder, in **23**,32 als Ausspruch eines nicht namentlich genannten Gottesgesandten, vermutlich des Hūd. — *qad ǧā'atkum baiyinatun min rabbikum:* **7**,85 (Šu'aib); **7**,105 (Mose); **11**,63 (Ṣāliḥ); **11**,88 (Šu'aib). — *hāḏihī nāqatu llāhi lakum āyatan fa-ḏarūhā ta'kulu fī arḍi llāhi wa-lā tamassūhā bi-sū'in fa-ya'ḫuḏakum 'aḏābun alīmun:* **11**,64; **26**,155f.; **17**,59. Weitere Belege für das Kamel (*nāqa*, Kamelstute), das Gott den Ṯamūd schickt: **91**,13f.; **54**,27–29. — Der Ausdruck *arḍ Allāh* findet sich auch noch an drei anderen Stellen, wo gesagt wird, daß die Erde Gottes „weit" (*wasi'a*) sei in dem Sinn, daß man genügend Lebensmöglichkeiten darauf finden könne (**4**,97; **39**,10; **29**,56). Vielleicht hat *arḍ Allāh* auch im vorliegenden Zusammenhang einen ähnlichen Sinn. Die Ṯamūd würden dann aufgefordert, dem ihnen als Wunderzeichen von Gott zugeschickten Kamel das Weiden auf Gottes weiter Erde nicht zu mißgönnen. Der Wortlaut von **26**,155; **54**,28 (und **91**,13) scheint anzudeuten, daß für das Tränken des Kamels eine besondere Regelung (in Form einer Rationierung des Trinkwassers) vorgesehen war. Im übrigen sind die einzelnen Andeutungen so knapp, daß vieles von der Geschichte der Ṯamūd im dunkeln bleibt. Das Material, das die arabischen Kommentatoren und Historiker zum Thema beibringen, ist zu fragwürdig, als daß es zur Ausfüllung der Lücken verwertet werden könnte. Julius Euting berichtet in seinem Tagbuch einer Reise in Inner-Arabien (II, Leiden 1914, S. 239f.) von einem inmitten der Ruinen von el-'Öla (südlich von Madā'in Ṣāliḥ) gelegenen, aus dem natürlichen Sandstein gemeißelten und im Fels ruhenden Gefäß von riesigen Ausmaßen, aus dem nach Meinung der

Einheimischen seinerzeit das Kamel des Ṣāliḥ mit Milch getränkt worden ist. Das ist natürlich eine nachträgliche Identifizierung des sagenhaften Vorgangs, auf den der vorliegende Vers anspielt. Aber vielleicht liegt der Geschichte vom Kamel des Ṣāliḥ eine ätiologische Sage zugrunde, mit der man die Entstehung einer seltsamen Felsformation in Gestalt eines liegenden Kamels (abgebildet bei Euting, a.a.O., S. 136 und 137) zu erklären suchte.

7,74 *wa-ḏkurū iḏ ǧa'alakum ḫulafā'a min ba'di 'Ādin*: **7**,69 (Hūd zu den 'Ād); (**6**,165, mit weiteren Belegen). — *wa-tanḥitūna l-ǧibāla buyūtan*: **26**,149; **15**,82; **89**,9. Der Passus bezieht sich offensichtlich auf die aus dem Felsen gehauenen Monumente bei el-Ḥiǧr (Hegra), die ursprünglich Grabkammern waren, aber später als Wohnbauten eines untergegangenen Volkes (eben der Ṯamūd) gedeutet wurden. Siehe EI[1], Artikel al-Ḥidjr (J. Schleifer); EI[2] (F. S. Vidal). — *fa-ḏkurū ālā'a llāhi* (hier und in Vers 69). Vgl. den durchgehenden Refrain in Sure **55**. — *wa-lā ta'ṯau fī l-arḍi mufsidīna*: **2**,60/**11**,85/**26**,183/**29**,36; **2**,205; **5**,33/64. Siehe die Anmerkungen zu **2**,11f. und **2**,205.

7,75 Zum Ausdruck *al-mala'* siehe die Anmerkung zu **7**,60. Im vorliegenden Vers und (in Vers 88) werden die „Vornehmen" noch näher charakterisiert als „diejenigen, die hochmütig waren". Das Gegenstück dazu bilden (auch in anderen Stellen) die „Schwachen" oder „Unterdrückten". Siehe die Anmerkung zu **2**,282. — *a-ta'lamūna anna Ṣāliḥan mursalun min rabbihī*: (**13**,43).

7,76: **34**,34; **43**,23f.; **41**,14; **14**,9.

7,77 *fa-'aqarū n-nāqata*: **91**,14/**26**,157/**11**,65; **54**,29; (**17**,59). Zur Sache siehe die Anmerkung zu **7**,73. — *wa-'atau 'an amri rabbihim*: **51**,44; (**65**,8). — *ītinā bi-mā ta'idunā in kunta mina l-mursalīna*: **7**,70, mit weiteren Belegen.

7,78: **7**,91/**29**,37 (Madyan, das Volk des Šu'aib); **11**,67/94 (Ṯamūd bzw. Madyan); **15**,73 (das Volk von Lot); **15**,83 (*Aṣḥāb al-Ḥiǧr*). Weitere Belege in der Anmerkung zu **11**,67.

7,79: **7**,93 (Šu'aib); **7**,62 (Noah); **7**,68 (Hūd).

7,80–84 Die Geschichte von Lot bildet zusammen mit den vorausgehenden Geschichten von Noah (V. 59–64), Hūd (V. 65–72), Ṣāliḥ (V. 73–79) und mit der folgenden Geschichte von Šu'aib (V. 85–93) eine Einheit. Den Abschluß des Ganzen bildet die Zusammenfassung in **7**,94–102. — Die Geschichte von Lot steht auch sonst im Koran regelmäßig im Verband mit anderen Geschichten ähnlicher Art (z.T. im Anschluß an die Geschichte von Abraham). Sie wird – abgesehen von ganz kurzen Hinweisen – noch an folgenden Stellen behandelt: **51**,31–37; **54**,33–39; **37**,133–138; **26**,160–175; **15**,57–77; **21**,74f.; **25**,40 (ohne Nennung von Namen); **27**,54–58; **11**,77–83; **29**,28–35. Zur Sache: Speyer, S. 146. 150–158; EI[1], Artikel Lūṭ (B. Heller).

7,80: **29**,28; **27**,54.

7,81: **27**,55; **29**,29; **26**,165f. — Für den vorliegenden Vers wird auch die Variante *a-innakum* überliefert (mit vorgesetzter Fragepartikel, wie in **27**,55 und **29**,29). — *bal antum qaumun musrifūna*: **36**,19. Zur Bedeutung des Ausdrucks *musrifūna* siehe die Anmerkung zu **5**,32.

7,82: **27**,56; **26**,167; (**29**,29). — Speziell zu *innahum qaumun yataṭahharūna* (außer **27**,56, s. o.): **11**,78. — Die Vertreibung wird auch anderen Gottesgesandten angedroht, so **7**,88; **14**,13f. Vgl. die Hinweise auf die Vertreibung Mohammeds: **47**,13; **60**,1; **9**,40; **8**,30; **17**,76.

7,83 Zum Passus *fa-anǧaināhu wa-ahlahū* siehe die Anmerkung zu **7**,64, mit weiteren Belegen. — Belege zum ganzen Vers: **29**,32f.; **27**,57; **15**,59f.; **37**,134 bis 136/**26**,170–172; **54**,34f.; **21**,74f.; **51**,35–37; (**11**,81). In anderem Zusammenhang wird die Frau des Lot in **66**,10 erwähnt. — Die Deutung des Ausdrucks *al-ġābirīna* ist nicht sicher. Speyer verweist (S. 157, Anm. 2) auf Sprenger, der die Vermutung geäußert hat, dem Wort liege das aramäische (oder hebräische) *'br* im Sinn von „(das Gesetz) übertreten" zugrunde.

7,84: **26**,173/**27**,58; **15**,74; **11**,82f.; **51**,31–34; **29**,34; **25**,40; **54**,34; **53**,53f.

7,85–93 Die Geschichte von Šu'aib und den Madyan bildet zusammen mit den vorausgehenden Geschichten von Noah (V. 59–64), Hūd (V. 65–72), Sālih (V. 73–79) und Lot (V. 80–84) eine Einheit. Den Abschluß des Ganzen bildet die Zusammenfassung in **7**,94–102. — Die Geschichte von Šu'aib und den Madyan (oder den „Leuten des Dickichts", *Aṣḥāb al-Aika*, wie sie in den frühesten Texten genannt werden), wird – abgesehen von einigen ganz kurzen Hinweisen – noch an folgenden Stellen des Korans behandelt, u.z. durchweg im Verband mit anderen Geschichten ähnlicher Art: **26**,176–191; **15**,78f.; **11**,84–95; **29**,36f. Zur Sache: Speyer, S. 251–254; EI[1], Artikel Shu'aib und Madyan Shu'aib (Buhl).

7,85 *wa-ilā Madyana aḫāhum Šu'aiban qāla yā qaumi 'budū llāha mā lakum min ilāhin ġairuhū*: **11**,84; **29**,36. — Der Ausspruch *u'budū llāha mā lakum min ilāhin ġairuhū* wird auch den im vorhergehenden genannten Gottesgesandten Noah (V. 59), Hūd (V. 65) und Ṣāliḥ (V. 73) in den Mund gelegt, ebenso in der parallelen Reihe in Sure **11** (V. (26), 50, 61). In **23**,23 kehrt derselbe Wortlaut als Ausspruch Noahs wieder, in **23**,32 als Ausspruch eines nicht namentlich genannten Gottesgesandten, vermutlich des Hūd. — *qad ǧā'atkum baiyinatun min rabbikum*: **7**,73 (Ṣāliḥ); **7**,105 (Mose); **11**,88 (Šu'aib); **11**,63 (Ṣāliḥ). — *fa-aufū l-kaila wal-mīzāna wa-lā tabḫasū n-nāsa ašyā'ahum wa-lā tufsidū fī l-arḍi ba'da iṣlāḥihā*: **11**,84f.; **26**,181–183; **6**,152; **17**,35; **83**,1–3; **55**,7–9; (**57**,25); (**42**,17). — *wa-lā tufsidū fī l-arḍi ba'da iṣlāḥihā*: **7**,56; **11**,85/**26**,183/**29**,36 (*wa-lā ta'ṯau fī l-arḍi mufsidīna*, ebenfalls als Ausspruch von Šu'aib). Zur Bedeutung von *afsada (IV)* bzw. *fasād* siehe die Anmerkung zu **2**,11f.

7,86 *lā taq'udū bi-kulli ṣirāṭin*: (**9**,5); (**7**,16). — *taṣuddūna 'an sabīli llāhi man āmana bihī wa-tabġūnahā 'iwaǧan*: **11**,19/**14**,3; **7**,45; **3**,99. — *wa-ḏkurū iḏ kuntum qalīlan fa-kaṯṯarakum*: **8**,26. In dieser Stelle werden die *Gläubigen* darauf hingewiesen, daß sie früher wenig zahlreich und schwach waren, aber dann von Gott gestärkt und mit Glücksgütern beschenkt wurden, weshalb sie dankbar sein sollen. Vielleicht sind auch im vorliegenden Vers 86 mit denjenigen, die aufgefordert werden zu bedenken, daß sie früher wenig zahlreich waren und daraufhin zugenommen haben, die Gläubigen gemeint, und nicht die ungläubigen Landsleute des Šu'aib. In diesem Fall wäre vor *wa-ḏkurū* eine Zäsur anzunehmen. Siehe auch die Anmerkung zum folgenden Vers 87.

7,87 *fa-ṣbirū ḥattā yaḥkuma llāhu bainanā wa-huwa ḫairu l-ḥākimīna*: **10**,109; (**52**,48; **76**,24; **68**,48); (**74**,7). Die Aufforderung, geduldig zu sein, ist offensichtlich an die Gläubigen gerichtet, nicht an die Ungläubigen, wie man auf Grund der vorausgehenden Verse 85 und 86a (*qāla yā qaumi*...) und des folgenden Verses 88 (*qāla l-mala'u*) annehmen sollte. Dieselbe Unstimmigkeit scheint in Vers 86b vorzuliegen. Siehe die vorhergehende Anmerkung.

7,88 Zum Ausdruck *al-mala'u llaḏīna stakbarū* siehe die Anmerkungen zu **7**,60 und 75. — *la-nuḫriǧannaka yā Šu'aibu wa-llaḏīna āmanū ma'aka min qaryatinā au la-ta'ūdanna fī millatinā*: **14**,13; (**18**,20). Speziell zu *la-nuḫriǧannaka...min qaryatinā*: **7**,82, mit weiteren Belegen.

7,89 Die Einschränkung *illā an yašā'a llāhu* steht hier in einem ähnlichen Zusammenhang wie in **6**,80. Siehe die Anmerkung zu diesem Vers, mit weiteren Belegen zu *wasi'a rabbunā kulla šai'in 'ilman*. — *rabbanā ftaḥ bainanā wa-baina qauminā bil-ḥaqqi wa-anta ḫairu l-fātiḥīna*: **26**,118; **34**,26. Das Verbum *fataḥa* hat im vorliegenden Vers und in den angeführten Belegen (vielleicht auch in **32**,28f.) die Bedeutung „ein Urteil fällen", „entscheiden". Horovitz verweist auf das äthiopische *fetḥ* („richterliches Urteil"; Koranische Untersuchungen, S. 18, Anm. 2). A. Jeffery macht auf eine Entsprechung in südarabischen Inschriften aufmerksam (Foreign Vocabulary, S. 221f.). Siehe auch Ṭabarī, der in seinem Kommentar zur Stelle die Bemerkung des Philologen Farrā' zitiert, in 'Omān bezeichne man den Richter (*qāḍī*) als *fātiḥ* oder *fattāḥ*, und Chaim Rabin, Ancient West-Arabian, London 1951, S. 54. Aus der Grundbedeutung „Entscheidung" (zugunsten der Gläubigen, *fatḥ li-*) hat sich dann wohl die sekundäre Bedeutung „Erfolg" entwickelt (**4**,141; **5**,52; **8**,19; **48**,1. 18. 27; **61**,13; **110**,1; **57**,10). Später ist *fatḥ*, vielleicht unter unmittelbarer Einwirkung der zuletzt genannten Stelle **57**,10 (*lā yastawī minkum man anfaqa min qabli l-fatḥi*...) zum terminus technicus für die Eroberung von Mekka und für die muslimischen Eroberungen überhaupt geworden (*fatḥ Makka*, *futūḥ al-buldān* usw.). Es wäre aber verkehrt, die Bedeutung „Eroberung" schon für die Zeit Mohammeds vorauszusetzen. Gemeint ist jeweils ein (entscheidender) Erfolg, der Mohammed und den Gläubigen *von Gott beschieden* bzw. verheißen wird. Siehe auch Bells Anmerkung zu Sure **32**,28f. (er übersetzt *fatḥ* meist mit clearing-up, vereinzelt auch mit conquest): „*Fatḥ*, literally ‚opening'; a word of varied meaning. It seems to have been used in late Meccan and early Medinan days as implying a promise of a decisive clearing away of the clouds of opposition and distress which surrounded the Prophet and his followers..."

7,90: **23**,33f.; (**7**,92).

7,91: **7**,78, mit weiteren Belegen.

7,92: **11**,68; **11**,95. — Störend wirkt das erste *allaḏīna kaḏḏabū Šu'aiban*, da es den Zusammenhang zwischen dem Schluß des vorhergehenden Verses (*fa-aṣbaḥū fī dārihim ǧāṯimīna*) und dem unmittelbar dazu gehörenden Passus *ka-an lam yaġnau fīhā* unterbricht. Bell erklärt diesen störenden Relativsatz als Glosse und nimmt ihn in der Übersetzung in den vorhergehenden Vers hinein. In **11**,95 (Madyan) und **11**,68 (Ṯamūd) fehlt er ganz, so daß hier der Passus *ka-an lam yaġnau fīhā* unmittelbar auf *ǧāṯimīna* folgt. — Die Deutung von *lam yaġnau* ist nicht sicher. Außer den drei gleichlautenden Stellen (**7**,92/**11**,95/ **11**,68) ist auch **10**,24 als Beleg zu nennen (*fa-ǧaʿalnāhā ḥaṣīdan ka-an lam taġna bil-amsi*). Hier bezieht sich der Ausdruck auf den üppigen Pflanzenwuchs, der nach einem Regen aufsprießt, aber dann plötzlich verkümmert. Das Verbum *ġaniya* hat etwa die Grundbedeutung „wohlhabend sein, so daß man keines Zuschusses von außerhalb bedarf". Davon abgeleitet ergibt sich die Bedeutung „aus sich selbst heraus bestehen können". — *kānū humu l-ḫāsirīna*: (**7**,90).

7,93 *fa-tawallā ʿanhum wa-qāla yā qaumi la-qad ablaġtukum risālāti rabbī wa-naṣaḥtu lakum*: **7**,79, mit weiteren Belegen. — *fa-kaifa āsā ʿalā qaumin kāfirīna*: **5**,68; **5**,26; **10**,65, mit weiteren Belegen.

7,94–102 Die Verse 94–102 enthalten sozusagen die Moral von den in **7**,59–93 vorgetragenen Geschichten von Noah, Hūd, Ṣāliḥ, Lot und Šuʿaib. Daran anschließend wird in Vers 103 die Reihe der Gottesgesandten mit Mose fortgesetzt. Ähnlich leitet in Sure **10** Vers 74 von der Geschichte des Noah zu der des Mose über. Auch in Sure **23** leiten die Verse 42–44 von den Geschichten des Noah und des weiteren Gottesgesandten, vermutlich des Hūd (V. 23–41), zur Geschichte des Mose über (V. 45–48).

7,94: **6**,42.

7,95 Der Ausdruck *ḥattā ʿafau* ist schwer verständlich. Die Kommentatoren deuten *ʿafā* im Sinn von „wachsen", „zahlreich werden". Aber die Bedeutung „aus dem Blickfeld verlieren", „vergessen" wird dem Sachverhalt wohl eher gerecht. Der Gedankengang könnte etwa folgender sein: Nachdem Gott die anfängliche Not zum Guten gewendet hatte, vergaßen die Ungläubigen, wie kleinlaut sie vorher gewesen waren, und beruhigten sich mit der Feststellung, daß Glück und Unglück von jeher aufeinander gefolgt sei, ohne daß man dies der Wirksamkeit eines allmächtigen Gottes zugeschrieben habe. Belege: **6**,44; **39**,8; **39**,49; **10**,12; **41**,50. — *fa-aḫaḏnāhum baġtatan wa-hum lā yašʿurūna*: **12**,107; **26**,202; **29**,53; **43**,66; **39**,55; **16**,26. 45; **27**,50; (**6**,44).

7,96 Zur Bedeutung des Verbums *kasaba* siehe die Anmerkung zu **2**,79.

7,97f.: **7**,99; **7**,4; **10**,50; **10**,24; **12**,107, mit weiteren Belegen. — Für den Beginn von Vers 98 (*a-wa-amina*) wird auch die Variante *au amina* („oder...") überliefert.

7,99: **7**,97f., mit weiteren Belegen. — Die Ränke Gottes (*makr allāh*) stellen im Koran sozusagen das gute, positive Gegenstück zu den bösen, negativen Ränken der Menschen dar. Außer im vorliegenden Vers ist an folgenden Stellen davon die Rede: **3**,54; **8**,30; **27**,50; **13**,42; **10**,21; (**14**,46); (**43**,79); **86**,15f.

7,100 *a-wa-lam yahdi li-llaḏīna...*: **20**,128/**32**,26. Die Deutung des Verbums *hadā* ist nicht sicher. Die Kommentatoren erklären es mit *baiyana (II)* „klar, deutlich sein". Bell übersetzt **7**,100: „Has it not come home to those..."; **20**,128: „Has it not served as guidance to them"; **32**,26: „Has it not been a guidance for them". Blachère: „N'est-ce point une direction pour ceux...que (de voir que)..." — *wa-naṭba'u 'alā qulūbihim fa-hum lā yasma'ūna*: **7**,101; **2**,7, mit weiteren Belegen.

7,101 *tilka l-qurā naquṣṣu 'alaika min anbā'ihā*: **11**,100; **20**,99; **18**,13; **11**,120; **6**,34; **40**,78; **4**,164; (**3**,44/**12**,102); (**11**,49). — *wa-la-qad ǧā'athum rusuluhum bil-baiyināti fa-mā kānū li-yu'minū bi-mā kaḏḏabū*...: **10**,74; **10**,13; **30**,9; **9**,70; **14**,9; **35**,25; **40**,83; **40**,22; **64**,6. — Als Subjekt des Satzes *(bi-)mā kaḏḏabū bihī min qablu* (hier und in **10**,74) sind entweder die Vorläufer der betreffenden Generation zu ergänzen, oder (weniger wahrscheinlich) die jeweiligen Zeitgenossen, das Subjekt des vorhergehenden Satzes *fa-mā kānū li-yu'minū*. Im ersten Fall bedeutet der Passus, daß die Ungläubigen der späteren Generationen die Verkündigung ihrer Gesandten in gleicher Weise als Lüge erklärten, wie das ihre Vorgänger getan haben. Diese Deutung liegt schon deshalb nahe, weil im Koran oft davon die Rede ist, daß bereits früher Gesandte von ihren Volksgenossen der Lüge geziehen worden sind. Im zweiten Fall (wofür sich Zamaḫšarī entscheidet) wäre zum Ausdruck gebracht, daß die Ungläubigen der einzelnen Generationen auch nach dem Eintreffen eines Gesandten jeweils in ihrem bisherigen Unglauben verharrten, genauer gesagt, daß sie die Botschaft ihres Gesandten von Anfang an als Lüge erklärten, und daß sie sich auch in der Folgezeit nicht dazu entschließen konnten, an das zu glauben, was sie „vorher" (d.h. anfänglich) als Lüge erklärt hatten. — *ka-ḏālika yaṭba'u llāhu 'alā qulūbi l-kāfirīna*: **10**,74; **2**,7, mit weiteren Belegen.

7,102 Der Ausdruck *'ahd* ist hier mehrdeutig. Entweder ist damit ein mit Gott abgeschlossener Bund gemeint (nach Art des Bundes zwischen Gott und den Kindern Israel), oder ganz allgemein eine innere Verpflichtung gegenüber den religiösen und sittlichen Ordnungen. Die beiden Bedeutungen lassen sich allerdings nicht scharf voneinander trennen.

7,103–137 Die Geschichte von Mose von seiner Berufung bis zum Auszug der Kinder Israel aus Ägypten wird im Koran wiederholt erzählt. Mose gilt dabei (wie Noah, Hūd usw. in den oben (V. 59–93) aneinandergereihten Geschichten) als ein typischer Gottesgesandter, der den Auftrag hat, ein ungläubiges Volk (Pharao und seine Leute) zu bekehren. Die Israeliten bilden die Minderheit (*al-mustaḍ'afūn*), die schließlich zusammen mit dem Gottesgesandten gerettet wird, während die große Masse des Volkes (in diesem Fall die Ägypter) einem Strafgericht zum Opfer fällt. Die Geschichte wird – zum Teil mit erheblichen Abwandlungen – noch an folgenden Stellen behandelt: **79**,15–26; **51**,38–40; **44**,17–33; **20**,9–79 (mit Einschaltung der Vorgeschichte); **26**,10–68; **43**,46–56; **23**,45–48; **27**,7–14; **17**,101–103; **11**,96–99; **40**,23–46 (mit Einschaltung der Reden des Gläubigen aus der Sippe Pharaos); **28**,3–42 (mit Einschaltung der Vorgeschichte einschließlich der Flucht nach Madyan); **10**,75–92; **7**,141; **14**,6; **2**,49f. Außerdem finden sich ganz kurze Hinweise auf die Geschichte vom Unglauben und Untergang Pharaos und seines Volkes an folgenden Stellen: **69**,9f.; **73**,15f.; **89**,10; **85**,17f.; **54**,41f.; **50**,12f.; **38**,12; **25**,35f.; (**37**,114–122); **29**,39f.; **8**,52. 54; **3**,11; **22**,44. Zur Sache: Speyer, S. 256–292.

7,103: **10**,75; **23**,45f.; **11**,96f.; **40**,23f.; **43**,46f.; **27**,13f.; **28**,4; **28**,40. Der Passus *fa-nẓur kaifa kāna ʿāqibatu l-mufsidīna* (bzw. *ʿāqibatu ẓ-ẓālimīna*) steht in den beiden Belegstellen **27**,14 und **28**,40 am Schluß der Geschichte, nicht wie in der in Sure **7** vorliegenden Version gleich am Anfang. — *fa-ẓalamū bihā*: **17**,59 (in der Geschichte von Ṣāliḥ und den Ṯamūd).

7,104: **26**,16; **43**,46; **20**,47; **44**,18; (**7**,61. 67: Noah, Hūd); (**26**,107. 125. 143. 162. 178: Noah, Hūd, Ṣāliḥ, Lot, Šuʿaib).

7,105 *ḥaqīqun ʿalā an lā aqūla ʿalā llāhi illā l-ḥaqqa*: **7**,169; **4**,171, mit weiteren Belegen. Die Deutung des Passus ist umstritten (das Wort *ḥaqīqun* kommt im Koran nur in der vorliegenden Stelle vor). Andere Lesart: *ḥaqīqun ʿalaiya an*... Bell übersetzt: „Fully entitled, on the basis that I speak about Allah nothing but the truth (Var. lect. ‚It is incumbent upon me that...')." Blachère: „(Je suis) digne de ne dire sur Allah que la Vérité." — *qad ǧiʾtukum bi-baiyinatin min rabbikum*: **7**,73. 85 (Ṣāliḥ, Šuʿaib); **20**,47 (Mose und Aaron); **3**,49. 50 (Jesus); **26**,30 (Mose); (**44**,19). —*fa-arsil maʿiya Banī Isrāʾīla*: **26**,17; **20**,47; **44**,18.

7,106: **26**,30f.; **26**,154 (Ṣāliḥ).

7,107f.: **26**,32f.; **20**,17–23; **27**,10–12; **28**,31f. Zur Sache: 2. Mose 4,1–7; Speyer, S. 258f.

7,107: **26**,32; **27**,10; **28**,31; **20**,17–21.

7,108: **26**,33; **27**,12; **28**,32; **20**,22f.

7,109–126: **26**,34–51; **20**,56–76; **10**,76–82; (**27**,13f.); (**28**,36f.); Speyer, S. 263–267.

7,109: **26**,34; **20**,63; **27**,13; **28**,36; **10**,76; **40**,23f.; **51**,38f.; (**51**,52); (**38**,4); (**10**,2). — Man beachte, daß in **26**,34f. Pharao „zu den Vornehmen in seiner Umgebung" spricht, während in **7**,109f. bei so gut wie vollständig übereinstimmendem Wortlaut „die Vornehmen aus dem Volk Pharaos" selber die Sprecher sind.

7,110: **26**,35; **20**,56f.; **20**,63; (**7**,123); (**27**,37).

7,111f.: **26**,36–38; **10**,79; **20**,58–60; **79**,23; (**26**,53).

7,113f.: **26**,41. — Zum Ausdruck *al-muqarrabūn* siehe J. Horovitz, Das koranische Paradies (Scripta Universitatis atque Bibliothecae Hierosolymitanarum, Jerusalem 1923), S. 2: „Wenn man Stellen wie Sure **26**,41; **7**,111 liest, wo den Zauberern Pharaos für den Fall ihres Erfolges die Stellung von ‚*muqarrabūn*' zugesichert wird, so könnte man daran denken, den Ausdruck aus der Sprache der Höfe herzuleiten. Er wäre dann mit jüd. *qārōḇ lĕ-malkūṯ* zusammen zu stellen."

7,115: **20**,65.

7,116: **26**,43f.; **20**,66f.; **10**,80f.

7,117: **26**,45; **20**,68f.; **10**,81. — Die Imperfekta in der zweiten Vershälfte (*talqafu*, *ya'fikūna*, auch in **26**,45) dramatisieren die Schilderung, sind aber wohl auch durch den Reimzwang bedingt.

7,118: **10**,81f.; (**8**,8).

7,120–122: **26**,46–48; **20**,70. — Zamaḫšarī erklärt das Passiv *ulqū* „sie wurden (zu Boden) geworfen“ sinngemäß: Sie fielen in Anbetung so heftig nieder, als ob einer sie hingeworfen hätte.

7,123: **26**,49; **20**,71. Man beachte die Formulierung *āmantum lahū* in den beiden Belegstellen gegenüber *āmantum bihī* im vorliegenden Vers. — Der Satz *āmantum bihī qabla an āḏana lakum* ist entweder Aussagesatz (im Sinn eines Vorwurfs) oder Fragesatz (wofür auch die Lesart *a-āmantum* überliefert wird). Pharao wirft den Zauberern Mißachtung seiner Autorität vor: Sie haben sich zum Glauben entschieden, ohne ihn vorher um Erlaubnis zu bitten. — *li-tuḫriǧū minhā ahlahā*: **7**,110, mit weiteren Belegen.

7,124: **26**,49; **20**,71; (**5**,33).

7,125: **26**,50; (**43**,14, in anderem Zusammenhang).

7,126: **5**,59; **85**,8; (**60**,1; **22**,40). – *wa-tawaffanā muslimīna*: **12**,101; **2**,132/**3**,102.

7,127 *a-taḏaru Mūsā wa-qaumahū li-yufsidū fī l-arḍi*: **40**,26. Zur Bedeutung von *afsada (IV)* siehe die Anmerkung zu **2**,11f. — Der Passus *wa-yaḏaraka (wa-ālihataka)* spielt wohl darauf an, daß Pharao Anspruch darauf erhob, selber Gott zu sein. Vgl. **28**,38; **79**,24; **26**,29. — *qāla sa-nuqattilu abnā'ahum wa-nastaḥyī nisā'ahum*: **40**,25; **28**,4; **7**,141/**2**,49/**14**,6. Zur Sache: 2. Mose 1,15–22; Speyer, S. 273.

7,128 *ista'īnū bi-llāhi wa-ṣbirū*: (**2**,45/153). — *inna l-arḍa li-llāhi yūriṯuhā man yašā'u min 'ibādihī*: **7**,137; siehe die Anmerkung dazu; **28**,5f.; (**21**,105). — *wal-'āqibatu li-muttaqīna*: **11**,49; **28**,83; (**20**,132).

7,129 *'asā rabbukum an yuhlika 'adūwakum wa-yastaḫlifakum fī l-arḍi fa-yanẓura kaifa ta'malūna*: **10**,14; **6**,165, mit weiteren Belegen.

7,130 Speyer bezieht Vers 130 auf die Hungerjahre zur Zeit des Joseph (S. 281). Es mag sein, daß bei der Formulierung der Stelle tatsächlich eine Erinnerung an die Geschichte von den sieben fetten und den sieben mageren Jahren mitgespielt hat (vgl. **12**,47f.). Aber der folgende Vers 131 zeigt deutlich, daß die „Jahre (der Dürre) und der Mangel an Früchten“ der Zeitgeschichte Moses zugerechnet werden. Sie sind vielleicht als ein Teil der ägyptischen „Plagen“ gedacht, über die unten in Vers 133 eingehender berichtet wird.

7,131: **41**,50; **4**,78. — Speziell zu *yaṭṭaiyarū bi-Mūsā wa-man ma'ahū...*: **27**,47; **36**,18f.; (**17**,13). Zur Sache: Helmer Ringgren, Studies in Arabian Fatalism, Uppsala-Wiesbaden 1955, S. 87–89.

7,132: **7**,146/**6**,25; **10**,96f.; **6**,4/**36**,46; **54**,2.

7,133–135: **17**,101f. Siehe die Anmerkung dazu. Zur Sache: 2. Mose 7,14 bis 11,10; Speyer, S. 278–281.

7,133: **17**,101; **27**,12; **43**,47f. — Zur Bedeutung des Ausdrucks *ṭūfān* siehe Horovitz, Koranische Untersuchungen, S. 23. — *fa-stakbarū wa-kānū qauman muǧrimīna*: **10**,75; (**23**,46); (**29**,39); (**45**,31).

7,134f.: **43**,49f. Zur Sache siehe 2. Mose 8,4–11. 24–28; 9,27–35; 10,16 bis 20. Mit dem „Strafgericht“ (*riǧz*) in Vers 134f. ist vielleicht eine weitere „Plage“ gemeint (vgl. 2. Mose 11: Tötung der Erstgeburt). — Zum Ausdruck *bi-mā ʿahida ʿindaka* siehe Buhl, Der *ʿahd* im Ḳurân (Acta Orientalia 3, 1924, S. 100–106), S. 101: „Der Begriff *ʿahd* ist wie das hebräische *berît* zunächst zweiseitig und bedeutet, daß zwei Personen oder Parteien sich gegenseitig zu gewissen Leistungen verpflichten... Daneben kann aber *ʿahd* wie das hebräische *berît* einseitig gebraucht werden, so daß es die Bedeutung: Versprechen, Verheißung gewinnt, was auch von anderen von demselben Stamm abgeleiteten Formen gilt. So heißt das, was Allâh Moses verheißen hatte, *mâ ʿahida ʿindaka*.“ Soweit Buhl. Man wird die Tatsache, daß es sich bei dem Ausdruck *ʿahd* (und dem zugehörigen Verbum) manchmal um eine einseitige Verpflichtung handelt, nicht überbetonen dürfen. Gerade in der vorliegenden Stelle könnte es statt *udʿu lanā rabbaka bi-mā ʿahida ʿindaka* ebensogut heißen: ...*bi-mā ʿahidta ʿindahū*. Siehe die weiteren Beispiele in der Anmerkung zu **9**,7.

7,136: **43**,55f.; **8**,54; **17**,103; **26**,66f.; **44**,24; **28**,40; **51**,40; **20**,78; **2**,50; **10**,90. —*fa-ntaqamnā minhum*: **43**,55 (s. o.); **43**,25; **15**,79; **30**,47. — *bi-annahum kaḏḏabū bi-āyātinā wa-kānū ʿanhā ġāfilīna*: **7**,146.

7,137 *wa-auraṯnā l-qauma llaḏīna kānū yustaḍʿafūna mašāriqa l-arḍi wa-maġāribahā*: **28**,5f.; **26**,59; **44**,28; (**17**,104); (**7**,128); (**21**,105); (**10**,93). Mit dem „Volk, das unterdrückt war“, sind die (von Pharao und den Ägyptern unterdrückten) Kinder Israel gemeint. Siehe **28**,4, sowie die Anmerkungen zu 7,103–137 und **2**,282. — Die von den (vorher) unterdrückten Kindern Israel ererbten „östlichen und westlichen Gegenden des Landes“ werden näher bezeichnet als die, „die wir gesegnet haben“. Das ist ein deutlicher Hinweis auf das Heilige Land (vgl. **21**,71. 81; **34**,18; **17**,1; siehe Speyer, S. 348 und die Anmerkung zu **17**,1). In **26**,59 (vgl. **44**,28) wird ganz einfach gesagt, daß die Kinder Israel den Grundbesitz der *Ägypter* geerbt haben, worauf allerdings gleich die Geschichte vom Durchzug durchs Meer berichtet wird. — *tammat kalimatu rabbika l-ḥusnā*: **6**,115; **11**,119 (hier in malam partem). — *bi-mā ṣabarū*: **32**,24. — Zum Ausdruck *yaʿrišūna* siehe die Anmerkung zu **6**,141. Zur Sache: Speyer, S. 287. Speyer verweist unter anderem auf den Beinamen Pharaos *ḏū l-autād* „der mit den Pfählen“ (**38**,12; **89**,10).

7,138–140 Zur Sache: Speyer, S. 335. Die Vermutung Speyers, die vorliegende Episode beziehe sich auf „die falsch verstandene Begebenheit mit ʿAmāleq“ (2. Mose 17,8–16; 5. Mose 25,17–19), ist allerdings fragwürdig. Man könnte eher an Stellen wie 2. Mose 23,23f. oder 34,11–17 denken („Bete ihre Götter nicht an und diene ihnen nicht und ahme ihr Tun nicht nach, sondern zerstöre sie von Grund aus und zerschmettere ihre Malsteine, *šabbēr tĕšabbēr maṣṣēḇōṯēhem*“).

7,138 *wa-ǧāwaznā bi-Banī Isrāʾīla l-baḥra*: **10**,90, mit weiteren Belegen. — *innakum qaumun taǧhalūna*: **27**,55; **11**,29/**46**,23.

7,139: **11**,16. — Es ist wohl zu gewagt, die Wahl des Ausdrucks *mutabbar* auf 2. Mose 23,24 (*šabbēr tĕšabbēr*) zurückzuführen. Siehe die Anmerkung zu **7**,138–140.

7,140 *a-ġaira llāhi abġīkum ilāhan*: **6**,164; **3**,83, mit weiteren Belegen. — *wa-huwa faḍḍalakum ʿalā l-ʿālamīna*: **2**,47/122; **45**,16; **44**,32. Speyer, S. 348f.

7,141: **2**,49/**14**,6. — *yuqattilūna abnāʾakum wa-yastaḥyūna nisāʾakum*: auch **7**,127; **40**,25; **28**,4.

7,142: **2**,51; (**20**,80). Zur Sache: 2. Mose 34,28; Speyer, S. 310f. Siehe auch die Anmerkung zu **2**,51. Ob wohl Mohammed ursprünglich der Meinung war, Mose sei nur dreißig Tage auf dem Sinai gewesen? Wenn ja, würde die vorliegende Formulierung eine Berichtigung bringen und zugleich die relative Richtigkeit der früheren Aussage aufrechterhalten. — Das Verbum *aṣlaḥa (IV)* bedeutet hier ganz allgemein „für den Zustand des *ṣalāḥ*, d.h. für Frieden und Ordnung sorgen", im Gegensatz zu *afsada (IV)* „Unheil stiften".

7,143 Zur Sache: 2. Mose 33,18–23; Speyer, S. 341f. Speyer verweist auf **2**,55f., wo berichtet wird, daß die Kinder Israel Gott sehen wollten, vom Blitz getroffen und dann wieder zum Leben erweckt wurden. Er bemerkt dazu: „Die beiden Sagen scheinen aber in keinem inneren Zusammenhange miteinander zu stehen." — *wa-kallamahū rabbuhū*: **4**,164; **2**,253; (**19**,52). Siehe auch Speyer, S. 299–301. — *tubtu ilaika wa-ana auwalu l-muʾminīna*: **26**,51; **6**,163; **39**,12; **6**,14; **46**,15; **10**,72, mit weiteren Belegen.

7,144 *fa-ḫuḏ mā ātaituka*: **7**,145 (*fa-ḫuḏhā bi-qūwatin*), mit weiteren Belegen. Speziell zu *mā ātaituka*: **2**,53/87/**6**,154/**11**,110/**17**,2/**23**,49/**25**,35/**28**,43/**32**,23/**41**,45; **40**,53; **21**,48.

7,145 Der Ausdruck *min kulli šaiʾin* ist nicht etwa vom folgenden *mauʿiẓatan* abhängig, sondern als Akkusativ von *katabnā*. — *wa-tafṣīlan li-kulli šaiʾin*: **6**,154. Weitere Belege in den Anmerkungen zu diesem Vers und zu **10**,37. — *fa-ḫuḏhā bi-qūwatin*: **7**,171; **2**,63/93; **19**,12. — *wa-ʾmur qaumaka yaʾḫuḏū bi-aḥsanihā*: **39**,55. — Der Schluß des Verses (*sa-ūrīkum dāra l-fāsiqīna*) gehört sachlich eher zum folgenden Abschnitt (V. 146f.) als zum vorhergehenden. Vielleicht ist er überhaupt als Bruchstück zu betrachten, so daß sowohl davor als auch dahinter eine Zäsur anzusetzen wäre. Falls der Passus mit dem Folgenden zusammenhängt, ließe sich unter Heranziehung von Stellen wie **2**,99 (*wa-la-qad anzalnā ilaika āyātin baiyinātin wa-mā yakfuru bihā illā l-fāsiqūna*) eine sachliche Verbindung rekonstruieren. Mit den „Frevlern" wären dann die Ungläubigen (oder Juden?) gemeint, die die Zeichen Gottes für Lüge erklären und daher die Höllenstrafe erleiden werden. Aber fraglich bliebe, auf wen sich das Suffix *-kum* in *sa-ūrīkum* bezieht. — Neben *sa-ūrīkum* („ich werde euch zeigen") ist übrigens auch die Lesart *sa-ūriṯukum* („ich werde euch erben lassen") überliefert. Zur sachlichen Deutung dieser Lesart könnte man Psalm 37 beiziehen (V. 9–11. 28f. 34), wobei zu bemerken wäre, daß an einer anderen Stelle des Korans (**21**,105) ein direktes Zitat eben aus diesem Psalm vorzuliegen scheint. Aber wahrscheinlich ist die Lesart *sa-ūriṯukum* nichts anderes als ein nachträglicher Versuch, die unverständlich gewordene ursprüngliche Lesart *sa-ūrīkum* wegzuinterpretieren.

7,146 *wa-in yarau kulla āyatin lā yu'minūna bihī*: **6**,25; **7**,132, mit weiteren Belegen. — *ḏālika bi-annahum kaḏḏabū bi-āyātinā wa-kānū 'anhā ġāfilīna*: **7**,136. Die Einleitung durch *ḏālika bi-annahum* „das (ist so) weil" braucht keinen streng logischen Kausalzusammenhang auszudrücken. Falls man daraus doch den Sinn einer logischen Begründung herauslesen will, muß man *ḏālika* auf den Anfang des Verses (*sa-aṣrifu 'an āyātī*...) zurückbeziehen: Gott hält die Ungläubigen von seinen Zeichen fern, weil sie sich ihrerseits von vornherein ablehnend verhalten haben.

7,147 *wa-llaḏīna kaḏḏabū bi-āyātinā wa-liqā'i l-āḫirati ḥabiṭat a'māluhum*: **18**,105; **29**,23; **30**,16; **6**,31/**10**,45. Zum Ausdruck *ḥabiṭat a'māluhum* siehe die Anmerkung zu **2**,217. — *hal yuǧzauna illā mā kānū ya'malūna*: **34**,33; **10**,52, mit weiteren Belegen.

7,148–156 Die Geschichte vom Kalb wird in **20**,83–98 und in der vorliegenden Stelle ziemlich ausführlich behandelt. Kürzere Hinweise darauf finden sich in **4**,153; **2**,51f. 54. 92f. Zur Sache: 2. Mose 32; Speyer, S. 323 bis 334. 335f. — Die Geschichte vom Kalb beginnt eindeutig mit Vers 148. Es läßt sich aber (wie auch schon beim vorausgehenden Abschnitt, vgl. **7**,146f.) schwer ausmachen, wo die Berichterstattung über die Zeitgeschichte Moses aufhört. Vers 156 Anfang kann noch als Ausspruch Moses gemeint sein. Aber in dem als Relativsatz an Vers 156 angehängten Vers 157 ist von den jüdischen (und christlichen) Zeitgenossen Mohammeds die Rede.

7,148: **20**,87–89; **2**,51/92; **4**,153; **2**,54.

7,149 Der Ausdruck *suqiṭa fī aidīhim* (unpersönliches Passiv) bedeutet nach den Kommentatoren: sie bereuten (was sie getan hatten). Diese Deutung ist wohl eher aus dem weiteren Zusammenhang als aus dem lebendigen Sprachgebrauch erschlossen. Die verschiedenen dazu vorgebrachten Ableitungen aus dem eigentlichen Wortlaut leuchten nicht recht ein. Bell übersetzt: „when they fell on their hands" und bemerkt dazu: „Lit. ‚when there was a falling in their hands'; usually interpreted as meaning ‚when they repented', but more probably meaning ‚when they stumbled'." Dafür würde man allerdings eher *suqiṭa 'alā aidīhim* erwarten, als *suqiṭa fī aidīhim*. Blachère übersetzt: „quand ils se trouvèrent sans excuse". Vielleicht liegt dem Ausdruck die Vorstellung zugrunde, daß jemandem etwas (von oben, etwa von einem Baum herabfallend, oder von einem anderen zugeworfen) in die Hände bzw. in die Hand fällt, so daß er es nunmehr greifbar vor sich hat und näher besehen kann. „Ihnen fiel in die Hände (oder: in die Hand)" hätte dann etwa den Sinn bekommen: „Ihnen wurde zum Greifen klar" oder (mit einem uns geläufigeren Bild) „ihnen wurden die Augen geöffnet". — *la-in lam yarḥamnā rabbunā wa-yaġfir lanā la-nakūnanna mina l-ḫāsirīna*: **7**,23; **11**,47; (**2**,64).

7,150: Zur Sache: 2. Mose 32,19. — *wa-lammā raǧa'a Mūsā ilā qaumihī ġaḍbāna asifan*: **20**,86. — Der Passus *a-'aǧiltum amra rabbikum* ist etwas unklar.

Der Terminus *amr* bedeutet sowohl „Befehl", „Entscheidung" als auch „Angelegenheit", „Sache" (wobei diese in irgendeiner Weise als Gegenstand einer autoritativen Regelung gedacht ist). An verschiedenen Stellen bezeichnet *amr* die letzte Entscheidung Gottes in Form eines Strafgerichts. Mit dem Ausdruck *a-'aǧiltum* soll vielleicht auf das Kalb (*'iǧl*) angespielt werden. Man würde eher die Form *a-tasta'ǧilūna* erwarten – vorausgesetzt, daß die in der Übersetzung gegebene Paraphrase den Sinn richtig wiedergibt. Vgl. **16**,1; **20**,86. — *wa-aḫaḏa bi-ra'si aḫīhi yaǧurruhū ilaihi qāla bna umma inna l-qauma staḍ'afūnī*. . . : **20**,92–94. — *wa-lā taǧ'alnī ma'a l-qaumi ẓ-ẓālimīna*: **7**,47; **23**,94.

7,151 *wa-adḫilnā fī raḥmatika*: **21**,75, mit weiteren Belegen. — *wa-anta arḥamu r-rāḥimīna*: **21**,83; **12**,64/92.

7,152 Vers 152 nimmt zwar ausdrücklich auf die Geschichte vom Kalb Bezug, ist aber wohl als Ausspruch über die Juden zu Mohammeds Zeit gemeint. Auch der folgende Vers 153 bezieht sich mehr auf die Gegenwart als auf die früheren Israeliten. Dagegen führt Vers 154 wieder in die Zeitgeschichte Moses zurück. — *sa-yanāluhum ġaḍabun min rabbihim wa-ḏillatun fī l-ḥayāti d-dunyā*: **2**,61; **3**,112; (**2**,90). Siehe auch die Anmerkung zu **3**,112.

7,153: **6**,54, mit weiteren Belegen.

7,154 Der Inhalt der (nach Mohammeds Auffassung im wesentlichen übereinstimmenden) Offenbarungsschriften wird im Koran öfters mit dem Begriffspaar *hudā wa-raḥma* „Rechtleitung und Barmherzigkeit" umrissen (**27**,77; **31**,3; **10**,57; **6**,154; **12**,111; **7**,52; **7**,203; **28**,43; **45**,20; **6**,157; **16**,64). — Zur Wortgeschichte von *nusḫa* siehe Jeffery, Foreign Vocabulary, S. 279f.; Horovitz, Proper Names, S. 224f.

7,155 Zur Sache: 4. Mose 11,16ff.; 16,31–35; 2. Mose 32,30–35; Speyer, S. 335f.; A. S. Yahuda, Goldziher Memorial Volume, I, Budapest 1948, S. 289f. — *a-tuhlikunā bi-mā fa'ala s-sufahā'u minnā*: **7**,173. — *in hiya illā fitnatuka tuḍillu bihā man tašā'u wa-tahdī man tašā'u*: **20**,85; **20**,90.

7,156 Vers 156 bildet den Übergang von dem Bericht über die Zeitgeschichte Moses zu der Bezugnahme auf Mohammeds eigene Zeit. Siehe die Anmerkung zu **7**,148–156. — *wa-ktub lanā fī hāḏihi d-dunyā ḥasanatan wa-fī l-āḫirati*: **2**,200f. — Den Ausdruck *hudnā ilaika* geben die Kommentatoren wieder mit *tubnā ilaika* „wir haben uns (bußfertig) dir wiederzugewandt". Ṭabarī führt sogar 23 Überlieferungen als Belege für diese Deutung an. Dies besagt aber nur so viel, daß die Stelle schon in früher Zeit auf die angegebene Weise gedeutet worden ist – vermutlich deshalb, weil die sonst übliche Bedeutung von *hāda* hier nicht zu passen schien, worauf man den Passus aus dem größeren Zusammenhang heraus zu erklären versuchte. In Wirklichkeit wird dem Verbum *hāda* in der vorliegenden Stelle dieselbe Bedeutung zugrunde liegen, die es sonst im Koran hat, nämlich „Jude sein", „sich zum Judentum bekennen". Nur ist es hier durch die Beziehung auf Gott (*ilaika* „zu dir hin") erweitert. Bell übersetzt: „we have judaised toward Thee". Dazu die Anmerkung: „Or ‚reverted to', but the word is probably a play on the name Yahud." Blachère übersetzt: „Nous pratiquons le Judaïsme, envers Toi.“ Dazu die Anmerkung: „Les commt. glosent par *tubnâ* ‚nous sommes venus à Toi en repentants‘. Mais ce sens est irrecevable. L'emploi de la racine *HWD* indique un trait médinois.“ — *raḥmatī wasiʿat kulla šaiʾin*: **40**,7; **6**,147.

7,157: Speyer, S. 336f.; E. Gräf, Jagdbeute und Schlachttier im islamischen Recht, Bonn 1959, S. 46. — Vers 157 schließt sich als Relativsatz eng an den vorhergehenden Vers 156 an, nimmt aber sachlich nicht mehr auf die Zeitgeschichte Moses Bezug (was in Vers 156 noch durchaus möglich ist), sondern auf Mohammeds eigene Zeit. Siehe die Anmerkungen zu 148–156 und zu 156; Gesch. des Qor. I, S. 159f. — *ar-rasūla n-nabīya l-ummīya*: **7**,158. Zur Bedeutung des Ausdrucks *ummī* siehe die Anmerkung zu **2**,78. — *yaʾmuruhum bil-maʿrūfi wa-yanhāhum ʿani l-munkari*: **3**,104, mit weiteren Belegen. Mit der Imperfektreihe *yaʾmuruhum*... beginnt entweder ein neuer selbständiger Satz, oder aber ein Zustandssatz, der seinerseits entweder dem ersten Relativsatz *allaḏīna yattabiʿūna r-rasūla*... untergeordnet ist, oder – weniger wahrscheinlich – dem darauf folgenden Relativsatz *allaḏī yaǧidūnahū maktūban ʿindahum fī t-taurāti wal-inǧīli*. Im zuletzt genannten Fall würde die Imperfektreihe *yaʾmuruhum*... den Inhalt dessen wiedergeben, was angeblich in der Thora und im Evangelium über den Gesandten geschrieben steht. — Die Frage, was gesetzlich erlaubt ist, und was nicht, wird im Koran öfters aufgeworfen, insbesondere in der Auseinandersetzung mit den jüdischen Speiseverboten. Siehe **4**,160, mit weiteren Belegen; **5**,4 und 87, mit Anmerkung. — *wa-yaḍaʿu ʿanhum iṣrahum wal-aġlāla llatī kānat ʿalaihim*: **2**,286. Siehe die Anmerkung dazu. — Das Verbum *ʿazzara* kommt in ähnlichem Zusammenhang auch noch in **5**,12 und **48**,9 vor und bedeutet „helfen“, „beistehen“. Siehe die Anmerkung zu **5**,12. — *wa-naṣarūhu*: **8**,74; **3**,81. — *wa-ttabaʿū n-nūra llaḏī unzila maʿahū*: **64**,8; **4**,174; **5**,15; **42**,52; (**5**,44; siehe die Anmerkung zu dieser Stelle).

7,158 *innī rasūlu llāhi ilaikum ǧamīʿan*: **34**,28; **4**,79. Zur Sache: Fr. Buhl, Faßte Muḥammed seine Verkündigung als eine universelle, auch für Nichtaraber bestimmte Religion auf? (Islamica 2, 1926, S. 135–149). — *allaḏī lahū mulku s-samāwāti wal-arḍi lā ilāha illā huwa yuḥyī wa-yumītu*: **44**,7f.; **9**,116/**57**,2; **10**,55f.; **3**,156, mit weiteren Belegen. — *fa-āminū bi-llāhi wa-rasūlihi n-nabīyi l-ummīyi*: **7**,157. Zur Bedeutung des Ausdrucks *ummī* siehe die Anmerkung zu **2**,78.

7,159: **7**,181; (**3**,113f.); (**3**,199); (**5**,66); (**7**,168). Siehe auch Speyer, S. 274. Speyer nimmt den vorliegenden Vers mit **10**,83 zusammen und bemerkt dazu: „Gemeint ist der Stamm Lewis, der nach Exod. 32,26 als einziger sich um Moses schart, während der größte Teil des Volkes das Kalb als Gott verehrt hat.“ Vers 159 macht, ebenso wie **7**,181, einen bruchstückhaften Eindruck. — Die Deutung von *yahdūna bil-ḥaqqi* ist unsicher. Bell faßt das Verbum transitiv: „guiding by the truth“. Im gleichen Sinn paraphrasiert Zamaḫšarī: *yahdūna n-nāsa bi-kalimati l-ḥaqqi*. Blachère faßt das Verbum intransitiv: „qui se dirige (bien), grâce à la Vérité“. — Auch der Schlußsatz *wa-bihī yaʿdilūna* ist nicht eindeutig. Zu den Spielarten des koranischen Gebrauchs von *'adala* siehe die Anmerkung zu **4**,135. Bell übersetzt: „and thereby acting fairly", läßt aber die Möglichkeit offen: „wavering in regard to it" (vgl. **6**,1. 150; **27**,60).

7,160–162 Mit den Versen 160–162 stimmt **2**,57–60 zum großen Teil wörtlich überein. Nur folgen die einzelnen Abschnitte anders aufeinander. Die erste Hälfte von Vers 160 entspricht **2**,60, die zweite Hälfte **2**,57, und Vers 161f. entspricht **2**,58f.

7,160 *wa-qaṭṭa'nāhumu ṯnatai 'ašrata asbāṭan umaman*: **7**,168. Zum Ausdruck *asbāṭ* siehe die Anmerkung zu 2,136. — *wa-auḥainā ilā Mūsā iḏi stasqāhu qaumuhū ani ḍrib bi-'aṣāka l-ḥaǧara fa-nbaǧasat minhu ṯnatā 'ašrata 'ainan qad 'alima kullu unāsin mašrabahum*: **2**,60. Siehe die Anmerkung dazu. — *wa-ẓallalnā 'alaihimu l-ġamāma...yaẓlimūna*: **2**,57. Siehe die Anmerkung dazu, mit weiteren Belegen.

7,161f.: **2**,58f. Siehe die Anmerkung dazu. — *wa-iḏ qīla lahum...* Verkürzter Zeitsatz. Siehe Einleitung zur Übersetzung, S. 3f.

7,163–166 Die Geschichte von den Sabbatbrechern, die zu Affen werden, findet sich in kürzerer Fassung in **2**,65f. Siehe auch **5**,60. Zur Sache: Speyer, S. 340f. und 313f. — Auf Grund von **2**,65 könnte man annehmen, daß nur die beiden Verse 163 und 166 zur eigentlichen Geschichte gehören, und daß die Verse 164f. später in den Zusammenhang eingefügt worden sind. Aber die Berichterstattung in Vers 163 ist zu sprunghaft und bruchstückartig, als daß man Textemendationen darauf aufbauen könnte. So muß man zum mindesten mit der Möglichkeit rechnen, daß die Verse 164f. in den Zusammenhang hereingehören, auch wenn die logische Abfolge der darin entwickelten Gedanken nicht klar ersichtlich ist.

7,163 Verkürzte Zeitsätze (ebenso in den Versen 164. 167. 171. 172). Siehe Einleitung zur Übersetzung, S. 3f. — Belege: **2**,65; (**4**,47); (**4**,154). — Mohammed setzt die Geschichte von den Sabbatbrechern als bekannt voraus und spielt im üblichen Predigtstil nur auf einige Einzelheiten an. Diese lassen sich schwer zu einem ganzen Bild zusammenfügen. Blachère versucht in seiner Übersetzung, einen Sinnzusammenhang herzustellen, tut aber dem Text Gewalt an. — Mit den Ausdrücken *yauma sabtihim* und *yauma lā yasbitūna* kann zweierlei gemeint sein: entweder die Sabbattage und die anderen Wochentage, oder (weniger wahrscheinlich) diejenigen Sabbattage, die die betreffenden Israeliten als Ruhetage hielten, und diejenigen, die sie nicht hielten. — Zweideutig ist auch der Ausdruck *ka-ḏālika nablūhum*. Entweder ist damit gemeint: „Auf diese Weise suchen (suchten) wir sie heim." Dann ist die Tatsache, daß die Fische an den Sabbattagen kamen und an den anderen nicht, schon in sich eine von Gott über jene Israeliten verhängte Strafe. Oder es ist damit gemeint: „Auf diese Weise stellen (stellten) wir sie auf die Probe." Dann ist eben jene Tatsache eine Versuchung (der dann die Israeliten erlagen, indem sie den Sabbat brachen). In diesem Fall hängt allerdings das folgende *bi-mā kānū yafsuqūna* in der Luft. — Nicht sicher ist schließlich die Deutung von *šurra'an*. Blachère übersetzt merkwürdigerweise „sans qu'on les pêchât" und beruft sich dafür sogar auf die Kommentare.

7,165: 6,44; 5,13; (25,18). Siehe die Anmerkung zu 5,13. — *anǧainā llaḏīna yanhauna 'ani s-sū'i*. Siehe die Anmerkung zu 7,64.

7,166: 2,65f.; 4,47; 5,60. — Auf Grund von 2,65f. ist anzunehmen, daß im vorliegenden Vers 166 speziell jene Israeliten gemeint sind, die (nach Vers 163) den Sabbat gebrochen haben. Siehe die Anmerkung zu den Versen 163–166.

7,167 Vers 167 scheint auf eine Weissagung gegen die Juden anzuspielen. — *wa-iḏ ta'aḏḏana rabbuka*: 14,7. Siehe die Anmerkung zu diesem Vers. — Der (akkusativische) Relativsatz *man yasūmuhum*... könnte auch als Singular gemeint sein („einen, der...auferlegt"). — *inna rabbaka la-sarī'u l-'iqābi wa-innahū la-ġafūrun raḥīmun*: 6,165; 5,98; 41,43. Weitere Belege zu *sarī'u l-'iqābi* (bzw. *sarī'u l-ḥisābi*) in der Anmerkung zu 2,202.

7,168 *wa-qaṭṭa'nāhum fī l-arḍi umaman minhumu ṣ-ṣāliḥūna wa-minhum dūna ḏālika*: 7,159f.; 21,92f.; 23,52f. — Speziell zu *minhumu ṣ-ṣāliḥūna wa-minhum dūna ḏālika*: 72,11 (Aussage der Ǧinn); 2,253, mit weiteren Belegen. Der Passus *minhumu ṣ-ṣāliḥūna wa-minhum dūna ḏālika* scheint sich übrigens auf die Vergangenheit zu beziehen und ist dementsprechend übersetzt. Vgl. 57,16; 57,26f. — *wa-balaunāhum bil-ḥasanāti was-saiyi'āti la'allahum yarǧi'ūna*: 21,35.

7,169 *fa-ḫalafa min ba'dihim ḫalfun wariṯū l-kitāba*...: 19,59. — *a-lam yu'ḫaḏ 'alaihim mīṯāqu l-kitābi an lā yaqūlū 'alā llāhi illā l-ḥaqqa*: 7,105; 4,171, mit weiteren Belegen. — *wad-dāru l-āḫiratu ḫairun li-llaḏīna yattaqūna a-fa-lā ta'qilūna*: 6,32/12,109; 16,30; 12,57, mit weiteren Belegen. — Die einzelnen Teile des Verses lassen sich schwer zu einem durchgehenden Gedankengang zusammenordnen.

7,170 *innā lā nuḍī'u aǧra l-muṣliḥīna*: 18,30; 9,120/11,115/12,90; 12,56; 3,171; 3,195; (3,57/4,173; 35,30; 3,185; 39,10).

7,171: 2,63, mit weiteren Belegen. Zur Sache: 2. Mose 19,16–18; Speyer, S. 303f. — Zum Ausdruck *ẓullatun* siehe die Ausführungen von A. S. Yahuda in Goldziher Memorial Volume, I, Budapest 1948, S. 383–386; „the real meaning of *ẓulal* is ‚booths of foliage made for shelter'." Bell übersetzt „canopy", Blachère „dais". Das tertium comparationis in dem Vergleich *ka-annahū ẓullatun* ist wohl der Mangel an Festigkeit (und damit die Gefahr des Einstürzens). Speyer zitiert a.a.O. eine Mischnastelle, in der es heißt, „daß Gott den Berg über ihnen schüttelte, als ob er ein Bottich (*gīgīṯ*) wäre".

7,172 Zur Sache: Speyer, S. 304f. — Belege: 6,130f.; 6,155f.; 5,19. — Zum Ausdruck *ġāfilūn* siehe die Anmerkung zu 6,131.

7,173 Der Ausdruck *al-mubṭilūna* ist nicht ohne weiteres verständlich. Das Verbum *abṭala (IV)* bedeutet entweder „(die Zeichen Gottes) für nichtig erklären" oder „Nichtiges tun", „vertreten, was nichtig und falsch ist". Es hat jedenfalls einen negativen, abwertenden Sinn. Wenn im vorliegenden Vers die Heiden eben diesen Ausdruck auf ihre Vorfahren anwenden, sprechen sie damit – im Sinn Mohammeds und der Gläubigen – ein abwertendes Urteil über sie aus. Siehe auch die Anmerkung zu **30**,58.

7,175 Der, der sich der Zeichen Gottes „entledigte“ (*insalaḫa*), nachdem er sie vorher erhalten hatte, wird von einer großen Anzahl von Autoritäten mit dem alttestamentlichen Bileam identifiziert, wahrscheinlich zu Unrecht. Siehe EI[1], Artikel Bal'am (D. B. Macdonald); EI[2] (G. Vajda). Es läßt sich nicht ausmachen, wer wirklich damit gemeint ist. — *wa-tlu 'alaihim naba'a* (mit folgendem Genitiv): **5**,27; **10**,71; **26**,69. — Der Ausdruck *fa-atba'ahu š-šaiṭānu* bedeutet entweder „da folgte ihm der Satan“ oder „da ließ der Satan ihn (sich) folgen“. Für die zweite Möglichkeit der Deutung sprechen Stellen wie **15**,42; **38**,82–85.

7,176 Vers 176 läßt sich wohl übersetzen, aber kaum deuten, da die Geschichte, auf die hier (und im vorhergehenden Vers) angespielt wird, nicht bekannt ist. — Zum Passus *wa-lau ši'nā la-rafa'nāhu bihā* vgl. **19**,57, wo es von Idrīs heißt: *wa-rafa'nāhu makānan 'alīyan*; ferner **3**,55 (*iḏ qāla llāhu yā 'Īsā innī mutawaffīka wa-rāfi'uka ilaiya*); **4**,158 (ebenfalls von Jesus: *bal rafa'ahu llāhu ilaihi*); (**6**,83/**12**,76, in den Geschichten von Abraham und Joseph: *narfa'u darağātin man našā'u*). — Zur Erklärung des Ausdrucks *aḫlada ilā l-arḍi* ließe sich allenfalls **9**,38 beiziehen. — Der Versschluß (*fa-qṣuṣi l-qaṣaṣa la'allahum yatafakkarūna*) ist, wie so oft, nur lose an den vorausgehenden Text angehängt. Während unmittelbar vorher die Feststellung gemacht worden ist, daß die Ungläubigen sich in ihrer Haltung weder auf die eine noch auf die andere Weise beeinflussen lassen, wird in der Schlußformel die Erwartung ausgesprochen, daß sie sich doch eines Besseren besinnen könnten.

7,177: **62**,5. — Zur Bedeutung des Ausdrucks *maṯal* siehe Fr. Buhl, Über Vergleichungen und Gleichnisse im Qur'ân (Acta Orientalia 2, 1924, S. 1–11), S. 11: „‚Wie böse ist der *maṯal* der Leute, die unsere Zeichen verleugnen‘, d.h. ihr Charakter, ihr Wesen.“ Zur Konstruktion *sā'a maṯalani l-qaumu* siehe H. Wehr, ZDMG 101, 1951, S. 114f.

7,178: **17**,97/**18**,17; (**39**,36f.).

7,179 *wa-la-qad ḏara'nā li-ğahannama kaṯīran mina l-ğinni wal-insi*: **11**,119; **32**,13; **41**,25/**46**,18; **7**,38; **7**,18; **38**,85. — *lahum qulūbun lā yafqahūna bihā wa-lahum a'yunun lā yubṣirūna bihā wa-lahum āḏānun lā yasma'ūna bihā*: **22**,46; **25**,44; **2**,7, mit weiteren Belegen. — *ulā'ika ka-l-an'āmi bal hum aḍallu*: **25**,44; (**8**,22, mit weiteren Belegen). — *ulā'ika humu l-ġāfilūna*: **16**,108. Zur Bedeutung des Ausdrucks *ġāfilūn* siehe die Anmerkung zu **6**,131.

7,180: **17**,110; **20**,8; **59**,23f. — Es ist nicht klar, was der Ausdruck *yulḥidūna fī asmā'ihī* genauer bedeuten soll. Bell übersetzt: „who make covert hints in regard to His names“ (**41**,40 *allaḏīna yulḥidūna fī āyātinā*: „who decry Our signs“). Blachère: „qui blasphèment au sujet de Ses noms“ („qui méconnaissent Nos signes“).

7,181: **7**,159. Siehe die Anmerkung zu diesem Vers.

7,182f.: **68**,44f. — Die Bedeutung von *nastadriğuhum* ist nicht sicher zu erschließen. Das Wort kommt nur hier und in **68**,44 vor.

7,184: **34**,46; **81**,22; **68**,2; **52**,29. Weitere Stellen, an denen gegen Mohammed oder gegen einen der früheren Gesandten der Vorwurf erhoben wird, er habe einen Dschinn bzw. er sei besessen (*maǧnūn*): **23**,25. 70; **34**,8; **15**,6; **51**,52; **54**,9; **68**,51; **44**,14; **37**,36; **26**,27; **51**,39. — *in huwa illā naḏīrun mubīnun*: **15**,89, mit weiteren Belegen.

7,185 *fa-bi-aiyi ḥadīṯin ba'dahū yu'minūna*: **77**,50; **45**,6.

7,186 *man yuḍlili llāhu fa-lā hādiya lahū*: **13**,33/**39**,23/36/**40**,33; (**45**,23). — *wa-yaḏaruhum fī ṭuġyānihim ya'mahūna*: **6**,110; **10**,11; **2**,15; **23**,75.

7,187 *yas'alūnaka 'ani s-sā'ati aiyāna mursāhā*: **79**,42; **51**,12; **75**,6; (**10**,48, mit weiteren Belegen). Der Ausdruck *mursā* stammt von der Schiffahrt und bedeutet eigentlich „(in den Hafen) einlaufen", „vor Anker gehen". — *innamā 'ilmuhā 'inda rabbī* bzw. *'inda llāhi*: **33**,63; **31**,34; **43**,85; **41**,47; **46**,23/**67**,26. — *lā ta'tīkum illā baġtatan*: **43**,66/**47**,18; **21**,40; **22**,55; **6**,31; **12**,107. — Die Deutung von *ḥafīyun ('anhā)* ist keineswegs sicher.

7,188 *qul lā amliku li-nafsī naf'an wa-lā ḍarran illā mā šā'a llāhu*: **10**,49. — *wa-lau kuntu a'lamu l-ġaiba*. . . : **6**,50/**11**,31.

7,189f. Speyer, S. 77–79. — *huwa llaḏī ḫalaqakum min nafsin wāḥidatin wa-ǧa'ala minhā zauǧahā li-yaskuna ilaihā*: **30**,21; **39**,6; **4**,1; **16**,72; **42**,11; **35**,11; **6**,98. Den Wortlaut von Vers 189 könnte man an sich so verstehen, daß Gott zuerst eine *weibliche* Person (*nafs*) geschaffen und daraus ihren Gatten (*zauǧ*) gemacht hat, damit dieser bei ihr ruhe oder wohne (*yaskuna*, Mask.). Für die in der Übersetzung vertretene gegenteilige Deutung sprechen aber die Belegstellen und vor allem die Tatsache, daß dem Propheten die biblische Erzählung von der Erschaffung des Adam bekannt war. Die Maskulinform *li-yaskuna* bezieht sich demnach – ad sensum konstruiert – auf den ersten Mann, der vorher als *nafs wāḥida* (Fem.) bezeichnet war, während sich umgekehrt das Femininsuffix in *ilaihā* auf *zauǧ* zurückbezieht, das zwar der Form nach Maskulinum ist, aber hier Gattin (nicht Gatte) bedeutet und deshalb auch als Femininum konstruiert wird. Zur Sache: Speyer, S. 60f. — *da'awā llāha rabbahumā*. . .*fa-lammā ātāhumā ṣāliḥan ǧa'alā lahū šurakā'a fīmā ātāhumā*: **6**,63f., mit weiteren Belegen. Der Ausdruck *ṣāliḥ* bedeutet sonst „rechtschaffen", bezeichnet aber hier wohl ganz allgemein den normalen Zustand eines Neugeborenen (im Gegensatz zu einer Mißgeburt). — *fa-ta'ālā llāhu 'ammā yušrikūna*. Der Plural (*yušrikūna*) geht nicht mehr speziell auf die beiden Eltern, sondern allgemein auf alle die, die dem Götzenglauben huldigen. Dasselbe gilt für die beiden folgenden Verse 191f. Belege: **27**,63; **16**,3/**23**,92; **28**,68; **10**,18/**16**,1/**30**,40/**39**,67; **9**,31; **52**,43/**59**,23; **6**,100, mit weiteren Belegen.

7,191: **16**,20; **25**,3; (**16**,17).

7,192: **7**,197; **21**,43; **26**,92f.; **36**,74f.; **46**,28.

7,193: **7**,198. — Merkwürdig ist, daß hier (und in Vers 198) die Möglichkeit erwogen wird, die Götzen(!) zur Rechtleitung aufzufordern. Sonst richtet sich der Ruf zur Rechtleitung und Bekehrung an die Menschen, die nicht den rechten Glauben haben. Vgl. **18**,57. Anscheinend liegt eine Vermengung zweier verschiedener Gedanken vor: 1. des Gedankens, daß die Götzen den Anruf ihrer Verehrer nicht hören können (vgl. **35**,13f.); 2. des Gedankens, daß die Ungläubigen dem Ruf zur Rechtleitung nicht Folge leisten. — *sawā'un 'alaikum a-da'autumūhum am antum ṣāmitūna*: **2**,6/**36**,10; **26**,136. Zu beachten ist, daß es in der vorliegenden Stelle heißt: *sawā'un 'alaikum*, und nicht: *sawā'un 'alaihim*, wie man eigentlich erwarten würde. Die Unbelehrbaren sind eben die Götzendiener (2. Person), nicht die von ihnen verehrten Götzen.

7,194 *inna llaḏīna tad'ūna min dūni llāhi 'ibādun amṯālukum*: **43**,19; **21**,26; **19**,93; **4**,172. — *fa-d'ūhum fa-l-yastaǧībū lakum in kuntum ṣādiqīna*: **13**,14; **46**,5; **35**,14; (**18**,52/**28**,64); (**11**,13f.).

7,195 *quli d'ū šurakā'akum ṯumma kīdūni fa-lā tunẓirūni*: **11**,54f.; **10**,71; (**77**,39). Zum Ausdruck *šurakā'akum* („eure Teilhaber") siehe die Anmerkung zu **6**,22.

7,197: **7**,192, mit weiteren Belegen.

7,198: **7**,193. Siehe die Anmerkung zu diesem Vers. Zu beachten ist der Unterschied zwischen dem Passus *wa-in tad'ūhum ilā l-hudā lā yasma'ū* im vorliegenden Vers und dem Passus *in tad'ūhum lā yasma'ū du'ā'akum* in **35**,14. — *wa-tarāhum yanẓurūna ilaika wa-hum lā yubṣirūna*: **10**,43.

7,199 Zum Ausdruck *'afw* siehe die Anmerkung zu **2**,219 (und zum folgenden Vers 200). Es ist fraglich, ob das Wort im vorliegenden Vers dasselbe bedeutet wie in **2**,219. Ṭabarī führt dreierlei Deutungen auf: 1. Nachsicht gegenüber menschlichen Charaktereigenschaften und Handlungen; 2. Überschuß vom Besitz (als Abgabe, eine Vorstufe der späteren Almosensteuer); 3. Nachsicht gegenüber den Heiden, d.h. Vermeidung von Strenge. Sprachlich gesehen sind 1 und 3 identisch. Bell übersetzt: „Take (the line of) disregarding" und bemerkt dazu: „I.e. ‚pay no attention to insults'. The meaning is incertain; if the passage be Medinan, it may be ‚take what people can spare', cf. II, 217." Blachère: „Pratique le pardon!" Dazu die Anmerkung: „On garde cette traduction textuelle. Mais peut-être l'expression signifie-t-elle: Sois indulgent! Ne t'opiniâtre point!" Siehe jetzt auch Meïr M. Bravmann, „The surplus of Property": an early Arab social concept (Der Islam 38, 1963, S. 28–50). — Der Ausdruck *'urf* ist angeblich gleichbedeutend mit dem häufig vorkommenden *ma'rūf*.

7,200: **41**,36; **23**,97; **17**,53; **12**,100. Den drei ersten der angeführten Belege geht die Aufforderung voraus, Böses mit Gutem zu erwidern (wobei einmal noch besonders auf die versöhnende Wirkung dieser Handlungsweise hingewiesen wird: **41**,34, mit einem Vers dazwischen); **23**,96; **17**,53. Unter der Voraussetzung, daß an den genannten Stellen sowie in dem hier vorliegenden Abschnitt (**7**,199f.) jeweils ein kontinuierlicher Gedankengang anzunehmen ist, gewinnt die in der Übersetzung (und bei Bell und Blachère) gegebene Deutung von *'afw* (= Verzeihen, Nachsicht) weiter an Wahrscheinlichkeit. Siehe die Anmerkung zum vorhergehenden Vers 199.

7,201 Der Ausdruck *ṭā'ifun* ist nicht sicher zu deuten. Man kann *ṭāfa* bzw. *ṭā'ifun* sowohl von der Wurzel *ṭwf* „die Runde machen", „umgehen" als auch von der Wurzel *ṭyf* „als Phantom erscheinen" ableiten (wobei übrigens noch zu klären wäre, ob nicht beide Wurzeln auf dieselbe Grundbedeutung zurückgehen). Vgl. auch **68**,19. — Das Verbum *taḏakkara (V)* bedeutet „nachdenken", „sich Gedanken machen" (in religiösem Sinn). Im vorliegenden Fall hat es vielleicht den speziellen Sinn „sich dem Gedenken Gottes (*ḏikr Allāh*) hingeben". Diese Möglichkeit läßt auch Bell offen: „recollect themselves" or „remind themselves of Allah".

7,202 Vers 202 ist schwer verständlich. Die in der Übersetzung gegebene Deutung ist nur ein Notbehelf.

7,203 Mit dem Ausdruck *āya* („Zeichen") ist hier vermutlich ein Wunderzeichen gemeint, nicht ein Koranvers. So auch Bell: „Here not a verse of the Qur'ān, but a ‚sign' such as was given to Moses and other prophets". Belege: **6**,37/**10**,20/**13**,7/27; **2**,118; **20**,133; **21**,5; **26**,154. Dem Ausdruck *laulā ǧtabaitahā* mag die Vorstellung zugrunde liegen, daß für die Gottesgesandten verschiedene Wunderzeichen (als Ausweise ihrer göttlichen Sendung) vorgesehen sind und sozusagen bereitliegen, so daß der einzelne jeweils nur eines herauszugreifen braucht. — *innamā attabi'u mā yūḥā ilaiya min rabbī*: **6**,50, mit weiteren Belegen. — *hāḏā baṣā'iru min rabbikum wa-hudān wa-raḥmatun li-qaumin yu'minūna*: **45**,20; **3**,138; **12**,111; **16**,64; **27**,77; **31**,3; **16**,89; **28**,43; **6**,154. Siehe auch die Anmerkung zu **7**,154. Das Pronomen *hāḏā* bezieht sich auf die koranische Offenbarung („Koran", „Schrift" oder ähnlich). Vor dem Plural *baṣā'iru* würde man eigentlich die Femininform *hāḏihī* erwarten.

7,204: (**46**,29); (**41**,26).

7,205 *wa-ḏkur rabbaka fī nafsika taḍarru'an wa-ḫīfatan*: **7**,55; **6**,63; **17**,110. — *bil-ġudūwi wal-āṣāli*: **13**,15; **24**,36; **3**,41, mit weiteren Belegen. — Zur Bedeutung von *ġāfilūn* siehe die Anmerkung zu **6**,131.

7,206: **21**,19f.; **41**,38; **16**,49; **4**,172; **39**,75; **40**,7; **42**,5; **2**,30; **13**,13.

SURE 8

8,1 *al-anfālu li-llāhi war-rasūli:* **8**,41; **59**,7; (**59**,5f. 8). — *wa-aṣliḥū ḏāta bainikum wa-aṭī'ū llāha wa-rasūlahū*: **4**,59, mit weiteren Belegen. — Der Ausdruck *anfāl* kommt nur in der vorliegenden Stelle vor. Es ist fraglich, ob er dieselbe Bedeutung hat wie *ġanīma* plur. *ġanā'im* und einfach mit „(Kriegs)beute" übersetzt werden darf. Auf Grund der Etymologie möchte man annehmen, daß etwas Zusätzliches (an Beutegut?) damit gemeint ist. Bell übersetzt: „the windfalls" („things beyond what is due"). Unhaltbar ist die Annahme einiger Kommentatoren, *anfāl* sei mit dem Fünftel der Beute gleichzusetzen, über das nach **8**,41 der Gesandte zu verfügen hat. — Zur chronologischen Einordnung des Verses siehe Bell in der Einleitung zu seiner Übersetzung von Sure **8** („It is impossible to unravel the composition with certainty. But v. 1, which claims the spoils for Allah, probably dates from shortly after the victory of Badr").

8,2 *allaḏīna iḏā ḏukira llāhu waǧilat qulūbuhum*: **22**,35; (**23**,60). — *wa-iḏā tuliyat ʿalaihim āyātuhū zādathum īmānan*: **9**,124.

8,3: **2**,3, mit weiteren Belegen.

8,4: **8**,74. — *lahum daraǧātun ʿinda rabbihim*: **3**,163, mit weiteren Belegen. — *wa-maġfiratun wa-rizqun karīmun*: **8**,74; **22**,50; **34**,4; **24**,26; (**33**,31); (**37**,40–43). — Zur Bedeutung des Ausdrucks *razaqa* bzw. *rizq* siehe auch die Anmerkung zu **3**,27.

8,5f. Vers 5 beginnt mit der Vergleichspartikel *ka-mā*, ohne daß klar wäre, worauf der folgende Vergleich angewandt werden soll. Anscheinend liegt hier eine elliptische Ausdrucksweise vor, ähnlich wie bei der Einleitung eines Satzes mit *iḏ* (siehe dazu die Einleitung zur Übersetzung, S. 3f.). Belege zur Einleitung mit *ka-mā*: **2**,198; **2**,239; **2**,151. — Im übrigen hängen die Verse 5f. in der Luft. Bell hält es für möglich, daß sie ursprünglich die Fortsetzung von Vers 64 bildeten. Sachlich beziehen sie sich wohl auf die Vorgeschichte der Schlacht von Badr. — Falls die in der Übersetzung gegebene Deutung der beiden Verse richtig ist (Vers 5 *ka-mā*... elliptischer Vergleichssatz, Vers 6 *yuǧādilūnaka*... Zustandssatz), erhebt sich die weitere Frage, was mit der Wahrheit (*al-ḥaqq*) in den Versen 5 und 6 genauer gemeint ist. Der Ausdruck kann sich hier nicht auf die Wahrheit der prophetischen Verkündigung beziehen, wie das sonst oft der Fall ist. Denn die Gegenpartei besteht diesmal aus Gläubigen, und diese erkannten die Wahrheit der prophetischen Verkündigung von vornherein an. Mit der von ihnen abgelehnten oder bestrittenen Wahrheit könnte aber Mohammeds Entschluß gemeint sein, gegen die mekkanische Karawane auszurücken und dabei das Risiko einer kriegerischen Auseinandersetzung einzugehen. Mohammed mochte diesen seinen Entschluß insofern als Wahrheit bezeichnen, als er das Bewußtsein hatte, daß er ihm – wie sonst die Offenbarungen – von Gott eingegeben war. — Anders liegt die Sache, wenn man mit Ṭabarī (und Blachère) annimmt, daß die beiden Verse 5f. zwei Glieder eines vollständigen Vergleichssatzes sind. In diesem Fall müßte mit der Wahrheit in Vers 5 (Vordersatz) sachlich etwas anderes gemeint sein als in Vers 6 (Nachsatz). In Vers 5 würde sich der Ausdruck etwa auf den Entschluß zum Auszug gegen die Karawane (also zu einem bloßen Beuteunternehmen) beziehen, in Vers 6 auf den Entschluß zur kriegerischen Auseinandersetzung mit den Mekkanern. Es gibt aber auch noch andere, ebenfalls fragwürdige Möglichkeiten der Deutung. Siehe Ṭabarī zur Stelle und Ibn Hišām, Sīra ed. Wüstenfeld, S. 476.

8,7f. *wa-iḏ*... Verkürzter Zeitsatz (ebenso in den Versen 9, 11 und 12). Siehe Einleitung zur Übersetzung, S. 3f. — Daß die Verse 7f. auf die Schlacht bei Badr Bezug haben, gilt als sicher. Mit den beiden „Gruppen" sind demnach die von Syrien heimkehrende mekkanische Karawane und das zu ihrem Schutz aus Mekka herangeführte Aufgebot gemeint. Die Gläubigen in Mohammeds Gefolgschaft wollten begreiflicherweise lieber nur die Karawane vereinnahmen, die Gruppe „ohne Kampfkraft“ (*ġaira ḏāti š-šaukati*). In Wirklichkeit kam es aber zum Kampf mit dem mekkanischen Aufgebot. — *wa-yurīdu llāhu an yuḥiqqa l-ḥaqqa bi-kalimātihī... li-yuḥiqqa l-ḥaqqa wa-yubṭila l-bāṭila wa-lau kariha l-muǧrimūna*: **10**,81f.; **42**,24. — *wa-yaqṭaʿa dābira l-kāfirīna*: **6**,45, mit weiteren Belegen.

8,9f.: **3**,124–126. — Das Partizip *murdifīna* steht im Akkusativ des Zustands und ist auf die Engel zu beziehen (wie *munzalīna* und *musauwimīna* in **3**,124f.). Die Bedeutung von *murdifīna* (Variante: *murdafīna*) ist umstritten; *ardafa (IV)* heißt eigentlich „jemanden hinter sich (auf demselben Reittier) reiten lassen“. — Es spricht einiges dafür, daß die Verse 9f. (sowie **3**,124–126) auf die Schlacht bei Badr Bezug haben, von der schon im vorhergehenden (V. 7f.) die Rede war. Dagegen scheint die Fortsetzung (V. 11) kaum auf Badr gedeutet werden zu können, zumal wenn man **3**,154 zum Vergleich heranzieht. Demnach ist zwischen den Versen 10 und 11 eine Zäsur anzunehmen. Dafür spricht auch die Tatsache, daß der Reim mit Vers 11 wechselt. Zum Ganzen siehe die Anmerkung zu **3**,124–127.

8,11 *iḏ yuġaššīkumu n-nuʿāsa amanatan minhu*: **3**,154. — Die Ähnlichkeit des Wortlauts legt es nahe, die vorliegende Stelle (V. 11) auf dasselbe geschichtliche Ereignis zu beziehen, auf das in **3**,154 angespielt ist. Der ausführliche Begleittext, in den **3**,154 eingebettet ist, weist aber eher auf die Schlacht am Uḥud als auf die Schlacht bei Badr. Deshalb muß man wohl vor Vers 11 eine Zäsur annehmen. Dafür spricht auch die Tatsache, daß mit Vers 11 der Reim wechselt. Siehe die Anmerkungen zu **8**,9f. und **3**,124–127. Die weitere Deutung von **8**,11 (und **3**,154) ist allerdings unsicher. Siehe auch die Bemerkung von Bell: „Verse 11 is usually regarded as referring to rain which fell during the night before Badr, but...the verse must be much later. The reference may be to the storm of rain which completed the discomfiture of the Quraish and their allies at the Trench, so that 11–14 would deal with that event.“ — Mit dem vom Himmel herabgesandten Wasser ist natürlich ein Regen gemeint. Die dadurch herbeigeführte „Reinigung“ ist wohl in rituellem (oder moralischem?) Sinn zu verstehen. Dazu paßt auch der folgende Passus *wa-yuḏhiba ʿankum riǧza š-šaiṭāni*. Das Wort *riǧz* steht hier nämlich, ebenso wie wahrscheinlich *ruǧz* (mit *u*) in **74**,5, für *riǧs* (so wie umgekehrt in **7**,71 *riǧs* in der Bedeutung „Strafgericht“ für *riǧz* steht). Vgl. **33**,33; **5**,90; (**74**,4f.). — Ebenso wie der Ausdruck *li-yarbiṭa ʿalā qulūbikum* ist auch der Ausdruck *yuṯabbita bihi l-aqdāma* in übertragenem Sinn gebraucht. Vgl. **3**,147; **2**,250; **47**,7. Die Kommentatoren, die den vorliegenden Vers (auf Grund des Textzusammenhangs) auf die Schlacht bei Badr beziehen, verstehen den besagten Ausdruck mit wenigen Ausnahmen in wörtlichem Sinn und glauben zu wissen, daß ein Regenfall das sandige Gelände in der Nähe der Wasserstelle von Badr fester und dadurch für die Gläubigen und ihre Tiere leichter begehbar gemacht habe.

8,12 *sa-ulqī fī qulūbi lladīna kafarū r-ru'ba*: **3**,151; **33**,26/**59**,2. Die beiden letzten Stellen beziehen sich auf jüdische Stämme in Medina (**33**,26 speziell auf die Banū Quraiẓa, die im Jahr 827 im Anschluß an den Grabenkrieg ausgerottet wurden). Die Stelle **59**,2 ist für den hier vorliegenden Vers (**8**,12) besonders bedeutsam, weil der übernächste Vers (**59**,4) mit dem hier folgenden Vers (**8**,13) wörtlich übereinstimmt. — Es ist nicht ausgeschlossen, daß mit *sa-ulqī* ein neuer Absatz beginnt. Die folgenden Imperative (*fa-ḍribū...wa-ḍribū...*) gelten vielleicht den Gläubigen, und nicht mehr den im Anfang des Verses genannten Engeln. Vgl. **47**,4.

8,13: **59**,4 (bezieht sich auf die jüdischen Banū Naḍīr oder Banū Qainuqā'). Siehe die Anmerkungen zum vorhergehenden Vers 12 und zum folgenden Vers 14. — *wa-man yušāqiqi llāha wa-rasūlahū...*: **59**,4; **4**,115, mit weiteren Belegen. — Die zweite Vershälfte ist ein Bedingungssatz mit Verschiebung. Siehe Einleitung zur Übersetzung, S. 4.

8,14 Von Vers 13 auf Vers 14 findet ein Wechsel von der 3. zur 2. Person statt. — Belege zur Ausdrucksweise *dālikum...wa-anna*: **8**,18f.; (**8**,51/**3**,182; **22**,10). Den drei zuletzt genannten Stellen geht *dūqū 'adāba l-ḥarīqi* bzw. *nudīquhū yauma l-qiyāmati 'adāba l-ḥarīqi* voraus.

8,15: 8,45.

8,16 Mit dem Ausdruck *mutaḥarrifan li-qitālin* ist nach Baiḍāwī die Kriegslist der Scheinflucht gemeint (*al-karr ba'd al-farr*).

8,17 Vers 17 bezieht sich wieder unmittelbar auf die Schlacht bei Badr. Der Erfolg, den die Muslime unter Mohammeds Führung dabei errungen haben, wird auf das Wirken Gottes zurückgeführt. — Zur Erklärung des Passus *wa-mā ramaita id ramaita walākinna llāha ramā* führen die Kommentatoren die bekannte Überlieferung an, der zufolge Mohammed in der Schlacht bei Badr mit einem symbolischen Steinwurf eine Verfluchung gegen die Feinde geschleudert haben soll. W. M. Watt bemerkt dazu (Muhammad at Medina, London 1956, S. 313): „This passage need not refer to the story of the pebbles; the word for ‚throw' here (*ramayta*) is different from that in the story (*nafaḥa*) and could easily be applied to shooting with arrows." — *wa-li-yubliya...* Elliptische Ausdrucksweise. Siehe Nöldeke, Neue Beiträge, S. 18. — Den Ausdruck *balā' (ḥasan)* gibt Meïr Bravmann mit „endurance in fighting", „steadfastness" wieder (Der Islam 36, 1961, S. 4–10).

8,18 Zur Ausdrucksweise *dālikum wa-anna...* siehe die Anmerkung zu **8**,14.

8,19 Vers 19 wendet sich an die heidnischen Mekkaner. Zur Bedeutung von *istaftaḥa (X)* und *fatḥ* siehe die Anmerkung zu **7**,89. Mit der „Entscheidung" (*fatḥ*) ist hier der Sieg der Muslime über die heidnischen Mekkaner gemeint. — *wa-in tantahū fa-huwa ḫairun lakum wa-in ta'ūdū na'ud*: **8**,38f.; **2**,192f.; **17**,8; **2**,275. — *wa-lan tuġniya 'ankum fi'atukum šai'an wa-lau kaṯurat wa-anna llāha ma'a ṣ-ṣābirīna*: **2**,249. Neben der Lesart *wa-anna...* (vgl. **8**,14 und 18) wird auch die Lesart *wa-inna...* überliefert („Und Gott ist mit den Gläubigen").

8,20: **3**,32; **5**,92; **64**,12; **24**,54.

8,22: **8**,55; **2**,171; **10**,42; **43**,40; **27**,80/**30**,52; **21**,45; **2**,17f.; **6**,39; (**25**,44); (**7**,179).

8,24 Es ist nicht klar, was mit dem Ausdruck *mā yuḥyīkum* gemeint ist. Entweder bezieht er sich auf das jenseitige Leben, das den Gläubigen als Lohn für ihre Frömmigkeit in Aussicht gestellt wird. Vgl. **16**,96f. Oder es ist an das Weiterbestehen des irdischen Lebens gedacht. So scheint Bell die Stelle zu deuten. Er bemerkt dazu: „here probably war against the Meccans is implied" und verweist auf **2**,179 (*wa-lakum fī l-qiṣāṣi ḥayātun*). — Der Ausdruck *anna llāha yaḥūlu baina l-mar'i wa-qalbihī* bedeutet, daß Gott zwischen den Menschen und sein Herz tritt bzw. treten wird (um sie voneinander zu trennen). Das Ganze soll vielleicht ein Hinweis darauf sein, daß das irdische Leben (das im Herzen seinen Sitz hat?) kurz befristet ist und deshalb nicht zu hoch veranschlagt werden darf. Diese Deutung ist aber sehr fraglich. Zu den Bedeutungsnuancen, die mit dem Terminus *qalb* verbunden werden, siehe T. Sabbagh, La Métaphore dans le Coran, Paris 1943, S. 125–129. Sabbagh erklärt die vorliegende Stelle (in Anlehnung an die Kommentatoren): „pour dire que Dieu connaît toutes nos pensées et tous nos sentiments". Während Bell und Blachère sich zur Frage der Deutung überhaupt nicht äußern, gibt Yusuf Ali in Anmerkung 1197 zu seiner Übersetzung (The Holy Qur-an, Lahore 1938) eine ausführliche, durchaus vertretbare Paraphrase.

8,25: (**24**,63). — Zur Konstruktion von Vers 25 siehe die ausführliche Anmerkung in Bergsträsser, Verneinungspartikeln, S. 50, wo alle Möglichkeiten erörtert werden. — Anscheinend sollen die Gläubigen vor einer „Heimsuchung" (*fitna*) gewarnt werden, die ihnen in ihrer Gesamtheit droht, auch wenn sie ausschließlich von den „Frevlern" unter ihnen herbeigeführt wird. Der Terminus *fitna* hat hier (und auch sonst manchmal) eine etwas schillernde Bedeutung. Daher auch die Paraphrase bei Bergsträsser: „hütet euch vor (der) Sünde; (denn wenn sie Strafe bringt,) dann wird sie Strafe nicht ausschließlich den Frevlern von euch bringen". Bell übersetzt „trial" und bemerkt dazu: „the exact sense here is not certain, but evidently it is some danger threatening the whole community". An anderer Stelle (I, S. 161) spricht er die Vermutung aus, „Verse 25 would...quite appropriately refer to the *fitna* caused by the adherence of the Banū Quraiẓa to the Allies (im Grabenkrieg)". Bell und Blachère machen darauf aufmerksam, daß der vorliegende Vers sich durch einen besonderen Reim als Einsprengsel erweist.

8,26: **7**,86; **3**,123; (**8**,62); (**3**,13). — Zum Ausdruck *mustaḍ'afūna* siehe die Anmerkung zu **2**,282. — *taḫāfūna an yataḫaṭṭafakumu n-nāsu*: **28**,57; **29**,67. — *wa-razaqakum mina ṭ-ṭaiyibāti*: **16**,72/**40**,64; **10**,93/**17**,70/**45**,16; (**2**,57/**7**,160/**20**,80f.; **2**,172); (**5**,88, mit weiteren Belegen).

8,27 Zum Ausdruck *wa-taḫūnū amānātikum* ist entweder (auf Grund des vorausgehenden *lā taḫūnū llāha war-rasūla*) die Negation *lā* zu ergänzen. Das Verbum steht dann im Jussiv. Oder aber, *taḫūnū* ist (als Subjunktiv) von *wa-* abhängig. In diesem Fall wäre genauer zu übersetzen: „so daß ihr (damit) wissentlich die euch anvertrauten Güter veruntreut" oder freier: „sonst veruntreut ihr wissentlich die euch anvertrauten Güter". — Sachlich bezieht sich der ganze Vers vielleicht auf die Beuteverteilung. Vgl. Gesch. des Qor. I, S. 187 und die Verse 1 und 41. Vielleicht sind aber mit dem Ausdruck *amānāt* Deposita im üblichen Sinn gemeint. In diesem Fall ist zu *wa-taḫūnū* natürlich *lā* zu ergänzen (s. o.). Belege zu dieser Deutung: **23**,8/**70**,32; **4**,58; **2**,283.

8,28: **64**,15; **63**,9; **34**,37; **3**,10/116/**58**,17; **9**,55/85; (**17**,64); (**9**,24).

8,29: **65**,2. 4f.; **39**,33–35; (**5**,65). — Zur Bedeutung des Wortes *furqān* siehe die Anmerkung zu **2**,53, mit Literaturangaben. Während es sonst im Koran meistens im Sinn von „Offenbarung", „Offenbarungsschrift" verwendet wird, hat es in der vorliegenden Stelle (und wohl auch in **8**,41) die ursprünglichere Bedeutung „Auslösung", „Errettung", „Hilfe". Vgl. auch die Ausdrücke *maḫraǧ* und *yusr*, die in der oben angeführten Stelle **65**,2 und 4 in einem einigermaßen ähnlichen Zusammenhang verwendet werden.

8,30 *wa-iḏ*... (ebenso in den Versen 31 und 32). Verkürzter Zeitsatz. Siehe Einleitung zur Übersetzung, S. 3f. — Es ist nicht klar, was für eine Art von Schädigung oder Bedrängnis mit dem Ausdruck *li-yuṯbitūka* gemeint ist. Bell übersetzt: „to bring thee to a stand", Blachère: „pour t'affermir". Sollte etwa an den Boykott von Mohammeds Sippe gedacht sein, von dem Ibn Hišām berichtet (S. 230–232 und 247–251 der Ausgabe von Wüstenfeld)? — *wa-yamkurūna wa-yamkuru llāhu wa-llāhu ḫairu l-mākirīna*: **3**,54. Siehe auch die Anmerkung zu **7**,99, mit weiteren Belegen.

8,31 *lau našā'u la-qulnā miṯla hāḏā*: **6**,93. — *in hāḏā illā asāṭīru l-auwalīna.* Siehe die Anmerkung zu **6**,25, mit weiteren Belegen. — Vielleicht stand Vers 31 ursprünglich in einem anderen Zusammenhang.

8,32: **29**,29; **7**,70/**46**,22/**11**,32; **7**,77; **10**,48/**21**,38/**27**,71/**34**,29/**36**,48/**67**,25. — Der Steinregen (*amṭir 'alainā ḥiǧāratan mina s-samā'i*) ist natürlich als Strafgericht gemeint. Vgl. die Geschichte von Lot (**11**,82/**15**,74; **26**,173/**27**,58; **7**,84; **25**,40; **51**,33f.). — Mit *hāḏā* ist entweder ganz allgemein die Offenbarung gemeint, die den Ungläubigen vorgetragen wird, oder speziell das ihnen angedrohte Strafgericht.

8,33 Der Ausdruck *mā kāna llāhu li-yu'aḏḏibahum* (sogenanntes *lām al-ǧuḥūd*) ist wohl präterital und nicht präsentisch zu verstehen. Der Vers besagt dann, daß noch kein Strafgericht über die Mekkaner hereinbrechen konnte, solange der Prophet unter ihnen weilte (also vor der Hidschra) und noch eine gewisse Aussicht bestand, daß die Ungläubigen sich schließlich doch bekehren und Gott um Vergebung für ihren bisherigen Unglauben bitten würden.

8,34 Während im vorhergehenden von der Zeit die Rede war, in der Mohammed noch in Mekka weilte, bezieht sich Vers 34 auf die Gegenwart: Die Mekkaner verharren immer noch im Unglauben und wehren nun den Gläubigen, die inzwischen ausgewandert sind, den Zugang zur heiligen Kultstätte. Dem göttlichen Strafgericht steht daher nichts mehr im Weg. — *wa-*

mā lahum allā yuʿaḏḏibahumu llāhu wa-hum yaṣuddūna ʿani l-masǧidi l-ḥarāmi: **22**,25; **48**,25; (**5**,2); (**2**,217). — Es fragt sich, ob das Personalsuffix in *auliyāʾahū* bzw. *auliyāʾuhū* auf das unmittelbar vorausgehende *al-masǧid al-ḥarām* zu beziehen ist, oder aber auf *allāhu*. Bell entscheidet sich (wie Zamaḫšarī) für die erste Möglichkeit und übersetzt dementsprechend *auliyāʾ* mit „protectors". Blachère stellt beide Möglichkeiten zur Wahl und übersetzt den Ausdruck einerseits mit „desservants", andererseits mit „adeptes". Da der Ausdruck *walī* pl. *auliyāʾ* sonst im Koran immer nur auf Personen und nicht auch auf Sachen bezogen wird, ist das Suffix doch wohl besser (mit Ṭabarī) auf *allāhu* zurückzubeziehen. — Belege zu *in auliyāʾuhū illā l-muttaqūna*: **45**,19; **10**,62f.

8,35 Vers 35 ist vielleicht erst nachträglich an dieser Stelle eingefügt worden. Wenn man ihn sachlich an den vorhergehenden Vers anschließen will, ist *kāna* jedenfalls präsentisch zu verstehen (wie dort *kānū*). — Mit dem „Haus" ist natürlich die Kaʿba gemeint. — Die zweite Vershälfte (*fa-ḏūqū l-ʿaḏāba*...) ist sozusagen ein Zitat des Verdikts, das die Ungläubigen dereinst beim Gericht zu hören bekommen. Siehe die Anmerkung zu **8**,50.

8,36 *ṯumma yuġlabūna wa-llaḏīna kafarū ilā ǧahannama yuḥšarūna*: **3**,12. — Vers 36 scheint mit dem Vorhergehenden nur lose zusammenzuhängen.

8,37 *li-yamīza llāhu l-ḫabīṯa mina ṭ-ṭaiyibi*: **3**,179. Siehe auch die Anmerkung dazu.

8,38: **2**,275; **5**,95; **2**,192f.; **8**,19; **17**,8; (**4**,22f.). — *fa-qad maḍat sunnatu l-auwalīna*: **15**,13; **18**,55; **35**,43; **3**,137, mit weiteren Belegen; (**43**,8). Zum Ausdruck *sunna* siehe EI[1], s. v. (A. J. Wensinck). Das Wort bedeutet eigentlich „Gewohnheit", „Brauch", „Verfahren" und bezieht sich oft auf einzelne, beispielhafte Fälle, in denen (in früherer Zeit) ein ganz bestimmtes, als bekannt vorausgesetztes Verfahren stattgefunden hat oder angewandt worden ist. Meist ergibt sich aus dem Zusammenhang, daß es in malam partem gemeint ist. Mit *sunna* pl. *sunan* wird dann auf die göttlichen Strafgerichte hingewiesen, die über frühere Generationen und Völker hereingebrochen sind. Nur an zwei oder drei Stellen wird der Ausdruck in bonam partem oder wenigstens in neutralem Sinn verwandt. — In der vorliegenden Stelle **8**,38 könnte *sunna* an sich in neutralem Sinn gemeint sein. Dann wäre der Schluß des Verses folgendermaßen zu übersetzen: „Aber wenn sie (es) (künftig?) wieder tun, – nun, schon die früheren (Generationen) sind (in der gleichen Weise) verfahren (und rückfällig geworden)." Aber es ist – auch im Hinblick auf die oben angeführten Belegstellen zu *sunnat al-auwalīna* – sehr viel wahrscheinlicher, daß hier mit *sunna* auf ein früheres Strafgericht (bzw. auf frühere Strafgerichte) hingewiesen werden soll. In der Übersetzung ist ein solcher Sachverhalt als gegeben vorausgesetzt. Der Passus *wa-in yaʿūdū fa-qad maḍat sunnatu l-auwalīna* ist übrigens ein Bedingungssatz mit Verschiebung. Siehe Einleitung zur Übersetzung, S. 4.

8,39: **2**,193. — *wa-yakūna d-dīnu kulluhū li-llāhi*: auch **9**,33/**48**,28/**61**,9. — *fa-ini tahanu*...: **8**,38 (vorhergehender Vers).

8,40: (**2**,137); (**9**,129). — *fa-'lamū anna llāha maulākum*...: **22**,78; **3**,150; (**47**,11).

8,41: **8**,1; **59**,7; (**59**,5f. 8). K. Wagtendonk, Fasting in the Koran, Leiden 1968, S. 62–65. 91–95. — Speziell zu *wa-li-ḏī l-qurbā wal-yatāmā wal-masākīni wa-bni s-sabīli*: **59**,7; **4**,36, mit weiteren Belegen. Zur Bedeutung von *ibn as-sabīl* siehe die Anmerkung zu **2**,177. — Zur Beuteverteilung überhaupt siehe Th. W. Juynboll, Handbuch des islamischen Gesetzes, Leiden–Leipzig 1910, S. 341f. Der Wortlaut des vorliegenden Verses ist sicher so zu verstehen, daß Mohammed als Gesandter Gottes und Leiter der islamischen Gemeinde ein Fünftel der Beute für sich beansprucht, um daraus u.a. diejenigen Gruppen von Personen zu unterstützen, die auf eine öffentliche Unterstützung angewiesen sind. Zu den Unterstützungsempfängern gehören auch „Verwandte", d.h. in diesem Fall Angehörige von Mohammeds eigener Familie. — Zur Bedeutung des Wortes *furqān* siehe die Anmerkung zu **2**,53, mit Literaturangaben, sowie die Anmerkung zu **8**,29. — Der Ausdruck *yauma ltaqā l-ǧam-ʿāni* bezieht sich hier offensichtlich auf die Schlacht bei Badr, nicht wie in **3**,155 und 166 auf die Schlacht am Uḥud.

8,42 *iḏ*... (ebenso in den Versen 43 und 44). Verkürzter Zeitsatz. Siehe Einleitung zur Übersetzung, S. 3f. — Vers 42 bezieht sich auf die Schlacht bei Badr, wie auch schon der Schluß von Vers 41. Es ist aber fraglich, ob er schon ursprünglich an diesen Vers anschloß, zumal er im Reim abweicht. — Beim Passus *lau tawāʿadtum la-ḫtalaftum fī l-mīʿādi* ist wohl an eine Vereinbarung zwischen den Gläubigen und den ungläubigen Mekkanern gedacht (und nicht an eine Vereinbarung der Gläubigen unter sich). Es läßt sich schwer entscheiden, ob mit dem Ausdruck *mīʿād* ganz allgemein eine Abmachung (über ein Treffen) gemeint ist, oder der Ort einer solchen Abmachung (bzw. des geplanten Treffens). — *li-yaqḍiya llāhu amran kāna mafʿūlan*: **8**,44. — Mit dem „klaren Beweis" (*baiyina*) ist wohl das Wunder der göttlichen Hilfeleistung gemeint.

8,43 *la-fašiltum wa-la-tanāzaʿtum fī l-amri*: **3**,152; **8**,46; **4**,59; (**3**,122). — Zur Bedeutung von *sallama* bemerkt H. Ringgren (Islam, 'aslama and muslim, Uppsala 1949, S. 6): „In **8**,43 (45) it means ‚to keep safe and sound' (Künstlinger) or, perhaps better, ‚to create *salām*, i.e. the good, and sound, and successful state of things', cf. the Hebrew *šālōm* according to Pedersen's analysis."

8,44: **3**,13. Siehe die Anmerkung zu diesem Vers. — *li-yaqḍiya llāhu amran kāna mafʿūlan*: **8**,42. — *wa-ilā llāhi turǧaʿu l-umūru*: **2**,210, mit weiteren Belegen.

8,45: **8**,15. — *wa-ḏkurū llāha kaṯīran*: **33**,41, mit weiteren Belegen.

8,46: **4**,59. — *wa-lā tanāzaʿū fa-tafšalū*: auch **8**,43; **3**,152; (**3**,122). — Der Passus *wa-taḏhaba rīḥukum* läßt sich nicht sicher deuten. Zamaḫšarī erklärt *rīḥ* mit *daula*. Vielleicht ist der Ausdruck der Seemannssprache entnommen, wie Hamidullah vermutet („et votre bon vent s'en ira". Dazu die Bemerkung: „A remarquer l'expression maritime ‚bon vent', qui montre la familiarité de ces gens avec la mer"). Die Übersetzung schließt sich dieser Deutung an (s. Anm. 52).

8,47 Die Kommentatoren beziehen Vers 47 (und Vers 48) einstimmig auf den Auszug der Mekkaner zur Schlacht bei Badr (und ihre Niederlage daselbst). Es ist aber fraglich, ob sie recht haben. Bell bemerkt zu den Versen 45 bis 47 (47–49): „The date of 47–49 is quite uncertain, as the admonition they contain would be appropriate at almost any time during the war with Mecca." Auf Grund seiner (nicht immer stichhaltigen) Textanalyse kommt er dann zu der Vermutung: „they must be considerably later than Uhud" (I, S. 160).

8,48 *iḏ*... (ebenso Vers 49). Verkürzter Zeitsatz. Siehe Einleitung zur Übersetzung, S. 3f. — *zaiyana lahumu š-šaiṭānu aʿmālahum*: **6**,108, mit weiteren Belegen. Siehe auch die Anmerkung zu **2**,212. — *wa-qāla lā ġāliba lakumu l-yauma mina n-nāsi*: (**4**,119); (**58**,19). — Die Kommentatoren beziehen Vers 48 ebenso wie den vorhergehenden Vers (s. o.) durchweg auf die Schlacht bei Badr. Bell macht aber darauf aufmerksam, daß der Vers (ebenso wie die Verse 11–14. 25. 52) im Reim vom Rest der Sure abweicht. Er bezieht ihn (sowie die Verse 11–14 und 25) auf den Mißerfolg der Quraišiten und ihrer Verbündeten im *Grabenkrieg* (I, S. 159. 161). Blachère läßt beide Möglichkeiten (Badr und Grabenkrieg) offen.

8,49 *iḏ yaqūlu l-munāfiqūna wa-llaḏīna fī qulūbihim maraḍun ġarra hāʾulāʾi dīnuhum*: **33**,12. Diese Belegstelle bezieht sich eindeutig auf den Grabenkrieg. Falls auch der vorliegende Vers in diesen Zusammenhang gehört, und falls Bell mit seiner Vermutung recht haben sollte, daß der vorausgehende Vers 48 sich eben auf den Grabenkrieg bezieht (s. o.), ist zwischen den Versen 48 und 49 keine eigentliche Zäsur anzunehmen. Doch ist zu bedenken, daß von Vers 48 zu Vers 49 der Reim wieder wechselt. — Die zweite Vershälfte ist ein Bedingungssatz mit Verschiebung. Siehe Einleitung zur Übersetzung, S. 4.

8,50: **47**,27; **6**,93; **6**,61; **7**,37; **4**,97/**16**,28; **32**,11. Zur Sache siehe die Anmerkung zu **6**,61. — Der drohende Ausruf *ḏūqū ʿaḏāba l-ḥarīqi* wird auch in **22**,22 unmittelbar zitiert, ohne daß der Sprecher genannt ist. Ähnlich **54**,48 und **8**,35.

8,51: **3**,182; **22**,10; (**9**,70, mit weiteren Belegen).

8,52: **3**,11; (**8**,54). — *ka-daʾbi*...: auch **40**,31. — *fa-aḫaḏahumu llāhu bi-ḏunūbihim inna llāha qawīyun šadīdu l-ʿiqābi*: **40**,22.

8,53: **13**,11; **14**,28; **2**,211; **4**,119; **30**,30. — Zur Konstruktion *lam yaku muġaiyiran* siehe Bergsträsser, Verneinungspartikeln, S. 13. — Die Bedeutung der Präposition *bi-* in *bi-anfusihim* ist nicht ganz klar. Vgl. die Belegstelle **13**,11. Vers 53 besagt (ebenso wie **13**,11) offensichtlich, daß alle Veränderung zum Schlechten, also auch der Entzug der göttlichen Gnade und die Verstoßung in die Hölle, von den Menschen selber ausgeht, nicht von Gott.

8,54: **8**,52; **3**,11; (**7**,136). — Auffallend ist, daß zwei weitgehend gleichlautende Verse so kurz aufeinander folgen. Vers 54 bildet in sich mit dem vorausgehenden Vers 53 eine Einheit, ebenso Vers 52 mit dem vorausgehenden Vers 51. Es handelt sich also um zwei Vers*paare*. Diese stellen Variationen ein und desselben Gedankens dar.

8,55–63 Bell hält es für so gut wie sicher, daß die Verse 55–63 auf den Grabenkrieg (627) zu beziehen sind (I, S. 161: „with its reference to those who always break their covenant, i.e. the Quraiẓa, who are to be so dealt with as to terrify those behind them, and others with whom peace is to be made if they incline to it, i.e. the Quraish and their allies whom Muhammad tried to by off by negotiation").

8,55: **8**,22. — *allaḏīna kafarū fa-hum lā yu'minūna*: (**6**,12/20).

8,56: **2**,100; **2**,27/**13**,35.

8,57 *fa-immā taṯqafannahum fī l-ḥarbi*: **33**,61; **2**,191/**4**,91; **3**,112. Zum Verbum *ṯaqifa* siehe die Anmerkung zu **2**,191.

8,58 Der Ausdruck *'alā sawā'in* ist schwer verständlich. Es läge nahe, die Bedeutung „auf gleiche Weise" anzunehmen und die abweichenden Deutungen der Kommentatoren auf dogmatische Tendenzen zurückzuführen. Aber derselbe Ausdruck kommt auch in **21**,109 vor, und dort scheint die Bedeutung „auf gleiche Weise" nicht zu passen. Vielleicht ist zu übersetzen „ganz einfach" (wörtlich „eben", „glatt"), oder „auf klare Weise", „klipp und klar". Siehe auch **3**,64 und die Anmerkung dazu.

8,59: **29**,4; **24**,57. Statt *lā yaḥsabanna* wird auch die Lesart *lā taḥsabanna* (2. Pers. Singular) überliefert. Vgl. die Belegstelle **24**,57. — Das Verbum *sabaqa* bedeutet eigentlich „(im Wettrennen) an die Spitze kommen", „das Rennen machen". Im vorliegenden Vers ist die Bedeutung etwas abgewandelt. Die Ungläubigen sollen nicht meinen, daß sie „(dem rächenden Zugriff Gottes) zuvorkommen", d. h. entgehen können. Vgl. den Gebrauch von *sabaqa* in **29**,4 (s. o.); **29**,39f.; **56**,60/**70**,41. Bell übersetzt: „Think not that those who have disbelieved have stolen a march (on thee)." — Zur Bedeutung des Ausdrucks *innahum lā yu'ǧizūna* siehe die Anmerkung zu **6**,134.

8,60 *wa-mā tunfiqū min šai'in fī sabīli llāhi yuwaffa ilaikum wa-antum lā tuẓlamūna*: **2**,272; (**35**,29f.). Siehe die Anmerkung zu **2**,272.

8,61: **4**,90.

8,62 *huwa llaḏī aiyadaka bi-naṣrihī*: **8**,26.

8,63: **3**,103.

8,64 Rein sprachlich gesehen scheint die in Anmerkung 71 zur Wahl gestellte Übersetzung dem Wortlaut am ehesten zu entsprechen. Danach übersetzt auch Bell: „O thou prophet, what thou hast to count upon is Allah and those who follow thee of the believers." Aber es ist fraglich, ob Mohammed wirklich die Absicht hatte, seine Gefolgsleute in einem Atemzug und auf gleicher Stufe mit Gott als sein „Genüge" zu bezeichnen (vgl. die wesentlich andere Formulierung in **8**,62). Deshalb wird die im Text gegebene Übersetzung doch wohl vorzuziehen sein. Die Konstruktion ist allerdings ungewöhnlich. Der Relativsatz *mani ttaba'aka mina l-mu'minīna* wird mit dem Personalsuffix

-ka in *ḥasbuka* koordiniert. Zur Rechtfertigung dieser sprachlichen Härte könnte man höchstens anführen, daß *ḥasbu* immer nur mit Suffixen vorzukommen scheint, so daß die Formulierung *wa-(huwa) ḥasbu mani ttaba'aka* nicht in Frage kam. Vgl. auch **3**,20.

8,65 *ḥarriḍi l-mu'minīna 'alā l-qitāli*: **4**,84. — *in yakun minkum 'išrūna ṣābirūna yaġlibū mi'ataini*. . . : **2**,249; **5**,56.

8,66 Vers 66 bedeutet eine Einschränkung von Vers 65, der den Gläubigen offensichtlich zu viel Kampfesmut und Siegesgewißheit zumutet. Diese Einschränkung erfolgte selbstverständlich erst, nachdem seit der Verkündigung von Vers 65 einige Zeit verflossen war. Vermutlich hatte die ursprüngliche Versicherung, ein Gläubiger könne es mit hundert Ungläubigen aufnehmen, eher entmutigend als anfeuernd gewirkt. — *al-āna ḫaffafa llāhu 'ankum wa-'alima anna fīkum ḍa'fan*: **4**,28.

8,67–71 Die Verse 67–71 handeln von Gefangenen, die die Muslime in der Schlacht bei Badr gemacht haben. In Vers 67 wird dem Propheten und seinen Gefolgsleuten anscheinend vorgeworfen, sie hätten zu früh mit Kämpfen aufgehört und Gefangene gemacht in der Absicht, möglichst viel Lösegeld zu erhalten. In Vers 68 wird aber ihr Verhalten nachträglich doch gerechtfertigt oder wenigstens entschuldigt.

8,67 *mā kāna li-nabīyin an yakūna lahū asrā ḥattā yuṯḫina fī l-arḍi*: **47**,4.

8,68: **24**,14. — Zum Passus *laulā kitābun mina llāhi sabaqa* vgl. den Ausdruck *laulā kalimatun sabaqat min rabbika* (**10**,19/**11**,110/**41**,45/**42**,14/**20**,129). — Bei der Vorherbestimmung, auf die im vorliegenden Vers angespielt wird, ist wohl ganz allgemein an die Gnade und Milde gedacht, die Gott den Gläubigen gegenüber walten läßt. Vgl. den oben angeführten Beleg. Zum weiteren Zusammenhang siehe die Anmerkung zu den Versen 67–71.

8,69: **2**,168; **5**,88/**16**,114. Weitere Belege in der Anmerkung zu **5**,88. — In Vers 69 wird ein Ausspruch, der sich sonst auf (erlaubte) Speisen aller Art bezieht, auf die Beute angewandt, die die Gläubigen in der Schlacht bei Badr gemacht haben.

8,70 Vers 70 (und 71) bezieht sich wohl speziell auf diejenigen Gefangenen, die sich zur Annahme des Islam bereit erklärt haben.

8,71 Bedingungssatz mit Verschiebung. Siehe Einleitung zur Übersetzung, S. 4. — Vers 71 ist wohl als versteckte Drohung gemeint: Gefangene, die etwa durch einen vorübergehenden, unaufrichtigen Übertritt zum Islam ihre Freilassung erreichen, müssen mit der Möglichkeit rechnen, daß sie den Muslimen ein zweites Mal in die Hände fallen.

8,72 In Vers 72 werden die aus Mekka nach Medina emigrierten Muslime (Muhāǧirūn) und die zum Islam übergetretenen Mediner (Anṣār) aufgefordert, einander Freund und Helfer zu sein (der Ausdruck *walā*, *walāya* schließt Freundschaft und Pflicht zur Hilfeleistung in sich ein; Bell nimmt an, daß in der vorliegenden Stelle auch an die Pflicht der Blutrache gedacht ist). Die Gläubigen, die nicht auch emigriert sind, werden ausdrücklich davon ausgenommen. Es ist nicht klar, ob damit Mekkaner oder sonstige Araber gemeint sind. Jedenfalls wird es sich um Minderheiten handeln, die innerhalb einer Mehrheit von Ungläubigen leben und sich nicht (oder noch nicht) dazu entschließen konnten, nach Medina zu ziehen. Vgl. **4**,89. Siehe auch die Anmerkung zu **4**,89–91. — Weiterer Beleg zum ganzen Vers: **4**,95.

8,73 In Vers 73 ist sachlich wohl die Aufforderung zu ergänzen, die Gläubigen sollen mit den Ungläubigen keine Freundschaft schließen. Vgl. **3**,28, mit weiteren Belegen. Es ist aber nicht sicher, ob der Ausnahmesatz *illā taf'alūhu* sich auf diese unausgesprochene Aufforderung bezieht. Blachère vermutet, daß er sich auf die Verpflichtung bezieht, denen, die noch nicht emigriert sind, Hilfe zu leisten („Si vous n'assistez pas les Croyants non encore émigrés...").

8,74: **2**,218; **3**,195; **49**,15; **7**,157; **9**,100. — *ulā'ika humu l-mu'minūna ḥaqqan lahum maġfiratun wa-rizqun karīmun*: **8**,4, mit weiteren Belegen zu *lahum maġfiratun wa-rizqun karīmun.*

8,75 Im ersten Teil von Vers 75 werden diejenigen, die nachträglich gläubig geworden und ausgewandert sind und sich am heiligen Krieg beteiligt haben, mit den Altgläubigen gleichgestellt. Vgl. **9**,100; dagegen **57**,10. Im zweiten Teil wird die gegenseitige Verbundenheit der Blutsverwandten besonders hervorgehoben. Dabei ist wohl vorausgesetzt, daß es sich um Blutsverwandte innerhalb der islamischen Gemeinde handelt. — *wa-ulū l-arḥāmi ba'ḍuhum aulā bi-ba'ḍin fī kitābi llāhi*: **33**,6. — *fī kitābi llāhi*: auch **9**,36; **30**,56; (**9**,51, mit weiteren Belegen).

SURE 9

9,1–37 R. Bell unterzieht in seiner Abhandlung Muhammad's Pilgrimage Proclamation (Journal of the Royal Asiatic Society 1937, S. 233–244) den Abschnitt **9**,1–37 einer scharfsinnigen Analyse. Er kommt zu dem Ergebnis, daß zwei verschiedene Proklamationen miteinander verquickt sind: 1. die Aufkündigung des Vertrags von Ḥudaibiya (vor der Eroberung von Mekka), 2. die Proklamation während der Wallfahrt vom Jahr 630 (kurz nach der Eroberung, nicht, wie sonst angenommen wird, vom Jahr 631). Zu 1. rechnet er die Verse 1. 4. 7a. 8. 13–15. 17f., zu 2. die Verse 1. 3a. 7. 12. 14–16. 19–22. 25–28. Die Verse 2 und 5 nimmt er mit Vers 36a zusammen, u. zw. in der Reihenfolge 36a. 2. 5. Es ist hier nicht der Ort, auf Bells z.T.-einleuchtende, z.T. aber auch fragwürdige Analyse einzugehen. Übersetzung und Kommentar beschränken sich grundsätzlich darauf, einzelne Verse oder kurze Reihen aufeinanderfolgender Verse als Einheiten zu erfassen und innerhalb dieser Einheiten etwaige Schwierigkeiten sprachlicher oder sachlicher Art aufzudecken. Ein „critical re-arrangement" der Verse und Versteile ist nicht beabsichtigt. Im übrigen ist von vornherein zuzugeben, daß vieles dunkel bleibt.

9,1 Sure **9** wird als einzige Sure nicht mit der sogenannten Basmala (*bismi* *llāhi r-raḥmāni r-raḥīmi*) eingeleitet. Das hat vielleicht darin seinen Grund, daß Sure **8**, die in Anbetracht ihres geringen Umfangs viel weiter hinten im Koran stehen müßte, mit Sure **9** zu einer – wenn auch nur losen – Einheit zusammengefaßt worden ist, so daß die am Anfang von Sure **8** stehende Basmala auch gleich für Sure **9** gelten konnte. Siehe Gesch. des Qor. II, S. 80; H. Bauer, Über die Anordnung der Suren und über die geheimnisvollen Buchstaben im Qoran (ZDMG 75, 1921, S. 1–20), S. 8; Blachère, S. 1075. Bell vertritt eine andere Auffassung: „V. 1 is evidently the heading of a document. The absence of the *bismillah* from the beginning of this sūrah is due to the perception that it already had a formal heading declaring it to be ‚from Allah'" (Muhammad's Pilgrimage Proclamation, S. 235; siehe jetzt auch Introduction, S. 53f.). — Der Ausdruck *barā'a* wird im allgemeinen als „Aufkündigung" (eines Vertragsverhältnisses oder dgl.) gedeutet. Vgl. Vers 3: *anna llāha barī'un mina l-mušrikīna wa-rasūluhū*). Das Wort kommt nun aber in **54**,43 in der Bedeutung „Freibrief", „Privileg" vor. Da der Textzusammenhang am Anfang von Sure **9** an sich schon undurchsichtig ist, muß man zum mindesten mit der Möglichkeit rechnen, daß *barā'a* wie in **54**,43 auch im vorliegenden Vers die Bedeutung „Freibrief", „Privileg" haben könnte. Der Anfang von Vers 1 wäre dann zu übersetzen: „Eine Schutzerklärung von seiten Gottes und seines Gesandten". Entsprechend übersetzt auch Blachère: „Immunité d'Allah et de Son Apôtre, pour ceux des Associateurs avec qui vous avez conclu un pacte." — Eine weitere Schwierigkeit bietet der Passus *ilā llaḏīna 'āhadtum mina l-mušrikīna*. Diejenigen Heiden, mit denen die Muslime eine bindende Abmachung eingegangen haben, sind hier als Adressaten genannt, während man nach Vers 4 mit ihnen gerade eine Ausnahme machen soll (*illā llaḏīna 'āhadtum mina l-mušrikīna;* vgl. Vers 7). Buhl vermutet, daß vor *ilā* ein *illā* ausgefallen ist (Acta Orientalia 3, 1924, S. 97–100). Danach wäre zu übersetzen: „Eine Aufkündigung von seiten Gottes und seines Gesandten (an die heidnische Welt), jedoch nicht an diejenigen von den Heiden (gerichtet), mit denen ihr eine bindende Abmachung eingegangen habt." Bell entgeht der Schwierigkeit dadurch, daß er Vers 1 auf die Mekkaner, Vers 4 auf die übrigen Heiden bezieht (siehe die Anmerkung zu **9**,1–37). — Zur Not lassen sich die Verse 1 und 4 auch ohne solche Hilfskonstruktionen sachlich aufeinander abstimmen. Dann muß man allerdings entweder annehmen, daß in Vers 1 solche heidnische Vertragspartner gemeint sind, die ihre vertraglichen Verpflichtungen nachträglich nicht erfüllt haben. Vers 4 würde sich dagegen auf die löblichen Ausnahmen beziehen, nämlich auf die Fälle, in denen die Heiden ihre vertraglichen Verpflichtungen doch erfüllt haben. Vgl. Vers 7f. Oder aber – und das liegt näher – man deutet *barā'a* als „Schutzerklärung" (s. o.) zugunsten derjenigen Heiden, mit denen die Muslime eine bindende Abmachung eingegangen haben, und bezieht die eigentliche Proklamation (*aḏān*, Vers 3, mit der Ankündigung von Gewaltmaßnahmen, Vers 5) auf die übrigen Heiden. Bei dieser Deutung des Sachverhalts hätte die Konjunktion *wa-* am Anfang von Vers 3 (*wa-aḏānun*) ihren vollen Sinn. Es würde sich um zwei verschiedene, wenn auch gleichzeitig proklamierte Verlautbarungen handeln: eine *barā'a* und einen *aḏān*.

9,2 Mit den vier Monaten könnten an sich die vier auf das Datum der Proklamation folgenden Monate gemeint sein. Aber dem scheint Vers 5 zu widersprechen, wo den Ungläubigen nach Ablauf der heiligen Monate schärfster Kampf angesagt wird. Denn wenn auch die Zahl der heiligen Monate insgesamt vier beträgt (vgl. **9**,36), so folgen doch nur drei davon aufeinander, u.zw. zur Zeit des Jahreswechsels (XI Ḏū l-qa'da; XII Ḏū l-ḥiǧǧa; I Muḥarram), während der vierte (VII Raǧab) bald nach Jahresmitte gefeiert wird. Wenn man also annimmt, daß die vorliegende Kampfansage während der Wallfahrt proklamiert worden ist, d.h. in der ersten Hälfte des Ḏū l-ḥiǧǧa, hätte der Kampf schon nach anderthalb und nicht erst nach vier Monaten einsetzen müssen. Die Schwierigkeit läßt sich vielleicht beheben, wenn man annimmt, daß die Verse 2 und 5 nicht an dieselbe Kategorie von Heiden gerichtet sind. In Vers 2 könnten diejenigen Heiden angesprochen sein, mit denen die Muslime eine Abmachung eingegangen hatten (siehe Vers 1 und die Anmerkung dazu), während Vers 5 die übrigen Heiden betreffen würde. In diesem Fall wäre aus dem Wortlaut von Vers 2 zu folgern, daß die Heiden, die mit den Muslimen in einem Vertragsverhältnis standen, während der vier heiligen Monate (auch in den kommenden Jahren, bis zum Ablauf der Vertragsfrist?) unbehelligt sollten reisen dürfen, während die übrigen Heiden (nach Vers 5) nur noch bis zum Ende der laufenden heiligen Monate, also bis Ende Muḥarram, eine letzte Schonzeit haben sollten. Aber dieser Deutungsversuch ist sehr fragwürdig. Warum sollten die durch Vertrag geschützten Heiden nur während der vier heiligen Monate reisen dürfen? Etwa deshalb, weil während der anderen acht Monate sowieso niemand seines Lebens sicher war? — *wa-'lamū annakum ġairu mu'ǧizī llāhi*. Zur Bedeutung des Verbums *a'ǧaza (IV)* (hier und im folgenden Vers) siehe die Anmerkung zu **6**,134.

9,3 Nach Vers 2, der entweder als Zwischenbemerkung oder als nicht hierher gehörendes Einsprengsel zu verstehen ist, wird in Vers 3 die Konstruktion von Vers 1 wiederaufgenommen (*barā'atun – wa-aḏānun*). Siehe die Anmerkung zu Vers 1. — Mit der „großen" Wallfahrt ist vielleicht die sogenannte große Wallfahrt (*Ḥaǧǧ*) gemeint, im Gegensatz zur „kleinen Wallfahrt" (*'Umra*). Mit dem Ausdruck *yauma l-ḥaǧǧi l-akbari* könnte der Haupttag der Wallfahrtsfestzeit gemeint sein. Dies wäre der 9. oder 10. Ḏū l-ḥiǧǧa (Tag von 'Arafa bzw. Opfertag von Minā). Die Kommentatoren und die einheimischen Historiker datieren die Proklamation in den Wallfahrtsmonat des Jahres 9 d.H. (März 631). Bell plädiert für die Wallfahrtszeit des Jahres 8 (630), ebenso Hubert Grimme (Mohammed I, Münster 1892, S. 129f.). — *fa-in tubtum...bi-'aḏābin alīmin*: **9**,74. In der zweiten Vershälfte sind die Heiden wieder unmittelbar angesprochen, wie in Vers 2. Das Ganze wirkt wie ein Einschub. Jedenfalls ist Vers 4 (*illā llaḏīna 'āhadtum...*) sachlich nicht unmittelbar an die zweite, sondern an die erste Vershälfte von Vers 3 anzuschließen, oder aber an Vers 1 (und 2).

9,4: **9**,7. Zum Sachzusammenhang siehe die Anmerkungen zu den Versen 1 und 3.

9,5 In **9**,36 wird verkündet, daß das Jahr 12 Monate hat, und daß vier davon heilig sind. Von diesen vier heiligen Monaten liegt einer für sich kurz nach Jahresmitte (Rağab VII); die drei anderen folgen unmittelbar hintereinander (D̲ū l-qa'da XI, D̲ū l-ḥiğğa XII, Muḥarram I). Wenn im vorliegenden Vers (5) angesagt wird, daß die Heiden nach Ablauf der heiligen Monate bekämpft werden sollen, so bedeutet diese Zeitangabe praktisch: nach Ablauf des nächsten Muḥarram, also (von der Wallfahrtszeit an gerechnet) nach etwa anderthalb Monaten. Siehe die Anmerkung zu Vers 2. — Sehr fragwürdig ist die Vermutung von Buhl, der (gegen Grimme) annimmt, die „heiligen Monate" bzw. die vier Monate (in Vers 2) seien „eine von Mohammed gewählte, den Friedensmonaten nur nachgebildete Zeitfrist" (Acta Orientalia 3, 1924, S. 99, mit Verweis auf August Müllers Bemerkung zu Sure **9**,2 und 5 in Rückerts Koranübersetzung. Siehe auch Zamaḫšarī, zur Stelle). — *fa-qtulū l-mušrikīna ḥait̲u wağadtumūhum wa-ḫud̲ūhum*: **4**,89; **4**,91; **2**,191; (**33**,61). — *fa-in tābū wa-aqāmū ṣ-ṣalāta*...: **9**,11.

9,6 In Vers 6 ist Mohammed angesprochen. Er soll einzelnen Heiden, die ihn darum angehen, Gelegenheit zum Anhören von Gottes Wort geben. Der ihnen zugestandene Schutz (*iğāra*) soll so lange wirksam sein, bis sie wieder in ihrem eigenen Sicherheitsbereich (*ma'man*), d.h. bei ihrer Sippen- oder Stammesgemeinschaft eingetroffen sind. — Es ist fraglich, ob der vorliegende Vers ursprünglich mit der vorausgehenden Kampfansage zusammengehört hat. Seinem Inhalt nach setzt er eine gewisse Beruhigung der Verhältnisse voraus.

9,7 *kaifa yakūnu lil-mušrikīna 'ahdun 'inda llāhi wa-'inda rasūlihī*. Siehe Buhl, Der *'ahd* im Ḳurân (Acta Orientalia 3, 1924, S. 100–106), S. 101. Buhl weist darauf hin, daß der Ausdruck *'ahd* nicht nur im Sinn einer gegenseitigen Verpflichtung (zu gewissen Leistungen) verwendet, sondern auch einseitig gebraucht wird, so daß er die Bedeutung „Versprechung", „Verheißung" gewinnt. Er führt dafür folgende Belege an: **19**,77f.; **2**,80; **19**,87; **7**,134/**43**,49. Auch die vorliegende Stelle **9**,7 wäre in diesem Zusammenhang zu erwähnen. Man wird allerdings die Tatsache, daß es sich in diesen Fällen um eine einseitige Verpflichtung handelt, nicht überbetonen dürfen. Wo immer von einem *'ahd* die Rede ist, wird die Vorstellung von einer gegenseitigen Wirksamkeit der Verpflichtung nicht ganz ausgeschaltet sein. Siehe auch die Anmerkung zu **7**,134f. — *illā llad̲īna 'āhadtum 'inda l-masğidi l-ḥarāmi...inna llāha yuḥibbu l-muttaqīna*: **9**,4. Zu beachten ist die Anspielung auf ein bei der heiligen Kultstätte, also in Mekka geschlossenes Bündnis zwischen Muslimen und Heiden. Eine solche vertragliche Abmachung kann eigentlich nur bei der 'Umrat al-qaḍā' (7 d.H., Frühjahr 629, ein Jahr nach Ḥudaibiya) oder, weniger wahrscheinlich, im Anschluß an die Eroberung von Mekka (8 d.H.,

Anfang 630) getroffen worden sein. Auf jeden Fall muß sie zeitlich zurückliegen und kann nicht erst vom Termin der Proklamation (siehe die Anmerkung zu Vers 3) datieren. — Sprachlich und sachlich unmöglich ist die Art und Weise, in der H. Grimme die Tatsache der hier erwähnten Abmachung weginterpretiert (Mohammed I, Münster 1892, S. 130f.).

9,8 *lā yarqabū fīkum illan wa-lā ḏimmatan*: **9**,10. — *yurḍūnakum bi-afwāhihim wa-ta'bā qulūbuhum*: **3**,167; **48**,11; **5**,41, mit weiteren Belegen.

9,9 *ištarau bi-āyāti llāhi ṯamanan qalīlan*: **2**,41, mit weiteren Belegen. Siehe die Anmerkung dazu. — *fa-ṣaddū 'an sabīlihī innahum sā'a mā kānū ya'malūna*: **63**,2; **58**,15f.

9,10: **9**,8.

9,11: **9**,5. — *fa-iḫwānukum fī d-dīni*: **33**,5; (**2**,220); **3**,103; **49**,10.

9,12 *a'immata l-kufri*: **28**,41. — Der Ausdruck *lā aimāna lahum* („für sie gibt es keine Eide") bedeutet wohl, daß die Ungläubigen die Eide, die sie abgelegt haben, als null und nichtig betrachten. Möglich wäre immerhin auch die Deutung: Es gibt keine Eide, die zu ihren Gunsten sprechen würden, und auf Grund derer sie Schonung beanspruchen könnten. Vgl. **68**,39.

9,13 Vers 13 klingt im Wortlaut teilweise an Vers 12 an. Trotzdem ist wohl zwischen beiden Versen eine Zäsur anzunehmen. Jedenfalls muß Vers 13 mit der darin enthaltenen Aufforderung, gegen diejenigen zu kämpfen, die „den Gesandten am liebsten vertrieben hätten", aus der Zeit vor der Eroberung von Mekka datieren (siehe Gesch. des Qor. I, S. 223, zu den Versen 13–16). — *a-taḫšūnahum fa-llāhu aḥaqqu an taḫšūhu*...: **2**,150; **5**,3. 44; **3**,175; **33**,37.

9,16: **29**,2f.; **3**,142, mit weiteren Belegen.

9,17 Die Bedeutung des Ausdrucks *ya'murū masāǧida llāhi* (hier und im folgenden Vers) läßt sich einigermaßen aus Vers 19 erschließen, wo die *'imāra* der heiligen Kultstätte mit der „Tränkung der Pilger" (*siqāyat al-ḥāǧǧ*) koordiniert ist. Vermutlich handelt es sich um eine Art kultische Dienstleistung, die bisher von heidnischen Mekkanern ausgeübt und als deren Privileg anerkannt worden war. — *šāhidīna 'alā anfusihim bil-kufri*: **6**,130/**7**,37. — *ulā'ika ḥabiṭat a'māluhum wa-fī n-nāri hum ḫālidūna*: **2**,217; **9**,69; **3**,22. Zur Bedeutung von *ḥabiṭa* siehe die Anmerkung zu **2**,217.

9,18 Man beachte die vorsichtige Formulierung *fa-'asā ulā'ika an yakūnū mina l-muhtadīna*. Diejenigen, die an Gott und den Jüngsten Tag glauben, das Gebet verrichten und die Almosensteuer geben, gehören vielleicht(!) zu denen, die rechtgeleitet sind. Die Abschwächung der Aussage durch die Partikel *'asā* könnte ironisch gemeint sein (gegenüber der Selbstsicherheit der Heiden, vgl. Vers 17). Man darf aber auf den Ausdruck nicht zu viel Gewicht legen, zumal es sich um einen Versschluß handelt.

9,19 Zur Bedeutung des Ausdrucks *'imārat al-masǧid al-ḥarām* siehe die Anmerkung zu Vers 17. Übrigens ist die unterschiedliche Formulierung *al-masǧid al-ḥarām* (V. 19) und *masāǧid* (Variante *masǧid*) *Allāh* (V. 17f.) zu beachten. Der vorliegende Vers betrifft speziell die (noch heidnischen?) Mekkaner, im

Gegensatz zu den beiden vorhergehenden Versen 17f., die wohl ganz allgemein auf die Heiden Bezug haben. — *a-ǧa'altum siqāyata l-ḥāǧǧi...ka-man āmana...wa-ǧāhada...* Der Vergleich ist ungenau. Eigentlich müßte es entweder heißen: *a-ǧa'altum siqāyata l-ḥāǧǧi...ka-l-īmāni...wal-ǧihādi*, oder aber: *a-ǧa'altum man saqā l-ḥāǧǧa...ka-man āmana...wa-ǧāhada.*

9,20: **4**,95; **9**,88; **2**,218, mit weiteren Belegen. — *wa-ulā'ika humu l-fā'izūna*: **24**,52; **23**,111; **59**,20; (**3**,185).

9,21 *wa-riḍwānin* (im Zusammenhang mit der Verheißung des Paradieses): **3**,15, mit weiteren Belegen. — Der präpositionale Ausdruck *minhu*, der hinter *raḥmatin* steht, gehört sachlich auch zu *riḍwānin.*

9,23: **3**,28, mit weiteren Belegen. — *wa-man yatawallahum minkum fa-ulā'ika humu ẓ-ẓālimūna*: **60**,9; (**5**,51).

9,24: **58**,22; (**8**,28, mit weiteren Belegen). — Der Ausdruck *tiǧāra* kann sowohl Handelsgeschäft als auch Handelsware bedeuten. — Zur Bedeutung von *amr* siehe die Anmerkung zu **2**,109. Die Aufforderung, die Entscheidung (*amr*) Gottes abzuwarten, ist natürlich als Drohung gemeint.

9,25 In Vers 25 wird auf die Schlacht von Ḥunain angespielt. Ḥunain liegt zwischen Mekka und Ṭā'if. Die Schlacht fand im Januar 630 statt, kurz nach der Eroberung von Mekka. Siehe Buhl, Das Leben Muhammeds, Leipzig 1930, S. 311–313. — *ḍāqat 'alaikumu l-arḍu bi-mā raḥubat*: **9**,118. Der Ausdruck ist metaphorisch zu verstehen.

9,26 *ṯumma anzala llāhu sakīnatahū 'alā rasūlihī wa-'alā l-mu'minīna*: **48**,26; **9**,40; **48**,18; **48**,4. Zur Bedeutung des Ausdrucks *sakīna* siehe die Anmerkung zu **2**,248. Man könnte das Wort allenfalls mit „Ruhe" oder „Gelassenheit" übersetzen. — *wa-anzala ǧunūdan lam tarauhā*: **9**,40; **33**,9.

9,27 Vers 27 bildet eine Art Schlußbemerkung zum „Tag von Ḥunain". Die Zusage der göttlichen Gnade und Vergebung mag denjenigen Gläubigen gegolten haben, die sich in der Schlacht feige verhalten oder sonstwie ihre Pflicht versäumt hatten.

9,28 Man darf wohl mit den Kommentatoren annehmen, daß Vers 28 während der Wallfahrt des Jahres 9 (März 631) verkündet worden ist (siehe die Anmerkungen zu den Versen 1–37 und 3). Der Ausdruck *ba'da 'āmihim hāḏā* bedeutet dann soviel wie „nach Ablauf der diesjährigen Festperiode". Wenn den Heiden hier verboten wird, künftig der heiligen Kultstätte nahezukommen, so ist damit wohl gemeint, daß sie vom nächsten Jahr an überhaupt nicht mehr an der Wallfahrt teilnehmen sollen (vgl. die angeblich von 'Alī proklamierte Forderung: *lā yaḥuǧǧu ba'da l-'āmi mušrikun*). Das bedeutet aber noch nicht die Aufsage der Waffenruhe während der heiligen Monate (vgl. die Verse 5 und 36). — Der Bedingungssatz *in ḫiftum 'ailatan...* wendet sich speziell an die Mekkaner, die fürchten mußten, daß ihr bisheriger Wohlstand durch das hier angekündigte Zuzugsverbot für heidnische Pilger stark beeinträchtigt werden würde. — *yuǧnīkumu llāhu min faḍlihī*: **24**,32. 33; (**4**,130); (**53**,48).

9,29–35 Bell, Origin of Islam, S. 159f.; E. Beck, Das christliche Mönchtum im Koran = Studia Orientalia 13, 3, Helsinki 1946, S. 8–17.

9,29 Auffallend ist, daß nach dem Wortlaut von Vers 29 ausgerechnet „Schriftbesitzer" (*mina llaḏīna ūtū l-kitāba*), also Juden und Christen, in die Kategorie derer eingereiht werden, „die nicht an Gott und den jüngsten Tag glauben und nicht verbieten (oder: für verboten erklären), was Gott und sein Gesandter verboten (für verboten erklärt) haben, und nicht der wahren Religion angehören". Das Charakteristikum, nicht an Gott und den jüngsten Tag zu glauben, paßt eher auf die Heiden als auf Juden und Christen. Auch konnte Mohammed eher den Heiden als den „Schriftbesitzern" vorwerfen, daß sie die islamischen Verbote mißachten (falls man die Stelle nicht etwa auf das islamische Weinverbot oder auf die heiligen Zeiten beziehen will). Nur das zuletzt genannte Charakteristikum („die nicht der wahren Religion angehören") könnte man – im Sinn Mohammeds – ohne weiteres auch auf Juden und Christen anwenden. Auf Grund dieses Sachverhaltes nimmt Bell an, daß Vers 29b (beginnend mit *mina llaḏīna ūtū l-kitāba*, oder schon mit *wa-lā yadīnūna*?) nachträglich angefügt worden ist (I, S. 171: „The verse hardly seems to have been originally meant to apply to ‚the People of the Book'"). Auch Blachère scheidet – vielleicht in Anlehnung an Bell – die zweite Vershälfte (beginnend mit *wa-lā yadīnūna*) vom vorausgehenden Text ab und bemerkt dazu: „Tout ce passage paraît être une addition ultérieure." — Wenn man nun schon einen ursprünglichen Text rekonstruieren will, könnte man auch die These vertreten, daß *mina llaḏīna ūtū l-kitāba* (dies und nicht mehr) als Glosse auszuscheiden ist. Dann hätte der Vers ursprünglich die Aufforderung enthalten, die Ungläubigen („die nicht an Gott und den jüngsten Tag glauben usw.") so lange zu bekämpfen, bis sie sich unterwerfen und Tribut zahlen. Später, nachdem die Heiden nur noch zwischen Bekehrung und Tod zu wählen hatten, während die Christen (und Juden) bei Entrichtung eines Tributs ihren Glauben beibehalten durften, wäre dann der Passus *mina llaḏīna ūtū l-kitāba* eingefügt worden. — Falls man aber grundsätzlich von allen Emendationsversuchen Abstand nehmen will, bleibt nichts anderes übrig, als den Ausdruck *mina llaḏīna ūtū l-kitāba* auf den ganzen Abschnitt *allaḏīna lā yu'minūna... wa-lā yuḥarrimūna... wa-lā yadīnūna dīna l-ḥaqqi* zu beziehen (und nicht etwa nur auf *lā yadīnūna dīna l-ḥaqqi*, da sonst die Relativpartikel *allaḏīna* wiederholt sein müßte). Man muß dann annehmen, daß Mohammed den Unglauben der „Schriftbesitzer" in vergröbernder Weise dem der Heiden gleichgesetzt hat. Auch in den folgenden Versen werden ja die Juden und Christen als Ungläubige und Heiden gebrandmarkt (*subḥānahū ʿammā yušrikūna*). — *lā yadīnūna dīna l-ḥaqqi*: **9**,33/**61**,9/**48**,28; **3**,19; (**4**,171, mit weiteren Belegen).

Die Deutung des Ausdrucks *ʿan yadin* ist ganz unsicher. Bell übersetzt „offhand" und bemerkt dazu: „The exact meaning of the phrase is uncertain." Blachère wählt die Übersetzung „directement". Dazu die Anmerkung: „Text.: de la main. L'expression, de sens incertain, est reçue le plus souvent avec cette valeur". Franz Rosenthal deutet den Ausdruck *al-ǧizyata ʿan yadin* als „Gegenleistung für geleistete Handreichung". Er paraphrasiert den Schluß des Verses: „Until they give recompensation (tax) for support from solidarity (shown by us to them), while they are in a state of lowliness" (Some Minor Problems in the Qur'ân, S. 2–6 = The Joshua Starr Memorial Volume, New York 1953, S. 68–72). Diese Deutung ist sprachlich vielleicht möglich, läßt sich aber sachlich schwer vertreten. Erwin Gräf übersetzt (Die Welt des Islams 8, 1962–1963, S. 139): „Kämpfet gegen Juden und Christen, bis sie Muslims werden oder demütig Tribut zahlen, und zwar *ʿan yadin*/aus der Hand", und fährt fort: „Über diese Bestimmung ist viel gerätselt worden. Ob sie sich nicht dadurch erklärt, wenn man sie von dem griechischen *dia cheiros ex oikou*, bzw. dem lateinischen *de manu ex arca* = bar gegen Kasse ableitet?" C. Cahen hat die Diskussion über den Schluß von **9**,29 systematisch zusammengestellt (Coran IX–29: *ḥattā yuʿṭū l-ǧizyata ʿan yadin wa-hum ṣāġirūna*, Arabica 9, 1962, S. 76 bis 79). Er schließt mit der Feststellung: „Dans le cadre du Coran, peut-être n'avons-nous et n'aurons-nous jamais plus que nos prédécesseurs les véritables éléments d'une discussion. Logiquement je dois seulement dire que de tous ces sens le seul qui me paraisse aboutir organiquement à l'explication consécutive *wa-hum ṣāġirūn* est celle qui voit dans *ʿan yadin* l'indication d'un geste de soumission, non pas comprise, comme les (l. par les?) rigoristes ultérieurs, sous la forme d'une procédure d'humiliation personnelle, mais de reconnaissance de l'état de *ṣaġār*. Seulement, pour avancer cette solution, qui ne l'a jamais été, encore faudrait-il trouver dans l'Orient sémitique pré- et périislamique quelque trace d'un tel rite: je ne suis pas sûr qu'on puisse le faire; simplement tout de même je souhaiterais qu'on s'en assurât, et je pose la question à ceux qui sont en état d'y répondre, sur la base d'inscriptions arabes pré-islamiques ou d'une documentation sémitique ou autre ancienne." Siehe auch den Nachtrag von Meïr M. Bravmann und die Erwiderung Cahens, Arabica 10, 1963, S. 94f. Ferner M. J. Kister, *ʿAn yadin* (Qur'ān, IX/29). An attempt at interpretation (Arabica 11, 1964, S. 272–278). Kister schlägt folgende Übersetzung vor: „...fight them...until they pay the ǧizya out of ability and sufficient means, they (nevertheless) being inferior." Bravmann paraphrasiert: „...until they give the reward due for a benefaction (since their lives are spared), while they are ignominious (namely, for not having fought unto death)." In einem weiteren Beitrag nimmt er zu der von Kister vertretenen Deutung des Wortlauts kritisch Stellung und zitiert zur Stützung seiner eigenen Deutung Stellen aus der altarabischen Literatur („The ancient Arab background of the Qur'ānic concept *al-ǧizyatu ʿan yadin*", Arabica 13, 1966, S. 307–314; 14, 1967, S. 90f., 326f.).

Belege zu *wa-hum ṣāġirūna*: **27**,37 (in der Geschichte von Salomo und der Königin von Saba); **7**,13; **7**,119; **12**,32; **6**,124. In allen diesen Stellen bedeutet *ṣāġir* bzw. *ṣaġār*, daß sich jemand in einem jämmerlichen Zustand der Machtlosigkeit befindet.

9,30 Zu der angeblichen Behauptung der Juden, ʿUzair (Esra) sei der Sohn Gottes, bemerkt Speyer (S. 413): „Ezra wird von den Juden besonders verehrt, wie Sanh(edrīn) 21b und Jebām(ōt) 86b zeigen. Die Qoranstelle zeigt aber mehr Ähnlichkeit mit 4. Ezra 14,9, wonach Ezra den Menschen entrückt werden und bei Gottes Sohn sitzen soll. Auch Apok. des Ezra 1,7 läßt Ezra in den Himmel aufgenommen werden. Vielleicht hat Mohammed von einer jüdischen oder jüdisch-christlichen Sekte gehört, die Ezra in ähnlicher Weise verehrte wie gewisse Sekten den Melkīṣedeq..." Vgl. Horovitz, Koranische Untersuchungen, S. 127f., wo im wesentlichen schon dasselbe gesagt ist. David Künstlinger denkt an ein Mißverständnis auf Grund von IV. Esra 7,28f. (OLZ 1932, Sp. 381–383: ʿUzair ist der Sohn Allāhs). — Der Ausdruck *bi-afwāhihim* bzw. *bi-afwāhikum* (mit ihrem/eurem Mund) kommt auch sonst öfters in Verbindung mit dem Verbum *qāla* (sagen) vor. Das Ganze bedeutet etwa: „leeres Gerede". Meist steht es im Gegensatz zu den Gedanken und Empfindungen im Herzen der Gegner (die von diesen verschwiegen werden). Vereinzelt ist aber auch die objektive Wirklichkeit und Wahrheit als Gegensatz zu ergänzen. So in der vorliegenden Stelle, sowie in **33**,4 und **24**,15. — *qātalahumu llāhu annā yuʾfakūna*: **63**,4.

9,31: **3**,79f.; **3**,64; **12**,40; **17**,23; **98**,5; **39**,11f.; (**10**,72, mit weiteren Belegen).

9,32: **61**,8. — Beim Ausdruck *yuṭfiʾū nūra llāhi bi-afwāhihim* könnte allenfalls die Formulierung *ḏālika qauluhum bi-afwāhihim* in **9**,30 nachwirken (siehe die Anmerkung dazu). Aber wahrscheinlich ist nur an den rein physischen Vorgang des Ausblasens (mit luftgefüllten Backen) gedacht, zumal in der Belegstelle **61**,8 eine Reminiszenz an „leeres Gerede" (*qauluhum bi-afwāhihim*) nicht gegeben scheint.

9,33: **61**,9; **48**,28. — Das Suffix in *li-yuẓhirahū* ist entweder auf *dīni l-ḥaqqi* oder auf *rasūlahū* zu beziehen. — Die Formulierung *ad-dīn kulluh* findet sich auch noch in **8**,39 (in der Belegstelle dazu, **2**,193, fehlt *kulluh*).

9,34 *la-yaʾkulūna amwāla n-nāsi bil-bāṭili*: **4**,161; (**2**,188/**4**,29). — *wa-yaṣuddūna ʿan sabīli llāhi.* Der Vorwurf, (die Mitmenschen) „vom Wege Gottes abzuhalten", der hier „vielen von den *aḥbār* und Mönchen" gemacht wird, richtet sich in **4**,161 (s. o.) gegen die Juden, in **3**,99 gegen die „Schriftbesitzer". — *wa-llaḏīna yaknizūna ḏ-ḏahaba...* E. Beck vermutet, daß der Text von der zweiten Vershälfte an auf eine Gruppe von Menschen Bezug hat, die weder den Juden noch den Christen zugehören, sondern in den Reihen von Mohammeds eigenen Anhängern zu suchen sind. „Auf Grund des abrupten Überganges von den Mönchen und Rabbinern, Christen und Juden, zu dieser ganz neuen Gruppe nehme ich an, daß Vers 34b und 35 erst später hier an die Stelle des fehlenden ursprünglichen Abschlusses eingesetzt wurden" (Das christliche Mönchtum im Koran = Studia Orientalia 13, 3, Helsinki 1946, S. 16). — *fa-bašširhum bi-ʿaḏābin alīmin*: **3**,21; **84**,24.

9,36 *fī kitābi llāhi*: **8**,75/**33**,6; **30**,56; (**9**,51, mit weiteren Belegen). — Mit den vier heiligen Monaten sind die folgenden gemeint: Muḥarram (I), Raǧab (VII), Ḏū l-qaʿda (XI), Ḏū l-ḥiǧǧa (XII). Vgl. **9**,2 und die Anmerkung dazu. — *ḏālika d-dīnu l-qaiyimu*: **30**,30; **30**,43; **12**,40; **98**,5; **6**,161. — Es ist nicht recht ersichtlich, was der Passus *fa-lā taẓlimū fīhinna anfusakum* genauer bedeuten soll, d.h. vor was für einem Unrecht (gegen sich selber oder gegeneinander?) die Gläubigen sich während der vier heiligen Monate in acht nehmen sollen. Etwa davor, daß sie während dieser Zeit Kämpfe ausfechten? Das folgende *wa-qātilū l-mušrikīna kāffatan* wäre dann als Einschränkung gedacht (s. u.). Allenfalls könnte man auch übersetzen: „So tut hinsichtlich ihrer (d. h. der heiligen Monate) nicht euch selber Unrecht (indem ihr ihre Heiligkeit mißachtet und euch dadurch mit Sünde beladet)." — Weiter ist nicht ersichtlich, wie der Passus *wa-qātilū l-mušrikīna kāffatan ka-mā yuqātilūnakum kāffatan* mit dem Vorhergehenden in einen Sinnzusammenhang gebracht werden kann. Soll etwa der Kampf gegen die Heiden auch während der heiligen Monate erlaubt sein? Als Belege könnte man **2**,190–194 und **2**,217 anführen. Falls die vorliegende Stelle tatsächlich bedeuten sollte, daß man auch während der heiligen Monate kämpfen dürfe, wäre der Ausdruck *kāffatan* „insgesamt" nicht auf die Gläubigen bzw. Heiden zu beziehen, sondern auf die Dauer des Kampfes (im Sinn von „durchweg" = durch das ganze Jahr hindurch, ohne Rücksicht auf die heiligen Monate; Bell übersetzt „continuously"). Eine solche Deutung ist aber sehr fragwürdig.

9,37 Vers 37 nimmt offensichtlich auf den vorislamischen Brauch Bezug, das Mondjahr hin und wieder durch Einschiebung eines Schaltmonats mit dem Sonnenjahr als der zweckmäßigsten Jahreseinheit in Einklang zu bringen. Im einzelnen ist die Deutung umstritten. Nachdem Axel Moberg einen neuen Erklärungsversuch veröffentlicht hatte (An-Nasī' (Koran 9,37) in der islamischen Tradition, Lund–Leipzig 1931 = Lunds Universitets Årsskrift. N. F. Avd. 1, Bd. 27, Nr. 1; siehe auch seinen Artikel Nasī' in EI[1]), nahm J. Fück ausführlich und kritisch dazu Stellung (zu *an-nasī'* (Koran 9,37), OLZ 1933, Sp. 280–283), ebenso ausführlich, aber weniger kritisch M. Plessner (Der Islam 21, 1933, S. 226–228). Zur Erleichterung des sachlichen Verständnisses sind – im wesentlichen nach der Deutung Fücks – einige erklärende Bemerkungen in den Text der Übersetzung eingefügt. Zur weiteren Erklärung sei folgendes bemerkt:

Der Schaltmonat wurde wahrscheinlich nach dem Wallfahrtsmonat Ḏū l-ḥiǧǧa (dem XII. Monat des Jahres) eingeschoben. Dadurch verzögerte sich der Jahresbeginn um einen Monat. Da nun aber der I. Monat des Jahres an sich heilig war (wie schon der Name Muḥarram besagt), ergab sich eine Unterbrechung der drei zusammenhängenden heiligen Monate Ḏū l-qaʿda (XI), Ḏū l-ḥiǧǧa (XII) und Muḥarram (I) – vorausgesetzt, daß der Schaltmonat als profaner Monat rechnete (was Fück als natürlich annimmt). Falls man jedoch den Gottesfrieden der heiligen Monate nicht schon kurz nach der Wallfahrtszeit unterbrechen und erst einen Monat später wiederaufnehmen wollte, mußte man den Schaltmonat seinerseits für heilig und dafür den Muḥarram für profan erklären (um nicht einschließlich des Rağab auf insgesamt fünf heilige Monate zu kommen). Es handelte sich also um die beiden Möglichkeiten (h = heilig, p = profan, S = Schaltmonat): a) XI h – XII h – S p – I h; b) XI h – XII h – S h – I p. In beiden Fällen bestand im Grunde genommen dieselbe Schwierigkeit. Dem Monat, der eigentlich Muḥarram gewesen wäre und nun Schaltmonat wurde (Fall a), oder dem Monat, der nachträglich zum Muḥarram erklärt wurde (Fall b), sprach man das Charakteristikum der Heiligkeit ab. Eben dies empfand Mohammed als einen unerlaubten Eingriff in die göttliche Weltordnung. — *zuiyina lahum sū'u a'mālihim.* Siehe die Anmerkung zu **2**,212.

9,38 *mā lakum iḏā qīla lakumu nfirū fī sabīli llāhi ṯṯāqaltum ilā l-arḍi*: **9**,81. (82 bis 96); **3**,167; (**4**,95). — *iṯṯāqaltum ilā l-arḍi:* auch (**9**,41; siehe die Anmerkung dazu); (**7**,176). — *fa-mā matā'u l-ḥayāti d-dunyā fī l-āḫirati illā qalīlun*: **13**,26; **40**,39; **43**,35; **2**,36. Siehe die Anmerkung zu diesem Vers, mit weiteren Belegen.

9,39 *wa-yastabdil qauman ġairakum*: **47**,38; **11**,57; **6**,133; **4**,133; **14**,19f./ **35**,16f.; (**6**,165, mit weiteren Belegen). — *wa-lā taḍurrūhu šai'an*: **3**,144, mit weiteren Belegen. Im vorliegenden Vers gehört der Passus noch zum Nachsatz des Bedingungssatzes (*taḍurrūhu*, Jussiv).

9,40 *illā tanṣurūhu fa-qad naṣarahu llāhu.* Bedingungssatz mit Verschiebung. Siehe Einleitung zur Übersetzung, S. 4. — *iḏ aḫrağahu llaḏīna kafarū*: **60**,1; **8**,30; **47**,13; (**17**,76). — Mit dem Gefährten (*ṣāḥib*) Mohammeds ist Abu Bekr gemeint. Siehe Buhl-Schaeder, Das Leben Muhammeds, S. 193. — *fa-anzala llāhu sakīnatahū 'alaihi*: **9**,26, mit weiteren Belegen. Zur Bedeutung des Ausdrucks *sakīna* siehe die Anmerkung zu **2**,248. Man könnte das Wort allenfalls mit „Ruhe" oder „Gelassenheit" übersetzen. — *wa-aiyadahū bi-ğunūdin lam tarauhā*: **9**,26; **33**,9. — Der Passus *wa-ğa'ala kalimata llaḏīna kafarū s-suflā wa-kalimata llāhi hiya l-'ulyā* wird metaphorisch zu verstehen sein.

9,41 Die Deutung des Ausdrucks *infirū ḫifāfan wa-ṯiqālan* ist umstritten. — *ḏālikum ḫairun lakum in kuntum ta'lamūna*: **61**,11; **2**,184, mit weiteren Belegen.

9,42 Vers 42 spielt auf einen groß angelegten Feldzug an, der im Spätsommer 630 gegen die Byzantiner unternommen wurde, aber nur bis Tabūk führte und ziemlich erfolglos endete. Anscheinend ließ sich eine ganze Anzahl von Mohammeds Gefolgsleuten von der Teilnahme an dem gewagten und strapaziösen Unternehmen dispensieren. Diese Drückeberger werden hier und in den folgenden Versen gebrandmarkt. Zum Ganzen vgl. 9,81–96. — *lau kāna 'araḍan qarīban wa-safaran qāṣidan.* Der Ausdruck *'araḍ* (in der Übersetzung mit „Glücksgüter" wiedergegeben) bedeutet eigentlich etwas, was einem entgegentritt, was sich einem (als leichte Beute) anbietet. Der Ausdruck *qāṣid* bedeutet vielleicht „mäßig" (= „sich in mäßigen Grenzen haltend"); vgl. **31**,19: *wa-qṣid fī mašyika.* Bell übersetzt „moderate", stellt aber daneben die Übersetzung „aiming at a definite object" zur Wahl (nach der Grundbedeutung von *qaṣada* „auf etwas hinzielen"). — *walākin ba'udat 'alaihimu š-šuqqatu.*

Die Bedeutung von *šuqqa* ist nicht klar. Entweder ist damit die bloße Entfernung gemeint (Grundbedeutung „Spaltung"), oder die Bedeutung „Schwierigkeit", „Strapaze" spielt mit herein. Vgl. den Ausdruck *šaqqati s-safratu* „The journey was (difficult, hard, or) far-extending (Lane, nach dem Miṣbāḥ). — *wa-sa-yaḥlifūna bi-llāhi lawi staṭa'nā la-ḫaraǧnā ma'akum*: **9**,95f.; **3**,167.

9,43 Der Wunschsatz *'afā llāhu 'anka* ist hier formelhaft gebraucht, im Sinn eines sanften Vorwurfs.

9,44f.: **9**,81–93 (bes. 86ff.); **49**,15; **4**,95f. (siehe die Anmerkung zu dieser Stelle); (**24**,62). — Vor dem Daßsatz *an yuǧāhidū* (V. 44) ist wohl eine Negation zu ergänzen (*'an, karāhata* oder ähnlich). Siehe Reckendorf, Syntax, § 36,2. Bell und Blachère nehmen keine solche Ergänzung vor.

9,46 *uq'udū ma'a l-qā'idīna*. Bei denen, „die daheim (eigentlich: sitzen) bleiben", ist wohl an die Gruppen von Personen gedacht, die zum Kriegsdienst überhaupt nicht tauglich sind. Vgl. **9**,91f. 86. 83. 87/93.

9,47 Der Ausdruck *la-auḍa'ū ḫilālakum* soll nach den Kommentatoren etwa bedeuten: „sie würden sich (entzweiend und verleumdend) zwischen euch drängen" bzw. „sie hätten sich (im angegebenen Sinn) zwischen euch gedrängt". Bell schlägt neben der üblichen Deutung („they would run about in the midst of you") die Übersetzung vor: „they would emphasise the rifts among you". Blachère übersetzt: „ils auraient semé (la défiance) parmi vous".

9,49 *a-lā fī l-fitnati saqaṭū*: (**4**,91). Der Passus bedeutet wohl, daß diejenigen, die Dispens haben wollen, eben auf Grund dieser ihrer Bitte um Dispens bereits der Versuchung erlegen sind. — *wa-inna ǧahannama la-muḥīṭatun bil-kāfirīna*: **29**,54.

9,50: **3**,120. — Die Bedeutung des Passus *qad aḫaḏnā amranā min qablu* ist nicht klar ersichtlich. Vielleicht könnte man paraphrasieren: „Wir haben zeitig vorgesorgt" oder „Wir haben unser Schäfchen ins trockene gebracht".

9,51 *illā mā kataba llāhu lanā*: **57**,22; **64**,11; **35**,11; 22,70; **11**,6; **6**,59; **10**,61/ **34**,3; **27**,75; **20**,51f.; (**9**,36, mit weiteren Belegen).

9,52 *an yuṣībakumu llāhu bi-'aḏābin min 'indihī au bi-aidīnā*: (**9**,14). — *fa-tarabbaṣū innā ma'akum mutarabbiṣūna*: **52**,31; **20**,135; **6**,158, mit weiteren Belegen.

9,53 Der Passus *anfiqū ṭau'an au karhan* scheint zum Schluß des folgenden Verses im Widerspruch zu stehen, wo den Leuten (gemeint sind wohl die *munāfiqūn*) unter anderem der Vorwurf gemacht wird, daß sie nur widerwillig Spenden geben.

9,54 *wa-lā ya'tūna ṣ-ṣalāta illā wa-hum kusālā*: **4**,142. — *wa-lā yunfiqūna illā wa-hum kārihūna*. Siehe die Anmerkung zum vorhergehenden Vers 53. — Zu beachten ist der Unterschied zwischen dem Perfekt *kafarū* und den Imperfekta *lā ya'tūna, lā yunfiqūna*. Der Ausdruck *kafarū* hat hier vielleicht doch, im Gegensatz zu vielen anderen Stellen, präteritale Bedeutung. Die Betreffenden mögen noch kurz zuvor ungläubig gewesen und erst nachträglich zum Islam übergetreten sein.

9,55: **9**,85; **34**,35–37; **3**,10/116/**58**,17; **63**,9; **8**,28/**64**,15. Sachlich schwer verständlich ist der Passus *innamā yurīdu llāhu li-yu'addibahum bihā fī l-ḥayāti d-dunyā.* Vielleicht ist damit gemeint, daß jener scheinbar so beneidenswerte Besitz von Vermögen und Kindern über kurz oder lang Sorge und Kummer mit sich bringen werde. Der präpositionale Ausdruck *bihā* könnte allerdings auch den (mittelbaren) Grund angeben, weshalb die im vorhergehenden genannten lauen Parteigänger Mohammeds schon im Diesseits bestraft werden sollen: eben weil sie Vermögen und Kinder besitzen, und weil sie sich auf diesen Besitz etwas einbilden und dabei nicht an ihr Seelenheil denken. Eine solche Deutung des Wortlautes ist aber sehr fragwürdig.

9,56 Der Passus *walākinnahum qaumun yafraqūna* bedeutet wohl, daß die unzuverlässigen Mitläufer, von denen hier die Rede ist, aus bloßer Angst vorgeben, zur Partei der Gläubigen zu gehören. Blachère übersetzt abweichend: „ils sont des gens qui font sécession".

9,58 *wa-minhum man yalmizuka fī ṣ-ṣadaqāti*: (**9**,79). — Das *fa-* in *fa-in u'ṭū minhā* ist wohl so zu verstehen, daß die Zuwendung aus den *ṣadaqāt* erst auf Grund der Vorwürfe erfolgt (*fa-* = „und dann"; Reckendorf, Syntax, § 164).

9,59 Zu dem zweimaligen *wa-rasūluhū* bemerkt Bell: „The unusual position of the phrase in the second occurence probably indicates that it has been inserted at the revision." — *innā ilā llāhi rāġibūna*: **68**,32; **94**,8. Vielleicht schließt das „Verlangen nach Gott" zugleich die Hoffnung in sich, er werde diejenigen, die ihn verehren und sich ihm ganz zuwenden, auch mit irdischen Gütern segnen. Dies würde dann auch für die Belegstelle **68**,32 gelten, vielleicht auch für **94**,8.

9,60 *innamā ṣ-ṣadaqātu lil-fuqarā'i wal-masākīni*: **59**,7f.; **2**,273. Es ist nicht klar, worin sich die beiden Kategorien *fuqarā'* und *masākīn* voneinander unterscheiden. Schon die einheimischen Kommentatoren und Lexikographen konnten sich nicht darüber einigen. Siehe Lane s. v. *miskīn.* — *wal-'āmilīna 'alaihā* „(ferner für) diejenigen, die damit zu tun haben". Mit diesem Ausdruck sind diejenigen gemeint, die im Auftrag Mohammeds die „Almosen" (*ṣadaqāt*) einsammeln und nach Medina abführen. Siehe W. Montgomery Watt, Muhammad at Medina, Oxford 1956, S. 259; Gerd-Rüdiger Puin, Der Dīwān von 'Umar ibn al-Ḫaṭṭāb – Ein Beitrag zur frühislamischen Verwaltungsgeschichte (Diss.), Bonn 1970, S. 55. — Zum Ausdruck *al-mu'allafati qulūbuhum* siehe Fr. Buhl, Das Leben Muhammeds, Leipzig 1930, S. 314: „Der technische Ausdruck für diese Behandlung von Neubekehrten, die ausschließlich von materiellen Interessen geleitet wurden und auf deren Begeisterung für den Islam kein Verlaß war, heißt ‚Vertrautmachung der Herzen' (Sure 9,60)..." — *wa-fī r-riqābi*: **2**,177. — Zur Bedeutung des Ausdrucks *ibn as-sabīl* siehe die Anmerkung zu **2**,177. G.-R. Puin übersetzt den Passus *fī sabīli llāhi wa-bni s-sabīli* kurz „für den Kampf und für den Kämpfer" und weiß diese Deutung gut zu begründen. Abschließend bemerkt er: „Wie im einzelnen die Unterscheidung der Aufwendungen *fī sabīl Allāh* und für den *ibn as-sabīl* zu verstehen ist, kann hier nicht erörtert werden; die Grenze war sicher fließend. Es scheint so, als seien mit dem ersten Ausdruck Ausgaben allgemeiner Art (Einrichtung und Bewachung von Staatsdomänen, Kundschafter, Einkauf von Waffen u. ä.) gemeint, während den jeweiligen Kämpfern Verpflegung, Zuteilungen aus abgabepflichtigen Besitzungen, vielleicht auch Geld für sich und/oder ihre Familien gegeben wurden" (a.a.O., S. 54–56). — *farīḍatan mina llāhi*: **4**,11.

9,61 Der Ausdruck *huwa uḏunun* wird von den Kommentatoren einmütig in dem Sinn erklärt, daß dem Propheten von seinen Gegnern Leichtgläubigkeit vorgeworfen wird. Eine andere Möglichkeit der Deutung wäre die, daß dem Propheten vorgeworfen wird, er glaube alles mögliche zu hören (und gebe es als Offenbarung weiter, während in Wirklichkeit nichts Greifbares dahinterstecke). — *wa-llaḏīna yu'ḏūna rasūla llāhi lahum 'aḏābun alīmun*: **33**,57.

9,62: **9**,96.

9,63: **58**,5. 20; (**4**,115, mit weiteren Belegen).

9,64 Die Personalsuffixe in *'alaihim* und *tunabbi'uhum* beziehen sich entweder auf die Heuchler selber (vgl. die häufige Formulierung *fa-yunabbi'ukum bi-mā kuntum ta'malūna*) oder – weniger wahrscheinlich – auf die Gläubigen. Auf Grund des folgenden *quli stahzi'ū* ist anzunehmen, daß die Angst der Heuchler vor einer sie bloßstellenden Offenbarung nicht ernst, sondern ironisch gemeint ist. — *inna llāha muḫriğun mā taḥḏarūna*: **2**,72; **47**,29. 37.

9,65: **43**,83/**70**,42; **6**,91; **52**,11f.; **74**,45–47; **6**,68; **4**,140; **9**,69. Zur Bedeutung von *ḫāḍa* siehe die Anmerkung zu **4**,140.

9,66 *lā ta'taḏirū*: **66**,7; **77**,36. — *qad kafartum ba'da īmānikum*: **9**,74; **63**,3; **3**,86; **3**,90; **4**,137; **16**,106. Siehe auch die Anmerkung zu **3**,86, mit weiteren Belegen. — *in na'fu 'an ṭā'ifatin minkum nu'aḏḏib ṭā'ifatan bi-annahum kānū muğrimīna*: **33**,24; **48**,5f.; **33**,73; **2**,284/**3**,129/**5**,18/40/**48**,14; **29**,21; **17**,54; **9**,106; **3**,128.

9,67 *ba'ḍuhum min ba'ḍin*: Gegensatz: **9**,71; **3**,195; **4**,25. — Der Passus *ya'murūna bil-munkari wa-yanhauna 'ani l-ma'rūfi* ist die Umkehrung des sonst üblichen *ya'murūna bil-ma'rūfi wa-yanhauna 'ani l-munkari* (**9**,71; **3**,104, mit weiteren Belegen). — Zum Ausdruck *yaqbiḍūna aidiyahum* vgl. **2**,245. — *nasū llāha fa-nasiyahum*: (**7**,51; **45**,34; **32**,14); (**59**,19).

9,68: **48**,6; **4**,140; Gegensatz: **9**,72. — Speziell zur Strafe der Verfluchung: **3**,87, mit weiteren Belegen.

9,69 *ka-llaḏīna min qablikum kānū ašadda minkum qūwatan*: **40**,21/82/**30**,9/**35**,44; **28**,78; **47**,13; **41**,15; **50**,36; **43**,8; (**6**,6, mit weiteren Belegen). — Zur Bedeutung von *istamta'a (X)* siehe die Anmerkung zu **2**,36. — Zur Wortgeschichte von *ḫalāq*: Jeffery, Foreign Vocabulary, S. 124f.; Horovitz, Proper Names, S. 198f. — *wa-ḫuḍtum ka-llaḏī ḫāḍū*: **9**,65, mit weiteren Belegen. Zur Bedeutung von *ḫāḍa* siehe die Anmerkung zu **4**,140. — *ḥabiṭat a'māluhum fī d-dunyā wal-āḫirati*: **2**,217/**3**,22. Siehe die Anmerkung zu **2**,217.

9,70: **14**,9, mit weiteren Belegen. Zur Sache: Horovitz, Koranische Untersuchungen, S. 10–32: Straflegenden. — Zur Geschichte von Noah siehe die Belege in der Anmerkung zu **7**,59–64. Zur Geschichte der 'Ād: Anmerkung zu **7**,65–72. Zur Geschichte der Ṯamūd: Anmerkung zu **7**,73–79. Zur Geschichte von Abraham: Anmerkung zu **6**,74–84. Zur Geschichte der Gefährten von Madyan: Anmerkung zu **7**,85–93; die *Aṣḥāb Madyan* sind auch noch in **22**,44 genannt; zur Sache: Horovitz, Koranische Untersuchungen, S. 138. Zur Geschichte von den zerstörten Städten (Sodom und Gomorrha): Anmerkung zu **7**,80–84; zur Bezeichnung *al-mu'tafikāt* (was auf hebräisch *mahpēkā* zurückgeht): Horovitz, Koranische Untersuchungen, S. 13f.; Proper Names, S. 187f. — *fa-mā kāna llāhu li-yaẓlimahum walākin kānū anfusahum yaẓlimūna*: **29**,40/**30**,9; **16**,118; **11**,101; **43**,76; **16**,33; **3**,117; **10**,44; (**3**,182/**8**,51/**22**,10); (**40**,32). Zur Sache: Muḥammad Kāmil Ḥusain (Kenneth Cragg), The Meaning of Ẓulm in the Qur'ān (The Muslim World 49, 1959, S. 196 bis 212).

9,71 Der Ausdruck *ba'ḍuhum auliyā'u ba'ḍin* bezieht sich in **5**,51 auf die Juden und Christen (im Gegensatz zu den Gläubigen), in **8**,72 auf die Muhāǧirūn und Anṣār, in **8**,73 auf die Ungläubigen, in **45**,19 auf „diejenigen, die Unrecht tun". Der Ausdruck *walī*, plur. *auliyā'* schließt Freundschaft und Pflicht zur Hilfeleistung in sich ein; siehe die Anmerkung zu **8**,72. In **9**,67, dem Gegenstück zum vorliegenden Vers, heißt es statt *ba'ḍuhum auliyā'u ba'ḍin* einfach *ba'ḍuhum min ba'ḍin*. — *ya'murūna bil-ma'rūfi wa-yanhauna 'ani l-munkari*: **3**,104, mit weiteren Belegen. Gegensätzlich: **9**,67.

9,72: Gegensatz: **9**,68. — Zum Ausdruck *min taḥtihā* siehe die Anmerkung zu **2**,25. — *wa-masākina ṭaiyibatan fī ǧannāti 'Adnin*: **61**,12. — *ǧannāt 'Adn*: auch **13**,23; **16**,31; **18**,31; **19**,61; **20**,76; **35**,33; **38**,50; **40**,8; **98**,8. Der Ausdruck *ǧannātu 'Adnin* („die Gärten von 'Adn", im Koran immer im Plural) geht auf den biblischen Ausdruck „Garten Eden" zurück (1. Mose 2,15; 3,23f. usw.); *'Adn* ist dem hebräischen *'Eden* genau nachgebildet. „Daraus, daß Mohammed *ǧannāt 'Adn* mit *ǧannāt an-na'īm* in gleicher Bedeutung verwendet, darf man folgern, daß ihm die Deutung *'eden* = Wonne nicht unbekannt war" (J. Horovitz, Das koranische Paradies (Scripta Universitatis atque Bibliothecae Hierosolymitanarum, Jerusalem 1923, 1–16), S. 7). — *riḍwānun mina llāhi* (im Zusammenhang mit der Verheißung des Paradieses): **3**,15, mit weiteren Belegen.

9,73: **66**,9; **9**,123; **25**,52. — Das Verbum *ǧāhada* (eigentlich „sich abmühen") bedeutet oft geradezu „kämpfen", „Krieg führen", besonders in Verbindung mit dem Ausdruck *fī sabīli llāhi*. Doch wird es gelegentlich auch in der allgemeineren Bedeutung „sich ereifern", „sich (einem anderen gegenüber) mit Eifer für eine Sache einsetzen", „einem heftig zusetzen" gebraucht, ohne daß dabei an Waffengewalt gedacht wäre. So in **29**,8/**31**,15, wo der Gläubige aufgefordert wird, seinen Eltern nicht zu gehorchen, wenn diese sich gegen ihn ereifern (*ǧāhadū*) in der Absicht, ihn zum Glauben an Götzen zu bewegen. In der vorliegenden Stelle (und in **66**,9) hat *ǧāhada* vielleicht auch diese allgemeinere Bedeutung.

9,74 Es ist nicht ersichtlich, was mit dem „Wort des Unglaubens" (*kalimat al-kufr*) genauer gemeint ist. Vgl. den Ausdruck *kalimat at-taqwā* in **48**,26 und die Anmerkung dazu. — Belege zu *wa-kafarū ba'da islāmihim* siehe in der Anmerkung zu **9**,66. — Es ist nicht klar, auf was für einen geschichtlichen Sachverhalt der Passus *wa-hammū bi-mā lam yanālū* anspielt. Siehe aber unten! — Merkwürdig ist der Passus *wa-mā naqamū illā an aġnāhumu llāhu wa-rasūluhū min faḍlihī*. Wenn man nicht etwa annehmen will, daß das Personalsuffix in *aġnāhum* sich auf die Gläubigen bezieht, kann man die Aussage eigentlich nur in ironischem Sinn verstehen: Die „Heuchler" können über nichts anderes klagen, als daß Gott – und sein Gesandter – sie durch seine Huld reich gemacht hat, anders ausgedrückt, daß es ihnen im Gemeinwesen von Medina unter Führung Mohammeds wirtschaftlich besser gegangen ist als ehedem. Oder, genauer gesagt: Die Heuchler grollen nur darüber, daß sie ihren Wohlstand Gott und seinem Gesandten zu verdanken haben (anstatt aus eigener Kraft zu Wohlstand gekommen zu sein). Falls die zuletzt angeführte Deutung das Richtige treffen sollte, könnte man mit einiger Phantasie auch dem vorausgehenden *wa-hammū bi-mā lam yanālū* einen Sinn abgewinnen. Das, was die Heuchler im Sinn gehabt haben, ohne es erreichen zu können, wäre die politische Führung, die sie gern selber übernommen hätten, nun aber dem Propheten überlassen mußten.

9,75 *la-naṣṣaddaqanna wa-la-nakūnanna mina ṣ-ṣāliḥīna*: **63**,10.

9,76 *fa-lammā ātāhum min faḍlihī baḫilū bihī*: **3**,180, mit weiteren Belegen.

9,77: (**2**,10). — Zur Verbalform *a'qabahum* ist entweder ein persönliches Subjekt zu ergänzen (er, d.h. Gott), oder – weniger wahrscheinlich – ein sächliches (es). In diesem Fall wäre zu übersetzen: „Und da ließ es (d.h. ihr geiziges, wortbrüchiges Verhalten) ihnen Heuchelei (*nifāq*) ins Herz kommen." In beiden Fällen ist der Hergang so gedacht, daß der Zustand der „Heuchelei" erst nachträglich eintritt, als eine Art Steigerung der geizigen, wortbrüchigen Haltung und zugleich als Strafe für diese Haltung (weil die Heuchler als solche aus der Gemeinschaft der Gläubigen ausscheiden und daher – sozusagen automatisch – dem göttlichen Gericht verfallen).

9,78: **43**,80; **58**,7; **2**,33, mit weiteren Belegen. — *wa-anna llāha 'allāmu l-ġuyūbi*: **5**,109. 116; **34**,48.

9,79 Der präpositionale Ausdruck *fī ṣ-ṣadaqāti* ist wohl auf das Hauptverbum *yalmizūna* zurückzubeziehen. Vgl. **9**,58. An sich könnte er auch zum Partizip *al-muṭṭauwi'īna* gehören. In diesem Fall wäre zu übersetzen: „Die (Nörgler), die (einerseits) die zu freiwilligen Leistungen hinsichtlich der Almosengaben bereiten Gläubigen bekritteln, ..."

9,80: **63**,6.

9,81: **9**,38; **9**,82–96; **3**,167; (**4**,95). — Auch in **48**,11f. und 15f. ist von Leuten die Rede, die „zurückgelassen worden sind" (*muḫallafūn*). Dort (in den Versen 11 und 16) werden sie näher als Beduinen bezeichnet (*mina l-a'rāb*). Außerdem handelt **9**,118 von drei nicht mit Namen genannten Leuten, die

„zurückgelassen worden sind“ (*ḫullifū*), und die sich in großer seelischer Bedrängnis befanden, bis Gott sich ihnen schließlich in Gnaden zuwandte. Während sich die Stellen **48**,11f. und 15f. allem Anschein nach auf die Beduinen beziehen, die sich vom Kriegszug nach Ḥudaibiya (März 628) zurückgehalten haben, wird der vorliegende Vers 81 auf ein kriegerisches Unternehmen Bezug haben, das in der späteren, heißen Jahreszeit (*fī l-ḥarri*) stattgefunden haben muß. Das paßt am besten auf den Kriegszug von Tabūk, der auf den Spätsommer 630 anzusetzen ist. Die Stelle von „den Dreien, die zurückgelassen worden sind“ (**9**,118), wird von den Kommentatoren ebenfalls auf den Zug von Tabūk gedeutet. — Auffallend ist nun – und das gilt für alle im vorhergehenden angeführten Stellen der Suren **9** und **48** – die Verwendung des Ausdrucks *al-muḫallafūna* „die Zurückgelassenen“ (eigentlich „die, die man hinter sich gelassen hat“). Da es sich durchweg um Leute handelt, die aus eigenem Antrieb zurückgeblieben sind, würde man statt des Passivs eines transitiven Verbums eher das Aktiv eines Intransitivums erwarten, also etwa *al-ḫālifūna* („die zurückgeblieben sind“, siehe unten Vers 83) oder *al-mutaḫallifūna* („die sich zurückgehalten haben“) oder *al-qāʿidūna* („die daheim geblieben sind“). Vielleicht hat Mohammed (erstmals beim Zug nach Ḥudaibiya) den Ausdruck *al-muḫallafūna* in der Absicht gewählt, den historischen Sachverhalt etwas zu korrigieren. Er hätte damit die Ansicht vertreten und propagiert, daß man von den Drückebergern nicht einfach im Stich gelassen war, daß man sie vielmehr eigentlich gar nicht mit dabeihaben wollte und sie deshalb „zurückgelassen“ hat. Vgl. Vers 46. Eine einfachere Erklärung des Ausdrucks *muḫallafūna* ergibt sich, wenn man ihn in der neutralen Bedeutung „Nachzügler“ versteht. Siehe auch den Deutungsversuch bei Ibn Hišām (ed. Wüstenfeld), S. 913 unten. — Zum Ausdruck *ḫilāfa rasūli llāhi* vgl. **17**,76, wo *ḫilāfa* offensichtlich „(zeitlich) hinter“, „nach“ bedeutet.

9,83 *innakum raḍītum bil-quʿūdi auwala marratin*: **9**,87/93; **9**,86. — Bei denen, „die zurückbleiben“ (*al-ḫālifūn*), ist wohl ebenso wie bei dem Ausdruck *al-ḫawālif* (**9**,87/93) und *al-qāʿidūn* („die daheim bleiben“, **9**,46 und 86) an die Gruppen von Personen gedacht, die zum Kriegsdienst überhaupt nicht tauglich sind. Vgl. **9**,91f.

9,85: **9**,55. Siehe die Anmerkung dazu, mit weiteren Belegen.

9,86–96: **9**,44f.; **4**,95f.; siehe die Anmerkung zu dieser Stelle.

9,86 Zu den Versen 86–96 vgl. **9**,44f.; **4**,95f.; siehe die Anmerkung dazu. Speziell zu Vers 86: auch **47**,20. — Zur Etymologie des Wortes *sūra* siehe die Anmerkung zu **24**,1. — Zur Bedeutung des Ausdrucks *al-qāʿidūn* siehe die Anmerkungen zu den Versen 46 und 83.

9,87: **9**,93. 83. — Speziell zu *wa-ṭubiʿa ʿalā qulūbihim fa-hum lā yafqahūna*: **63**,3; **9**,93 (s. o.); **4**,155; **2**,7, mit weiteren Belegen. — Zur Bedeutung des Ausdrucks *al-ḫawālif* siehe die Anmerkung zu **9**,83. Es ist möglich, daß bei der Form *ḫawālif* speziell an die vom Krieg zurückbleibenden *Frauen* gedacht ist (so daß als Singular *ḫālifa* und nicht *ḫālif* anzunehmen wäre). Die Maskulinform *ḫālifīna* in Vers 83 könnte durch den Reimzwang bedingt sein. Es ist deshalb kaum nötig, zwischen *ḫālifūn* und *ḫawālif* einen Bedeutungsunterschied anzunehmen, wie dies die Kommentatoren zum Teil tun.

9,88 Es ist nicht klar, was hier mit dem Ausdruck *al-ḫairāt* genauer gemeint ist. Sonst bedeutet das Wort öfters soviel wie „gute Werke". Einmal wird es auch auf die Huris angewandt (**55**,70: *fīhinna ḫairātun ḥisānun*).

9,89 Zum Ausdruck *min taḥtihā* siehe die Anmerkung zu **2**,25. — *ḏālika l-fauzu l-ʿaẓīmu*: **4**,13, mit weiteren Belegen.

9,91: **48**,17; (**4**,95); (**24**,61). — Zum Ausdruck *aḍ-ḍuʿafāʾ* siehe die Anmerkung zu **2**,282. — Der Ausdruck *mā ʿalā l-muḥsinīna min sabīlin* (positiv in Vers 93: *innamā s-sabīlu ʿalā llaḏīna*...) bedeutet wörtlich: „Gegen die, die rechtschaffen sind, gibt es keinen Weg." Der Sinn ist wohl der, daß man nicht von Rechts wegen gegen sie vorgehen und sie bestrafen kann, juristisch ausgedrückt: daß man kein Verfahren gegen sie eröffnen kann, und zwar deshalb, weil sie sich nicht schuldig gemacht haben. Belege: **42**,41f.; **3**,75.

9,92 Zum präpositionalen Ausdruck *wa-lā ʿalā llaḏīna*...*tawallau*..., der das Prädikat darstellt, ist als Subjekt am besten *min sabīlin* aus der zweiten Hälfte des vorhergehenden Verses zu ergänzen. Dazu bildet dann der folgende Vers 93 (*innamā s-sabīlu ʿalā llaḏīna*...) die unmittelbare Fortsetzung und logische Ergänzung. An sich könnte *wa-lā ʿalā llaḏīna*... auch auf den Anfang des vorhergehenden Verses zurückbezogen werden (*laisa ʿalā ḍ-ḍuʿafāʾi*... *ḥaraǧun*). Dann wäre als Subjekt natürlich *ḥaraǧun* zu ergänzen.

9,93 *allaḏīna yastaʾḏinūnaka wa-hum aġniyāʾu*: **9**,86. — *raḍū bi-an yakūnū maʿa l-ḫawālifi wa-ṭabaʿa llāhu ʿalā qulūbihim*...: **9**,87. Siehe die Anmerkung zu diesem Vers.

9,94 *wa-sa-yarā llāhu ʿamalakum wa-rasūluhū ṯumma turaddūna ilā ʿālimi l-ġaibi waš-šahādati fa-yunabbiʾukum bi-mā kuntum taʿmalūna*: **9**,105; **62**,8. Weitere Belege zu *ʿālim al-ġaib waš-šahāda* in der Anmerkung zu **6**,73, zu *fa-yunabbiʾukum bi-mā kuntum taʿmalūna* in der Anmerkung zu **6**,60.

9,95 *sa-yaḥlifūna bi-llāhi lakum iḏā inqalabtum ilaihim*: **9**,42; (**3**,167). — Der Imperativ *fa-aʿriḍū* schließt sich nur äußerlich an das vorhergehende *li-tuʿriḍū ʿanhum* an. Die Gläubigen sollen sich nur deshalb von den Heuchlern abwenden, weil diese unrein sind (*innahum riǧsun*), und nicht etwa deshalb, weil diese sie mit eidlichen Aussagen zufriedenzustellen suchen. Denn was sie schwören, ist ja gelogen. Vgl. den vorhergehenden Vers 94 (*qul lā taʿtaḏirū lan nuʾmina lakum*).

9,96: **9**,62; (**9**,8).

9,97: **49**,14.

9,98 Zum Ausdruck *maġraman* bemerkt Bell: „Something imposed by force by which they are not morally bound." — *ʿalaihim dāʾiratu s-sauʾi*: **48**,6.

9,99 *qurubātin ʿinda llāhi*: **34**,37. — Die Kommentatoren koordinieren den Akkusativ *wa-ṣalawāti r-rasūli* mit dem unmittelbar vorhergehenden *qurubātin ʿinda llāhi*, betrachten ihn also als weiteres zweites Objekt zu *yattaḫiḏu* (wozu der Relativsatz *mā yunfiqu* das erste Objekt darstellt). Der Vers würde demnach bedeuten, daß gewisse Beduinen, die wirklich gläubig sind, ihre Spenden als ein Mittel betrachten, um Gott nahezukommen, und zugleich als ein Mittel, um sich die (Segen und Vergebung wirkenden) Gebete des Gesandten zuzuziehen. Entsprechend übersetzt auch Blachère: „et (qui) considèrent ce dont ils font dépense (en aumône ou à la guerre) comme des oblations (agréables) aux yeux d'Allah et (comme) les prières de l'Apôtre". Aber wahrscheinlich ist *ṣalawāti r-rasūli* mit dem ersten Objekt (*mā yunfiqu*) zu koordinieren. Das bedeutet, daß jene Beduinen in naiver Gläubigkeit ihre Spenden sowie die Gebete des Propheten, die er in segnendem Sinn über ihnen ausspricht, als Mittel betrachten, um Gott nahezukommen. Dementsprechend übersetzt auch Bell, allerdings ohne eine sachliche Erklärung hinzuzufügen. Aus dem Wortlaut von Vers 103 (*ḫuḏ min amwālihim ṣadaqatan...wa-ṣalli ʿalaihim inna ṣalātaka sakanun lahum*) darf man vielleicht schließen, daß Mohammed nach der Entgegennahme der Almosenspende seinen Segen (in Form einer Ṣalāt über den Spendern) zu erteilen pflegte. Das wäre ein weiterer Grund für die oben vertretene Koordinierung von *ṣalawāti r-rasūli* mit *mā yunfiqu.* — *sa-yudḫiluhumu llāhu fī raḥmatihī*: **21**,75, mit weiteren Belegen.

9,100: **8**,74f. — Zum Ausdruck *as-sābiqūn* vgl. **56**,10–12. Es ist allerdings fraglich, ob der Ausdruck an beiden Stellen dieselbe Bedeutung hat. — Die erste Vershälfte (bis *wa-raḍū ʿanhu*) besteht aus einem zusammengesetzten Satz. Das natürliche Subjekt ist an die Spitze gestellt und „isoliert" (Reckendorf, Syntax, § 182). Dieses isolierte Subjekt besteht seinerseits aus zwei syntaktisch koordinierten Gliedern: 1. *as-sābiqūna l-auwalūna mina l-muhāǧirīna wal-anṣāri*; 2. *allaḏīna ttabaʿūhum bi-iḥsānin.* Prädikat (*ḫabar*) ist der Doppelsatz *raḍiya llāhu ʿanhum wa-raḍū ʿanhu.* Bell löst den Vers syntaktisch anders auf. — *wa-llaḏīna ttabaʿūhum bi-iḥsānin.* Die Übersetzung „und diejenigen, die ihnen auf ordentliche Weise *(? bi-iḥsānin)* gefolgt sind" ist im Nachtrag verbessert in: „die ihnen in der Frömmigkeit *(bi-iḥsānin)* gefolgt sind". Beleg zu diesem Sprachgebrauch: **52**,21: *(wa-llaḏīna āmanū) wa-ttabaʿathum ḏurrīyatuhum bi-īmānin...* — *raḍiya llāhu ʿanhum wa-raḍū ʿanhu*: **5**,119/**58**,22/**98**,8; (**3**,15, mit weiteren Belegen). — Zum Ausdruck *taḥtahā* siehe die Anmerkung zu **2**,25. — *ḏālika l-fauzu l-ʿaẓīmu*: **9**,89; **4**,13, mit weiteren Belegen. — Vers 100 scheint übrigens nicht recht in den Zusammenhang zu passen (in dem von Beduinen die Rede ist). Es ist nicht ganz ausgeschlossen, daß er auf Grund einer Assoziation nachträglich an dieser Stelle eingefügt worden ist (Vers 99: *qurubātin ʿinda llāhi, qurbatun lahum* – Vers 100 *as-sābiqūna*, in **56**,10f. definiert als *muqarrabūn*).

9,101 *wa-mimman ḥaulakum mina l-aʿrābi munāfiqūna wa-min ahli l-Madīnati.* Die Bewohner von Medina und die Beduinen der Umgebung sind auch in **9**,120f. zusammen genannt. — Es ist nicht sicher, ob *maradū ʿalā n-nifāqi* einfach bedeutet: „die sich an Heuchelei gewöhnt haben". In Anbetracht der Tatsache, daß *marada* sonst öfters im Sinn von „rebellisch sein" gebraucht wird, könnte man vielleicht paraphrasieren: „die sich (in Auflehnung gegen Gottes Willen) der Heuchelei verschrieben haben". Bell übersetzt: „who have become hardened in hypocrisy"; Blachère: „qui sont diaboliques en ‚l'hypocrisie'". — Bei dem Ausdruck *sa-nu'addibuhum marrataini* ist wohl nicht an zwei verschiedene, zeitlich auseinanderliegende Strafakte gedacht (worüber die Kommentatoren sich den Kopf zerbrechen), sondern an die Verdoppelung des Strafmaßes. Vgl. **33**,30f.; **28**,54; **33**,68. – *ṯumma yuraddūna ilā 'aḏābin 'aẓīmin*: (**2**,85).

9,102 Mit dem „rechtschaffenen Handeln" (*'amal ṣāliḥ*) ist vielleicht eben das Bekenntnis der eigenen Sündhaftigkeit gemeint. Vielleicht ist aber auch an eine Art Bußhandlung zu denken, etwa in der Form einer besonderen Abgabe (vgl. den folgenden Vers). Der Sachverhalt, der dem sündigen Handeln (*ḏunūb; 'amal saiyi'*) zugrunde liegt, wird als bekannt vorausgesetzt und deshalb nicht näher erklärt. Die Kommentatoren identifizieren ihn mit dem Zurückbleiben vom Feldzug nach Tabūk (vgl. V. 81). Der Ausdruck *i'tarafū bi-ḏunūbihim* (Plural, nicht *bi-ḏanbihim*) scheint aber auf ein mehr allgemeines Verschulden hinzuweisen.

9,103 *wa-ṣalli 'alaihim inna ṣalātaka sakanun lahum.* Siehe die Anmerkung zu **9**,99.

9,104: **42**,25; **40**,3; **4**,64. — Vers 104 handelt zwar ebenso wie die beiden vorhergehenden Verse (102f.) von Buße und Vergebung. Aber im Gegensatz zum Vorhergehenden scheint der Wortlaut hier von der Voraussetzung auszugehen, daß die Sünder nicht zur Buße bereit sind. Im folgenden Vers 105 wird der Ton geradezu drohend. Vielleicht sind die Verse 104f. erst nachträglich hier eingefügt worden.

9,105: **9**,94. Weitere Belege in der Anmerkung zu diesem Vers. — Vers 105 ist (zusammen mit dem vorhergehenden Vers?) vielleicht nachträglich in den Textzusammenhang eingefügt worden.

9,106: **9**,66, mit weiteren Belegen. — Vers 106 schließt sich syntaktisch an die Verse 101 und 102 an.

9,107–110 Die geschichtliche Begebenheit, auf die in den Versen 107–110 angespielt wird, läßt sich aus dem Wortlaut des Textes nicht im einzelnen erschließen. Wenn man nicht etwa die detaillierten Angaben der Kommentatoren zur Erklärung beiziehen will, muß man sich mit der Feststellung begnügen, daß gewisse Leute (sogenannte Heuchler?) irgendwo eine besondere Kultstätte geschaffen haben, angeblich in bester Absicht, jedoch in Wirklichkeit (d.h. nach dem Urteil Mohammeds) aus Unglauben und zu dem Zweck, den Gläubigen zu schaden und Zwietracht unter ihnen zu stiften. Weiter ergibt sich (aus Vers 108), daß der Prophet es grundsätzlich ablehnt, an der besagten Kultstätte ein Gebet abzuhalten. Zur Sache siehe auch Caetani, Annali dell'Islam, I, Mailand 1906, S. 443f.; Buhl-Schaeder, Das Leben Muhammeds, S. 329.

9,107 Die Deutung von *irṣādan* ist nicht sicher. Bell übersetzt: „to provide a lurking-place", Blachère: „pour faire le guet(?)". — Der Relativsatz *(li-)man ḥāraba llāha wa-rasūlahū min qablu* könnte sich dem Wortlaut nach ebensogut auf eine Einzelperson beziehen. In diesem Fall wäre zu übersetzen: „für einen, der früher gegen Gott und seinen Gesandten Krieg geführt hat". Nach den Kommentatoren soll damit ein besonders hartnäckiger Gegner namens Abū ʿĀmir gemeint sein. Siehe Buhl, a.a.O. — *wa-la-yaḥlifunna in aradnā illā l-ḥusnā*: **4**,62. — *wa-llāhu yašhadu innahum la-kāḏibūna*: **59**,11; **63**,1; (**9**,42).

9,108 Vers 108 bildet die sachliche Fortsetzung zum vorhergehenden Vers, der syntaktisch nicht zu Ende geführt ist. Das Personalsuffix in *lā taqum fīhi* bezieht sich auf *masǧidan* in Vers 107, das – obwohl im Akkusativ stehend – das natürliche Subjekt des Satzganzen darstellt und als solches vorausgenommen ist. Siehe Reckendorf, Syntax, § 182–184 und 270. — *lā taqum fīhi abadan*: (**9**,84). — *fīhi riǧālun yuḥibbūna an yataṭahharū wa-llāhu yuḥibbu l-muṭṭahhirīna*: (**2**,222). Beim Ausdruck *yataṭahharū* bzw. *al-muṭṭahhirīna* ist eher an die rituelle als an die ethische Reinigung zu denken.

9,109: **3**,162. Speziell zu *man assasa bunyānahū ʿalā šafā ǧurufin hārin fa-nhāra bihī fī nāri ǧahannama*: **3**,103. W. Rudolph (Die Abhängigkeit des Qorans von Judentum und Christentum, Stuttgart 1922, S. 17), K. Ahrens (ZDMG 84, 1930, S. 161) und Speyer (S. 454) verweisen auf das Doppelgleichnis Matthäus 7,24–27.

9,110 Es ist nicht sicher, ob der „Bau", von dem in Vers 110 die Rede ist, nur bildhaft zu verstehen ist, oder ob man ihn mit der in Vers 107 genannten zweifelhaften Kultstätte identifizieren soll.

9,111: **4**,74. 100; **61**,10–12; **2**,207; **3**,157f. 169. 195; **2**,218, mit weiteren Belegen. — *waʿdan ʿalaihi ḥaqqan*: **16**,38; **21**,104. Siehe die Anmerkung zu **4**,122, mit weiteren Belegen. — *wa-man aufā bi-ʿahdihī mina llāhi*: **4**,87. 122. — *wa-ḏālika huwa l-fauzu l-ʿaẓīmu*: **4**,13, mit weiteren Belegen.

9,112 In Vers 112 werden die Gläubigen mit einer Reihe von frommen Eigenschaften charakterisiert. Als Prädikat würde man etwa erwarten: *ulāʾika humu l-muʾminūna ḥaqqan* („das sind in Wahrheit die Gläubigen"). Statt dessen wird aber der Imperativ *wa-bašširi l-muʾminīna* angehängt, wie wenn der Satz schon abgeschlossen wäre. In der Übersetzung ist ein entsprechender Satzschluß ergänzt. Im ganzen macht der Vers einen bruchstückhaften Eindruck. Es ist fraglich, ob er mit dem vorhergehenden Vers 111 ursprünglich zusammengehört hat. Oder sollte Vers 112 als eine Ergänzung und Erweiterung von Vers 111 zu verstehen sein? Dann würde er bedeuten, daß die Frommen, so wie sie hier näher charakterisiert werden, auch dann das Paradies erlangen, wenn sie nicht eigens am heiligen Krieg teilnehmen. Siehe Ṭabarī, zur Stelle, ganz am Schluß. — Unter den frommen Eigenschaften, die in Vers 112 aufgezählt werden, fällt der Ausdruck *sāʾiḥūn* auf. Dasselbe Wort findet sich (im Feminin) in einer ähnlichen Aufzählung in **66**,5. Die Grundbedeutung von *sāʾiḥ* „umherziehend" gibt keinen rechten Sinn. Goldziher nimmt an, daß der Ausdruck ursprünglich auf (christliche) Wandermönche gemünzt war und von Mohammed nachträglich auf die frommen, asketischen Mitglieder seiner Gemeinde übertragen worden ist (Vorlesungen über den Islam, Heidelberg 1910,

S. 151); vgl. T. Andrae, Der Ursprung des Islams und das Christentum, Uppsala 1926, S. 187. Bell übersetzt (unter Verweisung auf eben diese Erklärung von Goldziher): „who wander“. Blachère übersetzt: „ceux qui glorifient(?) (le Seigneur)“, ohne dafür eine Erklärung zu geben. Vielleicht liest er *sābiḥūn* statt *sā'iḥūn* (was nach dem Konsonantenbild möglich wäre). Aber die Bedeutung „(Gott) preisend“ würde den II. Verbalstamm voraussetzen (*musabbiḥūn*). Die arabischen Kommentatoren erklären *sā'iḥ* mit *ṣā'im* „fastend“ im weiteren Sinn des Wortes, d.h. „enthaltsam“, „asketisch“. — *al-āmirūna bil-ma'rūfi wan-nāhūna 'ani l-munkari*: **3**,104, mit weiteren Belegen. — *wa-bašširi l-mu'minīna*: **2**,223, mit weiteren Belegen.

9,114: **19**,47; **26**,86; **60**,4; **14**,41; (**71**,28: Noah). Zur Sache: Speyer, S. 144–146. — *inna Ibrāhīma la-auwāhun ḥalīmun*: **11**,75. Der Ausdruck *auwāh* bedeutet eigentlich: „einer der viel ‚ach‘ sagt“, d.h. „einer, der immer gleich seufzt und bedauert“.

9,115 Der Nebensatz *ḥattā yubaiyina lahum mā yattaqūna* ist wohl auf die ganze erste Vershälfte zu beziehen, und nicht nur auf das unmittelbar vorausgehende *ba'da iḏ hadāhum.* Demnach wäre zu paraphrasieren: „Gott läßt Leute, die er vorher auf den rechten Weg geführt hat, nicht wieder irre gehen, ohne ihnen klar gemacht zu haben, was sie (bei einem Abfall vom Glauben) zu befürchten haben (nämlich die Höllenstrafe).“ Daß der Ausdruck *mā yattaqūna* auf die Höllenstrafe gedeutet werden kann, ergibt sich aus Stellen wie **3**,131; **2**,24. Die Kommentatoren beziehen allerdings *mā yattaqūna* durchweg auf verbotene Handlungen (vor denen man sich in acht zu nehmen hat). Bell übersetzt: „Allah is not one to lead a people astray after He has guided them until He makes clear to them what they should guard against“ (or possibly: „guided them so as to make clear to them towards what they should show piety“). Blachère: „Il n'est point d'Allah d'égarer un peuple après qu'Il l'a dirigé (jusqu'à Lui et) qu'Il lui a montré ce envers quoi il doit être pieux“.

9,116: **7**,158, mit weiteren Belegen; **2**,107.

9,117 Es ist nicht klar, auf was für eine geschichtliche Situation Vers 117 anspielt. Die Kommentatoren deuten ihn (mit dem folgenden Vers 118) auf den Kriegszug nach Tabūk. Bell bemerkt zur Frage der Datierung der Verse 117–119: „fairly early Medinan (after Uhud?), revised some time after the return from the Northern expedition“. Vgl. auch **9**,26f., wo von der Gnade Gottes nach dem „Tag von Ḥunain“ die Rede ist.

9,118 Vers 118 wird von den Kommentatoren auf drei namentlich aufgeführte Gläubige gedeutet, die sich von der Teilnahme am Kriegszug nach Tabūk gedrückt haben, es aber nachher bereuten und lange Zeit im Ungewissen darüber waren, ob Gott ihnen vergeben würde oder nicht (siehe Buhl-Schaeder, Das Leben Muhammeds, S. 330). Bell schließt sich dieser Deutung an und bezieht Vers 118 auf Vers 106 zurück. — Zum Ausdruck *allaḏīna ḫullifū* siehe die Anmerkung zu **9**,81. Bell stellt die beiden Übersetzungen „who were left behind“ und (mit Verweis auf Vers 106, s. o.) „whose cases were left over“ zur Wahl. — *iḏā ḍāqat ʿalaihimu l-arḍu bi-mā raḥubat*: **9**,25. Der Ausdruck ist metaphorisch zu verstehen. — *wa-ḍāqat ʿalaihim anfusuhum.* Siehe auch Blachère, Note sur le substantif *nafs* ‚souffle vital‘, ‚âme‘ dans le Coran (Semitica 1, 1948, S. 69–77). Dazu F. Rundgren in Oriens 10, 1957, S. 199f.

9,119: **33**,70; **4**,9.

9,120 Die Bewohner von Medina und die Beduinen der Umgebung sind auch in **9**,101 zusammen genannt. — Zur Aufforderung, nicht vom (Feldzug mit dem) Gesandten Gottes zurückzubleiben, siehe **9**,81 und die Anmerkung dazu. — Der Ausdruck *yaṭiʾūna mauṭiʾan* heißt eigentlich „sie betreten einen Ort“ oder (falls *mauṭiʾan* als Infinitiv zu verstehen ist) „sie begehen eine Betretung“. Nach Lane kommt aber *waṭiʾa* auch in der übertragenen Bedeutung „(einen Feind) angreifen“, „(ihm) zusetzen“ vor. Bell übersetzt: „nor do they make any invasion“ (Lit. „tread any place trodden on“). — *yaġīẓu l-kuffāra*: **48**,29. — *inna llāha lā yuḍīʿu aǧra l-muḥsinīna*: **11**,115/**12**,90; **7**,170, mit weiteren Belegen.

9,121: **2**,272; **8**,60; **35**,29f.; **2**,270; **2**,273. — *li-yaǧziyahumu llāhu aḥsana mā kānū yaʿmalūna*: **24**,38; **39**,34f.; **29**,7; **46**,16; **16**,96f.; (**53**,31).

9,122 Das Verständnis von Vers 122 hängt wesentlich von der Deutung der beiden Verbalformen *li-yanfirū* und *nafara* ab. An sich bedeutet *nafara* „wegrennen“ (z.B. von einem flüchtigen Tier), davon abgeleitet „ausrücken“, und zwar speziell *zu einem Kriegszug*. In diesem Sinn kommt *nafara* an folgenden Stellen vor: **4**,71; **9**,38f. 41. 81. Es liegt von vornherein nahe, *nafara* auch im vorliegenden Vers so zu verstehen, zumal in den umgebenden Versen (120f. und 123) ebenfalls vom Krieg (gegen die Ungläubigen) die Rede ist. Dem steht aber eine sachliche Schwierigkeit entgegen: Im zweiten Teil des Verses wird der Wunsch ausgesprochen (*laulā*...), von jeder „Abteilung“ möge eine „Gruppe“ ausrücken, damit sie (d.h. doch wohl die Leute, aus denen eine solche Gruppe besteht) sich in der Religion unterweisen lassen und nach ihrer Rückkehr zu ihren (Stammes)angehörigen diese verwarnen können. Wie sollen aber die Leute einer solchen „Gruppe“ ausgerechnet auf einem Kriegszug in die Kenntnis der (islamischen) Religion eingeweiht werden? Man wird eher annehmen müssen, daß hier gar nicht an kriegerische Expeditionen gedacht ist, sondern an ein „Ausrücken“ friedlicher Art. Dem Ganzen mag etwa folgender Sachverhalt zugrunde liegen: Gegen Ende von Mohammeds Wirken in Medina kam es wohl vor, daß ganze Stämme oder Sippengemeinschaften sich zur Annahme des Islam entschlossen und im Verband „ausrückten“, um in Medina die letzten Erkundigungen einzuholen und anschließend den Übertritt zu vollziehen. Mohammed sprach sich gegen einen solchen Massenzustrom von neuen Gläubigen aus und schlug statt dessen vor, daß nur kleine Einheiten aus ihren Wohngebieten „ausrücken“ und zur religiösen Unterweisung nach Medina kommen sollten, um später zu ihren Stammesgenossen zurückzukehren und die Unterweisungs- und Bekehrungsarbeit unter ihnen zu Ende zu führen.

Falls die hier gegebene Deutung das Richtige trifft, ist natürlich anzunehmen, daß der vorliegende Vers nicht näher mit dem umgebenden Text zusammenhängt. Vielleicht ist er eben deswegen hier eingefügt worden, weil man den Ausdruck *nafara* schon in früher Zeit mißverstanden und auf das Ausrücken zu einem Kriegszug gedeutet hat. Siehe R. Paret, Sure 9,122 und der Ǧihād (Die Welt des Islams, N.S. 2, 1953, S. 232–236).

9,123: **9**,73/**66**,9.

9,124 Zur Etymologie des Wortes *sūra* siehe die Anmerkung zu **24**,1. — *fa-ammā llaḏīna āmanū fa-zādathum īmānan*: **8**,2.

9,126 *a-wa-lā yarauna annahum yuftanūna fī kulli ʿāmin marratan au marrataini*: (**5**,71, mit weiteren Belegen). Im vorliegenden Vers soll die „Prüfung" nicht der Bewährung von Gläubigen, sondern der Bekehrung von Ungläubigen dienen. Im übrigen ist nicht klar, was man sich sachlich unter den jährlich ein- bis zweimal auftretenden „Prüfungen" vorstellen soll. Die Kommentatoren denken vor allem an Mißwachs, Hunger und Kriegsnöte.

9,127 Zur Etymologie des Wortes *sūra* siehe die Anmerkung zu **24**,1. — Der Fragesatz *hal yarākum min aḥadin* ist entweder zu paraphrasieren: „Es merkt doch wohl keiner, daß ihr da seid (und die Sure mit anhört)?", oder: „Es wird euch doch wohl niemand (weggehen) sehen?"

9,128 Zur Bedeutung von *ʿazīzun (ʿalā)* vgl. **11**,91f.; **14**,19f./**35**,16f. — Die Eigenschaft der Milde und Barmherzigkeit (gegen die Gläubigen oder die Menschen überhaupt) wird sonst im Koran immer nur Gott zugeschrieben. Blachère bezieht deshalb den Schlußpassus des vorliegenden Verses (*bil-muʾminīna raʾūfun raḥīmun*) eben auf Gott und nicht auf den Gesandten. Dabei rechnet er mit der Möglichkeit, daß unmittelbar vorher etwas ausgefallen ist.

9,129: (**8**,40); (**2**,137).

SURE 10

10,1 Über die Buchstaben, die einzelnen Suren vorgesetzt sind, siehe die Anmerkung zu **2**,1, mit Literaturangaben. Die Buchstaben *'lr*, die am Anfang von Sure **10** stehen, finden sich auch noch vor den Suren **11**, **12**, **14**, **15**. — Belege zu Vers 1: **31**,1f.; **12**,1; **26**,1f./**28**,1f.; **15**,1; **27**,1; **13**,1. — Die Bezeichnung *ḥakīm* („weise") wird in der Regel Gott als Eigenschaft beigelegt. Hier und in der Belegstelle **31**,2 wird sie dagegen auf die Offenbarungsschrift des Korans angewandt. Ebenso **36**,1f.; **3**,58; **43**,4. Bell stellt für **10**,1, **31**,2 und **43**,4 die beiden Übersetzungen „wise" und „decisive" zur Wahl; in **36**,1f, gibt er nur die zweite („the Qur'ān that decides"). Für die Bedeutung „entscheidend" könnte man allenfalls folgende Belege anführen: **11**,1; **22**,52; **13**,37. Aber warum sollte der Koran als das Wort Gottes nicht auch als „weise" bezeichnet werden?

10,2: **7**,63/69; **38**,4; **50**,2. Weitere Belege in den Anmerkungen zu **7**,63 und **11**,27. — Es ist nicht sicher, was *qadamu ṣidqin* (eigentlich: der Fuß der Wahrhaftigkeit) hier bedeuten soll. Bell übersetzt: „a sure footing", Blachère: „le mérite antérieur de la croyance (*ṣidq*)". Auch sonst wird im Koran *ṣidq* manchmal als indeterminierter Genitiv einem Nomen mit ausgesprochen konkreter Grundbedeutung nachgesetzt. So **10**,93: *mubauwa'a ṣidqin*; **17**,80: *mudḫala ṣidqin* – *muḫraǧa ṣidqin*; **54**,55: *maq'adi ṣidqin*; **19**,50/**26**,84: *lisāna ṣidqin*. Die genauere Bedeutung der auf diese Weise mit *ṣidq* als zweitem Bestandteil gebildeten unbestimmten Genitivverbindung muß jeweils aus dem Zusammenhang erschlossen werden. Mit einer rein wörtlichen Übersetzung kommt man dabei nicht zum Ziel. — *inna hāḏā la-sāḥirun mubīnun*: **38**,4; (**7**,109, mit weiteren Belegen); Variante: *inna hāḏā la-siḥrun mubīnun*. Belege dazu: **10**,76; **27**,13/ **61**,6/**46**,7; **5**,110/**6**,7/**11**,7/**34**,43/**37**,15. Weitere Belege in der Anmerkung zu **10**,76.

10,3 *inna rabbakumu llāhu llaḏī ḫalaqa s-samāwāti wal-arḍa fī sittati aiyāmin ṯumma stawā 'alā l-'arši*: **7**,54, mit weiteren Belegen. Zur Sache: Speyer, S. 2f. und 24. — *yudabbiru l-amra*: **13**,2; **32**,5; **10**,31; (**65**,12); (**7**,54); (**41**,12); (**16**,2, mit weiteren Belegen). Mit *amr* ist hier (und in den Belegstellen) eine Wesenheit kosmologischer Art gemeint. Vgl. Speyer, S. 24f. („Der *amr*... ist zweifellos mit dem targum. *mēmrā* gleichzusetzen"). Siehe die Anmerkung zu **2**,109. — *mā min šafī'in illā min ba'di iḏnihī*: **2**,255, mit weiteren Belegen. Siehe die Anmerkung zu diesem Vers. — *ḏālikumu llāhu rabbukum fa-'budūhu*: **6**,102, mit weiteren Belegen; **3**,51/**19**,36/**43**,64.

10,4 *wa'da llāhi ḥaqqan*: **4**,122. Siehe die Anmerkung dazu, mit weiteren Belegen. — *innahū yabda'u l-ḫalqa ṯumma yu'īduhū*: **10**,34; **30**,11; **30**,27; **27**,64; **29**,19f.; **21**,104; **85**,13; 7,29; **71**,17f.; **17**,51; **36**,79; **20**,55. — *li-yaǧziya llaḏīna āmanū wa-'amilū ṣ-ṣāliḥāti bil-qisṭi*: **30**,45; **34**,4. — *lahum šarābun min ḥamīmin*: **6**,70, mit weiteren Belegen.

10,5 *huwa llaḏī ǧa'ala š-šamsa ḍiyā'an wal-qamara nūran*: **71**,16; **25**,61; **78**,13. — *wa-qaddarahū manāzila li-ta'lamū 'adada s-sinīna wal-ḥisāba*: **36**,39; **17**,12; **6**,96; **55**,5. Zur Sache: 1. Mose 1,14. — *mā ḫalaqa llāhu ḏālika illā bil-ḥaqqi*: **6**,73, mit weiteren Belegen.

10,6 *inna fī ḫtilāfi l-laili wan-nahāri...*: **2**,164, mit weiteren Belegen. — Der Hinweis darauf, daß Gott alles im Himmel und auf Erden geschaffen hat, findet sich im Koran so oft, daß die Aufzählung von Belegen sich erübrigt.

10,7 *wa-raḍū bil-ḥayāti d-dunyā wa-ṭma'annū bihā*: (**9**,38).

10,8 Zur Bedeutung des Verbums *kasaba* siehe die Anmerkung zu **2**,79.

10,9 Die Konstruktion von Vers 9 ist nicht eindeutig. Falls der Text überhaupt intakt ist, beginnt entweder mit *yahdīhim* der Nachsatz, oder *yahdīhim rabbuhum bi-īmānihim* ist als Zustandssatz zu verstehen und dem vorausgehenden *allaḏīna āmanū wa-'amilū ṣ-ṣāliḥāti* unterzuordnen. In diesem Fall beginnt der Nachsatz erst mit *taǧrī*. In der Übersetzung sind beide Deutungen zur Wahl gestellt. — Die Präposition *bi-* im Ausdruck *bi-īmānihim* hat wohl die Bedeutung „durch", „mit", und nicht etwa „(zum Lohn) für", was ein Vergleich mit dem Schluß des vorhergehenden Verses (*bi-mā kānū yaksibūna*) nahelegen könnte. Vgl. **42**,52; **5**,15f.; **6**,88/**39**,23; **2**,26.

10,10: **14**,23; **33**,44; **25**,75; **13**,23f.; **16**,32; **50**,34; **15**,45f.; **39**,73; **36**,57f.; **56**,25f.; **19**,62; **56**,90f. Aus dem Wortlaut von einigen der hier aufgezählten Belegstellen läßt sich schließen, daß das Personalsuffix in *taḥīyatuhum* einen Genitivus objectivus vertritt. *Salām* ist der Gruß, der den Frommen bei ihrem Eintritt ins Paradies entboten wird, und nicht ein Grußwort, das sie ihrerseits aussprechen. — *wa-āḫiru da'wāhum ani l-ḥamdu li-llāhi rabbi l-'ālamīna*: **39**,74f.; **7**,43; **35**,34.

10,11: **17**,11 (siehe die Anmerkung dazu); **41**,49; **100**,8; **21**,37. — *fa-naḏaru llaḏīna lā yarǧūna liqā'anā fī ṭuġyānihim ya'mahūna*: **6**,110, mit weiteren Belegen. — Dem vorliegenden Vers 11 (bis *la-quḍiya ilaihim aǧaluhum*) liegt anscheinend dasselbe Thema zugrunde wie dem als Beleg angeführten Vers **17**,11: Der Mensch drängt kurzsichtig auf seinen nächstliegenden Vorteil, während Gott sich mit seinen Entscheidungen Zeit läßt und deshalb auch das Unheil, das dem Menschen bestimmt ist, bis zu der gesetzten Frist zurückhält. — Das Verbum *qaḍā* wird außer im vorliegenden Vers noch an folgenden Stellen mit *ilā* (der Person) konstruiert: **17**,4; **15**,66; **28**,44; **20**,114; **10**,71.

10,12: **39**,8; **39**,49; **41**,50f.; **17**,83; **11**,9f.; **30**,33; **30**,36/**42**,48; **16**,53f.; **10**,21; **23**,75; (**7**,95); (**7**,189f.); (**10**,22f., mit weiteren Belegen.) — *da'ānā li-ǧanbihī au qā'idan au qā'iman*: **3**,191; **4**,103. — *ka-ḏālika zuiyina lil-musrifīna mā kānū ya'malūna*. Zum Ausdruck *zuiyina* siehe die Anmerkung zu **2**,212, zur Bedeutung des Ausdrucks *musrifūn* die Anmerkung zu **5**,32. — Zur Konstruktion von Vers 12 ist zu bemerken, daß die beiden Zeitsätze nicht genau zusammenstimmen. Während der erste, mit *iḏā* eingeleitete Satz eine allgemeine Erfahrungstatsache wiedergibt, hört sich der zweite, mit *lammā* eingeleitete Satz so an, wie wenn auf „eine bestimmte Tatsache der Vergangenheit" (Reckendorf, Syntax, § 245,1) angespielt wäre. Dieselbe Kombination von *iḏā* und *lammā* findet sich in ähnlichem Zusammenhang in **17**,67; **29**,65; **31**,32. Die Übersetzung „nachdem wir...behoben haben, geht er dahin..." liest sich glatter als das Original.

10,13 *wa-la-qad ahlaknā l-qurūna min qablikum lammā ẓalamū*: **22**,45; **21**,11; (**65**,8); **18**,59; **7**,4f.; **8**,54; **6**,6; **17**,17; **11**,102; (**44**,37). — *wa-ǧā'athum rusuluhum bil-baiyināti wa-mā kānū li-yu'minū*: **7**,101, mit weiteren Belegen. Im vorliegenden Vers kann *wa-ǧā'athum rusuluhum bil-baiyināti* als Hauptsatz oder als Zustandssatz verstanden werden. — *ka-ḏālika naǧzī l-qauma l-muǧrimīna*: **46**,25; **7**,40.

10,14: **7**,129; **6**,165, mit weiteren Belegen.

10,15 *wa-iḏā tutlā 'alaihim āyātunā baiyinātin qāla llaḏīna lā yarǧūna liqā'anā 'ti bi-qur'ānin ġairi hāḏā au baddilhu*: **17**,73; (**5**,49). — *in attabi'u illā mā yūḥā ilaiya*: **6**,50/**46**,9. Weitere Belege in der Anmerkung zu **6**,50. — *innī aḫāfu in* *'aṣaitu rabbī 'aḏāba yaumin 'aẓīmin*: **6**,15/**39**,13; (**7**,59, mit weiteren Belegen); (**11**,63).

10,16 Der Passus *fa-qad labiṯtu fīkum 'umuran min qablihī* bedeutet, daß Mohammed eine sehr lange Zeit unter seinen mekkanischen Landsleuten gelebt hat, bevor er ihnen den „Koran" vortrug (und daß es dabei geblieben wäre, wenn ihn nicht Gott durch einen ausdrücklichen Willensakt zum Propheten bestimmt hätte). Den Ausdruck *'umuran* (wörtlich: ein Leben lang) darf man allerdings nicht pressen. Immerhin läßt sich so viel daraus schließen, daß Mohammed bei Beginn seiner prophetischen Tätigkeit „kein Jüngling mehr war" (so Buhl-Schaeder, Das Leben Muhammeds, S. 111). Man kann sogar noch etwas weiter gehen und sagen, daß er kein junger Mann mehr war (was zu dem traditionellen Ansatz von 40 Jahren passen würde). In diesem Sinn läßt sich Sure **26**,18 auswerten, wo Pharao dem Mose vorhält: *a-lam nurabbika fīnā walīdan wa-labiṯta fīnā min 'umurika sinīna.* Dieser Ausspruch bezieht sich auf die Zeit von Moses Kindheit bis zu seiner Mannbarkeit (**28**,14: *wa-lammā balaġa ašuddahū wa-stawā*; vgl. die Zeitangaben **46**,15: *ḥattā iḏā balaġa ašuddahū wa-balaġa arba'īna sanatan...*). Im Vergleich damit läßt der im vorliegenden Vers gegebene Wortlaut *'umuran* (und nicht etwa *min 'umurī sinīna*) auf einen längeren Zeitraum schließen.

10,17: **6**,21, mit weiteren Belegen.

10,18 *wa-ya'budūna min dūni llāhi mā lā yaḍurruhum wa-lā yanfa'uhum*: **25**,55; **21**,66; **6**,71, mit weiteren Belegen. — *wa-yaqūlūna hā'ulā'i šufa'ā'unā 'inda llāhi*: **39**,43; **6**,94; **30**,13; **43**,86. — *a-tunabbi'ūna llāha bi-mā lā ya'lamu fī s-samāwāti wa-lā fī l-arḍi*: **13**,33; **49**,16. — *subḥānahū wa-ta'ālā 'ammā yušrikūna*: **16**,1/**30**,40/**39**,67; **7**,189f., mit weiteren Belegen.

10,19 *wa-mā kāna n-nāsu illā ummatan wāḥidatan fa-ḫtalafū*: **2**,213; (**21**,92f./**23**,52f.). — *wa-laulā kalimatun sabaqat min rabbika la-quḍiya bainahum*: **11**,110/**41**,45; **42**,14; **42**,21; **20**,129; (**8**,68).

10,20 *wa-yaqūlūna laulā unzila 'alaihi āyatun min rabbihī*: **6**,37, mit weiteren Belegen. — *fa-qul innamā l-ġaibu li-llāhi*: **6**,59; **72**,26; **11**,123/**16**,77; **18**,26; **27**,65; **35**,38; **49**,18; **5**,109/116/**9**,78/**34**,48; **6**,73/**9**,94/105/**62**,8/**13**,9/**23**,92/**32**,6/**39**,46/**59**,22/**64**,18; (**6**,50/**11**,31); (**7**,188). — *fa-ntaẓirū innā ma'akum mina l-muntaẓirīna*: **6**,158, mit weiteren Belegen.

10,21–23: (**6**,63f., mit weiteren Belegen; **10**,12, mit weiteren Belegen). — In den Versen 21–23 stehen zwei Variationen desselben Themas nebeneinander. Vers 21 handelt von der Undankbarkeit der Menschen, nachdem Gott sie aus irgendeiner Notlage errettet hat; die beiden Verse 22f. handeln von der Undankbarkeit der Menschen speziell nach der Rettung aus Seenot.

10,21 Belege zum Thema Undankbarkeit des Menschen nach Errettung aus irgendeiner Notlage sind in der Anmerkung zu **10**,12 zusammengestellt. — *allāhu asra'u makran*: **3**,54/**8**,30; **7**,99. Siehe die Anmerkung zu diesem Vers, mit weiteren Belegen. — *inna rusulanā yaktubūna mā tamkurūna*: **43**,80; **82**,10–12; **6**,61. Siehe die Anmerkung zu diesem Vers, mit weiteren Belegen.

10,22f. Belege zum Thema Undankbarkeit der Menschen speziell nach der Errettung aus Seenot: **29**,65; **31**,31f.; **6**,63f.; **17**,67. — *huwa llaḏī yusaiyirukum fī l-barri wal-baḥri*: **40**,79f.; **23**,21f.; **43**,12; **17**,70; **27**,63. — Die Konstruktion von Vers 22 ist nicht klar durchgeführt. Der Nachsatz zu *ḥattā iḏā kuntum fī l-fulki*... scheint mit *ǧā'athā rīḥun 'āṣifun* einzusetzen. Aber mit *da'awu llāha* beginnt noch einmal ein Nachsatz. Vgl. die ersten beiden der oben angeführten Belegstellen sowie **7**,189. Auffallend ist auch der Wechsel von der 2. in die 3. Person (*kuntum* – *bihim* usw.). Außerdem ist der Vers übermäßig lang. — *wa-ẓannū annahum uḥīṭa bihim*: **12**,66; **18**,42. — *da'awu llāha muḫliṣīna lahu d-dīna*: **29**,65/**31**,32; **7**,29, mit weiteren Belegen. — *matā'a* (Variante: *matā'u*) *l-ḥayāti d-dunyā*: **10**,70; **2**,36. Siehe die Anmerkung zu diesem Vers, mit weiteren Belegen. — *ṯumma ilainā marǧi'ukum fa-nunabbi'ukum bi-mā kuntum ta'malūna*: **6**,60, mit weiteren Belegen.

10,24 Siehe die Anmerkung zu **3**,117 und die dort aufgeführten Belege zum Thema Vergänglichkeit des Pflanzenwuchses. Für die vorliegende Stelle, die typologisch als Mischform zwischen einem eigentlichen Gleichnis und einer geschichtlichen Beispielerzählung zu bezeichnen ist, kommen als Belege besonders in Betracht: **18**,45; **39**,21; **57**,20. — Der Ausdruck *iḫtalaṭa bihī* geht wohl auf die Vermengung und Durchdringung mit Wasser, die sich im Innern der Pflanzen vollzieht. Die Kommentatoren bevorzugen eine andere Deutung – vermutlich auf Grund von Formulierungen wie *zar'an muḫtalifan alwānuhū* (**39**,21). Danach würde der Ausdruck besagen, daß die Pflanzen sich infolge des Regens (*bihī* = *bi-sababihī*) untereinander vermengen, indem sie in verschiedenen Arten und Gattungen durcheinanderwachsen oder in dichtem Wuchs ineinanderwuchern. — *mimmā ya'kulu n-nāsu wal-an'āmu*: **32**,27; **79**,33/**80**,32. — Zum Ausdruck *izzaiyanat* siehe die Anmerkung zu **2**,212. — *wa-ẓanna ahluhā annahum qādirūna 'alaihā*: **18**,35; **18**,23f.; **68**,17f.; (**57**,29); (**68**,25). — *atāhā amrunā lailan au nahāran*: **68**,19f.; **18**,40–42; siehe auch die drei unten aufgeführten Belege. Wenn in der vorliegenden Stelle (**10**,24) gesagt wird, daß das göttliche Strafgericht „bei Nacht oder Tag" gekommen sei, so ist das paränetisch zu verstehen. Der Zeitpunkt einer Katastrophe, die sich schon vollzogen hat, ist natürlich nicht mehr in der Schwebe. Es soll aber angedeutet werden, daß es nur zufällig gerade Nacht oder Tag war, und daß bei einem künftig zu erwartenden Strafgericht ganz ungewiß ist, zu was für einem Zeitpunkt es über die nichtsahnenden Sünder hereinbrechen wird. Vgl. **7**,4; **7**,97f.; **10**,50. — Zur Bedeutung von *amr* siehe die Anmerkung zu **2**,109. — *fa-ǧa'alnāhā ḥaṣīdan*: **68**,20; **11**,100; **21**,15; (**23**,41); (**105**,5). — *ka-an lam taġna bil-amsi*: **7**,92/**11**,68/**11**,95. Das Verbum *ġaniya* hat etwa die Grundbedeutung „wohlhabend sein, so daß man keines Zuschusses von außerhalb bedarf". Davon abgeleitet ergibt sich die Bedeutung „aus sich selbst heraus bestehen können".

10,25 *wa-llāhu yad'ū ilā dāri s-salāmi*: **6**,127. Zur Bedeutung des Ausdrucks *dār as-salām* siehe H. Ringgren, Islam, 'aslama and muslim, Uppsala 1949, S. 10. — Vielleicht ist Vers 25 doch unmittelbar an den vorhergehenden

Vers 24 anzuschließen. Vgl. die oben angeführte Belegstelle **6**,127 und den vorausgehenden Vers 126. — *wa-yahdī man yašā'u ilā ṣirāṭin mustaqīmin*: **2**,142. 213; **24**,46; (**6**,39).

10,26f. *li-llaḏīna aḥsanū l-ḥusnā wa-ziyādatun...wa-llaḏīna kasabū s-saiyi'āti ǧazā'u saiyiatin bi-miṯlihā*: **6**,160, mit weiteren Belegen; (**2**,58f., mit weiteren Belegen). — *wa-lā yarhaqu wuǧūhahum qatarun wa-lā ḏillatun* bzw. *wa-tarhaquhum ḏillatun*: **80**,40–42; **68**,43/**70**,44. Der Ausdruck *qatar* bzw. *qatara* bedeutet eigentlich: vom Boden aufgewirbelter Staub. — *mā lahum mina llāhi min 'āṣimin*: **40**,33; (**33**,17); (**11**,43). — Der indeterminierte Akkusativ *muẓliman* läßt sich syntaktisch nicht eindeutig erklären. So, wie der Text lautet, gehört das Wort als *ḥāl* entweder zum vorausgehenden *mina l-laili* (wofür es einfacher lauten würde: *mina l-laili l-muẓlimi*) oder zum ganzen Satz. Falls man dagegen die Lesart *qiṭ'an* (= Finsternis, mask. sing.) zugrundelegt, läßt sich *muẓliman* am einfachsten als Attribut zu eben diesem Akkusativ erklären. Doch ist *qiṭa'an* (= Stücke, Plural von *qiṭ'a*) als lectio difficilior vorzuziehen. Der Sinn des Vergleiches ist so oder so klar.

10,28f. *wa-yauma*... Verkürzter Zeitsatz. Siehe Einleitung zur Übersetzung, S. 4. — Belege zum Ganzen: **18**,52; **28**,62f. 74f.; **6**,22–24; **16**,27; **41**,47f.; **6**,94; **34**,40f.; **25**,17f.; **46**,5f.; **35**,14; **16**,86f.; **19**,82; **30**,13; **2**,166f. — *fa-zaiyalnā bainahum*: **6**,94; **18**,52. — Die falschen Götter, die eigentlich *šurakā'* („Teilhaber“) *Gottes* heißen, weil sie (angeblich) mit ihm an der Göttlichkeit teilhaben, werden in einigen Koranversen sekundär als *šurakā'* der *Heiden* bezeichnet. So im vorliegenden Vers, in **10**,34f. und in der oben angeführten Belegstelle **6**,22.

10,30 *hunālika tablū kullu nafsin mā aslafat*: (**59**,18); (**2**,281/**3**,161). — *wa-ruddū ilā llāhi maulāhumu l-ḥaqqi*: **6**,62. — *wa-ḍalla 'anhum mā kānū yaftarūna*: **6**,24, mit weiteren Belegen.

10,31 *man yarzuqukum mina s-samā'i wal-arḍi*: **34**,24; **27**,64; **35**,3; (**16**,73); (**29**,17); (**67**,21). Mit der Bescherung, die vom Himmel kommt, ist der Regen als die Ursache allen Wachstums gemeint. — *am-man yamliku s-sam'a wal-abṣāra*: **67**,23; **23**,78; **32**,9; **16**,78; **46**,26; (**6**,46); (**2**,20). — *wa-man yuḫriǧu l-ḥaiya mina l-maiyiti wa-yuḫriǧu l-maiyita mina l-ḥaiyi*: **30**,19; **6**,95; **3**,27. — *wa-man yudabbiru l-amra*: **10**,3. Siehe die Anmerkung dazu, mit weiteren Belegen.

10,32 *fa-ḏālikumu llāhu rabbukumu l-ḥaqqu*: **6**,102, mit weiteren Belegen. — *fa-annā tuṣrafūna*: **39**,6; **40**,69.

10,33: **40**,5f.; **10**,96f.; **36**,7; **36**,70; **39**,71; **39**,19; **22**,18; **38**,14; **50**,14; **17**,16; **37**,31; **41**,25/**46**,18; **32**,13; **11**,119; (**7**,30); (**16**,36).

10,34: **7**,29, mit weiteren Belegen; **30**,40. — Zur Bezeichnung der falschen Götter als „Teilhaber“ (*šurakā'*) der Ungläubigen (hier und im folgenden Vers) siehe die Anmerkung zu **10**,28f.

10,35 Auffallend ist die Vokalisierung *am-man lā yahiddī* (= VIII. Stamm *yahtadī*; Varianten nach Ṭabarī: *yahaddī, yahddī, yahdī*). Falls der Text nicht vokalisiert wäre, würde man natürlich *am-man lā yahdī* („oder einer, der nicht rechtleitet") lesen. Vielleicht ist die überlieferte Lesart *yahiddī* (oder ähnlich) das Ergebnis einer dogmatischen Textkorrektur. — *fa-mā lakum kaifa taḥkumūna*: **37**,154/**68**,36; (**6**,136, mit weiteren Belegen).

10,36: **53**,28; **6**,116, mit weiteren Belegen.

10,37: **12**,111. — *taṣdīqa llaḏī baina yadaihi*: **3**,3f., mit weiteren Belegen. — *wa-tafṣīla l-kitābi*: **12**,111; **6**,114; **7**,52; **6**,154/**7**,145; **17**,12; **41**,2f.; **41**,44: **11**,1, mit weiteren Belegen. — *lā raiba fīhi min rabbi l-ʿālamīna*: **32**,2; **2**,2. Der Ausdruck *lā raiba fīhi* ist ähnlich wie in den Belegstellen **31**,2 und **2**,2 am besten als Parenthese bzw. Relativsatz zu verstehen, und nicht als Prädikatsatz. Dabei bleibt es fraglich, ob er auf die konkrete koranische Offenbarung bezogen werden soll, oder auf *al-kitāb* (= *umm al-kitāb*) als die Urschrift der koranischen Offenbarung. — Der Ausdruck *min rabbi l-ʿālamīna* ist entweder Prädikat eines Satzes, als dessen Subjekt auf Grund des vorausgehenden Textes *al-qurʾānu* zu ergänzen ist. Oder aber, er ist den vorausgehenden Infinitiven *taṣdīq* und *tafṣīl* unterzuordnen. Vgl. Formulierungen wie *tanzīlu l-kitābi mina llāhi* (**39**,1/**45**,2/**46**,2/**40**,2) und *tanzīlun min rabbi l-ʿālamīna* (**56**,80/**69**,43) neben *wa-innahū la-tanzīlu rabbi l-ʿālamīna* (**26**,192).

10,38: **11**,13; **2**,23; (**28**,49); (**52**,34). — *am yaqūlūna ftarāhu*: **11**,13; **32**,3; **11**,35; **46**,8; **25**,4; **34**,43; **21**,5; **16**,101; **28**,36. — Zur Etymologie des Wortes *sūra* siehe die Anmerkung zu **24**,1. — *wa-dʿū mani staṭaʿtum...*: (**3**,61).

10,39 *bal kaḏḏabū bi-mā lam yuḥīṭū bi-ʿilmihī*: **27**,84. — *wa-lammā yaʾtihim taʾwīluhū*: **7**,53. Zur Bedeutung des Ausdrucks *taʾwīl* siehe die Anmerkung zu **4**,59. — *ka-ḏālika kaḏḏaba llaḏīna min qablihim*: **6**,148; **39**,25; **67**,18; **34**,45; **35**,25f.; **22**,42–44; **29**,18; **3**,184; **35**,4; **6**,34; **38**,12–14; **40**,5; **50**,12–14; **54**,9. 18. 23. 33; **26**,105. 123. 141. 160. 176; **15**,80; **69**,4; **91**,11; **3**,137/**16**,36/**6**,11; **43**,25.

10,40 Vers 40 wird zwar mit *wa-* eingeleitet, läßt sich aber sachlich schwer an das Vorhergehende anschließen. Man weiß nicht recht, auf was für eine Gruppe von Personen man das Personalsuffix in *minhum* beziehen soll (dies gilt auch für die Verse 42 und 43). Außerdem ist fraglich, worauf das Suffix der 3. Person in *man yuʾminu bihī* bzw. *man lā yuʾminu bihī* gedeutet werden soll (auf den Koran?), und ob *yuʾminu* im Sinn der Gegenwart oder der Zukunft gemeint ist. Bell nimmt an, daß die Verse 40 und 42–44 später eingefügt sind. — *wa-rabbuka aʿlamu bil-mufsidīna*: **3**,63.

10,41 *lī ʿamalī wa-lakum ʿamalukum antum barīʾūna mimmā aʿmalu wa-ana barīʾun mimmā taʿmalūna*: **2**,139/**42**,15/**28**,55; **34**,25; **11**,35; **26**,216.

10,42f. Es ist nicht sicher, auf was für eine Gruppe von Personen das Suffix in *minhum* (in den beiden Versen 42 und 43) bezogen werden soll. — Belege: **6**,25; **47**,16; **17**,45–47; **43**,40; **27**,80f./**30**,52f.; **7**,198. — Die beiden mit *wa-lau* eingeleiteten Schlußsätze der Verse 42 und 43 setzen etwas als Bedingung, was nach dem Vorhergehenden schon als Tatsache feststeht, nämlich die Taubheit und Blindheit der Ungläubigen.

10,44: **9**,70, mit weiteren Belegen.

10,45 *wa-yauma*... Verkürzter Zeitsatz. Siehe Einleitung zur Übersetzung, S. 4. — *wa-yauma yaḥšuruhum ka-an lam yalbaṯū illā sā'atan mina n-nahāri*: **46**,35; **30**,55f.; **20**,102–104; **79**,46; **17**,52; **23**,112–114; (**2**,259); (**18**,11f. 19. 25f.). — Es ist fraglich, ob die nachträglichen Verbesserungsvorschläge für die vorliegende Stelle und zwei der angeführten Belegstellen (S. 523f. der Übersetzung) wirkliche Verbesserungen bedeuten. Wahrscheinlich ist das Verbum *labiṯa* doch auf die Dauer des Aufenthalts *im Grab* zu beziehen. Das gilt dann auch für die anderen der oben angeführten Belege. — Der Sinn des Satzes *yata'ārafūna bainahum* ist nicht eindeutig zu klären. Zamaḫšarī paraphrasiert vielleicht mit Recht: „indem sie sich gegenseitig erkennen, wie wenn sie nur kurz getrennt gewesen wären... Denn das gegenseitige Kennen (*ta'āruf*) hält auf lange Zeit nicht stand, sondern verwandelt sich in gegenseitiges Nichtkennen (*tanākur*)". Dafür, daß das gegenseitige Erkennen nur als Illusion gemeint ist (ebenso wie die Vorstellung von der kurzen Dauer des Aufenthalts im Grab), spricht wohl auch der Wortlaut von **23**,101 (*fa-iḏā nufiḫa fī ṣ-ṣūri fa-lā ansāba bainahum wa-lā yatasā'alūna*). Beachtenswert ist in diesem Zusammenhang, daß das Verbum *ta'ārafa (VI)* an der einzigen Stelle, an der es sonst noch im Koran vorkommt (**49**,13), eben die Bedeutung haben mag: sich gegenseitig an der Genealogie, d.h. an der Zugehörigkeit zu Stämmen und Unterstämmen erkennen: *wa-ǧa'alnākum šu'ūban wa-qabā'ila li-ta'ārafū* (Ṭabarī paraphrasiert: *li-ya'rifa ba'ḍukum ba'ḍan fī n-nasabi*). — *qad ḫasira llaḏīna kaḏḏabū bi-liqā'i llāhi wa-mā kānū muhtadīna*: **6**,31, mit weiteren Belegen.

10,46 *wa-immā nuriyannaka ba'ḍa llaḏī na'iduhum au natawaffayannaka*: **40**,77; **13**,40; **43**,41f.; **23**,93–95. — *fa-ilainā marǧi'uhum ṯumma llāhu šahīdun 'alā mā yaf'alūna*: **6**,60, mit weiteren Belegen; **3**,98.

10,47: **4**,41; **16**,89; **16**,84; **28**,75; **39**,69; (**17**,71?); (**16**,36); (**13**,7). — Speziell zu *quḍiya bainahum bil-qisṭi wa-hum lā yuẓlamūna*: **39**,69; **10**,54; **39**,75; **40**,78.

10,48: **21**,38/**27**,71/**34**,29/**36**,48/**67**,25; **32**,28; **7**,70/**46**,22/**11**,32; **7**,77; **17**,51.

10,49 *qul lā amliku li-nafsī ḍarran wa-lā naf'an illā mā šā'a llāhu*: **7**,188. — *li-kulli ummatin aǧalun iḏā ǧā'a aǧaluhum fa-lā yasta'ḫirūna sā'atan wa-lā yastaqdimūna*: **7**,34, mit weiteren Belegen.

10,50: **6**,47; **7**,97f.; **12**,107; **7**,4; **10**,24. — Die Frage *mā ḏā yasta'ǧilu minhu l-muǧrimūna* ist ironisch gemeint. Belege: **26**,204/**37**,176; **42**,17f.; **22**,47; **29**,53f.; **51**,12–14; **16**,1; **46**,24; **6**,57f.; (**13**,6, mit weiteren Belegen).

10,51 *a-l-āna wa-qad kuntum bihī tasta'ǧilūna*: **10**,90f.; (**4**,18); (**6**,158); (**32**,29); (**40**,84f.). — *wa-qad kuntum bihī tasta'ǧilūna*. Siehe die Anmerkung zum vorhergehenden Vers, mit Belegen.

10,52: **32**,14; **39**,24; **7**,39. — *hal tuǧzauna illā bi-mā kuntum taksibūna*: **27**,90; **37**,39; **36**,54; **52**,16/**66**,7; **45**,28; **7**,147/**34**,33; **40**,17; **45**,22. — Zur Bedeutung des Verbums *kasaba* siehe die Anmerkung zu **2**,79.

10,53: **6**,30; **46**,34; **10**,55; **31**,33/**35**,5; **45**,32; **18**,21; **78**,39; **30**,6; **6**,134; **11**,32f. Weitere Belege in den Anmerkungen zu **4**,122 und **14**,22. — *wa-mā* *antum bi-mu'ǧizīna*: **6**,134, mit weiteren Belegen; **11**,20, mit weiteren Belegen. Zur Bedeutung von *a'ǧaza (IV)* siehe die Anmerkung zu **6**,134.

10,54 *wa-lau anna li-kulli nafsin ẓalamat mā fī l-arḍi la-ftadat bihī*: **13**,18/**39**,47; **5**,36; **3**,91; **57**,15; **70**,11–14. — *wa-asarrū n-nadāmata lammā ra'awu l-'aḏāba*: **34**,33. Die Formulierung *asarrū n-nadāmata* ist etwas merkwürdig. Die verschiedenen von Zamaḫšarī aufgeführten Erklärungsversuche helfen kaum weiter. Eine ganz andere, sachlich näherliegende Verbindung der beiden Begriffe Verbergen und Bereuen findet sich in **5**,52 (*fa-yuṣbiḥū 'alā mā asarrū fī anfusihim nādimīna*). Jedoch wird man sie nicht zur Erklärung der vorliegenden Stelle beiziehen dürfen. — *wa-quḍiya bainahum bil-qisṭi wa-hum lā yuẓlamūna*: **10**,47, mit weiteren Belegen.

10,55 *a-lā inna wa'da llāhi ḥaqqun walākinna akṯarahum lā ya'lamūna*: **30**,6; **16**,38; **28**,13; **10**,53, mit weiteren Belegen.

10,56 *huwa yuḥyī wa-yumītu*: **3**,156, mit weiteren Belegen.

10,57: **11**,120; **3**,138; **24**,34; **5**,46; **41**,44; **17**,82; **7**,203; **45**,20; **28**,43; **27**,77; **12**,111/**16**,64; **31**,3; **6**,154.

10,58 *bi-faḍli llāhi wa-bi-raḥmatihī fa-bi-ḏālika fal-yafraḥū*: (**3**,170f.); (**30**,36); (**42**,48). — *huwa ḫairun mimmā yaǧma'ūna*: **43**,32; **3**,157.

10,59: **5**,87f; **16**,114–116; **6**,140. 142–150. (136–139). Weitere Belege in den Anmerkungen zu **5**,87 und 88. — Bei dem Ausdruck *mā anzala llāhu lakum min rizqin* ist wohl daran gedacht, daß Gott den Regen vom Himmel „herabsendet" und dadurch das Wachstum der menschlichen Nahrung ermöglicht. Vgl. **10**,31 und die Anmerkung dazu.

10,60 *inna llāha la-ḏū faḍlin 'alā n-nāsi walākinna akṯarahum lā yaškurūna*: **27**,73; **2**,243/**40**,61. Vielleicht ist die zweite Vershälfte auch noch speziell auf die Speiseverbote zu beziehen, von denen im vorhergehenden Vers die Rede ist. Das würde bedeuten, daß Gott seine guten Gaben huldvoll an die Menschen austeilt und sie ihnen nicht durch Speiseverbote nachträglich wieder verwehrt.

10,61 Es ist nicht klar, worauf man das Suffix von *minhu* beziehen soll. Am einfachsten deutet man es auf das vorausgehende *ša'n*. Vgl. **18**,83 (*wa-yas'alūnaka 'an Ḏi l-Qarnaini qul sa-atlū 'alaikum minhu ḏikran*; hier ist das Suffix von *minhu* eindeutig auf *Ḏū l-Qarnain* zurückzubeziehen). Aber die Kommentatoren rechnen auch mit der Möglichkeit, daß das Suffix sich auf die Offenbarungsschrift bezieht (*at-tanzīl* oder *kitāb Allāh*, was sinngemäß zu ergänzen wäre), oder allenfalls auf Gott. — *wa-lā ta'malūna min 'amalin illā kunnā 'alaikum šuhūdan iḏ tufīḍūna fīhi*: **46**,8; **3**,98; **10**,46. — *wa-mā ya'zubu 'an rabbika...illā fī kitābin mubīnin*: **34**,3; **6**,59; **27**,74f.; **11**,6; **6**,38; **11**,56; **36**,12; (**9**,51, mit weiteren Belegen). — Neben der Lesart *wa-lā aṣǧara min ḏālika wa-lā akbara* wird auch die Lesart mit Nominativendung überliefert (*wa-lā aṣǧaru...wa-lā akbaru*, wie in der Belegstelle **34**,3).

10,62f. *lā ḫaufun 'alaihim wa-lā hum yaḥzanūna*: **2**,62, mit weiteren Belegen. — *inna auliyā'a llāhi...allaḏīna āmanū wa-kānū yattaqūna*: **8**,34; **45**,19.

10,64 *lahumu l-bušrā fī l-ḥayāti d-dunyā wa-fī l-āḫirati*: **41**,30–32; **39**,17. — *lā tabdīla li-kalimāti llāhi*: **6**,34, mit weiteren Belegen. — *ḏālika huwa l-fauzu l-ʿaẓīmu*: **4**,13, mit weiteren Belegen.

10,65 *wa-lā yaḥzunka qauluhum*: **36**,76; **6**,33; **31**,23; **5**,41; **3**,176; **16**,127/ **27**,70; **15**,97; **5**,26. 68; (**7**,93). — *inna l-ʿizzata li-llāhi ǧamīʿan*: **4**,139, mit weiteren Belegen.

10,66 Zu beachten ist die Formulierung *a-lā inna li-llāhi man fī s-samāwāti wa-man fī l-arḍi* (*man*, nicht *mā*, wie z.B. in **10**,55). Die Wesen, die von den Heiden als angebliche Teilhaber Gottes verehrt werden (siehe die zweite Vershälfte), sind in Wirklichkeit ihm untertan, wie alles, was sonst in der Welt ist. Belege: **21**,19; **30**,26; (**19**,92f.). An anderen Stellen kommt allerdings im gleichen Zusammenhang die Formulierung *mā* (nicht *man*) *fī s-samāwāti usw.* vor. So in **2**,116 (einer Belegstelle zu der oben angeführten Stelle **30**,26); **4**,171; **10**,68. —Im zweiten Teil des Verses wird die verneinte Verbalform *mā yattabiʿu* nach dem etwas langen Relativsatz (der das Subjekt darstellt) durch das gleichbedeutende *in yattabiʿūna* wiederaufgenommen. — *in yattabiʿūna illā ẓ-ẓanna wa-in hum illā yaḫruṣūna*: **6**,116, mit weiteren Belegen. — Zur Bezeichnung der falschen Götter als *šurakāʾ* siehe die Anmerkung zu **10**,28f.

10,67: **40**,61; **27**,86; **28**,71–73; **30**,23; **17**,12; **25**,47; **78**,9–11; **6**,96; **6**,13.

10,68 *qālū ttaḫaḏa llāhu waladan subḥānahū*: **2**,116. mit weiteren Belegen. Siehe auch die Anmerkung zu **2**,116f. — *huwa l-ġanīyu lahū mā fī s-samāwāti wa-mā fī l-arḍi*: **31**,26/**22**,64; **4**,131, mit weiteren Belegen. Zur Formulierung *lahū mā fī s-samāwāti wa-mā fī l-arḍi* siehe auch die Anmerkung zu **10**,66. — *in ʿindakum min sulṭānin bi-hāḏā*: **3**,151, mit weiteren Belegen. — *a-taqūlūna ʿalā llāhi mā lā taʿlamūna*: **7**,28, mit weiteren Belegen.

10,69: **16**,116; **6**,21, mit weiteren Belegen.

10,70: **10**,23; **16**,117; **2**,36. Siehe die Anmerkung zu diesem Vers, mit weiteren Belegen.

10,71–73 Zur Geschichte von Noah siehe die Anmerkung zu **7**,59–64 (mit Aufzählung der weiteren Belegstellen); Speyer, S. 89–115.

10,71 *wa-tlu ʿalaihim nabaʾa* (mit folgendem Genitiv): **5**,27; **7**,175; **26**,69. — *iḏ qāla li-qaumihī*. Verkürzter Zeitsatz. Siehe Einleitung zur Übersetzung, S. 3f. — Es ist nicht klar, was mit dem Ausdruck *maqāmī* („mein Aufstehen(?)", auf Noah bezogen) gemeint ist. Bell übersetzt: „my standing up"; Blachère: „mon séjour (parmi vous)". — Zum Ausdruck *taḏkīrī bi-āyāti llāhi* siehe die Anmerkung zu **5**,13. — In der zweiten Vershälfte (*fa-aǧmiʿū amrakum wa-šurakāʾakum*. . . *wa-lā tunẓirūni*) bleibt manches unklar. Als Belegstellen kommen in Betracht: **12**,102; **20**,64; **11**,55; **7**,195. — Zum Ausdruck *šurakāʾakum* („eure Teilhaber") siehe die Anmerkung zu **10**,28f. — *ṯumma qḍū ilaiya*. Siehe die Anmerkung zu **10**,11.

10,72 *fa-mā saʾaltukum min aǧrin in aǧriya illā ʿalā llāhi*: **34**,47; **11**,29; **11**,51; **26**,109/127/145/164/180; **42**,23; **38**,86f.; **12**,104; **6**,90; **25**,57; **52**,40/**68**,46;

36,21; (**23**,72). -- *wa-umirtu an akūna mina l-muslimīna*: **27**,91; **10**,104; **13**,36; **40**,66; **6**,71; **9**,31; **98**,5; **39**,12; **6**,14; **6**,163; (**7**,143).

10,73: **7**,64, mit weiteren Belegen. Siehe die Anmerkung zu diesem Vers (betrifft auch die Konstruktion des präpositionalen Ausdrucks *fī l-fulki*). — *wa-ǧa'alnāhum ḫalā'ifa*: **6**,165, mit weiteren Belegen. — *fa-nẓur kaifa kāna 'āqibatu l-munḏarīna*: **37**,73; (**37**,177).

10,74: **7**,101, mit weiteren Belegen. — *ka-ḏālika naṭba'u 'alā qulūbi l-mu'tadīna*: **7**,101; **2**,7, mit weiteren Belegen. — Zur Ergänzung des Subjekts in dem Satz *(bi-)mā kaḏḏabū bihī min qablu* siehe die Anmerkung zu **7**,101.

10,75–92 Zur Geschichte Moses bis zum Auszug aus Ägypten siehe die Anmerkung zu **7**,103–137 (mit Aufzählung der weiteren Belegstellen).

10,75: **23**,45f.; **7**,103, mit weiteren Belegen; **7**,133; **29**,39.

10,76 Belege (ebenfalls auf Mose bezüglich): **27**,13; **28**,36; **28**,48; **40**,23 bis 25; **26**,34; **7**,104f. 109; **20**,63; **51**,39; **7**,132; **43**,49. Sonstige Belege (außerhalb der Geschichte von Mose): **46**,7; **34**,43; **43**,29f.; **11**,7; **6**,7; **37**,14f.; **54**,2; **74**,24; **61**,6; **5**,110; **10**,2; **38**,4.

10,77: (**46**,7; **34**,43). Merkwürdig ist, daß in dem Satz *a-taqūlūna lil-ḥaqqi lammā ǧā'akum* der Inhalt der Aussage überhaupt nicht angeführt wird, sondern aus dem Vorhergehenden ergänzt werden muß (Vers 76 Schluß: *inna hāḏā la-siḥrun mubīnun*). Falls der Wortlaut intakt ist, muß man annehmen, daß der erste Fragesatz im Eifer des Wortgefechts nicht zu Ende geführt, sondern abgebrochen und durch den folgenden fragenden Ausruf *a-siḥrun hāḏā* ersetzt ist. Genau genommen müßte man demnach übersetzen: „Mose sagte: Sagt ihr von der Wahrheit, nachdem sie zu euch gekommen ist, – Ist dies (etwa) Zauber?" — *wa-lā yufliḥu s-sāḥirūna*: **20**,69 (hier handelt es sich um die ägyptischen Zauberer).

10,78: **7**,70; **14**,10; **34**,43; **46**,22; **11**,62; **11**,87; **11**,53; **5**,104; **31**,21; **2**,170; **26**,74; **21**,53; **43**,22–24; **7**,28. — Der Ausdruck *kibriyā'* wird an der einzigen Stelle, an der er sonst noch vorkommt, auf Gott angewandt (**45**,37).

10,79: **7**,111f., mit weiteren Belegen.

10,80: **26**,41–43; **7**,113–116; **20**,65f.

10,81f.: **7**,116–118; **20**,67–69; **26**,44f. — Speziell zu *wa-yuḥiqqu llāhu l-ḥaqqa bi-kalimātihī wa-lau kariha l-muǧrimūna*: **8**,7f.; **42**,24; **7**,118. — Der bestimmte Artikel in *as-siḥru* (V. 81) bedeutet vielleicht mehr als nur generelle Determination. Ṭabarī erklärt ihn damit, daß hier Bezug genommen wird auf die Behauptung von Pharao und seinen Leuten, die Zeichen Moses seien Zauber (Vers 76: *inna hāḏā la-siḥrun*). Nachdem Mose diese Behauptung zurückgewiesen hat (Vers 77: *a-siḥrun hāḏā*), stellt er – nach Ṭabarī – im vorliegenden Vers 81 fest, daß eben die Zauberei, die sie ihm zur Last legen wollten, ihnen selber vorzuwerfen sei. Siehe auch Reckendorf, Syntax, § 106,6.

10,83 Die Deutung des Ausdrucks *ḏurrīyatun min qaumihī* und des Personalsuffixes in *mala'ihim* macht Schwierigkeit. Speyer (S. 274) übersetzt *ḏurrīya* ebenso wie *umma* in **7**,159 rundweg mit „Stamm" und bemerkt dazu: „Gemeint ist der Stamm Lewis, der nach Exod. 32,26 als einziger sich um Moses schart... Auch Jalq. zu Exod. 32,26 bemerkt: ‚Der Stamm Lewis hat den Götzen nicht gedient'." Diese Erklärung ist fragwürdig. Man wird dem Wortlaut und der heilsgeschichtlichen Konzeption Mohammeds eher gerecht, wenn man annimmt, daß mit dem Ausdruck *ḏurrīyatun min qaumihī* die Israeliten als die engeren Volksgenossen Moses gemeint sind, im Gegensatz zu dem Volk Pharaos. Mohammed hatte offenbar nur eine verschwommene Vorstellung von dem völkischen Gegensatz zwischen (in Ägypten lebenden) Israeliten und Ägyptern. Für ihn bildeten beide Volksgruppen ursprünglich eine Einheit, die erst nachträglich durch Pharao in „Parteien" aufgespalten wurde, wobei dieser eine Gruppe unterdrückte, indem er ihre Söhne umbrachte und nur ihre Weiber am Leben ließ (**28**,4). Vielleicht ist die dem Mose Glauben schenkende „Nachkommenschaft aus seinem Volk" mit dieser von Pharao geknechteten Minderheit (= den Israeliten) zu identifizieren. Das Pluralsuffix in *mala'ihim* wäre dementsprehend auf das Gesamtvolk Pharaos zu beziehen, in dem die ungläubige Mehrheit den Ausschlag gab (wie im zeitgenössischen Mekka). — *wa-inna Fir'auna la-'ālin fī l-arḍi wa-innahū la-mina l-musrifīna*: **44**,31; **28**,4; **23**,45f. — Zur Bedeutung des Ausdrucks *an yaftinahum* siehe die Anmerkung zu **4**,101, zur Bedeutung des Ausdrucks *al-musrifīna* die Anmerkung zu **5**,32.

10,84: **5**,23; **3**,122/160/**5**,11/**9**,51/**14**,11/**58**,10/**64**,13.

10,85: **60**,4f. — Der Passus *rabbanā lā taǧ'alnā fitnatan lil-qaumi ẓ-ẓālimīna* läßt sich auf zweierlei Weise auslegen. Entweder sind die *Gläubigen* als Opfer der (eventuellen) „Prüfung" gedacht. Die *fitna* wäre dann eine Prüfung im Sinn einer objektiven Schädigung durch Gewaltanwendung oder dergleichen (vgl. **10**,83 und die Anmerkung zu **4**,101), und ausübende Organe wären „die frevlerischen Leute". Oder aber, „die *frevlerischen Leute*" sind als Opfer der Prüfung gedacht. Für diese wäre es ein Grund zur Verführung und zur Stärkung ihres Unglaubens, wenn sie sehen würden, daß es den Gläubigen schlecht geht. Für eine solche Deutung sprechen die Stellen **17**,60 und **37**,62f. Das Traumgesicht und der Zaqqūmbaum, von denen dort die Rede ist, können nicht selber Opfer der „Prüfung" sein. Weiterer Beleg: **74**,31.

10,86: **28**,21; **66**,11.

10,87 *wa-bašširi l-mu'minīna*: **2**,223, mit weiteren Belegen. — Zu beachten ist der Wechsel im Numerus. Zuerst werden Mose und Aaron angesprochen (Dual: *tabauwa'ā li-qaumikumā*), anschließend die Israeliten (Plural: *wa-ǧ'alū buyūtakum qiblatan wa-aqīmū ṣ-ṣalāta*), zuletzt Mohammed oder allenfalls Mose (Singular: *wa-bašširi l-mu'minīna*). — Zur Sache: Speyer, S. 285f. Speyer führt den vorliegenden Wortlaut auf ein Mißverständnis von 2. Mose 12 zurück. Dort fordert Gott die Israeliten durch Mose und Aaron auf, Passahlämmer zu schlachten und mit deren Blut die Türpfosten und Oberschwellen ihrer Häuser zu kennzeichnen.

10,88 Zum Ausdruck *zīna* („Schmuck") siehe die Anmerkung zu **2**,212. — Statt *iṭmis 'alā amwālihim* (wörtlich: „wisch ihr Vermögen aus") würde man eher erwarten: *iṭmis ʿalā aʿyunihim* oder *abṣārihim* („wisch ihnen das Gesicht aus", „nimm ihnen das Sehvermögen"). — *fa-lā yuʾminū ḥattā yarawu l-ʿaḏāba l-alīma*: **26**,201; **10**,96f. — Zur Sache: Speyer, S. 278.

10,89 *fa-staqīmā wa-lā tattabiʿānni sabīla llaḏīna lā yaʿlamūna*: **6**,153; **45**,18.

10,90 *wa-ǧāwaznā bi-Banī Isrāʾīla l-baḥra fa-atbaʿahum Firʿaunu wa-ǧunūduhū*: **7**,138; **20**,77f.; **44**,23f.; **26**,60–66; **2**,50. — Belege zum Begriffspaar *baġyan wa-ʿadwan*: **2**,173/**6**,145/**16**,115. — Belege zum Untergang der Ägypter (*iḏā adrakahu l-ġaraqu*) in der Anmerkung zu **7**,136.

10,91: **10**,51, mit weiteren Belegen. — Die Frage *a-l-āna* ist im vorliegenden Vers vermutlich ebenso ironisch gemeint wie in der Belegstelle **10**,51 (vgl. **10**,52). Gott nimmt die Bekehrung Pharaos nicht an, da sie zu spät erfolgt. Vgl. **4**,18; **6**,158; **32**,29; **40**,84f.

10,92 Vers 92 war bisher noch nicht befriedigend erklärt worden. Der Erklärungsversuch von Abraham Geiger (S. 159f.), dem Speyer sich anschließt (S. 290f.), leuchtet nicht ein. Wenn man dem Verständnis des Textes nahekommen will, muß man zweierlei bedenken. Einmal erfolgt die Bekehrung Pharaos zu spät, als daß sie von Gott angenommen werden könnte (siehe die Anmerkung zum vorhergehenden Vers). Zweitens wird Pharao *mit seinem Leib* gerettet. Zusammengenommen heißt es doch wohl, daß Pharao als Sünder, der sich erst im letzten Augenblick seines Lebens bekehren will, der verdienten Strafe verfällt, daß aber sein Leib (und nur dieser) gerettet wird, d.h. die Katastrophe überdauert, um der Nachwelt als (warnendes) Beispiel zu dienen. Alles Weitere sind reine Vermutungen. Man könnte etwa annehmen, daß irgendeine auffallende Berg- oder Felsform in der jüdischen oder christlichen Sage auf den im Roten Meer untergegangenen Pharao gedeutet worden ist, oder daß hier eine legendäre und auf den besagten Pharao spezifizierte Ausdeutung des altägyptischen Brauchs vorliegt, Pharaonen zu mumifizieren und so „mit ihrem Leib" der Nachwelt zu erhalten. Siehe R. Paret, Le corps de Pharaon signe et avertissement pour la postérité (Sourate X,92), Études d'Orientalisme dédiées à la mémoire de Lévi-Provençal, Paris 1962, S. 235 bis 237. — Ähnlich wie im vorliegenden Vers von Pharao ausgesagt wird, daß er (mit seinem geretteten Leib) der Nachwelt ein Zeichen sein sollte, heißt es an einigen anderen Stellen von der Arche Noahs, daß sie zu einem Zeichen für die Menschheit (oder ähnlich) gemacht worden sei (**29**,15; **54**,15; **69**,12). Speyer bemerkt dazu (S. 104): „...Es ist aber auch möglich, daß eine Sage zu Mohammed drang, nach der tatsächlich die Trümmer der Arche erhalten geblieben sind, um die Menschen an das große Wunder zu erinnern". In **25**,37 wird der Ausdruck *āya* allerdings nicht auf die Arche bezogen, sondern auf die Opfer der Sintflut (*wa-ǧaʿalnāhum lin-nāsi āyatan*).

10,93 *wa-la-qad bauwaʾnā Banī Isrāʾīla mubauwaʾa ṣidqin*: **7**,137, mit weiteren Belegen. Zu *(mubauwaʾa) ṣidqin* und ähnlichen Genitivverbindungen siehe die Anmerkung zu **10**,2. Speyer bemerkt zur Sache (S. 341): „Da dieser Vers unmittelbar auf die Erzählung vom Auszug aus Ägypten folgt, ist anzunehmen, daß Mohammed nicht den Tempelbezirk meinte, sondern die Stiftshütte, von der Exod. 35ff. die Rede ist". Ganz anderer Ansicht ist Blachère (siehe die Anmerkung zu Vers 93 seiner Übersetzung). — *wa-razaqnāhum mina ṭ-ṭaiyibāti*: **8**,26, mit weiteren Belegen. — *fa-mā ḫtalafū ḥattā ǧā'ahumu l-'ilmu*: **3**,19, mit weiteren Belegen. — *inna rabbaka yaqḍī bainahum yauma l-qiyāmati fī-mā kānū fīhi yaḫtalifūna*: **2**,113, mit weiteren Belegen.

10,94 *fa-s'ali llaḏīna yaqra'ūna l-kitāba min qablika*: **43**,45; **17**,101; (**25**,59); **16**,43/**21**,7; **26**,197. — *la-qad ǧā'aka l-ḥaqqu min rabbika fa-lā takūnanna mina l-mumtarīna*: **2**,147, mit weiteren Belegen. — Die an Mohammed gerichtete Aufforderung, die früheren Gottesgesandten (**43**,45) oder die Kinder Israel (**17**,101) oder die „Leute der Mahnung" (**16**,43/**21**,7) oder „einen, der darüber Bescheid weiß" (**25**,59) nach gewissen Einzelheiten der von ihm verkündeten Offenbarung zu fragen, mag rein rhetorisch gemeint sein. Aber im vorliegenden Fall handelt es sich wohl um mehr als eine nur rhetorische Formulierung. Allen Deutungskünsten der Kommentatoren zum Trotz läßt der Wortlaut darauf schließen, daß Mohammed tatsächlich (wenn auch nur vorübergehend) über die von ihm verkündete Offenbarung oder wenigstens über Einzelheiten daraus im Zweifel war. Der Vordersatz des Bedingungssatzes (*fa-in kunta fī šakkin mimmā anzalnā ilaika*) scheint keine andere Deutung zuzulassen. Auch der Versschluß (*fa-lā takūnanna mina l-mumtarīna*) ist in diesem Sinn zu verstehen. Andererseits wird als selbstverständlich vorausgesetzt, daß diejenigen, die schon im Besitz der Schrift sind und sie „lesen", d.h. also Juden oder Christen, bereit sind, über den wahren Inhalt der Offenbarung Auskunft zu geben. Nach seinem Bruch mit den Juden von Medina hätte Mohammed dies kaum mehr als selbstverständlich angenommen.

10,95 Es ist nicht klar, ob hinter der an Mohammed gerichteten Aufforderung, keiner von denen zu sein, die die Zeichen Gottes als Lüge erklären, ein objektiver Sachverhalt steckt, oder ob die Aufforderung rein rhetorisch zu verstehen ist.

10,96: **10**,33, mit weiteren Belegen.

10,97 *(lā yu'minūna) wa-lau ǧā'athum kullu āyatin*: **6**,25, mit weiteren Belegen. — *(lā yu'minūna) ḥattā yarawu l-'aḏāba l-alīma*: **10**,88; **26**,201.

10,98 Belege zu *āmanat fa-nafa'ahā īmānuhā* (in negativer Formulierung): **6**,158; **32**,28f.; **40**,84f.; (**10**,50f.); (**10**,90f.); (**4**,18). — *wa-matta'nāhum ilā ḥīnin*: **37**,148. Weitere Belege in der Anmerkung zu **2**,36. — Zur Sache: Speyer, S. 410. Hier ist übrigens die Partikel *laulā* (mit folgendem Verbum, = *hallā*) mißverstanden. Sie leitet nicht einen Bedingungssatz ein, sondern eine Frage, bzw. einen Ausruf des Bedauerns: „Warum hat sich nicht auch noch eine andere Stadt außer der des Jonas rechtzeitig bekehrt, um so dem drohenden Strafgericht zu entgehen?" Ein ähnlicher Frage- oder Ausrufsatz liegt in **11**,116 vor.

10,99 *wa-lau šā'a rabbuka la-āmana man fī l-arḍi kulluhum ǧamī'an*: **6**,35, mit weiteren Belegen. — *a-fa-anta tukrihu n-nāsa ḥattā yakūnū mu'minīna*: **2**,256 (siehe die Anmerkung dazu); **12**,103; **16**,37.

10,100 *wa-yağ'alu r-riğsa 'alā llaḏīna lā ya'qilūna*: **6**,125.

10,101: **45**,3; **54**,5. Siehe auch die Anmerkung zu **10**,6.

10,102 *fa-hal yantaẓirūna illā miṯla aiyāmi llaḏīna ḫalau min qablihim*: **35**,43; **14**,5. Mit den „Tagen" sind die vernichtenden Strafgerichte gemeint, die über frühere Völker wie die Ṯamūd hereingebrochen sind. Der Ausdruck ist in Anlehnung an die bekannte Bezeichnung *aiyām al-'Arab* („Kampftage der Araber") geprägt worden. Zamaḫšarī gibt die kurze und treffende Erklärung: *waqā'i' Allāh fīhim la-mā yuqālu aiyām al-'Arab li-waqā'i'ihā*. — *fa-ntaẓirū innī ma'akum mina l-muntaẓirīna*: **6**,158, mit weiteren Belegen.

10,103 In den koranischen Berichten über die frühere Heilsgeschichte wird immer wieder darauf hingewiesen, daß die einzelnen Gottesgesandten mit ihren nächsten Angehörigen bzw. Glaubensgenossen vor dem Strafgericht gerettet werden, das zuletzt über die Ungläubigen hereinbricht. So in den Zyklen **21**,71. 74. 76. 88; **11**,58. 66. 94; **7**,64. 72. 83. Zusammenfassend, im Rückblick auf die Heilsgeschichte vor Mohammed, im vorliegenden Vers sowie in **12**,110; **30**,47.

10,104 Zum ganzen Vers: Sure **109**. Es erübrigt sich, zu *lā a'budu llaḏīna ta'budūna min dūni llāhi* weitere Belege anzuführen. — *allāha llaḏī yatawaffākum*: (**39**,42). — *wa-umirtu an akūna mina l-mu'minīna*: **10**,72, mit weiteren Belegen.

10,105: **30**,30; **30**,43; **7**,29; **6**,79; **4**,125; **22**,31; **98**,5; **2**,135/**3**,95/**6**,161/**16**,123; **16**,120; **3**,67. — *wa-lā takūnanna mina l-mušrikīna*: **6**,14/**28**,87; (**30**,31). Siehe die Anmerkung zu **6**,14. — Zur Bedeutung des Ausdrucks *ḥanīf* siehe die Anmerkung zu **2**,135.

10,106 *wa-lā tad'u min dūni llāhi mā lā yanfa'uka wa-lā yaḍurruka*: **6**,71, mit weiteren Belegen. — *fa-innaka iḏan mina ẓ-ẓālimīna*: **2**,145, mit weiteren Belegen.

10,107: **6**,17; **35**,2; **39**,38; (**6**,41, mit weiteren Belegen).

10,108 *qul yā aiyuhā n-nāsu qad ğā'akumu l-ḥaqqu min rabbikum*: **4**,170; **4**,174; (**2**,147, mit weiteren Belegen). — *fa-mani htadā fa-innamā yahtadī li-nafsihī*...: **39**,41; **17**,15; **27**,92; (**34**,50); (**41**,46/**45**,15; **17**,7; **30**,44). — *wa-mā ana 'alaikum bi-wakīlin*: **6**,66, mit weiteren Belegen.

10,109 *wa-ttabi' mā yūḥā ilaika*: **33**,2; **6**,106; **6**,50, mit weiteren Belegen. — *wa-ṣbir ḥattā yaḥkuma llāhu wa-huwa ḫairu l-ḥākimīna*: **7**,87; (**52**,48; **76**,24; **68**,48); (**74**,7).

SURE 11

11,1 Über die Buchstaben, die einzelnen Suren vorgesetzt sind, siehe die Anmerkung zu **2**,1, mit Literaturangaben. Die Buchstaben *'lr*, die am Anfang von Sure **11** stehen, finden sich auch noch vor den Suren **10**, **12**, **14**, **15**. — *uḥkimat āyātuhū*: **3**,7; **22**,52; **47**,20. — *ṯumma fuṣṣilat*: **41**,3; **41**,44; **10**,37; **12**,111; **6**,154/**7**,145; **6**,114; **7**,52; **13**,2; **6**,97/98/126; **10**,5; **9**,11; **7**,32; **30**,28; **10**,24; **6**,55; **7**,174; **17**,12; **6**,119; **7**,133. — Der Ausdruck *uḥkimat (āyātuhū)* scheint sich auf den Wortlaut, der Ausdruck *fuṣṣilat* auf den Inhalt der koranischen Offenbarungen zu beziehen. Siehe auch Horovitz, Koranische Untersuchungen, S. 75, Anm. 2. — *min ladun ḥakīmin ḫabīrin*: **27**,6.

11,2: **11**,25f.; **46**,21; **41**,13f.; **51**,51.

11,3: **71**,9–12. — *wa-ani staǧfirū rabbakum ṯumma tūbū ilaihi*: **11**,52. 61. 90. — Zu *yumatti'kum matā'an ḥasanan ilā aǧalin musammān* siehe die Anmerkung zu **2**,36, speziell zum Ausdruck *aǧal musammā* die Anmerkung zu **6**,2. — Der Ausdruck *faḍl* („Überfluß") bezeichnet im Koran die Gunst oder Huld, die Gott den Menschen (aus seinem Überfluß) schenkt. Oft ist dabei an eine Begünstigung mit irdischen Gütern gedacht (**24**,22: *ulū l-faḍli*), bzw. an ein Streben der Menschen nach einer solchen Begünstigung (z.B. **62**,10). Dabei scheint aber doch noch der Gedanke mitzuspielen, daß Menschen, die mit irdischen Gütern begünstigt sind oder danach streben, diese Begünstigung der Güte Gottes verdanken bzw. von Gott erhoffen. In diesem Sinn ist vermutlich auch der Passus *wa-yu'ti kulla ḏī faḍlin faḍlahū* im vorliegenden Vers zu verstehen. Gott schenkt jedem, der „begünstigt", d.h. mit Glücksgütern gesegnet ist, diese Glücksgüter aus seinem eigenen unerschöpflichen Überfluß. Siehe auch A. Spitaler, Was bedeutet *baqīja* in Koran? (Festschrift Rudolf Tschudi, Wiesbaden 1954, 137–146), S. 145. Wenn der Passus in der hier angegebenen Weise zu verstehen ist, nimmt er auf die Tatsache Bezug, daß die Menschen im diesseitigen Leben unterschiedlich mit Glücksgütern gesegnet sind (vgl. **16**,71). Die Kommentare deuten ihn dagegen in eschatologischem Sinn. — *fa-innī aḫāfu 'alaikum 'aḏāba yaumin kabīrin*: **7**,59, mit weiteren Belegen.

11,5 Der Ausdruck *yaṯnūna ṣudūrahum* bedeutet eigentlich „sie falten ihre Brust zusammen" (so daß man wie bei einem zusammengefalteten Schriftstück nichts vom Inhalt erkennen kann). — *yastaǧšūna ṯiyābahum*: **71**,7. Der Ausdruck „sich in sein Gewand verkriechen" (eigentlich: „sich mit seinem Gewand verhüllen", „sich damit bedecken") ist wohl so zu verstehen, daß jemand sein Gewand sich über den Kopf hochzieht, um nichts zu hören (so **71**,7), oder um selber nicht gehört (und gesehen?) zu werden (so im vorliegenden Vers). — *ya'lamu mā yusirrūna wa-mā yu'linūna*: **2**,33, mit weiteren Belegen.

11,6 *wa-mā min dābbatin fī l-arḍi illā 'alā llāhi rizquhā*: **29**,60; (**6**,38); (**24**,45); (**11**,56). — *wa-ya'lamu mustaqarrahā wa-mustauda'ahā*: **6**,98. Siehe die Anmerkung dazu. Weitere Belege zum Ausdruck *mustaqarr*: **2**,36/**7**,24; **6**,67 (vgl. **54**,3); **36**,38; **75**,12; **25**,24; **25**,66; **25**,76; (**22**,5); (**23**,13); (**77**,20–22). — *kullun fī kitābin mubīnin*: **27**,75; **10**,61/**34**,3; **6**,59; **22**,70; **35**,11; **57**,22; **9**,51; **20**,51f.; **6**,38; **13**,38; **15**,4; **17**,58/**33**,6; **9**,36.

11,7 *wa-huwa llaḏī ḫalaqa s-samāwāti wal-arḍa fī sittati aiyāmin wa-kāna 'aršuhū 'alā l-mā'i*: **7**,54/**10**,3/**57**,4; **32**,4/**25**,59; **50**,38; (**13**,2); (**20**,4f.). Zur Sache: Speyer, S. 2f. und 21f. — Der Passus *wa-kāna 'aršuhū 'alā l-mā'i* ist vermutlich als Zustandssatz zu verstehen (siehe die Übersetzung). Der Thron Gottes schwebte, ehe der Kosmos von Himmel und Erde erschaffen war, über den bis dahin noch chaotischen Wassermassen. — *li-yabluwakum aiyukum aḥsanu ʿamalan*: **18**,7; **67**,2. Wenn hier im Anschluß an den Hinweis auf die Erschaffung von Himmel und Erde gesagt wird, die Menschen sollten „geprüft" werden, so ist damit vielleicht gemeint, daß sie im Kosmos das Werk ihres Herrn und Schöpfers erkennen und deshalb ihn allein verehren sollen. Bell bemerkt jedoch zu der Stelle: „There is a break in the sense and possibly the concluding phrase is a separate scrap". — *la-yaqūlanna llaḏīna kafarū in hāḏā illā siḥrun mubīnun*: **37**,14–17; **10**,76, mit weiteren Belegen.

11,8 *wa-la-in aḫḫarnā ʿanhumu l-ʿaḏāba ilā ummatin maʿdūdatin*: **11**,104, mit weiteren Belegen. Der Ausdruck *umma* hat in der vorliegenden Stelle und in **12**,45 die Bedeutung „Frist", „Weile". — *laisa maṣrūfan ʿanhum*: **6**,16. — *wa-ḥāqa bihim mā kānū bihī yastahziʾūna*: **6**,10, mit weiteren Belegen.

11,9f. Belege zum Thema Undankbarkeit des Menschen nach Errettung aus einer Notlage (und umgekehrt) in der Anmerkung zu **10**,12. — *innahū la-yaʾūsun kafūrun*: **17**,67; **42**,48; **22**,66; **43**,15; **14**,34; **80**,17; **100**,6.

11,11 Belege zum ganzen Vers als Ausnahmesatz: **103**,2f.; **84**,24f.; **95**,4–6; **26**,224–227; **38**,24; **70**,19–35; (**38**,28). — Belege zum sonstigen Inhalt des Verses: **35**,7; **17**,9/**18**,2; **5**,9; **48**,29; **34**,4; **41**,8; **67**,12.

11,12 Der Ausdruck *tārikun baʿḍa mā yūḥā ilaika* ist nicht ganz eindeutig. Vermutlich ist damit gemeint, daß Mohammed mit dem Gedanken gespielt hat, gewisse Offenbarungstexte wegen der Wirkung, die sie bei seinen Gegnern hervorrufen könnten, bei sich zu behalten oder, grob gesagt, zu unterschlagen. — *wa-ḍāʾiqun bihī ṣadruka*: **15**,97. — *laulā unzila ʿalaihi kanzun*: **25**,8; **43**,53; **11**,31/ **6**,50. — *au ǧāʾa maʿahū malakun*: **6**,8, mit weiteren Belegen.

11,13: **10**,38, mit weiteren Belegen. Zur Etymologie des Wortes *sūra* (Mehrzahl *suwar*) siehe die Anmerkung zu **24**,1.

11,14 *fa-il-lam yastaǧībū...*: **28**,50. — Ṭabarī vertritt die Ansicht, daß als Subjekt von *(lam) yastaǧībū* die Götter oder Götzen zu ergänzen sind, deren Anrufung den heidnischen Gegnern Mohammeds im vorausgehenden Vers nahegelegt wird. Vgl. **46**,5; **13**,14; **35**,14; **7**,194. Das Suffix in *lakum* würde sich demnach auf jene heidnischen Gegner beziehen, die bei ihren Götzen kein Gehör finden. Die Übersetzung schließt sich dieser Deutung an. Im Hinblick auf die Belegstelle **28**,49f., die mit der vorliegenden Stelle große Ähnlichkeit aufweist, muß man aber auch mit der Möglichkeit rechnen, daß als Subjekt von *(lam) yastaǧībū* die Gegner Mohammeds zu ergänzen sind. Das würde bedeuten, daß die heidnischen Gesprächspartner des Propheten der Aufforderung, zehn Suren beizubringen und die Wahrhaftigkeit ihrer Aussagen durch das Zeugnis der von ihnen verehrten Götzen zu bekräftigen, nicht Folge leisten können. Statt der Pluralformen *lakum* und *fa-ʿlamū* würde man dann allerdings die Singularformen *laka* und *fa-ʿlam* erwarten. Ein Wechsel im Numerus ist jedoch im Koran nicht ungewöhnlich. — *annamā unzila bi-ʿilmi llāhi*: **4**,166. Siehe die Anmerkung dazu. — *fa-hal antum muslimūna*: **21**,108.

11,15 *man kāna yurīdu l-ḥayāta d-dunyā wa-zīnatahā*: **33**,28f.; **18**,28; **28**,60; **28**,79f.; **57**,20; **3**,14; **3**,145, mit weiteren Belegen. Zur Sache siehe die Anmerkung zu **2**,212. — Das Verbum *waffā (II)*, „voll machen", „voll auszahlen", ein kaufmännischer Ausdruck (siehe Charles C. Torrey, The Commercial-Theological Terms in the Koran, Leiden 1892, S. 22f.), wird im Koran in der Regel für die Vergeltung im *Jenseits* verwendet. Im vorliegenden Vers bezieht es sich aber auf den Ausgleich, den die diesseitig eingestellten Menschen für ihre (guten) Taten bereits im *Diesseits* erhalten. Das Personalsuffix in dem zweimaligen *fīhā* bezieht sich auf *al-ḥayāta d-dunyā* (nicht auf *zīnatahā*).

11,16 Zur Bedeutung des Verbums *ḥabiṭa* siehe die Anmerkung zu **2**,217. — *wa-bāṭilun mā kānū ya'malūna*: **7**,139.

11,17 *a-fa-man kāna 'alā baiyinatin min rabbihī*: **47**,14; **6**,57; **11**,28. 63. 88; **35**,40. Der präpositionale Ausdruck *min rabbihī* gibt die Quelle an, aus der die Gewißheit (*baiyina*) stammt, nicht die Sache, die sie betrifft. — Der Fragesatz, mit dem der Vers beginnt, ist nicht zu Ende geführt. Siehe Bergsträsser, Verneinungspartikeln, S. 97. Sinngemäß müßte die Fortsetzung etwa lauten: *ka-mani ftarā 'alā llāhi kaḏiban*. Vgl. **11**,18. (24); **47**,14. — *wa-yatlūhu šāhidun minhu*. Mit dem „Zeugen" ist vielleicht nicht Mohammed gemeint, sondern der Engel, der die Offenbarung vom Himmel bringt. Vgl. **4**,166. Dementsprechend könnte auch in **98**,2f. mit dem „Gesandten Gottes" der Offenbarungsengel gemeint sein. Vgl. auch **46**,10? — *wa-min qablihī kitābu Mūsā imāman wa-raḥmatan*: **46**,12. — Der Ausdruck *al-aḥzāb* („die Gruppen", „die Parteien") wird im Koran in verschiedenen Abwandlungen gebraucht. In **19**,37/**43**,65 heißt es im Anschluß an einen Abschnitt, der von der Person und Lehre Jesu handelt: „Da wurden die ‚Gruppen' untereinander uneins". Hier steht also der Gedanke der Aufspaltung einer (ursprünglich einheitlichen) Religionsgemeinschaft im Vordergrund. Siehe die Anmerkung zu **19**,37. In **13**,36 werden zuerst die „Leute der Schrift" genannt, die sich über die von Mohammed verkündete Offenbarung freuen, anschließend gewisse Leute von den *aḥzāb*, die diese Offenbarung zum Teil ablehnen. Ähnlich wird in der vorliegenden Stelle **11**,17 von den *aḥzāb* (oder von gewissen Leuten von den *aḥzāb*) ausgesagt, daß sie nicht an die koranische Offenbarung glauben, während der unmittelbar vorausgehende Text sich auf diejenigen bezieht, die an eben diese Offenbarung glauben (die ihrerseits in der „Schrift Moses" ihren Vorläufer hat). An drei anderen Stellen wird der Ausdruck *al-aḥzāb* auf Völker der früheren Heilsgeschichte angewandt, u.z. speziell im Hinblick auf das Strafgericht, das infolge ihres Unglaubens über sie hereingebrochen ist: **38**,11–13; **40**,5; **40**,30f. Horovitz bemerkt dazu, Mohammed habe den Ausdruck an diesen drei Stellen vielleicht im Sinn des äthiopischen *aḥzāb* für „Heiden" gebraucht (Koranische Untersuchungen, S. 19). Schließlich wird der Ausdruck *al-aḥzāb* in Sure **33**,20–22 auf die „Gruppen" angewandt, die sich im Grabenkrieg zu einem Bund gegen Mohammed und die Muslime zusammengeschlossen haben. — *fa-lā taku fī miryatin minhu innahu l-ḥaqqu min rabbika*: **2**,147, mit weiteren Belegen.

11,18 *wa-man aẓlamu mimmani ftarā ʿalā llāhi kaḏiban*: **6**,21, mit weiteren Belegen. — *yuʿraḍūna ʿalā rabbihim*: **69**,18; **18**,48. — *wa-yaqūlu l-ašhādu*: **40**,51; **39**,69; **85**,2f. — *a-lā laʿnatu llāhi ʿalā ẓ-ẓālimīna*: **7**,44; **3**,86f.; **2**,89; **2**,161; **3**,61; **24**,7; **13**,25; **40**,52. Weitere Belege in der Anmerkung zu **3**,87.

11,19: **7**,45, mit weiteren Belegen.

11,20 *ulāʾika lam yakūnū muʿǧizīna fī l-arḍi*: **42**,31; **29**,22; **46**,32; **24**,57; **8**,59; **16**,46/**39**,51; **6**,134/**11**,33/**10**,53; **72**,12; **35**,44; **9**,2/3. Zur Bedeutung von *aʿǧaza (IV)* siehe die Anmerkung zu **6**,134. — *yuḍāʿafu lahumu l-ʿaḏābu*: **25**,69; **33**,30; **33**,68; **9**,101. — *mā kānū yastaṭīʿūna s-samʿa wa-mā kānū yubṣirūna*: **18**,101; (**16**,108).

11,21: **7**,53. — *ḫasirū anfusahum*: auch **6**,12, mit weiteren Belegen. — *wa-ḍalla ʿanhum mā kānū yaftarūna*: auch **6**,24, mit weiteren Belegen.

11,22: **27**,5; **16**,109; **3**,85/**5**,5; (**42**,45); (**18**,103).

11,23 *wa-aḫbatū ilā rabbihim*: **22**,34; **22**,54.

11,24: **6**,50, mit weiteren Belegen. — *hal yastawiyāni maṯalan*: **39**,29.

11,25–49 Zur Geschichte von Noah siehe die Anmerkung zu **7**,59–64 (mit Aufzählung der weiteren Belegstellen). Die hier vorliegende Version bildet zusammen mit den folgenden Geschichten von Hūd (V. 50–60), Ṣāliḥ (V. 61 bis 68), Abraham und Lot (V. 69–83), Šuʿaib (V. 84–95) und Mose und Pharao (V. 96–99) eine Einheit. Den Abschluß des Ganzen bildet die Zusammenfassung in **11**,100–102. Vers 103 leitet zu einer eschatologischen Betrachtung über. Siehe Horovitz, Koranische Untersuchungen, S. 21f. Zur Sache: Speyer; S. 89–115.

11,25f.: **7**,59, mit weiteren Belegen. — *innī lakum naḏīrun mubīnun*: **71**,2; **26**,115; **15**,89, mit weiteren Belegen. — *an lā taʿbudū illā llāha*: **11**,2, mit weiteren Belegen.

11,27 Die „Vornehmen" (*al-malaʾ*) vertreten in den koranischen Geschichten von früheren Gottesgesandten stereotyp die Partei der Ungläubigen, ohne Zweifel ein Reflex der Verhältnisse, die zu Mohammeds Zeit in Mekka herrschten. — *mā narāka illā bašaran miṯlanā*: **23**,24; **23**,33f.; **26**,154; **26**,186; **36**,15; **14**,10f.; **21**,3; **18**,110/**41**,6; **6**,91; **54**,23–25; **38**,8; **17**,93f.; **64**,6; **74**,25; **7**,63/69; **38**,4/**50**,2; **10**,2; (**12**,109/**16**,43/**21**,7). — *wa-mā narāka ttabaʿaka illā llaḏīna hum arāḏilunā bādiya r-raʾyi*: **26**,111. Zum Sachzusammenhang siehe die Anmerkung zu **6**,52. — *bādiya r-raʾyi*. Zur Bedeutung des Ausdrucks siehe auch Muslim, Faḍāʾil 172, wo es in einer Paraphrasierung von Sure **18**,74 heißt: *fa-nṭalaqā ḥattā iḏā laqiyā ġilmānan yalʿabūna qāla fa-nṭalaqa ilā aḥadihim bādiya r-raʾyi fa-qatalahū*. Die Partizipform *bādiya* ist aus *bādiʾa* erweicht (von der Wurzel *bdʾ* „anfangen"). Der ganze Ausdruck bedeutet demnach „auf Grund der ersten Meinung, des ersten Eindrucks", „auf den ersten Blick", d.h. ohne lange zu überlegen. Wahrscheinlich ist er im vorliegenden Vers speziell auf *ittabaʿaka* zu beziehen, und nicht auf den ganzen Satz *mā narāka*... Siehe die Übersetzung. — *bal naẓunnukum kāḏibīna*: **26**,186; **7**,66.

11,28 *qāla yā qaumi a-ra'aitum in kuntu 'alā baiyinatin min rabbī wa-ātānī raḥmatan min 'indihī*: **11**,63. 88; **11**,17. Siehe die Anmerkung zu diesem Vers, mit weiteren Belegen. Außerdem **6**,157. — *a-nulzimukumūhā wa-antum lahā kārihūna*: **10**,99; **2**,256 (siehe die Anmerkung dazu); **12**,103.

11,29 *lā as'alukum 'alaihi mālan in aǧriya illā 'alā llāhi*: **10**,72, mit weiteren Belegen. — *wa-mā ana bi-ṭāridi llaḏīna āmanū*: **26**,114; **6**,52. Siehe auch den folgenden Vers 30. Zum Sachzusammenhang siehe die Anmerkung zu **6**,52. Der Hinweis darauf, daß die Anhänger Noahs (= Mohammeds) dereinst ihrem Herrn begegnen werden (*innahum mulāqū rabbihim*), soll vielleicht bedeuten, daß sie sich wegen der ihnen zur Last gelegten Untaten vor Gott allein zu verantworten haben. Vgl. **26**,113: *in ḥisābuhum illā 'alā rabbī*; **6**,52: *mā 'alaika min ḥisābihim min šai'in*. — *walākinnī arākum qauman taǧhalūna*: **46**,23; **7**,138; **27**,55

11,30: (**11**,63); (**6**,15, mit weiteren Belegen).

11,31 *wa-lā aqūlu lakum 'indī ḫazā'inu llāhi wa-lā a'lamu l-ġaiba wa-lā aqūlu innī malakun*: **6**,50, mit weiteren Belegen. Speziell zu *wa-lā aqūlu innī malakun*: **6**,8, mit weiteren Belegen. — *allāhu a'lamu bi-mā fī anfusihim*: **17**,25; **29**,10; **60**,1; **84**,23. — *innī iḏan la-mina ẓ-ẓālimīna*: **2**,145/**10**,106; **5**,107; **12**,79; **6**,52.

11,32 *fa-'tinā bi-mā ta'idunā in kunta mina ṣ-ṣādiqīna*: **7**,70, mit weiteren Belegen.

11,33: **6**,134. Siehe die Anmerkung dazu, mit weiteren Belegen.

11,34 *wa-lā yanfa'ukum nuṣḥī in aradtu an anṣaḥa lakum in kāna llāhu yurīdu an yuġwiyakum*: (**7**,62. 68. 79. 93).

11,35 *am yaqūlūna ftarāhu*: **46**,8; **10**,38, mit weiteren Belegen. — *fa-'alaiya iǧrāmī wa-ana barī'un mimmā tuǧrimūna*: **34**,25; **10**,41; **26**,216; (**2**,139/**28**,55/**42**,15). Mit dem Objektsuffix in *iftarāhu* und *iftaraituhū* ist vermutlich nicht mehr die Verkündigung Noahs, sondern die Offenbarung des Korans gemeint. Demnach bezieht sich der ganze Vers 35 eher auf Mohammed als auf Noah, obwohl er mitten in die Geschichte von Noah eingefügt ist.

11,36 *fa-lā tabta'is bi-mā kānū yaf'alūna*: **12**,69.

11,37: **23**,27.

11,38: **83**,29–34.

11,39: **39**,39f.; **11**,93.

11,40: **23**,27. — *iḏā ǧā'a amrunā*: auch **11**,58/66/82/94; **11**,101. Zur Bedeutung von *amr* siehe die Anmerkung zu **2**,109. — *wa-fāra t-tannūru*. Die Vorstellung vom kochenden Ofen geht laut Geiger und Speyer auf jüdische Überlieferungen zurück, nach denen das Wasser der Sintflut heiß war. Siehe Speyer, S. 103. — Mit dem, „gegen den der Ausspruch (der Vorherbestimmung) bereits vorliegt", wird der in den Versen 42f. und 45f. genannte Sohn Noahs gemeint sein.

11,41: (**23**,28f.). — *bismi llāhi maǧrāhā wa-mursāhā*. Siehe die Anmerkung zu **1**,1.

11,43 *lā 'āṣima l-yauma min amri llāhi*: **40**,33; **10**,27; **33**,17. — *illā man raḥima*: **44**,41f.

11,44 Der Ausdruck *quḍiya l-amru* („die Angelegenheit war erledigt") wird hier im Gegensatz zu manchen anderen Stellen (Belege in der Anmerkung zu **6**,8) nicht in eschatologischem Sinn verwendet, sondern bezieht sich auf ein zeitliches Strafgericht. — Mit *al-Ǧūdī* meinte Mohammed wohl einen Berg in Arabien. Erst nachträglich wurde der Name auf ein Bergmassiv in Kurdistan übertragen, auf dem nach einer alten Überlieferung die Arche Noahs gelandet sein soll. Siehe M. Streck, EI[1] und EI[2], Artikel Djūdī. — *wa-qīla bu'dan lil-qaumi ẓ-ẓālimīna*: **11**,60. 68. 95; **23**,41. 44; (**67**,11: *suḥqan*...).

11,45 *inna wa'daka l-ḥaqqu*: **4**,122, mit weiteren Belegen. Im vorliegenden Zusammenhang ist mit *wa'd Allāh* allem Anschein nach nicht Gottes Androhung des Gerichts gemeint, sondern sein Versprechen, Noah mit seiner Familie vor dem Untergang zu retten. — *wa-anta aḥkamu l-ḥākimīna*: **95**,8; (**7**,87/**10**,109/**12**,80).

11,46 *fa-lā tas'alni mā laisa laka bihī 'ilmun* (vgl. den folgenden Vers 47: *rabbi innī a'ūḏu bika an as'alaka mā laisa lī bihī 'ilmun*): **4**,157, mit weiteren Belegen.

11,47 *wa-illā taġfir lī wa-tarḥamnī akun mina l-ḫāsirīna*: **7**,23; **7**,149; (**2**,64).

11,48 *qīla yā Nūḥu hbiṭ bi-salāmin minnā wa-barakātin 'alaika wa-'alā umamin mimman ma'aka*: **37**,75–79. — Zum Ausdruck *sa-numatti'uhum* siehe die Anmerkung zu **2**,36.

11,49 *tilka min anbā'i l-ġaibi nūḥīhā ilaika mā kunta ta'lamuhā anta wa-lā qaumuka min qabli hāḏā*: **3**,44; **12**,102; **28**,44–46; (**11**,100); (**11**,120); (**20**,99). — *fa-ṣbir inna l-'āqibata lil-muttaqīna*: **7**,128; **28**,83; (**20**,132).

11,50–60 Zur Geschichte von Hūd und den 'Ād siehe die Anmerkung zu **7**,65–72 (mit Aufzählung der weiteren Belegstellen). Die hier vorliegende Version bildet zusammen mit der unmittelbar vorausgehenden Geschichte von Noah und seinen Zeitgenossen (V. 25–49) und mit den folgenden Geschichten von Ṣāliḥ (V. 61–68), Abraham und Lot (V. 69–83), Šu'aib (V. 84 bis 95) und Mose und Pharao (V. 96–99) eine Einheit. Den Abschluß des Ganzen bildet die Zusammenfassung in **11**,100–102. Zur Sache: Speyer, S. 118f.; EI[1], Artikel Hūd (Wensinck) und 'Ād (Buhl). EI[2], Artikel Hūd (Wensinck-Pellat) und 'Ād (Buhl*).

11,50: **7**,65; **23**,32; **26**,124. — Der Ausspruch *u'budū llāha mā lakum min ilāhin ġairuhū* wird auch den Gottesgesandten Ṣāliḥ (V. 61), Šu'aib (V. 84) und (kürzer) Noah (V. 26) in den Mund gelegt, ebenso in der parallelen Reihe in Sure **7** (Verse 59. 65. 73. 85). In **23**,23 kehrt derselbe Wortlaut als Ausspruch Noahs wieder.

11,51: **10**,72, mit weiteren Belegen.

11,52: **71**,9–12; **11**,3. — *istaġfirū rabbakum ṯumma tūbū ilaihi*: **11**,3 (s.o.). 61. 90. — *yursili s-samā'a 'alaikum midrāran*: **71**,11 (s. o.); **6**,6.

11,53: **7**,70, mit weiteren Belegen; **37**,36. — *wa-mā naḥnu laka bi-mu'minīna*: **10**,78; **7**,132; **23**,38.

11,54 *annī barī'un mimmā tušrikūna*: **6**,19. 78; **43**,26f.; **60**,4.

11,55: **7**,195; **10**,71; (**77**,39). — Auf Grund der beiden Belegstellen **7**,195 und **10**,71 kann man annehmen, daß der Ausdruck *ǧamīʿan* („insgesamt") die sogenannten Teilhaber (*šurakāʾ*) mit einschließen soll (= ihr und eure angeblichen Teilhaber).

11,56 *innī tawakkaltu ʿalā llāhi rabbī wa-rabbikum*: (**10**,71). — *wa-mā min dābbatin illā huwa āḫiḏun bi-nāṣiyatihā*: **29**,60; **11**,6; **6**,38.

11,57 *fa-in tawallau fa-qad ablaġtukum mā ursiltu bihī ilaikum*: **46**,23; **7**,68 (Hūd); **7**,62 (Noah); **7**,79 (Ṣāliḥ); **7**,93 (Šuʿaib); **3**,20, mit weiteren Belegen. — *wa-yastaḫlifu rabbī qauman ġairakum*: **9**,39, mit weiteren Belegen; **6**,165, mit weiteren Belegen. — *wa-lā taḍurrūnahū šaiʾan*: **3**,144, mit weiteren Belegen.

11,58: **11**,66. 94; (**11**,82); (**11**,40/**23**,27); (**11**,101). Zur Bedeutung von *amr* siehe die Anmerkung zu **2**,109. — *naǧǧainā Hūdan wa-llaḏīna āmanū maʿahū bi-raḥmatin minnā*: auch **7**,72; **7**,64, mit weiteren Belegen. — *wa-naǧǧaināhum min ʿaḏābin ġalīẓin*. Mit der „harten Strafe" ist wohl nicht mehr das zeitliche Strafgericht gemeint, sondern das Endgericht. Für eine solche Deutung läßt sich Vers 66 anführen, wo es in der Geschichte von Ṣāliḥ heißt, er und die Seinen seien „auch vor der Schande an jenem Tag" (*wa-min ḫizyi yaumiʾiḏin*) gerettet worden. Das kann man kaum anders als in eschatologischem Sinn verstehen. Auch ist zu beachten, daß der im vorliegenden Vers verwendete Ausdruck *ʿaḏāb ġalīẓ* sonst durchweg das (eschatologische) Endgericht zu bezeichnen scheint (**14**,17; **41**,50; **31**,24). Schließlich gewinnt die hier vorgeschlagene Deutung noch dadurch an Wahrscheinlichkeit, daß im übernächsten Vers 60 von den ungläubigen Gegenspielern Hūds und seiner Glaubensgenossen gesagt wird, sie seien „hier im Diesseits und am Tag der Auferstehung" der Verfluchung verfallen. Auch hier (und in den Belegstellen **11**,99 und **28**,42) wird das eschatologische Gericht mit einbezogen. Zur Sache siehe Paret, Mohammed und der Koran, Stuttgart 1958, S. 88f.

11,59 *wa-ttabaʿū amra kulli ǧabbārin ʿanīdin*: (**11**,97). Speziell zu *kulli ǧabbārin ʿanīdin*: **14**,15.

11,60 *wa-utbiʿū fī hāḏihi d-dunyā laʿnatan wa-yauma l-qiyāmati*: **11**,99; **28**,42; **24**,23; **33**,57. — *a-lā inna ʿĀdan kafarū rabbahum a-lā buʿdan li-ʿĀdin qaumi Hūdin*: **11**,68; **11**,95; **11**,44; **23**,41; **23**,44.

11,61–68 Zur Geschichte von Ṣāliḥ und den Ṯamūd siehe die Anmerkung zu **7**,73–79 (mit Aufzählung der weiteren Belegstellen). Die hier vorliegende Version bildet zusammen mit den vorausgehenden Geschichten von Noah und seinen Zeitgenossen (V. 25–49) und von Hūd und den ʿĀd (V. 50–60) und den folgenden Geschichten von Abraham und Lot (V. 69–83), Šuʿaib und den Madyan (V. 84–95) und Mose und Pharao (V. 96–99) eine Einheit. Den Abschluß des Ganzen bildet die Zusammenfassung in **11**,100–102. Zur Sache: Speyer, S. 118f.; EI[1], Artikel Ṣāliḥ (Buhl) und Thamūd (Bräu).

11,61 *wa-ilā Ṯamūda aḫāhum Ṣāliḥan qāla yā qaumi ʿbudū llāha mā lakum min ilāhin ġairuhū*: **7**,73; **27**,45; (**26**,142). — *uʿbudū llāha mā lakum min ilāhin ġairuhū*: **11**,50, mit weiteren Belegen. — *huwa anšaʾakum mina l-arḍi wa-staʿmarakum fīhā*:

53,32; (**28**,45). — *fa-staġfirūhu ṯumma tūbū ilaihi*: **11**,3. 52. 90. — *inna rabbī qarībun muǧībun*: **2**,186, mit weiteren Belegen.

11,62 *a-tanhānā an na'buda mā ya'budu ābā'unā*: **7**,70, mit weiteren Belegen. — *wa-innanā la-fī šakkin mimmā tad'ūnā ilaihi murībin*: **14**,9f.; **11**,110/**41**,45; **42**,14; **34**,54; **38**,8; **10**,104.

11,63 *qāla yā qaumi a-ra'aitum in kuntu 'alā baiyinatin min rabbī wa-ātānī minhu raḥmatan*: **11**,28. 88; **11**,17. Siehe die Anmerkung zu diesem Vers, mit weiteren Belegen. (**7**,73. 85. 105). — *fa-man yanṣurunī mina llāhi in 'aṣaituhū*: **11**,30; **6**,15/ **10**,15/**39**,13. — *fa-mā tazīdūnanī ġaira taḫsīrin*: **11**,101. Man kann annehmen, daß die Form *taḫsīr* (anstelle des üblichen *ḫasār* oder *ḫusrān*) des Reimvokals *ī* wegen gewählt ist. In **35**,39 heißt es allerdings in einer Versfolge mit dem Reimvokal *ū* bzw. *ī*: *wa-lā yazīdu l-kāfirīna kufruhum illā ḫasāran.*

11,64: **7**,73, mit weiteren Belegen. — Zum Ausdruck *arḍ Allāh* siehe ebenfalls die Anmerkung zu **7**,73.

11,65: **7**,77, mit weiteren Belegen. — Zum Ausdruck *tamatta'ū* siehe die Anmerkung zu **2**,36. Beleg speziell zum vorliegenden Vers: **51**,43f.

11,66: **11**,58, mit weiteren Belegen. — Der Ausdruck *min ḫizyi yaumi'iḏin* kann kaum anders als auf das Gericht am Ende aller Tage bezogen werden. Siehe die Anmerkung zu **11**,58.

11,67: **11**,94 (Madyan); **7**,78 (Ṯamūd)/**7**,91/**29**,37 (beidesmal Madyan); **15**,73 (das Volk von Lot); **15**,83 (Aṣḥāb al-Ḥiǧr); **23**,41 (das Volk eines ungenannten Gesandten); **54**,31 (Ṯamūd); **29**,40; **36**,29; **36**,49; **36**,53; **38**,15; **50**,42.

11,68: **11**,95. — *ka-an lam yaġnau fīhā*: auch **7**,92; **10**,24. Zur Bedeutung von *(lam) yaġnau* siehe die Anmerkung zu **7**,92. — *a-lā inna Ṯamūda kafarū rabbahum a-lā bu'dan li-Ṯamūda*: **11**,60, mit weiteren Belegen.

11,69–83 In den Versen 69–83 ist die Geschichte von Lot und der Vernichtung seiner Volksgenossen das Hauptthema. Sie bildet zusammen mit den vorausgehenden Geschichten von Noah und seinen Zeitgenossen (V. 25–49), Hūd und den 'Ād (V. 50–60); Ṣāliḥ und den Ṯamūd (V. 61–68) und den folgenden Geschichten von Šu'aib und den Madyan (V. 84–95) und Mose und Pharao (V. 96–99) eine Einheit. Den Abschluß des Ganzen bildet die Zusammenfassung in **11**,100–102. Die Geschichten vom Besuch der Engel bei Abraham, von der Verheißung Isaaks (und Jakobs) und von Abrahams Fürbitte für das Volk Lots (V. 69–76) bildet die Einleitung zum Bericht über das eigentliche Strafgericht (V. 77–83) – eine deutliche Nachwirkung der Komposition von 1. Mose 18f. In ähnlichem Zusammenhang mit der Geschichte von Abraham wird die Geschichte von Lot und dem Strafgericht über seine Volksgenossen noch an folgenden Stellen berichtet: **51**,24–37; **15**,51 bis 77; (kürzer) **29**,31–35. In Sure **21** geht ebenfalls die Geschichte von Abraham (V. 51–73) derjenigen von Lot (V. 74f.) unmittelbar voraus. Doch liegt hier der Schwerpunkt auf der Berichterstattung über Abraham, während die Geschichte von Lot (der schon in Vers 71 mit Abraham zusammen genannt wird) mehr nur wie ein Anhang wirkt. An den übrigen Stellen ist die Geschichte von Lot ohne Bezugnahme auf Abraham in die Straflegenden eingereiht (**54**,33–39; **37**,133–138; **26**,160–175; **27**,54–58; **7**,80–84). Ganz kurz erwähnt wird die Geschichte von Lot bzw. von den „umgekehrten" Städten (Sodom und Gomorrha) an folgenden Stellen: **53**,53 (*al-mu'tafika*); **69**,9 und **9**,70 (*al-mu'tafikāt*); **50**,13 (*iḫwān Lūṭ*); **22**,43 (*qaum Ibrāhim wa-qaum Lūṭ*); **25**,40 (ohne Namensnennung). Zur Sache: Speyer, S. 147–158.

11,69: **51**,24–26; **15**,51f.; **29**,31. — Zum Ausdruck *(bil-)bušrā*: Speyer, S. 147, Anm. 1.

11,70: **51**,27f. 31–34; **15**,52f. 57f.; **29**,31. — *nakirahum wa-auǧasa minhum ḫīfatan*: **51**,25; **15**,61f. — Die Boten Gottes nehmen als Engel keine Speise zu sich. Siehe Speyer, S. 149. Abraham schließt aber – nach den Regeln der orientalischen Gastfreundschaft – aus der Tatsache, daß sie von seiner Bewirtung keinen Gebrauch machen, auf eine feindselige Haltung und bekommt Angst.

11,71–73: **51**,28–30; **15**,53–56. — Auffallend ist, daß von der Frau Abrahams vorweg gesagt wird, sie habe gelacht, während die Geburt von Isaak (und Jakob) erst im Anschluß daran verkündigt wird. Nach Ṭabarī gibt es sieben verschiedene Begründungen für das Lachen von Abrahams Frau. Doch leuchtet keine dieser Deutungen ein, auch nicht die, der er seinerseits den Vorzug gibt (das Lachen habe der Ahnungslosigkeit gegolten, mit der das Volk Lots dem Strafgericht entgegenging). Letzten Endes geht der Passus *wa-mra'atuhū qā'imatun fa-ḍaḥikat* auf 1. Mose 18,12–15 zurück. Dort wird erzählt, daß Sara höhnisch lachte, weil sie nicht glauben konnte, daß sie in ihrem hohen Alter noch ein Kind bekommen könne. Im vorliegenden Vers scheint – literargeschichtlich gesehen – die ganze Episode zu einem Rudiment zusammengeschrumpft zu sein. Das Lachen ist beibehalten, die Motivierung des Lachens ist unter den Tisch gefallen. Denn so, wie der Text lautet, kann man den Satz *fa-ḍaḥikat* schlechterdings nicht auf das folgende *fa-baššarnāhā bi-Isḥāqa*... beziehen. Allenfalls könnte man den Zusammenhang so deuten, daß die Frau Abrahams die anfänglich ausschließlich an ihren Mann gerichtete Verheißung leiblicher Nachkommenschaft (Vers 69: *wa-la-qad ǧā'at rusulunā Ibrāhīma bil-bušrā*) mit angehört hat und deshalb in Lachen ausbrach, und daß daraufhin die spezielle Ankündigung von Isaak und Jakob an sie selber gerichtet worden ist (V. 71). Aber eine solche Deutung ist zu gekünstelt. — Die Formulierung *fa-baššarnāhā bi-Isḥāqa wa-min warā'i Isḥāqa Ya'qūba* läßt sich am ehesten so verstehen, daß Jakob ebenso wie Isaak, wenn auch zeitlich nach ihm, als ein Sohn (nicht Enkel) von Abraham und seiner Frau verkündet wird. Vgl. **19**,49; **21**,72; **29**,27; **6**,84. Anders **2**,133; **12**,6. 38. Siehe die Anmerkung zu **6**,84. — Der Ausdruck *ahla l-baiti* (Vokativ) findet sich außer in Vers 73 auch noch in **33**,33 (*innamā yurīdu llāhu li-yuḏhiba 'ankumu r-riǧsa ahla l-baiti wa-yuṭahhirakum taṭhīran*; voraus geht eine Ermahnung an die Frauen des Propheten oder ganz allgemein an die muslimischen Frauen, das heidnische Brauchtum abzulegen und ein Gott wohlgefälliges Leben zu führen). Vielleicht sind mit den „Leuten des Hauses" nicht speziell die Angehörigen der Familie Abrahams (bzw. in **33**,33 der Familie des Propheten) gemeint, sondern allgemeiner die „Leute des Gotteshauses" (nämlich der Ka'ba), d.h. die Anhänger des im Ka'bakult symbolisierten reinen Gottesglaubens. (Mit *al-bait* wird sonst im Koran durchweg die Ka'ba bezeichnet.) Man müßte dann allerdings annehmen, daß im vorliegenden Vers bereits auf die Legende angespielt wird, nach der eben Abraham den Ka'bakult im Sinn des reinen Monotheismus eingeführt hat. Siehe R. Paret, in: Orientalistische Studien, Enno Littmann überreicht, Leiden 1935, S. 127–130.

11,74–76: (**51**,31–34); (**15**,57–60); (**29**,31f.). — Auffallend ist im Nachsatz von Vers 74 die Form *yuǧādilunā* (Imperfekt, nicht Perfekt, wie man erwarten würde). Im Hinblick auf 1. Mose 18,23–33 könnte man die Wahl des Imperfekts damit erklären, daß Abraham so zäh und andauernd für Lot und seine Leute Fürbitte einlegte. Ṭabarī bemerkt zur Stelle: *al-'Arabu...lā yakādūna yaqūlūna ,lammā qāma aqūmu' wa-qad yaǧūzu fī-mā kāna mina l-fi'li lahū taṭāwulun...* — *inna Ibrāhīma la-ḥalīmun auwāhun munībun*: **9**,114. Der Ausdruck *auwāh* bedeutet eigentlich: „einer, der viel ‚ach!' sagt", d.h. einer, der immer gleich seufzt und bedauert. — Zur Bedeutung von *amr* (V. 76) siehe die Anmerkung zu **2**,109.

11,77–83 Belege zu der Geschichte von Lot in der Anmerkung zu **11**,69–83.

11,77: **29**,33; **15**,61f. — Die Deutung von *'aṣīb* ist nicht sicher.

11,78f.: **15**,67–72; **7**,80–82; **29**,28–30; **27**,54–56; **26**,161–163. 165f.; **54**,36f. — *wa-min qablu kānū ya'malūna s-saiyi'āti* (V. 78): **21**,74; **29**,28f. — *qāla yā qaumi hā'ulā'i banātī hunna aṭharu lakum* (V. 78): (**7**,82); (**27**,56).

11,81: **15**,59f. 63–66. 73; **27**,57; **7**,83; **29**,33; **37**,133–135; **26**,170f.; **54**,34. 37–39.

11,82f.: **15**,73–75; **51**,32–34; **7**,84; **27**,58; **26**,172f.; **37**,136; **29**,34; **54**,38; **25**,40; (**8**,32); (**105**,3f.). — *wa-mā hiya mina ẓ-ẓālimīna bi-ba'īdin*: **11**,89. — Zur Bedeutung von *amr* (V. 82) siehe die Anmerkung zu **2**,109. — Die Vorstellung, daß bei der Vernichtung der Stadt Lots „das Oberste zu unterst gekehrt" wurde, geht vielleicht auf die Bezeichnung *al-mu'tafika* (**53**,53; Plural *al-mu'tafikāt* **69**,9 und **9**,70) „die Umgekehrte(n)" zurück. Die Bezeichnung *mu'tafika* ist ihrerseits aus dem hebräischen Ausdruck *mahpēḵā* „Umkehrung", „Zerstörung" abgeleitet, der im Alten Testament eben auf die Zerstörung von Sodom angewandt wird. Siehe H. Hirschfeld, Beiträge zur Erklärung des Ḳorân, Leipzig 1886, S. 37; Horovitz, Koranische Untersuchungen, S. 13f., Proper Names, S. 187f. — Die Bedeutung von *manḍūd* (V. 82) ist nicht klar. Vgl. **56**,28f.; **50**,10. — Zum Ausdruck *siǧǧīl* siehe Jeffery, Foreign Vocabulary, S. 164f. („lumps of clay"); Horovitz, Koranische Untersuchungen, S. 11 („Wie Muhammed zu dem in der alten Poesie, wie es scheint, nicht vorkommenden Wort gekommen ist, ist noch nicht aufgeklärt. Die schon von den Arabern gegebene Herleitung aus *säng* + *gil* befriedigt nicht. Wenn Sure 51,33 *ḥiǧāra min siǧǧīl...* durch *ḥiǧāra min ṭīn* ersetzt ist, so beweist das aber jedenfalls, daß

Muhammed an Tonscherben oder Ziegel gedacht hat"); V. Vacca, EI[1], IV, S. 432 (Artikel Sidjdjīl). Auch die Bedeutung von *musauwama* (V. 83) ist nicht klar. — Das Pronomen der 3. Person fem. (*hiya*) in Vers 83 ist ebenso wie das zweimal in Vers 82 vorkommende Possessivsuffix *-hā* auf die Stadt (*qarya*) Lots zu beziehen. Der Sinn des Schlußpassus ergibt sich klar aus der Belegstelle **11**,89. Während dort das Volk von Šu'aib vor dem Schicksal gewarnt wird, das die Leute Lots getroffen hat, gilt die Warnung im vorliegenden Vers 83 ganz allgemein den „Frevlern". Mohammed hat dabei sicher an seine Landsleute gedacht. Vgl. die folgenden Warnsprüche (jeweils am Schluß der Geschichte von Lot): **29**,35; **51**,37; **26**,174; **37**,137f.; **7**,84; **15**,75–77.

11,84–95 Zur Geschichte von Šu'aib und den Madyan (oder den „Leuten des Dickichts", *Aṣḥāb al-Aika*, wie sie in den früheren Texten genannt werden) siehe die Anmerkung zu **7**,85–93 (mit Aufzählung der weiteren Belegstellen). Die hier vorliegende Version bildet zusammen mit den vorausgehenden Geschichten von Noah und seinen Zeitgenossen (V. 25–49), Hūd und den 'Ād (V. 50–61), Ṣāliḥ und den Ṯamūd (V. 61–68), Abraham und Lot (V. 69–83) und der folgenden Geschichte von Mose und Pharao (96–99) eine Einheit. Den Abschluß des Ganzen bildet die Zusammenfassung in **11**,100–102. Zur Sache: Speyer, S. 251–254; EI[1], Artikel Shu'aib und Madyan Shu'aib (F. Buhl)

11,84 *wa-ilā Madyana aḫāhum Šu'aiban qāla yā qaumi 'budū llāha mā lakum min ilāhin ġairuhū*: **7**,85; **29**,36. — *u'budū llāha mā lakum min ilāhin ġairuhū*: **11**,50, mit weiteren Belegen. — Die Aufforderung *lā tanquṣū l-mikyāla wal-mīzāna* ist der Sache nach im folgenden Vers 85 wiederholt. Weitere Belege in der Anmerkung zu diesem Vers. — *wa-innī aḫāfu 'alaikum 'aḏāba yaumin muḥīṭin*: **7**,59, mit weiteren Belegen.

11,85: **26**,181–183; **7**,85; **6**,152; **17**,35; **83**,1–3; **55**,7–9. — *wa-lā ta'ṯau fī l-arḍi mufsidīna*: **2**,60, mit weiteren Belegen. — Zur Bedeutung des Ausdrucks *mufsidīna* siehe die Anmerkung zu **2**,11f.

11,86 *baqīyatu llāhi ḫairun lakum*: **11**,116; **2**,248; (**7**,85). Siehe die Anmerkung zu **2**,248. — *wa-mā ana 'alaikum bi-ḥafīẓin*: **6**,104, mit weiteren Belegen.

11,87 Das Gebet (*ṣalāt*) Šu'aibs wird hier von seinen Landsleuten sozusagen personifiziert und als sein Auftraggeber betrachtet. Vielleicht hat Mohammed aus dem Kreis seiner eigenen Gegner einmal etwas Ähnliches zu hören bekommen. Für die alten Araber war ja das vom Propheten geübte kultische Gebet etwas Fremdes. Es ist nicht ausgeschlossen, daß sie (oder einige von ihnen) die Ṣalāt als Institution in der hier angedeuteten Weise mißverstanden haben. In **29**,45 fungiert die Ṣalāt, allerdings in einem unmittelbaren Offenbarungsausspruch Mohammeds, ebenfalls als persönliches Subjekt, indem sie das Schlechte verwehrt (*wa-aqimi ṣ-ṣalāta inna ṣ-ṣalāta tanhā 'ani l-faḥšā'i wal-munkari*). Siehe auch **52**,32, wo Träume als Auftraggeber fungieren. — *an natruka mā ya'budu ābā'unā*: **7**,70, mit weiteren Belegen. — Zwischen *au* und dem Daßsatz *an naf'ala fī amwālinā mā našā'u* ist auf Grund der im vorausgehenden Text enthaltenen Negation sinngemäß ein Verbum des Verbietens zu ergänzen, etwa *tanhānā*. Siehe Nöldeke, Neue Beiträge, S. 19f. — Das Urteil der Madyan über Šu'aib, er sei mild und rechtlich (*inna la-anta l-ḥalīmu r-rašīdu*) ist nicht recht motiviert. Es braucht aber nicht unbedingt in ironischem Sinn verstanden zu werden.

11,88 *qāla yā qaumi a-ra'aitum in kuntu 'alā baiyinatin min rabbī...*: **11**,28. 63; **11**,17. Siehe die Anmerkung zu diesem Vers, mit weiteren Belegen. — *wa-razaqanī minhu rizqan ḥasanan*: **16**,75. — *'alaihi tawakkaltu wa-ilaihi unību*: **42**,10; **13**,30; **60**,4.

11,89 Der Ausdruck *lā yaǧrimannakum* findet sich auch in **5**,2 und 8. — *wa-mā qaumu Lūṭin minkum bi-ba'īdin*: **11**,83. Siehe die Anmerkung zu **11**,82f.

11,90 *wa-staǧfirū rabbakum ṯumma tūbū ilaihi*: **11**,3. 52. 61. — *inna rabbī raḥīmun wadūdun*: **85**,14.

11,91f. Mit dem Kollektivwort *rahṭ* ist nach den Kommentatoren die verhältnismäßig kleine Gruppe von Männern gemeint, aus denen Šu'aibs Sippe bestand. Die heidnischen Madyan hätten demnach vor dem persönlich machtlosen (*ḍa'īf*) Šu'aib keinen Respekt gehabt, wohl aber vor den Männern seiner Sippe, so wie zu Mohammeds Zeit die heidnischen Mekkaner vor Männern aus der Sippe des Propheten, wie 'Abdalmuṭṭalib oder 'Abbās, Respekt hatten. Falls *rahṭ* aber ganz allgemein eine Gruppe von Männern bedeutet (ohne daß diese ein und derselben Sippe angehören), ist in der vorliegenden Stelle gemeint, daß die heidnischen Madyan eine Gruppe (oder Bande) von Männern respektierten, die sich als Parteigänger um Šu'aib geschart hatten, so wie Abū Bakr und 'Umar, die ja auch nicht der Sippe Mohammeds angehörten, sich auf die Seite des Propheten geschlagen hatten und ihm dadurch bei seinen Gegnern Respekt verschafften. In dieser weiteren Bedeutung würde der Ausdruck *rahṭ* auch am besten zu der anderen Stelle passen, in der das Wort im Koran noch vorkommt (**27**,48, in der Geschichte von Ṣāliḥ: *wa-kāna fī l-madīnati tis'atu rahṭin yufsidūna fī l-arḍi wa-lā yuṣliḥūna*). Mit *tis'atu rahṭin* wäre dann eine aus neun Mann bestehende „Bande" gemeint. — Das Verbum *raǧama* „steinigen" (V. 91) bedeutet nicht nur „(jemanden) mit Steinen zu Tode werfen", sondern auch „(jemanden) mit Steinwürfen verjagen". Für die vorliegende Stelle (und für andere Stellen, in denen das Wort im Koran vorkommt) ist wohl die an zweiter Stelle genannte Bedeutung vorzuziehen. — Zur Bedeutung von *wa-mā anta 'alainā bi-'azīzin* (V. 91) bzw. *a'azzu 'alaikum* (V. 92) im Sinn von „wert sein", „imponieren" siehe auch **5**,54 (*aḏillatin 'alā l-mu'minīna a'izzatin 'alā l-kāfirīna*). — Schwierig ist die Deutung des Passus *wa-ttaḫaḏtumūhu warā'akum ẓihrīyan*. Das Wort *ẓihrīyun* bezeichnet nach Ṭabarī ein nicht beladenes Kamel, das für den Notfall in Bereitschaft gehalten wird: „...*fa-yaqūlu (Ibn Zaid): innamā rabbukum 'indakum miṯlu hāḏā ini ḥtaǧtum ilaihi wa-in lam taḥtāǧū ilaihi fa-laisa bi-šai'in*".

11,93: **39**,39f.; **6**,135; **11**,121f.; (**17**,84); (**41**,5). — *saufa ta'lamūna man ya'tīhi 'aḏābun yuḫzīhi*: **39**,39f. (s. o.); **11**,39. — *wa-rtaqibū innī ma'akum raqībun*: **6**,158, mit weiteren Belegen.

11,94 *wa-lammā ǧā'a amrunā naǧǧainā Šu'aiban wa-lladīna āmanū ma'ahū bi-raḥmatin minnā*: **11**,58. 66; (**11**,82); (**11**,40/**23**,27). Zur Bedeutung von *amr* siehe die Anmerkung zu **2**,109. — *wa-aḫadati lladīna ẓalamū ṣ-ṣaiḥatu fa-aṣbaḥū fī diyārihim ǧāṯimīna*: **11**,67, mit weiteren Belegen.

11,95: **11**,68. — *ka-an lam yaġnau fīhā*: auch **7**,92; **10**,24. Zur Bedeutung von *(lam) yaġnau* siehe die Anmerkung zu **7**,92. — *a-lā bu'dan li-Madyana ka-mā ba'idat Ṯamūdu*: **11**,60, mit weiteren Belegen.

11,96–99 Die Geschichte von Mose und Pharao steht hier als letzte und kürzeste in der Reihe der Strafgerichte, die über Völker früherer Gottesgesandter hereingebrochen sind (Noah Vers 25–49, Hūd Vers 50–61, Ṣāliḥ Vers 61–68, Abraham und Lot Vers 69–83; Šu'aib Vers 84–95). In der Anmerkung zu **7**,103–137, wo die Geschichte viel ausführlicher erzählt ist, sind die Stellen aufgeführt, an denen sie sonst noch vorkommt.

11,96f. *wa-la-qad arsalnā Mūsā bi-āyātinā wa-sulṭānin mubīnin * ilā Fir'auna wa-mala'ihī*: **40**,23f.; **23**,45f.; **43**,46; **7**,103; **10**,75; **51**,38; **4**,153; **44**,19; **28**,35; **17**,101. — *fa-ttaba'ū amra Fir'auna wa-mā amru Fir'auna bi-rašīdin*: **11**,59; **20**,79; **40**,37; **10**,83; **40**,29.

11,98 Die Ausdrücke *auradahum* und *al-wirdu l-maurūdu* sind eigentlich termini technici aus dem Hirtenleben: *aurada (IV)* heißt „(Herdentiere) zur Tränke hinabführen", *al-wird al-maurūd* entweder „die Herde, die zur Tränke hinabgeführt wird," oder „die Tränke, die aufgesucht wird" (eigentlich „zu der man hinabgeht"). Verallgemeinert heißt *warada (I)* nur noch „hinabgehen". Im vorliegenden Vers wird aber die ursprüngliche Bedeutung noch mitschwingen. Die Tatsache, daß die Ungläubigen mit Pharao an der Spitze in die Hölle befördert werden, wird in sarkastischer Weise so ausgedrückt, wie wenn es sich um einen Abtrieb zu einer erfrischenden Tränke handeln würde. Belege: **21**,98; **19**,71; **19**,86. — Auffallend ist das Perfekt *fa-auradahum* statt des zu erwartenden Imperfekts *yūriduhum* (ähnlich **25**,25). Zamaḫšarī bemerkt dazu: *„li-anna l-māḍiya yadullu 'alā amrin mauǧūdin maqṭū'in bihī fa-ka-annahū qīla: yaqdumuhum fa-yūriduhumu n-nāra lā maḥālata"*.

11,99: **11**,60; **28**,42; **24**,23; **33**,57. — *bi'sa r-rifdu l-marfūdu*. Die Deutung des Passus ist nicht sicher. Vielleicht könnte man auch übersetzen: „ein schlimmer Becher, der (ihnen) da gereicht wird".

11,100 *ḏālika min anbā'i l-qurā naquṣṣuhū 'alaika*: **7**,101, mit weiteren Belegen. — *minhā qā'imun wa-ḥaṣīdun*: **21**,15; **68**,20; **10**,24; (**105**,5); (**23**,41).

11,101 *wa-mā ẓalamnāhum walākin ẓalamū anfusahum*: **9**,70, mit weiteren Belegen. — *lammā ǧā'a amru rabbika*: **11**,58, mit weiteren Belegen. Zur Bedeutung von *amr* siehe die Anmerkung zu **2**,109. — *wa-mā zādahum ġaira tatbībin*: **11**,63.

11,102: (**73**,16); (**69**,10); (**54**,42).

11,103 *inna fī ḏālika la-āyatan li-man ḫāfa 'aḏāba l-āḫirati*: Im Hinblick auf frühere Strafgerichte: **15**,75–77; **27**,52; **26**,67/121/139/158/174/190; im Hinblick auf Gottes Wirken in der Natur: **29**,44; **16**,11/69; **16**,13; **16**,65; **16**,67;

26,8; in anderem Zusammenhang: **34**,9; **26**,103. — *ḏālika yaumun maǧmūʿun lahu n-nāsu*: **3**,9; **77**,38; **56**,49f.; **45**,26; **4**,87/**6**,12; **3**,25; **42**,7; **64**,9; **18**,99. — *wa-ḏālika yaumun mašhūdun*: **19**,37; (**85**,2f.?); (**17**,78?; siehe auch die Anmerkung zu **17**,78f.). Das Verbum *šahida* (unpersönliches Partizip pass. *mašhūd*) ist hier wohl in seiner Grundbedeutung „(als Augen- und Ohrenzeuge) anwesend, mit dabei sein" zu verstehen, nicht in der abgeleiteten Bedeutung „Zeuge sein", „bezeugen". Sonst wäre zu übersetzen: „ein Tag, an dem Zeugnis abgelegt wird". (Belege für eine solche Deutung: **50**,21; **16**,84.)

11,104: **11**,8; **71**,4; **14**,10; **16**,61; **35**,45; **7**,34/**10**,49; **34**,30; **15**,5/**23**,43; **63**,11; **29**,53; **14**,42. Das Objektsuffix in *nuʾaḫḫiruhū* bezieht sich entweder auf die Strafe des Jenseits (*ʿaḏāb al-āḫira*) oder auf den „Tag" (des Gerichts). Dementsprechend ist auch im folgenden Vers als Subjekt von *yaʾti* entweder die Strafe des Jenseits oder der Gerichtstag zu ergänzen. (Davon, daß die Strafe aufgeschoben wird, ist auch in **11**,8 (und **29**,53) die Rede; davon, daß die Strafe „kommt", in **11**,39/93; **39**,54f.; **14**,44; **16**,45; **26**,201f.; **71**,1.)

11,105 Als Subjekt von *yaʾti* ist entweder die Strafe (*ʿaḏāb al-āḫira*, Vers 103) oder der Tag des Gerichts (ebenda) zu ergänzen. Siehe die Anmerkung zum vorhergehenden Vers. Falls man „der Tag" ergänzt, lautet der Anfang des Verses in wörtlicher Übersetzung etwas schwerfällig: „Am Tag, da er (der Tag) kommt". Dazu ist zu bemerken, daß *yauma* am Anfang von Zeitsätzen fast schon zur Konjunktion geworden ist und in der allgemeinen Bedeutung „dann, wenn..." verwendet wird. Vgl. **64**,9: *yauma yaǧmaʿukum li-yaumi l-ǧamʿi...* — *lā takallamu nafsun illā bi-iḏnihī*: (**16**,84); (**78**,38). — *fa-minhum šaqīyun wa-saʿīdun*: **42**,7.

11,106 *lahum fīhā zafīrun wa-šahīqun*: **21**,99f.; **25**,11f.; **67**,7. Die Infinitive *zafīr* und *šahīq* bezeichnen speziell das Brunstgeschrei des Esels mit dem dafür typischen Keuchen und Stöhnen beim Lufteinziehen und -ausstoßen. Im vorliegenden Vers werden diese heulenden und keuchenden Schreie denen zugeschrieben, die die Qualen der Hölle auszuhalten haben (ebenso in der Belegstelle **21**,99f., *zafīr* allein, ohne *šahīq*). Dagegen scheinen in **25**,12 *zafīr*, in **67**,7 *šahīq* das Lärmen und Tosen zu bezeichnen, das vom Höllenbrand selber ausgeht.

11,107 Durch den Ausnahmesatz *illā mā šāʾa rabbuka* wird die vorausgehende Aussage über die Ewigkeit der Höllenstrafe (im folgenden Vers 108 über den ewigen Aufenthalt im Paradies) vorsichtig eingeschränkt. Vgl. **6**,128. — *inna rabbaka faʿʿālun li-mā yurīdu*: **85**,16.

11,108 Zum Ausnahmesatz *illā mā šāʾa rabbuka* siehe die Anmerkung zum vorausgehenden Vers 107. Vgl. auch **14**,23. — *ʿaṭāʾan ġaira maǧḏūḏin*: **17**,20; (**78**,36); (**78**,26); (**17**,63).

11,109 *fa-lā taku fī miryatin mimmā yaʿbudu hāʾulāʾi*: **2**,147, mit weiteren Belegen. — *mā yaʿbudūna illā ka-mā yaʿbudu ābāʾuhum min qablu*: (**10**,78, mit weiteren Belegen). — *wa-innā la-muwaffūhum naṣībahum ġaira manqūṣin*: **7**,37. Siehe die Anmerkung zu diesem Vers.

11,110: **41**,45; **42**,14; **10**,19; **45**,16f.; **3**,19; **10**,93; **2**,213; **98**,4; **2**,176; **3**,105; **19**,37/**43**,65; **2**,253; **4**,157. Siehe auch die Anmerkungen zu **2**,213 und **19**,37. — Speziell zu *wa-laulā kalimatun sabaqat min rabbika la-quḍiya bainahum*: **10**,19, mit weiteren Belegen. — *wa-innahum la-fī šakkin minhu murībin*: **11**,62, mit weiteren Stellen; (**4**,157).

11,111 Für Vers 111 hat Bergsträsser die Lesung *wa-in* (statt *wa-inna* des textus receptus) vorgeschlagen und ausführlich begründet (Verneinungspartikeln, S. 14–16, Anmerkung). Die Partikeln *in – lammā* hält er für gleichbedeutend mit *in – illā* (wie in **36**,32; **43**,35; **84**,4; **38**,14); den Akkusativ *kullan* erklärt er als vorausgestelltes Objekt, wiederaufgenommen durch das Suffix *-hum* (dagegen Ṭabarī: *laisa fī l-ʿarabīyati an tanṣiba mā baʿda illā mina l-fiʿli l-isma llaḏī qablahā*). Bergsträsser gibt demnach folgende Übersetzung bzw. Deutung des Verses: „Mit allen – nichts wird dein Herr mit ihnen tun, als: wahrlich, er wird sie die Folgen ihrer Taten tragen lassen". R. Bell versteht dagegen *lammā* in der Bedeutung „noch nicht" und übersetzt: „Verily all thy Lord hath not yet paid in full for their doings" (dazu die Anmerkung: „The construction is uncertain and disputed, but the verse seems to contain a covert hint at the Jewish colonies"). Die Deutung Bergsträssers ist wohl vorzuziehen. Belege: **39**,70; **46**,19; **16**,111; **2**,281/**3**,161; **3**,25; **24**,39; **11**,109; **3**,185; (**11**,15; siehe die Anmerkung zu diesem Vers).

11,112: **42**,15; (**10**,89); (**6**,153); (**45**,18).

11,113: **17**,74f. — *ṯumma lā tunṣarūna*: **3**,111. Siehe die Anmerkung dazu, mit weiteren Belegen.

11,114f.: **20**,130; **50**,39f.; **76**,24–26; **52**,48f.; **17**,78f.; (**3**,113); (**39**,9). — Mit den beiden Enden des Tages (*ṭarafayi n-nahāri*) sind natürlich Morgen und Abend gemeint. Die Kommentatoren geben sich große Mühe, diese Zeitangaben genauer zu umreißen, wobei sie die (später festgesetzten) täglichen fünf Gebetszeiten als gegeben voraussetzen. Das „erste Ende" wird dabei einhellig mit der Zeit vor Sonnenaufgang identifiziert, dem Termin der Ṣalāt aṣ-ṣubḥ. Umstritten ist das „letzte Ende". Hierfür bieten sich praktisch zwei Möglichkeiten: die Zeit vor Sonnenuntergang (Termin der Ṣalāt al-ʿaṣr) und die Zeit nach Sonnenuntergang (Termin der Ṣalāt al-maġrib). Ṭabarī entscheidet sich aus Gründen der Symmetrie für die zuletzt genannte Fixierung (erstes Ende vor Sonnenaufgang, folglich letztes Ende nach Sonnenuntergang). Wenn man die Streitfrage jedoch auf Grund koranischer Belegstellen beantworten wollte, müßte man sich zweifelsohne für die an erster Stelle genannte Möglichkeit entscheiden. Denn in **50**,39 wird ausdrücklich zum Lobpreis Gottes vor Sonnenaufgang und vor Sonnenuntergang aufgefordert. Ebenso in **20**,130. Dort findet sich übrigens auch der Ausdruck „an den Enden des Tages" (Plural, *aṭrāfa n-nahāri*), allerdings als überflüssige Ergänzung zum vorausgehenden Text. Siehe die Anmerkung zu dieser Stelle. — Der Ausdruck *zulaf* (Mehrzahl von *zulfa*) bedeutet wohl „Stufen", „Stationen", „Zeitabschnitte". Die Kommentatoren machen noch genauere, aber einander widersprechende

Angaben über die Bedeutung des Wortes. — *fa-inna llāha lā yuḍīʿu aǧra l-muḥsinīna*: **7**,170, mit weiteren Belegen.

11,116 *fa-laulā kāna mina l-qurūni min qablikum ulū baqīyatin yanhauna ʿani l-fasādi fī l-arḍi illā qalīlan*: **11**,85f.; (**10**,98). Zur Bedeutung des Ausdrucks *baqīya* siehe die Anmerkung zu **2**,248, zur Bedeutung des Ausdrucks *fasād* die Anmerkung zu **2**,11f. — *illā qalīlan mimman anǧainā minhum*: **7**,165; **21**,74; **10**,103; **7**,64; **11**,58. Siehe die Anmerkungen zu den Versen **10**,103, **7**,64 und **11**,58, mit weiteren Belegen. — *wa-ttabaʿa llaḏīna ẓalamū mā utrifū fīhi wa-kānū muǧrimīna*: **17**,16; **34**,34f.; **43**,23; **23**,33; **23**,64; **21**,13; **56**,45. Siehe die Anmerkung zu **17**,16.

11,117: **6**,131, mit weiteren Belegen.

11,118f.: **6**,35, mit weiteren Belegen; **2**,213; **2**,253; **11**,110, mit weiteren Belegen. — *wa-tammat kalimatu rabbika la-amlaʾanna ǧahannama mina l-ǧinnati wan-nāsi aǧmaʿīna*: **7**,18, mit weiteren Belegen. Im Gegensatz zum vorliegenden Vers wird der Ausdruck *tammat kalimatu rabbika* in **6**,115 und **7**,137 in bonam partem verwendet.

11,120: **7**,101, mit weiteren Belegen. — *wa-ǧāʾaka fī hāḏihi l-ḥaqqu wa-mauʿiẓatun wa-ḏikrā lil-muʾminīna*: **10**,57, mit weiteren Belegen.

11,121f.: **11**,93; **39**,39f.; **6**,135; (**17**,84); (**41**,5). — *wa-ntaẓirū innā muntaẓirūna*: **6**,158, mit weiteren Belegen.

11,123 *wa-li-llāhi ġaibu s-samāwāti wal-arḍi*: **16**,77; **18**,26; **35**,38; **49**,18; **2**,33; (**10**,20); (**6**,59); (**27**,65); (**72**,26); (**6**,73, mit weiteren Belegen). — *wa-ilaihi yurǧaʿu l-amru kulluhū*: **2**,210, mit weiteren Belegen; (**3**,154). — *wa-mā rabbuka bi-ġāfilin ʿammā taʿmalūna*: **2**,74, mit weiteren Belegen.

SURE 12

12,1 Über die Buchstaben, die einzelnen Suren vorgesetzt sind, siehe die Anmerkung zu **2**,1, mit Literaturangaben. Die Buchstaben *ʾlr*, die am Anfang von Sure **12** stehen, finden sich auch noch vor den Suren **10**, **11**, **14**, **15**. — *tilka āyātu l-kitābi l-mubīni*: **26**,2/**28**,2; **15**,1; **27**,1; **10**,1/**31**,2; **13**,1; (**43**,2/**44**,2).

12,2: **43**,3; **20**,113; **42**,7; **41**,2f.; **41**,44; **39**,27f.; **13**,37; **26**,192–195; **46**,12; **16**,103; (**19**,97); (**14**,4).

12,3: **39**,23; **18**,13. — Die 1. Person Plural der Verbalform *naquṣṣu* wird durch das vorausgesetzte Personalpronomen *naḥnu* besonders hervorgehoben. Das Ganze hat etwa den Sinn: „*Wir* erzählen dir auf die schönste Weise, schöner als das irgendein menschlicher Gewährsmann zu tun vermag“. Vielleicht liegt darin eine Spitze gegen jüdische Gewährsmänner, die über die Geschichte von Joseph besser Bescheid zu wissen glaubten als Mohammed. Auch an folgenden Stellen wird *naḥnu* zur Betonung des Subjekts vorausgesetzt: **18**,13; **76**,23; **15**,9.

12,4 *iḏ qāla*... Verkürzter Zeitsatz. Siehe Einleitung zur Übersetzung, S. 3f. — Nach der Vorbemerkung in Vers 3 beginnt mit Vers 4 das Thema, dem die ganze Sure **12** gewidmet ist: die Geschichte von Joseph und seinen Brüdern. Zur Sache: Speyer, S. 187–224; Israel Schapiro, Die haggadischen Elemente im erzählenden Teil des Korans, Leipzig 1907. Außer in Sure **12** wird Joseph im Koran noch an zwei Stellen ganz kurz erwähnt: **6**,84 und **40**,34.

12,5 *inna š-šaiṭāna lil-insāni ʿadūwun mubīnun*: **7**,22, mit weiteren Belegen. Im vorliegenden Vers ist mit der Nennung des dem Menschen feindlichen Satan darauf angespielt, daß dieser zwischen Joseph und seinen Brüdern Zwietracht stiften wird. Vgl. **12**,100.

12,6 *wa-yuʿallimuka min taʾwīli l-aḥādīṯi*: **12**,21. 101. 36f.; (**12**,44f.). Zur Bedeutung des Ausdrucks *taʾwīl* siehe die Anmerkung zu **4**,59. — In **6**,84/**19**,49/**21**,72/**29**,27 heißt es von Abraham: *wa-wahabnā lahū Isḥāqa wa-Yaʿqūba*, in **11**,71 von der Frau Abrahams: *fa-baššarnāhā bi-Isḥāqa wa-min warāʾi Isḥāqa Yaʿqūba*. In diesen Stellen gilt also Jakob ebenso wie Isaak als ein Sohn (nicht Enkel) Abrahams. In der vorliegenden Stelle **12**,6 werden dagegen – vom Standpunkt Josephs aus gesehen – Abraham und Isaak als Vorväter vor Jakob vorausgenommen. Und in **12**,38 heißt es (ebenfalls von Joseph): *wa-ttabaʿtu millata ābāʾī Ibrāhīma wa-Isḥāqa wa-Yaʿqūba*. Beide Stellen sind vermutlich so zu verstehen, daß Isaak der Vater (nicht der ältere Bruder) von Jakob war. In **2**,133 wird Isaak (allerdings in Verbindung mit Ismael) unter den Vätern (und Vorvätern) von Jakob aufgeführt. Zur Sache: Speyer, S. 170f., mit Verweis auf Geiger, S. 135f.

12,7 *āyātun lis-sāʾilīna*: **41**,10; (**15**,75). Mit den „Fragenden" (*as-sāʾilīna*) sind wohl ganz allgemein Menschen gemeint, die bereit sind, sich über die Heilsgeschichte (so hier) oder über die Erschaffung der Erde (**41**,10) belehren zu lassen.

12,8–15 A. S. Yahuda (Ignace Goldziher Memorial Volume, I, Budapest 1948, S. 297) nimmt an, daß der Text in Unordnung geraten ist, und schlägt als Verbesserung folgende Reihenfolge der Verse vor: 8. 11–15a (bis *ḏahabū bihī*, mit Ergänzung von *qālū*). 9f. 15b (von *wa-aǧmaʿū* ab).

12,8 *iḏ qālū*... Verkürzter Zeitsatz. Siehe Einleitung zur Übersetzung, S. 3f.

12,9 Im Schlußsatz (*wa-takūnū min baʿdihī qauman ṣāliḥīna*) wird den Brüdern Josephs eine recht primitive Moral nahegelegt. Wenn sie erst einmal durch die verbrecherische Beseitigung von Joseph wieder die Gunst ihres Vaters gewonnen haben, werden sie ein rechtschaffenes Leben führen.

12,10 *in kuntum fāʿilīna*: **15**,71; **21**,68; **21**,17.

12,11 *yā abānā mā laka lā taʾmannā ʿalā Yūsufa*: **12**,64.

12,12 *wa-innā lahū la-ḥāfiẓūna*: **12**,63.

12,14 *innā iḏan la-ḫāsirūna* (als Nachsatz eines Bedingungssatzes): **7**,90; **23**,34. Charles C. Torrey bemerkt zu der Stelle: „Here there is hardly a trace of the meaning ‚lose'. The clause *wa-naḥnu 'uṣbatun* demands the translation of *ḫāsirūna* by ‚imbeciles', ‚blockheads', or some such term" (The Commercial Theological Terms in the Koran, Leiden 1892, S. 32).

12,15 In dem mit *lammā* eingeleiteten Zeitsatz fehlt der Nachsatz. Der Passus *wa-auḥainā ilaihi...wa-hum lā yaš'urūna* ist eine Zwischenbemerkung und in Klammern zu denken. — *la-tunabbi'annahum bi-amrihim hāḏā wa-hum lā yaš-'urūna*: **12**,77. 89.

12,17 Der Schlußsatz *wa-lau kunnā ṣādiqīna* ist in der Übersetzung wiedergegeben mit: „auch wenn wir die Wahrheit sagen". Eine solche Übersetzung ist auf jeden Fall möglich. Siehe Reckendorf, Syntax, § 259,1 (zu *lau*): „Nicht immer bezeichnet es geradezu die Irrealität, sondern nur stärker als *in* die bloße Gedachtheit des Falls". Aber vielleicht ist der Satz doch in irrealem Sinn gemeint („auch wenn wir die Wahrheit sagen würden"). In Wirklichkeit sagen sie ja eben nicht die Wahrheit.

12,18: **12**,83. Das Verbum *sauwala (II)* hat etwa die Bedeutung: „(etwas Verwerfliches) als annehmbar vortäuschen, als verlockend erscheinen lassen, einreden". Weitere Belege: **20**,96; **47**,25. — *fa-ṣabrun ǧamīlun*: auch **70**,5. Im Hinblick auf diese Stelle liegt es nahe, den Ausdruck *fa-ṣabrun ǧamīlun* in Sure **12** als Substantiv bzw. Infinitiv + Attribut (= „schöne Geduld", „schön geduldig sein") und nicht als Subjekt + Prädikat („Geduld ist schön") zu verstehen. Siehe auch Wright–de Goeje II, S. 263f. (§ 127 Rem. b). Dieselbe grammatikalische Funktion wie in **70**,5 hat *ǧamīlan* (als Akkusativ) auch noch in **33**,28/49 und **73**,10. — *wa-llāhu l-musta'ānu 'alā mā taṣifūna*: **21**,112.

12,19 Des Wasserholers Freude darüber, einen Jungen gefunden zu haben, ist wohl damit zu erklären, daß er gleich damit rechnet, ihn als Sklaven verwerten bzw. verkaufen zu können. Schwer verständlich ist die Bemerkung „und sie versteckten ihn als Ware" (*wa-asarrūhu biḍā'atan*). Ṭabarī führt verschiedene Deutungen an, doch ist keine überzeugend. Siehe auch Speyer, S. 198.

12,20 *wa-šarauhu bi-ṯamanin baḫsin darāhima ma'dūdatin*. A. F. L. Beeston vermutet, daß *darāhim ma'dūda* ein clichéhafter Ausdruck ist und dem griechischen *aríthmia nomismátia* „numbered coins" (im Gegensatz zu *echómena nomismátia* „coins reckoned by content") entspricht. „Since the Quraish merchants were certainly acquainted with Byzantine commercial practice, it might be suggested that *darāhimu ma'dūdatun* was a current expression of Meccan trade modelled on the Greek phrase. If this be the case, the smallness of the price paid for Joseph will have found expression in the Koranic text only in the adjective *bakhs* attached to the word „price", and by the fact of the price being measured in dirhems rather than in dinars, and not in the adjective *ma'dūdatun* which would then be a purely cliché adjective evoked by the word *darāhimu*." Items of Arabic Lexicography, in: Arabic and Islamic Studies in Honor of Hamilton A. R. Gibb, Leiden 1965, 103–107, S. 103.

12,21 *'asā an yanfa'anā au nattaḫiḏahū waladan*: **28**,9 (Mose). — *ka-ḏālika makkannā li-Yūsufa fī l-arḍi*: **12**,56; **18**,84. — *wa-li-nu'allimahū min ta'wīli l-*

aḥādīṯi: **12**,6, mit weiteren Belegen. — Die Formulierung *wa-llāhu ġālibun ʿalā amrihī* ist nicht ganz eindeutig. Vgl. die ebenfalls etwas dunkle Stelle **18**,21: *qāla llaḏīna ġalabū ʿalā amrihim la-nattaḫiḏanna ʿalaihim masǧidan.* Im vorliegenden Vers ist vermutlich gemeint, daß Gott in seiner Sache, d.h. in dem, was er sich vornimmt, die Oberhand behält und keinen Widerstand aufkommen läßt. Ṭabarī und Zamaḫšarī rechnen aber mit der Möglichkeit, daß das Personalsuffix in *amrihī* sich auf Joseph bezieht. In diesem Fall wäre zu übersetzen: „Und Gott hat (bzw. hatte) die Oberhand in seiner (d.h. Josephs) Angelegenheit".

12,22: **28**,14 (Mose). — Zur Bedeutung des Ausdrucks *ḥukm* siehe die Anmerkung zu **3**,79. — *wa-ka-ḏālika naǧzī l-muḥsinīna*: **28**,14/**6**,84; **37**,80/105/110/121/131/**77**,44. Der Passus wird durchweg auf Gestalten der früheren Heilsgeschichte (Abraham, Mose usw.) angewandt, außer in der zuletzt genannten Stelle **77**,44, wo ganz allgemein vom paradiesischen Lohn der Frommen die Rede ist.

12,23 Der Passus *innahū rabbī aḥsana maṯwāya* kann verschieden gedeutet werden. Vermutlich ist mit *rabbī* („mein Herr") Gott gemeint. In diesem Fall zerfällt der Passus entweder in zwei Sätze, wobei das Personalsuffix in *innahū* sich auf *Allāh* zurückbezieht (= „Er ist mein Herr. Er hat mich (in eurem Haus) gut aufgenommen"). Oder er besteht aus einem einzigen Satz, und das Personalsuffix in *innahū* ist als „Pronomen des Sachverhalts" (*ḍamīr aš-šaʾn*) zu erklären (= „Mein Herr hat mich gut aufgenommen"). Es ist aber (im Hinblick auf die Verse 21 und 52) auch denkbar, daß mit *rabbī* der ägyptische Herr und Besitzer Josephs gemeint ist. In diesem Fall läßt sich das besagte Personalsuffix nur als „Pronomen des Sachverhalts" verstehen. Es wäre dann zu übersetzen: „Mein Herr (und Besitzer) hat mich (in seinem Haus) gut aufgenommen". Diese Deutung wird von den Kommentatoren bevorzugt. Speyer (S. 203) bezieht den Ausdruck *maṯwā(ya)* auf das Jenseits.

12,24 *laulā an raʾā burhāna rabbihī.* Zum Ausdruck *burhān* siehe die Anmerkung zu **2**,111. Im vorliegenden Vers wird nicht gesagt, was für eine Art von „Erleuchtung" oder „Zeichen" Joseph gesehen haben soll. Vielleicht spielt Mohammed auf eine in der späteren Haggada belegte Überlieferung an, nach der Joseph durch eine Erscheinung seines Vaters Jakob von der Sünde der Unzucht abgehalten wurde. Siehe Geiger, S. 139f.; Schapiro, Die haggadischen Elemente..., S. 40f.; Speyer, S. 201f. — *innahū min ʿibādinā l-muḫlaṣīna*: **15**,39f./**38**,82f.; **37**,40/74/128/160; **37**,169; **19**,51; (**38**,45–47). Die Deutung von *muḫlaṣ* (Passiv) ist nicht sicher. Bell übersetzt „single-hearted", Blachère „dévoué".

12,29 *aʿriḍ ʿan hāḏā*: **11**,76 (Abraham). Im vorliegenden Vers könnte man den Passus freier übersetzen: „Laß dich nicht auf dergleichen ein!", „Laß die Finger davon!"

12,31f. Für die Episode mit den Messern weist Schapiro folgende jüdische Überlieferung als Quelle nach: „Einst versammelten sich die Egypterinnen, um Josefs Schönheit zu betrachten. Potiphars Frau nahm Orangen, gab einer jeden davon und auch ein Messer. Dann rief sie Josef und ließ ihn vor sie treten. Völlig hingerissen von der Schönheit Josefs, schnitten sie sich in die Hände. Da sprach sie zu ihnen: Wenn das bei euch vorkommen konnte, da ihr nur einen Augenblick mit ihm zusammen waret, um wie viel mehr mußte es mir also ergehen, da ich ihn stündlich vor mir sehe" (Die haggadischen Elemente..., S. 44). Siehe auch Speyer, S. 205f.

12,35 Es ist nicht recht klar, was mit den „Zeichen" (*āyāt*) in Vers 35 gemeint ist. Die Kommentatoren verstehen darunter die Zeichen von Josephs Unschuld. Aber nachdem sich gezeigt hatte, daß Joseph unschuldig war, lag eigentlich kein Grund vor, ihn gefangen zu setzen (es sei denn - wie die Kommentatoren vermuten - zu dem Zweck, den Skandal nicht in die Öffentlichkeit dringen zu lassen). Schapiro (S. 45f.) und Speyer (S. 206f.) verweisen in diesem Zusammenhang auf einen Midrāš, nach dem Joseph, wenn er schuldig gewesen wäre, die Todesstrafe und nicht nur Gefängnis verdient hätte. Vielleicht sind aber mit dem Ausdruck *al-āyāt* eher die aufsehenerregenden „Zeichen" und Wirkungen von Josephs berückender Schönheit gemeint.

12,36 Bei der Wiedergabe von Traumgesichten steht sowohl hier als auch in Vers 43 und in **37**,102 das Imperfekt, nicht, wie man erwarten sollte, das Perfekt. — *innā narāka mina l-muḥsinīna*: **12**,78.

12,37 Das Personalsuffix in *bi-ta'wīlihī* („die Deutung davon") bezieht sich auf die dem Joseph erzählten Träume, nicht, wie die Kommentatoren meinen, auf die Speise, die die beiden Mitgefangenen zu erwarten haben. Joseph kündigt den Mitgefangenen an, daß sie noch vor dem nächsten Essensempfang die Deutung ihrer Träume von ihm mitgeteilt bekommen werden. Mit dem folgenden *qabla an ya'tiyakumā* („bevor es zu euch kommt", nämlich das Essen) wird diese Zeitangabe wiederholt und betont. Blachère ergänzt als Subjekt zu *ya'tiyakumā* nicht die Essensration, sondern die Träume. — *ḏālikumā mimmā ʿallamanī rabbī*: **12**,6, mit weiteren Belegen.

12,38 *wa-ttabaʿtu millata ābā'ī Ibrāhīma wa-Isḥāqa wa-Yaʿqūba*. Siehe die Anmerkungen zu **12**,6 und **2**,130.

12,39 *a-arbābun mutafarriqūna ḫairun ami llāhu l-wāḥidu l-qahhāru*: **27**,59; (**43**,58); **38**,65; **39**,4; **13**,16; **40**,16; **14**,48.

12,40 *mā taʿbudūna min dūnihī illā asmā'a sammaitumūhā antum wa-ābā'ukum mā anzala llāhu bihā min sulṭānin*: **53**,23; **7**,71. Speziell zu *mā anzala llāhu bihā min sulṭānin*: **3**,151, mit weiteren Belegen. — *ini l-ḥukmu illā li-llāhi*: **12**,67; **6**,57; **40**,12; **6**,62; **28**,70. 88; **18**,26; **13**,41; (**52**,48/**68**,48). — *amara allā taʿbudū illā iyāhu*: **17**,23; **9**,31; **98**,5; **13**,36; **27**,91; **39**,11f.; (**10**,72, mit weiteren Belegen). — *ḏālika d-dīnu l-qaiyimu*: **9**,36, mit weiteren Belegen.

12,42 *fa-ansāhu š-šaiṭānu ḏikra rabbihī*: **58**,19; **6**,68; **18**,63. In allen diesen Stellen wird der Satan als die Ursache menschlicher Vergeßlichkeit angeführt. In der ersten Belegstelle (**58**,19), vielleicht auch in der zweiten (**6**,68), bewirkt der Satan, daß die Menschen im besonderen das Gedenken Gottes (*ḏikr Allāh*) vergessen. Vgl. **5**,91; **25**,29; **43**,36; (**25**,18). In diesem Sinn ist auch der entsprechende Passus im vorliegenden Vers zu verstehen. Joseph vergaß, vom Satan verführt, an seinen Herrgott zu denken (bzw. ihn zu erwähnen), und bat statt dessen seinen Mitgefangenen, ihn bei dessen (irdischem) Herrn in Erinnerung zu bringen. Zur Strafe dafür mußte er noch etliche Jahre im Gefängnis bleiben. Siehe Geiger, S. 144; Schapiro, S. 48f.; Speyer, S. 208.

12,43 Zur Imperfektform *arā* (= „ich sah im Traum") siehe die Anmerkung zu **12**,36. — *yā aiyuhā l-mala'u aftūnī fī ru'yāya*: (**27**,32).

12,44 *qālū aḍġāṯu aḥlāmin*: **21**,5 (hier als abfälliges Urteil über Mohammeds Verkündigung).

12,45–55 A. S. Yahuda (Ignace Goldziher Memorial Volume, I, Budapest 1948, S. 297) nimmt an, daß der Text in Unordnung geraten ist, und schlägt als Verbesserung folgende Reihenfolge der Verse vor: 45. 50–54a (mit Abänderung des Textes in: *wa-qāla l-maliku staḫliṣūhu* (oder *astaḫliṣuhū*?) *li-nafsī fa-lammā ǧā'ahū qāla*). 46 (mit Abänderung des Textes in: *li-Yūsufa aiyuhā ṣ-ṣiddīqu*) bis 49. 54b (*fa-lammā kallamahū*...).

12,45 Der Ausdruck *umma* hat hier und in **11**,8 die Bedeutung „Frist".

12,46 Zum Ausdruck *ṣiddīq* siehe die Anmerkung zu **5**,75. In der Haggada und der jüdischen Liturgie ist *ṣaddīq* ein stehendes Epitheton von Joseph. — Das Ende des Verses (*la'allī arǧi'u ilā n-nāsi la'allahum ya'lamūna*) hat einen erbaulichen Nebensinn. Vgl. den häufigen Versschluß *walākinna akṯara n-nāsi lā ya'lamūna*.

12,50 *inna rabbī bi-kaidihinna 'alīmun*: **12**,34.

12,56 *wa-ka-ḏālika makkannā li-Yūsufa fī l-arḍi*: **12**,21. — *nuṣību bi-raḥmatinā man našā'u*: **2**,105/**3**,74; **76**,31; **48**,25; **42**,8. — *wa-lā nuḍī'u aǧra l-muḥsinīna*: **7**,170, mit weiteren Belegen.

12,57: **16**,41; **12**,109; **6**,32/**7**,169; **16**,30; **4**,77; **42**,36; **28**,60; **87**,16f.; **28**,80; **93**,4; **17**,21.

12,58 *fa-'arafahum wa-hum lahū munkirūna*. Zur Sache: 1. Mose 42,7f.

12,59 *wa-ana ḫairu l-munzilīna*: **23**,29.

12,61 *wa-innā la-fā'ilūna*: **21**,79. 104.

12,62 Der Versschluß (*la'allahum yarǧi'ūna*) bringt die Erwartung Josephs zum Ausdruck, daß seine Brüder wieder nach Ägypten kommen werden. Vgl. 1. Mose 42,25–28. 35; 43,12. 18–23. Sonst im Koran hat diese Ausdrucksweise regelmäßig die übertragene Bedeutung „vielleicht werden sie sich bekehren". Siehe die Anmerkung zu **3**,72.

12,63 *wa-innā lahū la-ḥāfiẓūna*: **12**,12.

12,64 *hal āmanukum 'alaihi illā ka-mā amintukum 'alā aḫīhi min qablu*: **12**,11. — *wa-huwa arḥamu r-rāḥimīna*: **12**,92; **7**,151/**21**,83.

12,65 *mā nabġī*: **18**,64. Zur Konstruktion: Bergsträsser, Verneinungspartikeln, S. 34, Anm. 3. — Der Schlußsatz *ḏālika kailun yasīrun* („das ist ein leichtes Maß") ist wohl auf den ganzen Textzusammenhang (von *mā nabġī* an) zu beziehen und bedeutet demnach, daß die Brüder glauben, diesmal auf leichte

Art zu ihrer Zuteilung von Lebensmitteln zu kommen. Zamaḫšarī schlägt unter anderem vor, den Schlußsatz speziell auf das unmittelbar vorausgehende *wa-nazdādu kaila ba'īrin* zu beziehen. In diesem Fall würde er bedeuten, daß es den Ägyptern leicht fallen werde, zusätzlich eine einzige Kamelladung zu geben. Dementsprechend übersetzt Blachère: „c'est un chargement peu considérable" und bemerkt dazu: „La présence de Benjamin nous vaudra une part supplémentaire de grain et comme c'est peu de chose, elle ne saurait nous être refusée." — Zum Ausdruck *ba'īr*: Horovitz, Proper Names, S. 192f.

12,66 *illā an yuḥāṭa bikum*: **10**,22; **18**,42. — *allāhu 'alā mā naqūlu wakīlun*: **28**,28. Mit dieser Formel wird Gott feierlich als Sachwalter und Bürge einer unmittelbar vorher zustandegekommenen mündlichen Vereinbarung angerufen.

12,67 Zu Jakobs Rat an seine Söhne, sie sollen nicht durch ein einziges Tor einziehen, hat Geiger (S. 144f.) einen jüdischen Midrāš als Quelle nachgewiesen. Siehe auch Schapiro, S. 55f.; Speyer, S. 213f. Dem Ganzen liegt wohl die Vorstellung zugrunde, daß es sich um den Einzug in die ägyptische Hauptstadt handelt, nicht einfach in das Land Ägypten. Denn nur eine Stadt hat Tore. Vgl. **12**,82: *wa-s'ali l-qaryata llatī kunnā fīhā*. — Zur Konstruktion von *wa-mā uġnī 'ankum mina llāhi min šai'in* (ähnlich im folgenden Vers) siehe die Anmerkung zu **3**,10. — *ini l-ḥukmu illā li-llāhi*: **12**,40, mit weiteren Belegen. — *'alaihi tawakkaltu wa-'alaihi fal-yatawakkali l-mutawakkilūna*: **14**,12; **39**,38; (**3**,159).

12,69 *wa-lammā daḫalū 'alā Yūsufa āwā ilaihi aḫāhu*: **12**,99. — *wa-lā tabta'is bi-mā kānu ya'malūna*: **11**,36 (Noah).

12,72 Am Schluß des Verses wechselt das Subjekt von der 1. Person Plural zur 1. Person Singular. Zamaḫšarī bezieht die Aussage *wa-ana lahū za'īmun* („ich bürge dafür") auf den Ausrufer (V. 70). Aber vielleicht ist besser Joseph als Subjekt zu ergänzen, zumal er in Vers 76 wieder unmittelbar in die Handlung eingreift (*fa-bada'a bi-au'iyatihim qabla wi'ā'i aḫihi*).

12,73 Zur Bedeutung von *afsada (IV)* siehe die Anmerkung zu **2**,11f.

12,74f. Der Wortlaut der Verse 74f. ist nicht ganz eindeutig. Es ist nicht klar, ob *ǧazā'uhū* bedeutet: „die Strafe dafür" (d.h. für den Diebstahl) oder „seine Strafe" (d.h. die Strafe desjenigen, der gegebenenfalls den Diebstahl begangen hat). Außerdem ist nicht ganz sicher, ob das Personalsuffix in dem dreimal vorkommenden *ǧazā'uhū* immer in derselben Weise aufzulösen ist. Schließlich ist auch die ganze Konstruktion von Vers 75 nicht eindeutig. Entweder ist das erste *ǧazā'uhū* (nach *qālū*) als casus pendens zu verstehen, wiederaufgenommen durch *fa-huwa ǧazā'uhū*. Oder aber, *ǧazā'uhū man wuǧida fī raḥlihī* ist als zusammengesetzter Nominalsatz zu verstehen („die Strafe dafür bzw. seine Strafe ist derjenige (in Person), in dessen Gepäck er gefunden wird"). Das folgende *fa-huwa ǧazā'uhū* wäre dann eine sachliche Wiederholung und Bekräftigung der vorhergehenden Aussage („eben der ist die Strafe dafür" oder „eben das ist seine Strafe"). — Der Schlußsatz von Vers 75 (*ka-ḏālika naǧzī ẓ-ẓālimīna*) wird sonst im Koran (**7**,41; **21**,29) als unmittelbarer Ausspruch Gottes zitiert (ebenso die Formulierungen *ka-ḏālika naǧzī l-muǧrimīna, ka-ḏālika naǧzī l-muḥsinīna* und ähnlich). Im vorliegenden Vers scheint er jedoch als Ausspruch von Josephs Brüdern gemeint zu sein.

12,76 *narfaʿu daraǧātin man našāʾu*: **6**,83; **2**,253. Siehe auch die Anmerkungen zu **6**,165 und **3**,163, mit weiteren Belegen.

12,77 Den Passus *in yasriq fa-qad saraqa aḫun lahū min qablu* glaubt Geiger (S. 145) auf einen Midrāš zurückführen zu können, nach dem die Brüder zu Benjamin mit Bezug auf Rahels Theraphim-Diebstahl (1. Mose 31,19) sagten: „Siehe ein Dieb, Sohn einer Diebin". Siehe auch Schapiro, S. 63f.; Speyer, S. 216. — *antum šarrun makānan*: **5**,60; **25**,34; **19**,75.

12,78 *innā narāka mina l-muḥsinīna*: **12**,36.

12,79 *innā iḏan la-ẓālimūna*: **5**,107; **11**,31; **2**,145/**10**,106.

12,80 Die Deutung des Ausdrucks *mā farraṭtum fī Yūsufa* ist nicht sicher. Vgl. **6**,31. Auch die Konstruktion ist nicht ganz klar. Vermutlich ist der ganze Satz (einschließlich des vorausgehenden *(wa-)min qablu*) mit dem vorhergehenden Daßsatz (*anna abākum...*) koordiniert und wie dieser als Objekt des an der Spitze stehenden *a-lam taʿlamū* zu verstehen.

12,81 In meinem Beitrag zur Littmann-Festschrift „Orientalistische Studien" (Leiden 1935, S. 127) habe ich seinerzeit für den Schlußsatz (*wa-mā kunnā lil-ġaibi ḥāfiẓīna*) folgende Übersetzung vorgeschlagen: „und wir bewahren das Verborgene nicht (wir verschweigen nichts)". Aber wahrscheinlich muß übersetzt bzw. paraphrasiert werden: „Und wir konnten (oder: können) auf das, was (den gewöhnlichen Sterblichen) verborgen ist, nicht achtgeben". Bell übersetzt: „and against the unseen we could not guard"; Blachère: „Nous n'étions point garants de l'Inconnaissable".

12,83: **12**,18.

12,86 *wa-aʿlamu mina llāhi mā lā taʿlamūna*: **12**,96/**7**,62 (hier als Ausspruch Noahs). Das besondere Wissen, dessen Jakob sich rühmt, bezieht sich auf die Tatsache, daß Joseph doch noch am Leben ist (siehe besonders Vers 96). Dazu führt Schapiro (S. 68) den Midrāš an: „Gott hatte ihm (Jakob) offenbart, daß Josef noch lebte". Siehe auch Speyer, S. 218.

12,87 *innahū lā yaiʾasu min rauḥi llāhi illā l-qaumu l-kāfirūna*: **29**,23; **15**,56.

12,88 Die Deutung von *biḍāʿa muzǧāt* ist nicht sicher.

12,90 *innahū man yattaqi...fa-inna llāha...* Bedingungssatz mit Verschiebung. Siehe Einleitung zur Übersetzung, S. 4. — *fa-inna llāha lā yuḍīʿu aǧra l-muḥsinīna*: **7**,170, mit weiteren Belegen.

12,91 *wa-in kunnā la-ḫāṭiʾīna*: **12**,97.

12,92 *wa-huwa arḥamu r-rāḥimīna*: **12**,64; **7**,151/**21**,83.

12,93–96 Nach Vers 94 empfindet Jakob den Geruch Josephs schon aus der Ferne, noch ehe ihm Josephs Hemd auf das Gesicht gelegt wird. Demnach erübrigt sich die Annahme von J. Barth, im Text liege eine Verschiebung vor (Studien zur Kritik und Exegese des Qorans, Der Islam 6, 1915, 113–148, S. 137). Ebenso wenig überzeugend ist die Annahme von J. Schapiro (S. 72–75), die koranische Episode von Jakobs Erblinden und Wiedersehendwerden beruhe auf einer falschen Auslegung eines jüdischen Midrāš, demzufolge der heilige Geist während der Abwesenheit Josephs von Jakob ferngeblieben und erst mit der Nachricht, daß Joseph noch lebte, wieder über ihn gekommen sei.

12,96 *innī aʿlamu mina llāhi mā lā taʿlamūna*: **12**,86/**7**,62 (hier als Ausspruch Noahs). Siehe die Anmerkung zu **12**,86.

12,97 *innā kunnā ḫāṭiʾīna*: **12**,91.

12,99 *fa-lammā daḫalū ʿalā Yūsufa āwā ilaihi abawaihi*: **12**,69. — Da die Aufforderung oder Einladung, in Ägypten einzuziehen, dem eigentlichen Einzug vorausgegangen sein müßte, vermuten Ṭabarī und Zamaḫšarī – vielleicht mit Recht –, daß mit der Audienz in Vers 99 eine erste Begrüßung gemeint ist, die stattfand, nachdem Joseph seinem Vater und seinen Brüdern zum Empfang entgegengezogen war. Auch nach 1. Mose 46,29 ist Joseph dem Jakob entgegengezogen. Man kann den Text aber auch so verstehen, daß Joseph seinen Angehörigen beim (eigentlichen und einzigen) Empfang in Ägypten einfach einen Willkommgruß entbietet. Vgl. den Willkommgruß an die Frommen, die ins Paradies eingehen: *udḫulūhā bi-salāmin āminīna* (**15**,46).

12,100 Zur Bedeutung des Ausdrucks *taʾwīl* siehe die Anmerkung zu **4**,59. Zur Sache vgl. **12**,4, wo der junge Joseph seinem Vater von seinem Traum erzählt. — Der Ausdruck *aḥsana bī* könnte an sich übersetzt werden: „er hat durch mich gut gehandelt". Aber nach den Kommentatoren und Lexikographen ist *aḥsana bī* gleichbedeutend mit *aḥsana ilaiya* („er hat gut an mir gehandelt"). — *min baʿdi an nazaġa š-šaiṭānu bainī wa-baina iḫwatī*: **17**,53; **7**,200/**41**,36; **23**,97; **12**,5; (**7**,22, mit weiteren Belegen). — *inna rabbī laṭīfun li-mā yašāʾu*: **67**,13f.; **31**,16; **6**,103; **33**,34; **22**,63; **42**,19; (**18**,19). Der Ausdruck *laṭīf* wird im Koran ausschließlich auf Gott angewandt. Er hat aber (außer vielleicht in **42**,19) noch nicht die spätere Bedeutung „gütig" (das entsprechende Abstraktum *luṭf* „Güte" kommt im Koran überhaupt nicht vor), sondern ist etwa mit „findig", „beschlagen" zu übersetzen. Etymologisch noch genauer wäre *laṭīf* mit „raffiniert" wiederzugeben. Gott, dem nichts in der Welt verborgen bleibt (**67**,13f.; **31**,16; **6**,103), ist *laṭīf* und *ḫabīr* („kundig"). Dieselben Epitheta werden ihm beigelegt im Hinblick darauf, daß er auf das Verhalten von Mohammeds Frauen achtgibt (? **33**,34), und daß er Mittel und Wege findet, die abgestorbene Erde durch Regen wieder grünen zu lassen (**22**,63). In der vorliegenden Stelle **12**,100 heißt es, daß er Mittel und Wege findet, um das zu erreichen, was er will (*inna rabbī laṭīfun li-mā yašāʾu*). Allenfalls läßt sich auch die Formulierung *allāhu laṭīfun bi-ʿibādihī* in **42**,19 in dem oben angegebenen Sinn verstehen: Gott findet Mittel und Wege, wenn es darum geht, die Menschen mit dem, was sie zum Leben nötig haben, auszustatten. Als mittleren Wert könnte man hier für *laṭīf* die Bedeutung „umsichtig", „vorsorglich" ansetzen. Von da ist es allerdings nicht mehr weit bis zur Bedeutung „gütig".

12,101 *wa-'allamanī min ta'wīli l-aḥādīṯi*: **12**,6; **12**,36f.; (**12**,44). Zur Bedeutung des Ausdrucks *ta'wīl* siehe die Anmerkung zu **4**,59. — *fāṭira s-samāwāti wal-arḍi anta walīyī fī d-dunyā wal-āḫirati*: **6**,14. — *tawaffanī musliman*: **7**,126; **2**,132/**3**,102. — *wa-alḥiqnī biṣ-ṣāliḥīna*: **26**,83; **27**,19; **21**,75. 86; **29**,27; **68**,50; **29**,9. Zur besonderen Bedeutung des Ausdrucks *aṣ-ṣāliḥūn* siehe die Anmerkung zu **2**,130.

12,102–111 Mit Vers 101 geht die Geschichte von Joseph zu Ende. Die Verse 102–111 sind als allgemeine Schlußbetrachtungen an das Ganze angehängt. Dabei werden verschiedene Themen, die an anderen Stellen des Korans in einem größeren Zusammenhang stehen, kurz aufgegriffen und in einer mehr oder weniger willkürlichen Anordnung aneinandergereiht. Durchgängig einheitlich ist nur der erbauliche Predigtton.

12,102: **3**,44; **11**,49. — *wa-mā kunta ladaihim iḏ ağma'ū amrahum*: **3**,44; **28**,44–46; **2**,133. — Zur Sache: **12**,15.

12,103: **16**,37; **10**,99; **2**,256. Siehe die Anmerkung zu diesem Vers.

12,104: **6**,90; **38**,86f. Weitere Belege zu *wa-mā tas'aluhum 'alaihi min ağrin* in der Anmerkung zu **6**,90. — *in huwa illā ḏikrun lil-'ālamīna*: auch **81**,27; **68**,52; **36**,69; **74**,31; **73**,19, mit weiteren Belegen.

12,105: **6**,4, mit weiteren Belegen.

12,107: **7**,97–99; **16**,45; **67**,16f.; **17**,68f.; **70**,28; **43**,66; **47**,18; **26**,201f.; **39**,55; **21**,40; **22**,55; **6**,31; **7**,187; **6**,44; **6**,47; **16**,26/**39**,25; **10**,50; **7**,4; **10**,24. — Der Ausdruck *ġāšiya* findet sich auch noch am Anfang von Sure **88**. Vgl. **29**,55; **44**,10f.

12,108: **13**,36; **40**,42; **41**,33; **22**,67; **28**,87; **42**,15; **33**,46; (**16**,125).

12,109 *wa-mā arsalnā min qablika illā riğālan nūḥī ilaihim min ahli l-qurā*: **16**,43/**21**,7; **21**,25; **7**,63/69; **10**,2; **11**,27, mit weiteren Belegen. — *a-fa-lam yasīrū fī l-arḍi fa-yanẓurū kaifa kāna 'āqibatu llaḏīna min qablihim*: **40**,21/82/**30**,9/**35**,44/**47**,10; **22**,46; **30**,42; **3**,137; **6**,11; **16**,36; **27**,69. — *wa-la-dāru l-āḫirati ḫairun li-llaḏīna ttaqau a-fa-lā ta'qilūna*: **6**,32/**7**,169; **16**,30; **12**,57, mit weiteren Belegen.

12,110 Vers 110 gehört zu den wenigen Stellen im Koran, von denen man mit einiger Wahrscheinlichkeit annehmen kann, daß der Konsonantentext nachträglich durch eine entsprechende Vokalisierung anders interpretiert worden ist, als er ursprünglich gemeint war. Das Wort, das in der offiziellen Textausgabe passivisch vokalisiert ist (*kuḏibū*, wörtlich: „sie sind angelogen worden", in abgeschwächtem Sinn: „man hat ihnen falsche Hoffnungen gemacht"), und von dem auch die Vokalisierung *kuḏḏibū* überliefert wird („sie sind für Lügner erklärt worden", nämlich von ihren ungläubigen Zeitgenossen), wäre – nach einer vereinzelt überlieferten Variante – besser als Aktivform *kaḏabū* zu lesen („sie haben gelogen", „sie haben falsche Aussagen gemacht"). Siehe Ṭabarī zur Stelle; Goldziher, Die Richtungen der islamischen Koranauslegung, Leiden 1952, S. 26–28. Demnach lautete der Text (in Übersetzung) ursprünglich: „Als dann die Gesandten schließlich die Hoffnung aufgaben (daß Gott noch eingreifen werde) und (schon) meinten, sie hätten (mit ihrer Verkündigung) gelogen, kam unsere Hilfe zu ihnen". Vgl. **2**,214. Anscheinend war es nun aber für die späteren Koranleser und -interpreten undenkbar, daß die Gesandten Gottes sich selber Lügenhaftigkeit zugetraut hätten. Um die Schwierigkeit zu beheben, nahmen einige einen Subjektwechsel an. So ergab sich die Interpretation: „Als dann die Gesandten schließlich die Hoffnung aufgaben und sie (d.h. ihre Volksgenossen) meinten, sie (die Gesandten) hätten gelogen..." Vgl. **7**,66: *wa-innā la-naẓunnuka mina l-kāḏibīna*. Ähnlich **26**,186; **11**,27. Andere Interpreten nahmen keinen solchen Subjektwechsel an, halfen sich vielmehr dadurch, daß sie die Verbalform *kḏbw* als Passiv vokalisierten (*kuḏibū*, so in der offiziellen Textausgabe). Man konnte den Gesandten wohl eher zumuten, daß sie sich angelogen fühlten, als daß sie auf den Gedanken verfielen, selber gelogen zu haben. Eine weitere Möglichkeit der Deutung ergab sich mit der Vokalisierung *kuḏḏibū* (Passiv des II. Stamms, „sie wurden für Lügner erklärt"). Dabei mußte aber dem Verbum *ẓanna* („meinen", „vermuten") die Bedeutung „wissen" zugeschrieben werden. Denn es war nun einmal eine Tatsache, daß die Gesandten von ihren Zeitgenossen der Lüge geziehen wurden. Die Gesandten wußten bestimmt, daß dem so war, und vermuteten es nicht nur. Zur Sache: R. Paret, Mohammed und der Koran, Stuttgart 1966, S. 97. — *ǧā'ahum naṣrunā*: **6**,34; **2**,214; **30**,47; (**110**,1). — *fa-nuǧǧiya man našā'u*. Siehe die Anmerkung zu **10**,103, mit weiteren Belegen. — *wa-lā yuraddu ba'sunā 'ani l-qaumi l-muǧrimīna*: **6**,147.

12,111: **10**,37. Siehe die Anmerkung zu diesem Vers, mit weiteren Belegen. — *wa-hudān wa-raḥmatan li-qaumin yu'minūna*: **16**,64; **10**,57, mit weiteren Belegen.

SURE 13

13,1 Über die Buchstaben, die einzelnen Suren vorgesetzt sind, siehe die Anmerkung zu **2**,1, mit Literaturangaben. Die Kombination *'lmr* findet sich ausschließlich vor Sure **13**. Es ist aber anzunehmen, daß schon in einer frühen Gruppierung gewisser Suren die Sure **13** (mit vorgesetztem *'lmr*) unter die Suren mit vorgesetztem *'lr* (**10**, **11**, **12**, **14**, **15**) eingereiht war. So kann man am besten erklären, daß diese kurze Sure ebenso wie die gleichfalls kurzen Suren **14** und **15** jetzt verhältnismäßig weit vorne im Koran steht. Siehe Hans Bauer, Über die Anordnung der Suren und über die geheimnisvollen Buchstaben im Qoran (ZDMG 75, 1921, S. 1–20), S. 6f. — *tilka āyātu l-kitābi*: **10**,1/**31**,2; **12**,1; **26**,2/**28**,2; **15**,1; **27**,1. — *wa-llaḏī unzila ilaika min rabbika l-ḥaqqu*: **34**,6; **22**,54; **35**,31; **47**,2; **6**,114; **4**,105/**5**,48/**39**,2; **39**,41; **3**,3; **42**,17; **2**,176; **2**,213; **17**,105; **16**,102; **11**,17; **2**,147/**3**,60; **10**,94; **32**,3; **18**,29; **4**,170; **13**,19; **2**,144; **2**,26; **28**,53.

13,2 *allāhu llaḏī rafaʿa s-samāwāti bi-ġairi ʿamadin taraunahā*: **31**,10; **55**,7; **88**,17f.; **79**,27f.; **52**,5; **22**,65; **30**,25; (**34**,9). — *ṯumma stawā ʿalā l-ʿarši*: **7**,54, mit weiteren Belegen. — *wa-saḫḫara š-šamsa wal-qamara kullun yaǧrī li-aǧalin musammān*: **35**,13/**39**,5; **31**,29; **16**,12; **7**,54; **14**,33; **29**,61; **21**,33; **36**,38–40; **10**,5; **71**,16; **25**,61; **6**,96; **55**,5. Zum Ausdruck *aǧal musammā* siehe die Anmerkung zu **6**,2. — *yudabbiru l-amra*: **10**,3, mit weiteren Belegen. Zur spezifischen Bedeutung von *amr* siehe die Anmerkungen zu diesem Vers und zu **2**,109. Es ist nicht klar, woran der Nebensatz (Zustandssatz) *yudabbiru l-amra* syntaktisch anzuschließen ist. In **10**,3 folgt er unmittelbar auf *ṯumma stawā ʿalā l-ʿarši*. — *laʿallakum bi-liqāʾi rabbikum tūqinūna*: **6**,154.

13,3 *wa-huwa llaḏī madda l-arḍa wa-ǧaʿala fīhā rawāsiya wa-anhāran*: **15**,19/**50**,7; **79**,30–32; **78**,6f.; **51**,48; **20**,53; **43**,10; **2**,22; **71**,19; **21**,31; **16**,15; **31**,10; **27**,61; **41**,10; **77**,27; **55**,10; **88**,20. Speziell zu *wa-anhāran*: **71**,12; **14**,32; **16**,15; **27**,61. — *wa-min kulli ṯ-ṯamarāti ǧaʿala fīhā zauǧaini ṯnaini*: **51**,49; **20**,53; **36**,36; **43**,12; (**55**,52). — *yuġšī l-laila n-nahāra*: **7**,54; **3**,27, mit weiteren Belegen.

13,4 *wa-fī l-arḍi qiṭaʿun mutaǧāwirātun*. Der Passus bedeutet wohl, daß es in unmittelbarer Nachbarschaft Landstriche von ganz verschiedenartigem Charakter gibt, besonders im Hinblick auf den Pflanzenwuchs. — *wa-ǧannātun min aʿnābin wa-zarʿun wa-naḫīlun*: **23**,19; **36**,33–35; **6**,99; **6**,141; **16**,11; **80**,26–32; **50**,9–11; **55**,10–12; **18**,32. — *wa-nufaḍḍilu baʿḍahā ʿalā baʿḍin fī l-ukuli*: **6**,141.

13,5 *wa-in taʿǧab fa-ʿaǧabun qauluhum a-iḏā kunnā turāban a-innā la-fī ḫalqin ǧadīdin*: **37**,12–17; **56**,47f.; **23**,82; **17**,49/98; **32**,10; **27**,67; **23**,35; **34**,7; **37**,53; **50**,3; **36**,78; **19**,66; **46**,17; (**79**,10f.); (**75**,3). — *ulāʾika l-aġlālu fī aʿnāqihim*: **40**,71f.; **36**,8; **34**,33; **76**,4; **69**,30f.

13,6 *wa-yastaʿǧilūnaka bis-saiyiʾati qabla l-ḥasanati*: **27**,46; **10**,50f. Weitere Belege in der Anmerkung zu **10**,50. (**27**,71f.); (**21**,37f.); (**51**,59). — *wa-qad ḫalat min qablihimu l-maṯulātu*: **3**,137, mit weiteren Belegen; **40**,84f.; **10**,102; **35**,43; **15**,13. — *wa-inna rabbaka la-ḏū maġfiratin lin-nāsi ʿalā ẓulmihim wa-inna rabbaka la-šadīdu l-ʿiqābi*: **41**,43; **57**,20; **5**,98; **6**,165/**7**,167; (**40**,3).

13,7: **6**,37, mit weiteren Belegen. — *wa-li-kulli qaumin hādin*: **16**,36; **10**,47, mit weiteren Belegen. Der Ausdruck *hādin* („Führer") wird von einigen Kommentatoren auf Gott bezogen, weil es ihm allein zusteht, die einzelnen Menschen dem Heil zuzuführen. Vgl. **2**,272. Tatsächlich ist aber der jeweilige „Warner" und „Gottesgesandte" damit gemeint. Der kann zwar niemanden in eigener Machtvollkommenheit dem Heil zuführen, aber er zeigt wenigstens den Menschen den Weg zum Heil. Gelegentlich wird im Koran eben auch von Gottesgesandten ausgesagt, daß sie „führen", so **19**,43 von Abraham, **79**,19 von Mose, **64**,6 ganz allgemein.

13,8 *allāhu yaʿlamu mā taḥmilu kullu unṯā*: **35**,11/**41**,47; **31**,34. — Der Passus *wa-(yaʿlamu) mā taġīḍu l-arḥāmu wa-mā tazdādu* ist in seiner Bedeutung umstritten. Die Kommentatoren sehen darin u.a. einen Hinweis auf die verschiedenen Möglichkeiten der Dauer der Schwangerschaft. — *wa-kullu šaiʾin ʿindahū bi-miqdārin*: **65**,3; **25**,2; **54**,49; **87**,2f.; **77**,20–23; **80**,19.

13,9 *'ālimu l-ġaibi waš-šahādati*: **6**,73, mit weiteren Belegen.

13,10: **67**,13; **6**,3; **2**,33, mit weiteren Belegen. — *wa-man huwa mustaḫfin bil-laili wa-sāribun bin-nahāri*: **4**,108; **4**,81.

13,11 Die einzelnen Teile von Vers 11 lassen sich schwer in einem durchgehenden sachlichen Zusammenhang verstehen. Sowohl mit *inna llāha lā yuġaiyiru*... als auch mit *wa-iḏā arāda llāhu*... scheint ein neuer Gedanke aufgegriffen zu werden. — Mit den *mu'aqqibāt* (wörtlich: „die Hinterherkommenden") sind wohl die Wächterengel gemeint. Siehe P. A. Eichler, Die Dschinn, Teufel und Engel im Koran, Leipzig 1928, S. 87–90, besonders 88. Sie heißen so, weil sie unablässig hinter den Menschen her sind, oder – nach einer anderen Erklärung – weil sie sich untereinander (in der Wache) ablösen. Zur Sache siehe die Anmerkung zu **6**,61 und die dort aufgeführten Belege, besonders **82**,10–12 und **43**,80. — Der Ausdruck *min amri llāhi* läßt sich auf dreierlei Weise deuten. Entweder 1. ist er dem Verbum *yaḥfaẓūnahū* unterzuordnen, so daß zu übersetzen wäre: „die ihn vor dem *amr* (Befehl, Angelegenheit, Strafgericht?) Gottes bewahren". Diese Deutung ist aus sachlichen Gründen abzulehnen. Eine weitere Möglichkeit 2. besteht darin, daß *min amri llāhi* im Sinn von *bi-amri llāhi* („auf Befehl Gottes") gemeint ist. In diesem Fall bleibt aber die Frage offen, warum der Wortlaut nicht von vornherein, dem koranischen Sprachgebrauch entsprechend, *bi-amri llāhi* lautet. Der Umstand, daß einige Autoritäten tatsächlich die Lesart *bi-amri llāhi* vertreten, hilft hier nicht weiter. Derartige Lesarten sind als nachträgliche Deutungsversuche zu werten, nicht als echte Überlieferung. Wieder eine andere Deutung 3., die übrigens von Zamaḫšarī an erster Stelle angeführt wird, scheint sowohl dem Wortlaut als auch dem Sachverhalt am ehesten gerecht zu werden. Danach ist der Passus *min amri llāhi* mit dem Nebensatz *yaḥfaẓūnahū* zu koordinieren und (als zweite *ṣifa*) unmittelbar auf *mu'aqqibāt* zurückzubeziehen. Die „Aufpasser" werden somit definiert als überirdische Wesen „vom Logos (*amr*) Gottes", genau so wie dies bei der kosmischen Wesenheit des Geistes (*rūḥ*) der Fall ist. Vgl. **40**,15; **16**,2; **42**,52; **17**,85; **97**,4. Zur besonderen Bedeutung von *amr* in diesen und ähnlichen Stellen siehe die Anmerkung zu **2**,109, mit Literaturangaben. — *inna llāha lā yuġaiyiru mā bi-qaumin ḥattā yuġaiyirū mā bi-anfusihim*: **8**,53, mit weiteren Belegen. — *wa-iḏā arāda llāhu bi-qaumin sū'an fa-lā maradda lahū wa-mā lahum min dūnihī min wālin*: **33**,17; **48**,11; **39**,38; **10**,107; **6**,17; **6**,147; **12**,110. — *bi-qaumin* (zweimal). Der Ausdruck *qaum* wird nicht nur in ethnischem Sinn gebraucht. Vgl. die häufigen Verbindungen *al-qaum al-kāfirun, al-qaum al-muǧrimūn*. Die Wiedergabe mit „Volk" wird diesem Sachverhalt nicht gerecht.

13,12 *huwa llaḏī yurīkumu l-barqa ḫaufan wa-ṭama'an*: **30**,24. Der Ausdruck *ḫaufan wa-ṭama'an* gibt die Wirkung wieder, die das Erlebnis des Gewitters im Menschen auslöst: auf der einen Seite die Furcht, vom Blitz erschlagen (vgl. **13**,13 und **2**,19f.) oder auch etwa vom Hagel getroffen zu werden (vgl. **24**,43), auf der anderen Seite das Verlangen nach dem Regen, den das Gewitter mit sich zu bringen pflegt. Dabei schwingt ein ausgesprochen religiöser Grundton mit, besonders beim zweiten Teil des Ausdrucks. Es ist nicht das unmittelbare Verlangen nach Regen gemeint, sondern das Verlangen nach der Gnade Gottes, die – neben anderen Gütern dieser und jener Welt – auch Wachstum und Regen schenken mag. Dies scheint sich aus dem koranischen Sprachgebrauch von *ṭamiʿa* zu ergeben. Das Wort kommt zwölfmal vor, davon nur zweimal (und da auch einmal nur bedingt) in der rein säkularen Bedeutung „begierig sein" (**33**,32; **74**,15). Sonst bedeutet es das Streben nach irgendwelchen Heilsgütern: nach Vergebung der Sünden (**26**,51. 82); nach Zulassung zum Paradies (**5**,84; **7**,46; **70**,38); nach Bekehrung der Juden (**2**,75). Schließlich kommt der kombinierte Ausdruck *ḫaufan wa-ṭamaʿan* (außer in **13**,12 und **30**,24) auch noch in **32**,16 und **7**,56 vor, beidesmal zur Umschreibung der inneren Haltung, die der Mensch beim Gebet (*duʿāʾ*)einnimmt oder einnehmen soll. Vgl. **21**,90 (*raġaban wa-rahaban*, in demselben Zusammenhang). — *wa-yunšiʾu s-saḥāba ṯ-ṯiqāla*: **7**,57; **35**,9; **30**,48; **24**,43; **32**,27; (**30**,24).

13,13 *wa-yusabbiḥu r-raʿdu bi-ḥamdihī wal-malāʾikatu min ḫīfatihī*: **7**,206, mit weiteren Belegen. — *wa-yursilu ṣ-ṣawāʿiqa fa-yuṣību bihā man yašāʾu*: **24**,43; **30**,48; (**10**,107).

13,14 Der Ausdruck *lahū daʿwatu l-ḥaqqi* ist nicht ganz eindeutig. Vermutlich bedeutet er, daß Gott sozusagen der Adressat der wahren Anrufung ist, weil man bei ihm allein Erhörung findet (im Gegensatz zu den falschen Göttern, siehe die Fortsetzung des Verses). Vgl. **40**,60. — *wa-llaḏīna yadʿūna min dūnihī lā yastaǧībūna lahum bi-šaiʾin*: **7**,194, mit weiteren Belegen. — Der mit *ka-bāsiṭi kaffaihi* einsetzende Vergleich wird zwar mit *illā* an den vorhergehenden Satz angeschlossen, aber nicht in streng logischer Gedankenfolge. Das tertium comparationis ist das Versagen ungeeigneter Mittel oder der Fehlgriff in der Wahl der Mittel. — *wa-mā duʿāʾu l-kāfirīna illā fī ḍalālin*: **40**,50.

13,15 *wa-li-llāhi yasǧudu man fī s-samāwāti wal-arḍi ṭauʿan wa-karhan*: **3**,83; **41**,11; **22**,18; **16**,49; **7**,206. — *wa-ẓilāluhum*: **16**,48. — *bil-ġudūwi wal-āṣāli*: **24**,36f.; **7**,205; **3**,41, mit weiteren Belegen. Siehe auch die Anmerkung zu **2**,238.

13,16 *qul man rabbu s-samāwāti wal-arḍi quli llāhu*: **23**,84–87; **31**,25/**39**,38; **29**,61; **27**,60. — *qul a-fa-ttaḫaḏtum min dūnihī auliyāʾa lā yamlikūna li-anfusihim nafʿan wa-lā ḍarran*: **25**,3; **6**,71, mit weiteren Belegen. — *qul hal yastawī l-aʿmā wal-baṣīru am hal tastawī ẓ-ẓulumātu wan-nūru*: **35**,19–22; **6**,50, mit weiteren Belegen. — *am ǧaʿalū li-llāhi šurakāʾa ḫalaqū ka-ḫalqihī fa-tašābaha l-ḫalqu ʿalaihim*: **35**,40; **46**,4; **23**,91; (**10**,34). — Zur Bedeutung des Verbums *tašābaha (VI)* siehe die Anmerkung zu **3**,7. — *wa-huwa l-wāḥidu l-qahhāru*: **12**,39, mit weiteren Belegen.

13,17 *anzala mina s-samāʾi māʾan fa-sālat audiyatun bi-qadarihā*: **23**,18; **43**,11; **42**,27; **15**,21. — Auf Grund der Belegstellen ist anzunehmen, daß der Ausdruck *bi-qadarihā* („mit ihrem Maß") im vorliegenden Vers nicht bedeutet „soviel sie (d.h. die Wadis) an Wasser zu fassen vermochten" (Blachère übersetzt: „celon leur grandeur"), sondern „soviel ihnen an Wasser von Gott zugemessen war". — Mit *sail* („Strom", „Flut") bezeichnet man die Wassermassen, die sich nach starken Regenfällen in einem sonst trockenen Wadi dahinwälzen. Vgl. den Hinweis auf den *sail al-ʿarim* in **34**,16. — Zum Passus *wa-mimmā yūqidūna ʿalaihi fī n-nāri* vgl. **28**,38, wo Pharao dem Hāmān befiehlt, gebrannte Ziegel herzustellen, mit den Worten: *auqid lī ʿalā ṭ-ṭīni*. Im vorliegenden Vers handelt es sich um das Schmelzen von Metall und weiter um die Herstellung von Schmuck und Gebrauchsgegenständen durch Metallguß. Auffallend ist die Formulierung *yūqidūna ʿalaihi fī n-nāri* (statt *nāran*, wie man eigentlich erwarten würde). Vermutlich ist *auqada (IV) ʿalā* in der bereits etwas abgeleiteten technischen Bedeutung „etwas erhitzen", „etwas brennen" zu verstehen. — Der Passus *wa-ammā mā yanfaʿu n-nāsa fa-yamkuṯu fī l-arḍi* ist wohl so zu verstehen, daß einerseits das Wasser als Grundstoff aller Vegetation und Voraussetzung alles Lebens seinen Platz in der Erde (d.h. unter der Erdoberfläche) hat, und daß andererseits die metallenen Schmuckstücke und Gebrauchsgegenstände in Gußformen entstehen, die, selber aus Erde bestehend, in die Erde eingelassen sind. Es ist allerdings nicht ganz ausgeschlossen, daß der Passus *fa-yamkuṯu fī l-arḍi* nur bedeutet: „so bleibt es auf der Erde (ohne zu vergehen, wie das beim Schaum der Fall ist)". Der präpositionale Ausdruck *fī l-arḍi* wäre in diesem Fall allerdings überflüssig. — *ka-ḏālika yaḍribu llāhu l-amṯāla*: **24**,35; **14**,25; **59**,21; **29**,43.

13,18 *li-llaḏīna staǧābū li-rabbihimu l-ḥusnā*: **42**,36–38; **3**,172; **53**,31; **10**,26; **18**,88; **4**,95/**57**,10. — *wa-llaḏīna lam yastaǧībū lahū lau anna lahum mā fī l-arḍi ǧamīʿan wa-miṯlahū maʿahū la-ftadau bihī*: **39**,47; **5**,36; **10**,54, mit weiteren Belegen. — *wa-biʾsa l-mihādu*: **2**,206, mit weiteren Belegen.

13,19 *(a-fa-)man yaʿlamu annamā unzila ilaika min rabbika l-ḥaqqu*: **13**,1, mit weiteren Belegen. — *ka-man huwa aʿmā*: **13**,16; **6**,50, mit weiteren Belegen. — *innamā yataḏakkaru ulū l-albābi*: **39**,9; **2**,269, mit weiteren Belegen.

13,20: **16**,91; **3**,76, mit weiteren Belegen. Negativ: **13**,25/**2**,27.

13,21 *wa-llaḏīna yaṣilūna mā amara llāhu bihī an yūṣala*: (**4**,1); Negativ: **13**,25/**2**,27; **47**,22.

13,22: **28**,54; **22**,35. Die Geduld oder Standhaftigkeit (*ṣabr*) wird im Koran so häufig als Tugend gerühmt, daß es sich erübrigt, Belege speziell zu *wa-llaḏīna ṣabarū* anzuführen. — Speziell zum Ausdruck *ibtiǧāʾa waǧhi rabbihim*: **92**,18–21; **2**,272; **76**,9; **30**,38f.; **6**,52/**18**,28; **2**,265; **4**,114; **60**,1; **2**,207; **57**,27. Auffallend ist, daß der Ausdruck *ibtiǧāʾa waǧhi rabbihim* im vorliegenden Vers unmittelbar nach *ṣabarū* steht, und nicht nach *wa-anfaqū mimmā razaqnāhum*, wie man auf Grund der Belegstellen **92**,18–21; **2**,272; **76**,9; **30**,38f. und **2**,265 erwarten würde. Zur Sache: J. M. S. Baljon, ‚To Seek the Face of God' in Koran and Ḥadîth (Acta Orientalia 21, 1953, S. 254–266). Baljon verweist auf den alttestamentlichen Ausdruck *biqqēš pĕnē yhwh*. — Das Verrichten des Gebets und das „Spenden von dem, was Gott beschert hat" (*mimmā razaqnāhum*), werden noch an folgenden Stellen als zwei Haupttugenden der Gläubigen genannt:

22,35 (s. o.); **14**,31; **35**,29; **2**,3; **8**,3; **42**,38. — *wa-anfaqū mimmā razaqnāhum sirran wa-ʿalāniyatan*: **35**,29; **14**,31; **2**,274; **16**,75. — *wa-yadraʾūna bil-ḥasanati s-saiyiʾata*: **28**,54; **41**,34; **23**,96; **17**,53; **16**,125; **29**,46. — *ulāʾika lahum ʿuqbā d-dāri*: **13**,24; **13**,42; **6**,135; **28**,37. Mit der Genitivverbindung *ʿuqbā d-dāri* „Endstation" ist speziell die Endstation der Frommen, d.h. das Paradies gemeint. Syntaktisch steht *ʿuqbā d-dāri* im Nominativ; *ǧannātu ʿAdnin* am Anfang des folgenden Verses ist Apposition dazu. — Zu beachten ist in Vers 22 der Wechsel zwischen Perfekt (*ṣabarū, aqāmū, anfaqū*) und Imperfekt (*yadraʾūna*).

13,23 Zum Ausdruck *ǧannātu ʿAdnin* siehe die Anmerkung zu **9**,72. — *yadḫulūnahā wa-man ṣalaḥa min ābāʾihim wa-azwāǧihim wa-ḏurrīyātihim*: **40**,8; (**43**,70); (**36**,56); (**52**,21). — *wal-malāʾikatu yadḫulūna ʿalaihim min kulli bābin*: **39**,73; **38**,50; **16**,32; **21**,103.

13,24 *salāmun ʿalaikum bi-mā ṣabartum*: **25**,75; **76**,12; **16**,32; **10**,10, mit weiteren Belegen. — *fa-niʿma ʿuqbā d-dāri*. Siehe die Anmerkung zu **13**,22.

13,25: **2**,27. Siehe die Anmerkung zu diesem Vers, mit weiteren Belegen. (**47**,23f.). Positiv: **13**,20f. — *ulāʾika lahumu l-laʿnatu wa-lahum sūʾu d-dāri*: **40**,52; **5**,13; **47**,22f.; **11**,18. Weitere Belege in den Anmerkungen zu **11**,18 und **3**,87.

13,26 *allāhu yabsuṭu r-rizqa li-man yašāʾu wa-yaqdiru*: **30**,37/**39**,52; **34**,36; **17**,30; **42**,12; **28**,82; **29**,62; **34**,39; **42**,27; **2**,245; **5**,64. — Hinter *yaqdiru* ist entweder ein zweites *li-man yašāʾu* zu ergänzen. Dann bedeutet das Ganze: Gott teilt den Unterhalt nach Belieben den einen reichlich zu, den anderen knapp. Oder aber, das einmalige *li-man yašāʾu* (hinter *yabsuṭu r-rizqa*) gilt zugleich auch für das folgende *wa-yaqdiru*. Das bedeutet dann, daß Gott nach Belieben ein und derselben Person einmal den Unterhalt reichlich zuteilt, und dann wieder knapp. Für die zweite Deutung spricht die Formulierung *wa-yaqdiru lahū* in den Belegstellen **29**,62 und **34**,39. Zamaḫšarī und Baiḍāwī halten allerdings für diese beiden Stellen auch die erste Deutung für möglich. — *wa-fariḥū bil-ḥayāti d-dunyā*: **40**,75; **57**,23; **28**,76; **11**,10; **42**,48; **30**,36; **6**,44. — *wa-mā ḥayātu d-dunyā fī l-āḫirati illā matāʿun*: **9**,38; **40**,39; **43**,35; **2**,36. Siehe die Anmerkung zu diesem Vers, mit weiteren Belegen.

13,27: **6**,37, mit weiteren Belegen. — *wa-yahdī ilaihi*: **42**,13; (**4**,175).

13,28f.: **89**,27–30. — Mit Vers 28 beginnt entweder ein neuer Satz, der dann – nach der Zwischenbemerkung am Schluß des Verses – am Anfang von Vers 29 fortgeführt wird. In diesem Fall sind die Verse 28 und 29 als ein einziger Vers zu rechnen (wie nach der Flügelschen Verszählung). Oder aber, Vers 28 ist als Apposition zum Schluß des vorhergehenden Verses (*man anāba*) zu ziehen. In diesem Fall ist zwischen Vers 28 und Vers 29 eine Zäsur anzunehmen (wie das die kufische Verszählung voraussetzt), und erst mit Vers 29 beginnt ein neuer Satz. Das unmittelbar vor der Zäsur stehende *al-qulūbu* ist dann Reimwort. Das paßt aber nicht zu dem von Vers 6 an durchgehenden Reim auf *ā* (+ Konsonant). Daher wird man der ersten Deutung, nach der *al-qulūbu* im Versinnern steht, den Vorzug geben müssen. — Der Ausdruck *ṭūbā (lahum)* kommt im Koran nur an dieser Stelle vor. Wahrscheinlich ist es als Lehnwort aus dem Aramäischen zu erklären. Siehe Jeffery, Foreign Vocabulary, S. 206. — *wa-ḥusnu ma'ābin*: **38**,25/40. 49; **3**,14.

13,30 *ka-ḏālika arsalnāka fī ummatin qad ḫalat min qablihā umamun li-tatluwa 'alaihimu llaḏī auḥainā ilaika*: **21**,25. Der hier ausgesprochene Gedanke, daß Mohammed mit seiner prophetischen Sendung in früheren Völkern Vorläufer gehabt hat, kommt, jeweils anders formuliert, an vielen Stellen des Korans zur Sprache. — *'alaihi tawakkaltu wa-ilaihi matābi*: **11**,88/**42**,10; **60**,4.

13,31 Vers 31 ist in mehrfacher Hinsicht schwer zu deuten. Schon der erste Absatz (*wa-lau anna qur'ānan...kullima bihi l-mautā*), ein unvollständiger irrealer Bedingungssatz, kann auf verschiedene Weise ergänzt werden, etwa auch in Anlehnung an **6**,111. — *qur'ānan suiyirat bihi l-ǧibālu*: **81**,3; **78**,20; **18**,47 (alle Belege in eschatologischem Zusammenhang). — *au kullima bihi l-mautā*: **6**,111. — *bal li-llāhi l-amru ǧamī'an*: **3**,154; **30**,4. — Schwer verständlich und umstritten ist auch der Satz, der mit *a-fa-lam yai'as* (Konsonantentext: *ya'yas*) eingeleitet ist. Die beiden folgenden Deutungen bzw. Paraphrasierungen kommen am ehesten in Frage: 1. „Sind denn die Gläubigen nicht verzweifelt (bei dem Gedanken), daß Gott, wenn er wollte, die Menschen allesamt rechtleiten würde (daß er es aber nicht will, so daß alle weiteren Bemühungen um die Ungläubigen vergebens sind?) (Haben sie sich nicht endlich mit dieser Tatsache abgefunden, anstatt sich weiter falsche Hoffnungen zu machen?)"; 2. „Sind denn die Gläubigen nicht (geradezu daran) verzweifelt (zu glauben), daß Gott, wenn er wollte, die Menschen allesamt rechtleiten würde?" Besonders die zweite Deutung mußte auf fromme Muslime wie eine Blasphemie wirken. Kein Wunder, daß die Kommentatoren versucht haben, das Verbum *ya'isa* bzw. *ayisa* („verzweifeln") in das Gegenteil umzudeuten, oder aus dem Konsonantentext (*y'ys*, Variante *yys*) ein anderes Verbum herauszulesen (*yatabaiyana*, von *tabaiyana (V)* „sich klar machen"), oder gar ein glattes Versehen des Schreibers anzunehmen. Siehe auch Gesch. des Qor. III, S. 3 und 56. — *lau yašā'u llāhu la-hadā n-nāsa ǧamī'an*: **6**,149/**16**,9. Weitere Belege in der Anmerkung zu **6**,149. — *wa-lā yazālu llaḏīna kafarū tuṣībuhum bi-mā ṣana'ū qāri'atun*: **16**,33f.; **39**,50f.; **4**,62; **9**,52; **5**,49; **16**,112. — *au taḥullu qarīban min dārihim.* Die Ankündigung, daß das den Ungläubigen drohende Strafgericht eventuell „in der Nähe ihrer Behausung" stattfinden werde, ist so unbestimmt gehalten, daß sie sich kaum genauer deuten läßt. Die Kommentatoren denken an einen gegen Mekka gerichteten Vorstoß muslimischer Truppen (Bell: „In the middle of the verse (Fl. 31) we have perhaps a reference to the defeat which befell them at Badr"). Vielleicht ist aber auch eine Naturkatastrophe gemeint, etwa ein Wolkenbruch im Hinterland von Mekka, mit anschließender Überschwemmung. — *ḥattā ya'tiya wa'du llāhi inna llāha lā yuḫlifu l-mī'āda*: **14**,47; **22**,47; **3**,9; **3**,194; **39**,20; **30**,6. Vgl. die häufigen Formulierungen *wa-yaqūlūna matā hāḏā l-wa'du in kuntum ṣādiqīna* (z.B. **10**,48) und *inna wa'da llāhi ḥaqqun* (z.B. **10**,55).

13,32 *wa-la-qadi stuhzi'a bi-rusulin min qablika*: **6**,10/**21**,41; **15**,11/**36**,30; **43**,7. — *fa-amlaitu li-llaḏīna kafarū ṯumma aḫaḏtuhum fa-kaifa kāna 'iqābi*: **22**,44;

22,48; **7**,183/**68**,45; **3**,178. — *ṯumma aḫaḏtuhum fa-kaifa kāna ʿiqābi*: **40**,5; **22**,44; **35**,26; **34**,45/**67**,18; **54**,16/18/21/30.

13,33 Vers 33 wirkt ebenso wie Vers 31 uneinheitlich und bruchstückhaft. — Der einleitende Fragesatz (*a-fa-man huwa qā'imun ʿalā kulli nafsin bi-mā kasabat*) scheint einen Vergleich einzuleiten. Doch fehlt dazu das zweite Glied (*ka-man huwa*...) mit dem Hinweis auf die Machtlosigkeit der angeblichen „Teilhaber" Gottes. Siehe Bergsträsser, Verneinungspartikeln, S. 97. — Zum Ausdruck *a-fa-man huwa qā'imun ʿalā kulli nafsin (bi-mā kasabat)* vgl. **3**,75. Zur Sache: **13**,42 (*yaʿlamu mā taksibu kullu nafsin*). — Da der mit *a-fa-man huwa qā'imun* beginnende Satz mit *bi-mā kasabat* bruchstückhaft endet, läßt sich die syntaktische Funktion des folgenden Aussagesatzes *wa-ǧaʿalū li-llāhi šurakā'a* schwer bestimmen. Zum Inhalt des Satzes vgl. **13**,16, mit weiteren Belegen. — Mit dem Ausspruch *qul sammūhum* werden die Heiden aufgefordert, die von ihnen verehrten angeblichen Teilhaber Gottes mit Namen zu nennen und damit als wirklich existierende Wesen zu bestimmen (wobei vorausgesetzt wird, daß sie dieser Aufforderung nicht nachkommen können und sich so selber Lügen strafen). In ähnlicher Weise, wenn auch in anderem Zusammenhang, ist in **2**,31–33 davon die Rede, daß Adam auf Grund göttlicher Unterweisung die Dinge mit ihrem Namen zu nennen weiß, im Gegensatz zu den Engeln. In beiden Fällen wird das Benennen in positivem Sinn bewertet. An einigen anderen Stellen des Korans wird dagegen den Heiden eben die Tatsache zum Vorwurf gemacht, daß sie die Wesen, die sie an Gottes Statt verehren, mit Namen nennen (**7**,71; **12**,40; **53**,23). Hier wird das Benennen in negativem Sinn bewertet. Die angeblichen Götter sind bloße Namen ohne wirkliche Existenz. — *am tunabbi'ūnahū bi-mā lā yaʿlamu fī l-arḍi*: **10**,18; **49**,16. — Der Passus *am bi-ẓāhirin mina l-qauli* ist schwer zu deuten. Die Kommentatoren verstehen *ẓāhir* im Sinn von „oberflächlich", „nichtig". — *bal zuiyina li-llaḏīna kafarū makruhum*. Siehe die Anmerkung zu **2**,212, mit weiteren Belegen. — *wa-ṣuddū ʿani s-sabīli*: **40**,37. — *wa-man yuḍlili llāhu fa-mā lahū min hādin*: **39**,23/36/**40**,33; **7**,186; (**45**,23).

13,34 *lahum ʿaḏābun fī l-ḥayāti d-dunyā wa-la-ʿaḏābu l-āḫirati ašaqqu*: **41**,16; **39**,26; **68**,33; **20**,127; **2**,114/**5**,33/41; **22**,9; (**27**,5). — *wa-mā lahum mina llāhi min wāqin*: **13**,37; **40**,21.

13,35: **47**,15. — *(maṯalu-l-ǧannati) llatī wuʿida l-muttaqūna*: auch **25**,15; **50**,31 f. Daß das Paradies für die Gottesfürchtigen bestimmt ist, wird im Koran auch sonst oft erwähnt. Die Anführung weiterer Belegstellen erübrigt sich. — Zum Ausdruck *min taḥtihā* siehe die Anmerkung zu **2**,25. — Zur Einleitung des Verses (*maṯalu l-ǧannati*, ohne weitere Vergleichspartikel) siehe F. Buhl, Über Vergleichungen und Gleichnisse im Qur'ān (Acta Orientalia 2, 1924, S. 1–11), S. 10: „Wenn der Begriff der direkten Vergleichung zurücktritt, gewinnt *maṯal* die modifizierende Bedeutung: charakterisierende Beschreibung einer Sache oder Person oder geradezu: ihre Eigenschaften und ihr Wesen". Demnach hat hier der Passus *taǧrī min taḥtihā l-anhāru*, der sonst im Koran regelmäßig einem vorausgehenden *ǧannāt* (indeterminiert) oder *ǧanna* (ebenso) oder *ǧannāt ʿAdn* angegliedert bzw. untergeordnet ist, die Funktion eines selbständigen Satzes. Er bildet, zusammen mit dem folgenden *ukuluhā dā'imun wa-ẓilluhā*, das Prädikat zu *maṯalu l-ǧannati*. Die Konstruktion ist allerdings ungewöhnlich. Auch die Belegstelle **47**,15 ist im Ausdruck schwerfällig. — *ukuluhā dā'imun wa-ẓilluhā*: **36**,56, mit weiteren Belegen.

13,36 *wa-llaḏīna ātaināhumu l-kitāba yafraḥūna bi-mā unzila ilaika*: **28**,52f.; **2**,121; **29**,47; **3**,199; **6**,114; **3**,113f. — *wa-mina l-aḥzābi man yunkiru baʿḍahū*: **11**,17; **19**,37; **43**,65. Zur Bedeutung des Ausdrucks *al-aḥzāb* („die Gruppen") siehe die Anmerkungen zu **11**,17 und **19**,37. — *qul innamā umirtu an aʿbuda llāha wa-lā ušrika bihī*: **10**,72, mit weiteren Belegen. Vgl. auch die folgenden an die „Schriftbesitzer" gerichteten Stellen (**3**,64); (**29**,46); (**3**,20). — *ilaihi adʿū*: **12**,108, mit weiteren Belegen.

13,37 *wa-ka-ḏālika anzalnāhu ḥukman ʿarabīyan*: (**5**,48). Zur Bedeutung von *ḥukm* siehe die Anmerkung zu **3**,79. Die von Mohammed übermittelte Offenbarung wird nur im vorliegenden Vers als *ḥukm ʿarabī* bezeichnet. Sonst wird regelmäßig der Ausdruck *qur'ān ʿarabī* verwendet. So **42**,7; **12**,2. Weitere Belege in der Anmerkung zu diesem Vers. — *wa-la-ini ttabaʿta ahwā'ahum baʿda mā ǧā'aka mina l-ʿilmi mā laka mina llāhi min walīyin wa-lā wāqin*: **2**,120, mit weiteren Belegen. Speziell zu *mā laka mina llāhi min walīyin wa-lā wāqin*: **13**,34; **40**,21.

13,38: **40**,78; **14**,11. — Mit dem nur im vorliegenden Vers belegten Passus *wa-ǧaʿalnā lahum azwāǧan wa-ḏurrīyatan* soll wohl zum Ausdruck gebracht werden, daß die Gottesgesandten gewöhnliche Sterbliche (*bašar*) mit Frauen und Kindern waren, nicht etwa Engel oder andere überirdische Wesen. — Etwas rätselhaft ist der Versschluß *li-kulli aǧalin kitābun*. Wahrscheinlich ist mit *aǧal* die Frist gemeint, die der Existenz einzelner Menschen oder ganzer Völker gesetzt ist. Siehe die Anmerkung zu **6**,2. In diesem Fall bedeutet *kitāb* („Schrift") soviel wie Fixierung, Vorherbestimmung (ähnlich wie in **8**,68). Diese Deutung vertritt auch Bell. Ebenso A. Jeffery (The Qur'ān as Scripture, New York 1952, S. 10: „Allah's book of decrees"). Dagegen paraphrasiert Blachère: „A chaque terme une Écriture = au terme fixé pour chaque communauté ayant reçu déjà une révélation, vient un Prophète chargé d'un nouveau message(?)". H. Ringgren äußert sich etwas unbestimmt, aber eher im Sinn von Blachère (Studies in Arabian Fatalism, Uppsala und Wiesbaden 1955, S. 90). Siehe auch die Anmerkung zum folgenden Vers.

13,39 Die Deutung von Vers 39 hängt wesentlich davon ab, wie man den Ausdruck *umm al-kitāb* („Mutter der Schrift", „Urschrift") zu verstehen hat. Unter der doppelten Voraussetzung, daß 1. *kitāb* am Schluß des vorhergehenden Verses 38 „Fixierung", „Vorherbestimmung" bedeutet, und nicht etwa „Offenbarungsschrift" (siehe die Anmerkung), und daß 2. zwischen den Versen 38 und 39 nicht, wie Bell vermutet, eine Zäsur anzunehmen ist, ergibt sich für *umm al-kitāb* in Vers 39 am ehesten die Bedeutung: himmlische Urschrift, in der alles verzeichnet ist, was in der Welt existiert, und was in ihr geschehen soll. Wenn aber *umm al-kitāb* hier, kurz gesagt, „Schicksalbuch", „book of decrees" (Jeffery, s. o.) bedeutet, und nicht, wie allgemein angenommen wird, himmlische Urschrift aller Offenbarungsschriften, ist der erste Teil des Verses (*yamḥū llāhu mā yašā'u wa-yuṯbitu*) ebenfalls auf die schicksalhafte bzw. göttliche Bestimmung von Ereignissen des Weltgeschehens zu beziehen, und nicht, wie das meistens angenommen wird, auf die Abrogierung oder Bestätigung einzelner Offenbarungstexte. Es fragt sich nun, wieweit eine solche Deutung nicht im Widerspruch zu den beiden anderen Stellen steht, in denen der Ausdruck *umm al-kitāb* sonst noch vorkommt (**43**,4; **3**,7). Die erste Stelle lautet: *wa-innahū fī ummi l-kitābi ladainā la-'alīyun ḥakīmun.* In wörtlicher Übersetzung: „Und er (der arabische Koran) gilt in der Urschrift bei uns als erhaben und weise". Die himmlische Urschrift, in der alles, was auf der Welt existiert und geschieht, verzeichnet, ist, wird hier sozusagen als Kronzeuge für die hohe Wertschätzung der koranischen Offenbarung angeführt. Jedenfalls braucht man aus dieser Stelle nicht notwendig herauszulesen, daß der arabische Koran dem Wortlaut nach in einem himmlischen Archetypus enthalten und daraus entnommen ist. Der präpositionale Ausdruck *fī ummi l-kitābi* ist nicht etwa schon ein (erstes) Prädikat, sondern – zusammen mit *ladainā* – eine nähere Bestimmung zum ganzen Satz. Bei der Stelle **3**,7 liegen die Verhältnisse anders. Sie lautet: *huwa llaḏī anzala 'alaika l-kitāba minhu āyātun muḥkamātun hunna ummu l-kitābi wa-uḫaru mutašābihātun*... „Er ist es, der die Schrift auf dich herabgesandt hat. Darin sind (eindeutig) bestimmte Verse – sie sind die Urschrift – und andere, mehrdeutige..." Hier werden die eindeutigen, unbezweifelbaren Koranverse geradezu mit der „Urschrift" identifiziert. Bei der Auswertung dieser Stelle ist jedoch zu bedenken, daß es sich um einen Text handelt, der – im Unterschied zu den beiden anderen Stellen – sicher aus der Zeit nach der Hiǧra stammt. Horovitz bemerkt dazu (Koranische Untersuchungen, S. 65): „Späterhin in Medina scheint Muhammed den Ausdruck *umm al-kitāb* in einem anderen Sinne gebraucht zu haben als an den oben angeführten Stellen der mekkanischen Zeit, denn nach Sure 3,7 (5) besteht das ihm geoffenbarte *kitāb* aus zwei Arten von Versen: den „festgefügten" (*muḥkamāt*), eindeutigen, welche die *umm al-kitāb* bilden, und den mehrdeutigen (*mutašābihāt*), die einer besonderen Auslegung (*ta'wīl*) bedürfen; doch scheint mir die Möglichkeit nicht ausgeschlossen, daß wir in den Worten *hunna ummu l-kitāb* eine erklärende Glosse eines Späteren zu sehen haben."

13,40: **10**,46, mit weiteren Belegen. — *fa-innamā 'alaika l-balāġu*: **3**,20, mit weiteren Belegen.

13,41 *a-wa-lam yarau annā na'tī l-arḍa nanquṣuhā min aṭrāfihā*: **21**,44. Die Stelle ist schwer verständlich. Nach den meisten Kommentatoren steckt in der Bemerkung, daß Gott „über das Land kommt, indem er es an den Enden kürzt", eine Anspielung auf den politisch-militärischen Machtzuwachs der Muslime und die dadurch bedingte Einengung des heidnisch-mekkanischen

Machtbereichs. Falls diese Deutung richtig ist, kann der Vers (und die Belegstelle **21**,44) nicht schon aus der Zeit vor der Hiǧra stammen. — *lā mu'aqqiba li-ḥukmihī*: **18**,26; **12**,40, mit weiteren Belegen. Die Deutung von *mu'aqqib* („einer, der revidiert") ist nicht sicher. — *wa-huwa sarī'u l-ḥisābi*: **2**,202, mit weiteren Belegen.

13,42 *wa-qad makara llaḏīna min qablihim fa-li-llāhi l-makru ǧamī'an*: **16**,26; **27**,50f.; **7**,99; **16**,45; **3**,54; **8**,30; **14**,46; **10**,21; **35**,10; **35**,43. Siehe auch die Anmerkung zu **7**,99. — *wa-ya'lamu mā taksibu kullu nafsin*: **6**,3, mit weiteren Belegen; **13**,33. Zur Bedeutung von *kasaba* siehe die Anmerkung zu **2**,79. — *wa-sa-ya'lamu l-kuffāru li-man 'uqbā d-dāri*: **6**,135; **28**,37; (**26**,227); **13**,22. 24. Siehe auch die Anmerkung zu **13**,22.

13,43 *wa-yaqūlu llaḏīna kafarū lasta mursalan*: (**7**,75f.). — *qul kafā bi-llāhi šahīdan bainī wa-bainakum*: **17**,96; **29**,52; **46**,8; **4**,79; **48**,28; **4**,166; **6**,19; (**10**,29). Siehe auch die Anmerkung zu **3**,18. — Mit dem Ausdruck *man 'indahū 'ilmu l-kitābi* sind wohl die *ahl al-kitāb*, d.h. die Angehörigen der früheren Offenbarungsreligionen, gemeint. Nachdem im vorhergehenden Gott als der entscheidende Zeuge für die Heilstatsache von Mohammeds Sendung angerufen ist, werden zum Schluß – man könnte sagen: zu allem Überfluß – auch noch die „Schriftbesitzer" als Zeugen genannt. Belege: **3**,18; **3**,70; **4**,162; **3**,7; **17**,107; **34**,6; **28**,52f.; **29**,47; **2**,121; **13**,36; **3**,199; **22**,54; **10**,94; **26**,197; (**27**,40: *allaḏī 'indahū 'ilmun mina l-kitābi*).

SURE 14

14,1 Über die Buchstaben, die einzelnen Suren vorgesetzt sind, siehe die Anmerkung zu **2**,1, mit Literaturangaben. Die Buchstaben *'lr*, die am Anfang von Sure **14** stehen, finden sich auch noch vor den Suren **10**, **11**, **12**, **15**. Über die Einreihung der verhältnismäßig kurzen Suren **14** und **15** (und der ebenfalls kurzen Sure **13** mit vorgesetztem *'lmr*) an ihren jetzigen Standort siehe die Anmerkung zu **13**,1. — *kitābun anzalnāhu ilaika*: **38**,29; **6**,92/155; **7**,1; **32**,2; **40**,2; **39**,1/**45**,2/**46**,2; **41**,2f.; **18**,1. — *li-tuḫriǧa n-nāsa mina ẓ-ẓulumāti ilā n-nūri*: **2**,257, mit weiteren Belegen. — *ilā ṣirāṭi l-'azīzi l-ḥamīdi*: **34**,6; **22**,24.

14,2 *wa-wailun lil-kāfirīna min 'aḏābin šadīdin*: **38**,27; **43**,65; **19**,37; **51**,60.

14,3 *allaḏīna yastaḥibbūna l-ḥayāta d-dunyā 'alā l-āḫirati*: **16**,107; **87**,16f.; **79**,37f. — *wa-yaṣuddūna 'an sabīli llāhi wa-yabġūnahā 'iwaǧan*: **7**,45, mit weiteren Belegen. — *ulā'ika fī ḍalālin ba'īdin*: **4**,60, mit weiteren Belegen. Vgl. auch den Ausdruck *fī šiqāqin ba'īdin* (**2**,176/**22**,53/**41**,52).

14,4 *wa-mā arsalnā min rasūlin illā bi-lisāni qaumihī li-yubaiyina lahum*: **19**,97; **46**,12; **26**,192–195; **16**,103; **12**,2, mit weiteren Belegen. — *fa-yuḍillu llāhu man yašā'u wa-yahdī man yašā'u*: **16**,93/**35**,8/**74**,31. In anderer Formulierung kommt der Gedanke, daß Gott in die Irre führt und rechtleitet, wen er will, auch sonst im Koran oft zur Sprache.

14,5–8 Zur Geschichte Moses siehe die Anmerkung zu **7**,103–137, mit weiteren Stellenangaben.

14,5 *wa-la-qad arsalnā Mūsā bi-āyātinā*: **11**,96f., mit weiteren Belegen. — *wa-aḫriǧ qaumaka mina ẓ-ẓulumāti ilā n-nūri*: **14**,1; **2**,257, mit weiteren Belegen. — Zur Konstruktion des Passus *wa-ḏakkirhum bi-aiyāmi llāhi* siehe die Anmerkung zu **5**,13. Der Ausdruck *aiyām Allāh* ist das islamische Gegenstück zu den Kampftagen der alten Araber (*aiyām al-ʿArab*). Er kommt außer im vorliegenden Vers auch noch in der schwer deutbaren Stelle **45**,14 vor. In **14**,5 bezieht er sich vermutlich auf die göttlichen Strafgerichte, die über frühere Völker hereingebrochen sind. Vgl. Vers 9; **10**,102. Horovitz bemerkt dazu (Koranische Untersuchungen, S. 22): „Wie Sure **11**,89(91) Šuʿaib seiner Vorgänger gedenkt, so erhält Sure **14**,5 Mūsā ausdrücklich den Auftrag, seinem Volk ‚die Tage Allahs' ins Gedächtnis zu rufen, ein Ausdruck, der, wie die Ausführung des Befehls zeigt, die Strafgerichte Allahs bezeichnet und sich als eine unter dem Einfluß der einheimischen *aijām al-ʿArab* erfolgte Arabisierung der *milḥamōt Jhwh* von Numeri 21,14 darstellt." Es ist allerdings auch möglich, daß mit den *aiyām Allāh* im vorliegenden Vers die Großtaten Gottes in der eigenen Geschichte der Banū Isrāʾīl gemeint sind. — *inna fī ḏālika la-āyātin li-kulli ṣabbārin šakūrin:* **31**,31/**34**,19/**42**,33. Helmer Ringgren, Studies in Arabian Fatalism, Uppsala–Wiesbaden 1955, S. 114.

14,6 *wa-iḏ*... (auch in Vers 7). Verkürzter Zeitsatz. Siehe Einleitung zur Übersetzung, S. 3f. — Belege zum ganzen Vers: **2**,49; **7**,141; **28**,4; **7**,127; **40**,25. — Speziell zu *uḏkurū niʿmata llāhi ʿalaikum*: **2**,40, mit weiteren Belegen.

14,7 *wa-iḏ taʾaḏḏana rabbukum*: **7**,167. Auch in **7**,167 steht der Hinweis auf eine bestimmte Ankündigung Gottes, die früher einmal erfolgt ist, in einem Textzusammenhang, der der Geschichte der Banū Isrāʾīl gewidmet ist. Der vorliegende Vers 7 ist wohl als Ganzes noch als Ausspruch Moses zu verstehen. — Zu *la-azīdannakum* ist der Sache nach *niʿmatan* zu ergänzen. Vgl. **14**,6; **42**,26. — *wa-la-in kafartum inna ʿaḏābī la-šadīdun*. Bedingungssatz mit Verschiebung. Siehe Einleitung zur Übersetzung, S. 4.

14,8: **4**,131, mit weiteren Belegen. Bedingungssatz mit Verschiebung. — Am Anfang von Vers 8 ist Mose ein letztes Mal als Sprecher genannt. An sich kann man (mit Bell und Horovitz) annehmen, daß Mose auch für die folgenden Verse bis einschließlich Vers 14 als Sprecher zu ergänzen ist (siehe die Anmerkung zu Vers 14). Man kann jedoch (mit Blachère) das Zitat von Mose auch schon mit dem Ende von Vers 8 schließen lassen und von Vers 9 an Mohammed als unmittelbaren Sprecher ergänzen.

14,9: **9**,70; **22**,42–44; **38**,12–14; **50**,12–14; **40**,5; **40**,31; **51**,41–46; **11**,89; **53**,50–54; **64**,5. Zur Sache: Horovitz, Koranische Untersuchungen, S. 10–32: Straflegenden. — *ǧāʾathum rusuluhum bil-baiyināti*: **7**,101, mit weiteren Belegen. — Der Passus *fa-raddū aidiyahum fī afwāhihim* wird von den Kommentatoren ganz verschiedenartig gedeutet. Irgendwie soll die Geste natürlich zum Ausdruck bringen, daß die Volksgenossen Noahs usw. von der Botschaft der

Gottesgesandten nichts wissen wollten. Aber was genauer damit gemeint ist, bleibt unklar. — *innā kafarnā bi-mā ursiltum bihī*: **34**,34/**41**,14/**43**,24. — *wa-innā la-fī šakkin mimmā tad'ūnanā ilaihi murībin*: **11**,62, mit weiteren Belegen.

14,10 *yad'ūkum li-yaġfira lakum min ḏunūbikum wa-yu'aḫḫirakum ilā aǧalin musammān*: **71**,4; **46**,31. Speziell zu *wa-yu'aḫḫirakum ilā aǧalin musammān*: **11**,104, mit weiteren Belegen. Zum Ausdruck *aǧal musammā* siehe die Anmerkung zu **6**,2. — *in antum illā bašarun miṯlunā*: **11**,27, mit weiteren Belegen. — *turīdūna an taṣuddūnā 'ammā kāna ya'budu ābā'unā*: **10**,78, mit weiteren Belegen.

14,11 *qālat lahum rusuluhum in naḥnu illā bašarun miṯlukum*: **18**,110/**41**,6. — *wa-mā kāna lanā an na'tiyakum bi-sulṭānin illā bi-iḏni llāhi*: **13**,38/**40**,78.

14,12 *wa-la-naṣbiranna 'alā mā āḏaitumūnā*: **6**,34; **3**,186; **33**,48. — *wa-'alā llāhi fal-yatawakkali l-mutawakkilūna*: **12**,67; **39**,38; (**3**,159).

14,13 *wa-qāla llaḏīna kafarū li-rusulihim la-nuḫriǧannakum min arḍinā au la-ta'ūdunna fī millatinā*: **7**,88; (**18**,20). Speziell zu *la-nuḫriǧannakum min arḍinā*: **7**,82, mit weiteren Belegen.

14,14 *wa-la-nuskinannakumu l-arḍa min ba'dihim*: **17**,104; **28**,5f.; **7**,137; **26**,57 bis 59; **44**,25–28; **7**,100; **7**,128; **21**,105; **14**,45. Da alle hier angeführten Belege mit Ausnahme des letzten von den Banū Isrā'īl handeln, liegt es nahe, auch den vorliegenden Vers auf sie zu beziehen. Aber deshalb braucht nicht unbedingt Mose als Sprecher ergänzt zu werden (siehe die Anmerkung zu Vers 8). — Die Bedeutung von *maqām(ī)* im Ausdruck *man ḫāfa maqāmī* ist umstritten. Bell übersetzt: „My judgment-seat", Blachère: „Ma présence". Zamaḫšarī und Baiḍāwī rechnen unter anderem mit der Möglichkeit, daß *maqām* hier pleonastisch steht. Vgl. die Bedeutungsentwicklung des hebräischen *māqōm* (*ham-māqōm* = Bezeichnung für Gott). Horovitz vermutet südarabischen Einfluß (Proper Names, S. 219f.). Belege: **55**,46; **79**,40. — *wa-ḫāfa wa'īdi*: **50**,45.

14,15 Als Subjekt von *istaftaḥū* können entweder die Ungläubigen (speziell Pharao und die Seinen?) ergänzt werden, oder die Partei der Gläubigen. Für die eine Möglichkeit sprechen **8**,19 und **32**,28. In diesen beiden Stellen geht das Verlangen nach einer Entscheidung (*fatḥ*) von den Ungläubigen aus. Falls man die vorliegende Stelle in diesem Sinn deutet und im Anschluß an die beiden vorhergehenden Verse noch auf die Geschichte von Mose und den Banū Isrā'īl beziehen möchte (siehe die Anmerkung zu Vers 14), sind als Subjekt zu *istaftaḥū* am ehesten Pharao und seine Leute (einschließlich der Zauberer) zu ergänzen. Diese Gruppe von Ungläubigen hoffte auf Grund ihrer Zauberkunststücke auf eine Entscheidung gegen Mose (siehe z.B. **20**,57–73). Belege für die andere, in der Übersetzung an erster Stelle berücksichtigte Möglichkeit der Deutung: **7**,89 (Šu'aib); **26**,118 (Noah). — *wa-ḫāba kullu ǧabbārin 'anīdin*: (**11**,59).

14,16f. *min warā'ihī ǧahannamu* bzw. *min warā'ihī 'aḏābun ġalīẓun*: **45**,9f. Es ist nicht klar, ob *min warā'* in diesen Stellen in seiner ursprünglichen räumlichen Bedeutung („hinter") oder mehr in zeitlichem Sinn („hinterdrein") zu verstehen ist. — *wa-yusqā min mā'in ṣadīdin*: (**47**,15).

14,18 *lā yaqdirūna mimmā kasabū ʿalā šaiʾin*: **2**,264. Siehe die Anmerkung zu diesem Vers. — *ḏālika huwa ḍ-ḍalālu l-baʿīdu*: **22**,12; **4**,60, mit weiteren Belegen.

14,19f. *a-lam tara anna llāha ḫalaqa s-samāwāti wal-arḍa bil-ḥaqqi*: **6**,73, mit weiteren Belegen. — *in yašaʾ yuḏhibkum wa-yaʾti bi-ḫalqin ǧadīdin * wa-mā ḏālika ʿalā llāhi bi-ʿazīzin*: **35**,16f.; **4**,133, mit weiteren Belegen.

14,21 Vers 21 hängt mit dem vorhergehenden nicht zusammen. Er führt ohne Übergang in eine Szene ein, die sich am Jüngsten Tag zwischen den zum Unglauben verführten „Schwachen" und den „Hochmütigen" abspielt. Vgl. **40**,47f.; **34**,31–33; (**4**,97). Zur Kategorie der „Schwachen" (*aḍ-ḍuʿafāʾ*) siehe die Anmerkung zu **2**,282. — Zu beachten ist die Verwendung des Perfekts in einer Szene, die sich erst am Ende aller Tage, also in fernster Zukunft abspielen wird. Zamaḫšarī erklärt die Verwendung des Perfekts damit, daß das, was hier von Gott (als dem Inspirator der Offenbarung) mitgeteilt wird, „wegen seiner Wahrhaftigkeit (oder Tatsächlichkeit, *ṣidq*) so ist, wie wenn es schon gewesen wäre und stattgefunden hätte", und verweist auf Stellen wie **7**,44 und 50. — *wa-barazū li-llāhi ǧamīʿan*: **14**,48; **40**,16; **6**,22/**10**,28; **6**,128/**34**,40; **4**,172; (**34**,31); (**6**,30). — *fa-qāla ḍ-ḍuʿafāʾu li-llaḏīna stakbarū innā kunnā lakum tabaʿan fa-hal antum muǧnūna ʿannā min ʿaḏābi llāhi min šaiʾin*: **40**,47; **34**,31. — *sawāʾun ʿalainā a-ǧaziʿnā am ṣabarnā mā lanā min maḥīṣin*: **52**,16; **41**,24. Speziell zu *mā lanā min maḥīṣin*: **41**,48; **42**,35; **50**,36; **4**,121.

14,22 *lammā quḍiya l-amru*: **19**,39; **2**,210, mit weiteren Belegen. — *inna llāha waʿadakum waʿda l-ḥaqqi*: **10**,53. Weitere Stellen in den Anmerkungen zu **10**,53 und **4**,122. **51**,5/**77**,7; **73**,18; **10**,55/**30**,60/**31**,33/**35**,5/**40**,55/77/**45**,32/**46**,17; **21**,97; **36**,52; **14**,47; **22**,47; **7**,44. — *wa-waʿadtukum fa-aḫlaftukum*: **4**,120; **17**,64. — *wa-mā kāna lī ʿalaikum min sulṭānin illā an daʿautukum fa-aǧabtum lī*: **16**,99f.; **15**,42; **17**,65; **34**,20f.; **37**,30. — *innī kafartu bi-mā ašraktumūni min qablu*: **35**,14; **10**,28; **28**,63; **16**,86f.

14,23 Zum Ausdruck *min taḥtihā* siehe die Anmerkung zu **2**,25. — Der Ausdruck *bi-iḏni rabbihim* ist wohl speziell auf *ḫālidīna* zu beziehen. Vgl. **11**,107f. (siehe die Anmerkung zu **11**,107); **6**,128. Zamaḫšarī bezieht den Ausdruck allerdings auf den ganzen Satz, d.h. also auf den Einlaß in das Paradies, nicht auf die (ewige) Dauer des Aufenthalts im Paradies. — *wa-taḥīyatuhum fīhā salāmun*: **10**,10, mit weiteren Belegen.

14,24–27 Der Vergleich des guten Wortes mit dem guten Baum und des schlechten Wortes mit dem schlechten Baum erinnert an Jeremia 17,5–8, die Formulierung *tuʾtī ukulahā kulla ḥīnin* (V. 35) an Psalm 1,3 („der seine Frucht bringt zu seiner Zeit"). Siehe W. Rudolph, Die Abhängigkeit des Qorans von Judentum und Christentum, Stuttgart 1922, S. 11; Speyer, S. 434. D. Masson verweist auf eine ganze Anzahl neutestamentlicher Parallelen (Le Coran et la révélation judéo-chrétienne, Paris 1958, I, S. 275f.). Wichtiger als der Nachweis alt- und neutestamentlicher Parallelen wäre allerdings die Beantwortung der Frage, was mit den koranischen Ausdrücken *kalima ṭaiyiba* und *kalima ḫabīṯa* („gutes Wort", „schlechtes Wort") genauer gemeint ist. Als Belegstellen sind folgende ebenfalls nicht ohne weiteres verständliche Verse zu nennen: **35**,10; **9**,40; **48**,26; **9**,74; **43**,28; **18**,5. Zamaḫšarī erklärt den Ausdruck *al-kalima aṭ-ṭaiyiba* folgendermaßen: „Das Wort von der Einzigkeit (Gottes). Oder auch: Jedes schöne Wort, wie Preis (Gottes), Bitte um Vergebung, Buße, Anrufung. Nach Ibn ʿAbbās: Das Bekenntnis: ‚Es gibt keinen Gott außer Gott'." Den Ausdruck *al-kalima al-ḫabīṯa* erklärt Zamaḫšarī: „Das Wort der Beigesellung (*širk*). Oder auch: Jedes häßliche Wort."

14,24f. *kalimatan ṭaiyibatan*. Siehe die Anmerkung zu **14**,24–27. — *tuʾtī ukulahā kulla ḥīnin*. Vgl. Psalm 1,3 (s. o.). — *yaḍribu llāhu l-amṯāla lin-nāsi laʿallahum yataḏakkarūna*: **39**,27; **59**,21; **29**,43; **24**,35; **47**,3; **22**,73.

14,26 *maṯalu kalimatin ḫabīṯatin*. Siehe die Anmerkung zu **14**,24–27.

14,27 Ebenso wie sich die Bedeutung der Ausdrücke *kalima ṭaiyiba* und *kalima ḫabīṯa* schwer definieren läßt, ist es auch fraglich, was mit der „festen Aussage" (*al-qaul aṯ-ṯābit*) im vorliegenden Vers genauer gemeint ist. Die Kommentatoren geben verschiedene Deutungen, setzen aber durchweg voraus, daß es sich um eine Aussage (oder ein Bekenntnis) der *Gläubigen* handelt. Es ist aber ebenso gut möglich, daß *Gott* als der Autor der „festen Aussage" zu ergänzen ist. In diesem Fall könnte mit *al-qaul aṯ-ṯābit* etwa das „Wort Gottes" im Sinn der unbedingt verläßlichen göttlichen Verheißung gemeint sein. Vgl. Stellen wie **10**,63f. — *wa-yafʿalu llāhu mā yašāʾu*: **22**,18; **3**,40; **22**,14; **2**,253; **11**,107; **85**,16.

14,28 *a-lam tara ilā llaḏīna baddalū niʿmata llāhi kufran*: **2**,211; **8**,53; (**13**,11); **16**,71f.; **29**,66f.

14,29: **38**,56. 59f.; **58**,8; **4**,115.

14,30: **39**,8. — *wa-ǧaʿalū li-llāhi andādan*: auch **41**,9; **34**,33; **2**,22; **2**,165. — Zum Ausdruck *tamattaʿū* siehe die Anmerkung zu **2**,36, mit weiteren Belegen.

14,31 *yuqīmū ṣ-ṣalāta wa-yunfiqū mimmā razaqnāhum*: **13**,22/**35**,29; **2**,3, mit weiteren Belegen. — *(wa-yunfiqū mimmā razaqnāhum) sirran wa-ʿalāniyatan*: **13**,22/**35**,29; **2**,274; **16**,75. — *min qabli an yaʾtiya yaumun lā baiʿun fīhi wa-lā ḫilālun*: **2**,254, mit weiteren Belegen.

14,32 Die Erschaffung von Himmel und Erde wird im Koran so oft als Zeichen von Gottes Allmacht erwähnt, daß Belege nicht einzeln aufgeführt zu werden brauchen. — *wa-anzala mina s-samāʾi māʾan fa-aḫraǧa bihī mina ṯ-ṯamarāti rizqan lakum*: **2**,22; **6**,99, mit weiteren Belegen. — *wa-saḫḫara lakumu l-fulka li-taǧriya fī l-baḥri bi-amrihī*: **2**,164, mit weiteren Belegen. — *wa-saḫḫara lakumu l-anhāra*: **71**,12; **13**,3; **16**,15; **27**,61.

14,33 *wa-saḫḫara lakumu š-šamsa wal-qamara dāʾibaini*: **13**,2, mit weiteren Belegen. Die Deutung von *dāʾibaini* ist nicht sicher. — *wa-saḫḫara lakumu l-laila wan-nahāra*: **16**,12; (**21**,33); (**41**,37); (**2**,164, mit weiteren Belegen); (**10**,67, mit weiteren Belegen).

14,34 *wa-in taʿuddū niʿmata llāhi lā tuḥṣūhā*: **16**,18. — *inna l-insāna la-ẓalūmun kaffārun*: **33**,72.

14,35–41 Zu Abrahams Gebet: Speyer, S. 166–168; E. Beck, Die Gestalt des Abraham am Wendepunkt der Entwicklung Muhammeds (Le Muséon 65, 1952, S. 73–94), S. 77–84. Siehe auch die Anmerkung zu **2**,124–141. — Beck betrachtet Vers 39 mit der Erwähnung Ismā'īls (vor Isaak) als einen medinischen Einschub (S. 83), hält aber das Gebet Abrahams als Ganzes für mekkanisch. Er folgert daraus, daß Mohammed den Abraham schon vor der Hiğra mit Mekka in Verbindung gebracht hat. „Ibrāhīms Verbindung mit Mekka ist älter als die Verbindung Ismā'īls mit Ibrāhīm. Letztere ist sicher medinischen Ursprungs; erstere scheint in mekkanische Zeit zurückzugehen" (S. 83). Bell nimmt dagegen an, daß eben Vers 37 (40) erst aus der Zeit stammt, in der die Mekkaner sich dem Propheten unterworfen hatten (I, S. 240, Anm. 1).

14,35 *wa-iḏ...* Verkürzter Zeitsatz. Siehe Einleitung zur Übersetzung, S. 3f. — *rabbi ǧ'al hāḏā l-balada āminan*: **2**,126, mit weiteren Belegen.

14,36 *innahunna aḍlalna.* Der Plural *al-aṣnām* („Götzen", Vers 35) wird hier mit dem Feminin Plural weitergeführt. Dagegen wird *aṣnām* in **26**,71 mit dem Feminin Singular, in **21**,58 mit *-hum* (Maskulin Plural) aufgenommen. — *wa-man 'aṣānī fa-innaka ġafūrun raḥīmun.* Bedingungssatz mit Verschiebung. Siehe Einleitung zur Übersetzung, S. 4. Der Vers klingt in einem überraschend versöhnlichen Ton aus. Abraham befiehlt seine Widersacher der Gnade Gottes an.

14,37 Es ist zu beachten, daß in den Versen 37f. und 40b, 41 die Anrede Gottes *rabbanā* (wörtlich: „unser Herr!") lautet, nicht *rabbi* („mein Herr!"), wie in den Versen 35f. und 40a. Ein ähnlicher Wechsel findet sich in dem sachlich verwandten Abschnitt **2**,126–129. In der Übersetzung läßt sich dieser Unterschied kaum wiedergeben. — *wa-rzuqhum mina ṯ-ṯamarāti*: **2**,126; **28**,57; **16**,112. Abrahams Bitte, Gott möge seinen Nachkommen in Mekka Früchte bescheren, bezieht sich auf die wegen der Unfruchtbarkeit des „Tales ohne Getreide" notwendige Zufuhr von Lebensmitteln (vgl. die beiden letzten Belege). Auf eben diesen Sachverhalt weist vielleicht auch die vorausgehende Bitte, Gott möge den Bewohnern des Tales „das Herz von (gewissen) Menschen geneigt machen". Mit den Menschen, deren Herz sich den Mekkanern zuneigen soll, sind möglicherweise die arabischen Stammeseinheiten gemeint, die die Zufahrtwege nach Mekka beherrschen, und auf deren Friedfertigkeit und Wohlwollen die Mekkaner angewiesen sind. Bell bemerkt zu der hier vorliegenden Formulierung: „the attitude to the Meccans here shown almost suggests that this verse dates from after their submission" (I, S. 240, Anm. 1).

14,38 *innaka ta'lamu mā nuḫfī wa-mā nu'linu*: **27**,25; **60**,1; **2**,33, mit weiteren Belegen. — *wa-mā yaḫfā 'alā llāhi min šai'in fī l-arḍi wa-lā fī s-samā'i*: **3**,5. Der Gedanke, daß Gott alles weiß, was im Himmel und auf Erden ist, kommt im Koran so oft zum Ausdruck, daß es sich erübrigt, weitere Belege anzuführen.

14,39 In den Stellen **19**,49; **6**,84; **21**,72 und **29**,27 heißt es, daß Gott dem Abraham den Isaak und den Jakob geschenkt habe. In **11**,71 und **38**,45 findet sich ebenfalls die Patriarchenreihe Abraham – Isaak – Jakob. In vier von den sechs zitierten Stellen folgt nachträglich die Nennung von Ismael, aber unabhängig von dieser Patriarchenreihe (**19**,54f.; **6**,86; **38**,48; **21**,85). Dagegen heißt es im vorliegenden Vers 39, Gott habe dem Abraham den *Ismael und Isaak* geschenkt. Dieselbe Reihenfolge der Patriarchen (Abraham – Ismael – Isaak) ist wohl in **37**,83ff. anzunehmen (Vers 101 geht vermutlich auf Ismael, während Isaak erst in Vers 112 genannt wird). Dieselbe Reihenfolge, am Schluß ergänzt durch Jakob, findet sich in **4**,163; **2**,136/**3**,84; **2**,140; **2**,133. Zu dieser Unterschiedlichkeit in der Einreihung und Bewertung Ismaels siehe die Anmerkung zu **2**,125. — *inna rabbī la-samīʿu d-duʿāʾi*: **3**,38.

14,40 Die Anrede *rabbi* und *rabbanā* wechselt hier in ein und demselben Vers. Siehe die Anmerkung zu **14**,37. — *wa-min ḏurrīyatī*: **2**,124. 128. — *wa-taqabbal duʿāʾi*: **2**,127. Siehe die Anmerkung zu diesem Vers.

14,41 *rabbanā ġfir lī wa-li-wālidaiya*: **26**,86; **19**,46f.; **60**,4; **9**,113f.; (**71**,28: Noah). Zur Sache: Speyer, S. 144f.; Beck, Le Muséon 65, 1952, S. 80.

14,42 *wa-lā taḥsabanna llāha ġāfilan ʿammā yaʿmalu ẓ-ẓālimūna*: **2**,74, mit weiteren Belegen. — *innamā yuʾaḫḫiruhum li-yaumin tašḫaṣu fīhi l-abṣāru*: **11**,104, mit weiteren Belegen. Speziell zu dem Ausdruck *li-yaumin tašḫaṣu fīhi l-abṣāru*: **21**,97.

14,43 *muhṭiʿīna*: **54**,6–8; **70**,36f. Der Sinn des Ausdrucks ist umstritten. — Der Ausdruck *lā yartaddu ilaihim ṭarfuhum* bedeutet, daß die Frevler bei ihrem starren Blick die Augen ununterbrochen offenhalten. — Es ist nicht klar, was mit dem Ausdruck *afʾidatuhum hawāʾun* („ihr Herz ist leer") genauer gemeint ist. Vielleicht soll damit weniger die Verständnislosigkeit als die völlige Rat- und Mutlosigkeit umschrieben werden.

14,44 *wa-anḏiri n-nāsa yauma yaʾtīhimu l-ʿaḏābu*: **19**,39; **40**,18; **42**,7; **40**,15f. — *fa-yaqūlu llaḏīna ẓalamū rabbanā aḫḫirnā ilā aǧalin qarībin nuǧib daʿwataka wa-nattabiʿi r-rusula*: **63**,10; **4**,77; (**6**,27, mit weiteren Belegen). — Schwierig ist die Deutung des Ausdrucks *mā lakum min zawālin.* Wenn die „Frevler" beteuerten, für sie gebe es keinen Untergang, meinten sie damit natürlich nicht, daß sie persönlich unsterblich seien. Unglaubhaft ist auch die von Ṭabarī vertretene Ansicht, *zawāl* bedeute hier den Übergang vom Diesseits ins Jenseits. Vielleicht wollten die Ungläubigen mit ihrer Beteuerung, daß es für sie keinen Untergang gebe, nur bestreiten, daß sie als Volk jemals einer vernichtenden Katastrophe zum Opfer fallen würden.

14,45 *wa-sakantum fī masākini llaḏīna ẓalamū anfusahum wa-tabaiyana lakum kaifa faʿalnā bihim*: **29**,38; **28**,58f.; **20**,128/**32**,26; **21**,11–15; **46**,24f.; (**14**,14, mit weiteren Belegen). — *wa-ḍarabnā lakumu l-amṯāla*: **25**,38f.; **16**,112f. Zur Bedeutung des Ausdrucks siehe F. Buhl, Über Vergleichungen und Gleichnisse im Qur'ân (Acta Orientalia 2, 1924, S. 1–11), S. 10: „An einigen Stellen hat das Wort *maṯal* die besondere Bedeutung: Typus, Vorbild, Beispiel. Auch dann wird es mit dem Verbum *ḍaraba* verbunden. Es steht öfters von einem warnenden Beispiel."

14,46 *wa-qad makarū makrahum wa-ʿinda llāhi makruhum*: **13**,42, mit weiteren

Belegen. — *wa-in kāna makruhum li-tazūla minhu l-ǧibālu.* Mit dem rhetorischen Mittel der Übertreibung wird der Fall gesetzt, daß vom Ränkeschmieden der Frevler die Berge zum Weichen kommen. Vgl. die Redensart: Der und der lügt, „daß sich die Balken biegen". Zur Konstruktion von *wa-in* siehe Bergsträsser, Verneinungspartikeln, S. 27, Anm. 3.

14,47 *fa-lā taḥsabanna llāha muḫlifa wa'dihī rusulahū*: **3**,194, mit weiteren Belegen; (**14**,22, mit weiteren Belegen). Den Akkusativ *rusulahū* kann man sowohl auf *wa'dihī* (= „das Versprechen, das er seinen Gesandten gegeben hat"), als auch auf *muḫlifa* (= „seinen Gesandten brechen wird") beziehen. Die Kommentatoren vertreten die zweite Deutung. — *inna llāha 'azīzun ḏū ntiqāmin*: **3**,4/**5**,95; **39**,37.

14,48 *wa-barazū li-llāhi l-wāḥidi l-qahhāri*: **40**,16; **14**,21, mit weiteren Belegen.

14,49: **38**,38; **25**,13; (**13**,5, mit weiteren Belegen).

14,50 Zum Ausdruck *qaṭirān* siehe Jeffery, Foreign Vocabulary, S. 241f. — *wa-taġšā wuǧūhahumu n-nāru*: **7**,41; **29**,55; (**21**,39); (**23**,104).

14,51 *li-yaǧziya llāhu kulla nafsin mā kasabat*: **40**,17; **45**,22; **20**,15; **45**,14; **53**,31. Zur Bedeutung von *kasaba* siehe die Anmerkung zu **2**,79. — *inna llāha sarī'u l-ḥisābi*: **2**,202, mit weiteren Belegen.

14,52 *hāḏā balāġun lin-nāsi*: **46**,35; **21**,106; **72**,23; (**3**,20, mit weiteren Belegen). — *wa-li-ya'lamū annamā huwa ilāhun wāḥidun*: **6**,19, mit weiteren Belegen. — *wa-li-yaḏḏakkara ulū l-albābi*: **38**,29; **2**,269, mit weiteren Belegen.

SURE 15

15,1 Über die Buchstaben, die einzelnen Suren vorgesetzt sind, siehe die Anmerkung zu **2**,1, mit Literaturangaben. Die Buchstaben *'lr*, die am Anfang von Sure **15** stehen, finden sich auch noch vor den Suren **10**, **11**, **12**, **14**. Über die Einreihung der verhältnismäßig kurzen Suren **14** und **15** (und der ebenfalls kurzen Sure **13** mit vorgesetztem *'lmr*) an ihren jetzigen Standort siehe die Anmerkung zu **13**,1. — *tilka āyātu l-kitābi wa-qur'ānin mubīnin*: **27**,1; **12**,1, mit weiteren Belegen.

15,2 Vers 2 ist wohl so zu verstehen, daß die Ungläubigen erst angesichts des Jüngsten Gerichts oder der Hölle den Wunsch hegen, Muslime zu sein bzw. Muslime gewesen zu sein. Der folgende Vers 3 (*ḏarhum*...) führt dann wieder in die Gegenwart zurück.

15,3 *ḏarhum ya'kulū wa-yatamatta'ū*: **47**,12. Zum Ausdruck *yatamatta'ū* siehe die Anmerkung zu **2**,36. — *wa-yulhihimu l-amalu*: **102**,1f.; **24**,37; **63**,9; (**18**,46).

15,4: **18**,59; **17**,58. — Zum Passus *wa-lahā kitābun ma'lūmun* siehe die Anmerkung zu **3**,145.

15,5: **23**,43; **7**,34, mit weiteren Belegen.

15,6: **68**,51; **7**,184, mit weiteren Belegen.

15,7f.: **6**,8, mit weiteren Belegen. — Der Ausdruck *bil-ḥaqqi* bedeutet wohl eher „in Wahrheit" (= in Wirklichkeit, im Ernst) als „mit der Wahrheit" (d.h. der Wirklichkeit des Gerichts). Bell übersetzt im Sinn der letzteren Deutung: „with the truth" und bemerkt dazu: „Here almost = judgment". Das Ganze ist jedenfalls in eschatologischem Sinn zu verstehen. Belege: **50**,42; **23**,41; **78**,38f.; **2**,210; **6**,158; **16**,33; **25**,22. — *wa-mā kānū iḏan munẓarīna*: **6**,8; **2**,162/**3**,88; **16**,85; **32**,29; **21**,40; **44**,29.

15,9 *innā naḥnu nazzalnā ḏ-ḏikra*: **76**,23; **16**,44; **21**,50; **65**,10; **21**,10. Mit der „Mahnung" (*ḏikr*) ist der Koran gemeint. — *wa-innā lahū la-ḥāfiẓūna*: **50**,4; **85**,21f. In einem völlig anderen Zusammenhang kommt die Formulierung *wa-innā lahū la-ḥāfiẓūna* in **12**,12 und 63 vor.

15,10f.: **43**,6f.; **36**,30; **6**,10/**21**,41; **13**,32.

15,12f.: **26**,200f. — Das Suffix in *naslukuhū* ist entweder neutrisch zu verstehen oder auf die in Vers 9 für den Koran verwendete Bezeichnung *ḏikr* zu beziehen. Jedenfalls spricht die Belegstelle **26**,200f. dafür, daß der Sache nach der Koran gemeint ist (vgl. **26**,192–199). Die ganze Aussage ist wohl – im Zusammenhang mit dem Vorhergehenden und Folgenden – in dem Sinn zu verstehen, daß die koranische Verkündigung den Sündern (= Ungläubigen) nur äußerlich ins „Herz" eingeht, d.h. zur Kenntnis kommt, ohne von ihnen gläubig aufgenommen zu werden. — *wa-qad ḫalat sunnatu l-auwalīna*: **8**,38; **18**,55; **35**,43; **13**,30; **3**,137, mit weiteren Belegen. Zur Bedeutung des Ausdrucks *sunnat al-auwalīna* siehe die Anmerkung zu **8**,38. Der Schluß des Verses (*wa-qad ḫalat sunnatu l-auwalīna*) ist vielleicht als Hinweis auf ein den Ungläubigen drohendes Strafgericht gemeint.

15,14f.: **6**,111; **13**,31; **6**,35; **17**,93, mit weiteren Belegen. — Die Deutung des Ausdrucks *sukkirat abṣārunā* ist umstritten.

15,16: **25**,61; **35**,1; **50**,6; **37**,6; **41**,12/**67**,5.

15,17f.: **37**,7–10; **41**,12; **67**,5; **72**,8f.; **26**,212; **21**,32. Zur Sache: P. A. Eichler, Die Dschinn, Teufel und Engel im Koran, Leipzig 1928, S. 30–32: „Der Sternschnuppenmythos".

15,19 *wal-arḍa madadnāhā wa-alqainā fīhā rawāsiya*: **50**,7; **13**,3, mit weiteren Belegen. — *wa-alqainā fīhā rawāsiya*: auch **16**,15/**31**,10. — Die Deutung des Versschlusses (*wa-anbatnā fīhā min kulli šai'in mauzūnin*) ist etwas schwierig. Ṭabarī und Zamaḫšarī umschreiben *mauzūnin* mit *bi-qadarin maqdūrin* oder ähnlich. Danach wäre etwa zu übersetzen: „abgemessen" (d.h. nicht zu viel und nicht zu wenig). Der Ausdruck *mauzūnin* ist aber Attribut des Genitivs *(min kulli) šai'in*. Dementsprechend ist er besser nicht in adverbiellem Sinn zu verstehen, sondern als unmittelbares, charakterisierendes Beiwort zu *šai'in*. Also: „wir haben auf ihr (d.h. auf der Erde) allerlei wachsen lassen, was gewogen wird". Nun rechnen auch Ṭabarī und Zamaḫšarī mit dieser Möglichkeit, denken aber dabei an Metalle wie Gold, Silber usw. Gegen diese Deutung spricht das Verbum *anbatnā* „wir haben wachsen lassen". Am besten läßt sich *mauzūn* als Attribut gewisser pflanzlicher Produkte verstehen, die gewogen (und nicht wie das Getreide mit Hohlmaß gemessen) werden, etwa Datteln. Oder sollte die Bedeutung „(wohl) ausgewogen“ vorzuziehen sein? Vgl. den Ausdruck *min kulli zauǧin bahīǧin* in der Belegstelle **50**,7 (s. u.). Bell übersetzt wörtlich „and have caused to spring up in it everything that is weighed“; Blachère: „et y avons fait pousser toute chose équilibrée“. In **50**,7 steht bei sonst völlig mit dem vorliegenden Vers übereinstimmendem Wortlaut anstelle von *wa-anbatnā fīhā min kulli zauǧin mauzūnin*: *wa-anbatnā fīhā min kulli zauǧin bahīǧin*. Vgl. **26**,7/**31**,10; (**80**,27–32); (**50**,9); (**27**,60).

15,20: **7**,10. — Das Pronomen des Relativsatzes *(wa-)man lastum lahū bi-rāziqīna* ist syntaktisch wohl nicht an den Akkusativ *ma'āyiša* anzuschließen (was sprachlich am einfachsten wäre), sondern an den präpositionalen Ausdruck *lakum*. Was für eine Art von Geschöpfen gemeint ist, bleibt offen. Da das persönliche Pronomen *man* (nicht *mā*) verwendet ist, wird am ehesten an menschliche Wesen zu denken sein. Als Belege kommen allenfalls in Betracht: **29**,60; **11**,6; **6**,151; **17**,31.

15,21 *wa-in min šai'in illā 'indanā ḫazā'inuhū*: **63**,7; **42**,12; **39**,63; **52**,37; **38**,9; **17**,100. — *wa-mā nunazziluhū illā bi-qadarin ma'lūmin*: **42**,27; **23**,18; **43**,11; **13**,17; (**13**,26, mit weiteren Belegen).

15,22 *wa-arsalnā r-riyāḥa lawāqiḥa*: **35**,9; **30**,48; **25**,48; **7**,57; **27**,63; **30**,46; **2**,164; **45**,5. Der Ausdruck *lawāqiḥa*, ein „Zustandsakkusativ“, ist am besten als Metapher zu verstehen: Die Winde sollen „trächtig“ sein, nämlich mit Regenwolken. Das paßt gut zu dem anschließend mit *fa-* („und dann“) eingeleiteten Satz. Darin ist vom Regenfall die Rede, der dem Auftreten der Winde nachfolgt. — *fa-asqainākumūhu wa-mā antum lahū bi-ḫāzinīna*: **77**,27; **25**,48f.; **16**,10; **56**,68–70.

15,23 *wa-innā la-naḥnu nuḥyī wa-numītu*: **3**,156, mit weiteren Belegen. — *wa-naḥnu l-wāriṯūna*: **28**,58; **19**,40; **3**,180/**57**,10; **21**,89; **19**,80.

15,24 Die Ausdrücke *al-mustaqdimīna* und *al-musta'ḫirīna* beziehen sich wohl auf den Zeitpunkt des Todes. Es ist allerdings nicht klar, was mit den „Vorausgehenden“ und den „Zurückbleibenden“ genauer gemeint ist. Bell übersetzt: „We know those of you who press forward, and We know those who hang back“. Ähnlich Blachère.

15,26–43: **38**,71–85; **7**,11–18; **17**,61–65; **2**,34; **20**,116; **18**,50. Zur Sache: Speyer, S. 54–60.

15,26 Die Formulierung *(ḫalaqnā l-insāna) min ṣalṣālin min ḥama'in masnūnin* wird in den Versen 28 und 33 wiederaufgenommen. Weitere Belege: **55**,14; **37**,11; **23**,12; **6**,2; **32**,7; **35**,11/**40**,67; **30**,20; **3**,59. Das Wort *ṣalṣāl* bedeutet „(trockener) Ton“, das Wort *ḥama'* etwa „Schlamm“. Für *masnūn* werden von den Kommentatoren und Lexikographen u.a. die Bedeutungen „geformt“, „stinkend“ und „feucht“ angegeben.

15,27: **55**,15.

15,28f. *wa-iḏ qāla*... Verkürzter Zeitsatz. Siehe Einleitung zur Übersetzung, S. 3f. — Belege zum Ganzen: **38**,71f.; **2**,34; **17**,61; **20**,116; **7**,11; **18**,50.

— Zur Bedeutung des Ausdrucks *(innī ḫāliqun bašaran) min ṣalṣālin min ḥama'in masnūnin* siehe die Anmerkung zu **15**,26. — *fa-iḏā sauwaituhū wa-nafaḫtu fīhi min rūḥī*: **38**,72; **32**,9; (**21**,91/**66**,12, von Maria).

15,30f.: **38**,73f.; **7**,11; **2**,34; **20**,116; **18**,50; **17**,61.

15,32f.: **38**,75f.; **7**,12; **17**,61. — Zur Bedeutung des Ausdrucks *(ḫalaqtahū) min ṣalṣālin min ḥama'in masnūnin* siehe die Anmerkung zu **15**,26.

15,34f.: **38**,77f.; **7**,13.

15,36–38: **38**,79–81; **7**,14f.; **17**,62.

15,39f.: **7**,16f. Siehe die Anmerkung dazu, mit weiteren Belegen. — Zum Ausdruck *la-uzaiyinanna lahum* siehe die Anmerkung zu **2**,212. — *illā 'ibādaka minhumu l-muḫlaṣīna*: **12**,24. Siehe die Anmerkung dazu, mit weiteren Belegen.

15,41 Die Deutung von Vers 41 ist nicht ganz sicher. Man könnte vielleicht auch übersetzen: „Das ist ein gerader Weg gegen mich" (d.h. eine derartige Stellungnahme gegen mich ist eindeutig; ich habe nichts dagegen einzuwenden).

15,42f.: **17**,63–65; **38**,85; **7**,18; **14**,22; **16**,99f.; **34**,20f.; (**37**,30).

15,44 Es ist schwer zu entscheiden, wo man den in Vers 41 beginnenden, an Iblīs gerichteten Ausspruch Gottes enden lassen soll, ob mit dem Schluß von Vers 43, oder mit dem Schluß von Vers 44, oder noch später. Jedenfalls geht mit Vers 44 das Zwiegespräch in eine allgemeine Beschreibung über.

15,45: **51**,15; **44**,51f.; **54**,54; **77**,41. Daß das Paradies für die Gottesfürchtigen bestimmt ist, wird im Koran auch sonst oft erwähnt.

15,46 *(udḫulūhā) bi-salāmin*: **50**,34; **10**,10, mit weiteren Belegen. — *(udḫulūhā) āminīna*: **27**,89; **34**,37; **44**,51f. 55; (**12**,99).

15,47 *wa-naza'nā mā fī ṣudūrihim min ġillin*: **7**,43; **59**,10. — *'alā sururin mutaqābilīna*: **37**,44; **56**,15f.; **44**,53; **52**,20; **88**,13; (**18**,31, mit weiteren Belegen).

15,48 *lā yamassuhum fīhā naṣabun*: **35**,35.

15,51–77 In den Versen 51–77 ist die Geschichte von Lot und der Vernichtung seiner Volksgenossen das Hauptthema. Es folgen kurze Hinweise auf die Strafgerichte, die über die „Leute des Dickichts" (V. 78f.) und über die „Leute von al-Ḥiǧr" (V. 80–84) hereingebrochen sind. — Die Geschichte vom Besuch der Engel bei Abraham und von der Verheißung eines Sohnes (V. 51–56) bildet die Einleitung zu dem Bericht über die eigentliche Geschichte von Lot (V. 57ff.), eine deutliche Nachwirkung der Komposition von 1. Mose 18f. In ähnlichem Zusammenhang mit der Abrahamgeschichte wird die Geschichte von Lot und vom Strafgericht über seine Volksgenossen noch an folgenden Stellen berichtet: **11**,69–83; **51**,24–37; (kürzer) **29**,31–35. Zu der Verbindung der Geschichten von Abraham und Lot in Sure **21**,51–75 und zu den weiteren Stellen, in denen die Geschichte von Lot ohne Bezugnahme auf Abraham berichtet wird, siehe die Anmerkung zu **11**,69–83. Zur Sache: Speyer, S. 147–158.

15,51f.: **51**,24–28; **11**,69f. — *iḏ daḫalū 'alaihi...* Verkürzter Zeitsatz. Siehe Einleitung zur Übersetzung, S. 3f.

15,53: **51**,28; **11**,69f.; **29**,31; **37**,101; **37**,112.

15,54f.: **51**,29f.; **11**,71–73; (**14**,39); (**3**,40; **19**,8, von Zacharias).

15,56: **12**,87; **39**,53.

15,57f.: **51**,31f.; **11**,70; **29**,31.

15,59f.: **7**,83, mit weiteren Belegen. — Als Subjekt von *innā la-munağğūhum* (V. 59) und *qaddarnā* (V. 60) ist Gott zu ergänzen, nicht mehr nur die Gesandten (vgl. die Belegstelle **27**,57). Ein ähnlicher Wechsel des Subjekts liegt in **15**,66 vor. Auch schon in dem alttestamentlichen Bericht 1. Mose 18f. werden die Rollen Jahwes und der Boten nicht immer klar auseinandergehalten. — Zur Bedeutung von *al-ġābirīna* siehe die Anmerkung zu **7**,83.

15,61f.: **51**,25; **11**,70. Siehe die Anmerkung zu diesem Vers.

15,63f.: **54**,36; **29**,29; **2**,147, mit weiteren Belegen; (**42**,17f.); (**44**,50). — Die Ausdrücke *mā kānū fīhi yamtarūna* und *al-ḥaqq* beziehen sich in der vorliegenden Stelle speziell auf das Strafgericht, das über Lots Volksgenossen hereinbrechen wird. Dafür spricht auch der Wortlaut von **54**,36 und **29**,29.

15,65: **11**,81.

15,66: **11**,81. — *anna dābira hā'ulā'i maqṭū'un*: **6**,45; **7**,72; **8**,7; (**3**,127). — Zur Konstruktion von *qaḍainā* (mit *ilā* der Person) siehe die Anmerkung zu **10**,11. Als Subjekt zu *qaḍainā* ist wieder Gott zu ergänzen, wie in den Versen 59f.

15,67–72: **11**,78f., mit weiteren Belegen. — Die Deutung von Vers 70 (*a-wa-lam nanhaka 'ani l-'ālamīna*) ist nicht sicher. Vers 72 (*la-'amruka innahum la-fī sakratihim ya'mahūna*) ist wohl nicht mehr als Zitat zu verstehen (d.h. als eine an Lot gerichtete Äußerung der Gesandten, oder als eine Äußerung Lots), sondern als eine allgemeine Betrachtung über die Sündhaftigkeit von Lots Zeitgenossen. Das Personalsuffix in der Beteuerungsformel *la-'amruka* könnte auf Gott bezogen werden, oder auf Mohammed als den Empfänger der koranischen Offenbarung, ist aber vielleicht gar nicht persönlich gemeint. In diesem Fall wäre der Ausdruck *la-'amruka* zu einer allgemeinen Beteuerungsformel erstarrt. — *innahum la-fī sakratihim ya'mahūna*: **2**,15, mit weiteren Belegen. Der Ausdruck *sakra* („Rausch“) ist vermutlich in übertragenem Sinn zu verstehen, als Wahn der Sündhaftigkeit, nicht als eigentliche Trunkenheit, wie Speyer ihn auffaßt (S. 154).

15,73: **15**,83; **11**,67, mit weiteren Belegen. Speziell zur Zeitangabe *mušriqīna*: **11**,81; **54**,38.

15,74: **11**,82f., mit weiteren Belegen.

15,76f. Nachdem die Geschichte von Lot in dem Spruch *inna fī ḏālika la-āyātin lil-mutawassimīna* (V. 75) ausgeklungen ist, wirken die beiden daran anschließenden Verse 76f. wie eine überflüssige Ergänzung, zumal Vers 77 der Sache nach eine Wiederholung von Vers 75 ist. Man kann diesen Sachverhalt damit erklären, daß man eine Textverderbnis annimmt. So vermutet Blachère, daß die Verse 76f. wohl mit den beiden folgenden (V. 78f.) zusammengehören, daß aber vor Vers 76 eine Lücke klafft. Die vier Verse wären demnach „le reste d'un tout plus développé“. Bell bezeichnet die Verse 76f. als eine

Dublette („duplication") am Ende der Geschichte von Lot. Die andere Möglichkeit, nämlich daß der Text in Ordnung ist und einen sinnvollen Zusammenhang ergibt, bleibt trotzdem bestehen. Wenn man von ihr ausgeht, sind die beiden Verse 76f. – sozusagen als eine zweite Schlußbemerkung – auf die Geschichte von Lot und die Zerstörung seiner Stadt zu beziehen. Das Femininsuffix in *(wa-)innahā* (V. 76) bezieht sich dann auf die zerstörte Stadt. Der ganze Vers 76 (*wa-innahā la-bi-sabīlin muqīmin*) stimmt mit dem Schluß von Vers 79 (*wa-innahumā la-bi-imāmin mubīnin*) weitgehend überein. Die Präposition *bi-* wird in beiden Sätzen dieselbe Funktion haben, nämlich das Prädikat einführen (siehe Reckendorf, Syntax, § 129, 3c). Vers 76 ist demnach – immer unter der Voraussetzung, daß der Text intakt ist – wörtlich zu übersetzen: „Und sie (d.h. die zerstörte Stadt Lots) ist wahrlich ein beständiger Weg". Der Ausdruck *sabīl mustaqīm* („beständiger Weg") könnte gedeutet werden als die Art und Weise, in der immer wieder in der Heilsgeschichte gegen sündige und ungläubige Völker (*umam*) verfahren worden ist, etwa im Sinn des koranischen Ausdrucks *sunnat al-auwalīn* (siehe **15**,13). Vgl. auch **6**,55: *wa-ka-ḏālika nufaṣṣilu l-āyāti wa-li-tastabīna sabīlu l-muǧrimīna.* — Der Schluß von Vers 79 ist dementsprechend zu übersetzen: „Sie beide (d.h. die Volksgenossen Lots und die „Leute des Dickichts") sind ein deutliches Vorbild (das kommenden Generationen zur Abschreckung dienen mag)".

15,78f. Als die „Leute des Dickichts" (*Aṣḥāb al-Aika*) wird in einigen frühen Texten (**38**,13, **50**,14, **26**,176 und in der vorliegenden Stelle) eines der Völker der Vorzeit bezeichnet, und zwar das Volk des Gottesgesandten Šu'aib (**26**,177). In den späteren Texten wird es Madyan genannt. Siehe die Stellenverweise in der Anmerkung zu **7**,85–93; Horovitz, Koranische Untersuchungen, S. 93f., 119f., 138. — Belege zu dem kurzen Hinweis auf das Strafgericht der „Leute des Dickichts": **38**,14; **50**,14; **26**,189; **11**,94f.; **29**,37; **7**,91f. Speziell zur Formulierung *fa-ntaqamnā minhum*: **30**,47; **43**,25. 55; **7**,136. — Zum Passus *wa-innahumā la-bi-imāmin mubīnin* siehe die Anmerkung zu **15**,76f. Der Ausdruck *imām mubīn* findet sich auch noch (in abweichender Bedeutung) in **36**,12.

15,80–84 Die „Leute von al-Ḥiǧr" (*Aṣḥāb al-Ḥiǧr*) werden nur in der vorliegenden Stelle genannt. Sie sind vermutlich mit den Ṯamūd, dem Volk des Gottesgesandten Ṣāliḥ, gleichzusetzen, über deren Geschichte im Koran öfters berichtet wird (siehe die Stellenangaben in der Anmerkung zu **7**,73–79). Siehe Horovitz, Koranische Untersuchungen, S. 94. Al-Ḥiǧr ist der Name einer heute nicht mehr existierenden Stadt im nördlichen Ḥiǧāz (südwestlich von Taimā). In den Bergwänden der näheren Umgebung befindet sich eine große Anzahl von Grabkammern aus vorgeschichtlicher Zeit. Siehe Vers 82 und die Anmerkung zu **7**,74.

15,80: **26**,141; **10**,39, mit weiteren Belegen.

15,81: **6**,4, mit weiteren Belegen.

15,82: **7**,74; **26**,149; **89**,9; (**26**,146). Zur Sache siehe die Anmerkung zu **7**,74.

15,83: **15**,73; **11**,67, mit weiteren Belegen. Außerdem, speziell Ṯamūd betreffend: **26**,157f.; **51**,44; **41**,17; **41**,13.

15,84: **39**,50; **40**,82; **45**,10; **7**,48, mit weiteren Belegen. Das Verbum *kasaba* hat im vorliegenden Vers (und in den Belegstellen) wohl noch die Bedeutung „(irdischen Besitz) erwerben", und nicht, wie sonst oft im Koran, „(eine Handlung) begehen" (siehe die Anmerkung zu **2**,79).

15,85 *wa-mā ḫalaqnā s-samāwāti wal-arḍa wa-mā bainahumā illā bil-ḥaqqi*: **46**,3; **30**,8; **6**,73, mit weiteren Belegen. — *wa-inna s-sā'ata la-ātiyatun*: **40**,59; **22**,7; **20**,15; **18**,21; **45**,32; **34**,3. — *fa-ṣfaḥi ṣ-ṣafḥa l-ǧamīla*: **43**,88f.; **2**,109; **5**,13; **64**,14; **24**,22; (**45**,14); (**7**,199); (**43**,83/**70**,42). Der Passus fordert nicht eigentlich zur Vergebung (im Sinn der christlichen Ethik) auf, sondern mehr nur zur geduldigen Zurückhaltung in der Auseinandersetzung mit den Gegnern, die so lange unbelehrbar sind, bis sie das göttliche Strafgericht unmittelbar vor sich sehen. Charles C. Torrey übersetzt „so turn away (from the unbelievers) in calm avoidance": A Strange Reading in the Qur'ān (Goldziher Memorial Volume, I, Budapest 1948, S. 39–45), S. 43f.

15,86: **36**,81.

15,87 Die Deutung des Ausdrucks *sab'an mina l-maṯānī* („sieben von den *maṯānī*", oder kurz „sieben *maṯānī*") ist umstritten. Siehe Gesch. des Qor. I, S. 114–116; Nöldecke, Neue Beiträge zur semitischen Sprachwissenschaft, Straßburg 1910, S. 26; Horovitz, Koranische Untersuchungen, S. 26–28, Proper Names, S. 194f.; EI[1], Artikel al-Mathānī (A. J. Wensinck); Jeffery, Foreign Vocabulary, S. 257f.; Bell, Introduction to the Qur'ān, 1953, S. 119 bis 128. Das Wort *maṯānī*, ein Plural, dessen (nicht belegte) Singularform vermutlich aus dem aramäischen *maṯnīṯā* (= hebräisch *mišnāh*) abzuleiten ist, findet sich sonst nur noch in **39**,23, einer ebenfalls dunklen Stelle. — Bei den Korankommentatoren stehen (für die vorliegende Stelle **15**,87) zwei Deutungsversuche im Vordergrund. Nach dem einen sind mit den sieben *maṯānī* sieben besonders lange Suren gemeint (Sure **2** usw.), nach dem andern die sieben Verse der ersten Sure (wobei zu bedenken ist, daß man nur dann auf eine Siebenzahl von Versen kommt, wenn man entweder die lange Apposition *ṣirāṭa...wa-lā ḍ-ḍāllīna* am Schluß der Sure als zwei Verse rechnet, oder aber die Basmala am Anfang als eigenen Vers zählt). Die Deutung auf die erste Sure würde insofern gut passen, als nach den „sieben *maṯānī*", durch *wa-* („und") koordiniert, „der gewaltige Koran" genannt wird. In den Neuen Beiträgen zur semitischen Sprachwissenschaft schließt Nöldeke sich dieser Deutung an (S. 26). In dem ein Jahr vor den „Neuen Beiträgen" erschienenen Band I der Geschichte des Qorāns (2. Auflage, bearbeitet von F. Schwally) wird dagegen die Deutung der „sieben *maṯānī*" auf die erste Sure für sehr fragwürdig erklärt. Sie wird sich in der Tat schwer aufrecht erhalten lassen. Um so mehr Wahrscheinlichkeit kommt dem – im wesentlichen identischen – Deutungsversuch von J. Horovitz und R. Bell zu. Danach sind mit den *maṯānī* koranische Erzählungen gemeint, und zwar speziell Erzählungen von Strafgerichten, die über frühere Völker hereingebrochen sind. Die Siebenzahl der *maṯānī* wird sich auf die sieben häufigsten und ausführlichsten Erzählungen beziehen: diejenigen von Noah und seinen Zeitgenossen, von Hūd und den ʿĀd, von Ṣāliḥ und den Ṯamūd, von Lot und seinen Volksgenossen, von Šuʿaib und den Madyan, von Mose (und den Israeliten) und Pharao (und seinen Leuten) und schließlich von Abraham und seinen Volksgenossen. Bei dieser Deutung des Wortlauts bleibt freilich „die Schwierigkeit bestehen, daß die sieben *maṯānī* nach Sure **15**,87 neben dem Koran eine Einheit bilden, während doch die sieben Legenden nicht, wie die Fātiḥa, deutlich von den übrigen Suren getrennt für sich stehen" (Horovitz, Koranische Untersuchungen, S. 27). Aber vielleicht ließe sich diese Schwierigkeit doch irgendwie beheben. Das Nebeneinander von den „sieben *maṯānī*" und dem „gewaltigen Koran" könnte etwa so zu verstehen sein, daß zuerst die Geschichten von den Strafgerichten als besonders wirksame Abschnitte der koranischen Verkündigung hervorgehoben werden, und daß, syntaktisch damit koordiniert, der Hinweis auf den gesamten Koran nachfolgt. In **39**,23 wird ja ebenfalls kein scharfer Trennungsstrich zwischen der „(Offenbarungs-)Schrift" (*kitāb*) und den *maṯānī* gezogen. Bell schlägt allerdings einen anderen Weg ein. Er nimmt an, daß der Ausdruck *Qur'ān* in **15**,87 (und an anderen Stellen) eine besondere Entwicklungsstufe in der Konstituierung des Offenbarungsbuches bezeichnet (S. 128–133), und daß die Entwicklungsstufe des „*Qur'ān*" später von der des „*Kitāb*" abgelöst worden ist (S. 134–136). Auf diese ebenso scharfsinnige wie fragwürdige These kann hier nicht eingegangen werden.

15,88: **20**,131. — Der Ausdruck *azwāǧan (minhum)* ist nicht eindeutig. Wenn man die an sich naheliegende Bedeutung „Gattinnen" zugrundelegen würde, könnte die an Mohammed gerichtete Aufforderung etwa folgenden Sinn haben: „Sei nicht neidisch auf den Wohlstand und Kinderreichtum, mit dem wir gewisse Gattinnen deiner Gegner gesegnet haben!" Aber mit *zauǧ*, Plural *azwāǧ*, werden nicht nur Gattinnen bzw. Gatten bezeichnet, sondern überhaupt irgendwelche Einzelwesen (auch an Tieren und Pflanzen), die paarweise vorkommen. Der Plural *azwāǧ* scheint gelegentlich geradezu die Bedeutung „Gruppe", „Klasse" anzunehmen. Das paarweise Nebeneinander ist dabei vom Einzelfall auf eine ganze Reihe von Fällen erweitert. In der eschatologischen Stelle **56**,7 ist sogar von drei *azwāǧ* die Rede (*wa-kuntum azwāǧan ṯalāṯatan*): den Gefährten zur Rechten, den Gefährten zur Linken und den „Zuvorgekommenen". In der vorliegenden Stelle **15**,88 (und der weitgehend damit übereinstimmenden Belegstelle **20**,131) ist *azwāǧ* wohl besser in diesem erweiterten Sinn zu verstehen. Der Relativsatz *mā mattaʿnā bihī azwāǧan minhum* ist demnach zu übersetzen: „was wir einzelnen (oder einer Gruppe) von ihnen (d.h. den Ungläubigen) zur (vorübergehenden) Nutznießung gegeben haben". — *wa-lā taḥzan ʿalaihim*: **16**,127/**27**,70; **31**,23; **3**,176/**5**,41; **10**,65/**36**,76. — *wa-ḫfiḍ ǧanāḥaka lil-mu'minīna*: **26**,215; **17**,24. Der Ausdruck *ḫafaḍa ǧanāḥahū* (wörtlich „seinen Flügel senken", von einem Vogel) soll bedeuten, daß der betreffende Vogel seine Flügel nach unten nimmt, d.h. vom Fliegen in die Ruhestellung übergeht (Lisān al-ʿArab). Daraus wird weiter die übertragene Bedeutung „freundlich sein", „umgänglich sein" abgeleitet. Aber vielleicht bezog sich der Ausdruck ursprünglich auf eine andere Erscheinung im Vogelleben, etwa das Flügelsenken der Henne, die ihre Küken wärmend und schützend unter sich nimmt. Dem würde die übertragene Bedeutung „jemandem Schutz gewähren", „ihn in seine Obhut nehmen", „sich ihm widmen" entsprechen.

15,89: **22**,49; **29**,50/**67**,26; **38**,70; **46**,9; **51**,50f.; **7**,184; (**34**,46); (**35**,23); **11**,25; **71**,2; **26**,114f.; **38**,65; **13**,7; **79**,45; **27**,92.

15,90f. Die Verse 90f. sind bis jetzt noch nicht einleuchtend erklärt worden. Die Stelle macht einen fragmentarischen Eindruck. Man weiß nicht, wer mit den „(unter sich) Aufteilenden" (oder „Schwörenden"?, *al-muqtasimīna*) gemeint ist. Außerdem scheint das Objekt von *anzalnā* zu fehlen. Auch läßt sich die einleitende Vergleichspartikel *ka-(mā)* kaum an den vorausgehenden Text anschließen. In Vers 91 macht die Deutung von *ʿiḍīna* Schwierigkeit. Siehe dazu auch Wellhausen, Reste arabischen Heidentums, Berlin und Leipzig 1927, S. 132. Bell bezieht die Stelle auf Vers 87, eine Möglichkeit, mit der auch Zamaḫšarī rechnet. Zur Übersetzung von *al-muqtasimīna* („the dividers") bemerkt er: „Jews and Christians who have divided the Scriptures (?)", auch dies in Anlehnung an die Kommentare.

15,92f.: **16**,93; **43**,44; **7**,6; **16**,56; **29**,13; **43**,19; **37**,24; **21**,23; **2**,134/141; **34**,25. Aber **55**,39; **28**,78.

15,94 Der Imperativ *(fa-)ṣdaʿ* wird von den Kommentatoren verschieden gedeutet.

15,97: **6**,33; **10**,65, mit weiteren Belegen.

15,98: **20**,130/**50**,39; **40**,55; **52**,48; **110**,3; **25**,58.

15,99 *ḥattā yaʾtiyaka l-yaqīnu*: **74**,46f.

SURE 16

16,1 *atā amru llāhi (fa-lā tastaʿǧilūhu)*: **10**,50f. (vgl. **10**,24); **7**,150; **16**,33; **5**,52. Belege speziell zu *fa-lā tastaʿǧilūhu* in den Anmerkungen zu **10**,50 und **13**,6. Zur Bedeutung von *amr* siehe die Anmerkung zu **2**,109. — Im Hinblick auf den sonstigen koranischen Sprachgebrauch liegt es nahe, den Ausdruck *amru llāhi* („die Entscheidung Gottes") im Sinn eines Strafgerichts zu verstehen. Dazu würde das folgende *fa-lā tastaʿǧilūhu* gut passen. Den Ungläubigen wird ja wiederholt vorgeworfen, daß sie das ihnen angedrohte Gericht nicht ernst nehmen, es vielmehr (ironisch) eilig herbeiwünschen. Vgl. die oben angeführten Belegstellen. Schwierig ist aber die Deutung des Perfekts *atā*. Wenn dies, was ebenfalls nahe liegt, in präteritalem Sinn zu verstehen ist, läßt sich der Satz *atā amru llāhi* nicht auf ein allgemeines und vernichtendes Strafgericht im eschatologischen Sinn deuten, sondern nur auf ein Ereignis aus der

Zeitgeschichte, etwa auf die Schlacht bei Badr (was zur Folge hätte, daß zum mindesten der Anfang von Sure **16** in die Zeit nach der Hiǧra anzusetzen wäre). Weiter ist dann die folgende Aufforderung *fa-lā tastaʿǧilūhu* etwas merkwürdig. Die an die Zeitgenossen gerichtete Warnung, sie sollen die „Entscheidung" Gottes nicht eilig herbeiwünschen, würde besser passen, wenn diese Entscheidung noch im Schoß der Zukunft läge. Sonst müßte man annehmen, daß die Warnung generell gemeint und nicht auf den besonderen Fall begrenzt ist, und das Ganze wäre etwa folgendermaßen zu paraphrasieren: „Die Entscheidung Gottes ist eingetroffen, Gott hat früh genug ein Machtwort gesprochen. Seid daher nicht immer gleich ungeduldig und voreilig mit eurem Verlangen, Gott möge eingreifen!" Die Aufforderung *lā tastaʿǧilūhu* wäre in diesem Fall eher an die Gläubigen als an die Ungläubigen gerichtet. Nun deuten aber die Kommentatoren das Perfekt *atā* auf die nahe bevorstehende Zukunft (Ṭabarī: *atā amru llāhi fa-qaruba minkum aiyuhā n-nāsu wa-danā*; Zamaḫšarī: *atā amru llāhi llaḏī huwa bi-manzilati l-ātī l-wāqiʿi wa-in kāna muntaẓaran li-qurbi wuqūʿihī*). Blachère schließt sich ihnen an („L'Ordre d'Allah va venir"). Falls sie mit dieser fragwürdigen Deutung recht haben sollten, wäre das Ganze zu paraphrasieren: „Die Entscheidung Gottes ist schon so gut wie eingetroffen. Ihr braucht nicht erst Gott um Beschleunigung zu bitten". Die Aufforderung *lā tastaʿǧilūhu* könnte in diesem Fall ebenso gut an die Gläubigen wie an die Ungläubigen gerichtet sein. — Keiner der beiden im vorhergehenden angeführten Deutungsversuche ist wirklich überzeugend. Daher verdient eine dritte Möglichkeit der Auslegung von Vers 1 (*und* Vers 2) ernsthaft in Erwägung gezogen zu werden, wobei allerdings vorausgesetzt werden müßte, daß Mohammed von der Mehrdeutigkeit des Begriffs *amr Allāh* bewußt Gebrauch gemacht hat. Das (ironische) Verlangen, der *amr* Gottes (im Sinn des früher von Mohammed angedrohten göttlichen Strafgerichts) möge doch endlich kommen, wird – wenn wir diese dritte Möglichkeit einer Deutung zugrundelegen – zurückgewiesen mit der Begründung, daß er bereits gekommen sei. „Der *amr* Gottes ist gekommen. Darum verlangt von ihm keine Beschleunigung!" Was nun aber genauer unter dem *amr* Gottes zu verstehen ist, ergibt sich aus dem Wortlaut des folgenden Verses: Es handelt sich um eine göttliche Wesenheit, die – in Verbindung mit dem Geist bzw. umgekehrt (*ar-rūḥ min amrihī*) – die koranische Offenbarung an Mohammed übermittelt. Mit anderen Worten, die Zeitgenossen brauchen nicht mehr darauf zu warten, daß das ungläubige Mekka einem Strafgericht zum Opfer fallen wird. Der *amr* Gottes hat sich bereits auf andere Weise ausgewirkt, nämlich in der koranischen Offenbarung, die den Götzenglauben bekämpft und den Monotheismus propagiert. Ein solcher Gedankengang würde gut in jene Zeit von Mohammeds prophetischer Tätigkeit passen, in der das vorher so vielfach behandelte Thema von den zeitlichen Strafgerichten mehr und mehr in den Hintergrund trat, d.h. etwa in die Zeit der Hiǧra. In der Tat wird Sure **16** chronologisch in diese Zeit eingereiht (Nöldeke-Schwally: dritte mekkanische Periode; Bell: „In the main it is Medinan but it contains Meccan elements...which have been revised and adapted for Medinan purposes"; siehe auch die zusammenfassende Bemerkung über die chronologische Einordnung von Sure **16**, Blachère I, S. 396). — Das Objektsuffix in *(lā) tasta'ǧilūhu* ist – wie man den ganzen Passus auch deuten mag – besser persönlich als sachlich zu verstehen, folglich auf *Allāh* und nicht auf *amr* zurückzubeziehen. Denn *ista'ǧala (X)* wird in der Regel mit dem Akkusativ der Person und mit *bi-* der Sache konstruiert („von jemand verlangen, daß er sich mit etwas beeile"). Vgl. **21**,37/**51**,59; **13**,6; **22**,47/**29**,53f. — *subḥānahū wa-ta'ālā 'ammā yušrikūna*: **10**,18, mit weiteren Belegen; (**16**,3; **7**,189f., mit weiteren Belegen).

16,2: **40**,15; **42**,52; **17**,85; **97**,4; **26**,192–194; **16**,102; (**10**,3, mit weiteren Belegen). — Über die besondere Bedeutung von *amr* im vorliegenden Vers (und in den Belegstellen) siehe die Anmerkung zu **2**,109.

16,3 *ḫalaqa s-samāwāti wal-arḍa bil-ḥaqqi*: **6**,73, mit weiteren Belegen. — *ta'ālā 'ammā yušrikūna*: **7**,189f., mit weiteren Belegen; (**16**,1).

16,4: **36**,77. — *ḫalaqa l-insāna min nuṭfatin*: **80**,17–19; **76**,2; **53**,45f.; **75**,37 bis 39; **86**,5–7; **77**,20–22; **25**,54; **18**,37, mit weiteren Belegen. — Der Schlußsatz (*fa-iḏā huwa ḫaṣīmun mubīnun*) soll wohl bedeuten, daß der Mensch, nachdem er sozusagen aus dem Nichts geschaffen ist, gleich überheblich wird und seinem Schöpfer die Allmacht abstreitet, anstatt ihm dankbar zu sein. Belege: **36**,77 (s. o.); **43**,58; **18**,54; (**2**,204).

16,5–7: **6**,142, mit weiteren Belegen. — Der Passus *lakum fīhā dif'un* („in ihm liegt für euch Wärmung") weist auf die wärmende Kleidung hin, die sich aus der Wolle der Herdentiere herstellen läßt. — *(lakum fīhā dif'un) wa-manāfi'u wa-minhā ta'kulūna*: **23**,21; **40**,79f.; **36**,72f.; (**6**,142).

16,8 *wa-yaḫluqu mā lā ta'lamūna*: **36**,36.

16,9 Die erste Vershälfte (*wa-'alā llāhi qaṣdu s-sabīli wa-minhā ǧā'irun*) ist in der Formulierung sehr knapp und daher schwer verständlich. Nach Zamaḫšarī u.a. hat der Infinitiv *qaṣd* („gerade sein", von einem Weg) im vorliegenden Zusammenhang die Bedeutung eines Partizips („gerade", „richtig" = *mustaqīm*). Diese sprachlich auffallende Interpretation beruht vielleicht auf einem Rückschluß aus dem folgenden Partizip *(wa-minhā) ǧā'irun*. — Der präpositionale Ausdruck *minhā* ist wohl in partitivem Sinn gemeint. Das Femininsuffix paßt am besten zu *sabīl* (in kollektivem Sinn?). Bell übersetzt: „and some go off the course". — *wa-lau šā'a la-hadākum aǧma'īna*: **6**,149, mit weiteren Belegen. Vers 9 paßt, im Ganzen genommen, nicht in den Zusammenhang, es sei denn, man versteht die Ausdrücke *qaṣdu s-sabīli* und *wa-minhā ǧā'irun* in konkretem Sinn und bezieht sie auf Reiseunternehmungen, die mit Hilfe von Last- und Reittieren (V. 7f.) durchgeführt werden. In diesem Fall wäre erst im Versschluß (*wa-lau šā'a la-hadākum aǧma'īna*) von einer Rechtleitung in übertragenem, religiösem Sinn die Rede.

16,10 *huwa llaḏī anzala mina s-samā'i mā'an lakum minhu šarābun*: **56**,68–70; (**35**,12). — *wa-minhu šaǧarun fīhi tusīmūna*: **20**,53f.; **79**,31; **87**,4.

16,11: **13**,4. Weitere Belege in den Anmerkungen zu diesem Vers und zu **6**,99; (**16**,67).

16,12 *wa-saḫḫara lakumu l-laila wan-nahāra*: **13**,2, mit weiteren Belegen. — *waš-šamsa wal-qamara wan-nuǧūmu musaḫḫarātun bi-amrihī*: **7**,54, mit weiteren Belegen.

16,13: **35**,27f.; **39**,21; (**6**,141).

16,14: **35**,12. — Speziell zu *wa-huwa llaḏī saḫḫara l-baḥra*: **45**,12. — *wa-tastaḫriǧū minhu ḥilyatan talbasūnahā*: **35**,12 (s. o.); **55**,22. — *wa-tarā l-fulka mawāḫira fīhi wa-li-tabtaġū min faḍlihī wa-la'allakum taškurūna*: **35**,12 (s. o.); **45**,12; **30**,46; **17**,66; **14**,32; **2**,164, mit weiteren Belegen. — Zum Ausdruck *wa-li-tabtaġū* siehe Nöldeke, Neue Beiträge, S. 18.

16,15: **21**,31; **31**,10; **13**,3, mit weiteren Belegen (auch speziell zu *wa-anhāran*). — *wa-subulan (la'allakum tahtadūna)*: **43**,10; **21**,31 (s. o.); **71**,19f.; **20**,53.

16,16 *wa-bin-naǧmi hum yahtadūna*: **6**,97.

16,17: (**35**,40/**46**,4).

16,18: **14**,34.

16,19: **16**,23; **64**,4; **11**,5; **2**,77; **36**,76; **2**,33, mit weiteren Belegen.

16,20: **25**,3; **7**,191; (**16**,17).

16,21 Der Passus *amwātun ġairu aḥyā'in* bezieht sich entweder auf die im vorhergehenden Vers genannten falschen Götter (*allaḏīna yad'ūna min dūni llāhi*), oder auf die sie verehrenden Ungläubigen, die wohl im Versschluß (*wa-mā yaš'urūna aiyāna yub'aṯūna*) als Subjekt anzunehmen sind. Im zweiten Fall ist die Aussage *amwātun ġairu aḥyā'in* in übertragenem Sinn zu verstehen. Beleg: **35**,19–22. — *wa-mā yaš'urūna aiyāna yub'aṯūna*: **27**,65.

16,22 *qulūbuhum munkiratun*: **21**,50; **16**,83; **40**,81.

16,23 *lā ǧarama anna llāha ya'lamu mā yusirrūna wa-mā yu'linūna*: **16**,19, mit weiteren Belegen.

16,24: **16**,30 (Gegensatz). — *qālū asāṭīru l-auwalīna*: **6**,25. Siehe die Anmerkung zu diesem Vers, mit weiteren Belegen.

16,25: **29**,13; **6**,31. — Speziell zum Ausdruck *allaḏīna yuḍillūnahum bi-ġairi 'ilmin*: **6**,119, mit weiteren Belegen. — Wenn es im vorliegenden Vers heißt, die Verführer müßten dereinst nicht nur uneingeschränkt für ihre eigene Schuld büßen, sondern zusätzlich auch – wenigstens teilweise – für die Schuld der von ihnen Verführten (*wa-min auzāri llaḏīna yuḍillūnahum*), so scheint das dem Grundsatz zu widersprechen, daß niemand mit der Schuld eines anderen belastet werden wird (**17**,15/**35**,18/**39**,7/**53**,38). In den zuletzt genannten Stellen liegt jedoch der Nachdruck ganz allgemein auf dem Gedanken der individuellen (nicht kollektiven) Verantwortung. Vgl. die Fortsetzung von **35**,18. Dagegen geht es im vorliegenden Vers speziell darum, daß der Verführer für die von ihm Verführten mit zur Verantwortung gezogen wird.

16,26 *qad makara llaḏīna min qablihim*: **13**,42, mit weiteren Belegen. Siehe auch die Anmerkung zu **7**,99. — *fa-atā llāhu bunyānahum mina l-qawā'idi fa-ḫarra* *'alaihimu s-saqfu min fauqihim wa-atāhumu l-'aḏābu min ḥaiṯu lā yaš'urūna*: **27**,50–52 (Ṯamūd). — Speziell zu *(wa-)atāhumu l-'aḏābu min ḥaiṯu lā yaš'urūna*: **39**,25; **16**,45; **27**,50 (s. o.); **12**,107, mit weiteren Belegen.

16,27: **6**,22; **10**,28f. Weitere Belege in den Anmerkungen zu diesen Stellen. — Speziell zu *(ṯumma yauma l-qiyāmati) yuḫzīhim* und *inna l-ḫizya l-yauma (was-sū'a) 'alā l-kāfirīna*: **3**,194; **26**,87; **9**,63; **11**,66. — Die Bedeutung des Ausdrucks *tušāqqūna* ist nicht ganz klar. Bell übersetzt: „ye have been causing schisms". Blachère: „vous étiez en divergence". Als Variante wird überliefert: *tušāqqūni* „ihr waret *gegen mich* widerspenstig". — Die Bezeichnung *allaḏīna ūtū l-'ilma* („diejenigen, denen das Wissen gegeben worden ist") kommt im Koran an neun verschiedenen Stellen vor. Es ist nicht klar, was für eine Kategorie von Menschen damit im einzelnen gemeint ist. In der vorliegenden Stelle melden sich „diejenigen, denen das Wissen gegeben worden ist", beim Jüngsten Gericht sozusagen als Zuschauer zum Wort. Ähnlich in **30**,56. An einigen Stellen wird von ihnen gesagt, daß sie die Wahrheit der koranischen Offenbarung anerkennen (**22**,54; **34**,6; **29**,49). Nach dem Wortlaut von **17**,107 stürzen diejenigen, denen *früher* das Wissen gegeben worden ist (*allaḏīna ūtū l-'ilma min qablihī*), d.h. also wohl Angehörige der früheren Offenbarungsreligionen (oder einer dieser Religionen), in Anbetung zu Boden, wenn er (der Koran) ihnen verlesen wird. In **28**,80 sind sie – als Zeitgenossen Moses – Gesprächspartner derer, die Qārūn um seinen Reichtum beneiden. In **47**,16 werden sie von denjenigen angesprochen, die dem Propheten nur scheinbar zuhören und nachher nicht mehr wissen wollen, was er gesagt hat. Schließlich heißt es in der etwas dunklen Stelle **58**,11, daß Gott „diejenigen von euch, die glauben, und denen das Wissen gegeben worden ist, (dereinst) hoch aufsteigen läßt".

16,28 *allaḏīna tatawaffāhumu l-malā'ikatu ẓālimī anfusihim* (vgl. unten Vers 32): **4**,97; **8**,50; **47**,27; **6**,93; **6**,61; **7**,37; **32**,11. Zur koranischen Vorstellung von Todes- und Strafengeln siehe P. A. Eichler, Die Dschinn, Teufel und Engel im Koran, Leipzig 1928, S. 104–110. — Speziell zu *ẓālimī anfusihim*: **16**,33; **9**,70, mit weiteren Belegen. — *fa-alqawu s-salama*: **16**,86f. Der Ausdruck *alqā s-salama ilā*... findet sich auch noch in **4**,90 und 91. Zur Bedeutung siehe H. Ringgren, Islam, 'aslama and muslim, Uppsala 1949, S. 12 („to offer peace", or perhaps still better „to offer capitulation, to surrender").

16,29: **39**,72/**40**,76.

16,30 *wa-qīla li-llaḏīna ttaqau mā ḏā anzala rabbukum qālū ḫairan*: **16**,24 (Gegensatz). — *li-llaḏīna aḥsanū fī hāḏihi d-dunyā ḥasanatun wa-la-dāru l-āḫirati ḫairun*: **16**,41; **39**,10; **7**,156; **2**,201; (**10**,26); (**53**,31). — *wa-la-dāru l-āḫirati ḫairun wa-la-ni'ma dāru l-muttaqīna*: **6**,32/**7**,169/**12**,109; **12**,57, mit weiteren Belegen.

16,31 Zum Ausdruck *ǧannātu 'Adnin* siehe die Anmerkung zu **9**,72, zur Bedeutung des Ausdrucks *min taḥtihā* die Anmerkung zu **2**,25. — *lahum fīhā mā yašā'ūna*: **25**,16; **50**,35; **39**,34/**42**,22.

16,32 *allaḏīna tatawaffāhumu l-malā'ikatu ṭaiyibīna*. Siehe die Anmerkung zu **16**,28. — *yaqūlūna salāmun 'alaikum*: **10**,10, mit weiteren Belegen.

16,33 *hal yanẓurūna illā an ta'tiyahumu l-malā'ikatu au ya'tiya amru rabbika*: **2**,210; **6**,158; **15**,8; **78**,38f.; **25**,22. Zur Bedeutung von *amru (rabbika)* siehe die Anmerkung zu **2**,109. Siehe auch die Anmerkung zu **16**,1. — *ka-ḏālika fa'ala llaḏīna min qablihim*: **16**,35. — *wa-mā ẓalamahumu llāhu walākin kānū anfusahum yaẓlimūna*: **3**,117; **16**,118; **9**,70, mit weiteren Belegen.

16,34: **45**,33/**39**,48; **39**,51. — Speziell zu *wa-ḥāqa bihim mā kānū bihī yastahzi'ūna*: **39**,48/**45**,33 (s. o.); **6**,10, mit weiteren Belegen.

16,35: **6**,148; **43**,20. — *ka-ḏālika fa'ala llaḏīna min qablihim*: **16**,33; (**6**,148, s. o.). — *fa-hal 'alā r-rusuli illā l-balāġu l-mubīnu*: **3**,20, mit weiteren Belegen.

16,36 *wa-la-qad ba'aṯnā fī kulli ummatin rasūlan ani 'budū llāha*: **21**,25; **23**,23; **23**,31f.; **71**,1–3; **11**,25f.; **11**,50/61/84; **7**,59/65/73/85; **27**,45; **29**,16; **29**,36; (**10**,47, mit weiteren Belegen; **13**,7). — *wa-ǧtanibū ṭ-ṭāġūta*: **39**,17; **22**,30; **5**,3. 90. Zum Ausdruck *aṭ-ṭāġūt* siehe die Anmerkung zu **4**,60, zur Etymologie die Anmerkung zu **2**,256. — *fa-minhum man hadā llāhu wa-minhum man ḥaqqat 'alaihi ḍ-ḍalālatu*: **7**,30. Belege zum disjunktiven Ausdruck *(fa-)minhum...waminhum* in der Anmerkung zu **2**,253. — *fa-sīrū fī l-arḍi fa-nẓurū kaifa kāna 'āqibatu l-mukaḏḏibīna*: **3**,137, mit weiteren Belegen.

16,37 *in taḥriṣ 'alā hudāhum fa-inna llāha lā yahdī man yuḍillu*: **12**,103; **10**,99; **2**,256. — *fa-inna llāha lā yahdī man yuḍillu wa-mā lahum min nāṣirīna*: **30**,29.

16,38 Zum Ausdruck *aqsamū bi-llāhi ǧahda aimānihim* siehe die Anmerkung zu **5**,53, mit weiteren Belegen. In der vorliegenden Stelle wird nicht etwa die (angebliche) Bereitschaft zu einem persönlichen Einsatz beteuert, sondern die (angebliche) Wahrheit einer sachlichen Feststellung. — *lā yab'aṯu llāhu man yamūtu*: **64**,7; **17**,49/98; **23**,82/**37**,16/**56**,47; **23**,35; **37**,53; **50**,2f.; **6**,29; **23**,37; **45**,24; **11**,7; **72**,7(?); (**22**,6f.); (**6**,36). — *wa'dan 'alaihi ḥaqqan*: **9**,111; **21**,104. Siehe die Anmerkung zu **4**,122, mit weiteren Belegen. — *walākinna akṯara n-nāsi lā ya'lamūna* (in ähnlichem Zusammenhang): **10**,55; **30**,6.

16,39 *li-yubaiyina lahumu llaḏī yaḫtalifūna fīhi*: **16**,92; (**16**,124). Weitere Belege in der Anmerkung zu **6**,164. Zur Sache siehe die Anmerkung zu **2**,213.

16,40: **36**,82; **2**,117/**19**,35/**3**,47/**40**,68. Weitere Belege in der Anmerkung zu **2**,117.

16,41: **3**,195; **2**,218, mit weiteren Belegen; (**16**,30). — *lau kānū ya'lamūna*: **2**,102, mit weiteren Belegen.

16,42: **29**,59; (**23**,111, mit weiteren Belegen).

16,43: **21**,7; **12**,109, mit weiteren Belegen. — Mit den *ahl aḏ-ḏikr* sind wohl die Angehörigen früherer Offenbarungsreligionen gemeint (sonst als *ahl al-kitāb* bezeichnet). Vgl. **10**,94; **17**,101; **26**,197; (**21**,24).

16,44 *bil-baiyināti waz-zuburi*: **3**,184; **35**,25; (**57**,25). — *wa-anzalnā ilaika ḏ-ḏikra*: **15**,9, mit weiteren Belegen.

16,45: **12**,107, mit weiteren Belegen. — *allaḏīna makarū s-saiyi'āti*: **35**,10. — Speziell zu *an yaḫsifa llāhu bihimu l-arḍa*: **67**,16; **17**,68; **34**,9; **29**,40; **28**,81f. — *au ya'tiyahumu l-'aḏābu min ḥaiṯu lā yaš'urūna*: **16**,26; **12**,107, mit weiteren Belegen.

16,46 *fī taqallubihim*: **3**,196f.; **40**,4; (**47**,19). — *fa-mā hum bi-muʿǧizīna*: **39**,51; **6**,134, mit weiteren Belegen; **11**,20, mit weiteren Belegen. Zur Bedeutung von *aʿǧaza (IV)* siehe die Anmerkung zu **6**,134.

16,47 Der Ausdruck *ʿalā taḫauwufin* ist schwer verständlich. Vielleicht soll damit gesagt werden, daß das Strafgericht hereinbrechen wird, nachdem die Ungläubigen – zur Warnung – in einen Zustand der Furcht und Sorge versetzt worden sind. Allenfalls ist sogar gemeint, daß das Strafgericht sich überhaupt auf den Zustand der Ängstigung beschränkt, ohne daß es zu einer eigentlichen Katastrophe kommt. In beiden Fällen würde der Versschluß *(fa-inna rabbakum la-raʾūfun raḥīmun)* in den Zusammenhang passen. Bell übersetzt: „Or that He will not take them by the way of giving (them) a fright? Verily your Lord is kindly, compassionate." Dazu die Anmerkung: „If the passage refers to the Meccans, this verse is probably late". Belege: **16**,112f.; **17**,58f.; **17**,60; (**39**,16). Die Kommentatoren rechnen auch mit einer anderen, allerdings wenig einleuchtenden Möglichkeit der Auslegung. Danach bedeutet *taḫauwafa (V)* soviel wie *taḫauwana (V)* oder *tanaqqaṣa (V)*, d.h. etwas oder jemanden Stück um Stück abnehmen lassen, es (bzw. ihn) langsam in Verlust geraten lassen. Dementsprechend wäre zu übersetzen: „oder daß er sie erfaßt, indem er ihnen einen Verlust nach dem andern zufügt".

16,48f.: **13**,15; **22**,18. — Die Ausdrücke *suǧǧadan li-llāhi* und *wa-hum dāḫirūna* (V. 48) sind auf den Plural *ẓilāluhū* zu beziehen. Die Schatten (*ẓilāl*), die morgens und abends eine Art Prosternation vollziehen, werden hier auch in grammatikalischer Hinsicht personifiziert. — *(wal-malāʾikatu) wa-hum lā yastakbirūna* (V. 49): **7**,206, mit weiteren Belegen. — Der Ausdruck *min dābbatin* ist wohl speziell auf *(wa-)mā fī l-arḍi* zu beziehen, das folgende *wal-malāʾikatu* (wenigstens der Sache nach) auf das an erster Stelle stehende *mā fī s-samāwāti.*

16,50 *wa-yafʿalūna mā yuʾmarūna*: **66**,6.

16,51 *wa-qāla llāhu lā tattaḫiḏū ilāhaini ṯnaini*: **5**,116; (**4**,171); (**5**,73). — *innamā huwa ilāhun wāḥidun*: **6**,19, mit weiteren Belegen. — *fa-iyāya fa-rhabūni*: **2**,40.

16,52: (**3**,83); (**6**,164); (**39**,3).

16,53f.: **30**,33; **29**,65; **39**,8; (**16**,83). Weitere Belege in den Anmerkungen zu **6**,63f. und **10**,12.

16,55: **30**,34; **29**,66; (**39**,8). — Die Partikel *li-* in *li-yakfurū* ist entweder als „*lām kai*" oder als „*lām al-amr*" zu verstehen. A. Spitaler hält die Deutung als *lām al-amr* für besser (Der Islam 31, 1954, S. 92f.). — Zum Ausdruck *fa-tamattaʿū* siehe die Anmerkung zu **2**,36.

16,56 *wa-yaǧʿalūna li-mā lā yaʿlamūna naṣīban mimmā razaqnāhum*: **6**,136. — *ta-llāhi la-tusʾalunna ʿammā kuntum taftarūna*: **29**,13; (**16**,93); (**15**,92f., mit weiteren Belegen).

16,57: **37**,149–155; **17**,40; **43**,15–19; **52**,39; **53**,19–28; **2**,116, mit weiteren Belegen.

16,58: **43**,17.

16,59: **81**,8f.; **6**,137. 140. 151; **17**,31; **60**,12. — *sā'a mā yaḥkumūna*: **6**,136; **29**,4; **45**,21; (**10**,35/**37**,154/**68**,36).

16,60 *wa-li-llāhi l-maṯalu l-a'lā wa-huwa l-'azīzu l-ḥakīmu*: **30**,27. — Zur Bedeutung von *maṯal* und speziell von *al-maṯal al-a'lā* siehe Fr. Buhl, Über Vergleichungen und Gleichnisse im Qur'ân (Acta Orientalia 2, 1924, S. 1–11), S. 10f.: „Wenn der Begriff der direkten Vergleichung zurücktritt, gewinnt *maṯal* die modifizierte Bedeutung: charakterisierende Beschreibung einer Sache oder einer Person oder geradezu: ihre Eigenschaften und ihr Wesen."

16,61: **35**,45; **18**,58. — Zur Bedeutung von *āḫaḏa (III)* siehe die Anmerkung zu **2**,225. — *walākin yu'aḫḫiruhum ilā aǧalin musammān fa-iḏā ǧā'a aǧaluhum lā yasta'ḫirūna sā'atan wa-lā yastaqdimūna*: **14**,10/**71**,4; **11**,104, mit weiteren Belegen; **7**,34, mit weiteren Belegen. Zum Ausdruck *aǧal musammā* siehe die Anmerkung zu **6**,2.

16,62 In Vers 62 wird das Thema von Vers 57 wiederaufgenommen. — *taṣifu alsinatuhum*: **16**,116. — Die Bedeutung des Ausdrucks *mufraṭūna* ist umstritten.

16,63 Zum Passus *fa-zaiyana lahumu š-šaiṭānu a'mālahum* siehe die Anmerkung zu **2**,212, mit weiteren Belegen.

16,64: **27**,76f.; **16**,89; **12**,111. — *wa-mā anzalnā 'alaika l-kitāba illā litubaiyina lahumu llaḏī ḫtalafū fīhi.* Siehe die Anmerkung zu **2**,213. Belege: **27**,76 (s. o.); **16**,89 (s. o.); **5**,48f.; **16**,44; **4**,105; **5**,15. — *wa-hudān wa-raḥmatan liqaumin yu'minūna*: **12**,111 (s. o.); **27**,77 (s. o.); **16**,89 (s. o.); **10**,57, mit weiteren Belegen.

16,65: **2**,164, mit weiteren Belegen.

16,66: **23**,21. — *sā'iġan liš-šāribīna*: (**35**,12).

16,67 Der präpositionale Ausdruck *wa-min ṯamarāti n-naḫīli wal-a'nābi* kann syntaktisch verschieden gedeutet werden. Vielleicht ist er mit dem Ausdruck *mimmā fī buṭūnihī* des vorhergehenden Verses zu koordinieren und dem Verbum *nusqīkum* unterzuordnen (= „Und wir geben euch von den Früchten der Palmen und Reben zu trinken"). Dazu paßt wohl das folgende *tattaḫiḏūna minhu sakaran* (als Relativsatz: „woraus ihr euch einen Rauschtrank macht"), aber weniger gut das weitere Objekt *(wa-)rizqan ḥasanan* („und schönen Unterhalt"), sofern man darunter nicht auch irgendwelche Getränke (oder etwa Einnahmen aus dem Verkauf von alkoholischen Getränken?) verstehen will. Eine andere Möglichkeit der Deutung besteht darin, daß man mit Vers 67 einen neuen Satz anfangen läßt und den Ausdruck *min ṯamarāti n-naḫīli wal-a'nābi* dem folgenden *tattaḫiḏūna* (das dann das Verbum des Hauptsatzes ist) unterordnet. In diesem Fall ist das folgende *minhu* eine Wiederholung des präpositionalen Ausdrucks am Versanfang. — Der Rauschtrank (*sakar*) gilt im vorliegenden Vers noch als eine erlaubte Gottesgabe. Später wurde er verboten. Siehe die Anmerkung zu **2**,219.

16,68f. Zur Bedeutung des Ausdrucks *(wa-mimmā) ya'rišūna* siehe die Anmerkungen zu **2**,259, **6**,141 und **18**,42. — In den Versen 68f. wird das Kollektivwort *an-naḫl* in der 2. Person Feminin *Singular* wiederaufgenommen (*itta-*

ḫiḏī, kulī, fa-slukī subula rabbiki). Erst in dem Satz *yaḫruǧu min buṭūnihā*... wird im Plural darauf Bezug genommen. Unter diesen Umständen ist der Zustandsakkusativ *ḏululan* (Plural von *ḏalūl*) auf den Plural *subula rabbiki* und nicht etwa auf *an-naḥli* bzw. die 2. Person Singular der vorausgehenden Imperative zurückzubeziehen. Das Adjektiv *ḏalūl* (eigentlich „gefügig") wird auch in **67**,15 auf einen leblosen Gegenstand angewandt (*huwa llaḏī ǧa'ala lakumu l-arḍa ḏalūlan fa-mšū fī manākibihā*). Vgl. **76**,14: *wa-ḏullilat quṭūfuhā taḏlīlan*. — Mit dem „Getränk" (*šarāb*), das aus dem Leib der Bienen austritt, ist natürlich der Honig gemeint.

16,70: **22**,5; (**40**,67); (**36**,68).

16,71 *wa-llāhu faḍḍala ba'ḍakum 'alā ba'ḍin fī r-rizqi*: **17**,20f.; **11**,3 (siehe die Anmerkung zu diesem Vers); **6**,165; **43**,32; **4**,32. 34 (die zuletzt genannte Stelle betrifft speziell die Bevorzugung der Männer vor den Frauen); **13**,26. Siehe die Anmerkung zu diesem Vers, mit weiteren Belegen. — *fa-mā llaḏīna fuḍḍilū bi-rāddī rizqihim 'alā mā malakat aimānuhum fa-hum fīhi sawā'un*: **30**,28.

16,72 *wa-llāhu ǧa'ala lakum min anfusikum azwāǧan*: **42**,11; **39**,6; **30**,21; **7**,189; **4**,1; **35**,11; **78**,8; **53**,45; **75**,39; **43**,12. — Die Bedeutung des Wortes *ḥafada(tan)* ist umstritten. Ṭabarī zählt folgende Bedeutungen auf: Schwiegersöhne (*aḫtān ar-raǧul 'alā banātihī*); Helfer und Diener; Söhne und Enkel; Stiefsöhne. Bell übersetzt: „ready helpers", Blachère: „des petits-fils". — *wa-razaqakum mina ṭ-ṭaiyibāti*: **8**,26, mit weiteren Belegen. — *a-fa-bil-bāṭili yu'minūna wa-bi-ni'mati llāhi hum yakfurūna*: **29**,67.

16,73 *mā lā yamliku lahum rizqan mina s-samāwāti wal-arḍi šai'an*: **29**,17; (**6**,71, mit weiteren Belegen). — Der Akkusativ *rizqan* ist Infinitiv mit nominaler *und* verbaler Funktion. Als Nomen ist er Objekt von *lā yamliku*. In seiner verbalen Funktion ist er dem folgenden Akkusativ *šai'an* übergeordnet. Vgl. **10**,31, mit weiteren Belegen. — *wa-lā yastaṭī'ūna* (absolut, ohne Objekt): **26**,211.

16,74 Zur Bedeutung des Ausdrucks *fa-lā taḍribū li-llāhi l-amṯāla* siehe Fr. Buhl, Über Vergleichungen und Gleichnisse im Qur'ân (Acta Orientalia 2, 1924, S. 1–11), S. 11. Im Hinblick auf die vorliegende Stelle und auf **17**,48/**25**,9 (siehe auch **36**,78) bemerkt Buhl: „Man kann hier wohl am besten übersetzen: Eigenschaften beilegen, zu einer Kategorie hinführen." Mit anderen Worten: Gott hat nicht seinesgleichen und vertritt daher keinen Typus. Deshalb läßt sich auch nichts Typisches über ihn aussagen. Dasselbe gilt – mit Einschränkung – von Mohammed. Auch er hat, wenigstens in der zeitgenössischen arabischen Gesellschaft, keine Entsprechung. Deshalb tut man ihm unrecht, wenn man ihn etwa für besessen oder bezaubert erklärt (**17**,47/**25**,8). In gewissem Sinn gehört auch die Ausdrucksweise *(wa-iḏā buššira aḥadukum) bi-mā ḍaraba lir-raḥmāni maṯalan*... (**43**,17; in **16**,58 steht dafür *bil-unṯā*) in diesen Zusammenhang. Hier wird die heidnische Vorstellung gerügt, daß Gott dem arabischen Pantheon einzureihen sei und andere göttliche Wesen – sogar solche weiblichen Geschlechts – neben sich habe. — *inna llāha ya'lamu wa-antum lā ta'lamūna*: **2**,216/232/**3**,66/**24**,19.

16,75f. Fr. Buhl bemerkt zu den beiden Versen 75f. (77f.): „Recht ungeschickt sind die Vergleichungen **16**,77f. formuliert. Die Darstellung ist hier so undeutlich und unzutreffend, daß die Ausleger mit Grund darüber streiten, ob die beiden Personen Allâh und die Götzen oder die Gläubigen und die Ungläubigen darstellen sollen. Aber möglich ist es ja immerhin, daß gerade solche Vergleichungen auf die mekkanischen Bürger Eindruck gemacht haben können.“ (Über Vergleichungen und Gleichnisse im Qur'ân, Acta Orientalia 2, 1924, S. 1–11, S. 7f.) Siehe auch die besondere Anmerkung zu Vers 76.

16,75: **39**,29. — *wa-man razaqnāhu minnā rizqan ḥasanan*: **11**,88. — *fa-huwa yunfiqu minhu sirran wa-ǧahran*: **13**,22, mit weiteren Belegen. Im vorliegenden Vers 75 ist mit der Tatsache, daß jemand geheim und offen Spenden gibt, vielleicht weniger dessen besondere Frömmigkeit gemeint, als vielmehr der Umstand, daß er uneingeschränkt über sein Hab und Gut verfügen kann. — In der oben angeführten Belegstelle **39**,29 steht im Versschluß statt des Plurals *yastawūna* grammatikalisch korrekter der Dual *yastawiyāni*.

16,76: **67**,22. — Sowohl Ṭabarī als auch Zamaḫšarī nehmen an, daß das zweite Gleichnis, das den Inhalt des vorliegenden Verses bildet, nicht (wie das Gleichnis von Vers 75) den Gegensatz zwischen den Ungläubigen und den Gläubigen veranschaulichen soll, sondern den Gegensatz zwischen den Götzen und Gott. Nach dieser Auffassung bezieht sich also das zweite Glied des Vergleichs (*wa-man ya'muru bil-'adli wa-huwa 'alā ṣirāṭin mustaqīmin*) unmittelbar auf Gott. In den folgenden beiden Stellen ist in der Tat Gott selber Subjekt einer solchen Aussage: **16**,90: *inna llāha ya'muru bil-'adli*; **11**,56: *inna rabbī 'alā ṣirāṭin mustaqīmin*. Siehe auch die Anmerkung oben zu **16**,75f.

16,77 *wa-li-llāhi ġaibu s-samāwāti wal-arḍi*: **11**,123, mit weiteren Belegen. — *wa-mā amru s-sā'ati illā ka-lamḥi l-baṣari au huwa aqrabu*: **54**,50.

16,78 *wa-llāhu aḫraǧakum min buṭūni ummahātikum*: (**22**,5); (**40**,67); (**39**,6); (**53**,32). — *wa-ǧa'ala lakumu s-sam'a wal-abṣāra wal-af'idata la'allakum taškurūna*: **67**,23/**23**,78/**32**,9; **46**,26; **10**,31; **76**,2.

16,79: **67**,19; (**24**,41).

16,80 Zum Ausdruck *(wa-)matā'an ilā ḥīnin* siehe die Anmerkung zu **2**,36.

16,81 *wa-sarābīla taqīkum ba'sakum*: **21**,80. Zur Bedeutungsentwicklung von *ba's* siehe die Anmerkung zu **4**,84.

16,82: **3**,20, mit weiteren Belegen.

16,83: (**16**,71); (**16**,72/**29**,67).

16,84 *wa-yauma*... Verkürzter Zeitsatz. Siehe Einleitung zur Übersetzung, S. 3f. — *wa-yauma nab'aṯu min kulli ummatin šahīdan*: **16**,89; **4**,41, mit weiteren Belegen. — *ṯumma lā yu'ḏanu li-llaḏīna kafarū*: **77**,34–36. – *wa-lā hum yusta'tabūna*: **30**,57/**45**,35; **41**,24. Der Ausdruck *yusta'tabūna* (Passiv des X. Stammes) ist schwer zu deuten, zumal in der Belegstelle **41**,24 der X. Stamm im Aktiv (*yasta'tibū*) und daneben das Passiv des IV. Stammes (*al-mu'tabīna*) verwendet wird.

16,85: **2**,162/**3**,88. Weitere Belege in der Anmerkung zu **2**,162.

16,86f.: **10**,28f., mit weiteren Belegen. Zum Ausdruck *šurakāʾahum* bzw. *šurakāʾunā* („ihre, unsere Teilhaber") siehe die Anmerkung zu **6**,22. — *wa-alqau ilā llāhi yaumaʾiḏini s-salama*: **16**,28. Siehe die Anmerkung zu diesem Vers. — *wa-ḍalla ʿanhum mā kānū yaftarūna*: **6**,24, mit weiteren Belegen.

16,88 *zidnāhum ʿaḏāban fauqa l-ʿaḏābi*: **38**,61; **78**,30.

16,89 *wa-yauma*... Verkürzter Zeitsatz. Siehe Einleitung zur Übersetzung, S. 3f. — *wa-yauma nabʿaṯu fī kulli ummatin šahīdan ʿalaihim min anfusihim wa-ǧiʾnā bika šahīdan ʿalā hāʾulāʾi*: **4**,41, mit weiteren Belegen; **16**,84. — *wa-nazzalnā ʿalaika l-kitāba tibyānan li-kulli šaiʾin wa-hudān wa-raḥmatan wa-bušrā lil-muslimīna*: **16**,64. Siehe die Anmerkung zu diesem Vers, mit weiteren Belegen. Speziell zu *wa-bušrā lil-muslimīna*: **16**,102; **2**,97; **27**,1f.; **46**,12.

16,90 *inna llāha yaʾmuru bil-ʿadli*: **16**,76. — *(inna llāha yaʾmuru bil-ʿadli) wal-iḥsāni wa-ītāʾi ḏī l-qurbā*: **4**,36, mit weiteren Belegen. Es ist zu beachten, daß die Aufforderung zum *iḥsān* („gut sein", „gut handeln") in den Belegstellen regelmäßig auf die Pietät gegen die Eltern spezifiziert ist. — *wa-yanhā ʿani l-faḥšāʾi wal-munkari wal-baġyi*: **7**,33, mit weiteren Belegen; **29**,45; **3**,104, mit weiteren Belegen.

16,91: **13**,20; **3**,76, mit weiteren Belegen. Speziell zu *wa-lā tanquḍū l-aimāna baʿda taukīdihā*: **5**,89. — Die Formulierung *wa-qad ǧaʿaltumu llāha ʿalaikum kafīlan* ist so zu verstehen, daß diejenigen, die eine eidliche Verpflichtung eingehen, eben damit Gott gegen sich selber (*ʿalaikum*) zum Bürgen und Garanten für die Ausführung der Verpflichtung anrufen. Siehe auch Fr. Buhl, Zur Ḳurânexegese (Acta Orientalia 3, 1924, S. 97–108), S. 100–106: Der *ʿahd* im Ḳurân (besonders S. 102).

16,92 Buhl bemerkt zu diesem Vers (und den drei folgenden): „Was damit gemeint ist, wird wohl immer ein Geheimnis bleiben; aber jedenfalls betrachte ich es als wahrscheinlich, daß diese Verse erst in Medîna entstanden sein können, da es mir unmöglich scheint, in der mekkanischen Periode eine Situation zu konstruieren, worauf ein derartiger Wettkampf zwischen verschiedenen *ummât* passen könnte, mag man nun bei ‚*umma*' an verschiedene Stämme oder an verschiedene religiöse Gemeinschaften denken" (Zur Ḳurânexegese, Acta Orientalia 3, 1924, S. 97–108, S. 104f.) — Der Vergleich der Eidbrüchigen mit einer Frau, die ihr Gespinst auflöst, liegt wenigstens insofern nahe, als im Arabischen für Eidbruch eben die Wörter *naqaḍa* (eigentlich „auflösen", „aufspleißen") verwendet wird. — Der Ausdruck *tattaḫiḏūna* (als Verbot: *lā tattaḫiḏū*) *aimānakum daḫalan bainakum* kommt im Koran nur hier und im übernächsten Vers vor. Die Deutung ist nicht sicher. — Das Personalpronomen *hiya* im Passus *an takūna ummatun hiya arbā min ummatin* ist als „Kopulapronomen" zu verstehen. Siehe Reckendorf, Syntax, § 141, 3. — *innamā yablūkumu llāhu bihī*: **5**,48; **6**,165, mit weiteren Belegen. — *wa-la-yubaiyinanna lakum yauma l-qiyāmati mā kuntum fīhi taḫtalifūna*: **16**,39. 124; **2**,113, mit weiteren Belegen. Siehe auch die Anmerkung zu **2**,213.

16,93 *wa-lau šā'a llāhu la-ǧa'alakum ummatan wāḥidatan*: **42**,8; **5**,48; **11**,118; **6**,35, mit weiteren Belegen. — *walākin yuḍillu man yašā'u wa-yahdī man yašā'u*: **14**,4/**35**,8/**74**,31. In anderer Formulierung kommt der Gedanke, daß Gott in die Irre führt und rechtleitet, wen er will, auch sonst im Koran oft zur Sprache. — *wa-la-tus'alunna 'ammā kuntum ta'malūna*: **15**,92f., mit weiteren Belegen; (**16**,56; **29**,13).

16,94 *wa-lā tattaḫiḏū aimānakum daḫalan bainakum*. Siehe die Anmerkung zu **16**,92.

16,95 *wa-lā taštarū bi-'ahdi llāhi ṯamanan qalīlan*: **3**,77; **3**,187. Siehe auch die Anmerkung zu **2**,41. — *inna-mā 'inda llāhi huwa ḫairun lakum in kuntum ta'lamūna*: **2**,184, mit weiteren Belegen.

16,96 *mā 'indakum yanfadu wa-mā 'inda llāhi bāqin*: **28**,60; **42**,36; **20**,131; **87**,16f.; **38**,54. — *wa-la-naǧziyanna llaḏīna ṣabarū aǧrahum bi-aḥsani mā kānū ya'malūna*: **9**,121, mit weiteren Belegen.

16,97: **4**,124, mit weiteren Belegen. — Der Passus *fa-la-nuḥyiyannahū ḥayātan ṭaiyibatan* wird von Ṭabarī und Zamaḫšarī mit einer Begründung, die nicht recht einleuchtet, auf das diesseitige Leben gedeutet. — *wa-la-naǧziyannahum aǧrahum bi-aḥsani mā kānū ya'malūna*. Siehe die Anmerkung zum vorhergehenden Vers.

16,98: (**113**,1, mit weiteren Belegen). — Zur Bedeutung von *(ar-)raǧīm* siehe die Anmerkung zu **3**,36.

16,99f.: **14**,22, mit weiteren Belegen. — Mit dem Personalsuffix *-hī* in *wa-llaḏīna hum bihī mušrikūna* ist wohl Gott gemeint, nicht der Teufel, wie man der bloßen Wortfolge nach erwarten würde. Wenn *ašraka (IV)* im Koran mit *bi-* konstruiert wird, bezieht sich der präpositionale Ausdruck regelmäßig auf Gott, nach dem Schema *lā tušrikū bihī šai'an* „schreibt ihm nichts als Teilhaber (an seiner Göttlichkeit) zu" (**4**,36). Auch Bell übersetzt dementsprechend: „those who with Him do associate (other gods)" und bemerkt dazu: „It is probable that the pronoun refers to Allah, the phrase being a stereotyped one". Dagegen übersetzt Blachère: „(ceux) qui, par lui, sont des Associateurs".

16,101 Vom Auswechseln von Koranversen ist auch in **2**,106 die Rede. — *innamā anta muftarin*: **10**,38, mit weiteren Belegen.

16,102 *nazzalahū rūḥu l-qudusi*: **26**,192–194; **16**,2, mit weiteren Belegen; **2**,97. — *nazzalahū (rūḥu l-qudusi) min rabbika bil-ḥaqqi*: **13**,1, mit weiteren Belegen. — *li-yuṯabbita llaḏīna āmanū wa-hudān wa-bušrā lil-muslimīna*: **2**,97 (s. o.); **16**,89, mit weiteren Belegen.

16,103 *yaqūlūna innamā yu'allimuhū bašarun*: **44**,13f.; **25**,4f.; (**29**,48); (**6**,105). — *wa-hāḏā lisānun 'arabīyun mubīnun*: **26**,192–195; **12**,2, mit weiteren Belegen. Zur Sache: Buhl-Schaeder, Das Leben Muhammeds, S. 164.

16,105 Vers 105 ist eine Umkehrung des von den Ungläubigen gegen Mohammed gerichteten Vorwurfs in Vers 101: *innamā anta muftarin*.

16,106: **3**,86; **3**,90; **3**,106; **9**,74; **9**,66; **2**,108; **63**,3; **47**,25; (**4**,115).

16,107: **14**,2f.

16,108 *ulā'ika lladīna ṭaba'a llāhu 'alā qulūbihim wa-sam'ihim wa-abṣārihim*: **2**,7, mit weiteren Belegen. — *ulā'ika humu l-ġāfilūna*: **7**,179. Zur Bedeutung von *ġāfilūna* siehe die Anmerkung zu **6**,131.

16,109: **11**,22; **27**,5; **3**,85; **5**,5; (**42**,45); (**18**,103).

16,110: **16**,119; **16**,41; **3**,195; **2**,218, mit weiteren Belegen. — Zur Bedeutung von *fatana* „prüfen" siehe die Anmerkung zu **4**,101. In der vorliegenden Stelle könnte mit dem Passus *min ba'di mā futinū* immerhin gemeint sein, daß die betreffenden Gläubigen nicht nur von seiten der Ungläubigen eine objektive Schädigung erlitten haben, sondern der ihnen auferlegten Prüfung – wenigstens vorübergehend – erlegen und dem Islam untreu geworden sind. Dazu würde der Hinweis auf die nachträgliche Vergebung am Schluß des Verses gut passen.

16,111: **2**,281, mit weiteren Belegen. — *yauma*... Verkürzter Zeitsatz. Siehe Einleitung zur Übersetzung, S. 3f. — Zum Ausdruck *tuwaffā* siehe die Anmerkung zu **2**,272.

16,112 Mit der Stadt, die hier exemplarisch angeführt wird, ist vermutlich Mekka selber gemeint. Mekka war bis zur Hiǧra ein Ort der Sicherheit und Ruhe gewesen, hatte dann aber immer mehr unter den Feindseligkeiten der Muslime von Medina zu leiden. Belege (alle Mekka betreffend): **2**,125; **28**,57; **106**,3f. Weitere Belege in der Anmerkung zu **2**,125.

16,113 Belege (Auswahl), besonders zum Schluß des Verses (*fa-aḫadahumu l-'adābu wa-hum ẓālimūna*): **29**,14; **22**,42–45. 48; **28**,59; **11**,101f.; (**9**,70, mit weiteren Belegen). Wie man sieht, werden die dem Untergang oder der Bestrafung verfallenen Städte und Gemeinschaften zum Teil (wie im vorliegenden Vers) einfach als frevelhaft (*ẓālim*) bezeichnet, zum Teil ausdrücklich als solche, die „gegen sich selber gefrevelt haben", d.h. die eben wegen ihrer Frevelhaftigkeit selber an ihrem Unglück schuld sind. Muḥammad Kāmil Ḥusain (The Meaning of Ẓulm in the Qur'ān, The Muslim World 49, 1959, S. 196 bis 212) vertritt die These, daß *ẓulm* im Koran – soweit es intransitiv gebraucht wird – durchweg bedeutet: „sich selber Unrecht tun" (self wronging). Mit dieser Verallgemeinerung geht er sicher zu weit. Aber in Einzelfällen, so auch in der vorliegenden Stelle, mag das Verbum *ẓalama* auch bei absolutem Gebrauch in dem Sinn gemeint und verstanden worden sein, daß die Betreffenden mit ihrer Frevelhaftigkeit sich selber Unrecht getan haben. Die beiden Bedeutungsnuancen lassen sich nicht immer scharf auseinanderhalten.

16,114–119 Zu den Versen 114–119 siehe Erwin Gräf, Jagdbeute und Schlachttier im islamischen Recht, Bonn 1959, S. 15–25.

16,114: **2**,172; **5**,88, mit weiteren Belegen.

16,115: **2**,173; **5**,3; **6**,145. — In der oben angeführten Monographie von E. Gräf wird der vorliegende Vers 115 (116) besonders ausführlich kommentiert (S. 16–25). Gräf faßt seine Überlegungen über die Vorgeschichte der hier zusammengestellten Verbote folgendermaßen zusammen: „Da kaum anzunehmen ist, daß Mohammed Vers 116 völlig selbständig entworfen hat, so möchten wir uns, mit allem Vorbehalt, für folgenden Modus der Übernahme aussprechen: Vers 116 ist die Reminiszenz an eine für Arabien adaptierte christliche Missionspredigt auf Grund von Acta 15,28/29 oder an einen Abschnitt aus einer Art Katechismus auf Grund der gleichen Quelle; man könnte weiter daran denken, daß Mohammed etwas von der christlichen Bußpraxis gehört hat. Solche Informationen konnte er leicht erhalten, auch von Laien."

16,116 *wa-lā taqūlū li-mā taṣifu alsinatukumu l-kaḏiba hāḏā ḥalālun wa-hāḏā ḥarāmun*: **5**,87. Siehe die Anmerkung zu diesem Vers, mit weiteren Belegen. **5**,103. — Belege zur Verwendung der Präposition *li-* in *wa-lā taqūlū li-mā taṣifu usw.* in der Anmerkung zu **2**,154. — Der Ausdruck *(mā) taṣifu alsinatukumu l-kaḏiba* findet sich ähnlich auch in **16**,62 und bedeutet etwa: „über etwas eine lügnerische Aussage machen", „(anderen) etwas vorlügen". Der Akkusativ *al-kaḏiba* ist nicht von *lā taqūlū* abhängig, sondern zweites Objekt von *taṣifu*. — *li-taftarū ʿalā llāhi l-kaḏiba inna llaḏīna yaftarūna ʿalā llāhi l-kaḏiba lā yufliḥūna*: **10**,69; **6**,21, mit weiteren Belegen.

16,117: **10**,70; **2**,36, mit weiteren Belegen. — Zum Ausdruck *matāʿ* („Nutznießung") siehe die Anmerkung zu **2**,36.

16,118 *wa-ʿalā llaḏīna hādū ḥarramnā mā qaṣaṣnā ʿalaika min qablu*: **6**,146 (siehe auch die folgenden Verse 147–153); **4**,160; **3**,93; **3**,50. — *wa-mā ẓalamnāhum walākin kānū anfusahum yaẓlimūna*: **16**,33; **3**,117; **9**,70, mit weiteren Belegen.

16,119: **16**,110; **6**,54, mit weiteren Belegen.

16,120–123 Über Abraham siehe die Anmerkung zu **2**,124–141, mit weiteren Belegen.

16,120 Abraham wird in der vorliegenden Stelle (und nur hier) als „*umma*" bezeichnet. Die Kommentatoren umschreiben dieses Epitheton zum Teil mit *maʿlamu ḫairin* (etwa „Hort des Guten") oder mit *allaḏī yuʾtammu bihī*, *imām* („Vorbild"), dies vermutlich in Anlehnung an **2**,124, wo es von Abraham heißt: *innī ǧāʿiluka lin-nāsi imāman*. Aber wahrscheinlich ist *umma* auch in **16**,120 in der sonst üblichen Bedeutung „Gruppe", „Religionsgemeinschaft" gemeint, und zwar in dem Sinn, daß Abraham den späteren Juden und den anderen *umma*'s gegenüber eine eigene Religionsgemeinschaft verkörpert, nämlich den Prototyp der Gemeinschaft der wahren Muslime. Dieser abrahamischen Gemeinschaft wären natürlich auch die gleichgläubigen Angehörigen seiner Sippe zuzurechnen, besonders Ismael. Belege für eine solche Deutung des Ausdrucks: **3**,67; **2**,128; **2**,134/141. — *ḥanīfan wa-lam yaku mina l-mušrikīna*: **16**,123; **2**,135, mit weiteren Belegen. Zum Ausdruck *ḥanīf* siehe die Anmerkung zu eben diesem Vers.

16,121 *iǧtabāhu wa-hadāhu ilā ṣirāṭin mustaqīmin*: **6**,87; **19**,58; **3**,33; **2**,130.

16,122: **29**,27; **2**,130; **38**,45–47. — Zur besonderen Bedeutung des Ausdrucks *aṣ-ṣāliḥūn* siehe die Anmerkung zu **2**,130.

16,123: **3**,95 (siehe die Anmerkung dazu); **2**,135, mit weiteren Belegen; **16**,120.

16,124 Der Passus *innamā ǧuʿila s-sabtu ʿalā llaḏīna ḫtalafū fīhi* ist wohl so zu verstehen, daß die Juden erst zur Heiligung des Sabbats verpflichtet wurden, nachdem sie sich aus der ursprünglich einheitlichen, universalen *umma* differenziert hatten und zu einer eigenen Gemeinschaft geworden waren. Das Personalsuffix in *fīhi* bezieht sich vielleicht gar nicht speziell auf den Sabbat (wie auf Grund der bloßen Wortfolge anzunehmen wäre), sondern auf die eine und allgemeine Wahrheit der Offenbarung. Siehe auch die Anmerkung zu **2**,213. — *wa-inna rabbaka la-yaḥkumu bainahum yauma l-qiyāmati fī-mā kānū fīhi yaḫtalifūna*: **16**,92; **16**,39; **10**,93/ **45**,17; **2**,113, mit weiteren Belegen.

16,125 *udʿu ilā sabīli rabbika*: **12**,108, mit weiteren Belegen; **23**,73. — *wa-ǧādilhum bi-llatī hiya aḥsanu*: **29**,46; **23**,96; **41**,34; **13**,22; **28**,54; **17**,53; (**6**,152/ **17**,34). Die Steigerungsform *aḥsanu* läßt sich als Elativ oder als Komparativ deuten. Siehe H. Wehr, Der arabische Elativ, Wiesbaden 1952, S. 11. Die Deutung als Elativ ist im vorliegenden Vers vielleicht vorzuziehen. Bei der Deutung als Komparativ wäre zu ergänzen: „(streit mit ihnen auf eine bessere Art) als sie das mit dir tun". — *inna rabbaka huwa aʿlamu bi-man ḍalla ʿan sabīlihī wa-huwa aʿlamu bil-muhtadīna*: **68**,7; **6**,117; **53**,30; **28**,56.

16,126 *wa-in ʿāqabtum fa-ʿāqibū bi-miṯli mā ʿūqibtum bihī*: **22**,60. In beiden Stellen wird für die Bestrafung und für die zu bestrafende Untat dasselbe Verbum *ʿāqaba (III)* verwendet. Eine derartige Identifizierung im sprachlichen Ausdruck ist um so eher möglich, als dem jus talionis der Gedanke zugrunde liegt, daß Untat und Bestrafung bzw. Vergeltung sich gegenseitig vollständig ausgleichen. — Weitere Belege, speziell zur zweiten Vershälfte (*wa-la-in ṣabartum la-huwa ḫairun liṣ-ṣābirīna*): **42**,40; **42**,43; **3**,186; **31**,17; **13**,22; **28**,54; **23**,96; **41**,34; (**4**,25). Die Formulierung ist merkwürdig. Statt *liṣ-ṣābirīna* würde man erwarten: *lakum.* Die Ausdrucksweise erklärt sich wohl als ein Fall von Paronomasie, wobei der Reimzwang mit im Spiel gewesen sein mag. Siehe H. Rekkendorf, Über Paronomasie in den semitischen Sprachen, Gießen 1909. Oder sollte ganz allgemein festgestellt werden, daß diejenigen, die anderen gegenüber Geduld und Nachsicht üben, dabei selber am besten fahren?

16,127 *fa-ṣbir wa-mā ṣabruka illā bi-llāhi*: **20**,130/**50**,39/**38**,17/**73**,10; **18**,28; **30**,60; **46**,35; **74**,7. — *wa-lā taḥzan ʿalaihim wa-lā taku fī ḍaiqin mimmā yamkurūna*: **27**,70; **10**,65, mit weiteren Belegen.

SURE 17

17,1 Vers 1 berichtet über eine nächtliche Reise (*isrā'*), die Mohammed als Vision erlebt hat, und über die später viel diskutiert und phantasiert worden ist. In neuerer Zeit hat Alfred Guillaume kritisch dazu Stellung genommen und geglaubt, dem Vorgang den Charakter des Wunderbaren absprechen zu sollen (Where was al-Masŷid al-Aqṣà? Al Andalus 18, 1953, S. 323–336).

Seine These läßt sich aber nicht aufrechterhalten. Siehe Rudi Paret, Die „ferne Gebetsstätte" in Sure 17,1 (Der Islam 34, 1959, S. 150–152); M. Plessner, Muḥammed's clandestine ʿumra in the Ḏū 'l-Qaʿda 8 H. and Sūra 17,1 (Rivista degli Studi Orientali 32, 1957, S. 525–530). — Während die „heilige Gebetsstätte" (*al-masǧid al-ḥarām*) – dem koranischen Sprachgebrauch entsprechend – ohne allen Zweifel in Mekka zu lokalisieren ist, deutet Guillaume den Ausdruck „die ferne Gebetsstätte" (*al-masǧid al-aqṣā*) auf eine Örtlichkeit in al-Ǧiʿrāna am Rand des heiligen Gebiets von Mekka. Tatsächlich ist aber Jerusalem (oder ein Ort innerhalb von Jerusalem) damit gemeint. Dafür spricht vor allem der Zusatz *allaḏī bāraknā ḥaulahū* („deren Umgebung wir gesegnet haben"), ein Hinweis auf die Gegend, die wir das Heilige Land zu nennen pflegen. Denn in **21**,71 heißt es von Abraham (und Lot): *wa-naǧǧaināhu wa-Lūṭan ilā l-arḍi llatī bāraknā fīhā lil-ʿālamīna*; in **21**,81 von Salomo: *wa-li-Sulaimāna r-rīḥa ʿāṣifatan taǧrī bi-amrihī ilā l-arḍi llatī bāraknā fīhā*; in **7**,137 von den Kindern Israel nach ihrer Errettung aus Ägypten: *wa-auraṯnā l-qauma llaḏīna kānū yustaḍʿafūna mašāriqa l-arḍi wa-maǧāribahā llatī bāraknā fīhā*. Auch bei dem Ausdruck *al-qurā llatī bāraknā fīhā* in **34**,18 wird man am ehesten an Städte des Heiligen Landes zu denken haben. — Zur Sache: R. Bell, Muhammad's Visions (The Moslem World 24, 1934, S. 145–154), S. 151. 152f.

17,2 *wa-ātainā Mūsā l-kitāba wa-ǧaʿalnāhu hudān li-Banī Isrāʾīla*: **32**,23; **40**,53f.; **23**,49; **2**,53; **28**,43; **11**,110/**41**,45; **25**,35; **2**,87; **6**,154; **6**,91; **21**,48; **37**,117f.; **3**,3f.; **5**,44, mit weiteren Belegen.

17,3 *ḏurrīyata man ḥamalnā maʿa Nūḥin*: **19**,58; **36**,41; (**57**,26). — Wenn Noah am Schluß des Verses als ein dankbarer Diener (Gottes) bezeichnet wird, so ist dabei wohl speziell an Noahs Dankbarkeit für die Errettung vor der Sintflut gedacht. Vgl. das Gelöbnis der Reisenden in Seenot **6**,63/**10**,22: *la-in anǧānā min hāḏihī la-nakūnanna mina š-šākirīna*.

17,4–8 In den Versen 4–8 wird auf die zweimalige Eroberung und Zerstörung von Jerusalem angespielt (die erste 586 v. Chr. unter Nebukadnezar, die zweite 70 n. Chr. unter Titus bzw. Vespasian). Das ganze Geschehen wird in einem heilsgeschichtlichen Zusammenhang gesehen. Der Einbruch der fremden Heeresmacht erfolgt jedesmal, nachdem die Kinder Israel übermütig geworden sind und „auf der Erde Unheil angerichtet haben". Vers 8 gibt zum Schluß einen Ausblick auf die Zukunft mit den beiden Möglichkeiten: entweder göttliches Erbarmen oder – wenn das Volk wieder rückfällig wird – erneute Bestrafung.

17,4 Das Verbum *qaḍā* wird noch an folgenden Stellen mit *ilā* der Person konstruiert: **10**,11; **15**,66; **28**,44; **20**,114; **10**,71. — Mit dem Ausdruck *al-kitāb* ist hier wohl ebenso wie in Vers 2 (*wa-ātainā Mūsā l-kitāba*) die Offenbarungsschrift gemeint. Das Folgende (*la-tufsidunna fī l-arḍi marrataini usw.*) wäre demnach als eine in der Heiligen Schrift niedergelegte Weissagung zu verstehen. Oder sollte *al-kitāb* im vorliegenden Vers soviel wie „Buch der Vorherbestimmung" bedeuten? In diesem Sinn steht das Wort in **17**,58 (*kāna ḏālika fī l-*

kitābi masṭūran). — Zur Bedeutung von *afsada (IV) fī l-arḍi* siehe die Anmerkung zu **2**,11. — Das Verbum *'alā*, absolut gebraucht, mit oder ohne den Zusatz *fī l-arḍi*, hat ebenso wie *afsada* eine moralisch abwertende Bedeutung, etwa: „(andere auf überhebliche Weise) seine Macht fühlen lassen", „sich (auf herrische Weise) Geltung verschaffen". Belege: **28**,83; **27**,13f.; **28**,4.

17,5 Der Wortlaut der am Anfang des vorhergehenden Verses eingeleiteten Verkündigung bzw. Prophezeiung über die Kinder Israel findet in Vers 5 seine Fortsetzung und endet erst mit Vers 8. Die Konjunktion *iḏā* zu Beginn von Vers 5 (wie auch in Vers 7) ist deshalb mit „wenn" zu übersetzen, nicht mit „als" (= *lammā*), wie die Kommentatoren voraussetzen. Man muß dann (mit Bell) annehmen, daß zu dem Nachsatz, der mit *ba'aṯnā* (Perfekt) anfängt, auch noch die weiteren Perfekta *(fa-)ǧāsū* (V. 5) und *(ṯumma) radadnā*, *(wa-) amdadnākum* und *(wa-)ǧa'alnākum* (V. 6) gehören. Blachère vertritt dagegen die Ansicht, daß der Nachsatz mit Vers 5 endet, und daß Vers 6 (und 7a) als Einschub (une incidente) oder spätere Ergänzung zu verstehen ist. — Belege zum Ausdruck *ulū ba'sin šadīdin*: **27**,33; **48**,16, Zur Bedeutungsentwicklung von *ba's* siehe die Anmerkung zu **4**,84.

17,6 *wa-amdadnākum bi-amwālin wa-banīna*. Siehe die Anmerkung zu **3**,14. — *wa-ǧa'alnākum akṯara nafīran*: **18**,34.

17,7 *in aḥsantum aḥsantum li-anfusikum wa-in asa'tum fa-lahā*: **41**,46/**45**,15; **30**,44; (**10**,108, mit weiteren Belegen). Siehe auch die Anmerkung zu **2**,272. — Zur Konstruktion von *(fa-)iḏā ǧā'a wa'du l-āḫirati* siehe die Anmerkung zu Vers 5. Die „Drohung vom letzten (Mal)" (*wa'd al-āḫira*) bezieht sich auf die zweite der beiden heilsgeschichtlichen Katastrophen, die in Vers 4 vorausgesagt sind. Die Übereinstimmung des Passus mit Vers 104 betrifft nur den Wortlaut. Dort hat der Ausdruck *wa'd al-āḫira* offensichtlich eschatologische Bedeutung. — Der Ausdruck *sā'a waǧhahū* (wörtlich: dem Gesicht von jemandem Schlimmes antun) findet sich (passivisch) auch in **67**,27. — *wa-li-yutabbirū mā 'alau tatbīran*: **25**,38f. — Schwierig ist die syntaktische Einordnung der Subjunktive oder Jussive *li-yasū'ū*, *(wa-)li-yadḫulū* und *(wa-)li-yutabbirū*. Bell ordnet sie dem Vordersatz *(fa-)iḏā ǧā'a wa'du l-āḫirati* unter und läßt den Nachsatz erst mit dem folgenden Vers 8 beginnen. Er übersetzt demnach: „So when the promise of the second comes (to fulfilment), that they may disgrace you and may enter the sanctuary as they entered it the first time, and whatever they set foot on may utterly destroy, 8: It may be that your Lord will have mercy upon you..." Blachère schließt sich dagegen dem Erklärungsversuch Zamaḫšarīs an, der hinter *fa-iḏā ǧā'a wa'du l-āḫirati* in Anlehnung an Vers 5 *ba'aṯnāhum* ergänzt. Er übersetzt demnach: „Quand viendra (l'accomplissement de) la dernière (menace), (Nous vous enverrons ces mêmes serviteurs) pour qu'ils vous donnent affliction, pour qu'ils entrent dans le Temple comme ils y seront entrés la première fois et pour qu'ils détruisent entièrement ce que est superbe." Eine dritte Möglichkeit der Deutung ergibt sich, wenn man den Nachsatz des Zeitsatzes *(fa-)iḏā ǧā'a wa'du l-āḫirati* unmittelbar mit *li-yasū'ū* beginnen läßt. Diese – allerdings ebenfalls fragwürdige – dritte Möglichkeit einer Deutung liegt meiner Übersetzung zugrunde. — Zur Sache siehe die Anmerkung zu den Versen 4–8.

17,8 *wa-in ʿudtum ʿudnā*: **8**,19, mit weiteren Belegen.

17,9: **18**,1f. — Speziell zu *inna hāḏā l-qurʾāna yahdī li-llatī hiya aqwamu*: **18**,1f. (s. o.); **46**,30; **72**,1f. — *wa-yubašširu l-muʾminīna llaḏīna yaʿmalūna ṣ-ṣāliḥāti anna lahum aǧran kabīran*: **18**,2 (s. o.); **5**,9; **48**,29; **11**,11, mit weiteren Belegen.

17,11 Vers 11 läßt sich am ehesten in Anlehnung an **10**,11 (und **41**,49) deuten. Siehe die Anmerkung zu **10**,11. Vielleicht ist aber auch – wie Ṭabarī und Zamaḫšarī annehmen – gemeint, daß der Mensch, wenn er sich über irgend etwas ärgert, allzu schnell bereit ist, einen Fluch auszusprechen.

17,12 *wa-ǧaʿalnā l-laila wan-nahāra āyataini fa-maḥaunā āyata l-laili wa-ǧaʿalnā āyata n-nahāri mubṣiratan*: **10**,67, mit weiteren Belegen (besonders **40**,61; **27**,86). — *li-tabtaǧū faḍlan min rabbikum*: **28**,73; **30**,23; (**78**,11). Mit Bezug auf die Schiffahrt: **16**,14/**30**,46/**45**,12; **17**,66. In anderem Zusammenhang: **73**,20; **62**,10; **2**,198; **5**,2. — *wa-li-taʿlamū ʿadada s-sinīna wal-ḥisāba*: **10**,5; **6**,96; **55**,5; (**36**,39). Zur Sache: 1. Mose 1,14. — *wa-kulla šaiʾin faṣṣalnāhu tafṣīlan*: **6**,154; **7**,145; **12**,111; **10**,37, mit weiteren Belegen.

17,13f. Zum Ausdruck *ṭāʾir* „(auffliegender) Vogel", „Omen", „Schicksal" siehe Helmer Ringgren, Studies in Arabian Fatalism, Uppsala-Wiesbaden 1955, S. 87–89. Speziell zur vorliegenden Stelle bemerkt Ringgren (S. 88): „The book mentioned here obviously contains the man's good or evil deeds, for which he has to account on the day of judgment. But it is not quite clear what this has to do with his fate fastened on his neck. It may be that the ideas of a book of destiny and a book of accounts are confused, and that the passage refers to the predestination not only of man's condition of life, but also of his deeds and their consequences in the hereafter. In any case, it does show that Muhammad did not reject the word *ṭāʾir*, but used it as an adequate expression of the divine predestination of man's destiny." — *wa-nuḫriǧu lahū yauma l-qiyāmati kitāban yalqāhu manšūran * iqraʾ kitābaka kafā bi-nafsika l-yauma ʿalaika ḥasīban*: **69**,18–20. 25f.; **84**,7–12; **17**,71; **18**,49; **39**,69; **78**,29; **23**,62; **45**,28f.; **81**,10; (**52**,1–3?). — Zum Ausdruck *kitāb* in der Bedeutung „Schrift, in der die Handlungen eines Menschen verzeichnet sind", siehe Arthur Jeffery, The Qurʾān as Scripture, New York 1952, S. 11f. („Record Book").

17,15 *mani htadā fa-innamā yahtadī li-nafsihī wa-man ḍalla fa-innamā yaḍillu ʿalaihā*: **10**,108, mit weiteren Belegen. — *wa-lā taziru wāziratun wizra uḫrā*: **6**,164/**39**,7/**35**,18/**53**,38. — *wa-mā kunnā muʿaḏḏibīna ḥattā nabʿaṯa rasūlan*: **28**,46f. 59; **20**,134; **26**,208f.; **6**,131.

17,16 Der Ausdruck *al-mutrafūna* u.ä. („diejenigen, die in Wohlstand und Überfluß leben") wird im Koran – ohne Zweifel im Hinblick auf die zeitgenössischen Verhältnisse in Mohammeds Vaterstadt Mekka – regelmäßig auf jene einflußreiche Gruppe von Menschen angewandt, die den wahren Glauben hartnäckig ablehnen und die Hauptverantwortung dafür tragen, daß ihr Volk (oder ihre Stadt, *qarya*) sich den Zorn Gottes zuzieht und dem Gericht verfällt. Siehe **11**,116, mit weiteren Belegen. — Der Passus *amarnā mutrafīhā fafasaqū*... ist typisch arabisch konstruiert. Nach dem Befehl folgt gleich dessen Ausführung, anders ausgedrückt: „das, woran der Befehl auszuführen ist, wird zum Verbum des Befehlens gezogen" (Reckendorf, Syntax, §,164,1). Im Deutschen wird dagegen der Inhalt des Befehls angegeben, nicht auch die Ausführung. Also: „wir befahlen ihnen, zu freveln". Die Kommentatoren bieten verschiedene, mehr oder weniger gekünstelte Umdeutungen, offensichtlich in der Absicht, dem Wortlaut den schroff deterministischen Charakter zu nehmen. — *fa-ḥaqqa ʿalaihā l-qaulu*: **10**,33, mit weiteren Belegen. — *fa-dammarnāhā tadmīran*: **25**,36; **7**,137; **26**,172/**37**,136; **47**,10; **27**,51; **46**,24f.

17,17 Das Thema der göttlichen Strafgerichte wird im Koran häufig aufgegriffen und teils ausführlich, teils (wie im vorliegenden Vers) kurz behandelt. Chronologisch setzt die Reihe der Strafgerichte mit der Geschichte von Noah und der Sintflut ein (siehe die Anmerkungen zu **7**,59–64 und **11**,25–49). Von den übrigen Strafgerichten sind demnach, wie es im vorliegenden Vers heißt, die „Generationen nach Noah" betroffen. Zur Sache siehe Horovitz, Koranische Untersuchungen, S. 10–32 („Straflegenden"). Dort sind diejenigen Suren und Abschnitte, in denen die Strafgerichte *ausführlich* behandelt werden, im' einzelnen angegeben. An folgenden Stellen wird, ähnlich wie im vorliegenden Vers, *mit kurzen Worten* auf die mit der Sintflut einsetzenden Strafgerichte der Vorzeit angespielt: **20**,128/**32**,26; **36**,31; **19**,98; **38**,3; **50**,36; **19**,74; **6**,6; **28**,78; **47**,13; **43**,8; **28**,58; **28**,43; **10**,13; **14**,9. Weitere Belege in den Anmerkungen zu den beiden zuletzt genannten Versen **10**,13 und **14**,9. Etwas ausführlicher: **25**,37–39. — *wa-kafā bi-rabbika bi-ḏunūbi ʿibādihī ḫabīran baṣīran*: **25**,58; (**17**,96); (**35**,45); (**17**,30).

17,18f.: **3**,145, mit weiteren Belegen. — Speziell zum Ausdruck *al-ʿāǧila*: **75**,20f.; **76**,27. — *yaṣlāhā maḏmūman madḥūran*: **17**,39; **17**,22. — *fa-ulāʾika kāna saʿyuhum maškūran*: **76**,22; **21**,94; **53**,39f.; **20**,15; (**88**,8f.); (**92**,4–7).

17,21 *unẓur kaifa faḍḍalnā baʿḍahum ʿalā baʿḍin*: **16**,71, mit weiteren Belegen. — *wa-lal-āḫiratu akbaru daraǧātin wa-akbaru tafḍīlan*: **3**,163, mit weiteren Belegen.

17,22: **17**,39; (**51**,51); (**50**,26); (**15**,96). — *fa-taqʿuda maḏmūman maḫḏūlan*: **17**,29; **17**,18; **17**,39. Das Verbum *qaʿada*, eigentlich „niedersitzen", „sitzen bleiben", hat hier (und in Vers 29) vielleicht die abgeblaßte Bedeutung „schließlich (zu etwas) werden". Ṭabarī und Zamaḫšarī umschreiben es mit *ṣāra* „werden".

17,23 *wa-qaḍā rabbuka allā taʿbudū illā īyāhu wa-bil-wālidaini iḥsānan*: **4**,36, mit weiteren Belegen. — Drei Belegstellen speziell zu *wa-bil-wālidaini iḥsānan* (**31**,14; **46**,15; **29**,8) werden mit der Formulierung *wa-waṣṣainā l-insāna* eingeleitet. Dementsprechend wird für den vorliegenden Vers anstelle von *wa-qaḍā* auch die Lesart *wa-waṣṣā* überliefert. Nach Ṭabarī erklärte aḍ-Ḍaḥḥāk ibn

Muzāḥim (gest. 105 = 723/724) die Lesart *wa-qaḍā* als eine Verschreibung aus *wa-waṣṣā* (*innahum alṣaqū l-wāwa biṣ-ṣādi fa-ṣārat qāfan*).

17,24 *wa-ḫfiḍ lahumā ğanāḥa ḏ-ḏulli mina r-raḥmati*: **15**,88; **26**,215. Zur Bedeutung des Bildes vom Flügelsenken siehe die Anmerkung zu **15**,88.

17,25 *rabbukum a'lamu bi-mā fī nufūsikum*: **11**,31, mit weiteren Belegen. — Falls Vers 25 wirklich in den Zusammenhang gehört, in dem er jetzt steht, bezieht er sich wie die beiden vorhergehenden Verse auf das Verhalten gegen hochbetagte Eltern. Der Sinn des Ganzen ist dann etwa: Ihr müßt euch nur rechtschaffen Mühe geben, dem Gebot der Liebe zu den Eltern nachzukommen. Für einzelne Unterlassungssünden dürft ihr auf Vergebung hoffen.

17,26f. *wa-āti ḏā l-qurbā ḥaqqahū wal-miskīna wa-bna s-sabīli*: **30**,38; **4**,36; **2**,83; (**51**,19; **70**,24f.). Weitere Belege in der Anmerkung zu **4**,36. Zur Bedeutung von *ibn as-sabīl* siehe die Anmerkung zu **2**,177. — *wa-lā tubaḏḏir tabḏīran* (siehe auch den folgenden Vers 27): **6**,141; **7**,31; **25**,67.

17,28 In Vers 28 ist der Fall gesetzt, daß man sich von den Verwandten, Armen usw., die auf eine Gabe warten, abwendet, ihnen also nichts gibt, „im Trachten nach göttlicher Barmherzigkeit, auf die man hofft" (*ibtiġā'a raḥmatin min rabbika tarğūhā*). Mit dieser Formulierung soll wohl der fromme Wunsch ausgedrückt werden, daß die Barmherzigkeit Gottes sich unmittelbar dem betreffenden Armen zuwenden möge, und nicht etwa die Erwartung, selber in den Genuß von Gottes Barmherzigkeit zu kommen. Wenn der (potentielle) Spender für sich selber auf Geld und Gut hoffen würde (um daraufhin für die Armen spenden zu können), wäre nach dem sonstigen koranischen Sprachgebrauch anstelle der Formulierung *ibtiġā'a raḥmatin min rabbika* eher zu erwarten: *ibtiġā'an min faḍli rabbika.*

17,29: **25**,67. — Zum Ausdruck *wa-lā tağ'al yadaka maġlūlatan ilā 'unuqika* siehe die Anmerkung zu **5**,64. — *fa-taq'uda malūman maḥsūran*: **17**,22; **17**,18; **17**,39. Zur abgeblaßten Bedeutung des Verbums *qa'ada* siehe die Anmerkung zu **17**,22.

17,30 *inna rabbaka yabsuṭu r-rizqa li-man yašā'u wa-yaqdiru*: **13**,26. Siehe die Anmerkung zu diesem Vers, mit weiteren Belegen. — *innahū kāna bi-'ibādihī ḫabīran baṣīran*: **42**,27; **17**,96; **35**,31; **17**,17.

17,31: **6**,151, mit weiteren Belegen.

17,32: **6**,151, mit weiteren Belegen. — *innahū kāna fāḥišatan wa-sā'a sabīlan*: **4**,22.

17,33 *wa-lā taqtulū n-nafsa llatī ḥarrama llāhu illā bil-ḥaqqi*: **6**,151, mit weiteren Belegen; **4**,92 (diese Stelle handelt im besonderen von dem Verbot, einen *Gläubigen* zu töten). — *fa-lā yusrif fī l-qatli.* Vgl. die Vorschriften über die Talio in **2**,178f. — Zum Passus *innahū kāna manṣūran* („ihm wird geholfen") bemerkt R. Bell: „Probably refers to the avenger, who has now religious sanction to support him". Diese Deutung leuchtet ein. Der Rächer soll sich beim Vollzug der Rache mit der bloßen Talio begnügen. Diese ist ihm sozusagen garantiert, läßt sich also ohne Schwierigkeit durchführen.

17,34 *wa-lā taqrabū māla l-yatīmi illā bi-llatī hiya aḥsanu ḥattā yabluġa ašuddahū*: **6**,152, mit weiteren Belegen. — *wa-aufū bil-ʿahdi inna l-ʿahda kāna masʾūlan*: **6**,152; **33**,15; **3**,76f. Weitere Belege in der Anmerkung zu **3**,76. Siehe auch F. Buhl, Zur Ḳurânexegese (Acta Orientalia 3, 1924, S. 97–108), S. 100–106: Der *ʿahd* im Ḳurân.

17,35: **26**,181–183; **6**,152, mit weiteren Belegen. — *ḏālika ḫairun wa-aḥsanu taʾwīlan*: **4**,59. Siehe die Anmerkung zu diesem Vers.

17,37: **31**,18; **40**,75; **57**,23; (**25**,63).

17,39 *wa-lā taǧʿal maʿa llāhi ilāhan āḫara fa-tulqā fī ǧahannama malūman madḥūran*: **17**,22; **17**,18.

17,40: **43**,16–19; **37**,149–153. Weitere Belege in der Anmerkung zu **2**,116 (besonders **16**,57f.; **52**,39; **53**,19–28). — *innakum la-taqūlūna qaulan ʿaẓīman*: **53**,22.

17,41: **17**,89; **18**,54; **20**,113; **25**,50; (**46**,27; **6**,46. 65. 105; **7**,58). — *wa-mā yazīduhum illā nufūran*: **35**,42; **25**,60; (**17**,46).

17,42: **17**,57. Beleg für die in der Übersetzung zur Wahl gestellte zweite Möglichkeit einer Deutung: **23**,91.

17,43: **10**,18/**16**,1/**30**,40/**39**,67; **7**,190; **6**,100. Weitere Belege in den Anmerkungen zu **6**,100 und **7**,189f.

17,44 *tusabbiḥu lahu s-samāwātu s-sabʿu wal-arḍu wa-man fīhinna*: **24**,41; **59**,24; **62**,1/**64**,1; **57**,1/**59**,1/**61**,1.

17,45: **41**,4f.; **31**,7; **36**,9. — Auffallend ist das Passivpartizip *(ḥiǧāban) mastūran* „verhüllt" (= unsichtbar?). R. Bell übersetzt „(a curtain) drawn-down", Blachère „(un voile) tendu". Nach den Kommentatoren ist mit der Möglichkeit zu rechnen, daß die Passivform hier im Sinn des Aktivs steht. Demnach hätte *mastūran* die Bedeutung „verhüllend".

17,46 *wa-ǧaʿalnā ʿalā qulūbihim akinnatan an yafqahūhu wa-fī āḏānihim waqran*: **6**,25/**18**,57; **41**,5; **41**,44; **31**,7; **2**,7, mit weiteren Belegen. — *wa-iḏā ḏakarta rabbaka fī l-qurʾāni waḥdahū wallau ʿalā adbārihim nufūran*: **39**,45; **40**,12; (**38**,5); (**7**,70).

17,47: **21**,2f.; **6**,25; **47**,16; **10**,42; **25**,7f.; (**58**,8–10); (**9**,78); (**43**,80).

17,48: **25**,9; (**36**,78). Zur Bedeutung des Ausdrucks *ḍarabū laka l-amṯāla* siehe die Anmerkung zu **16**,74.

17,49: **17**,98; **13**,5, mit weiteren Belegen.

17,50f. *(au) ḫalqan mimmā yakburu fī ṣudūrikum*: (**40**,56f.?). — *fa-sa-yaqūlūna man yuʿīdunā quli llaḏī faṭarakum auwala marratin*: **36**,78f.; **10**,4, mit weiteren Belegen. — *wa-yaqūlūna matā huwa*: **10**,48, mit weiteren Belegen. — *qul ʿasā an yakūna qarīban*: **33**,63; **42**,17; **21**,109; **72**,25; **70**,6f.

17,52 *yauma*... Verkürzter Zeitsatz. Siehe Einleitung zur Übersetzung, S. 3f. — *wa-taẓunnūna in labiṯtum illā qalīlan*: **10**,45, mit weiteren Belegen.

17,53 *wa-qul li-ʿibādī yaqūlū llatī hiya aḥsanu*: **16**,125. Siehe die Anmerkung zu diesem Vers, mit weiteren Belegen. — *inna š-šaiṭāna yanzaġu bainahum*: **7**,200/**41**,36. Siehe die Anmerkung zu **7**,200, mit weiteren Belegen. — *inna š-šaiṭāna kāna lil-insāni ʿadūwan mubīnan*: **7**,22, mit weiteren Belegen.

17,54: **29**,21; **2**,284/**3**,129/**5**,18/**5**,40/**48**,14; **9**,66, mit weiteren Belegen. — *wa-mā arsalnāka ʿalaihim wakīlan*: **6**,66, mit weiteren Belegen.

17,55 *wa-la-qad faḍḍalnā baʿḍa n-nabīyīna ʿalā baʿḍin*: **27**,15; **2**,253. Siehe die Anmerkung zu diesem Vers. — *wa-ātainā Dāwūda zabūran*: **4**,163. Siehe die Anmerkung zu diesem Vers.

17,56: **34**,22; **39**,38; (**53**,57f.); (**6**,17/**10**,107); **35**,13; **5**,76; **6**,71, mit weiteren Belegen.

17,57 *yabtaġūna ilā rabbihimu l-wasīlata*: **5**,35; (**17**,42f.?). — Mit den Wesen, die an Gottes Statt verehrt werden, sind im vorliegenden Zusammenhang nicht bloße Götzen gemeint, sondern irgendwelche Engel oder ähnliche Geistwesen, die sich ihrerseits als Diener Gottes fühlen und ihm in frommer Gesinnung möglichst nahe zu kommen suchen.

17,58 *muhlikūhā...au muʿaḏḏibūhā ʿaḏāban šadīdan*: **7**,164. Zur Sache: Rudi Paret, Mohammed und der Koran, S. 89. — *kāna ḏālika fī l-kitābi masṭūran*: **33**,6; **52**,1–3.

17,59 Daß die früheren Gottesgesandten mitsamt ihren Zeichen für lügnerisch erklärt worden sind, wird im Koran öfters vermerkt. Z.B. **3**,184. Aber im vorliegenden Vers (und anscheinend nur hier) wird das als Grund dafür angeführt, daß nunmehr, d.h. zu Mohammeds Zeit, keine Zeichen mehr mitgesandt werden. Mit dem Ausdruck *āyāt* („Zeichen") sind in diesem Zusammenhang speziell Wunderzeichen gemeint, nicht auch Koranverse. — *wa-ātainā Ṯamūda n-nāqata mubṣiratan fa-ẓalamū bihā*: **7**,73. 77. Weitere Belege in den Anmerkungen zu diesen beiden Versen. Von Pharao und seinen Leuten: **27**,13; **7**,103. — *wa-mā nursilu bil-āyāti illā taḫwīfan*: **54**,27; **17**,60.

17,60 *wa-iḏ*... Verkürzter Zeitsatz. Siehe Einleitung zur Übersetzung, S. 3f. — Der Passus *wa-iḏ qulnā laka inna rabbaka aḥāṭa bin-nāsi* spielt auf eine Situation an, die sich schwer rekonstruieren läßt. Belege: **85**,19f.; **2**,19. — *wa-mā ǧaʿalnā r-ruʾyata llatī araināka illā fitnatan lin-nāsi waš-šaǧarata l-malʿūnata fī l-qurʾāni*: **37**,62f. (s. u.); **74**,31; **10**,85; **60**,5; — Es ist nicht klar, auf was für ein Traumgesicht des Propheten der vorliegende Vers anspielt. Angeblich soll damit die Vision der nächtlichen Reise (*isrāʾ*) gemeint sein, von der in Vers 1 berichtet wird. Das ist aber fraglich. Noch weniger kommen die Visionen in Betracht, von denen in **53**,1–18 die Rede ist. Weitere Möglichkeiten der Deutung ergeben sich aus dem Wortlaut von **8**,43 (die Stelle handelt von der Schlacht bei Badr) und besonders von **48**,27. Die zuletzt genannte Stelle bezieht sich auf den Zug nach Ḥudaibiya (Frühjahr 628), der von Mohammed und seiner Gefolgschaft als Wallfahrt unternommen worden war und eigentlich bis in das heilige Gebiet von Mekka hätte führen sollen. Siehe Ibn Hišām, Sīra, S. 751. Ṭabarī führt als Beleg eben zum vorliegenden Passus folgende, angeblich auf Ibn ʿAbbās zurückgehende Überlieferung von Ibn Saʿd an: „Es heißt: Der Gesandte Gottes hatte, während er sich in Medina befand, ein (Traum)gesicht, wonach er und seine Gefährten in Mekka eingerückt waren (oder: einrückten). Da unternahm er vorzeitig (*qabla l-aǧali*) den Zug nach

Mekka, und die Heiden wiesen ihn zurück. Da sagten gewisse Leute: ‚Der Gesandte Gottes ist zurückgewiesen worden, nachdem er uns berichtet hatte, daß er in Mekka einrücken werde‘. Und seine Rückkehr war ihre Versuchung (*fa-kānat raǧ'atuhū fitnatahum*).“ — *waš-šaǧarata l-mal'ūnata fil-qur'āni*: **37**,62–68; **44**,43–46; **56**,51–55. Anscheinend haben gewisse Zeitgenossen an den phantastischen Aussagen Mohammeds über den Höllenbaum *zaqqūm* Anstoß genommen. — *fa-mā yazīduhum illā ṭuġyānan kabīran*: **5**,64/68.

17,61–65: **7**,11–18; **15**,26–43; **38**,71–85; **2**,34; **20**,116; **18**,50. Zur Sache: Speyer, S. 54–60.

17,61 *wa-iḏ*... Verkürzter Zeitsatz. Siehe Einleitung zur Übersetzung, S. 3f. — Zum ganzen Vers: **7**,11f.; **2**,34, mit weiteren Belegen.

17,62 *la-in aḫḫartani ilā yaumi l-qiyāmati*: **7**,14f.; **38**,79–81; **15**,36–38. — *la-aḥtanikanna ḏurrīyatahū illā qalīlan*: **7**,16f.; **15**,39f.; **38**,82f.; **4**,118f.

17,63: **7**,18, mit weiteren Belegen.

17,64 Die Deutung von *istafazza (X)* ist nicht ganz sicher. Das Verbum kommt auch noch in den Versen 76 und 103 derselben Sure vor, hier beidesmal mit dem Zusatz *mina l-arḍi*. Im vorliegenden Vers bedeutet es entweder ganz einfach: jemanden aufscheuchen, aufschrecken, ihm Schrecken einjagen, oder – weniger wahrscheinlich – in übertragenem Sinn: jemanden unstet machen, ihn zur Unbeständigkeit verführen. — *wa-aǧlib 'alaihim bi-ḫailika wa-raǧilika*: (**7**,16f.). Der Ausdruck *bi-ḫailika wa-raǧilika* ist vielleicht als Merismus zu verstehen. — *wa-šārikhum fī l-amwāli wal-aulādi*: **64**,15/**8**,28. Weitere Belege in der Anmerkung zu **8**,28. Im vorliegenden Vers wird dem Teufel anscheinend nahegelegt, die Menschen über den Umweg ihres Vermögens und ihrer Kinder in seine Gewalt zu bekommen. — *wa-'idhum wa-mā ya'iduhumu š-šaiṭānu illā ġurūran*: **4**,120; **14**,22.

17,65: **15**,42. Weitere Belege in der Anmerkung zu **15**,42f.

17,66: **16**,14/**35**,12. Weitere Belege in den Anmerkungen zu **16**,14 und **2**,164.

17,67: **29**,65; **6**,63f., mit weiteren Belegen. — *ḍalla man tad'ūna illā īyāhu*: **6**,24, mit weiteren Belegen. — Zur Konstruktion des zweiten Zeitsatzes mit *lammā* siehe die Anmerkung zu **10**,12. — *wa-kāna l-insānu kafūran*: **11**,9, mit weiteren Belegen.

17,68f. *a-fa-amintum an yaḫsifa bikum ǧāniba l-barri*: **67**,16; **16**,45, mit weiteren Belegen. — *au yursila 'alaikum ḥāṣiban*: **67**,17; **29**,40; **54**,34. — *am amintum an yu'īdakum fīhi tāratan uḫrā fa-yursila 'alaikum qāṣifan mina r-rīḥi fa-yuġriqakum*: **36**,43. — Das Suffix von *bihī* (am Schluß von Vers 69) hat sächliche Bedeutung. Es bezieht sich auf das im vorhergehenden als möglich angedeutete Strafgericht. Vgl. **17**,86.

17,70 *wa-ḥamalnāhum fī l-barri wal-baḥri*: **10**,22, mit weiteren Belegen. — *wa-razaqnāhum mina ṭ-ṭaiyibāti*: **45**,16; **10**,93; **8**,26, mit weiteren Belegen. — Während es sonst im Koran öfters heißt, daß Gott die *Kinder Israel* vor den Menschen in aller Welt (*al-'ālamūn*) ausgezeichnet hat (z.B. **45**,16), besagt die vorliegende Stelle, daß die *Menschen* insgesamt, eben als Menschen, vor den anderen Geschöpfen ausgezeichnet sind.

17,71 *yauma*... Verkürzter Zeitsatz. Siehe Einleitung zur Übersetzung, S. 3f. — *yauma nad'ū kulla unāsin bi-imāmihim.* Für den Ausdruck *imām*, wörtlich „Vorbild", „Anführer", sind – auch nach den Kommentatoren – zwei verschiedene Deutungen möglich. Entweder ist damit eine Art Hauptbuch gemeint, in dem die Werke des Einzelnen verzeichnet sind, oder der „Anführer" der betreffenden Gemeinschaft. Belege für die Bedeutung „Buch": **36**,12; **78**,29; **18**,49; **50**,4; **39**,69; **54**,52f.; **17**,13f.; **45**,28f.; **23**,62. Zur Sache: A. Jeffery, The Qur'ān as Scripture, New York 1952, S. 11f. Belege für die Bedeutung „Anführer": **10**,47, mit weiteren Belegen. Blachère vertritt die an erster Stelle genannte Deutung („avec leur rôle"). Bell gibt ihr den Vorzug („with their model". Dazu die Anmerkung: „Lit. ‚Imām', may refer to their prophet, but more probably to the book of record"). — *fa-man ūtiya kitābahū bi-yamīnihī fa-ulā'ika yaqra'ūna kitābahum (wa-lā yuẓlamūna fatīlan)*: **69**,19–24; **84**,7–9; (**56**,27–40. 90f.; **90**,12–18). — *wa-lā yuẓlamūna fatīlan*: **4**,49; **4**,77; **4**,124; **19**,60. Zur Bedeutung von *fatīl* siehe die Anmerkung zu **4**,49.

17,72 Das zweite *a'mā* ist wohl – im Hinblick auf das folgende *wa-aḍallu sabīlan* – als Steigerungsform zu verstehen. Siehe Nöldeke, Zur Grammatik, S. 16. Dagegen J. Fück, Arabiya, Berlin 1950, S. 45; H. Wehr, ZDMG 102, 1952, S. 186.

17,73–75 Zur Sache: R. Paret, Mohammed und der Koran, S. 60f.

17,73: **5**,49; **10**,15; (**68**,51).

17,74f. *la-qad kidta tarkanu ilaihim šai'an qalīlan * iḏan la-aḏaqnāka*...: **11**,113. — Merkwürdig ist die Drohung (V. 75) für den (in Wirklichkeit nicht eingetretenen) Fall, daß Mohammed der in den Versen 73f. angedeuteten Versuchung erlegen wäre. — Der Ausdruck *ḍi'fa l-ḥayāti wa-ḍi'fa l-mamāti* ist allem Anschein nach im Sinn einer besonders harten Bestrafung gemeint. Aber was soll „das Doppelte (an Strafe) im Leben und im Sterben (oder Tod)" genauer bedeuten? Belege: **7**,38; **38**,61; **33**,67f.; **33**,30. — *ṯumma lā taǧidu laka 'alainā naṣīran*: **11**,113; **3**,111. Siehe die Anmerkung zu diesem Vers, mit weiteren Belegen.

17,76 *wa-in kādū la-yastafizzūnaka mina l-arḍi li-yuḫriǧūka minhā*: **17**,103; **8**,30; **14**,13f.; **7**,88; **7**,82/**27**,56; **26**,167; **9**,13; **2**,217; **2**,191; **60**,1; **60**,9; **47**,13. Zur Sache: Gesch. des Qor. I, S. 137f. („Es ist... gar nicht unwahrscheinlich, daß man schon früher Muhammed aus Mekka zu vertreiben suchte, wobei man freilich nicht daran dachte, daß seine Anhänger mitziehen und, mit einem fremdem Stamme verbündet, einmal seine Vaterstadt bekriegen würden"). Die im Nachsatz zum Ausdruck gebrachte Erwartung (*wa-iḏan lā yalbaṯūna ḫilāfaka illā qalīlan*) ist übrigens nicht in Erfüllung gegangen, es sei denn, man läßt die Existenz der heidnischen Mekkaner mit der Eroberung der Stadt im Jahr 630 zu Ende gehen.

17,77: **35**,43; **33**,62; **48**,23; **8**,38; **3**,137, mit weiteren Belegen. — Zur Bedeutung von *sunna* siehe die Anmerkung zu **8**,38.

17,78f. Nach einigen Autoritäten bedeutet *dulūk* das Sichneigen der Sonne *von der Kulmination an.* Wenn diese Angabe stimmt, lassen sich unter der Bezeichnung *li-dulūki š-šamsi ilā ġasaqi l-laili* („beim Sichneigen der Sonne (bis) zum Dunkeln der Nacht“) die Zeiten von vier kanonischen Gebeten einbegreifen (*ẓuhr, ʿaṣr, maġrib* und *ʿišāʾ*). Da das fünfte kanonische Gebet, die *ṣalāt aṣ-ṣubḥ*, im folgenden durch den Ausdruck *qurʾān al-faǧr* vertreten ist, kann man so aus dem vorliegenden Vers einen Hinweis auf sämtliche kanonischen Gebete herauslesen – ein Umstand, der den muslimischen Exegeten sehr gelegen kommt. Aber wahrscheinlich gibt die oben angeführte Deutung von *dulūk* nicht den ursprünglichen Sprachgebrauch wieder, sondern ist erst nachträglich eben zu dem Zweck erdacht worden, aus der vorliegenden Stelle einen Beleg auch für die *ṣalat aẓ-ẓuhr* (also insgesamt für alle fünf kanonischen Gebete) herauslesen zu können. Vermutlich war mit *dulūk* ursprünglich das Sichneigen der Sonne gemeint, wenn diese sich *in Nähe des Horizonts* befindet. In diesem Fall bezieht sich der Ausdruck *li-dulūki š-šamsi ilā ġasaqi l-laili* ganz allgemein auf die Zeit des Abendgebets, wobei die Frage offen bleibt, ob dieses Gebet vor oder nach Sonnenuntergang verrichtet werden sollte, oder zu einem beliebigen Termin innerhalb des ganzen Zeitraums. Wir hätten dann im vorliegenden Vers eine weitere Parallele zu den Stellen, in denen (abgesehen von nächtlichen Gebetsübungen) von nur zwei täglichen Gebeten die Rede ist, einem Morgen- und einem Abendgebet. Belege in der Anmerkung zu **3**,41. Siehe auch die Anmerkung zu **2**,238. — Der Akkusativ *wa-qurʾāna l-faǧri* ist wohl als Akkusativ des Ausrufs (*iġrāʾ*) zu verstehen. Es ist aber auch möglich, daß er dem Akkusativ *aṣ-ṣalāta* zu koordinieren ist, als weiteres Objekt zum Imperativ *aqim* am Anfang des Verses. — Fraglich ist die Deutung des Passus *inna qurʾāna l-faǧri kāna mašhūdan* (wörtlich: „Die Rezitation des frühen Morgens ist bezeugt“). Vgl. **11**,103. Vielleicht soll der Ausdruck bedeuten, daß man am Frühgebet teilzunehmen hat. Die Verpflichtung, bei der Rezitation des Morgengebets zugegen zu sein, wäre dann besonders betont, im Gegensatz zu den nächtlichen Vigilien, die im folgenden Vers ausdrücklich als zusätzliche Leistung (speziell von Mohammed?) bezeichnet sind. Nach einer anderen Auslegung, die Ṭabarī als einzige vertritt und Zamaḫšarī als erste zur Wahl stellt, bedeutet der Ausspruch, daß bei der Rezitation des Frühgebets die himmlischen Heerscharen zugegen sind. — Das Suffix in *fa-tahaǧǧad bihī* (in Vers 79) bezieht sich wohl nicht auf *al-lail* (*mina l-laili* ist zudem partitiv und würde schwerlich durch *bihī* wiederaufgenommen werden), sondern auf *qurʾān* am Ende des vorhergehenden Verses. Vgl. **3**,113.

17,80 Die Formulierung von Vers 80 läßt verschiedene Deutungen zu. Vielleicht ist ganz allgemein eine Bitte um einen gesegneten Ein- und Ausgang gemeint, nach Art von Psalm 121,8. Oder es ist an den Eingang in das Paradies (oder in den Glauben) und an den Ausgang aus dem irdischen Leben (oder aus der Welt der Finsternis) gedacht. Belege: **4**,31; **22**,59; **33**,43 (ähnlich **2**,257; **5**,16; **14**,1. 5; **57**,9); **54**,54f. Vgl. auch den folgenden Vers **17**,81, wo die Wahrheit (des Islam) und die Nichtigkeit (des Unglaubens) einander gegenüberstehen. Bell übersetzt: „O my Lord, give me a proper entrance and a proper outgoing". Blachère: „Seigneur, fais-moi entrer en (homme) juste (dans la tombe)! Fais m'(en) sortir en (homme) juste." Eine weitere Möglichkeit der Deutung ergibt sich, wenn man die Bitte um einen guten Ausgang auf den Auszug aus Mekka, d.h. also auf die Hidschra, bezieht. Für diese Möglichkeit scheint der Wortlaut von **4**,75 zu sprechen, zumal wenn man den Versschluß mit einbezieht (mit den „unterdrückten" Männern, Frauen und Kindern sind die in Mekka zurückgebliebenen Gläubigen gemeint). Die Bitte um einen guten Eingang wäre dementsprechend auf den Einzug in Medina zu beziehen. Im ganzen genommen will aber diese Deutung nicht recht einleuchten. — Zu den Genitivverbindungen *mudḫala ṣidqin* und *muḫraǧa ṣidqin* siehe die Anmerkung zu **10**,2, mit weiteren Belegen. — Etwas ungewöhnlich ist die Kombination *sulṭānan naṣīran* am Schluß des Verses. Denn *sulṭān* bezeichnet eine Sache („Vollmacht"), *naṣīr* im allgemeinen eine Person („Helfer").

17,81: **21**,18; **34**,49; **42**,24; **8**,8.

17,82 *wa-nunazzilu mina l-qur'āni mā huwa šifā'un wa-raḥmatun lil-mu'minīna*: **10**,57, mit weiteren Belegen. — *wa-lā yazīdu ẓ-ẓālimīna illā ḫasāran*: (**5**,64/68).

17,83: **41**,51; **41**,49; **11**,9; **10**,12, mit weiteren Belegen; **70**,20.

17,84: (**6**,135; **39**,39f.; **11**,93f. 121f.); (**41**,5).

17,85 *quli r-rūḥu min amri rabbī*: **16**,2, mit weiteren Belegen. — Über die besondere Bedeutung von *amr* im vorliegenden Vers (und in den Belegstellen) siehe die Anmerkung zu **2**,109.

17,86 *ṯumma lā taǧidu laka bihī 'alainā wakīlan*: **17**,69.

17,87: **44**,5f.; **28**,86; **28**,46.

17,88: **2**,23; **10**,37f.; **11**,13; **6**,93; **8**,31.

17,89: **18**,54; **30**,58; **39**,27; **17**,41 (mit weiteren Belegen); **25**,50. 113. — Zur Bedeutung von *maṯal* siehe Fr. Buhl, Über Vergleichungen und Gleichnisse im Qur'ân (Acta Orientalia 2, 1924, S. 1–11), S. 11 („Ganz allgemein im Sinne von charakteristischen, prägnanten Aussagen steht es wohl, wenn es heißt: wir lassen in diesem Qur'ân allerlei *maṯal* wechseln"). — *fa-abā akṯaru n-nāsi illā kufūran*: **25**,50 (s. o.); **17**,99.

17,91: **25**,8. Ein Garten mit Palmen und Reben und fließendem Wasser war wohl in Innerarabien das schönste Besitztum, das man sich denken konnte. Belege: **2**,266; **18**,32f.; **36**,34; **23**,19; **16**,11; **13**,4, mit weiteren Belegen. — *fa-tufaǧǧira l-anhāra ḫilālahā tafǧīran*: **18**,33; (**76**,6, vom Paradies).

17,92 *au tusqiṭa s-samā'a ka-mā za'amta 'alainā kisafan*: **26**,187; **34**,9; **52**,44. — *au ta'tiya bi-llāhi wal-malā'ikati qabīlan*: **25**,21; **15**,7; **6**,8, mit weiteren Belegen. — Die Bedeutung von *qabīlan* ist umstritten. Vgl. die Anmerkung zu *qubulan* in **6**,111. Ṭabarī führt folgende Deutungsmöglichkeiten an: „in einzelnen *qabīla*'s (Gruppen)"; *'iyānan nuqābiluhum muqābalatan fa-nu'āyinuhum mu'āyanatan* „sichtbar gegenüber"; im Sinn von *kafīl* „als Bürgen". Bell übersetzt:

„assenting“ (dazu die Anmerkung: „Or possibly ‚before‘ our eyes“). Blachère: „en soutien“ (dazu die Anmerkung: „Autre sens possible: comme tribu“). In **7**,27 wird mit *qabīl* die „Sippschaft“ des Teufels bezeichnet. Dementsprechend könnte man den Ausdruck im vorliegenden Vers (als despektierlichen Ausdruck der Ungläubigen) auf die Engel als die „Sippschaft“ Gottes deuten. Es ist aber leicht möglich, daß das Wort in demselben Sinn gemeint ist wie *qubul(an)* in **6**,111 und **18**,55. Siehe die Anmerkung zu **6**,111. Die Wahl der Wortform (*qabīlan* statt *qubulan*) könnte durch den Reimzwang bedingt sein.

17,93 *au tarqā fī s-samā'i*: **6**,35 (siehe die Anmerkung dazu); **15**,14f.; **52**,38; **38**,10; (**40**,36f.); (**22**,15). — *wa-lan nu'mina li-ruqīyika ḥattā tunazzila 'alainā kitāban naqra'uhū*: **6**,7; **4**,153 (siehe die Anmerkung zu diesem Vers); **74**,52. — *qul subḥāna rabbī hal kuntu illā bašaran rasūlan.* Belege in der Anmerkung zum folgenden Vers.

17,94: **7**,63; **11**,27. Weitere Belege in den Anmerkungen zu diesen beiden Versen. — Speziell zum Versanfang (*wa-mā mana'a n-nāsa an yu'minū iḏ ǧā-'ahumu l-hudā illā an qālū...*): **18**,55.

17,95: **25**,21; **15**,7; **6**,8, mit weiteren Belegen.

17,96 *qul kafā bi-llāhi šahīdan bainī wa-bainakum*: **13**,43, mit weiteren Belegen. — *innahū kāna bi-'ibādihī ḫabīran baṣīran*: **17**,30, mit weiteren Belegen.

17,97 *wa-man yahdi llāhu fa-huwa l-muhtadi wa-man yuḍlil fa-lan taǧida lahum auliyā'a min dūnihī*: **18**,17; **7**,178; **39**,36f.; **42**,44. — *wa-naḥšuruhum yauma l-qiyāmati 'alā wuǧūhihim 'umyan wa-bukman wa-ṣumman ma'wāhum ǧahannamu*: **25**,34; **54**,48; **33**,66; **27**,90; **20**,124–126.

17,98 *ḏālika ǧazā'uhum bi-annahum kafarū bi-āyātinā*: **18**,106. — *wa-qālū a-iḏā kunnā 'iẓāman wa-rufātan a-innā la-mab'ūṯūna ḫalqan ǧadīdan*: **17**,49; **13**,5, mit weiteren Belegen.

17,99 *a-wa-lam yarau anna llāha llaḏī ḫalaqa s-samāwāti wal-arḍa qādirun 'alā an yaḫluqa miṯlahum*: **36**,81; (**46**,33). — *wa-ǧa'ala lahum aǧalan lā raiba fīhi*: **6**,2. Siehe die Anmerkung zu diesem Vers, mit weiteren Belegen. **3**,9, mit weiteren Belegen. — *fa-abā ẓ-ẓālimūna illā kufūran*: **17**,89/**25**,50.

17,100 Von den „Schätzen (Vorräten) der Barmherzigkeit des Herrn“ ist auch in **38**,9 die Rede. Gemeint sind die unermeßlichen Vorräte, aus denen Gott in seiner Güte für die Menschen spendet. Vgl. **43**,32. Derselbe Ausdruck, mit Auslassung des Wortes *raḥma*: **52**,37; (**6**,50/**11**,31); (**15**,21); (**63**,7). — *wa-kāna l-insānu qatūran*: **4**,128; **59**,9/**64**,16; (**25**,67).

17,101f. *wa-la-qad ātainā Mūsā tis'a āyātin baiyinātin*: **27**,12; **7**,103. — Die Formulierung in **27**,12 zeigt, daß die beiden Verwandlungswunder, mit denen Mose sich zuerst ausweist (die Verwandlung des Stocks in eine Schlange und die Verwandlung der gesunden Hand in eine aussätzige) in die Zahl von insgesamt neun Zeichen einzurechnen sind. Diese beiden ersten Verwandlungswunder werden im Koran an folgenden Stellen behandelt: **7**,107f.; **26**,32f.; **20**,17–23; **27**,10–12; **28**,31f. Siehe Speyer, S. 258f. Mit den weiteren (sieben) Zeichen sind die ägyptischen „Plagen“ gemeint. Siehe **7**,130–135. Aus dieser

Stelle läßt sich tatsächlich die Zahl von sieben Plagen errechnen: Vers 130 *bis-sinīna wa-naqṣin mina ṯ-ṯamarāti*, also Hungersnot, als erste Plage; Vers 133 fünf weitere Plagen; Vers 134f. das „Strafgericht" (*riǧz*). Dabei ist allerdings vorauszusetzen, daß mit diesem „Strafgericht" eine weitere Plage gemeint ist (entsprechend der Tötung der Erstgeburt, 2. Mose 11?). Siehe auch Speyer, S. 278–281. — *fa-s'al Banī Isrā'īla*: **10**,94; **43**,45; **16**,43/**21**,7; **25**,59; **26**,197. — *fa-qāla lahū Fir'aunu innī la-aẓunnuka yā Mūsā masḥūran*: **26**,34; **7**,109, mit weiteren Belegen. Speziell zum Passiv-Partizip *masḥūran*: **17**,47/**25**,8. — Die Bedeutung von *maṯbūr(an)* ist umstritten. Bell übersetzt: „outcast", Blachère: „perdu".

17,103 *fa-arāda an yastafizzahum mina l-arḍi*: **17**,76, mit weiteren Belegen. Als Subjekt zu *arāda* (und *yastafizzahum*) ist wohl Pharao zu ergänzen, nicht Mose. Das Suffix in *yastafizzahum* ist dementsprechend auf die Kinder Israel zu beziehen. Merkwürdig ist allerdings, daß dem Pharao hier die Absicht unterstellt wird, die Kinder Israel aus dem Land zu vertreiben. Denn sonst wird regelmäßig gerade umgekehrt von seiten Pharaos und seiner Vornehmen dem Mose vorgeworfen, er wolle sie (die Ägypter) aus dem Land vertreiben (**7**,110, mit weiteren Belegen). — *fa-aǧraqnāhu wa-man ma'ahū ǧamī'an*: **7**,136, mit weiteren Belegen.

17,104 *wa-qulnā min ba'dihī li-Banī Isrā'īla skunū l-arḍa*: **14**,14, mit weiteren Belegen. — Die Formulierung *(fa-)iḏā ǧā'a wa'du l-āḫirati* findet sich auch in Vers 7. Dort bezieht sie sich auf die zweite Zerstörung von Jerusalem. Im vorliegenden Vers ist sie dagegen eschatologisch zu verstehen. — Für *lafīfan* überliefert Ṭabarī zwei Bedeutungen: 1. „in (buntem) Durcheinander" (*muḫtaliṭīna qadi ltaffa ba'ḍukum 'alā ba'ḍin lā tata'ārafūna*...); 2. „alle zusammen" (*ǧamī'an*).

17,105 *wa-bil-ḥaqqi anzalnāhu wa-bil-ḥaqqi nazala*: **13**,1, mit weiteren Belegen. — *wa-mā arsalnāka illā mubašširan wa-naḏīran*: **2**,119/**35**,24; **25**,56; **34**,28; **33**,45/**48**,8; (**6**,48/**18**,56); (**2**,213); (**4**,165).

17,106 Der Akkusativ *(wa-)qur'ānan* ist vielleicht im Sinn des Objektsuffixes im folgenden *faraqnāhu* zu verstehen. Vgl. **36**,39: *wal-qamara qaddarnāhu manāzila*; **54**,24: *a-bašaran minnā wāḥidan nattabi'uhū*. Siehe Reckendorf, Syntax, § 182,3 („Ist das Rückweisepronomen ein Akkusativ, so kann das isolierte Subjekt gleichfalls in den Akkusativ treten"). — Schwierig ist die Deutung des Ausdrucks *faraqnāhu*. Vielleicht ist damit gemeint, daß der Koran nicht gleich vollständig, sondern in Abschnitten, Stück um Stück geoffenbart worden ist. Vgl. **25**,32. Siehe auch Speyer, S. 159f., Anm. 4. Vielleicht wird damit aber auch auf den Terminus *furqān* angespielt, der übrigens seinerseits nicht eindeutig ist, jedoch an mehreren Stellen (**25**,1; **3**,4; **21**,48; **2**,53) im Sinn von „Offenbarung", „Offenbarungsschrift" verwendet wird. Siehe Gesch. des Qor. I, S. 34, Anm. 1; Nöldeke, Neue Beiträge, S. 23f.; Horovitz, Proper Names, S. 216–218; Koranische Untersuchungen, S. 76f.; Jeffery, Foreign Vocabulary, S. 225–229. In **44**,4 steht *faraqa* im Zusammenhang mit der

Schicksalsnacht, in der der Koran geoffenbart worden sein soll (*wal-kitābi l-mubīni * innā anzalnāhu fī lailatin mubārakatin innā kunnā munḏirīna * fīhā yufraqu kullu amrin ḥakīmin.* Vgl. **97**,1: *innā anzalnāhu fī lailati l-qadri*). Auch hier ist die Deutung des Verbums nicht sicher. — Die Deutung des Ausdrucks *'alā mukṯin* ist ebenfalls nicht sicher. — *wa-nazzalnāhu tanzīlan*: **76**,23.

17,107–109: **28**,52f.; **5**,82f. — Speziell zu *iḏā yutlā 'alaihim yaḫirrūna lil-aḏqāni suǧǧadan...wa-yaḫirrūna lil-aḏqāni yabkūna wa-yazīduhum ḫušū'an*: **19**,58; **3**,113; **5**,82f. (s. o.); **32**,15. — *wa-kāna wa'du rabbinā la-maf'ūlan*: (**73**,18); (**17**,5).

17,110 *quli d'ū llāha awi d'ū r-raḥmāna aiyan mā tad'ū fa-lahu l-asmā'u l-ḥusnā*: **7**,180; **20**,8; **59**,23f. — *wa-lā taǧhar bi-ṣalātika*: **7**,205.

17,111 *wa-quli l-ḥamdu li-llāhi llaḏī lam yattaḫiḏ waladan wa-lam yakun lahū šarīkun fī l-mulki*: **25**,1f.; **2**,116, mit weiteren Belegen.

SURE 18

18,1: **25**,1. — *wa-lam yaǧ'al lahū 'iwaǧan*: **39**,28.

18,2f. Der Akkusativ *qaiyiman* ist wohl auf *al-kitāba* im vorhergehenden Vers zurückzubeziehen. Vgl. **98**,2f.; (**17**,9). — Zur Bedeutung von *ba's* siehe die Anmerkung zu **4**,84. Im vorliegenden Vers bezieht sich der Ausdruck (ebenso wie gegen Ende von **4**,84) nicht auf die aggressive Gewalt menschlicher Gegner, sondern auf die unheilbringende Gewalt eines göttlichen Strafgerichts. — *li-yunḏira ba'san šadīdan min ladunhi wa-yubaššira l-mu'minīna llaḏīna ya'malūna ṣ-ṣāliḥāti anna lahum aǧran ḥasanan*: **46**,12; **19**,97; **42**,7; **17**,9; **11**,11, mit weiteren Belegen.

18,4 *(allaḏīna qālū) ttaḫaḏa llāhu waladan*: **2**,116, mit weiteren Belegen.

18,5 *mā lahum bihī min 'ilmin (wa-lā li-ābā'ihim)*: **6**,100; **22**,71; **29**,8/**31**,15; **40**,42; **43**,20; **53**,28; **53**,23; **12**,40; **7**,71; **22**,3/8/**31**,20.

18,6: **26**,3; **35**,8; (**15**,97); (**10**,65, mit weiteren Belegen). — Mit dem Ausdruck *ḥadīṯ* (eigentlich „Geschichte", „Erzählung") ist hier, wie an verschiedenen anderen Stellen, die koranische Verkündigung gemeint.

18,7f. Zu den Versen 7f. siehe die Anmerkung zu **3**,117, mit weiteren Belegen zum Thema Vergänglichkeit des Pflanzenwuchses. — Zur Bezeichnung *zīna* siehe die Anmerkung zu **2**,212, mit weiteren Belegen (besonders **10**,24). — Der Ausdruck *mā 'alā l-arḍi* bezieht sich wohl speziell auf das Wachstum auf der Erde, und nicht überhaupt auf alles, was auf der Erde existiert. Andernfalls würde man *mā fī l-arḍi* erwarten. — *li-nabluwahum aiyuhum aḥsanu 'amalan*: **11**,7; **67**,2; (**21**,35); (**68**,17; es folgt die Beispielerzählung von den Besitzern des Gartens). — Vers 8 (*innā la-ǧā'ilūna mā 'alaihā ṣa'īdan ǧuruzan*) kündigt entweder die natürliche Austrocknung an, die auf die Zeit des üppigen Wachstums zu folgen pflegt, oder aber eine Katastrophe, wie sie in den geschichtlichen Beispielerzählungen **18**,32–44; **34**,15–17; **68**,17–33 berichtet wird. —

ṣa'īdan ǧuruzan: **18**,40. Siehe die Anmerkung zu diesem Vers. Speziell zu *ǧuruzan*: **32**,27; (**35**,9; **7**,57).

18,9–26 Die Verse 9–26 beziehen sich auf die Geschichte von den Siebenschläfern, eine christliche Legende, nach der sieben gläubige Männer der Christenverfolgung unter Kaiser Decius (249–251) entgingen, indem sie sich in einer Höhle versteckten und dort in einen Tiefschlaf versanken. Siehe EI², Artikel Aṣḥāb al-Kahf (R. Paret). Im großen ganzen ist der Inhalt der Legende in der koranischen Wiedergabe deutlich erkennbar. Aber einige Einzelheiten sind schwer verständlich, besonders die Anspielungen auf den Bau, der über den Schläfern errichtet worden sein soll (V. 21). Unklar ist auch die Bedeutung des Ausdrucks *ar-raqīm* (V. 9). Erst nachträglich hat man ihn als Namen des Hundes gedeutet, der mit den Siebenschläfern in der Höhle war.

18,9 Zum Ausdruck *al-kahf* („Höhle") siehe Horovitz, Koranische Untersuchungen, S. 98f. — Zur Bedeutung des Ausdrucks *war-raqīmi* (Genitiv, „(die Leute von der Höhle) und von *ar-raqīm*") siehe Horovitz, a.a.O., S. 95; Jeffery, Foreign Vocabulary, S. 143f. Vielleicht ist das Wort im Sinn von „Inschrift" gemeint, wobei an die bleiernen Tafeln zu denken wäre, auf denen nach christlicher Überlieferung die Namen der Siebenschläfer verzeichnet waren.

18,10 *iḏ awā l-fityatu*... Verkürzter Zeitsatz. Siehe Einleitung zur Übersetzung, S. 3f. — *rabbanā ātinā min ladunka raḥmatan wa-haiyi' lanā min amrinā rašadan*: **18**,16; **3**,8.

18,11 Bell übersetzt: „So We sealed up their ears in the cave for years a number". Dazu die Anmerkung: „Lit. ‚struck upon their ears', usually interpreted as meaning ‚put to sleep' but it is perhaps worth considering whether the sense is not that a number was actually stamped upon their ears". — *sinīna 'adadan*: **23**,112.

18,12 Es ist nicht recht klar, wer mit den beiden „Gruppen" (*al-ḥizbaini*) gemeint ist, die über die Dauer des Aufenthalts (in der Höhle) verschiedener Meinung waren. Auf Grund von Vers 19 möchte man vermuten, daß es sich um die Siebenschläfer selber handelt. Die richtige Entscheidung über die Dauer des Aufenthalts (309 Jahre) wird allerdings erst in Vers 25 mitgeteilt. Demnach scheint man noch zur Zeit Mohammeds über die Dauer des Aufenthalts in der Höhle diskutiert zu haben.

18,13 *naḥnu naquṣṣu 'alaika naba'ahum bil-ḥaqqi*: **11**,120; **7**,101, mit weiteren Belegen; **3**,62; **6**,57.

18,14 *qulnā iḏan šaṭaṭan*: **72**,4.

18,15 *hā'ulā'i qaumunā ttaḫaḏū min dūnihī ālihatan laulā ya'tūna 'alaihim bi-sulṭānin baiyinin*: **21**,24; **3**,151, mit weiteren Belegen. — *fa-man aẓlamu mimmani ftarā 'alā llāhi kaḏiban*: **6**,21, mit weiteren Belegen.

18,16 *wa-iḏi 'tazaltumūhum wa-mā ya'budūna illā llāha*: **19**,48f. — *yanšur lakum rabbukum min raḥmatihī wa-yuhaiyi' lakum min amrikum mirfaqan*: **18**,10.

18,17 *wa-man yahdi llāhu fa-huwa l-muhtadi wa-man yuḍlil fa-lan taǧida lahū walīyan muršidan*: **17**,97; **7**,178; **39**,36f.; **42**,44.

18,19 *ka-ḏālika ba'aṯnāhum li-yatasā'alū bainahum qāla qā'ilun minhum kam labiṯtum qālū labiṯnā yauman au ba'ḍa yaumin*: **2**,259; **23**,112f.; **10**,45, mit weiteren Belegen. Die zuerst genannte Stelle (**2**,259) handelt ebenso wie der vorliegende Vers von einem besonderen Fall von Tiefschlaf. Dagegen beziehen sich die übrigen Stellen auf den allgemeinen Todesschlaf zwischen Sterben und Auferstehung. — *qāla rabbukum a'lamu bi-mā labiṯtum*: **18**,26; (**30**,56). In Vers 25 werden als wirkliche Dauer des Schlafs in der Höhle 309 Jahre angegeben.

18,20 Der Vordersatz *in yaẓharū 'alaikum* könnte an sich auch übersetzt werden: „Wenn sie die Oberhand über euch bekommen (d.h. wenn sie euch in ihre Gewalt bekommen)". Vgl. **9**,8. Aber dem Zusammenhang nach ist die Übersetzung „Wenn sie von euch erfahren" wohl vorzuziehen. — *yarǧumūkum au yu'īdūkum fī millatihim*: **7**,88; **14**,13. Zur Bedeutung von *yarǧumūkum* siehe die Anmerkung zu **11**,91f.

18,21 Die einleitenden Worte von Vers 21 setzen voraus, daß die Schläfer nach ihrem Erwachen tatsächlich entdeckt worden sind. Der Vorfall soll den Zeitgenossen als Hinweis auf die für die Endzeit zu erwartende Auferweckung von den Toten dienen. — *li-ya'lamū anna wa'da llāhi ḥaqqun wa-anna s-sā'ata lā raiba fīhā*: **45**,32. — *anna wa'da llāhi ḥaqqun*: auch **4**,122, mit weiteren Belegen; **10**,53, mit weiteren Belegen. — *wa-anna s-sā'ata lā raiba fīhā*: auch **22**,7; **40**,59; **15**,85, mit weiteren Belegen. — *(iḏ) yatanāza'ūna bainahum amrahum*: **20**,62; (**21**,93). — Der Sachverhalt ist nicht recht klar. Der Streit, von dem hier die Rede ist, wird anscheinend unter denen ausgetragen, die das Erwachen der Schläfer miterlebt haben (oder unter ihren Nachkommen?). Der Ausdruck *rabbuhum a'lamu bihim* (von dem nicht sicher ist, ob er noch zum vorausgehenden Zitat gehört) bedeutet vielleicht, daß man den Ort, an dem der Bau aufgeführt werden sollte, nicht einwandfrei zu fixieren wußte. Was haben aber im vorliegenden Zusammenhang die Termini *bunyān* und *masǧid* zu bedeuten? Hat man schließlich das „Gebäude" (*bunyān*, als Sakral- oder Profanbau?) nicht aufgeführt und nur eine Gebetsstätte (*masǧid*) eingerichtet?

18,22 Anscheinend war man sich zu Mohammeds Zeit über die Anzahl der Schläfer nicht einig. Der Wortlaut von Vers 22 läßt die Frage offen. Merkwürdig ist, daß der Hund je nachdem in die Zahl eingerechnet wird. Man hat ihn wohl auch für heilig gehalten. — Die Deutung von *(illā mirā'an) ẓāhiran* ist nicht sicher. Bell übersetzt: „except on a plain issue"; Blachère (offensichtlich in Anlehnung an Zamaḫšarī bzw. Baiḍāwī: *ġaira muta'ammiqin fīhi*): „que d'une manière superficielle". — Als (mögliche) Gesprächspartner Mohammeds (*wa-lā tastafti fīhim minhum aḥadan*) hat man sich wohl zeitgenössische Christen zu denken.

18,23f. Die Verse 23f. scheinen nicht in den Zusammenhang zu gehören. Denn im Wortlaut ist kein Hinweis auf die Geschichte von den Schläfern zu erkennen, während diese in Vers 25 ihre unmittelbare Fortsetzung hat (*wa-labiṯū*...; das Subjekt, nämlich die Schläfer, wird als bekannt vorausgesetzt). Aber vielleicht hat Ṭabarī recht, wenn er berichtet, Mohammed habe seinen

Gesprächspartnern für den kommenden Tag eine Auskunft über die strittigen Fragen in der Angelegenheit der Aṣḥāb al-Kahf in Aussicht gestellt, ohne den Vorbehalt *in šā'a llāhu* hinzuzufügen. — *illā an yašā'a llāhu*: **18**,39; **68**,18; **76**,29f.; **81**,27–29; **74**,54–56; **6**,80; **7**,89; **12**,76. — Der Passus *wa-ḏkur rabbaka iḏā nasīta* bezieht sich wohl speziell auf das sogenannte *istiṯnā'*. Es wäre also zu paraphrasieren: „Wenn du vergessen hast (zu sagen: ‚so Gott will'), dann gedenke (bußfertig) deines Herrn (oder: dann sprich (wenigstens nachträglich) den Vorbehalt aus?)."

18,26 *quli llāhu a'lamu bi-mā labiṯū*: **18**,19. — *lahū ġaibu s-samāwāti wal-arḍi*: **11**,123, mit weiteren Belegen. — *wa-lā yušriku fī ḥukmihī aḥadan*: (**13**,41).

18,27 *wa-tlu mā ūḥiya ilaika min kitābi rabbika*: **29**,45. — *lā mubaddila li-kalimātihī*: **6**,34, mit weiteren Belegen. — *wa-lan taǧida min dūnihī multaḥadan*: **72**,22.

18,28 *wa-ṣbir nafsaka ma'a llaḏīna yad'ūna rabbahum bil-ġadāwati wal-'ašīyi yurīdūna waǧhahū wa-lā ta'du 'aināka 'anhum*: **6**,52. — *yad'ūna rabbahum bil-ġadāwati wal-'ašīyi*: **3**,41, mit weiteren Belegen. — Belege speziell zu *yurīdūna waǧhahū* in der Anmerkung zu **6**,52. Zur Sache siehe J. M. S. Baljon, ‚To Seek the Face of God' in Koran and Ḥadîth (Acta Orientalia 21, 1953, S. 254–266). Baljon verweist auf den alttestamentlichen Ausdruck *biqqēš pěnē yhwh*. — *turīdu zīnata l-ḥayāti d-dunyā*: **11**,15, mit weiteren Belegen. Zur Sache siehe die Anmerkung zu **2**,212. — *wa-lā tuṭi' man aġfalnā qalbahū 'an ḏikrinā wa-ttaba'a hawāhu*: **53**,29. — Die Deutung von *(wa-kāna amruhū) furuṭan* ist nicht sicher.

18,29 *wa-quli l-ḥaqqu min rabbikum*: **2**,147, mit weiteren Belegen. Der Ausspruch *al-ḥaqqu min rabbikum* bezieht sich (im vorliegenden Vers) ganz allgemein auf die koranische Offenbarung. — *fa-man šā'a fal-yu'min (wa-man šā'a fal-yakfur)*: **80**,11f.; **74**,54–56; **73**,19; **76**,29f.; **81**,27–29. — *nāran aḥāṭa bihim surādiquhā*: (**90**,20; **104**,6–9); (**7**,41). — *(wa-in yastaġīṯū yuġāṯū) bi-mā'in kal-muhli yašwī l-wuǧūha*: **44**,45–49; **22**,19f.; **6**,70/**10**,4; **47**,15; **37**,67; **78**,24f.; **38**,57; **56**,54; **56**,42; **56**,93; **40**,72; **88**,2–5; **70**,15f. — *wa-sā'at murtafaqan*: **18**,31.

18,30 *innā lā nuḍī'u aǧra man aḥsana 'amalan*: **7**,170, mit weiteren Belegen.

18,31 Zum Ausdruck *ǧannātu 'Adnin* siehe die Anmerkung zu **9**,72, zum Ausdruck *taǧrī min taḥtihimu l-anhāru* die Anmerkung zu **2**,25. — *yuḥallauna fīhā min asāwira min ḏahabin wa-yalbasūna ṯiyāban ḫuḍran min sundusin wa-istabraqin*: **76**,21; **22**,23/**35**,33; **44**,53; (**76**,12). Der Ausdruck *sundus* bedeutet nach den Kommentatoren „leichter Seidenbrokat", der Ausdruck *istabraq* „schwerer Seidenbrokat". Zu *istabraq* siehe auch Jeffery, Foreign Vocabulary, S. 58–60; Geo Widengren, Muḥammad, the Apostle of God, and his Ascension (= Uppsala Universitets Årsskrift 1955, 1), Uppsala 1955, S. 178f. — *muttaki'īna fīhā 'alā l-arā'iki*: **76**,13; **36**,56; **38**,51; **52**,20; **56**,15f.; **55**,54; **55**,76; **83**,23/35; **15**,47/**37**,44; **88**,13. Zu *arā'ik* siehe Jeffery, Foreign Vocabulary, S. 52f.; Josef Horovitz, Das koranische Paradies (Scripta Universitatis atque Bibliothecae Hierosolymitanarum), Jerusalem 1923, S. 15. Im Unterschied von *surur* ist *arā'ik* vielleicht ein Lehnwort. — *wa-ḥasunat murtafaqan*: **18**,29.

18,32–44 Zu der Geschichte vom Besitzer der beiden Gärten siehe die Anmerkung zu **3**,117 und die dort angeführten Belege zum Thema Kurzlebigkeit des Pflanzenwuchses. In der vorliegenden Stelle handelt es sich eindeutig um den Typus der geschichtlichen Beispielerzählung. Als Belege kommen besonders in Betracht: **68**,17–33; **10**,24 (kürzer **18**,45); **2**,266; **34**,15–17 (die beiden Gärten der Sabäer). Zur Sache: Speyer, S. 433f.; Hirschfeld, New Researches, S. 87f.; Fr. Buhl, Über Vergleichungen und Gleichnisse im Qur'ân (Acta Orientalia 2, 1924, S. 1–11), S. 5–7. — Merkwürdigerweise ist in der vorliegenden Geschichte (wenigstens bis Vers 33) von *zwei* Gärten die Rede. Ebenso in der Geschichte der Sabäer (**34**,15f.). Da die Zweizahl der Gärten durch den Hergang der Erzählung in keiner Weise motiviert wird, darf man vielleicht vermuten, daß dem Propheten ein tatsächlich belegter Einzelfall aus seiner Umgebung vorgeschwebt hat.

18,32 Ein Garten mit Palmen und Reben und fließendem Wasser war wohl in Innerarabien das schönste Besitztum, das man sich denken konnte. Vgl. **17**,91. Weitere Belege in der Anmerkung zu diesem Vers. Im vorliegenden Vers ist weiter Saat (Getreide) genannt. Ähnlich **13**,4. Weitere Belege in der Anmerkung zu diesem Vers.

18,33 *wa-faǧǧarnā ḫilākahumā naharan*: **17**,91.

18,34 *ana akṯaru minka mālan wa-aʿazzu nafaran*: **18**,39; **17**,6. Vermögen und Kinder (männlichen Geschlechts) stehen unter den begehrenswerten Gütern dieser Welt an erster Stelle. Siehe die Anmerkung zu **3**,14, mit weiteren Belegen.

18,35 Von Vers 35 ab bis zum Schluß der Geschichte ist nur noch von *einem* Garten die Rede. — *wa-huwa ẓālimun li-nafsihī*: **35**,32; **37**,113.

18,36: **41**,50. — *la-aǧidanna ḫairan minhā munqalaban*: **68**,32; **18**,40. Die vorliegende Stelle und die zwei dazu angeführten Belege stehen zwar in ein und demselben Erzählungstyp, aber innerhalb der Erzählung in verschiedenem Zusammenhang. In **18**,40 spricht der fromme Gegenspieler des gottlosen Gartenbesitzers die Hoffnung aus, daß Gott ihm (dem Frommen) etwas Besseres geben möge, als dieser Garten darstellt. In **68**,32 sprechen die Besitzer des Gartens die Hoffnung aus, dereinst bei Gott etwas Besseres vorzufinden, nachdem sie der Ernte verlustig gegangen sind und daraufhin bußfertig ihre Sündhaftigkeit eingestanden haben. In der vorliegenden Stelle **18**,36 spricht der gottlose Gartenbesitzer die Erwartung aus, dereinst bei Gott etwas Besseres vorzufinden. Das klingt geradezu frivol, ist aber vielleicht ganz naiv gemeint. Fr. Buhl bemerkt dazu (Über Vergleichungen und Gleichnisse im Qur'ân, Acta Orientalia 2, 1924, S. 1–11, S. 7): „. . .die Überzeugung des Reichen, daß ihn, falls es wirklich eine Auferstehung gebe, eine noch größere Glückseligkeit als die irdische erwarte, ist ein gelungener psychologischer Zug, den er (Mohammed) vielleicht dem einen oder anderen seiner Gegner in Mekka verdankte".

18,37 Beim Hinweis auf die Erschaffung des Menschen sind drei verschiedene Entwicklungsstadien genannt: 1. die Erschaffung des ersten Menschen aus Erde (vgl. **3**,59); 2. die natürliche Fortpflanzung durch das menschliche Sperma; 3. die Ausformung des einzelnen Menschen zu seiner endgültigen Gestalt. Belege: **32**,7–9; **23**,12–14; **22**,5; **40**,67; **35**,11; **30**,20; **15**,28f.; **38**,71f.; **75**,37–39; **53**,45f.; **76**,2; **86**,5–7; **82**,7f.; **87**,2; **91**,7.

18,38: **72**,2. 20. — Die einleitende Partikel *lākinnā* bzw. *lākinna* ist aufzulösen in die beiden Bestandteile *lākin* und *anā* bzw. *ana* („aber ich").

18,39 *wa-laulā...qulta mā šā'a llāhu*: **7**,188/**10**,49; **68**,18; **18**,23f., mit weiteren Belegen. — *in tarani ana aqalla minka mālan wa-waladan*: **18**,34. Siehe die Anmerkung zu diesem Vers.

18,40 *fa-'asā rabbī an yu'tiyanī ḫairan min ǧannatika*: **68**,32; **18**,36. Siehe die Anmerkung zu diesem Vers. — Zur Bedeutung von *ḥusbān* siehe F. Rundgren, Acta Orientalia 21, 1953, S. 318f. — *fa-tuṣbiḥa ṣa'īdan zalaqan*: **18**,8. Die Grundbedeutung von *ṣa'īd* ist „hochgelegen". Im vorliegenden Zusammenhang ist bei dem Wort wohl speziell an Vegetationslosigkeit gedacht. In regenarmen Gegenden sind in der Regel nur Bodensenken einigermaßen dicht bewachsen. Man beachte auch den Gebrauch des Ausdrucks *ṣa'īd* an den beiden Stellen **4**,43 und **5**,6, wo von der Trockenwaschung bei Wassermangel die Rede ist.

18,41: **67**,30.

18,42 Zur Bedeutung der Präposition *fī* im Ausdruck *mā anfaqa fīhā* siehe die Anmerkung zu **3**,117. — *ḫāwiyatun 'alā 'urūšihā*: **2**,259/**22**,45. Siehe die Anmerkung zu **2**,259, sowie Zamaḫšarī zur vorliegenden Stelle. Es fragt sich, ob bei dem Ausdruck *'urūš* („Gestänge") wirklich an Weinbergpfähle (oder eine kompliziertere Holzkonstruktion zur Stützung der Reben) gedacht ist, oder ob er nicht vielmehr auf den Haus- bzw. Hüttenbau zu beziehen ist. Vgl. die beiden oben angeführten Belegstellen sowie den Ausdruck *ǧannātin ma'rūšātin* in **6**,141. Weitere Belege: **7**,137/**16**,68.

18,43: **28**,81; **42**,46; **67**,20.

18,44 Der Ausdruck *walāya* (andere Lesart: *wilāya*) ist nicht ganz eindeutig. Siehe **8**,72 und die Anmerkung dazu. Zamaḫšarī gibt für *walāya* die Bedeutung *nuṣra* und *tawallī*, für *wilāya* die Bedeutung *sulṭān* und *mulk*. Bell übersetzt: „the right of protection", Blachère: „la tutélaire protection".

18,45 Zu Vers 45 siehe die Anmerkung zu **3**,117 und die dort aufgeführten Belegstellen zum Thema Vergänglichkeit des Pflanzenwuchses. Für die vorliegende Stelle, die typologisch als eigentliches Gleichnis zu bezeichnen ist, kommen als Belege besonders in Betracht: **10**,24; **39**,21; **57**,20. — Zum Ausdruck *iḫtalaṭa bihī* siehe die Anmerkung zu **10**,24. — *fa-aṣbaḥa hašīman*: **57**,20; **39**,21; **56**,65; **68**,20. Speziell zu *hašīman*: **54**,31.

18,46 *al-mālu wal-banūna zīnatu l-ḥayāti d-dunyā*. Belege in den Anmerkungen zu **3**,10 und **3**,14. — Zum Ausdruck *zīnatu (l-ḥayāti d-dunyā)* siehe die Anmerkung zu **2**,212. — *wal-bāqiyātu ṣ-ṣāliḥātu ḫairun 'inda rabbika ṯawāban wa-ḫairun amalan*: **19**,76; **28**,80.

18,47 *wa-yauma*... Verkürzter Zeitsatz. Siehe Einleitung zur Übersetzung,

S. 3f. — *nusaiyiru l-ǧibāla*: **81**,3; **78**,20; **52**,10; (**13**,31). — Der Passus *wa-tarā l-arḍa bārizatan* ist schwer zu verstehen. Das „Herauskommen“ der Erde wird von den Kommentatoren damit erklärt, daß Berge, Bäume, und was sonst auf der Erde war, weggeräumt sind, worauf die Erde selber nackt und bloß in Erscheinung tritt. Ṭabarī führt allerdings auch noch eine andere Erklärung an. Danach ist mit dem Passus gemeint, daß die Menschen, die im Schoß der Erde sind (d.h. die Toten), aus ihr herauskommen. Vgl. **14**,21, mit weiteren Belegen.

18,48 *wa-ʿuriḍū ʿalā rabbika (ṣaffan)*: **11**,18; **69**,18. — Der Ausdruck *ṣaffan* ist wohl so zu verstehen, daß die Menschen nicht etwa in ganzen Gruppen, sondern in einer Reihe, einer hinter dem anderen, zum Gericht vorgeführt werden. Belege: **6**,94; **19**,80; **19**,95; (**34**,46). — *ka-mā ḫalaqnākum auwala marratin*: **6**,94. Siehe die Anmerkung zu diesem Vers. — *bal zaʿamtum allā naǧʿala lakum mauʿidan*: (**18**,58f.).

18,49 *wa-wuḍiʿa l-kitābu*: **39**,69; **17**,71, mit weiteren Belegen. — *fa-tarā l-muǧrimīna mušfiqīna mimmā fīhi*: **42**,22. — *mā-li hāḏā l-kitābi lā yuġādiru ṣaġīratan wa-lā kabīratan*: **54**,52f.; **36**,12; **78**,29; (**9**,121). — *wa-waǧadū mā ʿamilū ḥāḍiran*: **3**,30; **81**,14; **75**,13, mit weiteren Belegen. — *wa-lā yaẓlimu rabbuka aḥadan*: **10**,44; **9**,70/**29**,40/**30**,9. Weitere Belege in der Anmerkung zu **9**,70.

18,50 *wa-iḏ*...Verkürzter Zeitsatz. Siehe Einleitung zur Übersetzung, S. 3f. — *wa-iḏ qulnā lil-malāʾikati sǧudū li-Ādama fa-saǧadū illā Iblīsa kāna mina l-ǧinni fa-fasaqa ʿan amri rabbihī*: **2**,34, mit weiteren Belegen. — *wa-hum lakum ʿadūwun*: **36**,60; **7**,22, mit weiteren Belegen. — *biʾsa liẓ-ẓālimīna badalan*: (**22**,13).

18,52 *wa-yauma*... Verkürzter Zeitsatz. Siehe Einleitung zur Übersetzung, S. 3f. — *(wa-yauma yaqūlu) nādū šurakāʾiya llaḏīna zaʿamtum*: **6**,22, mit weiteren Belegen. — *fa-daʿauhum fa-lam yastaǧībū lahum*: **28**,64; **7**,194, mit weiteren Belegen. — *wa-ǧaʿalnā bainahum maubiqan*: **10**,28; **6**,94. Die Bedeutung des Ausdrucks *maubiq(an)* ist umstritten. Bell übersetzt :„a gulf“ (dazu die Anmerkung: Lit. „a place of destruction“). Blachère: „un abîme“.

18,54 *wa-la-qad ṣarrafnā fī hāḏā l-qurʾāni lin-nāsi min kulli maṯalin*: **17**,89. Siehe die Anmerkung dazu, mit weiteren Belegen. — *wa-kāna l-insānu akṯara šaiʾin ǧadalan*: **43**,58; **16**,4/**36**,77; (**2**,204).

18,55 Speziell zum Versanfang (*wa-mā manaʿa n-nāsa an yuʾminū iḏ ǧāʾahumu l-hudā wa-yastaġfirū rabbahum illā an taʾtiyahum*...): **17**,94. — *illā an taʾtiyahum sunnatu l-auwalīna*: **8**,38. Weitere Belege in den Anmerkungen zu diesem Vers und zu **3**,137. Zur Bedeutung des Ausdrucks *sunnat al-auwalīna* siehe die Anmerkung zu **8**,38. — Die Bedeutung von *qubulan* (Variante: *qibalan*) ist umstritten. Siehe die Anmerkung zu **6**,111. Bell übersetzt: „beforehand“; Blachère: „de face“.

18,56 *wa-mā nursilu l-mursalīna illā mubašširīna wa-munḏirīna*: **6**,48; **4**,165; **2**,213. — *wa-yuǧādilu llaḏīna kafarū bil-bāṭili li-yudḥiḍū bihi l-ḥaqqa*: **40**,5; (**2**,42); (**3**,71).

18,57 *wa-man aẓlamu mimman ḏukkira bi-āyāti rabbihī fa-aʿraḍa ʿanhā*: **32**,22.

Zur Konstruktion *ḏukkira bi-āyāti rabbihī* siehe die Anmerkung zu **5**,13. — *(innā) ǧaʿalnā ʿalā qulūbihim akinnatan an yafqahūhu wa-fī āḏānihim waqran*: **6**,25/**17**,46. Weitere Belege in den Anmerkungen zu **6**,25 und **2**,7. — *wa-in tadʿuhum ilā l-hudā fa-lam yahtadū iḏan abadan*: (**7**,193; **7**,198).

18,58 *lau yuʾāḫiḏuhum bi-mā kasabū la-ʿaǧǧala lahumu l-ʿaḏāba*: **35**,45; **16**,61. Zur Bedeutung von *āḫaḏa (III)* siehe die Anmerkung zu **2**,225, zur Bedeutung von *kasaba* die Anmerkung zu **2**,79. — *bal lahum mauʿidun lan yaǧidū min dūnihī mauʾilan*: (**18**,59); (**18**,48).

18,59: **10**,13; **6**,131; **17**,17. Weitere Belege in den Anmerkungen zu diesen Versen.

18,60–82 Den Versen 60–82 liegt ein Sagenstoff zugrunde, der in seinem ersten Teil (bis Vers 64) auf den Alexanderroman zurückgeht und die Fahrt nach dem Lebenswasser zum Inhalt hat, in seinem zweiten Teil (V. 65–82) dem Typus Nr. 759 in Aarne-Thompson's „Types of the Folk-Tale" (Helsinki 1928) entspricht und von H. Schwarzbaum als Theodizee-Legende bezeichnet wird. Vers 64 bildet den Schluß des ersten Teils und zugleich den Übergang zum zweiten Teil. Merkwürdig ist, daß als Held des ersten Teils Mose genannt ist, nicht Alexander, obwohl dieser in einem späteren Teil derselben Sure **18** (V. 83–98) die führende Rolle spielt. Auch sonst bleibt in den Versen 60–82 manches fraglich. Zum Ganzen siehe Theodor Nöldeke, Beiträge zur Geschichte des Alexanderromans (Denkschriften der Akademie der Wissenschaften zu Wien, Philosophisch-historische Classe, 38, 1890, No. 5), S. 32f.; Mark Lidzbarski, Wer ist Chadir? (Zeitschrift für Assyriologie 7, 1892, S. 104 bis 116); Karl Dyroff, Wer ist Chadir? (ebd., S. 319–327); Mark Lidzbarski, Zu den arabischen Alexandergeschichten (ebd., 8, 1893, S. 263–312); Richard Hartmann, Zur Erklärung von Sure 18,59ff. (ebd., 24, 1910, S. 307–315); I. Friedländer, Die Chadhirlegende und der Alexanderroman (Berlin und Leipzig 1913); Horovitz, Koranische Untersuchungen, S. 43 und 141–143; EI[1], Artikel al-Khaḍir (A. J. Wensinck); Haim Schwarzbaum, The Jewish and Moslem Versions of Some Theodicy Legends (Fabula 3, 1959/60, S. 119–169).

18,60 *wa-iḏ qāla Mūsā...* Verkürzter Zeitsatz. Siehe Einleitung zur Übersetzung, S. 3f. — Mose steht hier und im folgenden an Stelle von Alexander. Siehe die Anmerkung zu den Versen 60–82. Der als *fatā* (Bursche) bezeichnete Gefährte Moses entspricht dem Koch in der Alexandersage. Die als Ziel der Reise genannte „Stelle, an der die beiden Meere (oder großen Wasser) zusammenkommen" (*maǧmaʿ al-baḥrain*), entspricht dem Ort, an dem in der Sage der Lebensquell zu suchen ist. — Von zwei Meeren oder großen Wassern (*baḥrāni, baḥraini*) ist auch an anderen Stellen des Korans die Rede. Das eine besteht aus Süßwasser, das andere aus Salzwasser (**35**,12; **25**,53). Gott hat sie miteinander vermengt (*maraǧa*) bzw. aneinander stoßen lassen, aber zugleich eine Schranke zwischen sie gesetzt (**25**,53; **55**,19f.; **27**,61). Das ist sicher so zu verstehen, daß sich (an einer Flußmündung) das Süßwasser mit dem Salzwasser vermischt, und umgekehrt, daß aber trotzdem die Trennung zwischen den beiden großen Wassern fortbesteht, da das eine süß, das andere salzig bleibt. Da in den beiden zuerst genannten Stellen (**35**,12; **25**,53) das eine große Wasser nicht nur als süß (*'aḏb*), sondern auch als *furāt* bezeichnet wird (was mit dem Namen des Euphrat identisch ist), darf man vielleicht annehmen, daß dem Propheten bei seinen Betrachtungen über die beiden großen Wasser das Mündungsgebiet des Euphrat (und Tigris) vorgeschwebt hat. Siehe W.W. Barthold, Der Koran und das Meer (ZDMG 83, 1929, S. 37–43), S. 39f. Wenn man meint, die im vorliegenden Vers **18**,60 genannte Stelle, wo die beiden großen Wasser zusammenkommen (*maǧma' al-baḥrain*), überhaupt geographisch fixieren zu sollen, hat man deshalb in erster Linie eben an dieses Mündungsgebiet im Persischen Golf zu denken. Friedländer dagegen deutet den Ort auf die Meerenge von Gibraltar (Chadhirlegende, S. 302–304), R. Hartmann – wenig einleuchtend – auf den Quellort des Tigris (ZDMG 67, 1913, S. 748 bis 751). Für die Deutung von Friedländer scheint der Umstand zu sprechen, daß in Vers 63 ein Felsen erwähnt wird. Das könnte eine Reminiszenz an eine Stelle in der Prosafassung der syrischen Alexanderlegende sein, wo es heißt: „Die schrecklichen Meere, die die Welt umgeben, werden dir den Durchzug nicht gestatten. Denn es gibt elf helle Meere, die die Schiffe der Menschen befahren. Aber jenseits derselben gibt es ein Stück Felsen, zehn Meilen lang, und hinter demselben befindet sich das stinkende Meer Okeanos, das die gesamte Schöpfung umgibt" (Chadhirlegende, S. 52, Anm. 3). Aber selbst wenn man mit Friedländer annimmt, daß die Auffindung des Lebenswassers sich nach der syrischen Version der Legende in der Gegend von Gibraltar abgespielt hat, braucht das nicht zu bedeuten, daß Mohammed bei seiner Nacherzählung ebenfalls an jene Gegend im fernen Westen gedacht hat. — Der Passus *(au)amḍiya ḥuquban* ist merkwürdigerweise wie das vorausgehende *abluġa maǧma'a l-baḥraini* syntaktisch von *lā abraḥu ḥattā* abhängig. Der ganze Vers ist wohl so zu verstehen, daß Mose auf alle Fälle die Stelle erreichen will, an der die beiden großen Wasser zusammenkommen, auch wenn er zu diesem Zweck sehr lange unterwegs sein muß. Zur Not könnte man allerdings *au amḍiya ḥuquban* auch übersetzen: „es sei denn, ich müßte eine (allzu) lange Zeit unterwegs sein".

18,61–64 Dem Fisch, von dem in den Versen 61–64 die Rede ist, entspricht in der Alexandersage ein eingesalzener, toter Fisch, der bei der Berührung mit dem Lebenswasser wieder lebendig wird und so den Lebensquell als solchen kenntlich macht. Tatsächlich kommt dort der Fisch bei der Berührung mit dem Wasser zum Leben und entschwindet den Händen des Kochs. Dieser versäumt es, Alexander davon zu unterrichten. In der koranischen Version wird der Fisch ebenfalls lebendig und schwimmt davon (V. 61. 63). Daß man eben darauf gewartet hat, ergibt sich aus der Bemerkung von Mose: *ḏālika mā kunnā nabġi* (V. 64). Weiter wird gesagt, daß der Bursche (*fatā*) den Fisch vergessen hat (V. 63). Dem entspricht in der Sage die Tatsache, daß der Koch das Verschwinden des Fisches nicht gemeldet hat. Im übrigen ist in der koranischen Version manches unklar. Bereits in Vers 61 heißt es, daß *beide* (Mose und der Bursche) den Fisch vergessen haben. Und der Schluß der Geschichte (V. 64) hört sich so an, als ob schon mit dem Verschwinden des Fisches der ganze Zweck der Reise erreicht wäre. In der Sage ist dagegen Alexander bitter davon enttäuscht, das Lebenswasser nicht selber gefunden und so den Zweck der Reise nicht erreicht zu haben. — Der Ausdruck *saraban* (am Ende von Vers 61) ist wohl als adverbieller Infinitiv von *sariba* „fließen" zu verstehen und bedeutet demnach so viel wie „(und er schwamm) auf und davon". Die Kommentatoren haben ihn fälschlich mit dem aus dem Persischen übernommenen Lehnwort *sarab (sarāb)* „Wasserleitung", „Kanal" identifiziert und daraus alle möglichen phantastischen Vorstellungen abgeleitet. Friedländer übersetzt dementsprechend: „da vergaßen sie den Fisch, der seinen Weg durch einen unterirdischen Gang ins Meer genommen hatte". Richtig dagegen Bell: „and it took its way in the sea freely"; Blachère: „en frétillant". — Es ist bezeichnend, daß Mohammed in seiner Nacherzählung die Vergeßlichkeit des Burschen (*fatā*) auf die Einwirkung des Teufels zurückführt (V. 63). Vgl. **12**,42, mit weiteren Belegen.

18,65 Mit Vers 65 beginnt die Geschichte zum Thema „God's Justice Vindicated" (Aarne-Thompson, Nr. 759). Sie erstreckt sich bis Vers 82 und ist im Aufbau und in den Einzelheiten klarer als die vorhergehende Geschichte von Moses Zug nach dem Maǧma' al-baḥrain. Motivgeschichtlich ist sie von H. Schwarzbaum in seiner (in der Anmerkung zu **18**,60–82 genannten) Monographie eingehend untersucht. — Am Anfang von Vers 65 ist ein letztes Mal von Mose und seinem Burschen die Rede (*fa-waǧadā*, Dual). Im folgenden wird der Bursche (*fatā*) nicht mehr erwähnt. Dafür tritt als Hauptperson neben Mose ein ungenannter, mit höherem Wissen begabter Diener Gottes auf.

18,68 *(wa-kaifa taṣbiru) 'alā mā lam tuḥiṭ bihī ḫubran*: **18**,91.

18,70 *ḥattā uḥdiṯa laka minhu ḏikran*: (**20**,113); (**21**,2/**26**,5).

18,71 *la-qad ǧi'ta šai'an imran*: **18**,74; **19**,27; **19**,89. Die Deutung von *imran* ist nicht sicher.

18,74 *la-qad ǧi'ta šai'an nukran*: **18**,71; **19**,27; **19**,89.

18,78 Zur Bedeutung des Ausdrucks *ta'wīl* (hier und in Vers 82) siehe die Anmerkung zu **4**,59.

18,81 *ḫairan minhu zakātan*: **19**,12–14. Siehe die Anmerkung zu **19**,13, mit weiteren Belegen.

18,83–98 Die Verse 83–98 bringen Episoden aus der Geschichte von Alexander, der hier Ḏū l-Qarnain („der mit den beiden Hörnern") genannt wird. Der Abschnitt geht ebenso wie die Verse 60–64 auf den griechischen Alexanderroman zurück. Zum Namen *Ḏū l-Qarnain* und zur literarischen Vorgeschichte siehe Nöldeke, Beiträge zur Geschichte des Alexanderromans, S. 32f.; I. Friedländer, Die Chadhirlegende und der Alexanderroman, Berlin und Leipzig 1913, S. 276–301: Ḏū'l-qarnein und Alexander der Große; Horovitz, Koranische Untersuchungen, S. 43f. und 111–113.

18,83 *qul sa-atlū ʿalaikum minhu ḏikran*: **28**,3; **5**,27; **10**,71; **26**,69; **7**,175; **20**,99.

18,84 *innā makkannā lahū fī l-arḍi*: **12**,21/56. — *wa-ātaināhu min kulli šaiʾin sababan*. Das Wort *sabab* bezeichnet eigentlich einen Strick, der irgendwo oben (an einem Dach, einem Baum, über einer Zisterne) befestigt ist und nach unten hängt, so daß man daran auf- und absteigen kann. In übertragenem Sinn bedeutet es Hilfsmittel, Zugang, Möglichkeit. Im vorliegenden Vers (und in den Versen 85, 89 und 92) ist es wohl in diesem übertragenen Sinn zu verstehen. Also: „wir eröffneten ihm von (zu) allem einen Weg" (Vers 85, ähnlich 89 und 92: „Da schlug er einen Weg ein"). Die Ausdrucksweise ist allerdings etwas auffallend. Man könnte vermuten, daß sie durch die Quelle bedingt ist, aus der Mohammed die Geschichte von Ḏū l-Qarnain kennengelernt hat. Die Fassung des Pseudokallisthenes von Alexanders Reise zum Ende der Welt scheint in der Tat einen gewissen Anhaltspunkt zu bieten. Hier heißt es, Alexander sei in einem sonnenlosen Land durch Wüste und felsige Gegenden gezogen „bis zur Mitte des Tages. Dieses erkannte er aber nicht nach der Sonne, sondern mit Schnüren (*schoinois*) maß er den Weg nach der Geometrie und erkannte daraus die Zeit" (Friedländer, Die Chadhirlegende und der Alexanderroman, S. 9). Und an der entsprechenden Stelle der Version des babylonischen Talmuds erhält Alexander den Rat: „Nimm libysche Esel, die im Dunkeln marschieren können. Nimm ferner einen Knäuel Stricke und befestige denselben auf dieser Seite (d.h. am Eingang zur Finsternis). Wenn du nun in den Weg ziehst, halte sie (die Stricke) fest, dann wirst du an deine (gegenwärtige) Stelle (zurück)gelangen." (Friedländer, ebd., S. 44. Dazu Anm. 5: „Da das ursprüngliche Motiv mit den Tieren vergessen ist und die Esel anscheinend als Reit- und Lasttiere gedacht werden, so tritt notwendigerweise das Motiv vom Ariadnefaden hinzu, um das Wandern im Dunkeln zu ermöglichen. — Nach Fraenkel (ZDMG 45, S. 323) stammen die Stricke von den *schoinoi* her, mit denen Alexander in der Finsternis die Länge des Weges mißt"). Es ist jedoch wenig wahrscheinlich, daß die Wahl des Ausdrucks *sabab* auf ein derartiges Strick-Motiv zurückgeht.

18,85: **18**,89/92. Zur Bedeutung von *sabab* siehe die Anmerkung zu **18**,84.

18,86 Das Volk (*qaum*), das Ḏū l-Qarnain am Ort des Sonnenuntergangs findet, wird im Gegensatz zu dem Volk am Ort des Sonnenaufgangs (V. 90) nicht näher charakterisiert. Daher scheint auch die Aufforderung, es entweder zu bestrafen oder gütlich mit ihm zu verfahren, nicht recht motiviert. Vielleicht ist diese Aufforderung einfach so zu verstehen, daß Ḏū l-Qarnain das bisher unbekannte und herrenlose Volk unter seine Herrschaft nehmen soll.

18,87 *fa-yuʿaḏḏibuhū ʿaḏāban nukran*: **65**,8.

18,88 *wa-ammā man āmana wa-ʿamila ṣāliḥan fa-lahū ǧazāʾani l-ḥusnā*: **4**,124, mit weiteren Belegen. Speziell zu *fa-lahū ǧazāʾani l-ḥusnā*: **13**,18, mit weiteren Belegen. — *wa-sa-naqūlu lahū min amrinā yusran*: **65**,4; (**17**,28). Die Deutung des präpositionalen Ausdrucks *min amrinā* ist nicht sicher.

18,89: **18**,92. 85. Zur Bedeutung von *sabab* siehe die Anmerkung zu **18**,84.

18,91 Der Ausdruck *ka-ḏālika* („so") steht hier, wie auch sonst manchmal, für einen ganzen Satz („so ist es", oder ähnlich). Siehe die Anmerkung zu **3**,40. — *wa-qad aḥaṭnā bi-mā ladaihi ḫubran*: **18**,68.

18,92–98 Zur Geschichte von der Errichtung des Dammes gegen die Völker Gog und Magog siehe Horovitz, Koranische Untersuchungen, S. 150f.; EI[1], Artikel Yādjūdj wa-Mādjūdj (A. J. Wensinck). Soweit sich die Geschichte überhaupt lokalisieren läßt, ist sie auf die Sperrmauer an der Kaukasusstraße bei Derbent am Ostufer des Kaspischen Meeres zu beziehen, das sogenannte Eiserne Tor. Siehe EI[1], Artikel Derbend (W. Barthold); EI[2], Artikel Bāb al-Abwāb (D. M. Dunlop). Nach M. J. de Goeje bezieht sie sich dagegen auf die Chinesische Mauer (De muur van Gog en Magog, Versl. Med. Ak. Amsterdam, Afd. Letterkunde, 3. Reeks, V, 1888, S. 87–127). — Die topographischen Angaben sind z. T. unklar. Nach dem Wortlaut des vorliegenden Verses scheint Ḏū l-Qarnain bei seinem Eintreffen bereits eine (doppelte) Sperrmauer vorzufinden (Vers 93: *ḥattā iḏā balaġa baina s-saddaini*). Im folgenden Vers 94 legen ihm aber die Einwohner nahe, er möge zwischen ihnen und den Ya'ǧūǧ und Ma'ǧūǧ eine Sperrmauer errichten, eine Bitte, auf die er im folgenden (V. 95) eingeht. Hier liegen entweder wirkliche Unstimmigkeiten vor, etwa in dem Sinn, daß das Vorhandensein einer (doppelten) Sperrmauer fälschlicherweise schon in Vers 93 vorweggenommen wird. Oder aber, es ist anzunehmen, daß von vornherein zwei – vielleicht natürliche – Sperrmauern vorhanden waren, und daß die Aufgabe von Ḏū l-Qarnain sich darauf beschränkte, den Zwischenraum auszufüllen (Vers 96: *ḥattā iḏā sāwā baina ṣ-ṣadafaini*) und zu einem einheitlichen, mit Eisen gesicherten Befestigungsdamm auszubauen.

18,92 Belege in der Anmerkung zu Vers 89.

18,93 *iḏā balaġa baina s-saddaini*. Siehe die Anmerkung zu den Versen 92–98. — *qauman lā yakādūna yafqahūna qaulan*: (**4**,78).

18,94 Zum Ausdruck *mufsidīna fī l-arḍi* siehe die Anmerkung zu **2**,11f. — *fa-hal naǧʿalu laka ḫarǧan*...: **23**,72.

18,95 *qāla mā makkannī fīhi rabbī ḫairun*: (**23**,72).

18,96 Die Bedeutung des Ausdrucks *ṣadaf (aṣ-ṣadafaini)* ist nicht klar. Siehe auch die Anmerkung zu den Versen 92–98.

18,98 *qāla hāḏā raḥmatun min rabbī*: **18**,82; **28**,46; **28**,86. — *fa-iḏā ǧā'a waʿdu rabbī ǧaʿalahū dakkā'a*: **69**,14; **89**,21; **21**,96f. Zur Sache siehe auch Ezechiel 38,14–16. — *wa-kāna waʿdu rabbī ḥaqqan*: **4**,122, mit weiteren Belegen (besonders **21**,97).

18,99 *wa-nufiḫa fī ṣ-ṣūri*: **36**,51/**39**,68/**50**,20; **23**,101/**69**,13; **39**,68; **6**,73/**20**,102/**27**,87/**78**,18.

18,103 *bil-aḫsarīna aʿmālan*: **11**,21f.; **27**,4f.

18,104 Das Relativpronomen *allaḏīna* ist syntaktisch entweder mit dem Genitiv *bil-aḫsarīna* im vorhergehenden Vers zu koordinieren (als *badal*), oder als Nominativ aufzufassen. In diesem Fall leitet es bereits die Antwort auf die im vorhergehenden Vers gestellte Frage ein: „(Das sind die) deren Eifer..."

18,105 *ulā'ika llaḏīna kafarū bi-āyāti rabbihim wa-liqā'ihī fa-ḥabiṭat a'māluhum*: **7**,147, mit weiteren Belegen. Zum Ausdruck *ḥabiṭat a'māluhum* siehe die Anmerkung zu **2**,217.

18,106 Der Versanfang ist syntaktisch etwas kompliziert und auf verschiedene Weise deutbar. Einfacher sind die Formulierungen in **17**,98 und **3**,87. — *wa-ttaḫaḏū āyātī wa-rusulī huzuwan*: **45**,35.

18,107 *(kānat lahum ǧannātu l-firdausi) nuzulan*: **3**,198; **32**,19; **41**,32.

18,109: **31**,27. Siehe die Anmerkung zu diesem Vers.

18,110 *innamā ana bašarun miṯlukum yūḥā ilaiya annamā ilāhukum ilāhun wāḥidun*: **41**,6; **21**,108; (**14**,11). — Der Satz *yūḥā ilaiya annamā ilāhukum ilāhun wāḥidun* ist wohl nicht als selbständiger Satz zu verstehen („Mir wird eingegeben..."), sondern dem vorausgehenden *innamā ana bašarun miṯlukum* als Relativsatz unterzuordnen. Zum Suffix der 1. Person (*ilaiya*) siehe Reckendorf, Syntax, § 214.

SURE 19

19,1 Über die Buchstaben, die einzelnen Suren vorgesetzt sind, siehe die Anmerkung zu **2**,1, mit Literaturangaben. Die Kombination *khy'ṣ* findet sich nur vor Sure **19**.

19,2–11: **3**,38–41; **21**,89f. Zur Sache: Lukas 1,5–25.

19,2 Vers 2 leitet die Geschichte von Zacharias ein. Das Verbalnomen *ḏikru* (mit folgendem Genitiv) entspricht dem Imperativ *wa-ḏkur* (*fī l-kitābi*, mit folgendem Akkusativ), womit in den Versen 16, 41, 51, 54 und 56 jeweils einzelne Personen der Heilsgeschichte eingeführt werden.

19,3 *iḏ nādā*... Verkürzter Zeitsatz. Siehe Einleitung zur Übersetzung, S. 3f. — *iḏ nādā rabbahū nidā'an ḫafīyan*: **21**,89; **3**,38; **38**,41; **21**,83; **21**,76; **11**,45; **37**,75; (**21**,87); (**68**,48).

19,4 *wa-lam akun bi-du'ā'ika rabbi šaqīyan*: **19**,48; **3**,38.

19,5: **21**,89. — Der Ausdruck *mawālī* bezeichnet im vorliegenden Zusammenhang Erbberechtigte zweiten Grades. Vgl. **4**,33. Mit *walī* ist dagegen ein Nächstverwandter, d.h. ein eigener Sohn, gemeint. — *wa-kānati mra'atī 'āqiran*: **19**,8; **3**,40. — *fa-hab lī min ladunka walīyan*: **3**,38.

19,6 Beim Erbe „von der Sippe Jakobs" ist wohl weniger an materielle als an geistige Güter gedacht. Zur Sache wäre etwa auf **2**,133 (vgl. Speyer, S. 222f.) und **29**,27 zu verweisen. Vgl. auch Lukas 1,33. — *yariṯunī wa-yariṯu*... Variante: *yariṯunī wāriṯun*...

19,7: **3**,39. — Zur erstmaligen Verleihung des Namens Yaḥyā: Lukas 1,59–63.

19,8: **3**,40 (ebenfalls Zacharias); (**11**,71f.; **51**,29: Sara); (**15**,54: Abraham);

(**19**,20; **3**,47: Maria). Zur Sache: Lukas 1,18. — Die Deutung von *'itīyan* (Variante: *'utīyan*) ist nicht sicher. Das zugehörige Verbum *'atā* bedeutet an sich: „maßlos, unbändig sein". Für *'itīyun* würde sich demnach die Bedeutung „Maßlosigkeit", „Übermaß" ergeben. Nach den Kommentatoren und Lexikographen (die aber vielleicht durch die vorliegende Koranstelle beeinflußt sind) ist *'atā* außerdem gleichbedeutend mit *'asā* „trocken und hart werden", „ausmergeln" (von Pflanzen, entsprechend auch von alternden Menschen).

19,9 *ka-ḏālika qāla rabbuka huwa 'alaiya haiyinun*: **3**,40 (an Zacharias gerichtet); **19**,21; **3**,47 (an Maria); **51**,30 (an Sara); (**30**,27). Zur Konstruktion siehe die Anmerkung zu **3**,40. — *wa-qad ḫalaqtuka min qablu wa-lam taku šai'an*: **19**,67; **76**,1.

19,10: **3**,41. Zur Sache: Lukas 1,20. — Die Deutung von *sawīyan* ist nicht sicher. Die Kommentatoren möchten den Ausdruck eher auf die Person des Zacharias beziehen. Demnach wäre zu übersetzen: „...während du (sonst) ebenmäßig (d.h. frei von Gebrechen und deiner Sinne mächtig) bist".

19,11: **3**,41. Zur Sache: Lukas 1,21f. — *sabbiḥū bukratan wa-'ašīyan*: **3**,41, mit weiteren Belegen. — Zur Bedeutung von *miḥrāb* siehe die Anmerkung zu **3**,37.

19,12–15: **19**,30–35 (Selbstverherrlichung des Jesuskindes). — In Anbetracht der Tatsache, daß der vorhergehende Abschnitt über die Verheißung und Geburt des Johannes (V. 2–11) letzten Endes auf Lukas 1,5–25 zurückgeht, ist es nicht ausgeschlossen, daß auch der nun anschließende Abschnitt (V. 12–15), der ein Loblied auf Johannes enthält, irgendwie aus dem Preislied des Zacharias in Lukas 1,68–79 abzuleiten ist. Dafür sprechen auch einige sachliche Übereinstimmungen.

19,12: **19**,30 (Jesus). — Speziell zu *ḫuḏi l-kitāba bi-qūwatin*: **7**,145; **7**,171/**2**,63/93. — Mit der „Schrift" ist vielleicht speziell die mosaische Gesetzesoffenbarung gemeint. Denn darauf bezieht sich in den angegebenen Belegstellen der Ausdruck *ḫuḏ(ū)...bi-qūwatin*. Vgl. auch Lukas 1,72. — Zur Bedeutung von *ḥukm* siehe die Anmerkung zu **3**,79.

19,13: (**19**,31: Jesus). — Es ist nicht klar, wer als Objekt der „Zuneigung" oder des „Erbarmens" (*ḥanān*) zu ergänzen ist. Die Eltern des Johannes kommen dafür kaum in Frage, da von der Pietät gegen sie eigens im nächsten Vers (14) die Rede ist. Etwa das ganze Volk (vgl. Lukas 1,77f.)? Oder gar Johannes selber (als Objekt des göttlichen Erbarmens)? — *wa-zakātan*: **18**,81; **2**,129; **2**,151; **3**,164; **62**,2. In der Belegstelle **19**,31 (s. o.) hat *zakāt* bereits die engere Bedeutung „Almosen".

19,14: **19**,32 (Jesus).

19,15: **19**,33 (Jesus).

19,16–29 Die Geschichte der Verkündigung und Geburt Jesu enthält in der vorliegenden Version einige Züge, die sich literarisch nur teilweise oder überhaupt nicht belegen lassen. Eben deshalb ist auch die Deutung der einzelnen Stellen nicht immer sicher. Zum Ganzen siehe Wilhelm Rudolph, Die

Abhängigkeit des Qorans von Judentum und Christentum, Stuttgart 1922, S. 77–80; zum Einzelnen die Anmerkungen zu den Versen 16, 17 und 23–26.

19,16 Die Einleitungsformel *wa-ḏkur fī l-kitābi* (mit folgendem Eigennamen) findet sich im folgenden noch zur Einleitung der Abschnitte über Abraham (V. 41), Mose (V. 51), Ismāʿīl (V. 54) und Idrīs (V. 56), worauf Vers 58 eine zusammenfassende Schlußbetrachtung einleitet. Der vorausgehende Abschnitt über Zacharias und Johannes ist trotz der etwas abweichenden Einleitungsformel (V. 2) in die ganze Reihe mit einzubeziehen. — *iḏi ntababaḏat...* Verkürzter Zeitsatz. Siehe Einleitung zur Übersetzung, S. 3f. — *iḏi ntabaḏat min ahlihā makānan šarqīyan*: **19**,22. Rudolph zitiert (S. 77, Anm. 5) zu der Angabe, daß Maria sich „an einen östlichen Ort" zurückgezogen habe, eine Vermutung Dettingers (Beiträge zu einer Theologie des Corans, in: Tübinger Zeitschr. für Theologie, 1831, 3. Heft, S. 33). Danach läge diesem Passus eine in der alten Kirche geübte typische Ausdeutung von Ezechiel 44,1f. zugrunde („das Osttor des Tempels darf nur von Gott geöffnet werden = solus Christus clausas portas vulvae virginalis aperuit"). Siehe auch Thomas O'Shaughnessy, The Development of the Meaning of Spirit in the Koran, Rom 1953, S. 54.

19,17 Bei dem Passus *fa-ttaḫaḏat min dūnihim ḥiǧāban* denkt R. Bell an eine Beeinflussung durch Protevangelium des Jakobus 10, wo Maria durch das Los dazu bestimmt wird, für den Vorhang des Tempels Purpur und Scharlach zu spinnen. Falls er mit seiner Vermutung recht hätte, wäre das Original allerdings gründlich mißverstanden. — *fa-arsalnā ilaihā rūḥanā*: **21**,91/**66**,12; **4**,171.

19,20: **3**,47. Zur Sache: Lukas 1,34. — *annā yakūnu lī ġulāmun*: auch **19**,8/**3**,40 (Zacharias). Weitere Belege in der Anmerkung zu **19**,8. — *wa-lam aku baġīyan*: **19**,28. Der Satz ist entweder mit dem vorausgehenden *wa-lam yamsasnī bašarun* zu koordinieren oder als selbständiger Satz zu verstehen.

19,21 *ka-ḏāliki qāla rabbuki huwa ʿalaiya haiyinun*: **3**,47 (ebenfalls an Maria gerichtet); **19**,9 (an Zacharias), mit weiteren Belegen. Zur Konstruktion siehe die Anmerkung zu **3**,40. — *wa-li-naǧʿalahū āyatan lin-nāsi*: **23**,50; **21**,91. — Den Akkusativ *raḥmatan* könnte man an sich auch mit dem vorausgehenden *āyatan* koordinieren (als zweites Objekt zu *li-naǧʿalahū*). Dann wäre zu übersetzen: „und zu einer Barmherzigkeit von uns (zu einem Gnadenerweis von uns)". Aber die in der Übersetzung gegebene Deutung ist wohl vorzuziehen. — *wa-kāna amran maqḍīyan*: **3**,47/**19**,35/**2**,117/**40**,68. Weitere Belege in der Anmerkung zu **2**,117; (**19**,71). O'Shaughnessy faßt den Schlußsatz persönlich und bezieht ihn unmittelbar auf Jesus: „...for he (Jesus) is (was) a thing decreed" (The Koranic Concept of the Word of God, Rom 1948, S. 55, und The Development of the Meaning of Spirit in the Koran, Rom 1953, S. 62 und Anm. 233).

19,22 *fa-ntabaḏat bihī makānan qaṣīyan*: **19**,16; **23**,50.

19,23–26 W. Rudolph bemerkt zu den hier geschilderten Begleitumständen der Geburt Jesu (S. 79): „Die wahrscheinlichste Erklärung ist die, daß Muhammed hier von einer Szene, die der sogenannte Pseudo-Matthäus in Kap. 20

von der Flucht nach Ägypten berichtet, beeinflußt ist und diese auf die Geburt überträgt: tunc infantulus Jesus laeto vultu in sinu matris suae residens ait ad palmam: flectere, arbor, et de fructibus tuis refice matrem meam... aperi autem ex radicibus tuis venam, quae absconsa est in terra, et fluant ex ea aquae ad satietatem nostram." Den ausführlichen Text von Pseudo-Matthäus bietet (in französischer Übersetzung): D. Sidersky, Les origines des légendes musulmanes dans le Coran, Paris 1933, S. 142f.

19,23 Es ist nicht klar, weshalb Maria anläßlich der Wehen zum Stamm der Palme geht. Etwa zu dem Zweck, um Schatten zu finden? Oder um sich bei der Geburt daran festzuhalten? Oder um bei der Geburt Deckung zu haben und auf diese Weise der öffentlichen Schande zu entgehen? Oder um dort den Tod zu erwarten?

19,24 Als Subjekt von *(fa-)nādāhā* ist das (neugeborene oder noch im Mutterleib befindliche) Jesuskind zu ergänzen. Vgl. den aus Pseudo-Matthäus zitierten Text in der Anmerkung zu den Versen 23–26.

19,25 Der Ausdruck *ǧanī(yan)* bedeutet eigentlich „(frisch) gepflückt", was hier nicht paßt.

19,27 *la-qad ǧi'ti šai'an farīyan*: **19**,89; **18**,71. 74. Die Bedeutung von *farī(yan)* ist umstritten.

19,28 Zur Bezeichnung von Maria als „Schwester Aarons" siehe die Anmerkung zu **3**,33f. — *wa-mā kānat ummuki baǧīyan*: **19**,20.

19,29 *qālū kaifa nukallimu man kāna fī l-mahdi ṣabīyan*: **3**,46; **5**,110.

19,30–33: **19**,12–15 (Lobpreisung des Johannes. Siehe die Anmerkungen dazu). Die vorliegende Lobpreisung auf Jesus stimmt im zweiten Teil weitgehend mit der vorausgehenden Lobpreisung auf Johannes überein. Dagegen finden sich im ersten Teil nur einzelne Entsprechungen. Auch ist die Lobpreisung als Ganzes dem Jesuskind in den Mund gelegt, während in den Versen 12–15 von Johannes in der 2. und 3. Person gesprochen wird. Sachliche Übereinstimmungen mit dem Preislied der Maria in Lukas 1,46–55 lassen sich kaum nachweisen.

19,30: **19**,12. — *qāla innī 'abdu llāhi*: **43**,59; **4**,172; (**19**,92f.); (**21**,26); (**7**,194). Indem sich Jesus als „Diener Gottes" bezeichnet, widerlegt er zugleich die christliche Lehre, daß er Gottes Sohn sei. — *ātāniya l-kitāba*: **3**,48; **5**,110 (siehe die Anmerkung zu **3**,48); **5**,46/**57**,27. Daß Jesus seinen Zeitgenossen eine Offenbarungsschrift übermittelt hat, wird auch sonst im Koran erwähnt oder vorausgesetzt.

19,31: **19**,13 (Johannes). In der vorliegenden Stelle ist *zakāt* zusammen mit *ṣalāt* (Gebet) genannt und deshalb nicht mehr (wie in Vers 13) im Sinn von „Reinheit" zu verstehen, sondern in der abgeleiteten Bedeutung „Almosen".

19,32: **19**,14 (Johannes).

19,33: **19**,15 (Johannes).

19,34–40 Mit Vers 34 setzt ein neuer Reim ein. Der bisherige Reim (*īyā*, *aiyā*, Vers 2–33) wird aber in Vers 41 wiederaufgenommen (bis Vers 74). Der Abschnitt Vers 34–40 ist demnach ein Einschub.

19,34: **3**,60. Weitere Belege in der Anmerkung zu **2**,147. — Das Personalsuffix in *fīhi* ist wohl nicht auf *'Īsā* zu beziehen, sondern auf das unmittelbar vorausgehende *al-ḥaqqi*. Vgl. **15**,63f.

19,35 *mā kāna li-llāhi an yattaḫiḏa min waladin subḥānahū*: **2**,116, mit weiteren Belegen. — *iḏā qaḍā amran fa-innamā yaqūlu lahū kun fa-yakūnu*: **2**,117, mit weiteren Belegen. Siehe die Anmerkung zu **2**,116f. Die vorliegende Stelle (**19**,35) bezieht sich dem ganzen Zusammenhang nach auf Jesus, bzw. auf die christliche Lehre, nach der Jesus der Sohn Gottes ist. Dementsprechend ist auch der Schlußsatz („wenn er eine Sache beschlossen hat, sagt er zu ihr nur: sei!, dann ist sie“) – in Anlehnung an die Geburtsgeschichte Jesu **3**,47 und **19**,21 – dahingehend zu deuten, daß Gott mit seinem bloßen Schöpferwort das Jesuskind im Leib der Maria ins Leben rufen konnte, ohne daß es einer Vaterschaft bedurft hätte.

19,36: **3**,51/**43**,64; **36**,61; **5**,72. 117. — Sprecher („mein Herr“) ist hier wieder Jesus, wie in den Versen 30–33. Vielleicht ist auch schon der vorausgehende Vers 35 als unmittelbare Aussage Jesu zu verstehen.

19,37: **43**,65. — Im Koran wird häufig der Gedanke ausgesprochen oder wenigstens angedeutet, daß die ursprüngliche Einheitlichkeit der Offenbarungsreligion im Lauf der Zeit verloren gegangen ist, und daß die Menschen uneins geworden sind (*iḫtalafa*) und sich in verschiedene Gruppen (*šiya'*, *aḥzāb*) mit ketzerischen Lehrmeinungen zerteilt oder aufgespalten haben (*tafarraqa*, *taqaṭṭa'a*). In der vorliegenden Stelle und in **43**,65, was nach Wortlaut und Textzusammenhang weitgehend damit übereinstimmt, wird diese Aufspaltung in ketzerische Gruppen speziell den Christen zur Last gelegt (siehe auch **2**,253; **21**,93; **23**,53; **13**,36; **11**,17 und die Anmerkung zur letzten Stelle). Im folgenden ist allerdings nicht etwa von spezifisch christlichen Lehrmeinungen die Rede, sondern ganz allgemein von „Ungläubigen“ und „Frevlern“, über die das jüngste Gericht unvermutet hereinbrechen wird. Der Ausdruck *iḫtalafa l-aḥzābu* („die Gruppen wurden uneins“) ist übrigens insofern nicht ganz logisch, als die Gruppen (*aḥzāb*) nicht eigentlich selber uneins wurden, sondern erst das Endprodukt des Zersetzungsprozesses darstellen. Vielleicht ist aber mit dem Ausdruck auch gemeint, daß zuerst die eine Religionsgemeinschaft (*umma*) sich in Gruppen (*aḥzāb*) aufgespalten hatte, und daß dann nachträglich diese Gruppen (insbesondere die Christen?) sich ihrerseits weiter aufspalteten und uneins wurden. — Über weitere Bedeutungen des Ausdrucks *al-aḥzāb* siehe die Anmerkung zu **11**,17. — *fa-ḫtalafa l-aḥzābu min bainihim*: **43**,65; **2**,253; **21**,93; **23**,53; **30**,32; **6**,159; **42**,13f.; **98**,4; **2**,213; **10**,19; **3**,19; **45**,17; **10**,93; **3**,103. 105; (**4**,157; **2**,176); (**11**,110/**41**,45). Weitere Belege in der Anmerkung zu **2**,213. — *fa-wailun li-llaḏīna kafarū min mašhadi yaumin 'aẓīmin*: **43**,65 (s. o.); **51**,60; **38**,27.

19,39: **40**,18. — *yauma l-ḥasrati*: **6**,31; **39**,56; **2**,167. — *iḏ quḍiya l-amru* (in eschatologischer Bedeutung): **6**,8, mit weiteren Belegen. — *wa-hum fī ġaflatin*: **21**,1; **21**,97; **50**,22.

19,40 *innā naḥnu nariṯu l-arḍa wa-man ʿalaihā*: **3**,180/**57**,10; **15**,23; **28**,58; **21**,89; (**19**,80).

19,41–50 Der Abschnitt über Abraham (V. 41–50) bildet die Fortsetzung zu dem Abschnitt über Maria und das Jesuskind (V. 16–33). Siehe die Anmerkung zu den Versen 34–40. Er handelt im wesentlichen (V. 42–48) von der Auseinandersetzung Abrahams mit dem Götzendienst seines Vaters und seiner Landsleute. Belege: **26**,69–89; **37**,83–100; **21**,51–73; **29**,16f.; **43**,26–28; **6**,74–84; **60**,4–6. Speyer, S. 130–140.

19,41: **19**,56. — Zur Bedeutung von *ṣiddīq* siehe die Anmerkung zu **5**,75.

19,42: **26**,70–73; **37**,85f.; **21**,52–54; **21**,66; **29**,16f.; **43**,26f.; **6**,74; **60**,4; (**7**,195).

19,43 *fa-ttabiʿnī ahdika ṣirāṭan sawīyan*: **40**,38; **20**,135; **67**,22.

19,44: **36**,60.

19,46 *la-in lam tantahi la-arǧumannaka*: **26**,116; **26**,167; **36**,18; **11**,91. — Zur Bedeutung des Verbums *raǧama* („steinigen") siehe die Anmerkung zu **11**,91f.

19,47 *qāla salāmun ʿalaika*: **43**,89; **28**,55; **25**,63. Die Äußerung *salāmun (ʿalaika)* ist im vorliegenden Vers wie in den Belegstellen im Sinn der Friedfertigkeit zu verstehen. Abraham will mit seinem Vater nicht weiter streiten. — *sa-astaġfiru laka rabbī*: **26**,86; **14**,41; **9**,114; **60**,4; (**71**,28: Noah). Zur Sache: Speyer, S. 144f.

19,48 *wa-aʿtazilukum wa-mā tadʿūna min dūni llāhi*: **60**,4; **43**,26f.; **6**,78; **18**,16. — *ʿasā allā akūna bi-duʿāʾi rabbī šaqīyan*: **19**,4; (**3**,38).

19,49 *wahabnā lahū Isḥāqa wa-Yaʿqūba wa-kullan ǧaʿalnā nabīyan*: **6**,84; **21**,72; **29**,27; **57**,26; **11**,71. Siehe die Anmerkungen zu **6**,84 und **11**,71–73. — Speziell zu *kullan ǧaʿalnā nabīyan*: auch **37**,112 (Isaak); **19**,30 (Jesus); **19**,41/56 (Abraham, Idrīs); **19**,51/54 (Mose, Ismāʿīl); **19**,53 (Aaron).

19,50 *wa-wahabnā lahum min raḥmatinā*: **21**,75. 86 (Lot; Ismāʿīl, Idrīs, Ḏū l-Kifl). — *wa-ǧaʿalnā lahum lisāna ṣidqin ʿalīyan*: **26**,84 (Abraham). Zum Ausdruck *lisāna ṣidqin* siehe die Anmerkung zu **10**,2 (*qadamu ṣidqin*).

19,51 *innahū kāna muḫlaṣan*: **12**,24. Siehe die Anmerkung dazu, mit weiteren Belegen. — *wa-kāna rasūlan nabīyan*: **19**,54 (Ismāʿīl).

19,52: **26**,10; **79**,15–17; **20**,9–13; **27**,7f.; **28**,29f.; **28**,46; **20**,80. Zur Sache: Horovitz, Koranische Untersuchungen, S. 124f.; Speyer, S. 255f. Zum Passus *min ǧānibi ṭ-Ṭūri l-aimani* verweist Speyer auf 5. Mose 33,2 („Jahwe kam vom Sinai her...zu seiner Rechten ein loderndes Feuer").

19,53: **20**,29–32; **25**,35; **28**,34f.; **26**,13. — In Vers 50 ist *min raḥmatinā* (in partitivem Sinn: „Barmherzigkeit von uns") direktes Objekt von *wahabnā*. Es liegt an sich nahe, denselben Wortlaut im vorliegenden Vers ebenfalls so zu verstehen. Zamaḫšarī und Baiḍāwī stellen diese Deutung zur Wahl, und Bell übersetzt dementsprechend: „And We gave him (a share) of Our mercy /

his brother Aaron a prophet". Die Deutung des präpositionalen Ausdrucks *min raḥmatinā* im Sinn von *min aǧli raḥmatinā* ist aber doch wohl vorzuziehen, da die folgenden Akkusative *aḫāhu Hārūna nabīyan* auf diese Weise leichter in die Satzkonstruktion einbezogen werden können. Vgl. **28**,73: *wa-min raḥmatihī* (= „in seiner Barmherzigkeit") *ǧaʿala lakumu l-laila wan-nahāra li-taskunū fīhi wa-li-tabtaġū min faḍlihī*.

19,54f.: **38**,48; **21**,85; **6**,86. — *wa-kāna rasūlan nabīyan*: **19**,51 (Mose). — Zur Sache: Speyer, S. 171. Siehe auch die Anmerkung zu **2**,125.

19,56f.: **21**,85. — *innahū kāna ṣiddīqan nabīyan*: **19**,41 (Abraham). Zur Bedeutung von *ṣiddīq* siehe die Anmerkung zu **5**,75. — Zur Sache: Horovitz, Koranische Untersuchungen, S. 88f.; Proper Names, S. 175f. — *Idrīs* geht wohl auf den Namen Andreas zurück. Siehe die Anmerkung zu **21**,85.

19,58 *ulāʾika llaḏīna anʿama llāhu ʿalaihim mina n-nabīyīna min ḏurrīyati Ādama wa-mimman ḥamalnā maʿa Nūḥin wa-min ḏurrīyati Ibrāhīma wa-Isrāʾīla wa-mimman hadainā wa-ǧtabainā*: **3**,33f.; **6**,84–87; **16**,121; **57**,26f.; **29**,27. — Speziell zu *wa-mimman ḥamalnā maʿa Nūḥin*: **17**,3. — *iḏā tutlā ʿalaihim āyātu r-raḥmāni ḫarrū suǧǧadan wa-bukīyan*: **17**,107–109; **3**,113; **5**,82f.; **32**,15. Die Zeitstufe des mit *iḏā* eingeleiteten Temporalsatzes ist iterativ-präsentisch. Siehe Renate Tietz, Bedingungssatz und Bedingungsausdruck im Koran, Dissertation Tübingen 1963, S. 59. Für den vorliegenden Zusammenhang würde allerdings eine iterativ-*präteritale* Deutung besser passen, so daß man übersetzen müßte: „Wenn ihnen die Verse...verlesen wurden, fielen sie...nieder" (so Blachère und Bausani). Doch stimmt auch so das Ganze nicht recht zusammen. Daß Patriarchen und Propheten auf die Verlesung der „Verse des Barmherzigen" reagiert haben sollen, ist ein Anachronismus. Bell äußert sich über den Absatz **19**,58–63 (59–64) folgendermaßen: „The passage, vv. (59–64), which follows upon these stories, superficially appears to refer to them, but the end of (59) is not very appropriate as referring to prophets of former times. It looks rather as if a passage from some other connection, which had somehow to stand at the end of the stories, had been adapted by the addition of a phrase or two to refer to them."

19,59: **7**,169f. — Der Versschluß (*fa-saufa yalqauna ġaiyan*) ist schwer zu deuten. Mit *ġai(yan)* ist hier wohl nicht die (subjektive) Verirrung gemeint, sondern deren (objektive) Folge, also etwa ein Zustand völliger Verwirrung und Ausweglosigkeit. Bell übersetzt: „so in the end they shall meet perversion"; Blachère: „Ils rencontreront le Mal".

19,60 *illā man tāba wa-āmana wa-ʿamila ṣāliḥan*: **25**,70; **20**,81f.; **28**,67; (**3**,89/**24**,5); (**2**,160); (**4**,146). — *fa-ulāʾika yadḫulūna l-ǧannata wa-lā yuẓlamūna šaiʾan*: **4**,124, mit weiteren Belegen.

19,61 Zum Ausdruck *ǧannāti ʿAdnin* siehe die Anmerkung zu **9**,72. — Der Ausdruck *bil-ġaibi* läßt sich verschieden deuten. Bell übersetzt: „in the unseen"; Hamidullah: „dans l'invisible"; Blachère: „(qui ont cru) à l'Inconnaissable". — *innahū kāna waʿduhū maʾtīyan*: **73**,18; **13**,31, mit weiteren Belegen.

19,62 *lā yasmaʿūna fīhā laġwan illā salāman*: **56**,25f.; **52**,23; **78**,35; **88**,11. Speziell zu *illā salāman*: **10**,10, mit weiteren Belegen. — *wa-lahum rizquhum fīhā bukratan wa-ʿašīyan*: **37**,41f.; **8**,4/**74**/**22**,50/**24**,26/**34**,4; **33**,31; **40**,40; **3**,169; **2**,25; **56**,20f.; **56**,32f.; **77**,42f.; **43**,71; **43**,73; **21**,102; **41**,31; **36**,57; **38**,51; **44**,55; **52**,22; **55**,52; **55**,68.

19,63: **7**,43/**43**,72; **23**,10f.

19,64f. Die beiden Verse 64f. haben zwar denselben Reim wie der sie umgebende Text, stimmen aber inhaltlich nicht damit überein. Als Sprecher sind wohl Engel zu ergänzen. Nach den Kommentatoren handelt es sich um eine Antwort Gabriels auf den Vorwurf des Propheten, er sei mit der Übermittlung von Offenbarungen in Verzug geraten.

19,64 *wa-mā natanazzalu illā bi-amri rabbika*: **97**,4; **65**,12; **16**,2. Der Ausdruck *bi-amri rabbika* ist vielleicht in kosmologischem Sinn gemeint. Siehe die Anmerkung zu **2**,109. — *lahū mā baina aidīnā wa-mā ḫalfanā wa-mā baina ḏālika*: **2**,255; **20**,110; **21**,28; **22**,76. Siehe die Anmerkung zu **2**,255. — *wa-mā kāna rabbuka nasīyan*: **20**,51f.

19,65 *rabbu s-samāwāti wal-arḍi wa-mā bainahumā*: **26**,24/**44**,7/**38**,66/**78**,37; **37**,5; **20**,6; **5**,17/18; **5**,120; **26**,28; **43**,85.

19,66: **46**,17; **13**,5, mit weiteren Belegen.

19,67: **36**,77f.; **19**,9; **76**,1.

19,68 *la-naḥšurannahum waš-šayāṭīna*: **26**,94f.; **6**,128; **25**,17; **34**,40. — *ṯumma la-nuḥḍirannahum ḥaula ǧahannama ǧiṯīyan*: **45**,28; **19**,72.

19,71 *kāna ʿalā rabbika ḥatman maqḍīyan*: **19**,21, mit weiteren Belegen.

19,72 *ṯumma nunaǧǧī llaḏīna ttaqau*: **39**,61. — *ǧiṯīyan*: **19**,68; **45**,28.

19,73 Die ungläubigen Mekkaner pochen den Gläubigen gegenüber auf ihre soziale Überlegenheit.

19,74: **6**,6; **17**,17; **19**,98. Weitere Belege in den Anmerkungen zu **6**,6 und **17**,17.

19,75 Mit Vers 75 setzt (für den Rest der Sure) ein neuer Reim ein. Aber der Reimwechsel zeigt hier keine scharfe Zäsur an. Denn inhaltlich läßt sich Vers 75 leicht an den unmittelbar vorausgehenden Abschnitt (V. 73f.) anschließen. Der Versschluß (*wa-huwa šarrun makānan wa-aḍʿafu ǧundan*) wirkt fast wie eine Erwiderung auf den Schluß von Vers 73 (*aiyu l-farīqaini ḫairun maqāman wa-aḥsanu nadīyan*). — *man kāna fī ḍ-ḍalālati fal-yamdud lahu r-raḥmānu maddan*: **2**,15f. — *ḥattā iḏā ra'au mā yūʿadūna...fa-sa-yaʿlamūna man huwa šarrun makānan wa-aḍʿafu ǧundan*: **72**,24; (**26**,205–207). Speziell zum Ausdruck *huwa šarrun makānan*: **5**,60; **25**,34; **12**,77. Zur Einführung des Satzes mit *ḥattā iḏā* siehe Reckendorf, Syntax, § 266, 4bβ.

19,76 *wa-yazīdu llāhu llaḏīna htadau hudān*: **47**,17; **18**,13. — *wal-bāqiyātu ṣ-ṣāliḥātu ḫairun ʿinda rabbika ṯawāban wa-ḫairun maraddan*: **18**,46; **28**,80. — Der Ausdruck *(ḫairun) maraddan* läßt sich schwer übersetzen. Vielleicht liegt der Gedanke zugrunde, daß schließlich alles zu Gott als der letzten Instanz „zurückgebracht“ wird und bei ihm seine richtige Bewertung findet. Vgl.

40,43. Bell übersetzt: „better in return"; Blachère: „(reçoivent) la meilleure fin"; Hamidullah: „mieux en fait de lieu de retour".

19,77 *qāla la-ūtayanna mālan wa-waladan*: **18**,46; **68**,14; **74**,12f.; **57**,20. Weitere Belege in der Anmerkung zu **3**,14.

19,78 *a-ṭṭalaʿa l-ġaiba*: **3**,179; **72**,26; **7**,188; **6**,50/**11**,31; **53**,35; **52**,41/**68**,47; (**27**,65). — *ami ttaḫaḏa ʿinda r-raḥmāni ʿahdan*: **19**,87; **2**,80; **9**,7. Siehe die Anmerkung zu diesem Vers, mit Verweis auf F. Buhl, Acta Orientalia 3, 1924, S. 101.

19,79 *kallā sa-naktubu mā yaqūlu*: **3**,181; **4**,81; **78**,29f.; **36**,12; **43**,80; **10**,21; **82**,10–12. — *wa-namuddu lahū mina l-ʿaḏābi maddan*: **78**,29f.

19,80 Der Passus *wa-nariṯuhū mā yaqūlu* bezieht sich wohl auf Vers 77 zurück (*wa-qāla la-ūtayanna mālan wa-waladan*). Belege: **19**,40, mit weiteren Stellen. — *wa-yaʾtīnā fardan*: **19**,95; **6**,94.

19,81: **36**,74; **4**,139.

19,82: **46**,5f.; **35**,14; **30**,13; **29**,25; **16**,86; **10**,28f., mit weiteren Belegen.

19,83: **17**,64; **43**,36f.

19,84 *fa-lā taʿǧal ʿalaihim*: **46**,35. — Der Passus am Schluß des Verses (*innamā naʿuddu lahum ʿaddan*) bedeutet vielleicht, daß Gott den Ungläubigen die ihnen noch verbleibende Lebenszeit genau abzählt. Bell übersetzt: „We only count for them a (certain) number (of years)"; Blachère: „Nous leur compterons seulement leur temps". Hamidullah kommentiert: „Nous comptons leur compte (de jours)".

19,85f.: (**39**,71. 73); (**27**,83). — Zum Ausdruck *wirdan* siehe die Anmerkung zu **11**,98.

19,87: **43**,86; **39**,43f.; **20**,109; **34**,23; **53**,26; **10**,3; **2**,255; **21**,28. — Als Subjekt von *lā yamlikūna* sind entweder die im vorausgehenden Vers 86 genannten Sünder zu ergänzen, oder – was sich syntaktisch schwerer vertreten läßt, aber in sachlicher Hinsicht wahrscheinlicher ist – die Engel, bzw. irgendwelche himmlische Wesen, die fälschlich an Gottes Statt verehrt worden sind. — *illā mani ttaḫaḏa ʿinda r-raḥmāni ʿahdan*: **19**,78; **2**,80; **9**,7. Siehe die Anmerkung zu diesem Vers.

19,88–93 Belege zu den Versen 88–93 in der Anmerkung zu **2**,116.

19,89: **19**,27; **18**,71. 74.

19,90 *takādu s-samāwātu yatafaṭṭarna minhu*: **42**,5; (**73**,18); (**82**,1).

19,91f.: **2**,116, mit weiteren Belegen.

19,93: **21**,26; **10**,68; **21**,19; **4**,172, mit weiteren Belegen.

19,94: **72**,28; **78**,29; **36**,12; **58**,6.

19,95: **19**,80; **6**,94.

19,96 Mit dem Ausdruck *wudd(an)* ist vermutlich die göttliche Liebe gemeint. So wie es an anderen Stellen heißt, daß Gott den rechtschaffenen Gläubigen dereinst Vergebung (*maġfira*) oder Barmherzigkeit (*raḥma*) zukommen läßt, wird ihnen im vorliegenden Vers Liebe (*wudd*) in Aussicht gestellt. Vgl. **11**,90 und **85**,14, wo Gott der „Liebreiche" (*wadūd*) genannt wird.

Blachère übersetzt dementsprechend: „le Bienfaiteur accordera (Son) amour". Nach den Kommentatoren ist allerdings mit *wudd* die Beliebtheit unter den Mitmenschen gemeint.

19,97 *innamā yassarnāhu bi-lisānika*: **44**,48; **54**,17/22/32/40. — Durch die Partikel *innamā* soll wohl der präpositionale Ausdruck *bi-lisānika* hervorgehoben werden („eigens in deiner Sprache"), und nicht erst die zweite Vershälfte (*li-tubaššira bihi l-muttaqīna*...). Wenn dies der Fall wäre, müßte man übersetzen: „Und wir haben ihn (den Koran) dir eigens zu dem Zweck in deiner Sprache leicht gemacht, damit du den Gottesfürchtigen mit ihm frohe Botschaft bringst und streitsüchtige Leute mit ihm warnst".

19,98: **17**,17. Weitere Belege in der Anmerkung zu diesem Vers (und in den Anmerkungen zu **10**,13 und **14**,9).

SURE 20

20,1 Über die Buchstaben, die einzelnen Suren vorgesetzt sind, siehe die Anmerkung zu **2**,1, mit Literaturangaben. Die Kombination *ṭh* findet sich nur vor Sure **20**.

20,2 Der Ausdruck *li-tašqā* (wörtlich: „damit du unglücklich bist") kann verschieden gedeutet werden. Vermutlich soll einfach zum Ausdruck gebracht werden, daß die Offenbarung des Korans den Propheten nicht unglücklich machen, daß sie ihn vielmehr (mitsamt seinen Glaubensgenossen) über den Weg der Selbstbesinnung dem Heil zuführen möge (vgl. Vers 3). Beleg für eine solche Deutung: **87**,6–13. Zamaḫšarī möchte dagegen Vers 2 in dem Sinn verstanden wissen, daß Mohammed sich nicht grämen soll, wenn er mit der koranischen Verkündigung bei den Ungläubigen auf Ablehnung stößt. Belege für eine solche Deutung: **18**,6; **26**,3; **15**,97; weitere Stellen in der Anmerkung zu **10**,65. Am wenigsten wahrscheinlich ist die Deutung des Verbums *šaqiya* („unglücklich sein") im Sinn von „erfolglos sein", „Mißerfolg haben" (in Anlehnung an die Bedeutung von *šaqīyan* in **19**,4 und 48).

20,3: **69**,48; **74**,54f./**80**,11f.; **73**,19/**76**,29; **87**,9–11; (**79**,26).

20,5 Der Nominativ *ar-raḥmānu* läßt sich syntaktisch nicht unmittelbar an das Vorhergehende anschließen. Von der Sache her gesehen ist der Zusammenhang trotzdem klar. — *'alā l-'arši stawā*: **7**,54, mit weiteren Belegen.

20,6: **19**,65/**26**,24/**44**,7/**38**,66/**78**,37. Weitere Belege in der Anmerkung zu **19**,65.

20,7 Belege in der Anmerkung zu **2**,33. — Rätselhaft ist der Ausdruck *wa-aḫfā* am Versschluß (zugleich als Reimwort). Die verschiedenen Deutungsversuche befriedigen alle nicht. Die Kommentatoren verstehen die Form *aḫfā* als Elativ. H. Wehr schließt sich ihnen an und übersetzt: „denn er kennt das geheime Innere (des Menschen) und noch Verborgeneres" (Der arabische

Elativ, Wiesbaden 1953, S. 13). In diesem Fall würde man allerdings eher die Formulierung *wa-mā aḫfā* erwarten. Bell übersetzt: „And though thou speakest openly, He knoweth the secret and hath concealed". Dazu die Anmerkung: „Referring to the time of the Last Judgment, cf. v. 15; the word is usually read as elative, ‚and still more hidden', referring to the inner thoughts of men; Barth suggests reading *al-khafa* = ‚the hidden'." Blachère übersetzt: „Si tu exprimes hautement ta parole...car il sait le secret même bien caché". Dazu die Anmerkungen (zu *wa-in taǧhar bil-qauli*): „Phrase en suspens. Il faut sous-entendre: cela n'est pas utile"; (zu *as-sirra wa-aḫfā*): „Text.: le secret et la chose cachée". — Da der Versschluß kaum befriedigend gedeutet werden kann, bleibt auch der Vers als Ganzes unklar. Immerhin ist zu beachten, daß er in einem Zusammenhang steht, in dem von der Allmacht des Schöpfergottes (V. 6) und von seinen „schönen Namen" (V. 8) die Rede ist. Ein ähnlicher Zusammenhang liegt in **17**,110 vor. Vielleicht bezieht sich der Ausdruck *wa-in taǧhar bil-qauli* im vorliegenden Vers eben auch auf die Anrufung Gottes im Gebet, und nicht nur auf irgendwelche Äußerungen im Gespräch mit den Mitmenschen. Vgl. **17**,110: *wa-lā taǧhar bi-ṣalātika...* Diese Deutung vertritt Hamidullah: „Et quand même tu ferais haute ta voix!..." Dazu die Erläuterung: „pour prier plus fort".

20,8: **7**,180; **17**,110; **59**,23f.

20,9–98(–101) Mit Vers 9 setzt die Geschichte von Mose ein. Die einzelnen Abschnitte erstrecken sich von der Kindheitsgeschichte bis zu der Episode mit dem goldenen Kalb und machen insgesamt gegen zwei Drittel der Sure aus. Belegstellen zur ganzen Geschichte siehe in der Anmerkung zu **7**,103–137. Diejenigen Belege, die für die einzelnen Abschnitte besonders in Betracht kommen, werden im folgenden zu Beginn der betreffenden Abschnitte oder zu den einzelnen Versen nochmals aufgeführt.

20,9–13 Die Verse 9–13 handeln von der Geschichte vom brennenden Busch. Belege in der Anmerkung zu **19**,52.

20,9: **79**,15; (**51**,24); (**85**,17f.); (**88**,1); (**38**,21).

20,10 *iḏ...* Verkürzter Zeitsatz. Siehe Einleitung zur Übersetzung, S. 3f. — Belege zum ganzen Vers: **28**,29; **27**,7.

20,11f.: **28**,30; **27**,8f.; **79**,16; **26**,10. — Zum Ausdruck *al-wādi l-muqaddas* siehe Horovitz, Proper Names, S. 218; zu *Ṭuwā* als Namen des heiligen Tales: Koranische Untersuchungen, S. 125 („Die Bedeutung des als Reimwort gebrauchten *ṭuwan* ist nicht festzustellen").

20,13: **7**,144.

20,15 *inna s-sā'ata ātiyatun*: **15**,85, mit weiteren Belegen. — *li-tuǧzā kullu nafsin bi-mā tas'ā*: **53**,39–41; **17**,19. Weitere Belege in der Anmerkung zu **17**,18f.

20,16 *fa-lā yaṣuddanaka 'anhā man lā yu'minu bihā*: **28**,87.

20,17–23: **27**,10–12; **28**,31f.; **7**,107f./**26**,32f.; (**20**,65–69; **7**,115–119; **26**,43–45; **10**,80f.). Zur Sache: 2. Mose 4,1–7; Speyer, S. 258f.

20,19–21: **27**,10; **28**,31; **7**,107/**26**,32; (**20**,65–69; **7**,115–117; **26**,43–45; **10**,80f.). — Bei der Formulierung *sa-nu'īduhā sīratahā l-ūlā* („wir werden sie wieder so werden lassen, wie sie zuerst gewesen ist", Vers 21) ist zu bedenken, daß im Arabischen das Wort für „Stock" (*'aṣā*) ebenso wie das für „Schlange" (*ḥaiya*) Femininum ist.

20,22: **27**,12; **28**,32; **7**,108/**26**,33.

20,23: **79**,20; **20**,56; (**43**,48); (**53**,18; **17**,1).

20,24: **79**,17; **20**,43; (**89**,10f.); (**26**,10f.).

20,25–32: **26**,12f.; **28**,34f. Zur Sache: 2. Mose 4,10–16; Speyer, S. 260 bis 262. — *išraḥ lī ṣadrī*: **94**,1; (**6**,125; **39**,22); (**16**,106). — *wa-ǧ'al lī wazīran min ahlī * Hārūna aḫī* (V. 29f.): **25**,35. Zur Bedeutung des Ausdrucks *wazīr* siehe Meïr Bravmann, The etymology of Arabic *wazīr* (Der Islam 37, 1961, S. 260 bis 263). — *ušdud bihī azrī*: **28**,35; (**76**,28).

20,33f.: **3**,41; **33**,41f. — *wa-naḏkuraka kaṯīran*: **33**,41, mit weiteren Belegen.

20,37–40a: **28**,7–13. Zur Sache: 2. Mose 2,1–10; Speyer, S. 241–245.

20,37: **37**,114.

20,38f. *iḏ auḥainā ilā ummika...fa-qḏifīhi fī l-yammi*: **28**,7. — Die Ausdrucksweise *mā yūḥā* (Imperfekt Passiv) ist wohl des Reimes wegen gewählt (statt *mā auḥainā*, Perfekt Aktiv). — *fal-yulqihi l-yammu bis-sāḥili ya'ḫuḏhu 'adūwun lī wa-'adūwun lahū*: **28**,8. — Von *wa-alqaitu 'alaika maḥabbatan minnī* an wird Mose wieder unmittelbar (in der 2. Person) angesprochen. — Schwierig ist die Deutung des Ausdrucks *wa-li-tuṣna'a 'alā 'ainī*. Vgl. Lane: *ṣana'tu farasī* „I tended well my horse, or took good care of him..."; *ṣana'a ǧāriyatahū* „he reared, or nourished, his girl". Ebd., s.v. *'ain*: *anta 'alā 'ainī* „Thou art entitled to be honoured and protected by me above my eye". Vgl. auch **20**,41: *wa-ṣṭana'tuka li-nafsī*. Bell übersetzt: „And (it was) in order that thou mightest be formed under My eye". Blachère: „afin que tu sois élevé sous Mes yeux".

20,40a *iḏ tamšī uḫtuka...wa-lā taḥzana*: **28**,11–13.

20,40b *wa-qatalta nafsan fa-naǧǧaināka mina l-ġammi wa-fatannāka futūnan*: **28**,15–21. 33; **26**,14. 19–21. Zur Sache: 2. Mose 2,11–15; Speyer, S. 246–248. — Speziell zu *fa-naǧǧaināka mina l-ġammi*: **21**,88 (Jonas). — Der Passus *wa-fatannāka futūnan* bezieht sich wohl auf die Absicht Pharaos und seiner Vornehmen (*mala'*), Mose umzubringen. Siehe **28**,20f.; **40**,26f.; **10**,83. — *fa-labiṯta sinīna fī ahli Madyana*: **28**,22–29a (ausführliche Erzählung). Zur Sache: 2. Mose 2,15–22; Speyer, S. 249–251. — *ṯumma ǧi'ta 'alā qadarin*: (**28**,29). Zur Bedeutung des Ausdrucks *'alā qadarin* siehe auch H. Ringgren, Studies in Arabian Fatalism, Uppsala-Wiesbaden 1955, S. 98.

20,41: (**20**,39).

20,43: **20**,24; **89**,10f.

20,46: **26**,15; **28**,35.

20,47 *fa-'tiyāhu fa-qūlā innā rasūlā rabbika fa-arsil ma'anā Banī Isrā'īla*: **26**,16f.; **7**,104f.; **43**,46; **44**,17f. — *qad ǧi'nāka bi-āyatin min rabbika*: **7**,105; (**26**,30); (**44**,19).

20,48 *(anna l-ʿaḏāba ʿalā) man kaḏḏaba wa-tawallā*: **92**,15f.; **75**,32; **96**,13; **79**,21f.; **20**,56; **51**,39.

20,49f.: **26**,23f. — Speziell zu *rabbunā llaḏī aʿṭā kulla šaiʾin ḫalqahū ṯumma hadā*: **87**,1–3.

20,51f. Der Sinn von Pharaos Frage nach dem Zustand der früheren Generationen ist nicht ohne weiteres verständlich. Die Kommentatoren beziehen sie auf das religiöse Bekenntnis, d.h. auf die Stellung, die frühere Generationen zum Glauben an den einen Gott eingenommen haben. — *ʿilmuhā ʿinda rabbī fī kitābin*: **22**,70. Weitere Belege in den Anmerkungen zu **9**,36 und **9**,51. — Speziell zu *ʿilmuhā ʿinda rabbī*, aber mit Beziehung auf die Stunde des Gerichts: **7**,187; **33**,63.

20,53 *allaḏī ǧaʿala lakumu l-arḍa mahdan wa-salaka lakum fīhā subulan*: **43**,10; **71**,19f.; **78**,6; **2**,22; **51**,48; (**13**,3, mit weiteren Belegen). — Speziell zu *wa-salaka lakum fīhā subulan*: **43**,10; **71**,20 (s. o.); **21**,31; **16**,15. — *wa-anzala mina s-samāʾi māʾan fa-aḫraǧnā bihī azwāǧan min nabātin šattā*: **43**,11f.; **31**,10; **6**,99, mit weiteren Belegen.

20,54: **32**,27; **79**,30–33; **80**,31f.; **10**,24; **25**,49; **87**,4. — *inna fī ḏālika la-āyātin li-ulī n-nuhā*: **20**,128.

20,55: **71**,17f.

20,56: **79**,20–22; **20**,48, mit weiteren Belegen; (**54**,42).

20,57: **26**,35; **7**,110; **20**,63.

20,58–60: **26**,36–38. 53; **7**,111f.; **10**,79; **79**,23. — Der Ausdruck *mauʿid* („Abmachung", „Verabredung") kommt im Koran mehrmals vor. Er betrifft entweder den Ort der Abmachung („Stelldichein"), so in **11**,17 und **15**,43 (von der Hölle), oder den Zeitpunkt der Abmachung („Termin"), so z.B. in **11**,81. In der vorliegenden Stelle **20**,58f. bezieht sich *mauʿid* hauptsächlich auf den Zeitpunkt (*yaumu z-zīnati, ḍuḥān*). Eine Ortsbestimmung ist aber mit einbegriffen (*makānan suwān*). —*fa-ǧamaʿa kaidahū ṯumma atā* (V. 60): **20**,64.

20,61: **6**,21, mit weiteren Belegen.

20,62 *fa-tanāzaʿū amrahum bainahum*: **18**,21; (**21**,93). — *wa-asarrū n-naǧwā*: **21**,3; **17**,47, mit weiteren Belegen.

20,63 *qālū in hāḏāni la-sāḥirāni yurīdāni an yuḫriǧākum min arḍikum bi-siḥrihimā*: **26**,34f.; **7**,109f.; **20**,57; **10**,76, mit weiteren Belegen. — Zur Formulierung *in hāḏāni la-sāḥirāni* (statt des zu erwartenden *inna hāḏaini la-sāḥirāni*) siehe Gesch. des Qor. III, S. 2f. — Der Ausdruck *(bi-)ṭarīqatikumu l-muṯlā* bezeichnet wohl die Art und Weise der Glaubens- oder Kultgemeinschaft, der die ägyptischen Zauberer angehören, und die sie selber für vorbildlich (*al-muṯlā*) halten. Belege zu diesem Sprachgebrauch: **20**,104; (**72**,16); (**72**,11); (**10**,78).

20,64 *fa-aǧmiʿū kaidakum (ṯumma ʾtū ṣaffan)*: **20**,60; **10**,71, mit weiteren Belegen.

20,65: **7**,115.

20,66: **7**,116; **26**,43f.; **10**,80f. — Speziell zu *yuḫaiyalu ilaihi min siḥrihim innahā tasʿā*: **20**,20.

20,67f. *fa-auǧasa fī nafsihī ḫīfatan Mūsā * qulnā lā taḫaf*: **11**,70/**51**,28 (Geschichte von Abraham). — *innaka anta l-aʿlā*: **28**,35; **37**,116; (**3**,139/**47**,35).

20,69 *wa-alqi mā fī yamīnika talqaf mā ṣanaʿū*: **7**,117; **26**,45. — *inna-mā ṣanaʿū kaidu sāḥirin wa-lā yufliḥu s-sāḥiru ḥaiṯu atā*: **10**,77; **10**,81.

20,70: **7**,120–122/**26**,46–48. Zur Bedeutung der Passivform *ulqiya* siehe die Anmerkung zu **7**,120–122.

20,71: **26**,49; **7**,123f. — Der Komparativ *(wa-)abqā* am Schluß des Verses ist entweder ebenso wie der vorausgehende Komparativ *ašaddu* durch den Akkusativ *ʿaḏāban* spezifiziert (vgl. Vers 127), oder er bezieht sich unmittelbar auf die Person des Pharao bzw. seines Gegenspielers (vgl. Vers 73).

20,73 *innā āmannā bi-rabbinā li-yaġfira lanā ḫaṭāyānā*: **26**,51; **3**,193, mit weiteren Belegen. — *wa-llāhu ḫairun wa-abqā*: **28**,60/**42**,36; **20**,131; **87**,17; **20**,71 (siehe die Anmerkung dazu); (**20**,127).

20,74 *innahū man yaʾti rabbahū muǧriman fa-inna lahū ǧahannama*: **43**,74. — *fa-inna lahū ǧahannama lā yamūtu fīhā wa-lā yaḥyā*: **87**,11–13; **35**,36; **43**,77; **69**,27. Siehe auch die Anmerkung zu **55**,43f., mit der von Ibn Masʿūd überlieferten Variante.

20,75: **8**,4; **3**,163, mit weiteren Belegen.

20,76 Zum Ausdruck *ǧannātu ʿAdnin* siehe die Anmerkung zu **9**,72, zum Ausdruck *taǧrī min taḥtihā l-anhāru* die Anmerkung zu **2**,25. — *wa-ḏālika ǧazāʾu man tazakkā*: **87**,14.

20,77: **26**,52; **26**,61–63; **44**,23f.; **2**,50; **10**,90, mit weiteren Belegen.

20,78: **7**,136; **10**,90. Weitere Belege in den Anmerkungen zu diesen beiden Versen.

20,80 *yā Banī Isrāʾīla qad anǧainākum min ʿadūwikum*: **2**,49/**7**,141/**14**,6; **2**,50; **44**,30; **37**,115f.; **26**,65. — *wa-wāʿadnākum ǧāniba ṭ-Ṭūri l-aimana*: **19**,52, mit weiteren Belegen; **2**,51; **7**,142. — *wa-nazzalnā ʿalaikumu l-manna was-salwā*: **2**,57/**7**,160.

20,81 *kulū min ṭaiyibāti mā razaqnākum*: **2**,57/**7**,160; **2**,172; **5**,88/**16**,114; **10**,93/**45**,16. Weitere Belege in der Anmerkung zu **5**,88. — *fa-yaḥilla ʿalaikum ġaḍabī wa-man yaḥlil ʿalaihi ġaḍabī fa-qad hawā*: **20**,86.

20,82: **6**,54; **19**,60. Weitere Belege in den Anmerkungen zu diesen beiden Versen.

20,83–98 Die Geschichte vom Kalb wird in **7**,148–156 und in der vorliegenden Stelle **20**,83–98 ausführlicher behandelt. Kürzere Hinweise darauf finden sich in **4**,153; **2**,51f.; **54**,92f. Zur Sache: 2. Mose 32; Speyer, S. 323 bis 332; A. S. Yahuda, The Golden Calf and the Sāmirī, in: A Contribution to Qurʾān and Ḥadīth Interpretation (Ignace Goldziher Memorial Volume, I, Budapest 1948, S. 280–308), S. 286–290.

20,83f. Speyer sieht in den Versen 83f. eine Kontamination von der Geschichte von Moses Verweilen auf dem Sinai und der in 1. Kön. 19 berichteten Geschichte von Elias Reise nach dem Gottesberg Horeb. „Zweifellos ist es Elias Antwort auf die Frage Gottes, warum er nach dem Ḥōrēb gekommen sei (1. Kön. 19,9. 13), die Mohammed Mūsā in den Mund legt, wenn er ihn von Allah fragen läßt, warum er sein Volk verlassen habe. Denn die Worte: ‚Sie waren auf meiner Spur, und ich eilte zu dir, mein Herr, damit du Wohlgefallen an mir findest', decken sich inhaltlich vollkommen mit Elias Antwort: ‚Geeifert habe ich für Jahwe, den Gott der Heerscharen. Denn die Israeliten haben deine Verordnungen außer Acht gelassen, deine Altäre niedergerissen und deine Propheten mit dem Schwert getötet, so daß ich allein übrig geblieben bin. Und sie trachten darnach, mir das Leben zu nehmen' (1. Kön. 19, 10. 14)." — Sollte etwa die Formulierung *a'ǧalaka* und *(wa-)'aǧiltu* auf *'iǧl* („Kalb") als das Stichwort des ganzen Abschnitts hinweisen, bzw. in einer Art Wortspiel darauf vorbereiten?

20,85 *qāla fa-innā qad fatannā qaumaka min ba'dika*: **7**,155; **20**,90. — Zum Namen *as-Sāmirī*, der dem Verführer der Israeliten und Verfertiger des goldenen Kalbes beigelegt wird, liegen verschiedene Erklärungsversuche vor. Siehe Horovitz, Koranische Untersuchungen, S. 114f. Einleuchtend ist der Hinweis auf den „Stier von Samarien" (*'ēgel Šōmĕrōn*) in Hos. 8,5f. Horovitz kommt zu dem Schluß, daß eben die Erinnerung an den Stierdienst von Šōmĕrōn „auf alle Fälle irgendwie in der Erzählung ihre Spuren hinterlassen zu haben scheint". A. S. Yahuda denkt eher an 1. Kön. 12,28 (und 14,16), wonach Jerobeam (I) zwei goldene Kälber verfertigte und sie für die Götter ausgab, die Israel aus Ägypten geführt hatten. Speyer (S. 329–332) denkt an eine Verwechslung mit dem Namen des Zimrī ben Sālū (LXX *zambrei* oder *zambri*, syrisch *zamrī*), der nach 4. Mose 25,14 beim Abfall der Juden in der Wüste mit einer Moabiterin buhlte und von Pīnḥās getötet wurde.

20,86 *fa-raǧa'a Mūsā ilā qaumihī ġaḍbāna asifan*: **7**,150. — *a-fa-ṭāla 'alaikumu l-'ahdu*: **57**,16. — *am aradtum an yaḥilla 'alaikum ġaḍabun min rabbikum*: **20**,81; **7**,152.

20,87–89: **7**,148. — Speziell zu *(fa-qaḏafnāhā) fa-ka-ḏālika alqā s-Sāmirīyu*: **20**,96. — Schwierig ist die Deutung von *fa-nasiya* am Schluß von Vers 88. Der Wortfolge nach liegt es nahe, als Subjekt von *nasiya* den unmittelbar vorher genannten Mose zu ergänzen. Aber was soll dann Mose vergessen haben? Seinen Gott in Gestalt des Kalbes (das er selber noch gar nicht gesehen hat, da es erst nach seinem Weggang verfertigt worden ist)? Oder etwa die Rückkehr zu seinem Volk? Die Kommentatoren rechnen auch mit der Möglichkeit, daß der Sāmirī als Subjekt von *nasiya* zu ergänzen ist. Hamidullah schließt sich dem an und glossiert: „Le Sâmirî (sans doute) a donc oublié (sa religion)". Bell bemerkt: „This phrase usually taken as referring to Moses, is perhaps the displaced ending of v. 85 (87)". A. S. Yahuda (S. 288, Anm. 30): „At the end of v. 88(90) *fa-nasiya* has no connection with either the foregoing or with the following words; it is very tempting to assume that it has strayed from S. 20,115 (114)". Eine weitere Möglichkeit der Deutung ergibt sich, wenn man *hāḏā ilāhukum* als abgeschlossenen Satz versteht („dies, d.h. das Kalb, ist euer Gott") und das folgende *wa-ilāhu Mūsā* als isoliertes Subjekt eines neuen

Satzes auffaßt, der in *fa-nasiya* seine Fortsetzung und seinen Abschluß findet („der Gott Moses, der hat (uns) ja vergessen"). Siehe Reckendorf, Syntax, § 182,10. Das Ganze wäre dann eine Aufforderung an die Israeliten, mit dem Kalb als dem für sie zuständigen Gott vorliebzunehmen, nachdem Mose schon so lange Zeit abwesend ist und damit auch der Gott Moses sich von ihnen fernhält und sie vergessen zu haben scheint. Zur Sache siehe 2. Mose 32,1 (ähnlich Vers 23): „Als aber das Volk sah, daß sich die Rückkunft Moses vom Berge verzögerte, scharte sich das Volk um Aaron und forderte ihn auf: Wohlan, schaffe uns einen Gott, der vor uns einherziehe; denn wir wissen nicht, was jenem Manne Mose, der uns aus Ägypten weggeführt hat, zugestoßen ist." — *a-fa-lā yarauna allā yarǧiʿu ilaihim qaulan wa-lā yamliku lahum ḍarran wa-lā nafʿan*: **26**,72f.; **5**,76; **6**,71, mit weiteren Belegen.

20,90 *innamā futintum bihī*: **7**,155; **20**,85.

20,92–94: **7**,150. — Der Ausspruch *innī ḫašītu an taqūla*... (am Schluß von Vers 94) ist wohl in irrealem Sinn zu verstehen: Aaron fürchtete, daß Mose ihm die genannten Vorwürfe machen würde, falls er sich dem Ansinnen seiner Landsleute widersetzen würde. In Wirklichkeit hat er ihnen deshalb den Willen getan.

20,96 In Vers 96 macht der Sāmirī gewisse Angaben über die Herstellung des Kalbes, wodurch er seine Handlungsweise erklären und zugleich rechtfertigen will. Die Einzelheiten sind zum Teil unklar. Mit dem „Gesandten" (*rasūl*), von dessen Spur er eine Handvoll (Erde) aufnimmt, ist wohl Mose gemeint. Dieser wird im Koran öfters als Gesandter (an Pharao) bezeichnet, so auch in **20**,47/**26**,16. Im vorliegenden Zusammenhang ist der Ausdruck allerdings etwas merkwürdig, zumal der Sāmirī unmittelbar zu Mose spricht. Die Deutung des „Gesandten" auf ein Engelwesen ist im Hinblick auf die eigenartige Stelle **81**,19–21 (siehe R. Paret, Mohammed und der Koran, S. 45) und auf den unten nach A. S. Yahuda zitierten Midrasch nicht ganz unmöglich, aber doch weniger wahrscheinlich als die Deutung auf Mose. Zum Ganzen bemerkt A. S. Yahuda (S. 287f.): „The source of this story remained unknown until it was discovered in all details by S. Lieberman (Yemenite Midrashim, p. 17f.), who has shown that it emanates from a Midrash of Yemenite provenance. In a fragment of the Cairo Genizah, published by Louis Ginsberg, it is said that when the Israelites went out of Egypt and crossed the sea, they saw the likeness of a bull marching at God's left-hand side; they took a handful of dust from beneath his feet and when they made the calf, they threw it in the fire, whereupon the calf came forth and was kicking with its legs. The Qur'ān has not preserved all the details of the picture, and confounded the bull with the ‚Messenger', who obviously is Moses, and made the Sāmirī take a handful of dust from beneath his footsteps to throw it in the molten calf. The commentators had some knowledge of this Midrash, but offered a distorted picture of the story." — *(fa-qabaḍtu qabḍatan min aṯari r-rasūli) fa-nabaḏtuhā*: **20**,87. — Zur Bedeutung des Ausdrucks *ka-ḏālika sauwalat lī nafsī* siehe die Anmerkung zu **12**,18.

20,97 Die verschiedenen Deutungen der Worte *lā misāsa* („keine Berührung!"), die der Sāmirī zur Strafe für sein Vergehen zeitlebens aussprechen soll, sind von J. Horovitz kurz aufgeführt (Koranische Untersuchungen, S. 115). Horovitz kommt zu dem Ergebnis, daß „die Herkunft des *lā misāsa* trotz all dieser Erklärungen noch nicht völlig deutlich ist". A. S. Yahuda äußert sich darüber folgendermaßen (S. 287): „Moses announced to him his punishment: to have to say in his whole life *lā misāsa* „untouchable", i.e.: „beware from touching me!" In what did the punishment consist, and why had he to shout „touch me not"? Wherefrom did he get this phrase? The answer to it is that the Jew told him that a leper was unclean, and that he had to cry: „unclean, unclean" (Lev. 13,45), to prevent the passers-by from coming in contact with him. This makes it certain that Moses condemned the Sāmirī to be a leper for his whole life." — Der unausweichliche Termin, der dem Sāmirī angedroht wird (*wa-inna laka mau'idan lan tuḫlafahū*), ist wohl nicht im Sinn eines zeitlichen Strafgerichts zu verstehen, sondern (im Gegensatz zum vorausgehenden *fa-inna laka fī l-ḥayāti an taqūla lā misāsa*) in eschatologischem Sinn. — Der Passus *la-nuḥarriqannahū ṯumma la-nansifannahū fī l-yammi nasfan* entspricht ziemlich genau der Stelle 5. Mose 9,21: „Das Denkmal eurer Sünde aber, das ihr verfertigt hattet, das Kalb, nahm ich, verbrannte es und zerstieß und zermalmte es vollständig, bis es zu feinem Staub wurde; diesen Staub warf ich in den Bach, der vom Berge herabfließt." Vgl. 2,93: *wa-ušribū fī qulūbihimu l-'iǧla bi-kufrihim* (entspricht 2. Mose 32,20). Siehe A. S. Yahuda, S. 288f.: „The two passages are not contradictory, but complete each other: in Deut. 9,21 he mentions the detail of throwing the dust into the brook; this does not preclude that he made the Israelites drink the water from the brook, but made it clear that the ashes had to be thrown into the brook, so that there was sufficient water for all the Israelites to drink, otherwise there could not be enough vessels to contain the water for all of them."

20,98 *wasi'a kulla šai'in 'ilman*: **6**,80; **7**,89; **40**,7.

20,99 *ka-ḏālika naquṣṣu 'alaika min anbā'i mā qad sabaqa*: **7**,101, mit weiteren Belegen.

20,100f.: **6**,31; **16**,25; **29**,13; (**20**,124). — Zum Passus *ḫālidīna fīhi* siehe die Anmerkung zu **2**,162. So wie der Text lautet, müßte man das Suffix von *fīhi* eigentlich auf *wizran* zurückbeziehen. Es scheint aber sinnvoller, *'aḏāb ǧahannam* oder einen ähnlichen Ausdruck zu ergänzen und das Suffix darauf zu beziehen. Vgl. **43**,74; **25**,69.

20,102 *yauma*... Verkürzter Zeitsatz. Siehe Einleitung zur Übersetzung, S. 3f. — *yauma yunfaḫu fī ṣ-ṣūri*: **6**,73, mit weiteren Belegen. — Wenn die Sünder bei der Auferweckung am Jüngsten Tag als blau (*zurq*) bezeichnet werden, so ist damit wohl gemeint, daß sie blaue Augen haben. Blauäugigkeit gilt für gefährlich und verrufen. Siehe Edward Westermarck, Ritual and Belief in Morocco, London 1926, I, S. 419. Weitere Literatur in Anmerkung 3. Von den Kommentatoren wird u.a. die Ansicht vertreten, daß *zurq* in der vorliegenden Stelle so viel wie *'umy* („blind“) bedeutet. Vgl. **20**,124; **17**,97. Es ist aber möglich, daß die Gleichsetzung von *zurq* mit *'umy* erst nachträglich aus eben diesen Parallelstellen erschlossen ist.

20,103f.: **10**,45. Siehe die Anmerkung zu diesem Vers, mit weiteren Belegen. — Mit dem Zahlwort *'ašran* sind Tage (genauer Nächte, *layālī*, vom Femininum *lailatun*) gemeint, wie in **2**,234; **7**,142 und **89**,2. Merkwürdig ist dann aber, daß derjenige, der sagt: ‚Ihr habt nur einen Tag verweilt‘, als *amṯaluhum ṭarīqatan* bezeichnet wird. Er trifft ja noch weniger das Richtige als die andern, die die Dauer des Aufenthalts (im Grab) immerhin auf 10 Tage veranschlagen. In Wirklichkeit hat der Aufenthalt im Grab – das ist auch den Belegstellen zu entnehmen – sehr viel länger gedauert, als die Betreffenden vermuten.

20,105–107: **77**,10; **56**,5f.; **69**,14; **73**,14; **18**,47; **81**,3; **78**,20; **52**,10; **27**,88; **70**,9; **101**,5.

20,108: **54**,6–8; **30**,25. — Mit dem „Rufer“ (*ad-dā'ī*) ist (hier und in der Belegstelle) wohl Gott selber gemeint. Vgl. **17**,71. Etwas merkwürdig ist, daß *lā 'iwağa* unmittelbar auf die Person des Rufers (*lahū*) bezogen ist. Die Kommentatoren deuten den Ausdruck folgendermaßen: *lā 'iwağa lahum 'anhu* (Ṭabarī); *lā ya'waǧǧu lahū mad'ūwun* (Zamaḫšarī), also: „vor dem es kein Abbiegen, kein Ausweichen gibt“.

20,109: **34**,23; **53**,26; **21**,28; **2**,255, mit weiteren Belegen.

20,110: **2**,255; **21**,28; **22**,76; (**19**,64). Zur Sache siehe die Anmerkung zu 2,255.

20,111 Die Bezeichnung Gottes als *qaiyūm* (in Verbindung mit *ḥaiy*, so auch 2,255) geht wohl letzten Endes auf Daniel 6,27 zurück. Siehe Horovitz, Proper Names, S. 219.

20,112: **4**,124, mit weiteren Belegen; **72**,13.

20,113 *wa-ka-ḏālika anzalnāhu qur'ānan 'arabīyan*: **42**,7; **12**,2, mit weiteren Belegen. — *wa-ṣarrafnā fīhi mina l-wa'īdi la'allahum yattaqūna*: **17**,41, mit weiteren Belegen. — Der Passus *au yuḥdiṯu lahum ḏikran* (Belege: **18**,70; **21**,2/**26**,5) ist – nach den Kommentatoren – mit dem vorausgehenden *la'allahum yattaqūna* zu koordinieren. Er läßt sich aber auch als selbständiger Satz verstehen. Das Ganze bedeutet dann, daß der Koran nicht nur Abwandlungen altbekannter Themen enthält (*ṣarrafnā fīhi*...), sondern auch neues Gedankengut, das er sozusagen in eigener Initiative vorbringt.

20,114 *fa-ta'ālā llāhu l-maliku l-ḥaqqu*: **23**,116. — *wa-lā ta'ǧal bil-qur'āni min qabli an yuqḍā ilaika waḥyuhū*: **75**,16–18. Zur Sache: R. Paret, Mohammed und der Koran, S. 60. — Zur Konstruktion von *qaḍā* (mit *ilā* der Person) siehe die Anmerkung zu **10**,11.

20,115 *wa-la-qad 'ahidnā ilā Ādama min qablu fa-nasiya*: **36**,60; **2**,35/**7**,19. — Zum Ausdruck *wa-lam naǧid lahū 'azman* siehe die Anmerkung zu **3**,186 (*fa-inna ḏālika min 'azmi l-umūri*), mit Belegen.

20,116 *wa-iḏ*... Verkürzter Zeitsatz. Siehe Einleitung zur Übersetzung, S. 3f. — Zum ganzen Vers: **2**,34, mit weiteren Belegen.

20,117 *fa-qulnā yā Ādamu inna hāḏā 'adūwun laka wa-li-zauǧika*: **7**,22, mit weiteren Belegen. — *fa-lā yuḫriǧannakumā mina l-ǧannati*: **7**,27.

20,120: **7**,20–22; (**2**,36).

20,121: **7**,22.

20,122: **2**,37; **7**,23. Zur Sache: Speyer, S. 73–77. — Speziell zu *ṯumma ǧtabāhu rabbuhū*: **3**,33; (**19**,58). Zur Sache: Speyer, S. 49–51.

20,123: **2**,38; **2**,36/**7**,24; **7**,13. Weitere Belege speziell zu *ba'ḍukum li-ba'ḍin 'adūwun* in der Anmerkung zu **7**,22. — In der vorliegenden Stelle **20**,123 steht – im Gegensatz zu den Belegstellen – der Imperativ im Dual (*ihbiṭā*), was sich natürlich auf Adam und Eva bezieht. Merkwürdig ist die Kombination dieses Duals mit dem folgenden *ǧamī'an ba'ḍukum li-ba'ḍin 'adūwun*. Hierbei ist nicht mehr nur an Adam und Eva zu denken, sondern an das ganze Menschengeschlecht einschließlich des Satans (der Ausdruck *ba'ḍukum li-ba'ḍin 'adūwun* bezieht sich auf die Feindschaft zwischen Menschen und Satan).

20,124 Zum Passus *wa-man a'raḍa 'an ḏikrī fa-inna lahū ma'īšatan ḍankan* vgl. 1. Mose 3,17–19: „... Im Schweiße deines Angesichts sollst du dein Brot essen." — *wa-naḥšuruhū yauma l-qiyāmati a'mā*: **17**,97; (**17**,72).

20,126: (**7**,51, mit weiteren Belegen).

20,127 Zur Bedeutung von *asrafa (IV)* siehe die Anmerkung zu **5**,32.

20,128: **32**,26; **6**,6; **36**,31; **17**,17. Weitere Belege in der Anmerkung zu diesem Vers. — Zur Bedeutung von *hadā* im Passus *a-fa-lam yahdi lahum* siehe die Anmerkung zu **7**,100. — *yamšūna fī masākinihim*: **14**,45; **29**,38; **46**,25; **28**,58. — *inna fī ḏālika la-āyātin li-ulī n-nuhā*: **20**,54.

20,129: **42**,14; **10**,19/**11**,110/**41**,45; **8**,68; **42**,21. — Speziell zu *la-kāna lizāman*: **25**,77. Der Ausdruck *lizām* stammt vermutlich aus der Rechtssprache. — Zum Ausdruck *aǧal musammā* siehe die Anmerkung zu **6**,2. Im vorliegenden Vers ist *aǧalun musammān* syntaktisch mit *(laulā) kalimatun (sabaqat min rabbika)* zu koordinieren.

20,130: **50**,39f.; **52**,48f.; **76**,24–26; **40**,55; **73**,2–10; **38**,17f.; **18**,28; **11**,114f.; (**31**,17); **15**,97–99. — Der Ausdruck *ānā' al-lail* findet sich in ähnlichem Zusammenhang in **3**,113 und **39**,9. — Der Ausdruck *wa-aṭrāfa n-nahāri* („und an den Enden des Tages") wirkt wie eine nachträgliche Ergänzung des Textes. Er scheint zudem sachlich überflüssig zu sein, da er kaum anders als auf Morgen und Abend gedeutet werden kann, also auf dieselben Gebetszeiten, die gerade vorher genannt sind (vor Sonnenaufgang und vor Sonnenuntergang). Eine ähnliche Formulierung (im Dual) findet sich in **11**,114, dort allerdings in einem sinnvollen Zusammenhang (*wa-aqimi ṣ-ṣalāta ṭarafayi n-nahāri wa-zulafan mina l-laili*). Siehe die Anmerkung zu dieser Stelle.

20,131: **15**,88. — *li-naftinahum fīhi*: **72**,17. — Zum Ausdruck *(mā) matta'nā (bihī)* siehe die Anmerkung zu **2**,36, zum Ausdruck *azwāǧan (minhum)* die Anmerkung zu **15**,88. — Zum Ausdruck *wa-rizqu rabbika ḫairun wa-abqā* siehe die Anmerkung zu **3**,27. Im vorliegenden Vers bezieht sich der Ausdruck *rizqu rabbika* wohl auf die Belohnung im *Jenseits*.

20,132 *lā nas'aluka rizqan naḥnu narzuquka*: **51**,57. Der Sinnzusammenhang des Passus ist nicht ohne weiteres verständlich. R. Bell bemerkt dazu: „Usually interpreted as meaning that Allah does not require Muhammad to provide for himself and his household, but more probably means that Allah does not demand offerings as the false gods did". Ähnlich Hamidullah. — *wal-'āqibatu lit-taqwā*: **7**,128/**28**,83; **11**,49. Die Wahl des Ausdrucks *lit-taqwā* (statt *lil-muttaqīna*, wie in den Belegstellen) ist sicher durch den Reimzwang bedingt.

20,133 *wa-qālū laulā ya'tīnā bi-āyatin min rabbihī*: **2**,118; **6**,37, mit weiteren Belegen. — *a-wa-lam ta'tihim baiyinatu mā fī ṣ-ṣuḥufi l-ūlā*: **53**,36f.; **87**,18f.

20,134: **28**,46f. 59; **17**,15; **26**,208f.; **6**,131.

20,135 *qul kullun mutarabbiṣun fa-tarabbaṣū*: **9**,52; **52**,30f.; **6**,158, mit weiteren Belegen. — *fa-sa-ta'lamūna man aṣḥābu ṣ-ṣirāṭi s-sawīyi wa-mani htadā*: (**67**,22).

SURE 21

21,1: **21**,97; **54**,1f. — *wa-hum fī ġaflatin mu'riḍūna*: **21**,97 (s. o.); **19**,39; **50**,22.

21,2f.: **26**,5; **17**,47; **6**,25; **47**,16. — *min ḏikrin min rabbihim muḥdaṯin*: auch **20**,113; (**18**,70). — *wa-asarrū n-naǧwā*: **17**,47 (s. o); **58**,7–10; **20**,62; **4**,114; (**9**,78); (**43**,80). — *hal hāḏā illā bašarun miṯlukum*: **11**,27, mit weiteren Belegen. — *a-fa-ta'tūna s-siḥra wa-antum tubṣirūna*: (**10**,76, mit weiteren Belegen).

21,4 *qāla*. Variante: *qul* (ebenso **21**,112). Siehe Gesch. des Qor. III, S. 16. — Zum ganzen Vers: **2**,33, mit weiteren Belegen.

21,5 *bal qālū aḍġāṯu aḥlāmin*: **12**,44. — *bali ftarāhu*: **10**,38, mit weiteren Belegen. — *bal huwa šā'irun*: **52**,30; **37**,36; (**69**,41); (**36**,69); (**81**,25). — *fa-l-ya'tinā bi-āyatin ka-mā ursila l-auwalūna*: **2**,118, mit weiteren Belegen.

21,7: **16**,43; **12**,109, mit weiteren Belegen. Mit den *ahl aḏ-ḏikr* sind wohl die Angehörigen früherer Offenbarungsreligionen gemeint (sonst als *ahl al-kitāb* bezeichnet). Vgl. **10**,94; **17**,101; **26**,197; (**21**,24).

21,8 *wa-mā ǧa'alnāhum ǧasadan lā ya'kulūna ṭ-ṭa'āma*: **25**,7. 20; **5**,75; **23**,33. — *wa-mā kānū ḫālidīna*: (**7**,20); (**21**,34).

21,9 *ṯumma ṣadaqnāhumu l-wa'da*: **3**,152; **33**,22; **30**,6. — *fa-anǧaināhum wa-man našā'u*: **7**,64. Siehe die Anmerkung zu diesem Vers, mit weiteren Belegen.

21,10 *la-qad anzalnā ilaikum kitāban fīhi ḏikrukum*: **23**,71.

21,11: **22**,45; **10**,13, mit weiteren Belegen. — *wa-anša'nā ba'dahā qauman āḫarīna*: **6**,6; **23**,31. 42; **28**,45.

21,13 *wa-rǧi'ū ilā mā utriftum fīhi*: **11**,116, mit weiteren Belegen. — Der Versschluß (*la'allakum tus'alūna*) ist vielleicht ironisch gemeint. Siehe aber auch **28**,78.

21,14: **21**,46. 87. 97; **7**,5; **68**,29. 31.

21,15 *ḥattā ǧaʿalnāhum ḥaṣīdan*: **10**,24; **11**,100; (**68**,20); (**105**,5); (**23**,41). — *ḫāmidīna*: **36**,29.

21,16: **44**,38f.; **23**,115; **38**,27; **15**,85/**46**,3; **30**,8; **6**,73, mit weiteren Belegen.

21,17 *in kunnā fāʿilīna*: **21**,68; **12**,10; **15**,71.

21,18 *bal naqḏifu bil-ḥaqqi ʿalā l-bāṭili*: **34**,48f.; **17**,81; **42**,24; **8**,8. Das Verbum *qaḏafa* hat in Verbindung mit der Präposition *bi-* vielleicht die Bedeutung: „etwas als Wurfgeschoß benützen". Vgl. **34**,48 (s. o.) und **34**,53.

21,19 *lahū man fī s-samāwāti wal-arḍi*: **10**,66; **30**,26; (**19**,93f.). Siehe die Anmerkung zu **10**,66. — *wa-man ʿindahū lā yastakbirūna ʿan ʿibādatihī*: **7**,206; **4**,172; **41**,38; **16**,49.

21,20: **41**,38; **7**,206.

21,21: **25**,3. — Es ist nicht klar, ob der präpositionale Ausdruck *mina l-arḍi* auf *ittaḫaḏū ālihatan* oder auf *hum yunširūna* zu beziehen ist. Zur Bedeutung von *yunširūna*: **43**,11; **80**,22.

21,22: **23**,91; **23**,71. — *fa-subḥāna llāhi rabbi l-ʿarši ʿammā yaṣifūna*: **6**,100, mit weiteren Belegen.

21,24 *ami ttaḫaḏū min dūnihī ālihatan*: **42**,9; **39**,43. — *hātū burhānakum*: **2**,111; **27**,64; **28**,75; **23**,117. Zur Bedeutung von *burhān* siehe die Anmerkung zu **2**,111.

21,25: **12**,109, mit weiteren Belegen; **7**,59, mit weiteren Belegen; **20**,14. Daß die Botschaft der Offenbarung zur Verehrung des einen Gottes aufruft, wird auch sonst im Koran oft ausgesprochen oder angedeutet.

21,26 *wa-qālū ttaḫaḏa r-raḥmānu waladan*: **2**,116, mit weiteren Belegen. — *bal ʿibādun mukramūna*: **7**,194; **43**,19; **19**,93; **4**,172.

21,27 *lā yasbiqūnahū bil-qauli*: (**78**,38).

21,28 *yaʿlamu mā baina aidīhim wa-mā ḫalfahum wa-lā yašfaʿūna illā li-mani rtaḍā*: **2**,255. Siehe die Anmerkung zu diesem Vers, mit weiteren Belegen. — *wa-hum min ḫašyatihī mušfiqūna*: **23**,57.

21,30 Zur Sache: Speyer, S. 4f.

21,31 *wa-ǧaʿalnā fī l-arḍi rawāsiya an tamīda bihim*: **16**,15; **31**,10; **13**,3, mit weiteren Belegen. — *wa-ǧaʿalnā fīhā fiǧāǧan subulan laʿallahum yahtadūna*: **16**,15; **43**,10; **71**,19f.; **20**,53. Siehe auch die Anmerkung zu **4**,98f.

21,32 *wa-ǧaʿalnā s-samāʾa saqfan maḥfūẓan*: **15**,17f. Siehe die Anmerkung dazu, mit weiteren Belegen.

21,33 *waš-šamsa wal-qamara kullun fī falakin yasbaḥūna*: **36**,40.

21,34: (**21**,8); (**7**,20).

21,35 *kullu nafsin ḏāʾiqatu l-mauti*: **3**,185; **29**,57. — *nablūkum biš-šarri wal-ḫairi fitnatan*: **39**,49; **7**,168; (**6**,165, mit weiteren Belegen).

21,36 *wa-iḏā raʾāka llaḏīna kafarū in yattaḫiḏūnaka illā huzuwan*: **25**,41.

21,37 *ḫuliqa l-insānu min ʿaǧalin*: **17**,11. — *sa-urīkum āyātī*: **27**,93; **41**,53. — *fa-lā tastaʿǧilūni*: **51**,59; weitere Belege in den Anmerkungen zu **10**,50 und **13**,6.

21,38: **10**,48, mit weiteren Belegen.

21,39: (**9**,35).

21,40 *bal ta'tīhim baġtatan*: **7**,187, mit weiteren Belegen, Als Subjekt ist nicht *an-nār* (V. 39) zu ergänzen, sondern *as-sā'atu*, „die Stunde (des Gerichts)“. — *wa-lā hum yunẓarūna*: **2**,162, mit weiteren Belegen.

21,41: **6**,10, mit weiteren Belegen.

21,42 *bal hum 'an ḏikri rabbihim mu'riḍūna*: **23**,71; **26**,5; **74**,49; (**21**,36).

21,43 *lā yastaṭī'ūna naṣra anfusihim*: **7**,192. 197; **26**,92f.; **36**,75. — Der Passus *wa-lā hum minnā yuṣḥabūna* wird verschieden gedeutet. Bell übersetzt: „and from Us they will have no company“; Blachère: „et il ne leur est pas donné de compagnon contre Nous“; Hamidullah: „(Ceux-ci ne peuvent ni...) ni se faire accompagner de Notre part“.

21,44 *bal matta'nā hā'ulā'i wa-ābā'ahum*: **43**,29; **25**,18. Zum Ausdruck *matta'nā* siehe die Anmerkung zu **2**,36. — *ḥattā ṭāla 'alaihimu l-'umuru*: **28**,45; (**20**,86); (**57**,16). — *a-fa-lā yarauna annā na'tī l-arḍa nanquṣuhā min aṭrāfihā*: **13**,41. Siehe die Anmerkung zu diesem Vers.

21,45 *innamā unḏirukum bil-waḥyi*: (**6**,19); (**42**,7); (**53**,4). — *wa-lā yasma'u ṣ-ṣummu d-du'ā'a*: **30**,52; **6**,39, mit weiteren Belegen.

21,46: **7**,5; **21**,12–14. 87. 97; **68**,29. 31.

21,47 Zum Ausdruck *(al-mawāzīna) l-qisṭa* siehe die Anmerkung zu **3**,18. — *fa-lā tuẓlamu nafsun šai'an*: **36**,54. — *wa-in kāna miṯqāla ḥabbatin min ḫardalin atainā bihā*: **31**,16; (**4**,40); (**99**,7f.). — *wa-kafā binā ḥāsibīna*: **4**,6; **33**,39; (**4**,86).

21,48–91 Siehe Horovitz, Koranische Untersuchungen, S. 34f.

21,48f. *wa-la-qad ātainā Mūsā wa-Hārūna l-furqāna*: **2**,53. Siehe die Anmerkung zu diesem Vers, mit weiteren Belegen. Was im vorliegenden Vers mit *al-furqān* genauer gemeint ist, läßt sich nicht mit Sicherheit bestimmen, zumal hier nicht wie in **2**,53 daneben auch „die Schrift“ (*al-kitāb*) eigens aufgeführt wird. — *wa-ḍiyā'an*: **28**,71. In Verbindung mit der mosaischen Offenbarung (*at-taurāt*) wird sonst oft der Ausdruck *nūr* verwendet. Siehe die Anmerkung zu **5**,44, mit Belegen. — *wa-ḏikran lil-muttaqīna*: **69**,48; (**7**,63). — *allaḏīna yaḫšauna rabbahum bil-ġaibi*: **35**,18/**67**,12; **36**,11; **50**,33; **5**,94. — *wa-hum mina s-sā'ati mušfiqūna*: **42**,18.

21,50 *wa-hāḏā ḏikrun mubārakun anzalnāhu*: **6**,92/155; **38**,29; (**38**,49); (**38**,87/**81**,27; **68**,52). In **6**,92 und 155 geht (wie in der vorliegenden Stelle) die Erwähnung der mosaischen Offenbarungsschrift voraus. — *a-fa-antum lahū munkirūna*: (**23**,69); (**40**,81); (**16**,22).

21,51–73 Belege zur Auseinandersetzung Abrahams mit dem Götzendienst seines Vaters und seiner Landsleute in der Anmerkung zu **6**,74–84. Speyer, S. 130–140.

21,51 *wa-kunnā bihī 'ālimīna*: (**21**,81).

21,52: **26**,70f.; **37**,85; **6**,74; **29**,16f.

21,53: **26**,74; **43**,22f.; **31**,21; **2**,170; **10**,78, mit weiteren Belegen.

21,54: **6**,74; (**26**,75f.).

21,56 *qāla bal rabbukum rabbu s-samāwāti wal-arḍi llaḏī faṭarahunna*: **6**,79.

21,57: **37**,88–90(?). Siehe die Anmerkung zu dieser Stelle.

21,58: **37**,91–93. Speyer, S. 134–138.

21,63 Zum Ausdruck *kabīruhum* (in der Bedeutung „der größte von ihnen") siehe H. Wehr, Der arabische Elativ, Wiesbaden 1953, S. 3.

21,65 *ṯumma nukisū ʿalā ruʾūsihim*: (**32**,12). Die Deutung des Ausdrucks ist nicht sicher. Bell übersetzt: „Then they were turned upside down" und bemerkt dazu: „Lit. ‚they were inverted on their heads', meaning probably that they were nonplussed, or possibly, if the preceding verse be not a later insertion, that they swung round to the opposite view"; Blachère: „(Mais) ensuite, ils firent volte-face"; Hamidullah: „Puis ils baissèrent la tête".

21,66: **5**,76; **6**,71, mit weiteren Belegen; (**19**,42).

21,68: **37**,97; **29**,24. — *in kuntum fāʿilīna*: **12**,10; **15**,71; **21**,17.

21,69: **29**,24.

21,70: **37**,98; **52**,42; **86**,15f.; (**27**,50f.).

21,71: **29**,26. — *ilā l-arḍi llatī bāraknā fīhā*: **21**,81; **7**,137. Siehe die Anmerkung zu diesem Vers (und zu **17**,1), mit weiteren Belegen.

21,72: **29**,27; **19**,49; **6**,84; (**11**,71). Siehe die Anmerkung zu **6**,84; Speyer, S. 170f. — *wa-kullan ǧaʿalnā ṣāliḥīna*. Vielleicht hat der Ausdruck *ṣāliḥīna* auch in der vorliegenden Stelle schon die spezifische Bedeutung, in der er sonst im Koran manchmal vorkommt. Siehe die Anmerkung zu **2**,130.

21,73 *wa-ǧaʿalnāhum aʾimmatan*: **32**,24; **2**,124; **28**,5; (**25**,74). — *yahdūna bi-amrinā*: **32**,24; (**7**,159/181).

21,74f. Belege zur Geschichte von Lot in der Anmerkung zu **7**,80–84. Speyer, S. 150–158; EI[1], Atrikel Lūṭ (B. Heller).

21,74 *wa-Lūṭan ātaināhu ḥukman wa-ʿilman*: **21**,79; **12**,22/**28**,14. Zur Bedeutung des Ausdrucks *ḥukm* siehe die Anmerkung zu **3**,79. — *wa-naǧǧaināhu mina l-qaryati llatī kānat taʿmalu l-ḫabāʾiṯa*: **11**,78; **29**,28f. — *innahum kānū qauma sauʾin fāsiqīna*: **21**,77.

21,75 *wa-adḫalnāhu fī raḥmatinā*: **21**,86; **7**,151; **9**,99; **45**,30; **42**,8; **76**,31; **48**,25; (**27**,19). — *innahū mina ṣ-ṣāliḥīna*: **21**,86; **2**,130. Siehe die Anmerkung zu diesem Vers, mit weiteren Belegen.

21,76f. Belege zur Geschichte Noahs in der Anmerkung zu **7**,59–64. Speyer, S. 89–115; EI[1], Artikel Nūḥ (B. Heller).

21,76: **37**,75f. (115). — Die Namen der früheren Gottesmänner, die in den Versen 76 (Noah), 78 (David und Salomo), 83 (Hiob), 85 (Ismael, Idrīs, Ḏū l-Kifl) und 87 („der mit dem Fisch", d.h. Jonas) aufgeführt sind, stehen im Akkusativ. Dasselbe gilt für Zacharias (V. 89) und „(Maria) die sich keusch hielt" (V. 91), auch wenn der Akkusativ hier nicht erkennbar ist. Zu ergänzen ist etwa *uḏkur*, also: „Und (gedenke weiter) des Noah" oder „Und (weiter ist) Noah (zu erwähnen)", usw. Vgl. **38**,17. 41. 45. 48; **46**,21; **19**,16. 41. 51. 54. 56.

21,77 *innahum kānū qauma sauʾin*: **21**,74; (**7**,64). — *fa-aġraqnāhum aǧmaʿīna*: **7**,64, mit weiteren Belegen.

21,78–80 Belege zur Person und Geschichte Davids: **38**,17–26. (30); **34**,10f. (13); **17**,55; **4**,163; **2**,251; **5**,78. In Verbindung mit Salomo: **27**,15f.;

6,84; (**4**,163); (**38**,30); (**21**,78f.). Siehe auch EI², Artikel Dāwūd (R. Paret); Speyer, S. 372f., 375–383.

21,78f. Die Geschichte vom Saatfeld und den fremden Schafen ist so knapp formuliert, daß sie nicht genauer rekonstruiert werden kann. Speyer (S. 377f.) und D. Sidersky (Les Origines des légendes musulmanes dans le Coran, Paris 1933, S. 112–114) führen verschiedene Möglichkeiten der Deutung an. — *iḏ yaḥkumāni*... Verkürzter Zeitsatz. Siehe Einleitung zur Übersetzung, S. 3f. — *wa-kullan ātainā ḥukman wa-ʿilman*: **21**,74; **12**,22/**28**,14; (**27**,15); (**38**,20. 26). Zur Bedeutung des Ausdrucks *ḥukm* siehe die Anmerkung zu **3**,79. — *wa-saḫḫarnā maʿa Dāwūda l-ǧibāla yusabbiḥna waṭ-ṭaira*: **38**,18f.; **34**,10. — *waṭ-ṭaira*: auch **24**,41; **16**,79; **67**,19. — *wa-kunnā fāʿilīna*: **21**,104; (**12**,61).

21,80: **34**,10f.; **2**,251; (**16**,81). Zur Sache: Speyer, S. 382; Horovitz, Koranische Untersuchungen, S. 109f.

21,81f. Belege zur Person und Geschichte Salomos: **38**,30–40; **34**,12–14; **27**,15–44; (**2**,102). In Verbindung mit David: **21**,78f.; **6**,84; (**27**,15f.); (**4**,163); (**38**,30). Siehe auch Speyer, S. 372–375. 377f. 383–402; EI¹, Artikel Sulaimān (J. Walker).

21,81: **38**,36; **34**,12. — *ilā l-arḍi llatī bāraknā fīhā*: **21**,71. Siehe die Anmerkungen zu **7**,137 und **17**,1, mit weiteren Belegen. — *wa-kunnā bi-kulli šaiʾin ʿālimīna*: (**21**,51).

21,82: **38**,37f.; **34**,12f. 14; (**27**,39).

21,83f. Belege zur Geschichte von Hiob: **38**,41–44; **4**,163; **6**,84. Siehe auch Speyer, S. 410–412; EI², Artikel Ayyūb (A. Jeffery).

21,83: **38**,41. — *wa-anta arḥamu r-rāḥimīna*: **7**,151; **12**,64/92.

21,84: **38**,43. — *wa-miṯlahum maʿahum*: auch **5**,36; **13**,18/**39**,47.

21,85: **38**,48. — Zu Ismael (*Ismāʿīl*) siehe die Anmerkungen zu **2**,125 und **6**,86, mit Belegen. — *wa-Idrīsa*: **19**,56f. (in der Parallelstelle **38**,48 steht an Stelle von *Idrīs* der Name *al-Yasaʿ* = Elisa). *Idrīs* geht wohl auf den Namen Andreas zurück. Siehe Horovitz, Koranische Untersuchungen, S. 88f., Proper Names, S. 175f. — *wa-Ḏā l-Kifli*: **38**,48. Siehe Horovitz, Koranische Untersuchungen, S. 113; EI², Artikel Dhū'l-Kifl (G. Vajda). Siehe auch die Anmerkung zu **38**,48.

21,86 *wa-adḫalnāhum fī raḥmatinā*: **21**,75, mit weiteren Belegen. — *innahum mina ṣ-ṣāliḥīna*: **21**,75; **2**,130. Siehe die Anmerkung zu diesem Vers, mit weiteren Belegen.

21,87f.: **68**,48–50; **37**,139–148; **10**,98; **6**,86; **4**,163. „Der mit dem Fisch" (*Ḏū n-Nūn*, **68**,48: *Ṣāḥib al-Ḥūt*) ist mit dem biblischen Jonas zu identifizieren (*Yūnus*, so in den anderen Stellen). Siehe Horovitz, Koranische Untersuchungen, S. 154f., Proper Names, S. 170f.; Speyer, S. 407–410; EI¹, Artikel Yūnus b. Mattai (B. Heller). — *fa-ẓanna an lan naqdira ʿalaihi*: **90**,5. — *fa-nādā*...: **68**,48. — *subḥānaka innī kuntu mina ẓ-ẓālimīna*: **68**,29. 31; **21**,14. 46. 97; **7**,5. — *wa-naǧǧaināhu mina l-ġammi*: **20**,40. — *wa-ka-ḏālika nunǧī l-muʾminīna*: **10**,103. Siehe die Anmerkung zu diesem Vers.

21,89f. Die Geschichte von Zacharias wird ausführlicher in **19**,2–11 und **3**,38–41 behandelt. Kurz erwähnt ist Zacharias außerdem in **6**,85. Siehe auch EI[1], Artikel Zakārīyā (B. Heller).

21,89: **19**,3–6; **3**,38. — *iḏ nādā rabbahū*... Verkürzter Zeitsatz. Siehe Einleitung zur Übersetzung, S. 3f. — *lā taḏarnī fardan*: **19**,5f. Der Ausdruck *fard* bezieht sich hier auf die Vereinzelung im diesseitigen Leben. Diese soll durch die Gewährung eines leiblichen Nachkommen abgestellt werden. Sonst bezieht sich *fard* immer auf die unabdingbare Vereinzelung des Menschen bei der Auferstehung. So auch in **19**,80, wo der Wortlaut nur äußerlich an die vorliegende Stelle anklingt. — *wa-anta ḫairu l-wāriṯīna*: **15**,23; **28**,58; **19**,40; **19**,80 (s. o.); **3**,180/**57**,10. Im vorliegenden Vers darf der Hinweis darauf, daß Gott „der beste Erbe ist", nicht zu starr auf den Text bezogen werden, der unmittelbar vorausgeht. Vielleicht liegt eine bloße Wortassoziation vor. Der Ausspruch könnte durch das Stichwort *wāriṯ* („Erbe") ausgelöst sein, das im vorhergehenden sachlich zu ergänzen ist (aber hier im Sinn von „leiblicher Erbe").

21,90: **19**,7–9; **3**,39f. — *wa-aṣlaḥnā lahū zauǧahū*. Das Verbum *aṣlaḥa (IV)* ist hier wohl in physischem und nicht in moralischem Sinn gemeint. Wenn dem so ist, würde allerdings der Satz *wa-aṣlaḥnā lahū zauǧahū* besser vor *wa-wahabnā lahū Yaḥyā* stehen, nicht danach.—*innahum kānū yusāri'ūna fī l-ḫairāti*: **3**,114, mit weiteren Belegen. Der Plural bezieht sich in der vorliegenden Stelle (bis zum Versende) wohl nur auf Zacharias und seine Familie, und nicht auch auf die ganze Reihe der im vorhergehenden genannten Gottesmänner, wie Zamaḫšarī annimmt. Doch darf man nicht zu scharf differenzieren. — *wa-yad'ūnanā raġaban wa-rahaban*: **7**,56; **32**,16; (**13**,12/**30**,24).

21,91: **66**,12; **23**,50; **19**,16–21; (**4**,171); (**3**,42–50). — Das Verbum *aḥṣana (IV)* bedeutet eigentlich „festigen", „sichern" (vgl. *ḥiṣn* „Fort"). — *fa-nafaḫnā fīhā min rūḥinā*: **66**,12 (s. o.); (**4**,171); **15**,29/**38**,72; **32**,9. — *wa-ǧa'alnāhā wa-bnahā āyatan lil-'ālamīna*: **23**,50; **19**,21; (**2**,259); (**29**,15); (**10**,92).

21,92f.: **23**,52f.; **2**,213; **10**,19. Die Übereinstimmung von **21**,92f. und **23**,52f. wird dadurch noch unterstrichen, daß an beiden Stellen eine lange Aufzählung von Gestalten aus der früheren Heilsgeschichte vorausgeht, wobei Maria und Jesus den Schluß bilden. Jedoch ist ein wesentlicher Unterschied festzustellen: In Sure **23** greift – im Anschluß an die Erwähnung von Maria und Jesus (V. 50) – ein besonderer Vers (51) ausdrücklich auf die ganze Reihe von Gesandten zurück, die im vorhergehenden erwähnt sind. Diese werden aufgefordert, „von den guten Dingen zu essen" (was vielleicht auf die besonderen jüdischen Speiseverbote anspielt; siehe die Anmerkung zu diesem Vers) und zu tun, was recht ist. Unmittelbar darauf folgt nun *wa-inna hāḏihī ummatukum*... (V. 52), so daß man das Personalsuffix in *ummatukum* am besten eben auf die zuvor genannten Gesandten bezieht. Vers 52 besagt demnach, daß es bei aller Vielzahl von Gesandten im Grunde genommen nur eine einzige *umma* gibt, nämlich die Gemeinschaft der Rechtgläubigen (die mit der des Islam identisch ist). Der folgende Vers 53 (*fa-taqaṭṭaʿū*...) stellt im Gegensatz zu diesem Postulat der Einheitlichkeit die geschichtliche Tatsache fest, daß doch eine Aufspaltung stattgefunden hat. Statt nur eine Offenbarungsschrift gibt es verschiedene „Schriften" (*zubur*), und jede Gruppe glaubt für sich im Besitz der Wahrheit zu sein. Dagegen folgt in der vorliegenden Stelle *inna hāḏihī ummatukum*... (**21**,92) unmittelbar auf die Erwähnung von Maria und Jesus (**21**,91), so daß es nahe liegt, das Personalsuffix in *ummatukum* speziell auf die Anhängerschaft Jesu, d.h. also auf die Christen zu beziehen. Der Schluß des Verses (*wa-ana rabbukum fa-ʿbudūni*) scheint sogar auf einen Ausspruch hinzuweisen, der an anderen Stellen Jesus in den Mund gelegt wird (**19**,36/**43**,64; **3**,51: *inna llāha rabbī wa-rabbukum fa-ʿbudūhu*; vgl. **5**,72. 117). Im folgenden Vers **21**,93 (*wa-taqaṭṭaʿū*...) können ebenfalls speziell die Christen gemeint sein. Denn gerade den Christen wird vorgeworfen, daß sie sich in Gruppen oder Sekten aufgespalten haben (**19**,37/**43**,65; voraus geht die oben zitierte Aufforderung Jesu, Gott allein zu verehren). Siehe die Anmerkungen zu **19**,37 und **2**,213. — *wa-taqaṭṭaʿū amrahum bainahum*: auch **7**,168; **7**,160; (**20**,62); (**18**,21).

21,94 *fa-man yaʿmal mina ṣ-ṣāliḥāti wa-huwa muʾminun*: **4**,124, mit weiteren Belegen. — *fa-lā kufrāna li-saʿyihī*: **17**,18f., mit weiteren Belegen. — *wa-innā lahū kātibūna*: **36**,12; **82**,11; **7**,156; (**10**,21); (**43**,80).

21,95: **36**,31; (**36**,50). — *annahum lā yarǧiʿūna*. Zur Konstruktion siehe Nöldeke, Neue Beiträge, S. 20; Bergsträsser, Verneinungspartikeln, S. 47, Anm. 2. Wie man auch den Nachsatz auslegen mag, die Deutung des gesamten Verses ergibt sich deutlich aus der Belegstelle **36**,31.

21,96 *ḥattā iḏā futiḥat Yaʾǧūǧu wa-Maʾǧūǧu*: **18**,98. — *wa-hum min kulli ḥadabin yansilūna*: **36**,51; (**54**,7); (**70**,43).

21,97 *wa-qtaraba l-waʿdu l-ḥaqqu*: **21**,1; **54**,1; **18**,98; **4**,122, mit weiteren Belegen. — *fa-iḏā hiya šāḫiṣatun abṣāru llaḏīna kafarū*: **14**,42. — *qad kunnā fī ġaflatin min hāḏā*: **50**,22; **21**,1; **19**,39. — *bal kunnā ẓālimīna*: **21**,14. 46. 87; **7**,5; **68**,29.

21,98 *ḥaṣabu ǧahannama antum lahā wāridūna*: **11**,98; **19**,71. 86. Siehe die Anmerkung zu **11**,98.

21,100 *lahum fīhā zafīrun*: **11**,106; **25**,11f.; (**67**,7). Siehe die Anmerkung zu **11**,106.

21,102 *wa-hum fī mā štahat anfusuhum ḫālidūna*: **41**,31; **43**,71; **52**,22; **56**,20f.; **77**,42; **34**,54.

21,103 *lā yaḥzunuhumu l-fazaʿu l-akbaru*: **27**,89; **34**,51; **27**,87; **2**,62, mit weiteren Belegen. — *wa-tatalaqqāhumu l-malāʾikatu*...: **13**,23f.; **16**,32.

21,104 *yauma naṭwī s-samāʾa*: **39**,67. — *ka-ṭaiyi s-siǧilli lil-kutubi*. Nöldeke, Neue Beiträge, S. 27f.; Jeffery, Foreign Vocabulary, S. 163f. Bell übersetzt: „like the rolling up of a scroll for the books" und bemerkt dazu: „The construction here is difficult. *Sijill* = *sigillum* (Fraenkel) would naturally mean ‚seal'. Nöldeke says (N.B., p. 27) that it can only be construed as a person

‚as the one who affixes the seal rolls up the books'. The word is, however, usually taken here as meaning the roll or book. It seems then necessary to regard *lilkutub* as an explanatory gloss. Baiḍāwī suggests reading *lilkitāb* = ‚for the writing', but that does not remove the difficulty.“ Joseph Schacht bemerkt in seinem Beitrag zu dem von G. E. von Grunebaum herausgegebenen Sammelband Unity and Variety in Muslim Civilization (Chicago 1955, S. 72): „How slight, after all, the acqaintance of the Arabs in Mohammed's time was with the exact meaning of Byzantine administrative terms appears from the Koran (21:104), where *sijill* = *sigillum* denotes the scribe instead of the document“. — *ka-mā bada'nā auwala ḫalqin nu'īduhū*: **10**,4, mit weiteren Belegen. — *wa'dan 'alainā*: **10**,4; **16**,38; **4**,122, mit weiteren Belegen. — *innā kunnā fā'ilīna*: **21**,79; (**12**,61).

21,105 *wa-la-qad katabnā fī z-zabūri min ba'di ḏ-ḏikri.* Zum Ausdruck *az-zabūr* siehe die Anmerkung zu **4**,163. Die Deutung des Ausdrucks *min ba'di ḏ-ḏikri* ist nicht sicher. — *anna l-arḍa yariṯuhā 'ibādiya ṣ-ṣāliḥūna*: **39**,74; (**7**,128); (**7**,137, mit weiteren Belegen). — Zur Sache: Psalm 37,29 (der hier ausgesprochene Gedanke kommt auch in den Versen 9, 11, 22 und 34 desselben Psalms zum Ausdruck; vgl. Jesaia 60,21; Matthäus 5,5); Hartwig Hirschfeld, Beiträge zur Erklärung des Ḳorân, Leipzig 1886, S. 34; Speyer, S. 449; Anton Baumstark, Oriens Christianus 31, 1934, S. 165–188.

21,106 **14**,52, mit weiteren Belegen. — Zur Deutung des Ausdrucks *(fī) hāḏā* auf den Koran: **22**,78; **17**,41/89/**30**,58; **46**,4.

21,108 *innamā yūḥā ilaiya annamā ilāhukum ilāhun wāḥidun*: **18**,110/**41**,6. — *fa-hal antum muslimūna*: **11**,14.

21,109 *'alā sawā'in*: **8**,58; **3**,64. Siehe die Anmerkungen zu diesen beiden Versen. — *wa-in adrī a-qarībun am ba'īdun mā tū'adūna*: **72**,25; (**17**,51); (**33**,63); (**42**,17); (**70**,6f.).

21,110: 2,33. Siehe die Anmerkung zu diesem Vers, mit weiteren Belegen.

21,111 *wa-matā'un ilā ḥīnin*: **2**,36, mit weiteren Belegen.

21,112 *qāla*. Variante: *qul* (ebenso **21**,4). — *wa-rabbunā r-raḥmānu l-musta'ānu 'alā mā taṣifūna*: **12**,18.

SURE 22

22,1 *inna zalzalata s-sā'ati šai'un 'aẓīmun*: **99**,1; **56**,4; **73**,14; **79**,6.

22,3: **22**,8/**31**,20.

22,4: (**4**,60); (**4**,119, mit weiteren Belegen); (**31**,21).

22,5: **40**,67; **18**,37, mit weiteren Belegen. — *ṯumma min nuṭfatin*: **16**,4, mit weiteren Belegen. — *ṯumma min 'alaqatin*: **40**,67; **23**,14; **75**,38; **96**,2. — *ṯumma min muḍġatin*: **23**,14. — *wa-nuqirru fī l-arḥāmi mā našā'u ilā ağalin musammān*: **77**,21f.; **23**,13; **6**,98 (siehe die Anmerkung dazu); **11**,6. Zum Ausdruck *ağal musammā* siehe die Anmerkung zu **6**,2. — *ṯumma nuḫriğukum ṭiflan*: **40**,67; **16**,78.

— *ṯumma li-tabluġū ašuddakum*: **40**,67. — *wa-minkum man yutawaffā wa-minkum man yuraddu ilā arḏali l-ʿumuri...*: **16**,70; (**40**,67); (**36**,68). — *fa-iḏā anzalnā ʿalaihā l-māʾa htazzat wa-rabat wa-anbatat min kulli zauǧin bahīǧin*: **41**,39; **50**,7–11; **31**,10; **26**,7; **27**,60; **20**,53; **18**,45; (**15**,19); (**36**,36).

22,6 *ḏālika bi-anna llāha huwa l-ḥaqqu*: **22**,62/**31**,30; (**24**,25). — *wa-annahū yuḥyī l-mautā*: **30**,50; **41**,39; **42**,9; **46**,33; **75**,40; **2**,73.

22,7 *wa-anna s-sāʿata ātiyatun lā raiba fīhā*: **40**,59; **15**,85, mit weiteren Belegen.

22,8: **31**,20; **22**,3. — *wa-lā kitābin munīrin*: **31**,20 (s. o.); **3**,184; **35**,25. Siehe auch die Anmerkung zu **5**,44.

22,9 Die Deutung des Ausdrucks *ṯāniya ʿiṭfihī* ist nicht sicher. Siehe Lane s.v. *ʿiṭf*. Bell übersetzt: „turning the cold shoulder"; Blachère: „(seulement) par cautèle". — *lahū fī d-dunyā ḫizyun...*: **2**,114, mit weiteren Belegen.

22,10: **3**,182; **8**,51; (**9**,70, mit weiteren Belegen).

22,11 *fa-in aṣābahū ḫairun iṭmaʾanna bihī wa-in aṣābathu fitnatun inqalaba ʿalā waǧhihī*: (**30**,36); (**42**,48). Zum Ausdruck *inqalaba ʿalā waǧhihī* siehe Lane s.v. *qalaba*: *qalabahū ʿan waǧhihī*: „he turned him from his manner, way, or course, of acting, or proceeding, etc.". An sich könnte *inqalaba ʿalā waǧhihī* auch bedeuten: „dreht er sich (im Liegen) auf das Gesicht (so daß er nichts mehr sieht, oder: und will von nichts mehr etwas wissen)". Es ist aber fraglich, ob man den Ausdruck so deuten darf, nachdem sich die in der Übersetzung gegebene, auch von Ṭabarī vertretene Deutung ebenfalls anbietet. Bell übersetzt: „they turn a somersault"; Blachère: „ils se détournent sans retour".

22,12 *yadʿū min dūni llāhi mā lā yaḍurruhū wa-lā yanfaʿuhū*: **6**,71, mit weiteren Belegen. — *ḏālika huwa ḍ-ḍalālu l-baʿīdu*: **14**,18; **4**,60, mit weiteren Belegen.

22,14 Der erste Teil von Vers 14 stimmt mit demjenigen von Vers 23 überein. — Zum Ausdruck *min taḥtihā* siehe die Anmerkung zu **2**,25.

22,15 Vers 15 ist schwer zu deuten. Vielleicht spielt er auf das bekannte (indische) Zauberkunststück mit dem Strick an.

22,17: (**2**,62/**5**,69). Zur Sache: Bell, Origin of Islam, S. 151. — Zur Bedeutung des Ausdrucks Ṣābier siehe die Anmerkung zu **2**,62. Die Zoroastrier (*al-Maǧūs*) sind im Koran nur im vorliegenden Vers genannt. — *inna llāha yafṣilu bainahum yauma l-qiyāmati*: **32**,25; **60**,3; **2**,113, mit weiteren Belegen.

22,18 *a-lam tara anna llāha yasǧudu lahū man fī s-samāwāti wa-man fī l-arḍi*: **13**,15; **16**,49. — *wan-nuǧūmu*: **55**,6. — *wal-ǧibālu*: **38**,18; **21**,79; **34**,10. — *waš-šaǧaru*: **55**,6. — *wa-kaṯīrun ḥaqqa ʿalaihi l-ʿaḏābu*: **39**,19. 71; **40**,6; **10**,33, mit weiteren Belegen.

22,19 Mit den beiden „Widersachern" (*ḫaṣmān*) sind wohl diejenigen Typen von Ungläubigen gemeint, die in den Versen 3 und 8 genannt sind. — *quṭṭiʿat lahum ṯiyābun min nārin*: (**14**,50). — *yuṣabbu min fauqi ruʾūsihimu l-ḥamīmu*: **44**,48.

22,20 *yuṣharu bihī mā fī buṭūnihim*: (**44**,45f.); (**47**,15). — *wal-ǧulūdu*: (**4**,56).

22,22 *kullamā arādū an yaḫruǧū minhā min ġammin uʿīdū fīhā*: **32**,20; **5**,37; **2**,167; **45**,35. — *wa-ḏūqū ʿaḏāba l-ḥarīqi*: **8**,50. Siehe die Anmerkung zu diesem Vers.

22,23 Der erste Teil von Vers 23 stimmt mit dem Anfang von Vers 14 überein. — Zum Ausdruck *min taḥtihā* siehe die Anmerkung zu **2**,25. — *yuḥallauna fīhā min asāwira min ḏahabin wa-lu'lu'an wa-libāsuhum fīhā ḥarīrun*: **35**,33; **18**,31; **76**,21; (**76**,12); (**44**,53).

22,24 *wa-hudū ilā ṣirāṭi l-ḥamīdi*: **34**,6; **14**,1.

22,25 *wa-yaṣuddūna 'an sabīli llāhi wal-masǧidi l-ḥarāmi*: **2**,217; **8**,34; **48**,25; **5**,2. — *allaḏī ǧa'alnāhu lin-nāsi*: **2**,125, mit weiteren Belegen.

22,26–29 Siehe die Anmerkung zu **2**,124–141, mit weiteren Belegen.

22,26: **2**,125. — Zur Bedeutung des Ausdrucks *wal-qā'imīna* siehe die Anmerkung zu **3**,113.

22,28 *li-yašhadū manāfi'a lahum.* Im Hinblick auf den folgenden Text und auf Vers 33 ist mit dem Ausdruck *manāfi'a lahum* vermutlich der Nutzen gemeint, den die Pilger (und ganz allgemein die Araber) aus ihren Kamelen ziehen. Dieser Nutzen soll wohl dadurch „bezeugt" werden, daß einige Tiere im Anschluß an die Wallfahrt geopfert werden. Weitere Belege für den Nutzen des Viehs: **16**,5; **23**,21; **40**,79f. — *wa-yaḏkurū sma llāhi fī aiyāmin ma'lūmātin 'alā mā razaqahum min bahīmati l-an'āmi*: **2**,203 (siehe die Anmerkung dazu); **22**,34. 36; (**5**,1. 4). — *fa-kulū minhā*: **22**,36; (**5**,88, mit weiteren Belegen). — *wa-aṭ'imū l-bā'isa l-faqīra*: **22**,36.

22,29 *wa-l-yūfū nuḏūrahum wa-l-yaṭṭauwafū bil-baiti l-'atīqi*: (**22**,33).

22,30 Die Ausdrucksweise *ḏālika wa-man...* findet sich auch in den Versen 32 und 60. Vgl. **47**,4 (*ḏālika wa-lau...*); **65**,5 (*ḏālika amru llāhi anzalahū ilaikum wa-man yattaqi...*); **38**,55. 57 (*hāḏā wa-inna...*; *hāḏā fa-l-yaḏūqūhu*). — *wa-uḥillat lakumu l-an'āmu illā mā yutlā 'alaikum*: **5**,1. Siehe die Anmerkung zu diesem Vers. — *wa-ǧtanibū r-riǧsa mina l-auṯāni*: **5**,3. 90; **16**,36; **39**,17. — *wa-ǧtanibū qaula z-zūri*: **25**,72; (**49**,12?). Siehe Raimund Köbert, Die *šahādat az-zūr* (Der Islam 34, 1959, S. 94f.); Zur Bedeutung der drei letzten Worte von Sure 22,30/31 (Orientalia 35, 1966, S. 28–32). Köbert vertritt die Ansicht, daß der Passus nicht einfach dazu auffordert, Lüge und Verleumdung zu meiden, daß er sich vielmehr im Zusammenhang mit dem vorausgehenden Text speziell auf das heidnische Wallfahrtsritual bezieht.

22,31 *ḥunafā'a li-llāhi ġaira mušrikīna bihī*: **3**,67, mit weiteren Belegen. Zur Bedeutung von *ḥanīf* pl. *ḥunafā'* siehe die Anmerkung zu **2**,135.

22,32 Zur Ausdrucksweise *ḏālika wa-man...* siehe die Anmerkung zu **22**,30, mit weiteren Belegen. — *wa-man yu'aẓẓimu...fa-innahā...* Bedingungssatz mit Verschiebung. Siehe Einleitung zur Übersetzung, S. 4. — *ša'ā'ira llāhi*: **22**,36; **5**,2; **2**,158. Mit den *ša'ā'ir Allāh* sind im vorliegenden Zusammenhang speziell die zur Wallfahrt mitgebrachten Opfertiere gemeint. Vgl. Vers 36. — *fa-innahā min taqwā l-qulūbi*: **22**,37.

22,33 *lakum fīhā manāfi'u*: **22**,28. Siehe die Anmerkung zu diesem Vers, mit weiteren Belegen. — Zum Ausdruck *aǧal musammā* siehe die Anmerkung zu **6**,2. — *ṯumma maḥilluhā ilā l-baiti l-'atīqi*: **2**,196; **48**,25; **5**,95; (**22**,29).

22,34 *wa-li-kulli ummatin ǧa'alnā mansakan*: **22**,67; **5**,48; (**2**,128. 200). —

li-yaḏkurū sma llāhi ʿalā mā razaqahum min bahīmati l-anʿāmi: **22**,28. 36. — *(wa-bašširi) l-muḫbitīna*: **22**,54; **11**,23.

22,35 *allaḏīna iḏā ḏukira llāhu waǧilat qulūbuhum*: **8**,2; (**23**,60). — *waṣ-ṣābirīna ʿalā mā aṣābahum*: **31**,17; **3**,146; **2**,155f. — *wal-muqīmī ṣ-ṣalāti wa-mimmā razaqnāhum yunfiqūna*: **2**,3, mit weiteren Belegen.

22,36 *wal-budna ǧaʿalnāhā lakum min šaʿāʾiri llāhi*: **22**,32. Siehe die Anmerkung zu diesem Vers. — *lakum fīhā ḫairun*: **22**,33; **22**,28. Siehe die Anmerkung zu diesem Vers. — *fa-ḏkurū sma llāhi ʿalaihā*: **22**,34; **22**,28, mit weiteren Belegen. — *fa-kulū minhā*: **22**,28; (**5**,88, mit weiteren Belegen). — *wa-aṭʿimū l-qāniʿa l-muʿtarra*: **22**,28.

22,37: **22**,32; **2**,189. 177. — *li-tukabbirū llāha ʿalā mā hadākum*: **2**,185.

22,38 *inna llāha lā yuḥibbu kulla ḫauwānin kafūrin*: **4**,107; (**8**,58).

22,39f. Der textus receptus lautet *uḏina li-llaḏīna yuqātalūna* (Passiv). Die Variante *yuqātilūna* (Aktiv) ist aber vorzuziehen. Nach der Hiǧra haben die Muslime ihrerseits mit kriegerischen Unternehmungen gegen die Partei der Ungläubigen angefangen, nicht umgekehrt. Die Rechtfertigung für dieses Verhalten wird im vorliegenden Vers mit dem Unrecht begründet, das die Emigranten vorher erlitten haben. W. M. Watt bemerkt dazu (Muhammad at Medina, London 1956, S. 4): „The Qur'ān does not refer explicitly to the early expeditions, but it gives some glimpses of the attitude of the Muslims to fighting. What appears to be the earliest passage implies that the Emigrants wanted to fight, since it speaks of God permitting them to do so" (es folgt die Übersetzung von **22**,39f.). Siehe auch **2**,190; **2**,246. — *allaḏīna uḫriǧū min diyārihim bi-ġairi ḥaqqin*: **60**,1; **2**,246; **2**,191. — *illā an yaqūlū rabbunā llāhu*: **60**,1 (s. o.); **5**,59; **85**,8; **7**,126. — *wa-laulā dafʿu llāhi n-nāsa baʿḍahum bi-baʿḍin*: **2**,251. — *la-huddimat ṣawāmiʿu wa-biyaʿun wa-ṣalawātun wa-masāǧidu yuḏkaru fīhā smu llāhi kaṯīran*: (**2**,114). Zur Sache: R. Bell, Origin of Islam, S. 138 („The argument is really drawn from the Persian invasion of the Roman Empire which by this time had been repelled"). — Zum Ausdruck *ṣawāmiʿu* siehe Nöldeke, Neue Beiträge, S. 52; Jeffery, Foreign Vocabulary, S. 200f. Zum Ausdruck *biyaʿun*: Jeffery, Foreign Vocabulary, S. 86f. Auffallend ist die Verwendung des Ausdrucks *ṣalawāt* („kultische Gebete") für Stätten, an denen Gebete abgehalten werden. Siehe aber Nöldeke, Neue Beiträge, S. 30, Anm. 1 („schon aramäisch"). Als Varianten werden u.a. überliefert: *ṣulūṯ*, *ṣulūt*. Die einzelnen der hier aufgeführten kultischen Bauten können übrigens nicht mit Sicherheit bestimmten Glaubensgemeinschaften zugewiesen werden. — *yuḏkaru fīhā smu llāhi kaṯīran*: **33**,41, mit weiteren Belegen. — *wa-la-yanṣuranna llāhu man yanṣuruhū*: **47**,7.

22,41 *in makkannāhum fī l-arḍi*: (**7**,10); (**6**,6). — *wa-amarū bil-maʿrūfi wa-nahau ʿani l-munkari*: **3**,104, mit weiteren Belegen. — *wa-li-llāhi ʿāqibatu l-umūri*: **31**,22.

22,42–44: **10**,39; **9**,70; **14**,9, mit weiteren Belegen.

22,42 Zur Geschichte von Noah siehe die Belege in der Anmerkung zu

7,59–64. Zur Geschichte der ʿĀd: Anmerkung zu **7**,65–72. Zur Geschichte der Ṯamūd: Anmerkung zu **7**,73–79.

22,43 Zur Geschichte von Abraham: Anmerkung zu **6**,74–84. Zur Geschichte von Lot: Anmerkung zu **7**,80–84.

22,44 Zur Geschichte der Gefährten von Madyan: Anmerkung zu **7**,85 bis 93. Zur Geschichte von Mose: Anmerkung zu **7**,103–137. — *fa-amlaitu lil-kāfirīna ṯumma aḫaḏtuhum...*: **13**,32, mit weiteren Belegen. — *fa-kaifa kāna nakīri*: **34**,45; **35**,26; **67**,18.

22,45 *fa-ka-aiyin min qaryatin ahlaknāhā wa-hiya ẓālimatun*: **21**,11; **10**,13, mit weiteren Belegen. — *fa-hiya ḫāwiyatun ʿalā ʿurūšihā*: **2**,259; **18**,42; **27**,52. Siehe die Anmerkung zu **2**,259.

22,46 *a-fa-lam yasīrū fī l-arḍi...*: **12**,109, mit weiteren Belegen. — *fa-takūna lahum qulūbun yaʿqilūna bihā wa-āḏānun yasmaʿūna bihā*: **2**,7, mit weiteren Belegen.

22,47 *wa-yastaʿǧilūnaka bil-ʿaḏābi*: **29**,53f.; **26**,204/**37**,176; **10**,50, mit weiteren Belegen. — *wa-lan yuḫlifa llāhu waʿdahū*: **3**,9, mit weiteren Belegen. — *wa-inna yauman ʿinda rabbika ka-alfi sanatin mimmā taʿuddūna*: **32**,5; **70**,4.

22,48: (22,45). — *amlaitu lahā...ṯumma aḫaḏtuhā*: **22**,44; **13**,32, mit weiteren Belegen.

22,49: **15**,89, mit weiteren Belegen.

22,50: **34**,4; **8**,4, mit weiteren Belegen.

22,51: **34**,5; **34**,38.

22,52 *iḏā tamannā alqā š-šaiṭānu fī umnīyatihī*: **4**,119f. — *fa-yansaḫu llāhu mā yulqī š-šaiṭānu*: **2**,106; (**16**,101). — *ṯumma yuḥkimu llāhu āyātihī*: **11**,1; **3**,7; (**47**,20). Siehe die Anmerkung zu **3**,7. — Zur Sache: R. Paret, Mohammed und der Koran, S. 59–61.

22,53 *li-yaǧʿala mā yulqī š-šaiṭānu fitnatan li-llaḏīna fī qulūbihim maraḍun*: (**17**,60); (**37**,63). — *wa-inna ẓ-ẓālimīna la-fī šiqāqin baʿīdin*: **2**,176; **41**,52. Zur Bedeutung des Ausdrucks siehe die Anmerkungen zu **2**,137 und **2**,176.

22,54 *wa-li-yaʿlama llaḏīna ūtū l-ʿilma...*: **34**,6; **29**,49; (**6**,114). Zum Ausdruck *allaḏīna ūtū l-ʿilma* siehe die Anmerkung zu **16**,27. Bell vermutet übrigens, daß im vorliegenden Vers Mohammeds eigene Anhänger damit gemeint sind. — *annahu l-ḥaqqu min rabbika*: **34**,6 (s. o.); **28**,52f.; **2**,144. 146f.; **13**,1, mit weiteren Belegen. — *fa-tuḫbita lahū qulūbuhum*: **22**,34; **11**,23. Das Suffix *-hū* in *lahū* bezieht sich wohl auf Gott, und nicht auf den Koran.

22,55 *ḥattā taʾtiyahumu s-sāʿatu baǧtatan*: **7**,187, mit weiteren Belegen.

22,56 *al-mulku yaumaʾiḏin li-llāhi*: **25**,26; **6**,73; **40**,16.

22,58f.: **3**,157f. 169. 195; **4**,74. 100; **47**,4–6; **9**,111. — *la-yarzuqannahumu llāhu rizqan ḥasanan*: **3**,169. Siehe auch die Anmerkung zu **3**,27. *rizqan ḥasanan* nicht eschatologisch: **11**,88; **16**,75; **16**,67. — *wa-inna llāha la-huwa ḫairu r-rāziqīna*: **23**,72; **62**,11; **34**,39; **5**,114.

22,60 Zur Ausdrucksweise *ḏālika wa-man...* siehe die Anmerkung zu **22**,30, mit weiteren Belegen. — *wa-man ʿāqaba bi-miṯli mā ʿūqiba bihī*: **16**,126. Siehe die Anmerkung zu diesem Vers.

22,61 *ḏālika bi-anna llāha*... Der mit dieser Formulierung angedeutete Sinnzusammenhang läßt sich kaum näher bestimmen. — *yūliğu l-laila fī n-nahāri wa-yūliğu n-nahāra fī l-laili*: **3**,27, mit weiteren Belegen.

22,62: **31**,30; **22**,6; (**24**,25).

22,63 Zur Bedeutung von *laṭīf* siehe die Anmerkung zu **12**,100.

22,64: **31**,26; **4**,131, mit weiteren Belegen.

22,65 *a-lam tara anna llāha saḫḫara lakum mā fī l-arḍi*: **31**,20; **45**,13. — *wal-fulka tağrī fī l-baḥri bi-amrihī*: **2**,164, mit weiteren Belegen. — *wa-yumsiku s-samā'a an taqa'a 'alā l-arḍi illā bi-iḏnihī*: **35**,41; **13**,2, mit weiteren Belegen.

22,66: **2**,28; **30**,40; **45**,26; **26**,81; (**3**,156, mit weiteren Belegen). — *inna l-insāna la-kafūrun*: **11**,9f., mit weiteren Belegen.

22,67 *li-kulli ummatin ğa'alnā mansakan hum nāsikūhu*: **22**,34; **5**,48; (**2**,128. 200). — *fa-lā yunāzi'unnaka fī l-amri*: **28**,87; (**4**,59). — *wa-d'u ilā rabbika*: **28**,87; **12**,108, mit weiteren Belegen.

22,68 *allāhu a'lamu bi-mā ta'malūna*: **26**,188; **39**,70.

22,69: **2**,113, mit weiteren Belegen. Siehe auch die Anmerkung zu **2**,213.

22,70 *inna ḏālika fī kitābin*: **11**,6, mit weiteren Belegen. — *inna ḏālika 'alā llāhi yasīrun*: **35**,11; **57**,22; **29**,19; **64**,7; **4**,30; **4**,169; **33**,19; **33**,30.

22,71 *mā lam yunazzil bihī sulṭānan*: **3**,151, mit weiteren Belegen. — *wa-mā laisa lahum bihī 'ilmun*: **4**,157, mit weiteren Belegen. — *wa-mā liẓ-ẓālimīna min naṣīrin*: **35**,37; **2**,270/**3**,192/**5**,72; (**29**,25); (**45**,34).

22,72 *a-fa-unabbi'ukum bi-šarrin min ḏālikum*: **5**,60. Siehe die Anmerkung zu diesem Vers.

22,73 *ḍa'ufa ṭ-ṭālibu wal-maṭlūbu*. Der Passus hat den Charakter einer Sentenz. Er bringt den Inhalt des maṯal auf den Begriff. Im einzelnen ist jedoch die Deutung nicht sicher. Die Kommentatoren bieten zweierlei Interpretationen an. Nach der einen (von Ṭabarī bevorzugten) Interpretation ist mit dem, der verlangt, der betreffende Götze gemeint, mit dem, wonach verlangt wird, die Fliege. Nach der anderen Interpretation ist mit dem, der verlangt, der Polytheist gemeint, der sich in seiner Schwachheit an Götzen wendet, und mit dem, wonach verlangt wird, bzw. von dem etwas verlangt wird (wie wenn es heißen würde *al-maṭlūbu ilaihi*), der Götze, der zu schwach ist, um helfen zu können.

22,74 *mā qadarū llāha ḥaqqa qadrihī*: **6**,91/**39**,67.

22,75 *allāhu yaṣṭafī mina l-malā'ikati rusulan*: **35**,1.

22,76 *ya'lamu mā baina aidīhim wa-mā ḫalfahum*. Siehe die Anmerkung zu **2**,255, mit weiteren Belegen. — *wa-ilā llāhi turğa'u l-umūru*: **2**,210, mit weiteren Belegen.

22,77 *wa-sğudū wa-'budū rabbakum*: **53**,62.

22,78 *wa-ğāhidū fī llāhi ḥaqqa ğihādihī*: **29**,69. — *huwa ğtabākum*: **6**,87; **19**,58; **42**,13; **16**,121. — *wa-mā ğa'ala 'alaikum fī d-dīni min ḥarağin*: **5**,6; **2**,185. — *millata abīkum Ibrāhīma*. Siehe die Anmerkungen zu **2**,130 und 135, mit weiteren Belegen. — Zur Deutung des Ausdrucks *(wa-fī) hāḏā* auf den Koran: **21**,106;

17,41/89/**30**,58; **46**,4. — *li-yakūna r-rasūlu šahīdan ʿalaikum wa-takūnū šuhadāʾa ʿalā n-nāsi*: **2**,143; (**3**,140); (**4**,41); (**16**,89). — *wa-ʿtaṣimū bi-llāhi*: **3**,101; **4**,146. 175; **3**,103. — *fa-niʿma l-maulā wa-niʿma n-naṣīru*: **8**,40; **3**,150; (**47**,11).

SURE 23

23,1–11: **70**,22–35. Ähnliche Aufzählungen islamischer Tugenden: **33**,35; **66**,5; **4**,34; **3**,17; **51**,16–19.

23,1: (**87**,14); (**91**,9).

23,2: (**70**,22f.); (**33**,35).

23,3: **28**,55; **25**,72; (**25**,63).

23,4: (**70**,24f.); (**33**,35).

23,5f.: **70**,29f.; (**33**,35); (**24**,30f.).

23,7: **70**,31.

23,8: **70**,32; **2**,283; **4**,58; **8**,27; **3**,75f.

23,9: **70**,34; **6**,92.

23,10f.: **7**,43/**43**,72; **19**,63.

23,12–14: **32**,7–9; **40**,67; **22**,5; **18**,37; **71**,14. Siehe die Anmerkung zu **18**,37, mit weiteren Belegen. — *ṯumma ǧaʿalnāhu nuṭfatan*: **16**,4, mit weiteren Belegen. — *fī qarārin makīnin*: **77**,21; **22**,5; **6**,98 (siehe die Anmerkung dazu). — *ṯumma ḫalaqnā n-nuṭfata ʿalaqatan fa-ḫalaqnā l-ʿalaqata muḍġatan*: **22**,5, mit weiteren Belegen. — *fa-kasaunā l-ʿiẓāma laḥman*: (**2**,259). — *ṯumma anšaʾnāhu ḫalqan āḫara*: (**39**,6). — *fa-tabāraka llāhu*: **7**,54, mit weiteren Belegen. — *aḥsanu l-ḫāliqīna*: **37**,125.

23,17 *wa-la-qad ḫalaqnā fauqakum sabʿa ṭarāʾiqa*: **67**,3; **71**,15; **78**,12; **65**,12; **2**,29; **41**,12; (**23**,86); (**17**,44). Zur Sache: Speyer, S. 11–17.

23,18 *wa-anzalnā mina s-samāʾi māʾan bi-qadarin*: **43**,11; **15**,21; **13**,17; (**42**,27); (**13**,26, mit weiteren Belegen); (**54**,49). — *fa-askannāhu fī l-arḍi*: **39**,21; (**80**,26).

23,19: **36**,34f.; **16**,11; **17**,91, mit weiteren Belegen; **55**,11. 68; (vom Paradies: **43**,73). — *wa-minhā taʾkulūna*: **36**,33; **43**,73 (s. o.); **10**,24.

23,20 Zur Formulierung *(šaǧaratan) taḫruǧu (min...)* = „(einen Baum) der (aus dem Boden) hervorkommt, d.h. wächst": **37**,64; **7**,58. — *min Ṭūri Saināʾa*. Siehe Horovitz, Koranische Untersuchungen, S. 123–125. — *tanbutu bid-duhni*. Mit dem Ausdruck *(ad-)duhn* ist vielleicht nicht Öl zum Einreiben, sondern Brennstoff für Lampen gemeint. Vgl. den Hinweis auf den Ölbaum (vom Sinai?) in **24**,35 und **95**,1f. Der daraus gewonnene Brennstoff wird in **24**,35 allerdings als *zait* bezeichnet. Siehe die Anmerkung zu diesem Vers.

23,21 *wa-inna lakum fī l-anʿāmi la-ʿibratan nusqīkum mimmā fī buṭūnihā*: **16**,66. — *wa-lakum fīhā manāfiʿu kaṯīratun wa-minhā taʾkulūna*: **16**,5; **40**,79f.; **36**,72f.; (**6**,142).

23,22: **40**,80; **43**,12; (**17**,70); (**10**,22); (**36**,42).

23,23–30 Belege zur Geschichte Noahs und seiner Zeitgenossen in der Anmerkung zu **7**,59–64.

23,23 *yā qaumi ʿbudū llāha mā lakum min ilāhin ġairuhū*: **7**,59, mit weiteren Belegen; **23**,32.

23,24 Die „Vornehmen" (*al-mala'*) vertreten in den koranischen Geschichten von früheren Gottesgesandten stereotyp die Partei der Ungläubigen – ohne Zweifel ein Reflex der Verhältnisse, die zu Mohammeds Zeit in Mekka herrschten. Vgl. die Verse 33 und 46. — *mā hāḏā illā bašarun miṯlukum yurīdu an yatafaḍḍala ʿalaikum*: **11**,27, mit weiteren Belegen; **23**,33f. — *wa-lau šā'a llāhu la-anzala malā'ikatan*: **6**,8, mit weiteren Belegen. — *mā samiʿnā bi-hāḏā fī ābā'inā l-auwalīna*: **28**,36; **38**,7. Wenn man den Ausdruck *(fī) ābā'inā l-auwalīna* (im vorliegenden Vers und an den Stellen, an denen er sonst noch vorkommt) genauer interpretieren wollte, dürfte man ihn wohl nicht auf die eigentlichen Ahnen beschränken, sondern müßte die Generation der Väter, insofern auch sie der Vergangenheit angehören, mit einbeziehen. H. Wehr übersetzt dementsprechend den Passus *mā lam ya'ti ābā'ahumu l-auwalīna* in **23**,68: „was nicht zu ihren Vätern, die vor ihnen waren, gelangt ist" (Der arabische Elativ, Wiesbaden 1953, S. 31).

23,25 *in huwa illā rağulun bihī ğinnatun*: **23**,70; **34**,8; **7**,184, mit weiteren Belegen. — *fa-tarabbaṣū bihī ḥattā ḥīnin*: **52**,30.

23,26: **23**,39.

23,27: **11**,37. 40. Siehe die Anmerkung zu **11**,40.

23,28: (**43**,13).

23,29: (**11**,48). — *wa-anta ḫairu l-munzilīna*: (**12**,59).

23,31–41 Die Verse 31–41 berichten im Anschluß an die Geschichte Noahs und seiner Zeitgenossen von der Geschichte eines weiteren Strafgerichts. Namen sind nicht genannt, aber wahrscheinlich handelt es sich um die Geschichte von Hūd und den ʿĀd. Belege in der Anmerkung zu **7**,65–72.

23,31: **6**,6; **21**,11; **23**,42; **28**,45.

23,32: **7**,65, mit weiteren Belegen; **23**,23.

23,33f.: **23**,24; (**7**,66). Zur Bedeutung des Ausdrucks *al-mala'* („die Vornehmen") siehe die Anmerkung zu **23**,24. — *wa-atrafnāhum fī l-ḥayāti d-dunyā*. Siehe die Anmerkung zu **17**,16, sowie **11**,116, mit weiteren Belegen. — *mā hāḏā illā bašarun miṯlukum*: **23**,24; **11**,27, mit weiteren Belegen. — *ya'kulu mimmā ta'kulūna*...: **25**,7. 20; **5**,75; **21**,8.

23,35: **23**,82; **13**,5, mit weiteren Belegen.

23,37: **6**,29; **45**,24; **16**,38, mit weiteren Belegen.

23,38: **42**,24; (**10**,38, mit weiteren Belegen).

23,39: **23**,26.

23,41 *fa-aḫaḏathumu ṣ-ṣaiḥatu bil-ḥaqqi*: **11**,67, mit weiteren Belegen. — *fa-ğaʿalnāhum ġuṯā'an*: (**87**,5). — *fa-buʿdan lil-qaumi ẓ-ẓālimīna*: **11**,44. 60. 68. 95; **23**,44.

23,42–44: **7**,94–102; **10**,74. Siehe die Anmerkung zu **7**,94–102.

23,42: **23**,31, mit weiteren Belegen.

23,43: **15**,5; **7**,34, mit weiteren Belegen.

23,44 *fa-atbaʿnā baʿḍahum baʿḍan*: **77**,17. — *wa-ǧaʿalnāhum aḥādīṯa*: **34**,19. — *fa-buʿdan li-qaumin lā yuʾminūna*: **23**,41/**11**,44; **11**,60. 68. 95.

23,45–49 Belege zur Geschichte Moses in der Anmerkung zu **7**,103–137.

23,45: **11**,96/**40**,23; **10**,75; **7**,103; **51**,38; **44**,19; **28**,35; **4**,153.

23,46: **10**,75; **11**,97; **40**,24; **7**,103; **43**,46f.; **27**,12–14; **28**,39; **29**,39. — *wa-kānū qauman ʿālīna*: **10**,83; **44**,31; **28**,4; **27**,14; (**38**,75); (**17**,4).

23,47: (**23**,24. 33f.); (**11**,27, mit weiteren Belegen).

23,49: **2**,53, mit weiteren Belegen.

23,50 *wa-ǧaʿalnā bna Maryama wa-ummahū āyatan*: **21**,91; **19**,21. Vielleicht ist mit dem Zeichen (*āya*) hier die jungfräuliche Geburt Jesu gemeint. — *wa-āwaināhumā ilā rabwatin ḏāti qarārin wa-maʿīnin*: **19**,22(–26).

23,51–53: **21**,92f. Siehe die Anmerkung zu diesen beiden Versen.

23,51 In der Emphase des koranischen Predigtstils werden die früheren Gottesgesandten persönlich angesprochen, wie wenn sie alle zugegen wären. In Wirklichkeit wendet sich die Aussage natürlich an Mohammeds Zeitgenossen. Diese sollen sich davon überzeugen lassen, daß die verschiedenen Gesandten im Grunde genommen immer ein und dieselbe Botschaft verkündet haben, und daß Gott nicht etwa von sich aus und ohne Grund für die eine oder andere Gemeinschaft besondere Gebote (oder Verbote) erlassen hat. — *kulū mina ṭ-ṭaiyibāti*. In dieser Aufforderung steckt vielleicht eine Anspielung auf die spezifisch jüdischen Speiseverbote (siehe **4**,160; **6**,146; **16**,118; **3**,93). Belege: **2**,57/**7**,160/**20**,80f.; **2**,168. 172f.; **5**,87f. 4f.; **16**,114. 116; **10**,59; **6**,140; **7**,31f. 157; (**8**,69); (**3**,50).

23,52: **21**,92; **2**,213; **10**,19. — *wa-ana rabbukum fa-ttaqūni*: (**23**,23. 32).

23,53 *fa-taqaṭṭaʿū amrahum bainahum*: **21**,93. Siehe die Anmerkung zu **21**,92f., mit weiteren Belegen; **30**,32. — *zuburan*: **3**,184; **16**,44; **35**,25; **26**,196; (**54**,43. 52). Als Variante ist *zubaran* überliefert, Plural von *zubra* (eigentlich „Stück Eisen“, vgl. **18**,96), in der Bedeutung „in Stücke“, „in Teile“ (= *qiṭaʿan*). — *kullu ḥizbin bi-mā ladaihim fariḥūna*: **30**,32; **40**,83.

23,54 *fī ġamratihim*: **51**,11; **23**,63.

23,55f. *annamā numidduhum bihī min mālin wa-banīna*: **17**,6; **71**,12. Siehe auch die Anmerkung zu **3**,14, mit weiteren Belegen. — *nusāriʿu lahum fī l-ḫairāti*: **23**,61; **3**,114, mit weiteren Belegen. Im vorliegenden Vers wird der Ausdruck ausnahmsweise auf Gott angewandt, nicht wie sonst auf Menschen.

23,57: **21**,28.

23,60 *wa-qulūbuhum waǧilatun*: **8**,2; **22**,35.

23,61 *ulāʾika yusāriʿūna fī l-ḫairāti*: **3**,114, mit weiteren Belegen. — *wa-hum lahā sābiqūna*: **9**,100; **56**,10; in anderem Zusammenhang: **8**,59; **29**,4. 39.

23,62 *wa-lā nukallifu nafsan illā wusʿahā*: **2**,233, mit weiteren Belegen. — *wa-ladainā kitābun yanṭiqu bil-ḥaqqi*: **45**,28f.; **18**,49; **39**,69; **17**,71, mit weiteren

Belegen. Zur Sache: A. Jeffery, The Qur'ān as Scripture, New York 1952, S. 11f. („Record Book"). — *wa-hum lā yuẓlamūna*: **2**,281, mit weiteren Belegen; **9**,70, mit weiteren Belegen.

23,63 *bal qulūbuhum fī ġamratin min hāḏā*: **51**,11; **23**,54. — Zum Ausdruck *min dūni ḏālika*: **7**,168; **72**,11; (**21**,82).

23,64 Zum Ausdruck *mutrafīhim* siehe die Anmerkung zu **17**,16, sowie **11**,116, mit weiteren Belegen.

23,65 *innakum minnā lā tunṣarūna*. Siehe die Anmerkung zu **3**,111, mit weiteren Belegen.

23,66f.: **31**,7; **45**,8. 31. — *sāmiran tahǧurūna*. Die Deutung des Passus ist ganz unsicher. Nach den Kommentatoren könnte man auch übersetzen: „und (indem ihr) in nächtlicher Unterhaltung Faseleien vorbrachtet (*summaran*, Variante für *sāmiran*)". Das ist aber ein unglaubwürdiger Versuch, der Stelle einen Sinn abzugewinnen.

23,68 *am ǧā'ahum mā lam ya'ti ābā'ahumu l-auwalīna*. Der Passus läßt sich in dem hier vorliegenden Zusammenhang schwer verstehen. Vielleicht ist er ironisch gemeint. Zur Deutung des Ausdrucks *ābā'ahumu l-auwalīna* siehe die Anmerkung zu **23**,24.

23,69 *fa-hum lahū munkirūna*: **21**,50; **16**,83; (**12**,58). Im Hinblick auf die zuletzt genannte Stelle könnte man vielleicht auch übersetzen: „so daß sie ihn für einen Fremden halten".

23,70 *am yaqūlūna bihī ǧinnatun*: **23**,25; **34**,8; **7**,184, mit weiteren Belegen. — *bal ǧā'ahum bil-ḥaqqi wa-akṯaruhum lil-ḥaqqi kārihūna*: **43**,78; (**37**,37).

23,71 *la-fasadati s-samāwātu wal-arḍu wa-man fīhinna*: **21**,22; (**2**,251). — *bal ataināhum bi-ḏikrihim*: **21**,10.

23,72: **10**,72, mit weiteren Belegen. — *wa-huwa ḫairu r-rāziqīna*: **5**,114, mit weiteren Belegen.

23,73: **16**,125; **12**,108, mit weiteren Belegen.

23,75: **10**,12, mit weiteren Belegen. — *la-laǧǧū fī ṭuġyānihim ya'mahūna*: **6**,110, mit weiteren Belegen; (**67**,21).

23,76: **6**,43. — Zur Bedeutung des Ausdrucks *(fa-mā) stakānū* siehe die Anmerkung zu **3**,146.

23,77: (**6**,44); (**7**,95). — *iḏā hum fīhi mublisūna*: **6**,44 (s. o.); **43**,75; **30**,12.

23,78: **67**,23; **32**,9; **16**,78; **46**,26; **10**,31; **76**,2.

23,79: **67**,24; **42**,11; **4**,1; (**2**,164; **31**,10; **42**,29; **45**,4).

23,80 *wa-huwa llaḏī yuḥyī wa-yumītu*: **3**,156, mit weiteren Belegen. — *wa-lahu ḫtilāfu l-laili wan-nahāri*: **2**,164, mit weiteren Belegen.

23,82: **23**,35; **13**,5, mit weiteren Belegen.

23,83: **27**,68. — *in hāḏā illā asāṭīru l-auwalīna*. Siehe die Anmerkung zu **6**,25, mit weiteren Belegen.

23,88 *qul man bi-yadihī malakūtu kulli šai'in*: **36**,83. Siehe Horovitz, Proper Names, S. 222.

23,91 *mā ttaḫaḏa llāhu min waladin*: **2**,116, mit weiteren Belegen. — *wa-mā* *kāna maʿahū min ilāhin*: **17**,42; **27**,60. — *iḏān la-ḏahaba kullu ilāhin bi-mā ḫalaqa wa-la-ʿalā baʿḍuhum ʿalā baʿḍin*: **21**,22; (**23**,71); (**17**,42). — *subḥāna llāhi ʿammā yaṣifūna*: **6**,100, mit weiteren Belegen.

23,92 *ʿālimu l-ġaibi waš-šahādati*: **6**,73, mit weiteren Belegen. — *fa-taʿālā ʿammā yušrikūna*: **7**,190, mit weiteren Belegen.

23,93–95: **43**,41f.; **10**,46; **40**,77; **13**,40. — *fa-lā taǧʿalnī fī l-qaumi ẓ-ẓālimīna*: **7**,47. 150.

23,96 *idfaʿ bi-llatī aḥsanu s-saiyiʾata*: **16**,125. Siehe die Anmerkung zu diesem Vers, mit weiteren Belegen.

23,97f.: **7**,200/**41**,36; (**16**,98); (**114**,1–6). Siehe die Anmerkung zu **7**,200.

23,99f.: **32**,12; **35**,37; **14**,44; **63**,10; **6**,27; **7**,53; **23**,107.

23,101 *fa-iḏā nufiḫa fī ṣ-ṣūri*: **6**,73, mit weiteren Belegen. — *fa-lā ansāba bainahum yaumaʾiḏin wa-lā yatasāʾalūna*: **28**,66; dagegen **37**,27/50/**52**,25: *wa-aqbala baʿḍuhum ʿalā baʿḍin yatasāʾalūna.*

23,102f.: **7**,8f.; **101**,6–9. — *fa-ulāʾika llaḏīna ḫasirū anfusahum*: **6**,12, mit weiteren Belegen.

23,107: **23**,99f., mit weiteren Belegen.

23,108 *wa-lā tukallimūni*: (**2**,174; **3**,77).

23,109: (**3**,16, mit weiteren Belegen); **23**,118.

23,110 *fa-ttaḫaḏtumūhum siḫrīyan*: (**38**,63). — *ḥattā ansaukum ḏikrī*: **12**,42; **58**,19; (**6**,68); (**18**,63). Die hier aufgeführten Stellen sprechen alle für die Deutung von *ḏikrī* = „mein Gedenken". Siehe auch die Anmerkung zu **6**,68. — *wa-kuntum minhum taḍḥakūna*: **83**,29. 34.

23,111: **76**,12; **25**,75; **28**,54f.; (**16**,96); (**16**,42/**29**,59); (**7**,137). — *annahum humu l-fāʾizūna*: **9**,20; **24**,52; **59**,20; (**3**,185).

23,112–114: **30**,55f.; **20**,102–104; **10**,45; **46**,35; **17**,52; **79**,46; (**2**,259); (**18**,11f. 19. 25f.). Siehe die Anmerkung zu **10**,45. Daß der Ausdruck *fī l-arḍi* auch „*in* der Erde" bedeuten kann, ergibt sich aus Stellen wie **5**,31 und **13**,17. — *qālū labiṯnā yauman au baʿḍa yaumin*: **18**,19. — *lau annakum kuntum taʿlamūna*: **2**,102, mit weiteren Belegen. Im Hinblick auf **28**,64 ist wohl die in der Anmerkung gegebene Übersetzung „Wenn ihr es nur gewußt hättet" (Vergangenheit) vorzuziehen. Siehe Renate Tietz, Bedingungssatz und Bedingungsausdruck im Koran, Diss. Tübingen 1963, S. 48.

23,115 *a-fa-ḥasibtum annamā ḫalaqnākum ʿabaṯan*: **21**,16, mit weiteren Belegen.

23,116: **20**,114.

23,117 *wa-man yadʿu maʿa llāhi ilāhan āḫara*: **25**,68; **26**,213/**28**,88; **72**,18. — *lā burhāna lahū bihī*: **21**,24; **27**,64; **2**,111; **28**,75. Zur Bedeutung von *burhān* siehe die Anmerkung zu **2**,111.

23,118: **23**,109.

SURE 24

24,1 *sūratun anzalnāhā wa-faraḍnāhā wa-anzalnā fīhā āyātin baiyinātin.* Die Etymologie des Wortes *sūra* („Sure") ist umstritten. Nöldeke hält eine Ableitung aus hebräisch *šūrā* „Reihe" für wahrscheinlich, Bell eine Ableitung aus syrisch *surṭā (ṣūrtā, sūrtā)* „Schrift", „Schrifttext". Siehe Nöldeke, Neue Beiträge, S. 26; Gesch. des Qor. I, S. 30f.; Horovitz, Proper Names, S. 211f.; Bell, Origin of Islam, S. 52, Anmerkung und Introduction, S. 51f., 131; Jeffery, Foreign Vocabulary, S. 180–182.

24,2 *fī dīni llāhi.* Der Ausdruck *dīn* schließt hier wie in **12**,76 die Bedeutung der Rechtsordnung mit ein.

24,3: **24**,26.

24,4 *wa-llaḏīna yarmūna l-muḥṣanāti*: **24**,6. 23; (**4**,112; siehe die Anmerkung dazu).

24,5: **3**,89, mit weiteren Belegen.

24,6–9: **3**,61. Siehe die Anmerkung zu diesem Vers, mit Literaturangaben. **24**,13.

24,10: **24**,20 (ebenfalls ohne Nachsatz); *wa-laulā faḍlu llāhi ʿalaikum wa-raḥmatuhū* mit Nachsatz: **24**,14. 21; **2**,64; **4**,83; **4**,113.

24,11–20 Die Verse 11–20 beziehen sich auf eine Begebenheit, die sich bei der Rückkehr Mohammeds vom Kriegszug gegen die Banū l-Muṣṭaliq (Dezember 626/Januar 627) abspielte: Seine Frau ʿĀʾiša wurde beim Lagern aus Versehen zurückgelassen und erst später von einem fremden Mann auf dessen Kamel nachgebracht, was Anlaß zu gewissen Verdächtigungen gab. Siehe Buhl-Schaeder, Das Leben Muhammeds, S. 281–284.

24,11 Zur Bedeutung des Verbums *iktasaba (VIII)* siehe die Anmerkung zu **2**,79.

24,12: **24**,16.

24,13: **24**,6–9.

24,14 *wa-laulā faḍlu llāhi ʿalaikum wa-raḥmatuhū*: **24**,21; **2**,64; **4**,83; **4**,113; ohne Nachsatz: **24**,10. 20. — *la-massakum fī mā afaḍtum fīhi ʿaḏābun ʿaẓīmun*: **8**,68. Den Passus *fī mā afaḍtum fīhi* könnte man im Hinblick auf **10**,61 und **46**,8 auch übersetzen: „für das (unverantwortliche Gerede), worauf ihr euch eingelassen habt".

24,15 *iḏ*... Verkürzter Zeitsatz. Siehe Einleitung zur Übersetzung, S. 3f. — *wa-taqūlūna bi-afwāhikum*: **9**,30; **33**,4; **3**,167; **5**,41; **48**,11. Siehe die Anmerkung zu **9**,30. — *mā laisa lakum bihī ʿilmun*: **4**,157, mit weiteren Belegen. — *wa-huwa ʿinda llāhi ʿaẓīmun*: **33**,53.

24,16: **24**,12. — Zur Bedeutung des Ausdrucks *buhtān* siehe die Anmerkung zu **4**,20.

24,18: **24**,58. 59. 61. Siehe die Anmerkung zu **2**,219.

24,19 *wa-llāhu yaʿlamu wa-antum lā taʿlamūna*: **2**,216/232/**3**,66; **16**,74.

24,20: **24**,10. Siehe die Anmerkung zu diesem Vers, mit weiteren Belegen.

24,21 *lā tattabiʿū ḫuṭuwāti š-šaiṭāni*: **2**,168f.; **6**,142; **2**,208. — *fa-innahū yaʾmuru bil-faḥšāʾi wal-munkari*: **2**,169; **2**,268; **7**,27f.; (**16**,90); (**29**,45). — *wa-laulā faḍlu llāhi ʿalaikum wa-raḥmatuhū*: **24**,14, mit weiteren Belegen. — *mā zakā minkum min aḥadin walākinna llāha yuzakkī man yašāʾu*: **4**,49; **53**,32.

24,22 *wa-lā yaʾtali*...: (**2**,224); (**2**,226). — Zur Bedeutung des Ausdrucks *ulū l-faḍli (minkum)* siehe die Anmerkung zu **11**,3. — *an yuʾtū ulī l-qurbā wal-masākīna wal-muhāǧirīna fī sabīli llāhi*: **4**,36, mit weiteren Belegen. — *wa-l-yaʿfū wa-l-yaṣfaḥū*. Siehe die Anmerkung zu **15**,85, mit weiteren Belegen.

24,23 *inna llaḏīna yarmūna l-muḥṣanāti*: **24**,4. 6; (**4**,112; siehe die Anmerkung dazu). — *luʿinū fī d-dunyā wal-āḫirati*: **33**,57; **11**,60. 99; **28**,42.

24,24: **36**,65; **41**,20.

24,25 Die Deutung des Ausdrucks *dīnahumu l-ḥaqqa* ist nicht sicher.

24,26 *al-ḫabīṯātu lil-ḫabīṯīna wal-ḫabīṯūna lil-ḫabīṯāti*: **24**,3. — *ulāʾika mubarraʾūna mimmā yaqūlūna*. Zur Formulierung: **33**,69. Der Passus ist entweder unmittelbar auf die Geschichte von ʿĀʾiša gemünzt (siehe die Anmerkung zu **24**,11–20), oder er bezieht diese Geschichte wenigstens mit ein. — *lahum maġfiratun wa-rizqun karīmun*: **8**,4, mit weiteren Belegen. Zur Bedeutung des Ausdrucks *rizq* siehe die Anmerkung zu **3**,27.

24,27: **33**,53. — *ḥattā tastaʾnisū*. Vgl. **33**,53: *wa-lā mustaʾnisīna li-ḥadīṯin*. — *wa-tusallimū ʿalā ahlihā*: **24**,61.

24,28 *huwa azkā lakum*: **24**,30; **2**,232; **33**,53; **58**,12.

24,29 *wa-llāhu yaʿlamu mā tubdūna wa-mā taktumūna*: **5**,99; **2**,33. Siehe die Anmerkung zu diesem Vers, mit weiteren Belegen. **33**,54.

24,30f. *wa-yaḥfaẓū furūǧahum, wa-yaḥfaẓna furūǧahunna*: **23**,5f./**70**,29f.; **33**,35. — *ḏālika azkā lahum*: **24**,28, mit weiteren Belegen. — *wa-lā yubdīna zīnatahunna ...wa-lā yaḍribna bi-arǧulihinna li-yuʿlama mā yuḫfūna min zīnatihinna*: **24**,60 (*ġaira mutabarriǧātin bi-zīnatin*). — *illā li-buʿūlatihinna au ābāʾihinna au ābāʾi buʿūlatihinna*...: **33**,55. Dirk Bakker nimmt an, daß mit dem Ausdruck *nisāʾihinna* (in **24**,31 und **33**,55) Sklavinnen gemeint sind. Unter dem unmittelbar darauf folgenden Ausdruck *(au) mā malakat aimānuhunna* wären dann *männliche* Sklaven zu verstehen (Man in the Qurʾān, Amsterdam 1965, S. 80, Anm. 89). — *awi ṭ-ṭifli llaḏīna lam yaẓharū ʿalā ʿaurāti n-nisāʾi*: (**24**,59).

24,32 *yuġnihimu llāhu min faḍlihī*: **9**,28; (**4**,130); (**53**,48). Siehe auch den folgenden Vers 33.

24,33 *wa-l-yastaʿfifi llaḏīna lā yaǧidūna nikāḥan*: (**24**,60); (**4**,25). — *wa-llaḏīna yabtaġūna l-kitāba mimmā malakat aimānukum fa-kātibūhum*... Siehe Josef Schacht, The Origins of Muhammadan Jurisprudence, London 1950, S. 279. — *in ʿalimtum fīhim ḫairan*: (**8**,23. 70). — *wa-lā tukrihū fatayātikum ʿalā l-biġāʾi*: (**19**,20. 28). Zur Sache: W. M. Watt, Muhammad at Medina, Oxford 1956, S. 391 (siehe die Anmerkung zu **4**,24f.). — *li-tabtaġū ʿaraḍa l-ḥayāti d-dunyā*: **4**,94.

24,34 *wa-la-qad anzalnā ilaikum āyātin mubaiyinātin*: **24**,46; **65**,11. — *wa-mauʿiẓatan lil-muttaqīna*: **3**,138; **5**,46; (**2**,66); **10**,57, mit weiteren Belegen.

24,35 Zur Sache: EI[1], Artikel Allāh (D. B. Macdonald), S. 318: „dem Zusammenhang nach scheint hier eine Anspielung auf den christlichen Gottesdienst in Kirchen und Klöstern vorzuliegen, und in diesem Falle wäre das Bild von dem mit Lichtern besetzten Altar hergenommen; die koranischen Ausdrücke würden dann im Verband mit dem Zusammenhang an ‚das Licht der Welt' im Evangelium und ‚das Licht vom Lichte' im nikäischen Glaubensbekenntnis erinnern"; Clermont-Ganneau, La lampe et l'olivier dans le Coran (Revue de l'Histoire des Religions 81, 1920, S. 213–259); Fr. Buhl, Über Vergleichungen und Gleichnisse im Qur'ân (Acta Orientalia 2, 1924, S. 1–11), S. 9f.; Bell, Origin of Islam, S. 115f.; Speyer, S. 62–66. 430f. — Die Bezeichnung *miškāt* ist ein Lehnwort aus dem Äthiopischen. Siehe Nöldeke, Neue Beiträge, S. 51; Jeffery, Foreign Vocabulary, S. 266. Ob es tatsächlich „Nische" oder (wie anscheinend im Äthiopischen) „Fenster" bedeutet, wäre noch zu klären. — *min šağaratin mubārakatin zaitūnatin lā šarqīyatin wa-lā ġarbīyatin*: (**23**,20); (**95**,1f.). Die Aussage, daß der Ölbaum „weder östlich noch westlich ist", ist schwer verständlich. Der Hinweis auf Sacharja 4,3. 11–14 genügt nicht zur Erklärung. Hubert Grimme (Mohammed II, Münster 1895, S. 171) und Horovitz (Koranische Untersuchungen, S 124) vermuten, daß der Ölbaum als „nicht irdischen, sondern himmlischen Ursprungs", bzw. als „überirdisch" bezeichnet werden soll. — *wa-yaḍribu llāhu l-amṯāla lin-nāsi*: **14**,24f., mit weiteren Belegen.

24,36 *yusabbiḥu lahū fīhā bil-ġudūwi wal-āṣāli*: **7**,205; **13**,15; **3**,41, mit weiteren Belegen.

24,37 *riğālun lā tulhīhim tiğāratun wa-lā bai'un 'an ḏikri llāhi*: **63**,9; **15**,3; **102**,1f.; **62**,9. 11. — *yauman tataqallabu fīhi l-qulūbu wal-abṣāru*: (**6**,110).

24,38 *li-yağziyahumu llāhu aḥsana mā 'amilū*: **9**,121, mit weiteren Belegen. — *wa-yazīdahum min faḍlihī*: **4**,173, mit weiteren Belegen. — *wa-llāhu yarzuqu man yašā'u bi-ġairi ḥisābin*: **2**,212. Siehe die Anmerkung zu diesem Vers, mit weiteren Belegen.

24,39 *wa-wağada llāhu 'indahū*... Das Gleichnisbild wirkt noch nach (ebenso wie das Perfekt aus dem vorhergehenden Zeitsatz), während die Szene eigentlich schon gewechselt hat und die Sache selber zu Wort kommt: Der Ungläubige (nicht mehr der Durstige) steht zur Abrechnung vor Gott (nicht mehr am Ort der Luftspiegelung), enttäuscht über die Nichtigkeit der Handlungen, die er für sich vorzuweisen hat. — Zur Übersetzung des Ausdrucks *'indahū* mit „bei sich" vgl. **2**,140 (*šahādatan 'indahū*); **27**,40 (*mustaqirran 'indahū*).

24,41 *a-lam tara anna llāha yusabbiḥu lahū man fī s-samāwāti wal-arḍi*: **17**,44, mit weiteren Belegen; **7**,206, mit weiteren Belegen. — *waṭ-ṭairu ṣāffātin*: **67**,19; **16**,79. Die Tatsache, daß die Vögel in der Luft schweben, ohne nach unten zu fallen, wird in **16**,79 und **67**,19 als besonderes Zeichen der göttlichen Schöpferkraft angeführt. In den Stellen **21**,79; **38**,17–19; **34**,10 wird den Vögeln eine andere Besonderheit zugeschrieben, nämlich daß sie Gott lobpreisen. Die Vögel sind – nebst den Bergen – dem David dienstbar gemacht und sprechen mit diesem den Lobpreis (siehe Speyer, S. 381f.). Der vorliegende Vers spricht ebenfalls vom Lobpreisen der Vögel, allerdings ohne auf die Person Davids Bezug zu nehmen. Der Ausdruck *ṣāffāt*, der hier – wie in **67**,19 – auf die Vögel angewandt wird, bedeutet nach den Lexikographen „schwebend", genauer „(die Flügel im Schwebeflug) ausbreitend", im Gegensatz zu *daffa* „(beim Flug) mit den Flügeln schlagen". (In **67**,19 heißt es von den Vögeln, daß sie ihre Flügel „ausbreiten und einziehen", *ṣāffātin wa-yaqbiḍna.*) Vielleicht besteht zwischen dem Ausdruck *ṣāffāt*, mit dem die besondere Flugart der Vögel gekennzeichnet wird, und der Vorstellung, daß sie Gott lobpreisen, ein sachlicher Zusammenhang. Jedenfalls ist zu beachten, daß dasselbe Partizip *ṣāff* in **37**,165f. in enger Verbindung mit *sabbaḥa (II)* „lobpreisen" vorkommt. Vgl. **37**,1–3. Beide Stellen werden auf die Engel gedeutet. — *kullun qad ʿalima ṣalātahū wa-tasbīḥahū.* Subjekt des Satzes ist *kullun.* Vgl. **2**,60/**7**,160.

24,42 *wa-li-llāhi mulku s-samāwāti wal-arḍi*: (**5**,18).

24,43 *anna llāha yuzǧī saḥāban*: **13**,12, mit weiteren Belegen. — *fa-tarā l-wadqa yaḫruǧu min ḫilālihī*: **30**,48. — *fa-yuṣību bihī man yašāʾu*: **30**,48; **13**,13; (**10**,107). — *yakādu sanā barqihī yaḏhabu bil-abṣāri*: **2**,20; (**2**,17).

24,44 *yuqallibu llāhu l-laila wan-nahāra*: **2**,164, mit weiteren Belegen. — *inna fī ḏālika la-ʿibratan li-ulī l-abṣāri*: **3**,13, mit weiteren Belegen.

24,45 Belege zur Erschaffung bzw. Ausbreitung der Tiere (*dawābb*): **2**,164; **31**,10; **45**,4; **35**,28; **42**,11. — Mit dem Wasser, aus dem die Tiere geschaffen sind, ist wohl das Sperma gemeint. Vgl. **25**,54; **86**,6; **32**,8; **77**,20; **21**,30. Siehe aber Speyer, S. 45.

24,46 *la-qad anzalnā āyātin mubaiyinātin*: **24**,34; **65**,11. — *wa-llāhu yahdī man yašāʾu ilā ṣirāṭin mustaqīmin*: **2**,142. 213; **10**,25; (**6**,39).

24,48: **3**,23.

24,51 *an yaqūlū samiʿnā wa-aṭaʿnā*: **2**,285; **5**,7.

24,52: **33**,71; **4**,13/**48**,17; **4**,69.

24,53: **9**,42; **9**,95f.; **5**,53 (siehe die Anmerkung dazu). — *ṭāʿatun maʿrūfatun*: **47**,20f.

24,54: **64**,12; **5**,92; **3**,32; **8**,20. — *wa-mā ʿalā r-rasūli illā l-balāġu l-mubīnu*: **64**,12; **5**,92; **3**,20, mit weiteren Belegen.

24,55 *la-yastaḫlifannahum fī l-arḍi ka-mā staḫlafa llaḏīna min qablihim*: **7**,129; **6**,133; **11**,57; **6**,165, mit weiteren Belegen. — *wa-la-yumakkinanna lahum dīnahumu llaḏī rtaḍā lahum*: (**5**,3). — *wa-la-yubaddilannahum min baʿdi ḫaufihim amnan*: **6**,82.

24,56 *wa-aṭīʿū r-rasūla laʿallakum turḥamūna*: **3**,132.

24,57 *lā taḥsabanna llaḏīna kafarū muʿǧizīna fī l-arḍi*: **8**,59; **11**,20; **6**,134. Siehe die Anmerkung zu diesem Vers, mit weiteren Belegen.

24,58 *ka-ḏālika yubaiyinu llāhu lakumu l-āyāti*: **24**,59. 61. 18. Siehe die Anmerkung zu **2**,219.

24,59 *wa-iḏā balaġa l-aṭfālu minkumu l-ḥulma*: (**24**,31). — *ka-ḏālika yubaiyinu llāhu lakum āyātihī.* Siehe die Anmerkung zum vorhergehenden Vers 58.

24,60 *fa-laisa ʿalaihinna ǧunāḥun an yaḍaʿna ṯiyābahunna*: (**24**,58). — *ġaira mutabarriǧātin bi-zīnatin*: **33**,33; **24**,31.

24,61 *laisa ʿalā l-aʿmā ḥaraǧun wa-lā ʿalā l-aʿraǧi ḥaraǧun wa-lā ʿalā l-mariḍi ḥaraǧun*: **48**,17. Goldziher hat darauf hingewiesen, daß diese Aussage nicht recht in den Zusammenhang zu passen scheint, und die Vermutung ausgesprochen, daß sie fälschlich aus Sure **48**, wo sie ebenfalls steht und gut paßt, hierher verschlagen worden ist (Vorlesungen über den Islam, Heidelberg 1910, S. 33f.). Blachère schließt sich dem an, nicht aber Bell, der sonst oft mit Verschiebungen im Text rechnet. C. C. Torrey nimmt in der Festschrift für Browne gegen die These Goldziher's Stellung und versucht, den Passus in seinem Zusammenhang mit dem Begleittext von Sure **24** verständlich zu machen (A Volume of Oriental Studies presented to Edward G. Browne, Cambridge 1922, S. 459–464: The Exception on Favour of „The Blind, the Cripple, and the Sick"). — *fa-iḏā daḫaltum buyūtan fa-sallimū ʿalā anfusikum taḥīyatan min ʿindi llāhi mubārakatan ṭaiyibatan*: **24**,27. Der präpositionale Ausdruck *ʿalā anfusikum* hat kollektive, nicht individuelle Bedeutung. Vgl. **2**,54. 84f.; **4**,29. 66; **30**,28; **49**,11. In der Übersetzung ist die in Anmerkung 73 zur Wahl gestellte Möglichkeit in den Text zu übernehmen. Statt „sprecht über euch selber einen...Gruß aus" muß es heißen: „sprecht über euch (gegenseitig) einen...Gruß aus". Gemeint ist, daß derjenige, der ein Haus betritt, die Insassen des Hauses in aller Form grüßen soll, worauf diese seinen Gruß in derselben Weise zu erwidern haben. — *ka-ḏālika yubaiyinu llāhu lakumu l-āyāti*: **24**,18. 58. 59. Siehe die Anmerkung zu **2**,219.

24,62: (**9**,44f., mit weiteren Belegen).

24,63 *lā taǧʿalū duʿāʾa r-rasūli bainakum ka-duʿāʾi baʿḍikum baʿḍan*: (**49**,2). — *an tuṣībahum fitnatun*: (**8**,25).

24,64 *qad yaʿlamu mā antum ʿalaihi*: **3**,179. — *fa-yunabbiʾuhum bi-mā ʿamilū*: **58**,6f.; **6**,60, mit weiteren Belegen.

SURE 25

25,1 *tabāraka...*: **25**,10. 61; **7**,54, mit weiteren Belegen. — *allaḏī nazzala l-furqāna ʿalā ʿabdihī*: **3**,4; (**2**,53; **21**,48). Zur Bedeutung von *furqān* („Errettung", „Entscheidung", „Offenbarungsschrift") siehe die Anmerkung zu **2**,53.

25,2 *wa-lam yattaḫiḏ waladan wa-lam yakun lahū šarīkun fī l-mulki*: **17**,111; **2**,116, mit weiteren Belegen. — *fa-qaddarahū taqdīran*: **87**,3; **80**,19; **13**,8, mit weiteren Belegen.

25,3 *wa-ttaḫaḏū min dūnihī ālihatan lā yaḫluqūna šaiʾan wa-hum yuḫlaqūna*: **7**,191; **16**,20; (**16**,17). — *wa-lā yamlikūna li-anfusihim ḍarran wa-lā nafʿan*: **13**,16; **6**,71, mit weiteren Belegen. — *wa-lā yamlikūna mautan wa-lā ḥayātan wa-lā nušūran*: **21**,21.

25,4f. *wa-qāla lladīna kafarū in hādā illā ifkuni ftarāhu*: **34**,43; **46**,11; **10**,38, mit weiteren Belegen. — *wa-aʿānahū ʿalaihi qaumun āḫarūna...wa-qālū asāṭīru l-auwalīna ktatabahā fa-hiya tumlā ʿalaihi bukratan wa-aṣīlan*: **16**,103; **44**,13f.; (**29**,48); (**6**,105). Zum Ausdruck *asāṭīru l-auwalīna* siehe die Anmerkung zu **6**,25, mit weiteren Belegen.

25,7 *wa-qālū mā-li hādā r-rasūli yaʾkulu ṭ-ṭaʿāma*: **25**,20; **23**,33; **21**,8; **5**,75. — *wa-yamšī fī l-aswāqi*: **25**,20. — *laulā unzila ilaihi malakun fa-yakūna maʿahū nadīran*: **6**,8, mit weiteren Belegen.

25,8 *au yulqā ilaihi kanzun*: **11**,12; **43**,53; **6**,50/**11**,31. — *au takūnu lahū ǧannatun yaʾkulu minhā*: **17**,91. — *wa-qāla ẓ-ẓālimūna in tattabiʿūna illā raǧulan masḥūran*: **17**,47.

25,9: **17**,48; (**36**,78). Zur Bedeutung des Ausdrucks *ḍarabū laka l-amṯāla* siehe die Anmerkung zu **16**,74.

25,10 *tabāraka*...: **25**,1. 61; **7**,54, mit weiteren Belegen. — Zur Bedeutung des Ausdrucks *min taḥtihā* siehe die Anmerkung zu **2**,25.

25,11f. *samiʿū lahā taġaiyuẓan wa-zafīran*: **67**,7f.; (**11**,106); (**21**,99f.). Siehe die Anmerkung zu **11**,106.

25,13f. *muqarranīna*: **14**,49; **38**,38; (**13**,5, mit weiteren Belegen). — *daʿau hunālika ṯubūran*: **84**,11.

25,16 *lahum fīhā mā yašāʾūna*: **16**,31; **50**,35; **39**,34/**42**,22.

25,17-19: **34**,40-42; **10**,28-30; **46**,5f.; **6**,22-24. 128f. Weitere Belege in der Anmerkung zu **10**,28f. — *qālū subḥānaka mā kāna yanbaġī lanā an nattaḫida min dūnika min auliyāʾa*: **34**,41. — *walākin mattaʿtahum wa-ābāʾahum*: **43**,29; **21**,44. Zum Ausdruck *mattaʿtahum* siehe die Anmerkung zu **2**,36. — *ḥattā nasū d-dikra*: **5**,13f.; **6**,44; **7**,165; (**12**,42; **58**,19; **23**,110; **18**,63; siehe die Anmerkung zu **12**,42). — *wa-kānū qauman būran*: **48**,12. Zur Bedeutung von *būr* siehe Jeffery, Foreign Vocabulary, S. 85f.; Horovitz, Proper Names, S. 193.

25,20 *illā innahum la-yaʾkulūna ṭ-ṭaʿāma*: **25**,7; **23**,33; **21**,8; **5**,75. — *wa-yamšūna fī l-aswāqi*: **25**,7. — *wa-ǧaʿalnā baʿḍakum li-baʿḍin fitnatan a-taṣbirūna*. Es ist nicht recht klar, was mit diesem Passus gemeint ist. Vielleicht wird darauf angespielt, daß die jeweiligen Gesandten von ihren Zeit- und Volksgenossen viel zu erleiden haben und dabei zeigen können, ob sie die nötige Geduld aufbringen. Vgl. **3**,186.

25,21f. *laulā unzila ʿalainā l-malāʾikatu*: **15**,8; **2**,210; **6**,158; **16**,33; **78**,38f. — *wa-yaqūlūna ḥiǧran maḥǧūran*: **25**,53. Die Deutung des Ausdrucks ist nicht sicher. Bell übersetzt: „Taboo forbidden!" und bemerkt dazu: „Said to be an exclamation used by the Arabs when suddenly and unfairly attacked". Als Sprecher könnte man statt der Sünder auch die Engel ergänzen. Diese würden dann beim Gericht den Sündern eröffnen, daß es ihnen verwehrt ist, sich der Schar der Seligen anzuschließen und ins Paradies einzugehen. Zur sprachlichen Form (*ḥiǧran* + *maḥǧūran*): **17**,45 (*ḥiǧāban* + *mastūran*). Siehe die Anmerkung zu diesem Vers.

25,24 *ḫairun mustaqarran*: **25**,66. 76.

25,25 *wa-yauma tašaqqaqu s-samā'u bil-ġamāmi*: **69**,16f.; **55**,37; **84**,1; **2**,210; **82**,1; **73**,18. — *wa-nuzzila l-malā'ikatu tanzīlan*: **2**,210, mit weiteren Belegen; (**6**,8). Auffallend ist das Perfekt *nuzzila* statt des zu erwartenden Imperfekts *yunazzalu*. Ähnlich **11**,98. Siehe die Anmerkung zu diesem Vers.

25,26 *al-mulku yauma'iḏini l-ḥaqqu lir-raḥmāni*: **22**,56; **6**,73; **40**,16. — *wa-kāna yauman 'alā l-kāfirīna 'asīran*: **74**,9f.; **54**,8.

25,29 *la-qad aḍallanī 'ani ḏ-ḏikri ba'da iḏ ǧā'anī*: **25**,18; **58**,19; **12**,42. Siehe die Anmerkung zu diesem Vers, mit weiteren Belegen.

25,30 *ittaḫaḏū hāḏā l-qur'āna mahǧūran*: (**23**,67?).

25,31: **6**,112.

25,32 *laulā nuzzila 'alaihi l-qur'ānu ǧumlatan wāḥidatan*: (**17**,106). — *ka-ḏālika*. Siehe die Anmerkung zu **3**,40. — *li-nuṯabbita bihī fu'ādaka*: (**11**,120; **16**,102). — *wa-rattalnāhu tartīlan*: **73**,4.

25,33 *wa-lā ya'tūnaka bi-maṯalin*. Siehe Fr. Buhl, Über Vergleichungen und Gleichnisse im Qur'ân (Acta Orientalia 2, 1924, S. 1–11), S. 11. — *(wa-aḥsana) tafsīran*. Siehe Horovitz, Proper Names, S. 218.

25,34 *allaḏīna yuḥšarūna 'alā wuǧūhihim ilā ǧahannama*: **17**,97; **54**,48; **33**,66; **27**,90. — *ulā'ika šarrun makānan wa-aḍallu sabīlan*: **5**,60; **17**,72.

25,35f. Belege zur Geschichte von Mose in der Anmerkung zu **7**,103–137.

25,35 *wa-la-qad ātainā Mūsā l-kitāba*: **2**,53, mit weiteren Belegen. — *wa-ǧa'alnā ma'ahū aḫāhu Hārūna wazīran*: **20**,29f. Zur Bedeutung des Ausdrucks *wazīr* siehe Meïr M. Bravmann, The etymology of Arabic *wazīr* (Der Islam 37, 1961, S. 260–263).

25,36 *fa-dammarnāhum tadmīran*: **17**,16, mit weiteren Belegen.

25,37 Belege zur Geschichte Noahs in der Anmerkung zu **7**,59–64. — *wa-ǧa'alnāhum lin-nāsi āyatan*: (**29**,15; **54**,15; **69**,12). Siehe die Anmerkung zu **10**,92.

25,38 Belege zur Geschichte der 'Ād in der Anmerkung zu **7**,65–72, zur Geschichte der Ṯamūd in der Anmerkung zu **7**,73–79. — Die „Leute des Brunnens" (? *Aṣḥāb ar-Rass*) werden auch in **50**,12 genannt. Siehe Horovitz, Koranische Untersuchungen, S 94f. Zur Bedeutung von *rass* = Brunnen verweist Horovitz auf Erich Bräunlich, The well in ancient Arabia (Islamica 1, 1925, S 41–76. 288–343. 454–528), S. 330.

25,39 *wa-kullan ḍarabnā lahu l-amṯāla*: **14**,45; **16**,112f. Zur Bedeutung des Ausdrucks siehe Fr. Buhl, Über Vergleichungen und Gleichnisse im Qur'ân (Acta Orientalia 2, 1924, S 1–11), S. 10: „An einigen Stellen hat das Wort *maṯal* die besondere Bedeutung: Typus, Vorbild, Beispiel. Auch dann wird es mit dem Verbum *ḍaraba* verbunden. Es steht öfters von einem warnenden Beispiel." — *wa-kullan tabbarnā tatbīran*: **17**,7.

25,40 Belege zur Zerstörung der Stadt des Lot in der Anmerkung zu **7**,80–84. — *a-fa-lam yakūnū yaraunahā*: **37**,137f.; **11**,83. 89; **15**,75–77. Siehe die Anmerkung zu **11**,82f., mit weiteren Belegen.

25,41: **21**,36. — *a-hāḏā llaḏī ba'aṯa llāhu rasūlan*: **17**,94. Weitere Belege in den Anmerkungen zu **7**,63 und **11**,27.

25,42 *laulā an ṣabarnā ʿalaihā*: **38**,6.

25,43 *a-raʾaita mani ttaḫaḏa ilāhahū hawāhu*: **45**,23. — *a-fa-anta takūnu ʿalaihi wakīlan*: **6**,66, mit weiteren Belegen.

25,44 *in hum illā kal-anʿāmi bal hum aḍallu sabīlan*: **7**,179; (**8**,22, mit weiteren Belegen).

25,47: **78**,9–11; **10**,67, mit weiteren Belegen.

25,48 *wa-huwa llaḏī arsala r-riyāḥa bušran baina yadai raḥmatihī*: **7**,57; **27**,63; **30**,46.

25,49 *li-nuḥyiya bihī baldatan maitan*: **50**,11; **43**,11; **36**,33; **7**,57; **2**,164, mit weiteren Belegen. — *wa-nusqiyahū mimmā ḫalaqnā anʿāman wa-anāsīya kaṯīran*: **15**,22, mit weiteren Belegen.

25,50 *wa-la-qad ṣarrafnāhu bainahum li-yaḏḏakkarū*: **17**,41, mit weiteren Belegen. — *fa-abā akṯaru n-nāsi illā kufūran*: **17**,89; **17**,99.

25,52 *wa-ǧāhidhum bihī ǧihādan kabīran*: **9**,73/**66**,9; (**9**,123). Siehe die Anmerkung zu **9**,73.

25,53: **55**,19f.; **35**,12; **27**,61; (**77**,27). Siehe die Anmerkung zu **18**,60. — *wa-ḥiǧran maḥǧūran*: **25**,22. Zur sprachlichen Form (*ḥiǧran* + *maḥǧūran*): **17**,45 (*ḥiǧāban* + *mastūran*). Siehe die Anmerkung zu diesem Vers.

25,54 *wa-huwa llaḏī ḫalaqa mina l-māʾi bašaran*. Siehe die Anmerkung zu **24**,45, mit weiteren Belegen. — *fa-ǧaʿalahū nasaban wa-ṣihran*: (**49**,13).

25,55 *wa-yaʿbudūna min dūni llāhi mā lā yanfaʿuhum wa-lā yaḍurruhum*: **6**,71, mit weiteren Belegen. — *wa-kāna l-kāfiru ʿalā rabbihī ẓahīran*: (**28**,17. 86).

25,56: **17**,105; **2**,119, mit weiteren Belegen.

25,57 *mā asʾalukum ʿalaihi min aǧrin*: **42**,23; **6**,90, mit weiteren Belegen. — *illā man šāʾa an yattaḫiḏa ilā rabbihī sabīlan*: **73**,19/**76**,29; (**78**,39); (**81**,27f.).

25,58 *wa-sabbiḥ bi-ḥamdihī*: **15**,98, mit weiteren Belegen. — *wa-kafā bihī bi-ḏunūbi ʿibādihī ḫabīran*: **17**,17.

25,59 *allaḏī ḫalaqa s-samāwāti wal-arḍa wa-mā bainahumā fī sittati aiyāmin ṯumma stawā ʿalā l-ʿarši*: **7**,54, mit weiteren Belegen. — *fa-sʾal bihī ḫabīran*: **43**,45; **17**,101; **16**,43/**21**,7; **26**,197. Siehe die Anmerkung zu **10**,94.

25,60: (**77**,48). — *wa-mā r-raḥmānu*: **26**,23. — *wa-zādahum nufūran*: **35**,42; **17**,41.

25,61 *tabāraka*...: **25**,1. 10; **7**,54, mit weiteren Belegen. — *allaḏī ǧāʿala fī s-samāʾi burūǧan*: **15**,16; **85**,1. — *wa-ǧaʿala fīhā sirāǧan wa-qamaran munīran*: **71**,16; **10**,5; **78**,13.

25,62: **2**,164, mit weiteren Belegen.

25,63 *allaḏīna yamšūna ʿalā l-arḍi haunan*. Gegensatz(?): **17**,37/**31**,18; **40**,75; **57**,23. — *wa-iḏā ḫāṭabahumu l-ǧāhilūna qālū salāman*: **28**,55; **43**,89; (**25**,72); (**23**,3).

25,64: **39**,9; **3**,113; **48**,29; **22**,26. Siehe die Anmerkung zu **3**,113.

25,65 *rabbanā ṣrif ʿannā ʿaḏāba ǧahannama*: **6**,16; **11**,8.

25,66: **25**,24. Gegensatz: **25**,76.

25,67 *lam yusrifū*: **6**,141; **7**,31; **17**,26f. — *wa-lam yaqturū*: **17**,100; **4**,128; **59**,9/**64**,16.

25,68 *wa-llaḏīna lā yadʿūna maʿa llāhi ilāhan āḫara*: **26**,213/**28**,88; **72**,18; **23**,117. — *wa-lā yaqtulūna n-nafsa llatī ḥarrama llāhu illā bil-ḥaqqi*: **6**,151, mit weiteren Belegen. — *wa-lā yaznūna*: **6**,151, mit weiteren Belegen.

25,69 *yuḍāʿaf lahu l-ʿaḏābu*: **11**,20; **33**,30; **33**,68; **9**,101.

25,70f.: **19**,60, mit weiteren Belegen; **6**,54, mit weiteren Belegen.

25,72 *wa-llaḏīna lā yašhadūna z-zūra*: **22**,30; (**58**,2); (**25**,4). Siehe die Anmerkung zu **22**,30, mit Hinweisen auf die einschlägige Literatur von Raimund Köbert. Die vorliegende Stelle ist allerdings von Köbert nicht berücksichtigt worden. — *wa-iḏā marrū bil-laġwi marrū kirāman*: **23**,3; **28**,55; (**25**,63); (**19**,62, mit weiteren Belegen).

25,73: (**32**,15); (**19**,58); (**17**,107. 109). — *iḏā ḏukkirū bi-āyāti rabbihim*. Siehe die Anmerkung zu **5**,13, mit weiteren Belegen. — *lam yaḫirrū ʿalaihā*. Die oben angeführte Belegstelle **32**,15 scheint dafür zu sprechen, daß das Verbum *ḫarra* auch in der vorliegenden Stelle die Bedeutung „niederfallen" hat. Blachère übersetzt den Vers: „ceux qui, ayant été édifiés par les signes de leur Seigneur, ne se tiennent (so!) ni sourds ni aveugles devant eux". Bell übersetzt: „do not snore thereat, deaf, and blind", und bemerkt dazu: „Or ‚fall down', as is the meaning of the word in other passages; but that does not seem appropriate here". Falls *ḫarra* in **25**,73 tatsächlich „schnarchen" bedeuten sollte, wäre das vielleicht als Wortspiel mit der anderen Bedeutung von *ḫarra* („niederfallen") zu verstehen.

25,74 *wa-ǧʿalnā lil-muttaqīna imāman*: **2**,124; **21**,73; **32**,24; **28**,5.

25,75 *yuǧzauna l-ġurfata*: **39**,20; **29**,58; **34**,37. — *wa-yulaqqauna fīhā taḥīyatan wa-salāman*: **10**,10, mit weiteren Belegen.

25,76 *ḥasunat mustaqarran wa-muqāman*: **25**,24. Gegensatz: **25**,66.

25,77 *fa-saufa yakūnu lizāman*: **20**,129. Der Sinn und Zusammenhang des Verses ist schwer verständlich. Der Ausdruck *lizāman* stammt vermutlich aus der Rechtssprache. Für die Deutung des Passus *fa-saufa yakūnu lizāman* in eschatologischem Sinn scheint auch der Wortlaut von **26**,6 zu sprechen (*fa-qad kaḏḏabū fa-sa-yaʾtīhim anbāʾu mā kānū bihī yastahziʾūna*).

SURE 26

26,1 Über die Buchstaben, die einzelnen Suren vorgesetzt sind, siehe die Anmerkung zu **2**,1, mit Literaturangaben. Die Buchstaben *ṭsm*, die am Anfang von Sure **26** stehen, finden sich auch noch vor Sure **28**, die Buchstaben *ṭs* (ohne *m*) vor Sure **27**.

26,2: **12**,1, mit weiteren Belegen.

26,3: **18**,6; **35**,8; (**15**,97); (**10**,65, mit weiteren Belegen).

26,5: **21**,2f.; **6**,4/**36**,46. — *min ḏikrin mina r-raḥmāni muḥdaṯin*: **21**,2 (s. o.); **20**,113; (**18**,70).

26,6: **6**,5.

26,7: **22**,5; **31**,10; **50**,7; (**20**,53); (**15**,19); (**36**,36).

26,8f.: **26**,67f. 103f. 121f. 139f. 158f. 174f. 190f. (Refrain).

26,10–68 Belege zur Geschichte Moses in der Anmerkung zu **7**,103–137.

26,10f.: (**79**,16–18); (**7**,103); (**20**,11. 24); (**27**,8. 12). — *(wa-)iḏ*... (ebenso in den Versen 70. 106. 124. 142. 161. 177). Verkürzter Zeitsatz. Siehe Einleitung zur Übersetzung, S. 3f. — *a-lā yattaqūna*: **26**,106. 124. 142. 161. 177; **37**,124; **7**,65; **23**,23. 32. 87; **10**,31.

26,12f.: **28**,34; **20**,25–32. Zur Sache: 2. Mose 4,10–16; Speyer, S. 260 bis 262.

26,14: **28**,33; **26**,19–21; **28**,15–21; **20**,40. Zur Sache: 2. Mose 2,11–15; Speyer, S. 246–249.

26,15: **20**,46; **28**,35.

26,16: **7**,104; **20**,47; **44**,18; **43**,46. (Weitere Belege in der Anmerkung zu **7**,104.) Statt des Singulars *rasūlu (rabbi l-ʿālamīna)*, der in **7**,104, **44**,17f. und **43**,46 allein möglich ist, würde man im vorliegenden Vers eigentlich den Dual *rasūlā* erwarten (wie in **20**,47). Denn in **26**,16 ist wie in **20**,47 von Mose *und* Aaron die Rede.

26,17: **7**,105; **20**,47; **44**,18.

26,18 *wa-labiṯta fīnā min ʿumurika sinīna*: **10**,16. Siehe die Anmerkung zu diesem Vers.

26,19–21 Siehe die Belege und Literaturhinweise in der Anmerkung zu **26**,14. — *wa-anta mina l-kāfirīna* (V. 19). Vielleicht wird hier (und im folgenden Vers 20) bewußt auf die doppelte Bedeutung von *kafara* („undankbar sein" und „ungläubig sein") angespielt. — *fa-wahaba lī rabbī ḥukman* (V. 21): **26**,83. Zur Bedeutung des Ausdrucks *ḥukm* siehe die Anmerkung zu **3**,79. — *wa-ǧaʿalanī mina l-mursalīna*: **28**,7.

26,23 *wa-mā rabbu l-ʿālamīna*: **25**,60.

26,24: **44**,7; **19**,65, mit weiteren Belegen.

26,26 *(wa-rabbu) ābāʾikumu l-auwalīna*: **37**,126; **44**,8. Siehe die Anmerkung zu **23**,24.

26,27: **51**,39; **7**,184, mit weiteren Belegen.

26,28: **26**,24; **73**,9; **55**,17; **37**,5; **70**,40; **2**,115/142.

26,29 *la-ini ttaḫaḏta ilāhan ġairī*: **79**,24; **28**,38; (**7**,127); (**43**,51).

26,30 *a-wa-lau ǧiʾtuka bi-šaiʾin mubīnin*: (**43**,24).

26,31: **7**,106; (**26**,154: Ṣāliḥ).

26,32f.: **7**,107f., mit weiteren Belegen. Zur Sache: 2. Mose 4,1–7; Speyer, S. 258f.

26,34: **7**,109. Siehe die Anmerkung zu diesem Vers, mit weiteren Belegen.

26,35: **7**,110, mit weiteren Belegen.

26,36–38: **7**,111f., mit weiteren Belegen. — *wa-bʿaṯ fī l-madāʾini ḥāširīna*: **7**,111; (**26**,53). — *fa-ǧumiʿa s-saḥaratu li-mīqāti yaumin maʿlūmin*: (**56**,50).

26,41f.: **7**,113f. Siehe die Anmerkung dazu.

26,43: **10**,80; **7**,115f.; **20**,65f.

26,44: **20**,66–68; (**7**,116).

26,45: **7**,117; **20**,69; (**10**,81).

26,46–48: **7**,120–122; **20**,70. Zur Bedeutung der Passivkonstruktion *fa-ulqiya s-saḥaratu* siehe die Anmerkung zu **7**,120–122.

26,49: **20**,71; **7**,123f.

26,50f.: **7**,125f.; **20**,72f. — *innā ilā rabbinā munqalibūna*: (auch **43**,14). — *innā naṭma'u an yaġfira lanā rabbunā ḫaṭāyānā*: **26**,82. — *an kunnā auwala l-mu'minīna*: **7**,143, mit weiteren Belegen.

26,52: **44**,23; **20**,77.

26,53: (**26**,36); (**7**,111).

26,56: **54**,44.

26,57f.: **44**,25f.; (**26**,146–149).

26,59: **44**,28; **7**,137; **28**,5f. Siehe die Anmerkung zu **7**,137 (mit weiteren Belegen). — *ka-ḏālika* (auch in **44**,28). Siehe die Anmerkung zu **3**,40.

26,60: **20**,78; **10**,90.

26,62 *inna ma'iya rabbī sa-yahdīni*: (**26**,78; **37**,99; **43**,27).

26,63–66: **20**,77f.; **2**,50, mit weiteren Belegen; **10**,90, mit weiteren Belegen. — *ṯumma aġraqnā l-āḫarīna*: (auch **37**,82, in der Geschichte von Noah und der Sintflut).

26,67f.: **26**,8f. 103f. 121f. 139f. 158f. 174f. 190f. (Refrain); (**7**,131f.).

26,69–89 Belege zur Auseinandersetzung Abrahams mit dem Götzendienst seines Vaters und seiner Landsleute in der Anmerkung zu **6**,74–84.

26,69 *wa-tlu 'alaihim naba'a* (mit folgendem Genitiv): **5**,27; **7**,175; **10**,71.

26,70f.: **37**,85; **21**,52; **6**,74; **19**,42; **43**,26f.; **29**,16f.; **60**,4.

26,72f.: **19**,42; **6**,71, mit weiteren Belegen.

26,74: **21**,53; **10**,78, mit weiteren Belegen.

26,78: **43**,27; **37**,99; (**26**,62).

26,81: **2**,28; **22**,66; **30**,40; **45**,26; (**3**,156, mit weiteren Belegen).

26,82: **26**,51.

26,83 *rabbī hab lī ḥukman*: **26**,21. — *wa-alḥiqnī biṣ-ṣāliḥīna*: **12**,101, mit weiteren Belegen. Zur besonderen Bedeutung des Ausdrucks *aṣ-ṣāliḥūn* siehe die Anmerkung zu **2**,130.

26,84 *wa-ǧ'al lī lisāna ṣidqin*: **19**,50. Siehe auch die Anmerkung zu **10**,2 (*qadamu ṣidqin*). — *fī l-āḫirīna*: (**37**,78. 108. 119. 129).

26,86: **19**,47; **14**,41; **60**,4; **9**,114; (**71**,28: Noah). Zur Sache: Speyer, S. 144f.

26,87: **3**,194; (**16**,27).

26,88 Siehe die Anmerkung zu **3**,14, mit weiteren Belegen.

26,89: **37**,84. Zur Bedeutung des Ausdrucks *bi-qalbin salīmin* siehe Helmer Ringgren, Islam, 'aslama and muslim, Uppsala 1949, S. 8–10.

26,90–102 Die Verse 90–102 schließen sich zwar äußerlich an die Geschichte von Abraham an und werden durch den Refrain der Verse 103f.

gewissermaßen damit verklammert, stellen aber der Sache nach einen in sich selbständigen Abschnitt dar.

26,90: **50**,31; **81**,13.

26,91: **79**,36; (**89**,23).

26,92f.: **40**,73f.; **7**,37; (**6**,22, mit weiteren Belegen). — *hal yanṣurūnakum au yantaṣirūna*: **7**,192. 197; **21**,43; **36**,75.

26,94 *fa-kubkibū fīhā*: **27**,90.

26,96 *wa-hum fīhā yaḫtaṣimūna*: **50**,28; **39**,31.

26,100f.: **40**,18; **69**,35; **70**,10.

26,102: **39**,58; **2**,167; (**6**,27, mit weiteren Belegen).

26,103f.: **26**,8f. 67f. 121f. 139f. 158f. 174f. 190f. (Refrain).

26,105–122 Belege zur Geschichte Noahs und seiner Zeitgenossen in der Anmerkung zu **7**,59–64.

26,105: **26**,123. 141. 160. 176; **15**,80; **54**,9. 18. 23. 33; **50**, 12–14; **38**,12 bis 14; **22**,42–44; **40**,5; **69**,4; **91**,11; **10**,39, mit weiteren Belegen.

26,106: **26**,124. 142. 161. 177; **26**,11, mit weiteren Belegen.

26,107: **26**,125. 143. 162. 178; **44**,18; (**7**,61. 67f. 104f.).

26,108: **26**,110. 126. 131. 144. 150. 163. 179; **3**,50; **43**,63; (**71**,3); (**8**,1).

26,109: **26**,127. 145. 164. 180; **10**,72; **34**,47; **11**,29.51; **6**,90, mit weiteren Belegen.

26,110: **26**,108, mit weiteren Belegen.

26,111–114: **11**,27. 29f.; **6**,52. Siehe die Anmerkung zu diesem Vers.

26,115: **15**,89, mit weiteren Belegen.

26,116: **26**,167; **19**,46; **36**,18; **11**,91. Zur Bedeutung des Verbums *rağama* („steinigen“) siehe die Anmerkung zu **11**,91f.

26,117f.: (**23**,26. 29). — *fa-ftaḥ bainī wa-bainahum fatḥan*: **7**,89 (siehe die Anmerkung dazu); **34**,26.

26,119f.: **7**,64, mit weiteren Belegen. — *(wa-man ma'ahū) fī l-fulki l-mašḥūni*: **10**,73; **36**,41; (**37**,140: Jonas). Siehe die Anmerkung zu **7**,64.

26,121f.: **26**,8f. 67f. 103f. 139f. 158f. 174f. 190f. (Refrain).

26,123–140 Belege zur Geschichte von Hūd und den 'Ād in der Anmerkung zu **7**,65–72.

26,123: **26**,105, mit weiteren Belegen.

26,124–127: **26**,106. 107. 108. 109, jeweils mit weiteren Belegen.

26,130: (**43**,8; **50**,36: *ašaddu baṭšan*).

26,131: **26**,108, mit weiteren Belegen.

26,132–134: **71**,12; **17**,6; **23**,55. Siehe die Anmerkung zu **3**,14. — Zur Wiederholung von *amaddakum* (V. 132f.): **96**,1f. und 4f.; **106**,1f.; **40**,36f.; **96**,15f.

26,135: **46**,21; **7**,59, mit weiteren Belegen.

26,136: **2**,6/**36**,10.

26,137 *ḫuluqu l-auwalīna*: Vgl. den Ausdruck *sunnatu l-auwalīna*. Siehe die Anmerkung zu **8**,38, mit weiteren Belegen.

26,138: **34**,35. Als Aussage der Gläubigen: **37**,59.

26,139f. *fa-kaḏḏabūhu fa-ahlaknāhum*: (**26**,189). — Refrain: **26**,8f. 67f. 103f. 121f. 158f. 174f. 190f.

26,141–159 Belege zur Geschichte von Ṣāliḥ und den Ṯamūd in der Anmerkung zu **7**,73–79.

26,141: **26**,105, mit weiteren Belegen.

26,142–145: **26**,106. 107. 108. 109, jeweils mit weiteren Belegen.

26,146–149: **44**,25–27; **26**,57f. — *fī ǧannātin wa-ʿuyūnin wa-zurūʿin wa-naḫlin*: (**6**,141; **13**,4; **17**,91; **18**,32); (**50**,9f.). — *wa-tanḥitūna mina l-ǧibāli buyūtan fārihīna*: **15**,82; **7**,74; **89**,9. Siehe die Anmerkung zu **7**,74.

26,150: **26**,108, mit weiteren Belegen.

26,151 *(amra) l-musrifīna*: Siehe die Anmerkungen zu **5**,32 und **3**,147.

26,152: **27**,48; **2**,11f. 27; **7**,142. Siehe die Anmerkung zu **2**,11f.

26,153f.: **26**,185f. — *qālū innamā anta mina l-musaḥḥarīna*: **26**,185 (s. o.); **17**,47/**25**,8; **21**,3; **17**,101; (**10**,76, mit weiteren Belegen). — *mā anta illā bašarun miṯlunā*: **26**,186 (s. o.); **11**,27, mit weiteren Belegen. — *fa-'ti bi-āyatin in kunta mina ṣ-ṣādiqīna*: (**26**,31; **7**,106: Mose).

26,155f.: **7**,73; **11**,64; **54**,27f.; **91**,13; **17**,59.

26,157: **7**,77; **11**,65; **91**,14; **54**,29.

26,158f. *fa-aḫaḏahumu l-ʿaḏābu*: **7**,78; **11**,67; **91**,14; **54**,30f.; (**26**,189); (**16**,113). — Refrain: **26**,8f. 67f. 103f. 121f. 139f. 174f. 190f.

26,160–175 Belege zur Geschichte von Lot in der Anmerkung zu **7**,80–84.

26,160: **26**,105, mit weiteren Belegen.

26,161–164: **26**,106. 107. 108. 109, jeweils mit weiteren Belegen.

26,165f.: **7**,80f.; **27**,55; **29**,28f.

26,167: **7**,82; (**26**,116, mit weiteren Belegen).

26,169: (**26**,118).

26,170f.: **37**,134f.; **27**,57; **7**,83, mit weiteren Belegen. — *fī l-ġābirīna*. Die Deutung des Ausdrucks ist nicht sicher. Siehe die Anmerkung zu **7**,83.

26,172: **37**,136; (**26**,66).

26,173: **27**,58; **7**,84, mit weiteren Belegen; (**37**,177).

26,174f.: **26**,8f. 67f. 103f. 121f. 139f. 158f. 190f. (Refrain).

26,176–191 Belege zur Geschichte von Šuʿaib und den „Leuten des Dickichts" (*Aṣḥāb al-Aika*) bzw. den Madyan in der Anmerkung zu **7**,85–93.

26,176: **26**,105, mit weiteren Belegen. — Als die „Leute des Dickichts" (*Aṣḥāb al-Aika*) wird in einigen frühen Texten (**38**,13; **50**,14; **15**,78 und in der vorliegenden Stelle) eines der Völker der Vorzeit bezeichnet, und zwar das Volk des Gottesgesandten Šuʿaib (**26**,177). In den späteren Texten wird es Madyan genannt. Siehe Horovitz, Koranische Untersuchungen, S. 93f., 119f., 138.

26,177–180: **26**,106. 107. 108. 109, jeweils mit weiteren Belegen.

26,181–183: **7**,85; **11**,84f.; **6**,152; **17**,35; **83**,1–3; **55**,7–9; (**57**,25); (**42**,17). — *wa-lā taʿṯau fī l-arḍi mufsidīna*: **2**,60, mit weiteren Belegen. Siehe die Anmerkungen zu **2**,11f. und **2**,205.

26,184: (**2**,21).

26,185f.: **26**,153f. — *qālū innamā anta mina l-musaḥḥarīna*: **26**,153 (s. o.). Weitere Belege in der Anmerkung zu **26**,153f. — *wa-mā anta illā bašarun miṯlunā*: **26**,154 (s. o.); **11**,27, mit weiteren Belegen. — *wa-in naẓunnuka la-mina l-kāḏibīna*: **7**,66; **11**,27.

26,187: **17**,92; **34**,9; **52**,44.

26,188: **22**,68; **39**,70.

26,189 *fa-kaḏḏabūhu fa-aḫaḏahum ʿaḏābu yaumi ẓ-ẓullati*: (**26**,139). Zum Ausdruck *ʿaḏābu yaumi ẓ-ẓullati* siehe A. S. Yahuda, A Contribution to Qur'ān and Ḥadīth Interpretation (Goldziher Memorial I, Budapest 1948, S. 280–308), S. 285f.: „As to *yaumu 'ẓ-ẓullati*, S. 26, 189, it is not clear to which episode it alludes. The commentators say that *aẓ-ẓulla* was a cloud under which they sought refuge from a terrible drought, but they were destroyed by the fire which poured upon them. From the expression *yaumu 'ẓ-ẓullati* it appears that it referred to a punishment on a well-known ocurrence on that „day". It is therefore reasonable to assume that here allusion is made to an episode on the Sinai, the day when God lifted the mountain upon the Israelites like a booth..." Vgl. **7**,171; **2**,210.

26,190f.: **26**,8f. 67f. 103f. 121f. 139f. 158f. 174f. (Refrain).

26,192: **56**,80/**69**,43; **32**,2; **39**,1/**45**,2/**46**,2; **40**,2; **36**,5; **41**,2; **41**,42.

26,193f.: **16**,2; **40**,15; (**16**,102); (**2**,97); (**97**,4); (**44**,3).

26,195: **12**,2, mit weiteren Belegen.

26,196: **3**,184; **35**,25; **16**,43f.; **54**,43. 52; **20**,133; **87**,18f.

26,197: **17**,101; **10**,94; **16**,43/**21**,7; **43**,45; (**25**,59). Siehe die Anmerkung zu **10**,94.

26,198f.: **41**,44.

26,200f.: **15**,12f.; **10**,88. 96f. Siehe die Anmerkung zu **15**,12f.

26,202: **7**,95, mit weiteren Belegen; **12**,107, mit weiteren Belegen.

26,203: (**6**,8, mit weiteren Belegen); (**11**,104, mit weiteren Belegen).

26,204: **37**,176; **10**,50, mit weiteren Belegen.

26,205–207: **19**,75; **72**,24. — *ṯumma ǧā'ahum mā kānū yūʿadūna*: auch **43**,83/**70**,42; **6**,134; **51**,5; **77**,7; **51**,60; **70**,44; **21**,103; **46**,35. — *mā aġnā ʿanhum mā kānū yumattaʿūna*: **7**,48, mit weiteren Belegen. — *in mattaʿnāhum sinīna, mā kānū yumattaʿūna.* Siehe die Anmerkung zu **2**,36.

26,208f.: **28**,46f. 59; **17**,15; **20**,134; (**10**,13); **6**,131, mit weiteren Belegen. — *wa-mā kunnā ẓālimīna*: **3**,182/**8**,51/**22**,10; **9**,70, mit weiteren Belegen.

26,210f.: **26**,221. Siehe die Anmerkungen zu **26**,213–220 und 221.

26,212: (**72**,9; **15**,17f.).

26,213–220 Die Verse 213–220 unterbrechen den Zusammenhang zwischen den Versen 210–212 und 221–227.

26,213 *fa-lā tadʿu maʿa llāhi ilāhan āḫara*: **28**,88; **72**,18; **23**,117; **25**,68.

26,215: **15**,88; **17**,24. Zur Bedeutung des Bildes vom Flügelsenken siehe die Anmerkung zu **15**,88.

26,216: **10**,41, mit weiteren Belegen.

26,219: (**2**,144).

26,221: **26**,210. — Vers 221 schließt sich inhaltlich unmittelbar an die Verse 210–212 an. Durch die Verse 213–220 ist der Zusammenhang unterbrochen.

26,222: (**45**,7).

26,223 *yulqauna s-samʿa*. Zum Ausdruck: **50**,37; zur Sache: **72**,9; **15**,17f.; **26**,212.

26,224–227 In „A Contribution to Koranic Exegesis" (Arabic and Islamic Studies in Honor of Hamilton A. R. Gibb, edited by George Makdisi, Leiden 1965, S. 563–580) vertritt Irfan Shahid in aller Ausführlichkeit eine neuartige Deutung der Verse 224–227, wobei er voraussetzt, daß mit dem Ausdruck *al-ġāwūna* (V. 224) Satane gemeint sind. Ich halte seine These für verfehlt.

26,226: **61**,2f. Vgl. die Äußerung von Charles M. Doughty: „between their words and deeds is commonly many leagues' distance" (Travels in Arabia Deserta II, S. 291). Der Verfasser bezieht sich dabei allerdings nicht speziell auf die Dichter.

26,227 Durch Vers 227 werden die wenig schmeichelhaften Aussagen über die Schwärmerei und Großsprecherei der Dichter nachträglich eingeschränkt. Belege zum ganzen Ausnahmesatz in der Anmerkung zu **11**,11. — *wa-ḏakarū llāha kaṯīran*: **3**,41; **20**,33f.; **8**,45; **62**,10; **33**,21; **33**,35; **33**,41; (**22**,40). — *wa-ntaṣarū min baʿdi mā ẓulimū*: **42**,39. 41.

SURE 27

27,1 Über die Buchstaben, die einzelnen Suren vorgesetzt sind, siehe die Anmerkung zu **2**,1, mit Literaturangaben. Die Buchstaben *ṭs* finden sich ausschließlich vor Sure **27**, die Buchstaben *ṭsm* vor den Suren **26** und **28**. — *tilka āyātu l-qurʾāni wa-kitābin mubīnin*: **15**,1; **12**,1/**26**,2/**28**,2; **10**,1/**31**,2; **13**,1; (**43**,2/**44**,2).

27,2: **2**,97; **16**,89. 102.

27,3: **31**,4; **2**,3f.

27,4: **6**,108, mit weiteren Belegen. Siehe auch die Anmerkung zu **2**,212.

27,5: **11**,22, mit weiteren Belegen.

27,6 *min ladun ḥakīmin ʿalīmin*: **11**,1.

27,7–14 Belege zur Geschichte Moses in der Anmerkung zu **7**,103–137.

27,7 *iḏ*... Verkürzter Zeitsatz. Siehe Einleitung zur Übersetzung, S. 3f. — Belege zum ganzen Vers: **28**,29; **20**,10.

27,8f.: **28**,30; **20**,11f.; **79**,16; **26**,10.

27,10: **28**,31; **20**,17–21; **7**,107/**26**,32.

27,12 *wa-adḫil yadaka fī ǧaibika taḫruǧ baiḍāʾa min ġairi sūʾin*: **28**,32; **20**,22;

7,108/**26**,33. — *fī tis'i āyātin*: **17**,101; **7**,106–108. 130–133; **10**,75; **43**,47f.; **29**,39. Siehe die Anmerkung zu **17**,101f. — *innahum kānū qauman fāsiqīna*: **28**,32 (s. o.); **43**,54; (**51**,46); **7**,133; **10**,75.

27,13: **10**,76, mit weiteren Belegen.

27,14 *fa-nẓur kaifa kāna 'āqibatu l-mufsidīna*: **7**,103; **28**,40. Siehe die Anmerkung zu **7**,103.

27,15–44 Belege zur Geschichte Salomos in der Anmerkung zu **21**,81f.

27,15: **21**,79; **17**,55; **34**,10.

27,16 *wa-wariṯa Sulaimānu Dāwūda*: (**38**,30). — *'ullimnā manṭiqa ṭ-ṭairi*. Siehe Speyer, S. 384f.

27,17–44 Siehe Geiger, S. 182–184; Speyer, S. 389–402.

27,17 *fa-hum yūza'ūna*: **27**,83; **41**,19.

27,18f. Zur Sache: Geiger, S. 186; Speyer, S. 401f. — *rabbi auzi'nī an aškura ni'mataka...wa-an a'mala ṣāliḥan tarḍāhu*: **46**,15. — *wa-adḫilnī bi-raḥmatika fī 'ibādika ṣ-ṣāliḥīna*: **12**,101, mit weiteren Belegen. Zur besonderen Bedeutung des Ausdrucks *aṣ-ṣāliḥūn* siehe die Anmerkung zu **2**,130.

27,20–44 Geiger, S. 182–184; Speyer, S. 389–391. 393–398.

27,24 *yasǧudūna liš-šamsi min dūni llāhi*: (**41**,37). — *wa-zaiyana lahumu š-šaiṭānu a'mālahum*: **6**,43, mit weiteren Belegen; **6**,108, mit weiteren Belegen. Siehe auch die Anmerkung zu **2**,212. — *fa-ṣaddahum 'ani s-sabīli*: **29**,38; **43**,37; (**13**,33); (**40**,37).

27,25 *wa-ya'lamu mā tuḫfūna wa-mā tu'linūna*: **14**,38; **60**,1. Siehe die Anmerkung zu **2**,33, mit weiteren Belegen.

27,30 *wa-innahū bismi llāhi r-raḥmāni r-raḥīmi*: **1**,1. Siehe die Anmerkung zu diesem Vers.

27,31 *wa-'tūnī muslimīna*. Zur Bedeutung des Ausdrucks *muslimīna* (auch in den Versen 38 und 42) siehe H. Ringgren, Islam, 'aslama and muslim, Uppsala 1949, S. 28f.

27,32 *yā aiyuhā l-mala'u aftūnī fī amrī*: (**12**,43).

27,33 *naḥnu ulū qūwatin wa-ulū ba'sin šadīdin*: **17**,5; **48**,16. Zur Bedeutungsentwicklung von *ba's* siehe die Anmerkung zu **4**,84.

27,34: **27**,37; **63**,8; **3**,26.

27,37 *wa-la-nuḫriǧannahum minhā*: **7**,110. 123; **26**,35; **20**,57. 63. — *aḏillatan*: **27**,34; **63**,8; **3**,26. — *wa-hum ṣāǧirūna*: **9**,29. Siehe die Anmerkung zu diesem Vers, mit weiteren Belegen.

27,38 *qabla an ya'tūnī muslimīna*. Zur Bedeutung des Ausdrucks *muslimīna* siehe H. Ringgren, Islam, 'aslama and muslim, Uppsala 1949, S. 28f.

27,40 *qāla llaḏī 'indahū 'ilmun mina l-kitābi*: **13**,43 (*wa-man 'indahū 'ilmu l-kitābi*). Siehe die Anmerkung zu diesem Vers, mit weiteren Belegen. Anscheinend handelt es sich um einen dienstbaren Geist Salomos, der – im Gegensatz zu dem in Vers 39 genannten 'Ifrīt – „Wissen von der Schrift", d.h. zum mindesten eine Vorstellung vom wahren Offenbarungsglauben hat. Vgl. **72**,11 (und unten Vers 42). Er erklärt sich bereit, den Thron der Königin sogar augenblicklich herbeizubringen. Der Formulierung nach ist an eine bestimmte Person gedacht (*allaḏī*). Speyer bemerkt dazu (S. 396): „Der Kenner der Schrift, der hier als Zauberer auftritt, erinnert vielleicht an den dienstbereiten Benājā, den Salomo nach dem Targum šēnī der Königin entgegensendet". — *wa-man šakara fa-innamā yaškuru li-nafsihī wa-man kafara fa-inna rabbī ġanīyun karīmun*: **31**,12; **4**,131, mit weiteren Belegen. Der zweite Satz ist ein Bedingungssatz mit Verschiebung. Siehe Einleitung zur Übersetzung, S. 4.

27,42 *wa-ūtīnā l-ʿilma min qablihā wa-kunnā muslimīna*. Es liegt nahe, zum Vergleich die Stellen **17**,107 (*inna llaḏīna ūtū l-ʿilma min qablihī*...) und **28**,52f. (*allaḏīna ātaināhumu l-kitāba min qablihī*...) beizuziehen. Aber hier steht beidesmal *min qablihī*, nicht *min qablihā*, und der Textzusammenhang hilft nicht viel weiter. Jedenfalls läßt es sich schwer entscheiden, wer im vorliegenden Passus als Subjekt zu ergänzen ist. Etwa die sabäischen Begleiter und Untertanen der Königin, oder Salomo und seine Leute, oder speziell die Gläubigen unter seinen dienstbaren Geistern (vgl. oben Vers 40: *qāla llaḏī ʿindahū ʿilmun mina l-kitābi*)? Das Suffix von *min qablihā* ist ohne Zweifel auf die Königin zu beziehen und nicht sächlich zu verstehen. Vgl. *wa-ṣaddahā* im folgenden Vers. Nöldeke bzw. Schwally kommt zu dem Schluß, daß einige Wörter ausgefallen sind. „Denn in Vers 42 können die Worte, welche auf *huwa* folgen, nur dem Salomo oder seinem Gefolge angehören; es ist aber ein Übergang, der dies anzeigt, nicht zu entbehren" (Gesch. des Qor. I, S. 140). Dagegen meint Speyer (S. 396, Anmerkung): „Die folgenden Worte scheinen nicht dem Sulaimān oder seinem Gefolge anzugehören, wie Nöldeke-Schwally I, S. 140, meinen, sondern eher eine Betrachtung zu sein, die Mohammed seiner Zuhörer wegen einschiebt. Es braucht darum hier auch nichts ausgefallen zu sein." Andererseits äußert sich eben auch Speyer folgendermaßen (S. 398): „Die Worte: ‚Und es ward uns Wissen früher als ihr gegeben', besagen, daß Sulaimān als Muslim sich im Besitze einer Offenbarung weiß, die ihn rechtleitet". (Es folgen Verweise auf **17**,107 und andere Stellen.) Bell vermutet, daß der strittige Passus zusammen mit dem folgenden Vers 43 ursprünglich die Fortsetzung von Vers 40a (*qāla llaḏī ʿindahū ʿilmun mina l-kitābi ana ātīka bihī qabla an yartadda ilaika ṭarafuka*) gebildet hat.

27,44 Zur Bedeutung des Ausdrucks *ṣarḥ* (auch in **28**,38; **40**,36), einer Entlehnung aus dem Äthiopischen, siehe Nöldeke, Neue Beiträge, S. 51; Jeffery, Foreign Vocabulary, S. 196f. Zur Sache: Speyer, S. 396–398.

27,45–53 Belege zur Geschichte von Ṣāliḥ und den Ṯamūd in der Anmerkung zu **7**,73–79.

27,45: **7**,73; **11**,61; (**26**,142). — *fa-iḏā hum farīqāni yaḫtaṣimūna*: (**7**,75).

27,46 *li-ma tastaʿǧilūna bis-saiyiʾati qabla l-ḥasanati*: **13**,6, mit weiteren Belegen. — *laulā tastaġfirūna llāha*: (**5**,74).

27,47 *qālū ṭṭaiyarnā bika wa-bi-man maʿaka qāla ṭāʾirukum ʿinda llāhi*: **7**,131; **36**,18f.; (**17**,13). Zur Sache: H. Ringgren, Studies in Arabian Fatalism, Uppsala-Wiesbaden 1955, S. 87–89.

27,48 *wa-kāna fī l-madīnati tis'atu rahṭin.* Daß die Gruppe von Unruhestiftern ausgerechnet aus *neun* Personen bestand, wird nicht weiter ausgeführt und begründet. Entweder steckt eine tatsächliche Überlieferung über die Ṯamūd dahinter, oder aber eine Anspielung auf Verhältnisse in Mohammeds Vaterstadt Mekka. — *yufsidūna fī l-arḍi wa-lā yuṣliḥūna*: **26**,152. Siehe die Anmerkung zu diesem Vers, mit weiteren Belegen.

27,49: (**15**,90: *'alā l-muqtasimīna?*).

27,50: **3**,54; **8**,30; **7**,99. Siehe die Anmerkung zu diesem Vers, mit weiteren Belegen.

27,51 *dammarnāhum wa-qaumahum aǧma'īna*: **17**,16, mit weiteren Belegen.

27,52 *fa-tilka buyūtuhum ḫāwiyatan*: **2**,259 (siehe die Anmerkung dazu); **18**,42; **22**,45; **28**,58. Zur Sache siehe die Anmerkung zu **7**,74 (*wa-tanḥitūna l-ǧibāla buyūtan*).

27,53: **41**,18. Siehe die Anmerkung zu **7**,64.

27,54–58 Belege zur Geschichte Lots in der Anmerkung zu **7**,80–84.

27,54 *iḏ qāla...* Verkürzter Zeitsatz. Siehe Einleitung zur Übersetzung, S. 3f. — Belege zum ganzen Vers: **7**,80; **29**,28. — *wa-antum tubṣirūna*: **21**,3.

27,55: **7**,81; **29**,29; **26**,165f. — *bal antum qaumun taǧhalūna*: **7**,138; **11**,29/ **46**,23.

27,56: **7**,82. Siehe die Anmerkung zu diesem Vers, mit weiteren Belegen.

27,57: **7**,83; **15**,59f. Siehe die Anmerkung zu diesen beiden Stellen, mit weiteren Belegen.

27,58: **26**,173; **7**,84, mit weiteren Belegen; (**37**,177).

27,59 *quli l-ḥamdu li-llāhi wa-salāmun 'alā 'ibādihi llaḏīna ṣṭafā*: **37**,(79–81. 109–111. 120–122. 130–132.) 181f. — *a-llāhu ḫairun am mā yušrikūna*: **12**,39; **43**,58.

27,60–64 Zur Deutung der mit *am-man* eingeleiteten Fragesätze siehe Bergsträsser, Verneinungspartikeln, S. 104 (mit Anm. 3 und 4).

27,60 *wa-anzala lakum mina s-samā'i mā'an fa-anbatnā bihī ḥadā'iqa...* Siehe die Anmerkung zu **6**,99, mit weiteren Belegen; **80**,25–31. — *a-ilāhun ma'a llāhi* (auch in den Versen 61. 62. 63. 64): **23**,91. — *bal hum qaumun ya'dilūna*: **6**,1. 150. Zur Bedeutung des Verbums *'adala* siehe die Anmerkung zu **4**,135.

27,61 *am-man ǧa'ala l-arḍa qarāran*: **40**,64. — *wa-ǧa'ala ḫilālahā anhāran*: **13**,3, mit weiteren Belegen. — *wa-ǧa'ala lahā rawāsiya*: **13**,3, mit weiteren Belegen. — *wa-ǧa'ala baina l-baḥraini ḥāǧizan*: **25**,53; **55**,19f.; **35**,12. Siehe die Anmerkung zu **18**,60.

27,62 *am-man yuǧību l-muḍṭarra iḏā da'āhu wa-yakšifu s-sū'a*: **2**,186; **11**,61; **6**,41, mit weiteren Belegen. — *wa-yaǧ'alukum ḫulafā'a l-arḍi*: **6**,165, mit weiteren Belegen.

27,63 *am-man yahdīkum fī ẓulumāti l-barri wal-baḥri*: **6**,63; **6**,97. Weitere Belege in den Anmerkungen zu **6**,63f. und **10**,22f. — *wa-man yursilu r-riyāḥa bušran baina yadai raḥmatihī*: **7**,57; **25**,48; **30**,46. — *ta'ālā llāhu 'ammā yušrikūna*. Belege in der Anmerkung zu **7**,189f.

27,64 *am-man yabda'u l-ḫalqa ṯumma yu'īduhū*: **10**,4, mit weiteren Belegen. — *wa-man yarzuqukum mina s-samā'i wal-arḍi*: **10**,31, mit weiteren Belegen. — *hātū burhānakum*...: **2**,111; **21**,24; **28**,75; **23**,117. Zur Bedeutung von *burhān* siehe die Anmerkung zu **2**,111.

27,65 *lā ya'lamu man fī s-samāwāti wal-arḍi l-ġaiba illā llāhu*: **11**,123, mit weiteren Belegen. — *wa-mā yaš'urūna aiyāna yub'aṯūna*: **16**,21.

27,66 Der Passus *iddāraka 'ilmuhum fī l-āḫirati* ist schwer zu deuten. Vielleicht ist die in der Anmerkung zur Wahl gestellte Übersetzung derjenigen im Text vorzuziehen. Für die Schwierigkeit der Deutung spricht auch die Vielzahl der zu *iddāraka* überlieferten Varianten. Der VI. Stamm des Verbums *daraka* kommt sonst noch in den beiden Stellen **7**,38 und **68**,49 vor. — *bal hum fī šakkin minhā*: **34**,21; **44**,9.

27,67: **23**,82; **37**,16f./**56**,47f.; **13**,5, mit weiteren Belegen.

27,68: **23**,83. — *in hāḏā illā asāṭīru l-auwalīna.* Siehe die Anmerkung zu **6**,25, mit weiteren Belegen.

27,69: **3**,137, mit weiteren Belegen.

27,70: **16**,127; **10**,65, mit weiteren Belegen.

27,71: **10**,48, mit weiteren Belegen.

27,72 Zum Ausdruck *radifa lakum* siehe A. Fischer, Auflösung der Akkusativrektion des transitiven Verbs durch die Präposition *li* im klassischen Arabisch (Verh. der Kgl. Sächs. Ges. d. Wissenschaften zu Leipzig, Phil.-hist. Klasse 62, 1910, S. 161–188), S. 176f. Das Verbum *radifa* (mit Akkusativ) bedeutet eigentlich: hinter jemandem auf demselben Reittier sitzen.

27,73: **10**,60; **2**,243/**40**,61.

27,74: **28**,69; **2**,33, mit weiteren Belegen.

27,75 Belege in den Anmerkungen zu **6**,38 und **9**,51.

27,76: (**4**,105); (**5**,48f.).

27,77: **10**,57, mit weiteren Belegen.

27,78: **10**,93; **2**,113, mit weiteren Belegen. Siehe auch die Anmerkung zu **2**,213.

27,80f.: **30**,52f.; **35**,22; **43**,40; **10**,42f.; **21**,45; **7**,198; (**6**,39, mit weiteren Belegen); (**71**,5–7); (**25**,73).

27,82 *wa-iḏā waqa'a l-qaulu 'alaihim*: **27**,85. — Zur koranischen Vorstellung vom Tier der Endzeit siehe Tor Andrae, Der Ursprung des Islams und das Christentum, Uppsala 1926, S. 63: „Aus dem teuflischen Wesen der Apokalypse ist im Koran ein Gottesbote geworden".

27,83 *wa-yauma*... Verkürzter Zeitsatz. Siehe Einleitung zur Übersetzung, S. 3f. — *fa-hum yūza'ūna*: **41**,19; **27**,17.

27,84 *qāla a-kaḏḏabtum bi-āyātī wa-lam tuḥīṭū bihā 'ilman*: **10**,39.

27,85 *wa-waqa'a l-qaulu 'alaihim*: **27**,82. — *fa-hum lā yanṭiqūna*: **77**,35.

27,86: **10**,67, mit weiteren Belegen.

27,87 *wa-yauma*... Verkürzter Zeitsatz. Siehe Einleitung zur Übersetzung, S. 3f. — *yunfaḫu fī ṣ-ṣūri*: **6**,73, mit weiteren Belegen. — *fa-fazi'a man fī s-*

samāwāti wa-man fī l-arḍi: **34**,51; (**27**,89; **21**,103; **2**,62, mit weiteren Belegen.) — *wa-kullun atauhu dāḫirīna*: **37**,18.

27,88 *wa-tarā l-ǧibāla taḥsabuhā ǧāmidatan wa-hiya tamurru marra s-saḥābi*: **52**,10; **18**,47; **78**,20; **81**,3; **69**,14; **73**,14; **20**,105; **77**,10; **56**,5; **70**,9; **101**,5; (**13**,31).

27,89f.: **6**,160, mit weiteren Belegen. — *wa-hum min fazaʿin yaumaʾiḏin āminūna*: **34**,37; (Umkehrung: **28**,87, mit weiteren Belegen). — *fa-kubbat wuǧūhuhum fī n-nāri*: **26**,94. — *hal tuǧzauna illā mā kuntum taʿmalūna*: **10**,52, mit weiteren Belegen.

27,91 *innamā umirtu an aʿbuda rabba hāḏihi l-baldati*: (**13**,36). — *hāḏihi l-baldati llatī ḥarramahā*: **28**,57; **29**,67; (**14**,37). — *wa-umirtu an akūna mina l-muslimīna*: **10**,72, mit weiteren Belegen.

27,92 *wa-an atluwa l-qurʾāna*: (**13**,30). — *fa-mani htadā fa-innamā yahtadī li-nafsihī*...: **10**,108, mit weiteren Belegen. — *innamā ana mina l-munḏirīna*: **15**,89, mit weiteren Belegen.

27,93 *sa-yurīkum āyātihī fa-taʿrifūnahā*: **21**,37; **41**,53. — *wa-mā rabbuka bi-ġāfilin ʿammā taʿmalūna*: **2**,74, mit weiteren Belegen.

SURE 28

28,1 Über die Buchstaben, die einzelnen Suren vorgesetzt sind, siehe die Anmerkung zu **2**,1, mit Literaturangaben. Die Buchstaben *ṭsm*, die am Anfang von Sure **28** stehen, finden sich auch noch vor Sure **26**, die Buchstaben *ṭs* (ohne *m*) vor Sure **27**.

28,2: **12**,1, mit weiteren Belegen.

28,3–42 Belege zur Geschichte Moses in der Anmerkung zu **7**,103–137. Die Version der vorliegenden Sure zeichnet sich dadurch aus, daß auch über die Kindheitsgeschichte Moses und seine Flucht nach Madyan ausführlich berichtet wird.

28,3 *natlū ʿalaika min nabaʾi Mūsā wa-Firʿauna bil-ḥaqqi*: **2**,252; **3**,108; **45**,6; (**3**,58).

28,4 *inna Firʿauna ʿalā fī l-arḍi*: **10**,83; **44**,31; **23**,45f. — *yastaḍʿifu ṭāʾifatan minhum*: **7**,137. Siehe die Anmerkung zu **2**,282. — *yuḏabbiḥu abnāʾahum wa-yastaḥyī nisāʾahum*: **2**,49/**14**,6; **7**,141; **7**,127; **40**,25. — *innahū kāna mina l-mufsidīna*. Siehe die Anmerkung zu **2**,11f.

28,5 *wa-naǧʿalahum aʾimmatan*: **21**,73; **32**,24; **2**,124; (**25**,74); (**28**,41). — *wa-naǧʿalahumu l-wāriṯīna*: **7**,137. Siehe die Anmerkung zu diesem Vers, mit weiteren Belegen.

28,6 *wa-numakkina lahum fī l-arḍi*: (**10**,93). — *wa-nuriya Firʿauna wa-Hāmāna wa-ǧunūdahumā minhum mā kānū yaḥḏarūna*: (**7**,110/**26**,35; **20**,57. 63). — Zu Hāmān (in den Versen 6 und 8) siehe die Anmerkung zu **29**,39.

28,7–13: **20**,37–40. Zur Sache: 2. Mose 2,1–10; Speyer, S. 241–245.

28,7: **20**,38f. — *wa-ǧā'ilūhu mina l-mursalīna*: **26**,21.

28,8: **20**,39. — *inna Fir'auna wa-Hāmāna wa-ǧunūdahumā kānū ḫāṭi'īna*: (**69**,9).

28,9 Von der Frau des Pharao ist auch in **66**,11 die Rede. Sie wird dort, ebenso wie Maria, als Beispiel einer gläubigen Frau angeführt. Zur Sache: Speyer, S. 244f.; D. Künstlinger, Die ‚Frau Pharaos' im Ḳurān (Rocznik Orjentalistyczny 9, 1933, S. 132–135). — *'asā an yanfa'anā au nattaḫiḏahū waladan*: **12**,21 (Joseph).

28,11–13: **20**,40. — *wa-li-ta'lama anna wa'da llāhi ḥaqqun walākinna akṯarahum lā ya'lamūna*: **10**,55; **30**,6; **16**,38; **10**,53, mit weiteren Belegen.

28,14–21 Zur Sache: 2. Mose 2,11–15; Speyer, S. 245–249.

28,14: **12**,22 (Joseph). — Zur Bedeutung des Ausdrucks *ḥukm* siehe die Anmerkung zu **3**,79. — *wa-ka-ḏālika naǧzī l-muḥsinīna*. Siehe die Anmerkung zu **12**,22, mit weiteren Belegen.

28,15 *fa-wakazahū Mūsā fa-qaḍā 'alaihi*: (**20**,40). — *innahū 'adūwun muḍillun mubīnun*: **7**,22, mit weiteren Belegen.

28,17 *bi-mā an'amta 'alaiya*. Zur Ausdrucksform: **7**,16/**15**,39 (*bi-mā aġwaitanī*). — *fa-lan akūna ẓahīran lil-muǧrimīna*: **28**,86.

28,18 *fa-aṣbaḥa fī l-madīnati ḫā'ifan yataraqqabu*: **28**,21.

28,20 *wa-ǧā'a raǧulun min aqṣā l-madīnati yas'ā*: **36**,20; (**40**,28: *raǧulun mu'minun min ālī Fir'auna*?). Speyer bemerkt dazu (S. 248): „Der Mann, der vom äußersten Ende der Stadt, also wohl aus dem Viertel der armen Bevölkerung, herbeieilt...".

28,21 *fa-ḫaraǧa minhā ḫā'ifan yataraqqabu*: **28**,18. Speyer sieht in diesem Passus eine Reminiszenz an 2. Mose 2,12. — *qāla rabbi naǧǧinī mina l-qaumi ẓ-ẓālimīna*: **10**,86; **66**,11.

28,22–28 Zur Sache: Speyer, S. 249–251. Speyer charakterisiert den Abschnitt folgendermaßen: „Diese Qoransage ist ein klassisches Beispiel dafür, wie Mohammed Gehörtes miteinander vermischte, vor allen Dingen dann, wenn die Berichte, die auf ihn kamen, ähnliche Situationen schilderten. Er hat nämlich außer von der Begegnung Mosis mit den Töchtern Jitrōs am Brunnen in Midjan noch von dem Zusammentreffen Eli'ezers, des Knechtes Abrahams, mit Ribqā (Gen. 24,11ff.) und dem Jaqobs mit Rāḥel (Gen. 29,7ff.) gehört und diese drei biblischen Erzählungen miteinander verwoben." Die Vermutung, daß das Gebet Moses (V. 24) aus der Eli'ezergeschichte entnommen sei, wirkt allerdings nicht überzeugend.

28,24 Auffallend ist das Perfekt *(li-mā) anzalta (ilaiya min ḫairin)*. Bell übersetzt: „the good which Thou mayest send down to me"; Blachère: „du moindre bien que Tu fasses descendre vers moi"; Hamidullah: „du bien que tu feras descendre vers moi".

28,28 *wa-llāhu 'alā mā naqūlu wakīlun*: **12**,66. Mit dieser Formel wird Gott feierlich als Sachwalter und Bürge einer unmittelbar vorher zustandegekommenen mündlichen Vereinbarung angerufen.

28,29f.: **20**,10–14; **27**,7–9; **79**,16; **26**,10. — *nūdiya min šāṭi'i l-wādi l-aimani*: **19**,52; **20**,80; **28**,46. Siehe die Anmerkung zu **19**,52.

28,31: **27**,10; **20**,17–21; **7**,107/**26**,32.

28,32: **27**,12; **20**,22; **7**,108/**26**,33. — *wa-ḍmum ilaika ǧanāḥaka mina r-rahbi*. Die Deutung des Ausdrucks ist nicht sicher (siehe auch die Anmerkung zu **15**,88). Auffallend ist der Anklang an den Wortlaut der Belegstelle **20**,22 (*wa-ḍmum yadaka ilā ǧanāḥika*). — *fa-ḏānika burhānāni min rabbika*... Zum Ausdruck *burhān* siehe die Anmerkung zu **2**,111.

28,33: **26**,14; **28**,15–21; **26**,19–21; **20**,40. Literaturhinweise in der Anmerkung zu **28**,14–21.

28,34: **20**,25–32; **26**,12f.; **25**,35.

28,35 *sa-našuddu 'aḍudaka bi-aḫīka*: **20**,31. — *wa-naǧ'alu lakumā sulṭānan*: **23**,45; **4**,153, mit weiteren Belegen. — *fa-lā yaṣilūna ilaikumā*: **11**,81. — *antumā wa-mani ttaba'akumā l-ġālibūna*: **37**,116; **20**,68; (**26**,40. 41. 44); (**7**,113).

28,36: **10**,76, mit weiteren Belegen. — *mā hāḏā illā siḥrun muftarān*: (**34**,53). — *wa-mā sami'nā bi-hāḏā fī ābā'inā l-auwalīna*: **23**,24; **38**,7. Zur Bedeutung des Ausdrucks *(fī) ābā'inā l-auwalīna* siehe die Anmerkung zu **23**,24.

28,37 *rabbī a'lamu bi-man ǧā'a bil-hudā min 'indihī*: **28**,85; (**17**,2, mit weiteren Belegen). — *wa-man takūnu lahū 'āqibatu d-dāri innahū lā yufliḥu ẓ-ẓālimūna*: **6**,135; **13**,42; **13**,22. 24.

28,38 *wa-qāla Fir'aunu yā aiyuhā l-mala'u mā 'alimtu lakum min ilāhin ġairī*: **26**,29; **79**,24; (**7**,127); (**43**,51). — *fa-auqid lī yā Hāmānu 'alā ṭ-ṭīni fa-ǧ'al lī ṣarḥan la'allī aṭṭali'u ilā ilāhi Mūsā*: **40**,36f. Zum Ausdruck *auqid 'alā ṭ-ṭīni*: **13**,17. Siehe die Anmerkung zu diesem Vers. — Zur Sache: Speyer, S. 268 bis 272. 283f. Zu Hāmān siehe die Anmerkung zu **29**,39.

28,39 *wa-stakbara huwa wa-ǧunūduhū fī l-arḍi bi-ġairi l-ḥaqqi*: **29**,39; **23**,46, mit weiteren Belegen; **41**,15; **46**,20; **35**,43.

28,40: **51**,40; **7**,136, mit weiteren Belegen. — *fa-nẓur kaifa kāna 'āqibatu ẓ-ẓālimīna*: **27**,14; **7**,103. Siehe die Anmerkung zu diesem Vers.

28,41 *wa-ǧa'alnāhum a'immatan yad'ūna ilā n-nāri*: **9**,12; **2**,221; **40**,41. — *wa-yauma l-qiyāmati lā yunṣarūna*: **3**,111. Siehe die Anmerkung zu diesem Vers, mit weiteren Belegen.

28,42: **11**,60. 99; **24**,23; **33**,57.

28,43 *wa-la-qad ātainā Mūsā l-kitāba*: **2**,53, mit weiteren Belegen. — *baṣā'ira lin-nāsi wa-hudān wa-raḥmatan*: **45**,20; **7**,203, mit weiteren Belegen.

28,44–46 *wa-mā kunta bi-ǧānibi l-ġarbīyi – wa-mā kunta ṯāwiyan – wa-mā kunta bi-ǧānibi ṭ-Ṭūri... (walākin raḥmatan min rabbika)*: **3**,44; **12**,102; **11**,49; (**2**,133). Wie in den hier aufgeführten Belegstellen, wird auch in der vorliegenden Stelle dem Propheten vorgehalten, daß er Episoden aus der früheren Heilsgeschichte, über die er berichtet, nicht selber miterlebt hat, also nur durch Offenbarung über sie unterrichtet sein kann. Im einzelnen ist aber einiges unklar. Man darf wohl annehmen, daß in den drei Versen auf drei verschiedene Episoden angespielt wird, mit anderen Worten, daß die in Vers 44 angedeutete Episode (*bi-ǧānibi l-ġarbīyi iḏ qaḍainā ilā Mūsā l-amra*) mit derjenigen von Vers 16 (*bi-ǧānibi ṭ-Ṭūri iḏ nādainā*) nicht identisch ist. Unter dieser Voraussetzung könnte in Vers 44 das Berufungserlebnis Moses am brennenden Busch gemeint sein (vgl. **28**,29f.; **26**,10; **79**,15–17; **20**,9–13; **27**,7f.), in Vers 46 die Gesetzgebung auf dem Sinai (vgl. **20**,80; vielleicht ist auch **19**,52 eben darauf zu beziehen). Schwierig wird nun aber die Interpretation der Ortsangaben. Die Berufung erfolgt nach **28**,29f. „auf der Seite des Berges... auf der rechten Talseite auf dem gesegneten Stück Land vom Baum her", nach **79**,16 und **20**,12 „im heiligen Tal Ṭuwā". Bei der Gesetzgebung verabredet sich Gott nach **20**,80 mit den Kindern Israel „auf der rechten Seite des Berges", und in **19**,52 erfolgt der Anruf Gottes an Mose „von der rechten Seite des Berges". (Horovitz, S. 125 und Speyer, S. 255, beziehen fälschlicherweise al-aiman auf aṭ-Ṭūr statt auf ǧānib, so daß aus dem Sinai ein „Berg guter Vorbedeutung" wird.) — Was nun die vorliegende Stelle angeht, so paßt die Ortsangabe „auf der Seite des Berges" in **28**,46 zwar zu den Ortsangaben in **20**,80 und **19**,52, in denen von der (rechten) Seite des Berges die Rede ist. Aber die Ortsangabe *bi-ǧānibi l-ġarbīyi* in **28**,44 läßt sich nicht ohne weiteres deuten und mit den Ortsangaben der Stellen in Einklang bringen, die von der Berufung Moses handeln. Wenn man sich genau an den Wortlaut hält, kann man eigentlich nur übersetzen: „auf der Seite des Westlichen", wobei das substantivierte Nomen relationis allenfalls auf den Sinai als einen im Westen gelegenen Gebirgsstock zu beziehen wäre. Das ist aber eine sehr fragwürdige Deutung. Man wird sich entweder zu einer Konjektur entschließen müssen, indem man annimmt, daß zwischen *bi-ǧānib* und *al-ġarbī* das Wort *aṭ-Ṭūr* ausgefallen ist. Demnach wäre zu übersetzen: „auf der westlichen Seite des Berges". Oder aber, man erklärt die hier vorliegende Ausdrucksweise in Analogie zu Formulierungen wie *rabīʿ al-auwal* oder *bait al-muqaddas*. In diesem Fall würden die beiden Wörter *ǧānib* und *ġarbī* nicht in einem Genitiv-, sondern in einem Attributivverhältnis zueinander stehen, und *bi-ǧānibi l-ġarbīyi* wäre gleichbedeutend mit *bil-ǧānibi l-ġarbīyi*. Siehe Wright – de Goeje, II, S. 233, Anmerkung; C. Brockelmann, Grundriß der vergleichenden Grammatik der semitischen Sprachen, II, Berlin 1913, S. 208f.

28,44 Zur Konstruktion von *qaḍainā* (mit *ilā* der Person) siehe die Anmerkung zu **10**,11.

28,45 *fa-taṭāwala ʿalaihimu l-ʿumuru*: **21**,44; (**20**,86); (**57**,16).

28,46f. *walākin raḥmatan min rabbika*: **17**,87; **28**,86; **44**,5f. — *li-tunḏira qauman mā atāhum min naḏīrin min qablika*: **32**,3; **34**,44; **36**,6. — *wa-laulā an tuṣībahum muṣībatun bi-mā qaddamat aidīhim fa-yaqūlū rabbanā laulā arsalta ilainā rasūlan fa-nattabiʿa āyātika*: **20**,134. — Weitere Belege zum Ganzen: **28**,59; **17**,15; **26**,208f.; **6**,131. — Der Nachsatz zum einleitenden hypothetischen *laulā an* fehlt. Siehe Bergsträsser, Verneinungspartikeln, S. 60; Renate Tietz, Bedingungssatz und Bedingungsausdruck im Koran, Dissertation Tübingen 1963, S. 51.

28,48 *fa-lammā ǧā'ahumu l-ḥaqqu min 'indinā*: **10**,76; **40**,25. — *qālū laulā ūtiya miṯla mā ūtiya Mūsā*: **6**,124. — Weitere Belege zum Vorwurf der Zauberei in der Anmerkung zu **10**,76 (s. o.). Was oder wer mit den beiden Fällen von Zauberei (*siḥrāni*) bzw. den beiden Zauberern (*sāḥirāni*) gemeint ist, läßt sich schwer entscheiden. Doch wohl eher die Botschaften von Mose und Mohammed bzw. diese beiden Gottesgesandten selber, als Mose und Aaron (vgl. **20**,63)?

28,49: **52**,34; **2**,23; **10**,38; **11**,13.

28,50 *fa-in lam yastaǧībū laka fa-'lam...*: **11**,14. Siehe die Anmerkung zu diesem Vers. — *annamā yattabi'ūna ahwā'ahum*: (**2**,120, mit weiteren Belegen).

28,51 *wa-la-qad waṣṣalnā lahumu l-qaula*. Die Deutung des Passus ist nicht sicher.

28,52f.: **17**,107–109; **5**,83f.; **2**,121. 144; **6**,114; **29**,47; **34**,6. — *innahu l-ḥaqqu min rabbinā*: **2**,26. 144. 147. 149; **3**,60; **6**,114; **34**,6; **47**,2. — *innā kunnā min qablihī muslimīna*: (**27**,42).

28,54 *ulā'ika yu'tauna aǧrahum marrataini*: **33**,31. — *wa-yadra'ūna bil-ḥasanati s-saiyi'ata*: **13**,22, mit weiteren Belegen.

28,55 *wa-iḏā sami'ū l-laġwa a'raḍū 'anhu*: **23**,3; **25**,72. — *wa-qālū lanā a'mālunā wa-lakum a'mālukum*: **2**,139; **42**,15. — *salāmun 'alaikum lā nabtaġī l-ǧāhilīna*: **25**,63; **7**,199; **43**,89.

28,56 *wa-huwa a'lamu bil-muhtadīna*: **6**,117/**16**,125/**68**,7; **53**,30.

28,57 *nutaḫaṭṭaf min arḍinā*: **8**,26; **29**,67. — *a-wa-lam numakkin lahum ḥaraman āminan*: **2**,125, mit weiteren Belegen.

28,58 *wa-kam ahlaknā min qaryatin...*: **7**,4; **22**,45; **47**,13; **21**,11; **10**,13, mit weiteren Belegen. — *baṭirat ma'īšatahā*: (**6**,6); (**16**,112); (**17**,16); (**7**,10). — *fa-tilka masākinuhum lam tuskan min ba'dihim illā qalīlan*: **27**,52; **22**,45; **14**,45, mit weiteren Belegen. — *wa-kunnā naḥnu l-wāriṯīna*: **15**,23, mit weiteren Belegen.

28,59 *wa-mā kāna rabbuka muhlika l-qurā ḥattā yab'aṯa fī ummihā rasūlan*: **17**,15, mit weiteren Belegen. — *yatlū 'alaihim āyātinā*: **2**,129, mit weiteren Belegen. — *wa-mā kāna rabbuka muhlika l-qurā illā wa-ahluhā ẓālimūna*: **6**,47; **46**,35; (**10**,13, mit weiteren Belegen).

28,60: **42**,36; **4**,77; **2**,36. Siehe die Anmerkung zu diesem Vers, mit weiteren Belegen. — *(fa-matā'u l-ḥayāti d-dunyā) wa-zīnatuhā*. Siehe die Anmerkung zu **2**,212, mit weiteren Belegen. — *wa-mā 'inda llāhi ḫairun wa-abqā*: **42**,36 (s. o.); **87**,17; **20**,131; (**16**,96); (**3**,198); (**62**,11).

28,61 *ṯumma huwa yauma l-qiyāmati mina l-muḥḍarīna*: **30**,16/**34**,38; **36**,32. 53. 75; **37**,127. 158; **19**,68; **37**,57.

28,62: **28**,74; **6**,22, mit weiteren Belegen; **10**,28f., mit weiteren Belegen.

28,63 *allaḏīna ḥaqqa 'alaihimu l-qaulu*: **17**,16; **36**,7; **37**,31; **41**,25; **46**,18; **10**,33, mit weiteren Belegen. — *hā'ulā'i llaḏīna aġwainā aġwaināhum ka-mā ġawainā*: **37**,32; **7**,16; **15**,39; **38**,82. — *tabarra'nā ilaika mā kānū īyānā ya'budūna*: **2**,166f., mit weiteren Belegen; **10**,28f., mit weiteren Belegen.

28,64: **18**,52; **7**,194, mit weiteren Belegen.

28,65: **5**,109.

28,66 *fa-hum lā yatasā'alūna*: **23**,101; dagegen **37**,27/50/**52**,25: *wa-aqbala ba'ḍuhum 'alā ba'ḍin yatasā'alūna.*

28,67: **19**,60, mit weiteren Belegen.

28,68 *mā kāna lahumu l-ḫiyaratu*: **33**,36. — *subḥāna llāhi wa-ta'ālā 'ammā yušrikūna*: Belege in der Anmerkung zu **7**,189f.

28,69: **27**,74; **2**,33, mit weiteren Belegen.

28,70: (**2**,255); (**59**,22f.); (**3**,2). — *lahu l-ḥamdu fī l-ūlā wal-āḫirati*: **34**,1. — *wa-lahu l-ḥukmu*: **28**,88; **12**,40, mit weiteren Belegen.

28,71–73 *a-ra'aitum in ğa'ala llāhu...man...*: **6**,46; **45**,23; **67**,30. — *wa-min raḥmatihī ğa'ala lakumu l-laila wan-nahāra li-taskunū fīhi wa-li-tabtaġū min faḍlihī*: **30**,23; **10**,67, mit weiteren Belegen. Belege speziell zu *wa-li-tabtaġū min faḍlihī* in der Anmerkung zu **17**,12.

28,74: **28**,62; **6**,22, mit weiteren Belegen; **10**,28f., mit weiteren Belegen.

28,75 *wa-naza'nā min kulli ummatin šahīdan*: **4**,41; **16**,84. 89. — *fa-qulnā hātū burhānakum*: **2**,111. Siehe die Anmerkung zu diesem Vers, mit weiteren Belegen. — *wa-ḍalla 'anhum mā kānū yaftarūna*: **6**,24, mit weiteren Belegen.

28,76–84 Über die Geschichte von Qārūn, dem biblischen Qōraḥ, wird im Koran nur im vorliegenden Abschnitt eingehender berichtet. Sonst wird Qārūn nur noch ganz kurz in **29**,39 und **40**,24 zusammen mit Pharao und Hāmān erwähnt. Der Name stellt eine Angleichung an *Hārūn* dar (Horovitz, Koranische Untersuchungen, S. 131). Zur Sache: 4. Mose 16; Geiger, S. 152f., 165f.; Speyer, S. 342–344.

28,76 *iḏ qāla...* Verkürzter Zeitsatz. Siehe Einleitung zur Übersetzung, S. 3f. — *lā tafraḥ inna llāha lā yuḥibbu l-fariḥīna*: **57**,23; **11**,10; **40**,75; **13**,26, mit weiteren Belegen.

28,77 *wa-lā tabġi l-fasāda fī l-arḍi...* Siehe die Anmerkungen zu **2**,11f. und **2**,205, mit weiteren Belegen.

28,78 *innamā ūtītuhū 'alā 'ilmin 'indī*: **39**,49. — *a-wa-lam ya'lam anna llāha qad ahlaka min qablihī mina l-qurūni*: (**10**,13, mit weiteren Belegen). — *man huwa ašaddu minhu qūwatan wa-akṯaru ğam'an*: **9**,69, mit weiteren Belegen. Speziell zu *(akṯaru) ğam'an*: **7**,48, mit weiteren Belegen. — *wa-lā yus'alu 'an ḏunūbihimu l-muğrimūna*: **55**,39.

28,79 Zum Ausdruck *zīna* („Schmuck") siehe die Anmerkung zu **2**,212. — *allaḏīna yurīdūna l-ḥayāta d-dunyā*: **11**,15, mit weiteren Belegen. — *innahū la-ḏū ḥaẓẓin 'aẓīmin*: **41**,35. Während im vorliegenden Vers von dem seines Reichtums wegen beneideten Qārūn zwar gesagt wird, er habe „großes Glück", im folgenden Vers 80 aber eine gegenteilige Bewertung nachfolgt (*ṯawābu llāhi ḫairun...wa-lā yulaqqāhā illā ṣ-ṣābirūna*), wird in der Belegstelle derjenige, der „großes Glück" hat, denen gleichgestellt, die geduldig sind (*wa-mā yulaqqāhā illā llaḏīna ṣabarū wa-mā yulaqqāhā illā ḏū ḥaẓẓin 'aẓīmin*).

28,80 *allaḏīna ūtū l-'ilma.* Siehe die Anmerkung zu **16**,27, mit weiteren Belegen. — *wa-lā yulaqqāhā illā ṣ-ṣābirūna*: **41**,35. Siehe die Anmerkung zum vorhergehenden Vers **28**,79.

28,81 *fa-ḫasafnā bihī wa-bi-dārihi l-arḍa*: **16**,45, mit weiteren Belegen. — *fa-mā kāna lahū min fi'atin yanṣurūnahū min dūni llāhi wa-mā kāna mina l-muntaṣirīna*: **18**,43; **42**,46; **67**,20.

28,82 *wai-ka-anna llāha yabsuṭu r-rizqa li-man yašā'u min 'ibādihī wa-yaqdiru*: **29**,62; **34**,39; **13**,26, mit weiteren Belegen.

28,83 *li-llaḏīna lā yurīdūna 'ulūwan fī l-arḍi wa-lā fasādan*. Zur Bedeutung von *fasād* siehe die Anmerkung zu **2**,11f. — *wal-'āqibatu lil-muttaqīna*: **7**,128; **11**,49; (**20**,132).

28,84: **27**,89f.; **6**,160, mit weiteren Belegen.

28,85 *rabbī a'lamu man ǧā'a bil-hudā*: **28**,37.

28,86 *illā raḥmatan min rabbika*: **28**,46; **17**,87; **44**,5f. — *fa-lā takūnanna ẓahīran lil-kāfirīna*: **28**,17.

28,87 *wa-lā yaṣuddunnaka 'an āyāti llāhi*: (**20**,16). — *wa-d'u ilā rabbika*: **22**,67; **12**,108, mit weiteren Belegen. — *wa-lā takūnanna mina l-mušrikīna*: **6**,14; **10**,105; (**30**,31). Siehe die Anmerkung zu **6**,14.

28,88 *wa-lā tad'u ma'a llāhi ilāhan āḫara*: **26**,213; **72**,18; **23**,117; **25**,68. — *kullu šai'in hālikun illā waǧhahū*: **55**,26f. — *lahu l-ḥukmu*: **28**,70; **12**,40, mit weiteren Belegen.

SURE 29

29,1 Über die Buchstaben, die einzelnen Suren vorgesetzt sind, siehe die Anmerkung zu **2**,1, mit Literaturangaben. Die Buchstaben *'lm*, die am Anfang der Sure **29** stehen, finden sich auch noch vor den Suren **30**, **31**, **32** sowie **2** und **3**. Siehe Hans Bauer, Über die Anordnung der Suren und über die geheimnisvollen Buchstaben im Qoran (ZDMG 75, 1921, S. 1–20), S. 7.

29,2f.: **2**,214; **3**,142; **9**,16; **5**,71; **47**,31; (**29**,11); (**3**,166f.); (**9**,126).

29,4: **8**,59. Zur besonderen Bedeutung von *sabaqa* siehe die Anmerkung zu diesem Vers, mit weiteren Belegen. — *sā'a mā yaḥkumūna*: **45**,21; **6**,136; **16**,59; (**10**,35/**37**,154/**68**,36).

29,5 Bedingungssatz mit Verschiebung. Siehe Einleitung zur Übersetzung, S. 4.

29,6 *inna llāha la-ġanīyun 'ani l-'ālamīna*: **3**,97.

29,7: **47**,2; **39**,35; **64**,9; **48**,5; **65**,5; **3**,195; **5**,12. — *wa-la-naǧziyannahum aḥsana llaḏī kānū ya'malūna*: **39**,35 (s. o.); **9**,121, mit weiteren Belegen.

29,8 *wa-waṣṣainā l-insāna bi-wālidaihi ḥusnan*: **46**,15; **31**,14; **2**,83; **4**,36; **17**,23f.; **6**,151. — *wa-in ǧāhadāka li-tušrika bī mā laisa laka bihī 'ilmun fa-lā tuṭi'humā*: **31**,15. Zur Bedeutung des Verbums *ǧāhada (III)* siehe die Anmerkung zu **9**,73. — *mā laisa laka bihī 'ilmun*: **31**,15 (s. o.); **40**,42; **4**,157, mit weiteren Belegen; (**7**,28, mit weiteren Belegen). — *ilaiya marǧi'ukum fa-unabbi'ukum bi-mā kuntum ta'malūna*: **6**,60, mit weiteren Belegen.

29,9 *la-nudḫilannahum fī ṣ-ṣāliḥīna*: **12**,101, mit weiteren Belegen. Zur besonderen Bedeutung des Ausdrucks *aṣ-ṣāliḥūn* siehe die Anmerkung zu **2**,130.

29,10 *la-yaqūlunna innā kunnā ma'akum*: **4**,141; **57**,14. — *a-wa-laisa llāhu bi-a'lama bi-mā fī ṣudūri l-'ālamīna*: **11**,31, mit weiteren Belegen.

29,11: **29**,3; **3**,166f.; **3**,142, mit weiteren Belegen.

29,13 *wa-la-yaḥmilunna aṯqālahum wa-aṯqālan ma'a aṯqālihim*: **16**,25. — *wa-la-yus'alunna yauma l-qiyāmati 'āmma kānū yaftarūna*: **16**,56; (**15**,92f., mit weiteren Belegen).

29,14f. Belege zur Geschichte Noahs in der Anmerkung zu **7**,59–64.

29,14 *wa-la-qad arsalnā Nūḥan ilā qaumihī*: **7**,59; **11**,25; **23**,23; **71**,1; (**57**,26). — *fa-labiṯa fīhim alfa sanatin illā ḫamsīna 'āman*. Zur Sache: Speyer, S. 109. Nach 1. Mose 9,28f. lebte Noah im ganzen 950 Jahre (davon nach der Flut 350, demnach vor der Flut 600 Jahre). Die vorliegende Stelle ist aber wohl so zu verstehen, daß er schon bei Beginn der Sintflut 950 Jahre alt geworden war. — *fa-aḫaḏahumu ṭ-ṭūfānu wa-hum ẓālimūna*: (**16**,113). Siehe die Anmerkung zu diesem Vers, mit weiteren Belegen.

29,15 *fa-anǧaināhu wa-aṣḥāba s-safīnati*: **7**,64, mit weiteren Belegen. — *wa-ǧa'alnāhā āyatan lil-'ālamīna*: **54**,15; **69**,12; **25**,37 (in diesem Vers mit persönlichem Suffix: *wa-ǧa'alnāhum lin-nāsi āyatan*); (**10**,92: Pharao; siehe die Anmerkung zu diesem Vers); (**29**,35; **51**,37: von der zerstörten Stadt Lots).

29,16–27 Belege zur Auseinandersetzung Abrahams mit dem Götzendienst seiner Landsleute in der Anmerkung zu **6**,74–84.

29,16 *u'budū llāha wa-ttaqūhu*: (**71**,3: Noah). — *ḏālikum ḫairun lakum in kuntum ta'lamūna*: **2**,280, mit weiteren Belegen.

29,17 *inna llaḏīna ta'budūna min dūni llāhi lā yamlikūna lakum rizqan*: **16**,73; (**6**,71, mit weiteren Belegen).

29,18 *wa-in tukaḏḏibū fa-qad kaḏḏaba umamun min qablikum*: **22**,42; **10**,39, mit weiteren Belegen. — *wa-mā 'alā r-rasūli illā l-balāġu l-mubīnu*: **3**,20, mit weiteren Belegen.

29,19 *a-wa-lam yarau kaifa yubdi'u llāhu l-ḫalqa ṯumma yu'īduhū*: **10**,4, mit weiteren Belegen. Wahrscheinlich ist der Passus *yubdi'u llāhu l-ḫalqa ṯumma yu'īduhū* auch im vorliegenden Vers ebenso wie in den meisten Belegstellen auf die erste Schöpfung (zur Existenz im Diesseits) und auf deren Wiederholung (zur Existenz im Jenseits) zu beziehen. Man muß dann wohl annehmen, daß die rhetorische Frage mit *yubdi'u llāhu l-ḫalqa* aufhört, und daß *ṯumma yu'īduhū* ein selbständiger Aussagesatz ist. Denn von der Auferweckung des Menschen zu einem jenseitigen Dasein kann man schlechterdings nicht sagen, daß sie ein für jedermann ersichtlicher Vorgang sei. Jedoch sind auch andere Deutungen denkbar. Bell bezieht *ṯumma yu'īduhū* in die Frage mit ein und übersetzt: „Have they not seen how Allah originateth a creature and then restoreth it again?" Dazu bemerkt er (vielleicht in Anlehnung an eine von Baiḍāwī zur Wahl gestellte Interpretation): „The reference is to the return of vegetation year by year; cf. next verse". In **20**,55 und **71**,17f. bezieht sich übrigens der Ausdruck *nu'īdukum* bzw. *yu'īdukum* in einem ähnlichen Zusammenhang darauf, daß Gott die Menschen beim Tod wieder in die Erde bringt. — *inna ḏālika ʿalā llāhi yasīrun*: **22**,70, mit weiteren Belegen; (**30**,27).

29,20 In Vers 20 wird die Betrachtung, die in Vers 19 angestellt ist, mit anderen Worten wiederholt. — Belege zu *ṯumma llāhu yunšiʾu n-našʾata l-āḫirata*: **53**,47; **36**,79; (**56**,62).

29,21: **2**,284, mit weiteren Belegen.

29,22 *wa-mā antum bi-muʿǧizīna fī l-arḍi wa-lā fī s-samāʾi*: **11**,20, mit weiteren Belegen; **55**,33. Zur Bedeutung von *aʿǧaza (IV)* siehe die Anmerkung zu **6**,134.

29,23 *wa-llaḏīna kafarū bi-āyāti llāhi wa-liqāʾihī*: **18**,105; **7**,147; **30**,16.

29,24 Die Verse 19–23 enthalten allgemeine Betrachtungen. Mit Vers 24 wird die Geschichte von Abraham und dessen Auseinandersetzung mit seinen heidnischen Landsleuten wiederaufgenommen. — *fa-mā kāna ǧawābu qaumihī illā an qālū*: (**29**,29; **7**,82; **27**,56, in der Geschichte Lots). — *au ḥarriqūhu*: **21**,68; **37**,97. — *fa-anǧāhu llāhu mina n-nāri*: **21**,69.

29,25 *mawaddata bainikum fī l-ḥayāti d-dunyā*: (**2**,165?). — *ṯumma yauma l-qiyāmati yakfuru baʿḍukum bi-baʿḍin*: **19**,82, mit weiteren Belegen. — *wa-yalʿanu baʿḍukum baʿḍan*: **7**,38; **33**,68. — *wa-mā lakum min nāṣirīna*: **45**,34; **5**,72, mit weiteren Belegen.

29,26 Zur Sache: 1. Mose 13,8–12; Speyer, S. 146.

29,27 *wa-wahabnā lahū Isḥāqa wa-Yaʿqūba*: **6**,84; **19**,49; **21**,72; (**11**,71). Siehe die Anmerkungen zu **6**,84 und **11**,71–73. — *wa-ǧaʿalnā fī ḏurrīyatihi n-nubūwata wal-kitāba*: **57**,26; **6**,89; **45**,16; **19**,49; (**3**,79); (**5**,20). — *wa-ātaināhu aǧrahū fī d-dunyā wa-innahū fī l-āḫirati la-mina ṣ-ṣāliḥīna*: **2**,130; **16**,122; (**21**,72). Zur besonderen Bedeutung des Ausdrucks *aṣ-ṣāliḥūn* siehe die Anmerkung zu **2**,130.

29,28–35 Belege zur Geschichte von Lot in der Anmerkung zu **7**,80–84.

29,28: **7**,80; **27**,54.

29,29: **7**,81; **27**,55; **26**,165f. — *fa-mā kāna ǧawābu qaumihī illā an qālū*: **7**,82; **27**,56; (**29**,24, in der Geschichte von Abraham). — *itinā bi-ʿaḏābi llāhi in kunta mina ṣ-ṣādiqīna*: **7**,70, mit weiteren Belegen.

29,31 *wa-lammā ǧāʾat rusulunā Ibrāhīma bil-bušrā*: **11**,69. 74; **51**,24–30; **15**,51–56.

29,32f.: **7**,83. Siehe die Anmerkung zu diesem Vers, mit weiteren Belegen. — *wa-lammā ǧāʾat rusulunā Lūṭan sīʾa bihim wa-ḍāqa bihim ḏarʿan*: **11**,77; **15**,61f.

29,34: **7**,84, mit weiteren Belegen; (**2**,59/**7**,162); (**36**,28).

29,35: **51**,37; **11**,83 (siehe die Anmerkung zu diesem Vers, mit weiteren Belegen); **11**,89.

29,36f. Belege zur Geschichte von Šuʿaib und den Madyan in der Anmerkung zu **7**,85–93.

29,36: **7**,85; **11**,84. — *wa-lā taʿṯau fī l-arḍi mufsidīna*: **11**,85; **26**,183; **2**,60, mit weiteren Belegen. Zur Bedeutung des Ausdrucks *mufsidīna* siehe die Anmerkung zu **2**,11f.

29,37: **7**,91; **7**,78, mit weiteren Belegen.

29,38 Belege zur Geschichte der ʿĀd in der Anmerkung zu **7**,65–72, zur Geschichte der Ṯamūd in der Anmerkung zu **7**,73–79. — *wa-qad tabaiyana lakum min masākinihim*: **14**,45, mit weiteren Belegen. — *wa-zaiyana lahumu š-šaiṭānu aʿmālahum*. Siehe die Anmerkung zu **2**,212, mit weiteren Belegen. — *fa-ṣaddahum ʿani s-sabīli*: **27**,24; **43**,37; (**13**,33); (**40**,37).

29,39 Qārūn, der biblische Qōraḥ, wird zusammen mit Pharao und Hāmān auch noch kurz in **40**,24 erwähnt. Ausführlicher berichtet der Abschnitt **28**,76–84 speziell über die Geschichte von Qārūn. Von Hāmān ist außerdem in **28**,6 und 8 die Rede, wo „Pharao und Hāmān und ihre Truppen" erwähnt werden, und in **28**,38 und **40**,36f., wo Pharao von Hāmān ein Schloß gebaut haben möchte, damit er zum Gott Moses aufsteigen könne. Siehe Horovitz, Koranische Untersuchungen, S. 149; Speyer, S. 283f. „Muhammad hat also den Feind der Juden aus der Zeit des Ahasveros in die der pharaonischen Verfolgung versetzt; daß er ihn neben Hārūn nennt, hängt vielleicht auch mit der jüdischen Legende zusammen, die ihn neben Korah den reichsten Mann sein läßt" (Horovitz). — *wa-la-qad ǧāʾahum Mūsā bil-baiyināti fa-stakbarū fī l-arḍi*: **10**,75; **23**,45f.; **7**,103, mit weiteren Belegen; **7**,133. — *wa-mā kānū sābiqīna*: **8**,59. Zur besonderen Bedeutung von *sabaqa* siehe die Anmerkung zu diesem Vers, mit weiteren Belegen.

29,40 *fa-kullan aḫaḏnā bi-ḏanbihī*: **3**,11/**8**,52; **40**,21. — *fa-minhum man arsalnā ʿalaihi ḥāṣiban*: **54**,34; **17**,68; **67**,17. — *wa-minhum man aḫaḏathu ṣ-ṣaiḥatu*: **11**,67. 94; **15**,73. 83; **23**,41; **50**,42; **36**,29. 53; **36**,49; **38**,15; **54**,31. — *wa-minhum man ḫasafnā bihi l-arḍa*: **16**,45, mit weiteren Belegen. — *wa-minhum man aġraqnā*: vom Volk Noahs: **7**,64; **10**,73; **26**,120; **37**,82; **21**,77; **25**,37; **11**,37. 43; **23**,27; **71**,25; (**29**,14); von Pharao und seinen Leuten: **2**,50; **7**,136; **8**,54; **17**,103; **26**,66; **43**,55; **44**,24; (**10**,90); in anderem Zusammenhang: **36**,43; **17**,69. — *wa-mā kāna llāhu li-yaẓlimahum walākin kānū anfusahum yaẓlimūna*: **9**,70, mit weiteren Belegen.

29,41 *lau kānū yaʿlamūna*: **2**,102, mit weiteren Belegen.

29,43 *wa-tilka l-amṯālu naḍribuhā lin-nāsi*: **59**,21; **14**,24f., mit weiteren Belegen.

29,44 *ḫalaqa llāhu s-samāwāti wal-arḍa bil-ḥaqqi*: **6**,73, mit weiteren Belegen.

29,45 *utlu mā ūḥiya ilaika mina l-kitābi*: **18**,27. — *inna ṣ-ṣalāta tanhā ʿani l-faḥšāʾi wal-munkari*: **16**,90. Zu der eigenartigen Formulierung „das Gebet verbietet, was abscheulich und verwerflich ist" siehe die Anmerkung zu **11**,87.

29,46 *wa-lā tuǧādilū ahla l-kitābi illā bi-llatī hiya aḥsanu*: **16**,125. Siehe die Anmerkung zu diesem Vers, mit weiteren Belegen. — *illā llaḏīna ẓalamū minhum*: **2**,150. — *wa-qūlū āmannā bi-llaḏī unzila ilainā wa-unzila ilaikum*: **2**,136; **3**,84; (**4**,162); (**5**,59); (**42**,15). — *wa-naḥnu lahū muslimūna*: **2**,133. 136; **3**,84. — Zum ganzen Vers (und zu Vers 47): Gesch. des Qor. I, S. 155f.

29,47 *fa-llaḏīna ātaināhumu l-kitāba yuʾminūna bihī*: **28**,52, mit weiteren Belegen.

29,48 *wa-mā kunta tatlū min qablihī min kitābin wa-lā taḫuṭṭuhū bi-yamīnika*:

(**25**,4f.; **16**,103; **44**,13f.). — *iḏān la-rtāba l-mubṭilūna*: **7**,173; **30**,58; **40**,78; **45**,27. Siehe die Anmerkungen zu **7**,173 und **30**,58.

29,49 *fī ṣudūri llaḏīna ūtū l-ʿilma*. Siehe die Anmerkung zu **16**,27, mit Belegen.

29,50 *wa-qālū laulā unzila ʿalaihi āyātun min rabbihī*: **13**,7; **6**,37, mit weiteren Belegen. — *wa-innamā ana naḏīrun mubīnun*: **13**,7 (s. o.); **67**,26; **15**,89, mit weiteren Belegen.

29,52 *kafā bi-llāhi bainī wa-bainakum šahīdan*: **13**,43, mit weiteren Belegen.

29,53 *wa-yastaʿǧilūnaka bil-ʿaḏābi* (auch im folgenden Vers): **22**,47; **26**,204/**37**,176; **10**,50, mit weiteren Belegen. — *wa-laulā aǧalun musammān la-ǧāʾahumu l-ʿaḏābu*. Zum Ausdruck *aǧal musammā* siehe die Anmerkung zu **6**,2. — *wa-la-yaʾtiyannahum baġtatan wa-hum lā yašʿurūna*: **7**,95, mit weiteren Belegen.

29,54 *wa-inna ǧahannama la-muḥīṭatun bil-kāfirīna*: **9**,49.

29,55 *yauma yaġšāhumu l-ʿaḏābu min fauqihim wa-min taḥti arǧulihim*: **39**,16; (**7**,41). — *ḏūqū mā kuntum taʿmalūna*: **39**,24; (**9**,35).

29,56 *inna arḍī wāsiʿatun*: **4**,97. 100; **39**,10.

29,57: **21**,35; **3**,185.

29,58 *la-nubauwiʾannahum mina l-ǧannati ġurafan*: **39**,20; **34**,37; **25**,75. — *taǧrī min taḥtihā l-anhāru*. Siehe die Anmerkung zu **2**,25. — *niʿma aǧru l-ʿāmilīna*: **3**,136; **39**,74.

29,59: **16**,42; (**23**,111, mit weiteren Belegen).

29,60: **11**,6.

29,61: **31**,25; **39**,38; **43**,9; (**43**,87). — *wa-saḫḫara š-šamsa wal-qamara*: **13**,2, mit weiteren Belegen.

29,62: **34**,39; **13**,26, mit weiteren Belegen.

29,63: **2**,164, mit weiteren Belegen. — *quli l-ḥamdu li-llāhi bal akṯaruhum lā yaʿqilūna*: **31**,25.

29,64: **6**,32; **47**,36; **57**,20; **6**,70/**7**,51. — *lau kānū yaʿlamūna*: **2**,102, mit weiteren Belegen.

29,65f.: **17**,67; **6**,63f. Siehe auch die Belege in den Anmerkungen zu **10**,12 und **10**,22f. — Zur Fortführung des mit *iḏā* eingeleiteten Satzes durch *fa-lammā* siehe die Anmerkung zu **10**,12. — *li-yakfurū bi-mā ātaināhum wa-li-yatamattaʿū*: **16**,55/**30**,34; (**39**,8). Die Partikel *li-* in *li-yakfurū* und *wa-li-yatamattaʿū* ist entweder als „lām kai" oder als „lām al-amr" zu verstehen. A. Spitaler hält die Deutung als „lām al-amr" für besser (Der Islam 31, 1954, S. 92f.). — Zur Bedeutung von *tamattaʿa (V)* siehe die Anmerkung zu **2**,36.

29,67 *a-wa-lam yarau annā ǧaʿalnā ḥaraman āminan wa-yutaḫaṭṭafu n-nāsu min ḥaulihim*: **28**,57; **8**,26; **2**,125, mit weiteren Belegen. — *a-fa-bil-bāṭili yuʾminūna wa-bi-niʿmati llāhi yakfurūna*: **16**,72.

29,68: **39**,32. — *wa-man aẓlamu mimmani ftarā ʿalā llāhi kaḏiban*: **6**,21, mit weiteren Belegen. — *au kaḏḏaba bil-ḥaqqi lammā ǧāʾahū*: **39**,32 (s. o.); **6**,5; **50**,5.

29,69 *wa-llaḏīna ǧāhadū fīnā*: **22**,78.

SURE 30

Zur ganzen Sure: Edmund Beck, Die Sure ar-Rūm (30) (Orientalia, Nova Series 13, 1944, S. 334–355; 14, 1945, S. 118–142); R. Paret, Grenzen der Koranforschung, Stuttgart 1950 (besprochen von A. Spitaler, Der Islam 31, 1954, S. 87–95).

30,1 Über die Buchstaben, die einzelnen Suren vorgesetzt sind, siehe die Anmerkung zu **2**,1, mit Literaturangaben. Die Buchstaben *'lm*, die am Anfang von Sure **30** stehen, finden sich auch noch vor den Suren **29**, **31**, **32** sowie **2** und **3**. Siehe Hans Bauer, Über die Anordnung der Suren und über die geheimnisvollen Buchstaben im Qoran (ZDMG 75, 1921, S. 1–20), S. 7.

30,2–5 Der Übersetzung liegt die Vokalisierung *ġulibat* (Passiv) und *sa-yaġlibūna* (Aktiv) zugrunde. Falls dies die ursprüngliche Lesart ist, beziehen sich die Verse 2 und 3a auf eine der Niederlagen, die die Byzantiner im 2. Jahrzehnt des 7. Jahrhunderts im Kampf gegen die sasanidischen Perser erlitten, und die den zeitweiligen Verlust von ganz Syrien, Palästina und Ägypten nach sich zogen (Fall von Damaskus 613, von Jerusalem 614), während in den Versen 3b–5 der künftige Sieg der Byzantiner prophezeit wird (Kaiser Heraklius eröffnete 622 die Offensive gegen die Perser und errang 627 bei Ninive einen entscheidenden Sieg). Mit den Gläubigen, die sich dereinst über den Sieg der (christlichen) Byzantiner über die („heidnischen") Perser freuen werden, sind wohl die Anhänger Mohammeds gemeint. Man könnte allerdings auch die Byzantiner selber darunter verstehen. Siehe Beck, a.a.O., S. 337f. (Verweis auf Vers 47). Zum Ganzen: Buhl-Schaeder, Das Leben Muhammeds, S. 172f.; Bell, Origin of Islam, S. 137f. Eine vereinzelt belegte Lesart hat nun aber die Vokalisierung *ġalabat* (Aktiv) und *sa-yuġlabūna* (Passiv). Danach wäre zu übersetzen: „Die Byzantiner haben gesiegt, im nächstliegenden Gebiet. Aber sie werden, nachdem sie gesiegt haben, (ihrerseits) besiegt werden... An jenem Tag (des Sieges über die Byzantiner) werden die Gläubigen sich darüber freuen, daß Gott geholfen hat..." Mit dem Sieg der Byzantiner könnte etwa ihr Sieg über die Muslime bei Mu'ta (629) gemeint sein, oder, was aber weniger wahrscheinlich ist, ihr Sieg über die Perser. Zum Ganzen siehe E. Beck, a.a.O., S. 338f.; R. Bell, Band II seiner Übersetzung, S. 392; Manfred Götz, Zum historischen Hintergrund von Sure 30,1–5 (Festschrift Werner Caskel, Leiden 1968, S. 111–120). Der ersten Lesart wird man wohl den Vorzug geben müssen. Denn es ist kaum anzunehmen, daß sie nachträglich aus der zweiten abgewandelt worden ist, während umgekehrt die zweite Lesart sich als eine nachträgliche Abwandlung der ersten erklären läßt. — *li-llāhi l-amru min qablu wa-min ba'du*. Der Ausdruck *amr* bedeutet sowohl „Befehl", „Entscheidung", als auch „Angelegenheit", „Sache" (wobei diese in irgendeiner Weise als Gegenstand einer autoritativen Regelung gedacht ist).

30,6 *wa'da llāhi lā yuḫlifu llāhu wa'dahū*: **39**,20; **3**,9, mit weiteren Belegen. Nach dem jetzigen Zusammenhang bezieht sich das „Versprechen Gottes" auf den Sieg, der in Vers 3f. den Byzantinern in Aussicht gestellt wird. Wenn aber sonst im Koran vom Versprechen Gottes die Rede ist, bezieht es sich meistens auf den Jüngsten Tag bzw. auf die Belohnung oder (Versprechen in malam partem = Drohung) auf die Bestrafung im Jenseits. Auf einen solchen Zusammenhang weist auch der Text der unmittelbar folgenden Verse.

30,7 Der Ausdruck *mina l-ḥayāti d-dunyā* ist vielleicht als epexegetischer Zusatz zu *ẓāhiran* zu verstehen.

30,8 *mā ḫalaqa llāhu s-samāwāti wal-arḍa wa-mā bainahumā illā bil-ḥaqqi wa-aǧalin musammān*: **46**,3; **15**,85; **38**,27; **3**,191; **44**,38f.; **6**,73, mit weiteren Belegen. Zum Ausdruck *aǧal musammā* siehe die Anmerkung zu **6**,2. — *wa-inna kaṯīran mina n-nāsi bi-liqā'i rabbihim la-kāfirūna*: **32**,10.

30,9 *a-wa-lam yasīrū fī l-arḍi fa-yanẓurū kaifa kāna 'āqibatu llaḏīna min qablihim kānū ašadda minhum qūwatan wa-aṯārū l-arḍa wa-'amarūhā akṯara mimmā 'amarūhā*: **40**,21. 82; **35**,44; **12**,109; **47**,10; **30**,42; **3**,137, mit weiteren Belegen; **6**,6, mit weiteren Belegen; **9**,69. E. Beck vermutet wohl mit Recht (a.a.O., S. 343–345), daß die Belegstellen **40**,21 und 82 einen ursprünglicheren Wortlaut bieten. Die Worte *wa-āṯāran fī l-arḍi* („und (nachhaltiger) an Spuren im Land") wären demnach zuerst in *wa-aṯārū l-arḍa* („und pflügten das Land") verderbt und dann zur weiteren Erklärung durch *wa-'amarūhā akṯara mimmā 'amarūhā* ergänzt worden. Eigentlich hätte es nach Beck heißen müssen: *kānū ašadda minhum qūwatan wa-akṯara āṯāran fī l-arḍi* („Sie waren kraftvoller und haben mehr Spuren im Land hinterlassen, als sie"). — *wa-ǧā'athum rusuluhum bil-baiyināti*: **9**,70; **7**,101, mit weiteren Belegen. — *fa-mā kāna llāhu li-yaẓlimahum walākin kānū anfusahum yaẓlimūna*: **9**,70, mit weiteren Belegen.

30,10: **41**,27; (**53**,31; siehe die Anmerkung zu diesem Vers).

30,11: **30**,27; **10**,4, mit weiteren Belegen.

30,12 *yublisu l-muǧrimūna*: **6**,44; **23**,77; **43**,74f.

30,13: **10**,28f. Siehe die Anmerkung dazu, mit weiteren Belegen. Beck, a.a.O., S. 347f.

30,14 *yauma'iḏin yatafarraqūna*: **30**,43; (**36**,59).

30,15f.: (**32**,19f.). — *fa-hum fī rauḍatin yuḥbarūna*: **43**,70. — *allaḏīna kafarū wa-kaḏḏabū bi-āyātinā wa-liqā'i l-āḫirati*: **7**,147; **29**,23; **18**,105. — *fa-ulā'ika fī l-'aḏābi muḥḍarūna*: **34**,38; **28**,61, mit weiteren Belegen.

30,17f. Aus den beiden Versen 17f. läßt sich, falls man die verschiedenen Zeitangaben je für sich nimmt und voneinander differenziert, ein Hinweis auf vier Gebetszeiten herauslesen. Der Ausdruck *ḥīna tumsūna* entspräche am ehesten der Zeit des kanonischen 'Aṣr-Gebets. Mit *ḥīna tuṣbiḥūna* wäre die Zeit des Frühgebets gemeint, mit *ḥīna tuẓhirūna* die des Ẓuhr-Gebets, mit *'ašīyan* die des 'Išā'-Gebets (vgl. **24**,58). Man muß aber auch mit der Möglichkeit rechnen, daß die Ausdrucksweise durch die rhetorische Kunstform des parallelismus membrorum mitbestimmt ist. Deshalb ist bei der Sachexegese Vorsicht geboten. Siehe meine Ausführungen in „Grenzen der Koranforschung", S. 34f. — *ḥīna tumsūna wa-ḥīna tuṣbiḥūna*: (**3**,41, mit weiteren Belegen).

30,19 *yuḫriǧu l-ḥaiya mina l-maiyiti wa-yuḫriǧu l-maiyita mina l-ḥaiyi*: **3**,27; **6**,95; **10**,31. — *wa-yuḥyi l-arḍa ba'da mautihā*: **30**,24. 50; **2**,164, mit weiteren Belegen. — *wa-ka-ḏālika tuḫraǧūna*: **43**,11; **50**,11; **7**,57; (**35**,9).

30,20: **18**,37. Siehe die Anmerkung zu diesem Vers, mit weiteren Belegen. — *ṯumma iḏā antum bašarun tantaširūna*: **4**,1; (**2**,164, mit weiteren Belegen).

30,21 *wa-min āyātihī an ḫalaqa lakum min anfusikum azwāǧan li-taskunū ilaihā*: **7**,189f., mit weiteren Belegen. — *wa-ǧa'ala bainakum mawaddatan wa-raḥmatan*. Dirk Bakker vertritt unter Berufung auf Ṭabarī und mit dem Hinweis auf **42**,23 und **48**,29 die Ansicht, daß dieser Passus nicht speziell das Verhältnis zwischen Mann und Frau betrifft, sondern in einem weiteren Sinn gemeint ist (Man in the Qur'ān, Amsterdam 1965, S. 117, Anm. 194).

30,22 Der Ausdruck *alwān* (Singular *laun*) geht wohl in erster Linie auf die Hautfarbe. Er könnte aber auch die weitere Bedeutung „Art" mit umfassen (Rassetypus beim Menschen, „Schlag" bei Tieren). Vgl. **35**,28; **16**,13; **39**,21; (**2**,164).

30,23: **28**,71–73; **17**,12; **10**,67; **40**,61; **27**,86; **25**,47; **78**,9–11; (**6**,13). Weitere Belege speziell zu *wa-btiġā'ukum min faḍlihī* in der Anmerkung zu **17**,12. — Es fällt auf, daß die Zeitbezeichnung *(wa)n-nahāri* unmittelbar hinter *bil-laili* steht und von dem folgenden Ausdruck *ibtiġā'ukum min faḍlihī*, mit dem sie sachlich zusammengehört, durch die Konjunktion *wa-* getrennt ist. Auch in der Belegstelle **28**,(71–)73 ist *(wa)n-nahār* (hier im Akkusativ) so weit nach vorne gezogen, daß man es in Gedanken ausklammern und dafür weiter hinten zwischen *wa-* und *li-tabtaġū* ergänzen muß. In einem ähnlichen Zusammenhang scheint auch in **6**,13 eine derartige Unstimmigkeit vorzuliegen.

30,24 *wa-min āyātihī yurīkumu l-barqa ḫaufan wa-ṭama'an*: **13**,12. Siehe die Anmerkung zu diesem Vers, mit weiteren Belegen zum Ausdruck *(ḫaufan wa-)ṭama'an*. — *wa-yunazzilu mina s-samā'i mā'an fa-yuḥyī bihi l-arḍa ba'da mautihā*: **30**,(48–)50. 19; **2**,164, mit weiteren Belegen.

30,25 *wa-min āyātihī an taqūma s-samā'u wal-arḍu bi-amrihī*: **31**,10; **21**,31f.; **35**,41; **13**,2 und 3, mit weiteren Belegen. — *ṯumma iḏā da'ākum da'watan mina l-arḍi iḏā antum taḫruǧūna*: **54**,6–8; **20**,108.

30,26: **2**,116. Siehe auch die Anmerkung zu **10**,66.

30,27 *wa-huwa llaḏī yabda'u l-ḫalqa ṯumma yu'īduhū*: **30**,11; **10**,4, mit weiteren Belegen. — *wa-huwa ahwanu 'alaihi*: **29**,19; (**22**,70, mit weiteren Belegen); **19**,9; (**19**,67). Siehe auch Beck, a.a.O., S. 119f. — *wa-lahu l-maṯalu l-a'lā*: **16**,60. Siehe die Anmerkung zu diesem Vers.

30,28: **16**,71. — *ka-ḫīfatikum anfusakum*. Der Akkusativ *anfusakum* hat kollektive, nicht individuelle Bedeutung. Belege in der Anmerkung zu **2**,54.

30,29 *bali ttaba'a llaḏīna ẓalamū ahwā'ahum bi-ġairi 'ilmin*: **2**,120, mit weiteren Belegen. — *fa-man yahdī man aḍalla llāhu wa-mā lahum min nāṣirīna*: **16**,37.

30,30 *fa-aqim waǧhaka lid-dīni ḥanīfan*: **30**,43; **10**,105, mit weiteren Belegen. Zum Ausdruck *ḥanīf* siehe die Anmerkung zu **2**,135. — *fiṭrata llāhi llatī faṭara n-nāsa 'alaihā*: **2**,138 (*ṣibġata llāhi*). Siehe EI², Artikel Fiṭra (D. B. Macdonald).

— *lā tabdīla li-ḫalqi llāhi*: **4**,119; **40**,26. Speziell zu *tabdīl*: **33**,62/**48**,23; **35**,43; **17**,77. — *ḏālika d-dīnu l-qaiyimu*: **9**,36, mit weiteren Belegen. — Der ganze Vers 30 steht isoliert. Siehe auch Beck, a.a.O., S. 122f.

30,31f. Die Verse 31 und 32 stehen ebenso wie der vorausgehende Vers 30 isoliert. Zudem scheinen am Anfang einige Worte ausgefallen zu sein. Im Hinblick auf **30**,33 und **39**,8 würde man am liebsten *udʿū rabbakum* ergänzen. Zur Klärung des Zusammenhangs sind weiter beizuziehen: **39**,17. 54; **31**,15; **11**,88/**42**,10; **60**,4. Siehe auch Beck, a.a.O., S. 123. — *mina llaḏīna farraqū dīnahum wa-kānū šiyaʿan*: **6**,159; **42**,13f.; **23**,53; **21**,93; **3**,103. 105; **98**,4. — *kullu ḥizbin bi-mā ladaihim fariḥūna*: **23**,53 (s. o.); **40**,83.

30,33: **16**,53f.; **29**,65; **39**,8. Weitere Belege in den Anmerkungen zu **10**,12 und **6**,63f.

30,34: **16**,55; **29**,66; **39**,8. Siehe die Anmerkung zu **16**,55.

30,35: **37**,156f.; **3**,151, mit weiteren Belegen.

30,36: **42**,48; **11**,9f.; **17**,83; **41**,49; (**39**,49–51); **10**,12, mit weiteren Belegen. Zur Sache: Helmer Ringgren, Studies in Arabian Fatalism, Uppsala–Wiesbaden 1955, S. 112.

30,37: **39**,52; **13**,26, mit weiteren Belegen.

30,38 *fa-āti ḏā l-qurbā ḥaqqahū wal-miskīna wa-bna s-sabīli*: **17**,26; **4**,36; **2**,83; (**51**,19; **70**,24f.). Weitere Belege in der Anmerkung zu **4**,36. Zur Bedeutung von *ibn as-sabīl* siehe die Anmerkung zu **2**,177. — *yurīdūna waǧha llāhi*. Siehe die Anmerkung zu **6**,52, mit weiteren Belegen.

30,39: **2**,275–278 (besonders 276); **3**,130; **4**,161. — *li-yarbuwa fī amwāli n-nāsi*: (**4**,161; **9**,34; **2**,188). — *turīdūna waǧha llāhi*. Siehe die Anmerkung zu **6**,52, mit weiteren Belegen.

30,40 *ṯumma yumītukum ṯumma yuḥyīkum*: **22**,66, mit weiteren Belegen. — *hal min šurakāʾikum man yafʿalu min ḏālikum min šaiʾin*: **10**,34. — *subḥānahū wa-taʿālā ʿammā yušrikūna*: **10**,18, mit weiteren Belegen.

30,41 Zur Bedeutung des Ausdrucks *fasād* siehe die Anmerkung zu **2**,11f. — *bi-mā kasabat aidī n-nāsi*: **42**,30. Zur Bedeutung von *kasaba* siehe die Anmerkung zu **2**,79.

30,42: **3**,137, mit weiteren Belegen.

30,43 *fa-aqim waǧhaka lid-dīni l-qaiyimi*: **30**,30; **10**,105, mit weiteren Belegen. Speziell zu *lid-dīni l-qaiyimi*: **30**,30 (s. o.); **9**,36, mit weiteren Belegen. — *min qabli an yaʾtiya yaumun lā maradda lahū mina llāhi*: **42**,47; (**42**,44); (**13**,11). — *yaumaʾiḏin yaṣṣaddaʿūna*: **30**,14; (**36**,59).

30,44: **41**,46/**45**,15; **17**,7; (**10**,108, mit weiteren Belegen). — *man kafara fa-ʿalaihi kufruhū*: **35**,39.

30,45: **10**,4; **34**,4; **33**,24; **14**,51; (**24**,38); (**35**,30).

30,46 *wa-min āyātihī an yursila r-riyāḥa mubašširātin wa-li-yuḏīqakum min raḥmatihī*: **25**,48; **27**,63; **7**,57; **2**,164, mit weiteren Belegen. — *wa-li-taǧriya l-fulku bi-amrihī wa-li-tabtaǧū min faḍlihī*: **45**,12; **17**,66; **16**,14/**35**,12; **2**,164, mit weiteren Belegen.

30,47: **10**,101–103; **12**,110; **32**,22. — *fa-ntaqamnā mina llaḏīna aǧramū*: **15**,79; **43**,25. 55; **7**,136.

30,48f.: **35**,9; **24**,43; **13**,13; **2**,164, mit weiteren Belegen. — Auffallend ist in Vers 49 der Ausdruck *min qablihī* unmittelbar nach *min qabli an yunazzala ʿalaihim*. A. Spitaler hält es für durchaus möglich, daß im Text ursprünglich nur *min qablihī* gestanden hat, und daß der Passus *min qabli an yunazzala ʿalaihim*, der eigentlich nur der Verdeutlichung dienen sollte, nachträglich (und versehentlich an der verkehrten Stelle) in den Text geraten ist (Der Islam 31, 1954, S. 94.)

30,50 *kaifa yuḥyi l-arḍa baʿda mautihā*: **30**,19. 24; **2**,164, mit weiteren Belegen. — *inna ḏālika la-muḥyi l-mautā wa-huwa ʿalā kulli šaiʾin qadīrun*: **41**,39; **42**,9; **46**,33; **75**,40; 22,6. Man beachte die Anwendung des sonst meist sächlichen Pronomens *ḏālika* auf Gott (auch in der Belegstelle **75**,40; außerdem in **32**,6 und **41**,9; auf Jesus in **19**,34). Statt „Der" müßte man genau genommen übersetzen „So einer". Siehe auch Beck, a.a.O., S. 136.

30,51: **39**,21; **57**,20; **3**,117; **18**,45; (**56**,65). — *wa-la-in arsalnā rīḥan fa-raʾauhu muṣfarran*. Mit dem Gelbwerden ist nach **39**,21 und **57**,20 das Verwelken und Absterben gemeint, nicht das normale Reifen des Getreides. Bei dem Objektsuffix *in raʾauhu* ist nach denselben Stellen *zarʿ* („Getreide") oder *nabāt* („Pflanzen") zu ergänzen. Mit *rīḥan* muß dem Zusammenhang nach ein ausdörrender Wind gemeint sein, nicht wie in den vorhergehenden Versen ein Wind, der Regen bringt.

30,52f.: **27**,80f. Weitere Belege in der Anmerkung zu diesen beiden Versen.

30,54: (**22**,5; **16**,70; **40**,67).

30,55f.: **10**,45, mit weiteren Belegen. — Zum Ausdruck *allaḏīna ūtū l-ʿilma (wal-īmāna)* siehe die Anmerkung zu **16**,27, mit weiteren Belegen. — *fī kitābi llāhi*: **9**,36; **8**,75/**33**,6; (**9**,51, mit weiteren Belegen).

30,57: **40**,52; **77**,35f. — *wa-lā hum yustaʿtabūna*: **16**,84/**45**,35; **41**,24. Der Ausdruck *yustaʿtabūna* (Passiv des X. Stammes) ist schwer zu deuten, zumal in der Belegstelle **41**,24 der X. Stamm im Aktiv (*yastaʿtibū*) und daneben das Passiv des IV. Stammes (*al-muʿtabīna*) verwendet wird.

30,58 *wa-la-qad ḍarabnā lin-nāsi fī hāḏā l-qurʾāni min kulli maṯalin*: **39**,27; **17**,89/**18**,54; (**47**,3). Die Bezeichnung *maṯal* („Gleichnis") steht hier und in den Belegstellen „ganz allgemein im Sinne von charakteristischen, prägnanten Aussagen". Siehe Fr. Buhl, Über Vergleichungen und Gleichnisse im Qur'ân (Acta Orientalia 2, 1924, S. 1–11), S. 11. — Auffallend ist der Ausspruch *in antum illā mubṭilūna*, der am Schluß des Verses den Ungläubigen in den Mund gelegt wird. Denn der Ausdruck *mubṭilūn* wird sonst immer auf die Ungläubigen selber angewandt (**40**,78; **45**,27; **29**,48; **7**,173; in der zuletzt genannten Stelle wird er allerdings in einer Art Selbstironie den Ungläubigen in den Mund gelegt, dient aber zur Bezeichnung ihrer ebenfalls ungläubigen Väter). Auch scheint der Ausdruck *in antum illā mubṭilūna* nicht recht als Erwiderung auf einen von Mohammed vorgetragenen Koranvers zu passen. Außerdem müßte eine in direkter Rede gegen Mohammed gerichtete Erwiderung eigentlich in der Einzahl stehen. E. Beck nimmt deshalb an, daß der Text verderbt ist (a.a.O., S. 141). Er vermutet, daß der Ausspruch *in antum illā mubṭilūna* ursprünglich als Erwiderung Mohammeds an die Ungläubigen gerichtet war, und daß unmittelbar vorher im Text deren Einwand gegen den Propheten ausgefallen ist, etwa: „Das sind nichts als die Schriften(?) der früheren (Generationen) (*in hāḏā illā asāṭīru l-auwalīna*)". Vor der Erwiderung Mohammeds *in antum illā mubṭilūna* wäre dann das Wörtchen *qul* („Sag") zu ergänzen. Spitaler hält den (von mir ursprünglich übernommenen) Verbesserungsvorschlag Becks nicht für überzeugend (Der Islam 31, 1954, S. 94f.). Wenn man den Text beläßt, wie er ist, kann man **83**,32 als Beleg dafür anführen, daß Mohammeds Gegner gelegentlich auch einmal eine koranische Formulierung aufgegriffen und von ihrem Standpunkt aus verwendet haben.

30,59: **2**,7, mit weiteren Belegen.

30,60 *fa-ṣbir inna wa'da llāhi ḥaqqun*: **40**,55. 77; (**30**,6; **39**,20; **3**,9, mit weiteren Belegen). Der Ausdruck *wa'd allāh* (das Versprechen bzw. die Drohung Gottes) ist etwas unbestimmt. Im vorliegenden Vers bezieht er sich vermutlich auf das Jüngste Gericht oder ganz allgemein auf Lohn und Strafe im Jenseits. Im Hinblick auf die Belegstelle **40**,77 könnte aber auch die Androhung eines irdischen Strafgerichts damit gemeint sein. — *wa-lā yastaḫiffannaka llaḏīna lā yūqinūna*: (**43**,54).

SURE 31

31,1 Über die Buchstaben, die einzelnen Suren vorgesetzt sind, siehe die Anmerkung zu **2**,1, mit Literaturangaben. Die Buchstaben *'lm*, die am Anfang von Sure **31** stehen, finden sich auch noch vor den Suren **29**, **30**, **32** sowie **2** und **3**. Siehe Hans Bauer, Über die Anordnung der Suren und über die geheimnisvollen Buchstaben im Qoran (ZDMG 75, 1921, S. 1–20), S. 7.

31,1–5: **2**,1–5.

31,2: **10**,1. Siehe die Anmerkung zu diesem Vers, mit weiteren Belegen.

31,4: **27**,3; **2**,3f.

31,5: **2**,5.

31,6 *wa-mina n-nāsi man yaštarī lahwa l-ḥadīṯi li-yuḍilla 'an sabīli llāhi*: (**4**,44). — *wa-yattaḫiḏahā huzuwan ulā'ika lahum 'aḏābun muhīnun*: **45**,9; (**22**,57).

31,7: **45**,8. 31; **23**,66f. — *ka-anna fī uḏunaihi waqran*: **6**,25, mit weiteren Belegen.

31,8f.: **4**,122; (**22**,56). — Zum Ausdruck *wa'da llāhi ḥaqqan* siehe die Anmerkung zu **4**,122, mit weiteren Belegen.

31,10 *ḫalaqa s-samāwāti bi-ġairi 'amadin taraunahā*: **13**,2. — *wa-alqā fī l-arḍi rawāsiya an tamīda bikum*: **16**,15; **21**,31; (**13**,3, mit weiteren Belegen). — *wa-*

batta fīhā min kulli dābbatin: **2**,164, mit weiteren Belegen. — *wa-anzalnā mina s-samā'i mā'an fa-anbatnā fīhā min kulli zauǧin karīmin*: **26**,7, mit weiteren Belegen; **6**,99, mit weiteren Belegen.

31,11: **35**,40; **46**,4; (**52**,36); (**13**,16).

31,12 Zum Namen und der Person des Luqmān siehe Horovitz, Koranische Untersuchungen, S. 132–136; EI[1], Artikel Luḳmān (Bernhard Heller). — *wa-man yaškur fa-innamā yaškuru li-nafsihī wa-man kafara fa-inna llāha ġanīyun ḥamīdun*: **27**,40; **4**,131, mit weiteren Belegen.

31,13 *wa-iḏ qāla Luqmānu*... Verkürzter Zeitsatz. Siehe Einleitung zur Übersetzung, S. 3f.

31,14: **46**,15; **29**,8, mit weiteren Belegen.

31,15: **29**,8. Zur Bedeutung des Verbums *ǧāhada (III)* siehe die Anmerkung zu **9**,73. — *mā laisa laka bihī 'ilmun*: **4**,157, mit weiteren Belegen; **7**,28, mit weiteren Belegen. — *wa-ṣāḥibhumā fī d-dunyā ma'rūfan*: (**4**,19). — *ṯumma ilaiya marǧi'ukum fa-unabbi'ukum bi-mā kuntum ta'malūna*: **29**,8 (s. o.); **31**,23; **6**,60, mit weiteren Belegen.

31,16: **21**,47; (**4**,40); (**99**,7f.). — Zur Bedeutung von *laṭīf* siehe die Anmerkung zu **12**,100.

31,17 *wa-'mur bil-ma'rūfi wa-nha 'ani l-munkari*: **3**,104, mit weiteren Belegen. — *wa-ṣbir 'alā mā aṣābaka*: **22**,35; **2**,155f.; **3**,186; **42**,43. — *inna ḏālika min 'azmi l-umūri*: **3**,186. Siehe die Anmerkung zu diesem Vers, mit weiteren Belegen.

31,18 *wa-lā tamši fī l-arḍi maraḥan*: **17**,37; **40**,75; **57**,23; (**25**,63). — *inna llāha lā yuḥibbu kulla muḫtālin faḫūrin*: **57**,23; **4**,36.

31,19 *wa-ġḍuḍ min ṣautika inna ankara l-aṣwāti la-ṣautu l-ḥamīri*: **49**,3. Zur Sache: Horovitz, Koranische Untersuchungen, S. 135f.

31,20 *a-lam tarau anna llāha saḫḫara lakum mā fī s-samāwāti wa-mā fī l-arḍi*: **45**,13; **22**,65. — *wa-mina n-nāsi man yuǧādilu fī llāhi bi-ġairi 'ilmin wa-lā hudān wa-lā kitābin munīrin*: **22**,8. 3. — *wa-lā kitābin munīrin*: **22**,8 (s. o.); **3**,184; **35**,25. Siehe auch die Anmerkung zu **5**,44.

31,21: **2**,170; **5**,104; **43**,22–24; **10**,78, mit weiteren Belegen. — *a-wa-lau kāna š-šaiṭānu yad'ūhum ilā 'aḏābi s-sa'īri*: **35**,6; **22**,4.

31,22: **2**,112; **4**,125. Zur Bedeutung des Ausdrucks *man yuslim waǧhahū ilā llāhi* siehe H. Ringgren, Islam, 'aslama and muslim, Uppsala 1949, S. 22–24. — *fa-qadi stamsaka bil-'urwati l-wuṯqā*: **2**,256; (**3**,103). — *wa-ilā llāhi 'āqibatu l-umūri*: **22**,41.

31,23 *wa-man kafara fa-lā yaḥzunka kufruhū*: **10**,65, mit weiteren Belegen. — *ilainā marǧi'uhum fa-nunabbi'uhum bi-mā 'amilū*: **31**,15/**29**,8; **6**,60, mit weiteren Belegen.

31,24: **2**,126. Weitere Belege zu *numatti'uhum qalīlan* in der Anmerkung zu **2**,36.

31,25: **29**,61; **39**,38; **43**,9; (**43**,87). — *quli l-ḥamdu li-llāhi bal akṯaruhum lā ya'lamūna*: **29**,63.

31,26: **22**,64; **4**,131, mit weiteren Belegen.

31,27: **18**,109. Der hier vorliegende Ausspruch von den vielen Schreibrohren und den Meeren von Tinte geht offensichtlich auf eine jüdische Quelle zurück. Siehe Hermann L. Strack und Paul Billerbeck, Kommentar zum Neuen Testament aus Talmud und Midrasch, II, München 1956, S. 587. Den Hinweis auf diese Stelle verdanke ich Walter W. Müller, Tübingen. Der Wortlaut der jüdischen Quelle ist jetzt (nach Strack-Billerbeck) auch wiedergegeben in Eleonore Haeuptner, Koranische Hinweise auf die materielle Kultur der alten Araber, Diss. Tübingen 1966, S. 99f.

31,29 *a-lam tara anna llāha yūliğu l-laila fī n-nahāri wa-yūliğu n-nahāra fī l-laili*: **35**,13; **3**,27, mit weiteren Belegen. — *wa-saḫḫara š-šamsa wal-qamara kullun yağrī ilā ağalin musammān*: **13**,2/**35**,13/**39**,5. Weitere Belege in der Anmerkung zu **13**,2. Zum Ausdruck *ağal musammā* siehe die Anmerkung zu **6**,2.

31,30: **22**,62; **22**,6; (**24**,25).

31,31: **2**,164, mit weiteren Belegen. — *inna fī ḏālika la-āyātin li-kulli ṣabbārin šakūrin*: **14**,5/**34**,19/**42**,33. H. Ringgren, Studies in Arabian Fatalism, Uppsala-Wiesbaden 1955, S. 114.

31,32: **29**,65f.; **17**,67; **10**,22f.; **6**,63f., mit weiteren Belegen. — *wa-iḏā ġašiyahum mauğun kaẓ-ẓulali*. Die Deutung des Ausdrucks *kaẓ-ẓulali* ist umstritten. Blachère übersetzt: „comme des ténèbres"; Hamidullah: „à la façon des ombres"; Bell: „like awnings"; A. S. Yahuda (Goldziher Memorial Volume I, Budapest 1948, S. 285): „like booths". — Zur Fortführung des mit *iḏā* eingeleiteten Satzes durch *fa-lammā* siehe die Anmerkung zu **10**,12. — *fa-minhum muqtaṣidun*: **35**,32; **5**,66. Die Deutung von *muqtaṣidun* ist unsicher. Siehe auch die Anmerkung zu **68**,28. — *wa-mā yağḥadu bi-āyātinā illā kullu ḫattārin kafūrin*: (**29**,47. 49).

31,33 *wa-ḫšau yauman lā yağzī wālidun ʿan waladihī wa-lā maulūdun huwa ğāzin ʿan wālidihī šai'an*: **2**,48. 123; (**80**,34–36). — *inna waʿda llāhi ḥaqqun*: **35**,5; **10**,55; **10**,53, mit weiteren Belegen. — *fa-lā taġurranakumu l-ḥayātu d-dunyā*: **35**,5; **57**,14; (**6**,70. 130; **7**,51; **45**,35). — *wa-lā yaġurranakum bi-llāhi l-ġarūru*: **35**,5; **57**,14.

31,34 *inna llāha ʿindahū ʿilmu s-sāʿati*: **7**,187, mit weiteren Belegen. — *wa-yunazzilu l-ġaiṯa*: **42**,28. — *wa-yaʿlamu mā fī l-arḥāmi*: **13**,8; **35**,11/**41**,47. — *wa-mā tadrī nafsun mā ḏā taksibu ġadan*. Das Verbum *kasaba* scheint hier seine eigentliche, profane Bedeutung zu haben, während es sonst im Koran meist in übertragenem Sinn gebraucht wird (siehe die Anmerkung zu **2**,79).

SURE 32

32,1 Über die Buchstaben, die einzelnen Suren vorgesetzt sind, siehe die Anmerkung zu **2**,1, mit Literaturangaben. Die Buchstaben *'lm*, die am Anfang von Sure **32** stehen, finden sich auch noch vor den Suren **29**, **30**, **31** sowie **2** und **3**. Siehe Hans Bauer, Über die Anordnung der Suren und über die geheimnisvollen Buchstaben im Qoran (ZDMG 75, 1921, S. 1–20), S. 7.

32,2: **39**,1/**45**,2/**46**,2; **40**,2; **41**,2. 42; **10**,37; **56**,80/**69**,43; **26**,192; **36**,5. — *lā raiba fīhi min rabbi l-ʿālamīna*: **10**,37; **2**,2. Der Ausdruck *lā raiba fīhi* ist am besten als Parenthese bzw. Relativsatz zu verstehen. Siehe die Anmerkung zu **10**,37.

32,3 *am yaqūlūna ftarāhu*: **10**,38, mit weiteren Belegen. — *bal huwa l-ḥaqqu min rabbika*: **13**,1, mit weiteren Belegen. — *li-tunḏira qauman mā atāhum min naḏīrin min qablika*: **28**,46; **34**,44; **36**,6.

32,4 *allāhu llaḏī ḫalaqa s-samāwāti wal-arḍa wa-mā bainahumā fī sittati aiyāmin ṯumma stawā ʿalā l-ʿarši*: **7**,54, mit weiteren Belegen.

32,5 *yudabbiru l-amra*: **10**,3, mit weiteren Belegen. Siehe die Anmerkung zu diesem Vers und zu **2**,109. — *fī yaumin kāna miqdāruhū alfa sanatin mimmā taʿuddūna*: **70**,4; **22**,47.

32,6 *ḏālika ʿālimu l-ġaibi waš-šahādati*: **6**,73, mit weiteren Belegen. Zur Anwendung des sonst meist sächlichen Pronomens *ḏālika* auf Gott siehe die Anmerkung zu **30**,50.

32,7–9: **18**,37. Siehe die Anmerkung zu diesem Vers, mit weiteren Belegen. — *min māʾin mahīnin*: **77**,20; **43**,52. — *ṯumma sauwāhu wa-nafaḫa fīhi min rūḥihī*: **15**,28f., mit weiteren Belegen. — *wa-ǧaʿala lakumu s-samʿa wal-abṣāra wal-afʾidata*: **67**,23; **23**,78, mit weiteren Belegen.

32,10 *wa-qālū a-iḏā ḍalalnā fī l-arḍi a-innā la-fī ḫalqin ǧadīdin*: **13**,5, mit weiteren Belegen. — *bal hum bi-liqāʾi rabbihim kāfirūna*: **30**,8.

32,11: **6**,61; **7**,37; **8**,50; **47**,27; **4**,97; **16**,28. 32; **6**,93. Siehe die Anmerkung zu **6**,61.

32,12 *wa-lau tarā iḏi l-muǧrimūna nākisū ruʾūsihim ʿinda rabbihim*: (**6**,27; **6**,30; **34**,31). — *fa-rǧiʿnā naʿmal ṣāliḥan*: **6**,27, mit weiteren Belegen.

32,13 *wa-lau šiʾnā la-ātainā kulla nafsin hudāhā*: **6**,35, mit weiteren Belegen. — *walākin ḥaqqa l-qaulu minnī la-amlaʾanna ǧahannama mina l-ǧinnati wan-nāsi aǧmaʿīna*: **7**,18, mit weiteren Belegen.

32,14 *fa-ḏūqū bi-mā nasītum liqāʾa yaumikum hāḏā innā nasīnākum*: **7**,51; **45**,34f.; (**38**,26). — *wa-ḏūqū ʿaḏāba l-ḫuldi bi-mā kuntum taʿmalūna*: **10**,52, mit weiteren Belegen.

32,15: **17**,107–109, mit weiteren Belegen. — Zum Ausdruck *ḏukkirū bihā* siehe die Anmerkung zu **5**,13. — *wa-hum lā yastakbirūna*: **5**,82.

32,16 *yadʿūna rabbahum ḫaufan wa-ṭamaʿan*: **7**,56; **21**,90; (**13**,12/**30**,24). — *wa-mimmā razaqnāhum yunfiqūna*: **2**,3, mit weiteren Belegen.

32,17 *ǧazāʾan bi-mā kānū yaʿmalūna*: **46**,14/**56**,24; (**78**,36).

32,19f.: (**30**,15f.). — *ǧannātu l-maʾwā*: (**79**,41); (**53**,15). — *nuzulan*: **18**,107f.; **3**,198; **41**,32. — *kullamā arādū an yaḫruǧū minhā uʿīdū fīhā*: **22**,22; **5**,37; **2**,167; **45**,35. — *ḏūqū ʿaḏāba n-nāri llaḏī kuntum bihī tukaḏḏibūna*: **34**,42; **52**,14; **77**,29; **83**,17.

32,21 *dūna l-ʿaḏābi l-akbari*: **39**,26; **68**,33; **88**,24; (**52**,47).

32,22 *wa-man aẓlamu mimman ḏukkira bi-āyāti rabbihī ṯumma aʿraḍa ʿanhā*: **18**,57. Zur Konstruktion *ḏukkira bi-āyāti rabbihī* siehe die Anmerkung zu **5**,13. — *innā mina l-muǧrimīna muntaqimūna*: **30**,47; **43**,41; **44**,16; (**7**,136, mit weiteren Belegen).

32,23 *wa-la-qad ātainā Mūsā l-kitāba*: **2**,53, mit weiteren Belegen. — *fa-lā takun fī miryatin min liqāʾihī*: **6**,154; **41**,54; **11**,17; **2**,147, mit weiteren Belegen. Der Passus ist eine Zwischenbemerkung, denn der vorausgehende Text *wa-la-qad ātainā Mūsā l-kitāba* hat im folgenden *wa-ǧaʿalnāhu hudān li-Banī Isrāʾīla* seine unmittelbare Fortsetzung. Er braucht aber deshalb keine Interpolation (so Gesch. des Qor. I, S. 144 und Blachère) zu sein. Etwas störend wirkt allerdings, daß von Gott zuerst in der 1. Person Plural (*ātainā*), dann in der 3. Person Singular (*liqāʾihī*), und zuletzt wieder in der 1. Person Plural (*ǧa-ʿalnāhu*) die Rede ist. Der Sachzusammenhang ergibt sich aus der Belegstelle **6**,154 (*ṯumma ātainā Mūsā l-kitāba... tafṣīlan li-kulli šaiʾin wa-hudān wa-raḥmatan laʿallahum bi-liqāʾi rabbihim yuʾminūna*). Mohammed glaubte demnach der Schrift Moses, d.h. der Thora, entnehmen zu können, daß der Mensch dereinst seinem Herrn „begegnen" werde. Bell bemerkt zu dem Passus: „this clause seems out of place here, but there are indications that the Medinan Jews cast doubt on the Resurrection, and this may be an assurance that as given to Moses the Book did contain the doctrine." Einen Beleg für die „indications" führt er allerdings nicht an. Auch ist zu beachten, daß die Zwischenbemerkung des vorliegenden Verses *fa-lā takun fī miryatin min liqāʾihī* an Mohammed selber und nicht etwa an die zeitgenössischen Juden gerichtet ist. — *wa-ǧaʿalnāhu hudān li-Banī Isrāʾīla*: **2**,53, mit weiteren Belegen (s. o.); **17**,2, mit weiteren Belegen.

32,24 *wa-ǧaʿalnā minhum aʾimmatan yahdūna bi-amrinā*: **21**,73; **28**,5; **2**,124; (**25**,74). — *lammā ṣabarū*: **7**,137.

32,25: **2**,113, mit weiteren Belegen.

32,26: **20**,128, mit weiteren Belegen. Zur Bedeutung von *hadā* im Passus *a-wa-lam yahdi lahum* siehe die Anmerkung zu **7**,100.

32,27: **7**,57, mit weiteren Belegen. — *ilā l-arḍi l-ǧuruzi*: **18**,8. — *taʾkulu minhu anʿāmuhum wa-anfusuhum*: **10**,24; **79**,33/**80**,32.

32,28: **10**,48, mit weiteren Belegen. Zur Bedeutung von *al-fatḥ* (hier und im folgenden Vers) und dem dazugehörigen Verbum *fataḥa* siehe die Anmerkung zu **7**,89, mit weiteren Belegen.

32,29 *yauma l-fatḥi lā yanfaʿu llaḏīna kafarū īmānuhum*: **6**,158, mit weiteren Belegen. — *wa-lā hum yunẓarūna*: **2**,162, mit weiteren Belegen.

32,30 *wa-ntaẓir innahum muntaẓirūna*: **6**,158, mit weiteren Belegen.

SURE 33

33,1: **33**,48; **25**,52; (**9**,73/**66**,9); (**9**,123).

33,2: **10**,109; **6**,106; **6**,50, mit weiteren Belegen.

33,3: **33**,48; **4**,81.

33,4 *wa-mā ǧaʿala azwāǧakumu llāʾī tuẓāhirūna minhunna ummahātikum*: **58**,2. Zur Sache: R. Bell, Muhammad and Divorce in the Qur'ān (The Moslem World 29, 1939, S. 55–62), S. 56f. — *ḏālikum qaulukum bi-afwāhikum*: **9**,30. Siehe die Anmerkung zu diesem Vers. **24**,15, mit weiteren Belegen.

33,5 *huwa aqsaṭu ʿinda llāhi*: **2**,282, mit weiteren Belegen. — *fa-iḫwānukum fī d-dīni*: **9**,11; (**2**,220); **3**,103; **49**,10. — *wa-laisa ʿalaikum ǧunāḥun fī-mā aḫṭaʾtum bihī*: (**2**,225); (**2**,286).

33,6 *wa-ulū l-arḥāmi baʿḍuhum aulā bi-baʿḍin fī kitābi llāhi*: **8**,75. — *fī kitābi llāhi*: auch **9**,36; **30**,56; (**9**,51, mit weiteren Belegen). — Zum Ausdruck *auliyāʾ* in der Bedeutung Glaubensfreunde siehe **8**,72 und die Anmerkung dazu. — *kāna ḏālika fī l-kitābi masṭūran*: **17**,58; **52**,1–3.

33,7 *wa-iḏ aḫaḏnā mina n-nabīyīna mīṯāqahum (wa-minka)*. Verkürzter Zeitsatz. Siehe Einleitung zur Übersetzung, S. 3f. Belege zur Aussage selber: **3**,81. 187; **5**,12–16. 70. Belege zur folgenden Liste der Gottesmänner in der Anmerkung zu **4**,163. — *wa-aḫaḏnā minhum mīṯāqan ġalīẓan*: **4**,154, mit weiteren Belegen.

33,8 *li-yasʾala ṣ-ṣādiqīna ʿan ṣidqihim*: (**5**,119); (**33**,23f.); (**7**,172).

33,9–27 Die Verse 9–27 beziehen sich auf den sogenannten Grabenkrieg und die darauf folgende Vernichtung der jüdischen Banū Quraiẓa (April 627).

33,9 *fa-arsalnā ʿalaihim rīḥan wa-ǧunūdan lam tarauhā*: **9**,26. 40.

33,10 *wa-iḏ zāġati l-abṣāru*: **38**,63; **53**,17. — *wa-balaġati l-qulūbu l-ḥanāǧira*: **40**,18; (**56**,83; **75**,26). — *wa-taẓunnūna bi-llāhi ẓ-ẓunūna*: **3**,154.

33,11 *hunālika btuliya l-muʾminūna*: **3**,152, mit weiteren Belegen. — *wa-zulzilū zilzālan šadīdan*: **2**,214.

33,12: **8**,49. Siehe die Anmerkung zu diesem Vers.

33,15 *wa-la-qad kānū ʿāhadū llāha min qablu lā yuwallūna l-adbāra*: (**5**,53. Siehe die Anmerkung dazu). — *wa-kāna ʿahdu llāhi masʾūlan*: **17**,34. Siehe auch F. Buhl, Zur Ḳurânexegese (Acta Orientalia 3, 1924, S. 97–108), S. 100–106: Der *ʿahd* im Ḳurân.

33,16: **4**,77f.; **62**,8. — *wa-iḏan lā tumattaʿūna illā qalīlan*: Siehe die Anmerkung zu **2**,36, mit weiteren Belegen.

33,17: **13**,11, mit weiteren Belegen. — *man ḏā llaḏī yaʿṣimukum mina llāhi*: **40**,33; **10**,27; (**11**,43).

33,18 *lā yaʾtūna l-baʾsa illā qalīlan*: (**33**,20). Zur Bedeutung von *baʾs* siehe die Anmerkung zu **4**,84.

33,19 Man sollte eigentlich annehmen, daß der sich in so kurzem Abstand wiederholende Ausdruck *ašiḥḥatan* mit der Präposition *ʿalā* beidesmal im wesentlichen dasselbe bedeutet (also = „knauserig mit", „gierig nach"). Siehe die in Anmerkung 17 zur Wahl gestellte Übersetzung. Aber vielleicht bedeutet doch *ašiḥḥatan ʿalaikum* „knauserig gegen euch" und *ašiḥḥatan ʿalā l-ḫairi* „knauserig mit (Hab und) Gut", „gierig nach (Hab und) Gut". Bell übersetzt: „niggardly towards you" und „niggardly of good things", Blachère „chiches envers vous" und „chiches à (vouloir le) bien". — *ra'aitahum yanẓurūna ilaika tadūru a'yunuhum ka-llaḏī yuġšā ʿalaihi mina l-mauti*: **47**,20. — *fa-aḥbaṭa llāhu aʿmālahum*: **47**,9. 28; **47**,32. — *wa-kāna ḏālika ʿalā llāhi yasīran*: **33**,30; **22**,70, mit weiteren Belegen.

33,20 Über die verschiedenen Bedeutungen des Ausdrucks *al-aḥzāb* siehe die Anmerkung zu **11**,17. Im vorliegenden Zusammenhang sind diejenigen „Gruppen" damit gemeint, die sich im Grabenkrieg zu einem Bund gegen Mohammed und die Muslime zusammengeschlossen hatten. — *wa-lau kānū fīkum mā qātalū illā qalīlan*: **33**,18.

33,21: **60**,4. 6. — *wa-ḏakara llāha kaṯīran*: **33**,35; **33**,41, mit weiteren Belegen.

33,22 *hāḏā mā waʿadanā llāhu wa-rasūluhū wa-ṣadaqa llāhu wa-rasūluhū*: **3**,152; **21**,9; **30**,6; (**36**,52); (**33**,12). — *wa-mā zādahum illā īmānan*: **3**,173. — *wa-taslīman*. Siehe H. Ringgren, Islam, 'aslama and muslim, Uppsala 1949, S. 7.

33,24 *wa-yuʿaḏḏiba l-munāfiqīna in šā'a au yatūba ʿalaihim*: **9**,66, mit weiteren Belegen.

33,26f. Die Verse 26f. beziehen sich auf die Banū Quraiẓa, die im Anschluß an den Grabenkrieg ausgerottet wurden. Vgl. **59**,2 (bezieht sich auf die Vertreibung der Banū Naḍīr). — *wa-qaḏafa fī qulūbihimu r-ruʿba*: **59**,2 (s. o.); **3**,151; **8**,12.

33,28–35 Siehe R. Bell, Muhammad and Divorce in the Qur'ān (The Moslem World 29, 1939, S. 55–62), S. 55.

33,28 *in kuntunna turidna l-ḥayāta d-dunyā wa-zīnatahā*: **11**,15, mit weiteren Belegen. Siehe auch die Anmerkung zu **2**,212. — *fa-taʿālaina umattiʿkunna wa-usarriḥkunna sarāḥan ǧamīlan*: **33**,49; (**2**,229. 231. 236).

33,29 Bedingungssatz mit Verschiebung. Siehe Einleitung zur Übersetzung, S. 4.

33,30 *man ya'ti minkunna bi-fāḥišatin mubaiyinatin*: **65**,1; **4**,19; (**4**,15. 25). — *yuḍāʿaf lahā l-ʿaḏābu ḍiʿfaini*: **11**,20; **25**,69; **33**,68; **9**,101. — *wa-kāna ḏālika ʿalā llāhi yasīran*: **33**,19; **22**,70, mit weiteren Belegen.

33,31 *nu'tihā aǧrahā marrataini*: **28**,54. — *wa-aʿtadnā lahā rizqan karīman*: **8**,4, mit weiteren Belegen.

33,32 *wa-qulna qaulan maʿrūfan*: **2**,235; **4**,5. 8.

33,33 *wa-qarna*. Verkürzte Imperativform von qarra „verharren", „bleiben" (statt *wa-qrarna*). Als Variante wird *wa-qirna* überliefert (ebenfalls Imperativ, von *waqara* „Würde zeigen"). — *wa-lā tabarraǧna tabarruǧa l-ǧāhilīyati l-ūlā*: **24**,60. — *innamā yurīdu llāhu li-yuḏhiba ʿankumu r-riǧsa...wa-yuṭahhirakum taṭhīran*: **8**,11. Siehe die Anmerkung zu diesem Vers, mit weiteren Belegen. — *ahla l-baiti*: **11**,73. Siehe die Anmerkung zu **11**,71–73.

33,34 *wal-ḥikmati.* Siehe die Anmerkung zu **3**,48. — *inna llāha kāna laṭīfan ḫabīran.* Zur Bedeutung von *laṭīf* siehe die Anmerkung zu **12**,100.

33,35 Ähnliche Aufzählungen islamischer Tugenden: **66**,5, kürzer **4**,34; **3**,17; **23**,1–9; **70**,22–34; **51**,16–19. — *wal-ḥāfiẓīna furūǧahum wal-ḥāfiẓāti:* **23**,5f.; **70**,29f.; **24**,30f.; (**4**,34). — *waḏ-ḏākirīna llāha kaṯīran waḏ-ḏākirāti:* **33**,21; **33**,41, mit weiteren Belegen. — R. Bell vermutet, daß Vers 35 ursprünglich an Stelle von **66**,5 gestanden hat, und umgekehrt (The Moslem World 29, 1939, S. 55).

33,36 *mā kāna li-mu'minin wa-lā mu'minatin...an yakūna lahumu l-ḫiyaratu min amrihim:* **28**,68.

33,37–40 Die Verse 37–40 beziehen sich auf die Heirat Mohammeds mit Zainab, der früheren Frau seines Adoptivsohnes Zaid. Zur Sache: R. Paret, Mohammed und der Koran, S. 144f.

33,37 *wa-iḏ taqūlu...* Verkürzter Zeitsatz. Siehe Einleitung zur Übersetzung, S. 3f. — *wa-taḫšā n-nāsa wa-llāhu aḥaqqu an taḫšāhu:* **9**,13; **2**,150; **5**,3. 44; **3**,175; (**33**,39). — *wa-kāna amru llāhi maf'ūlan:* **4**,47.

33,38 *mā kāna 'alā n-nabīyi min ḥaraǧin fī-mā faraḍa llāhu lahū:* **33**,50. — *sunnata llāhi fī llaḏīna ḫalau min qablu:* **33**,62; **17**,77; **3**,137, mit weiteren Belegen. Siehe auch die Anmerkung zu **8**,38.

33,39 *wa-yaḫšaunahū wa-lā yaḫšauna aḥadan illā llāha:* **33**,37, mit weiteren Belegen. — *wa-kafā bi-llāhi ḥasīban:* **4**,6; **21**,47; (**4**,86).

33,40 Zur Bedeutung des Ausdrucks *ḫātam an-nabīyīn* siehe Horovitz, Koranische Untersuchungen, S. 53f.; Speyer, S. 422f.

33,41 *uḏkurū llāha ḏikran kaṯīran:* **33**,21. 35; **3**,41; **8**,45; **20**,34; **22**,40; **26**,227; **62**,10.

33,42: **3**,41, mit weiteren Belegen.

33,43 *huwa llaḏī yuṣallī 'alaikum wa-malā'ikatuhū:* **33**,56; (**2**,157); (**9**,99. 103). — *li-yuḫriǧakum mina ẓ-ẓulumāti ilā n-nūri:* **57**,9; **2**,257, mit weiteren Belegen.

33,44 *taḥīyatuhum yauma yalqaunahū salāmun:* **10**,10. Siehe die Anmerkung zu diesem Vers, mit weiteren Belegen.

33,45 *innā arsalnāka šāhidan:* **48**,8; **73**,15; **4**,41, mit weiteren Belegen. — *wa-mubašširan wa-naḏīran:* **48**,8; **2**,119, mit weiteren Belegen.

33,46 *wa-dā'iyan ilā llāhi bi-iḏnihī:* **12**,108, mit weiteren Belegen.

33,47 *wa-bašširi l-mu'minīna:* (**2**,223, mit weiteren Belegen). — *bi-anna lahum mina llāhi faḍlan kabīran:* **35**,32; **42**,22.

33,48 *wa-lā tuṭi'i l-kāfirīna wal-munāfiqīna:* **33**,1; **25**,52. — *wa-da' aḏāhum:* **14**,12; **6**,34; **3**,186. — *wa-tawakkal 'alā llāhi wa-kafā bi-llāhi wakīlan:* **33**,3; **4**,81.

33,49: **2**,236. Siehe die Anmerkung zu diesem Vers. **2**,226–228; **65**,1–5. — *fa-matti'ūhunna wa-sarriḥūhunna sarāḥan ǧamīlan:* **33**,28; **2**,229. 231. 236.

33,50 Siehe W. M. Watt, Muhammad at Medina, Oxford 1956, S. 393 bis 395. Nach Watt wäre der Passus *ḫāliṣatan laka min dūni l-mu'minīna* eher auf *imra'atan mu'minatan* zu beziehen, so daß man übersetzen müßte: „(keeping herself) special for you and not (having sexual relations with other) believers".

— *qad ʿalimnā mā faraḍnā ʿalaihim fī azwāǧihim...likai-lā yakūna ʿalaika ḥaraǧun*: **33**,38.

33,51 *wa-llāhu yaʿlamu mā fī qulūbikum*: **4**,63; **48**,18.

33,52 Bell übersetzt *min baʿdu* mit „beyond (that)“ und gibt dazu die Anmerkung: „Or ‚henceforth‘, the usual meaning of the phrase, but unless the verse be a late addition it is difficult to see how it can have that meaning here.“ Blachère dagegen versteht den Ausdruck in der üblichen Weise und bemerkt zum Vers: „Ce verset doit être de date très tardive...“ Für die Bedeutung „darüber hinaus(gehend)“ (so Bell) würde man *min warāʾi ḏālika* erwarten, nicht *min baʿdu*.

33,53 *lā tadḫulū buyūta n-nabīyi illā an yuʾḏana lakum*: **24**,27f. — *fa-iḏā ṭaʿimtum fa-ntaširū*: **62**,10. — *wa-lā mustaʾnisīna li-ḥadīṯin*: (**24**,27). — *min warāʾi ḥiǧābin*: (**42**,51). — *ḏālikum aṭharu li-qulūbikum wa-qulūbihinna*: **2**,232; **58**,12; **24**,28. 30. — *ḏālikum kāna ʿinda llāhi ʿaẓīman*: **24**,15.

33,54 Siehe die Anmerkung zu **2**,33, mit weiteren Belegen.

33,55: **24**,31. — *wa-lā nisāʾihinna wa-lā mā malakat aimānuhunna*. Dirk Bakker nimmt an, daß mit dem Ausdruck *nisāʾihinna* (in **24**,31 und **33**,55) Sklavinnen gemeint sind. Unter dem unmittelbar folgenden Ausdruck *mā malakat aimānuhunna* wären dann *männliche* Sklaven zu verstehen (Man in the Qurʾān, Amsterdam 1965, S. 80, Anm. 89).

33,56: **33**,43, mit weiteren Belegen.

33,57: **9**,61. — *laʿanahumu llāhu fī d-dunyā wal-āḫirati*: **24**,23; **11**,60. 99; **28**,42.

33,58 *wa-llaḏīna yuʾḏūna l-muʾminīna wal-muʾmināti bi-ġairi mā ktasabū*: **24**,11. 23. Speziell zum Ausdruck *yuʾḏūna* siehe die Anmerkung zu **3**,186, mit weiteren Belegen. Zur Bedeutung des Verbums *iktasaba (VIII)* siehe die Anmerkung zu **2**,79. — *fa-qadi ḥtamalū buhtānan wa-iṯman mubīnan*: **4**,112; **4**,20. Siehe die Anmerkung zu diesem Vers.

33,61: **3**,112; **2**,191/**4**,89; **9**,5. Zum Verbum *ṯaqifa* siehe die Anmerkung zu **2**,191.

33,62 *sunnata llāhi fī llaḏīna ḫalau min qablu*: **33**,38; **48**,23; **17**,77; **3**,137, mit weiteren Belegen. — *wa-lan taǧida li-sunnati llāhi tabdīlan*: **48**,23 (s. o.); **17**,77 (s. o.); **35**,43; (**6**,34, mit weiteren Belegen).

33,63: **7**,187, mit weiteren Belegen. — *wa-mā yudrīka laʿalla s-sāʿata takūnu qarīban*: **42**,17; **17**,50f., mit weiteren Belegen.

33,64f. Speziell zur Strafe der Verfluchung: **3**,87, mit weiteren Belegen.

33,67f.: **7**,38, mit weiteren Belegen.

33,69: **61**,5. — Vers 69 spielt wahrscheinlich auf die Geschichte an, die in 4. Mose 12 berichtet wird („Aaron und Mirjam murren gegen Mose“). Siehe Geiger, S. 165–168; Speyer, S. 344f. — *fa-barraʾahu llāhu mimmā qālū*: (**24**,26). — *wa-kāna ʿinda llāhi waǧīhan*: (**3**,45, von Jesus).

33,70 *ittaqū llāha wa-qūlū qaulan sadīdan*: **4**,9; (**9**,119).

33,71 *man yuṭiʿi llāha wa-rasūlahū fa-qad fāza fauzan ʿaẓīman*: **24**,52; **4**,13;

48,17; **4**,69. Weitere Belege zu *fa-qad fāza fauzan ʿaẓīman* in der Anmerkung zu **4**,13.

33,72 Allessandro Bausani bemerkt in der Einleitung zu seiner italienischen Koranübersetzung (Florenz 1955, S. LXIII): „...un passo coranico abbastanza difficile quale XXXIII, 72 presenta una singolare affinità con un mito Nupe (neo-sudanesi che abitano a nord del Niger) secondo il quale mito Dio (*Soko*) non diede, creando, la vita alle pietre, ma chiese prima loro: ‚Volete anche voi avere dei bambini e poi morire?' Esse risposero negativamente e così esse sono eterne, ma sterili, al contrario degli uomini che muoiono ma sono fecondi (Cfr. R. Pettazzoni, Miti e leggende, Torino, 1948, vol. I, pp. 269–270). Tale leggenda contribuisce a mio parere non poco a chiarire il senso del versetto coranico: il misterioso ‚pegno' sembra esser la Vita con le sue responsabilità, e forse il motivo era diffuso nell' Arabia preislamica." In der Übersetzung müßte man also vielleicht die Formulierung „das Gut (des Heils?)" abändern in „das Gut (des Lebens)". — *innahū kāna ẓalūman ǧahūlan*: **14**,34.

33,73: **48**,5f.

SURE 34

34,1 *wa-lahu l-ḥamdu fī l-āḫirati*: **28**,70.

34,2: **57**,4. — Die beiden Epitheta *ġafūr* und *raḥīm* werden im Koran sehr häufig eben in dieser Reihenfolge als Attribute Gottes angeführt. Nur in der vorliegenden Stelle ist – des Reimes wegen – die Reihenfolge umgekehrt.

34,3 *wa-qāla llaḏīna kafarū lā ta'tīnā s-sāʿatu*: (**22**,55). — *qul balā wa-rabbī la-ta'tiyannakum ʿālimi l-ġaibi.* In dieser Formulierung fällt auf, daß die Apposition *ʿālimi l-ġaibi* durch *la-ta'tiyannakum* von *wa-rabbī* getrennt ist. Siehe Reckendorf, Syntax, § 45,1. — *lā yaʿzubu ʿanhu miṯqālu ḏarratin...illā fī kitābin mubīnin*: **10**,61, mit weiteren Belegen.

34,4 *li-yaǧziya llaḏīna āmanū wa-ʿamilū ṣ-ṣāliḥāti*: **10**,4; **30**,45. — *ulā'ika lahum maġfiratun wa-rizqun karīmun*: **22**,50; **8**,4, mit weiteren Belegen.

34,5 *wa-llaḏīna saʿau fī āyātinā muʿāǧizīna*: **22**,51; **34**,38. — *lahum ʿaḏābun min riǧzin alīmun*: **45**,11.

34,6 *wa-yarā llaḏīna ūtū l-ʿilma...*: **22**,54; **29**,49; (**6**,114). Zum Ausdruck *allaḏīna ūtū l-ʿilma* siehe die Anmerkung zu **16**,27. — *allaḏī unzila ilaika min rabbika huwa l-ḥaqqu*: **22**,54 (s. o.); **13**,1, mit weiteren Belegen. — *wa-yahdī ilā ṣirāṭi l-ʿazīzi l-ḥamīdi*: **14**,1; **22**,24.

34,7: **13**,5, mit weiteren Belegen. Speziell zu *iḏā muzziqtum kulla mumazzaqin*: **13**,19. Siehe die Anmerkung zu diesem Vers.

34,8 *a-ftarā ʿalā llāhi kaḏiban*: **3**,94, mit weiteren Belegen. Gegen Gott eine Lüge ausgeheckt zu haben, wird sonst immer den Ungläubigen vorgeworfen. In der vorliegenden Stelle bringen die Ungläubigen ihrerseits diesen Vorwurf – in Form einer Frage – dem Propheten gegenüber vor. — *am bihī ǧinnatun*:

23,25. 70; **7**,184, mit weiteren Belegen. — Auffallend ist der Ausdruck *fī l-ʿaḏābi*. Zum Vergleich wären allenfalls beizuziehen: **42**,45; **34**,38.

34,9 *in našaʾ naḫsif bihimu l-arḍa*: **16**,45, mit weiteren Belegen. — *au nusqiṭ ʿalaihim kisafan mina s-samāʾi*: **26**,187; **17**,92; **52**,44. — *inna fī ḏālika la-āyatan li-kulli ʿabdin munībin*: **50**,8.

34,10f. Belege zur Person und Geschichte Davids in der Anmerkung zu **21**,78–80. — *yā ǧibālu auwibī maʿahū waṭ-ṭaira*: **21**,79; **38**,17–19. Zur Sache: Speyer, S. 381f. — *wa-alannā lahu l-ḥadīda ani ʿmal sābiġātin wa-qaddir fī s-sardi*: **21**,80; **2**,251. Zur Sache: Speyer, S. 382; Horovitz, Koranische Untersuchungen, S. 109–111.

34,12–14 Belege zur Person und Geschichte Salomos in der Anmerkung zu **21**,81f.

34,12f. *wa-li-Sulaimāna r-rīḥa*: **21**,81; **38**,36. Zur Sache: Speyer, S. 385. — *wa-asalnā lahū ʿaina l-qiṭri*. Zur Sache: Speyer. S. 386. — *wa-mina l-ǧinni man yaʿmalu...*: **21**,82; **38**,37f.; (**27**,39). Zur Sache: Speyer, S. 386f. — Zur Bedeutung von *maḥārīb* siehe die Anmerkung zu **3**,37. — *kal-ǧawābi*. Die Übersetzung „(so groß) wie Wasserbecken" ist abzuändern in „(so groß) wie Tröge". Nach E. Bräunlich wäre sogar zu übersetzen: „(so groß) wie Zisternen" (Islamica 1, 1925, S. 493f., in: The Well in Ancient Arabia). Doch scheinen mir Tröge (zum Tränken von Kamelen) besser in den Vergleich zu passen.

34,14 Zur Sache: Speyer, S. 402.

34,15–19 Zur Geschichte der Sabäer: Speyer, S. 391–393; EI[1], Artikel Sabaʾ (J. Tkatsch); Horovitz, Koranische Untersuchungen, S. 115f. *Sabaʾ* entspricht dem hebräischen *Šěḇā*. Speziell zur Geschichte von den beiden Gärten der Sabäer (V. 15–17): **18**,32–44 (Geschichte vom Besitzer der beiden Gärten). Siehe auch die Anmerkung zu **3**,117 und die dort angeführten Belege zum Thema Kurzlebigkeit des Pflanzenwuchses.

34,15 *la-qad kāna li-Sabaʾin fī maskanihim āyatun ǧannatāni*... Eine ähnliche Einleitungsformel findet sich in **3**,13. — *kulū min rizqi rabbikum wa-škurū lahū*: **16**,114; **2**,172; **5**,88, mit weiteren Belegen.

34,16 *fa-aʿraḍū*. Als Belege sind etwa anzuführen: **18**,57/**32**,22; **17**,83/**41**,51. — Mit *sail* bezeichnet man die Wassermassen, die sich nach starken Regenfällen in einem sonst trockenen Wadi dahinwälzen und infolge der Plötzlichkeit, mit der sie auftreten, manchmal verheerende Wirkungen haben. Vgl. **13**,17. Das von den Kommentatoren umstrittene Wort *ʿarim* ist in zwei südarabischen Inschriften des Dammes von Mārib belegt. Mit dem Ausdruck *sail al-ʿarim* ist offensichtlich eine ganz bestimmte Hochwasserkatastrophe gemeint, bei der ein *sail* den Bruch eines Dammes (*ʿarim*) – vermutlich eben des Dammes von Mārib – zur Folge hatte. Siehe Horovitz, Koranische Untersuchungen, S. 116; Eduard Glasers Reise nach Mârib, hgg. von D. H. v. Müller und N. Rhodokanakis, Wien 1913, S. 51–71 und 144–155; Bowen-Albright, Archaeological Discoveries in South Arabia, Baltimore 1958, S. 70

bis 76 (dazu die Besprechung von Jacques Ryckmans, Bibliotheca Orientalis 17, 1960, S. 204–207); J. M. Solá Solé, Las dos grandes inscripciones sudarábigas del dique de Mârib (Edición crítica de sus textos), Barcelona-Tübingen 1960, S. 9, Z. 6 und S. 24, Z. 43. — Der Ausdruck *ḫamṭ* wird von den Lexikographen vorwiegend mit *arāk* (*salvadora persica*) identifiziert, einem auch in der altarabischen Dichtung erwähnten Steppenbusch mit traubenförmigen Früchten (*barīr*) und (für Kamele) schmackhaften Blättern. Das Wort steht im Genitiv (*ḫamṭin*), als Apposition zu *ukulin* („Speise", „Frucht"). Eduard Glaser bezeichnet die Beeren dieses Baumes als „johannisbeerartige dunkelrote Früchte mit süßlichem, aber doch etwas pfefferartigem Geschmack". — Die botanische Bezeichnung von *aṯl* ist *tamarix nilotica.* — Zu *sidr* siehe Van der Meulen – von Wissmann, Ḥaḍramaut, Leiden 1932, S. 48f.: „The *nibq* tree, also called *sidr* or *dōm*, is of intrinsic importance in those parts of Ḥaḍramaut where there is too little water for cultivation of the date-palm. There, wherever one is dependent on the *sēl*, the water which only comes after rain, and where the subsoil water is too far below the surface to serve for the regular irrigation of a plantation, the *nibq* can still live quite well, and even if there is no rain for some years it does not die..." — Die beiden „Gärten", die den Sabäern zum Tausch gegeben werden, sind nach allem, was darüber ausgesagt wird, keine wirklichen Gärten mehr und enthalten nur noch Steppenvegetation.

34,17 *wa-hal nuǧāzī illā l-kafūra*: **35**,36.

34,18 *al-qurā llatī bāraknā fīhā.* Die von Gott „gesegneten" Städte sind vermutlich in Palästina zu lokalisieren, dem Heiligen Land der Kinder Israel. Siehe **7**,137 (mit Anmerkung); **21**,71. 81; **17**,1 (mit Anmerkung). Im Hinblick auf die Stelle **3**,96 könnte man allenfalls Mekka mit einbeziehen (siehe Blachère zur Stelle, sowie Guillaume im Zusammenhang mit seiner Deutung von **17**,1, Al-Andalus 18, 1953, S. 326). Mit den *qurā ẓāhira* werden demnach Städte im Raum (genauer gesagt: an der Karawanenstraße) zwischen dem Land der Sabäer einerseits und Palästina (oder Mekka?) andererseits gemeint sein. Die Deutung des Ausdrucks *ẓāhira* ist übrigens nicht sicher. In **40**,29 und **61**,14 ist von Leuten die Rede, die „die Oberhand haben" bzw. „die Oberhand bekommen" (*ẓāhirīna*). Aber für die vorliegende Stelle will diese Bedeutung nicht recht passen, es sei denn, die einzelnen Städte sollen als blühende, das umliegende Gebiet beherrschende Gemeinwesen charakterisiert werden. Die Kommentatoren erklären den Ausdruck damit, daß die Städte sichtbar waren, d.h. so dicht nebeneinander lagen, daß man bei Reisen immer wieder eine zu sehen bekam. Auch diese Erklärung befriedigt nicht. Bell übersetzt: „towns (still to be) seen" und führt in der Anmerkung als Beispiel Medā'in Ṣāliḥ an. — Es ist nicht recht klar, an was für einen Kreis von Personen in Vers 18 und im folgenden Vers 19 gedacht ist. In Frage kommen die Sabäer (von denen in den vorhergehenden Versen 15–17 die Rede war) oder die Bewohner der zwischen dem Sabäerland und Palästina (bzw. Mekka?) gelegenen, als *qurā ẓāhira* bezeichneten Städte.

34,19 Der Ausdruck *bāʿid baina asfārinā* bezieht sich wohl auf die räumlichen Entfernungen, die auf den Handelsreisen zurückgelegt werden sollen, oder auf die weite räumliche Ausdehnung der Karawanenwege, und nicht auf den zeitlichen Abstand der einzelnen Reisen (wozu der Wortlaut besser passen würde). — *fa-ǧaʿalnāhum aḥādīṯa*: **23**,44. — *wa-mazzaqnāhum kulla mumazzaqin*: **34**,7. Nach dieser Stelle kündigte Mohammed seinen Landsleuten an, sie würden „vollständig zersetzt", aber nachher, nämlich bei der Auferstehung, wieder lebendig werden (worüber sie sich ihrerseits lustig machen). Wenn man die vorliegende Stelle (V. 19) damit in Einklang bringen will, muß man annehmen, daß mit der „vollständigen Zersetzung" nicht etwa die Zersprengung der verschiedenen Angehörigen oder gar Gruppen des dem Strafgericht verfallenen Volkes gemeint ist (wofür die Kommentatoren plädieren), sondern die Tatsache, daß die einzelnen Individuen bei ihrem Tod, bzw. bei der Katastrophe, sozusagen in ihre Bestandteile aufgelöst werden. — *inna fī ḏālika la-āyātin li-kulli ṣabbārin šakūrin*: **14**,5/**31**,31/**42**,33. H. Ringgren, Studies in Arabian Fatalism, Uppsala-Wiesbaden 1955, S. 114.

34,20: (**7**,16f., mit weiteren Belegen).

34,21 *wa-mā kāna lahū ʿalaihim min sulṭānin*: **14**,22, mit weiteren Belegen.

34,22: **17**,56, mit weiteren Belegen. — *wa-mā lahum fīhimā min širkin*: **35**,40/**46**,4.

34,23 *wa-lā tanfaʿu š-šafāʿatu ʿindahū illā li-man aḏina lahū*: **20**,109; **2**,255, mit weiteren Belegen. — *ḥattā iḏā fuzziʿa ʿan qulūbihim qālū*... Die Deutung dieses eschatologischen Passus ist teilweise unsicher. Siehe die Anmerkungen zur Übersetzung.

34,24 *man yarzuqukum mina s-samāwāti wal-arḍi*: **10**,31, mit weiteren Belegen.

34,25: **11**,35, mit weiteren Belegen.

34,26 *yaǧmaʿu bainanā rabbunā*: **42**,15. — *ṯumma yaftaḥu bainanā bil-ḥaqqi*: **7**,89. Siehe die Anmerkung zu diesem Vers. **26**,118.

34,28 *wa-mā arsalnāka illā kāffatan lin-nāsi*: **7**,158; **4**,79. Zur Sache: Fr. Buhl, Faßte Muḥammed seine Verkündigung als eine universelle, auch für Nichtaraber bestimmte Religion auf? (Islamica 2, 1926, S. 135–149).

34,29: **10**,48, mit weiteren Belegen.

34,30 *lakum mīʿādu yaumin*...: (**18**,48. 58f.). — *lā tastaʾḫirūna ʿanhu sāʿatan wa-lā tastaqdimūna*: **7**,34, mit weiteren Belegen.

34,31–33 *wa-lau tarā iḏi ẓ-ẓālimūna mauqūfūna ʿinda rabbihim*: **6**,30, mit weiteren Belegen. — *wa-qāla llaḏīna studʿifū li-llaḏīna stakbarū*...: **14**,21; **40**,47f.; (**4**,97). Zur Bedeutung des Ausdrucks *allaḏīna studʿifū* siehe die Anmerkung zu **2**,282. — *bal makru l-laili wan-nahāri*: **71**,22; **14**,46; **8**,30; **35**,43; **13**,42; **27**,50f. — *wa-naǧʿala lahū andādan*: **14**,30, mit weiteren Belegen. — *wa-asarrū n-nadāmata lammā raʾawu l-ʿaḏāba*: **10**,54. Siehe die Anmerkung zu diesem Vers. — *wa-ǧaʿalnā l-aġlāla fī aʿnāqi llaḏīna kafarū*: **36**,8; **13**,5; **40**,71f.; **76**,4; **69**,30f. — *hal yuǧzauna illā mā kānū yaʿmalūna*: **7**,147; **10**,52, mit weiteren Belegen.

34,34f.: **43**,23f. Speziell zum Ausdruck *mutrafūhā*: **11**,116, mit weiteren

Belegen. Siehe auch die Anmerkung zu **17**,16. — *innā bi-mā ursiltum bihī kāfirūna*: **43**,24 (s. o.)/**41**,14; **14**,9. — *qālū naḥnu akṯaru amwālan wa-aulādan*: **57**,20; **63**,9; **102**,1f. — *wa-mā naḥnu bi-muʿaḏḏabīna*: **26**,138. Als Aussage der Gläubigen: **37**,59.

34,36: **34**,39; **13**,26, mit weiteren Belegen.

34,37 *wa-mā amwālukum wa-lā aulādukum bi-llatī tuqarribukum ʿindanā zulfā*: **3**,10, mit weiteren Belegen. Speziell zum Ausdruck *allatī tuqarribukum zulfā*: **39**,3. — *lahum ǧazāʾu ḍ-ḍiʿfi*: **4**,40, mit weiteren Belegen. — *wa-hum fī l-ġurufāti (āminūna)*: **29**,58; **25**,75; **39**,20. — *āminūna*: **15**,46; **44**,51f. 55; **27**,89.

34,38 *wa-llaḏīna yasʿauna fī āyātinā muʿāǧizīna*: **34**,5; **22**,51. — *ulāʾika fī l-ʿaḏābi muḥḍarūna*: **30**,16; **28**,61, mit weiteren Belegen.

34,39: **34**,36; **13**,26, mit weiteren Belegen. — *wa-huwa ḫairu r-rāziqīna*: **5**,114, mit weiteren Belegen.

34,40f. *wa-yauma*... Verkürzter Zeitsatz. Siehe Einleitung zur Übersetzung, S. 3f. Belege zum Ganzen in den Anmerkungen zu **25**,17–19 und **10**,28f. — *ṯumma yaqūlu lil-malāʾikati a-hāʾulāʾi iyākum kānū yaʿbudūna.* Siehe die Anmerkungen zu **3**,80 und **4**,172, mit weiteren Belegen. — *bal kānū yaʿbudūna l-ǧinna*...: **6**,100, mit weiteren Belegen. Siehe auch die Anmerkung zu **6**,128.

34,42 *fal-yauma lā yamliku baʿḍukum li-baʿḍin nafʿan wa-lā ḍarran*: **6**,71, mit weiteren Belegen. — *ḏūqū ʿaḏāba n-nāri llatī kuntum bihā tukaḏḏibūna*: **32**,20; **52**,14; **77**,29; **83**,17.

34,43 *mā hāḏā illā raǧulun yurīdu an yaṣuddakum ʿammā kāna yaʿbudu ābāʾukum*: **14**,10; **10**,78, mit weiteren Belegen. — *mā hāḏā illā ifkun muftarān*: **25**,4; **10**,38, mit weiteren Belegen; **46**,11. — *wa-qāla llaḏīna kafarū lil-ḥaqqi lammā ǧāʾahum in hāḏā illā siḥrun mubīnun*: **46**,7; **10**,76, mit weiteren Belegen.

34,44 *wa-mā ātaināhum min kutubin yadrusūnahā*: **68**,37; **43**,21; **35**,40; **46**,4; **37**,156f.; (**29**,48). — *wa-mā arsalnā ilaihim qablaka min naḏīrin*: **28**,46/**32**,3; **36**,6.

34,45 *wa-kaḏḏaba llaḏīna min qablihim*: **10**,39, mit weiteren Belegen. — Als Subjekt des Satzes *wa-mā balaġū miʿšāra mā ātaināhum* sind nicht die Angehörigen früherer Generationen (*allaḏīna min qablihim*) zu ergänzen, sondern die Zeitgenossen. Vgl. **9**,69 und die in der Anmerkung zu diesem Vers aufgeführten Belege. — *fa-kaifa kāna nakīri*: **22**,44; **35**,26; **67**,18. — Zwischen den Versen 44 und 45 besteht nur scheinbar ein Widerspruch. In Vers 44 ist von den unmittelbaren Vorfahren der Mekkaner die Rede. In Vers 45 sind mit denen, „die vor ihnen lebten", frühere Völker und Gemeinschaften wie die ʿĀd und Ṯamūd gemeint.

34,46 *mā bi-ṣāḥibikum min ǧinnatin*: **7**,184, mit weiteren Belegen. — *in huwa illā naḏīrun lakum*...: **15**,89, mit weiteren Belegen.

34,47: **10**,72, mit weiteren Belegen. — Auffallend ist die Formulierung *mā saʾaltukum min aǧrin fa-huwa lakum.*

34,48 *inna rabbī yaqḏifu bil-ḥaqqi*: **21**,18. Siehe die Anmerkung zu diesem Vers. — *ʿallāmu l-ġuyūbi*: **5**,109. 116; **9**,78.

34,49 *qul ǧā'a l-ḥaqqu*: **17**,81; **10**,108; **39**,41; (**21**,18); (**42**,24); (**8**,8). — *wa-mā yubdi'u l-bāṭilu wa-mā yu'īdu*: (**85**,13); (**10**,4, mit weiteren Belegen).

34,50: **10**,108; **39**,41; **17**,15; **27**,92. — *innahū samī'un qarībun*. Das zweite Prädikatsnomen (*qarībun*) ist offensichtlich des Reimes wegen gewählt. Gewöhnlich wird *samī'un* mit *'alīmun* oder *baṣīrun* kombiniert.

34,51–54 Die Deutung der Verse 51–54 ist ganz unsicher. Siehe auch Ibn Qutaiba, Ta'wīl muškil al-qur'ān, Kairo 1373/1954, S. 255f.

34,51 *wa-lau tarā iḏ fazi'ū*: **27**,87; (**27**,89; **21**,103; **2**,62, mit weiteren Belegen). — *fa-lā fauta*: (**38**,3). — *wa-uḫiḏū min makānin qarībin*: **50**,41.

34,52: (**44**,12f.); (**89**,23); (**47**,18).

34,53 *wa-yaqḏifūna bil-ġaibi*: (**18**,22: *raǧman bil-ġaibi*).

34,54 *ka-mā fu'ila bi-ašyā'ihim min qablu*: **54**,51. — *innahum kānū fī šakkin murībin*: **11**,62, mit weiteren Belegen.

SURE 35

35,1 *ǧā'ili l-malā'ikati rusulan*: **22**,75. — *yazīdu fī l-ḫalqi mā yašā'u*... Zur Deutung siehe die in der Übersetzung in Klammern gesetzte Ergänzung. Anders Bell, Muhammad's Visions (The Moslem World 24, 1934, S. 145–154), S. 154. Bell deutet den Passus „as indicating probably that the creature there spoken of were new to Muḥammad".

35,2: **39**,38; **6**,17; **10**,107; (**6**,41, mit weiteren Belegen); **67**,21. Im Vordersatz des zweiten Bedingungssatzes (*wa-mā yumsik*) ist sinngemäß der partitive Ausdruck *min raḥmatin* aus dem ersten Bedingungssatz zu ergänzen. In der Übersetzung würde es deshalb besser heißen: „Und wenn er etwas (davon) zurückhält".

35,3 *hal min ḫāliqin ġairu llāhi yarzuqukum mina s-samā'i wal-arḍi*: **10**,31, mit weiteren Belegen. — *lā ilāha illā huwa fa-annā tu'fakūna*: **40**,62.

35,4: **35**,25; **3**,184; **6**,34; **10**,39, mit weiteren Belegen. — *wa-ilā llāhi turǧa'u l-umūru*: **3**,109, mit weiteren Belegen.

35,5: **31**,33. Weitere Belege in der Anmerkung zu diesem Vers.

35,6 *inna š-šaiṭāna lakum 'adūwun*: **7**,22, mit weiteren Belegen. — *innamā yad'ū ḥizbahū li-yakūnū min aṣḥābi s-sa'īri*: **31**,21; **22**,4.

35,7 *wa-llaḏīna āmanū*...*lahum maġfiratun wa-aǧrun kabīrun*: **11**,11, mit weiteren Belegen.

35,8 *a-fa-man zuiyina lahū sū'u 'amalihī*: **47**,14. Der Fragesatz, mit dem Vers 8 beginnt, ist (im Gegensatz zu der Belegstelle **47**,14) nicht zu Ende geführt. Siehe Bergsträsser, Verneinungspartikeln, S. 96f. Zum Ausdruck *zuiyina lahū sū'u 'amalihī* siehe die Anmerkung zu **2**,212, mit weiteren Belegen. — *fa-inna llāha yuḍillu man yašā'u wa-yahdī man yašā'u*: **14**,4/**16**,93/**74**,31. In anderer Formulierung kommt der Gedanke, daß Gott in die Irre führt und rechtleitet, wen er will, auch sonst im Koran oft zur Sprache. — *fa-lā tadhab nafsuka ʿalaihim ḥasarātin*: **18**,6; **26**,3; (**15**,97); (**10**,65, mit weiteren Belegen). Zum Akkusativ *ḥasarātin* siehe Nöldeke, Zur Grammatik, S. 35.

35,9 *wa-llāhu lladī arsala r-riyāḥa fa-tuṯīru saḥāban fa-suqnāhu ilā baladin maiyitin*: **7**,57; **30**,48; **32**,27. — *fa-aḥyainā bihi l-arḍa baʿda mautihā*: **2**,164, mit weiteren Belegen.

35,10 *man kāna yurīdu l-ʿizzata fa-li-llāhi l-ʿizzatu ǧamīʿan*: **4**,139; **10**,65; **63**,8; (**19**,81); (**2**,165). — Zum Ausdruck *al-kalimu ṭ-ṭaiyibu* siehe die Anmerkung zu **14**,24–27, mit weiteren Belegen; (**22**,24). — Als Subjekt zu *yarfaʿuhū* ist wohl Gott zu ergänzen. — *wa-lladīna yamkurūna s-saiyiʾāti*: **16**,45.

35,11 *wa-llāhu ḫalaqakum min turābin ṯumma min nuṭfatin*: **18**,37, mit weiteren Belegen. — *ṯumma ǧaʿalakum azwāǧan*: **16**,72, mit weiteren Belegen. — *wa-mā taḥmilu min unṯā wa-lā taḍaʿu illā bi-ʿilmihī*: **41**,47; **13**,8; **31**,34. — *illā fī kitābin*: **57**,22; **22**,70; **11**,6, mit weiteren Belegen. Siehe auch die Anmerkung zu **3**,145. — *inna ḏālika ʿalā llāhi yasīrun*: **57**,22; **22**,70, mit weiteren Belegen.

35,12 *wa-mā yastawī l-baḥrāni...*: **25**,53; **55**,19f.; **27**,61. Siehe die Anmerkung zu **18**,60. — *sāʾiġun šarābuhū*: (**16**,66). — *wa-min kullin taʾkulūna laḥman ṭarīyan...wa-laʿallakum taškurūna*: **16**,14, mit weiteren Belegen. — *wa-tastaḫriǧūna ḥilyatan talbasūnahā*: **16**,14 (s. o.); **55**,22.

35,13 *yūliǧu l-laila fī n-nahāri wa-yūliǧu n-nahāra fī l-laili*: **31**,29; **3**,27, mit weiteren Belegen. — *wa-saḫḫara š-šamsa wal-qamara kullun yaǧrī li-aǧalin musammān*: **13**,2/**39**,5; **31**,29. Weitere Belege in der Anmerkung zu **13**,2. Zum Ausdruck *aǧal musammā* siehe die Anmerkung zu **6**,2. — *ḏālikumu llāhu rabbukum*: **6**,102, mit weiteren Belegen. — *lahu l-mulku*: **3**,26, mit weiteren Belegen. — *wa-lladīna tadʿūna min dūnihī mā yamlikūna min qiṭmīrin*: **34**,22; **17**,56; (**7**,197); (**22**,73); (**16**,20); (**40**,20); (**6**,71, mit weiteren Belegen).

35,14: **7**,194, mit weiteren Belegen. — *wa-yauma l-qiyāmati yakfurūna bi-širkikum*: **10**,28f., mit weiteren Belegen. — *wa-lā yunabbiʾuka miṯlu ḫabīrin.* Dieser Passus ist schwer verständlich. Siehe die Versuche einer Deutung im Text der Übersetzung und in der Anmerkung dazu.

35,15–17: **6**,133, mit weiteren Belegen. — *antumu l-fuqarāʾu ilā llāhi*: **47**,38; (**3**,181). — *wa-llāhu huwa l-ġanīyu l-ḥamīdu*: **4**,131, mit weiteren Belegen. — *in yašaʾ yuḏhibkum wa-yaʾti bi-ḫalqin ǧadīdin wa-mā ḏālika ʿalā llāhi bi-ʿazīzin*: **14**,19f.; **6**,133, mit weiteren Belegen.

35,18 *wa-lā taziru wāziratun wizra uḫrā*: **6**,164/**39**,7/**17**,15/**53**,38. — *wa-lau kāna ḏā qurbā*: **5**,106; **6**,152; **9**,113; **4**,135. — *innamā tunḏiru lladīna yaḫšauna rabbahum bil-ġaibi*: **36**,11; **67**,12; **21**,49; **50**,33; **5**,94.

35,19f.: **13**,16; **6**,50, mit weiteren Belegen.

35,22 *wa-mā anta bi-musmiʿin man fī l-qubūri*: **27**,80; **30**,52.

35,23: **15**,89, mit weiteren Belegen.

35,24 *innā arsalnāka bil-ḥaqqi bašīran naḏīran*: **2**,119, mit weiteren Belegen. — *wa-in min ummatin illā ḫalā fīhā naḏīrun*: (**10**,47); (**16**,36).

35,25 *wa-in yukaḏḏibūka fa-qad kaḏḏaba llaḏīna min qablihim*: **35**,4; **3**,184; **6**,34; **10**,39, mit weiteren Belegen; **22**,42–44; **7**,101. — *ǧā'athum rusuluhum bil-baiyināti wa-biz-zuburi wa-bil-kitābi l-munīri*: **3**,184 (s. o.); **16**,44; (**57**,25).

35,26: **22**,44; **13**,32, mit weiteren Belegen.

35,27f. *a-lam tara anna llāha anzala mina s-samā'i mā'an fa-aḫraǧnā bihī ṯamarātin muḫtalifan alwānuhā*. Siehe die Anmerkung zu **6**,99, mit weiteren Belegen. — *wa-ġarābību sūdun* steht wohl nur des Reimes wegen hinter *muḫtalifun alwānuhā*. Wenn man den Wortlaut genau so wiedergeben wollte, wie er dasteht, müßte man übersetzen: „Und bei den Bergen gibt es verschiedenartige weiße und rote Schichten, und (auch) kohlschwarze". — *wa-mina n-nāsi wad-dawābbi wal-an'āmi muḫtalifun alwānuhū*: **30**,22. Siehe die Anmerkung zu diesem Vers. — *ka-ḏālika*. Siehe die Anmerkung zu **3**,40. — *innamā yaḫšā llāha min 'ibādihi l-'ulamā'u*. Der Ausdruck *'ulamā'* kommt sonst nur noch in **26**,197 vor. Dort bezieht er sich auf „Gelehrte" der Kinder Israel.

35,29 *wa-aqāmū ṣ-ṣalāta wa-anfaqū mimmā razaqnāhum*: **2**,3, mit weiteren Belegen. — *sirran wa-'alāniyatan*: **13**,22, mit weiteren Belegen. — *yarǧūna tiǧāratan lan tabūra*: (**61**,10f.); (**9**,24); (**2**,16).

35,30 *li-yuwaffiyahum uǧūrahum wa-yazīdahum min faḍlihī*: **4**,173; **3**,57; **24**,38; **42**,26. — *innahū ġafūrun šakūrun*: **35**,34; **42**,23; (**17**,19; **76**,22).

35,31 *wa-llaḏī auḥainā ilaika mina l-kitābi huwa l-ḥaqqu*: **13**,1, mit weiteren Belegen. — *muṣaddiqan li-mā baina yadaihi*: **3**,3f., mit weiteren Belegen. — *inna llāha bi-'ibādihī la-ḫabīrun baṣīrun*: **17**,30, mit weiteren Belegen.

35,32 *ṯumma auraṯnā l-kitāba llaḏīna ṣṭafainā min 'ibādinā*: **40**,53f.; **42**,14. In **40**,53f. sind es die Kinder Israel, die die Schrift als Erbe erhalten haben. In **42**,14 scheint sich der Ausdruck *allaḏīna ūriṯū l-kitāba (min ba'dihim)* auf die Nachkommen der „Schriftbesitzer" zu beziehen. Auch sonst bezieht sich der Ausdruck *allaḏīna ṣṭafainā min 'ibādinā* oder ähnlich (Belege: **27**,59; **38**,47; **2**,130; **7**,144f.; **2**,247; **3**,33f.) auf auserwählte Personen oder Gruppen aus der früheren Heilsgeschichte. Im vorliegenden Vers sind aber mit den „auserwählten Dienern Gottes" anscheinend jene Zeitgenossen Mohammeds gemeint, die durch die prophetische Sendung einer besonderen göttlichen Gnade teilhaftig geworden sind. Bell rechnet allerdings mit der Möglichkeit, daß der ganze Vers bei der Redaktion des Korans aus Versehen an der jetzigen Stelle eingefügt worden ist. Wenn man sich ihm anschließt, muß man die den Vers einleitende Partikel *ṯumma* natürlich wörtlich übersetzen („hierauf", nicht „schließlich"). — *wa-minhum muqtaṣidun*: **31**,32; **5**,66. — *wa-minhum sābiqun bil-ḫairāti*: **23**,61; **5**,48; **3**,113f.; **56**,10. — *ḏālika huwa l-faḍlu l-kabīru*: **42**,22; **33**,47; (**44**,57).

35,33 *yuḥallauna fīha min asāwira min ḏahabin wa-lu'lu'an wa-libāsuhum fīhā ḥarīrun*: **22**,23, mit weiteren Belegen.

35,34: **7**,43; **39**,74f.; **10**,10. — *inna rabbanā la-ġafūrun šakūrun*: **35**,30; **42**,23; (**17**,19; **76**,22).

35,35 *lā yamassunā fīhā naṣabun*: **15**,48. — *wa-lā yamassunā fīhā luġūbun*: (**50**,38).

35,36 *lā yuqḍā ʿalaihim fa-yamūtū*: **43**,77; **69**,27; **20**,74; **87**,11–13. — *wa-lā yuḫaffafu ʿanhum min ʿaḏābihā*: **2**,162, mit weiteren Belegen; **40**,49. — *ka-ḏālika naǧzī kulla kafūrin*: **34**,17.

35,37 *aḫriǧnā naʿmal ṣāliḥan ġaira llaḏī kunnā naʿmalu*: **7**,53, mit weiteren Belegen. — *fa-mā liẓ-ẓālimīna min naṣīrin*: **22**,71, mit weiteren Belegen.

35,38 *inna llāha ʿālimu ġaibi s-samāwāti wal-arḍi*: **2**,33, mit weiteren Belegen.

35,39–45 Mit Vers 39 setzt ein neuer Reim ein (mit auslautendem *an* bzw. *ā*).

35,39 *huwa llaḏī ǧaʿalakum ḫalāʾifa fī l-arḍi*: **6**,165, mit weiteren Belegen. — *fa-man kafara fa-ʿalaihi kufruhū*: **30**,44. — *wa-lā yazīdu l-kāfirīna kufruhum ʿinda rabbihim illā maqtan*: **40**,10; **40**,35; **61**,3. — *wa-lā yazīdu l-kāfirīna kufruhum illā ḫasāran*: **17**,82; **71**,21.

35,40: **46**,4. — *arūnī mā ḏā ḫalaqū mina l-arḍi*: auch **31**,11. — *am lahum širkun fī s-samāwāti*: auch **34**,22. — *am ātaināhum kitāban fa-hum ʿalā baiyinatin minhu*: **43**,21; **46**,4 (s. o.). — *fa-hum ʿalā baiyinatin minhu*: **11**,17, mit weiteren Belegen. — *in yaʿidu ẓ-ẓālimūna baʿḍuhum baʿḍan illā ġurūran*: **6**,112; **4**,120; **17**,64; (**33**,12).

35,41: **22**,65; (**13**,2, mit weiteren Belegen).

35,42: **6**,109; **6**,157; **37**,167–169. Zum Ausdruck *aqsamū bi-llāhi ǧahda aimānihim* siehe die Anmerkung zu **5**,53. — *mā zādahum illā nufūran*: **17**,41; **25**,60.

35,43 *istikbāran fī l-arḍi*: **28**,39; **29**,39; **41**,15; **46**,20. — *fa-hal yanẓurūna illā sunnata l-auwalīna*: **10**,102. Siehe die Anmerkung zu **8**,38, mit weiteren Belegen. **3**,137, mit weiteren Belegen. — *fa-lan taǧida li-sunnati llāhi tabdīlan*: **33**,62; **48**,23; (**6**,34, mit weiteren Belegen). — *wa-lan taǧida li-sunnati llāhi taḥwīlan*: **17**,77.

35,44 *a-wa-lam yasīrū fī l-arḍi fa-yanẓurū kaifa kāna ʿāqibatu llaḏīna min qablihim*: **12**,109, mit weiteren Belegen. — *wa-kānū ašadda minhum qūwatan*: **9**,69, mit weiteren Belegen. — *wa-mā kāna llāhu li-yuʿǧizahū min šaiʾin fī s-samāwāti wa-lā fī l-arḍi*: **72**,12; **9**,2. 3. Siehe die Anmerkung zu **6**,134, mit weiteren Belegen.

35,45: **16**,61; **18**,58. — Zur Bedeutung von *āḫaḏa (III)* siehe die Anmerkung zu **2**,225, zur Bedeutung von *kasaba* die Anmerkung zu **2**,79, zum Ausdruck *aǧal musammā* die Anmerkung zu **6**,2. — *fa-iḏā ǧāʾa aǧaluhum fa-inna llāha kāna bi-ʿibādihī baṣīran.* Zeitsatz mit Verschiebung. Vgl. die Bemerkung über Bedingungssätze mit Verschiebung auf S. 4 der Einleitung zur Übersetzung.

SURE 36

36,1 Über die Buchstaben, die einzelnen Suren vorgesetzt sind, siehe die Anmerkung zu **2**,1, mit Literaturangaben. Die Kombination *ys* findet sich nur vor Sure **36**.

36,2: (**50**,1); (**38**,1). — Zur Bezeichnung *al-qur'ān al-ḥakīm* siehe die Anmerkung zu **10**,1.

36,3f. *innaka la-mina l-mursalīna*: **2**,252. — *'alā ṣirāṭin mustaqīmin*: **43**,43; (**16**,76; **67**,22).

36,5: **26**,192, mit weiteren Belegen.

36,6 *li-tunḏira qauman mā unḏira ābā'uhum*: **28**,46/**32**,3; **34**,44. — *fa-hum ġāfilūna*: **6**,131. Siehe die Anmerkung zu diesem Vers.

36,7: **36**,70; **10**,33, mit weiteren Belegen.

36,8: **34**,33; **13**,5, mit weiteren Belegen. In **34**,33 und den weiteren Belegstellen gehört das Anlegen von Halsfesseln zur Bestrafung im Jenseits. Dagegen scheint es sich in der vorliegenden Stelle **36**,8 auf das Verhalten der Ungläubigen im Diesseits zu beziehen und eher bildhaft gemeint zu sein: Die Ungläubigen werfen, wie wenn Halsfesseln ihnen das Kinn hochdrücken würden, den Kopf zurück und sehen so nicht, was wirklich vorgeht (?). Bell bemerkt zur Stelle: „There is here no eschatological sense. The simile is that of a spiked collar (branks) put on a camel so that it cannot let down its head to drink."

36,9: **41**,4f.; **17**,45f.

36,10: **2**,6; **26**,136.

36,11: **35**,18; (**6**,51; siehe die Anmerkung dazu); **67**,12; **21**,49; **50**,33; **5**,94.

36,12 *innā naḥnu nuḥyi l-mautā*: (**15**,23; **50**,43; **3**,156, mit weiteren Belegen). — *wa-naktubu mā qaddamū wa-āṯārahum wa-kulla šai'in aḥṣaināhu fī imāmin mubīnin*: **17**,71. Siehe die Anmerkung zu diesem Vers, mit weiteren Belegen. **58**,6; (**6**,59; **10**,61). Der Ausdruck *imām mubīn* in anderer Bedeutung: **15**,79.

36,13f. *iḏ ǧā'ahā l-mursalūna...iḏ arsalnā ilaihim...* Verkürzte Zeitsätze. Siehe Einleitung zur Übersetzung, S. 3f.

36,15 Belege in den Anmerkungen zu **6**,91, **7**,63 und **11**,27.

36,17: **3**,20, mit weiteren Belegen.

36,18f. *qālū innā taṭaiyarnā bikum...qālū ṭā'irukum ma'akum*: **27**,47; **7**,131; (**17**,13). Zur Sache: H. Ringgren, Studies in Arabian Fatalism, Uppsala-Wiesbaden 1955, S. 87–89. — *la-in lam tantahū la-narǧumannakum*: **19**,46; **26**,116; (**26**,167); **11**,91. Zur Bedeutung des Verbums *raǧama* („steinigen") siehe die Anmerkung zu **11**,91f. — *bal antum qaumun musrifūna*: **7**,81. Zur Bedeutung des Ausdrucks *musrifūna* siehe die Anmerkung zu **5**,32.

36,20 *wa-ǧā'a min aqṣā l-madīnati raǧulun yas'ā*: **28**,20. Siehe die Anmerkung zu diesem Vers.

36,21 *man lā yas'alukum aǧran*: **6**,90, mit weiteren Belegen.

36,22 *wa-mā liya lā a'budu llaḏī faṭaranī*: **43**,26f.

36,23: **39**,38; **17**,56; **6**,41, mit weiteren Belegen.

36,25 Nach Bell sind in Vers 25 durchweg die in den Versen 13ff. genannten Gesandten angesprochen. Nach Blachère ist nur *innī āmantu bi-rabbikum* an die Gesandten gerichtet, dagegen das folgende *fa-sma'ūni* an die heidnischen Landsleute des Sprechers. Man kann aber auch die These vertreten, daß in beiden Sätzen die heidnischen Landsleute angesprochen sind. Der Sprecher, der übrigens – wie man aus Vers 26 schließen muß – daraufhin umgebracht worden ist, konnte den einen Gott, an den er glaubte, sehr wohl auch als den Herrn seiner Landsleute (*bi-rabbikum*) bezeichnen.

36,27 *wa-ǧaʿalanī mina l-mukramīna*: **70**,35; **37**,42.

36,28 *wa-mā anzalnā...min ǧundin mina s-samāʾi*: (**3**,124). — *wa-mā kunnā munzilīna*: (**29**,34); (**2**,59; **7**,162).

36,29 *in kānat illā ṣaiḥatan wāḥidatan*: **36**,53. 49; **38**,15; **11**,67, mit weiteren Belegen. — *fa-iḏā hum ḫāmidūna*: **21**,15.

36,30 *yā ḥasratan ʿalā l-ʿibādi*: (**19**,39; **6**,31; **39**,56; **2**,167). — *mā yaʾtīhim min rasūlin illā kānū bihī yastahziʾūna*: **15**,11, mit weiteren Belegen.

36,31: **6**,6, mit weiteren Belegen. — *annahum ilaihim lā yarǧiʿūna*: **36**,50; **21**,95.

36,32: **36**,53. 75; **28**,61, mit weiteren Belegen. Zur Konstruktion *in – lammā* (= *in – illā*) siehe Bergsträsser, Verneinungspartikeln, S. 14 (Belege: **11**,111; **43**,35; **86**,4).

36,33 *wa-āyatun lahumu l-arḍu l-maitatu aḥyaināhā*: **25**,49, mit weiteren Belegen. — *wa-aḫraǧnā minhā ḥabban*: **6**,99; **78**,15; **80**,27; **50**,9. — *fa-minhu yaʾkulūna*: **23**,19; **43**,73; **10**,24.

36,34 *wa-ǧaʿalnā fīha ǧannātin min naḫīlin wa-aʿnābin*: **17**,91, mit weiteren Belegen.

36,35 *wa-mā ʿamilathu aidīhim.* Die Partikel *mā* ist dem Zusammenhang nach besser als Verneinungspartikel zu deuten, nicht als Relativpronomen, so daß zu übersetzen wäre: „und (von) dem, was ihre Hände gemacht haben“. Vgl. **36**,71, wo in einem Abschnitt, der ebenfalls mit *a-fa-lā yaškurūna* schließt (V. 73), die Herdentiere von Gott als das Werk *seiner* Hände (*mimmā ʿamilat aidīnā*) bezeichnet werden.

36,36: **43**,12; **42**,11; **51**,49; **78**,8; **30**,21. — *wa-mimmā lā yaʿlamūna*: **16**,8.

36,37: **3**,27, mit weiteren Belegen.

36,38 *ḏālika taqdīru l-ʿazīzi l-ʿalīmi*: **6**,96; **41**,12.

36,39: **10**,5, mit weiteren Belegen.

36,40 *wa-kullun fī falakin yasbaḥūna*: **21**,33.

36,41 Genau genommen handelt es sich um die Nachkommenschaft von Noah und seiner Generation. Belege: **26**,119; **17**,3; **19**,58; **69**,11.

36,42: **43**,12; **23**,22/**40**,80.

36,44 *wa-matāʿan ilā ḥīnin*: Siehe die Anmerkung zu **2**,36, mit weiteren Belegen.

36,45 *ittaqū mā baina aidīkum wa-mā ḫalfakum.* Zur Deutung dieses schwer verständlichen Passus könnte man vielleicht **2**,66 und **34**,9 als Belege beiziehen. — *laʿallakum turḥamūna*: **7**,63. — Der Nachsatz zu dem mit *iḏā* eingeleiteten Vordersatz fehlt. Siehe Nöldeke, Neue Beiträge, S. 18.

36,46: **6**,4, mit weiteren Belegen.

36,47 *anfiqū mimmā razaqakumu llāhu*: **2**,254; **14**,31; **63**,10. — *in antum illā fī ḍalālin mubīnin*: **67**,9.

36,48: **10**,48, mit weiteren Belegen.

36,49 *mā yanẓurūna illā ṣaiḥatan wāḥidatan*: **38**,15; **36**,29. 53; **11**,67, mit weiteren Belegen. — *yaḫiṣṣimūna* ist eine Sonderform des VIII. Stammes von *ḫaṣama*.

36,50 *wa-lā ilā ahlihim yarǧi'ūna*: **36**,31; **21**,95.

36,51 *wa-nufiḫa fī ṣ-ṣūri*: **18**,99, mit weiteren Belegen. — *fa-iḏā hum mina l-aǧdāṯi ilā rabbihim yansilūna*: **21**,96; (**54**,7); (**70**,43).

36,52 *hāḏā mā wa'ada r-raḥmānu wa-ṣadaqa l-mursalūna*: **33**,22, mit weiteren Belegen.

36,53 *in kānat illā ṣaiḥatan wāḥidatan*: **36**,29. 49; **38**,15; **11**,67, mit weiteren Belegen. — *fa-iḏā hum ǧamī'un ladainā muḥḍarūna*: **36**,32. 75; **28**,61, mit weiteren Belegen.

36,54 *fa-l-yauma lā tuẓlamu nafsun šai'an*: **21**,47. — *wa-lā tuǧzauna illā mā kuntum ta'malūna*: **52**,16; **10**,52, mit weiteren Belegen.

36,55: **52**,17f.

36,56 *hum wa-azwāǧuhum*: **43**,70; **13**,23; **40**,8. — *fī ẓilālin*: **77**,41; **76**,14; **56**,30; **4**,57; **13**,35. A. S. Yahuda liest statt *ẓilālin* (unter Hinweis auf Baiḍāwī) *ẓulalin*, „booths of foliage made for shelter" (Goldziher Memorial Volume, I, Budapest 1948, S. 284f.). — *'alā l-arā'iki muttaki'ūna*: **18**,31. Siehe die Anmerkung zu diesem Vers, mit weiteren Belegen.

36,57: **38**,51; **44**,55; **43**,73; **77**,42; **52**,22; **56**,20; **56**,32f.; **55**,52. 68; **37**,41f. — *wa-lahum mā yadda'ūna*: **41**,31; **43**,71; **21**,102; **77**,42 (s. o.); **52**,22 (s. o.); **56**,20 (s. o.).

36,58: **10**,10. Siehe die Anmerkung zu diesem Vers, mit weiteren Belegen.

36,59: (**30**,14. 43).

36,60: **2**,168/208; (**24**,21); (**7**,27).

36,61: **3**,51, mit weiteren Belegen.

36,62: (**4**,118f.; **38**,82f.; **15**,39f.; **7**,16f.).

36,63 *hāḏihī ǧahannamu*: **55**,43; (**52**,14).

36,65: **24**,24; **41**,20.

36,66f. Die Verse 66f. sind schwer zu deuten. In der Übersetzung ist versucht, sie mit dem folgenden Vers 68 in einen gewissen Zusammenhang zu bringen. Aber alles ist unsicher. Bell meint, die Verse 66–68 hätten ursprünglich hinter den Versen 43f. gestanden. Es ist jedoch zu beachten, daß diese mit der Bedingungspartikel *in* eingeleitet sind, die Verse 66f. dagegen mit der Partikel *lau*. — *la-ṭamasnā 'alā a'yunihim*: **54**,37.

36,68: **16**,70; **22**,5.

36,69 *wa-mā 'allamnāhu š-ši'ra*: **69**,41; **21**,5; **52**,30; **37**,36. — *in huwa illā ḏikrun*: **12**,104, mit weiteren Belegen.

36,70 *wa-yaḥiqqa l-qaulu 'alā l-kāfirīna*: **36**,7; **10**,33, mit weiteren Belegen.

36,71–73 Belege in der Anmerkung zu **6**,142. — *mimmā 'amilat aidīnā*: **36**,35. Siehe die Anmerkung zu diesem Vers. — *fa-minhā rakūbuhum wa-minhā ya'kulūna*: **40**,79; **23**,21f.

36,74: **19**,81.

36,75 *lā yastaṭīʿūna naṣrahum*: **7**,192, mit weiteren Belegen. — *wa-hum lahum ǧundun muḥḍarūna*: (**67**,20); (**37**,158). Speziell zum Ausdruck *muḥḍarūna*: **28**,61, mit weiteren Belegen.

36,76 *fa-lā yaḥzunka qauluhum*: **10**,65, mit weiteren Belegen. — *innā naʿlamu mā yusirrūna wa-mā yuʿlinūna*: **16**,19, mit weiteren Belegen.

36,77: **16**,4. Siehe die Anmerkung dazu, mit weiteren Belegen.

36,78 *wa-ḍaraba lanā maṯalan*. Siehe die Anmerkung zu **16**,74. — *qāla man yuḥyi l-ʿiẓāma wa-hiya ramīmun*: **13**,5, mit weiteren Belegen.

36,79 *yuḥyīhā llaḏī anšaʾahā auwala marratin*: **17**,51; **10**,4, mit weiteren Belegen. — *wa-huwa bi-kulli ḫalqin ʿalīmun*: (**36**,81; **15**,86).

36,80: (**56**,71–73). Zur Sache: Eleonore Haeuptner, Koranische Hinweise auf die materielle Kultur der alten Araber, Dissertation Tübingen 1966, S. 35f.

36,81: **17**,99; (**46**,33). — *wa-huwa l-ḫallāqu l-ʿalīmu*: **15**,86; (**36**,79).

36,82: **2**,117, mit weiteren Belegen.

36,83: **23**,88; **43**,85; **67**,1. Zum Ausdruck *malakūt* siehe Horovitz, Proper Names, S. 222.

SURE 37

37,1–3 Ähnliche, schwer zu deutende Schwurformeln: **51**,1–4; **77**,1–6; **79**,1–5; **100**,1–5. Siehe Gesch. des Qor. I, S. 75f.; Bell, Introduction, S. 75f. — *waṣ-ṣāffāti ṣaffan*: **24**,41; **67**,19; **37**,165; **78**,38; **89**,22. Siehe die Anmerkung zu **24**,41. — *fat-tāliyāti ḏikran*: **77**,5f.; (**18**,83).

37,5 *rabbu s-samāwāti wal-arḍi wa-mā bainahumā*: **19**,65, mit weiteren Belegen. — *wa-rabbu l-mašāriqi*: **70**,40; **26**,28; **73**,9; **55**,17.

37,6–10: **41**,12; **67**,5; **15**,16–18; (**50**,6); (**25**,61); **85**,1. — *wa-ḥifẓan min kulli šaiṭānin māridin*. Siehe die Anmerkung zu **15**,17f., mit weiteren Belegen. — *ilā l-malaʾi l-aʿlā*: **38**,69. — *illā man ḫaṭifa l-ḫaṭfata fa-atbaʿahū šihābun ṯāqibun*: **15**,18; **72**,8f.; (**86**,3).

37,11 *fa-staftihim a-hum ašaddu ḫalqan am man ḫalqanā*: **79**,27; **40**,57. — *innā ḫalaqnāhum min ṭīnin lāzibin*: **23**,12; **6**,2; **32**,7; **38**,71; **38**,76/**7**,12; **17**,61.

37,12–14 *wa-iḏā ḏukkirū lā yaḏkurūna*: (**74**,54f./**80**,11f.).

37,15: **10**,76, mit weiteren Belegen.

37,16f.: **56**,47f.; **27**,67f.; **23**,82f. 35; **17**,49/98; **37**,53; **13**,5, mit weiteren Belegen. — *a-wa-ābāʾunā l-auwalūna*: **56**,48 (s. o.). Siehe die Anmerkung zu **23**,24.

37,18 *wa-antum dāḫirūna*: **27**,87.

37,19: **79**,13f.; **36**,29. 53; **11**,67, mit weiteren Belegen. — *fa-iḏā hum yanẓurūna*: **39**,68.

37,21 *hāḏā yaumu l-faṣli*: **77**,38. 13f.; **44**,40; **78**,17.

37,24 *wa-qifūhum*: **6**,30, mit weiteren Belegen. — *innahum masʾūlūna*: **15**,92f., mit weiteren Belegen.

37,26 *mustaslimūna.* Siehe H. Ringgren, Islam 'aslama and muslim, Uppsala 1949, S. 21f.

37,27: **37**,50/**52**,25; (**68**,30). Anders: **23**,101; **28**,66.

37,28 Die Deutung des Verses ist schwierig. Anscheinend handelt es sich um einen Vorwurf, den die Verdammten den Geistern machen, die sie zum Unglauben verführt haben. Vgl. **34**,31: *lau-lā antum la-kunnā mu'minīna*; (**14**,21; **40**,47). — *ta'tūnanā 'ani l-yamīni*: (**7**,17). — Siehe auch Ibn Qutaiba, Ta'wīl muškil al-qur'ān, Kairo 1373/1954, S. 271.

37,29–32 *qālū bal lam takūnū mu'minīna*: (**34**,32). — *wa-mā kāna lanā 'alaikum min sulṭānin*: **14**,22, mit weiteren Belegen. — *fa-ḥaqqa 'alainā qaulu rabbinā*: **39**,19. 71; **10**,33, mit weiteren Belegen. — *fa-aġwainākum innā kunnā ġāwīna*: **28**,63; **7**,16; **15**,39; **38**,82.

37,33: **43**,39.

37,34: **77**,18.

37,36 *wa-yaqūlūna a-innā la-tārikū ālihatinā*: **11**,53; **7**,70, mit weiteren Belegen; **10**,78, mit weiteren Belegen. — *li-šā'irin maǧnūnin.* Belege in den Anmerkungen zu **21**,5 und **7**,184.

37,37 *bal ǧā'a bil-ḥaqqi*: (**23**,70; **43**,78). — *wa-ṣaddaqa l-mursalīna*: (**3**,3f., mit weiteren Belegen).

37,39: **10**,52, mit weiteren Belegen.

37,40 *illā 'ibāda llāhi l-muḫlaṣīna*: **37**,74/128/160/ 169; **12**,24. Siehe die Anmerkung zu diesem Vers, mit weiteren Belegen.

37,41–43 *ulā'ika lahum rizqun ma'lūmun*: **8**,4, mit weiteren Belegen. — *fawākihu*: **36**,57, mit weiteren Belegen. — *wa-hum mukramūna*: **70**,35; **36**,27.

37,44: **15**,47, mit weiteren Belegen.

37,45–47: **43**,71; **76**,5f. 15–19; **52**,23f.; **56**,17–19. — *bi-ka'sin min ma'īnin*: **56**,18; **76**,5f. 17f.; **52**,23; **78**,34; **83**,25–28. — *laḏḏatin liš-šāribīna*: **47**,15. — *lā fīhā ġaulun wa-lā hum 'anhā yunzafūna*: **56**,19; (**52**,23?). Die Deutung des Passus ist unsicher. Hamidullah übersetzt: „Là, plus de longues courses! et ils n'en seront plus jamais privés". Dazu die Anmerkung: „Plus de longues courses. Littér.: pas de longue distance (pour aller chercher l'eau)." — Im Hinblick auf Vers 47 (und **56**,19) sowie auf die Belegstellen **76**,17f. und **83**,25 bis 28 muß man vielleicht annehmen, daß mit dem Ausdruck *ma'īn* in Vers 45 (und **56**,18) Mischwasser gemeint ist, mit dem der Wein verdünnt wird.

37,48f. *qāṣirātu ṭ-ṭarfi*: **38**,52; **55**,56. — *'īnun*: **44**,54/**52**,20; **56**,22. — *ka-annahum baiḍun maknūnun*: **56**,23; **55**,56. 58; **55**,72. 74; **52**,24.

37,50: **52**,25; **74**,40f.; (**37**,27); (**68**,30). — Anders: **23**,101; **28**,66.

37,51 *innī kāna lī qarīnun*: (**50**,23. 27; **43**,36–38; **4**,38; **41**,25).

37,53: **37**,16; **13**,5, mit weiteren Belegen. — *a-innā la-madīnūna*: **56**,86.

37,57 *la-kuntu mina l-muḥḍarīna*: **37**,127. 158; **28**,61, mit weiteren Belegen.

37,58f. *a-fa-mā naḥnu bi-maiyitīna illā mautatanā l-ūlā*: **44**,56. In anderem Sinn, als Aussage der Ungläubigen: **44**,35; **45**,24. — *wa-mā naḥnu bi-mu'aḏḏabīna*: **26**,138/**34**,35 (als Aussage der Ungläubigen).

37,60: **44**,57; **4**,13, mit weiteren Belegen.

37,62–68: **44**,43–48; **56**,51–56. — *innā ǧaʿalnāhā fitnatan liẓ-ẓālimīna*: **10**,85; **60**,5; **17**,60; **74**,31. Siehe die Anmerkung zu **10**,85. — *ṯumma inna lahum ʿalaihā la-šauban min ḥamīmin*: **56**,54; **44**,48; **6**,70, mit weiteren Belegen.

37,69f.: **43**,22f. Weitere Belege in den Anmerkungen zu **2**,170 und **10**,78.

37,73: **10**,73; (**37**,177).

37,74: **37**,40/128/160. 169; **12**,24. Siehe die Anmerkung zu diesem Vers, mit weiteren Belegen.

37,75–82 Zur Geschichte von Noah siehe die Anmerkung zu **7**,59–64 (mit Aufzählung weiterer Belegstellen). Die hier vorliegende Version bildet zusammen mit den folgenden Geschichten von Abraham (V. 83–113), Mose und Aaron (V. 114–122), Elias (V. 123–132), Lot (V. 133–138) und Jonas (V. 139–148) eine Einheit.

37,75: **21**,76. — *fa-la-niʿma l-muǧībūna*: (**2**,186).

37,76: **21**,76; **37**,115.

37,78–81: **37**,108–111 (Abraham); 119–122 (Mose und Aaron); 129 bis 132 (Elias). — *wa-taraknā ʿalaihi fī l-āḫirīna* (V. 78. 108. 119. 129): auch (**26**,84). — *innā ka-ḏālika naǧzī l-muḥsinīna* (V. 80. 110. 121. 131): auch **37**,105. Siehe die Anmerkung zu **12**,22, mit weiteren Belegen.

37,82: **26**,120; **7**,64; **21**,77; **10**,73; **25**,37; **71**,25; **11**,37. 43.

37,83–113 Belege zur Auseinandersetzung Abrahams mit dem Götzendienst seines Vaters und seiner Landsleute (V. 83–98) in der Anmerkung zu **6**,74–84. Zur Geschichte von Abraham und seiner Nachkommenschaft (V. 99 bis 113) siehe die Anmerkung zu **2**,124–141; Speyer, S. 164–166. 170f. — Siehe auch die Anmerkung zu **37**,75–82.

37,84: **26**,89. Zur Bedeutung des Ausdrucks *bi-qalbin salīmin* siehe Helmer Ringgren, Islam, 'aslama and muslim, Uppsala 1949, S. 8–10.

37,85–87: **26**,70f., mit weiteren Belegen.

37,88–90: (**21**,57?). Die Deutung des Zusammenhangs ist unsicher. Bell sieht in den beiden Versen 88f. einen späteren Zusatz und rückt sie deshalb ein. Zu Vers 88 verweist er auf Sure **6**,75–78. Blachère geht noch einen Schritt weiter, indem er die beiden Verse 88f. aus ihrem jetzigen Zusammenhang herausnimmt und zwischen die Verse 99 und 100 einfügt. Von der Richtigkeit dieser Konjektur werden allerdings nicht alle Benützer seiner Übersetzung so überzeugt sein, wie er selber. Wenn man den Text so beläßt, wie er dasteht, muß man vielleicht doch den einheimischen Kommentatoren recht geben. Die meisten von ihnen erklären die Stelle in dem Sinn, daß Abraham vorgab, er sei (oder werde) auf Grund des astrologischen Befundes von einer (ansteckenden) Krankheit befallen, worauf seine Volksgenossen sich schleunigst vor ihm zurückzogen, um nicht von ihm angesteckt zu werden. Hamidullah bemerkt dazu: „A la façon de ces concitoyens astrolatrès, Abraham regarde aux étoiles. Il y ‚apprend' qu'il va être souffrant. Mais c'est là une ruse."

37,91–93: **21**,58. Zur Sache: Speyer, S. 134–138. — *fa-qāla a-lā ta'kulūna*: (**51**,27, in anderem Zusammenhang). — *mā lakum lā tanṭiqūna*: **21**,63. 65.

37,95f.: (**21**,66f.).

37,97f.: **21**,68–70; **29**,24. Speyer, S. 142–144.

37,99 *sa-yahdīni*: **26**,78; **43**,27; (**26**,62, als Ausspruch Moses).

37,100: **37**,112; **21**,72; (Zacharias: **3**,38).

37,101 *fa-baššarnāhu bi-ġulāmin ḥalīmin*: **51**,28; **15**,53; **11**,71; **29**,31; **19**,49f.; **21**,72f. — Da erst in Vers 112 von der Ankündigung der Geburt Isaaks die Rede ist, müßte man eigentlich annehmen, daß im vorliegenden Vers an Ismael gedacht ist. Auch im folgenden Abschnitt (V. 102–107) wäre der Sohn Abrahams, der geopfert werden soll, eher mit Ismael als mit Isaak zu identifizieren. Vielleicht ist aber auf die Nennung des Namens bewußt verzichtet. Bell nimmt an, daß Vers 101 sich wahrscheinlich auf Isaak bezog, daß man ihn aber, als Ismael für Mohammed wichtig zu werden begann, auf diesen bezog und die Verse 112f. mit der Ankündigung Isaaks (und noch später die Verse 102–107 mit dem Hinweis auf die Opferung von Abrahams Sohn) hinzufügte. Siehe auch Snouck Hurgronje, Het Mekkaansche Feest (Verspreide Geschriften I, Bonn und Leipzig 1923, S. 1–124), S. 23f.; EI², Artikel Ismā'īl (R. Paret); Speyer, S. 164–166. Speyer setzt übrigens in der deutschen Wiedergabe des Textes Isḥāq als Namen des Sohnes ein, während er gleich im Anschluß daran bemerkt: „Der Sohn, den Ibrāhīm opfern soll, ist nicht, wie Gen. 22, Jiṣḥāq, sondern, wie aus Sure 37,112 hervorgeht, Ismā'īl."

37,102 *innī arā fī l-manāmi*. Zur Imperfektform *arā* (= „ich sah im Traum") siehe die Anmerkung zu **12**,36. — *sa-taǧidunī in šā'a llāhu mina ṣ-ṣābirīna*: **18**,69; (**28**,27).

37,103f. *fa-lammā aslamā wa-tallahū lil-ǧabīni*. Siehe H. Ringgren, Islam, 'aslama and muslim, Uppsala 1949, S. 26f. — Der Nachsatz scheint zu fehlen. Deshalb ist am Schluß von Vers 103 (nach Zamaḫšarī und Baiḍāwī nach *qad ṣaddaqta r-ru'yā* in Vers 105) eine entsprechende Ergänzung einzufügen. Oder aber ist anzunehmen, daß der Nachsatz ausnahmsweise mit *wa-* eingeleitet wird (so Ṭabarī, zur Stelle; Ibn Qutaiba, Ta'wīl muškil al-qur'ān, Kairo 1373/1954, S. 197; Reckendorf, Syntax, § 253,6).

37,105 *innā ka-ḏālika naǧzī l-muḥsinīna*: **37**,80. 110. 121. 131. Siehe die Anmerkung zu **12**,22, mit weiteren Belegen.

37,106 Siehe die Anmerkung zu **2**,124.

37,108–111 Belege in der Anmerkung zu **37**,78–81.

37,112f.: **19**,49f.; **21**,72f.; **37**,101, mit weiteren Belegen. — *nabīyan mina ṣ-ṣāliḥīna*: **3**,39; **29**,27; **19**,49; **57**,26; **45**,16. — *wa-min ḏurrīyatihimā muḥsinun wa-ẓālimun li-nafsihī mubīnun*: **67**,26; **2**,124. Siehe die Anmerkung zu diesem Vers.

37,114–122 Zur Geschichte von Mose (und Aaron) siehe die Anmerkung zu **7**,103–137 (mit Aufzählung weiterer Belegstellen). Siehe auch die Anmerkung zu **37**,75–82.

37,115: **37**,76; **21**,76 (beide Belege in der Geschichte von Noah).

37,116: **37**,171–173; **58**,21; **5**,56. — *wa-naṣarnāhum*: **21**,77; **3**,160, mit weiteren Belegen. — *fa-kānū humu l-ġālibīna*: **28**,35; **20**,68; (**7**,113; **26**,40. 41. 44).

37,117f.: **17**,2, mit weiteren Belegen.

37,119–122: Belege in der Anmerkung zu **37**,78–81.

37,123–132 Zu Ilyās = Elias siehe Horovitz, Koranische Untersuchungen, S. 99; Speyer, S. 406. Elias ist sonst nur noch in **6**,85 kurz als einer der *ṣāliḥūn* erwähnt. — Siehe auch die Anmerkung zu **37**,75–82.

37,123: **37**,133 (Lot). 139 (Jonas); (**2**,252/**36**,3: Mohammed).

37,124 *iḏ qāla*... Verkürzter Zeitsatz. Siehe Einleitung zur Übersetzung, S. 3f.

37,125 Zum Gottesnamen Baʿl siehe Horovitz, Koranische Untersuchungen, S. 101. — *wa-taḏarūna aḥsana l-ḫāliqīna*: **23**,14.

37,126 *(wa-rabba) ābā'ikumu l-auwalīna*: **26**,26; **44**,8. Siehe die Anmerkung zu **23**,24.

37,127 *fa-innahum la-muḥḍarūna*: **37**,158; **30**,16/**34**,38; **28**,61, mit weiteren Belegen.

37,128: **37**,40/74/160. 169; **12**,24. Siehe die Anmerkung zu diesem Vers, mit weiteren Belegen.

37,129–132 Belege in der Anmerkung zu **37**,78–81. — *salāmun ʿalā Il Yāsīna*. Die Form des Namens ist durch den Reimzwang bedingt.

37,133–138 Belege zur Geschichte von Lot in der Anmerkung zu **7**,80–84. Siehe auch die Anmerkung zu **37**,75–82.

37,133: **37**,123 (Elias). 139 (Jonas); (**2**,252/**36**,3: Mohammed).

37,134f.: **26**,170f.; **27**,57; **7**,83, mit weiteren Belegen. — *iḏ naǧǧaināhu*... Verkürzter Zeitsatz. Siehe Einleitung zur Übersetzung, S. 3f. — *fī l-ġābirīna*. Die Deutung des Ausdrucks ist nicht sicher. Siehe die Anmerkung zu **7**,83.

37,136: **26**,172; (**26**,66).

37,137f.: **25**,40; **11**,83. 89; **29**,35; **51**,37; **15**,76(?); (**12**,105); (**26**,174); (**7**,84).

37,139–148 Zur Geschichte von Jonas siehe die Anmerkung zu **21**,87f., mit weiteren Belegen. Siehe auch die Anmerkung zu **37**,75–82.

37,139: **37**,123 (Elias). 133 (Lot); (**2**,252/**36**,3: Mohammed).

37,140 *iḏ abaqa*... Verkürzter Zeitsatz. Siehe Einleitung zur Übersetzung, S. 3f. — *ilā l-fulki l-mašḥūni*: (**26**,119; **36**,41, von der Arche Noahs).

37,142 *wa-huwa mulīmun*: **51**,40 (Pharao).

37,143f.: **21**,87; **68**,48.

37,145: **68**,49. In der vorliegenden Stelle wird gesagt, daß Jonas tatsächlich an einer kahlen Stelle an Land geworfen wurde. In der Belegstelle (**68**,49) heißt es dagegen, ihm *wäre* es so ergangen, wenn Gott ihm nicht Gnade erwiesen hätte.

37,148 *(fa-āmanū) fa-mattaʿnāhum ilā ḥīnin*: **10**,98. Weitere Belege in der Anmerkung zu **2**,36.

37,149–155: **52**,39; **17**,40; **43**,15–19; **16**,57–59; **53**,19–28; **2**,116, mit weiteren Belegen. — *mā lakum kaifa taḥkumūna* (V. 154): **68**,36; **10**,35; (**6**,136, mit weiteren Belegen).

37,156f.: **3**,151, mit weiteren Belegen; **68**,37f.

37,158f.: **6**,100. Siehe die Anmerkung zu diesem Vers, mit weiteren Belegen (auch speziell zu *subḥāna llāhi ʿammā yaṣifūna*). — *innahum la-muḥḍarūna*: **37**,127, mit weiteren Belegen.

37,160: **37**,40/74/128. 169; **12**,24. Siehe die Anmerkung zu diesem Vers, mit weiteren Belegen.

37,161–163 Der Passus *mā antum ʿalaihi bi-fātinīna* wird von den Kommentatoren verschieden gedeutet. Das Suffix der 3. Person in *ʿalaihi* ist vermutlich auf *mā taʿbudūna* (= „euer Götzendienst") zu beziehen. Vgl. Lisān al-ʿarab XIII (Beirut 1956), S. 319. Zamaḫšarī möchte es dagegen lieber auf Gott beziehen. Baiḍāwī schließt sich ihm an. Dementsprechend übersetzt Bell: „Not one to rebellion against Him will ye tempt". Ähnlich Blachère und Hamidullah.

37,164 Zur Konstruktion siehe Bergsträsser, Verneinungspartikeln, S. 36, Anm. 4.

37,165 Belege in der Anmerkung zu **37**,1–3. Siehe die Anmerkung zu **24**,41.

37,167–169: **35**,42; **6**,157; (**6**,109). — *la-kunnā ʿibāda llāhi l-muḫlaṣīna*: **37**,40/74/128/160; **12**,24. Siehe die Anmerkung zu diesem Vers, mit weiteren Belegen.

37,171–173: **58**,21; **5**,56; **37**,116, mit weiteren Belegen.

37,174f.: **37**,178f.; **68**,5. — *fa-tawalla ʿanhum ḥattā ḥīnin*: auch (**23**,54); (**51**,54); (**32**,30); (**53**,29).

37,176: **26**,204; **10**,50, mit weiteren Belegen.

37,177 *fa-sāʾa ṣabāḥu l-munḏarīna*: (**26**,173/**27**,58); (**37**,73).

37,178f.: **37**,174f., mit weiteren Belegen.

37,180: **37**,159; **6**,100, mit weiteren Belegen.

37,181f.: **27**,59; **37**,79. 109. 120. 130.

SURE 38

38,1 Über die Buchstaben, die einzelnen Suren vorgesetzt sind, siehe die Anmerkung zu **2**,1, mit Literaturangaben. Der Buchstabe *ṣ* findet sich nur vor Sure **38**. — *wal-qurʾāni ḏī ḏ-ḏikri*: **50**,1; **36**,1f. Speziell zu *ḏī ḏ-ḏikri*: **54**,17/22/32/40; **36**,69; **17**,41; **39**,27; **50**,45; **38**,8, mit weiteren Belegen.

38,2 *fī ʿizzatin*: **4**,139, mit weiteren Belegen. — *wa-šiqāqin*: **2**,137. Siehe die Anmerkung zu diesem Vers.

38,3 *kam ahlaknā min qablihim min qarnin*. Belege in den Anmerkungen zu **6**,6 und **17**,17.

38,4 *wa-'ağibū an ğā'ahum mundirun minhum*: **50**,2; **10**,2; **7**,63, mit weiteren Belegen; **38**,8. — *hādā sāḥirun kaddābun*: **40**,24; **7**,109, mit weiteren Belegen; (**54**,25f.).

38,5 *inna hādā la-šai'un 'uğābun*: **50**,2; (in anderem Zusammenhang: **11**,72).

38,6 *wa-ṣbirū 'alā ālihatikum*: **25**,42.

38,7 *mā sami'nā bi-hādā fī l-millati l-āḫirati*: **23**,24/**28**,36. Bell übersetzt: „We have not heard of this, (not) in the (very) last form of religion", und bemerkt dazu: „The sense is uncertain, probably ‚in any religion whatever'." Tor Andrae meint (Mohammed, Göttingen 1932, S. 98), der Ausdruck *al-milla al-āḫira* beziehe sich vielleicht auf das Christentum.

38,8 *a-unzila 'alaihi d-dikru min baininā*: **54**,25; **38**,4; **7**,63, mit weiteren Belegen. — *bal hum fī šakkin min dikrī*: **11**,62, mit weiteren Belegen.

38,9: **52**,37; **43**,32; **17**,100; **6**,50/**11**,31; (**15**,21); (**63**,7). Siehe die Anmerkung zu **17**,100. — *al-wahhābi*: **38**,35/**3**,8.

38,10 *am lahum mulku s-samāwāti wal-arḍi wa-mā bainahumā*: (**19**,65, mit weiteren Belegen). — *fa-l-yartaqū fī l-asbābi*: **52**,38; **17**,93; (**40**,36f.); (**22**,15); (**6**,35); (**15**,14f.).

38,11 Zum Ausdruck *ğundun mā* siehe Nöldeke, Zur Grammatik, S. 61. — *mahzūmun*: (**54**,45?). — Zur Bedeutung des Ausdrucks *al-aḥzāb* in der vorliegenden Stelle (einschließlich Vers 13) sowie in **40**,5 und **40**,30f. siehe die Anmerkung zu **11**,17. Siehe auch Ibn Qutaiba, Ta'wīl muškil al-qur'ān, Kairo 1373/1954, S. 272f.

38,12–14: **40**,5; **22**,42–44; **50**,12–14; **54**,9; **26**,105; **10**,39, mit weiteren Belegen. — Zur Geschichte von Noah siehe die Belege in der Anmerkung zu **7**,59–64. Zur Geschichte der 'Ād: Anmerkung zu **7**,65–72. — *wa-Fir'aunu dū l-autādi*: **89**,10; (**7**,137). Speyer sieht in der Bezeichnung Pharaos als *dū l-autādi* eine Anspielung auf den (dem Nimrod zugeschriebenen) Bau des Turmes von Babel (S. 283). Zur Geschichte von Pharao: Anmerkung zu **7**,103–137. — Zur Geschichte der Ṯamūd: Anmerkung zu **7**,73–79. Zur Geschichte von Lot: Anmerkung zu **7**,80–84. Zur Geschichte der „Leute des Dickichts" (*Aṣḥāb al-Aika*): Anmerkungen zu **15**,78f. und **7**,85–93. — *in kullun illā kaddaba r-rusula fa-ḥaqqa 'iqābi*: **50**,14. Speziell zu *fa-ḥaqqa 'iqābi*: **10**,33, mit weiteren Belegen.

38,15: **36**,49; **36**,29. 53; **11**,67, mit weiteren Belegen.

38,17–28 Belege zur Person und Geschichte Davids in der Anmerkung zu **21**,78–80.

38,17 *iṣbir 'alā mā yaqūlūna*: **20**,130; **50**,39; **73**,10. Weitere Belege in der Anmerkung zu **20**,130. — *Dāwūda dā l-aidi*. Das von *dā* im Genitiv abhängige *al-aid(i)* ist aus der Wurzel *'yd* abzuleiten. David wird vielleicht deshalb als „der Starke" bezeichnet, weil er Goliath getötet hat (**2**,251). Wenn es von *yad* „Hand" abzuleiten wäre (als gebrochener Plural), müßte es *dā l-aidī* (mit langem *ī*) lauten. Vgl. **38**,45: *ulī l-aidī wal-abṣāri*. Die Übersetzung ist entsprechend zu berichtigen. — *innahū auwābun*: **38**,30/44; **50**,32; **17**,25; (**38**,19); (**34**,10).

38,18f.: **21**,79; **34**,10. Zur Sache: Speyer, S. 381f. — *yusabbiḥna bil-ʿašīyi wal-išrāqi*: **3**,41, mit weiteren Belegen. — *waṭ-ṭaira*: auch **24**,41; **16**,79; **67**,19.

38,20 *wa-šadadnā mulkahū wa-ātaināhu l-ḥikmata*: **2**,251; (**21**,78f.). — *wa-faṣla l-ḫiṭābi*: (**38**,23: *wa-ʿazzanī fī l-ḫiṭābi*).

38,21–25 Zur Sache: Speyer, S. 378–380 (Speyers Hinweis auf 1. Sam. 12–15 ist zu verbessern in 2. Sam. 12,1–4).

38,21f. *hal atāka nabaʾu...*: **20**,9, mit weiteren Belegen. — *iḏ tasauwarū l-miḥrāba iḏ daḫalū*... Verkürzte Zeitsätze. Siehe Einleitung zur Übersetzung, S. 3f. — *fa-ḥkum bainanā bil-ḥaqqi*: **38**,26.

38,24f. *wa-inna kaṯīran mina l-ḫulaṭāʾi la-yabġī baʿḍuhum ʿalā baʿḍin*: **2**,220. Siehe die Anmerkung zu diesem Vers. — Der mittlere Teil von Vers 24 (von *wa-inna kaṯīran* bis *wa-qalīlun mā hum*) könnte statt als Ausspruch Davids auch als allgemeine Feststellung verstanden werden. Blachère und Hamidullah übersetzen dementsprechend. — *wa-ḫarra rākiʿan*. A. J. Wensinck (Mohammed en de Joden te Medina, Leiden 1908, S. 104) nimmt an, daß Mohammed die Termini *rakaʿa* und *saǧada* nicht immer auseinandergehalten hat. Demnach müßte es in **38**,24 statt *wa-ḫarra rākiʿan* eigentlich heißen: *wa-ḫarra sāǧidan* („fiel in Anbetung nieder"). — *wa-inna lahū ʿindanā la-zulfā wa-ḥusna maʾābin*: **38**,40. — Speziell zu *zulfā*: **34**,37; **39**,3. Speziell zu *wa-ḥusna maʾābin*: **38**,40 (s. o.); **38**,49; **3**,14; **13**,29. Umgekehrt **38**,55: *la-šarra maʾābin*.

38,26 *innā ǧaʿalnāka ḫalīfatan fī l-arḍi*: **6**,165, mit weiteren Belegen. Siehe auch die Anmerkung zu **2**,30. — *fa-ḥkum baina n-nāsi bil-ḥaqqi*: **38**,22; (**5**,49). — *bi-mā nasū yauma l-ḥisābi*: **32**,14; **7**,51; **45**,34f.

38,27 *wa-mā ḫalaqnā s-samāʾa wal-arḍa wa-mā bainahumā bāṭilan*: **3**,191; **44**,38f.; **6**,73, mit weiteren Belegen. — *fa-wailun li-llaḏīna kafarū mina n-nāri*: **19**,37; **43**,65; **51**,60.

38,28: **68**,35; **45**,21.

38,29: **6**,92; **6**,155; **21**,50; **14**,52. — *wa-li-yataḏakkara ulū l-albābi*: **14**,52; **38**,43; **2**,269, mit weiteren Belegen.

38,30–40 Belege zur Person und Geschichte Salomos in der Anmerkung zu **21**,81f.

38,30 *wa-wahabnā li-Dāwūda Sulaimāna*: (**27**,16). — *niʿma l-ʿabdu innahū auwābun*: **38**,44; **38**,17, mit weiteren Belegen.

38,31–33 Zur Sache: Speyer, S. 398f. — *innī aḥbabtu ḥubba l-ḫairi*: **100**,8; **89**,20; (**2**,177; **76**,8); (**3**,92); (**9**,24). — *ḥattā tawārat bil-ḥiǧābi*. Als Subjekt ist *aš-šamsu* zu ergänzen. Siehe Nöldeke, Zur Grammatik, S. 78. — *fa-ṭafiqa masḥan bis-sūqi wal-aʿnāqi*. Speyer übersetzt: „Und er begann, die Schenkel und Hälse zu zerschlagen". Blachère: „et il se mit à leur trancher les jarrets et le col". Bell dagegen übersetzt: „Then he began to stroke their legs and their necks", und bemerkt dazu mit Recht: „Usually ‚with the sword' is supplied, implying that he mutilated them, but the natural sense is that he fondled them".

38,34 Zur Sache: Speyer, S. 399–401.

38,35 Speyer, S. 383f. — *innaka anta l-wahhābu*: **3**,8; **38**,9.

38,36: **21**,81; **34**,12. Speyer, S. 385.

38,37f.: **21**,82; **34**,12f. Speyer, S. 386f. — *muqarranīna fī l-aṣfādi*: **14**,49; **25**,13.

38,40: **38**,25. Weitere Belege in der Anmerkung zu **38**,24f.

38,41–44: Belege zur Geschichte von Hiob in der Anmerkung zu **21**,83f.

38,41: **21**,83. Speyer, S. 410f.

38,42 Zur Sache: Hirschfeld, New Researches, S. 64. Hirschfeld vermutet, daß der Passus mit dem (Heilung bringenden) kühlen Bad letzten Endes auf die Geschichte von Na'amān zurückgeht, der nach 2. Könige 5,10–14 auf Rat des Propheten Elisa im Jordan badet und dadurch vom Aussatz geheilt wird. Speyer (S. 141) denkt sogar an eine Nachwirkung der Geschichte von Hagar und Ismael (mit Verweis auf 1. Mose 21,9–21).

38,43: **21**,84. — *wa-ḏikrā li-ulī l-albābi*: **40**,54; **39**,21; **38**,29; **2**,269, mit weiteren Belegen.

38,44 *wa-ḫuḏ bi-yadika ḍiġṯan fa-ḍrib bihī wa-lā taḥnaṯ*. Dieser Passus wird in den Kommentaren damit erklärt, daß Hiob geschworen habe, seiner Frau hundert Schläge zu verabreichen, und daß dieser Schwur nunmehr auf die mildeste Weise eingelöst werden solle. Bell dagegen verweist auf die Geschichte von Elisa und Joas, 2. Könige 13,14–19. — *ni'ma l-'abdu innahū auwābun*: **38**,30; **38**,17, mit weiteren Belegen.

38,45–47: **6**,84, mit weiteren Belegen. — Es ist zu beachten, daß Abraham, Isaak und Jakob gemeinsam aufgeführt werden, Ismael dagegen erst nachträglich in Vers 48 (zusammen mit Elisa und Ḏū l-Kifl). Siehe die Anmerkung zu **2**,125.

38,48 *wa-ḏkur Ismā'īla wal-Yasa'a*: **6**,86; **21**,85. Siehe die Anmerkung zu **6**,86. — *wa-Ḏā l-Kifli*: **21**,85. Siehe Horovitz, Koranische Untersuchungen, S. 113; EI², Artikel Dhū 'l-Kifl (G. Vajda). John Walker (Who is Dhu 'l-Kifl?, The Moslem World 16, 1926, S. 399–401) meint den Träger dieses Namens mit Hiob identifizieren zu können. G. Vajda hält dies zwar nicht für sicher, aber doch auch nicht für unwahrscheinlich. Gegen die These von Walker spricht aber der Umstand, daß Hiob sowohl in der vorliegenden Sure als auch in Sure **21** kurz vor der Nennung von Ḏū l-Kifl in einem besonderen Abschnitt unter seinem eigenen Namen genannt wird (**38**,41–44; **21**,83f.).

38,49 *hāḏā ḏikrun*: **21**,50; (**6**,92/155); (**38**,87/**81**,27; **68**,52; **6**,90). — *wa-inna lil-muttaqīna la-ḥusna ma'ābin*: **38**,25/40; **3**,14; **13**,29. Umgekehrt **38**,55: *la-šarra ma'ābin.*

38,50 Zum Ausdruck *ǧannāti 'Adnin* siehe die Anmerkung zu **9**,72. — *mufattaḥatan lahumu l-abwābu*: **39**,73; (**13**,23).

38,51 *muttaki'īna fīhā*: **18**,31, mit weiteren Belegen. — *yad'ūna fīhā bi-fākihatin kaṯīratin*: **44**,55; **36**,57, mit weiteren Belegen. — *wa-šarābin*: **76**,21.

38,52 *wa-'indahum qāṣirātu ṭ-ṭarfi*: **37**,48; **55**,56. — *atrābun*: **78**,33; **56**,37.

38,53f.: **50**,32; **51**,22; **19**,62.

38,55 Zur Ausdrucksweise *hāḏā wa-inna*...: **38**,57 (*hāḏā fa-l-yaḏūqūhu*). Vgl. **22**,30. 32. 60 (*ḏālika wa-man*...); **65**,5 (*ḏālika amru llāhi anzalahū ilaikum wa-man yattaqi*...); **47**,4 (*ḏālika wa-lau*...). — *la-šarra ma'ābin*. Umgekehrt **38**,49 (*la-ḥusna ma'ābin*), mit weiteren Belegen.

38,56: **14**,29; **58**,8; (**38**,59f.); (**4**,115). — *fa-bi'sa l-mihādu*: **2**,206, mit weiteren Belegen.

38,57: **78**,24f.; **6**,70, mit weiteren Belegen.

38,59f.: **14**,29; **38**,56; **58**,8; **4**,115.

38,61 *fa-zidhu 'aḏāban ḍi'fan fī n-nāri*: **7**,38; **33**,68.

38,62f. Die Verse 62 und 63 sind schwer zu verstehen. Bell übersetzt: „They say too: ‚How is it that we see not men whom we used to count among the wicked, And whom we took (Var. lect. ‚Did we take them?') as a butt of ridicule? Or have they eluded our eyes?' ", und bemerkt dazu: „The reference in vv. 62, 63 is to Muhammad's followers who, of course, are not there". — *a-ttaḫaḏnāhum siḫrīyan*. Statt *a-ttaḫaḏnāhum* wird auch die Lesart *ittaḫaḏnāhum* (ohne Fragepartikel) überliefert. Bergsträsser (Verneinungspartikeln, S. 102, Anm. 1) entscheidet sich für diese Variante. Aber auch so sind noch nicht alle Schwierigkeiten im Verständnis des Textzusammenhangs behoben. — *am zāġat 'anhumu l-abṣāru*: (**33**,10); (**53**,17). In der Übersetzung muß es heißen: Oder kann man sie (nur) nicht recht sehen (während sie in Wirklichkeit doch anwesend sind)? Wörtlich: Oder ist der Blick von ihnen abgeschweift?

38,64 *inna ḏālika la-ḥaqqun*: **51**,23; (**3**,62); (**18**,13); (**11**,120).

38,65f. *innamā ana munḏirun*: **13**,7; **79**,45; **38**,70; **15**,89, mit weiteren Belegen. — *al-wāḥidu l-qahhāru*: **12**,39, mit weiteren Belegen. — *rabbu s-samāwāti wal-arḍi wa-mā bainahumā*: **19**,65, mit weiteren Belegen.

38,67f.: **78**,2f. — Vers 68 ist am besten als Relativsatz (*ṣifa*) zum vorausgehenden indeterminierten Ausdruck *naba'un 'aẓīmun* zu verstehen. Die Übersetzung ist entsprechend zu berichtigen. — Mit Vers 67 setzt ein neuer Reim ein. Siehe Gesch. des Qor. I, S. 131. In der Übersetzung ist deshalb Vers 67 besser einzurücken, während umgekehrt Vers 71 an den vorausgehenden Vers 70 unmittelbar angeschlossen werden kann.

38,69f.: 3,44; **12**,102; **11**,49. — *bil-mala'i l-a'lā*: **37**,8. — *annamā ana naḏīrun mubīnun*: **38**,65; **15**,89, mit weiteren Belegen.

38,71–85: **15**,26–43, mit weiteren Belegen. Zur Sache: Speyer, S. 54–60.

38,71f.: **15**,28f., mit weiteren Belegen.

38,73f.: **15**,30f., mit weiteren Belegen.

38,75f.: **7**,12; **15**,32f.; **17**,61.

38,77f.: **15**,34f.; **7**,13; (**17**,63).

38,79–81: **15**,36–38; **7**,14f.

38,82f.: **15**,39f.; **7**,16f.; **17**,64f. — *illā 'ibādaka minhumu l-muḫlaṣīna*: **15**,40 (s. o.); **12**,24, mit weiteren Belegen.

38,84 (Siehe auch A. Fischer, Der Islam 28, 1948, S. 21f.).

38,85: **7**,18, mit weiteren Belegen.

38,86f.: **6**,90, mit weiteren Belegen. — *in huwa illā ḏikrun lil-ʿālamīna*: **12**,104/**81**,27; **68**,52; **6**,90 (s. o.); **74**,31; **36**,69; **73**,19, mit weiteren Belegen.

SURE 39

39,1: **45**,2/**46**,2; **40**,2; **32**,2; **41**,2. 42; **56**,80/**69**,43; **26**,192; **36**,5; **10**,37. Siehe auch die Anmerkung zu **40**,1.

39,2 *innā anzalnā ilaika l-kitāba bil-ḥaqqi*: **4**,105/**5**,48; **39**,41; **13**,1, mit weiteren Belegen. — *fa-ʿbudi llāha muḫliṣan lahu d-dīna*: **39**,11. 14; **7**,29, mit weiteren Belegen.

39,3 *illā li-yuqarribūnā ilā llāhi zulfā*: **34**,37; (**38**,25/40); **46**,28(?). — *inna llāha yaḥkumu bainahum fī mā hum fīhi yaḫtalifūna*: **39**,46; **2**,113, mit weiteren Belegen. — *inna llāha lā yahdī man huwa kāḏibun kaffārun*: (**40**,28).

39,4: **37**,149–155, mit weiteren Belegen; **2**,116, mit weiteren Belegen.

39,5 *ḫalaqa s-samāwāti wal-arḍa bil-ḥaqqi*: **6**,73, mit weiteren Belegen. — *yukauwiru l-laila ʿalā n-nahāri wa-yukauwiru n-nahāra ʿalā l-laili*: **3**,27, mit weiteren Belegen; (**81**,1). — *wa-saḫḫara š-šamsa wal-qamara kullun yağrī li-ağalin musammān*: **13**,2/**35**,13; **31**,29. Weitere Belege in der Anmerkung zu **13**,2. Zum Ausdruck *ağal musammā* siehe die Anmerkung zu **6**,2.

39,6 *ḫalaqakum min nafsin wāḥidatin ṯumma ğaʿala minhā zauğahā*: **7**,189; **4**,1, mit weiteren Belegen. — *wa-anzala lakum mina l-anʿāmi ṯamāniyata azwāğin*: **6**,143. Zur Verwendung des Ausdrucks *anzala (IV)*: **10**,59 (siehe die Anmerkung dazu); (**7**,26). — *yaḫluqukum fī buṭūni ummahātikum ḫalqan min baʿdi ḫalqin fī ẓulumātin ṯalāṯin*: **23**,13f.; **53**,32; **16**,78; **22**,5. — *ḏālikumu llāhu rabbukum*: **10**,32; **6**,102, mit weiteren Belegen. — *fa-annā tuṣrafūna*: **10**,32; **40**,69.

39,7 *in takfurū fa-inna llāha ġanīyun ʿankum*. Bedingungssatz mit Verschiebung. Siehe Einleitung zur Übersetzung, S. 4. Belege in der Anmerkung zu **4**,131. — *wa-lā taziru wāziratun wizra uḫrā*: **6**,164, mit weiteren Belegen. — *ṯumma ilā rabbikum marğiʿukum fa-yunabbiʾukum bi-mā kuntum taʿmalūna*: **6**,60, mit weiteren Belegen.

39,8: **30**,33f.; **16**,53–55; **39**,49; **10**,12, mit weiteren Belegen. — *wa-ğaʿala li-llāhi andādan li-yuḍilla ʿan sabīlihī*: **14**,30. Weitere Belege in der Anmerkung zu diesem Vers. — *tamattaʿ bi-kufrika qalīlan*: **16**,55/**30**,34; **29**,66. Zur Bedeutung von *tamattaʿa (V)* siehe die Anmerkung zu **2**,36.

39,9 Der Fragesatz, mit dem der Vers beginnt, ist nicht zu Ende geführt. Siehe Bergsträsser, Verneinungspartikeln, S. 105 und 97. — *huwa qānitun ānāʾa l-laili sāğidan wa-qāʾiman*: **3**,113; **2**,238; **20**,130. — *innamā yataḏakkaru ulū l-albābi*: **13**,19; **2**,269, mit weiteren Belegen.

39,10 *li-llaḏīna aḥsanū fī hāḏihi d-dunyā ḥasanatun*: **16**,30. 41; **7**,156. — *wa-arḍu llāhi wāsiʿatun*: **29**,56; **4**,97. 100. — *innamā yuwaffā ṣ-ṣābirūna ağrahum*:

3,56f., mit weiteren Belegen. — *bi-ġairi ḥisābin*. Siehe die Anmerkung zu **3**,27, mit weiteren Belegen.

39,11: **39**,14; **98**,5; **7**,29, mit weiteren Belegen.

39,12: **6**,14. 163; **10**,72, mit weiteren Belegen.

39,13: **6**,15; **10**,15; (**7**,59, mit weiteren Belegen); (**11**,63).

39,14: **39**,11; **98**,5; **7**,29.

39,15 *inna l-ḫāsirīna llaḏīna ḫasirū anfusahum wa-ahlīhim yauma l-qiyāmati*: **42**,45; **6**,12, mit weiteren Belegen.

39,16 *lahum min fauqihim ẓulalun mina n-nāri wa-min taḥtihim ẓulalun*: **29**,55; (**7**,41). Zur Sache: A. S. Yahuda, Ignace Goldziher Memorial Volume, I, Budapest 1948, S. 285: „the idolators will have ‚booths of fire' *ẓulal min nār* above their heads, and inverted booths of fire beneath them, thus they will be shut in them like in a covered pot".

39,17 *wa-llaḏīna ǧtanabū ṭ-ṭāġūta an ya'budūhā*: **16**,36; **5**,3. 90. Zum Ausdruck *aṭ-ṭāġūt* siehe die Anmerkung zu **4**,60, zur Etymologie die Anmerkung zu **2**,256. — *lahumu l-bušrā*: **10**,64; (**41**,30–32).

39,18 *fa-yattabi'ūna aḥsanahū*: **39**,55; (**7**,145).

39,19 *a-fa-man ḥaqqa 'alaihi kalimatu l-'aḏābi*: **39**,71; **10**,33, mit weiteren Belegen. Der Fragesatz, mit dem der Vers beginnt, ist nicht zu Ende geführt. (Siehe Bergsträsser, Verneinungspartikeln, S. 97.)

39,20 *lahum ġurafun min fauqihā ġurafun mabnīyatun*: **29**,58; **34**,37; **25**,75. — *taǧrī min taḥtihā l-anhāru*. Siehe die Anmerkung zu **2**,25. — *wa'da llāhi lā yuḫlifu llāhu l-mī'āda*: **30**,6; **4**,122, mit weiteren Belegen; **3**,9, mit weiteren Belegen.

39,21 Zu dem Hinweis auf die Kurzlebigkeit des Pflanzenwuchses siehe die Anmerkung zu **3**,117, mit weiteren Belegen. Für die vorliegende Stelle, die typologisch als „Beispiel aus der Natur" zu bezeichnen ist, kommen besonders in Betracht: **57**,20; **30**,51; **18**,45; **10**,24; **32**,27. — Speziell zu *ṯumma yahīǧu fa-tarāhu muṣfarran ṯumma yaǧ'aluhū ḥuṭāman*: **57**,20; **30**,51. Das Verbum *hāǧa, yahīǧu* bedeutet eigentlich „in Bewegung kommen", „sich erregen", „sich erheben". Die Kommentatoren geben jedoch für die vorliegende Stelle (und **57**,20) die Bedeutung „vertrocknen" an. Zamaḫšarī paraphrasiert *yahīǧu* mit *yatimmu ǧafāfuhū* und bemerkt dazu unter Berufung auf Aṣma'ī: *li-annahū iḏā tamma ǧafāfuhū ḥāna lahū an yaṯūra 'an manābitihī wa-yaḏhaba*. — *inna fī ḏālika la-ḏikrā li-ulī l-albābi*: **38**,43; **40**,54; **2**,269, mit weiteren Belegen.

39,22 *a-fa-man šaraḥa llāhu ṣadrahū lil-islāmi*: **6**,125. — Der Fragesatz, mit dem der Vers beginnt, ist nicht zu Ende geführt. Siehe Bergsträsser, Verneinungspartikeln, S. 97.

39,23 Zum Ausdruck *mutašābihan* siehe die Anmerkung zu **3**,7, zum Ausdruck *maṯāniya* die Anmerkung zu **15**,87. — *ḏālika hudā llāhi yahdī bihī man yašā'u*: **6**,88. — *wa-man yuḍlili llāhu fa-mā lahū min hādin*: **39**,36/**13**,33/**40**,33; **7**,186; (**45**,23).

39,24 Der Fragesatz, mit dem der Vers beginnt, ist nicht zu Ende geführt.

(Siehe Bergsträsser, Verneinungspartikeln, S. 97.)— *wa-qīla liẓ-ẓālimīna ḏūqū mā kuntum taksibūna*: **7**,39; **10**,52; (**29**,55). Zur Bedeutung von *kasaba* siehe die Anmerkung zu **2**,79.

39,25 *kaḏḏaba llaḏīna min qablihim*: **10**,39, mit weiteren Belegen. — *fa-atāhumu l-ʿaḏābu min ḥaiṯu lā yašʿurūna*: **16**,26, mit weiteren Belegen.

39,26 *fa-aḏāqahumu llāhu l-ḫizya fī l-ḥayāti d-dunyā*: **41**,16; **2**,85; **2**,114/**5**,33/41; **22**,9; (**32**,21). — *wa-la-ʿaḏābu l-āḫirati akbaru lau kānū yaʿlamūna*: **68**,33; **32**,21; **88**,24; (**16**,41). Speziell zu *lau kānū yaʿlamūna*: **68**,33 (s. o.); **2**,102, mit weiteren Belegen.

39,27: **30**,58; **17**,89/**18**,54; (**47**,3). Siehe die Anmerkung zu **30**,58.

39,28 *qurʾānan ʿarabīyan*: **12**,2, mit weiteren Belegen. — *ġaira ḏī ʿiwağin*: **18**,1.

39,29 *wa-rağulan salaman li-rağulin*. Zur Bedeutung des Ausdrucks *salaman (li-rağulin)* siehe H. Ringgren, Islam, 'aslama and muslim, Uppsala 1949, S. 12f. — *hal yastawiyāni maṯalan*: **11**,24.

39,31: **50**,27f.; **26**,96.

39,32: **29**,68. — *fa-man aẓlamu mimman kaḏaba ʿalā llāhi*: **6**,21, mit weiteren Belegen. — *wa-kaḏḏaba biṣ-ṣidqi iḏ ğāʾahū*: **29**,68 (s. o.); **6**,5; **50**,5. — *a-laisa fī ğahannama maṯwān lil-kāfirīna*: **29**,68 (s. o.); (**39**,60).

39,34 *lahum mā yašāʾūna ʿinda rabbihim*: **42**,22; **16**,31/**25**,16; **50**,35.

39,35 *li-yukaffira llāhu ʿanhum aswaʾa llaḏī ʿamilū*: (**41**,27: Umkehrung). Statt *aswaʾa llaḏī ʿamilū* heißt es sonst regelmäßig ohne Elativ *saiyiʾātihim* (z.B. **29**,7). In der Übersetzung der vorliegenden Stelle muß es übrigens heißen: ihre schlechtesten Taten (siehe Nachtrag). Hans Wehr vertritt allerdings die These, daß die Elative *aswaʾa* und *(bi-)aḥsani* (s. u.) hier durch den Gegensatz bedingt sind und die superlativische Übersetzung nicht gerechtfertigt ist (Der arabische Elativ, Wiesbaden 1952, S. 33). — *wa-yağziyahum ağrahum bi-aḥsani llaḏī kānū yaʿmalūna*: **29**,7 (s. o.); **9**,121, mit weiteren Belegen.

39,36 *yuḫauwifūnaka bi-llaḏīna min dūnihī*: **3**,175. Siehe die Anmerkung zu diesem Vers. — *allaḏīna min dūnihī*: **39**,45; **31**,11. — *wa-man yuḍlili llāhu fa-mā lahū min hādin*: **39**,23, mit weiteren Belegen.

39,37 *wa-man yahdi llāhu fa-mā lahū min muḍillin*: **7**,178; **17**,97/**18**,17. — *a-laisa llāhu bi-ʿazīzin ḏī ntiqāmin*: **3**,4/**5**,95; **14**,47.

39,38 *wa-la-in saʾaltahum man ḫalaqa s-samāwāti wal-arḍa la-yaqūlunna llāhu*: **31**,25; **43**,9; **29**,61; (**43**,87). — *in arādaniya llāhu bi-ḍurrin hal hunna kāšifātu ḍurrihī au arādanī bi-raḥmatin hal hunna mumsikātu raḥmatihī*: **6**,17; **10**,107; **35**,2; (**6**,41, mit weiteren Belegen); **67**,21.

39,39f.: **11**,93; **6**,135; **11**,121f.; (**17**,84); (**41**,5); **11**,39.

39,41 *innā anzalnā ʿalaika l-kitāba lin-nāsi bil-ḥaqqi*: **39**,2/**4**,105/**5**,48; **13**,1, mit weiteren Belegen. — *fa-mani htadā fa-li-nafsihī wa-man ḍalla fa-innamā yaḍillu ʿalaihā wa-mā anta ʿalaihim bi-wakīlin*: **10**,108, mit weiteren Belegen.

39,42: **6**,60; (**6**,2); (**10**,104). Zur Bedeutung des Ausdrucks *ağal musammā* siehe die Anmerkung zu **6**,2. Zur Sache: H. Ringgren, Studies in Arabian

Fatalism, Uppsala-Wiesbaden 1955, S. 94; D. B. Macdonald, The Development of the Idea of Spirit in Islam (Acta Orientalia 9, 1931, S. 307–351), S. 320f. und 325.

39,43 *ami ttaḫaḏū min dūni llāhi šufaʿāʾa*: **21**,24; **42**,9; **10**,18, mit weiteren Belegen.

39,45: **40**,12; **17**,46; (**38**,5); (**7**,70). — *allaḏīna min dūnihī*: **39**,36; **31**,11.

39,46 *ʿālima l-ġaibi waš-šahādati*: **6**,73, mit weiteren Belegen. — *anta taḥkumu baina ʿibādika fī mā kānū fīhi yaḫtalifūna*: **39**,3; **2**,113, mit weiteren Belegen.

39,47 *wa-lau anna li-llaḏīna ẓalamū mā fī l-arḍi ǧamīʿan wa-miṯlahū maʿahū la-ftadau bihī min sūʾi l-ʿaḏābi*: **13**,18; **5**,36; **10**,54, mit weiteren Belegen. — *wa-badā lahum mina llāhi mā lam yakūnū yaḥtasibūna*: **6**,28; **45**,33.

39,48: **45**,33; **6**,10, mit weiteren Belegen; **16**,34. — Zur Bedeutung von *kasaba* siehe die Anmerkung zu **2**,79.

39,49: **39**,8; **30**,33f.; **16**,53f.; **10**,12, mit weiteren Belegen. — *innamā ūtītuhū ʿalā ʿilmin*: **28**,78; (**44**,32?). — *bal hiya fitnatun*: **21**,35; **7**,168; (**6**,165, mit weiteren Belegen).

39,50 *fa-mā aġnā ʿanhum mā kānū yaksibūna*: **15**,84. Siehe die Anmerkung zu diesem Vers, mit weiteren Belegen.

39,51 *fa-aṣābahum saiyiʾātu mā kasabū*: **16**,34; **42**,30; **28**,47; **30**,36; **4**,79. — *wa-mā hum bi-muʿǧizīna*: **16**,46; **6**,134, mit weiteren Belegen. Zur Bedeutung von *aʿǧaza (IV)* siehe die Anmerkung zu **6**,134.

39,52: **30**,37; **13**,26, mit weiteren Belegen.

39,53 *allaḏīna asrafū ʿalā anfusihim*. Siehe die Anmerkung zu **3**,147. — *lā taqnaṭū min raḥmati llāhi*: **15**,56; **12**,87.

39,54 *ṯumma lā tunṣarūna*: **11**,113; **3**,111. Siehe die Anmerkung zu diesem Vers, mit weiteren Belegen.

39,55 *wa-ttabiʿū aḥsana mā unzila ilaikum min rabbikum*: **39**,18; (**39**,23); (**7**,145). — *min qabli an yaʾtiyakumu l-ʿaḏābu baġtatan wa-antum lā tašʿurūna*: **7**,95, mit weiteren Belegen; **12**,107, mit weiteren Belegen.

39,56: **6**,31.

39,58 *lau anna lī karratan fa-akūna mina l-muḥsinīna*: **26**,102; **2**,167; (**6**,27, mit weiteren Belegen).

39,60 *wa-yauma l-qiyāmati tarā llaḏīna kaḏabū ʿalā llāhi wuǧūhuhum muswaddatun*: **3**,106. — *a-laisa fī ǧahannama maṯwān lil-mutakabbirīna*: **39**,32/**29**,68; **39**,72/**40**,76/**16**,29.

39,61 *wa-yunaǧǧī llāhu llaḏīna ttaqau bi-mafāzatihim*: **3**,188; **19**,72; **78**,31. Die Deutung des Ausdrucks *bi-mafāzatihim* ist nicht sicher. Siehe die Übersetzung. — *wa-lā hum yaḥzanūna*: **2**,62, mit weiteren Belegen.

39,63 *lahū maqālīdu s-samāwāti wal-arḍi*: **42**,12.

39,64: (**3**,83, mit weiteren Belegen).

39,65 *wa-la-qad ūḥiya ilaika wa-ilā llaḏīna min qablika*: **42**,3; (**4**,163). — Zum Ausdruck *la-yaḥbaṭanna ʿamaluka* siehe die Anmerkung zu **2**,217.

39,67 *wa-mā qadarū llāha ḥaqqa qadrihī*: **6**,91/**22**,74. — *was-samāwātu maṭ-*

wiyātun bi-yamīnihī: **21**,104. — *subḥānahū wa-ta'ālā 'ammā yušrikūna*: **10**,18/**16**,1/**30**,40; **7**,189f., mit weiteren Belegen.

39,68 *wa-nufiḫa fī ṣ-ṣūri*: **18**,99, mit weiteren Belegen; **27**,87. — *fa-iḏā hum qiyāmun yanẓurūna*. In der Übersetzung sind für die vorliegende Stelle zwei Möglichkeiten der Deutung des Ausdrucks *yanẓurūna* zur Wahl gestellt. Beide Möglichkeiten der Deutung kommen auch für **37**,19 in Betracht. Siehe den Nachtrag zu dieser Stelle.

39,69 *wa-wuḍi'a l-kitābu*: **18**,49; **17**,71, mit weiteren Belegen. — *wa-ǧī'a bin-nabīyīna waš-šuhadā'i wa-quḍiya bainahum bil-ḥaqqi*: **10**,47, mit weiteren Belegen; **39**,75.

39,70 *wa-wuffiyat kullu nafsin mā 'amilat*: **2**,281, mit weiteren Belegen. Zum Ausdruck *wuffiyat* siehe die Anmerkung zu **2**,272.

39,71 *wa-sīqa llaḏīna kafarū ilā ǧahannama zumaran...*: **19**,86; (**67**,7f.); (**27**,83); Gegensatz: **39**,73. — *wa-qāla lahum ḫazanatuhā a-lam ya'tikum rusulun minkum...*: **67**,8; **40**,50; **6**,130. — *walākin ḥaqqat kalimatu l-'aḏābi 'alā l-kāfirīna*: **39**,19; **10**,33, mit weiteren Belegen. — Vielleicht ist der Schluß von Vers 71 (von *walākin* ab) nicht mehr als direkte Rede zu verstehen.

39,72: **16**,29/**40**,76.

39,73: **39**,71 (Gegensatz). — *salāmun 'alaikum*: **10**,10, mit weiteren Belegen.

39,74 *wa-auraṯanā l-arḍa*: **21**,105; (**7**,128); (**7**,137, mit weiteren Belegen). Siehe die Anmerkung zu **21**,105. — *natabauwa'u mina l-ǧannati ḥaiṯu našā'u*: (**12**,56). — *fa-ni'ma aǧru l-'āmilīna*: **3**,136; **29**,58.

39,75 *wa-tarā l-malā'ikata ḥāffīna min ḥauli l-'arši yusabbiḥūna bi-ḥamdi rabbihim*: **40**,7; **42**,5; (**69**,17); (**7**,206, mit weiteren Belegen). — *wa-quḍiya bainahum bil-ḥaqqi*: **39**,69; **10**,47, mit weiteren Belegen. — *al-ḥamdu li-llāhi rabbi l-'ālamīna*: **10**,10; **37**,182; **1**,2, mit weiteren Belegen.

SURE 40

40,1 Über die Buchstaben, die einzelnen Suren vorgesetzt sind, siehe die Anmerkung zu **2**,1, mit Literaturangaben. Die Buchstaben *ḥm*, die am Anfang von Sure **40** stehen, finden sich auch noch vor den Suren **41**, **42** (hier ergänzt durch *'sq*), **43**, **44**, **45**, **46**. Vermutlich hat auch Sure **39** ursprünglich mit *ḥm* begonnen. Siehe Hans Bauer, Über die Anordnung der Suren und über die geheimnisvollen Buchstaben im Qoran (ZDMG 75, 1921, S. 1–20), S. 11.

40,2: **39**,1/**45**,2/**46**,2. Weitere Belege in der Anmerkung zu **39**,1.

40,3 *wa-qābili t-taubi*: **42**,25; **9**,104; (**3**,90). — *ġāfiri ḏ-ḏanbi... šadīdi l-'iqābi*: **13**,6, mit weiteren Belegen.

40,4 *mā yuǧādilu fī āyāti llāhi illā llaḏīna kafarū*: **40**,35. 56. 69; **42**,35. — *fa-lā yaġrurka taqallubuhum fī l-bilādi*: **3**,196. Weitere Belege zu *taqallubuhum fī l-bilādi*: **16**,45f.; (**47**,19).

40,5: **38**,12–14, mit weiteren Belegen. — Zur Geschichte von Noah siehe die Belege in der Anmerkung zu **7**,59–64. — Zur Bedeutung des Ausdrucks *al-aḥzāb* (in der vorliegenden Stelle sowie in **40**,30f. und **38**,11–13) siehe die Anmerkung zu **11**,17. Siehe auch Ibn Qutaiba, Ta'wīl muškil al-qur'ān, Kairo 1373/1954, S. 272f. — *wa-ǧādalū bil-bāṭili li-yudḥiḍū bihi l-ḥaqqa*: **18**,56; (**2**,42); (**3**,71). — *fa-aḫaḏtuhum fa-kaifa kāna 'iqābi*: **13**,32, mit weiteren Belegen.

40,6: **10**,33, mit weiteren Belegen.

40,7 *allaḏīna yaḥmilūna l-'arša wa-man ḥaulahū yusabbiḥūna bi-ḥamdi rabbihim*: **39**,75; **42**,5; **69**,17; **7**,206, mit weiteren Belegen. — *wasi'ta kulla šai'in raḥmatan wa-'ilman*: **7**,156; **6**,80; **7**,89; **20**,98.

40,8 *wa-man ṣalaḥa min ābā'ihim wa-azwāǧihim wa-ḏurrīyātihim*: **13**,23; (**43**,70); (**36**,56); (**52**,21).

40,9 *wa-qihimu s-saiyi'āti*: (**39**,51, mit weiteren Belegen); (**42**,25); (**40**,45). — *wa-man taqi s-saiyi'āti yauma'iḏin fa-qad raḥimtahū wa-ḏālika huwa l-fauzu l-'aẓīmu*: **6**,16, Speziell zu *wa-ḏālika huwa l-fauzu l-'aẓīmu*: **4**,13, mit weiteren Belegen.

40,10 *la-maqtu llāhi akbaru min maqtikum anfusakum*: **40**,35; **61**,3.

40,11 *amattanā ṯnataini wa-aḥyaitanā ṯnataini*: (**2**,28, mit weiteren Belegen). — *fa-hal ilā ḫurūǧin min sabīlin*: **42**,44; (**5**,37, mit weiteren Belegen). Zur Deutung des Fragesatzes siehe Bergsträsser, Verneinungspartikeln, S. 88, Anm. 1.

40,12: **39**,45; **17**,46; (**38**,5); (**7**,70).

40,13 *wa-yunazzilu lakum mina s-samā'i rizqan*: **45**,5; **2**,22/**14**,32; (**6**,99, mit weiteren Belegen); (**10**,31. 59).

40,14: **40**,65; **7**,29, mit weiteren Belegen.

40,15 *rafī'u d-daraǧāti*: **70**,3f. — *yulqī r-rūḥa min amrihī 'alā man yašā'u min 'ibādihī*: **16**,2, mit weiteren Belegen. Über die besondere Bedeutung von *amr* im vorliegenden Vers (und in den Belegstellen) siehe die Anmerkung zu **2**,109.

40,16 *yauma hum bārizūna*: **14**,48; **14**,21, mit weiteren Belegen. — *lā yaḫfā 'alā llāhi minhum šai'un*: **69**,18; **6**,28 (siehe die Anmerkung zu diesem Vers). — *li-mani l-mulku l-yauma li-llāhi l-wāḥidi l-qahhāri*: **6**,73; **22**,56; **25**,26.

40,17: **36**,54; **45**,22; **10**,52, mit weiteren Belegen. — Zur Bedeutung des Verbums *kasaba* siehe die Anmerkung zu **2**,79. — *inna llāha sarī'u l-ḥisābi*: **2**,202, mit weiteren Belegen.

40,18 *wa-anḏirhum yauma l-āzifati*: **53**,57. — *iḏi l-qulūbu ladā l-ḥanāǧiri*: **33**,10; (**56**,83; **75**,26). — *mā liẓ-ẓālimīna min ḥamīmin wa-lā šafī'in yuṭā'u*: **26**,100f.; **69**,35; **70**,10; (**2**,254, mit weiteren Belegen).

40,19: **2**,33, mit weiteren Belegen.

40,21: **40**,82; **30**,9, mit weiteren Belegen. — *fa-aḫaḏahumu llāhu bi-ḏunūbihim*: **3**,11/**8**,52; (**8**,54). — *wa-mā kāna lahum mina llāhi min wāqin*: **13**,34. 37.

40,22 *ḏālika bi-annahum kānat ta'tīhim rusuluhum bil-baiyināti fa-kafarū*: **64**,6; **7**,101, mit weiteren Belegen. — *fa-aḫaḏahumu llāhu innahū qawīyun šadīdu l-'iqābi*: **8**,52.

40,23–46 Belege zur Geschichte Moses in der Anmerkung zu **7**,103–137.

Über den Gläubigen aus der Sippe Pharaos berichtet ausschließlich die vorliegende Version.

40,23f.: **11**,96f., mit weiteren Belegen. — Zu Hāmān und Korah (*Qārūn*) siehe die Anmerkungen zu **29**,39 und **28**,76–84. — *fa-qālū sāḥirun kaḏḏābun*: **38**,4; **7**,109, mit weiteren Belegen; (**54**,25f.).

40,25 *fa-lammā ǧā'ahum bil-ḥaqqi min 'indinā*: **10**,76, mit weiteren Belegen. — *qālū qtulū abnā'a llaḏīna āmanū ma'ahū wa-staḥyū nisā'ahum*: **7**,127, mit weiteren Belegen. Zur Sache: 2. Mose 1,15–22; Speyer, S. 273. — *wa-mā kaidu l-kāfirīna illā fī ḍalālin*: (**40**,37); (**105**,2). Weitere Belege in der Anmerkung zu **105**,2–5.

40,26 *au an yuẓhira fī l-arḍi l-fasāda*: **7**,127; **30**,41. Zur Bedeutung von *fasād* siehe die Anmerkung zu **2**,11f.

40,27 *innī 'uḏtu bi-rabbī wa-rabbikum min kulli mutakabbirin...*: **44**,20.

40,28–46 Zu der Ansprache des Gläubigen aus der Sippe Pharaos (Verse 28–34 oder 35. 38–44) siehe Speyer, S. 275–278.

40,28 *inna llāha lā yahdī man huwa musrifun kaḏḏābun*: (**40**,34); (**39**,3).

40,29 *ẓāhirīna fī l-arḍi*: **61**,14. Siehe auch die Anmerkung zu **34**,18. — *fa-man yanṣurunā min ba'si llāhi in ǧā'anā*: (**6**,43; **7**,4f. 97f.). — *wa-mā ahdīkum illā sabīla r-rašādi*: **40**,38.

40,30–32 *innī aḫāfu 'alaikum miṯla yaumi l-aḥzābi... innī aḫāfu 'alaikum yauma t-tanādi*: **7**,59, mit weiteren Belegen. — Zur Bedeutung von *al-aḥzāb* (in der vorliegenden Stelle sowie in **40**,5 und **38**,11–13) siehe die Anmerkung zu **11**,17. — Belege zur Geschichte von Noah in der Anmerkung zu **7**,59–64, zur Geschichte der 'Ād in der Anmerkung zu **7**,65–72, zur Geschichte der Ṯamūd in der Anmerkung zu **7**,73–79. — *wa-mā llāhu yurīdu ẓulman lil-'ibādi*: **3**,108; **3**,182, mit weiteren Belegen. — *yauma t-tanādi*: (**7**,44. 50); (**57**,14).

40,33 In Vers 33 scheint eine syntaktische Kontamination vorzuliegen. Einerseits wird am Anfang des Verses (*yauma tuwallūna mudbirīna*) der unmittelbar vorausgehende Objektakkusativ *yauma t-tanādi* wiederaufgenommen. Andererseits ist das folgende *mā lakum mina llāhi min 'āṣimin* kein bloßer Zustandssatz, sondern ein selbständiger Hauptsatz, eingeleitet durch die adverbielle Zeitbestimmung *yauma tuwallūna mudbirīna*. In der Übersetzung läßt sich diese zwitterhafte Ausdrucksweise nur unvollkommen wiedergeben (siehe den Nachtrag). An sich könnte man auch mit Vers 33 einen neuen Satz anfangen lassen und übersetzen: „Am Tag, an dem ihr den Rücken kehren werdet (um zu fliehen), habt ihr niemanden, der euch vor Gott schützen würde". Aber damit würde man dem engen Zusammenhang zwischen dem Ende von Vers 32 und dem Anfang von Vers 33 nicht gerecht. — *mā lakum mina llāhi min 'āṣimin*: **10**,27; (**33**,17); (**11**,43). — *wa-man yuḍlili llāhu fa-mā lahū min hādin*: **13**,33/**39**,23/36; **7**,186; (**45**,23).

40,34 *ka-ḏālika yuḍillu llāhu man huwa musrifun murtābun*: **40**,28.

40,35 *allaḏīna yuǧādilūna fī āyāti llāhi bi-ġairi sulṭānin atāhum...*: **40**,56. 4. 69; **42**,35. — *kabura maqtan 'inda llāhi*: **61**,3; **40**,10; (**35**,39). — *ka-ḏālika yaṭba'u llāhu 'alā kulli qalbi mutakabbirin ǧabbārin*: **2**,7, mit weiteren Belegen.

40,36f.: **28**,38. Zur Sache: Speyer, S. 283f. — *la'allī abluġu l-asbāba * asbāba s-samāwāti fa-aṭṭali'a ilā ilāhi Mūsā*: (**38**,10); (**22**,15). Zur Bedeutung des Ausdrucks *asbāb* (Einzahl *sabab*) siehe die Anmerkung zu **18**,84. — Zur Wiederholung von *asbāb*: **106**,1f.; **96**,15f.; **96**,1f. 4f.; **26**,132f. — *wa-ka-ḏālika zuiyina li-Fir'auna sū'u 'amalihī*: **35**,8; **9**,37; **6**,122; **10**,12. Siehe die Anmerkung zu **2**,212, mit weiteren Belegen. — *wa-ṣudda 'ani s-sabīli*: **13**,33. — *wa-mā kaidu Fir'auna illā fī tabābin*: (**40**,25).

40,38 *ittabi'ūni ahdikum sabīla r-rašādi*: **40**,29.

40,39 *innamā hāḏihi l-ḥayātu d-dunyā matā'un*...: **9**,38; **13**,26; **43**,35; **2**,36. Siehe die Anmerkung zu diesem Vers, mit weiteren Belegen.

40,40: **6**,160, mit weiteren Belegen; **4**,123f. — *yurzaqūna fīhā bi-ġairi ḥisābin*: **2**,212. Siehe die Anmerkung zu diesem Vers, mit weiteren Belegen.

40,41 *wa-tad'ūnanī ilā n-nāri*: **2**,221; **28**,41; (**31**,21).

40,42 *wa-ušrika bihī mā laisa lī bihī 'ilmun*: **29**,8/**31**,15; (**4**,157, mit weiteren Belegen); (**7**,28, mit weiteren Belegen).

40,43 *wa-anna l-musrifīna hum aṣḥābu n-nāri*. Zur Bedeutung des Ausdrucks *al-musrifūna* siehe die Anmerkung zu **5**,32.

40,45 *fa-waqāhu llāhu saiyi'āti mā makarū*: (**40**,9, mit weiteren Belegen).

40,46 *an-nāru yu'raḍūna 'alaihā ġudūwan wa-'ašīyan*: **42**,45; **46**,20. 34. Zur Sache: Tor Andrae, Der Ursprung des Islams und das Christentum, Uppsala 1926, S. 161. — *wa-yauma taqūmu s-sā'atu adḫilū āla Fir'auna ašadda l-'aḏābi*: 2,85.

40,47f.: **14**,21; **34**,31–33; (**4**,97). — Zur Kategorie der „Schwachen" (*aḍ-ḍu'afā'*) siehe die Anmerkung zu **2**,282.

40,50 *qālū a-wa-lam taku ta'tīkum rusulukum bil-baiyināti*: **39**,71; **6**,130; **67**,8. — *wa-mā du'ā'u l-kāfirīna illā fī ḍalālin*: **13**,14.

40,51 *wa-yauma yaqūmu l-ašhādu*: **11**,18; **39**,69; (**85**,2f.).

40,52 *yauma lā yanfa'u ẓ-ẓālimīna ma'ḏiratuhum*: **30**,57; **77**,35f. — *wa-lahumu l-la'natu wa-lahum sū'u d-dāri*: **13**,25; **11**,18, mit weiteren Belegen.

40,53: **2**,53, mit weiteren Belegen.

40,54 *wa-ḏikrā li-ulī l-albābi*: **38**,43; **39**,21; **2**,269, mit weiteren Belegen.

40,55 *fa-ṣbir inna wa'da llāhi ḥaqqun*: **40**,77; **30**,60. Siehe die Anmerkung zu diesem Vers. — *wa-sabbiḥ bi-ḥamdi rabbika bil-'ašīyi wal-ibkāri*: **3**,41, mit weiteren Belegen; **20**,130.

40,56 *inna llaḏīna yuǧādilūna fī āyāti llāhi bi-ġairi sulṭānin atāhum*...: **40**,35. 69. 4; **42**,35.

40,57: **79**,27; **37**,11. — Die Verse 57–85 haben durchweg denselben Reim, während in den vorhergehenden Versen der Reim stark wechselt (Gesch. des Qor. I, S. 153). Deshalb ist in der Übersetzung Vers 56 besser noch in den vorhergehenden Abschnitt einzubeziehen, so daß der neue Abschnitt erst mit Vers 57 beginnt.

40,58: **6**,50, mit weiteren Belegen.

40,59: **22**,7; **15**,85, mit weiteren Belegen.

40,60 *wa-qāla rabbukumu d'ūnī astaǧib lakum*: **2**,186, mit weiteren Belegen. — *inna llaḏīna yastakbirūna 'an 'ibādatī sa-yadḫulūna ǧahannama dāḫirīna*: (**7**,206, mit weiteren Belegen).

40,61 *allāhu llaḏī ǧa'ala lakumu l-laila li-taskunū fīhi wan-nahāra mubṣiran*: **10**,67, mit weiteren Belegen. — *inna llāha la-ḏū faḍlin 'alā n-nāsi wa-lākinna akṯara n-nāsi lā yaškurūna*: **2**,243; **10**,60; **27**,73.

40,62: **6**,102, mit weiteren Belegen.

40,64 *allāhu llaḏī ǧa'ala lakumu l-arḍa qarāran*: **27**,61. — *was-samā'a binā'an*: **2**,22; **51**,47; **50**,6; **91**,5; **79**,27f.; **78**,12. — *wa-ṣauwarakum fa-aḥsana ṣuwarakum*: **64**,3; **7**,11; **3**,6; **82**,8; (**59**,24). — *ḏālikumu llāhu rabbukum*: **40**,62; **6**,102, mit weiteren Belegen. — *fa-tabāraka llāhu rabbu l-'ālamīna*: **7**,54, mit weiteren Belegen.

40,65 *fa-d'ūhu muḫliṣīna lahu d-dīna*: **40**,14; **7**,29, mit weiteren Belegen.

40,66 *innī nuhītu an a'buda llaḏīna tad'ūna min dūni llāhi*: **6**,56. — *wa-umirtu an uslima li-rabbi l-'ālamīna*: **6**,71; **10**,72, mit weiteren Belegen.

40,67: **22**,5; **18**,37, mit weiteren Belegen. — *wa-li-tabluġū aǧalan musammān*: **6**,2. 60; **39**,42. Zum Ausdruck *aǧal musammā* siehe die Anmerkung zu **6**,2.

40,68 *huwa llaḏī yuḥyī wa-yumītu*: **3**,156, mit weiteren Belegen. — *fa-iḏā qaḍā amran fa-innamā yaqūlu lahū kun fa-yakūnu*: **2**,117/**3**,47/**19**,35. Weitere Belege in der Anmerkung zu **2**,117.

40,69 *a-lam tara ilā llaḏīna yuǧādilūna fī āyāti llāhi*: **40**,35. 56. 4; **42**,35. — *annā yuṣrafūna*: **10**,32; **39**,6.

40,71f.: **13**,5, mit weiteren Belegen. — *yusḥabūna*: **54**,48.

40,73f.: **7**,37; **6**,22–24; **28**,74f.; **41**,47f.; **26**,92f. — Belege zu *ḍallū 'annā* in der Anmerkung zu **6**,24. — *ka-ḏālika yuḍillu llāhu l-kāfirīna*: **40**,34.

40,75: **57**,23; **17**,37; **31**,18.

40,76: **16**,29/**39**,72.

40,77 *fa-ṣbir inna wa'da llāhi ḥaqqun*: **40**,55; **30**,60. Siehe die Anmerkung zu diesem Vers. — *fa-immā nuriyannaka ba'ḍa llaḏī na'iduhum au natawaffayannaka*: **10**,46, mit weiteren Belegen.

40,78 *wa-la-qad arsalnā rusulan min qablika minhum man qaṣaṣnā 'alaika wa-minhum man lam naqṣuṣ 'alaika*: **4**,164. — *wa-mā kāna li-rasūlin an ya'tiya bi-āyatin illā bi-iḏni llāhi*: **13**,38; **14**,11. — *wa-ḫasira hunālika l-mubṭilūna*: **45**,27; (**40**,85).

40,79f.: **16**,5–8; **43**,12f.; **36**,71–73; **23**,21f.; (**6**,142); (**16**,80). — *wa-li-tabluġū 'alaihā ḥāǧatan fī ṣudūrikum*: **16**,7. — *wa-'alaihā wa-'alā l-fulki tuḥmalūna*: **23**,22, mit weiteren Belegen.

40,81 *fa-aiya āyāti llāhi tunkirūna*: **55**,13. 16. 18 usw.; **53**,55; **7**,185/**77**,50; **45**,6.

40,82: **40**,21; **30**,9, mit weiteren Belegen. — *fa-mā aġnā 'anhum mā kānū yaksibūna*: **15**,84/**39**,50; **45**,10; **7**,48, mit weiteren Belegen. Siehe die Anmerkung zu **15**,84.

40,83 *fariḥū bi-mā 'indahum mina l-'ilmi*: **23**,53; **30**,32. — *wa-ḥāqa bihim mā kānū bihī yastahzi'ūna*: **6**,10, mit weiteren Belegen.

40,84f. *fa-lam yaku yanfa'uhum īmānuhum lammā ra'au ba'sanā*: **6**,158, mit weiteren Belegen. — *sunnata llāhi llatī qad ḫalat fī 'ibādihī*: **48**,23; **8**,38, mit weiteren Belegen; **3**,137, mit weiteren Belegen. Zum Ausdruck *sunna* siehe die Anmerkung zu **8**,38. — *wa-ḫasira hunālika l-kāfirūna*: (**40**,78).

SURE 41

41,1 Siehe die Anmerkung zu **40**,1.

41,2: **41**,42; **56**,80/**69**,43; **26**,192; **36**,5; **39**,1, mit weiteren Belegen.

41,3 *kitābun fuṣṣilat āyātuhū*: **41**,44; **11**,1, mit weiteren Belegen. — *qur'ānan 'arabīyan*: **12**,2, mit weiteren Belegen.

41,4 *bašīran wa-naḏīran.* Die beiden Akkusative *bašīran* und *naḏīran* werden besser in ihrer üblichen persönlichen Bedeutung verstanden und auf Mohammed bezogen, und nicht auf die im vorhergehenden genannte Offenbarungsschrift. In diesem Sinn übersetzen auch Bell und Blachère. Ganz unmöglich ist die andere Deutung allerdings nicht. Vgl. **46**,12 (*kitābun muṣaddiqun lisānan 'arabīyan li-yunḏira llaḏīna ẓalamū wa-bušrā lil-muḥsinīna*).

41,5: **6**,25, mit weiteren Belegen; **17**,45f.; **36**,9. — *fa-'mal innanā 'āmilūna*: (**6**,135, mit weiteren Belegen).

41,6 *innamā ana bašarun miṯlukum yūḥā ilaiya annamā ilāhukum ilāhun wāḥidun*: **18**,110; **21**,108; (**14**,11). Zur Konstruktion des Satzes *yūḥā ilaiya*... siehe die Anmerkung zu **18**,110.

41,8: **84**,25/**95**,6; (**68**,3).

41,9–12 Belege zur Erschaffung der Welt in sechs Tagen in der Anmerkung zu **7**,54 (dazu Speyer, S. 2f.). Auch die vorliegende Stelle ist wohl so zu verstehen, daß die Schöpfung sich auf den Zeitraum von sechs Tagen erstreckt hat. Geiger (S. 62) addiert nun allerdings die Zeitangaben in den Versen 9 (2 Tage), 10 (4 Tage) und 12 (2 Tage) und kommt so auf insgesamt 8 Tage. Speyer (S. 8f.) sucht diese Berechnung dadurch auf die Zahl 6 zu reduzieren, daß er in der Partikel *ṯumma* („hierauf"), die Vers 10 einleitet, „eine nachlässige Ausdrucksweise des Propheten" sieht, „wie man sie häufig im Qoran findet". Die in Vers 12 genannten 2 Tage wären also (nach Speyer) in die 4 in Vers 10 genannten Tage einzubeziehen. Die (scheinbare) Unstimmigkeit läßt sich jedoch besser dadurch beheben, daß man in die 4 in Vers 10 genannten Tage die beiden ersten Schöpfungstage (V. 9) einbezieht. Siehe die Übersetzung.

41,9 *wa-taǧ'alūna lahū andādan*: **14**,30, mit weiteren Belegen. — *ḏālika rabbu l-'ālamīna*. Belege zur Anwendung des sonst meist sächlichen Pronomens *ḏālika* auf Gott in der Anmerkung zu **30**,50.

41,10 *wa-ǧa'ala fīhā rawāsiya min fauqihā*: **13**,3, mit weiteren Belegen; **77**,27.

41,11 *ṯumma stawā ilā s-samā'i*: **2**,29. — *itiyā ṭau'an au karhan*: **3**,83 (siehe die Anmerkung dazu); **13**,15.

41,12 *fa-qaḍāhunna sab'a samāwātin*: **2**,29; **65**,12; **67**,3; **71**,15; **78**,12; **23**,17; (**23**,86); (**17**,44). Zur Sache: Speyer. S. 11–17. — *wa-zaiyannā s-samā'a d-dunyā bi-maṣābīḥa*. Belege in der Anmerkung zu **37**,6–10. — *wa-ḥifẓan*. Siehe die Anmerkung zu **15**,17f., mit weiteren Belegen. — *ḏālika taqdīru l-'azīzi l-'alīmi*: **6**,96; **36**,38.

41,13–18 Belege zur Geschichte der 'Ād in der Anmerkung zu **7**,65–72, zur Geschichte der Ṯamūd in der Anmerkung zu **7**,73–79.

41,14 *(iḏ ǧā'athumu r-rusulu) min baini aidīhim wa-min ḫalfihim*: **46**,21; **14**,9. — *allā ta'budū illā llāha*: **46**,21; **11**,2. 26. — *qālū lau šā'a rabbunā la-anzala malā'ikatan*: **23**,24; **6**,8, mit weiteren Belegen. — *fa-innā bi-mā ursiltum bihī kāfirūna*: **34**,34/**43**,24; **14**,9.

41,15 *fa-stakbarū fī l-arḍi bi-ġairi l-ḥaqqi*: **46**,20; **28**,39, mit weiteren Belegen. — *wa-qālū man ašaddu minnā qūwatan*: **9**,69, mit weiteren Belegen.

41,16 *fa-arsalnā 'alaihim rīḥan ṣarṣaran*: **54**,19; **69**,6; **51**,41f.; **46**,24f.; (**3**,117). — *fī aiyāmin naḥisātin*: **54**,19; **69**,7. — *li-nuḏīqahum 'aḏāba l-ḫizyi fī l-ḥayāti d-dunyā wa-la-'aḏābu l-āḫirati aḫzā*: **39**,26; **2**,114, mit weiteren Belegen.

41,17 *fa-aḫaḏathum ṣā'iqatu l-'aḏābi l-hūni*: **51**,44; **4**,153. Speziell zu *(al-'aḏābi) l-hūni*: **6**,93/**46**,20. Der Ausdruck *ṣā'iqatu l-'aḏābi l-hūni* ist wohl als Kontamination aus *ṣā'iqatu l-'aḏābi* und *'aḏābu l-hūni* zu erklären. — Zur Bedeutung des Verbums *kasaba* siehe die Anmerkung zu **2**,79.

41,18: **27**,53. Siehe die Anmerkung zu **7**,64.

41,19: **41**,28. — *fa-hum yūza'ūna*: **27**,83; (**27**,17).

41,20f. *šahida 'alaihim sam'uhum wa-abṣāruhum wa-ǧulūduhum*: **24**,24; **36**,65. — *wa-huwa ḫalaqakum auwala marratin*: **36**,79; **17**,51; **6**,94; **18**,48; (**10**,4, mit weiteren Belegen). Siehe die Anmerkung zu **6**,94.

41,24: **14**,21; **52**,16. — *wa-in yasta'tibū* (Variante: *yusta'tabū*) *fa-mā hum mina l-mu'tabīna* (Variante: *mu'tibīna*): **16**,84; **30**,57; **45**,35. Siehe die Anmerkung zu **16**,84.

41,25 *wa-qaiyaḍnā lahum quranā'a*: **43**,36–38; **4**,38; **50**,23. 27; **37**,51. Zur Sache: Paul Arno Eichler, Die Dschinn, Teufel und Engel im Koran, Leipzig 1928, S. 62. — *fa-zaiyanū lahum mā baina aidīhim wa-mā ḫalfahum*: **6**,43, mit weiteren Belegen. Siehe auch die Anmerkung zu **2**,212, mit weiteren Belegen. — *wa-ḥaqqa 'alaihimu l-qaulu*: **46**,18; **10**,33, mit weiteren Belegen; (**7**,179). — *fī umamin qad ḫalat min qablihim mina l-ǧinni wal-insi innahum kānū ḫāsirīna*: **46**,18; (**7**,38).

41,27 *wa-la-naǧziyannahum aswa'a llaḏī kānū ya'malūna*: (**39**,35); (**29**,7; **9**,121, mit weiteren Belegen).

41,28: **41**,19.

41,29: **7**,38, mit weiteren Belegen.

41,30: **46**,13. — *tatanazzalu 'alaihimu l-malā'ikatu*: **19**,64; **97**,4; (**26**,221f.). — *allā taḫāfū wa-lā taḥzanū*: **2**,62, mit weiteren Belegen.

41,31 *wa-lakum fīhā mā taštahī anfusukum*: **21**,102, mit weiteren Belegen. — *wa-lakum fīhā mā tadda'ūna*: **36**,57.

41,32: **3**,198; **18**,107; **32**,19.

41,34: **23**,96; **16**,125. Siehe die Anmerkung zu diesem Vers, mit weiteren Belegen.

41,35: **28**,79f. Siehe die Anmerkung zu **28**,79.

41,36: **7**,200. Siehe die Anmerkung zu diesem Vers, mit weiteren Belegen.

41,37 *wa-min āyātihī l-lailu wan-nahāru waš-šamsu wal-qamaru*: (**21**,33); (**14**,33); (**16**,12); (**29**,61); (**31**,29/**35**,13; **39**,5).

41,38 Bedingungssatz mit Verschiebung. Siehe Einleitung zur Übersetzung, S. 4. — Belege zum Inhalt des Verses in der Anmerkung zu **7**,206.

41,39: **22**,5, mit weiteren Belegen. — *inna llaḏī aḥyāhā la-muḥyi l-mautā*: **30**,50; **42**,9; **46**,33; **75**,40; **22**,6; **30**,19. 24.

41,40 Zum Ausdruck *allaḏīna yulḥidūna fī āyātinā* siehe die Anmerkung zu **7**,180.

41,42 *tanzīlun min ḥakīmin ḥamīdin*: **41**,2, mit weiteren Belegen.

41,43 *inna rabbaka la-ḏū maġfiratin wa-ḏū ʿiqābin alīmin*: **5**,98; **6**,165/**7**,167.

41,44: **16**,103; **26**,195. 198f.; **12**,2, mit weiteren Belegen. — *laulā fuṣṣilat āyātuhū*: **41**,3; **11**,1, mit weiteren Belegen. — *huwa li-llaḏīna āmanū hudān wa-šifāʾun*: **10**,57, mit weiteren Belegen. — *wa-llaḏīna lā yuʾminūna fī āḏānihim waqrun*: **41**,5; **17**,45f.; **6**,25, mit weiteren Belegen. — *wa-huwa ʿalaihim ʿamān*: (**11**,28). — *ulāʾika yunādauna min makānin baʿīdin*: (**50**,41).

41,45: **11**,110. Siehe die Anmerkung zu diesem Vers, mit weiteren Belegen.

41,46 *man ʿamila ṣāliḥan fa-li-nafsihī wa-man asāʾa fa-ʿalaihā*: **45**,15; **17**,7; **30**,44; (**10**,108, mit weiteren Belegen). — *wa-mā rabbuka bi-ẓallāmin lil-ʿabīdi*: **3**,182/**8**,51/**22**,10; **50**,29; (**3**,108/**40**,31); (**9**,70, mit weiteren Belegen).

41,47 *ilaihi yuraddu ʿilmu s-sāʿati*: **7**,187, mit weiteren Belegen. — *wa-mā taḥmilu min unṯā wa-lā taḍaʿu illā bi-ʿilmihī*: **35**,11; **13**,8; **31**,34. — *wa-yauma yunādīhim aina šurakāʾī*. . . : **6**,22, mit weiteren Belegen.

41,48 *wa-ḍalla ʿanhum mā kānū yadʿūna min qablu*: **6**,24, mit weiteren Belegen. — *wa-ẓannū mā lahum min maḥīṣin*: **14**,21, mit weiteren Belegen.

41,49–51 *lā yasʾamu l-insānu min duʿāʾi l-ḫairi*: **10**,11, mit weiteren Belegen. — *wa-in massahu š-šarru fa-yaʾūsun qanūṭun*: **17**,83; **11**,9; **70**,20. — *wa-la-in aḏaqnāhu raḥmatan minnā min baʿdi ḍarrāʾa massathu la-yaqūlanna hāḏā lī*: **10**,12, mit weiteren Belegen. — *wa-mā aẓunnu s-sāʿata qāʾimatan wa-la-in ruǧiʿtu ilā rabbī inna lī ʿindahū lal-ḥusnā*: **18**,36. Siehe die Anmerkung zu diesem Vers. — *fa-la-nunabbiʾanna llaḏīna kafaru bi-mā ʿamilū*: **6**,60, mit weiteren Belegen. — *wa-iḏā anʿamnā ʿalā l-insāni aʿraḍa wa-naʾā bi-ǧānibihī*. . . : **17**,83; **10**,12.

41,52 *qul a-raʾaitum in kāna min ʿindi llāhi ṯumma kafartum bihī*: **46**,10; (**2**,89). — *fī šiqāqin baʿīdin*: **2**,176; **22**,53. Siehe die Anmerkungen zu **2**,137 und **2**,176.

41,53: **51**,20f. Den Ausdruck *fī anfusihim* könnte man auch übersetzen: „unter ihnen selber" (dem entsprechend in der Belegstelle **51**,21 *fī anfusikum*: „unter euch selber").

41,54 *a-lā innahum fī miryatin min liqāʾi rabbihim*: **32**,23; (**6**,154). — *a-lā innahū bi-kulli šaiʾin muḥīṭun*: **4**,126.

SURE 42

42,1f. Siehe die Anmerkung zu **40**,1. Unter den Suren, die mit den Buchstaben *ḥm* beginnen, hat Sure **42** als einzige auch noch die Kombination *'sq*. Diese wird als besonderer Vers (2) gezählt.

42,3: **39**,65; (**4**,163).

42,5 *takādu s-samāwāti yatafaṭṭarna min fauqihinna*: **19**,90; (**73**,18); (**82**,1). Auffallend ist der Ausdruck *min fauqihinna*. — *wal-malā'ikatu yusabbiḥūna biḥamdi rabbihim wa-yastaġfirūna li-man fī l-arḍi*: **40**,7; **39**,75; **7**,206, mit weiteren Belegen.

42,6: (**6**,107). — *allāhu ḥafīẓun 'alaihim*: (**6**,104, mit weiteren Belegen). — *wa-mā anta 'alaihim bi-wakīlin*: **6**,66, mit weiteren Belegen.

42,7 *wa-ka-ḏālika auḥainā ilaika qur'ānan 'arabīyan*: **20**,113; **12**,2, mit weiteren Belegen. — *li-tunḏira umma l-qurā wa-man ḥaulahā*: **6**,92; **6**,19. — *wa-tunḏira yauma l-ǧam'i*: **64**,9; **3**,9, mit weiteren Belegen. — *farīqun fī l-ǧannati wa-farīqun fī s-sa'īri*: **11**,105.

42,8 *wa-lau šā'a llāhu la-ǧa'alahum ummatan wāḥidatan*: **16**,93; **5**,48; **11**,118; **6**,35, mit weiteren Belegen. — *walākin yudḫilu man yašā'u fī raḥmatihī*...; **76**,31; **48**,25; (**2**,105/**3**,74); (**21**,75, mit weiteren Belegen).

42,9 *ami ttaḫaḏū min dūnihī auliyā'a*: **21**,24; **39**,43; (**42**,6). — *wa-huwa yuḥyi l-mautā*: **22**,6, mit weiteren Belegen.

42,10: **2**,113, mit weiteren Belegen; **12**,67. Siehe die Anmerkung zu **2**,213. — *ḏālikumu llāhu rabbī*: **6**,102, mit weiteren Belegen. — *'alaihi tawakkaltu wa-ilaihi unību*: **11**,88; **13**,30; **60**,4; (**12**,67).

42,11 *ǧa'ala lakum min anfusikum azwāǧan*: **16**,72, mit weiteren Belegen. — *yaḏra'ukum fīhi*: **23**,79/**67**,24. In den beiden Belegstellen heißt es, daß Gott die Menschen sich „auf der Erde" (*fī l-arḍi*) hat ausbreiten lassen. Im Gegensatz dazu sagt in der vorliegenden Stelle der präpositionale Ausdruck *fīhi* nichts über den Ort aus, auf dem die Ausbreitung erfolgt, sondern über die Mittel und Wege, die dazu führen. Die Formulierung (*fīhi* = „dadurch") ist eigenartig.

42,12 *lahū maqālīdu s-samāwāti wal-arḍi*: **39**,63. — *yabsuṭu r-rizqa li-man yašā'u wa-yaqdiru*: **13**,26, mit weiteren Belegen.

42,13 *šara'a lakum mina d-dīni*...: (**42**,21). — Zur Liste der Gottesmänner: **33**,7; **4**,163, mit weiteren Belegen. — *wa-lā tatafarraqū fīhi*: **3**,105, mit weiteren Belegen. Zur Sache siehe die Anmerkung zu **19**,37. — *allāhu yaǧtabī ilaihi man yašā'u wa-yahdī ilaihi man yunību*: **13**,27; (**4**,175). In den beiden Belegstellen bezieht sich das Personalsuffix der 3. Person Singular im Ausdruck *yahdī (yahdīhim) ilaihi* auf Gott als das Subjekt des Satzes. Demnach könnte man auch in der vorliegenden Stelle *ilaihi* beidesmal mit „zu sich" übersetzen. Siehe die Anmerkung zur Übersetzung.

42,14 *wa-mā tafarraqū illā min ba'di mā ǧā'ahumu l-'ilmu baġyan bainahum*: **3**,19, mit weiteren Belegen; **98**,4. Siehe auch die Anmerkung zu **2**,213. —

wa-laulā kalimatun sabaqat min rabbika ilā aǧalin musammān la-quḍiya bainahum: **11**,110/**41**,45; **10**,19, mit weiteren Belegen. — *wa-inna llaḏīna ūriṯū l-kitāba min ba'dihim la-fī šakkin minhu murībin*: **11**,62, mit weiteren Belegen.

42,15 *wa-staqim ka-mā umirta*: **11**,112; (**10**,89); (**6**,153); (**45**,18). — *allāhu rabbunā wa-rabbukum lanā a'mālunā wa-lakum a'mālukum*: **2**,139; (**28**,55). — *allāhu yaǧma'u bainanā*: **34**,26.

42,17 *allāhu llaḏī anzala l-kitāba bil-ḥaqqi*: **13**,1, mit weiteren Belegen. — *wal-mīzāna*: **57**,25; **55**,7–9; **6**,152, mit weiteren Belegen. — *wa-mā yudrīka la-'alla s-sā'ata qarībun*: **33**,63; **17**,50f., mit weiteren Belegen.

42,18 *yasta'ǧilu bihā llaḏīna lā yu'minūna bihā*: **10**,50, mit weiteren Belegen. — *wa-llaḏīna āmanū mušfiqūna minhā*: **21**,49. — *la-fī ḍalālin ba'īdin*: **4**,60, mit weiteren Belegen.

42,19 Zur Bedeutung des Ausdrucks *laṭīfun (bi-'ibādihī)* siehe die Anmerkung zu **12**,100. — *yarzuqu man yašā'u*. Siehe die Anmerkung zu **3**,27.

42,20: **3**,145; **4**,134; **11**,15f.; **17**,18f.; **33**,28f.

42,21 *am lahum šurakā'u*: **68**,41. — *šara'ū lahum mina d-dīni*: (**42**,13). — *wa-laulā kalimatu l-faṣli la-quḍiya bainahum*: **42**,14; **10**,19, mit weiteren Belegen.

42,22 *tarā ẓ-ẓālimīna mušfiqīna mimmā kasabū*: **18**,49. Zur Bedeutung des Verbums *kasaba* siehe die Anmerkung zu **2**,79. — *lahum mā yašā'ūna 'inda rabbihim*: **39**,34; **16**,31/**25**,16; **50**,35. — *ḏālika huwa l-faḍlu l-kabīru*: **35**,32; **33**,47; (**44**,57).

42,23 *lā as'alukum 'alaihi aǧran*: **25**,57; **6**,90, mit weiteren Belegen. — *wa-man yaqtarif ḥasanatan nazid lahū fīhā ḥusnan*: **6**,160, mit weiteren Belegen; (**2**,58f., mit weiteren Belegen). — *inna llāha ġafūrun šakūrun*: **35**,30. 34; (**17**,19; **76**,22).

42,24 *am yaqūlūna ftarā 'alā llāhi kaḏiban*: **23**,38; (**10**,38, mit weiteren Belegen). — *wa-yamḥu llāhu l-bāṭila*: (**13**,39); (**8**,8). — *wa-yuḥiqqu l-ḥaqqa bi-kalimātihī*: **8**,7f.; **10**,81.

42,25 *wa-huwa llaḏī yaqbalu t-taubata 'an 'ibādihī*: **9**,104; **40**,3.

42,26 *wa-yazīduhum min faḍlihī*: **4**,173, mit weiteren Belegen.

42,27: **13**,26, mit weiteren Belegen.

42,28 *wa-huwa llaḏī yunazzilu l-ġaiṯa*: **31**,34.

42,29 *wa-mā baṯṯa fīhimā min dābbatin*: **45**,4; **2**,164; **31**,10. Der Passus ist nicht Genitivsatz und dem vorausgehenden *ḫalqu*... untergeordnet, sondern Nominativsatz und dem Ausdruck *ḫalqu s-samāwāti wal-arḍi* als weiteres Subjekt koordiniert. Die Übersetzung ist entsprechend zu berichtigen (siehe Nachtrag). Dasselbe gilt für die Belegstelle **45**,4.

42,30: **4**,79; **3**,165. — *wa-ya'fū 'an kaṯīrin*: **42**,34; (**5**,15).

42,31 *wa-mā antum bi-mu'ǧizīna fī l-arḍi*: **11**,20, mit weiteren Belegen. Zur Bedeutung von *a'ǧaza (IV)* siehe die Anmerkung zu **6**,134.

42,32: **55**,24. Weitere Belege in der Anmerkung zu **2**,164.

42,33 *inna fī ḏālika la-āyātin li-kulli ṣabbārin šakūrin*: **14**,5/**31**,31/**34**,19. Helmer Ringgren, Studies in Arabian Fatalism, Uppsala-Wiesbaden 1955, S. 114.

42,34 *wa-ya'fu 'an katīrin*: **42**,30; (**5**,15).

42,35 Auffallend ist der Konjunktiv *wa-ya'lama*. Man kann ihn nicht wie etwa in **3**,142 an vorhergehende Konjunktive anschließen. Bell übersetzt den Vers: „(That) He may know those who dispute in regard to Our signs; for them is no place of shelter" und bemerkt dazu: „The grammatical construction is defective; possibly the verse is a scrap, which does not belong here". — *mā lahum min maḥīṣin*: **41**,48; **14**,21; **50**,36; **4**,121.

42,36: **28**,60. Siehe die Anmerkung zu diesem Vers, mit weiteren Belegen.

42,37 *wa-lladīna yağtanibūna kabā'ira l-iṯmi wal-fawāḥiša*: **53**,32; (**6**,151, mit weiteren Belegen). — *wa-idā mā ġaḍibū hum yaġfirūna*: (**42**,43); (**13**,22; **28**,54; **22**,35).

42,38 *wa-aqāmū ṣ-ṣalāta... wa-mimmā razaqnāhum yunfiqūna*: **2**,3, mit weiteren Belegen. — *wa-amruhum šūrā bainahum*: (**3**,159).

42,39: **42**,41f.; **26**,227.

42,40 *wa-ğazā'u saiyi'atin saiyi'atun miṯluhā*: **6**,160, mit weiteren Belegen. — *fa-man 'afā wa-aṣlaḥa fa-ağruhū 'alā llāhi*: (**2**,237); (**64**,14); (**15**,85, mit weiteren Belegen).

42,41f.: **42**,39; **26**,227. — Zum Ausdruck *mā 'alaihim min sabīlin* siehe die Anmerkung zu **9**,91.

42,43: **3**,186; **31**,17; **46**,35; (**42**,37). Zum Ausdruck *inna ḏālika la-min 'azmi l-umūri* siehe die Anmerkung zu **3**,186.

42,44 *wa-man yuḍlili llāhu fa-mā lahū min walīyin min ba'dihī*: **17**,97; **18**,17; **45**,23. Belege zu *min ba'dihī* in der Anmerkung zu **3**,160. — *hal ilā maraddin min sabīlin*: **40**,11; (**5**,37, mit weiteren Belegen). Zur Deutung des Fragesatzes siehe Bergsträsser, Verneinungspartikeln, S. 88, Anm. 1.

42,45 *wa-tarāhum yu'raḍūna 'alaihā*: **40**,46; **46**,20. 34. — *ḫāši'īna mina ḏ-ḏulli*: **68**,43/**70**,44; **79**,9; **88**,2; **54**,7. — *inna l-ḫāsirīna lladīna ḫasirū anfusahum wa-ahlīhim yauma l-qiyāmati*: **39**,15; **6**,12, mit weiteren Belegen.

42,46 *wa-mā kāna lahum min auliyā'a yanṣurūnahum min dūni llāhi*: **18**,43; **28**,81; **67**,20. — *wa-man yuḍlili llāhu fa-mā lahū min sabīlin*: **4**,88/143. Weitere Belege in der Anmerkung zu **4**,88.

42,47 *min qabli an ya'tiya yaumun lā maradda lahū mina llāhi*: **30**,43; (**42**,44); (**13**,11).

42,48 *fa-in a'raḍū fa-mā arsalnāka 'alaihim ḥafīẓan*. Bedingungssatz mit Verschiebung. Siehe Einleitung zur Übersetzung, S. 4. Belege in der Anmerkung zu **4**,80. — *in 'alaika illā l-balāġu*: **3**,20, mit weiteren Belegen. — *wa-innā idā adaqnā l-insāna minnā raḥmatan fariḥa bihā...*: **30**,36, mit weiteren Belegen. — *fa-inna l-insāna kafūrun*. Belege in der Anmerkung zu **11**,9f.

42,51 *wa-mā kāna li-bašarin an yukallimahu llāhu illā...*: (**2**,118); (**2**,253; **4**,164; **7**,143).

42,52 *rūḥan min amrinā*: **40**,15; **16**,2, mit weiteren Belegen. Über die besondere Bedeutung von *amr* im vorliegenden Vers (und in den Belegstellen) siehe die Anmerkung zu **2**,109. — *walākin ǧaʿalnāhu nūran nahdī bihī man našāʾu min ʿibādinā.* Siehe die Anmerkung zu **5**,44, mit weiteren Belegen.

42,53: **3**,109; **57**,5. — *a-lā ilā llāhi taṣīru l-umūru*: (**3**,109, mit weiteren Belegen).

SURE 43

43,1 Siehe die Anmerkung zu **40**,1.

43,2: **44**,2.

43,3: **12**,2, mit weiteren Belegen.

43,4 *fī ummi l-kitābi*: **13**,39; **3**,7. Siehe die Anmerkungen zu diesen beiden Versen. Weitere Belege zum ganzen Vers: **56**,77f.; **85**,21f.; (**23**,62). Blachère übersetzt genauer als Bell, wählt aber für *umm al-kitāb* den Ausdruck l'Archétype. A. Jeffery, The Qur'ān as Scripture, New York 1952, S. 15, läßt das Prädikat *la-ʿalīyun ḥakīmun* aus. — Zur Anwendung des Ausdrucks *ḥakīm* auf den Koran siehe die Anmerkung zu **10**,1.

43,6f.: **15**,10f., mit weiteren Belegen.

43,8: **50**,36; **6**,6, mit weiteren Belegen. — *wa-maḍā maṯalu l-auwalīna*: (**8**,38, mit weiteren Belegen).

43,9: **29**,61; **31**,25; **39**,38; (**43**,87).

43,10: **20**,53, mit weiteren Belegen.

43,11 *wa-llaḏī nazzala mina s-samāʾi māʾan bi-qadarin*: **23**,18, mit weiteren Belegen. — *fa-anšarnā bihī baldatan maitan*: **50**,11; **25**,49; **7**,57, mit weiteren Belegen. — *ka-ḏālika tuḫraǧūna*: **30**,19, mit weiteren Belegen.

43,12 *wa-llaḏī ḫalaqa l-azwāǧa kullahā*: **36**,36, mit weiteren Belegen. — *wa-ǧaʿala lakum mina l-fulki wal-anʿāmi mā tarkabūna*: **23**,22, mit weiteren Belegen.

43,13: (**23**,28).

43,14: **7**,125; **26**,50.

43,15 *inna l-insāna la-kafūrun mubīnun.* Belege in der Anmerkung zu **11**,9f.

43,16–19: **17**,40, mit weiteren Belegen.

43,17: **16**,58. Zum Ausdruck *bi-mā ḍaraba lir-raḥmāni maṯalan* siehe die Anmerkung zu **16**,74.

43,18 *wa-huwa fī l-ḫiṣāmi ġairu mubīnin*: **43**,52.

43,19 *al-malāʾikata llaḏīna hum ʿibādu r-raḥmāni*: **21**,26; **4**,172, mit weiteren Belegen. — *ināṯan*: **37**,150; **17**,40; **53**,27; **4**,117.

43,20: **6**,148; **16**,35. — *mā lahum bi-ḏālika min ʿilmin*: **4**,157, mit weiteren Belegen. — *in hum illā yaḫruṣūna*: **6**,116, mit weiteren Belegen.

43,21: **35**,40; **46**,4.

43,22–24: **10**,78, mit weiteren Belegen. — *wa-ka-ḏālika mā arsalnā min qablika fī qaryatin min naḏīrin illā qāla mutrafūhā*: **34**,34. Speziell zum Ausdruck *mutrafūhā*: **11**,116, mit weiteren Belegen. Siehe auch die Anmerkung zu **17**,16. — *a-wa-lau ǧiʾtukum bi-ahdā mimmā waǧadtum ʿalaihi ābāʾakum*: (**26**,30). — *innā bi-mā ursiltum bihī kāfirūna*: **34**,34 (s. o.)/**41**,14; **14**,9.

43,25 *fa-ntaqamnā minhum*: **43**,55; **7**,136; **15**,79; **30**,47. — *fa-nẓur kaifa kāna 'āqibatu l-mukaḏḏibīna*: **3**,137/**16**,36/**6**,11.

43,26–28: **19**,41–50, mit weiteren Belegen. Speyer, S. 130–132. Für die vorliegende Stelle kommen besonders folgende Belege in Betracht: **6**,74. 78 bis 80; **19**,42–48; **21**,51–56; **60**,4. — *innanī barā'un mimmā ta'budūna*: **6**,78 (s. o.); **60**,4 (s. o.); **6**,19; **11**,54. — *illā llaḏī faṭaranī*: **36**,22. — *wa-ğa'alahā kalimatan bāqiyatan fī 'aqibihī*: (**2**,132).

43,29 *bal matta'tu hā'ulā'i wa-ābā'ahum*: **21**,44; **25**,18. Zum Ausdruck *matta'tu* siehe die Anmerkung zu **2**,36.

43,30: **10**,76, mit weiteren Belegen.

43,31 Zur Sache: Buhl-Schaeder, Das Leben Muhammeds, S. 114f.

43,32 *a-hum yaqsimūna raḥmata rabbika*: **38**,9, mit weiteren Belegen. — *wa-rafa'nā ba'ḍahum fauqa ba'ḍin darağātin*: **6**,125; **16**,71. Siehe die Anmerkung zu **6**,165, mit weiteren Belegen. — *wa-raḥmatu rabbika ḫairun mimmā yağma'ūna*: **3**,157; **10**,58.

43,35 *wa-in kullu ḏālika lammā matā'u l-ḥayāti d-dunyā wal-āḫiratu 'inda rabbika lil-muttaqīna*: **28**,60/**42**,36. Siehe die Anmerkung zu **2**,36, mit weiteren Belegen. Zur Konstruktion *in – lammā* (= *in – illā*) siehe Bergsträsser, Verneinungspartikeln, S. 14 (Belege: **36**,32; **11**,111; **86**,4).

43,36–39: **41**,25, mit weiteren Belegen. Zur Sache: Paul Arno Eichler, Die Dschinn, Teufel und Engel im Koran, Leipzig 1928, S. 62. — *wa-innahum la-yaṣuddūnahum 'ani s-sabīli*: **27**,24/**29**,38; (**13**,33); (**40**,37). — *wa-yaḥsabūna annahum muhtadūna*: **7**,30. — *(bu'da) l-mašriqaini*. Sogenannter Dual a potiori, für *al-mašriqi wal-mağribi*. — *annakum fī l-'aḏābi muštarikūna*: **37**,33.

43,40: **27**,80f./**30**,52f. Weitere Belege in der Anmerkung zu **27**,80f.

43,41f.: **23**,93–95, mit weiteren Belegen. — *fa-innā minhum muntaqimūna*: **32**,22, mit weiteren Belegen.

43,44 *wa-saufa tus'alūna*: **7**,6, mit weiteren Belegen.

43,45 *wa-s'al man arsalnā min qablika min rusulinā*: **10**,94, mit weiteren Belegen.

43,46–56 Belege zur Geschichte Moses in der Anmerkung zu **7**,103–137.

43,46: **7**,103f. Weitere Belege in den Anmerkungen zu diesen beiden Versen.

43,47f.: **7**,133; **17**,101; **27**,12.

43,49f.: **7**,134f. Siehe die Anmerkung dazu (auch zum Ausdruck *bi-mā 'ahida 'indaka*). — *yā aiyuha s-sāḥiru*: **10**,76, mit weiteren Belegen.

43,51: **79**,23f.; **26**,29; **28**,38; (**7**,127).

43,52 Die Partikel *am* leitet hier ausnahmsweise eine affirmative Frage ein. Siehe Bergsträsser, Verneinungspartikeln, S. 104, Anm. 2. — *wa-lā yakādu yubīnu*: **43**,18.

43,53 *fa-laulā ulqiya 'alaihi aswiratun min ḏahabin*: **11**,12; **25**,8; **6**,50/**11**,31. — *au ğā'a ma'ahu l-malā'ikatu muqtarinīna*: **11**,12; **6**,8, mit weiteren Belegen.

43,54 *fa-staḫaffa qaumahū*: (**30**,60).

43,55: **7**,136, mit weiteren Belegen. — *intaqamnā minhum*: **7**,136 (s. o.); **43**,25; **15**,79; **30**,47.

43,57–65 Fr. Buhl, Zur Ḳurânexegese (Acta Orientalia 3, 1924, S. 97 bis 108), S. 106–108: „Wann begann Muhammed das Christentum zu kritisieren?"

43,57 Das Wort *maṯal* hat hier und in Vers 59 (wie auch an anderen Stellen des Korans) die besondere Bedeutung „Typus", „Vorbild", „Beispiel". Siehe Fr. Buhl, Über Vergleichungen und Gleichnisse im Qur'ân (Acta Orientalia 2, 1924, S. 1–11), S. 10.

43,58 *a-ālihatunā ḫairun am huwa*: (**12**,39); (**27**,59). — *mā ḍarabūhu laka illā ǧadalan bal hum qaumun ḫaṣimūna*: **18**,54; **16**,4/**36**,77; (**2**,204).

43,59 *in huwa illā ʿabdun*: **19**,30. Siehe die Anmerkung zu diesem Vers, mit weiteren Belegen.

43,60 *fī l-arḍi yaḫlufūna*: **6**,165, mit weiteren Belegen. Siehe auch die Anmerkung zu **2**,20. — Der Vers ist an sich leicht zu übersetzen, aber in seinem Zusammenhang mit dem Kontext schwer zu verstehen.

43,61 *wa-innahū la-ʿilmun lis-sāʿati*. Das Personalsuffix von *innahū* ist vermutlich auf Jesus zu beziehen, von dem in den vorausgehenden Versen 57–59 und in den folgenden Versen 63f. die Rede ist. In diesem Fall wird auf seine in der Endzeit zu erwartende Wiederkunft angespielt. Siehe **4**,159 und die Anmerkung zu diesem Vers, sowie Tor Andrae, Der Ursprung des Islams und das Christentum, Uppsala 1926, S. 62f. Der Wortlaut bleibt allerdings auch bei einer solchen Deutung etwas rätselhaft. Das „Wissen um die Stunde" (*ʿilm as-sāʿa*) war anscheinend schon zu einem so festen Begriff geworden, daß Jesus als eine für das eschatologische Geschehen entscheidende Person damit geradezu identifiziert werden konnte. Belege zu *ʿilm as-sāʿa* in der Anmerkung zu **7**,187. — *wa-ttabiʿūni hāḏā ṣirāṭun mustaqīmun*: **43**,63f.; **3**,50f.; **19**,36; **36**,61; (**6**,153).

43,62: **7**,22, mit weiteren Belegen.

43,63f.: **3**,50f. — *qāla qad ǧiʾtukum bil-ḥikmati*: **3**,48 (siehe die Anmerkung dazu); **5**,110. — *wa-li-ubaiyina lakum baʿḍa llaḏī taḫtalifūna fīhi*. Siehe die Anmerkung zu **2**,213. — *fa-ttaqū llāha wa-aṭīʿūni inna llāha huwa rabbī wa-rabbukum fa-ʿbudūhu hāḏā ṣirāṭun mustaqīmun*: **3**,50f. (s. o.); **19**,36; **36**,61; **43**,61; (**6**,153); (**5**,72. 117).

43,65: **19**,37. Siehe die Anmerkung zu diesem Vers, mit weiteren Belegen. — *fa-wailun li-llaḏīna ẓalamū min ʿaḏābi yaumin alīmin*: **19**,37 (s. o.); **51**,60; **38**,27.

43,66: **47**,18; **12**,107, mit weiteren Belegen; **7**,95, mit weiteren Belegen.

43,67: (**2**,254); (**40**,18, mit weiteren Belegen).

43,68: **2**,62, mit weiteren Belegen.

43,70 *udḫulū l-ǧannata antum wa-azwāǧukum*: **13**,23; **40**,8; **36**,56. — *tuḥbarūna*: **30**,15.

43,71 *yuṭāfu ʿalaihim bi-ṣiḥāfin min ḏahabin wa-akwābin*: **76**,15; **56**,17f.;

37,45f.; **88**,14. Zum Ausdruck *akwāb* siehe J. Horovitz, Das koranische Paradies, Jerusalem 1923, S. 10f. — *wa-fīhā mā taštahīhi l-anfusu*: **41**,31; **21**,102; **52**,22; **56**,21; **77**,42.

43,72: **7**,43; **19**,63; **23**,10f.

43,73: **23**,19; **36**,57, mit weiteren Belegen.

43,76: **9**,70, mit weiteren Belegen.

43,77: **35**,36; **69**,27; **20**,74; **87**,11–13.

43,78: **23**,70; (**37**,37).

43,79: **27**,50; **3**,54; **8**,30; **7**,99. Siehe die Anmerkung zu diesem Vers, mit weiteren Belegen.

43,80 *am yaḥsabūna annā lā nasma'u sirrahum wa-naǧwāhum*: **9**,78; **58**,7; **2**,33, mit weiteren Belegen. — *wa-rusulunā ladaihim yaktubūna*: **10**,21; **82**,10–12; **6**,61. Siehe die Anmerkung zu diesem Vers, mit weiteren Belegen.

43,81f.: **2**,116, mit weiteren Belegen. — *subḥāna rabbi s-samāwāti wal-arḍi ... 'ammā yaṣifūna*: **6**,100, mit weiteren Belegen.

43,83: **70**,42; **52**,11f.; **6**,91; **4**,140. Siehe die Anmerkung zu diesem Vers, mit weiteren Belegen. **52**,45.

43,85 *wa-tabāraka...*: **67**,1; **7**,54, mit weiteren Belegen. — *allaḏī lahū mulku s-samāwāti wal-arḍi wa-mā bainahumā*: **19**,65, mit weiteren Belegen. — *wa-'indahū 'ilmu s-sā'ati*: **7**,187, mit weiteren Belegen.

43,86 *wa-lā yamliku llaḏīna yad'ūna min dūnihi š-šafā'ata*: **19**,87; **10**,18; (**6**,71, mit weiteren Belegen). — *illā man šahida bil-ḥaqqi*: (**4**,166).

43,87: (**29**,61; **31**,25/**39**,38; **43**,9).

43,88 Vers 88 beginnt, falls er überhaupt richtig überliefert ist, mitten im Satz. — *yā rabbi inna hā'ulā'i qaumun lā yu'minūna*: (**44**,22).

43,89 *fa-ṣfaḥ 'anhum*: **15**,85. Siehe die Anmerkung zu diesem Vers, mit weiteren Belegen. — *wa-qul salāmun*: **28**,55; **25**,63.

SURE 44

44,1 Siehe die Anmerkung zu **40**,1.

44,2: **43**,2.

44,3f. *innā anzalnāhu fī lailatin mubārakatin*: **97**,1; (**2**,185). — *innā kunnā munḏirīna*: (**26**,192–194). — *fīhā yufraqu kullu amrin ḥakīmin*. Die Deutung von Vers 4 ist nicht sicher. Mit *yufraqu* ist vielleicht auf den Terminus *furqān* (im Sinn von „Offenbarungsschrift", siehe die Anmerkungen zu **2**,53 und **8**,29) angespielt (vgl. **2**,185). Siehe die Anmerkung zu **17**,106. Beim Ausdruck *kullu amrin ḥakīmin* liegt es an sich nahe, **97**,4, (*min kulli amrin*) zum Vergleich heranzuziehen. Aber im vorliegenden Vers ist *amr* wohl nicht, wie dort, in der spezifischen Bedeutung „Logos" zu verstehen.

44,5f. *(innā kunnā mursilīna) raḥmatan min rabbika*: **21**,107; **31**,3; **27**,77;

7,52; **12**,111; **16**,64. 89; **6**,157; **7**,203; **45**,20; **10**,57; **17**,82; (von der Offenbarungsschrift Moses: **6**,154; **28**,43; **11**,17/**46**,12; **7**,154).

44,7: **26**,24; **19**,65, mit weiteren Belegen.

44,8 *yuḥyī wa-yumītu*: **7**,158; **3**,156, mit weiteren Belegen. — *rabbukum wa-rabbu ābā'ikumu l-auwalīna*: **26**,26; **37**,126. Siehe die Anmerkung zu **23**,24.

44,12: (**7**,134f.; **43**,49f.).

44,13 *annā lahumu ḏ-ḏikrā*: **89**,23; **47**,18; (**34**,52). Das Nomen *ḏikrā* bedeutet hier und in den beiden ersten Belegstellen wohl weniger „Mahnung" im üblichen Sinn des Wortes als vielmehr „Selbstbesinnung". Gemeint ist die (verspätete) Bereitschaft, auf die Mahnung anzusprechen, sich mahnen zu lassen. Die Übersetzung ist entsprechend zu berichtigen (siehe Nachtrag). In **89**,23 geht der rhetorischen Frage *wa-annā lahu ḏ-ḏikrā* bezeichnenderweise die Feststellung voraus: *yauma'iḏin yataḏakkaru l-insānu.*

44,14 *wa-qālū mu'allamun*: **16**,103; **25**,4f.; (**29**,48); (**6**,105). — *maǧnūnun*: **7**,184, mit weiteren Belegen.

44,15: (**7**,135; **43**,50).

44,16 *yauma nabṭišu l-baṭšata l-kubrā*: **54**,36; **85**,12; (**79**,34). Zum Ausdruck *al-baṭšata l-kubrā* siehe Hans Wehr, Der arabische Elativ, Wiesbaden 1953, S. 25f. — *innā muntaqimūna*: **32**,22, mit weiteren Belegen.

44,17–33 Belege zur Geschichte Moses in der Anmerkung zu **7**,103–137.

44,18 *an addū ilaiya 'ibāda llāhi*: **7**,105; **26**,17; **20**,47. — *innī lakum rasūlun amīnun*: **26**,16; (**26**,107. 125. 143. 162. 178: Noah, Hūd, Ṣāliḥ, Lot, Šu'aib); **7**,104; **43**,46; **20**,47; (**7**,61. 67: Noah, Hūd).

44,19 *wa-an lā ta'lū 'alā llāhi*: (**27**,31); **44**,31; **10**,83; **28**,4; **23**,46. — *innī ātikum bi-sulṭānin mubīnin*: **4**,153, mit weiteren Belegen.

44,20 *wa-innī 'uḏtu bi-rabbī wa-rabbikum*: **40**,27. — *an tarǧumūni*. Siehe die Anmerkung zu **11**,91f.

44,22: (**43**,88).

44,23: **26**,52; **20**,77.

44,24 *innahum ǧundun muġraqūna*: **7**,136, mit weiteren Belegen; (**11**,37/**23**,27: Sintflut).

44,25–27: **26**,57f.; (**26**,146–149).

44,28: **26**,59; **7**,137; **28**,5f. Siehe die Anmerkung zu **7**,137, mit weiteren Belegen. — *ka-ḏālika* (auch **26**,59). Siehe die Anmerkung zu **3**,40.

44,29 *wa-mā kānū munẓarīna*: **15**,8, mit weiteren Belegen.

44,31 *innahū kāna 'āliyan mina l-musrifīna*: **10**,83; **28**,4; **23**,46. — Zur Bedeutung des Ausdrucks *al-musrifūna* siehe die Anmerkung zu **5**,32.

44,32: **2**,47/122; **45**,16; **7**,140. Speyer, S. 348f.

44,34f.: **45**,24. In anderem Zusammenhang: **37**,58f.; **44**,56.

44,36: **45**,25.

44,37 Die „Leute des Tubba'" werden außer in der vorliegenden Stelle noch in **50**,14 genannt. Mit *Tubba'* ist ein südarabischer Herrscher gemeint.

Siehe Horovitz, Koranische Untersuchungen, S. 102f.; Carlo Alfonso Nallino, Raccolta di scritti editi e inediti III, Rom 1941, S. 88f.

44,38: **21**,16; **38**,27.

44,39: **15**,85/**46**,3; **30**,8; **6**,73, mit weiteren Belegen.

44,40: **78**,17; **77**,13f. 38; **37**,21; **56**,49f.

44,41f. *illā man raḥima llāhu*: **11**,43.

44,43–46 *inna šağarata z-zaqqūmi ṭaʿāmu l-aṯīmi*: **37**,62–67; **56**,51–53. — *ka-l-muhli yaġlī fī l-buṭūni ka-ġalyi l-ḥamīmi*: **18**,29, mit weiteren Belegen.

44,47: **69**,30.

44,48: **22**,19.

44,49 Auffallend ist die Aussage *innaka anta l-ʿazīzu l-karīmu*. Sie kann nur ironisch gemeint sein.

44,51f.: **15**,45, mit weiteren Belegen.

44,53: **18**,31. Siehe die Anmerkung zu diesem Vers, mit weiteren Belegen. — *mutaqābilīna*: **15**,47, mit weiteren Belegen.

44,54 *ka-ḏālika*. Siehe die Anmerkung zu **3**,40. — *wa-zauwağnāhum bi-ḥūrin ʿīnin*: **52**,20; **56**,22; **55**,72; **37**,48.

44,55: **38**,51; **36**,57, mit weiteren Belegen. — *āminīna*: **34**,37; **27**,89; **15**,46; (**44**,51).

44,56: **37**,58f. — (*illā l-mautata l-ūlā* in anderem Zusammenhang: **44**,35; **45**,24). — *wa-waqāhum ʿaḏāba l-ğaḥīmi*: **52**,18; **52**,27; **76**,11; (**37**,59, s. o.).

44,57 *faḍlan min rabbika*: **49**,8. — *ḏālika huwa l-fauzu l-ʿaẓīmu*: **4**,13, mit weiteren Belegen.

44,58: **19**,97; **54**,17/22/32/40. Siehe die Anmerkung zu **19**,97.

44,59: (**11**,93); (**6**,158, mit weiteren Belegen).

SURE 45

45,1 Siehe die Anmerkung zu **40**,1.

45,2: **46**,2; **39**,1, mit weiteren Belegen.

45,3 Siehe die Anmerkung zu **2**,164; (**51**,20).

45,4 *wa-mā yabuṯṯu min dābbatin*: **42**,29; **2**,164; **31**,10. Siehe die Anmerkung zu **42**,29.

45,5 *wa-ḫtilāfi l-laili wan-nahāri*: **2**,164, mit weiteren Belegen. — *wa-mā anzala llāhu mina s-samāʾi min rizqin*: **40**,13; **2**,22/**14**,32; (**6**,99, mit weiteren Belegen); (**10**,31. 59). — *fa-aḥyā bihi l-arḍa baʿda mautihā*: **2**,164, mit weiteren Belegen. — *wa-taṣrīfi r-riyāḥi*: **2**,164, mit weiteren Belegen.

45,6 *tilka āyātu llāhi natlūhā ʿalaika bil-ḥaqqi*: **2**,252; **3**,108; (**28**,2f.); (**3**,58). — *fa-bi-aiyi ḥadīṯin baʿda llāhi wa-āyātihī yuʾminūna*: **7**,185/**77**,50.

45,7: (**26**,222).

45,8: **31**,7; **23**,66f.; **45**,31; **71**,7; (**6**,25, mit weiteren Belegen).

45,10 *min warā'ihim ǧahannamu.* Siehe die Anmerkung zu **14**,16f. — *wa-lā yuġnī 'anhum mā kasabū šai'an*: **7**,48, mit weiteren Belegen.

45,11 *hāḏā hudān*: **3**,138; **45**,20; **7**,203. Siehe die Anmerkung zu diesem Vers, mit weiteren Belegen. — *lahum 'aḏābun min riǧzin alīmun*: **34**,5.

45,12: **2**,164, mit weiteren Belegen.

45,13: **31**,20; **22**,65.

45,14 Zum Ausdruck *aiyāma llāhi* siehe die Anmerkung zu **14**,5. — Zur Bedeutung des Verbums *kasaba* siehe die Anmerkung zu **2**,79.

45,15: **41**,46; **17**,7; **30**,44; (**10**,108, mit weiteren Belegen).

45,16 *wa-la-qad ātainā Banī Isrā'īla l-kitāba wal-ḥukma wan-nubūwata*: **6**,89, mit weiteren Belegen. Zur Bedeutung von *ḥukm* siehe die Anmerkung zu **3**,79. — *wa-razaqnāhum mina ṭ-ṭaiyibāti*: **10**,93/ **17**,70; **8**,26, mit weiteren Belegen. — *wa-faḍḍalnāhum 'alā l-'ālamīna*: **2**,47/122; **7**,140; **44**,32. Speyer, S. 348f.

45,17 *fa-mā ḫtalafū illā min ba'di mā ǧā'ahumu l-'ilmu baġyan bainahum*: **2**,213, mit weiteren Belegen. — *inna rabbaka yaqḍī bainahum yauma l-qiyāmati fī-mā kānū fīhi yaḫtalifūna*: **2**,113, mit weiteren Belegen.

45,18 *ṯumma ǧa'alnāka 'alā šarī'atin mina l-amri fa-ttabi'hā*: **5**,48; **2**,148; **42**,13–15. — *wa-lā tattabi' ahwā'a llaḏīna lā ya'lamūna*: **2**,120, mit weiteren Belegen; (**10**,89).

45,19 *innahum lan yuġnū 'anka mina llāhi šai'an.* Siehe die Anmerkung zu **3**,10. — *inna ẓ-ẓālimīna ba'ḍuhum auliyā'u ba'ḍin*: (**8**,73).

45,20: **7**,203. Siehe die Anmerkung zu diesem Vers, mit weiteren Belegen. (**45**,11).

45,21: **38**,28; **68**,35f. — *sā'a mā yaḥkumūna*: **29**,4; **6**,136; **16**,59; (**10**,35; **37**,154/**68**,36, s. o.).

45,22 *wa-ḫalaqa s-samāwāti wal-arḍa bil-ḥaqqi*: **6**,73, mit weiteren Belegen. — *wa-li-tuǧzā kullu nafsin bi-mā kasabat*: **10**,52, mit weiteren Belegen. Zur Bedeutung des Verbums *kasaba* siehe die Anmerkung zu **2**,79.

45,23 *a-fa-ra'aita mani ttaḫaḏa ilāhahū hawāhu*: **25**,43. — *wa-ḫatama 'alā sam'ihī wa-qalbihī wa-ǧa'ala 'alā baṣarihī ġišāwatan*: **2**,7, mit weiteren Belegen. — *fa-man yahdīhi min ba'di llāhi*: **42**,44; (**3**,160; **35**,2; **35**,41); (**7**,186, mit weiteren Belegen).

45,24: **6**,29; **23**,37; **16**,38, mit weiteren Belegen. — *wa-mā yuhlikunā illā d-dahru.* Siehe H. Ringgren, Studies in Arabian Fatalism, Uppsala 1955, S. 59. — *wa-mā lahum bi-ḏālika min 'ilmin*: **4**,157, mit weiteren Belegen. — *in hum illā yaẓunnūna*: **2**,78, mit weiteren Belegen.

45,25: **44**,36.

45,26: **2**,28, mit weiteren Belegen. — *ṯumma yaǧma'ukum ilā yaumi l-qiyāmati lā raiba fīhi*: **3**,9, mit weiteren Belegen.

45,27 *yauma'iḏin yaḫsaru l-mubṭilūna*: **40**,78; (**40**,85).

45,28f. *kullu ummatin tud'ā ilā kitābihā*: **17**,71, mit weiteren Belegen. Zur Sache: A. Jeffery, The Qur'ān as Scripture, New York 1952, S. 11f. — *al-yauma tuǧzauna mā kuntum ta'malūna*: **10**,52, mit weiteren Belegen. — *hāḏā* *kitābunā yanṭiqu ʿalaikum bil-ḥaqqi*: **23**,62; **18**,49; **39**,69; (**17**,71). — *innā kunnā nastansiḫu mā kuntum taʿmalūna*: **10**,21; **43**,80; **82**,10–12; **6**,61. Siehe die Anmerkung zu diesem Vers, mit weiteren Belegen.

45,30 *ḏālika huwa l-fauzu l-mubīnu*: **6**,16; **4**,13, mit weiteren Belegen.

45,31: **45**,8, mit weiteren Belegen; (**23**,105). — *fa-stakbartum wa-kuntum qauman muǧrimīna*: **7**,133; **10**,75; (**23**,46); (**29**,39).

45,32 *inna waʿda llāhi ḥaqqun was-sāʿatu lā raiba fīhā*: **18**,21. *inna waʿda llāhi ḥaqqun*: auch **4**,122, mit weiteren Belegen; **10**,53, mit weiteren Belegen. — *was-sāʿatu lā raiba fīhā*: auch **22**,7; **40**,59; **15**,85, mit weiteren Belegen.

45,33: **39**,48, mit weiteren Belegen.

45,34 *al-yauma nansākum ka-mā nasītum liqāʾa yaumikum hāḏā*: **7**,51; **32**,14; (**38**,26). — *wa-maʾwākumu n-nāru wa-mā lakum min nāṣirīna*: **29**,25; **5**,72, mit weiteren Belegen.

45,35 *ḏālikum bi-annakumu ttaḫaḏtum āyāti llāhi huzuwan*: **18**,106. — *wa-ġarratkumu l-ḥayātu d-dunyā*: **7**,51; **6**,70. — *fal-yauma lā yuḫraǧūna minhā*: **2**,167, mit weiteren Belegen. — *wa-lā hum yustaʿtabūna*: **16**,84/**30**,57; **41**,24. Siehe die Anmerkung zu **16**,84.

45,36 *wa-lahu l-kibriyāʾu fī s-samāwāti wal-arḍi*: **10**,78. Siehe die Anmerkung zu diesem Vers.

SURE 46

46,1 Siehe die Anmerkung zu **40**,1.

46,2: **45**,2; **39**,1, mit weiteren Belegen.

46,3: **30**,8; (**17**,99). Siehe die Anmerkung zu **30**,8, mit weiteren Belegen.

46,4: **35**,40. — *arūnī mā ḏā ḫalaqū mina l-arḍi*: auch **31**,11. — *am lahum širkun fī s-samāwāti*: auch **34**,22. — *ītūnī bi-kitābin min qabli hāḏā*: **35**,40 (s. o.); **43**,21.

46,5f.: **35**,14; **7**,194, mit weiteren Belegen. — *wa-hum ʿan duʿāʾihim ġāfilūna* ... *wa-kānū bi-ʿibādatihim kāfirīna*: **19**,82, mit weiteren Belegen; **10**,28f., mit weiteren Belegen.

46,7: **34**,43; **10**,76f. Weitere Belege zu *hāḏā siḥrun mubīnun* in der Anmerkung zu **10**,76. Siehe auch die Anmerkung zu **10**,77.

46,8 *am yaqūlūna ftarāhu*: **11**,35; **10**,38, mit weiteren Belegen. — *huwa aʿlamu bi-mā tufīḍūna fīhi*: **10**,61; (**24**,14).

46,9 *in attabiʿu illā mā yūḥā ilaiya*: **6**,50, mit weiteren Belegen. — *wa-mā ana illā naḏīrun mubīnun*: **15**,89, mit weiteren Belegen.

46,10 *qul a-raʾaitum in kāna min ʿindi llāhi wa-kafartum bihī*: **41**,52; (**2**,89). — *wa-šahida šāhidun min Banī Isrāʾīla ʿalā miṯlihī fa-āmana*. Siehe auch die Anmerkung zu **11**,17(?). — *wa-stakbartum*: **45**,31, mit weiteren Belegen.

46,12 *wa-min qablihī kitābu Mūsā imāman wa-raḥmatan*: **11**;17; (**46**,30). — *wa-hāḏā kitābun muṣaddiqun*: **46**,30 (s. o.); **3**,3f., mit weiteren Belegen. — *lisānan ʿarabīyan*: **12**,2, mit weiteren Belegen.

46,13: **41**,30. — *fa-lā ḫaufun ʿalaihim wa-lā hum yaḥzanūna*: **2**,62, mit weiteren Belegen.

46,14 *ǧazāʾan bi-mā kānū yaʿmalūna*: **32**,17/**56**,24; (**78**,36).

46,15: **31**,14; **29**,8, mit weiteren Belegen. — *rabbi auziʿnī an aškura niʿmataka ... wa-an aʿmala ṣāliḥan tarḍāhu*: **27**,19. — *innī tubtu ilaika wa-innī mina l-muslimīna*: **7**,143, mit weiteren Belegen.

46,16 *nataqabbalu ʿanhum aḥsana mā ʿamilū wa-nataǧāwazu ʿan saiyiʾātihim*: **9**,121, mit weiteren Belegen.

46,17 *inna waʿda llāhi ḥaqqun*: **4**,122, mit weiteren Belegen; **10**,53, mit weiteren Belegen. — *mā hāḏā illā asāṭīru l-auwalīna*. Siehe die Anmerkung zu **6**,25, mit weiteren Belegen.

46,18 *ulāʾika llaḏīna ḥaqqa ʿalaihimu l-qaulu*: **41**,25; **10**,33, mit weiteren Belegen; (**7**,179). — *fī umamin qad ḫalat min qablihim mina l-ǧinni wal-insi innahum kānū ḫāsirīna*: **41**,25 (s. o.); (**7**,38).

46,19 *wa-li-kullin daraǧātun mimmā ʿamilū*: **6**,132; **3**,163, mit weiteren Belegen. Siehe auch die Anmerkung zu **4**,95f. — *wa-li-yuwaffiyahum aʿmālahum*: **11**,111, mit weiteren Belegen. — *wa-hum lā yuẓlamūna*: (**2**,281, mit weiteren Belegen).

46,20 *wa-yauma*... Verkürzter Zeitsatz. Siehe Einleitung zur Übersetzung, S. 3f. — *yuʿraḍu llaḏīna kafarū ʿalā n-nāri*: **46**,34; (**42**,45); (**40**,46); (**6**,27, mit weiteren Belegen). — *fal-yauma tuǧzauna ʿaḏāba l-hūni*: **6**,93; (**41**,17). — *bi-mā kuntum tastakbirūna fī l-arḍi bi-ġairi l-ḥaqqi*: **41**,15; **28**,39, mit weiteren Belegen.

46,21–26 Belege zur Geschichte von Hūd und den ʿĀd in der Anmerkung zu **7**,65–72.

46,21 Unter dem Ausdruck *al-aḥqāf* ist vielleicht ein Orts- oder vielmehr Landschaftsname zu verstehen. Über die heutige Verwendung des Wortes berichtet G. Rentz: „The southern bedouins define Barr al-Aḥḳāf as the mountainous area running behind the coast from Ẓufār west to Aden, the central valley of which is Wādī Ḥaḍramawt; to them the word *aḥkāf* means simply mountains and is not associated either with dunes or, as suggested by Landberg, with caves (*kuhūf*)" (EI^2, Artikel al-Aḥḳāf). — *(wa-qad ḫalati n-nuḏuru) min baini yadaihi wa-min ḫalfihī*: **41**,14; **14**,9. — *allā taʿbudū illā llāha*: **41**,14; **11**,2. 26; (**7**,59, mit weiteren Belegen). — *innī aḫāfu ʿalaikum ʿaḏāba yaumin ʿaẓīmin*: **26**,135; **7**,59, mit weiteren Belegen.

46,22: **7**,70, mit weiteren Belegen.

46,23 *innamā l-ʿilmu ʿinda llāhi*: **67**,26; **7**,187, mit weiteren Belegen. — *wa-uballiġukum mā ursiltu bihī*: **11**,57, mit weiteren Belegen. — *walākinnī arākum qauman taǧhalūna*: **11**,29; **7**,138; **27**,55.

46,24f. *bal huwa mā staʿǧaltum bihī*: **6**,57; **10**,50, mit weiteren Belegen. — *rīḥun fīhā ʿaḏābun alīmun*: **51**,41; **69**,6; **41**,16; **54**,19; (**3**,117). — *fa-aṣbaḥū lā yurā illā masākinuhum*: **14**,45, mit weiteren Belegen. — *ka-ḏālika naǧzī l-qauma l-muǧrimīna*: **10**,13; **7**,40.

46,26 *wa-la-qad makkannāhum fī-mā in makkannākum fīhi*: **6**,6, mit weiteren

Belegen. — *wa-ǧa'alnā lahum sam'an wa-abṣāran wa-af'idatan*: **16**,78, mit weiteren Belegen. — *wa-ḥāqa bihim mā kānū bihī yastahzi'ūna*: **6**,10, mit weiteren Belegen.

46,27 Beim Ausdruck *mā ḥaulakum mina l-qurā* wird man mit Zamaḫšarī vor allem an Hegra (al-Ḥiǧr, siehe die Anmerkung zu **7**,74) zu denken haben, aber auch an Sodom (vgl. **11**,82f. und 89). Jedenfalls braucht man sich dabei nicht auf die unmittelbare Umgebung von Mekka zu beschränken, wie Bell das tut („This is difficult. There were no such towns in the neighbourhood of Mecca...").

46,28: **7**,192, mit weiteren Belegen. — *qurbānan*: **39**,3(?). — *bal ḍallū 'anhum*: **6**,24, mit weiteren Belegen.

46,29–32: **72**,1–19.

46,29 *wa-iḏ ṣarafnā ilaika nafaran mina l-ǧinni yastami'ūna l-qur'āna*: **72**,1. Verkürzter Zeitsatz. Siehe Einleitung zur Übersetzung, S. 3f. — *anṣitū*: **7**,204; (**41**,26).

46,30: **72**,1f. — *kitāban unzila min ba'di Mūsā muṣaddiqan li-mā baina yadaihi*: **46**,12, mit weiteren Belegen.

46,31 *yaġfir lakum min ḏunūbikum*: **14**,10; **71**,4.

46,32 *fa-laisa bi-mu'ǧizin fī l-arḍi*: **11**,20, mit weiteren Belegen; **72**,12. Zur Bedeutung von *a'ǧaza (IV)* siehe die Anmerkung zu **6**,134.

46,33: (**17**,99/**36**,81). — *wa-lam ya'ya bi-ḫalqihinna*: (**50**,15). — *bi-qādirin 'alā an yuḥyiya l-mautā*: **22**,6, mit weiteren Belegen.

46,34 *wa-yauma yu'raḍu llaḏīna kafarū 'alā n-nāri*. Verkürzter Zeitsatz. Belege in der Anmerkung zu **46**,20. — *a-laisa hāḏā bil-ḥaqqi*: **6**,30, mit weiteren Belegen.

46,35 *fa-ṣbir ka-mā ṣabarū ulū l-'azmi mina r-rusuli*: **3**,186; **31**,17; **42**,43; (**6**,34). Zum Ausdruck *ulū l-'azmi* siehe die Anmerkung zu **3**,186. — *wa-lā tasta'ǧil lahum*: **19**,84. — *ka-annahum yauma yarauna mā yū'adūna lam yalbaṯū illā sā'atan min nahārin*: **10**,45, mit weiteren Belegen. Siehe die Anmerkung zu **10**,45. — *balāġun*: **14**,52; **72**,23; **21**,106; (**3**,20, mit weiteren Belegen). — *fa-hal yuhlaku illā l-qaumu l-fāsiqūna*: **6**,47; **28**,59; **10**,13, mit weiteren Belegen.

SURE 47

47,1: **4**,167; (**14**,3). — *aḍalla a'mālahum*: **47**,8; **47**,4.

47,2 *wa-huwa l-ḥaqqu min rabbihim*: (**2**,147, mit weiteren Belegen). — *kaffara 'anhum saiyi'ātihim*: **29**,7, mit weiteren Belegen. — *wa-aṣlaḥa bālahum*: **47**,5.

47,3 *ka-ḏālika yaḍribu llāhu lin-nāsi amṯālahum*: **30**,58/**39**,27; **17**,89/**18**,54. Siehe die Anmerkung zu **30**,58.

47,4–6 *fa-iḏā laqītumu llaḏīna kafarū fa-ḍarba r-riqābi*: **8**,12. Siehe die Anmerkung zu diesem Vers. (**8**,15). — *ḏālika wa-lau*... Siehe die Anmerkung zu **22**,30. — *walākin li-yabluwa ba'ḍakum bi-ba'ḍin*: **47**,31; **6**,165, mit weiteren

Belegen; **3**,152, mit weiteren Belegen. — *wa-llaḏīna qutilū fī sabīli llāhi fa-lan yuḍilla aʿmālahum...*: **3**,157f., mit weiteren Belegen. — *fa-lan yuḍilla aʿmālahum*: (**47**,8, umgekehrt); (**3**,195).

47,7 *in tanṣurū llāha yanṣurkum*: **22**,40. — *wa-yuṯabbit aqdāmakum*: **2**,250; **3**,147; **8**,11. Siehe die Anmerkung zu diesem Vers.

47,8 *wa-aḍalla aʿmālahum*: (**47**,4, umgekehrt).

47,9 *bi-annahum karihū mā anzala llāhu*: **47**,26. — *fa-aḥbaṭa aʿmālahum*: **47**,28. 32; **33**,19.

47,10: **12**,109, mit weiteren Belegen; **27**,51.

47,11 *ḏālika bi-anna llāha maulā llaḏīna āmanū*: **3**,150; **8**,40; **22**,78.

47,12 Zum Ausdruck *min taḥtihā* siehe die Anmerkung zu **2**,25. — *wa-llaḏīna kafarū yatamattaʿūna wa-yaʾkulūna ka-mā taʾkulu l-anʿāmu*: **15**,3. Zum Ausdruck *yatamattaʿūna* siehe die Anmerkung zu **2**,36.

47,13: **9**,69, mit weiteren Belegen. — *min qaryatika llatī aḫraǧatka*: **9**,40; **60**,1; **8**,30; (**17**,76); (**7**,82, mit weiteren Belegen).

47,14 *a-fa-man kāna ʿalā baiyinatin min rabbihī*: **11**,17. Siehe die Anmerkung zu diesem Vers, mit weiteren Belegen. — *ka-man zuiyina lahū sūʾu ʿamalihī*: **35**,8. Zum Ausdruck *zuiyina lahū sūʾu ʿamalihī* siehe die Anmerkung zu **2**,212, mit weiteren Belegen.

47,15: **13**,35. — *(maṯalu l-ǧannati) llatī wuʿida l-muttaqūna*: auch **25**,15; **50**,31f. — Zur Einleitung des Verses (*maṯalu l-ǧannati*, ohne weitere Vergleichspartikel) siehe die Anmerkung zu **13**,35. — *laḏḏatin liš-šāribīna*: **37**,46. — *wa-suqū māʾan ḥamīman*: **6**,70, mit weiteren Belegen. — *fa-qaṭṭaʿa amʿāʾahum*: (**44**,45f.); (**22**,19f.); (**18**,29, mit weiteren Belegen).

47,16: **6**,25, mit weiteren Belegen. — *ḥattā iḏā ḫaraǧū min ʿindika qālū...*: (**4**,81, mit weiteren Belegen). — Zum Ausdruck *allaḏīna ūtū l-ʿilma* siehe die Anmerkung zu **16**,27. — *ulāʾika llaḏīna ṭabaʿa llāhu ʿalā qulūbihim*: **2**,7, mit weiteren Belegen.

47,17 *wa-llaḏīna htadau zādahum hudān*: **19**,76; (**18**,13). — *wa-ātāhum taqwāhum*: **91**,8.

47,18 *fa-hal yanẓurūna illā s-sāʿata an taʾtiyahum baġtatan*: **43**,66; **12**,107, mit weiteren Belegen. — *fa-annā lahum iḏā ǧāʾathum ḏikrāhum*: **44**,13; **89**,23; (**34**,52). Siehe die Anmerkung zu **44**,13.

47,19 *mutaqallabakum*: (**3**,196/**40**,4; **16**,45f.).

47,20 *sūratun muḥkamatun*: **3**,7; **11**,1; **22**,52. Zur Etymologie des Wortes *sūra* siehe die Anmerkung zu **24**,1. — *wa-ḏukira fīhā l-qitālu*: **4**,77, mit weiteren Belegen; (**9**,86). — *allaḏīna fī qulūbihim maraḍun*: **2**,10, mit weiteren Belegen. — *yanẓurūna ilaika naẓara l-maġšīyi ʿalaihi mina l-mauti*: **33**,19. — *fa-aulā lahum*: **75**,34f.(?). Falls der Ausdruck *aulā lahum* nicht etwa auf den folgenden Vers 21 zu beziehen ist (siehe die in der Anmerkung 18 zur Wahl gestellte Übersetzung), ist er vielleicht als Hinweis auf ein drohendes Unheil oder aber ganz allgemein im Sinn einer scharfen Rüge gemeint (wie das zweimalige *aulā laka fa-aulā* in **75**,34f.). Siehe Ibn Qutaiba, Taʾwīl muškil al-qurʾān, Kairo

1373/1954, S. 417; Ibn Manẓūr, Lisān al-ʿarab, XV, Beirut 1376/1956, Sp. 411b–412b. Statt „Wehe ihnen!" könnte man vielleicht auch übersetzen: „Sie können sich auf etwas gefaßt machen". Wörtlich: „Nächstens gilt es ihnen"(?). Die Deutung bleibt aber so oder so unsicher.

47,21 *ṭāʿatun wa-qaulun maʿrūfun*: **24**,53; **2**,263; (**4**,5. 8); (**2**,235); (**33**,32). — *fa-iḏā ʿazama l-amru.* Siehe die Anmerkung zu **3**,186, mit weiteren Belegen.

47,22 *an tufsidū fī l-arḍi.* Siehe die Anmerkung zu **2**,11f. — *wa-tuqaṭṭiʿū arḥāmakum*: **2**,27, mit weiteren Belegen.

47,23f.: **2**,88, mit weiteren Belegen; **2**,7, mit weiteren Belegen. — *a-fa-lā yatadabbarūna l-qurʾāna*: **4**,82.

47,25 Siehe die Anmerkung zu **3**,86, mit Belegen. — *wa-amlā lahum.* Wenn man den Text unbefangen liest, wird man *aš-šaiṭānu* als Subjekt von *amlā* (wie vom vorausgehenden *sauwala*) ergänzen. Daraus folgt dann aber, daß der Satan dem Sünder Strafaufschub gewähren kann, eine Machtbefugnis, die sonst im Koran Gott vorbehalten bleibt. Die Koranleser, Kommentatoren und Übersetzer haben auf verschiedene Weise versucht, diese dogmatische Folgerung zu umgehen. So werden neben *amlā* (3. Person Perfekt Aktiv) auch die Varianten *umlī* (1. Person Imperfekt Aktiv, wobei Gott als Subjekt zu ergänzen ist) und *umliya* (3. Person Perfekt Passiv) überliefert. Zamaḫšarī schwächt den Inhalt von *amlā lahum* damit ab, daß er es paraphrasiert: *madda lahum fī l-āmāli wal-amānīyi.* Ṭabarī ergänzt Allāh als Subjekt von *amlā.* Bell schließt sich dem an: „The pronoun must refer to Allah". Blachère hilft sich damit, daß er für *amlā (IV)* die ebenfalls dafür belegte Bedeutung „diktieren" ansetzt: „...ont été abusés par le Démon qui leur a dicté (leur conduite)".

47,26 *li-llaḏīna karihū mā nazzala llāhu*: **47**,9. — *wa-llāhu yaʿlamu isrārahum*: **2**,33, mit weiteren Belegen.

47,27: **8**,50, mit weiteren Belegen. Zur Sache siehe die Anmerkung zu **6**,61.

47,28: **47**,9; (**3**,162). — *fa-aḥbaṭa aʿmālahum*: auch **47**,32; **33**,19.

47,29 *allaḏīna fī qulūbihim maraḍun*: **2**,10, mit weiteren Belegen. — *an lan yuḫriǧa llāhu aḍġānahum*: **47**,37; **9**,64; **2**,72.

47,30 *fa-la-ʿaraftahum bi-sīmāhum*: **7**,46. 48; **55**,41. — *wa-la-taʿrifannahum fī laḥni l-qauli.* Zur Bedeutung von *laḥn* (= „versteckte Andeutungen machen") siehe Johann Fück, Arabiya, Berlin 1950, S. 133.

47,31: **3**,142, mit weiteren Belegen.

47,32 *wa-šāqqū r-rasūla min baʿdi mā tabaiyana lahumu l-hudā*: **4**,115, mit weiteren Belegen. Zur Bedeutung von *šāqqa (III)* siehe die Anmerkung zu **2**,137. — *lan yaḍurrū llāha šaiʾan*: **3**,176, mit weiteren Belegen. — *wa-sa-yuḥbiṭu aʿmālahum*: **47**,9. 28; **33**,19.

47,34: **2**,161; **3**,91; **4**,18.

47,35 *fa-lā tahinū*: **3**,139; **4**,104; (**3**,146). — Der Satz *wa-tadʿū ilā s-salmi* ist entweder eine direkte Fortführung des vorhergehenden *fa-lā tahinū* (also gleich: *wa-lā tadʿū...*, siehe Bergsträsser, Verneinungspartikeln, S. 66). Oder er ist dem Vorhergehenden als Subjunktiv untergeordnet (durch *wāw al-*

ma'iya, siehe Wright - de Goeje II, § 15e; Reckendorf, Syntax, § 231). In diesem Fall wäre genauer zu übersetzen: „so daß (oder: indem) ihr damit (die Gegner vorzeitig) zum Frieden ruft". Vgl. **2**,42; **2**,188. — *wa-antumu l-a'lūna*: **3**,139 (s. o.).

47,36 *innamā l-ḥayātu d-dunyā la'ibun wa-lahwun*: **6**,32, mit weiteren Belegen. — *wa-in tu'minū wa-tattaqū yu'tikum uǧūrakum*: **3**,179.

47,37 *in yas'alkumūhā fa-yuḥfikum tabḫalū*: **3**,180, mit weiteren Belegen. — *wa-yuḫriǧ aḍġānakum*: **47**,29; **9**,64; **2**,72.

47,38 *wa-llāhu l-ġanīyu wa-antumu l-fuqarā'u*: **35**,15; (**3**,181); **4**,131, mit weiteren Belegen. — *wa-in tatawallau yastabdil qauman ġairakum*: **14**,19f./**35**,16f.; **4**,133, mit weiteren Belegen.

SURE 48

48,1 *innā fataḥnā laka fatḥan mubīnan*. Zur Bedeutung des Ausdrucks *fatḥ* siehe die Anmerkung zu **7**,89. — Während mit dem „nahen Erfolg" (*fatḥ qarīb*) in den Versen 18 und 27 vermutlich die Eroberung von Ḫaibar gemeint ist, die kurz nach dem Zug nach Ḥudaibiya stattfand (Frühjahr 628), ist der hier in Vers 1 erwähnte „Erfolg" wohl auf Mohammeds Sieg bei Badr (Frühjahr 624) zu beziehen, oder (weniger wahrscheinlich) auf den diplomatischen Erfolg, den er bei seinen Verhandlungen mit den Mekkanern in Ḥudaibiya erzielte.

48,2f. Der innere Zusammenhang zwischen den Versen 1 und 2f. ist nicht klar ersichtlich.

48,4 *huwa llaḏī anzala s-sakīnata fī qulūbi l-mu'minīna*: **48**,18. 26; **9**,26. 40. Zur Bedeutung des Ausdrucks *sakīna* siehe die Anmerkung zu **2**,248. Man könnte das Wort allenfalls mit „Ruhe" oder „Gelassenheit" übersetzen. — *wa-li-llāhi ǧunūdu s-samāwāti wal-arḍi*: **48**,7; **74**,31; **9**,26. 40; **33**,9. A. S. Yahuda erklärt *ǧunūdu s-samāwāti* als „jüdische Übersetzung" des alttestamentlichen Ausdrucks *ṣĕbā haš-šāmaiyim* (Ignaz Goldziher Memorial Volume, I, Budapest 1948, S. 302).

48,5 Zum Ausdruck *min taḥtihā* siehe die Anmerkung zu **2**,25. — *wa-yukaffira 'anhum saiyi'ātihim*: **29**,7, mit weiteren Belegen. — *wa-kāna ḏālika 'inda llāhi fauzan 'aẓīman*: **4**,13, mit weiteren Belegen.

48,6 *wa-yu'aḏḏiba l-munāfiqīna wal-munāfiqāti wal-mušrikīna wal-mušrikāti*: **33**,73. Zum Ausdruck *al-munāfiqūn* siehe die Anmerkung zu **3**,167. — *aẓ-ẓānnīna bi-llāhi ẓanna s-sau'i*: **48**,12. — *'alaihim dā'iratu s-sau'i*: **9**,98. — *wa-ġaḍiba llāhu 'alaihim wa-la'anahum wa-a'adda lahum ǧahannama*: **4**,93. Siehe die Anmerkung zu diesem Vers.

48,7: **48**,4, mit weiteren Belegen.

48,8: **33**,45; **73**,15; **4**,41, mit weiteren Belegen.

48,9 *wa-tu'azzirūhu*: **7**,157; **5**,12. Siehe die Anmerkung zu diesem Vers. — *wa-tusabbiḥūhu bukratan wa-aṣīlan*: **33**,42; **3**,41, mit weiteren Belegen.

48,10 *inna llaḏīna yubāyi'ūnaka...*: **48**,18. — *wa-man aufā bi-mā 'āhada 'alaihu llāha*: **3**,76, mit weiteren Belegen und Verweis auf F. Buhl, Der *'ahd* im Ḳurân. — Zur merkwürdigen Lesart *'alaihu* (nach Ḥafṣ, mit *u* am Schluß): ad-Dānī, Kitāb at-Taisīr fī l-qirā'āt as-sab', Istanbul 1930, S. 144, Z. 7f.

48,11 Zum Ausdruck *al-muḫallafūna* (auch in den Versen 15f.) siehe die Anmerkung zu **9**,81. — *yaqūlūna bi-alsinatihim mā laisa fī qulūbihim*: **3**,167; **5**,41, mit weiteren Belegen. — *fa-man yamliku lakum mina llāhi šai'an in arāda bikum ḍarran au arāda bikum naf'an*: **33**,17; **13**,11, mit weiteren Belegen.

48,12 *wa-zuiyina ḏālika fī qulūbikum*. Siehe die Anmerkung zu **2**,212. — *wa-ẓanantum ẓanna s-sau'i*: **48**,6. — *wa-kuntum qauman būran*: **25**,18. Zur Bedeutung von *būr* siehe Jeffery, Foreign Vocabulary, S. 85f.

48,13 Bedingungssatz mit Verschiebung. Siehe Einleitung zur Übersetzung, S. 4.

48,14: **2**,284, mit weiteren Belegen.

48,15f. Zum Ausdruck *al-muḫallafūna* (auch in Vers 11) siehe die Anmerkung zu **9**,81. — *ilā qaumin ulī ba'sin šadīdin*: **17**,5; **27**,33. Zur Bedeutungsentwicklung von *ba's* siehe die Anmerkung zu **4**,84.

48,17: **9**,91; (**4**,95); **24**,61. Siehe die Anmerkung zu diesem Vers. — *wa-man yuṭi'i llāha wa-rasūlahū...*: **4**,13; **33**,71; **24**,52; **4**,69. — Zur Bedeutung des Ausdrucks *min taḥtihā* siehe die Anmerkung zu **2**,25.

48,18 *iḏ yubāyi'ūnaka taḥta š-šaǧarati*: **48**,10. — *fa-'alima mā fī qulūbihim*: **4**,63; **33**,51. — *fa-anzala s-sakīnata 'alaihim*: **48**,26. Siehe die Anmerkung zu **48**,4, mit weiteren Belegen. — *wa-aṯābahum fatḥan qarīban*: **48**,27; **61**,13. In der vorliegenden Stelle und in **48**,27 ist mit dem „nahen Erfolg" vermutlich auf die Eroberung von Ḫaibar angespielt. Siehe die Anmerkungen zu **48**,1 und **7**,89.

48,19 *wa-maǧānima kaṯīratan ya'ḫuḏūnahā*: **48**,20.

48,20 *wa-kaffa aidiya n-nāsi 'ankum*: **48**,24; **5**,11.

48,22: **3**,111; **59**,11f. — Der Schlußsatz *ṯumma lā yaǧidūna walīyan wa-lā naṣīran* ist wohl in eschatologischem Sinn zu verstehen. Siehe die Anmerkung zu **3**,111, mit weiteren Belegen.

48,23: **33**,62, mit weiteren Belegen. Zur Bedeutung von *sunna* siehe die Anmerkung zu **8**,38.

48,24 *wa-huwa llaḏī kaffa aidiyahum 'ankum wa-aidiyakum 'anhum*: **48**,20; **5**,11.

48,25 *wa-ṣaddūkum 'ani l-masǧidi l-ḥarāmi*: **5**,2; **2**,217; **8**,34; **22**,25. — *wal-hadya ma'kūfan an yabluġa maḥillahū*: **2**,196; **5**,95; **22**,33. Siehe die Anmerkung zu **2**,196. — *li-yudḫila llāhu fī raḥmatihī man yašā'u*: **42**,8, mit weiteren Belegen. — *wa-lau-lā riǧālun mu'minūna wa-nisā'un mu'minātun lam ta'lamūhum*. Zur Sache siehe W. M. Watt, Muhammad at Medina, Oxford 1956, S. 49 („potential believers").

48,26 *fa-anzala llāhu sakīnatahū 'alā rasūlihī wa-'alā l-mu'minīna*: **48**,18. Siehe die Anmerkung zu **48**,4, mit weiteren Belegen. — *wa-alzamahum kalimata t-taqwā.* Ṭabarī führt 6 verschiedene Deutungen des „Wortes der (Gottes)-furcht" an. Es ist aber nicht sicher, ob damit überhaupt eine bestimmte Formulierung gemeint ist. Vgl. den Ausdruck *kalimat al-kufr* in **9**,74. — *wa-kānū aḥaqqa bihā wa-ahlahā.* Der Ausdruck *aḥaqqa* ist wohl als Elativ zu verstehen, nicht als Komparativ. Die Übersetzung ist dementsprechend zu berichtigen (siehe den Nachtrag).

48,27 *la-qad ṣadaqa llāhu rasūlahu r-ru'yā bil-ḥaqqi.* Siehe die Anmerkung zu **17**,60. — *muḥalliqīna ru'ūsahum wa-muqaṣṣirīna*: **2**,196. Nach diesem Vers wird das Haupthaar erst geschoren, wenn die Opfertiere den *maḥill* erreicht haben. Demnach haben in der vorliegenden Stelle die Partizipien *muḥalliqīna* und *muqaṣṣirīna* futurische Bedeutung. — *fa-ǧa'ala min dūni ḏālika fatḥan qarīban*: **48**,18. Siehe die Anmerkung zu diesem Vers, mit weiteren Verweisen.

48,28: **9**,33/**61**,9. Siehe die Anmerkung zu **9**,33. — *wa-kafā bi-llāhi šahīdan*: **13**,43, mit weiteren Belegen. Siehe auch die Anmerkung zu **3**,18.

48,29 *Muḥammadun rasūlu llāhi*: (**3**,144); (**33**,40). — *yabtaġūna faḍlan mina llāhi wa-riḍwānan*: **59**,8; **5**,2, mit weiteren Belegen. Siehe die Anmerkung zu **5**,2. — *sīmāhum fī wuǧūhihim min aṯari s-suǧūdi.* Zur Sache verweist Bell auf 5. Mose 6,8 und 11,18. — *wa-maṯaluhum fī l-inǧīli ka-zar'in...* Fr. Buhl (Über Vergleichungen und Gleichnisse im Qur'ân, Acta Orientalia II, 1924, S. 1–11, S. 5) denkt an Matthäus 13,8, Speyer (S. 457) an Markus 4,27. Nach Wilhelm Rudolph (Die Abhängigkeit des Qorans von Judentum und Christentum, Stuttgart 1922, S. 19) erinnert der Passus „nur ganz äußerlich und von ferne an eines der Samengleichnisse aus den Evangelien." — *li-yaġīẓa bihimu l-kuffāra*: **9**,120. — *wa'ada llāhu llaḏīna āmanū wa-'amilū ṣ-ṣāliḥāti minhum maġfiratan wa-aǧran 'aẓīman*: **5**,9; **35**,7. Weitere Belege in der Anmerkung zu **11**,11. Auffallend ist der präpositionale Ausdruck *minhum.* Die Erklärungen, die Ṭabarī und Zamaḫšarī dafür vorbringen, leuchten nicht ein. Am ehesten könnte man sich damit helfen, daß man *minhum* ausschließlich auf *'amilū ṣ-ṣāliḥāti* bezieht, wie wenn es heißen würde: *allaḏīna āmanū wa-llaḏīna 'amilū ṣ-ṣāliḥāti minhum.* In diesem Fall müßte man (freier) übersetzen: „denen, die glauben und außerdem tun, was recht ist".

SURE 49

49,1 *qaddama (II)* heißt im vorliegenden Zusammenhang eigentlich „(sich) vordrängen", „vorlaut sein". Für *lā tuqaddimū* habe ich in der Übersetzung nur deshalb nicht die Formulierung „Seid nicht vorlaut!" gewählt, weil ich die zweimalige Verwendung von „vor" („vorlaut vor Gott und seinem Gesandten") vermeiden wollte.

49,2 *wa-lā taǧharū lahū bil-qauli ka-ǧahri ba'ḍikum li-ba'ḍin*: (**24**,63). — *an* *taḥbaṭa a'mālukum.* Zur Bedeutung von *ḥabiṭa* siehe die Anmerkung zu **2**,217.

49,6 *fa-tabaiyanū*: **4**,94.

49,7 *walākinna llāha ḥabbaba ilaikumu l-īmāna wa-zaiyanahū fī qulūbikum*: (**58**,22). Zum Ausdruck *zaiyanahū (fī qulūbikum)* siehe die Anmerkung zu **2**,212.

49,8 *faḍlan mina llāhi wa-ni'matan*: **44**,57.

49,10 *innamā l-mu'minūna iḫwatun*: **3**,103; **9**,11; **33**,5; (**2**,220).

49,11 *wa-lā talmizū anfusakum.* Der Akkusativ *anfusakum* hat kollektive, nicht individuelle Bedeutung. Belege in der Anmerkung zu **2**,54.

49,12 Der Ausdruck *akala laḥma fulānin* kommt auch sonst in der Bedeutung „verunglimpfen" vor. Siehe J. Kraemer, Theodor Nöldeke's Belegwörterbuch zur klassischen arabischen Sprache, s. v. *akala.* Im vorliegenden Text wird er wörtlich interpretiert. — Zum Zustandsakkusativ *maitan* siehe Nöldeke, Zur Grammatik, S. 102, Anm. 1.

49,13 *innā ḫalaqnākum min ḏakarin wa-unṯā*: **53**,45; **75**,39; **92**,3. — *wa-ǧa'alnākum šu'ūban wa-qabā'ila*: (**25**,54). — *li-ta'ārafū*: **10**,45. Siehe die Anmerkung zu diesem Vers. — Zur Sache: I. Goldziher, Muhammedanische Studien, I, Halle 1889, S. 51.

49,14 *qālati l-a'rābu āmannā qul lam tu'minū walākin qūlū aslamnā wa-lammā yadḫuli l-īmānu fī qulūbikum*: **9**,97; (**5**,41, mit weiteren Belegen). H. Ringgren, Islam, 'aslama and muslim, Uppsala 1959, S. 31. — *lā yalitkum min a'mālikum šai'an*: **52**,21.

49,15: (**9**,44f.); (**9**,88). — *ulā'ika humu ṣ-ṣādiqūna*: **59**,8.

49,16: **10**,18; **13**,33.

49,18: **35**,38; **2**,33, mit weiteren Belegen.

SURE 50

50,1 Über die Buchstaben, die einzelnen Suren vorgesetzt sind, siehe die Anmerkung zu **2**,1, mit Literaturangaben. Der Buchstabe *q* findet sich nur vor Sure **50**. — *wal-qur'āni l-maǧīdi*: **36**,2; **38**,1; **85**,21.

50,2: **38**,2. 4; **10**,2; **7**,63, mit weiteren Belegen.

50,3: **13**,5, mit weiteren Belegen.

50,4 *wa-'indanā kitābun ḥafīẓun*: **17**,71, mit weiteren Belegen; **82**,10–12; **6**,61, mit weiteren Belegen.

50,5 *bal kaḏḏabū bil-ḥaqqi lammā ǧā'ahum*: **6**,5; **29**,68; **39**,32.

50,6 *a-fa-lam yanẓurū ilā s-samā'i fauqahum kaifa banaināhā*: **40**,64, mit weiteren Belegen. — *wa-zaiyannāhā*: **37**,6; **41**,12/**67**,5; **15**,16. — *wa-mā lahā min furūǧin*: **67**,3; (**77**,9).

50,7 *wal-arḍa madadnāhā wa-alqainā fīhā rawāsiya*: **15**,19; **13**,3, mit weiteren Belegen. — *wa-anbatnā fīhā min kulli zauǧin bahīǧin*: **22**,5; **26**,7, mit weiteren Belegen; **15**,19 (s. o.).

50,8: **34**,9.

50,9f. Siehe die Anmerkung zu **6**,99, mit weiteren Belegen; **26**,148.

50,11 *wa-aḥyainā bihī baldatan maitan*: **25**,49, mit weiteren Belegen. — *ka-ḏālika l-ḫurūǧu*: **30**,19, mit weiteren Belegen.

50,12–14: **38**,12–14, mit weiteren Belegen. — Zur Geschichte von Noah siehe die Belege in der Anmerkung zu **7**,59–64. — Die „Leute des Brunnens" (? *Aṣḥāb ar-Rass*) werden auch in **25**,38 genannt. Siehe die Anmerkung zu diesem Vers. — Zur Geschichte der Ṯamūd: Anmerkung zu **7**,73–79. Zur Geschichte der ʿĀd: Anmerkung zu **7**,65–72. Zur Geschichte von Pharao: Anmerkung zu **7**,103–137. Zur Geschichte von Lot: Anmerkung zu **7**,80–84. Zur Geschichte der „Leute des Dickichts" (*Aṣḥāb al-Aika*): Anmerkungen zu **15**,78f. und **7**,85–93. — Die „Leute des Tubbaʿ" werden auch in **44**,37 genannt. Siehe die Anmerkung zu diesem Vers. — *kullun kaḏḏaba r-rusula fa-ḥaqqa waʿīdi*: **38**,14. Speziell zu *fa-ḥaqqa waʿīdi*: **10**,33, mit weiteren Belegen.

50,15: **30**,27; **36**,79; **10**,4, mit weiteren Belegen. — *a-fa-ʿayīnā bil-ḫalqi l-auwali*: (**46**,33).

50,17f. *iḏ yatalaqqā l-mutalaqqiyāni*. Verkürzter Zeitsatz. Siehe Einleitung zur Übersetzung, S. 3f. Bell übersetzt: „When the two meet", und bemerkt dazu: „Angels as usually interpreted; perhaps the angel of death meeting the angel who attends man in life", mit Verweis auf Vers 21. — Zur Vorstellung von den Hüterengeln siehe die Anmerkung zu **6**,61.

50,20 *wa-nufiḫa fī ṣ-ṣūri*: **18**,99, mit weiteren Belegen. — *ḏālika yaumu l-waʿīdi*. Ähnliche Formulierungen: **50**,34. 42; **64**,9; **11**,103.

50,22 *la-qad kunta fī ġaflatin min hāḏā*: **21**,1. 97; **19**,39.

50,23 *wa-qāla qarīnuhū*: **41**,25. Siehe die Anmerkung zu diesem Vers, mit weiteren Belegen. Bell nimmt (mit Ṭabarī) an, daß mit dem „Gesellen" ein „Hüterengel" gemeint ist (vgl. V. 18). Dazu paßt aber nicht der Zusammenhang von Vers 27, wo unter dem „Gesellen", wie auch Bell annimmt, der über den Ungläubigen bestellte Satan zu verstehen ist (vgl. **43**,36). Zamaḫšarī deutet den Ausdruck *qarīn* schon in Vers 23 auf einen solchen Satan. — *hāḏā mā ladaiya ʿatīdun*. Der Passus ist schwer zu deuten. Das Wort *ʿatīdun* kommt sonst im Koran nur noch in Vers 18 derselben Sure **50** vor.

50,24–26 *mannāʿin lil-ḫairi*: **68**,12; **70**,21; (**107**,7). — *kulla kaffārin ʿanīdin ...allaḏī ǧaʿala maʿa llāhi ilāhan āḫara*. Nöldeke bemerkt dazu: „Verwendung von *allaḏī* bei schwacher Determinierung" (Zur Grammatik, S. 162, Nachtrag 100/3).

50,27 Siehe die Anmerkung zu **50**,23.

50,28 *qāla lā taḫtaṣimū ladaiya*: **39**,31; **26**,96.

50,29 *mā yubaddalu l-qaulu ladaiya*: **6**,34, mit weiteren Belegen. — *wa-mā ana bi-ẓallāmin lil-ʿabīdi*: **3**,182, mit weiteren Belegen.

50,30 Zur Bedeutung der Frage *hal min mazīdin* siehe Bergsträsser, Verneinungspartikeln, S. 88, Anm. 2.

50,31: **26**,90; **81**,13.

50,32 *hāḏā mā tūʿadūna*: **38**,53; **51**,22.

50,33 *man ḫašiya r-raḥmāna bil-ġaibi*: **36**,11; **21**,49; **35**,18; **67**,12; **5**,94. — *wa-ǧāʾa bi-qalbin munībin*: (**26**,89).

50,34 *udḫulūhā bi-salāmin*: **15**,46; **10**,10, mit weiteren Belegen. — *ḏālika yaumu l-ḫulūdi*. Ähnliche Formulierungen: **50**,20. 42; **64**,9; **11**,103.

50,35 *lahum mā yašāʾūna fīhā*: **16**,31/**25**,16; **39**,34/**42**,22.

50,36 *wa-kam ahlaknā qablahum min qarnin hum ašaddu minhum baṭšan*: **43**,8; **6**,6, mit weiteren Belegen. — *hal min maḥīṣin*: **14**,21, mit weiteren Belegen.

50,37 *au alqā s-samʿa*: (**26**,223).

50,38 *wa-la-qad ḫalaqnā s-samāwāti wal-arḍa wa-mā bainahumā fī sittati aiyāmin*: **7**,54, mit weiteren Belegen. — *wa-mā massanā min luġūbin*: (**35**,35).

50,39f. *fa-ṣbir ʿalā mā yaqūlūna wa-sabbiḥ bi-ḥamdi rabbika qabla ṭulūʿi š-šamsi wa-qabla l-ġurūbi*: **20**,130. —*fa-ṣbir ʿalā mā yaqūlūna*: auch **73**,10; **38**,17. Weitere Belege in der Anmerkung zu **20**,130. — *wa-sabbiḥ bi-ḥamdi rabbika qabla ṭulūʿi š-šamsi wa-qabla l-ġurūbi*: **20**,130 (s. o.); (**3**,41, mit weiteren Belegen). — *wa-mina l-laili fa-sabbiḥhu wa-adbāra s-suǧūdi*: **52**,49. Die Deutung von *wa-adbāra s-suǧūdi* ist unsicher. In **52**,49 steht dafür *wa-idbāra n-nuǧūmi*. Der Ausdruck ist übrigens nur lose mit *wa-* an das Vorhergehende angehängt (wobei das Verbum zu ergänzen ist). Ähnlich in **20**,130 und **30**,18. Siehe die Anmerkungen zu **20**,130 und **30**,17f., sowie zu **11**,114f., außerdem meine Ausführungen in „Grenzen der Koranforschung" (Stuttgart 1950), S. 34f.

50,41 *yauma yunādi l-munādi min makānin qarībin*: (**41**,44).

50,42 *ḏālika yaumu l-ḫurūǧi*. Ähnliche Formulierungen: **50**,20. 34; **64**,9; **11**,103.

50,43 *innā naḥnu nuḥyī wa-numītu*: **3**,156, mit weiteren Belegen.

50,44 *yauma tašaqqaqu l-arḍu ʿanhum*: (**99**,2); (**82**,4; **100**,9). — *sirāʿan*: **70**,43; (**36**,51; **21**,96).

50,45 *wa-mā anta ʿalaihim bi-ǧabbārin*: **88**,22. Zum Ausdruck *ǧabbār* siehe Horovitz, Proper Names, S. 195f. — *fa-ḏakkir bil-qurʾāni*: **88**,21; **51**,55; **87**,9; **52**,29; **6**,70. Zur Konstruktion *ḏakkara (II) bi-* siehe die Anmerkung zu **5**,13. — *man yaḫāfu waʿīdi*: **14**,14.

SURE 51

51,1–4 Ähnliche, schwer zu deutende Schwurformeln: **37**,1–3; **77**,1–6; **79**,1–5; **100**,1–5. Siehe Gesch. des Qor. I, S. 75f.; Bell, Introduction to the Qur'ān, S. 75f. — *waḏ-ḏāriyāti ḏarwan*. Das (im Akkusativ des inneren Objekts stehende) Nomen verbi *ḏarwan* könnte man auch im Deutschen einigermaßen sinngemäß wiedergeben, indem man übersetzt: „Bei denen, die (den Staub) nur so aufwirbeln (oder: die (die Wolken) nur so durch die Luft treiben)!" — *fal-muqassimāti amran*: **79**,5.

51,5f.: **77**,7; **6**,134; **52**,7f.; **70**,1f.; (**56**,1f.; **69**,15); (**73**,18).

51,10f. *qutila...* (Ausdruck der Verwünschung): **74**,19f.; **80**,17; **85**,4. — *al-ḫarrāṣūna*: (**6**,116, mit weiteren Belegen). — *allaḏīna hum fī ġamratin sāhūna*: **23**,54. 63.

51,12–14 *yas'alūna aiyāna yaumu d-dīni*: **75**,6; **7**,187/**79**,42; (**10**,48, mit weiteren Belegen). — *hāḏā llaḏī kuntum bihī tasta'ǧilūna*: **10**,50, mit weiteren Belegen.

51,15: **15**,45, mit weiteren Belegen.

51,16–19 Belege für ähnliche Aufzählungen islamischer Tugenden in der Anmerkung zu **3**,17. — *āḫiḏīna mā ātāhum rabbuhum*: **52**,18. — *innahum kānū qabla ḏālika muḥsinīna*: (**56**,45, Gegenteil). — *wa-bil-asḥāri hum yastaġfirūna*: **3**,17. — *wa-fī amwālihim ḥaqqun lis-sā'ili wal-maḥrūmi*: **70**,24f.; **6**,141; **17**,26; **30**,38.

51,20f.: **41**,53; (**45**,3f.). Siehe die Anmerkung zu **41**,53.

51,22 Vers 22 ist schwer zu deuten. Der Himmel wird sonst im Koran öfters im Zusammenhang mit dem Regen genannt, der von da auf die Erde „herabgesandt wird" und bewirkt, daß Mensch und Tier ihren Unterhalt finden. Aber in der vorliegenden Stelle könnte der Himmel als Ort des Paradieses gemeint sein (vgl. **38**,53f.; **50**,32; **19**,62). Zamaḫšarī rechnet unter anderem auch mit der Möglichkeit, daß der Vers auf das im Himmel befindliche Buch der Vorherbestimmung hinweist. Demnach müßte man übersetzen: „Und im Himmel ist (im Buch des Schicksals vorherbestimmt), was euch (im Diesseits) als Unterhalt zukommt, und was euch (falls ihr im Unglauben verharrt, als Bestrafung im Jenseits) angedroht wird". Bell schreibt im Vorwort zu seiner Übersetzung von Sure **51**: „In (vv.) 20–22 we probably have a still earlier sign-passage worked over" und bemerkt zu Vers 22: „Usually and probably rightly interpreted as meaning the rain as source of food, but, if so, this clause belongs to the early basis of the passage".

51,24–37 Belege zur Kombination der Geschichte vom Besuch der Engel bei Abraham und der Verheißung eines Sohnes mit der Geschichte von Lot und der Vernichtung seiner Volksgenossen in der Anmerkung zu **15**,51–77. Zur Sache: Speyer, S. 147–158.

51,24–28: **15**,51–53. 62; **11**,69f.; **29**,31; **37**,101. 112. — *hal atāka ḥadīṯu...*: **20**,9, mit weiteren Belegen. — *iḏ...* (auch in den Versen 38, 41, 43). Verkürzter Zeitsatz. Siehe Einleitung zur Übersetzung, S. 3f. — *fa-rāġa ilā ahlihī.* Zur Bedeutung von *ahl* siehe Horovitz, Proper Names, S. 191.

51,29f.: **11**,71–73; **15**,53–56. — *ka-ḏāliki qāla rabbuki.* Siehe die Anmerkung zu **3**,40, mit weiteren Belegen.

51,31–37: **15**,57–77; **11**,74–83; **29**,31–35; **7**,80–84, mit weiteren Belegen.

51,38–40 Belege zur Geschichte Moses in der Anmerkung zu **7**,103–137.

51,38: **11**,96; **23**,45; **40**,23; **4**,153; **44**,19; **28**,35.

51,39: **51**,52. — *wa-qāla sāḥirun*: **7**,109, mit weiteren Belegen. — *au maǧnūnun*: **7**,184, mit weiteren Belegen.

51,40: **28**,40; **7**,136, mit weiteren Belegen. — *wa-huwa mulīmun*: **37**,142 (Jonas).

51,41f. Belege zur Geschichte der 'Ād in der Anmerkung zu **7**,65–72. — *iḏ arsalnā 'alaihimu r-rīḥa l-'aqīma*: **69**,6; **41**,16; **54**,19; **46**,24f.; (**22**,55).

51,43–45 Belege zur Geschichte der Ṯamūd in der Anmerkung zu **7**,73–79. — *iḏ qāla lahum tamatta'ū ḥattā ḥīnin*: **11**,65; **2**,26. Siehe die Anmerkung zu diesem Vers. — *fa-'atau 'an amri rabbihim*: **7**,77; (**65**,8). — *fa-aḫaḏathumu ṣ-ṣā'iqatu wa-hum yanẓurūna*: **2**,55; (**4**,153); **41**,13. 17.

51,46 Belege zur Geschichte Noahs in der Anmerkung zu **7**,59–64. — *wa-qauma Nūḥin min qablu*: **53**,52; **25**,37). — *innahum kānū qauman fāsiqīna*: (**27**,12, mit weiteren Belegen).

51,47f. *was-samā'a banaināhā*: **2**,22; **50**,6; **40**,64, mit weiteren Belegen. — *bi-aidin*: (**38**,17). Der Genitiv *aidin* (zur merkwürdigen Orthographie siehe Gesch. des Qor. III, S. 49) ist aus der Wurzel *'yd* abzuleiten. Die Übersetzung ist entsprechend zu berichtigen (siehe Nachtrag). — *wal-arḍa farašnāhā fa-ni'ma l-māhidūna*: **2**,22; **20**,53; **43**,10; **78**,6; **71**,19; **13**,3, mit weiteren Belegen.

51,49: **13**,3, mit weiteren Belegen.

51,50f. *innī lakum minhu naḏīrun mubīnun*: **11**,2; **11**,25; **71**,2; **15**,89, mit weiteren Belegen.

51,52: **51**,39, mit weiteren Belegen. — Zur Einleitung mit *ka-ḏālika*: **43**,23. Siehe auch die Anmerkung zu **3**,40.

51,53 *bal hum qaumun ṭāġūna*: **52**,32.

51,55: **87**,9; **80**,4; (**50**,45, mit weiteren Belegen); (**89**,23; **47**,18).

51,57 *mā urīdu minhum min rizqin*: **20**,132. — *wa-mā urīdu an yuṭ'imūni*: **6**,14.

51,59 *fa-lā yasta'ǧilūni*: **10**,50, mit weiteren Belegen; **13**,6, mit weiteren Belegen.

51,60: **19**,37; **43**,65; **38**,27.

SURE 52

52,1–6 *waṭ-Ṭūri*: **95**,2. — *(wa-kitābin masṭūrin fī raqqin) manšūrin*: **17**,13; **81**,10; **74**,52. — *(wal-baiti) l-ma'mūri*: (**9**,17f. 19). — *was-saqfi l-marfū'i*: **21**,32; **79**,28; **88**,18; **13**,2; **55**,7. — *wal-baḥri l-masǧūri*: **81**,6. — Zum Ganzen: Bell, Introduction, S. 76: Asseverative Passages.

52,7f.: **70**,1f.; **56**,1f.; **51**,5f.; **77**,7; **69**,15; **6**,134.

52,9f. *yauma*... Verkürzter Zeitsatz. Siehe Einleitung zur Übersetzung, S. 3f. — *tamūru s-samā'u mauran*: (**67**,16). — *wa-tasīru l-ǧibālu sairan*: **18**,47; **78**,20; **81**,3; (**13**,31).

52,11f. *fa-wailun yauma'iḏin lil-mukaḏḏibīna*: **77**,15. 19. 24. 28. 34. 37. 40. 45. 47. 49; **83**,10. — *allaḏīna hum fī ḫauḍin yal'abūna*: **6**,91; **43**,83/**70**,42. Weitere Belege in der Anmerkung zu **4**,140.

52,14: **55**,43; **83**,17; **32**,20; **34**,42; **77**,29.

52,16 *iṣlauhā fa-ṣbirū au lā taṣbirū sawā'un 'alaikum*: **14**,21; **41**,24. — *innamā tuǧzauna mā kuntum ta'malūna*: **66**,7; **10**,52, mit weiteren Belegen.

52,17: **51**,15; **15**,45, mit weiteren Belegen; **56**,12; **68**,34; **82**,13/**83**,22.

52,18 *fākihīna bi-mā ātāhum rabbuhum*: **51**,16; **44**,27; **36**,55. — *wa-waqāhum rabbuhum 'aḏāba l-ǧaḥīmi*: **44**,56; **52**,27; **76**,11.

52,19: **77**,43; **69**,24. — *bi-mā kuntum ta'malūna*: auch **7**,43/**43**,72; **16**,32.

52,20 *muttaki'īna 'alā sururin maṣfūfatin*: **56**,15 (*'alā sururin mauḍūnatin*); **88**,15 (*wa-namāriqu maṣfūfatun*); **18**,31 (*muttaki'īna fīhā 'alā l-arā'iki*). Siehe die Anmerkung zu diesem Vers, mit weiteren Belegen. A. S. Yahuda (I. Goldziher Memorial Volume, I, Budapest 1948, S. 301f.) bringt den Ausdruck *maṣfūfa* mit hebräisch *ṣippāh* „to cover, oberlay (with gold)", „to stud, encrust (with precious stones)" zusammen. Demnach wäre zu übersetzen: „auf vergoldeten Sesseln" (in der Belegstelle **88**,15: „Kissen, mit Gold bestickt"). — *wa-zauwaǧnāhum bi-ḥūrin 'īnin*: **44**,54, mit weiteren Belegen.

52,21 *wa-llaḏīna āmanū wa-ttaba'athum ḏurrīyatuhum bi-īmānin alḥaqnā bihim ḏurrīyatahum*: **13**,23; **40**,8; (**3**,170). Speziell zu *wa-ttaba'athum ḏurrīyatuhum bi-īmānin*: **9**,100. — *wa-mā alatnāhum min 'amalihim min šai'in*: **49**,14. — *kullu mri'in bi-mā kasaba rahīnun*: **74**,38. Zur Bedeutung von *kasaba* siehe die Anmerkung zu **2**,79.

52,22: **56**,20f.; **77**,42; **36**,57, mit weiteren Belegen.

52,23: **56**,25; **19**,62; **37**,47; **56**,19; **78**,35; **88**,11.

52,24: **76**,19; **56**,17. — *ka-annahum lu'lu'un maknūnun*: **56**,23; **37**,49; **76**,19 (s. o.).

52,25: **37**,50; **74**,40f.; (**37**,27); (**68**,30).

52,27 *wa-waqānā 'aḏāba s-samūmi*: **52**,18; **44**,56; **76**,11.

52,29 *fa-ḏakkir*: **50**,45, mit weiteren Belegen. — *fa-mā anta bi-ni'mati rabbika bi-kāhinin wa-lā maǧnūnin*: **68**,2; **69**,42; **7**,184, mit weiteren Belegen.

52,30f. *am yaqūlūna šā'irun*: **21**,5; **37**,36; **69**,41; **36**,69. — *natarabbaṣu bihī raiba l-manūni*: **23**,25. — *qul tarabbaṣū fa-innī ma'akum mina l-mutarabbiṣīna*: **9**,52; **20**,135; **6**,158, mit weiteren Belegen.

52,32 Zu der eigenartigen Formulierung *am ta'muruhum aḥlāmuhum bi-hāḏā* siehe die Anmerkung zu **11**,87.

52,33 *am yaqūlūna taqauwalahū*: **69**,44.

52,34: **2**,23; **10**,38; **11**,13; **28**,49.

52,37 *am 'indahum ḫazā'inu rabbika*: **38**,9; **6**,50/**11**,31; (**17**,100); (**15**,21); (**63**,7).

52,38: **38**,10, mit weiteren Belegen. — *am lahum sullamun*. Siehe Horovitz, Proper Names, S. 210.

52,39 *am lahu l-banātu wa-lakumu l-banūna*. Belege in den Anmerkungen zu **37**,149–155 und **2**,116.

52,40: **68**,46; **6**,90, mit weiteren Belegen.

52,41: **68**,47. — *am 'indahumu l-ġaibu*: auch **53**,35; **19**,78; **6**,50/**11**,31;

(**27**,65); (**3**,179); (**72**,26); (**7**,188). — *fa-hum yaktubūna*: **68**,47 (s. o.); (**43**,80; **10**,21; **82**,10–12).

52,42: **21**,70; **37**,98; **86**,15f.; (**27**,50f.).

52,43 *subḥāna llāhi ʿammā yušrikūna*: **59**,23; **7**,189f., mit weiteren Belegen.

52,44: **26**,187; **17**,92; **34**,9; (**46**,24).

52,45: **43**,83; **70**,42.

52,47: (**32**,21, mit weiteren Belegen).

52,48f. *wa-ṣbir li-ḥukmi rabbika*: **76**,24; **68**,48; (**10**,109; **7**,87); (**74**,7). — *wa-sabbiḥ bi-ḥamdi rabbika ḥīna taqūmu wa-mina l-laili fa-sabbiḥhu wa-idbāra n-nuǧūmi*: **50**,39f. Siehe die Anmerkung zu diesen Versen, mit weiteren Belegen. — Soweit die Belegstellen den Passus *wa-mina l-laili fa-sabbiḥhu* oder eine ähnliche Formulierung enthalten (**50**,40; **20**,130; **76**,26; **17**,79; vgl. **11**,114), geht dem durchweg ein Hinweis auf Gebetsübungen zur Morgen- und Abendzeit voraus. Es liegt deshalb nahe anzunehmen, daß mit dem Ausdruck *ḥīna taqūmu* ebenfalls eine bestimmte Zeitangabe gemeint ist. Aber die übliche Deutung „wenn du (vom Schlaf) aufstehst" (d.h. morgens) scheint aus sachlichen und sprachlichen Gründen nicht stichhaltig zu sein. Auf die Morgenfrühe ist ja am Schluß von Vers 49 (*wa-idbāra n-nuǧūmi*) eigens angespielt, so daß also zweimal dasselbe gesagt würde. Auch fehlt dann das zweite Glied der Zeitangabe: der Hinweis auf eine Gebetsübung am Abend, wie er in allen Belegstellen vorliegt. Schließlich bedeutet *qāma* im Koran nie „vom Schlaf aufstehen" (auch nicht in den beiden Stellen **73**,2 und **74**,2). Dagegen hat es häufig die Bedeutung „sich zum Gebet aufstellen" oder „im Gebet stehen". Demnach wird auch in der vorliegenden Stelle zu übersetzen sein: „wenn du (im Gebet) stehst". Über die genaue Zeit eines solchen Stehens (im Gebet) ist nichts ausgesagt. Man darf aber vielleicht aus dem folgenden Vers 49, wo von nächtlichen Andachtsübungen die Rede ist, schließen, daß hier Andachtsübungen zur Tageszeit gemeint sind. — *wa-idbāra n-nuǧūmi*. In **50**,40 steht dafür *wa-adbāra s-suǧūdi*. Siehe die Anmerkung zu **50**,39f.

SURE 53

53,1–18 Der Koran besteht im großen und ganzen aus Proben eines höheren Wissens, die Mohammed *im Wortlaut* als Offenbarungen empfangen zu haben glaubte, und die er in derselben Form an seine Landsleute und Glaubensgenossen weiterzugeben sich berufen fühlte. Man kann sie als prophetische Auditionen bezeichnen. Nur ganz vereinzelt äußert sich der Prophet über Visionen, d.h. über Erlebnisse, bei denen er etwas *zu sehen* bekam. Am ausführlichsten geschieht dies in den Versen 1–18 der vorliegenden Sure **53**. Weitere Stellen: **81**,23f.; **17**,1; (**17**,60); (**48**,27); (**8**,43). Zur Sache: Buhl-Schaeder, Das Leben Muhammeds, S. 139f.; Tor Andrae, Mohammed,

Göttingen 1932, S. 37f.; R. Bell, Muhammad's Visions (The Moslem World 24, 1934, S. 145–154); R. Paret, Mohammed und der Koran, S. 44–46.

53,2f.: (**81**,22. 25; **34**,46).

53,4: (**21**,45).

53,5f. *'allamahū šadīdu l-quwā ḏū mirratin*: (**81**,19–21); (**55**,2).

53,7: **81**,23.

53,10 Aus der Verwendung des Ausdrucks *ilā 'abdihī* ergibt sich, daß als Subjekt von *auḥā* und den vorhergehenden in der 3. Person Perfekt stehenden Verbalformen (von Vers 5 an) Gott zu ergänzen ist. In der Belegstelle **81**,19–25 ist dagegen von einem die Offenbarung übermittelnden „vortrefflichen Gesandten" und nicht von Gott selber die Rede. Siehe R. Bell, Muhammad's Visions (a.a.O.), S. 148–150; R. Paret, Mohammed und der Koran, S. 45.

53,14f. Siehe R. Bell, Muhammad's Visions (a.a.O.), S. 150f.

53,18: **20**,23, mit weiteren Belegen.

53,19–25 Nach Ṭabarī (Annalen I, S. 1192–1196; Korankommentar zu **22**,52) und Ibn Sa'd (Ṭabaqāt I, Teil I, S. 137f.) fuhr Mohammed nach der Verkündigung der Verse 19f. (*a-fa-ra'aitumu l-Lāta wal-'Uzzā wa-Manāta ṯ-ṯāliṯata l-uḫrā*) ursprünglich auf Grund einer Einflüsterung des Satans (vgl. **22**,52) folgendermaßen fort: *tilka l-ġarānīqu l-'ulā wa-inna šafā'atahunna la-turtaǧā* (Varianten: *la-turǧā*; *la-turtaḍā*; weitere Variante: *wa-šafā'atuhunna turǧā miṯluhunna lā yunsā*), in deutscher Übersetzung: „Das sind die erhabenen Kraniche(?). Auf ihre Fürbitte darf man hoffen" (Variante: „...Ihre Fürbitte ist (Gott) genehm"; weitere Variante: „...Auf ihre Fürbitte darf man hoffen. Ihresgleichen wird nicht vergessen"). Zur Sache: Buhl-Schaeder, Das Leben Muhammeds, S. 177–180; Tor Andrae, Mohammed, Göttingen 1932, S. 15–19; T. Huitema, De voorspraak (shafā'a) in den Islam, Leiden 1936, S. 6–11; R. Paret, Mohammed und der Koran, S. 60f.

53,21f.: **52**,39; **37**,149. 153f.; **17**,40; **43**,15f.; **16**,57; **2**,116, mit weiteren Belegen.

53,23 *in hiya illā asmā'un sammaitumūhā antum wa-ābā'ukum mā anzala llāhu bihā min sulṭānin*: **7**,71; **12**,40; (**53**,27). Speziell zu *mā anzala llāhu bihā min sulṭānin*: **3**,151, mit weiteren Belegen. — *in yattabi'ūna illā ẓ-ẓanna*: **53**,28; **6**,116, mit weiteren Belegen.

53,24f. *am lil-insāni mā tamannā*: (**16**,57). — *fa-li-llāhi l-āḫiratu wal-ūlā*: **92**,13.

53,26: **2**,255, mit weiteren Belegen.

53,27: **43**,19; **37**,150; **17**,40; **4**,117.

53,28: **53**,23; **6**,116, mit weiteren Belegen; **4**,157; **10**,36.

53,30: **6**,117/**68**,7; **16**,125; **28**,56.

53,31 Der Ausdruck *al-ḥusnā* („das (Aller)beste") wird sonst im Koran manchmal für den Lohn des Paradieses verwendet. Demnach könnte man den letzten Satz von Vers 31 auch übersetzen: „denen aber, die Gutes tun, wird er (dereinst) mit dem (Aller)besten (d.h. mit dem Paradies) vergelten" (siehe die in Anmerkung 12 zur Wahl gestellte Übersetzung). Als Beleg dafür wäre etwa **30**,10 (Umkehrung) anzuführen. Bei dieser Deutung des Textes müßte man aber eine auffallende Diskrepanz in der Konstruktion der beiden mit *(li-)yağziya* eingeleiteten Sätze in Kauf nehmen: Im ersten Satz würde mit der Präposition *bi-* der Grund für die Vergeltung bezeichnet, im zweiten Satz das, womit vergolten wird. Diese stilistische Schwierigkeit fällt weg, wenn man den Ausdruck *al-ḥusnā* nicht auf den paradiesischen Lohn bezieht, sondern auf „das Beste", was die betreffenden Menschen getan haben. Für eine solche Deutung des Textes sprechen die Stellen **9**,121, mit weiteren Belegen, und **6**,160, mit weiteren Belegen. Die Wahl des Ausdrucks *bil-ḥusnā* (statt: *bi-aḥsani mā kānū ya'malūna*) kann durch den Reimzwang bedingt sein.

53,32 *allaḏīna yağtanibūna kabā'ira l-iṯmi wal-fawāḥiša*: **42**,37; (**6**,151, mit weiteren Belegen). — Die Deutung des Ausdrucks *illā l-lamama* ist unsicher. Wörtlich könnte man *lamam* vielleicht mit „(bloße) Anwandlung" übersetzen. — Der Passus *inna rabbaka wāsi'u l-maġfirati* ist eine Art Nachsatz zu *illā l-lamama* oder zu dem ganzen Relativsatz, mit dem Vers 32 beginnt. Alles zusammen hat etwa die Funktion eines Bedingungssatzes mit Verschiebung. Siehe Einleitung zur Übersetzung, S. 4. Zur Not könnte man *allaḏīna yağtanibūna kabā'ira l-iṯmi wal-fawāḥiša* auch mit *allaḏīna aḥsanū* im vorausgehenden Vers 31 koordinieren. — *iḏ anša'akum mina l-arḍi*: **11**,61; (**28**,45). — *fa-lā tuzakkū anfusakum*: **4**,49; (**24**,21). Anders: **91**,9; **87**,14.

53,33f.: **96**,13, mit weiteren Belegen; (**19**,77).

53,35: **19**,78; **52**,41/**68**,47; **6**,50/**11**,31; (**27**,65); (**3**,179); (**72**,26); (**7**,188).

53,36f.: **87**,18f.; **20**,133. — *wa-Ibrāhīma llaḏī waffā*. Mit der Erfüllung der dem Abraham auferlegten Verpflichtung ist vielleicht dessen Bereitschaft zur Opferung seines Sohnes gemeint.

53,38: **6**,164, mit weiteren Belegen.

53,39–42: **20**,15; **17**,19. Weitere Belege in der Anmerkung zu **17**,18f.; (**84**,6). — *wa-anna ilā rabbika l-muntahā*: **79**,44.

53,43f. Die Verben stehen wegen des Reimzwangs im Perfekt. Das gilt auch für Vers 48. — *wa-annahū huwa amāta wa-aḥyā*: **3**,156, mit weiteren Belegen.

53,45f. *wa-annahū ḫalaqa z-zauğaini ḏ-ḏakara wal-unṯā*: **75**,39; **92**,3; **49**,13; **16**,72, mit weiteren Belegen. — *min nuṭfatin iḏā tumnā*: **75**,37; **16**,4, mit weiteren Belegen.

53,47: **29**,20; **36**,79; (**56**,62).

53,48: (**9**,28; **24**,32. 33); (**4**,130). — Zu den Perfektformen *aġnā wa-aqnā* siehe die Anmerkung zu **53**,43f.

53,50f. Belege zur Geschichte der 'Ād in der Anmerkung zu **7**,65–72, zur Geschichte der Ṯamūd in der Anmerkung zu **7**,73–79.

53,52 Belege zur Geschichte Noahs in der Anmerkung zu **7**,59–64. — *wa-qauma Nūḥin min qablu*: **51**,46; (**25**,37).

53,53f. Belege zur Geschichte von der zerstörten Stadt (Sodom) in der Anmerkung zu **7**,80–84. Zur Bezeichnung *al-mu'tafika* (was auf hebräisch *mahpēkā* zurückgeht): Horovitz, Koranische Untersuchungen, S. 13f.; Proper

Names, S. 187f. — Die beiden Verse 53f. könnte man auch als selbständige Sätze verstehen. Die Übersetzung müßte dann lauten: „Und die der Zerstörung geweihte (Stadt Sodom) hat er untergehen lassen und auf jene (denkwürdige) Weise (mit einem Regen von Steinen) eingedeckt".

53,55: **55**,13. 16. 18 usw.; **40**,81; **7**,185/**77**,50; **45**,6; (**7**,69/74).

53,57f. *azifati l-āzifatu*: **40**,18. — *laisa lahā min dūni llāhi kāšifatun*: **6**,41, mit weiteren Belegen.

53,59: (**7**,63, mit weiteren Belegen).

53,62: **22**,77.

SURE 54

54,1 *iqtarabati s-sā'atu*: **21**,1; **21**,97; (**16**,1). — *wa-nšaqqa l-qamaru*. Bell übersetzt: „the moon has been split" und bemerkt dazu: „This was one of the phenomena of the Last Day in Apocalyptic Literature. Here it is said to have actually happened. A partial eclipse of the moon may have given occasion for the assertion." In der späteren Überlieferung wurde aus der als bloßes Naturgeschehen berichteten Spaltung des Mondes ein Wunder, das Mohammed seinen heidnischen Landsleuten in eigener Initiative vorführte, allerdings ohne sie damit von der Wahrheit seiner Verkündigung überzeugen zu können (vgl. V. 2). Blachère und Hamidullah übersetzen die beiden Perfekta *iqtarabat* und *inšaqqa* präsentisch: „L'Heure approche. La lune se fend." (siehe die Anmerkung Blachère's zu Vers 1) und folgen damit einer tendenziösen Auslegung, der zufolge Mohammed kein anderes Wunder als das des Korans vorzuweisen hatte. Vgl. G. H. A. Juynboll, The Authenticity of the Tradition Literature, Leiden 1969, S. 145f.

54,2: **7**,132, mit weiteren Belegen. — *wa-yaqūlū siḥrun mustamirrun*: **37**,14f.; **10**,76, mit weiteren Belegen.

54,3 *wa-kullu amrin mustaqirrun*: **6**,67. Die Deutung des Ausdrucks ist nicht sicher. Siehe die Übersetzung.

54,5 *ḥikmatun bāliġatun*: (**6**,149). — *fa-mā tuġni n-nuḏuru*: **10**,101.

54,6 *yauma yad'u d-dā'i ilā šai'in nukurin*: **30**,25; **20**,108.

54,7 *ḫušša'an abṣāruhum*: **68**,43/**70**,44; **79**,9; **88**,2; **42**,45. Zur Voraussstellung des Prädikativums siehe Alfred Bloch, Vers und Sprache im Altarabischen, Basel 1946, S. 51f. — *yaḫruǧūna mina l-aǧdāṯi*: **70**,43; (**36**,51).

54,8 *muhṭi'īna ilā d-dā'i*: **14**,43; **70**,36. — *hāḏā yaumun 'asirun*: **74**,9f.; **25**,26.

54,9–17 Zur Geschichte von Noah siehe die Anmerkung zu **7**,59–64 (mit Aufzählung weiterer Belegstellen). Die hier vorliegende Version bildet zusammen mit den Geschichten von den 'Ād (V. 18–22), den Ṯamūd (V. 23–32), den Leuten Lots (V. 33–40) und den Leuten Pharaos (V. 41f.) eine Einheit.

54,9 *kaḏḏabat qablahum qaumu Nūḥin*: **22**,42; **38**,12; **40**,5; **50**,12; **26**,105; **10**,39, mit weiteren Belegen. — *wa-qālū maǧnūnun*: **7**,184, mit weiteren Belegen.

54,10 *fa-ntaṣir.* Vermutlich ist der VIII. Stamm des Reimes wegen gewählt. Der Sache nach würde der I. Stamm (*fa-nṣurnī*) besser passen. Vgl. **21**,77; **23**,26/39; **29**,30.

54,11–14: **11**,36–43; **7**,64, mit weiteren Belegen. — *fa-fataḥnā abwāba s-samā'i*: (**78**,19). — *bi-a'yuninā*: **11**,37/**23**,27; (**52**,48).

54,15 *wa-la-qad taraknāhā āyatan*: **29**,15; **69**,12. Anders: **25**,37. Vgl. **10**,92 (siehe die Anmerkung zu diesem Vers); **29**,35; **51**,37. —*fa-hal min muddakirin*: **54**,17. 22. 32. 40. 51.

54,16: **54**,18. 21. 30; **13**,32, mit weiteren Belegen.

54,17: **54**,22. 32. 40; **44**,58; **19**,97. —*fa-hal min muddakirin*: auch **54**,15. 51.

54,18–22 Belege zur Geschichte der 'Ād in der Anmerkung zu **7**,65–72.

54,18 *fa-kaifa kāna 'aḏābī wa-nuḏuri*: **54**,16. 21. 30; **13**,32, mit weiteren Belegen.

54,19: **41**,16; **69**,6f.; **51**,41f.; **46**,24f.; (**3**,117).

54,20: **69**,7.

54,21: **54**,16. 18. 30; **13**,32, mit weiteren Belegen.

54,22: **54**,17. 32. 40; **44**,58; **19**,97. —*fa-hal min muddakirin*: auch **54**,15. 51.

54,23–32 Belege zur Geschichte der Ṯamūd in der Anmerkung zu **7**,73–79.

54,23: **54**,33.

54,24f.: **6**,91, mit weiteren Belegen; **7**,63, mit weiteren Belegen. — *innā iḏan la-fī ḍalālin wa-su'urin*: **54**,47. — *a-ulqiya ḏ-ḏikru 'alaihi min baininā*: **38**,8; **7**,63, mit weiteren Belegen.

54,27f.: **26**,155f.; **91**,13; **7**,73/**11**,64; **17**,59. Zur Sache siehe die Anmerkung zu **7**,73.

54,29: **7**,77, mit weiteren Belegen.

54,30: **54**,16. 18. 21; **13**,32, mit weiteren Belegen.

54,31 *innā arsalnā 'alaihim ṣaiḥatan wāḥidatan*: **36**,29. 49. 53; **38**,15; **11**,67, mit weiteren Belegen. —*fa-kānū ka-hašīmi l-muḥtaẓiri*: (**18**,45, mit weiteren Belegen).

54,32: **54**,17. 22. 40; **44**,58; **19**,97. —*fa-hal min muddakirin*: auch **54**,15. 51.

54,33–40 Belege zur Geschichte von Lot und seinen Landsleuten in der Anmerkung zu **7**,80–84.

54,33: **54**,23.

54,34: **7**,84, mit weiteren Belegen; **17**,68; **67**,17; **29**,40. — *illā āla Lūṭin*: **15**,59.

54,37 *wa-la-qad rāwadūhu 'an ḍaifihī*: **15**,67–69; **11**,78. —*fa-ṭamasnā a'yunahum*: **36**,66. —*fa-ḏūqū 'aḏābī wa-nuḏuri*: **54**,39.

54,38: **15**,65f. 73; **11**,81.

54,39: **54**,37.

54,40: **54**,17. 22. 32; **44**,58; **19**,97. —*fa-hal min muddakirin*: auch **54**,15. 51.

54,41f. Belege zur Geschichte Pharaos und seiner Leute in der Anmerkung zu **7**,103–137. — *kaḏḏabū bi-āyātinā kullihā*: **20**,56; (**79**,20–22). —*fa-aḫaḏnāhum aḫḏa 'azīzin muqtadirin*: (**73**,16; **69**,10; **11**,102).

54,43 *am lakum barā'atun fī z-zuburi*: (**37**,156f.?); (**54**,52).

54,44: **26**,56.

54,45: (**38**,11).

54,47: **54**,24.

54,48: **40**,71f.; **17**,97; **25**,34; **27**,90; **33**,66.

54,49 Zur Deutung des Ausdrucks *bi-qadarin* siehe H. Ringgren, Studies in Arabian Fatalism, Uppsala-Wiesbaden 1955, S. 98. Belege: **65**,3: *qad ǧaʿala llāhu li-kulli šaiʾin qadran* (sic). Speziell zum Ausdruck *bi-qadarin*: **15**,21; **43**,11; **13**,17; **33**,38; (**77**,22).

54,50: **16**,77.

54,51 *wa-la-qad ahlaknā ašyāʿakum*: **34**,54. — *fa-hal min muddakirin*: **54**,15. 17. 22. 32. 40.

54,53: (**2**,282: *wa-lā tasʾamū an taktubūhu ṣaġīran au kabīran*).

54,54: **15**,45, mit weiteren Belegen.

54,55 *fī maqʿadi ṣidqin*. Siehe die Anmerkung zu **10**,2, mit weiteren Belegen.

SURE 55

55,1f. *ʿallama l-qurʾāna*: (**53**,5).

55,4 *ʿallamahu l-bayāna*. Bell vermutet im Hinblick auf **75**,19 (*ṯumma inna ʿalainā bayānahū*) und **3**,138 (*hāḏā bayānun lin-nāsi wa-hudān wa-mauʿiẓatun lil-muttaqīna*), daß der Ausdruck *al-bayān* sich auf den Koran bezieht. Demnach müßte man Vers 4 etwa paraphrasieren: „Er hat ihn gelehrt, (den Koran in seiner Bedeutung im einzelnen) darzulegen.“ Blachère äußert sich in einer längeren Anmerkung zu der Stelle und schließt mit den Worten: „On est donc admis à conclure qu'*al-bayān* ‚l'Exposé‘ est une appellation donnée à la nouvelle révélation“.

55,5: **6**,96, mit weiteren Belegen.

55,6 I. J. Kračkovskij (siehe Der Islam 21, 1933, S. 253, Nr. 99) und A. Fischer (Islamica 5, 1932, S. 198–210. 376–378) nehmen in Anlehnung an die Kommentatoren für *naǧm* die Bedeutung „Pflanzen“, „Gräser“ an. Aber im Hinblick auf **22**,18, wo die *Sterne* (*an-nuǧūm*) im Anschluß an Sonne und Mond und gefolgt von Bergen, *Bäumen* und Tieren als Subjekte der Niederwerfung vor Gott genannt sind, ist *an-naǧm* auch in der vorliegenden Stelle im Sinn von „Sterne“ zu verstehen. Siehe R. Paret, Die Bedeutung von *an-naǧm* in Sure 55,6 (Der Orient in der Forschung. Festschrift für Otto Spies, Wiesbaden 1967, S. 512f.).

55,7–9 *was-samāʾa rafaʿahā*: **88**,18; **13**,2; **79**,27f.; **52**,5. Weitere Belege in der Anmerkung zu **13**,2. — *wa-waḍaʿa l-mīzāna*...: **11**,84f.; **26**,181–183; **83**,1–3; **6**,152, mit weiteren Belegen. — Nöldeke (Gesch. des Qor. I, S. 107) und Bell vermuten – wohl mit Recht –, daß „die moralische Nutzanwendung“ der Verse 8f. erst nachträglich an Vers 7 angehängt worden ist.

55,11: (55,68).

55,13: **53**,55, mit weiteren Belegen. — Der Wortlaut von Vers 13 wiederholt sich als Refrain in den Versen 16, 18, 21, 23, 25, 28, 30, 32, 34, 36, 38, 40, 42, 45, 47, 49, 51, 53, 55, 57, 59, 61, 63, 65, 67, 69, 71, 73, 75 und 77, kommt also im ganzen 31mal vor, übrigens auch in dem Abschnitt, der vom Gericht und der Höllenstrafe handelt. Es ist nicht ersichtlich, warum er gerade in Vers 13 einsetzt, und nicht schon früher. — Ebenfalls in Vers 13 setzt die Verwendung des Duals ein. Er steht hier und im folgenden anscheinend des Reimes wegen. Die Kommentatoren beziehen ihn auf die Zweiheit von Menschen und Geistern (vgl. die Verse 14f., 31 und 33).

55,14: **15**,26, mit weiteren Belegen. — Zum Ausdruck *faḫḫār* siehe M. Lidzbarski, Zu arabisch *faḫḫār* (ZDMG 72, 1918, S. 189–192); A. Fischer, Zu arabisch *faḫḫār* (ebd., S. 328–339); Horovitz, Proper Names, S. 215f.

55,15: **15**,27.

55,17: **70**,40; **26**,28; **73**,9; **2**,115. 142; **37**,5. — Der Dual *al-maġribaini* (dementsprechend vorher *al-mašriqaini*) ist vermutlich auch wieder durch den Reimzwang bedingt. Der Sache nach würde man Singular oder Plural erwarten.

55,19f.: **25**,53; **35**,12; **27**,61; (**77**,27). Siehe die Anmerkung zu **18**,60.

55,22: **16**,14; **35**,12.

55,24: **42**,32. Weitere Belege in der Anmerkung zu **2**,164.

55,26f.: **28**,88. — *'alaihā* steht für *'alā l-arḍi*, wie in **16**,61. — *waǧhu rabbika ḏū l-ǧalāli wal-ikrāmi*: **55**,78.

55,31 Zur Bedeutung des Ausdrucks *aṯ-ṯaqalāni* siehe die Übersetzung (mit Anmerkung 14).

55,33: **29**,22.

55,37: **84**,1; **69**,16; **25**,25; **82**,1; **73**,18.

55,39: **28**,78.

55,41 *yu'rafu l-muǧrimūna bi-sīmāhum*: **7**,46. Siehe die Anmerkung zu diesem Vers. — *fa-yu'ḫaḏu bin-nawāṣī*: **96**,15f.

55,43f. *hāḏihī ǧahannamu llatī yukaḏḏibu bihā l-muǧrimūna*: **52**,14, mit weiteren Belegen. — Anstelle des Versschlusses *(allatī) yukaḏḏibu bihā l-muǧrimūna*, der nicht zum durchgehenden Reim auf *ān* paßt, wird von Ibn Mas'ūd folgende Version überliefert: *(allatī) kuntumā bihā tukaḏḏibāni taṣlayānihā lā tamūtāni fīhā wa-lā taḥyayāni*, auf Deutsch: „die ihr (zeitlebens) für Lüge erklärt habt. Ihr werdet darin schmoren, ohne in ihr zu sterben oder (wirklich) zu leben." Vgl. **87**,13; **20**,74. Bell bemerkt zu dieser Variante von Ibn Mas'ūd: „This looks original; possibly vv. 41 and 43b were later alterations." — *yaṭūfūna* (nach Ibn Mas'ūd 2. Person Dual: *taṭūfāni*) *bainahā wa-baina ḥamīmin ānin*: **88**,4f.

55,46–77 Im Abschnitt über den paradiesischen Lohn der Frommen ist zweimal von zwei Gärten die Rede (V. 46–61 und V. 62–77), wobei die Schilderung der Einzelheiten sich z.T. wörtlich wiederholt. Auf diese Duplizität hat schon J. Wellhausen aufmerksam gemacht (ZDMG 67, 1913, S. 632f.).

55,46 *(wa-li-)man ḫāfa maqāma rabbihī*: **79**,40; **14**,14. Siehe die Anmerkung zu diesem Vers, mit Verweis auf Horovitz, Proper Names, S. 219f.

55,52: (**13**,3, mit weiteren Belegen).

55,54 *muttaki'īna ʿalā furušin baṭā'inuhā min istabraqin*: **54**,76; **18**,31, mit weiteren Belegen. — *wa-ǧanā l-ǧannataini dānin*: **69**,22f.; **76**,14; **6**,99.

55,56: **55**,70–74; **37**,48; **38**,52. Sowohl im vorliegenden Vers als auch in der Belegstelle **55**,70 wird auf die beiden Gärten mit dem Ausdruck *fīhinna* (Plur. fem.) Bezug genommen, statt wie zu erwarten mit *fīhimā* (Dual, wie in **55**,50. 52, bzw. **55**,66. 68).

55,68: (**55**,11).

55,70–74: **55**,56(–58). — Zum Ausdruck *fīhinna* siehe die Anmerkung zu **55**,56.

55,76: **55**,54; **18**,31, mit weiteren Belegen. Zur Etymologie von *ʿabqarī* siehe Jeffery, Foreign Vocabulary, S. 210f.

55,78 *ismu rabbika ḏī l-ǧalāli wal-ikrāmi*: **55**,27.

SURE 56

56,1: **69**,15.

56,4–6: **99**,1; **22**,1; **73**,14; **79**,6; **69**,14; **89**,21.

56,8f. *aṣḥābu l-maimanati*: **56**,27–40. 90f.; **90**,12–18; **74**,39f. — *aṣḥābu l-mašʾamati*: **56**,41–56. 92–94; **90**,19f.

56,10(–26): **56**,88f. — Der Ausdruck *as-sābiqūna* findet sich auch in **9**,100. Doch ist es fraglich, ob er an beiden Stellen dieselbe Bedeutung hat. Vgl. auch **23**,61. Bell bemerkt zur vorliegenden Stelle u.a.: „The *sābiqūn* were apparently a class whose exact significance had been forgotten, and it may be suggested that they were those followers of Muhammad who had died before Allah's intervention had appeared to vindicate them."

56,11f. *ulā'ika l-muqarrabūna*: **56**,88f.; **83**,21. 28; **3**,45; **4**,172; **7**,114/**26**,42. Siehe die Anmerkung zu **7**,113f. — *fī ǧannāti n-naʿīmi*: **56**,89.

56,13f.: **56**,39f.

56,15f.: **15**,47, mit weiteren Belegen; **18**,31, mit weiteren Belegen. Siehe auch die Anmerkung zu **52**,20.

56,17: **76**,19; **52**,24.

56,18: **43**,71; **76**,15–18; **88**,14. — Zum Ausdruck *akwāb* siehe J. Horovitz, Das koranische Paradies, Jerusalem 1923, S. 10f. — *wa-ka'sin min maʿīnin*: **37**,45; **76**,5f. 17f.; **52**,23; **78**,34; **83**,25–28. Siehe die Anmerkung zu **37**,45–47.

56,19: **37**,47; (**52**,23?). — In **37**,47 hat der textus receptus die Lesart *yunzafūna* (Passiv), in der vorliegenden Stelle *yunzifūna* (Aktiv). Doch werden für beide Stellen beide Lesarten überliefert. In Anbetracht der Ähnlichkeit der beiden Stellen darf man wohl annehmen, daß beidesmal gleich vokalisiert werden muß, also entweder *yunzafūna* oder *yunzifūna*. Die Deutung des Ausdrucks ist nicht ganz sicher. Die Grundbedeutung von *nazafa (I und IV)* ist „ausschöpfen" und „ausgeschöpft sein" (vom letzten Rest des Wassers in einem Brunnen bzw. in einer Zisterne). Nach den Kommentatoren bedeutet das Verbum im vorliegenden Zusammenhang (mit Negation) entweder, daß den Frommen im Paradies der Wein nicht ausgeht, oder daß ihnen (beim Trinken des paradiesischen Weines) sozusagen der Verstand nicht ausgeht, d.h. daß sie dabei nicht benommen werden. Hamidullah übersetzt den vorliegenden Vers: „dont ils ne seront ni éloignés ni privés", weicht also auch hier wie in **37**,47 von der üblichen Deutung ab.

56,20: **36**,57, mit weiteren Belegen; **56**,32f.

56,21: **52**,22.

56,22f.: **44**,54/**52**,20; **55**,72; **37**,48. — *ka-amṯāli l-lu'lu'i l-maknūni*: **52**,24; **76**,19; **37**,49.

56,24: **32**,17/**46**,14; (**78**,36).

56,25f.: **52**,23; **19**,62; **78**,35; **88**,11. — *illā qīlan salāman salāman*: **10**,10, mit weiteren Belegen. H. Ringgren, Islam, 'aslama and muslim, Uppsala 1949, S. 10.

56,27: **56**,8. 90f.; **90**,18; **74**,39.

56,29 *(wa-ṭalḥin) manḍūdin*: (**11**,82); (**50**,10: *ṭal'un naḍīdun*).

56,30: **36**,56, mit weiteren Belegen. (Gegensatz: **56**,43).

56,32f.: **36**,57, mit weiteren Belegen.

56,34: **88**,13.

56,35–38 *atrāban*: **38**,52; **78**,33. — Bell nimmt an, daß die Verse 35–38 (einschließlich der beiden folgenden Verse) ursprünglich als Fortsetzung von Vers 24 gedacht waren. Im jetzigen Zusammenhang stehen sie in der Tat etwas verloren da.

56,39f.: **56**,13f.

56,41: **56**,9. (92); **90**,19.

56,42–44: **56**,93; (**90**,20). — *wa-ẓillin min yaḥmūmin lā bāridin wa-lā karīmin*: **77**,30f.; (**56**,30, Gegenteil).

56,45 *innahum kānū qabla ḏālika mutrafīna*: (**51**,16, Gegenteil). Zum Ausdruck *mutrafīna* siehe die Anmerkung zu **17**,16. Belege in der Anmerkung zu **11**,116.

56,47f.: **37**,16f., mit weiteren Belegen. — *a-wa-ābā'unā l-auwalūna*: **37**,17 (s.o.). Siehe die Anmerkung zu **23**,24.

56,49f. *la-maǧmū'ūna ilā mīqāti yaumin ma'lūmin*: **44**,40, mit weiteren Belegen; (**26**,38).

56,51–56: **56**,92–94; **37**,62–68; **44**,43–48. — *la-ākilūna min šaǧarin min zaqqūmin fa-māli'ūna minhā l-buṭūna*: **37**,66 (s. o.); **44**,43–46 (s. o.). — *fa-šāribūna 'alaihi mina l-ḥamīmi*: **37**,67 (s. o.); **44**,48 (s. o.); **10**,4; **6**,70, mit weiteren Belegen.

56,60 *wa-mā naḥnu bi-masbūqīna*: **70**,41; **8**,59. Siehe die Anmerkung zu diesem Vers, mit weiteren Belegen.

56,61f. *'alā an nubaddila amṯālakum*: **70**,40f.; **76**,28. — *wa-nunši'akum fī mā lā ta'lamūna wa-la-qad 'alimtumu n-naš'ata l-ūlā*: **70**,39; **29**,20; **53**,47; **36**,79.

56,65 *la-ǧaʿalnāhu ḥuṭāman*: **39**,21; **57**,20. Weitere Belege in der Anmerkung zu **39**,21. — Die Deutung von *fa-ẓaltum tafakkahūna* ist ganz unsicher. Bell übersetzt: „and ye would be left twitting each other" und bemerkt dazu: „Or ‚wondering', which is the usual interpretation, but an unusual sense of the word". Blachère: „et vous seriez allés répétant". Hamidullah: „Alors, à vous de plaisanter!" (dazu die Bemerkung: „Ironique").

56,67: **68**,27.

56,68–70: **16**,10; (**35**,12).

56,71–73: (**36**,80). Zur Sache: Eleonore Haeuptner, Koranische Hinweise auf die materielle Kultur der alten Araber, Diss. Tübingen 1966, S. 35f.

56,74: **56**,96/**69**,52; **96**,1f., mit weiteren Belegen.

56,75f. *fa-lā uqsimu bi-...*: **81**,15; **69**,38; **70**,40; **84**,16; **90**,1; **75**,1f. Einleitendes *(fa-)lā* ohne negierenden Sinn. Siehe Bergsträsser, Verneinungspartikeln, S. 58f., Anm. 2. — *wa-innahū la-qasamun lau taʿlamūna ʿaẓīmun*: **89**,5.

56,77–79: **85**,21f.; **80**,11–16; **98**,2f.; **41**,41; **69**,40–42; (**43**,4; **13**,39; **3**,7; siehe die Anmerkung zu **13**,39). Zur Sache: A. Jeffery, The Qur'ān as Scripture, New York 1952, S. 13–17.

56,80: **69**,43; **26**,192; **32**,2, mit weiteren Belegen.

56,81f. *bi-hāḏā l-ḥadīṯi*: **53**,59; **68**,44; **18**,6; **7**,185/**77**,50; **45**,6. Mit dem Ausdruck *ḥadīṯ* (eigentlich „Geschichte", „Erzählung") ist hier die koranische Verkündigung gemeint.

56,82 Die Deutung von *rizq* als „tägliches Brot" haben Bell und ich unabhängig voneinander erschlossen. Die Deutungen der Kommentatoren leuchten nicht ein.

56,83: **75**,26; (**33**,10); (**40**,18).

56,85 *wa-naḥnu aqrabu ilaihi minkum*: (**50**,16).

56,86 *ġaira madīnīna*: **37**,53.

56,88f.: **56**,10–26. — Belege zum Ausdruck *al-muqarrabīna* in der Anmerkung zu **56**,11f. — *wa-ǧannātu naʿīmin*: **56**,12.

56,90f.: **56**,8. 27–40; **90**,12–18; **74**,39f. — *fa-salāmun laka min aṣḥābi l-yamīni*: **10**,10, mit weiteren Belegen. H. Ringgren, Islam, 'aslama and muslim, Uppsala 1949, S. 10.

56,92–94: **56**,9. 41–56 (besonders Vers 51. 54. 56).

56,95: **69**,51.

56,96: **69**,52; **56**,74; **96**,1f., mit weiteren Belegen.

SURE 57

57,1: **59**,1/**61**,1; **59**,24; **68**,1/**64**,1; **24**,41; **17**,44.

57,2: **9**,116; **7**,158; **3**,156, mit weiteren Belegen.

57,3 *huwa l-auwalu wal-āḫiru*. Vgl. Jesaia 44,6; 48,12.

57,4 *huwa lladī ḫalaqa s-samāwāti wal-arḍa fī sittati aiyāmin ṯumma stawā ʿalā l-ʿarši*: **7**,54, mit weiteren Belegen. Zur Sache: Speyer, S. 2f. und 24. — *yaʿlamu mā yaliǧu fī l-arḍi wa-mā yaḫruǧu minhā wa-mā yanzilu mina s-samāʾi wa-mā yaʿruǧu fīhā*: **34**,2. — *wa-huwa maʿakum aina mā kuntum*: **58**,7.

57,5: **3**,109; **42**,53. Weitere Belege zu *wa-ilā llāhi turǧaʿu l-umūru* in der Anmerkung zu **3**,109.

57,6 *yūliǧu l-laila fī n-nahāri wa-yūliǧu n-nahāra fī l-laili*: **3**,27, mit weiteren Belegen.

57,7 *mimmā ǧaʿalakum mustaḫlafīna fīhi*: **6**,165, mit weiteren Belegen. Siehe auch die Anmerkung zu **2**,30.

57,8 *wa-qad aḫaḏa mīṯāqakum*: **2**,63. 83f. 93; **4**,154; **5**,7. 12. 14. 70; **33**,7.

57,9 *li-yuḫriǧakum mina ẓ-ẓulumāti ilā n-nūri*: **2**,257, mit weiteren Belegen.

57,10 *wa-li-llāhi mīrāṯu s-samāwāti wal-arḍi*: **3**,180, mit weiteren Belegen. — Zur besonderen Bedeutung des Ausdrucks *fatḥ* siehe die Anmerkung zu **7**,89, mit weiteren Belegen. Bell übersetzt ihn mit „clearing-up" und bemerkt zu der Stelle: „The usual interpretation is that the conquest of Mecca is here referred to, which is probably right; but it might be the victory of Badr." — *ulāʾika aʿẓamu daraǧatan mina llaḏīna anfaqū min baʿdu*: **4**,95, mit weiteren Belegen. Siehe auch die Anmerkung zu **4**,95f. — *wa-kullan waʿada llāhu l-ḥusnā*: **4**,95 (s. o.). Weitere Belege in der Anmerkung zu **13**,18.

57,11: **57**,18; **2**,245; **64**,17; (**5**,12); (**73**,20).

57,12f. Dem Wortlaut der Verse 12f. liegt das neutestamentliche Gleichnis von den klugen und den törichten Jungfrauen (Matthäus 25,1–13) zugrunde. Siehe R. Paret, Sure 57,12f. und das Gleichnis von den klugen und den törichten Jungfrauen (Festschrift für Wilhelm Eilers, Wiesbaden 1967, S. 387 bis 390). — *yasʿā nūruhum baina aidīhim wa-bi-aimānihim*: **66**,8. — *taǧrī min taḥtihā l-anhāru*. Siehe die Anmerkung zu **2**,25. — *ḏālika huwa l-fauzu l-ʿaẓīmu*: **4**,13, mit weiteren Belegen. — *unẓurūnā naqtabis min nūrikum qīla rǧiʿū warāʾakum fa-ltamisū nūran*. Vgl. Matthäus 25, 8f.

57,14 *yunādūnahum a-lam nakun maʿakum*: **4**,141; **29**,10. — *wa-ġarrakum bi-llāhi l-ġarūru*: **31**,33/**35**,5.

57,15 *fal-yauma lā yuʾḫaḏu minkum fidyatun*: **3**,91, mit weiteren Belegen.

57,16 *fa-ṭāla ʿalaihimu l-amadu*: **20**,86. — *fa-qasat qulūbuhum*: **2**,74; **6**,43; **5**,13; (**22**,53; **39**,22). — *wa-kaṯīrun minhum fāsiqūna*: **57**,26. 27. Der Passus bezieht sich auf die Vergangenheit und ist dementsprechend übersetzt. Vgl. **7**,168.

57,17 *iʿlamū anna llāha yuḥyi l-arḍa baʿda mautihā*: **30**,19. 24. 50; **2**,164, mit weiteren Belegen. — *qad baiyannā lakumu l-āyāti laʿallakum taʿqilūna*: **3**,118; **2**,219, mit weiteren Belegen.

57,18 *inna l-muṣṣaddiqīna wal-muṣṣaddiqāti*: **33**,35; (**12**,88). — *wa-aqraḍū llāha qarḍan ḥasanan yuḍāʿafu lahum wa-lahum aǧrun karīmun*: **57**,11, mit weiteren Belegen. — Die Partizipien *al-muṣṣaddiqīna wal-muṣṣaddiqāti* werden durch das Perfekt *wa-aqraḍū* fortgeführt.

57,19 *ulā'ika humu ṣ-ṣiddīqūna waš-šuhadā'u 'inda rabbihim*: **4**,69. — Zum Ausdruck *aṣ-ṣiddīqūna* siehe die Anmerkung zu **5**,75. Zur Bedeutung von *aš-šuhadā'u* siehe Horovitz, Koranische Untersuchungen, S. 50. — *(lahum ağruhum) wa-nūruhum*: (**57**,12). — *wa-lladīna kafarū wa-kaddabū bi-āyātinā ulā'ika aṣḥābu l-ğaḥīmi*: **5**,10, mit weiteren Belegen.

57,20 *i'lamū annamā l-ḥayātu d-dunyā la'ibun wa-lahwun*: **6**,32, mit weiteren Belegen. — *wa-zīnatun*: **11**,15, mit weiteren Belegen. Zur Sache siehe die Anmerkung zu **2**,212. — *wa-takāṯurun fī l-amwāli wal-aulādi*: **102**,1f.; **34**,35; **63**,9. Speziell zu *fī l-amwāli wal-aulādi*: auch **3**,10/116/**58**,17; **3**,14, mit weiteren Belegen. Siehe auch die Anmerkung zu **102**,1f. — *ka-maṯali ġaiṯin*... Zu dem Hinweis auf die Kurzlebigkeit des Pflanzenwuchses siehe die Anmerkung zu **3**,117, mit weiteren Belegen (besonders **18**,45f.; **10**,24; **39**,21; **30**,51). Im vorliegenden Vers scheint eine Mischform zwischen eigentlichem Gleichnis (*ka-maṯali ġaiṯin*...) und geschichtlicher Beispielerzählung vorzuliegen. — Den Ausdruck *al-kuffāra* identifizieren Ibn Qutaiba (Tafsīr ġarīb al-qur'ān, zur Stelle) und Zamaḫšarī mit *zurrā'* (Leute, die säen; Bauern). Dem Wortlaut werden sie damit nicht gerecht. — *ṯumma yahīğu fa-tarāhu muṣfarran ṯumma yakūnu ḥuṭāman*: **39**,21; **30**,51. Zur Bedeutung des Ausdrucks *yahīğu* siehe die Anmerkung zu **39**,21. — *wa-riḍwānun (mina llāhi)*: **3**,15, mit weiteren Belegen. — *wa-mā l-ḥayātu d-dunyā illā matā'u l-ġurūri*: **3**,185. Zur Bezeichnung des irdischen Lebens als *matā'* („Nutznießung") siehe die Anmerkung zu **2**,36, mit weiteren Belegen.

57,21: **3**,133. — *ḏālika faḍlu llāhi yu'tīhi man yašā'u wa-llāhu ḏū l-faḍli l-'aẓīmi*: **62**,4; **5**,54; **3**,73f.; **57**,29.

57,22: **9**,51, mit weiteren Belegen. Siehe auch die Anmerkung zu **3**,145. — Das Objektsuffix *-hā* im Passus *min qabli an nabra'ahā* könnte sich, statt auf *muṣībatin*, auch auf *(fī) l-arḍi* oder noch eher auf *(fī) anfusikum* beziehen. Dann wäre entweder zu übersetzen: „ohne daß es, noch ehe wir die Erde (W: sie) erschaffen, in einer Schrift (verzeichnet) wäre", oder: „ohne daß es, noch ehe wir euch (W: sie, d.h. eure Personen, *anfusakum*) erschaffen, in einer Schrift (verzeichnet) wäre". — Belege zum Begriffspaar *fī l-arḍi – fī anfusikum*: **51**,20f.; (**41**,53); (**18**,51); (**36**,36).

57,23 *likai-lā ta'sau 'alā mā fātakum*: **3**,153; (**3**,165f.). Siehe die Anmerkung zu **3**,153. — *wa-lā tafraḥū bi-mā ātākum*: **40**,75; **17**,37/**31**,18; (**3**,180). — *wa-llāhu lā yuḥibbu kulla muḫtālin faḫūrin*: **31**,18; **4**,36.

57,24 *alladīna yabḫalūna wa-ya'murūna n-nāsa bil-buḫli*: **4**,37; **9**,75f.; **3**,180; **47**,38. Siehe die Anmerkung zu **4**,37. — *wa-man yatawalla fa-inna llāha huwa l-ġanīyu l-ḥamīdu*: **60**,6; **9**,76; **2**,267; **47**,38; **4**,131, mit weiteren Belegen. Bedingungssatz mit Verschiebung. Siehe Einleitung zur Übersetzung, S. 4.

57,25 *wa-anzalnā ma'ahumu l-kitāba wal-mīzāna li-yaqūma n-nāsu bil-qisṭi*: **42**,17; **55**,7–9; **6**,152, mit weiteren Belegen. Siehe auch die Anmerkungen zu **3**,18 und **4**,135. — *wa-li-ya'lama llāhu*... Elliptische Ausdrucksweise. Siehe Nöldeke, Neue Beiträge, S. 18.

57,26f. Zur Sache: Edmund Beck, Das christliche Mönchtum im Koran (Studia Orientalia XIII, 3, Helsinki 1946), S. 17–29; Bell, Origin of Islam, S. 152f.

57,26 *wa-ǧa'alnā fī ḏurrīyatihimā n-nubūwata wal-kitāba*: **29**,27 (auf die Nachkommenschaft von Abraham beschränkt; doch ist vor Abraham kurz auch Noah genannt); (**6**,89; **45**,16; **3**,79: *al-kitāb wal-ḥukm wan-nubūwa*); (**19**,49); (**5**,20). — Weitere Belege speziell zur Nachkommenschaft von Abraham: **2**,124. 128; **14**,40; **37**,113; **4**,54f. — *fa-minhum muhtadin wa-kaṯīrun minhum fāsiqūna*: **57**,16. 27; **7**,168; **2**,253, mit weiteren Belegen. Der Passus bezieht sich auf die Vergangenheit und ist dementsprechend übersetzt. Vgl. **7**,168.

57,27 *ṯumma qaffainā 'alā āṯārihim bi-rusulinā wa-qaffainā bi-'Īsā bni Maryama*: **5**,46; **2**,87. — *wa-rahbānīyatan ibtada'ūhā mā katabnāhā 'alaihim illā btiġā'a riḍwāni llāhi fa-mā ra'auhā ḥaqqa ri'āyatihā*. Zur Interpretation dieses Passus siehe E. Beck, a.a.O., S. 19–24. — *fa-ātainā llaḏīna āmanū minhum aǧrahum*: **29**,27. — *wa-kaṯīrun minhum fāsiqūna*: **57**,16. 26. Der Passus bezieht sich auf die Vergangenheit und ist dementsprechend übersetzt. Vgl. **7**,168.

57,28 *wa-yaǧ'al lakum nūran tamšūna bihī*: **6**,122; (**24**,40); (**57**,12. 19; **66**,8).

57,29 *li-allā ya'lama ahlu l-kitābi...* Die Negation in *li-allā* ist überflüssig. Siehe Nöldeke, Zur Grammatik, S. 91; Bergsträsser, Verneinungspartikeln, S. 54, Anm. 5. — *wa-anna l-faḍla bi-yadi llāhi yu'tīhi man yašā'u...*: **3**,73f.; **57**,21/**62**,4; **5**,54.

SURE 58

58,1–4 Zur Sache: R. Bell, Muhammad and Divorce in the Qur'ān (The Moslem World 29, 1939, S. 55–62), S. 56–58. Nach Gesch. des Qor. I, S. 212 „beziehen sich alle Angaben einhellig auf Aus ibn aṣ-Ṣāmit, der sich von einer seiner Frauen, namens Ḫaula oder Ḫuwaila, mit der heidnischen Formel ‚Du bist mir wie der Rücken meiner Mutter' geschieden hatte, dann aber Reue darüber empfand und den ehelichen Verkehr ohne weiteres wiederaufnehmen wollte."

58,1 *qad sami'a llāhu qaula llatī...*: **3**,181.

58,2: **33**,4.

58,3 *ṯumma ya'ūdūna li-mā qālū*: **58**,8; **6**,28. Siehe auch Bell, a.a.O., S. 57. — *fa-taḥrīru raqabatin*: **4**,92; **5**,89; (**90**,13). — *ḏālikum tū'aẓūna bihī*: **65**,2; **2**,232.

58,4 *fa-man lam yaǧid fa-ṣiyāmu šahraini mutatābi'aini*: **4**,92; **5**,89; **2**,196. — *fa-man lam yastaṭi' fa-iṭ'āmu sittīna miskīnan*: **5**,89; (**90**,14–16). — *wa-tilka ḥudūdu llāhi*: **4**,13, mit weiteren Belegen.

58,5: **58**,20; **9**,63; (**4**,115, mit weiteren Belegen). — *kubitū ka-mā kubita llaḏīna min qablihim*: **3**,127.

58,6: **6**,60, mit weiteren Belegen; (**6**,164, mit weiteren Belegen). — *aḥṣāhu llāhu*: **36**,12, mit weiteren Belegen.

58,7: **22**,70; **9**,78; **43**,80; **4**,108; **2**,33, mit weiteren Belegen. — *ṯumma yunabbi'uhum bi-mā ʿamilū yauma l-qiyāmati*: **6**,60, mit weiteren Belegen; (**6**,164, mit weiteren Belegen).

58,8 *ṯumma yaʿūdūna li-mā nuhū ʿanhu*: **6**,28; **58**,3. — *ḥasbuhum ǧahannamu yaṣlaunahā fa-bi'sa l-maṣīru*: **4**,115; **14**,29; **38**,56. 59f.

58,9 *fa-lā tatanāǧau bil-iṯmi wal-ʿudwāni...wa-tanāǧau bil-birri wat-taqwā*: **5**,2.

58,10 *wa-laisa bi-ḍārrihim šai'an illā bi-iḏni llāhi*: **2**,102.

58,11 *tafassaḥū fī l-maǧālisi.* A. S. Yahuda erklärt *maǧālis* (Singular *maǧlis*) als arabische Übersetzung des hebräischen *yĕšībā*, „a sitting place, whereby the Jews denoted their houses of prayer, which, at the same time, served as houses for the study of the Thorah...Muḥammad speaks here of the rules determining which prayers are to be performed sitting or standing..." (Ignace Goldziher Memorial Volume, I, Budapest 1948, S. 290f.). Diese Deutung ist aber fragwürdig. — *allaḏīna āmanū minkum wa-llaḏīna ūtū l-ʿilma.* Siehe die Anmerkung zu **16**,27. — *yarfaʿi llāhu...daraǧātin.* Siehe die Anmerkungen zu **3**,163 und **6**,165, mit weiteren Belegen.

58,12 *ḏālika ḫairun lakum wa-aṭharu*: **2**,232, mit weiteren Belegen.

58,14 *a-lam tara ilā llaḏīna tawallau qauman ġaḍiba llāhu ʿalaihim*: **60**,13. — *wa-yaḥlifūna ʿalā l-kaḏibi*: **58**,18.

58,15f.: **63**,2.

58,17: **3**,10/116. Siehe die Anmerkung zu **3**,10.

58,18 *fa-yaḥlifūna lahū ka-mā yaḥlifūna lakum*: **58**,14.

58,19 *fa-ansāhum ḏikra llāhi*: **12**,42. Siehe die Anmerkung zu diesem Vers, mit weiteren Belegen. — *a-lā inna ḥizba š-šaiṭāni humu l-ḫāsirūna*: **4**,119; (**8**,48). Gegenteil: **58**,22.

58,20: **58**,5; **9**,63; (**4**,115, mit weiteren Belegen).

58,21: **5**,56; (**37**,116); (**37**,171–173).

58,22 *lā taǧidu qauman yu'minūna bi-llāhi wal-yaumi āḫiri yuwāddūna man ḥādda llāha wa-rasūlahū*: **60**,1; (**5**,51, mit weiteren Belegen). — *wa-lau kānū ābā'ahum au abnā'ahum au iḫwānahum au ʿašīratahum*: **9**,23f. — *ulā'ika kataba fī qulūbihimu l-īmāna*: (**49**,7). — *taǧrī min taḥtihā l-anhāru.* Siehe die Anmerkung zu **2**,25. — *raḍiya llāhu ʿanhum wa-raḍū ʿanhu*: **5**,119, mit weiteren Belegen. — *ulā'ika ḥizbu llāhi a-lā inna ḥizba llāhi humu l-mufliḥūna*: **5**,56; (**37**,116); (**37**,171–173). Gegenteil: **58**,19.

SURE 59

59,1–24 R. Bell, Sūrat al-Ḥashr, A Study of its Composition (The Muslim World 38, 1948, S. 29–42). Bell zerlegt die Sure – auf Grund seiner Theorie von der Entstehung des Korantextes – in einzelne Teile und Bruchstücke. Außerdem deutet er einige Stellen anders, als ich das in meiner Übersetzung getan habe (Hamidullah vertritt z.T. dieselbe Deutung wie Bell, im Gegensatz zu Blachère). Im einzelnen deutet Bell 1. in Vers 6 den Passus *fa-mā auǧaftum ʿalaihi min ḫailin*... nicht als Nachsatz zu *(wa-)mā afāʾa llāhu ʿāla rasūlihī minhum*, sondern als Parenthese; 2. in den Versen 9f. die beiden Sätze *wa-llaḏīna tabauwaʾū d-dāra*... und *wa-llaḏīna ǧāʾū min baʿdihim* in Anlehnung an *lil-fuqarāʾi l-muhāǧirīna* in Vers 8, also beidesmal im Sinn von *li-llaḏīna*... Dabei ergibt sich notwendigerweise, daß *yuḥibbūna* (V. 9) und *yaqūlūna* (V. 10) nicht Verben von Hauptsätzen sind, sondern Zustandssätze einleiten.

59,1: **57**,1/**61**,1; **59**,24; **62**,1/**64**,1; **24**,41; **17**,44.

59,2 *wa-qaḏafa fī qulūbihimu r-ruʿba*: **33**,26; **8**,12; **3**,151. Siehe die Anmerkung zu **8**,12. — *fa-ʿtabirū yā ulī l-abṣāri*: **3**,13, mit weiteren Belegen.

59,3 *wa-lahum fī l-āḫirati ʿaḏābu n-nāri*: (**8**,14).

59,4: **8**,13. Siehe die Anmerkung zu diesem Vers und zu **8**,12.

59,5 Zum Aufbau des ganzen Verses: **3**,166.

59,6f. Bell und Hamidullah deuten den Passus *fa-mā auǧaftum ʿalaihi min ḫailin*... nicht als Nachsatz zu *(wa-)mā afāʾa llāhu ʿalā rasūlihī minhum*, sondern als Parenthese. — *wa-li-ḏī l-qurbā wal-yatāmā wal-masākīni wa-bni s-sabīli*: **8**,41; **4**,36, mit weiteren Belegen. — Zur Sache: Martin Hartmann, Orientalistische Literaturzeitung 7, 1904, Sp. 415–419; Daniel C. Dennett, Conversion and the Poll Tax in Early Islam, Cambridge Mass. 1950, S. 20f.

59,8: **2**,273. Siehe die Anmerkung zu diesem Vers. — *yabtaǧūna faḍlan mina llāhi wa-riḍwānan*: **48**,29; **5**,2, mit weiteren Belegen. Siehe die Anmerkung zu **5**,2. — *ulāʾika humu ṣ-ṣādiqūna*: **49**,15.

59,9f. Die Verse 9 und 10 sind wohl als selbständige Aussagesätze zu verstehen (dementsprechend übersetzt auch Blachère) und nicht an *lil-fuqarāʾi* in Vers 8 anzuschließen (so Bell und Hamidullah sowie Martin Hartmann in OLZ 7, 1904, Sp. 415–419). Die Anṣār verzichten ja eben auf eine besondere Zuwendung zugunsten der Muhāǧirūn. Siehe auch die Anmerkung zu **59**,1–24. — *wa-man yūqa šuḥḥa nafsihī fa-ulāʾika humu l-mufliḥūna*: **64**,16; (**4**,128); (**17**,100).

59,11f.: **5**,53. Siehe die Anmerkung zu diesem Vers. — *wa-llāhu yašhadu innahum la-kāḏibūna*: **9**,107; **63**,1; (**9**,42). — *wa-la-in naṣarūhum la-yuwallunna l-adbāra ṯumma lā yunṣarūna*: **3**,111; **48**,22. Zum Schlußsatz *ṯumma lā yunṣarūna* siehe die Anmerkung zu **3**,111, mit weiteren Belegen.

59,14 *baʾsuhum bainahum šadīdun*: **4**,84; **6**,65. Siehe die Anmerkungen zu diesen beiden Versen. Weitere Belege: **17**,5; **27**,33; **48**,16.

59,15 *ḏāqū wabāla amrihim wa-lahum ʿaḏābun alīmun*: **64**,5. — *ḏāqū wabāla amrihim*: auch **65**,9; **5**,95.

59,18 *wa-la-tanẓuru nafsun mā qaddamat li-ġadin*: **78**,40; **75**,13, mit weiteren Belegen. Zur Bedeutung von *qaddama (II)* siehe die Anmerkung zu **5**,80.

59,19 *ka-llaḏīna nasū llāha fa-ansāhum anfusahum*: (**9**,67); (**7**,51; **45**,34; **32**,14).

59,21 *wa-tilka l-amṯālu naḍribuhā lin-nāsi laʿallahum yatafakkarūna*: **29**,43; **14**,24f., mit weiteren Belegen.

59,22f.: (**2**,255); (**3**,2); (**28**,70); (**64**,13). — *'ālimu l-ġaibi waš-šahādati*: **6**,73, mit weiteren Belegen. — *al-maliku l-quddūsu*: **62**,1. Horovitz, Proper Names, S. 219. — *as-salāmu*. H. Ringgren, Islam, 'aslama and muslim, Uppsala 1949, S. 10. — *al-mu'minu*: **106**,4. H. Ringgren, The Conception of Faith in the Koran (Oriens 4, 1951, S. 1–20), S. 9. — *al-muhaiminu*: **5**,48. Siehe die Anmerkung zu diesem Vers. — *al-ǧabbāru*. Horovitz, Proper Names, S. 195f.

59,24 *al-muṣauwiru*: **3**,6, mit weiteren Belegen. — *lahu l-asmā'u l-ḥusnā*: **7**,180; **17**,110; **20**,8. — *yusabbiḥu lahū mā fī s-samāwāti wal-arḍi wa-huwa l-'azīzu l-ḥakīmu*: **59**,1, mit weiteren Belegen.

SURE 60

60,1 *lā tattaḫiḏū 'adūwī wa-'adūwakum auliyā'a*: **60**,9; **3**,28, mit weiteren Belegen. — *an tu'minū bi-llāhi rabbikum* (als Grund für feindseliges Verhalten): **22**,40; **85**,8; **5**,59; **7**,126. — *tusirrūna ilaihim bil-mawaddati*: (**5**,52). Vgl. den Ausdruck *tulqūna ilaihim bil-mawaddati* in der ersten Hälfte des vorliegenden Verses. — *wa-ana a'lamu bi-mā aḫfaitum wa-mā a'lantum*: **14**,38; **27**,25; **2**,33, mit weiteren Belegen.

60,2 *in yaṯqafūkum*... Zum Verbum *ṯaqifa* siehe die Anmerkung zu **2**,191. — *waddū lau takfurūna*: **4**,89; (**2**,109, mit weiteren Belegen).

60,3 *lan tanfa'akum arḥāmukum wa-lā aulādukum*: **3**,10/116/**58**,17. Weitere Belege in der Anmerkung zu **3**,10. — *yauma l-qiyāmati yafṣilu bainakum*: **22**,17; **32**,25; **2**,213, mit weiteren Belegen.

60,4 *qad kānat lakum uswatun ḥasanatun fī Ibrāhīma wa-llaḏīna ma'ahū*: **60**,6; **33**,21. — *innā bura'ā'u minkum wa-mimmā ta'budūna min dūni llāhi*: **43**,26f.; **6**,78; **6**,19; **11**,54. — Statt *kafarnā bikum* hätte man eher erwartet: *kafarnā bi-mā ta'budūna* oder ähnlich. Bell übersetzt: „we renounce you", Meïr M. Bravmann (Der Islam 35, 1960, S. 15): „we repudiate you". — *wa-badā bainanā wa-bainakumu l-'adāwatu wal-baġḍā'u abadan*: **5**,14 (siehe die Anmerkung zu diesem Vers); **5**,64. — *illā qaula Ibrāhīma li-abīhi la-astaġfiranna laka*: **19**,47; **26**,86; **14**,41; **9**,114; (**71**,28: Noah). Zur Sache: Speyer, S. 144f. — *'alaika tawakkalnā wa-ilaika anabnā*: **11**,88/**42**,10; **13**,30.

60,5 *rabbanā lā taǧ'alnā fitnatan li-llaḏīna kafarū*: **10**,85. Siehe die Anmerkung zu diesem Vers, mit weiteren Belegen.

60,6 *la-qad kāna lakum fīhim uswatun ḥasanatun*: **60**,4; **33**,21. — *li-man kāna yarǧū llāha wal-yauma l-āḫira*: **33**,21 (s. o.). — *wa-man yatawalla fa-inna llāha huwa l-ġanīyu l-ḥamīdu*: **57**,24, mit weiteren Belegen. Bedingungssatz mit Verschiebung. Siehe Einleitung zur Übersetzung, S. 4.

60,9: **60**,1; **3**,28, mit weiteren Belegen. — *wa-man yatawallahum fa-ulā'ika humu ẓ-ẓālimūna*: **9**,23; (**5**,51).

60,10 *iḏā ātaitumūhunna uǧūrahunna*: **4**,24, mit weiteren Belegen.

60,12 *wa-lā yaqtulna aulādahunna*: **6**,151, mit weiteren Belegen. Siehe auch die Anmerkung zu **6**,137. — *wa-lā ya'tīna bi-buhtānin*. Zur Bedeutung von *buhtān* siehe die Anmerkung zu **4**,20.

60,13 *lā tatawallau qauman ġaḍiba llāhu 'alaihim*: **58**,14.

SURE 61

61,1: **57**,1/**59**,1; **59**,24; **62**,1/**64**,1; **24**,41; **17**,44.

61,2f.: **26**,226. Siehe die Anmerkung zu diesem Vers. — *kabura maqtan 'inda llāhi*: **40**,35; **40**,10; (**35**,39).

61,5 *wa-iḏ qāla Mūsā*... Verkürzter Zeitsatz. Ebenso **61**,6. Siehe Einleitung zur Übersetzung, S. 3f. — *li-ma tu'ḏūnanī*: **33**,69. Siehe die Anmerkung zu diesem Vers. — *annī rasūlu llāhi ilaikum*: **61**,6. — *fa-lammā zāġū azāġa llāhu qulūbahum*: **3**,8.

61,6 *wa-iḏ qāla 'Īsā*... Siehe die Anmerkung zu **61**,5. — *innī rasūlu llāhi ilaikum*: **61**,5; **3**,49. — *muṣaddiqan li-mā baina yadaiya mina t-taurāti*: **3**,50; **5**,46. Weitere Belege in der Anmerkung zu **3**,3f. — Zur Bedeutung des Ausdrucks *mina t-taurāti* siehe die Anmerkung zu **3**,50. — *ismuhū aḥmadu*. Die Kommentatoren und Übersetzer verstehen *aḥmadu* durchweg als Eigennamen. Zur Erklärung des Namens wurden verschiedene Thesen vertreten. Als erster führte L. Maracci (Ende des 17. Jahrhunderts) die Elativform *aḥmadu* auf griechisch *periklytos* „hochberühmt" zurück, was seinerseits aus *paraklētos* „Tröster" (Johannes 14,16. 26) verderbt wäre (gegen diese Etymologie: Gesch. des Qor. I, S. 9f.). Andere dachten an eine bloße Anspielung auf den Namen *Muḥammad*, der ebenfalls aus der Wurzel *ḥmd* abzuleiten ist. H. Grimme vermutete, daß ein theophorer Name dahinter stecke: „Gott ist der sehr Gepriesene" (Zeitschrift für Semitistik 6, 1928, S. 26). Dazu A. Fischer, Muḥammad und Aḥmad, die Namen des arabischen Propheten (Berichte über die Verhandlungen der Sächsischen Akademie der Wissenschaften zu Leipzig, phil.-hist. Klasse, 84, 1932, 3. Heft), S. 22–26. Aber wahrscheinlich ist *aḥmadu* gar nicht als Eigenname gemeint, sondern bloßer Komparativ (oder Elativ) von *maḥmūdun* oder *ḥamīdun*. Demnach ist der Passus *ismuhū aḥmadu* zu übersetzen: „dessen Name löblicher (oder hochlöblich) ist". Für eine solche Deutung sprechen auch die namengeschichtlichen Untersuchungen, die W. Montgomery Watt angestellt hat (His Name is Aḥmad, The Muslim World 43, 1953, S. 110–117). Siehe auch H. Wehr, Der arabische Elativ, Wiesbaden 1953, S. 55. — *fa-lammā ǧā'ahum bil-baiyināti*: **5**,110; **43**,63; **2**,87/253. Subjekt ist immer noch Jesus (gegen Ṭabarī, der den Passus auf Mohammed als den von Jesus angekündigten späteren Gottesgesandten bezieht). — *qālū hāḏā siḥrun mubīnun*: **5**,110 (ebenfalls auf Jesus bezüglich). Weitere Belege in der Anmerkung zu **10**,76. — Anstelle des Wortlauts von *muṣaddiqan* ab bis zum Versende wird (nach Jeffery, Materials) von Ubai ibn Ka'b folgende Variante überliefert: *wa-ubaššírukum bi-nabiyin ummatuhū āḫiru l-umami yaḫtumu llāhu bihī l-anbiyā'a war-rusula qālū hāḏā siḥrun mubīnun*, auf Deutsch: ‚... und ich verkündige euch einen Propheten, dessen Gemeinde *(umma)* die letzte der Gemeinden (in der Heilsgeschichte) sein wird, und mit dem Gott die (Reihe der) Propheten und Gesandten abschließen wird'. Sie (d.h. die Kinder Israel) sagten: ‚Das ist offensichtlich Zauberei'.

61,7 *wa-man aẓlamu mimmani ftarā 'alā llāhi l-kaḏiba*: **6**,21, mit weiteren Belegen.

61,8: **9**,32. Siehe die Anmerkung zu diesem Vers.

61,9: **9**,33; **48**,28. Siehe die Anmerkung zu **9**,33.

61,10–12: **9**,111, mit weiteren Belegen. — *'alā tiǧāratin tunǧīkum min 'aḏābin alīmin*: (**35**,29); (**9**,24); (**2**,16). Zur Sache: Tor Andrae, Der Ursprung des Islams und das Christentum, Uppsala 1926, S. 182. — *ḏālikum ḫairun lakum in kuntum ta'lamūna*: **9**,41; **2**,184, mit weiteren Belegen. — *taǧrī min taḥtihā l-anhāru*. Siehe die Anmerkung zu **2**,25. — *wa-masākina ṭaiyibatan fī ǧannāti 'Adnin*: **9**,72. Siehe die Anmerkung zu diesem Vers. — *ḏālika l-fauzu l-'aẓīmu*: **4**,13, mit weiteren Belegen.

61,13 *naṣrun mina llāhi wa-fatḥun qarībun*: **110**,1f.; **48**,18f. 27. Siehe die Anmerkungen zu **48**,1 und 18. Zur Bedeutung des Ausdrucks *fatḥ* siehe die Anmerkung zu **7**,89. — *wa-bašširi l-mu'minīna*: **2**,223, mit weiteren Belegen. Es ist nicht sicher, ob die gute Nachricht, die den Gläubigen überbracht werden soll, auch in der vorliegenden Stelle, wie sonst regelmäßig, als Hinweis auf die Seligkeit im Jenseits zu verstehen ist.

61,14 *(ka-mā) qāla 'Īsā bnu Maryama lil-ḥawārīyīna man anṣārī ilā llāhi qāla l-ḥawārīyūna naḥnu anṣāru llāhi*: **3**,52. Siehe die Anmerkung zu diesem Vers. — *fa-āmanat ṭā'ifatun min Banī Isrā'īla wa-kafarat ṭā'ifatun*: **2**,253, mit weiteren Belegen. — *fa-aiyadnā llaḏīna āmanū 'alā 'adūwihim fa-aṣbaḥū ẓāhirīna*: **3**,55. Siehe die Anmerkung zu diesem Vers. — *fa-aṣbaḥū ẓāhirīna*: **40**,29. Siehe auch die Anmerkung zu **34**,18.

SURE 62

62,1: **64**,1; **59**,24; **24**,41; **17**,44; **57**,1/**59**,1/**61**,1. — *al-maliki l-quddūsi*: **59**,23. Horovitz, Proper Names, S. 219.

62,2: **3**,164, mit weiteren Belegen. — Zur Bedeutung des Ausdrucks *al-ummīyūn* siehe die Anmerkung zu **2**,78. — Zu *wa-yu'allimuhumu l-kitāba wal-ḥikmata* siehe die Anmerkung zu **3**,48.

62,3 *wa-āḫarīna minhum lammā yalḥaqū bihim*: (**3**,170).

62,4: **57**,21, mit weiteren Belegen.

62,5 Zur Etymologie von *sifr*, plur. *asfār*: Horovitz, Proper Names, S. 209. — *bi'sa maṯalu l-qaumi llaḏīna kaḏḏabū bi-āyāti llāhi*: **7**,177. Siehe die Anmerkung zu diesem Vers. Zur Konstruktion *bi'sa maṯalu l-qaumi* siehe H. Wehr, ZDMG 101, 1951, S. 113.

62,6–8: **2**,94–96 (mit weiteren Belegen). — *inna l-mauta llaḏī tafirrūna minhu fa-innahū mulāqīkum*: **33**,16; **4**,78. — *ṯumma turaddūna ilā ʿālimi l-ġaibi waš-šahādati*...: **9**,94/105. Weitere Belege zu *ʿālim al-ġaib waš-šahāda* in der Anmerkung zu **6**,73, zu *fa-yunabbi'ukum bi-mā kuntum taʿmalūna* in der Anmerkung zu **6**,60.

62,9–11 S. D. Goitein, The Origin and Nature of the Muslim Friday Worship (Studies in Islamic History and Institutions, Leiden 1966, S. 111–125).

62,9 *ḏālikum ḫairun lakum in kuntum taʿlamūna*: **2**,184, mit weiteren Belegen.

62,10 *fa-iḏā quḍiyati ṣ-ṣalātu fa-ntaširū fī l-arḍi*: **33**,53. — *wa-btaġū min faḍli llāhi*: **73**,20; **2**,198; **5**,2. Siehe die Anmerkung zu diesem Vers, mit weiteren Belegen. — *wa-ḏkurū llāha kaṯīran*: **8**,45; **33**,41, mit weiteren Belegen.

62,11 *wa-iḏā ra'au tiǧāratan au lahwan infaḍḍū ilaihā*: **24**,37; **63**,9; **102**,1. — *wa-mā ʿinda llāhi ḫairun*...: **16**,95f.; **28**,60; **42**,36. — *wa-llāhu ḫairu r-rāziqīna*: **22**,58; **23**,72; **34**,39; **5**,114.

SURE 63

63,1 *wa-llāhu yašhadu inna l-munāfiqīna la-kāḏibūna*: **9**,107/**59**,11; (**9**,42). Zur Bedeutung des Ausdrucks *al-munāfiqūn* siehe die Anmerkung zu **3**,167.

63,2: **58**,15f. — *fa-ṣaddū ʿan sabīli llāhi innahum sā'a mā kānū yaʿmalūna*: auch **9**,9.

63,3f. *ḏālika bi-annahum āmanū ṯumma kafarū*: **9**,66, mit weiteren Belegen. Siehe auch die Anmerkung zu **3**,86. — *fa-ṭubiʿa ʿalā qulūbihim fa-hum lā yafqahūna*: **9**,87, mit weiteren Belegen. — *ka-annahum ḫušubun musannadatun*. Die Deutung des Ausdrucks ist unsicher. Bell übersetzt: „as if they were logs of wood propped up". Blachère stellt zwei Übersetzungen zur Wahl, versieht aber beide mit einem Fragezeichen: A. „comme s'ils étaient des monts (solidement) appuyés"; B. „on dirait des poutres appuyées". Hamidullah übersetzt: „Ils sont comme des bûches habillées!" und bemerkt dazu: „le mot *musannada* signifie ‚revêtu des *sanad*' espèce d'habits arabes, longue chemise etc.". Nach Zamaḫšarī sind die „Heuchler" wegen ihrer Nichtsnutzigkeit mit Holz verglichen, das an sich (beim Hausbau) in der Decke oder in der Mauer Verwendung findet, das aber, solange man es unbenützt läßt, an die Wand gelehnt wird (*usnida ilā l-ḥā'iṭi*). — *qātalahumu llāhu annā yu'fakūna*: **9**,30.

63,5: **4**,61; **5**,104.

63,6: **9**,80.

63,7 *ḥattā yanfaḍḍū*: (**3**,159). — *wa-li-llāhi ḫazā'inu s-samāwāti wal-arḍi*: (**52**,37, mit weiteren Belegen).

63,8 *la-yuḫriǧanna l-aʿazzu minhā l-aḏalla*: **27**,34. 37. — *wa-li-llāhi l-ʿizzatu wa-li-rasūlihī wa-lil-mu'minīna*: **4**,139, mit weiteren Belegen.

63,10 *wa-anfiqū min mā razaqnākum min qabli an ya'tiya aḥadakumu l-mautu*: **2**,254; **14**,31; (**36**,47). — *lau-lā aḫḫartanī ilā ağalin qarībin*: **14**,44; **4**,77. — *fa-aṣṣaddaqa wa-akun mina ṣ-ṣāliḥīna*: **9**,75. Statt *wa-akun* (Jussiv) müßte es eigentlich heißen *wa-akūna* (Konjunktiv). Siehe Nöldeke, Zur Grammatik, S. 10, Anm. 4, und Nachtrag, Anm. 9 („confusio structurae").

63,11: **71**,4; **7**,34/**10**,49; **16**,61; **35**,45; **11**,104, mit weiteren Belegen.

SURE 64

64,1: **62**,1; **59**,24; **24**,41; **17**,44; **57**,1/**59**,1/**61**,1. — *lahu l-mulku*: **3**,26, mit weiteren Belegen.

64,2 *fa-minkum kāfirun wa-minkum mu'minun*: **2**,253, mit weiteren Belegen.

64,3 *ḫalaqa s-samāwāti wal-arḍa bil-ḥaqqi*: **6**,73, mit weiteren Belegen. — *wa-ṣauwarakum fa-aḥsana ṣuwarakum*: **40**,64; **7**,11; **3**,6; **82**,8; (**59**,24).

64,4 *wa-ya'lamu mā tusirrūna wa-mā tu'linūna*: **16**,19, mit weiteren Belegen. Siehe auch die Anmerkung zu **2**,33, mit weiteren Belegen.

64,5 *a-lam ya'tikum naba'u llaḏīna kafarū min qablu.* Siehe die Anmerkung zu **14**,9, mit weiteren Belegen. — *fa-ḏāqū wabāla amrihim wa-lahum 'aḏābun alīmun*: **59**,15. — *ḏāqū wabāla amrihim*: auch **65**,9; **5**,95.

64,6 *ḏālika bi-annahū kānat ta'tīhim rusuluhum bil-baiyināti*: **40**,22; **7**,101, mit weiteren Belegen. — *fa-qālū a-bašarun yahdūnanā*: **6**,91, mit weiteren Belegen; **11**,27, mit weiteren Belegen. — *wa-llāhu ġanīyun ḥamīdun*: **4**,131, mit weiteren Belegen.

64,7 *ṯumma la-tunabba'unna bi-mā 'amiltum*: **6**,60, mit weiteren Belegen.

64,8 *wan-nūri llaḏī anzalnā.* Siehe die Anmerkung zu **5**,44, mit weiteren Belegen.

64,9 *yauma yağma'ukum li-yaumi l-ğam'i*: **3**,9, mit weiteren Belegen. Verkürzter Zeitsatz. Siehe Einleitung zur Übersetzung, S. 3f. — *min taḥtihā.* Siehe die Anmerkung zu **2**,25. — *ḏālika l-fauzu l-'aẓīmu*: **4**,13, mit weiteren Belegen.

64,10: **2**,39, mit weiteren Belegen.

64,11 *mā aṣāba min muṣībatin illā bi-iḏni llāhi*: **3**,166; (**9**,51, mit weiteren Belegen).

64,12: **5**,92, mit weiteren Belegen. — *fa-in tawallaitum fa-innamā 'alā rasūlinā l-balāğu l-mubīnu*: **5**,92 (s. o.); **3**,20, mit weiteren Belegen.

64,13 *allāhu lā ilāha illā huwa*: **2**,255, mit weiteren Belegen.

64,14 *wa-in ta'fū wa-taṣfaḥū wa-taġfirū fa-inna llāha ġafūrun raḥīmun.* Bedingungssatz mit Verschiebung. Siehe Einleitung zur Übersetzung, S. 4. Der Zusammenhang mit dem Vorhergehenden läßt sich nicht ohne weiteres erkennen. Die in der Übersetzung in Klammern eingefügte Ergänzung („laßt doch auch Milde gegen sie walten") ist als bloßer Versuch einer Deutung zu verstehen. Charles C. Torrey findet den Vers in seinem jetzigen Wortlaut überhaupt sinnwidrig und schlägt die ebenso geistreiche wie gewagte Konjektur vor: *wa-in ta'iffū wa-taṣfaḥū yuġfar lakum*... „But if you restrain yourselves and turn away from them, you will have pardon, for God is forgiving and merciful" (A Strange Reading in the Qur'ān, I. Goldziher Memorial Volume, I, Budapest 1948, S. 39–45).

64,15: **8**,28, mit weiteren Belegen.

64,16 *fa-ttaqū llāha mā staṭa'tum*: (**3**,102). — *wa-sma'ū*: **5**,108; **2**,93. 104. — *wa-anfiqū ḫairan li-anfusikum*: **2**,272 (*wa-mā tunfiqū min ḫairin fa-li-anfusikum*). Siehe die Anmerkung zu diesem Vers. Eben im Hinblick auf die angeführte Belegstelle ist *ḫairan* im vorliegenden Vers wohl als Objekt unmittelbar auf *anfiqū* zu beziehen und im Sinn von „etwas Gutes", „Vermögen" zu deuten, und nicht, wie in **4**,170f., im Sinn von „(das ist) besser". — *wa-man yūqa šuḥḥa nafsihī fa-ulā'ika humu l-mufliḥūna*: **59**,9; (**4**,128); (**17**,100).

64,17: **2**,245; **57**,11. 18; (**5**,12); (**73**,20).

64,18 *'ālimu l-ġaibi waš-šahādati*: **6**,73, mit weiteren Belegen.

SURE 65

65,1–7: **2**,226–233, mit weiteren Belegen. Zur Sache: Schacht, Artikel Ṭalāḳ (EI[1] IV, S. 688–693), S. 689; R. Bell, Muhammad and Divorce (The Moslem World 29, 1939, S. 55–62), S. 61f.

65,1 *lā tuḫriǧūhunna min buyūtihinna*: **2**,240 (betrifft das Wohnrecht *verwitweter* Frauen). — *illā an ya'tīna bi-fāḥišatin mubaiyinatin*: **4**,19; **33**,30; (**4**,15. 25). — *wa-tilka ḥudūdu llāhi*: **4**,13, mit weiteren Belegen. — *wa-man yata'adda ḥudūda llāhi fa-qad ẓalama nafsahū*: **2**,229. 231; **4**,14. — *lā tadrī la'alla llāha yuḥdiṯu ba'da ḏālika amran.* Die Deutung dieses Passus ist nicht ganz sicher. Das Verbum *aḥdaṯa (IV)* („neu machen") hat sonst immer *ḏikr* als Objekt (**18**,70; **20**,113; **21**,2/**26**,5), hier dagegen *amr.* Dieses mehrdeutige Wort kommt in Sure **65** 8mal vor. Im vorliegenden Zusammenhang ist es wohl ganz allgemein im Sinn von „Sache", „Angelegenheit" zu verstehen. Bell übersetzt: „perhaps Allah may afterwards cause something new to happen" und bemerkt dazu (in Übereinstimmung mit den Kommentatoren): „Something may happen in the interval to reconcile the parties". Falls *amr* im Sinn von „Befehl" zu verstehen wäre – eine unwahrscheinliche, aber immerhin mögliche Deutung –, müßte man übersetzen: „Du weißt nicht, ob nicht Gott vielleicht nachträglich eine neue Anordnung trifft".

65,2f. *fa-iḏā balaġna aǧalahunna fa-amsikūhunna bi-ma'rūfin au fāriqūhunna bi-ma'rūfin*: **2**,231. 229. — *wa-ašhidū ḏawai 'adlin minkum wa-aqīmū š-šahādata li-llāhi*: **5**,106; **2**,282. Zum Ausdruck *ḏawai 'adlin minkum* siehe die Anmerkung zu **5**,106. — *ḏālikum yū'aẓu bihī*...: **2**,232; **58**,3. — *wa-man yattaqi llāha yaǧ'al* *lahū maḫrağan*: **65**,4. — Der Schlußpassus (Vers 2, von *wa-man yattaqi* an, und Vers 3) hängt vielleicht in dem Sinn mit dem Vorhergehenden zusammen, daß bei dem „Ausweg" (*maḫrağ*) an eine neue Heirat gedacht ist, und bei der unerwarteten „Versorgung" durch Gott (*wa-yarzuquhū min ḥaiṯu lā yaḥtasibu*; vgl. **59**,2) an die Beschaffung der finanziellen Mittel, die zu einer neuen Eheschließung nötig sind. — *inna llāha bāliğu amrihī*. Meïr M. Bravmann glaubt diese Formulierung aus vorislamischem Sprachgebrauch ableiten zu können (Der Islam 33, 1958, S. 271). — *qad ğa'ala llāhu li-kulli šai'in qadran*: **13**,8, mit weiteren Belegen.

65,4 Der Ausdruck *wa-llā'ī lam yaḥiḍna* wird meist auf die Frauen gedeutet, die ihres jugendlichen Alters wegen noch nicht menstruiert haben, und ist dann sinngemäß an das Vorhergehende anzuschließen. Er könnte sich aber auch auf geschlechtsreife Frauen beziehen, bei denen die Menstruation infolge der Empfängnis ausgesetzt hat, ohne daß man ihnen die Schwangerschaft schon ansieht (so daß man sie als *ulāt al-aḥmāl* bezeichnen könnte). In diesem Fall wäre der Passus zum Folgenden zu ziehen, und die Übersetzung müßte lauten: „Und bei denen, die (infolge einer Empfängnis) keine Menstruation (mehr) gehabt haben, und bei denen, die (deutlich sichtbar) schwanger sind, ist der Termin (maßgebend), an dem sie zur Welt bringen..." Siehe Ṭabarī, zur Stelle. — *wa-man yattaqi llāha yağ'al lahū min amrihī yusran*: **65**,2. Das Personalsuffix in *amrihī* ist wohl auf Gott zu beziehen. Vgl. **18**,88: *wa-sa-naqūlu lahū min amrinā yusran* (aber **20**,26: *yassir lī amrī*).

65,5 *ḏālika amru llāhi*. Siehe die Anmerkung zu **22**,30. — *wa-man yattaqi llāha yukaffir 'anhu saiyi'ātihī*: (**8**,29).

65,6f.: **2**,233. Siehe die Anmerkung zu diesem Vers. — *li-yunfiq ḏū sa'atin min sa'atihī wa-man qudira 'alaihi rizquhū fa-l-yunfiq mimmā ātāhu llāhu*: **2**,236; (**4**,6). — *lā yukallifu llāhu nafsan illā mā ātāhā*: **2**,233 (s. o.), mit weiteren Belegen. — *sa-yağ'alu llāhu ba'da 'usrin yusran*: **94**,5f.

65,8: (**22**,45; **21**,11; **10**,13, mit weiteren Belegen). — *'atat 'an amri rabbihā wa-rusulihī*: (**7**,77/**51**,44). — *wa-'aḏḏabnāhā 'aḏāban nukran*: **18**,87.

65,9 *fa-ḏāqat wabāla amrihā*: **59**,15/**64**,5; **5**,95. — *wa-kāna 'āqibatu amrihā ḫusran*: (**103**,2).

65,11 *yatlū 'alaikum āyāti llāhi mubaiyinātin*: **24**,34. 46. — *li-yuḫriğa llaḏīna āmanū wa-'amilū ṣ-ṣāliḥāti mina ẓ-ẓulumāti ilā n-nūri*: **2**,257, mit weiteren Belegen. — *min taḥtihā*. Siehe die Anmerkung zu **2**,25. — *qad aḥsana llāhu lahū rizqan*. Siehe die Anmerkung zu **3**,27.

65,12 *allāhu llaḏī ḫalaqa sab'a samāwātin*: **41**,12, mit weiteren Belegen. Zur Sache: Speyer, S. 11–17. — *wa-mina l-arḍi miṯlahunna*. A. S. Yahuda bemerkt dazu in I. Goldziher Memorial Volume (I, Budapest 1948, S. 302): „Also the idea that seven earths were created together with the seven skies is mentioned in many Midrashim". — *yatanazzalu l-amru bainahunna*: **10**,3, mit weiteren Belegen; **32**,4f.; (**16**,2, mit weiteren Belegen). Über die besondere Bedeutung von *amr* siehe die Anmerkung zu **2**,109; Speyer, S. 4. 24f.

SURE 66

66,1f. *li-ma tuḥarrimu mā aḥalla llāhu laka*: (**5**,87, mit weiteren Belegen). — *qad faraḍa llāhu lakum taḥillata aimānikum*: (**5**,89; **2**,225). — Zur Vorgeschichte von Mohammeds Schwur in der Absicht, seine Frauen zufriedenzustellen: Buhl-Schaeder, Das Leben Muhammeds, S. 361f. und 297, Anm. 93.

66,4 *in tatūbā ilā llāhi fa-qad ṣaġat qulūbukumā*. Bedingungssatz mit Verschiebung. Siehe Einleitung zur Übersetzung, S. 4. Nach Bell liegt allerdings ein normaler Bedingungsatz vor. Er übersetzt: „If ye two repent towards Allah, then your hearts are well inclined". Ähnlich Hamidullah: „Si toutes deux vous repentez à Dieu, c'est que vos cœurs certes se seront penchés". — Der Ausdruck *ba'da ḏālika* steht nur noch in **68**,13 im Sinn von „überdies". Sonst hat er immer zeitliche Bedeutung (**3**,82; **5**,12. 32. 94; **23**,15; **24**,55; **65**,1; **79**,30).

66,5 *muslimātin mu'minātin qānitātin*... Belege zu ähnlichen Aufzählungen islamischer Tugenden in der Anmerkung zu **3**,17. — Zur Bedeutung des Ausdrucks *sā'iḥāt* siehe die Anmerkung zu **9**,112. — R. Bell vermutet, daß Vers 5 ursprünglich an Stelle von **33**,35 gestanden hat, und umgekehrt (The Moslem World 29, 1939, S. 55).

66,6 *qū anfusakum wa-ahlīkum nāran waqūduhā n-nāsu wal-ḥiǧāratu*: **2**,24; (**3**,10). — *'alaihā malā'ikatun ġilāẓun šidādun*: **74**,30f.

66,7 *lā ta'taḏirū l-yauma*: **77**,36; **9**,66. — *innamā tuǧzauna mā kuntum ta'malūna*: **52**,16; **10**,52, mit weiteren Belegen.

66,8 *nūruhum yas'ā baina aidīhim wa-bi-aimānihim*: **57**,12. Siehe die Anmerkung zu **57**,12f. — *rabbanā atmim lanā nūranā*: (**61**,8; **9**,32).

66,9: **9**,73; **9**,123; (**25**,52). Siehe die Anmerkung zu **9**,73.

66,10–12 Die präpositionalen Ausdrücke *li-llaḏīna kafarū* (V. 10) und *li-llaḏīna āmanū* (V. 11) sind als nähere Ergänzungen zu *maṯalan* zu verstehen und nicht unmittelbar auf das Verbum *ḍaraba* zu beziehen (vgl. Reckendorf, Syntax, § 135,4b). Die genannten Frauen vertreten den für die Ungläubigen bzw. für die Gläubigen beispielhaften Typus. Siehe Fr. Buhl, Über Vergleichungen und Gleichnisse im Qur'ân (Acta Orientalia 2, 1924, S. 1–11), S. 10: „An einigen Stellen hat das Wort maṯal die besondere Bedeutung: Typus, Vorbild, Beispiel".

66,10 *imra'ata Nūḥin*. Zur Sache: Speyer, S. 108f. — *wa-mra'ata Lūṭin*. Belege zur Geschichte vom Untergang von Lots Frau: **15**,59f./**27**,57; **7**,83; **29**,32. 33; **26**,170f./**37**,134f.; **11**,81. Speyer, S. 157f. — Zur Deutung des präpositionalen Ausdrucks *mina llāhi* siehe die Anmerkung zu **3**,10.

66,11 *imra'ata Fir'auna*. Speyer, S. 281f.; D. Künstlinger, Die ‚Frau Pharaos' im Ḳurān (Rocznik Orjentalistyczny 9, 1933, S. 132–135). Die Frau des Pharao wird auch noch in **28**,9 genannt, in der Geschichte von der Auffindung des ausgesetzten Mosesknaben. — *iḏ qālat*... Verkürzter Zeitsatz. Siehe Einleitung zur Übersetzung, S. 3f. — *wa-naǧǧinī mina l-qaumi ẓ-ẓālimīna*: **28**,21; **10**,86.

66,12 Zur Bezeichnung Marias (Maryams) als ‚Tochter 'Imrāns' siehe die Anmerkung zu **3**,33f. — *allatī aḥṣanat farǧahā fa-nafaḫnā fīhi min rūḥinā*: **21**,91 (*fīhā* an Stelle von *fīhi*, sonst gleichlautend); (**4**,171); (**19**,17). – *fa-nafaḫnā fīhi min rūḥinā*: auch **15**,29/**38**,72; **32**,9. — *wa-ṣaddaqat bi-kalimāti rabbihā.* Siehe die Anmerkung zu **3**,39. — *wa-kānat mina l-qānitīna*: **3**,43.

SURE 67

67,1: **43**,85; **36**,83; (**23**,88); (**3**,26, mit weiteren Belegen). — *tabāraka...*: **43**,85 (s. o.); **7**,54, mit weiteren Belegen.

67,2: **11**,7; **18**,7; (**3**,186, mit weiteren Belegen).

67,3 *allaḏī ḫalaqa sab'a samāwātin ṭibāqan*: **71**,15; **41**,12, mit weiteren Belegen. Speyer, S. 11. — *hal tarā min fuṭūrin*: **50**,6; (**77**,9).

67,5 *wa-la-qad zaiyannā s-samā'a d-dunyā bi-maṣābīḥa*: **41**,12; **37**,6–10, mit weiteren Belegen. — *wa-ǧa'alnāhā ruǧūman liš-šayāṭīni.* Siehe die Anmerkung zu **15**,17f., mit weiteren Belegen.

67,7–9 *sami'ū lahā šahīqan wa-hiya tafūru takādu tamaiyazu mina l-ġaiẓi*: **25**,11f.; **11**,106; **21**,99f. Siehe die Anmerkung zu **11**,106. — *kullamā ulqiya fīhā fauǧun sa'alahum ḫazanatuhā a-lam ya'tikum naḏīrun qālū balā*: **39**,71; **40**,50; **6**,130. — *mā nazzala llāhu min šai'in*: (**36**,15); (**6**,91). — *in antum illā fī ḍalālin kabīrin*: **36**,47.

67,11 *fa-suḥqan li-aṣḥābi s-sa'īri*: (**11**,44, mit weiteren Belegen: *bu'dan...*).

67,12 *allaḏīna yaḫšauna rabbahum bil-ġaibi*: **21**,49/**35**,18, mit weiteren Belegen.

67,13: **13**,10; **6**,3; **11**,5; **2**,33, mit weiteren Belegen.

67,14 Der Ausdruck *man ḫalaqa* ist wohl als Objekt zu verstehen: „diejenigen (Akkus.), die er geschaffen hat". Man könnte ihn allerdings auch als Subjektsatz deuten: „er, der (alles) geschaffen hat". In diesem Sinn übersetzt Bell: „Shall not He who created know...?" — Zur Bedeutung von *laṭīf* siehe die Anmerkung zu **12**,100.

67,15 *huwa llaḏī ǧa'ala lakumu l-arḍa ḏalūlan.* (Siehe die Anmerkung zu **16**,68f.). — *wa-kulū min rizqihī*: **5**,88, mit weiteren Belegen.

67,16f.: **17**,68f., mit weiteren Belegen; **12**,107, mit weiteren Belegen.

67,18: **35**,25f.; **10**,39, mit weiteren Belegen.

67,19: **16**,79; **24**,41. Siehe die Anmerkung zu diesem Vers.

67,20: **18**,43; **28**,81; **42**,46.

67,21: **35**,2; **39**,38; (**10**,31, mit weiteren Belegen).

67,22 Die Deutung der Ausdrücke *mukibban 'alā waǧhihī* und (als Gegensatz dazu) *sawīyan ('alā ṣirāṭin mustaqīmin)* ist nicht ganz sicher.

67,23: **23**,78, mit weiteren Belegen.

67,24: **23**,79, mit weiteren Belegen.

67,25: **10**,48, mit weiteren Belegen.

67,26: **46**,23; **7**,187, mit weiteren Belegen.

67,27 Vers 27 läßt sich schwer in den Zusammenhang einordnen. In der Übersetzung ist er in eschatologischem Sinn gedeutet, als Aussage über die ebenso betrübliche wie selbstverschuldete Lage, in der sich die Ungläubigen angesichts des Jüngsten Gerichts befinden. Gegen eine solche Deutung spricht allerdings der Umstand, daß der Vers mit *lammā* beginnt, einer Konjunktion, die eine bestimmte Tatsache oder ein bestimmtes Geschehen der *Vergangenheit* einzuleiten pflegt. In den beiden Stellen **46**,24 und **68**,26, die zum Vergleich beigezogen werden können (*fa-lammā ra'auhu* bzw. *ra'auhā*...), ist in der Tat von einem Vorgang die Rede, der sich in der Vergangenheit abgespielt hat. Andererseits ist zu bedenken, daß im Koran gerade in eschatologischen Stellen, die ja unzweifelhaft in die Zukunft weisen, manchmal das Perfekt verwendet wird.

67,30: **18**,41; (**6**,46, mit weiteren Belegen).

SURE 68

68,1 Über die Buchstaben, die einzelnen Suren vorgesetzt sind, siehe die Anmerkung zu **2**,1, mit Literaturangaben. Der Buchstabe *n* findet sich nur vor Sure **68**. — *wal-qalami wa-mā yasṭurūna*: **96**,4f. Siehe die Anmerkung zu **96**,3–5.

68,2: **52**,29; **81**,22; **34**,46; **7**,184, mit weiteren Belegen.

68,3: **84**,25/**95**,6; **41**,8.

68,5f.: **37**,175. 179. — *bi-aiyikumu l-maftūnu*: (**27**,47).

68,7: **16**,125; **6**,117; **53**,30; **28**,56.

68,10–16 In einem Referat über Beziehungen zwischen dem Koran und der zeitgenössischen arabischen Dichtung hat E. Gräf darauf hingewiesen, daß hier ein typischer Fall von Hiǧā' vorliegt (13. Deutscher Orientalistentag, Hamburg 1955).

68,11 *hammāzin*: **104**,1.

68,12 *mannā'in lil-ḫairi*: **50**,25; **70**,21; (**107**,7). — *mu'tadin aṯīmin*: **83**,12.

68,13 Der Ausdruck *ba'da ḏālika* steht nur noch in **66**,4 im Sinn von „überdies“. Sonst hat er immer zeitliche Bedeutung (Belege in der Anmerkung zu **66**,4). — Nach Gräf hat *zanīm* hier die Bedeutung „unehelich“ („Bastard“).

68,14: **3**,14, mit weiteren Belegen.

68,15: **83**,13; **8**,31; **6**,25. Siehe die Anmerkung zu diesem Vers, mit weiteren Belegen.

68,17–33 Zur Geschichte von den Besitzern des Gartens siehe die Anmerkungen zu **3**,117 und **18**,32–44, mit weiteren Belegen. In der vorliegenden Stelle handelt es sich, wie in **18**,32, eindeutig um den Typus der geschichtlichen

Beispielerzählung. Im übrigen klingt der Wortlaut öfters an frühere Strafgerichte an. Einiges bleibt unklar. Zur Sache siehe auch Tor Andrae, Der Ursprung des Islams und das Christentum, Uppsala 1926, S. 133.

68,17 *innā balaunāhum.* Es ist nicht klar, ob man paraphrasieren soll: „Wir haben sie (durch Gewährung irdischen Besitzes) auf die Probe gestellt", oder: „Wir haben sie (dadurch, daß wir eine Katastrophe über sie hereinbrechen ließen) heimgesucht". Auch ist nicht ganz sicher, auf wen sich das Personalsuffix in *balaunāhum* bezieht. Vielleicht sind damit speziell die begüterten und einflußreichen Gegner Mohammeds gemeint. Vgl. **68**,14 und **18**,7f.

68,18 *wa-lā yastaṯnūna.* Siehe die Anmerkung zu **18**,23f., mit Belegen; (**18**,35); (**10**,24).

68,19f.: **7**,4; **7**,97; **10**,24; **18**,40. 42. — Die Deutung des Passus *fa-ṭāfa ʿalaihā ṭāʾifun min rabbika* ist nicht sicher. Man kann *ṭāfa* bzw. *ṭāʾifun* sowohl von der Wurzel *ṭwf* „die Runde machen", „umgehen" als auch von der Wurzel *ṭyf* „als Phantom erscheinen" ableiten. Außerdem ist nicht klar, ob man das Subjekt des Satzes persönlich oder sächlich deuten soll („es ging einer um" oder „es ging etwas um"). Vgl. auch **7**,201: *iḏā massahum ṭāʾifun mina š-šaiṭāni...*

68,25 Die Deutung von Vers 25 ist ganz unsicher, zumal für *ḥard* zwei verschiedene Bedeutungen zur Wahl stehen: 1. beabsichtigen, hinzielen (auf); 2. verhindern, wehren. Siehe auch die Anmerkung zu **10**,24, mit weiteren Belegen.

68,26f.: **56**,66f.

68,28 Mit dem „Mittleren von ihnen" (*ausaṭuhum*) ist vielleicht einer gemeint, der nicht zum äußersten Flügel der Ungläubigen, aber auch nicht zu den eigentlichen Gläubigen gehört. Belege: (**2**,143); (**5**,66, mit weiteren Belegen). Vielleicht ist *ausaṭuhum* zu übersetzen: „Der Ordentlichste von ihnen" (oder ähnlich). Vgl. Emile Tyan, Institutions du droit public musulman, I, Le Califat, Paris 1954, S. 133, Anm. 2 (dazu A. Dietrich, Oriens 8, 1955, S. 164).

68,29 *innā kunnā ẓālimīna*: **7**,5; **21**,14. 46. 87. 97.

68,30: (**37**,27/**37**,50/**52**,25).

68,32 *ʿasā rabbunā an yubdilanā ḫairan minhā*: **18**,36; **18**,40. Zur Sache siehe die Anmerkung zu **18**,36. — *innā ilā rabbinā rāġibūna*: **9**,59; **94**,8. Siehe die Anmerkung zu **9**,59.

68,33 *wa-la-ʿaḏābu l-āḫirati akbaru lau kānū yaʿlamūna*: **39**,26; **32**,21; **88**,24; (**16**,41). Speziell zu *lau kānū yaʿlamūna*: **39**,26 (s. o.); **2**,102, mit weiteren Belegen.

68,34: **52**,17, mit weiteren Belegen.

68,35f. *a-fa-naǧʿalu l-muslimīna ka-l-muǧrimīna*: **38**,28; **45**,21. — *mā lakum kaifa taḥkumūna*: **37**,154/**10**,35; (**45**,21 (s. o.)/**6**,136/**16**,59/**29**,4).

68,37f.: **34**,44; **43**,21; **46**,4; **35**,40; **37**,156f.; (**29**,48).

68,41 *am lahum šurakāʾu*: **42**,21. Siehe die Anmerkung zu **10**,28f.

68,42 *yauma...* Verkürzter Zeitsatz. Siehe Einleitung zur Übersetzung, S. 3f.

68,43 *ḫāšiʿatan abṣāruhum tarhaquhum ḏillatun*: **70**,44; **79**,9; **54**,7; **88**,2; **42**,45; **10**,26f.; **80**,40–42.

68,44f.: **7**,182f.; **73**,11. — Die Bedeutung von *nastadriǧuhum* ist nicht sicher zu erschließen. Das Wort kommt nur hier und in **7**,182 vor.

68,46: **52**,40; **6**,90, mit weiteren Belegen.

68,47: **52**,41. Weitere Belege in der Anmerkung zu diesem Vers.

68,48–50 Zur Geschichte von Jonas siehe die Anmerkung zu **21**,87f., mit Belegen.

68,48 *fa-ṣbir li-ḥukmi rabbika*: **52**,48; **76**,24; (**10**,109; **7**,87); (**74**,7). — *iḏ nādā*: **21**,87.

68,49 *la-nubiḏa bil-ʿarāʾi wa-huwa maḏmūmun*: **37**,145. (142). Siehe die Anmerkung zu **37**,145.

68,50 Zur besonderen Bedeutung von *aṣ-ṣāliḥūn* siehe die Anmerkung zu **2**,130.

68,51: **15**,6; **7**,184, mit weiteren Belegen.

68,52: **81**,27/**12**,104/**38**,87; **6**,90; **74**,31; **36**,69; **73**,19, mit weiteren Belegen.

SURE 69

69,1–3: **101**,1–3; **77**,13f.; **82**,14–18. Weitere Belege zu *wa-mā adrāka mā...* in der Anmerkung zu dieser Stelle.

69,4f. Belege zur Geschichte der Ṯamūd in der Anmerkung zu **7**,73–79. — *kaḏḏabat Ṯamūdu wa-ʿĀdun bil-qāriʿati*: **10**,39, mit weiteren Belegen. Speziell zu *bil-qāriʿati*: **101**,1–3; **13**,31. — Vers 5 (*fa-ammā Ṯamūdu fa-uhlikū biṭ-ṭāġiyati*) entspricht formal und inhaltlich dem folgenden Vers 6. Der Ausdruck *aṭ-ṭāġiya* bezeichnet demnach das besondere Strafgericht, das über die Ṯamūd hereingebrochen ist (so wie der Ausdruck *rīḥ ṣarṣar ʿātiya* das Strafgericht über die ʿĀd). An den Wortlaut von **91**,11: *(kaḏḏabat Ṯamūdu) bi-ṭaġwāhā* (so des Reimes wegen, statt *bi-ṭuġyānihā*) klingt er nur äußerlich an. Friedrun R. Müller hat sich allerdings dadurch verleiten lassen, auch die vorliegende Stelle entsprechend zu deuten. Sie meint, *biṭ-ṭāġiya* stehe des Reimes wegen für *bi-ṭuġyānihim* und übersetzt Vers 5: „Die Ṯamūd nun wurden aufgrund (ihrer) Widersetzlichkeit vernichtet" (Untersuchungen zur Reimprosa im Koran, Dissertation Tübingen 1969, S. 9–11. 16-20).

69,6–8 Belege zur Geschichte der ʿĀd in der Anmerkung zu **7**,65–72. Siehe besonders **54**,18–21; **41**,15f.; **51**,41f.; **46**,21–25. — *fa-tarā l-qauma fīhā ṣarʿā ka-annahum aʿǧāzu naḫlin ḫāwiyatin*: **54**,20 (s. o.). Der präpositionale Ausdruck *fīhā* steht entweder für *fī diyārihim* (vgl. **11**,67f. und 94f.) oder *fī qaryatihim* (vgl. **51**,35–37), oder – was weniger wahrscheinlich ist – für *fī r-rīḥi* (siehe Vers 6; vgl. **46**,24f.). Zamaḫšarī erklärt den Ausdruck mit *fī mahābbihā* („wo er geweht hatte") *au fī l-layālī wal-aiyāmi*. In der Übersetzung ist er aus Versehen nicht berücksichtigt. Siehe den Nachtrag.

69,9f. *wa-ǧā'a Fir'aunu... bil-ḫāṭi'a*: (**28**,8). — *wal-mu'tafikātu*. Siehe die Anmerkung zu **9**,70. — *fa-aḫaḏahum aḫḏatan rābiyatan*: (**73**,16); (**11**,102); (**54**,42).

69,11f. *ḥamalnākum fī l-ǧāriyati*: **36**,41; **26**,119; **17**,3; **19**,58. — *li-naǧ'alahā lakum taḏkiratan wa-ta'iyahā uḏunun wā'iyatun*: **29**,15; **54**,15; **36**,41. Siehe auch die Anmerkung zu **10**,92.

69,13 *fa-iḏā nufiḫa fī ṣ-ṣūri*: **18**,99, mit weiteren Belegen.

69,14 *fa-dukkatā dakkatan wāḥidatan*: **89**,21; **56**,4–6; **73**,14; (**18**,98); (**7**,143).

69,15: **56**,1.

69,16 *wa-nšaqqati s-samā'u*: **55**,37; **84**,1; **25**,25; **73**,18; **82**,1.

69,17 *wa-yaḥmilu 'arša rabbika fauqahum yauma'iḏin ṯamāniyatun*: (**39**,75); (**40**,7).

69,18 *yauma'iḏin tu'raḍūna*: **11**,18; **18**,48. — *lā taḫfā minkum ḫāfiyatun*: **40**,16; **6**,28. Siehe die Anmerkung zu diesem Vers.

69,19–24 *fa-ammā man ūtiya kitābahū bi-yamīnihī...*: **17**,71; **84**,7; (**56**,27–40. 90f.; **90**,12–18). — *innī ẓanantu annī mulāqin ḥisābiya*: **2**,46. 249. — *fa-huwa fī 'īšatin rāḍiyatin*: **101**,7. — *fī ǧannatin 'āliyatin*: **88**,10. — *quṭūfuhā dāniyatun*: **76**,14; **55**,54; **6**,99. — *kulū wa-šrabū hanī'an bi-mā aslaftum fī l-aiyāmi l-ḫāliyati*: **52**,19/**77**,43. Speziell zu *bi-mā aslaftum*: (**10**,30).

69,25–29 *wa-ammā man ūtiya kitābahū bi-šimālihī*: (**84**,10); (**56**,41–56. 92–94; **90**,19f.). — Zur Zeitstufe des Satzes *wa-lam adri* (Gegenwart) siehe Bergsträsser, Verneinungspartikeln, S. 10, Anm. 6 (und S. 13, Anm. 1). Vielleicht ist aber doch die Zeitstufe der Vergangenheit anzunehmen (vgl. Vers 20). Siehe die in Anmerkung 13 zur Übersetzung angeführte Alternative. — *yā laitahā kānati l-qāḍiyata*: **35**,36; **43**,77; **20**,74; **87**,11–13; **78**,40. — *mā aġnā 'annī māliya*: **111**,2; **7**,48, mit weiteren Belegen. Zur Frage, ob *mā* hier eher als Negations- oder als Fragepartikel zu verstehen ist, siehe Bergsträsser, Verneinungspartikeln, S. 31, Anm. 2.

69,30–32: **44**,47; **13**,5, mit weiteren Belegen.

69,34: **107**,3; **89**,18; **74**,44; (**76**,8); (**90**,12–16); (**4**,36, mit weiteren Belegen).

69,35: **40**,18; **26**,101; **70**,10.

69,36f.: (**88**,6f.).

69,38f. *fa-lā uqsimu bi-...*: **56**,75, mit weiteren Belegen. Einleitendes *fa-lā* ohne negierenden Sinn. Siehe Bergsträsser, Verneinungspartikeln, S. 58f., Anm. 2.

69,40–42 *innahū la-qaulu rasūlin karīmin*: **81**,19; (**44**,17). — *wa-mā huwa bi-qauli šā'irin*: **21**,5; **37**,36; **52**,30; **36**,69. — *qalīlan mā tu'minūna*: **2**,88; (**4**,46/155). — *wa-lā bi-qauli kāhinin*: **52**,29. — *qalīlan mā taḏakkarūna*: **7**,3/**27**,62/**40**,58.

69,43: **56**,80; **26**,192; **32**,2, mit weiteren Belegen.

69,44–47 *wa-lau taqauwala 'alainā ba'da l-aqāwīli*: **52**,33. — *fa-mā minkum* *min aḥadin ʿanhu ḥāǧizīna*. Der Plural (*ḥāǧizīna*; siehe Nöldeke, Zur Grammatik, S. 83) ist offensichtlich durch den Reimzwang bedingt. Zur Syntax: Bergsträsser, Verneinungspartikeln, S. 37, Anm. 2, gegen Reckendorf, Die syntaktischen Verhältnisse, S. 332.

69,48: **20**,3, mit weiteren Belegen.

69,51: **56**,95.

69,52: **56**,96/**56**,74; **96**,1f., mit weiteren Belegen.

SURE 70

70,1f. „Der Anfang von Sūra 70 scheint sich auf den von Sūra 56 zu beziehen. Vielleicht fragte ein Ungläubiger Muhammed spöttisch um Aufklärung über jene Verse, und erhielt nun in dieser Offenbarung eine donnernde Antwort" (Gesch. des Qor. I, S. 106). Vielleicht ist mit Bell eher an **52**,7f. zu denken. Weitere Belege: **51**,5f.; **77**,7; **69**,15; **6**,134.

70,3 *ḏī l-maʿāriǧi*: (**40**,15). J. Horovitz weist darauf hin, daß arabisch *maʿāriǧ* aus äthiopisch *maʿāreg* entlehnt ist (Muhammeds Himmelfahrt, Der Islam 9, 1919, S. 159–183, S. 176).

70,4: **32**,5; **22**,47; (**57**,4); (**97**,4).

70,5: **46**,35; **20**,130/**50**,39; **38**,17; **73**,10; **30**,60/**40**,55; **16**,127. Speziell zu *ṣabran ǧamīlan*: **12**,18/83.

70,8 *kal-muhli*: (**18**,29; **44**,45).

70,9: **101**,5.

70,10: **69**,35; **26**,101; **40**,18.

70,11–14: **3**,91, mit weiteren Belegen.

70,15: **92**,14.

70,18: **104**,2f.; (**3**,157; **43**,32; **10**,58); (**28**,78).

70,19–21 *iḏā massahu š-šarru ǧazūʿan*: **17**,83; **41**,49; **11**,9. — *wa-iḏā massahu l-ḫairu manūʿan*: **50**,25; **68**,12; (**107**,7).

70,22–35: **23**,1–11, mit weiteren Belegen. — Belege zu ähnlichen Ausnahmesätzen in der Anmerkung zu **11**,11.

70,24f.: **51**,19; **6**,141; **17**,26; **30**,38.

70,28: **12**,107, mit weiteren Belegen.

70,29–31: **23**,5–7; (**33**,35); (**24**,30f.).

70,32: **23**,8; **2**,283; **4**,58; **8**,27; **3**,75f.

70,33: **2**,282, mit weiteren Belegen.

70,34: **23**,9; **6**,92.

70,35: **37**,41–43; **36**,27.

70,36–44 Der Sinnzusammenhang des letzten Abschnitts von Sure **70** ist in seiner ersten Hälfte nicht ohne weiteres verständlich. Blachère bemerkt dazu, wohl mit Recht: „Ce dernier texte, sans aucun lien logique avec ce qui précède, offre en outre une allure stylistique très différente. On a tout lieu de le considérer comme ancien." Bell ist anderer Meinung: „The conclusion, vv. 36–44, is somewhat difficult to place. On the assumption that it is Meccan, it is usually taken to refer to the unbelievers crowding round to make fun of the prophet. But the natural interpretation is that they are now anxious to secure his friendship. In that case the passage must be fairly late Medinan." Vieles spricht nach wie vor für die Deutung der Kommentatoren. Demnach ist die Zudringlichkeit der Ungläubigen und ihr Verlangen, in das Paradies einzugehen, spöttisch gemeint (V. 36–38). Mohammed hält ihnen entgegen, daß sie kümmerliche Geschöpfe Gottes sind (V. 39) und von ihm jederzeit gegen andere, bessere Menschen eingetauscht werden können (V. 40f.).

70,36–39 *muhṭi'īna*: (**14**,43; **54**,8). — *a-yaṭma'u kullu mri'in minhum an yudḫala ǧannata na'īmin*: **7**,46. — *innā ḫalaqnāhum mimmā ya'lamūna*. Belege (Auswahl): **36**,77f.; **19**,67; **80**,17–19; **76**,1f.; **32**,7f.; **37**,11; **76**,27f.; **56**,62.

70,40f. *fa-lā uqsimu bi-...*: **56**,75, mit weiteren Belegen. Einleitendes *fa-lā* ohne negierenden Sinn. Siehe Bergsträsser, Verneinungspartikeln, S. 58f., Anm. 2. — *bi-rabbi l-mašāriqi wal-maǧāribi*: **55**,17; **37**,5; **26**,28/**73**,9; **2**,115/142. — *innā la-qādirūna 'alā an nubaddila ḫairan minhum*: **56**,60–62; **76**,27f. — *wa-mā naḥnu bi-masbūqīna*: **56**,60 (s. o.); **8**,59. Siehe die Anmerkung zu diesem Vers, mit weiteren Belegen.

70,42: **43**,83, mit weiteren Belegen.

70,43: **54**,7; **36**,51; **21**,96; **50**,44.

70,44 *ḫāši'atan abṣāruhum tarhaquhum ḏillatun*: **68**,43, mit weiteren Belegen. — *ḏālika l-yaumu llaḏī kānū yū'adūna*. Belege in der Anmerkung zu **26**,205–207.

SURE 71

71,1–28 Belege zur Geschichte Noahs in der Anmerkung zu **7**,59–64. Die vorliegende Sure **71** bezieht sich nicht eigentlich auf die *Geschichte* Noahs. Sie besteht vielmehr aus Reden an das Volk, erbaulichen Betrachtungen und Gebeten, die zwar Noah in den Mund gelegt werden, aber zugleich Licht auf die Zeitgeschichte Mohammeds werfen. Siehe Speyer, S. 100–102; R. Bell, Muhammad and Previous Messengers (The Moslem World 24, 1934, S. 330 bis 340), S. 338–340; R. Paret, Der Koran als Geschichtsquelle (Der Islam 37, 1961, S. 24–42), S. 35–38. Sogar die altarabischen Götter Wadd, Suwā', Yaǧūṯ, Ya'ūq und Nasr werden als Götter der Zeitgenossen Noahs ausgegeben. Siehe die Anmerkung zu Vers 23.

71,1-3: **7**,59; **11**,25f.; **23**,23. — *innī lakum naḏīrun mubīnun*: **11**,25 (s. o.); **26**,115; **15**,89, mit weiteren Belegen. — *u'budū llāha wa-ttaqūhu*: (**29**,16: Abraham). — *wa-ttaqūhu wa-aṭī'ūni*: **26**,108, mit weiteren Belegen.

71,4 *yaǧfir lakum min ḏunūbikum wa-yu'aḫḫirkum ilā aǧalin musammān*: **14**,10; (**46**,31). Speziell zu *wa-yu'aḫḫirkum ilā aǧalin musammān*: **11**,104, mit weiteren

Belegen. Zum Ausdruck *aǧal musammā* siehe die Anmerkung zu **6**,2. — *inna aǧala llāhi iḏā ǧā'a lā yu'aḫḫaru*: **63**,11, mit weiteren Belegen.

71,5–20 Siehe die Anmerkung zu **7**,1–28 und R. Bell, Muhammad and Previous Messengers (The Moslem World 24, 1934, S. 330–340), S. 339f.

71,7 *wa-staġšau ṯiyābahum*: **11**,5, Siehe die Anmerkung zu diesem Vers. — *wa-aṣarrū wa-stakbarū stikbāran*: **45**,8, mit weiteren Belegen.

71,9–12: **11**,52; **11**,3. — *yursili s-samā'a 'alaikum midrāran*: **11**,52 (s. o.); **6**,6. — *wa-yumdidkum bi-amwālin wa-banīna*: **17**,6; **23**,55. Siehe auch die Anmerkung zu **3**,14, mit weiteren Belegen. — *wa-yaǧ'al lakum ǧannātin wa-yaǧ'al lakum anhāran*: (**25**,10); (**6**,6).

71,13 Horovitz hat die Vermutung ausgesprochen, daß der Ausdruck *waqār* auf die im Onkelostargum übliche jüdische Umschreibung *yĕqār* des Gottesnamens zurückgeht, so wie *amr* und *sakīna* auf die beiden anderen Umschreibungen *mēmrā* und *šĕḵīntā* bzw. *šĕḵīnā* (Proper Names, S. 226). Bell bemerkt dazu: „Horovitz suggests that the word is late Hebrew and means ‚glory', a reference to the appearance of Allah at the last day, which may be correct. But the ordinary meaning of the Arabic word, ‚gravity', ‚seriousness' of purpose, suits quite well."

71,14: **23**,12–14, mit weiteren Belegen.

71,15: **67**,3; **41**,12, mit weiteren Belegen. Speyer, S. 11.

71,16: **25**,61; **10**,5; **78**,13.

71,17f.: **20**,55.

71,19f. *wa-llāhu ǧa'ala lakumu l-arḍa bisāṭan*: **20**,53/**43**,10; **78**,6; **2**,22; **51**,48; (**13**,3, mit weiteren Belegen). — *li-taslukū minhā subulan fiǧāǧan*: **20**,53/**43**,10 (s. o.); **21**,31; **16**,15.

71,21: (**11**,59).

71,22: **34**,33. Weitere Belege in der Anmerkung zu **34**,31–33.

71,23 Zu den in Vers 23 aufgezählten altarabischen, angeblich schon von den Zeitgenossen Noahs verehrten Göttern: Rosa Klinke-Rosenberger, Das Götzenbuch Kitâb al-Aṣnâm des Ibn al-Kalbî, Leipzig 1941, S. 34–36 (und S. 81–87); J. Wellhausen, Reste arabischen Heidentums, Berlin und Leipzig 1927, S. 13–24. 243; Frants Buhl, Das Leben Muhammeds, Leipzig 1930, S. 74. Siehe auch die Anmerkung zu **71**,1–28. — Die Zäsur zwischen den Versen 23 und 24 würde der Reimform wegen wohl besser schon hinter *suwā'an* angesetzt.

71,24 *wa-lā tazidi ẓ-ẓālimīna illā ḍalālan*: **71**,28.

71,25 *mimmā ḫaṭī'ātihim uġriqū*: **7**,64, mit weiteren Belegen. Zum Ausdruck *mimmā ḫaṭī'ātihim*: Nöldeke, Zur Grammatik, S. 60: „Tritt *mā* zwischen eine Präposition und ihren Genitiv, so bringt es letzterem Nachdruck". — *fa-lam yaǧidū lahum min dūni llāhi anṣāran*. Siehe die Anmerkung zu **3**,111.

71,28 *rabbi ġfir lī wa-li-wālidaiya*: **14**,41, mit weiteren Belegen. Speyer, S. 102. — *wa-lā tazidi ẓ-ẓālimīna illā tabāran*: **71**,24.

SURE 72

72,1–19: **46**,29–32. — Die Konstruktion mit *anna* (Vers 1: *annahū*) wird in den folgenden Versen fortgeführt (Vers 3. 4: *wa-annahū*; Vers 5: *wa-annā*; Vers 6: *wa-annahū*; Vers 7: *wa-annahum*; Vers 8. 9. 10. 11. 12. 13. 14: *wa-annā*; Vers 16: *wa-allau*; Vers 18: *wa-anna*; Vers 19: *wa-annahū*). Der ganze Wortlaut soll damit als Aussage der Dschinn bezeichnet werden. Siehe aber die Anmerkung zu **72**,16f.

72,1f.: **46**,29f. — *wa-lan nušrika bi-rabbinā aḥadan*: **72**,20; **18**,38.

72,3 *mā ttaḫaḏa ṣāḥibatan wa-lā waladan*: **6**,101; **2**,116, mit weiteren Belegen. Siehe auch die Anmerkung zu **2**,116f.

72,4 *kāna yaqūlu safīhunā ʿalā llāhi šaṭaṭan*: **18**,14.

72,6: **6**,100, mit weiteren Belegen. Siehe auch die Anmerkung zu **6**,128.

72,7 *an lan yabʿaṯa llāhu aḥadan*. Dieser Passus ist nicht eindeutig. Entweder ist damit gemeint, daß Gott keinen Gesandten auftreten lassen würde. Belege für diese Deutung: **40**,34; **17**,94; (**7**,63, mit weiteren Belegen; **11**,27, mit weiteren Belegen); **25**,41; **10**,74; **3**,164, mit weiteren Belegen. Auch Ṭabarī versteht die Stelle in diesem Sinn. Oder es ist zu übersetzen: „daß Gott niemand (von den Toten) auferwecken würde“ (siehe den Nachtrag zur Übersetzung). Belege für diese Deutung in der Anmerkung zu **16**,38. Auch alle von mir eingesehenen Übersetzungen verstehen die Stelle in diesem Sinn.

72,8f.: **15**,17f., mit weiteren Belegen. Zur Sache: P. A. Eichler, Die Dschinn, Teufel und Engel im Koran, Leipzig 1928, S. 30–32: „Der Sternschnuppenmythos“.

72,11 *minnā ṣ-ṣāliḥūna wa-minnā dūna ḏālika*: **7**,168; **2**,253, mit weiteren Belegen.

72,12: **11**,20, mit weiteren Belegen; **35**,44; **9**,2f.; **46**,32. Zur Bedeutung von *aʿǧaza (IV)* siehe die Anmerkung zu **6**,134.

72,13 *fa-man yu'min bi-rabbihī fa-lā yaḫāfu baḫsan wa-lā rahaqan*: **20**,112; **4**,124, mit weiteren Belegen.

72,16f. Die Deutung der beiden Verse 16f. ist schwierig. Als Sprecher (1. Person Plural: *la-asqaināhum*; *li-naftinahum*) ist wohl Gott zu ergänzen. — *li-naftinahum fīhi*: **20**,131. — *wa-man yuʿriḍ ʿan ḏikri rabbihī yaslukhu ʿaḏāban ṣaʿadan*: (**20**,99f.; **20**,124). Speziell zu *yaslukhu ʿaḏāban ṣaʿadan*: (**74**,42; **74**,17).

72,18 *fa-lā tadʿū maʿa llāhi aḥadan*: **26**,213/**28**,88; **23**,117; **25**,68.

72,19 *lammā qāma ʿabdu llāhi yadʿūhu*: (**18**,14).

72,20 *wa-lā ušriku bihī aḥadan*: **72**,2; **18**,38.

72,22 *wa-lan aǧida min dūnihī multaḥadan*: **18**,27.

72,23 *illā balāǧan mina llāhi wa-risālātihī*: **14**,52, mit weiteren Belegen. — *wa-man yaʿṣi llāha wa-rasūlahū fa-inna lahū nāra ǧahannama ḫālidīna fīhā abadan*: **4**,14. Auffallend ist der Übergang von der Einzahl (*wa-man yaʿṣi...fa-inna lahū...*) zur Mehrzahl (*ḫālidīna fīhā*). Siehe Nöldeke, Zur Grammatik, S. 83.

72,24: **19**,75. Zur Einleitung des Satzes mit *ḥattā iḏā* siehe Reckendorf, Syntax, § 266, 4b β.

72,25: **21**,109, mit weiteren Belegen.

72,26: **6**,59; **6**,73, mit weiteren Belegen; **3**,179; **19**,78, mit weiteren Belegen.

72,27f. *illā mani rtaḍā min rasūlin*: (**21**,28); (**20**,109); (**3**,179). — *fa-innahū yasluku min baini yadaihi wa-min ḫalfihī raṣadan*: (**13**,11; **6**,61. Siehe die Anmerkung zu diesem Vers, mit weiteren Belegen). — *wa-aḥṣā kulla šai'in 'adadan*: **19**,94, mit weiteren Belegen.

SURE 73

73,1–4: **74**,1f.; **76**,26; **17**,79; **73**,20; (**51**,17); (**3**,113). Zur Sache: Bell, Origin of Islam, S. 97f.; Tor Andrae, Der Ursprung des Islams und das Christentum, Uppsala 1926, S. 191f. — *yā aiyuhā l-muzzammilu*: **74**,1. R. Paret, Mohammed und der Koran, Stuttgart 1966, S. 46f. Bell übersetzt: „O thou heavily burdened one" und bemerkt dazu: „Usually taken as ‚wrapped in garments', but the above translation is more in accord with the root-meaning of the word, ‚to load more to one side than the other'." — *wa-rattili l-qur'āna tartīlan*: **25**,32. Bell übersetzt: „And arrange the Qur'ān distinctly", deutet also den Ausdruck auf die Komposition koranischer Offenbarungen, nicht auf die Rezitierung des (schon vorliegenden) Korantextes („I.e. take pains in composing; later interpreted as referring to the cantillation"). Siehe auch Origin of Islam, S. 97f. Tor Andrae übersetzt: „und trage den Koran in gleichmäßigen Abschnitten vor".

73,5–7 *inna nāši'ata l-laili hiya ašaddu waṭ'an wa-aqwamu qīlan*. Bell übersetzt: „The beginning of the night is strongest in impression, and most just in speech" und bemerkt dazu: „I.e. the time when impressions are clearest, and the proper words are most readily found".

73,8 *wa-ḏkuri sma rabbika*: **76**,25; **87**,14f.; **56**,74/**56**,96/**69**,52; **87**,1; **55**,78; **96**,1f.

73,9 *rabbu l-mašriqi wal-maġribi*: **26**,28; **55**,17; **70**,40; **37**,5; **2**,115/142.

73,10 *wa-ṣbir 'alā mā yaqūlūna*: **20**,130/**50**,39; **38**,17. Weitere Belege in der Anmerkung zu **20**,130.

73,11 *wa-ḏarnī wal-mukaḏḏibīna*: **68**,44. — *ulī n-ni'mati*: **44**,27. Siehe auch die Anmerkung zu dem Ausdruck *al-mutrafūn* in **17**,16, sowie **11**,116, mit weiteren Belegen. — *wa-mahhilhum qalīlan*: **86**,17; (**2**,126; **31**,23f.; **2**,36, mit weiteren Belegen); (**13**,32, mit weiteren Belegen).

73,12: **76**,4; **13**,5, mit weiteren Belegen.

73,14 *yauma tarǧufu l-arḍu wal-ǧibālu*: **79**,6; **99**,1; **22**,1; **56**,4–6. — *wa-kānati l-ǧibālu kaṯīban mahīlan*: **56**,5f.; **27**,88, mit weiteren Belegen.

73,15 *innā arsalnā ilaikum rasūlan šāhidan ʿalaikum*: **33**,45/**48**,8; **4**,41, mit weiteren Belegen.

73,16: (**69**,10; **54**,42; **11**,102).

73,18 *as-samāʾu munfaṭirun bihī*: **82**,1; **55**,37; **69**,16; **84**,1; **25**,25. — *kāna waʿduhū mafʿūlan*: (**6**,134; **51**,5f.; **77**,7); (**17**,5); (**17**,108).

73,19: **76**,29; **81**,27f.; **12**,104/**38**,87; **68**,52; **36**,69; **6**,90; **74**,31; **74**,54f./**80**,11f.; **25**,57; (**20**,3; **69**,48).

73,20 Vers 20 ist im Zusammenhang mit den Versen 1–4 zu verstehen. Er läßt Erleichterungen im Abhalten der nächtlichen Gebetsübungen zu, betont aber die Verpflichtung zum Gebet bei Tag (*wa-aqīmū ṣ-ṣalāta*) und zur Entrichtung der Almosensteuer und ruft außerdem zu guten Werken auf. Siehe Tor Andrae, Der Ursprung des Islams und das Christentum, Uppsala 1926, S. 191f. — *wa-āḫarūna yaḍribūna fī l-arḍi yabtaġūna min faḍli llāhi.* Zum Ausdruck *yaḍribūna fī l-arḍi* siehe die Anmerkung zu **2**,273, mit weiteren Belegen. — *wa-aqīmū ṣ-ṣalāta wa-ātū z-zakāta*: **2**,110 (s. u.). — *wa-aqriḍū llāha qarḍan ḥasanan*: **2**,245, mit weiteren Belegen. — *wa-mā tuqaddimū li-anfusikum min ḫairin taǧidūhu ʿinda llāhi huwa ḫairan wa-aʿẓama aǧran*: **2**,110 (s. o.); (**59**,18); (**2**,223). Zur Funktion des Pronomens *huwa*: Nöldeke, Zur Grammatik, S. 48.

SURE 74

74,1f.: **73**,1–4, mit weiteren Belegen. R. Paret, Mohammed und der Koran, Stuttgart 1966, S. 46f.

74,4f.: **8**,11; **33**,33; **5**,90; **22**,30. Vermutlich steht *ruǧz*, ebenso wie in **8**,11 *riǧz*, für *riǧs* = „Unreinheit" (so wie umgekehrt in **7**,71 *riǧs* in der Bedeutung „Strafgericht" steht). Siehe die Anmerkungen zu **8**,11 und **7**,71. Bell leitet *ruǧz* allerdings von syrisch *rugzā* = „Zorn (Gottes)" ab und übersetzt: „The Wrath flee" (siehe dazu auch Origin of Islam, S. 88f.), stellt jedoch in der Fußnote die Übersetzung „idolatry" zur Wahl. Blachère übersetzt: „La souillure, fuis-(la)!" und bemerkt dazu: „Souillure désignerait les Idoles, selon les commentaires. Est-ce bien sûr?" Siehe auch Jeffery, Foreign Vocabulary, S. 139; Ibn Qutaiba, Ta'wīl muškil al-qur'ān, Kairo 1373/1954, S. 361.

74,6 *wa-lā tamnun*. Siehe die Anmerkung zu **2**,262.

74,7: **52**,48; **76**,24; **68**,48; (**10**,109; **7**,87).

74,8: (**6**,73, mit weiteren Belegen).

74,9f.: **25**,26; **54**,8.

74,12f. *mālan mamdūdan wa-banīna šuhūdan*. Belege in der Anmerkung zu **3**,14. Der Ausdruck *šuhūdan* läßt sich in diesem Zusammenhang nicht eindeutig erklären (siehe die Übersetzung). Ganz abwegig ist aber der Emendationsversuch von David Künstlinger (OLZ 1937, Sp. 273f.: *šuhūd* in Sūra 74,13).

74,19f. *qutila*... (Ausdruck der Verwünschung): **51**,10; **80**,17; **85**,4. — *ṯumma* (= „noch einmal"): **75**,35; **78**,5; **82**,18; **102**,4. 7.

74,22f. *'abasa*: (**80**,1).

74,24: **10**,76, mit weiteren Belegen.

74,25: **11**,27, mit weiteren Belegen.

74,26f.: **104**,4f.; **101**,9f. Weitere Belege zu *wa-mā adrāka mā*... in der Anmerkung zu **82**,14–18.

74,30 *'alaihā tis'ata 'ašara*: **66**,6. Zur Sache: Paul Arno Eichler, Die Dschinn, Teufel und Engel im Koran, Leipzig 1928, S. 111f.; Karl Ahrens, Muhammed als Religionsstifter, Leipzig 1935, S. 30f.; Josef Henninger, Spuren christlicher Glaubenswahrheiten im Koran, Schöneck/Beckenried 1951, S. 63f., Anm. 61; Franz Rosenthal, Nineteen (Analecta Biblica 12, 1959, S. 304–318). Die Zahl 19 geht vielleicht auf gnostische Spekulationen zurück, in denen die sieben Planeten mit den zwölf Tierkreiszeichen kombiniert wurden.

74,31 Vers 31 fällt schon durch seine Länge auf. Er ist offensichtlich eine spätere Ergänzung zu Vers 30. — *wa-mā ǧa'alnā 'iddatahum illā fitnatan li-llaḏīna kafarū*: **17**,60; **37**,62f.; **10**,85; **60**,5. — *allaḏīna fī qulūbihim maraḍun*: **2**,10, mit weiteren Belegen. — *mā ḏā arāda llāhu bi-hāḏā maṯalan*: **2**,26. Zur Bedeutung des Ausdrucks *maṯal* siehe Fr. Buhl, Über Vergleichungen und Gleichnisse im Qur'ân (Acta Orientalia 2, 1924, S. 1–11), S. 10. — *wa-mā hiya illā ḏikrā lil-bašari*: **6**,90; **12**,104/**38**,87/**81**,27; **68**,52; **36**,69; **73**,19, mit weiteren Belegen.

74,32–34 *kallā wal-qamari*: **91**,2; **84**,18. — *wal-laili iḏā adbara*: **93**,2; **89**,4; **81**,17; **84**,17; **92**,1; **91**,4. — *waṣ-ṣubḥi iḏā asfara*: **81**,18; **89**,1; **93**,1; **91**,1; **92**,2.

74,38: **52**,21. Zur Bedeutung von *kasaba* siehe die Anmerkung zu **2**,79.

74,39–41 *illā aṣḥāba l-yamīni*: **56**,27. 90f.; **56**,8; **90**,18. — *yatasā'alūna*: **37**,50/**52**,25; (**37**,27); (**68**,30).

74,42f. *mā salakakum fī saqara qālū lam naku mina l-muṣallīna*. Nach Gesch. des Qor. I, S. 89 sind die Verse 38ff. (Flügelsche Zählung 41ff.) „späterer Herkunft, aber immer noch aus der ersten Periode. Zum Beweise ihrer ursprünglichen Zusammengehörigkeit mit dem Vorhergehenden könnte man versucht sein, sich auf das seltene Wort für Hölle, *saqar* Vers (42, Fl.) 43, zu berufen, das im ersten Teil der Sūra zweimal vorkommt, sonst aber nur noch einmal im Qorān. Indessen ist diese Bezeichnung gewiß nur versehentlich aus jenen beiden Stellen in den Vers (42, Fl.) 43 eingedrungen und hier an die Stelle des älteren *ǧaḥīm* getreten, indem der Zusammenhang einen Reim auf *īm* verlangt." Diese Überlegung ist nicht zwingend. Die Unstimmigkeit im Reim läßt sich einfacher dadurch beheben, daß man mit Bell die Verse 42 und 43 (und ebenso die Verse 38 und 39 sowie 40 und 41, so schon Flügel) jeweils als *einen* Vers zählt. Dann steht *saqara* nicht mehr am Versschluß. — *lam naku mina l-muṣallīna*: **75**,31.

74,44–47 *wa-lam naku nuṭ'imu l-miskīna*: **69**,34, mit weiteren Belegen. — *wa-kunnā naḫūḍu ma'a l-ḫā'iḍīna*. Siehe die Anmerkung zu **4**,140, mit weiteren

Belegen. — *wa-kunnā nukaḏḏibu bi-yaumi d-dīni*: **83**,11; **107**,1, mit weiteren Belegen. — *ḥattā atānā l-yaqīnu*: **15**,99.

74,48: **2**,48, mit weiteren Belegen; **2**,255, mit weiteren Belegen.

74,52: **17**,93; **6**,7; **4**,153. Siehe die Anmerkung zu diesem Vers. (**80**,13–16; **98**,2f.).

74,54f.: **80**,11f.; **81**,27f.; **73**,19/**76**,29. Weitere Belege in der Anmerkung zu **73**,19.

74,56 *wa-mā yaḏkurūna illā an yašā'a llāhu*: **76**,30; **81**,29; (**6**,111).

SURE 75

75,1f. *lā uqsimu bi-...*: **56**,75, mit weiteren Belegen. Einleitendes *lā* ohne negierenden Sinn. Siehe Bergsträsser, Verneinungspartikeln, S. 58f., Anm. 2.

75,3: (**13**,5, mit weiteren Belegen).

75,5 Die Deutung von Vers 5 ist unsicher. Siehe auch Ibn Qutaiba, Ta'wīl muškil al-qur'ān, Kairo 1373/1954, S. 269f.

75,6: **51**,12; **7**,187/**79**,42; (**10**,48, mit weiteren Belegen).

75,12: **75**,30.

75,13: **82**,5; **81**,14; **3**,30; **18**,49; **59**,18; **78**,40; **2**,110; **73**,20; **6**,60, mit weiteren Belegen. Zur Bedeutung von *qaddama (II)* siehe die Anmerkung zu **5**,80.

75,16–19 Die Verse 16–19 „hängen weder mit ihrer nächsten Umgebung noch mit andern Versen der Sūra zusammen" (Gesch. des Qor. I, S. 105). — *lā tuḥarrik bihī lisānaka li-ta'ǧala bihī*: **20**,114. Zur Sache: R. Paret, Mohammed und der Koran, S. 60.

75,20f.: **76**,27; **17**,18f.

75,22–25: **80**,38–41; **88**,2–12; **3**,106f. — *wuǧūhun yauma'iḏin nāḍiratun*: **83**,24; **76**,11; (**80**,38f.; **88**,8f.; **3**,106f., s. o.). — *ilā rabbihā nāẓiratun*: (**83**,23. 35(?); siehe die Anmerkung zu **83**,23). — *wa-wuǧūhun yauma'iḏin bāsiratun*: (**80**,40f.; **88**,2f.; **3**,106, s. o.). — *taẓunnu an yuf'ala bihā fāqiratun*. Bell übersetzt: „One would think holes were being in them" und bemerkt dazu: „The word *fāqira* is usually connected with *fiqār*, the vertebrae of the backbone, and explained as a back-breaking calamity; the verb *faqara* is, however, used of making an incision in the snout of a camel in which to insert the leading-rope, and, as faces are here spoken of, this is appropriate".

75,26: **56**,83; (**33**,10); (**40**,18).

75,30: **75**,12.

75,31–33 Vers 31 beginnt abrupt mit *fa-lā ṣaddaqa*. Bell übersetzt: „So he did not count it true" und bemerkt dazu: „The negative here used shows the verse has been detached from a context containing a previous negative". Blachère ergänzt am Anfang: „Et l'on criera" und setzt den Text selber (bis

Vers 33 einschließlich) in Anführungszeichen. — *wa-lā ṣallā*: **74**,43. — *walākin kaḏḏaba wa-tawallā*: **92**,16; **96**,13; **20**,48; (**20**,56); (**79**,21).

75,34f. *aulā laka fa-aulā ṯumma aulā laka fa-aulā*: **47**,20. Der des Nachdrucks wegen wiederholte Passus *aulā laka fa-aulā* ist vielleicht als Hinweis auf ein drohendes Unheil oder ganz allgemein im Sinn einer scharfen Rüge gemeint. Siehe Ibn Qutaiba, Ta'wīl muškil al-qur'ān, Kairo 1373/1954, S. 417; Ibn Manẓūr, Lisān al-ʿarab, XV, Beirut 1376/1956, Sp. 411b–412b. Statt „Wehe dir, wehe!“ könnte man vielleicht auch übersetzen: „Warte nur, warte!“ Wörtlich: „Nächstens gilt es dir, nächstens“(?). Die Deutung bleibt aber so oder so unsicher. — *ṯumma* (= „noch einmal“): **74**,20; **78**,5; **82**,18; **102**,4. 7.

75,37f.: **53**,45f.; **18**,37, mit weiteren Belegen. Speziell zu *fa-ḫalaqa fa-sauwā*: **87**,2; **82**,7; **18**,37 (s. o.).

75,39: **53**,45f.; **92**,3; **49**,13; **16**,72, mit weiteren Belegen.

75,40: **22**,6; **30**,50; **41**,39; **42**,9; **46**,33. — Zur Anwendung des sonst meist sächlichen Pronomens *ḏālika* auf Gott siehe die Anmerkung zu **30**,50.

SURE 76

76,1: **19**,67; **19**,9.

76,2 *innā ḫalaqnā l-insāna min nuṭfatin amšāǧin*: **18**,37, mit weiteren Belegen. — *fa-ǧaʿalnāhu samīʿan baṣīran*: **16**,78, mit weiteren Belegen.

76,3: **87**,3; **80**,19; (**90**,10; **91**,8). Siehe auch die Anmerkung zu **80**,18–20.

76,4: **73**,12; **13**,5, mit weiteren Belegen.

76,5f.: **76**,17f.; **83**,25–28; (**78**,34). Zum Ausdruck *mizāǧ* „Mischwasser“ siehe J. Horovitz, Das koranische Paradies, Jerusalem 1923, S. 11; Siegmund Fraenkel, Die aramäischen Fremdwörter im Arabischen, Leiden 1886, S. 171f.

76,7 Statt der bloßen Imperfecta *yūfūna* usw. würde man eigentlich die zusammengesetzte Form *kānū yūfūna* usw. erwarten. R. Bell nimmt an, daß die Verse 7–10 nachträglich zur Charakterisierung der in Vers 5 genannten Frommen hinzugefügt worden sind, und deutet die Imperfecta dementsprechend präsentisch: „(Verily the virtuous) fulfill vows...“ — *yūfūna bin-naḏri*: **3**,76, mit weiteren Belegen; **2**,270. — *wa-yaḫāfūna yauman...* Siehe die Anmerkung zu **6**,51, mit weiteren Belegen; (**76**,10).

76,8f. *wa-yuṭʿimūna ṭ-ṭaʿāma ʿalā ḥubbihī miskīnan wa-yatīman wa-asīran*: **90**,12–16; **2**,177; **69**,34, mit weiteren Belegen. — Das Suffix im Ausdruck *ʿalā ḥubbihī* ist ein Objektsuffix und bezieht sich auf *aṭ-ṭaʿāma*, und nicht etwa auf Gott, der ja im unmittelbaren Textzusammenhang gar nicht genannt ist (*innamā nuṭʿimukum li-waǧhi llāhi...* im folgenden Vers 9 ist eine zusätzliche Aussage und sachlich nicht mit *ʿalā ḥubbihī* zu identifizieren). Belege: **2**,177; **3**,92; **89**,20. Wie ich nachträglich feststellte, hat C. J. Lyall schon vor über 50 Jahren dieselbe Deutung des Ausdrucks *ʿalā ḥubbihī* vertreten (The meaning of the words *'alā ḥubbihī* in Qur. II, S. 172, Journal of the Royal Asiatic Society 1914, S. 158–163). — *innamā nuṭ'imukum li-waǧhi llāhi lā nurīdu minkum ǧazā'an wa-lā šukūran*: **92**,19f. Speziell zum Ausdruck *li-waǧhi llāhi* siehe die Anmerkung zu **6**,52. S. D. Goitein bemerkt im Hinblick auf **92**,19f. und die vorliegende Stelle **76**,9: „Even the giving of alms was conceived to be a means ‚to seek the face of God', as the qoranic phrase has it, most probably echoing the talmudic interpretation of Psalm XVII: 15: ‚By almsgiving I shall see your face' (Babha Bathra 10a)" (Muhammad's Inspiration by Judaism, The Journal of Jewish Studies 9, 1958, S. 149–162, S. 156).

76,10: (**76**,7).

76,11 *fa-waqāhumu llāhu šarra ḏālika l-yaumi*: **52**,27; **52**,18; **44**,56.

76,12 *wa-ǧazāhum bi-mā ṣabarū ǧannatan*: **23**,111, mit weiteren Belegen. — *wa-ḥarīran*: **22**,23/**35**,33; (**76**,21).

76,13 *muttaki'īna fīhā 'alā l-arā'iki*. Siehe die Anmerkung zu **18**,31, mit weiteren Belegen.

76,14: **55**,54; **69**,22f.; **6**,99. — *(dāniyatan 'alaihim) ẓilāluhā*: **36**,56; **77**,41; **56**,30. A. S. Yahuda liest hier und in **36**,56 und **77**,41 statt *ẓilāl*: *ẓulal* „booths of foliage made for shelter" (Goldziher Memorial Volume, I, Budapest 1948, S. 284f.).

76,15f.: **37**,45f.; **43**,71; **56**,17f.; **52**,23f.; **88**,14. Zum Ausdruck *akwāb* siehe J. Horovitz, Das koranische Paradies, Jerusalem 1923, S. 10f.; zum Ausdruck *qawārīr* ebenda, S. 4 und 11; Siegmund Fraenkel, Die aramäischen Fremdwörter im Arabischen, Leiden 1886, S. 70f.

76,17f.: **76**,5f.; **83**,25–28; (**78**,34). Zum Ausdruck *zanǧabīl* siehe Horovitz, Das koranische Paradies, Jerusalem 1923, S. 11.

76,19: **52**,24; **56**,17. — *iḏā ra'aitahum ḥasibtahum lu'lu'an manṯūran*: **52**,24 (s. o.); **56**,23; **37**,49.

76,21 *'āliyahum ṯiyābu sundusin ḫuḍrun wa-istabraqun*: **18**,31; **44**,53; **22**,23/**35**,33. Zu den Ausdrücken *sundus* und *istabraq* siehe die Anmerkung zu **18**,31. — *wa-ḥullū asāwira min fiḍḍatin*: **18**,31/**22**,23/**35**,33 (s. o.). — *wa-saqāhum rabbuhum šarāban ṭahūran*: (**38**,51).

76,22 *wa-kāna sa'yukum maškūran*: **17**,19. Weitere Belege in der Anmerkung zu **17**,18f.

76,23: **17**,106.

76,24 *fa-ṣbir li-ḥukmi rabbika*: **52**,48; **68**,48; (**10**,109; **7**,87); (**74**,7).

76,25f.: **50**,39f.; **20**,130, mit weiteren Belegen.

76,27: **75**,20f.; **17**,18f. — Belege zum Ausdruck *wa-yaḏarūna warā'ahum*: **11**,92; **6**,94; **2**,101; **3**,187.

76,28: **56**,59–61; **70**,40f. — *wa-šadadnā asrahum*: **20**,31 (*ušdud bihī azrī*); (**28**,35).

76,29: **73**,19, mit weiteren Belegen.

76,30: **74**,56; **81**,29; (**6**,111).

76,31: **42**,8, mit weiteren Belegen. — Auffallend ist der Casus obliquus in *waẓ-ẓālimīna* (statt *waẓ-ẓālimūna*). Die Kommentatoren sehen darin eine Vorwegnahme der Konstruktion des folgenden *aʿadda lahum*. Ibn Masʿūd hat die Lesart *wa-liẓ-ẓālimīna*. Siehe Gesch. des Qor. III, S. 76.

SURE 77

77,1–6 Ähnliche, schwer zu deutende Schwurformeln: **37**,1–3; **51**,1–4; **79**,1–5; **100**,1–5. Siehe Gesch. des Qor. I, S. 75f.; Bell, Introduction, S. 75f. — *wal-mursalāti ʿurfan*. „*ʿurf* in anderer Bedeutung als ‚Gutes, Brauch, Herkommen' scheint sehr selten zu sein. Ich habe nur die beigefügten Belege (Ǧarīr, Naqā'id 537 v. 2; D̠ū r-Rumma 34,9; Imra'alqais 4,62) finden können. Vielleicht wird man auch die Möglichkeit, daß *ʿurf* Sure 77,1 so etwas wie ‚Höhenwind' heißt, nicht ausschließen können. Nöldeke hat übrigens zu der angeblichen Bedeutung *ʿurfan* ‚una serie' bei Freytag ein Fragezeichen gesetzt" (persönliche Mitteilung von Manfred Ullmann). *ʿurfan* ist übrigens, wenn man von den diakritischen Punkten absieht, im Schriftbild mit *ġarqan* in **79**,1 identisch. — *fal-fāriqāti farqan*: **51**,4. — *fal-mulqiyāti d̠ikran*: **37**,3.

77,7: **51**,5f., mit weiteren Belegen.

77,8: **81**,2; **82**,2.

77,9: **78**,19; (**50**,6; **67**,3).

77,10: **20**,105–107, mit weiteren Belegen.

77,11–14: **44**,40; **78**,17; **77**,38; **56**,49f.; **37**,20f. — *wa-mā adrāka mā yaumu l-faṣli*: **82**,17f.; **69**,2f.; **101**,2f. Weitere Belege zu *wa-mā adrāka mā*... in der Anmerkung zu **82**,14–18.

77,15 *wailun yauma'id̠in lil-mukad̠d̠ibīna*. Refrain, wiederholt in den Versen 19. 24. 28. 34. 37. 40. 45. 47. 49. Weitere Belege: **52**,11; **83**,10.

77,16f. *t̠umma nutbiʿuhumu l-āḫirīna*: **23**,44.

77,18: **37**,34.

77,20: **32**,8; **43**,52.

77,21f.: **23**,13; **22**,5; **6**,98 (siehe die Anmerkung dazu); **80**,19f.

77,27 *wa-ǧaʿalnā fīhā rawāsiya šāmiḫātin*: **41**,10; **13**,3, mit weiteren Belegen.

77,29: **32**,20; **34**,42; **52**,14; **83**,17.

77,30f.: **56**,43f.

77,35f. *hād̠ā yaumu lā yanṭiqūna*: **27**,85. — *wa-lā yu'd̠anu lahum fa-yaʿtad̠irūna* **16**,84; **30**,57; **40**,52. Der Indikativ *yaʿtad̠irūna* (statt des Konjunktivs *yaʿtad̠irū*) ist durch den Reimzwang bedingt. Siehe Nöldeke, Zur Grammatik, S. 71.

77,38: **56**,49f.; **44**,40; **78**,17; **77**,11–14; **37**,20f.

77,39: **7**,195; **11**,55; (**52**,46).

77,41 *inna l-muttaqīna fī ẓilālin*: **36**,56; **76**,14; **56**,30; **4**,57; **13**,35. A. S. Yahuda liest statt *ẓilālin*: *ẓulalin*, „booths of foliage made for shelter" (Goldziher Memorial Volume, I, Budapest 1948, S. 284f.). — *wa-'uyūnin*: **15**,45/**51**,15; **44**,52.

77,42: **52**,22; **56**,20f.; **36**,57, mit weiteren Belegen.

77,43: **52**,19; **69**,24. — *bi-mā kuntum ta'malūna*: auch **7**,43/**43**,72; **16**,32.

77,44: **12**,22, mit weiteren Belegen. Außer in der vorliegenden Stelle **77**,44, wo ganz allgemein vom paradiesischen Lohn der Frommen die Rede ist, wird der Passus durchweg auf Gestalten der früheren Heilsgeschichte (Abraham, Mose usw.) angewandt.

77,46: **39**,8; **14**,30; **16**,55/**30**,34; **29**,66; **51**,43. Siehe auch die Anmerkung zu **2**,36 ,mit weiteren Belegen.

77,48: (**25**,60).

77,50: **7**,185; **45**,6.

SURE 78

78,2f.: **38**,67f.

78,4f.: **102**,3f., mit weiteren Belegen. — *ṯumma* (= „noch einmal“): **102**,4 (s. o.); **102**,7; **74**,20; **75**,35; **82**,18.

78,6: **20**,53, mit weiteren Belegen.

78,7: (**13**,3, mit weiteren Belegen).

78,8: **16**,72, mit weiteren Belegen.

78,9–11: **25**,47; **10**,67, mit weiteren Belegen.

78,12: **40**,64, mit weiteren Belegen. Speziell zu *sab'an šidādan*: **23**,17, mit weiteren Belegen. Zur Sache: Speyer, S. 11–17.

78,13: **25**,61; **71**,16; **10**,5.

78,14–16: **50**,9. Siehe auch die Anmerkung zu **6**,99, mit weiteren Belegen.

78,17: **44**,40, mit weiteren Belegen.

78,18 *yauma yunfaḫu fī ṣ-ṣūri*: **6**,73, mit weiteren Belegen.

78,19: **77**,9; (**50**,6); (**54**,11).

78,20: **81**,3; **18**,47; **52**,10; (**13**,31).

78,21f. *kānat mirṣādan*: (**89**,14). — *liṭ-ṭāġīna ma'āban*: **38**,55.

78,24f.: **38**,57; **6**,70, mit weiteren Belegen.

78,27: (**38**,26, mit weiteren Belegen).

78,28 Zur Form *kiḏḏāban (Inf. II)* siehe Chaim Rabin, Ancient West-Arabian, London 1951, S. 37.

78,29: **36**,12; **17**,71, mit weiteren Belegen. Zur Sache: A. Jeffery, The Qur'ān as Scripture, New York 1952, S. 11f.

78,30 *fa-lan nazīdakum illā 'aḏāban*: **16**,88; **38**,61.

78,31: (**39**,61; **3**,188?). Vielleicht ist der Ausdruck *mafāzan* des Reimes wegen gewählt, an Stelle von *fauzan*.

78,33 *atrāban*: **38**,52; **56**,37.

78,34: **52**,23; **76**,5. 17; **37**,45; **56**,18.

78,35: **56**,25; **52**,23; **19**,62; **88**,11. — Für *kiḏḏāban* wird auch die Variante *kiḏāban* („Anlügen") überliefert.

78,36: (**32**,17/**46**,14/**56**,24). — *'aṭā'an ḥisāban*: (**11**,108); (**17**,20). Die etwas ungewöhnliche Formulierung ist wohl des Reimes wegen gewählt.

78,37 *rabbi s-samāwāti wal-arḍi wa-mā bainahumā*: **19**,65, mit weiteren Belegen.

78,38 *yauma yaqūmu r-rūḥu wal-malā'ikatu ṣaffan*: **89**,22. — *lā yatakallamūna illā man aḏina lahu r-raḥmānu*: **2**,255. Siehe die Anmerkung zu diesem Vers, mit weiteren Belegen; (**11**,105).

78,39 *ḏālika l-yaumu l-ḥaqqu*: **6**,30, mit weiteren Belegen. — *fa-man šā'a ttaḫaḏa ilā rabbihī ma'āban*: (**73**,19/**76**,29; **25**,57).

78,40 *yauma yanẓuru l-mar'u mā qaddamat yadāhu*: **59**,18; **75**,13, mit weiteren Belegen. Zur Bedeutung von *qaddama (II)* siehe die Anmerkung zu **5**,80. — *wa-yaqūlu l-kāfiru yā laitanī kuntu turāban*: **69**,27.

SURE 79

79,1–5 Ähnliche, schwer zu deutende Schwurformeln: **37**,1–3; **51**,1–4; **77**,1–6; **100**,1–5. Siehe Gesch. des Qor. I, S. 75f.; Bell, Introduction to the Qur'ān, S. 75f. Zur Deutung der vorliegenden Verse siehe auch die Übersetzungen (und Anmerkungen) von Bell und Blachère. — *ġarqan* ist, wenn man von den diakritischen Punkten absieht, mit *'urfan* in **77**,1 identisch. — *fal-mudabbirāti amran.* Der Ausdruck *dabbara (II) l-amra* (mit Artikel) wird in **10**,3. 31; **13**,2; **32**,5 auf Gott angewandt und bedeutet „den Logos dirigieren". Siehe die Anmerkung zu **2**,109.

79,6: **73**,14, mit weiteren Belegen.

79,9: **68**,43/**70**,44; **54**,7; **88**,2; **42**,45.

79,10–12: **37**,16f., mit weiteren Belegen; **13**,5, mit weiteren Belegen.

79,13f.: **37**,19. — *fa-iḏā hum bis-sāhirati.* Die Kommentatoren erklären *sāhira* etwas gekünstelt mit „Oberfläche der Erde", „Land". Aber wahrscheinlich ist der Ausdruck unmittelbar von dem Verbum *sahira* „wach sein" abzuleiten. Die Form könnte durch den Reimzwang bedingt sein. Bell übersetzt dementsprechend „And there they are wide awake" und bemerkt dazu: „Literally ‚in the waking'; usually taken as meaning a wide open plain".

79,15–26 Belege zur Geschichte Moses in der Anmerkung zu **7**,103–137.

79,15: **20**,9. Weitere Belege zu *hal atāka ḥadīṯu*... in der Anmerkung zu diesem Vers.

79,16: **20**,11f.; **28**,30; **27**,8f.; **26**,10. Siehe die Anmerkung zu **20**,11f.

79,17: **20**,24. 43; (**89**,11); (**26**,10f.).

79,18 Nachdem in Vers 17 ausdrücklich festgestellt worden ist, daß Pharao „aufsässig" ist, wird ihm im vorliegenden Vers 18 nahegelegt, er möge sich (von seinem bisherigen sündigen Leben) reinigen. Vgl. **80**,3. 7. Die Übersetzung ist dementsprechend zu verbessern (siehe den Nachtrag). Siehe auch W. M. Watt, Muhammad at Mecca, Oxford 1953, S. 163–169 (Excursus D: Tazakkā, etc.), besonders S. 166.

79,20–22: **20**,56; **20**,23; (**43**,48); (**53**,18; **17**,1). Speziell zu *al-āyata l-kubrā*: Hans Wehr, Der arabische Elativ, Wiesbaden 1953, S. 26.

79,23f.: **7**,111f., mit weiteren Belegen; **43**,51.

79,25 *(nakāla) l-āḫirati wal-ūlā*: **28**,70; **53**,25; **92**,13; **93**,4.

79,26: **3**,13, mit weiteren Belegen.

79,27: **40**,57; **37**,11.

79,28: **55**,7; **13**,2; **88**,18; **52**,5. Weitere Belege in der Anmerkung zu **13**,2. — *fa-sauwāhā*: (**2**,29).

79,30: **91**,6; **13**,3, mit weiteren Belegen.

79,31: **87**,4.

79,32: **16**,15; **13**,3, mit weiteren Belegen.

79,33: **80**,32; (**32**,27; **10**,24). — In **80**,32 paßt die Aussage *matā'an lakum wa-li-an'āmikum* besser in den Zusammenhang als im vorliegenden Vers, wo *wal-ǧibāla arsāhā* (V. 32) vorausgeht.

79,34: **80**,33; **44**,16. Zum Ausdruck *aṭ-ṭāmmatu l-kubrā* siehe Hans Wehr, Der arabische Elativ, Wiesbaden 1953, S. 25f.

79,35: (**89**,23).

79,36: **26**,91; (**89**,23).

79,37–39 *wa-āṯara l-ḥayāta d-dunyā*: **87**,16.

79,40f.: **55**,46. — Zum Ausdruck *man ḫāfa maqāma rabbihī* siehe die Anmerkung zu **14**,14.

79,42: **7**,187. Siehe die Anmerkung zu diesem Vers, mit weiteren Belegen.

79,44: **53**,42.

79,45: **15**,89, mit weiteren Belegen.

79,46: **46**,35; **10**,45. Siehe die Anmerkung zu diesem Vers, mit weiteren Belegen.

SURE 80

80,1: (**74**,22f.).

80,3: **80**,7; **92**,18. — Zur Bedeutung von *tazakkā (V)* siehe auch W. M. Watt, Muhammad at Mecca, Oxford 1953, S. 165–169 (besonders S. 165f.).

80,4: **51**,55; **87**,9; **89**,23; **47**,18.

80,5: **92**,8; **96**,7. — *istaġnā (X)* bedeutet „sich unabhängig fühlen (so daß man auf niemand angewiesen ist, auch nicht auf Gott)", „selbstherrlich auftreten", und nicht etwa nur „sich reich fühlen", „auf seinen Reichtum pochen".

80,7 Siehe Bergsträsser, Verneinungspartikeln, S. 36, Anm. 3. — Die in der Übersetzung gegebene Deutung des Wortlauts scheint sich (entgegen den Kommentaren) aus dem Zusammenhang zu ergeben.

80,11f.: **74**,54f.; **81**,27f.; **73**,19/**76**,29. Weitere Belege in der Anmerkung zu **73**,19.

80,13–16: **85**,21f.; **56**,77–80; **98**,2f.; **74**,52, mit weiteren Belegen. Zur Sache siehe auch A. Jeffery, The Qur'ān as Scripture, New York 1952, S. 13 und 15. Richard Bell vermutet, wohl zu Unrecht, daß in den vorliegenden Versen nicht der himmliche Archetypus des Korans gemeint ist, sondern die Bibel in den Händen der Christen oder Juden (Origin of Islam, S. 93f.; The Qur'ān, Translated, II, S. 635). — Zur Herkunft des Wortes *safara* („Schreiber") siehe J. Horovitz, Proper Names, S. 209. — *bi-aidī safaratin kirāmin bararatin*: **82**,11.

80,17 *qutila*... (Ausdruck der Verwünschung): **51**,10; **74**,19f.; **85**,4. — *mā akfarahū*: **11**,9f.; mit weiteren Belegen.

80,18–20 *min nuṭfatin ḫalaqahū*: **16**,4, mit weiteren Belegen. — *fa-qaddarahū ṯumma s-sabīla yassarahū.* Vermutlich ist hier auf den Aufenthalt des entstehenden Menschen im Mutterleib angespielt. Belege für diese Deutung: **77**,20 bis 22; **6**,98 (siehe die Anmerkung dazu); **22**,5; **23**,13f. Für eine weniger spezielle Deutung würden die Stellen **87**,3 (*wa-llaḏī qaddara fa-hadā*) und **76**,3 (*innā hadaināhu s-sabīla*) sprechen. In diesem Sinn übersetzen Bell und Blachère. Bell: „He created him, and assigned his power, Then the way He made easy" (dazu die Anmerkung: „Probably, the way of life, by revealing guidance"). Blacherè: „et Il a décrété son destin, puis le Chemin, Il lui a facilité" (dazu die Anmerkung: „Les commentaires comprennent: Dieu lui a facilité l'accès à la vie, hors du sein de sa mère. Cette interprétation ne semble cependant pas nécessaire. Si l'on suit en effet l'enchaînement des idées, ce verset paraît simplement signifier: Dieu lui facilite la vie par ses dons").

80,24–32 Siehe die Anmerkung zu **6**,99. — *fa-anbatnā fīhā ḥabban*: **50**,9; **36**,33; **78**,15; **6**,99. — Zur Bedeutung und Herkunft des Wortes *abb* siehe A. Jeffery, Foreign Vocabulary, S. 43. — *matā'an lakum wa-li-an'āmikum*: **79**,33 (siehe die Anmerkung zu diesem Vers); (**10**,24; **32**,27).

80,33: **79**,34.

80,38–42: **3**,106f.; **75**,22–25; **88**,2–12; (**39**,60f.). — *wa-wuǧūhun yauma'iḏin 'alaihā ġabaratun tarhaquhā qataratun*: **10**,26f.; **68**,43/**70**,44; (**39**,60).

SURE 81

81,1–14: **82**,1–5; (**18**,47–49); (**75**,7–13); (**3**,30). — Unter Hinweis auf die vorliegende Stelle, in der besonders viel mit *iḏā* eingeleitete Vordersätze aneinandergereiht sind, macht Alfred Bloch darauf aufmerksam, daß die Reimprosa des Korans ebenso wie die arabische Dichtung in *iḏā*-Sätzen häufig die Wortstellung Subjekt – Verbum hat (Vers und Sprache im Altarabischen, Basel 1946, S. 104f.).

81,1 *(iḏā š-šamsu) kūwirat*: (**39**,5).

81,2: **77**,8; **82**,2.

81,3: **78**,20; **18**,47; **52**,10; (**13**,31).

81,6: **82**,3; **52**,6.

81,8f.: **16**,58f.; **6**,137. 140. 151; **17**,31; **60**,12. Zur Sache: Rivlin, Gesetz im Koran, S. 34f.; E. Gräf, Oriens 16, 1963, S. 366f. Der Vermutung Gräfs, daß nicht eigentlich Kindstötung, sondern Abtreibung gemeint sein könnte, steht der Wortlaut von **16**,58f. entgegen. Siehe auch Tor Andrae, Der Ursprung des Islams und das Christentum, Uppsala 1926, S. 66.

81,10: **17**,13f., mit weiteren Belegen.

81,11: **25**,25; **55**,37; **69**,16; **84**,1; **82**,1; **73**,18; **52**,9; **21**,104; **70**,8; **77**,9; **78**,19.

81,13: **26**,90/**50**,31.

81,14: **82**,5; **3**,30; **18**,49; **75**,13, mit weiteren Belegen.

81,15–18 *fa-lā uqsimu bi-*...: **56**,75; **69**,38; **70**,40; **84**,16; **90**,1; **75**,1f. Einleitendes *(fa-)lā* ohne negierenden Sinn. Siehe Bergsträsser, Verneinungspartikeln, S. 58f., Anm. 2. — *wal-laili iḏā ʿasʿasa*: **74**,33; **93**,2; **89**,4; **92**,1; **91**,4; **84**,17. — *waṣ-ṣubḥi iḏā tanaffasa*: **74**,34, mit weiteren Belegen.

81,19–25 Zur Sache: Richard Bell, Muhammad's Visions (The Moslem World 24, 1934, S. 145–154), S. 149f.; R. Paret, Mohammed und der Koran, S. 44f.

81,19–21 *innahū la-qaulu rasūlin karīmin*: **69**,40; (**44**,17). — *ḏī qūwatin*... *makīnin*: **53**,5f.

81,22: **7**,184, mit weiteren Belegen.

81,23: **53**,7.

81,25: **69**,41; **21**,5, mit weiteren Belegen.

81,27: **12**,104/**38**,87; **68**,52; **6**,90; **74**,31; **36**,69; **73**,19, mit weiteren Belegen.

81,28f.: **76**,29f.; **74**,55f.; **80**,12.

SURE 82

82,1–5: **81**,1–14. Siehe die Anmerkung zu dieser Stelle, mit weiteren Belegen.

82,1: **73**,18; **84**,1; **55**,37; **69**,16; **25**,25.

82,2: **81**,2; **77**,8.

82,3: **81**,6.

82,4: **100**,9; **99**,2; **50**,44.

82,5: **75**,13, mit weiteren Belegen.

82,7f. *allaḏī ḫalaqaka fa-sauwāka*: **18**,37, mit weiteren Belegen. — *fī aiyi ṣūratin mā šāʾa rakkabaka*: **3**,6, mit weiteren Belegen. Zur Partikel *mā* siehe Nöldeke, Zur Grammatik, S. 59.

82,9: **107**,1, mit weiteren Belegen.

82,10–12: **6**,61. Siehe die Anmerkung zu diesem Vers, mit weiteren Belegen; **50**,4.

82,13: **83**,22; **52**,17, mit weiteren Belegen.

82,14–18: **77**,13f.; **101**,1–3; **69**,1–3. Weitere Belege zu *wa-mā adrāka mā*...: **74**,26f.; **104**,4f.; **101**,9f.; **83**,7f. 18f.; **86**,1f.; **90**,11f.; **97**,1f.; (**33**,63; **42**,17); (**80**,3). — *ṯumma* (= „noch einmal"): **74**,20; **75**,35; **78**,5; **102**,4. 7.

82,19 *yauma*...: **101**,4f. Verkürzter Zeitsatz. Siehe Einleitung zur Übersetzung, S. 3f.

SURE 83

83,1–3: **6**,152, mit weiteren Belegen.

83,7–9: **83**,18–20. — Zum Ausdruck *siǧǧīn* siehe Nöldeke, Orientalische Skizzen, Berlin 1892, S. 41; EI[1], Artikel Sidjdjīn (V. Vacca); Jeffery, Foreign Vocabulary, S. 165; ders., The Qur'ān as Scripture, New York 1952, S. 11f. — Belege zu *wa-mā adrāka mā*... in der Anmerkung zu **82**,14–18.

83,10: **52**,11; **77**,15 usw. (10mal).

83,11: **74**,46; **107**,1, mit weiteren Belegen.

83,12 *illā kullu mu'tadin aṯīmin*: **68**,12.

83,13: **68**,15; **8**,31; **6**,25. Siehe die Anmerkung zu diesem Vers, mit weiteren Belegen.

83,17: **32**,20; **34**,42; **52**,14; **77**,29.

83,18–20: **83**,7–9. — Zum Ausdruck *'illīyūn* siehe S. Fraenkel, De vocabulis...in Corano peregrinis, Leiden 1880, S. 23; Nöldeke, Neue Beiträge, S. 28; Horovitz, Proper Names, S. 215; Jeffery, Foreign Vocabulary, S. 215f.; ders., The Qur'ān as Scripture, New York 1952, S. 11f.; EI[2], Artikel 'Illiyyūn (R. Paret). — Belege zu *wa-mā adrāka mā*... in der Anmerkung zu **82**,14–18.

83,22: **82**,13; **52**,17, mit weiteren Belegen.

83,23: **83**,35; (**75**,23?). Der Ausdruck *yanẓurūna* ist vielleicht als Gegensatz zu *maḥǧūbūna* in Vers 15 zu verstehen.

83,25–28: **76**,5f. 17f. — *ḫitāmuhū miskun*. Siehe Horovitz, Das koranische Paradies, Jerusalem 1923, S. 11f. — *wa-mizāǧuhū min tasnīmin*: ebenda, S. 9f., 11.

83,29: **23**,110. Gegensatz: **83**,34.

83,32 Siehe die Anmerkung zu **30**,58.

83,34: Gegensatz: **83**,29; **23**,110.

83,35: **83**,23 (siehe die Anmerkung dazu); (**75**,23?).

SURE 84

84,1: **55**,37; **69**,16; **25**,25; **82**,1; **73**,18.

84,2: **84**,5.

84,4: **99**,2; **100**,9; **50**,44.

84,5: **84**,2.

84,6: (**53**,39–42). — An sich könnte man Vers 6 auch als Beginn des Nachsatzes zu den vorausgehenden Zeit-Vordersätzen verstehen. Dann wäre zu übersetzen: „3: wenn die Erde... 5: auf ihren Herrn hört und es schicklich für sie ist (sich gefügig zu zeigen) (?), 6: (wird es heißen:) Du Mensch! Du strebst mit all deinem Bemühen deinem Herrn zu, und so wirst du ihm (nun) begegnen.“ Aber im Hinblick auf **82**,6, wo in einem ähnlichen Zusammenhang mit *yā aiyuhā l-insānu* ein neuer Satz beginnt, wird man besser auch vor **84**,6 eine Zäsur annehmen.

84,7: **17**,71; **69**,19; (**56**,27–40. 90f.; **90**,12–18).

84,10: **69**,25; (**56**,41–56. 92–94; **90**,19f.).

84,11: **25**,13f.

84,16–18 *fa-lā uqsimu bi-...*: **56**,75; **69**,38; **70**,40; **81**,15; **90**,1; **75**,1f. Einleitendes *(fa-)lā* ohne negierenden Sinn. Siehe Bergsträsser, Verneinungspartikeln, S. 58f., Anm. 2. — *wal-laili (wa-mā wasaqa)*: **74**,33; **81**,17; **93**,2; **89**,4; **92**,1; **91**,4. — *wal-qamari (iḏā ttasaqa)*: **91**,2; **74**,32.

84,21: (**32**,15; **17**,107–109; **19**,58; **3**,113; **5**,82f.).

84,22: **85**,19.

84,23 *bi-mā yūʿūna*. Das Verbum *auʿā (IV)* ist hier, anders als in **70**,18, in übertragenem Sinn verwendet.

84,24: **3**,21; **9**,34.

84,25: **95**,6; **41**,8; (**68**,3).

SURE 85

85,1 *ḏāti l-burūǧi*: **15**,16; **25**,61.

85,2: **21**,103; **43**,83/**70**,42; **70**,44; **51**,60.

85,3 Siehe die Anmerkung zu **11**,103.

85,4–7 Den Ausdruck *Aṣḥāb al-Uḫdūd* („die Leute des Grabens“) hat man früher – in Anlehnung an die Kommentatoren – mit christlichen Märtyrern in Verbindung gebracht, die unter Ḏū Nuwās, dem jüdischen König von Südarabien, 523 in Naǧrān in einem Graben den Feuertod erlitten haben sollen. Auch die Legende von den Männern im Feuerofen (Daniel 3) wurde gelegentlich zur Erklärung beigezogen. Aber wie Hubert Grimme (Mohammed II, Münster 1895, S. 77, Anm. 4) festgestellt und J. Horovitz (Koranische Untersuchungen, S. 12 und 92f.) näher ausgeführt hat, sind mit den *Aṣḥāb* *al-Uḫdūd* dem Höllenfeuer verfallene Sünder gemeint. Bell hat sich nachträglich dieser neuen Deutung angeschlossen. Im Vorwort zur Übersetzung von Sure **85** bemerkt er: „The reference of 1–9 to the persecution of the Christians of Najrān, which I formerly favoured, can hardly be maintained. ‚The fire fed with fuel' must be the fire of Gehenna. It may be that in ‚the fellows of the pit' there is a subreference to the Quraish slain at Badr, whose bodies were thrown into a well." Siehe R. Paret, Artikel Aṣḥāb al-Ukhdūd, EI², I, S. 692. Marc Philonenko, Une expression qoumrânienne dans le Coran (Atti del Terzo Congresso di Studi Arabi e Islamici, Ravello 1–6 settembre 1966, Neapel 1967, S. 553–556), S. 555: „Les textes de Qoumrân appellent expressément les impies du nom de *bĕnē haš-šaḥaṯ* ‚fils de la Fosse' ou, mieux encore, *anĕšē haš-šaḥaṯ*, ‚hommes de la Fosse', entendons les damnés, ceux qui sont voués à la Fosse infernale". — *qutila*... (Ausdruck der Verwünschung): **51**,10; **74**,19f.; **80**,17. — *an-nāri ḏāti l-waqūdi*: (**3**,10; **2**,24/**66**,6). — *wa-hum ʿalā mā yafʿalūna bil-muʾminīna šuhūdun.* Statt des Imperfekts *yafʿalūna* würde man eigentlich das Perfekt *faʿalū* oder allenfalls die Kombination *kānū yafʿalūna* erwarten. Horovitz paraphrasiert: „dem Höllenfeuer verfallene Sünder, die selber am Tage des Jüngsten Gerichts Zeugnis über das ablegen müssen, was sie ihren gläubigen mekkanischen Landsleuten antun", und bemerkt dazu: „Man könnte auch übersetzen: ‚während sie (die Sünder) ansehen müssen, wie man mit den Gläubigen (im Paradies) verfährt', was mir aber doch nicht wahrscheinlich ist. Auch bei der im Text gegebenen Übersetzung kommt das Imperfekt *yafʿalūna* zu seinem Recht: Muhammads Stoßseufzer ist veranlaßt durch das, was seinen Anhängern geschieht; das ist ihm so gegenwärtig, daß er es leibhaftig vor sich sieht." (Koranische Untersuchungen, S. 12).

85,8: **5**,59; **7**,126; (**60**,1; **22**,40).

85,10 Zur Bedeutung des Ausdrucks *fatanū* siehe die Anmerkung zu **4**,101.

85,11 Zum Ausdruck *min taḥtihā* siehe die Anmerkung zu **2**,25. — *ḏālika l-fauzu l-kabīru*: (**4**,13, mit weiteren Belegen).

85,12: **44**,16; **54**,36.

85,13: **10**,4, mit weiteren Belegen.

85,14: **11**,90.

85,16: **11**,107.

85,17f. *hal atāka ḥadīṯu*...: **20**,9, mit weiteren Belegen. — Belege zur Geschichte Pharaos in der Anmerkung zu **7**,103–137. Speziell zu *ḥadīṯu l-ǧunūdi*: **10**,90; **20**,78; **28**,6. 8; **28**,39f.; **51**,40. — Belege zur Geschichte der Ṯamūd in der Anmerkung zu **7**,73–79.

85,19: **84**,22.

85,21f. *bal huwa qurʾānun maǧīdun*: **50**,1; **56**,77. — *fī lauḥin maḥfūẓin*: **56**,78; **80**,13–16. — Zur Sache: A. Jeffery, The Qurʾān as Scripture, New York 1952, S. 15. Siehe auch Bell, Origin of Islam, S. 94.

SURE 86

86,1–3 Belege zu *wa-mā adrāka mā...* in der Anmerkung zu **82**,14–18. — *an-naǧmu t-ṯāqibu*: **37**,10.

86,4 Siehe die Anmerkung zu **6**,61, mit weiteren Belegen. — Zur Konstruktion *in – lammā* (= *in – illā*) siehe Bergsträsser, Verneinungspartikeln, S. 14 (Belege: **11**,111; **36**,32; **43**,35).

86,5–7: **18**,37, mit weiteren Belegen.

86,13: (**69**,40/**81**,19); (**38**,20).

86,15–17 *innahum yakīdūna kaidan wa-akīdu kaidan.* Siehe die Anmerkung zu **7**,99, mit Belegen. — *fa-mahhili l-kāfirīna amhilhum ruwaidan*: **73**,11; (**2**,126; **31**,23f.; **2**,36, mit weiteren Belegen); (**13**,32, mit weiteren Belegen). — Im Wortlaut von Vers 17 fällt auf, daß Mohammed zweimal aufgefordert wird, den Ungläubigen Aufschub zu gewähren, wobei von derselben Wurzel *mhl* das eine Mal der Imperativ des II., das andere Mal der Imperativ des IV. Stammes gebildet wird und beide Imperative ohne *wa-* aneinandergereiht sind. Nun wird von Ibn Masʿūd die Leart *fa-amhil* (statt *fa-mahhil*) überliefert, von Ibn ʿAbbās die Lesart *mahhilhum* (statt *amhilhum*). Beide Varianten dienen offensichtlich dem Zweck, den Wechsel zwischen dem II. und IV. Stamm von *mhl* aufzuheben. Andererseits rechtfertigt Zamaḫšarī (und nach ihm Baiḍāwī) den Wortlaut mit der Begründung, daß Wiederholung (der Wurzel *mhl*) und Wechsel in der Wortform (zuerst II., dann IV. Stamm) der stärkeren Beruhigung und Verdeutlichung diene (*wa-karrara wa-ḫālafa baina l-lafẓaini li-ziyādati t-taskīni minhu wat-tabṣīri*). Es gibt aber auch eine andere Möglichkeit der Deutung, wobei allerdings die Vokalisierung – die ja durch den Konsonantentext nicht festgelegt ist – an einer Stelle abgeändert werden muß, nämlich durch die Lesung *umahhilhum* anstelle von *amhilhum.* Dann liegt ein Bedingungssatz vor, und die Übersetzung muß (mit den nötigen erklärenden Zusätzen) lauten: „Deshalb gewähre den Ungläubigen Aufschub (und erwarte nicht, daß sie sofort büßen müssen), dann werde (auch) ich ihnen ein klein wenig Aufschub gewähren (um sie hierauf desto drastischer zu bestrafen)." Falls der Vers ursprünglich so gelautet hat, erklärt sich der jetzige Wortlaut (*amhilhum*) als dogmatische Korrektur. Man glaubte aus dem Bedingungssatz herauslesen zu müssen, daß die Langmut Gottes diejenige des Propheten voraussetze und deshalb von ihr abhänge, was im Widerspruch zur Lehre von Gottes absoluter Allmacht stand, und schloß daraus, daß der Vers anders gelesen und verstanden werden müsse.

SURE 87

87,1: **56**,74/96/**69**,52; **96**,1f., mit weiteren Belegen.

87,2: **75**,38; **82**,7; **18**,37, mit weiteren Belegen.

87,3 *wa-llaḏī qaddara*: **25**,2; **80**,19. — *fa-hadā*: **76**,3. Siehe auch die Anmerkung zu **80**,18–20.

87,4: **79**,31.

87,5: **23**,41.

87,6f. *fa-lā tansā * illā mā šā'a llāhu*: (**2**,106). — *innahū ya'lamu l-ǧahra wa-mā yaḫfā*: Siehe die Anmerkung zu **2**,33, mit weiteren Belegen.

87,8: **92**,7.

87,9: **51**,55; **80**,4; **89**,23; **47**,18.

87,10–12 *sa-yaḏḏakkaru man yaḫšā*: **20**,3, mit weiteren Belegen. — *wa-yataǧannabuhā l-ašqā * llaḏī yaṣlā n-nāra l-kubrā*: **92**,14f. Speziell zu *yataǧannabuhā l-ašqā*: (**92**,17, mit umgekehrtem Subjekt und Objekt).

87,13: **20**,74; **35**,36; **43**,77; **69**,27. Siehe auch die Anmerkung zu **55**,43f., mit der von Ibn Mas'ūd überlieferten Variante.

87,14: **91**,9; (**23**,1); **80**,3; **79**,18.

87,15 *wa-ḏakara sma rabbihī*: **73**,8; **76**,25; **96**,1f., mit weiteren Belegen.

87,16: **79**,38.

87,17: **28**,60/**42**,36; **20**,131. (Weitere Belege in der Anmerkung zu **28**,60).

87,18f.: **20**,133; **53**,36f.

SURE 88

88,1 *hal atāka ḥadīṯu*...: **20**,9, mit weiteren Belegen. — *al-ġāšiyati*: **12**,107; (**29**,55); (**44**,10f.).

88,2–12: **75**,22–25; **80**,38–41; **3**,106f. — *wuǧūhun yauma'iḏin ḫāši'atun*: **68**,43/**70**,44; **79**,9; (**75**,24f.; **80**,40f.; **3**,106, s. o.). — *taṣlā nāran ḥāmiyatan * tusqā min 'ainin āniyatin*: **55**,44. — *wuǧūhun yauma'iḏin nā'imatun*: (**75**,22f.; **80**,38f.; **3**,106f., s. o.). — *li-sa'yihā rāḍiyatun*: (**69**,21/**101**,7); (**92**,21; **93**,5). — *fī ǧannatin 'āliyatin*: **69**,22. — *lā tasma'u fīhā lāġiyatan*: **19**,62; **78**,35; **56**,25; **52**,23. Die Wahl des Wortes *lāġiya(tan)* statt *laġw(an)* ist durch den Reimzwang bedingt. Übrigens wird der von Vers 1–12 durchgehende Reim in den beiden Versen 6f. durch einen anderen Reim (*ī'* bzw. *ū'*) unterbrochen.

88,13–16 *fīhā sururun marfū'atun*: **56**,34. — *wa-akwābun mauḍū'atun*: **43**,71; **76**,15; **56**,17f. Zum Ausdruck *akwāb* siehe J. Horovitz, Das koranische Paradies, Jerusalem 1923, S. 10f. — *wa-namāriqu maṣfūfatun*: **52**,20. — Den Ausdruck *maṣfūfa* bringt A. S. Yahuda (I. Goldziher Memorial Volume, I, Budapest 1948, S. 301f.) mit hebräisch *ṣippāh* „to cover, overlay (with gold)", „to stud, encrust (with precious stones)" zusammen. Demnach wäre zu übersetzen: „Kissen, mit Gold bestickt" (und in der Belegstelle **52**,20: „auf vergoldeten Sesseln"). — Zum Ausdruck *namāriq* siehe Jeffery, Foreign Vocabulary, S. 281, zum Ausdruck *zarābī* ebenda, S. 150f.

88,17: (**6**,144).

88,18: **13**,2; **55**,7; **79**,28; **52**,5.

88,19: **78**,7; **79**,32; **13**,3, mit weiteren Belegen.

88,20: **51**,48; **2**,22; **20**,53; **43**,10; **78**,6; **71**,19; **13**,3; **15**,19/**50**,7; **79**,30; **55**,10.

88,21f. *fa-ḏakkir innamā anta muḏakkirun*: **50**,45, mit weiteren Belegen. — *lasta ʿalaihim bi-muṣaiṭirin*: **50**,45 (s. o.).

88,23f. *al-ʿaḏāba l-akbara*: **68**,33; **39**,26; **32**,21.

88,25f. *ṯumma inna ʿalainā ḥisābahum*: **26**,113. — Bell vermutet, daß die beiden Verse 25f. ursprünglich am Ende von Sure **99** gestanden haben (anstelle der beiden Verse **99**,7f., mit denen diese Sure jetzt schließt).

SURE 89

89,1–5 *wal-faǧri*: **74**,34; **81**,18; **93**,1; **91**,1; **92**,2. — *wal-laili iḏā yasri*: **74**,33; **81**,17; **92**,1; **91**,4; **93**,2; **84**,17. — *hal fī ḏālika qasamun li-ḏī ḥiǧrin*: **56**,76. — Zum Ganzen: Bell, Introduction, S. 76: „*Asseverative Passages.* – Muhammad apparently found these random oaths unsatisfactory. LXXXIX, 1–5 (4), which is so cryptic as to be unintelligible, may indicate this.“ In der Vorbemerkung zur Übersetzung der Sure bemerkt Bell (II, S. 654): „The series of asseverations at the beginning is not very intelligible, or well arranged, and does not lead up to any important statement. It almost looks like the holding up to ridicule of some parody of Muhammad's style.“

89,6–8 Belege zur Geschichte der ʿĀd in der Anmerkung zu **7**,65–72. — *a-lam tara kaifa faʿala rabbuka bi-...*: **105**,1. — *Irama ḏāti l-ʿimādi.* Siehe Horovitz, Koranische Untersuchungen, S. 89f.

89,9 Belege zur Geschichte der Ṯamūd in der Anmerkung zu **7**,73–79. — *allaḏīna ǧābū ṣ-ṣaḫra bil-wādi*: **15**,82; **26**,149; **7**,74. Siehe die Anmerkung zu diesem Vers.

89,10 Belege zur Geschichte von Pharao in der Anmerkung zu **7**,103–137. — *wa-Firʿauna ḏī l-autādi*: **38**,12; (**7**,137). Speyer sieht in der Bezeichnung Pharaos als *ḏū l-autādi* eine Anspielung auf den (dem Nimrod zugeschriebenen) Bau des Turmes von Babel (S. 283).

89,11f. *allaḏīna ṭaǧau fī l-bilādi*: **20**,24/**79**,17; **20**,43; (**26**,10f.); (**91**,11). — *fa-akṯarū fīhā l-fasāda.* Zur Bedeutung des Ausdrucks *fasād* siehe die Anmerkung zu **2**,11f.

89,13 *fa-ṣabba ʿalaihim rabbuka sauṭa ʿaḏābin.* Horovitz nimmt (im Anschluß an Barth) an, daß *sauṭ* hier wegen des sonst nicht passenden *ṣabba* („ausgießen“), südarabischem oder äthiopischem Sprachgebrauch folgend, die Bedeutung „Flut“ hat (Koranische Untersuchungen, S. 13; Proper Names, S. 211). Jeffery hält an der Bedeutung Geißel („scourge“) fest (Foreign Vocabulary, S. 182).

89,14: (**78**,21).

89,15 *fa-akramahū*. Siehe die Anmerkung zu **96**,3.

89,16 *fa-qadara ʿalaihi rizqahū*: **13**,26, mit weiteren Belegen.

89,17–20 *bal lā tukrimūna l-yatīma*: **107**,2; (**4**,36, mit weiteren Belegen). — *wa-lā taḥāḍḍūna ʿalā ṭaʿāmi l-miskīni*: **107**,3/**69**,34; **74**,44; **76**,8; **90**,12–16. — *wa-taʾkulūna t-turāṯa aklan lamman*: **4**,10, mit weiteren Belegen. — *wa-tuḥibbūna l-māla ḥubban ǧamman*: **3**,92; **2**,177; **76**,8.

89,21: **69**,14; **56**,4–6; **73**,14; (**18**,98); (**7**,143).

89,22: **78**,38; (**69**,17).

89,23 *wa-ǧīʾa yaumaʾiḏin bi-ǧahannama*: (**26**,91; **79**,36). — *yaumaʾiḏin yataḏakkaru l-insānu*: (**79**,35). — *wa-annā lahu ḏ-ḏikrā*: **44**,13; **47**,18; (**34**,52). Siehe die Anmerkung zu **44**,13.

89,24: (**59**,18; **78**,40). Zur Bedeutung von *qaddama (II)* siehe die Anmerkung zu **5**,80.

89,25f. Statt *yuʿaḏḏibu* und *yūṯiqu* (beides Aktiv) werden von Kisāʾī die Passivformen *yuʿaḏḏabu* und *yūṯaqu* überliefert. Blachère schließt sich dieser Überlieferung an und übersetzt: „Ce jour-là, nul ne sera tourmenté d'un (tel) tourment, nul ne sera chargé de (semblables) chaînes".

89,27–30: **13**,38f. — Vers 27 beginnt unvermittelt in direkter Rede. Ob der in der Übersetzung in Klammern eingefügte Text den Zusammenhang richtig ergänzt, ist natürlich fraglich. Bell rechnet übrigens mit der Möglichkeit, daß die Verse 23f. und 27–30 als je *ein* Vers gemeint waren und aufeinander reimen sollten. Jedoch schließt er die Vorbemerkung zu seiner Übersetzung der Sure mit den Worten: „How the various parts of the surah came to be conjoined it is impossible to say".

SURE 90

90,1 *lā uqsimu bi-*. . . : **56**,75f., mit weiteren Belegen. Einleitendes *lā* ohne negierenden Sinn. Siehe Bergsträsser, Verneinungspartikeln, S. 58f., Anm. 2.

90,2 Die Deutung des Ausdrucks *ḥillun* ist unsicher. Bell übersetzt den Vers: „And thou art a freeman in this land" und bemerkt zu ‚freeman': „Or ‚open to attack', if the verse be Meccan", zu ‚land': „In v. 1 probably Mecca, in v. 2 Medina". Blachère übersetzt: „or tu es sans liens en cette ville" und bemerkt dazu: „‚tu es sans liens' n'est avancé ici qu'avec hésitation... Peut-être doit-on aussi comprendre tout simplement: ‚cette ville où tu habites'."

90,5: **21**,87.

90,10 *wa-hadaināhu n-naǧdaini*: **91**,8; **76**,3. Bell rechnet auch mit der Möglichkeit, daß der Dual *an-naǧdaini* nur des Reimes wegen steht. Als Beleg für diese Deutung käme **87**,3 in Betracht.

90,11f. Belege zu *wa-mā adrāka mā*... in der Anmerkung zu **82**,14–18.

90,13–16: **4**,36, mit weiteren Belegen.

90,17: **103**,3. — Die unpersönliche Konstruktion mit Infinitiven (*fakku raqabatin, iṭ'āmun*, Vers 13–16) geht hier unvermittelt in persönliche Konstruktion über (*ṯumma kāna*, 3. Person Perfekt). Auch fällt Vers 17 durch seine Länge auf. Blachère vermutet, daß er später eingefügt ist. Bell erklärt den ganzen Schlußpassus (V. 17–20) als „a scrap from some other context".

90,18 *ulā'ika aṣḥābu l-maimanati* (die Aussage bezieht sich auf den vorausgehenden Text von Vers 12 an): **56**,8; **56**,27–40. 90f.; (**69**,19–24; **84**,7–9; **17**,71).

90,19f. *wa-llaḏīna kafarū bi-āyātinā hum aṣḥābu l-maš'amati*: **56**,9; **56**,41–56. 92–94; (**69**,25–37; **84**,10–15). — *'alaihim nārun mu'ṣadatun*: **104**,8; (**7**,41); (**18**,29).

SURE 91

91,1–8 *waš-šamsi wa-ḍuḥāhā*: **93**,1; **74**,34; **81**,18; **98**,1. — *wal-qamari iḏā talāhā*: **84**,18; **74**,32. — *wan-nahāri iḏā ǧallāhā*: **92**,2. — *wal-laili iḏā yaġšāhā*: **92**,1; (**7**,54/**13**,3). Weitere Belege in der Anmerkung zu **74**,32–34. — *was-samā'i wa-mā banāhā*: **50**,6; **51**,47; **79**,27; **78**,12; **2**,22; **40**,64. — *wal-arḍi wa-mā ṭaḥāhā*: **79**,30; **13**,3, mit weiteren Belegen. — *wa-nafsin wa-mā sauwāhā*: **75**,38; **87**,2; **18**,37; **82**,7; **32**,9; **15**,29/**38**,72. — *fa-alhamahā fuǧūrahā wa-taqwāhā*: **90**,10; **47**,17. — *wa-mā*... statt *wa-man*... (V. 5. 6. 7): **92**,3. Siehe Ibn Qutaiba, Ta'wīl muškil al-qur'ān, Kairo 1373/1954, S. 406. — Zum Ganzen: Bell, Introduction, S. 76: „*Asseverative Passages.* – ...The best example is perhaps XCI, 1–10, where four pairs of oaths by contrasted things, sun and moon, day and night, heaven and earth, and what formed the soul and implanted in it its wickedness and piety, lead up to the statement of the contrast between him who purifies his soul and him who corrupts it."

91,9f. *qad aflaḥa man zakkāhā*: **87**,14; (**23**,1. 4); **80**,3; **79**,18; **35**,18. — Zur Bedeutung des Ausdrucks *zakkāhā* siehe W. M. Watt, Muhammad at Mecca, Oxford 1953, S. 165–169 (Excursus D. Tazakkā etc.), besonders S. 166. Verfehlt ist die Übersetzung von F. Schulthess: „Ein gutes Geschäft macht (für's Jenseits), wer Almosen gibt, aber Verluste macht, wer sie versteckt" (Zu Sūra 91,9. 10. Zeitschrift für Assyriologie 26, 1912, S. 148–157).

91,11–15 Belege zur Geschichte der Ṯamūd in der Anmerkung zu **7**,73 bis 79. Speziell zu *kaḏḏabat (Ṯamūdu)*: **10**,39, mit weiteren Belegen. — Der Ausdruck *bi-ṭaġwāhā* steht offensichtlich des Reimes wegen anstelle von *bi-ṭuġyānihā*. Siehe auch die Anmerkung zu **69**,4f. — *fa-qāla lahum rasūlu llāhi nāqata llāhi wa-suqyāhā*: **54**,27f.; **26**,155f.; **7**,73/**11**,64; **17**,59. Siehe die Anmerkung zu **7**,73. — *fa-'aqarūhā fa-damdama 'alaihim rabbuhum bi-ḏanbihim fa-sauwāhā*: **7**,77–79; **26**,157f.; **11**,65–68; **54**,29–31; **17**,59. Speziell zu *fa-sauwāhā*: **4**,42. — Die Deutung von Vers 15 (*wa-lā yaḫāfu 'uqbāhā*) ist unsicher. J. H. Kramers hält es für möglich, daß Vers 15 eigentlich hinter Vers 12 gehört

(De Koran, Amsterdam-Brüssel 1956, S. 616, Anm. 4). Eine solche Umstellung hat schon J. Barth vorgeschlagen (Studien zur Kritik und Exegese des Qorāns, Der Islam 6, 1916, S. 113–148, S. 119). Dessen Emendationsversuche sind jedoch oft sehr fragwürdig.

SURE 92

92,1–3 *wal-laili iḏā yaġšā*: **91**,4; (**7**,54/**13**,3). Weitere Belege in der Anmerkung zu **74**,32–34. — *wan-nahāri iḏā taǧallā*: **91**,3. — *wa-mā ḫalaqa ḏ-ḏakara wal-unṯā*: **53**,45; **75**,39; **49**,13. Speziell zu *wa-mā*... (statt *wa-man*...): **91**,5–7. Siehe Ibn Qutaiba, Ta'wīl muškil al-qur'ān, Kairo 1373/1954, S. 406.

92,4–13 *inna sa'yakum la-šattā*: (**53**,39–41; **20**,15; **17**,18f., mit weiteren Belegen). — *fa-ammā man a'ṭā wa-ttaqā*: (**92**,17f.). — *fa-sa-nuyassiruhū lil-yusrā*: **87**,8. — *(wa-ammā man baḫila) wa-staġnā*: **80**,5; **96**,7. — *wa-mā yuġnī 'anhu māluhū*: **69**,28; **111**,2; **15**,84/**39**,50/**40**,82; **45**,10; **3**,10/116/**58**,17; **7**,48; **26**,207. — *inna 'alainā la-l-hudā*: **2**,272, mit weiteren Belegen. — *wa-inna lanā la-l-āḫirata wal-ūlā*: **53**,25.

92,14–21 *nāran talaẓẓā*: **70**,15. — *lā yaṣlāhā illā l-ašqā*: **87**,11f. — *allaḏī kaḏḏaba wa-tawallā*: **96**,13; **75**,32; **20**,48. — *wa-sa-yuǧannabuhā l-atqā*: (**92**,5); (**87**,11, mit umgekehrtem Subjekt und Objekt). — *allaḏī yu'tī mālahū yatazakkā * wa-mā li-aḥadin 'indahū min ni'matin tuǧzā * illā btiġā'a waǧhi rabbihi l-a'lā*: **76**,9. — Zur Bedeutung des Ausdrucks *yatazakkā* siehe W. M. Watt, Muhammad at Mecca, Oxford 1953, S. 165–169 (Excursus D. Tazakkā, etc.), besonders S. 166. — Speziell zum Ausdruck *ibtiġā'a waǧhi rabbihī*: **13**,22, mit weiteren Belegen. Siehe die Anmerkungen zu **6**,52 und **76**,8f. — *wa-la-saufa yarḍā*: **93**,5; (**88**,8f.).

SURE 93

Von Harris Birkeland liegt eine ausführliche Interpretation der Sure **93** vor (The Lord Guideth, Studies on Primitive Islam, Oslo 1956, S. 13–37). Der Verfasser sieht in Mohammeds niederem sozialem Status den Schlüssel zum Verständnis der ganzen Sure. „The real cause of the revelation has to be searched for in Muhammed's own despairing frame of mind". „Lack of success is the only possible background of this situation". Auch die Verse 4 und 7 werden auf Grund eines solchen Zusammenhangs gedeutet. Zu den Einzelheiten von Birkelands These kann hier nicht Stellung genommen werden. Siehe meine kritische Besprechung „Leitgedanken in Mohammeds frühesten Verkündigungen" (OLZ 1957, Sp. 389–392), Spalte 391f.

93,1–5 *waḍ-ḍuḥā*: **91**,1; **74**,34; **81**,18; **89**,1; **92**,2. — *wal-laili iḏā saǧā*: **92**,1; **91**,4; **89**,4; **74**,33; **81**,17; **84**,17. — *wa-la-l-āḫiratu ḫairun laka mina l-ūlā*: **4**,77;

6,32; **7**,169; **12**,109; **16**,30; **87**,17; **3**,198; **16**,95; **28**,60/**42**,36; **20**,131; **62**,11. Belege zum Begriffspaar *al-ūlā – al-āḫira*: **28**,70; **53**,25; **92**,13; **79**,25. — Nach Birkeland (s. o.) bezieht sich Vers 4 nicht auf das Diesseits und das Jenseits, sondern auf einen früheren und einen späteren Zustand im Zeitlichen (S. 19 bis 21). Bell übersetzt: „The last is for thee better than the first" und bemerkt dazu: „Most probably means that for Mohammed the future life is better than this, though it might mean that his future in this world is better than the present". — *wa-la-saufa yu'ṭīka rabbuka fa-tarḍā*: **92**,21; (**88**,8f.).

93,6–11 *wa-waǧadaka ḍāllan fa-hadā*. Birkeland möchte im Zusammenhang mit seiner einseitigen Auslegung von Sure **93** die Ausdrücke *ḍāllan* und *hadā* nicht im üblichen religiösen Sinn deuten, sondern auf die wirtschaftliche Lage Mohammeds vor und nach der Heirat mit Ḫadīǧa beziehen (S. 32f.). Man wird sich aber weiterhin an Bell's Bemerkung zu den Versen 6–9 halten dürfen: „There seems to be no reason why these statements should be taken in any other than the literal sense, viz. that Muhammad had been an orphan, had at one time followed a false religion, and had been relieved of poverty". — *fa-ammā l-yatīma fa-lā taqhar*. Birkeland (S. 34) hält die von Ibn Mas'ūd überlieferte Variante *takhar* für besser als *taqhar* (von *kahara* „schelten", „grob anfahren", „zurückweisen"). Vgl. **80**,1f.

SURE 94

Von Harris Bikeland liegt eine ausführliche Interpretation dieser kurzen, aber besonders in ihren letzten Versen schwer deutbaren Sure vor (The Lord Guideth, Studies on Primitive Islam, Oslo 1956, S. 38–55). Der Verfasser bezieht die Sure (ähnlich wie Sure **93**, s. o.) auf die Besserung von Mohammeds sozialer und wirtschaftlicher Lage infolge der Heirat mit Ḫadīǧa. Siehe auch Bell, Origin of Islam, S. 77f.

94,1–4 Birkeland, The Lord Guideth, S. 38–51. — *a-lam našraḥ laka ṣadraka*: **20**,25; (**6**,125; **39**,22); (**16**,106). Birkeland, a.a.O., S. 43f.: „. . . it can be concluded that ‚open the breast' signifies a state of mind characterized by openness and glad courage, lack of grief and anxiety as opposed to narrowness and lack of courage. The man whose breast is open has courage (to act) because he is free from depressing anxiety. . . In Surah 94,1, therefore, it is absolutely certain that the implication of the reception of revelation is not required by the expression itself." Nach Sprenger, Buhl und anderen beruht die spätere Legende, nach der dem Propheten Mohammed in seiner Jugend oder vor seiner Berufung auf wunderbare Weise die Brust geöffnet und das Herz gereinigt worden sein soll, auf einer materialisierenden Mißdeutung eben von Sure **94**,1. Birkeland hat sich in einer eigenen Abhandlung gegen eine solche Erklärung ausgesprochen (The Legend of the Opening of Muhammed's

Breast, Oslo 1955, Siehe meine Besprechung, OLZ 1957, Sp. 248–250). — *wa-waḍaʿnā ʿanka wizraka * llaḏī anqaḍa ẓahraka.* Siehe Birkeland, The Lord Guideth, S. 45–49.

94,5f.: **65**,7. Zur Sache: Birkeland, The Lord Guideth, S. 51–53.

94,7f. *fa-iḏā faraġta fa-nṣab.* Birkeland, The Lord Guideth, S. 43. 53–55. „So when you art at leisure, still toil". — *wa-ilā rabbika fa-rġab*: **68**,32; **9**,59. Siehe die Anmerkung zu diesem Vers. Birkeland, The Lord Guideth, S. 55.

SURE 95

95,1–3 *wat-tīni waz-zaitūni*: **23**,20; (**24**,35). — *wa-Ṭūri Sīnīna*: **52**,1. Die Form *Sīnīn* ist in der vorliegenden Stelle des Reimes wegen gewählt. Zur Sache: Horovitz, Koranische Untersuchungen, S. 123–125. — *wa-hāḏā l-baladi l-amīni*: **2**,125f.; **14**,35; **3**,97; **28**,57; **29**,67; (**16**,112); (**90**,1); (**52**,4); (**106**,4).

95,4–6 *la-qad ḫalaqnā l-insāna fī aḥsani taqwīmin*: **18**,37; **82**,7f.; **75**,38; **87**,2; **32**,9; **15**,29/**38**,72; **91**,7; **40**,64/**64**,3; **7**,11; **3**,6; (**59**,24). — *ṯumma radadnāhu asfala sāfilīna*: **16**,70; **22**,5; **36**,86; (**40**,67). Bell übersetzt: „Then have rendered him the lowest of the low" und bemerkt dazu: „Several interpretations are given: (a) as referring to man's decrepitude in old age; (b) to his being laid in the grave; (c) to his moral depravity; (d) to his being thrust into Hell-fire. The first was probably the original sense; the last was adopted when v. 6 was added." Die Deutungen von Künstlinger und Birkeland sind unten am Schluß des Kommentars zu Sure **95** im größeren Zusammenhang angeführt. — *illā llaḏīna āmanū wa-ʿamilū ṣ-ṣāliḥāti fa-lahum aǧrun ġairu mamnūnin*: **84**,25; **41**,8; (**68**,3). Vers 6 ist vermutlich erst später eingefügt worden (Gesch. des Qor. I, S. 97; Bell und Blachère zur Stelle).

95,7f. *fa-mā yukaḏḏibuka baʿdu bid-dīni*: **82**,9; **107**,1. Weitere Belege in der Anmerkung zu diesem Vers. — *a-laisa llāhu bi-aḥkami l-ḥākimīna*: **11**,45; (**7**,87/**10**,109/**12**,80).

Zu Sure **95** haben David Künstlinger und Harris Birkeland mit ziemlich fragwürdigen Deutungsversuchen Stellung genommen. Nach *Künstlinger* (Sūra 95. OLZ 1936, Sp. 1–3) ist in den Versen 4f. darauf angespielt, daß Adam – was sich mit jüdischen (und christlichen) Überlieferungen belegen läßt – im Paradies eine besondere Leibesgröße besaß, dieser aber nach dem Sündenfall beraubt wurde, so daß er kleiner wurde. Der Sinn der Verse 7f. wäre dann: Dies (das Kleinerwerden) geschah als Strafe für sein Vergehen. Darüber darf man sich nicht beklagen, denn Gott als oberster Richter weiß, was er tut. Nach *Birkeland*, der die Deutung Künstlingers mit guten Gründen zu entkräften sucht (Einige Bemerkungen zur Erklärung von Sūra 95. Le Monde Oriental 31, 1937, S. 1–15) ist die Sure folgendermaßen zu paraphrasieren (S. 14f.): „Die Schöpfung der Menschen fand statt als die schönste

Schöpfertätigkeit (taqwīm). Trotzdem wird Gott sie, d.h. die Gottlosen unter ihnen, zu den niedrigsten der niedrigen machen, indem er sie in die Hölle stürzt, wo sie die elendesten aller Geschöpfe werden. Wenn dies geschehen ist, dann gibt es nichts mehr, was derart wäre, daß Muhammed als Lügner dazustehen hätte. Denn dann ist seine Predigt vom Gericht erfüllt. Dies macht Gott so, weil er der weiseste aller Richter ist, der seinem Propheten Recht schafft in seinem gerechten Entscheiden."

SURE 96

96,1–5 Gesch. des Qor. I, S. 78–84; Buhl-Schaeder, Das Leben Muhammeds, S. 136–138; R. Paret, Mohammed und der Koran, S. 47f.

96,1f. *iqra' bi-smi rabbika*: **56**,74/96/**69**,52; **87**,1; **73**,8/**76**,25; **87**,14f.; **55**,78. — *allaḏī ḫalaqa * ḫalaqa l-insāna min ʿalaqin*: **75**,37–39; **40**,67; **22**,5; **23**,12–14. In allen Belegstellen wird das Nomen unitatis *ʿalaqa* (Fem.) verwendet. Die Maskulinform hat eigentlich kollektive Bedeutung. In der vorliegenden Stelle wird sie des Reimes wegen gewählt sein. — Zur Wiederholung von *ḫalaqa*: **96**,4f.; **26**,132f.; **106**,1f.; **40**,36f.; **96**,15f.

96,3–5 *wa-rabbuka l-akramu*: **89**,15; **82**,6–8; (**55**,27. 78). Der Edelmut (*karam*, Adjektiv *karīm*, Elativ *akram*), eine Kardinaltugend schon der alten Araber, äußert sich den Mitmenschen und Untergebenen gegenüber vor allem in großzügiger Freigebigkeit und Hilfsbereitschaft. Arabisch *karīm* läßt sich deshalb oft auch mit „freigebig" oder „gütig" wiedergeben. — Belege zur prädikativen Deutung des determinierten Ausdrucks *al-akramu*: **6**,133; **18**,58. Siehe aber auch Hans Wehr, Der arabische Elativ, Wiesbaden 1953, S. 27, Anm. 3. Wehr rechnet mit der Möglichkeit einer anderen Gliederung der Verse 3–5, wobei *al-akramu* attributiv zu deuten wäre. — *allaḏī ʿallama bil-qalami * ʿallama l-insāna mā lam yaʿlam*. In den Versen 4f. ist vermutlich ganz allgemein auf die Schreibkunst als eine dem Menschen von Gott beigebrachte Kunstfertigkeit angespielt. In diesem Sinn ist der Wortlaut der Übersetzung abgefaßt. Der präpositionale Ausdruck *bil-qalami* ist demnach nicht instrumental („mit Hilfe des Schreibrohrs"), sondern als eine Art zweites Objekt („das Schreibrohr", Akkusativ) zu verstehen. Als Beleg für eine solche Deutung läßt sich **2**,282 anführen (*wa-lā yaʾba kātibun an yaktuba ka-mā ʿallamahu llāhu* „. . . so wie Gott es ihn gelehrt hat"). Es ist aber auch möglich, daß die Verse 4f. auf das Offenbarungswissen anspielen, das Gott den Menschen durch die Heilige Schrift übermittelt hat (so Buhl-Schaeder, Das Leben Muhammeds, S. 137f.). In diesem Fall wäre zu übersetzen: „(er) der durch das Schreibrohr gelehrt hat, * den Menschen gelehrt hat, was er (zuvor) nicht wußte" (siehe Anmerkung 3). Belege für eine solche Deutung des Textes: **2**,151; **4**,113; **6**,91; **55**,1–4; **2**,239. — Die Schwurformel, mit der Sure **68** eingeleitet wird (*wal-qalami wa-mā yasṭurūna*), ist mehrdeutig. Entweder wird darin ganz allgemein auf die Schreibkunst angespielt (1. Deutung), oder auf die Offenbarungsschrift (2. Deutung), oder aber auf das Schreibrohr, mit dem die Taten der Menschen (vgl. **54**,53) oder ihre Schicksale verzeichnet werden. — Zur Wiederholung von *ʿallama*: **96**,1f.; **26**,132f.; **106**,1f.; **40**,36f.; **96**,15f.

96,6f. *an ra'āhu staġnā*: **80**,5; **92**,8. Zur Bedeutung von *istaġnā (X)* siehe die Anmerkung zu **80**,5.

96,9–19 Während in den vorhergehenden Versen (6–8) ganz allgemein von Menschen die Rede ist, bezieht sich die Aussage von Vers 9 an auf eine bestimmte Person, die das gottesdienstliche Gebet zu verhindern sucht (V. 9f.) und von der Botschaft des Islam nichts wissen will (V. 13). — *allaḏī yanhā * ʿabdan iḏā ṣallā.* Mit dem Ausdruck *ʿabd* ist entweder ein eigentlicher Sklave gemeint, oder im weiteren Sinn des Worts ein Diener Gottes, d.h. ein Mensch (nach der Überlieferung Mohammed in eigener Person, was auch Dirk Bakker für durchaus möglich hält: Man in the Qur'ān, Amsterdam 1965, S. 91, Anm. 118). — *a-ra'aita in kaḏḏaba wa-tawallā*: **75**,32; **92**,16; **20**,48; (**53**,33f.). — *la-nasfaʿan bin-nāṣiyati * nāṣiyatin kāḏibatin ḫāṭi'atin*: **55**,41. — Zur Wiederholung von *nāṣiya*: **106**,1f.; **40**,36f.; **96**,1f. 4f.; **26**,132f. — *sa-nadʿu z-zabāniyata.* Über die Etymologie des Wortes *zabāniya* ist schon viel gerätselt worden. Jeffery führt u.a. eine Erklärung an, die es aus persisch *zabāna* „(züngelnde) Flamme" ableitet (Foreign Vocabulary, S. 148). Nach Hubert Grimme ist es „ein dunkler Ausdruck, hinter dem sich vielleicht ein alter Dämonenname verbergen könnte" (Mohammed, I, S. 19, Anm. 1). Falls man bei der Erklärung des Worts innerhalb des arabischen Sprachbereichs bleiben will, muß man von der Grundbedeutung des Verbums *zabana* ausgehen („ausschlagen", vom Kamel, das mit seinen Hinterbeinen „ausschlägt", um einen Melker oder das eigene Junge von seinem Euter fernzuhalten). Ein abschreckender Tier- oder Geistername *zabāni* in der Bedeutung „Schlag aus!" wäre ohne weiteres möglich (nach dem Schema *faʿāli*, so wie man einen Hund *kasābi* „Pack an!" nennen kann). Aber selbst wenn man mit der Möglichkeit rechnet, daß der Reimzwang bei der Bildung der Form im Spiel war, kann man kaum annehmen, daß das Appellativum *zabāniya* (als Plural) aus einem solchen Eigennamen *zabāni* durch Anhängung der Femininendung abgeleitet worden ist.

SURE 97

97,1–5 Zur ganzen Sure: K. Wagtendonk, Fasting in the Koran, Leiden 1968, S. 82–122. Der Verfasser setzt sich hier auf Grund einer scharfsinnigen Analyse der einschlägigen Texte mit der schwierigen Frage auseinander, wieweit das Fasten im Ramaḍān und die Offenbarung des Korans aufeinander zu beziehen sind, und was es mit der *lailat al-qadr* für eine Bewandtnis hat.

Dabei kommt er u.a. zu folgendem Ergebnis: „The date on which Sūra 97 was revealed can now be determined. Mohammed must have indicated the night of the 27th Radjab as the night of his (first) revelation, after he abolished the *'Āshūrā'* and before the battle of Badr took place" (S. 113). Siehe meine Besprechung, Der Islam 46, 1970, S. 68f. — *innā anzalnāhu fī lailati l-qadri*: **44**,2f.; **2**,185. Zur Sache: R. Paret, Mohammed und der Koran, S. 43; K. Wagtendonk, Fasting in the Koran, Leiden 1968, S. 113 (s. o.). — Belege zu *wa-mā adrāka mā...* in der Anmerkung zu **82**,14–18. — *tanazzalu l-malā'ikatu war-rūḥu fīhā bi-iḏni rabbihim min kulli amrin*: **16**,2, mit weiteren Belegen. — Die Deutung des präpositionalen Ausdrucks *min kulli amrin* ist umstritten. Siehe Wagtendonk, Fasting in the Koran, S. 83f., Anm. 5 und S. 86, Anm. 3. Wagtendonk übersetzt: „by virtue of every decree". Aber wahrscheinlich hat *min* partitiven Sinn und ist *amr* in der besonderen Bedeutung „Logos" oder ähnlich (siehe die Anmerkung zu **2**,109) zu verstehen. Dementsprechend habe ich „lauter Logos(wesen)" übersetzt (als Apposition zu „die Engel und der Geist"). Siehe auch die Anmerkung zu **44**,3f. — *salāmun hiya ḥattā maṭla'i l-faǧri*. Siehe H. Ringgren, Islam, 'aslama and muslim, Uppsala 1949, S. 10.

SURE 98

98,1–3 *allaḏīna kafarū min ahli l-kitābi wal-mušrikīna*: **98**,6; **2**,105. — *rasūlun mina llāhi yatlū ṣuḥufan muṭahharatan * fīhā kutubun qaiyimatun*: **80**,13–16. Siehe die Anmerkung zu dieser Stelle, mit weiteren Belegen, sowie die Anmerkung zu **11**,17.

98,4f. *wa-mā tafarraqa llaḏīna ūtū l-kitāba illā min ba'di mā ǧā'athumu l-baiyinatu*: **3**,105, mit weiteren Belegen. Zur Sache siehe die Anmerkung zu **19**,37. — *wa-mā umirū illā li-ya'budū llāha*: **9**,31 (mit weiteren Belegen). — *muḫliṣīna lahu d-dīna*: **7**,29, mit weiteren Belegen. — *ḥunafā'a*: **22**,31; **3**,67, mit weiteren Belegen. Zur Bedeutung von *ḥanīf* siehe die Anmerkung zu **2**,135. — *wa-ḏālika dīnu l-qaiyimati*: **9**,36, mit weiteren Belegen. Die Formulierung *dīnu l-qaiyima(ti)* (statt *ad-dīnu l-qaiyimu*) ist des Reimes wegen gewählt.

98,6–8 *allaḏīna kafarū min ahli l-kitābi wal-mušrikīna*: **98**,1; **2**,105. — *ǧannātu 'Adnin*. Siehe die Anmerkung zu **9**,72, mit weiteren Belegen. — Zur Bedeutung des Ausdrucks *min taḥtihā* siehe die Anmerkung zu **2**,25. — *raḍiya llāhu 'anhum wa-raḍū 'anhu*: **5**,119/**58**,22/**9**,100; (**3**,15, mit weiteren Belegen).

SURE 99

99,1–5 *iḏā zulzilati l-arḍu zilzālahā*: **22**,1; **56**,4; **73**,14; **79**,6. — *wa-aḫraǧati l-arḍu aṯqālahā*: **82**,4; **100**,9; **50**,44.

99,6–8 *yauma'iḏin yaṣduru n-nāsu aštātan*: (**19**,80. 95; **6**,94?). — *li-yurau* *a'mālahum*: **6**,60, mit weiteren Belegen. — *fa-man ya'mal mitqāla ḏarratin ḫairan yarahū*...: **4**,40; **21**,47; **31**,16. Bell vermutet, daß anstelle der beiden Verse **99**,7f. ursprünglich die beiden Verse **88**,25f. den Schluß von Sure **99** gebildet haben.

SURE 100

100,1–5 Ähnliche Schwurformeln: **37**,1–3; **51**,1–4; **77**,1–6; **79**,1–5. Siehe Gesch. des Qor. I, S. 75f.; Bell, Introduction to the Qur'ān, S. 75f.

100,6–8 *inna l-insāna li-rabbihī la-kanūdun*. Belege in der Anmerkung zu **11**,9f. — *wa-innahū li-ḥubbi l-ḫairi la-šadīdun*: **38**,32; **89**,20; (**2**,177; **76**,8); (**3**,92); (**9**,24); (**3**,14); (**75**,20; **76**,27); (**10**,11).

100,9–11 *iḏā bu'ṯira mā fī l-qubūri*: **82**,4; **99**,2; **50**,44. — *inna rabbahum bihim yauma'iḏin la-ḫabīrun*: **10**,46; **6**,60, mit weiteren Belegen.

SURE 101

101,1–3: **69**,1–3; **77**,13f.; **82**,14–18. — *wa-mā adrāka mā*...: **101**,9f. Weitere Belege in der Anmerkung zu **82**,14–18.

101,4f. *yauma*...: **82**,19. Verkürzter Zeitsatz. Siehe Einleitung zur Übersetzung, S. 3f. — *wa-takūnu l-ğibālu ka-l-'ihni l-manqūši*: **70**,9.

101,6–11 *fa-ammā man ṯaqulat mawāzīnuhū * fa-huwa fī 'išatin rāḍiyatin * wa-ammā man ḫaffat mawāzīnuhū * fa-ummuhū hāwiyatun*: **7**,8f./**23**,102f. — Speziell zu *fa-huwa fī 'išatin rāḍiyatin*: **69**,21. — *fa-ummuhū hāwiyatun * wa-mā adrāka mā hiyah * nārun ḥāmiyatun*: (**104**,4–9); (**74**,26–29). Hier liegt ein bizarres Wortspiel vor, aber in ihrem Aussagewert ist die Formulierung eindeutig: (Wer beim jüngsten Gericht keine gewichtigen Taten vorweisen kann) ist verloren und kommt in die Hölle. — In einem Beitrag zur Nöldeke-Festschrift (Orientalische Studien, Theodor Nöldeke gewidmet, hgg, von Carl Bezold, Gießen 1906, I, S. 33–55: „Eine Qorān-Interpolation", ergänzt durch die Miszelle „Zu Sūra 101,6", ZDMG 60, 1906, S. 371–374) vertritt A. Fischer die fragwürdige These, daß die beiden Verse 10f. (Flügel 7f.) von einem „alten Koran-Kenner" interpoliert worden sind. Den Vers 9 (6b) übersetzt er einleuchtend: „‚dessen Mutter geht zu Grunde', richtiger: ‚wird kinderlos', und als eine Art Euphemismus für einfaches *halaka* ‚der geht zu Grunde'" (S. 46). Weiter folgert er: „Soweit man...über den genauen Wortsinn der Wendung *fa-ummuhū hāwiyatun* im Unklaren war, erkannte man doch aus dem Kontext, daß sie dem Sünder Strafe, natürlich die Höllenstrafe, ankündigen sollte. Wie diese Erkenntnis nun die Mehrzahl der Qorān-Exegeten bestimmt hat, den Ausdruck als identisch mit *fa-ma'wāhu n-nāru* zu deuten, so hat sie einen alten Qorān-Kenner (*ḥāfiẓ*) – selbstverständlich noch vor der endgültigen Redaktion des Qorāns – veranlaßt, der Sūra die Verse (7) und (8) anzuhängen, um damit auch dem blödesten Auge oder Ohre die Beziehung von Vers (6) auf die Höllenstrafe klar zu machen. Natürlich kann der betreffende Qorān-Kenner dabei von den besten Absichten geleitet gewesen sein" (S. 52f.). C. C. Torrey lehnt die These Fischers mit guten Gründen ab. Seine eigene These, die Erklärung des Ausdrucks *hāwiya* als Entlehnung aus hebräisch *hōwā* „Verderben" (Jesaia 47,11; Ezechiel 7,26), ist aber ebenfalls fragwürdig (A Volume of Oriental Studies Presented to Edward G. Browne ed. by T. W. Arnold and Reynold A. Nicholson, Cambridge 1922, S. 464–471: „Three Difficult Passages in the Koran, 3. ‚His Mother is Hāwiya', 101,6–8"). — *wa-mā adrāka mā*...: **101**,1–3. Weitere Belege in der Anmerkung zu **82**,14–18.

SURE 102

102,1f. *alhākumu t-takāṯuru*: **57**,20; **63**,9; **15**,3; **24**,37; **62**,11; **29**,64; **6**,32; **47**,36. — Im Text ist nicht gesagt, auf was für Güter das Streben nach Mehrbesitz gerichtet ist. An sich könnten ganz allgemein Geld und Gut gemeint sein (*amwāl*), oder (männliche) Nachkommen (*aulād*), oder beides zusammen, wofür die beiden an erster Stelle genannten Belege **57**,20 und **63**,9 sowie **34**,35 sprechen (weitere Belege in den Anmerkungen zu **3**,10 und **3**,14). Falls man sich bei Vers 2 für die im folgenden begründete Deutung entscheidet, muß beim Ausdruck *at-takāṯur* in Vers 1 das Streben nach einer Überzahl an Familien- oder Sippenangehörigen zum mindesten mit eingeschlossen sein. — *ḥattā zurtumu l-maqābira*. Vers 2 ist (in seinem Zusammenhang mit Vers 1) schwer verständlich. Am einfachsten wäre es, wenn man beide Verse in dem Sinn verstehen könnte: Euer Leben lang, bis zu eurem Tod, seid ihr immer nur darauf erpicht, mehr zu besitzen als andere. In diesem Fall wäre aber, besonders in Vers 2, das Imperfekt zu erwarten. So, wie der Text lautet, kann er kaum anders als präterital verstanden werden. Man könnte nun annehmen, daß in den beiden Versen habgierige Menschen angesprochen werden, die bereits „das Grab besucht haben", d.h. verstorben sind. Dann enthielte der Text eine Art Nachruf auf gewisse Anhänger der Gegenpartei, die, erfüllt von der Sucht, immer noch mehr zu besitzen, gestorben (oder im Kampf gefallen?) sind. Das ist aber wenig wahrscheinlich. Eine eschatologische Deutung der beiden Verse, wonach habgierige Gottlose am Tag des Gerichts angesprochen wären, kommt deshalb kaum in Betracht, weil die eschatologische Erwartung im folgenden Vers 3 neu anklingt, u.z. mit einem deutlichen Hinweis auf ein künftiges Geschehen (*kallā saufa taʿlamūna*). Die Verse 1f. spielen dem gegenüber in der Vergangenheit. Nach alledem scheint eine weitere, von Zamaḫšarī vertretene Deutung, die auf den ersten Blick vielleicht gekünstelt wirkt, den

Vorrang zu verdienen. Danach haben die in Vers 1 angesprochenen Zeitgenossen bei ihrem Streben, mehr zu haben oder zu sein als die anderen, sozusagen den Friedhof aufgesucht und die bereits verstorbenen Angehörigen ihrer Familie oder Sippe in den unedlen Wettstreit einbezogen. Wenn man sich dieser Deutung anschließt (siehe die Übersetzung, Anmerkung 1), lassen sich die beiden ersten Verse verhältnismäßig leicht mit der Fortsetzung der Sure (V. 3ff.) in Einklang bringen. Die Zeitgenossen, die zu Beginn der Sure angesprochen werden, sind in ihrem unedlen Wettstreit so weit gegangen, daß sie sogar ihre verstorbenen Angehörigen darin einbezogen haben. Nachdem dies (eben in den Versen 1f.) gebrandmarkt worden ist, wird ihnen in den Versen 3–8 teils in beschwörend-drohendem, teils in ironischem Ton angekündigt, daß sie dereinst zu einer besseren Einsicht kommen und für ihre Habgier oder Prahlsucht in der Hölle büßen werden. — Bell übersetzt Vers 2: „Until ye visit the tombs" und bemerkt dazu: „Until ye die, or according to the more accepted explanation, they so vie as to numbers that they visit the tombs and count the dead."

102,3–7 *kallā saufa ta'lamūna * ṯumma kallā saufa ta'lamūna*: **15**,3; **29**,66; **16**,55/**30**,34; **6**,135; **39**,39f.; **11**,39. 93; **54**,26; **43**,89; **78**,4f.; **72**,24; **19**,75. — *ṯumma* (= „noch einmal"), Vers 4 und 7: **78**,5; **74**,20; **82**,18; **75**,35. — *lau ta'lamūna 'ilma l-yaqīni.* Verkürzter Bedingungssatz oder Wunschsatz. Belege in der Anmerkung zu **2**,102f.

102,8 *ṯumma la-tus'alunna yauma'iḏin 'ani n-na'īmi.* Der Ausdruck *(an-)na'īm* bedeutet im Koran sonst immer die Wonne *des Paradieses.* In **82**,13f. und **52**,17f. steht *na'īm* im Sinn von Paradieseswonne in direktem Kontrast zu *ǧaḥīm* (was in der vorliegenden Sure in Vers 6 genannt ist), ebenso – mit etwas größerem Abstand – **56**,89 und 94 und (in umgekehrter Reihenfolge) **83**,16 und 22. Es ist deshalb wenig wahrscheinlich, daß mit *an-na'īm* in der vorliegenden Sure die Annehmlichkeiten des Erdendaseins gemeint sind (wie das die Kommentatoren durchweg annehmen), selbst wenn man damit rechnet, daß die Wahl des Wortes durch den Reim bedingt sein könnte. Wenn aber die Gottlosen am Tag des Gerichts nach der Wonne des Paradieses gefragt werden, kann das nur eine ironische Frage sein. Der Vers hat dann etwa den Sinn: An jenem Tag werdet ihr dann gefragt werden: „Wie wäre es, wenn ihr, statt in die Hölle befördert zu werden, der Wonne des Paradieses teilhaftig geworden wäret?" So, wie die Kommentatoren den Vers verstehen, müßte etwa übersetzt bzw. paraphrasiert werden: An jenem Tag werdet ihr dann bestimmt nach der Annehmlichkeit (eures Erdendaseins) gefragt werden (womit ihr den Lohn des Paradieses verscherzt habt). — Bell übersetzt: „Then that day ye will be asked about what is pleasant" und bemerkt dazu: „I.e. about what they count good in life, or possibly ‚the Pleasant Place' i.e. the Garden in contrast to the Hot Place in v. 6".

SURE 103

103,1f. *wal-'aṣri * inna l-insāna la-fī ḫusrin.* Zu diesem kanonischen Text werden verschiedene Varianten überliefert. So nach Ṭabarī von 'Alī: *wal-'aṣri * wa-nawā'ibi d-dahri * inna l-insāna la-fī ḫusrin * wa-innahū fīhi ilā āḫiri d-dahri* („Beim Nachmittag! * Bei den Wechselfällen der Zeiten! * Der Mensch kommt bestimmt zu Schaden * bis zum Ende der Zeiten"). Im Codex des Ibn Mas'ūd soll der Text gelautet haben: *wal-'aṣri * la-qad ḫalaqnā l-insāna li-ḫusrin * wa-innahū fīhi ilā āḫiri d-dahri* („Beim Nachmittag! * Wir haben doch den Menschen geschaffen, daß er (mit seinem gottlosen Handeln) zu Schaden kommt. * Und er wird (immer) in Gefahr sein, Schaden zu nehmen (W: darin sein), bis zum Ende der Zeiten"). Ibn an-Nadīm, Fihrist, S. 26, Z. 23f.; Jeffery, Materials, S. 111. Siehe dazu auch H. Ringgren, Studies in Arabian Fatalism, Uppsala-Wiesbaden 1955, S. 87. — Die Deutung des Ausdrucks *wal-'aṣri* ist umstritten, da *'aṣr* nicht nur „(Spät)nachmittag", „Abend" (vor Sonnenuntergang), sondern auch einen größeren „Zeitabschnitt", eine „Periode" bedeuten kann. Blachère übersetzt „Par le Destin!" und beruft sich dabei auf Ṭabarī. Dieser setzt allerdings *'aṣr* zuerst mit *dahr* gleich, was u.a. auch „Schicksal" bedeutet. Aber die beiden Belege, die er dafür anführt, stimmen nicht. Vielleicht ist im Text etwas ausgefallen. Wie dem auch sein mag, es ist von vornherein wahrscheinlicher, daß der beteuernde Ausdruck *wal-'aṣri* sich auf den Spätnachmittag oder Abend bezieht. Denn auch sonst sind im Koran öfter bestimmte Tageszeiten Gegenstand einer Beteuerung. — *inna l-insāna la-fī ḫusrin*: **65**,9; **17**,82; **35**,39; **71**,21; **11**,63; **6**,31/**10**,45; **40**,78. 85; **45**,27; **4**,119. Siehe Charles C. Torrey, The Commercial-Theological Terms in the Koran, Leiden 1892, S. 30–32.

103,3: **90**,17. Im Codex des Ibn Mas'ūd soll Vers 3 gelautet haben: *illā llaḏīna āmanū wa-tawāṣau bit-taqwā wa-tawāṣau biṣ-ṣabri* („ausgenommen diejenigen, die glauben, und die einander (als Vermächtnis) ans Herz legen, gottesfürchtig zu sein und Geduld zu üben"). Ibn an-Nadīm, Fihrist, S. 26, Z. 24; Jeffery, Materials, S. 111. — Vers 3 ist vermutlich erst später eingefügt worden (Gesch. des Qor. I, S. 97; Bell und Blachère zur Stelle).

SURE 104

104,1–3 *wailun li-kulli humazatin lumazatin*: **68**,11. — *yaḥsabu anna mālahū aḫladahū.* Die Wahl der Perfektform *aḫlada(hū)* ist wohl durch den Reimzwang bedingt.

104,4–9 *kallā la-yunbaḏanna fī l-ḥuṭamati * wa-mā adrāka mā l-ḥuṭamatu * ...*: **74**,26f.; **101**,9f. Weitere Belege zu *wa-mā adrāka mā...* in der Anmerkung zu **82**,14–18. — *innahā 'alaihim mu'ṣadatun*: **90**,20; (**7**,41); (**18**,29).

SURE 105

Sure **105** spielt auf einen Kriegszug an, der um die Mitte des 6. Jahrhunderts n. Chr. von Abraha, dem christlichen König von Jemen, in nördlicher Richtung unternommen wurde, aber erfolglos abgebrochen werden mußte. Siehe EI[1], Artikel Abraha (F. Buhl); Th. Nöldeke, Geschichte der Perser und Araber zur Zeit der Sasaniden, Leiden 1879, S. 204–219; Horovitz, Koranische Untersuchungen, S. 96–98; EI[2], Artikel Abraha (A. F. L. Beeston); M. J. Kister, The Campaign of Ḥulubān, A New Light on the Expedition of Abraha, Le Muséon 78, 1965, S. 425–436; Harris Birkeland, The Lord Guides, Studies on Primitive Islam, Oslo 1956, S. 100f.

105,1 *a-lam tara kaifa fa'ala rabbuka bi-*... In **89**,6 werden mit derselben Formulierung Hinweise auf verschiedene Strafgerichte der Vorzeit (V. 6–13) eingeleitet. Es ist deshalb zum mindesten einseitig, wenn Birkeland (S. 101) unter Bezugnahme auf eine Feststellung Nöldekes (Gesch. des Qor. I, S. 93) bemerkt: „Not a word is said of any punishment. The theme is expressly announced in v. 1: kaifa fa'ala rabbuka. The interpretation Muhammed wants to give of the historic event is not that it was a punishment of the Abyssinians (worauf Nöldeke hinweist, übrigens auch Horovitz, Koranische Untersuchungen, S. 10f.: „Das früheste Beispiel einer Straflegende") but that it was for the benefit of the Meccans" (wovon im Text nichts steht). — *Aṣḥābi l-Fīli.* Bei dem Unternehmen Abrahas soll ein Elefant mitgeführt worden sein.

105,2–5 *a-lam yağ'al kaidahum fī taḍlīlin*: **40**,25; **8**,18; **21**,70; **37**,98; **52**,42; **86**,15f. Das Verbalnomen *taḍlīl (II)* ist wohl des Reimes wegen gewählt (statt *ḍalāl*). Siehe Friedrun R. Müller, Untersuchungen zur Reimprosa im Koran, Diss. Tübingen 1969, S. 46–50. — *tarmīhim bi-ḥiğāratin min siğğīlin*: **11**,82; **15**,74; (**51**,33). Siehe die Anmerkung zu **11**,82f. sowie Bell, Origin of Islam, S. 74, Anm. 2. In der vorliegenden Stelle ist mit den Steinwürfen vielleicht auf eine Pockenepidemie angespielt. — *fa-ğa'alnāhum ka-'aṣfin ma'kūlin*: (**21**,15; **10**,24; **11**,100); (**23**,41).

SURE 106

Von Harris Birkeland liegt eine ausführliche Interpretation dieser kurzen, aber in einzelnen Ausdrücken und syntaktischen Beziehungen schwer deutbaren Sure vor (The Lord Guideth, Studies on Primitive Islam, Oslo 1956, S. 102–130). Siehe auch Bell, Origin of Islam, S. 72–74.

106,1f. *li-īlāfi Quraišin * īlāfihim riḥlata š-šitā'i waṣ-ṣaifi.* Der Übersetzung ist der Wortlaut der offiziellen Textausgabe zugrundegelegt. Danach ist das erste Wort sowohl des 1. als auch des 2. Verses Infinitiv des IV. Stammes von *alifa*, im Genitiv abhängig von der Präposition *li-*, die den Anfang der ganzen Sure bildet. Bei *īlāfihim* (zu Beginn von Vers 2) liegt dann dieselbe rhetorische Figur der Wiederholung vor, die in **40**,36f.; **96**,15f.; **96**,1f.; **96**,4f. und **26**,132f. belegt ist. Für die (unsichere) Deutung von *īlāf (IV)* sind drei Möglichkeiten zur Wahl gestellt: „zusammenbringen", „abhalten", „unter Schutzgeleit stellen". Bell übersetzt „bringing together", Blachère „entente (dans la caravane d'hiver et d'été)". Nun ist aber im Konsonantentext nicht nur *ā* defektiv, also ohne den Buchstaben ' geschrieben (was im Koran sehr häufig vorkommt), sondern zu Beginn von Vers 2 ist sogar das lange *ī* (in *ilāfihim*) nur durch ein nachträglich eingefügtes Vokalisierungszeichen angedeutet. Außerdem wird von Ibn Mas'ūd und 'Ikrima für Vers 1 die Variante *ly'lf* (defektiv *lylf*) überliefert (Gesch. des Qor. III, S. 33, Anm. 2; S. 45; Jeffery, Materials, S. 112. 275). Auf Grund dieses Sachverhalts nimmt *Birkeland* an, daß die beiden ersten Verse ursprünglich gelautet haben: *li-ya'lafa Quraišun * ilfahum riḥlata š-šitā'i waṣ-ṣaifi*, und übersetzt: „Qurais in order to protect, * To protect the caravan in winter and summer, (* So shall they worship the Lord of this House...)". Die Lesung und Deutung des Textes in der Weise, wie er uns jetzt vorliegt, soll sich – nach Birkeland – durchgesetzt haben, nachdem Mohammed von Medina aus angefangen hatte, mekkanische Karawanen zu plündern. (S. 108: „However the Surah was interpreted, a certain connexion between the protection of the caravans and the Lord of the House must be implied. But such a connexion could not possibly be stated by Muhammed in Medinah when he plundered the Meccan caravans! If the Surah, therefore, was recited in Medinah, which, like all other Meccan Surahs, it certainly was, it had to be re-interpreted in one way or another"). Mir leuchtet dieser Gedankengang nicht ein. Wenn man schon am ursprünglichen Wortlaut von Sure **106** Anstoß genommen hat, war mit einer Abänderung des Textes von *li-ya'lafa Quraišun ilfahum*... in *li-īlāfi Quraišin īlāfihim*... nicht viel gewonnen. — *Blachère* berücksichtigt in seiner Übersetzung die beiden Varianten *li-ya'lafa Quraišun*... („Que s'entendent les Qoraïch...") und *li-īlāfi Quraišin* („A cause de l'entente des Qoraïch...") als zwei verschiedene Möglichkeiten. Als eine dritte Möglichkeit der Deutung (die er allerdings gleich an erster Stelle bringt) kombiniert er Sure **106** unmittelbar mit der vorausgehenden Sure **105**, unter Auslassung der Basmala. Diese Kombination ist von Ubai ibn Ka'ab überliefert (siehe Jeffery, Materials, S. 179), wird aber von Blachère ebenso wie von Birkeland mit gutem Grund als sekundär bezeichnet.

106,3f. *allaḏī aṭ'amahum min ǧū'in wa-āmanahum min ḫaufin*: **16**,112; **2**,125f.; **14**,35. 37; **28**,57; **29**,67; **3**,97; **95**,3. Wenn es in Vers 4 heißt, daß Gott den Quraiš „Sicherheit gewährt hat, so daß sie sich nicht zu fürchten brauchen", ist wohl speziell an den sakrosankten Charakter des Ḥaram gedacht. Siehe die Belege. Birkeland liest bei seiner Interpretation der Stelle (S. 128–130) zu viel daraus heraus.

SURE 107

Von Harris Birkeland liegt eine ausführliche Interpretation von Sure **107** vor, in der vor allem die einschlägigen Ḥadīṯe in den wichtigsten Korankommentaren analysiert werden (Muslim Interpretation of Surah 107, Oslo 1958). Siehe meine Besprechung: Sure 107 (OLZ 1961, Sp. 468–472). In einem Zeitschriftenaufsatz hat Birkeland die Ergebnisse seiner Untersuchungen kurz zusammengefaßt (The Interpretation of Surah 107, Studia Islamica 9, 1958, S. 13–29).

107,1 *allaḏī yukaḏḏibu bid-dīni*: **82**,9 (*kallā bal tukaḏḏibūna bid-dīni*; in den Versen 15 und 17f. ist vom *yaum ad-dīn* die Rede); **95**,7 (*fa-mā yukaḏḏibuka ba'du bid-dīni*); **52**,11f.; **77**,15. 19. 24. 28. 34. 37. 40. 45. 47. 49; **83**,10–13; **68**,8–15; **74**,(43–)46; (**75**,31f.; **92**,15f.; **20**,48; **96**,13); (**70**,26). — Der Ausdruck *dīn* könnte, statt mit „Gericht", auch mit „Religion" übersetzt werden (im Sinn der von Mohammed verkündeten, allein wahren Religion des Islam). Aber die Bedeutung „Gericht" scheint sowohl im vorliegenden Vers als auch in den beiden anderen Stellen, in denen die Wortverbindung *kaḏḏaba bid-dīni* vorliegt (**82**,9; **95**,7), besser zu passen. Birkeland vertritt die gegenteilige Ansicht (Studia Islamica 9, 1958, S. 16f. und 21f.). Dafür ließe sich übrigens **69**,33f. als Beleg anführen.

107,2f. *allaḏī yadu''u l-yatīma * wa-lā yaḥuḍḍu 'alā ṭa'āmi l-miskīni*: **89**,17f.; **69**,33f.; **74**,44; **93**,9f.; **76**,8; **90**,12–16; **4**,8. 36; **2**,83. 177. 215. — In Vers 3 wird nicht gesagt, *wer* dazu angehalten werden soll, dem Armen etwas zu essen zu geben. Vielleicht sind die eigenen Angehörigen gemeint. Birkeland liest (Studia Islamica 9, S. 23–25) aus dem Wortlaut zu viel heraus, wenn er annimmt, daß die reichen Mekkaner zwar versäumten, andere zur Speisung von Armen anzuregen, daß aber sie selber, sozusagen privatim, dieser Verpflichtung nachgekommen sind.

107,4–6 *fa-wailun lil-muṣallīna * llaḏīna hum 'an ṣalātihim sāhūna * llaḏīna hum yurā'ūna.* — Die eigentliche Schwierigkeit für das Verständnis von Sure **107** liegt in der Deutung der Verse 4ff. Falls mit den „Betenden, die auf ihr Gebet nicht achten und (von den Leuten) gesehen werden wollen", heidnische Mekkaner aus der Zeit vor der Hiǧra gemeint sind, stellt die Sure, die mit dem Hinweis auf einen ungläubigen und sich unsozial verhaltenden Landsmann des Propheten eingeleitet wird, eine Einheit dar. Wenn man dagegen sogenannte Heuchler (*munāfiqūn*) darunter zu verstehen hat, stammt die zweite Hälfte der Sure aus der Zeit nach der Hiǧra, und ist zwischen den Versen 3 und 4 eine Zäsur anzunehmen. Für die Einheitlichkeit der Sure (und zugleich für ihr hohes Alter) spricht vor allem, daß sie durchgehend aus etwa gleich kurzen, aufeinander reimenden Versen besteht, und daß gerade die Verse 4ff. mit der konsekutiven Partikel *fa-* eingeleitet sind (*fa-wailun lil-muṣallīna*...). Für die Annahme einer Zäsur zwischen den Versen 3 und 4 spricht der Umstand, daß die Charakteristik von „Betenden, die auf ihr Gebet nicht achten und (von den Leuten) gesehen werden wollen", am ehesten eben auf die medinischen „Heuchler" zu passen scheint, die, „wenn sie sich zum Gebet aufstellen, es nachlässig tun, wobei sie von den Leuten gesehen werden wollen" (**4**,142; vgl. **9**,54). Die Gründe für und gegen die Annahme einer Zäsur halten sich die Waage. Mit Sicherheit läßt sich die Streitfrage nicht entscheiden. *Bell* vertritt die Ansicht, daß die Sure eine Einheit darstellt, setzt sie aber nicht allzu früh an („This short surah is probably a unity, and cannot be early... The whole surah may...hit at lukewarm supporters in Medina, as some Moslem interpreters held"). *Birkeland* ist von der Einheitlichkeit der Sure und von ihrem hohen Alter überzeugt. *Blachère* neigt der Auffassung zu, daß die Sure aus zwei Fragmenten zusammengesetzt ist. Das erste (V. 1–3) sei „de date ancienne", das zweite (V. 4–7) „un peu postérieur, car il permet de supposer un rite de Prière, si vague soit-il, déjà organisé". *Meinerseits* habe ich (in der Besprechung von Birkeland, Muslim Interpretation of Sure 107) die Ansicht vertreten, daß zwischen den Versen 3 und 4 eine Zäsur anzunehmen ist, mit der Begründung, daß der in den Versen 4–6 formulierte Vorwurf (trotz **8**,35) nur gegen Zeitgenossen vorgebracht werden konnte, die den Gebetsritus grundsätzlich anerkannten, d.h. gegen Muslime (allenfalls auch gegen Juden oder Christen). Die Ṣalāt sei nun einmal eine spezifisch muslimische (oder jüdisch-christliche) Angelegenheit. Dazu äußerte sich S. D. Goitein, der seinerzeit als Schüler von J. Horovitz mit einer Dissertation über das Thema „Gebet im Koran" in Frankfurt promoviert hat, in einem Brief vom 18. 2. 1962 folgendermaßen: „Bezüglich der ṣalāt der Mekkaner glaube ich, daß dieser Ausdruck schon von Christen und Juden für den sehr oberflächlichen Kultus der Heiden gebraucht worden ist. Muhammad war empört, daß seine Landsleute ihren eigenen Kult nicht ernst nahmen. Am Anfang seiner Laufbahn glaubte ja M. selbst an das Numen seiner Vaterstadt." Ich bin daraufhin doch wieder unsicher geworden und rechne nun eher mit der Möglichkeit, daß Sure 107 eine durchgehende Einheit darstellt. Deshalb habe ich in der Übersetzung mit Vers 3 keinen neuen Abschnitt beginnen lassen. Siehe jetzt auch S. D. Goitein, Studies in Islamic History and Institutions, Leiden 1966, S. 88. Siehe außerdem die Anmerkung zu **108**,2.

107,7 *wa-yamna'ūna l-mā'ūna*: **50**,25; **68**,12; **70**,21. — Die Etymologie und Bedeutung von *mā'ūn* ist umstritten. Siehe Nöldeke, Neue Beiträge, S. 28f.; Horovitz, Proper Names, S. 221f.; Birkeland, passim.

SURE 108

Von Harris Birkeland liegt eine aufsührliche Interpretation dieser kurzen, aber schwer verständlichen Sure vor (The Lord Guideth, Studies on Primitive Islam, Oslo 1956, S. 56–99).

108,1 *innā a'ṭaināka l-kauṯara.* Mit der „Fülle" (*al-kauṯar*) ist wohl Reichtum an irdischen Gütern gemeint. Birkeland deutet Vers 1 speziell auf Mohammeds Wohlstand infolge seiner Verheiratung mit Ḫadīǧa. „The great experience in Muhammed's life revealing to him the wonderful grace of his Lord was the fortune and happiness given to him by his marriage to Ḫadīǧa, which changed his life in a decisive way. In this he saw the hand of the Lord. This was the *kauṯar* bestowed upon him, who as a poor orphan until he was about 25, was ‚cut off' from the normal life within his tribe"... „The astonishing happiness after the preceding distress was interpreted to Muhammed in a way not hitherto common among pagan Arabs. He saw in it what other people did not see. It was his *Lord* who was the ultimate source of this unintelligible *kauṯar*! ‚We have given thee the Abundance you are enjoying now. It is no human gift. Nor have you got it by a mere chance. It is your Lord who has given it to you.' Hence the introductory *'innā*, and hence the definite article before *kauṯar*! The article really has a function. Muhammed can point at his new socio-economic position as a fact recognized by everybody" (S. 75).

108,2 *fa-ṣalli li-rabbika wa-nḥar.* Das Verbum *naḥara* bedeutet genauer „schlachten", „schächten" (durch Einschneiden der Kehle), im vorliegenden Zusammenhang „ein Schlachtopfer darbringen". Siehe Erwin Gräf, Jagdbeute und Schlachttier im islamischen Recht, Bonn 1959, S. 9f. — Birkeland faßt den Inhalt von Vers 2 kurz und treffend folgendermaßen zusammen: „Muhammed in this verse is ordered to pray and sacrifice in thankful acknowledgement of the abundance given to him by his Lord" (S. 85). Da die Sure vermutlich der „ersten mekkanischen Periode" (nach der seit Nöldeke gängigen Chronologie) zuzurechnen ist, ergibt sich aus dem Wortlaut, daß Mohammed vor der Einführung der spezifisch islamischen Kultformen unbedenklich die kultischen Bräuche seiner „heidnischen" Landsleute praktizierte, ja daß er sich sogar berechtigt und verpflichtet fühlte, sie (wenigstens für sich persönlich) im Sinn einer monotheistischen Gottesauffassung auszuüben, um damit seinem Herrn („*li-rabbika*") seinen besonderen Dank abzustatten. Demnach reicht, religionsgeschichtlich gesehen, nicht nur die Institution der Schlachtung von Opfertieren, sondern auch die des Gebets (*ṣalāt*) in die vorislamische, altarabische Zeit zurück – ein weiterer Grund, den strittigen Passus **107**,4–6 auf die „heidnischen" Mekkaner zu beziehen. Siehe die Anmerkung zu dieser Stelle. — Bell läßt (in der Einleitung zur ganzen Sure) die Frage der Chronologie und die sich daraus ergebenden Konsequenzen offen: „This looks like a fragment, but it is difficult to find a suitable context for it. The rhyme might indicate a position in LXXIV – after v. 36 (39) (?). That, however, necessitates a fairly early date, and the reference to sacrifice is difficult to explain, unless we are prepared to assume that Muhammad continued to take part in heathen rites in Mecca. Otherwise it seems necessary to assume that the surah is Medinan. It is, in any case, an encouragement to the prophet under insult."

108,3 *inna šāni'aka huwa l-abtaru.* Die Deutung von Vers 3 ist schwierig. Es könnte sein, daß mit dem Ausdruck „dein Hasser" (*šāni'aka*) ein bestimmter Gegner Mohammeds gemeint ist, und daß dieser den Propheten *abtar* („gestutzt", „verstümmelt" oder „schwanzlos") genannt hatte, weil keiner seiner männlichen Nachkommen am Leben geblieben war (siehe dazu Buhl-Schaeder, Das Leben Muhammeds, S. 120). Mohammed hätte dann das Schimpfwort aufgegriffen und – vielleicht in einem mehr übertragenen Sinn – auf seinen gehässigen Gegner selber angewandt. Es ist aber auch möglich, daß der Ausspruch – im Sinn einer Verwünschung – nicht gegen eine bestimmte Person gerichtet ist, sondern gegen jeden, der den Propheten etwa hassen sollte. Er würde dann bedeuten: „Wer (immer) dich haßt, soll gestutzt (d.h. ohne Nachkommen oder ohne Anhang?) sein". — Birkeland übersetzt: „Lo! Thy hater is it who is suffering loss". Er bezieht den Vers (ebenso wie schon Vers 1, s. o.) auf die Besserung in Mohammeds äußeren Verhältnissen. Demnach konnte man Mohammed, nachdem er durch die Verheiratung mit Ḫadīǧa sozial und wirtschaftlich aufgerückt war, nicht mehr als *abtar* bezeichnen („who was ‚cut off' from a place in the sun as a member of the community of Quraiš"). Umgekehrt war sein „Hasser" (= Feind) nunmehr seinerseits *abtar*. „Muhammed has become so important and influential that the hating of him implies a severance from socio-economic goods represented by him" (S. 91–93). Damit scheint aber der Ausdruck *al-abtar* überinterpretiert zu sein. Immerhin ist es nicht ausgeschlossen, daß *al-abtar* in der vorliegenden Stelle eine weitere und allgemeinere Bedeutung hat als „gestutzt" im Sinn von „ohne überlebende männliche Nachkommen". Vielleicht ist darunter jemand zu verstehen, der keinen Anhang, „nichts hinter sich" hat.

SURE 109

Rudi Paret, Sure 109 (Der Islam 39, 1964, S. 197–200). — In Sure **109** reimen nur die Verse 1, 2 (*ūn*) und 6 (*īn*) aufeinander. Blachère rechnet auch das gleichlautende *(mā a'b)ud(u)* in den Versen 3 und 5 als Reim, läßt dabei aber Vers 4 (*mā 'abadtum*) unberücksichtigt. Bell bemerkt: „The passage is not rhymed, unless we assume that it consisted originally of vv. 1, 2, 6 only, and that 3–5, which really add nothing to the sense, have been added later, to strengthen the statement by repetition. But that is hardly probable".

109,2–5 *lā a'budu mā ta'budūna*: **10**,104. — Der Wechsel vom Verbalsatz (*lā a'budu...*) zum Nominalsatz (*wa-lā antum 'ābidūna* usw.) ist nicht durch den Übergang in eine andere Zeitstufe bedingt, sondern dadurch, daß jeweils das Subjekt wechselt. Ähnliche Sätze mit einem neuen Subjekt und einem Partizip als Prädikatsnomen: **36**,40; **31**,33; **2**,145. — In den Versen 2–5 liegt Parallelismus membrorum vor. Aber die Symmetrie ist nicht vollständig durchgeführt, sonst müßte es in Vers 5 heißen: *wa-lā antum ʿābidūna mā ʿabadtu* (Perfekt, entsprechend dem Perfekt *mā ʿabadtum* in Vers 4). Dieser Verstoß gegen die Symmetrie ist durch den objektiven Sachverhalt bedingt. Mohammed konnte den Ungläubigen unmöglich vorhalten, sie würden nicht verehren, was er (früher) verehrt hatte. Denn eben zu dem Polytheismus, zu dem sie sich (immer noch) bekannten, hatte er früher sich selber bekannt.

109,6 *lakum dīnukum wa-liya dīni*: (**6**,135, mit weiteren Belegen).

SURE 110

110,1f.: **61**,13; **48**,18f. 27; (**32**,28). — Zur Bedeutung des Ausdrucks *fatḥ* siehe die Anmerkung zu **7**,89.

110,3 *fa-sabbiḥ bi-ḥamdi rabbika*: **15**,98, mit weiteren Belegen. — *wa-staġfirhu innahū kāna tauwāban*: (**40**,55); (**71**,10).

SURE 111

Von August Fischer liegt eine ausführliche und scharfsinnige Kommentierung von Sure **111** vor (Der Wert der vorhandenen Koranübersetzungen und Sure 111, Leipzig 1937 = Berichte über die Verhandlungen der Sächsischen Akademie der Wissenschaften zu Leipzig, Philologisch-historische Klasse, 89. Band, 1937, 2. Heft). Siehe auch David Künstlinger, Eschatologisches in Sure 111 (OLZ 1938, Sp. 407–410).

111,1f. *tabbat yadā Abī Lahabin wa-tabba.* — Abū Lahab ist identisch mit ʿAbd al-ʿUzzā, einem Halbbruder von Mohammeds Vater. Er hatte sich auf die Seite der Gegner des Propheten geschlagen und starb kurz nach der Schlacht bei Badr. Siehe Horovitz, Koranische Untersuchungen, S. 88; EI², Artikel Abū Lahab (W. Montgomery Watt). Seine (in den Versen 4f. erwähnte) gegen Mohammed ebenfalls feindselig eingestellte Frau hieß Umm Ǧamīl .— Den Ausdruck *tabbat yadā Abī Lahabin* erklärt Fischer einleuchtend als Synekdochie für *tabba Abū Lahabin*, und zwar im Sinn einer Verwünschung. Er übersetzt: „Verderben treffe die Hände des Abū Lahab (synekdochisch für: Verderben treffe den Abū Lahab)!" — Umstritten ist die Deutung des folgenden *wa-tabba*. Als Subjekt ist auf jeden Fall Abū Lahab zu ergänzen. Es fragt sich aber, wie man das Perfekt verstehen soll. Bei der Entscheidung dieser Frage muß auch der Wortlaut des folgenden Verses (*mā aġnā ʿanhu māluhū*...) berücksichtigt werden. — Die eine Möglichkeit der Deutung von *wa-tabba* ergibt sich, wenn man diesen Ausdruck mit dem vorausgehenden *tabbat yadā Abī Lahabin* koordiniert, d.h. ebenfalls im Sinn einer Verwünschung versteht. Dann ist Vers 1 zu übersetzen: „Dem Verderben seien die Hände Abū Lahabs preisgegeben! Dem Verderben sei er (mit seiner ganzen Person) preisgegeben!" Die Schwierigkeit, daß im folgenden Vers der nicht imprekative Perfektsatz *mā aġnā ʿanhu māluhū...* folgt und nicht etwa ein auf die Zukunft weisendes *lan yuġniya ʿanhu māluhū...*, läßt sich dadurch beheben, daß man diesen Perfektsatz in resultativem Sinn versteht und damit auf die Gegenwart bezieht („was für einen Nutzen hat ihm sein Vermögen...eingebracht?" ≃ „was nützt ihm sein Vermögen...?"). Für ein solches Verständnis des Perfektsatzes sprechen auch die Belegstellen **69**,28 und **26**,207 (s. u.). — Für eine andere Deutung von *wa-tabba* tritt mit aller Entschiedenheit A. Fischer ein. Seiner Ansicht nach „liegt hier eine idiomatische Ausdrucksweise vor, die sich noch kein Koran-Übersetzer klar gemacht hat: die Verwünschung wird emphatisiert durch die ihr unmittelbar folgende Behauptung, daß sie bereits in Erfüllung gegangen sei". Fischer übersetzt: „und tatsächlich hat ihn bereits das Verderben getroffen". Eine solche präteritale Deutung von *wa-tabbat* paßt natürlich gut zum folgenden ebenfalls präteritalen *mā aġnā ʿanhu māluhū*, auch wenn dies nicht ausdrücklich durch vorgesetztes *wa-* koordiniert wird. Die Beweisführung von Fischer hat aber doch auch eine schwache Stelle. Die Belege, die er für die präteritale Natur des Perfekts *(wa-)tabba* anführt, sind, wie er selber hervorhebt, alle nicht nur mit *wa-*, sondern mit *wa-qad* eingeleitet. Zum Beweis für die Richtigkeit seiner These, daß *wa-tabba* so zu verstehen ist, wie wenn der Text *wa-qad tabba* lauten würde, beruft er sich auf eine von Ibn Masʿūd überlieferte Textvariante, die tatsächlich diesen Wortlaut hat. Aus dieser Variante kann man aber nur schließen, daß Ibn Masʿūd (vermutlich) den Wortlaut *wa-tabba* im Sinn von *wa-qad tabba* gedeutet hat. Mit anderen Worten: die Variante ist als Interpretation zu verstehen (wie viele vom Koran überlieferte Varianten). Als ursprünglichen Text muß man die lectio difficilior *wa-tabba* gelten lassen. — *mā aġnā ʿanhu māluhū wa-mā kasaba*: **7**,48, mit weiteren Belegen. Zur Frage, ob *mā* hier eher als Negations- oder als Fragepartikel zu verstehen ist, siehe Bergsträsser, Verneinungspartikeln, S. 31, Anm. 2. Für die Möglichkeit der resultativen, präsentischen Deutung des ganzen Verses (s. o.) sprechen die Belege **69**,28 und **26**,207. — Bell übersetzt die beiden Verse 1f.: „The hands of Abū Lahab have perished, and perished has he; * His wealth and what he has piled up have not profited him" und bemerkt zu Vers 1: „Or as usually taken: ‚Perish the hands of Abū Lahab! He has perished'." Blachère übersetzt: „Les mains d'Aboû-Lahab ont péri! Il a péri! * Ses troupeaux et sa fortune ne lui ont servi à rien." Hamidullah: „Périssent les deux mains d'Abou-Lahab, et que lui-même périsse. * Sa fortune ne le met au large en rien, ni ce qu'il s'acquiert."

111,3–5 Siehe die ausführliche Interpretation der Verse durch A. Fischer (a.a.O., S. 26–49), mit der zusammenfassenden Charakteristik: „Für richtig halte ich die Deutung..., der zufolge die Verse 4–5 eine Schmähung der Umm Ǧamīl darstellen. Es liegt in ihnen meines Erachtens echt altarabischer *hiğā'* vor; Umm Ǧamīl wird in dem bekannten Stile beschimpft, in dem die alten Dichter ihre Gegner, Männer wie Frauen, zu verunglimpfen pflegten: sie sei keine Frau vornehmen Standes, sondern eine verächtliche Brennholzträgerin, d.h. eine Sklavin oder sonst eine Frau in tiefster sozialer Stellung, und sie trage nicht, wie eine reiche und schöne Dame, ein Perlen- oder Juwelen-Collier auf ihrem Halse, sondern einen Strick aus Palmfasern, mit dem sie ihre Holzlast schleppe" (S. 35). — Zum Ausdruck *min masadin* siehe Fischer, a.a.O., S. 42–47. — Den Vers 5 (*fī ǧīdihā ḥablun min masadin*) faßt Fischer als Relativsatz auf (S. 49). Das ist durchaus möglich, auch ohne das übliche Relativpronomen. Er übersetzt die Verse 3–5: „Er wird sicher in einem lohenden Feuer brennen, * Und (ebenso) sein Weib, die (verächtliche) Brennholzträgerin, * Deren Hals ein Strick aus Palmen- (oder Pflanzen-) Fasern schmückt."

SURE 112

Edwin E. Calverley, The Grammar of Sūratu 'l-Ikhlāṣ (Studia Islamica 8, 1957, S. 5–14). Der Name der Sure (*al-Iḫlāṣ*) ist ausnahmsweise nicht ein dem Text entnommenes Stichwort, sondern eine Art Inhaltsangabe. Gemeint ist mit *al-Iḫlāṣ* die religiöse Haltung derer, „die ihren Glauben ganz auf Gott einstellen" (*aḫlaṣū dīnahum li-llāhi*, **4**,146). Weitere Belege zu diesem Sprachgebrauch in der Anmerkung zu **7**,29.

112,1 *huwa llāhu aḥadun*. Häufige koranische Formulierungen sind: *innamā huwa ilāhun wāḥidun* (Belege in der Anmerkung zu **6**,19) und *(huwa) llāhu l-wāḥidu l-qahhāru* (**39**,4; **12**,39; **13**,16; **40**,16; **14**,48). Im vorliegenden Vers ist die Wahl der Wortform *aḥadun* anstelle des sonst üblichen *wāḥidun* bzw. *al-wāḥidu* vermutlich durch den Reim bedingt.

112,2 Die Deutung des Ausdrucks *aṣ-ṣamadu* ist ganz unsicher. Franz Rosenthal zählt in seinem Beitrag „Some Minor Problems in the Qur'ân" zu „The Joshua Starr Memorial Volume" (New York 1953, S. 67–84) die verschiedenen Übersetzungen und Kommentierungen des Wortes auf und spricht anschließend die Vermutung aus, daß *ṣamad* auf einen religiösen Terminus des alten Nordwestsemitischen zurückgehen könnte (S. 72–83: Qur'ân 112. 2(2): *Aṣ-ṣamad*). R. Köbert vermutet in *ṣamad* eine Lehnübersetzung aus hebräisch *ṣūr* („Fels") als Bezeichnung für Gott (Das Gottesepitheton aṣ-ṣamad in Sure 112,2, Orientalia, N. S. 30, 1961, S. 204f.). Die in der Anmerkung zur Übersetzung an letzter Stelle angeführte Bezeichnung „fest" als Grundbedeutung von *ṣamad* wäre noch genauer zu definieren als „massiv", „gediegen" (im Gegensatz zu „hohl", „locker", „porös").

112,3 *lam yalid wa-lam yūlad*: **37**,151f.; **6**,101; **72**,3; **2**,116, mit weiteren Belegen. Siehe auch die Anmerkung zu **2**,116f.

SURE 113

Die Suren **113** und **114** werden wegen ihres ausgesprochen apotropäischen Charakters *al-mu'auwiḏatāni* „die beiden (gegen Unheil) feienden (Suren)" genannt. Zur Sache: Gesch. des Qor. I, S. 108–110. „Ihre Stellung am Ende des Qorānbuches verdanken sie vermutlich demselben Aberglauben, der bis auf den heutigen Tag die Muslime bestimmt, jeden Qorānvortrag mit der Formel ‚ich nehme Zuflucht zu Allāh vor dem Satan, dem verfluchten' (Sur. 16,100) zu beginnen." Im Codex von Ibn Mas'ūd waren die beiden Suren nicht enthalten (Jeffery, Materials, S. 113).

113,1 *a'ūḏu bi-...*: **114**,1; **23**,97f.; **16**,98; **7**,200/**41**,36. — *rabbi l-falaqi*: **6**,96.

SURE 114

Siehe die Vorbemerkung zu Sure **113**.

114,1 *a'ūḏu bi-...*: **113**,1, mit weiteren Belegen.

114,4f. *waswās* ist wohl als Abstraktum zu verstehen (Nomen agentis von *waswasa*), *ḫannās* dagegen als Person. Problematisch ist allerdings das syntaktische Verhältnis von *al-waswāsi* und *al-ḫannāsi*. Letzteres ist am ehesten als erklärende Apposition zu *al-waswāsi* zu deuten. — *allaḏī yuwaswisu fī ṣudūri n-nāsi*: **7**,20; **20**,120; (**50**,16); (**22**,52).

114,6 Der partitive Ausdruck *mina l-ǧinnati wan-nāsi* bezieht sich auf *al-ḫannāsi * llaḏī yuwaswisu...*, nicht auf das dem Ausdruck unmittelbar vorausgehende *an-nāsi*. Zur Sache: **6**,112.

NAMEN UND ABKÜRZUNGEN VON SUREN

In der Orientalistik pflegt man die 114 Suren des Korans nach den Nummern zu zitieren, die ihnen auf Grund ihrer Reihenfolge in der ganzen Sammlung zukommen. Die kurze Sure, die am Anfang steht, trägt die Nummer 1. Die nächste, besonders lange Sure leitet als Nummer 2 die große Masse derjenigen Suren ein, die bis herab zur Nummer 112 im allgemeinen nach dem abnehmenden Umfang aufeinanderfolgen (so daß die Suren um so weiter hinten stehen, je kürzer sie sind). Den Abschluß bilden zwei Suren mit apotropäischem Inhalt als die Nummern 113 und 114. In der arabisch-islamischen Fachliteratur herrscht ein anderes Verfahren vor. Hier ist es – wenn man von einigen modernen Werken absieht – nicht üblich, die Suren nach ihrem Standort durchzunumerieren. Sie werden nicht mit Nummern, sondern mit Namen und Abkürzungen versehen und nach diesen zitiert. Wer die einheimische Fachliteratur benützt und auf Surennamen oder -abkürzungen stößt, muß die betreffende Sure zuerst einmal identifizieren, ehe er mit dem Zitat etwas anfangen kann. Und das ist manchmal umständlich und zeitraubend. Die folgenden beiden Register sollen diesem Notstand abhelfen. Im ersten Register sind die Suren in der üblichen Reihenfolge aufgeführt und mit den Namen und Abkürzungen versehen, mit denen sie zitiert werden. Diese von Sure **1–114** durchgehende Übersicht, eine Art Bestandsaufnahme, zeigt, daß öfters bei ein und derselben Sure verschiedene Namen und Abkürzungen im Gebrauch waren. Im zweiten Register sind die Namen und Abkürzungen in alphabetischer Reihenfolge aufgeführt, so daß die fragliche Sure in jedem Einzelfall ohne unnötigen Zeitaufwand ausfindig gemacht werden kann. Für den praktischen Gebrauch wird man deshalb vor allem das zweite Register zu Rate ziehen. Vor der Benützung der Register sollte man sich aber über einige Sachfragen klar werden. Daher die folgenden, der allgemeinen Einführung in die Materie dienenden Bemerkungen.

Die Namen und Abkürzungen von Suren gehören nicht zum Textbestand des Korans. Infolgedessen waren sie im Wortlaut nicht eigentlich geschützt und daher reich an Varianten. Erst im Lauf der Zeit machte die Vielfalt der Abkürzungsformen einer mehr oder weniger durchgängigen Vereinheitlichung Platz. Das Endergebnis läßt sich aus der Liste der Surennamen ablesen, die am Schluß der offiziellen kairiner Koranausgabe abgedruckt ist, und in der für jede Sure nur ein einziger Name angeführt wird. In einigen wenigen Fällen scheint allerdings die Vereinheitlichung nicht vollständig durchgeführt worden zu sein.

So kommt für Sure **9** neben *at-tauba* auch noch die Bezeichnung *barā'a* vor, für Sure **40** neben *ġāfir* die Bezeichnung *al-mu'min*, für Sure **47** neben *Muḥammad* die Bezeichnung *al-qitāl*. Nach Goossens ist der Gebrauch der Bezeichnungen für die beiden zuletzt genannten Suren örtlich verschieden: Im Osten der islamischen Welt gelten für die Suren **40** und **47** die Namen *ġāfir* bzw. *Muḥammad*, im Maġrib *al-mu'min* bzw. *al-qitāl* (Der Islam 13, 1923, S. 195).

Für das Zustandekommen der Bezeichnung für die einzelnen Suren lassen sich zweierlei Verfahren unterscheiden, die nebeneinander herliefen und sich zum Teil wohl auch ablösten oder miteinander kombiniert wurden. Das eine Verfahren bestand darin, daß man die betreffende Sure ganz mechanisch nach ihrem Anfang zitierte. So kamen Abkürzungen zustand wie *alif-lām-mīm ġulibati r-Rūm* für Sure **30**, *iqtaraba lin-nāsi ḥisābuhum* oder bloßes *iqtaraba* für Sure **21**, *'amma yatasā'alūna* oder bloßes *'amma* für Sure **78**, *a-lam tara kaifa fa'ala rabbuka bi-aṣḥābi l-fīl* oder *a-lam tara* oder bloßes *a-lam* für Sure **105**. Beim anderen Verfahren wählte man ein einzelnes, irgendwie auffallendes Wort als Kennwort für die betreffende Sure. Am Anfang oder nahe am Anfang der Sure stehende Kennworte wurden bevorzugt, z. B. *ar-Rūm* für Sure **30**, *fāṭir* für Sure **35**, *al-qamar* für Sure **54**. Aber manchmal fiel die Wahl auch auf ein charakteristisches Wort, das mitten im Text oder gar gegen Ende der betreffenden Sure steht, so auf *baqara* (V. 67–73) für Sure **2**, *an-naḥl* (V. 68f.) für Sure **16** und *aš-šu'arā'* (V. 224–226) für Sure **26**. Nicht selten wurden Suren nach darin vorkommenden Eigennamen benannt, besonders nach Namen von Gestalten aus der früheren Heilsgeschichte *(Yūnus, Hūd, Ibrāhīm, Maryam, Nūḥ)*. Auch hier handelt es sich im Prinzip um punktuell ausgewählte Stichworte. Von Jonas *(Yūnus)* handelt nur Vers 98 der nach ihm benannten Sure **10**, während in Sure **37**,139 bis 148 und **68**,48–50 wesentlich mehr über diesen Gottesmann ausgesagt wird. Die nach Joseph *(Yūsuf)* und Noah *(Nūḥ)* benannten Suren **12** und **71** bilden insofern Ausnahmen, als hier der seltene Fall vorliegt, daß Suren einen einheitlichen Inhalt haben: Sure **12** handelt ausschließlich von der Geschichte von Joseph, Sure **71** ausschließlich von der von Noah. Ähnlich verhält es sich mit Sure **65**: Die Überschrift *aṭ-ṭalāq* („die Entlassung") ist wohl aus dem Wortlaut von Vers 1 abgeleitet (s. u.), kennzeichnet aber zugleich den hauptsächlichen Inhalt der ganzen Sure (V. 1–7). Eine grundsätzlich durch den Inhalt der Sure bedingte Namengebung hat anscheinend nur in vier Fällen stattgefunden: bei der die ganze Sammlung „eröffnenden" Sure **1** *(al-fātiḥa)*; bei Sure **21**, die nach den vielen früheren Gottesmännern, die von Vers 48 ab namentlich aufgeführt werden, die Überschrift *al-anbiyā'* („die Propheten") trägt, obwohl dieses Wort im Text selber nicht vorkommt; bei der kurzen, betont monotheistischen Sure **112**, die die Überschrift *al-iḫlāṣ* trägt, was man mit „Glauben ohne Vorbehalt" wiedergeben könnte; bei den beiden letzten Suren **113** und **114**, die neben ihren aus Stichworten gewonnenen Einzelnamen *al-falaq* und *an-nās* eben ihres Inhalts wegen gemeinsam *al-mu'auwiḏatān* („die beiden Apotropäischen") genannt werden.

Wenn einzelne koranische Worte zu Kennworten für ganze Suren wurden (zweites Verfahren), behielten sie ihre sprachliche Form nicht immer genau bei. Indeterminierte Nomina wurden mit dem bestimmten Artikel versehen. Z.B. *(sūrat) al-baqara* „die Sure mit der Kuh" (*baqara* ist in Sure **2**,67–71 durchweg indeterminiert); *(sūrat) al-mā'ida* „die Sure mit dem Tisch" (Sure **5**,112.114: *mā'ida*, indeterminiert); *(sūrat) al-mu'min* „die Sure mit dem (nicht näher bezeichneten) Gläubigen (von den Leuten Pharaos)" (Sure **40**,28: *rağulun mu'minun min āli Fir'auna*). Finite Verbalformen wurden meistens in Infinitive verwandelt. Z.B. *aš-šarḥ* „das Weiten" (Sure **94**,1: *a-lam našraḥ*); *al-isrā'* „die (nächtliche) Reise" (Sure **17**,1: *allaḏī asrā bi-'abdihī lailan*); *al-muğādala* „der Streit" (Sure **58**,1: *allatī tuğādiluka fī zauğihā*); *at-takwīr* „das Einhüllen" (Sure **81**,1: *iḏā š-šamsu kūwirat*; daneben ist allerdings auch die unveränderte Form *kūwirat* als Kennwort überliefert, so wie für Sure **41** durchweg die unveränderte Form *fuṣṣilat* verwendet wird, nach Vers 3: *kitābun fuṣṣilat āyātuhū*); *at-taḥrīm* „das Verbieten" (Sure **66**,1: *li-ma tuḥarrimu*); *aṭ-ṭalāq* „die Entlassung" (Sure **65**,1: *iḏā ṭallaqtumu n-nisā'a fa-ṭalliqūhunna li-'iddatihinna*); *al-'ibāda* „das Verehren", nach Suyūṭi, Kitāb al-Itqān, Kairo 1317, I, S. 56 ein weiterer Name von Sure **109** (auf Grund der vielen von *'abada* gebildeten Verbalformen in den Versen 2–5). Vielleicht ist das aus Sure **60**,10 *(iḏā ğā'akumu l-mu'minātu muhāğirātin fa-mtaḥinūhunna)* abgeleitete Kennwort *al-mumtaḥana* auch besser als Infinitiv zu deuten (so daß zu übersetzen ist: „die Prüfung"), und nicht nach Suyūṭī, ebenda, als Partizip Passiv („die geprüft wird"). Aus *(ḫarrū) suğğadan* (Sure **32**,15) wurde *as-sağda* „die Anbetung".

In einem von Nabia Abbott herausgegebenen, aus der Mitte des 8. Jahrhunderts stammenden Papyrusfragment von Muqātil ibn Sulaimān's al-Wuğūh wan-naẓā'ir (Studies in Arabic Literary Papyri, II, Chicago 1967, S. 92–94) wird mit der Präposition *fī* insgesamt 36mal auf Koranstellen verwiesen. Dabei steht die Präposition 35mal unmittelbar vor dem Kennwort der Sure, und nur einmal ist dem Kennwort das Wort *sūrat* (im Status constructus) vorgesetzt, dies vermutlich aus einem sachlichen Grund (*ka-qauli Iblīs fī sūrat Ibrāhīm*; die Formulierung *ka-qauli Iblīs fī Ibrāhīm* hätte mißverstanden werden können in dem Sinn: „wie Iblīs über Abraham sagt bzw. gesagt hat"). Die Bezeichnung von Suren mit dem bloßen Kennwort ist vereinzelt auch aus Buḫārī und Muslim zu belegen. Aber in der Mehrzahl der Fälle wird hier *sūrat* vorgesetzt. In Buḫārī, Faḍā'il al-qur'ān, bāb 22 findet sich die Formulierung *ma'ī sūrat ka-ḏā wa-sūrat ka-ḏā wa-sūrat ka-ḏā* („ich kann die und die und die Sure auswendig"). Die Verwendung von *sūrat* mit folgendem epexegetischem Genitiv ist im Lauf der Zeit wohl allgemein üblich geworden. Zu beachten ist, daß Kennworte, die unverändert aus dem Text übernommen sind, dabei in ihrem ursprünglichen Kasus belassen und nur virtuell in den Genitiv gesetzt werden. Also *sūrat al-mu'minūn* (nach Sure **23**,1: *qad aflaḥa l-mu'minūna*); *sūrat al-munāfiqūn* (nach Sure **63**,1: *iḏā ğā'aka l-munāfiqūna*); *sūrat al-kāfirūn* (nach Sure **109**,1: *qul aiyuhā l-kāfirūna*); dagegen *sūrat al-muṭaffifīn* (weil es in Sure **83**,1 heißt: *wailun lil-*

muṭaffifīna, die Genitivform demnach schon durch den Text gegeben ist). Wenn in vereinzelten Fällen auch die Formen *sūrat al-mu'minīn* und *sūrat al-munāfiqīn* vorkommen, sind diese als begreifliche Verstöße gegen die Regel zu erklären. Unwillkürlich sucht man einen auf *ūna* endenden Nominativ hinter einem Status constructus zu vermeiden.

Einen Fall für sich bildet die Bezeichnung der 1. Sure als *sūrat al-fātiḥa* (neben der vermutlich älteren Form *fātiḥat al-kitāb*). Man könnte davon ausgehen, daß die Femininform *fātiḥa* im Ausdruck *fātiḥatu l-kitābi* durch den zu ergänzenden Begriff *sūra* bedingt ist, so daß man genau genommen übersetzen müßte: „die die Schrift (= den Koran) eröffnende (Sure)". Dies wäre zur Kurzform *al-fātiḥa* „die Eröffnende" vereinfacht worden, da es selbstverständlich ist, daß es sich um die Eröffnung der Schrift (*al-kitāb*) handelt. Das alleinstehende *al-fātiḥa* wäre weiter in das Schema einbezogen worden, wonach jeder Surenname als epexegetischer Genitiv dem Status constructus *sūrat* untergeordnet wurde. Siehe Reckendorf, Syntax, S. 140, Z. 3 („die Sure ‚Eröffnerin des Buches'"). Der sprachliche Befund läßt sich aber einfacher erklären, wenn man annimmt, daß die Femininform *fātiḥa(t)* nicht mit dem Feminin *sūra* zusammenhängt, sondern von vornherein die Funktion eines Substantivs hatte und „Eröffnung", „Anfang" bedeutet. Man vergleiche Formulierungen wie *qara'a fātiḥata s-sūrati wa-ḫātimatahā* (Lane, s. v. *fataḥa*) und *man qara'a āyata l-kursīyi wa-fātiḥata ḥāmīm al-mu'min*... (Dārimi, Faḍā'il al-qur'ān, bāb 14). In diesem Fall ist *fātiḥatu l-kitābi* zu übersetzen: „die Eröffnung (oder der Anfang) der Schrift (= des Korans)", und die epexegetische Genitivverbindung *sūrat al-fātiḥa*: „die Eröffnungs- (oder Anfangs-) Sure".

Suyūṭī (gest. 1505) widmet im 17. Kapitel seines Handbuchs der Koranwissenschaften den Surennamen einen eigenen Abschnitt (Kitāb al-Itqān, 2 Bände, Kairo 1317, I, 53–58). Darin führt er u. a. eine ganze Anzahl zusätzlicher Bezeichnungen von Suren an, die in Wirklichkeit keine Namen sind, sondern bloße Charakterisierungen oder rühmende Epitheta. Sure **2** (*al-baqara*) soll demnach – um nur ein paar Beispiele anzuführen – auch *fusṭāṭ al-qur'ān* und *sanām al-qur'ān* genannt worden sein, Sure **36** (*yāsīn*) auch *qalb al-qur'ān*, Sure **67** (*al-mulk*) auch *al-māniʿa* und *al-munǧiya*. Für Sure **1** zählt Suyūṭī nicht weniger als 25 Bezeichnungen auf, was ein Unding wäre, wenn man darunter lauter Namen für ein und dieselbe Sure verstehen würde. In den beiden Registern sind solche uneigentlichen Namen ausgelassen auf die Gefahr hin, daß damit auch einige echte Surennamen unter den Tisch gefallen sind. Dagegen wurden aus praktischen Gründen wenigstens im zweiten Register einige Bezeichnungen aufgenommen, die sich (wie *al-muʿauwiḏatān* als Bezeichnung der Suren **113** und **114**) auf eine Mehrzahl von Suren erstrecken, ohne daß sie die Funktion von eigentlichen Namen haben. Teils handelt es sich um Sammelbezeichnungen von Suren, die mit den gleichen Siglen oder Formeln eingeleitet werden (*aṭ-ṭawāsīn*, *al-ḥawāmīm*, *al-musabbiḥāt*, *al-qalāqil*), teils um Gruppierungen nach anderen formalen Gesichtspunkten (*as-sabʿ aṭ-ṭiwāl*, *al-mi'ūn*, *al-ʿitāq*, *al-mufaṣṣal*). Unberücksichtigt blieb nur die Bezeichnung *az-zahrāwān* für die beiden Suren 2 und 3 (Itqān I, S. 64, nach Muslim, Ṣalāt al-musāfirīn, bāb 252), da es sich dabei offensichtlich um ein bloßes Epitheton handelt.

Eben im Kitāb al-Itqān wird auch ein – allerdings als „schwach" oder untergeschoben bezeichnetes – Ḥadīṯ angeführt, dem zufolge man nicht *sūrat al-baqara*, *sūrat āl ʿImrān* („Kuh-Sure", „Āl-ʿImrān-Sure") usw. sagen solle, sondern *as-sūratu llatī tuḏkaru fīhā l-baqara wa-llatī yuḏkaru fīhā āl ʿImrān* („die Sure, in der die Kuh erwähnt wird, in der die Sippe ʿImrāns erwähnt wird") usw. (I, S. 53). F. Buhl schloß daraus zu Unrecht, daß die Surennamen ursprünglich so gelautet haben (Enzyklopädie des Islam[1], II, S. 1149). In Wirklichkeit steckt hinter dem Ḥadīṯ die Tendenz, dem Koran beim Zitieren die gebührende Würde zukommen zu lassen und nüchtern-respektlose Formulierungen wie „die Kuh-Sure" zu vermeiden. Aber in der Praxis ließ sich eine so umständliche Form des Zitierens, wie sie hier verlangt wird, kaum durchführen. In den beiden Registern ist nicht darauf Bezug genommen.

Über die Entstehungszeit der Surenabkürzungen und -namen lassen sich keine genauen Angaben machen. Man darf wohl annehmen, daß schon bald nach der Kodifizierung des Korans das Bedürfnis auftrat, einzelne Suren irgendwie als solche zu definieren. Aber von da bis zur Aufstellung eines regelrechten Namenkataloges war noch ein weiter Weg. Daß die Surennamen sich spätestens um die Mitte des 8. Jahrhunderts eingebürgert hatten, ist sicher. Das Kapitel über die Häresie der Ismaeliten, das als Bestandteil eines großen, nach 742 abgeschlossenen Werkes von Johannes Damascenus überliefert ist (Migne, Patrologia Graeca, Band 94, S. 763–774), läßt sich allerdings nicht mehr als Beleg für diesen zeitlichen Ansatz beiziehen. Nach Armand Abel stammt gerade dieses Kapitel aus späterer Zeit und ist erst nachträglich in das Werk des Johannes eingeschoben worden (Le chapitre CI du Livre des Hérésies de Jean Damascène: son inauthenticité. Studia Islamica 19, 1963, S. 5–25). Es liegen aber genügend Belege aus der arabischen Literatur vor: die Surennamen, die im Text von Überlieferungen der beiden Ṣaḥīḥe von Buḫārī und Muslim genannt sind, weiter die Surennamen in einem eben aus der Mitte des 8. Jahrhunderts stammenden Papyrusfragment, das Nabia Abbott herausgegeben hat (Studies in Arabic Literary Papyri, II, Qur'ānic Commentary and Tradition, Chicago 1967, S. 92–113: The *Wujūh wa al-naẓā'ir* of Muqātil ibn Sulaimān).

In der handschriftlichen Überlieferung des Korans wurden die Surennamen ursprünglich nicht berücksichtigt. Als sie dann doch Eingang in die Manuskripte fanden, erhob sich Widerspruch. Ibn Abī Dāwūd (gest. 929) gibt in seinem Kitāb al-Maṣāḥif (ed. Arthur Jeffery, Materials for the History of the Text of the Qur'ān, Leiden 1937, S. 137f.) einige mit Isnād auf Ibrāhīm (an-Naḫaʿī, gest. 715) zurückgeführte Überlieferungen wieder. Danach mißbilligte dieser Koranleser und Rechtsgelehrte derartige Eintragungen und forderte dazu auf, sie zu tilgen. Von ʿAṭāʾ (ibn Abī Rabāḥ, gest. 732) heißt es ebenfalls in Ibn Abī Dāwūd's Kitāb al-Maṣāḥif, er habe verboten, bei jeder Sure dazuzuschreiben: „Ende der und der Sure, und sie hat so und so viel Verse (*ḫātimat sūrat ka-ḏā wa-fīhā ka-ḏā wa-ka-ḏā āya*)“ und dies als *bid'a* bezeichnet. In einer weiteren Überlieferung wird von einem gewissen Abū Razīn, der dem Isnād zufolge etwa in dieselbe Zeit anzusetzen ist wie 'Aṭā', berichtet, er habe die Eintragung „Ende der Sure so und so“ abgelehnt mit der Begründung, er fürchte, es würde eine Generation heraufwachsen, die meine, eine solche Eintragung sei (ebenso wie der Text des Korans) vom Himmel herabgesandt worden. Siehe auch die zum Teil damit übereinstimmenden Überlieferungen im 76. Kapitel von Suyūṭī's Kitāb al-Itqān (Kairo 1317, II, S. 170f.) sowie Gesch. des Qor., III, S. 259.

Trotz solcher Einwände hatte sich die Einfügung der Surennamen bald allgemein durchgesetzt. Wie in den beiden letzten Zitaten angedeutet ist, wurden sie zuerst am Schluß der betreffenden Suren angebracht. Später fanden sie ihren Platz am Anfang der Suren. Der Terminus technicus für beide Arten der Anbringung lautet *ḫātimat sūrat ka-ḏā* und *fātiḥat sūrat ka-ḏā* (Ibn Abī Dāwūd, a.a.O., S. 138, Z. 11, von Abū l-'Āliya, gest. 711: *kāna yakrahu fātiḥat sūrat ka-ḏā wa-ḫātimat sūrat ka-ḏā*). Zur Nennung der Surennamen trat die Angabe über die Anzahl der Verse hinzu (*wa-fīhā ka-ḏā wa-ka-ḏā āya*, s.o. in der Überlieferung von 'Aṭā'), schließlich auch noch die Bemerkung, daß die betreffende Sure „mekkanisch“ oder „medinisch“, d.h. vor oder nach der Hiğra geoffenbart ist. Die Überschriften, die in der offiziellen kairiner Koranausgabe den Suren voranstehen, sind das Endergebnis einer jahrhundertelangen Entwicklung.

I. Surennamen und -abkürzungen

angeordnet nach der Reihenfolge der Suren

1 *al-fātiḥa*
fātiḥat al-kitāb
umm al-kitāb
2 *al-baqara*
3 *āl 'Imrān*
4 *an-nisā'*
5 *al-mā'ida*
al-'uqūd
6 *al-an'ām*
7 *al-a'rāf*
alif-lām-mīm-ṣād
8 *al-anfāl*
9 *at-tauba*
barā'a
10 *Yūnus*
11 *Hūd*
12 *Yūsuf*
13 *ar-ra'd*
14 *Ibrāhīm*
15 *al-Ḥiǧr*
aṣḥāb al-Ḥiǧr
16 *an-naḥl*
an-ni'am
17 *al-isrā'*
Banī Isrā'īl
subḥāna
18 *al-kahf*
aṣḥāb al-kahf
19 *Maryam*
kāf-hā-yā-'ain-ṣād
20 *ṭāhā*
al-kalīm
21 *al-anbiyā'*
iqtaraba lin-nāsi ḥisābuhum
iqtaraba
22 *al-ḥaǧǧ*
23 *al-mu'minūn*
(*al-mu'minīn*)
qad aflaḥa l-mu'minūn
24 *an-nūr*
25 *al-furqān*
tabāraka llaḏī nazzala l-furqāna
tabāraka al-furqān
26 *aš-šu'arā'*
ṭā-sīn aš-šu'arā'
27 *an-naml*
ṭā-sīn an-naml
Sulaimān
ṭā-sīn Sulaimān
28 *al-qaṣaṣ*
ṭā-sīn-mīm al-qaṣaṣ
29 *al-'ankabūt*
30 *ar-Rūm*
alif-lām-mīm ġulibati r-Rūm
31 *Luqmān*
32 *as-sağda* (vgl. Sure 41)
alif-lām-mīm as-sağda
alif-lām-mīm tanzīl
tanzīl as-sağda
al-maḍāǧi'
33 *al-Aḥzāb*
34 *Saba'*
35 *fāṭir*
al-ḥamdu li-llāhi fāṭir
al-malā'ika
36 *yā-sīn*
yā-sīn wal-qur'ān
37 *aṣ-ṣāffāt*
38 *ṣād*
ṣād wal-qur'ān
39 *az-zumar*
tanzīl az-zumar
al-ġuraf
40 *ġāfir*

al-mu'min
ḥā-mīm al-mu'min
aṭ-ṭaul
41 *fuṣṣilat*
as-sağda (vgl. Sure 32)
ḥā-mīm as-sağda
al-maṣābīḥ
42 *aš-šūrā*
ḥā-mīm aš-šūrā
ḥā-mīm 'ain-sīn-qāf
43 *az-zuḫruf*
ḥā-mīm az-zuḫruf
44 *ad-duḫān*
ḥā mīm ad-duḫān
45 *al-ğāṯiya*
ḥā-mīm al-ğāṯiya
aš-šarī'a
ḥā-mīm aš-šarī'a
ad-dahr
ḥā-mīm tanzīl
46 *al-Aḥqāf*
ḥā-mīm al-Aḥqāf
47 *Muḥammad*
al-qitāl
allaḏīna kafarū
48 *al-fatḥ*
innā fataḥnā laka
innā fataḥnā
49 *al-ḥuğurāt*
50 *qāf*
qāf wal-qur'ān
al-mağīd
al-bāsiqāt
51 *aḏ-ḏāriyāt*
waḏ-ḏāriyāt
52 *aṭ-Ṭūr*
waṭ-Ṭūr
53 *an-nağm*
wan-nağm
54 *al-qamar*
iqtarabati s-sā'atu wa-nšaqqa l-qamar
iqtarabati s-sā'a
iqtarabat
55 *ar-raḥmān*
56 *al-wāqi'a*
iḏā waqa'ati l-wāqi'a
iḏā waqa'at
57 *al-ḥadīd*
58 *al-muğādala*
(*aẓ-ẓihār*)
59 *al-ḥašr*
60 *al-mumtaḥana*
al-mumtaḥina
al-imtiḥān
al-mar'a
61 *aṣ-ṣaff*
al-ḥawārīyīn
al-ḥawārīyūn
62 *al-ğum'a*
63 *al-munāfiqūn*
(*al-munāfiqīn*)
iḏā ğā'aka l-munāfiqūn
64 *at-taġābun*
65 *aṭ-ṭalāq*
yā aiyuhā n-nabīyu iḏā ṭallaqtumu n-nisā'
(*sūrat an-nisā' al-quṣrā*)
66 *at-taḥrīm*
an-nabī
yā aiyhuhā n-nabīyu li-ma tuḥarrimu
li-ma tuḥarrimu
67 *al-mulk*
tabāraka llaḏī bi-yadihi l-mulk
tabāraka
68 *al-qalam*
nūn wal-qalam
nūn
69 *al-ḥāqqa*
70 *al-ma'āriğ*
ḏī l-ma'āriğ
sa'ala sā'il
al-wāqi'
71 *Nūḥ*
innā arsalnā Nūḥan
innā arsalnā
72 *al-ğinn*

qul ūḥiya ilaiya
qul ūḥiya
73 *al-muzzammil*
yā aiyuhā l-muzzammil
74 *al-muddaṯṯir*
yā aiyuhā l-muddaṯṯir
75 *al-qiyāma*
lā uqsimu bi-yaumi l-qiyāma
76 *al-insān*
hal atā ʿalā l-insān
hal atā
77 *al-mursalāt*
wal-mursalāti ʿurfan
wal-mursalāt
78 *an-nabaʾ*
ʿamma yatasāʾalūna
ʿamma
at-tasāʾul
al-muʿṣirāt
79 *an-nāziʿāt*
wan-nāziʿāt
80 *ʿabasa*
ʿabasa wa-tawallā
81 *at-takwīr*
iḏā š-šamsu kūwirat
iḏā š-šams
kūwirat
82 *al-infiṭār*
iḏā š-šamsu nfaṭarat
infaṭarat
83 *al-muṭaffifīn*
wailun lil-muṭaffifīn
84 *al-inšiqāq*
iḏā s-samāʾu nšaqqat
inšaqqat
85 *al-burūǧ*
was-samāʾi ḏāti l-burūǧ
as-samāʾ ḏāt al-burūǧ
86 *aṭ-ṭāriq*
was-samāʾi waṭ-ṭāriq
87 *al-aʿlā*
sabbiḥi sma rabbika l-aʿlā
sabbiḥi sma rabbika
sabbiḥ
88 *al-ġāšiya*
hal atāka ḥadīṯu l-ġāšiya
hal atāka
89 *al-faǧr*
wal-faǧr
90 *al-balad*
lā uqsimu bi-hāḏā l-balad
lā uqsimu
91 *aš-šams*
waš-šamsi wa-ḍuḥāhā
waš-šams
aš-šams wa-ḍuḥāhā
92 *al-lail*
wal-laili iḏā yaġšā
wal-lail
93 *aḍ-ḍuḥā*
waḍ-ḍuḥā
94 *aš-šarḥ*
a-lam našraḥ laka ṣadraka
a-lam našraḥ laka
a-lam našraḥ
95 *at-tīn*
wat-tīni waz-zaitūn
wat-tīn
96 *al-ʿalaq*
iqraʾ bi-smi rabbika
iqraʾ bi-smi
97 *al-qadr*
innā anzalnāhu
98 *al-baiyina*
lam yakuni llaḏīna min ahli l-kitāb
lam yakun
ahl al-kitāb
99 *az-zalzala*
iḏā zulzilati l-arḍu zilzālahā
iḏā zulzilat
100 *al-ʿādiyāt*
wal-ʿādiyāti ṣubḥan
wal-ʿādiyāt
101 *al-qāriʿa*
102 *at-takāṯur*

alhākumu t-takāṯur
alhākum
103 *al-'aṣr*
wal-'aṣr
104 *al-humaza*
wailun li-kulli humaza
humaza
105 *al-fīl*
a-lam tara kaifa fa'ala rabbuka bi-aṣḥābi l-fīl
a-lam tara
a-lam
106 *Quraiš*
li-īlāfi Quraiš
li-īlāf
107 *al-mā'ūn*
a-ra'aita llaḏī
a-ra'aita
ad-dīn
108 *al-kauṯar*
innā a'ṭaināka l-kauṯar
innā a'ṭaināka
109 *al-kāfirūn*
qul yā aiyuhā l-kāfirūn
al-'ibāda
110 *an-naṣr*
iḏā ǧā'a naṣru llāhi wal-fatḥ
iḏā ǧā'a naṣru llāh
iḏā ǧā'a
naṣru llāh
at-taudī'
111 *al-masad*
tabbat yadā Abī Lahabin wa-tabba
tabbat yadā Abī Lahab
tabbat
(*Abī Lahab*)
112 *al-iḫlāṣ*
qul huwa llāhu aḥad
113 *al-falaq*
a'ūḏu bi-rabbi l-falaq
114 *an-nās*
a'ūḏu bi-rabbi n-nās

II. Surennamen und -abkürzungen

angeordnet nach dem Alphabet

Die Anordnung der Namen und Abkürzungen erfolgt nach dem deutschen Alphabet. Nicht berücksichtigt sind der bestimmte Artikel *al-* (mit weiteren, an den folgenden Konsonanten assimilierten Formen) und die Schwurpartikel *wa-*, mit der einige Suren eingeleitet werden. Konsonanten mit diakritischen Zeichen sind wie im Register von Brockelmanns Geschichte der arabischen Literatur eingereiht. Es folgen also aufeinander: *d ḏ ḍ*; *ǧ ġ*; *h ḥ ḫ*; *s š ṣ*; *t ṯ ṭ*; *z ẓ*. Die Konsonanten ʾ (*alif*) und ʿ (*ʿain*) sind nicht berücksichtigt, außer bei den am Anfang gewisser Suren stehenden Buchstabenkombinationen. Diese werden mit den Namen der Buchstaben (z.B. *alif-lām-mīm* für *ʾlm*) voll ausgeschrieben und dementsprechend eingereiht.

Nachträge und Berichtigungen

Seite 25, Z. 4 v. u. Am Schluß des Kommentars zu Sure *2,109* ist anzufügen: Frederik Leemhuis nimmt in seiner Dissertation eingehend zu dem Thema Stellung und spricht sich gegen die Deutung von *amr* als Logos aus: „*amr* can be taken as meaning simply *affair, business*, but also as *dispensation, scheme, plan*". (The *D* and *H* Stems in Koranic Arabic, Leiden 1977, S. 45–50.)

S. 34, Z. 7. Im Kommentar zu Sure *2,138* ist nach „steht" einzufügen: Siehe jetzt auch R. Köbert, Zur Bedeutung von *ṣibġa* in Koran *2,138* (Orientalia 42, 1973, S. 518f.) und Zur Bedeutung von Sure *2,138* (Orientalia 44, 1975, S. 106f.).

S. 42, Z. 16. Im Kommentar zu Sure *2,198* ist nach „... *62,9*f." einzufügen: Von Ibn Mas'ūd wird folgender Zusatz überliefert: *wa-man tāǧara fa-lā iṯma li-mani ttaqā*. Vgl. Vers 203: *wa-man ta'aḫḫara* (bei Pleneschreibung gleicher Konsonantenbestand wie *tāǧara*!) *fa-lā iṯma 'alaihi li-mani ttaqā* (Gesch. des Qor. III, S. 62).

S. 43, Z. 6. Im Kommentar zu Sure *2,200* ist nach „... zu rühmen" einzufügen: Werner Caskel (Ǧamharat an-nasab I, S. 24) verweist auf den Ahnenstolz und den Rest eines Ahnenkultes, der bis ins 19. Jahrhundert bestanden hat.

S. 46, Z. 11 v. u. Im Kommentar zu Sure *2,219* ist nach „1343/1925)". einzufügen: Zum Losspiel (Maisir) siehe jetzt Franz Rosenthal, Gambling in Islam, Leiden 1975, bes. S. 67–84.

S. 52, Z. 3 v. u. Im Kommentar zu Sure *2,248* ist nach „S. 208f." einzufügen: Siehe jetzt auch Arnold Goldberg, Die Vorstellung von der Schekhina bei Muhammed (Kairos 14, 1972, S. 188–199).

S. 53, Z. 20. Ebenfalls im Kommentar zu Sure *2,248* ist nach „Reliquien" einzufügen: Siehe jetzt auch Rudolf Sellheim, Noch einmal: baqīya im Koran (Dialogos. Für Harald Patzer. Wiesbaden 1975, S. 301–5).

S. 54, Z. 6 v. u. Am Schluß des Kommentars zu Sure *2,255* ist nach „Vgl. *10,39*." anzufügen: Siehe aber Franz Rosenthal, Knowledge Triumphant, Leiden 1970, S. 121, Anm. 4. Nach Rosenthal würde die einzig mögliche Übersetzung lauten: „Sie aber wissen nichts von dem, was er weiß, – außer was er will."

S. 83, Z. 5. Im Kommentar zu Sure *3,152* ist hinter „... ergänzt." einzufügen: Laut Edmund Beck, Orientalia, N. S. 25, 1956, S. 364f. soll nach Farrā' *wa-* manchmal nach *lammā* und *ḥattā iḏā* den Nachsatz einleiten. Siehe auch Ibn Qutaiba, Ta'wīl muškil al-qur'ān, Kairo 1373/1954, S. 197; Reckendorf, Syntax, § 253,6.

S. 91, Z. 17. Am Schluß des Kommentars zu Sure *4,3* ist anzufügen: Zum ganzen Zusammenhang siehe jetzt meinen Beitrag „Zur Koranforschung" (in: Deutsche Orientalistik am Beispiel Tübingens. Arabistische und islamkundliche Studien. Herausgegeben von Gernot Rotter, Tübingen 1974, S. 43–52), S. 46–49. Im Anschluß an Richard Bell vermute ich, daß in Vers 3 Männer, die nach der Schlacht am Uḥud heiratsfähige weibliche Waisen in ihre Obhut genommen und deren Erbgut verwaltet haben, ermahnt werden, diese lieber ohne weiteres Zuwarten in den Stand der Ehe zu erheben, als ihnen ihre Rechte vorzuenthalten. Der Nachdruck liegt meines Erachtens darauf, daß ein Mann unter den gegebenen Verhältnissen eine weitere Ehe (oder weitere Ehen) eingehen soll, nicht aber darauf, daß er nicht weiter als vier Frauen haben darf. In Vers 127, der für die Deutung von Vers 3 aufschlußreich ist, verstehe ich nunmehr den Ausdruck *wa-tarġabūna an tankiḥūhunna* dem Zusammenhang nach in negativem Sinn („und die ihr nicht zu heiraten gewillt seid"), während ich ursprünglich übersetzt hatte: „und die ihr zu heiraten begehrt". Sprachlich sind beide Deutungen möglich. Bei der Deutung in positivem Sinn ist zwischen *wa-tarġabūna* und dem folgenden Daß-Satz die Präposition *fī* zu ergänzen, bei der Deutung in negativem Sinn die Präposition *'an*. – Aus dem Umstand, daß in dem Ausdruck *au mā malakat aimānukum* („oder was ihr (an Sklavinnen) besitzt") im Gegensatz zu der vorausgehenden Empfehlung, zwei, drei oder vier Frauen zu heiraten, keine Zahl genannt wird, hat man nachträglich zu Unrecht geschlossen, ein Muslim könne sich eine unbegrenzte Anzahl von Konkubinen halten. In Wirklichkeit wird aber dem einzelnen Muslim nur die Möglichkeit eingeräumt, sich mit einer Sklavin zufriedenzugeben, nämlich dann, wenn er die Kosten für die Ehe mit einer freien Frau nicht aufbringen kann. Das ergibt sich eindeutig aus Vers 25.

S. 104, Z. 19. Am Schluß des Kommentars zu Sure *4*,102 ist anzufügen: Siehe das Ḥadīṯ Nr. 55 in dem von Mohammad Mustafa Azmi herausgegebenen Fragment der Ḥadīṯ-Sammlung des 'Abdallāh ibn 'Umar ('an Nāfi'), Studies in Early Ḥadīṯ Literature, Beirut 1968, arab. Text, S. 121. Spricht für die an zweiter Stelle gegebene Deutung des Textes. Siehe auch Mālik, Muwaṭṭa', Ṣalāt al-ḫauf, 3.

S. 107, Z. 13f., zu Sure *4*,127. Nach „Vers 127 ist aufschlußreich für das Verständnis von *4*,3" ist einzufügen: Siehe jetzt auch den Nachtrag zu diesem Vers.

S. 124f. Im Kommentar zu Sure *5*,60 ist auf Seite 125 zwischen den Zeilen 10 und 11 einzufügen: – Zu der etwas gewagten Übersetzung von *wa-'abada ṭ-ṭāġūta* des kanonischen Textes mit „und Götzendiener" (im Akkusativ, parallel zu den vorausgehenden Akkusativen *al-qiradata wal-ḫanāzīra*) siehe G. Bergsträsser, Islamica 2, 1926, S. 31; R. Paret, Textkritisch verwertbare Koranvarianten (in: Islamwissenschaftliche Abhandlungen, Fritz Meier zum sechzigsten Geburtstag, hgg. von Richard Gramlich, Wiesbaden 1974, S. 198–204), S. 199f.

S. 156, Z. 7 v. u. Zum Kommentar von Sure *7*,11–18 ist nach „... Speyer, S. 54–60" einzufügen: Wilson B. Bishai, A Possible Coptic Source for a Qur'ānic Text (Journal of the American Oriental Society 91, 1971, S. 125–8). Encomium von Theodosius, Erzbischof von Alexandrien (gest. 567), auf den Erzengel Michael (Budge, Miscellaneous Coptic Texts, S. 904–6).

S. 211, Z. 19. Im Kommentar zu Sure *9*,100 ist nach „... dieselbe Bedeutung hat." einzufügen: Vgl. auch *59*,10 und *23*,61.

S. 248, Z. 6. Im Kommentar zu Sure *12*,15 ist nach „... in Klammern zu denken." einzufügen: Siehe jetzt den Nachtrag zum Kommentar von Sure *3*,152 mit dem Hinweis auf die Feststellung von Edmund Beck.

S. 256, Z. 22f. Im Kommentar zu Sure *12*,110 ist nach „Siehe die Anmerkung zu *10*,103 (so, nicht *10*,102), mit weiteren Belegen." einzufügen: In der Übersetzung habe ich, vielleicht etwas übereilt, statt der kanonischen Lesart *fa-nuǧǧiya* (3. Pers. Sing.

Perfekt Passiv) die von Edmund Beck hervorgehobene Variante *fa-nunǧī* bzw. *fa-nunaǧǧī* (1. Pers. Plur. Imperfekt Aktiv) zugrundegelegt. Siehe R. Paret, Textkritisch verwertbare Koranvarianten (Festschrift Fritz Meier, Wiesbaden 1974, S. 198–204), S. 200f. Die Übersetzung der kanonischen Lesart würde lauten: „Und dann wurde errettet, wen wir (erretten) wollten (w. wollen)".

S. 278, Z. 26. Im Kommentar zu Sure *15*,78 ist nach „... 138." einzufügen: Siehe jetzt auch A. F. L. Beeston, The „Men of the Tanglewood" in the Qur'ān (Journal of Semitic Studies 13, 1968, S. 253–5). Beeston vermutet in der Bezeichnung *aṣḥāb al-aika* eine Reminiszenz an den alten Dusares-Kult.

S. 281, Z. 27. An den Stellennachweis zu Sure *15*,99 ist anzufügen: Siehe jetzt Franz Rosenthal, Knowledge Triumphant, Leiden 1970, S. 24f.: „Yaqîn always serves to refer to knowledge at its most certain." Der Verfasser hält die Deutung des Ausdrucks auf den Tod für nicht notwendig. Er vermutet darin eine Entlehnung des christlichen *alêtheia/shrârâ* und verweist auf Sure *10*,93, wo *yaqīn* durch *'ilm* ersetzt ist.

S. 290. Am Schluß der letzten Zeile ist zu Sure *16*,54 anzufügen: Siehe jetzt Bernhard Lewin, Le verbe arabe *a'taba* (Orientalia Suecana 25–26 (1976–1977), Uppsala 1978, S. 68–76).

S. 310. Ganz unten auf der Seite ist einzufügen: *18*,18 wa-nuqallibuhum *ḏāta l-yamīni wa-ḏāta š-šimāli.* Von Ḥasan von Baṣra wird statt *nuqallibuhum* die Variante *taqlibuhum* (2. Pers. Singular, „du" im Sinn von „man") überliefert. G. Bergsträsser schließt sich ihr an (Islamica 2, 1926, S. 39f.). Zu übersetzen wäre dann: „Du meinst, sie seien wach, während sie (in Wirklichkeit) schlafen und du sie nach rechts und links umkehren könnest (ohne daß sie wach würden). Und ihr Hund liegt mit ausgestreckten Beinen am Eingang."

S. 316, Z. 30. Am Schluß der Literaturangaben zu Sure *18*,60–82 ist anzufügen: Roger Paret, Un parallèle byzantin à Coran XVIII, 59–81 (Revue des Etudes Byzantines 26, 1968, S. 137–59).

S. 344, unten. Am Schluß der Kommentierung von Sure *21*,87f. ist anzufügen: Zur Schreibung von *nunǧī* siehe Rudi Paret, Textkritisch verwertbare Koranvarianten (Festschrift Fritz Meier, Wiesbaden 1974, S. 198–204), S. 200.

S. 346, Z. 27f. Zu Sure *21*,97 ist nach „... *4*,122, mit weiteren Belegen." einzufügen: Der Passus könnte auch schon als Nachsatz verstanden werden. Dann wäre (nach Setzung eines Kommas) zu übersetzen: „ist die Androhung, die wahr ist (und unweigerlich in Erfüllung gehen wird), nahegerückt." Siehe den Nachtrag zum Kommentar von Sure *3*,152 mit dem Hinweis auf die Feststellung von Edmund Beck.

S. 348, nach Z. 24 ist einzufügen: *22*,13 *yad'ū la-man ḍarruhū aqrabu min naf'ihī.* Edmund Beck verweist auf die von Ibn Mas'ūd überlieferte Lesart *yad'ū man ḍarruhū*... (Orientalia, N.S. 25, 1956, S. 358f.) und bemerkt dazu: „Die Variante macht den Eindruck einer (berechtigten) Korrektur." Demnach wäre „wahrhaftig" in der Übersetzung besser zu streichen.

S. 350, Z. 8f. Zu Sure *22*,36 ist nach „... *22*,28, mit weiteren Belegen." einzufügen: – *ṣawāffa.* Variante: *ṣawāfina* „wenn sie (nachdem ein Vorderfuß hochgebunden ist, zum Schlachten bereit) auf drei Füßen stehen." Siehe R. Paret, Textkritisch verwertbare

Koranvarianten (Festschrift Fritz Meier, Wiesbaden 1974, S. 198–204), S. 201f.

S. 352, Z. 1f. Zu Sure *22*,61. *ḏālika bi-anna llāha*... Der folgende Satz ist zu ersetzen durch: Der mit dieser Formulierung angedeutete Sinnzusammenhang läßt sich am ehesten aus der Parallelstelle *31*,29 (und 30) erschließen. – Z. 3. Nach „*3*,27, mit weiteren Belegen.“ ist anzufügen: bes. *31*,29.

S. 354, Z. 6 v. u. Zu Sure *23*,37 ist am Ende der Zeile anzufügen: Die Wortfolge *naḥyā wa-namūtu* („wir leben und sterben“), die man eigentlich erwarten würde, ist (in Sure *23*,37 und *45*,24) nur als Variante überliefert.

S. 355, Z. 3 v. u. Im Kommentar zu Sure *23*,61 ist nach „... *56*,10“ anzufügen: *59*,10.

S. 359, Z. 19f. Zu Sure *24*,27. Über die Variante *tasta'ḏinū* (statt *tasta'nisū*) siehe R. Paret, Textkritisch verwertbare Koranvarianten (Festschrift Fritz Meier, Wiesbaden 1974, S. 198–204), S. 202.

S. 362, Z. 13f. Im Kommentar zu Sure *24*,61 ist nach „... and the Sick“).“ einzufügen: Siehe jetzt Marc Philonenko, Une règle essénienne dans le Coran (Semitica 22, Paris 1972, S. 49–52). „C'est une réfutation de la règle essénienne que certains des Juifs de Médine voulaient, sans doute, voir respectée.“

S. 366. Zwischen Z. 2 und 3 v. u. ist einzufügen: *26*,4. Der Form nach liegt ein realer Bedingungssatz vor.

S. 373, Z. 22. Zwischen „*27*,25“ und „*wa-ya'lamu*...“ ist einzufügen: *allā yasǧudū li-llāhi*... Der fragwürdigen Übersetzung des kaum verständlichen Passus ist (im Anschluß an G. Bergsträsser) eine von Kisā'ī überlieferte Variante zugrundegelegt. Siehe R. Paret, Textkritisch verwertbare Koranvarianten (Festschrift Fritz Meier, Wiesbaden 1974, S. 198–204), S. 202–4. –

S. 392, Z. 28–31. Am Schluß des Kommentars zu Sure *30*,57 ist anzufügen: Siehe die Anmerkung und den Nachtrag zu Sure *16*,84.

S. 395, Z. 10. Im Kommentar zu Sure *31*,29 ist nach „*3*,27, mit weiteren Belegen.“ einzufügen: bes. *22*,61.

S. 395, Z. 24. Im Kommentar zu Sure *31*,32 ist nach „*68*,28.“ einzufügen: Siehe Helmer Ringgren, The pure religion (Oriens 15, 1962, S. 93–6), S. 96.

S. 398. Im Kommentar zu Sure *33* ist vor Z. 13 v. u. einzufügen: *33*,14. Siehe M. J. Kister, The Battle of the Ḥarra (Studies in Memory of Gaston Wiet, Jerusalem 1977, S. 33–49), S. 45.

S. 416, Z. 1 v. u. Unmittelbar hinter „... une ruse.“ ist anzufügen: Siehe jetzt auch Gotthard Strohmeier, Eine sabische Abrahamlegende und Sure *37*,83–93 (Studien zum Menschenbild in Gnosis und Manichäismus, herausgegeben von Peter Nagel, Halle 1979, S. 223–227).

S. 417, Z. 12 v. u. Am Schluß der Anmerkung zu Sure *37*,103f. ist anzufügen: Siehe den Nachtrag zum Kommentar von Sure *3*,152 mit dem Hinweis auf die Feststellung von Edmund Beck.

S. 418, Z. 6–8.9.20f. Zu Sure *37*,123–132, 123, 129–32. Für *Ilyās* und *Ilyāsīn* werden von Ibn Mas'ūd die Varianten *Idrīs* und *Idrāsīn* überliefert. I. Goldziher, Die Richtungen der islamischen Koranauslegung, S. 18; G. Bergsträsser, Gesch. des Qor. III, S. 73; Edmund Beck, Orientalia, N.S. 28, 1959, S. 197–9.

S. 420, Z. 1 v. u. Im Kommentar zu Sure *38*,17 ist nach „... zu berichtigen." einzufügen: Man muß aber bedenken, daß in der angeführten Belegstelle *38*,45 (*ulī l-aidī wal-abṣāri*) der Ausdruck *al-aidī* nur als Mehrzahl von *yad* verstanden werden kann.

S. 423, Z. 9 v. u. An die Bemerkung zu Sure *38*,71–85 ist anzufügen: Siehe den Nachtrag zu Sure *7*,11–18.

S. 428, Z. 19. Im Kommentar zu *39*,73 ist nach „*39*,71 (Gegensatz)." einzufügen: – *ḥattā iḏā ǧā'ūhā wa-futiḥat*... Siehe den Nachtrag zum Kommentar von Sure *3*,152 mit dem Hinweis auf die Feststellung von Edmund Beck.

S. 434, Z. 26–8. Im letzten Satz des Kommentars zu Sure *41*,24 ist nach „die Anmerkung" einzufügen: und den Nachtrag.

S. 436, Z. 3. Zu Sure *42*,1 f. Am Schluß der Zeile ist nach „die Kombination *'sq*." einzufügen: Statt *ḥm. 'sq*. ist auch die Variante *ḥm. sq*. überliefert. Gesch. des Qor. III, S. 73; Edmund Beck, Orientalia, N.S. 23, 1954, S. 422.

S. 437, Z. 3 v. u. Zu Sure *42*,32. Am Schluß der Zeile ist anzufügen: A. F. L. Beeston, Ships in a Quranic Simile (Journal of Arabic Literature, 4, 1973, S. 94–6).

S. 438, Z. 4 u. 3 v. u. Zu Sure *42*,51. Die an zweiter Stelle angeführte Übersetzung „es sei denn (unmittelbar) durch Eingebung" wird von John Wansbrough in Quranic Studies, Oxford 1977, S. 34f. vertreten und begründet.

S. 445, Z. 11 v. u. ist zu Sure *45*,24 nach „16,38, mit weiteren Belegen." anzufügen: Die Wortfolge *naḥyā wa-namūtu* („wir leben und sterben"), die man eigentlich erwarten würde, ist (in Sure *23*,37 und *45*,24) nur als Variante überliefert.

S. 446, Z. 16f. Im letzten Satz des Kommentars zu Sure *45*,35 ist nach „die Anmerkung" einzufügen: und den Nachtrag.

S. 450, Z. 31–3. Der letzte Satz der Anmerkung zu Sure *47*,30 mit dem Hinweis auf J. Fück, Arabiya ist zu ersetzen durch: Zur Bedeutung von *laḥn* siehe Manfred Ullmann in: Beiträge zur Lexikographie des Klassischen Arabisch, Heft 1 (Sitzungsberichte der Bayer. Akademie der Wissenschaften 1980).

S. 452, Z. 17–19. Am Schluß der Anmerkung zu Sure *48*,15f. ist anzufügen: – *au yuslimūna*. Im Hinblick auf Sure *9*,5 ist die zur Wahl gestellte Übersetzung „es sei denn, sie nehmen den Islam an" vielleicht vorzuziehen.

S. 454, Z. 18–21. Am Schluß der Anmerkung zu Sure *49*,14 ist anzufügen: Zur Wortform *yalitkum* siehe G. Bergsträsser, Gesch. des Qor. III, S. 114, Anm. 1; Edmund Beck, Der 'uṯmānische Kodex in der Koranlesung des zweiten Jahrhunderts (Orientalia, N.S. 14, 1945, S. 355–73), S. 369f.; Jörg Kraemer, Theodor Nöldeke's Belegwörterbuch zur klassischen arabischen Sprache, Berlin 1952, s.v. *'alata* „verkürzen", „schädigen".

S. 458, Z. 9f. Im Kommentar zu Sure *51*,46 sollte der Text wie folgt lauten: *wa-qauma Nūḥin min qablu: 53*,52; *25*,37. Von Ibn Mas'ūd wird statt *wa-qauma Nūḥin* die Variante *wa-fī qaumi Nūḥin* überliefert. Das paßt in der vorliegenden Stelle besser in den Zusammenhang. Zu übersetzen wäre demnach: Und in den Leuten Noahs (die) vorher (d. h. vor den 'Ad und den Ṯamūd) (gelebt haben, liegt ein Zeichen für die Nachwelt).

S. 461, Z. 15–27. Am Schluß des Kommentars zu Sure *53*,19–25 ist anzufügen: J. Burton, „Those are the high-flying Cranes" (Journal of Semitic Studies 15, 1970, S.

246–65) (Burton glaubt nachweisen zu können, daß der von Ṭabarī überlieferte, vermutlich ursprüngliche Text eine Erfindung von Muslimen ist); Ilse Lichtenstädter, A note on the *gharānīq* and related Qur'ānic problems (Israel Oriental Studies 5, 1975, S. 54–61).

S. 466, Z. 20. Zu Sure *55*,24. Am Schluß der Zeile ist anzufügen: A. F. L. Beeston, Ships in a Quranic Simile (Journal of Arabic Literature 4, 1973, S. 94–6).

S. 466, Z. 7 v. u. Im Kommentar zu Sure *55*,43 f. ist speziell zu der von Ibn Mas'ūd überlieferten Variante nach „... later alterations." einzufügen: Siehe auch G. Bergsträsser, Gesch. des Qor. III, S. 74f.; Edmund Beck, Orientalia, N. S. 25, 1956, S. 380f.

S. 467, Z. 22. Im Kommentar zu Sure *56*,10(–26) ist zwischen „Vgl. auch" und „*23*,61" einzufügen: *59*,10 und.

S. 472, Z. 14. Zum Passus über das Mönchtum in Sure *57*,27 ist nach „E. Beck, a.a.O., S. 19–24" einzufügen: R. Köbert, Zur Ansicht des frühen Islam über das Mönchtum (*rahbānīya*) (Orientalia 42, 1973, S. 520–4).

S. 472, Z. 18–20. Zu der nur psychologisch erklärbaren Verneinungspartikel in Sure *57*,29 ist nach „Bergsträsser, Verneinungspartikeln, S. 54, Anm. 5." einzufügen: Edmund Beck, Orientalia, N.S. 25, 1956, S. 359f.

S. 474, Z. 14 v. u. Am Schluß des Kommentars zu Sure *59*,9 f. ist nach „(*17*,100)." hinzuzufügen: – *wa-li-iḫwāninā llaḏīna sabaqūnā bil-īmāni*: *9*,100; *56*,10; *23*,61.

S. 490, Z. 10 v. u. Im Kommentar zu Sure *71*,23 ist nach „S. 74" einzufügen: Maria Höfner, Die vorislamischen Religionen Arabiens (Religionen der Menschheit, Band 10, 2, Stuttgart 1970, S. 233–402).

S. 493, Z. 21. Nach „S. 46f." ist anzufügen: Zur ganzen Sure *74* (auch zu Fragen der Komposition) siehe jetzt auch Erwin Gräf, Zu den christlichen Einflüssen im Koran (Festschrift Joseph Henninger, St. Augustin bei Bonn 1976, S. 111–144), S. 123–138.

S. 494, Z. 4 v. u. Im Kommentar zu Sure *74*,42 f. ist nach „... am Versschluß." einzufügen: Siehe jetzt Th. O'Shaughnessy, The seven names for Hell in the Qur'ān (Bulletin of the School of Oriental and African Studies 24, 1961, S. 444–469), S. 454.

S. 495, Z. 2. Am Schluß des Kommentars zu Sure *74*,44–47 ist nach „*15*,99." anzufügen: Siehe den Nachtrag zu diesem Vers.

S. 504, Z. 12–14. An die Literaturhinweise zum Ausdruck *siǧǧīn* in Sure *83*,7–9 ist am Schluß anzufügen: Th. O'Shaughnessy, The seven names for Hell in the Qur'ān (Bulletin of the School of Oriental and African Studies 24, 1961, S. 444–469), S. 444: „the noun *sijjīn* which from its radical letters might possibly refer to a place of eternal ‚imprisonment'."

S. 505, Z. 8 v. u. bis S. 506, Z. 25. Am Schluß des Kommentars zu Sure *85*,4–7 ist anzufügen: W. Montgomery Watt, The Men of the Ukhdûd (The Muslim East. Studies in Honour of Julius Germanus, Budapest 1974, S. 31–4). Watt hält die Stelle nicht für eschatologisch.

S. 507, Z. 10–36. Am Schluß des Kommentars zum Ausdruck *fa-mahhili l-kāfirīna amhilhum ruwaidan* in Sure *86*,17 ist anzufügen: F. Leemhuis, The *D* and *H* Stems in Koranic Arabic, Leiden 1977, S. 107. Leemhuis lehnt meinen Deutungsversuch aus linguistischen und sachlichen Gründen ab.

S. 511, Z. 18f. Im Kommentar zu *fa-alhamahā fuǧūrahā wa-taqwāhā* in Sure *91*,8 ist nach „*90*,10; *47*,17" einzufügen: Siehe Heikki Räisänen, The Idea of Divine Hardening, Helsinki 1972, S. 15f.

S. 513, Z. 2–8. Im Kommentar zu *wa-la-l-āḫiratu laka ḫairun mina l-ūlā* ist nach „... then the present". einzufügen: Auch Bint aš-Šāṭi' deutet in ihrem Korankommentar *al-āḫira* auf die Zukunft, nicht auf das Jenseits (J. J. G. Jansen, The Interpretation of the Koran in Modern Egypt, Leiden 1974, S. 74).

S. 518, Z. 17 v. u. bis S. 519, Z. 11. Am Ende des Kommentars zum Ausdruck *fa-ummuhū hāwiya* ist anzufügen: Siehe auch Th. O'Shaughnessy, The seven names for Hell in the Qur'ān (Bulletin of the School of Oriental and African Studies 24, 1961, S. 444–469), S. 449.

S. 522, Z. 6 v. u. Zu Sure *106* ist nach „Bell, Origin of Islam, S. 72–74." anzufügen: M. J. Kister, Mecca and Tamīm (Aspects of their relations) (Journal of the Economic and Social History of the Orient 8, 1965, S. 112–63), S. 116–28.

S. 527, Z. 13 v. u. bis 7 v. u. Am Schluß des Abschnitts über die Reime in Sure *109* ist nach „... hardly probable". anzufügen: Von Ibn Mas'ūd wird zu Vers 1 (*qul yā aiyuhā l-kāfirūna*) die Variante *yā aiyuhā llaḏīna kafarū* überliefert. Diese Variante ist insofern beachtenswert, als bei einem solchen Wortlaut die Verse 1 und 2 nicht mehr aufeinander reimen. Als einzige Reime bleiben dann in der ganzen Sure allenfalls *ta'budūna* (V. 1) und *dīni* (V. 6) übrig. Der Vokativ *yā aiyuhā l-kāfirūna* kommt übrigens sonst im Koran überhaupt nicht vor, der Vokativ *yā aiyuhā lladīna kafarū* (wie er von Ibn Mas'ūd hier überliefert wird) ein einziges Mal in Sure *66*,7. Er ist das Gegenstück zu dem sehr häufigen *yā aiyuhā lladīna āmanū*.

S. 528, Z. 17 v. u. Nach „(OLZ 1938, Sp. 407–410)" ist anzufügen: Eine ausführlich begründete neuartige Deutung von Sure *111*, der ich mich aber nicht anschließen kann, liegt vor in Uri Rubin, Abū Lahab and Sūra CXI (Bulletin of the School of Oriental and African Studies 42, 1979, S. 13–28).

S. 530, Z. 16. Zu Sure *112* ist nach „... 1957, S. 5–14)." einzufügen: Gordon D. Newby, Sūrat al-'ikhlāṣ (Orient and Occident. Essays presented to Cyrus H. Gordon on the Occasion of His Sixty-fifth Birthday. Ed. by Harry A. Hoffner. Neukirchen-Vluyn 1973, S. 127–130).

S. 530, Z. 3 v. u. Zum Ausdruck *aṣ-ṣamad* in Sure *112*,2 ist nach „locker", „porös") anzufügen: Siehe jetzt R. Paret, Der Ausdruck *ṣamad* in Sure 112,2 (Der Islam 56, 1979, S. 294f.). Die Übersetzung von Vers 2 mit „Gott, durch und durch (er selbst)", die ich in der Taschenbuchausgabe meiner Koranübersetzung an die erste Stelle gerückt habe und auch da belassen möchte, ist zwar fragwürdig, aber doch wohl nicht unmöglich. Zum dogmengeschichtlichen Zusammenhang siehe die Ausführungen Joseph Henningers über Sure 112 in „Spuren christlicher Glaubenswahrheiten im Koran" (Schöneck-Beckenried 1951), S. 48f. (mit den Anmerkungen 19–24).

Tübingen, Dezember 1979 *Rudi Paret*